U0839884

厦门经济特区年鉴

YEARBOOK OF XIAMEN SPECIAL ECONOMIC ZONE

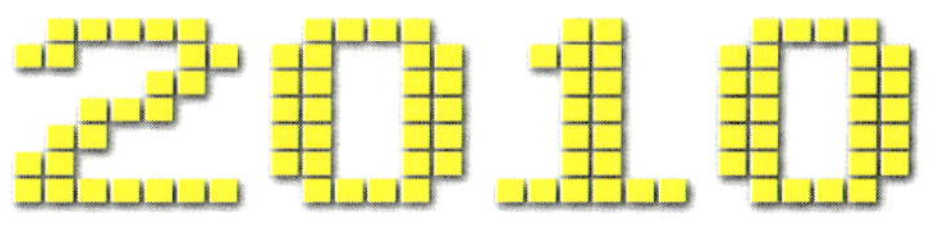

厦 门 市 统 计 局
国家统计局厦门调查队 编

中国统计出版社
China Statistics Press

（京）新登字041号

图书在版编目（CIP）数据

厦门经济特区年鉴. 2010／厦门市统计局，国家统计局厦门调查队编. —北京：中国统计出版社，2010. 8
ISBN 978-7-5037-6004-4

Ⅰ.①厦… Ⅱ.①厦… ②国… Ⅲ.①统计资料一厦门市－2010－年鉴 Ⅳ.①C832.573-54

中国版本图书馆CIP数据核字（2010）第142560号

厦门经济特区年鉴—2010

作　　者／厦门市统计局　国家统计局厦门调查队
责任编辑／余竞雄　刘金成　许建良　赵建明
E-mail／yearbook@stats.gov.cn
责任校对／李　薇　蔡晓鹏
装帧设计／鼎盛时代
出版发行／中国统计出版社
通信地址／北京市西城区三里河月坛南街57号　中国统计出版社
邮　　编／100826
电　　话／（010）63376907
印　　刷／福州力人彩印有限公司
经　　销／新华书店
开　　本／880×1230毫米　1/16
字　　数／1420千字
印　　张／44.5
印　　数／1—1800册
版　　别／2010年8月第1版
版　　次／2010年8月第1次印刷
书　　号／ISBN 978-7-5037-6004-4/C·2370
定　　价／200.00元

卷首语

《厦门经济特区年鉴—2010》是一本综合性年鉴。内容包括七个部分：Ⅰ.特载·文献；Ⅱ.全市概况；Ⅲ.各区概况；Ⅳ.部门与行业；Ⅴ.统计资料；Ⅵ.法规规章文件；Ⅶ.大事记。力求以大量的统计数据和系统详细的专业资料，全面详实地反映厦门市2009年社会经济各方面的发展情况。在体例和内容上，基本保持了与《厦门经济特区年鉴—2009》的连续性。地区生产总值、社会消费品零售额等部分指标根据第二次全国经济普查结果进行了历史数据调整。

书中所刊统计数据的统计范围、统计口径和计算方法均按国家统一规定执行：所刊文章中的统计数字，除特别标明发表日期的文章按当时快报统计数字外，其余统计数字均采用统计年报定案数字。文章中引用的地区生产总值、工业总产值、农业总产值等指标数据，如无特别说明，均按现行价格计算总量指标，按可比价格计算速度指标。

本书的编辑出版得到了厦门市委、市政府的指导及各有关部门和社会各界的大力支持，参与文稿编撰、审定的同志付出了辛勤劳动和巨大努力。在此，我们郑重向所有参加本年鉴资料搜集、编写的单位和同志，向支持本年鉴出版和发行的各界人士表示衷心的感谢。

《厦门经济特区年鉴》编委会

2010年7月

《厦门经济特区年鉴》编辑委员会

主　　编：丁国炎

副 主 编：邱太厦　黄文辉　康　涛　陈金标　孙延风

编　　委：（按姓氏笔画为序）

王和平　王德贤　方忠志　沈永贵　李春成

杨德成　黄　强　潘力方

《厦门经济特区年鉴》编辑部

总 编 辑：陈金标　孙延风

副总编辑：林晓辉　许建良　蔡书批　许严宏

编　　辑：（按姓氏笔画为序）

王诵诗　王翠霞　纪　新　刘征宇　吴　丹　李　薇

陈勇云　陈世煌　陈晓婷　林永明　林育斌　林红玉

林　华　周学军　赵建明　洪文灿　徐智慧　黄珠龙

董琪凤　彭　勇　蔡晓鹏

责任编辑：佘竞雄　刘金成　许建良　赵建明

责任校对：李　薇　蔡晓鹏

目 录

第一篇 特载·文献

第二篇 全市概况

第三篇 各区概况

第四篇 部门与行业

第五篇　统计资料

八、金融业

九、房地产开发

十、教育及文化事业

十一、卫生、体育及其他事业

第六篇 法规规章文件

第七篇 大事记

第一篇

特载 · 文献

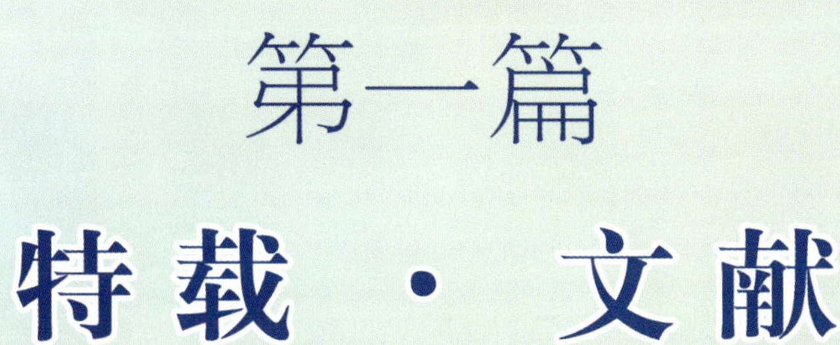

第一篇

特载 · 文献

政府工作报告

政府工作报告

——2010年1月18日在厦门市第十三届人民代表大会第五次会议上

刘赐贵

各位代表：

现在，我代表市人民政府，向大会作政府工作报告，请予审议，并请市政协委员和各位列席人员提出意见。

一、2009年工作回顾

2009年是新中国成立60周年，也是我市发展历史上很不平凡的一年。一方面，百年不遇的金融危机给我市发展带来了严重冲击和挑战；另一方面，海西战略上升为国家战略和两岸关系和平发展给我们带来了重大历史机遇。在市委的正确领导下，我们坚持以邓小平理论和“三个代表”重要思想为指导，深入学习实践科学发展观，应对危机全力落实“三保”，抓住机遇努力“先行先试”，全市上下凝心聚力、坚定信心，奋发有为、开拓创新，经济回升向好趋势不断巩固，质量效益进一步提升；对台交流合作蓬勃开展，前沿平台作用进一步显现；重点建设、岛外开发、政策争取、城市管理等工作积极有效，中心城市的综合优势进一步增强；社会事业、民生保障、生态建设、社会管理和公共服务继续加强，社会和谐安宁。初步统计，全年地区生产总值1 619亿元，增长8%（按可比价格计算）；财政总收入451.4亿元，其中地方级财政收入240.5亿元，分别增长10.1%和9.2%，全社会固定资产投资882亿元，三项指标均提前一年完成“十一五”目标；城镇居民人均可支配收入26 131元，增长9.1%；农民人均纯收入9 153元，增长8%；居民消费价格指数97.3%，城镇登记失业率4.01%，人口自然增长率7.85‰。单位生产总值能耗降低2.5%以上，节能减排完成年度目标。一年来，我们主要做了以下工作：

（一）积极应对金融危机，企稳回升势头更加向好

我市经济外向度高。受国际金融危机影响，我市企业自2008年9月份以来普遍遇到了市场萎缩、订单减少、成本增加、利润缩减、风险加大等一系列困难，全市经济增速大幅下滑。面对严峻形势，一是及时做出了“保增长，工业首当其冲；保增长，三产大有可为；保增长，扩大投资拉动；保增长，大力招商引资；保增长，高度重视外贸；保增长，帮扶服务企业”的部署。同时，认真贯彻上级“保增长”的一系列政策，结合我市实际出台64个政策性文件，在企业融资、开拓市场、扶持中小企业、进出口贸易、促进房地产健康发展等方面提供支持。二是组织开展以“帮助企业树立信心、帮助企业开拓市场，帮助企业解决信贷资金、帮助企业调整结构、帮助企业加快技改”等“五帮”为主要内容的“走进和服务千家企业”活动。全年完成出口退税180亿元，增长18%；市财政直接扶持出口资金1.85亿元；增值税转型以及各种税费减免减轻企业负担18.7亿元；全市金融贷款余额2 989.6亿元，增长26.2%，其中中小企业贷款增长22.5%。出口信用保险承保额突破30亿美元，增长1.3倍，对我市一般贸易出口覆盖率达到19.6%；出口企业获得信保赔款和受助追回欠款近3 000万美元；获得保单项下融资6.8亿美元，增长129%。开展各种购物节、展销、政府采购、“家电、汽车、摩托车下乡”等促销活动196场次。三是积极向上争取政策。有89个项目列入国家增投计划；争取国家外贸扶持资金1.5亿元。同时积极帮助企业向上争取产品退税和提高退税率。

上述措施有效改善了企业生产经营环境，扭转了经济下行的局面，促进了全市经济较早实现企稳回升。地区生产总值增速从一月份 -6.9% 到全年的 8%，回升 14.9 个百分点；外贸进出口指标持续好于全国、全省水平，对全省的贡献加大，进出口总量占全省的比重从去年的 53.5% 提高到 54.4%；规模以上工业在产值增速持续回升的同时，运行的质量效益一直较好，经济效益综合指数保持高位，全年达 173，同比提高 5 个百分点。

（二）大力推进产业发展，持续增长基础更加扎实

坚持把保增长与调结构相结合，大力实施项目带动战略，一大批有规模、高质量的产业项目加快实施，产业结构进一步优化。三次产业比例 1.3∶48.5∶50.2，第三产业增加值增长 14.5%，占三次产业比重提高 4 个百分点。一是加强重点产业发展规划。大力发展先进制造业和现代服务业，把培育平板显示、计算机与通讯设备、输配电及控制设备、生物与新医药等 13 条产值百亿至千亿的产业链（群）作为先进制造业发展的重点，把总部经济、港口物流、文化创意等 10 个行业作为现代服务业的发展重点，已经编制发展规划并组织实施。二是扎实抓好一批龙头骨干项目。冠捷科技、景智光电、许继高压、ABB 增资、松下电子增资、金桥卷烟技改、厦顺铝箔技改扩、LGD 和冠捷科技合资、戴尔手机等项目进展顺利，全市完成工业投资 165.2 亿元，净增规模以上工业企业 212 家。国家太阳镜生产基地落户厦门。宸鸿科技、麦克奥迪等一批企业逆势增长，客车、助听器、电器开关等国际市场进一步拓展。服务业方面，引进了嘉里物流、联邦快递、柯达物流中心、中国医药集团物流中心、吉祥航空、香港快运航空等企业和项目，厦门机场始发和经停航线新增 20 条，厦门口岸出入境人员突破 300 万人次；五缘湾、观音山、新站等商务营运中心区引进一批企业的地区总部、销售中心、结算中心和研发中心；厦门银行、君龙人寿、厦门证券、国贸期货等企业加快异地拓展，东莞证券、国信期货等在厦新设营业部，5 家企业在境内外上市，2 家企业获批即将上市；新增软件企业 108 家，软件业产值达 230 亿元；温德姆、佰翔等高星级酒店开业，“闽南神韵”旅游一台戏实现公演，五缘湾游艇帆船基地、双龙潭体育公园等一批项目顺利推进，全市接待游客突破2 500万人次，增长 15.1%；全年举办展会 1 700 多场次，荣膺“全国十大会议目的地”，“石材展”成为世界第二大石材专业展。三是加强创新体系建设，服务产业发展。成立厦门产业技术研究院、食品检测中心和食品科技孵化园，国家级 LED 检测中心基本建成，中科院城市环境研究所通过验收。新认定高新技术企业 303 家，新增 2 个国家级、22 个省部级科研机构，联想移动公司获国家级企业技术中心认证，宏发电器、雅迅网络成为国家创新型企业。实施标准化战略，参与制定 9 个国家标准项目、7 个行业标准项目。“创建知识产权示范城市”通过评估，全市发明专利授权量增长 43.8%。启动首届厦门市政府质量奖，新增 9 个中国驰名商标。实施教育服务产业发展行动计划，厦门理工学院成为全省唯一的国家级创新工程师培养与实训基地，火炬高新区成为全省唯一的国家级海外高层次人才创新创业基地。

（三）发挥前沿平台优势，两岸交流合作更加密切

抓住两岸关系和平发展的历史机遇，落实国务院支持海西建设的《若干意见》，充分利用各种有利条件，发挥前沿平台优势，积极推进、广泛开展对台交流合作。一是人员往来更加便利。口岸软、硬件建设加强，完成厦金客滚泊位改造工程，率先开辟两岸客货滚装运输新航线并实现班轮化运作。厦金航线试行台湾至厦门行李直挂通关托运。厦航在台湾设立分公司。厦门航点至台湾空中直航每周班次达 16 个，并实现腹舱载货。厦金“小三通”每日航班增至 32 个，全年进出旅客达 120 万人次。实现厦金邮件总包直封、厦门—台北邮件直封直达。在全国率先启动台湾居民来往大陆签注自助受理业务。二是产业对接更有成效。确定了先进制造业、软件与信息服务、金融保险、服务外包、旅游会展、航运物流、文化创意、商贸、邮政通信、农业种苗与农产品加工等十个重点对接合作领域，规划、实施大陆中药材输台物流口岸等一批对接项目。成为全国首个国家级对台科技合作与交流基地，成立了全国首个海峡两岸农产品检验检疫技术中心。全年实际利用台资（含第三地）6.42 亿美元，对台进出口总额 42 亿美元。富邦证券在厦设立代表处，富邦财险获批筹建。大陆首家台资旅行社——厦门灿星国际旅行社开业。大嶝对台小额商品交易市场改扩建、厦门闽台农业高新技术园区、台湾种苗引繁示范基地建设顺利。厦门口岸进口的台湾水果占全国总量七成，进口量和货值超过前四年总和。三是交流活动更加广泛。成功举办首届海峡论坛，成为继国共论坛、“两会”协商之后以基

层、民众交流为特点的第三个两岸交流平台；成功举办首次厦金海峡横渡、海峡杯帆船赛等一系列体育赛事，成为全国第一个对台体育合作与交流基地；厦门市政府代表团成功参访台湾，成为大陆第一个以地方政府名义组团和第一个由政府市长率团的赴台参访团。同时，在全国率先开展在厦台湾地区居民专业技术职务任职资格评审试点。台交会、文博会、图书交易会、保生慈济文化节、郑成功文化节、农渔业论坛、民间艺术节、中医药合作交流研讨会等活动顺利圆满举行。

（四）加快城市建设，发展环境更加完善

按照建设现代化国际性港口风景旅游城市和海峡西岸重要中心城市的定位，加快拓展城市发展空间，加强重大基础设施建设，落实高起点、高标准、高层次、高水平要求，与中心城市相匹配的承载、辐射、带动功能进一步增强。一是建设大港口、大交通。福厦高速铁路建成通车，厦深、龙厦铁路建设顺利推进，厦门新站主站房主体完工，老站房改造方案基本确定，厦门迎来高铁时代。沈海高速扩建、厦门至南安（金淘）高速、厦成高速以及岛内、岛外、连接岛内外的重要路网项目加快建设，我国第一条深海隧道——翔安隧道全线贯通；成功大道、翔安大道二期、丙洲大桥等建成通车；环岛干道、海翔大道、海沧疏港通道以及BRT一、二号线延伸段等项目按计划推进；海沧大桥西引道等项目开工。东渡现代码头、海澳石化等5个泊位、海沧航道扩建二期、“海上一日游”航道、五通至金门水头航道等项目顺利实施。以港口为核心的现代化立体式综合交通枢纽初步形成，厦门港货物吞吐量突破一亿吨，成为海西首个亿吨大港；厦门机场旅客吞吐量突破一千万人次；厦航成为国内第六家年客运量超千万的航空公司。二是加快重大片区开发和产业园区建设。环东海域、五缘湾、杏林湾、湖边水库、厦门新站等重点片区开发顺利推进，规划总面积167.6平方公里，累计完成投资400亿元；火炬（翔安）高新区、集美机械工业集中区、同安工业集中区、环东海域产业园等基础设施和配套建设进一步完善。启动了新城规划，开展了厦门新机场、第二东西通道、城市轨道交通等重大基础设施项目前期工作。三是加强市政基础设施。翔安隧道供水管道、220千伏金榜输变电、电力进岛第一通道扩建、东部燃气电厂、天然气利用及天然气转换、石胄头等污水处理厂改扩建、天地湖和筼筜湖污水截流等一批项目竣工或基本建成。梧村汽车站以及一批停车场和公交场站投入使用。突出安全饮用水工程建设，汀溪水库、湖边水库、九龙江北溪引水工程等一批水源或流域治理项目完成或加快推进，莲花水库、长泰枋洋水库的前期工作进展顺利。四是加强规划基础工作。建立健全科学规划的决策机制、实施机制和监督管理机制，注重提高规划透明度，注重社会参与。加强违规违章建筑的查处，维护规划严肃性。开展第二次全国土地调查工作，新一轮土地利用总体规划修编大纲通过国土资源部审查。

（五）推进改革开放，发展空间更加拓展

坚持以改革增活力、以开放拓空间，集聚市内外和国内外资源促进发展、服务发展。一是推进新一轮政府机构改革、事业单位清理改制、中小学教师工资绩效改革；加强国有资产资源整合，完善考核体制；深化政府投资项目后评价工作和公共资源配置市场化改革；完善土地出让“招拍挂”、建设工程招投标、药品和医疗器械招投标、政府采购等管理机制改革。二是打造政策平台。火炬（翔安）B型保税物流中心投入运营，象屿保税区、保税物流园区和东渡港区完成整合并叠加相关政策功能。海沧保税港区面积9.5092平方公里，是国务院批准设立的面积较大的保税港区，是目前我国开放程度最高、功能最齐全、政策最优惠、通关最便捷的海关特殊监管区域，一期工程已建成并通过国家验收。我市还被列为中科院在全国重点布局的技术创新与成果产业化基地、国家计生委全国人口计生综合改革示范城市、科技部首批国家“十城万盏”半导体照明示范工程试点城市。三是加强利用外资，扩大国际交往。实际利用外资22亿美元（按历史可比口径），新引进3个世界500强企业。接待外国代表团160批次。新增2个国际友城。授予17位华侨华人、台港澳人士及外国友人为“荣誉市民”。金龙客车援助塞内加尔项目建成投产，领事馆区一期和福建（厦门）—新加坡友好医疗服务中心项目开工。成功举办第13届中国国际投资贸易洽谈会、国际马拉松赛、国际海洋周、国际动漫节、国际龙舟赛、国际友城市长论坛。厦门爱乐乐团赴美加演出。四是加强对内开放和区域协作。央企和大型民企招商有新突破，合同利用内资470亿元。发挥“海西”品牌效应，推行“无水港”模式，中西部货源腹地进一步拓展。闽西南五市、闽粤赣十三市、与龙岩漳州山海协作等各种区域协作得到加强。

（六）加大统筹力度，社会建设更加和谐

以改善民生为重点，积极推进岛内外一体化、社会建设和各项社会事业协调发展。被评为“全国推进义务教育均衡发展工作先进地区”，荣获“东亚海岸带可持续发展地方政府杰出成就奖”，在全国重要城市公共文明指数测评中获得第二名。

岛外农村发展加快。以推进城镇化、农业产业化为主线，加快岛外开发和农村发展。农副产品与食品加工产业集群实现销售收入195亿元，增长5%，新增3个国家级农业标准化示范区、2家福建省农业企业品牌金奖。同安五峰等乡村旅游试点启动。培育农民专业合作社116家，带动农户4.6万户，“一村一品”注册商标57个。农村富余劳动力转移就业2.4万人。义务教育和公共卫生体系建设加强。实施20个旧村改造、12个老区山区村建设、13个山区村饮水工程，新建改建通行政村和自然村公路143公里，通自然村道路硬化率达75%，公交车通村率达94%，有线电视入户率达95%。新建2个镇级文化中心、20个农村文化室和97个“农家书屋”。基本养老保险新增参保7 980人，农村居民参加基本医疗保险62.4万人。

社会事业投入加大。全市财政资金投入59.8亿元，增长13.5%。启动中小学校舍抗震安全排查、加固改造工作。完成中小学校新（扩）建14所，新增学位1.6万多个，进城务工人员子女义务教育进入公办校就学比例达67%。免除城乡义务教育各项收费1.17亿元。市妇幼保健院扩建、中山医院内科病房楼、第一医院急诊综合楼等项目建设顺利，完成24个社区卫生服务中心和28个农村卫生所标准化建设，市民健康信息系统在全国率先实现健康信息区域共享，荣获地方政府创新奖。出生人口政策符合率96.9%，低生育水平保持稳定。建成小白鹭艺术中心、同安文体中心。闽南戏曲艺术剧院等项目前期工作加快。南音入选联合国教科文组织“人类非物质文化遗产代表作名录”。成功举办中国戏剧节、全国青少年钢琴比赛、2010年中国新年音乐会、市运会、群众文化艺术节等文体活动。取消公交空调费。开展社区居家养老试点。建设残疾人庇护工场和爱心护理院，改扩建社会福利中心。建成全市缴费信息查询平台。较好完成为民办实事项目。

社会保障水平提高。推动出台了我国第一部社会保障性住房管理地方性法规。在2008年提供951套的基础上再向社会提供保障性住房12138套。为全体市民办理自然灾害公众责任险，将全市大学生纳入城乡居民基本医疗保险，完善建筑矿山企业农民工工伤保险。设立道路交通事故社会救助基金。继续提高全市企业退休人员养老金。对就业困难群体实行就业援助和社保补贴，开展厦门本地生源毕业生首次就业（见习）推荐服务。

平安建设成效明显。加强社会治安综合治理，信访工作、基层司法调解和多元化纠纷调解工作加强，建立了医疗纠纷第三方调处机制，群众的安全感和对社会治安的满意率提高，被评为全国社会治安综合治理优秀城市。全面落实安全生产责任制，加强专项整治，完善应急管理，防抗台风工作积极有效，岛内降压供水组织严密实施平稳，防控甲型H1N1流感等重大疫情取得阶段性成效。

生态建设积极推进。固定资产项目节能评估审查、大型公共建筑和机关办公建筑能耗统计监测、清洁生产、绿色照明等工作有序推进。荣获全国节水型城市。创建国际卫生空港、卫生海港，新增城市绿地700公顷、生态风景林建设1.2万亩，实施成功大道、环岛干道、仙岳路等主干道景观综合整治，完成58万平方米沙滩修复整治。强化机动车尾气、扬尘、工业废气等污染控制，空气质量优良率上升近2个百分点。

援建工作进展顺利。支援四川彭州四个镇灾后恢复重建项目30个，总投资8.31亿，已完成25个。对口支援新疆、西藏、重庆、宁夏工作取得较好成效。

此外，气象、防震、方志、档案、信息安全等工作得到加强。双拥共建、民兵预备役、人防、海防打私、民族宗教、妇女儿童、老龄、残疾人、红十字会等工作取得新成绩。

（七）加强民主法制建设，依法行政更加高效

深入开展学习实践科学发展观活动，口岸服务、金融服务、政府部门服务进一步优化，火炬高新区位列全国高新区投资环境竞争力第四名，全市依法行政考评连续三年全省第一。全年提请市人大常委会审议法规草案6项，制定和修订政府规章5项。自觉接受人大及其常委会监督，依法执行人大决定决议，向人大及其常委会报告工作7次31项，办理人大代表议案3件、建议228件，配合人大常委会开展执法检查、人大代表视察及专项调研40多场次。重视和支持人民政协履行政治协商、民主监督、参政议政职能，定期开展政情通报，重大事项注意征求社会意见，办理政协提案468件，其中

主席会议确定的重点提案7件。加强科学决策和政务公开。颁布实施《厦门市规范行政处罚自由裁量权规定》，办理行政复议210件。完成了第二次全国经济普查，市政府网站名列省会城市和计划单列市第四名，政府绩效管理、效能建设、审计监督、专项监察、纠风专项治理等工作取得新成效。

各位代表！

过去一年，我市在克服困难中前行，在抓住机遇中提升，在谋划未来中夯实基础，各方面工作取得了积极成效。这些成绩来之不易，这是党中央、国务院，省委、省政府和市委的正确领导，全市人民齐心协力、艰苦奋斗和各方面大力支持的结果。在此，我谨代表市人民政府，向全市人民，向给予政府工作有力支持和有效监督的人大代表和政协委员、各民主党派、工商联、各人民团体、无党派人士、离退休老同志和社会各界人士，向为厦门发展做出积极贡献的中央和省驻厦单位、驻厦部队、武警官兵和公安干警、投资者和外来建设者，向所有关心支持厦门发展的港澳同胞、台湾同胞、海外侨胞、国际友人，表示衷心的感谢和崇高的敬意！

同时，我们也清醒地看到，面对国际金融危机的影响和后危机时代的国际竞争，我市的发展面临着一些亟待正视和需要迫切解决的问题。一是产业发展、结构优化、发展方式转变的问题。去年全市经济增长低于年初预期，有金融危机的影响，也有经济发展产业支撑力不足的问题。随着基础设施的完善和城市空间的拓展，大抓产业项目，加大产业投资比重，尤其是加强先进制造业和现代服务业投资，培育新的经济增长点、财税点、就业点，更有条件也更为紧迫。二是建设创新型城市，培育永续竞争力的问题。有地域、资源限制的因素，也有未能充分有效利用现有资源的问题。随着建设创新型城市，大力提高自主创新能力，培育和壮大有特色的产业显得十分必要。三是经济特区进一步深化体制机制改革的问题。有综合配套的外部条件，也有思想不够解放、政府服务不到位的问题。因此要继续探索、不断创新推动科学发展的体制、机制和软、硬件环境。四是加大力度推进岛外城市化的问题。在推进岛内外一体化过程中已经有了一定的基础、条件，也有认识需进一步统一、措施需进一步加强的问题。在把“三农”工作的重点放在推进岛外工业化、城镇化和农业现代化的同时，要把维护农民合法权益、增加农民收入放在更加突出的位置。五是构建和谐社会的问题。有与经济发展相适应相同步的原因，也有认识和工作不到位的问题。随着经济加快发展，我们应十分重视构建与之相适应、人民满意的社会事业和社会保障体系。上述这些问题，我们将高度重视，并在工作中努力解决。

二、2010年工作意见

今年是实施“十一五”规划的最后一年，也是为“十二五”规划的实施奠定坚实基础的一年。这一年，巩固应对国际金融危机成果的任务还十分艰巨。一方面，国际国内经济形势逐步好转，国家继续实施积极的财政政策和适度宽松的货币政策，中央支持海西建设和两岸交流合作更趋紧密，发展环境有望好于去年。另一方面，发展中不确定、不可预料的因素和“两难”问题增多，形势仍然比较严峻。我们要始终保持清醒头脑，防止盲目乐观，深刻认识形势的复杂性和做好今年工作的艰巨性，坚定信心，科学谋划，把壮大实力与优化结构、振兴二产与提升三产、新城建设与产业发展、当前发展与长远后劲、经济发展与民生稳定紧密结合，努力推进经济社会平稳较快发展。

政府工作的总体要求是：全面贯彻党的十七大和十七届三中、四中全会精神，以邓小平理论和“三个代表”重要思想为指导，深入贯彻落实科学发展观，围绕建设现代化国际性港口风景旅游城市和海峡西岸重要中心城市的目标，按照中央“五个更加注重”的要求和市委工作部署，加快产业发展，建设创新城市，拓展城市空间，服务对台大局，构建和谐社会，在海西建设科学发展之区、改革开放之区、文明祥和之区、生态优美之区中发挥龙头示范作用。

主要预期目标为：地区生产总值增长11%；规模以上工业总产值增长11.4%；全社会固定资产投资增长10%；外贸出口增长8%；实际利用外资22亿美元（按历史可比口径）；地方级财政收入增长11%；社会消费品零售总额增长14%；城镇居民人均可支配收入和农民人均纯收入均增长9%；居民消费价格指数103.5%；城镇登记失业率控制在4.5%以内；人口自然增长率控制在9.5‰以内。单位生产总值能耗降低2.52%，二氧化硫排放量下降1.1%，化学需氧量减少0.43%。

实现上述目标，我们必须扎实做好以下工作：

（一）加快重点产业发展，促进经济发展方式转变

把有特色有前景的产业发展作为经济结构调整和经济发展方式转变的抓手，落实到项目上，落实到投资、消费、出口的协同拉动上。

继续做强先进制造业。以培育13条先进制造

业产业链（群）和培育10个百亿以上产值大企业集团为重点。一是着力抓好现有骨干企业。通过建立联系服务机制，促进企业稳步发展。二是着力抓好工业投资。确保全年完成投资220亿元。乐捷科技、景智光电、玉柴发动机、友达光电四期、厦船三期、建颖科技、百路达卫浴、宸鸿科技园等一批项目要按计划推进，加快投产。新上的项目注重单位面积投资强度、产值、税收以及项目的科技含量，具有产业链高端优势。争取液晶面板等一批在谈重大项目尽快落地实施。三是着力抓好重大项目招商。有针对性开展与跨国公司、央企、台湾行业十强企业、大型民营企业、大型投资公司的对接，通过以商引商，策划生成一批大项目。四是着力抓好基础建设。进一步完善火炬高新区、机械工业集中区、同安工业集中区、环东海域产业园的配套设施，加强视听通讯、钨材料、半导体照明、电力电器等国家特色产业基地建设，广泛支持企业开展技术改造、技术创新，加强高新技术企业认定服务工作。

加快做大现代服务业。着力打造有较强影响力和辐射力的区域性现代服务业中心。继续突出10个方面重点，培育一批各行业的龙头企业，鼓励以厦门为基地向外拓展业务。一是加强规划，积极扶持。继续抓好观音山、五缘湾、杏林湾等营运中心，现代物流园区、前场铁路大型货场，软件园、会展三期，思明龙山、湖里老工业区、滨北旧厂房改造等文化创意园区项目建设。根据各行业的特点和发展规律，制定出台有针对性的扶持政策。二是加强推介招商，抓好项目落地。争取设立期货交易中心、期货交割仓库、国家开发银行厦门分行。争取火炬高新区进入“新三板”扩容试点。继续引进一批知名物流企业。推动游艇、帆船、邮轮、高端医疗、温泉生态休闲业的发展。招办新的有规模的展会。争取中国移动通信集团在厦设立手机动漫基地。推进特易购购物中心、电子元器件交易中心、圣果院商业中心等项目实施。三是扩大对外影响力，拓展市外市场。积极开展城市营销。支持在厦金融机构异地设立分支机构。加大力度发展内地“无水港”和海铁联运。加强区域旅游合作。办好第二届世界投资论坛、“投洽会”、“石材展”、“动漫节”等品牌展会。

重视发展战略性新兴产业。主动对接国家战略，制定针对性规划和实施方案，培育具备一定产业基础、适合我市发展的战略性新兴产业。新能源领域，重点发展太阳能光伏、生物质能等产业；新材料领域，做大做强特种金属材料、新型建筑材料等产业，加快光电子材料、高分子功能材料的产业化，壮大光电、环保产业基地；生物医药领域，加大戊肝疫苗和抗癌新药等项目研发和建设，鼓励大型医药企业来厦投资设厂，支持申报国家重大新药创制专项；信息网络领域，积极发展“核高基”等产业，促进物联网与互联网的结合，推进传感网的广泛应用；海洋领域，加快发展海洋生物制药、海洋能源资源开发、海洋监测与信息服务等产业，提升厦门国际海洋周效应，建设海洋经济强市。

充分发挥投资消费出口带动产业发展的基础作用。一是优化投资结构。在保持投资较快增长的基础上，引导资金重点投向产业发展、重大片区、基础设施、民生保障、生态环境建设等领域。全年安排重点建设项目179个，年度投资363亿元。加强重点项目建设的组织领导，落实重点建设责任制，完善征地拆迁政策。二是努力扩大消费需求。继续打造区域性消费中心，建设度假休闲、商务会展城市、海峡两岸游重要口岸城市。落实国家扩大消费的优惠政策，鼓励汽车消费，继续做好“家电下乡”工作，拓展通信产品、家政服务、体育健身、老年服务、休闲旅游等消费，稳定房地产市场。发展物流配送、连锁经营、电子商务等现代流通方式，促进扩大消费。改善消费环境，发展消费信贷，保护消费者权益。三是提升外贸竞争力。保持外贸进出口总量占全省的份额和比重。加大力度扶持客车、钨制品、游艇等优势产品出口。大力发展流通型出口企业，提高出口产品研发设计水平，争取列入国家设计中心试点城市。支持和引导出口企业打造国际化的自有品牌，加强研发队伍建设，提高产品设计、开发创新能力。帮助企业应对国际市场技术壁垒，加强出口产品的检测认证，支持重点企业建立检测实验室，支持重点行业建立公共技术服务平台和信息服务系统。继续优化通关环境，创新外贸融资机制，扩大信保扶持政策覆盖面，支持企业参加“广交会”等展会，争取我市列入第二批跨境贸易人民币结算试点城市。引导企业调整市场结构，开拓新兴市场，降低集中度。

（二）加快建设创新型城市，提高发展的永续竞争力

始终把科技进步摆在优先发展的地位，将经济发展进一步转移到依靠科技进步和自主创新的轨道上来，将城市发展融入到经济、社会建设的各个环节。以同时被列入国家发改委和国家科技部“创新型试点城市”为契机，认真落实各项工作，推

进“创新城市”建设，不断提升城市综合竞争力和发展的生命力。

培育自主创新能力。着力加强区域创新体系建设。一是继续加强重大科技平台建设。在建好原有20个重大科技创新公共平台基础上，重点加快厦门产业技术研究院建设，使之成为国内外高水平科技成果的转化中试基地、新设研发机构和科技企业以及科技中介机构的孵化器，成为市属公共科技服务平台的重要载体、行业关键技术科技攻关的组织协调者和实施场所。二是继续加强以企业为重点的创新主体的培育。大力推动国家、省、市三级创新型企业的认定；加强工程技术研究中心、企业技术中心、重点实验室、博士后工作站、企业孵化器建设；积极组建产业技术创新联盟。三是人力构筑产学研合作体系。深化面向全国重点理工大学的“市校合作”工程和面向中科院及其研究所的“院地合作”工程，积极争取全国理工高校、中科院及其研究院所、跨国公司、大企业集团来我市设立分支机构或研发中心。发挥科技部“对台科技合作与交流基地”的作用，建设对台科技交流合作实验区，对接台湾光电、软件、IC 设计、生物与新医药等高新技术产业，积极争取台湾科研机构来厦设立分支机构，共同组建创新团队。四是建立有力的人才保障体系。加快人才创业港建设，实施科技创新创业领军人才引进计划，加强科技人员创新能力继续教育。在资金补助、团队建设、职称评定、工作场所、贷款贴息以及落户、住房、医疗、子女入学、配偶安置等方面为人才创业提供更为便利的条件。五是为发展战略性新兴产业服务。规划建设厦门科技园区，加强信息工业、工业设计、节能产业、环保产业、新材料等战略性新兴产业的研究。

积极推行“低碳”发展模式。明确建设“低碳城市”的战略定位。在经济发展上，坚持可持续发展，通过加强技术创新、产业转型、新能源开发、布局低碳化循环化，实现低能耗、低污染、低排放为基础的经济发展。在城市发展上，积极构建绿色交通体系、绿色市政体系，发展绿色建筑，倡导绿色消费。积极开展低碳经济研究，制定相关的统计、评价体系，加强低碳技术开发与应用，逐步建立低碳发展的法规保障体系、政策支撑体系、技术创新体系和激励约束机制。

大力发展文创经济。把发展文化创意产业作为提升“软实力”的重中之重，加大政策扶持力度。与实施品牌战略相结合，着力培育一批文化创意产品品牌、企业品牌和行业品牌，培育一批具有全国乃至国际影响力的行业领军品牌、文化创意产业集聚区，着力打造“创意之都”。实施知识产权战略，提升知识产权创造能力，加强知识产权保护工作。鼓励创新、扶持创业，努力在全社会营造崇尚创新、自主创业的良好氛围。

（三）加大力度推进岛外开发，提升城市辐射带动力

立足城市定位，把做大城市规模，完善城市功能，提升辐射带动能力的重点转移到岛外，统筹产业发展、基础设施、市政建设和生活配套，突出城市特色，打造一批建筑精品和城市亮点。

加快启动新城建设。集美区重点依托厦门新站、园博苑和文教区，建设富有文教、科研和交通枢纽特色的新城区；海沧区重点依托港口和产业基础，加快建设大港口，培育大产业、大物流；同安区重点依托海湾、生态及空间优势，把环东海域打造为城市的新增长极；翔安区重点依托海底隧道贯通后形成的新优势，建设与厦门本岛媲美的现代新城。岛内方面，东部片区与旧村搬迁改造相结合，实现会展片区、观音山、软件园、湖边水库、五缘湾的连片发展，打造本岛东部一流商务区；湖里老工业区与发展现代服务业相结合，加快整体改造和转型。同时，继续抓好岛内工业企业搬迁，稳步推进旧城改造，注意保持城市风貌和特色，降低开发强度和建设密度，高标准建设城市综合体。

继续加强基础建设。交通基础方面，继续推进龙厦铁路、厦深铁路、厦成高速、厦漳跨海大桥、沈海高速扩建等项目，加快高崎机场三期扩建。深化第二东西通道、轨道交通、新机场等项目前期工作。整合港区资源，推进海沧、招银港区等一批泊位和浏五店航道一期等工程建设。结合岛外新城建设，统筹规划城市交通网络，加快建设厦门新站综合交通枢纽等项目，完善 BRT 快速公交网络和枢纽站点建设。建成环岛干道，实施厦门火车站改扩建、枋湖客运中心等项目。市政方面，实现东部垃圾焚烧发电厂点火试运行，开工建设西部垃圾焚烧发电厂，续建集美固废中转站，建设城市生活垃圾分类处理厂。加快推进北溪引水左干渠改造二期工程和莲花水库建设，注重水源地涵养林建设与保护，继续做好长泰枋洋水利枢纽工程前期工作。

加快推进农村城镇化。通过新城建设、重大片区开发、工业园区建设、重大产业项目等带动和加快岛外农村城镇化步伐。加强规划和空间布局，完善区域交通、市政工程、水资源配置和水利设施、环境保护与防灾减灾等各类专项规划。加强农民转岗就业的组织和服务，使农民收入在城镇化过程中有较快增加。继续推进旧村改造，加强老区山区村建设，实施农村自来水改造、有线电视进村入户和电影放映工程，加快农村道路建设向自然村延伸，进一步提高农村客运覆盖率。推进水库除险加固等水利设施建设，实施同安东溪流域下游河道、翔安九溪流域整治，完成过芸溪、深青溪、瑶山溪治理。

（四）加强对台交流合作，充分发挥前沿平台作用

认真落实中央对台工作的统一部署，充分发挥“五缘”优势，深化两岸交流合作，拓展作为空间，建设前沿平台，服务大局、服务两岸。

继续先行先试。推进台商投资区扩区和功能整合，争取成为实施两岸经济合作框架协议（ECFA）试点城市和两岸金融合作试验区，在两岸金融机构互设、金融从业证照互认和货币双向兑换、跨境贸易人民币结算与两岸货币清算等方面先行先试。推动厦门居民赴金、马、澎旅游自由行，争取实行在厦暂住人员在厦办证赴金门旅游。大力开展海上邮轮业务，争取开辟以厦门为母港的台湾海峡邮轮航线。推动厦门机场成为两岸货运包机新增航点。做好厦门邮件封发局运营工作，推动在厦设立对台邮包交换中心。加快推进厦金直接通信工程建设，积极开展向金门供电、厦金通道等项目前期工作。密切厦台、厦金海上通航和救援合作。

着力抓好对接项目的实施。围绕“十对接”，打造对台产业对接集中区、对台服务外包合作示范城市、对台科技合作交流基地。继续支持办好现有台资企业，大力引进台湾企业来厦设立地区总部、配套基地、采购中心、物流中心、营运中心和研发中心。加强与台湾科技园区的对接合作。扩大厦金航线功能，培育厦澎航线，吸引更多两岸同胞来厦旅游或经厦往来两岸旅游。加快大嶝对台小额商品交易市场扩建，推进长庚医院二期建设，推动金门酒厂总部大厦、五缘湾台湾形象馆等项目落户。

积极支持两岸的广泛交流。精心筹备办好第二届海峡论坛，丰富活动内容，凸显品牌效应。争取国家部委、两岸协商机构、台湾行业协会来厦设立办事机构，建设两岸事务重要协商地。深化厦台之间教育、文化、卫生、体育、民俗、宗教等方面的交流，加快建设海峡中医药合作发展中心和海峡两岸中医药博物馆，推动厦门媒体赴台设点。推动涉台法规的修订完善，依法保护台胞正当权益。继续办好台交会、文博会、图书交易会等两岸各类展会活动。

（五）深化改革扩大开放，增强发展的动力和活力

进一步发挥经济特区优势，把内生型发展与开放型发展、深化改革与扩大开放结合起来，在更大范围、更广领域、更高层次上增强体制机制活力，集聚发展资源。

继续争取重大政策。充分发挥国家赋予的经济特区作为体制机制创新试验区的优势，在原有工作基础上，继续争取经济特区范围延伸到全市、实施综合配套改革、台商投资区扩大范围、设立两岸金融合作试验区等重大政策，争取成为国家对台服务外包合作示范城市。

研究制定建设创新型城市的政策体系。围绕创新型城市的目标、任务，把政府的组织引导与市场机制结合起来，制定相关的组织保障机制、政策保障机制、资金保障机制、人才保障机制。特别是加快发展创业风险投资，积极发展资本市场，推动科技与金融合作。

探索城镇化发展的制度创新。着力于服务加快岛外城市化进程的目标，加快农村“三资”清理确权、有序推进“村改居”社区集体资产股份量化。推进农村社区股份合作社建设，完善“金包银”管理运行机制。探索建立城乡建设用地增减挂钩制度，规范农村土地承包经营权流转。推动户籍制度改革，逐步实现岛内外的户籍制度一体化。

发挥市场竞争机制的导向作用。着眼于做大做强现有企业，鼓励有条件的国有企业集团和各类企业发挥品牌、管理、技术、队伍、基础等各种优势，积极参与市外、省外竞争和国际竞争。继续加快非公有制经济发展，落实鼓励民间资本进入基础设施建设、公用事业、金融服务、社会事业等领域的相关政策，保护民间投资合法权益，支持各行业民营龙头企业、骨干企业做大做强。打破所有制界限，政府支持发展的政策以产业、行业、区域为标准。大力发展各行各业的同业协会组织，加强行业自律和服务，维护公平竞争，促进共同发展。

加强国际经贸交流和区域协作。充分发挥海沧保税港区等政策性平台的作用，集聚企业、项目和各种高品质的发展资源。面向欧美日等发达国家和台湾地区，加强跨国公司、500强企业、知名研发机构的招商。密切与港澳合作，创新经贸协作形式和载体。借助中国—东盟自贸区平台，加强与东南亚国家的投资合作。深化与国际友城、友好港口的

交流合作。办好第八届世界同安联谊大会。继续加强与央企、大型民企、高等院校、科研院所的合作，与长三角、珠三角地区的经济协作和技术协作。密切海西城市群、闽粤赣十三市、闽西南五市的全方位合作，加强与全国各地闽商商会、海外华人华侨商会的联系。继续做好西藏、新疆、宁夏、重庆等对口支援工作，全面完成四川彭州四镇灾后援建任务。

同时，认真落实国家和省里统一部署的有关机构改革、投融资体制改革、财税体制改革、审批制度改革、事业单位人事制度改革、医药卫生体制改革、文化体制改革、价格改革以及政府管理、公共服务、内部建设等方面的体制机制改革，立足实际，先行先试，积极探索。

（六）努力构建和谐厦门，持续创建美好家园

加强强农惠农政策的落实。认真贯彻落实中央、省、市支农扶农各项政策措施，加快建立城乡基础设施共同发展机制、城乡公共服务均等供给制度、城乡衔接的社会保障体系。加大力度培育、壮大农副产品与食品加工产业集群，支持发展“一村一品”特色农业、休闲农业和生态农业。加强农业防灾减灾体系建设，完善防汛抗旱、森林防火、动植物防疫等预警预报机制，增强气象防灾减灾和应对气候变化能力。

加强就业服务和社会保障。完善就业服务体系，加强困难群体就业援助，适度提高最低工资标准。落实被征地农民和上岸渔民享受城镇职工就业再就业政策，加大订单式培训和公益性岗位开发，鼓励自主创业，力争完成农村劳动力转移1.5万人。推进“全民社保城市”建设，实施新型城乡居民基本养老保险办法，认真做好全国城镇企业职工养老保险跨地区转移接续工作，完善外来人员基本养老保险办法。继续提高参保职工基本养老保险金，适当提高医疗、工伤、生育保险待遇水平。推进建筑施工企业和商贸、餐饮、旅馆等服务行业以及个体工商户参加工伤保险。继续完善居民医疗保险制度，逐步将符合条件的村卫生室以及高校内设医疗机构纳入医保定点服务范围，方便居民就医看病。继续做好社会保障性住房建设项目的实施，着力解决中低收入群众住房困难。整顿和规范房地产市场秩序，增加普通商品住房供应，支持居民自住和改善型住房消费，遏制投机性购房。

加强社会事业发展。教育方面，继续推进义务教育均衡发展，全面推进素质教育，加强教师队伍建设，完善招生制度。抓好义务教育学校标准化建设、校舍安全工程建设和集美、翔安文教区建设。继续共建厦大、集大，确保厦门理工学院通过教育部本科教学评估。重视发展学前教育、特殊教育、双语教育。卫生方面，继续加强公共卫生体系和农村卫生工作，推进基层医疗卫生服务机构标准化建设，加强乡村医生、全科医生培养力度。大力培育“名院、名科、名医”，扶持社会医疗机构健康发展。实施仙岳医院扩建、翔安医院、五缘医院建设等项目。落实人口计生综合改革示范市建设各项工作，稳定低生育水平。文体方面，抓好文体惠民工程的实施，健全文体服务网络，兴建和完善一批重点文体设施。加快闽南文化生态保护实验区建设，推进鼓浪屿申报世界文化遗产工作，完成青少年宫项目建设，开工建设市运动训练中心等项目。广泛开展全民健身活动和校园阳光体育活动，办好国际马拉松赛、全国青少年大提琴比赛、中国国际钢琴比赛、鼓浪屿钢琴节。继续加强其它公共事业发展。优化公交线网布局，加强出租车市场管理。完善社会救助体系，支持发展各类慈善公益事业，做好扶老、救孤、助残、济困工作。努力解决来厦务工人员的社会保障、子女就学等问题。认真组织实施为民办实事项目。

加强生态城市建设。积极推进“健康城市”、“国家环境保护模范城市”、“国家森林城市”建设。落实节能减排年度目标，推进国家“十城千辆”节能与新能源汽车应用示范工程和“金太阳示范工程”，加强公共机构节能工作，推广节能示范工程项目，更新使用天然气公交车；完善监控措施，确保重点工业企业污染物达标排放，加大重要流域污染整治力度，有效控制畜禽养殖等污染。完善数字城管系统，加快机动车简易工况排气检测中心等项目建设，加强环境卫生、市容市貌、交通秩序以及汽车尾气、工业废气、扬尘污染、油烟噪声扰民治理的日常管理；加强城市绿化、美化、亮化、彩化工作，继续开展城市主干道和重要城市节点景观整治，实施厦门莲花国家森林公园建设等项目，全年新增绿地700公顷、林相改造1万亩。加强资源和环境保护，继续推进海域清淤整治和沿海防护林体系建设，巩固筼筜湖治理成果，开口改造高集、集杏海堤；落实重要水源地生态保护补偿机制；节约集约用地，盘活存量土地，提高土地利用率。

加强文明城市创建工作。以社会主义核心价值体系建设为根本，积极推进思想道德和精神文明建

设。认真落实《创建文明城市三年规划》。充分发挥社区、居委会和各群团组织、行业协会、社会团体的作用，深入开展社区和谐、村镇新风、行业满意、军民共建等创建活动。加强社区建设，提升社区物业管理水平。加强流动人口的管理服务，共建文明温馨家园。

维护社会安定稳定。加强治安防控体系建设，严厉打击刑事犯罪，及时解决突出的治安问题。落实安全生产责任制，强化专项治理，加强大型桥隧和重大危险源安全管理。加强市场监管，确保食品药品安全。加强市场监测，确保重要农副食品和公用行业公共服务价格稳定。加强网络信息工作，认真做好信访和人民调解工作，防止各类不稳定事件发生。加强民族与宗教工作。加强诚信体系建设。加强劳动保障执法监察，健全完善劳动争议调解仲裁机制。整合防空防灾资源，加强应急管理和指挥平台建设，提高应急救援和突发公共事件的社会救助能力。做好甲型H1N1流感等疫情防控工作。

三、持续加强自身建设，着力提升服务水平

牢记特区使命，抢抓发展机遇。进一步解放思想，先行先试，以更宽的视野、更高的站位，做好今年的各项工作，组织编制好“十二五”规划。以更加奋发有为的精神状态，更加富有创新的举措，更加积极有效的作为，发挥厦门经济特区在体制机制创新方面的试验区作用，在海西建设中的龙头示范作用。

转变政府职能，提升服务效能。认真履行社会管理和公共服务职能，努力为各类市场主体创造良好发展环境、提供优质公共服务。建立健全政府联系企业、服务企业的长效机制，继续开展以“五帮”为主要内容的“走进和服务千家企业”活动。加强机关效能建设，完善政府绩效评估指标体系。加强政务公开、政府信息公开和电子政务建设，努力把厦门建设成为政府效能最高、行政成本最低、服务质量最好的城市之一。

坚持依法行政，优化法治环境。创新政府立法工作机制，进一步强化政府法制监督，严格行政执法责任制和过错追究制度，规范行政自由裁量权，加强行政复议工作，维护社会公平正义。自觉接受市人大及其常委会的法律监督和工作监督，自觉接受市政协的民主监督，坚持定期向市人大及其常委会报告工作和向市政协通报情况。认真听取各民主党派、工商联、无党派人士和各人民团体的意见。认真做好人大代表议案、建议和政协提案的办理工作。支持工会、共青团、妇联等人民团体依照法律和各自章程开展工作。重视新闻舆论和社会公众监督。

转变机关作风，狠抓工作落实。坚持深入群众，贴近群众，依靠群众，服务群众。不搞形象工程，不搞形式主义，减少会议、文件、检查评比，一切工作注重实效。坚持重大事项集体讨论决定，完善社会公示、听证和专家咨询、评估机制。进一步健全政府职责体系，加强条块之间的沟通合作，密切部门之间的协调配合。加强公务员法律、政策、专业知识学习，以及对新领域、新课题的研究探索，增强推动工作、服务民众的能力。

继续艰苦奋斗，保持清正廉洁。加强从源头上防范和治理腐败，健全权力运行监控机制。认真落实“一岗双责”，加强审计监督，健全政府重大投资项目公示、重大项目效能监察、重大项目后评估、重点事项提前介入等制度。加强重点领域专项治理。深入开展纠风工作，坚决纠正损害群众利益的不正之风。发扬艰苦奋斗、勤俭办事的精神，狠抓增收节支，厉行节约，切实做到为民、务实、清廉。

各位代表！厦门的发展，在挑战中再次迎来了新的机遇，站在历史的新起点，面对全市人民的新期待，我们深感责任重大、使命光荣。让我们更加紧密地团结在以胡锦涛同志为总书记的党中央周围，深入贯彻落实科学发展观，在中共厦门市委的坚强领导下，坚定信心，同心协力，攻坚克难，开拓创新，推动厦门经济社会又好又快发展，为把厦门建设成和谐文明的美好家园而努力奋斗！

关于厦门市2009年国民经济和社会发展计划执行情况与2010年国民经济和社会发展计划草案的报告

——2010年1月18日在厦门市第十三届人民代表大会第五次会议上

厦门市发展和改革委员会主任　康　涛

各位代表：

受市人民政府委托，我向大会报告厦门市2009年国民经济和社会发展计划执行情况及2010年的计划草案，请予审议，并请市政协委员和各位列席人员提出意见。

一、2009年国民经济和社会发展计划执行情况

2009年，在市委的正确领导下，全市各级各部门以科学发展观为指导，深入贯彻落实党中央、国务院和省委、省政府应对金融危机和加快海西建设的决策部署，积极作为，全力以赴，按照“四个千方百计”的要求，及时出台并实施了一系列政策措施，注重培育一批新的增长点、财税点、就业点，扭转了经济下行局面，主要指标较早实现止稳回升，经济社会平稳健康发展。主要成效有：

“保增长”效应不断显现。加大政策和资金扶持，以前所未有的力度“保增长”。全面开展以“五帮企业”为主要内容的“走进和服务千家企业”活动，有效改善了企业生产经营环境，工业生产恢复到金融危机前水平；第三产业发展加快，增速高于全国、全省平均水平；进出口总额占我省比重提高0.9个百分点，降幅分别比全国、全省小9.4和1.6个百分点；港口货物吞吐量突破1亿吨（1.1亿吨），机场旅客吞吐量突破1 000万人次（1 133万人次），厦金“小三通”吞吐量突破100万人次（120万人次）。地区生产总值、地方级财政收入等指标扭负为正，逐月加快回升。

科学发展持续提升。明确重点发展的13条先进制造业产业链（群）、10个现代服务业产业群和10个百亿产值企业集团，着力开展央企招商和对台产业“十对接”，乐捷科技、石油现货交易中心等一批先进制造业和现代服务业项目落地，火炬高新区位列全国高新区投资环境竞争力第四名。按照“四高”标准科学谋划、启动岛外新城建设和岛内旧城旧村改造。万元生产总值耗水下降3.1%、耗电下降1.3%，万元生产总值综合能耗、主要污染物排放量控制水平继续保持在全国重点城市前列。

和谐社会建设继续推进。在全国率先建立资源共享的市民健康信息系统。政府出资为全市市民办理自然灾害公众责任保险。荣获“全国推进义务教育均衡发展工作先进地区”称号。出台全国第一部社会保障性住房管理条例。新建成医院增加病床1 850张，新增中小学学位1.6万个。岛内快速交通路网基本建成。

先行先试成效显著。海峡论坛会址落户厦门，全国首个国家级对台科技合作与交流基地挂牌，成立全国首个海峡两岸农产品检验检疫技术中心。海沧保税港区一期建成，火炬（翔安）B型保税物流中心封关运作，积极争取综合配套改革和厦门经济特区扩区等政策支持。制定深化医药卫生体制改革实施方案，启动实施基本药物制度。

主要领域发展情况：

（一）工业经济企稳向好

工业生产持续回升。月度工业产值自8月份起实现正增长。宸鸿科技、厦华电子、银鹭食品等49家增产超亿元企业逆势上扬，合计增产193亿

元。33 个工业大类行业中，产值实现增长的行业逐季增加。冠捷科技、东部燃气电厂等重大工业项目建成投产。

运行质量不断改善。工业经济效益综合指数预计达到 175，同比提高 5 个点。工业企业利润总额增长 26.2%（1～11 月）。工业产品产销率达 99.3%。

创新体系加快完善。推进中科院厦门城市环境研究所等一批重大科技平台建设。火炬（翔安）产业区台湾科技企业育成中心全面建成。新增国家级创新型企业 2 家、试点企业 4 家，新认定高新技术企业 303 家，5 个项目列入国家科技重大专项。第七届“6·18”对接项目 423 项，总投资 38.2 亿元，156 个项目成果已转化发挥效益。

（二）服务业发展加快

商贸旅游金融支撑作用进一步形成。举办百余场各类促销活动，汽车、建筑和装潢材料、日用品等消费旺盛，增长 30% 以上，网络销售等新兴消费模式发展迅速。推出“闽南神韵”等旅游新产品，新增温德姆、佰翔等一批高档次酒店。接待国内外旅游者人次增长 15.1%，旅游总收入增长 7.2%。中外资金融机构本外币各项贷款余额 2 989.6亿元，增长 26.2%。各金融机构全年为重点项目发放贷款 222 亿元，占重点项目完成投资的 68.5%。证券期货行业交易量 2.4 万亿元，增长超过 60%。厦门建发、港务、国贸等 6 家企业通过发行企业债券等形式融资 57.3 亿元。4 家企业在香港成功上市，1 家企业在中小板上市，2 家企业借壳上市。保险业实现保费收入 58.3 亿元，增长 24.5%。

会展物流辐射作用进一步增强。全年展览面积增长 36.8%，会议参加人次增长 12.4%，“石材展”成为世界第二大石材专业展，游艇展、眼镜展等特色展会影响面扩大，国际动漫节成为我国首个列入世界动画协会推介的示范性动漫节。增加国际海运航线 10 条，国际中转量增长 75.2%。推进“无水港”建设，海铁联运集装箱量增长 95.5%，内贸货物吞吐量增长 26.8%。苏宁集团等企业投资建设物流配送中心，柯达亚太区物流中心迁至我市。

新兴行业加快成长。观音山营运中心新入驻企业 137 家，新站营运中心 A 区招商基本完成。软件服务业销售收入增长 29.1%，软件园二期新增入驻企业 163 家。全市服务外包企业达 106 家，销售收入超过 20 亿元。首批认定 36 家重点文化企业和 7 个文化产业示范基地。

（三）“三农”工作扎实推进

现代农业稳步发展。推进集美仙灵旗、翔安古宅等现代农业生产示范基地建设，建成并推出一批乡村旅游示范点。农副产品与食品加工产业集群实现产值 195 亿元，增长 5%。农业品牌化、专业化、产业化发展迅速，新增中国驰名商标 3 个。全市拥有 116 家农民专业合作社，带动农户 4.6 万余户。

农村生产生活环境不断改善。继续实施 20 个旧村改造新村建设和 12 个老区山区重点村建设。新建改建通行政村和自然村公路 143 公里，完成 13 个高山行政村有线电视光缆联网工程，实施 13 个山区行政村饮水安全工程。“家电下乡”销售额 4 856 万元。

农民收入和保障水平持续提升。农民人均纯收入增长 8%。完善被征地人员基本养老保险，新增参保 7 980 人，建立被征地人员老年养老补助制度。2.4 万名农村富余劳动力实现转移就业。新一轮农村义务教育和公共卫生体系建设累计投入基建和设备投资 2.8 亿元，72 个基建项目竣工。

（四）中心城市建设提速

岛内外一体化加快启动。策划一批新城建设、旧城改造和城市综合体项目。推进航空城、水源工程、城市轨道交通等海西重大项目前期工作。进行集美新城、翔安新城、环东海域新城和本岛东部商务区规划设计方案国际招标。西郭片区、厦港片区等旧城改造顺利推进。

集聚和辐射能力持续增强。翔安隧道全线贯通，海翔大道加快建设。福厦铁路建成通车，厦深、龙厦铁路和厦漳跨海大桥、厦成高速、沈海高速扩建工程（厦门段）等全面推进，建成 5 个泊位，海沧航道扩建二期工程完工，继续推进机场三期扩建工程。

市政设施更加完善。建成 4 座 110 千伏及以上输变电工程。岛内完成天然气置换工作。后坑垃圾焚烧发电厂投产，东部固废处理中心垃圾处理基地基本建成。西部垃圾焚烧发电厂动工建设。海沧污水处理厂技改工程主体完工，石胄头污水处理厂和同安污水处理厂改扩建工程通水运行。北溪引水、本岛与翔安供水互通工程开工建设，石兜水库除险加固工程和莲花水库前期工作加快推进。

（五）开放水平持续提升

外贸工作有力推进。大力扶持高附加值、高科技含量、竞争力强、有发展潜力的出口产品，帮助应对贸易壁垒，加大出口信保扶持力度和覆盖面。口岸、税务和金融等部门积极帮扶企业，推进通关提速，加快退税进度，改善融资环境。“秋交会”上总成交额增长25.5%，高出大会平均水平28.9个百分点。引导企业开拓新兴市场，全年对东盟出口增长16.1%，对海湾六国出口增长29%，对南部非洲五国出口增长17.7%。服装、农产品、石材等12大类传统出口产品增长10.2%，占出口总量的50.2%。民营外贸企业逆势增长，出口110亿美元，增长24.4%，进口21.5亿美元，增长20.7%。

招商引资取得新进展。实际利用外资22亿美元（按历史可比口径），超额完成全年计划。服务业项目数量和合同利用外资金额比重均超过50%，特易购、LG和百威英博等世界500强企业来厦投资，引进一批融资、担保、租赁等新兴产业项目。强力推进央企招商工作，与宝钢、国药集团等央企签署战略合作协议。引进红星美凯龙等一批知名企业。

（六）厦台交流取得新突破

文化交流合作不断提升。成功举办首届海峡论坛，成为继国共论坛、“两会”协商之后以基层、民众交流为特点的第三个两岸交流平台。举办海峡两岸民间艺术节、文博会、图书交易会等重大对台文化交流活动超过30项。

两岸往来通道不断拓展。完成五通海空联运码头扩建一期工程，厦金航线增加到每天32个航班，旅客人次增长31%。“中远之星”等四艘客滚船开通厦门—台湾海上客运航线，开辟厦门至高雄、基隆、台中海上货运航线，实现两岸常态包机。厦台邮件建立总包直封关系。接待台湾入境过夜旅游者39万人次，增长8.5%，经厦门口岸赴金门、澎湖和台湾本岛旅游的达9万人次。

经贸往来更加活跃。合同利用台资增长81.8%，台资项目占新设外资项目总数的41.5%，居各来源地首位。厦门关区台湾水果进口量和货值居大陆第一，大陆规模最大的台湾水果销售集散中心开业。金龙汽车与台湾三洋工业签署在台设立合资公司的协议。大陆首家台资旅行社（厦门灿星国际旅行社）开业。厦航在台正式成立分公司。

（七）民生保障持续加强

就业和社保体系不断完善。全年新增就业19.1万人。促进厦门生源毕业生就业，实施新一轮就业困难人员和普通大中专院校毕业生就业再就业优惠政策，全市1.4万个就业困难对象实现再就业。减半征收“五金”，将在厦大学生纳入医保，实现城乡居民基本医疗保险全覆盖。

教育事业发展水平稳步提升。新建扩建中小学14个，免除城乡义务教育各项收费1.2亿元，进城务工人员子女进入公办学校就学比例达到67%，提高3个百分点。普通高中生在三级以上达标校就学比例达到97%，提高2个百分点。教育综合竞争力在15个副省级城市中位列第三。

医疗卫生服务体系逐步完善。建成12个基层医疗卫生服务项目和28个标准化村卫生所，完成24个社区医疗服务中心标准化改造，健全妇幼保健三级网络。长庚医院一期、市妇幼保健院门诊综合楼建成投入使用，第一医院、中山医院、仙岳医院扩建项目进展顺利，启动福建（厦门）—新加坡友好医疗服务中心等项目建设。市中医院成为三级甲等中医院。

交通改善工程实施力度加大。基本建成快速公交系统（BRT）二号线，以快速公交为骨干的公交网络更加完善，成功大道全线通车，环岛干道基本建成。完成兴山路拓宽改造等交通改造工程；增设13座人行天桥（地下通道），建成3座大型公交场站和一批停车场。

保障性住房建设租售全面推进。16个在建保障性住房完成投资8.7亿元。首批经济适用房交房入住917户，第二批经济适用房选房配售358户。保障性租赁房配租入住3 966户。

文体事业日益繁荣。建成小白鹭艺术中心、同安文化中心等一批群众文体设施，加快建设市青少年宫扩建、海沧体育中心一期等项目，推进闽南戏曲艺术剧院前期工作。成功举办“第十一届中国戏剧节”、首届“全国青少年钢琴比赛”、“厦门市第四届群众文化艺术节”、“第十八届市运动会”等活动。厦门TD无线城市成为全国推广模式。

各位代表，2009年我市经济社会发展情况总体良好，但也存在一些困难和问题：一是产业结构调整和发展方式转变任务仍较艰巨，新的经济增长点、财税点、就业点不够多，生产性投资在固定资产投资中占比不高，发展后劲受到制约。二是产业自主创新能力不够强，拥有自主知识产权的核心技术不多，高端人才特别是创新型领军人才比较缺乏，与建设创新型城市的要求有一定差距。三是改革的深度和力度有待进一步加大，推动科学发展的体制机制还不够健全，发展中的一些深层次矛盾和问题有待进一步解决。四是城乡发展仍不平衡，农村基础设施、基本公共服务相对滞后，农民增收难度较大。五是民生改善的成效与城乡居民日益增长的需求仍有一定差距。上述问题需要不断通过深化改革和加快发展努力加以解决。

二、2010年国民经济和社会发展预期目标和主要工作建议

2010年，是实施“十一五”规划的最后一年，是全面落实国务院《若干意见》，实质性推进海西建设的关键一年。我们要按照市委扩大会议精神，把握“五个结合”，按照“六个新突破”部署，解放思想、站位全局，用更广的胸襟与眼界谋划和推进发展，坚持二三产并重，加快岛内外一体化建设，产业发展与城市建设双轮驱动，围绕13条先进制造业产业链（群）和服务业发展十大领域，加快培育新的增长点、财税点和就业点，组织编制好‘十二五’规划，为转型和发展奠定良好基础，更好地在海西发展中发挥龙头示范作用。

2010年主要预期目标建议为：地区生产总值增长11%；规模以上工业总产值增长11.4%；全社会固定资产投资增长10%；外贸进出口总额增长7.6%，其中出口增长8%，进口增长7%；实际利用外资22亿美元（按历史可比口径）；地方级财政收入增长11%；社会消费品零售总额增长14%；城镇居民人均可支配收入增长9%；农民人均纯收入增长9%；居民消费价格指数103.5%；城镇登记失业率控制在4.5%以内；人口自然增长率控制在9.5‰以内；单位生产总值能耗下降2.52%，二氧化硫排放量下降1.1%；化学需氧量排放量减少0.43%。

为实现上述目标，建议围绕转变发展方式，加快调整经济结构，提高经济运行质量，着力开展六个方面工作：

（一）着力提升存量扩大增量，壮大经济实力

千方百计招商引资。把招商引资作为抓增量、调结构、增后劲的重要抓手，坚持内外资并重、大中小项目齐抓，创新工作机制，制定更有针对性、更具吸引力的政策措施，强化招商力量，组织一支高素质、能战斗的招商队伍，采取超常规的举措，力求招商引资工作有新突破。凸显重大项目招商，紧盯符合厦门城市发展定位和产业发展导向的二三产项目和企业，瞄准世界500强、台湾百大企业、央企和知名民营企业，针对性地进行项目策划，综合运用专业招商、上门招商、网络招商等方式，提高重大项目招商引资的针对性和实效性。推进平台招商，发挥“9·8”、“6·18”、“台交会”、“海峡论坛”等重大交流平台作用。强化产业链（群）招商，重点围绕电子信息、机械、光电、生物医药、新材料等先进制造业和服务外包、软件、信息服务等现代服务业开展招商工作。梳理招商重点，着力引进技术含量高、规模大、带动性强，能够确立支柱地位的重大产业龙头项目和一批弥补产业链缺失环节的项目。强化市重大招商项目领导小组协调作用，及时研究和推动重大项目招商工作。

强力推进项目建设。完善重大项目推进督办机制，分解落实责任，细化工作目标和计划，分类协调解决问题，按时间节点跟进督办。进一步完善开发建设的体制机制。完善征地拆迁工作机制，破解征地拆迁难题。

持续加强企业帮扶。深化和完善各项帮扶政策，扶持企业做强做大。力促已公布的各项税费减免政策落到实处，千方百计帮助有市场、有效益的企业解决融资贷款、用工和配套等方面困难。实施国内外两个市场并行，主动衔接国家经济援助和订单信息，扶持优势企业开拓新兴市场。

（二）着力结构调整优化，促进产业升级

推进工业调整升级。在继续全力保持工业平稳增长的基础上，引导和扶持现有工业企业围绕提高质量和效益，提高附加值，降低碳排放，加大研发和技术改造投入，增强自主创新能力。培育工业新增长点，策划推进汽车发动机等一批规模大、带动性强、发展前景良好的产业项目，加大对景智光电、新阳纸业、正新海燕等重点项目协调力度，加快推进毅丰生物、银鹭重工等国家增投项目建设，力促早日投达产。调整优化工业结构，加快培育13条先进制造业产业链（群）和10个百亿以上产值大企业集团，扶持壮大新能源、新材料、信息网络等战略性新兴产业；加大科技创新与研发资金和技改专项资金投入，积极争取上级各项扶持资金，继续加强各类科技创新平台、孵化器和创新体系建设。推进机械工业集中区、火炬高新区、软件园等平台载体建设，引导关联企业集聚发展。推进国家级海外高层次人才创新创业基地建设。加快高新技术企业认定工作。

加快发展现代服务业。培育消费新热点，加快大嶝对台小额商品交易市场、圣果院商业中心等项目建设；加大商业促销力度，促进商贸、旅游、文化、休闲融合；培育家政服务、通信产品、休闲健身等消费新热点，加强电子商务等新兴业态培育。加快建设生产性服务业集聚区，继续推进杏林湾营

运中心、前场铁路大型货场等项目建设；完善配套服务功能，充分发挥海沧保税港区、火炬（翔安）B型保税物流中心、观音山营运中心、五缘湾营运中心的集聚效应，帮助入驻企业做强做大。推动拓展辐射区域，支持港口物流企业到中西部设点；吸引台资金融机构在厦设立分支机构或参股金融企业，支持我市法人金融机构向周边拓展业务；加大旅游宣传投入，加强区域合作，创新跨区域旅游产品；加大高端商业、商务会展营销宣传力度，开发客源腹地。大力发展软件和信息服务、文化创意、服务外包等新兴服务业。

提升农业产业化水平。按照“两头在厦、中间在外”发展战略，扶持都市型农业和农业产业化龙头企业，扩大订单农业规模，大力发展优质种苗、农产品深加工和市场营销。扶持农民专业合作社和“一村一品”，积极推动“农超对接”，拓宽农产品流通渠道。推进小嶝岛等乡村旅游和生态休闲农业项目建设，完善配套设施。扶持引导农民发展为生产企业、工业区、新城区提供生产、生活配套的服务业。

（三）着力岛内外一体化，统筹城乡协调

加快拓展岛外提升岛内。全面推进岛外新城建设，通盘谋划新城规划与产业布局，合理规划产业区、商务区、生活区，明确产业发展的重点，引导和推进中心城区部分功能向岛外转移和分流；尽快启动新城核心区建设，选择一批高水准、有经验、有实力的企业参与建设，同步规划、同步启动教育、卫生、市政等公建配套设施建设，推动新城建设与产业发展相辅相成，相互促进，为新城的迅速繁荣提供产业支撑。高品质实施岛内旧城旧村改造，按照“两保持、两降低、两提升”原则，重点推进曾厝垵、西郭、钟宅、新店等旧城和城中村改造；引入城市综合体，强化岛内现代商务、商贸和休闲旅游等功能，加快建设一流水平的岛内东部商务区，提升岛内新区品质和品位。

构建城乡协调发展新格局。推动城乡统筹综合配套改革，探索建立城乡建设用地增减挂钩制度和农村集体建设用地流转机制，规范农村土地承包经营权流转，探索建立农村土地承包经营权交易市场，完善“金包银”股份量化和管理经营机制。扎实推进新农村建设，继续实施旧村改造与新村建设及老区山区发展工程，完善新农村建设后续管理机制，完成山区行政村饮水安全工程，稳步推进移民造福工程，加快重点流域整治、海堤加固、水库除险等防灾减灾工程建设。

（四）着力提升开放水平，深化交流合作

力促外贸稳定增长。积极帮助企业开拓市场，加大信保扶持力度，争取在工艺品、石材等行业进行行业统保试点；培育出口新增长点，扶持矿产、农林渔产品和塑料化工等大宗商品进口；组织企业积极开拓南美、中东、非洲等新兴市场，鼓励重点出口企业设立境外网点；积极打造航空维修、工程机械、光电等优势产业贸易平台。进一步优化外贸经营环境，跟踪国家外贸政策动态，积极争取国家外贸政策支持；推动福建电子口岸拓展运用，争取逐步实现无纸化通关；建立出口上亿美元企业“一对一”服务机制，鼓励金融机构扩大外贸企业融资渠道。

打造两岸交流合作前沿平台。加快构建两岸直接往来的主渠道和两岸交流合作的重要基地。建设两岸直接往来综合枢纽，扩建五通海空联运码头，推进厦门机场成为两岸货运包机新增航点，推动在厦设立对台邮包交换中心。积极争取厦门成为两岸事务重要协商地。打造对台交流合作品牌，继续办好“海峡论坛”、“台交会”、“文博会”、“民间艺术节”、“旅博会”等重大活动，推进闽南文化生态保护实验区、厦门对台科技合作与交流基地和对台体育交流合作基地建设。深入对台经贸交流，打造两岸产业对接集中区，大力促进厦台物流贸易便利化，吸引航运物流企业来厦投资设点，继续抓好两岸专业市场交易平台和会展交流平台建设。

（五）着力促进民生改善，构建和谐社会

促进社会事业全面发展。优化教育布局和资源配置，抓好义务教育学校标准化建设，全面实施中小学校舍安全工程，改善幼儿园办学条件，扩建第二特殊教育学校，推动厦门理工学院思明校区等向岛外搬迁，开工建设厦门大学翔安校区。完善社区医疗服务体系和农村计生服务体系，推进基层医疗卫生服务机构标准化建设，加快第一医院、中山医院、仙岳医院扩建和翔安医院等项目建设，构建海峡西岸区域性医疗卫生中心。推进乡镇、街道和社区公共文化设施建设，建成市青少年宫扩建、海沧体育中心一期、岛外数字电视整体转换和有线电视网络建设等项目，启动建设市运动训练中心、闽南戏曲艺术剧院。推动鼓浪屿申报世界文化遗产。

不断增进民生福利。打造“全民社保城市”，实施新型城乡居民基本养老保险办法，实现基本养老保险城乡全覆盖，做好全国城镇企业职工基本养老保险跨地区转移接续工作，完善外来人员基本养老保险办法。完善医疗保险制度，调整统筹基金支

付限额，提高参保人员的基本医疗保障水平。深入开展校企合作订单培训，拓展紧缺工种和高技能人才培训，开工建设2个高技能人才公共实训基地。加快莲岳隧道、滨海西大道（延伸段）、白云大道（延伸段）和集灌路（拓改）等缓解城市交通的主干道路建设，完成厦大南普陀片区、万寿片区等交通改善工程，建成嘉禾园地下停车场、一批人行天桥（地下通道）和公交候车亭。全年建成保障性住房11 786万套，基本解决低收入家庭申请户住房困难问题。

精心建设美好家园。加强环境保护和管理，继续开展环岛干道、成功大道、仙岳隧道、翔安大道等城市主干道和重要城市节点景观整治工程，提升城市绿化、亮化、美化、彩化水平；做好海域清淤整治、污水截流等生态修复整治工程；加强沿海防护林体系建设，修复沙滩、红树林等典型海洋生态系统；重点推动岛外大型公园和生态园林工程建设；持续开展农村清洁家园行动；加强汽车尾气、工业废气、扬尘污染、油烟噪声扰民治理。加快市政设施建设，推进枋洋水利枢纽工程前期工作，加快北溪引水左干渠改造二期、莲花水库、石兜水库扩容等项目建设，推进集美北部水厂扩建；建成后坑、东部和西部三个现代化垃圾处理基地，推进垃圾分类，加快餐厨垃圾处理中心前期工作；建成石胄头和同安污水处理厂扩建工程，加快污水泵站和管线等设施建设。落实节能减排，推动使用新能源公交车；大力发展低碳经济，以产业领域减碳、低碳为重点，统筹推进建筑、交通、环境、生活等经济社会各领域节能降耗。开展循环经济试点，推广使用高效节能产品，提高新型墙体材料和节能建材应用比例，启动大型公共建筑节能改造，确保完成主要污染物总量控制和节能减排目标。

（六）着力体制机制创新，增强动力活力

加快推进对台先行先试。推进台商投资区扩区和功能整合，争取成为实施两岸经济合作框架协议试点城市，争取进一步放宽台商投资领域，促进厦台产业深度对接，加快构建两岸区域性金融服务中心，深化对台服务外包合作。

继续深化体制改革。积极争取实施综合配套改革，力争将经济特区延伸到全市。深化投融资体制改革，加强财政投资绩效评估，深化投资项目后评价。完善市属国有企业负责人薪酬管理和业绩考核制度。推动符合条件的企业在境内外资本市场上市融资，争取厦门火炬高新区进入“新三板”扩容试点，推动厦门市农联社改制为农村商业银行。有序推进我市医药卫生体制改革，全面实施国家基本药物制度，开展公立医院改革试点。加快新闻出版、文艺团体及文化管理体制改革。全面推行事业单位绩效工资制度。

各位代表，做好2010年国民经济和社会发展工作，对于我市加快构建现代化国际性港口风景旅游城市和海峡西岸重要中心城市意义重大。我们要认真贯彻落实市委的决策部署，依法接受市人大及其常委会的法律监督、工作监督和市政协的民主监督，坚定信心，振奋精神，团结一心，艰苦奋斗，努力发挥厦门在海峡西岸经济区建设中的先行先试和龙头示范作用，确保完成本次会议确定的各项目标和任务，促进我市经济社会又好又快发展。

关于厦门市2009年预算执行情况和2010年预算草案的报告

——2010年1月18日在厦门市第十三届人民代表大会第五次会议上

厦门市财政局局长　黄　强

各位代表：

受市人民政府委托，现将厦门市2009年预算执行情况和2010年预算草案提请大会审议，并请市政协委员和列席人员提出意见。

一、2009年预算执行情况

2009年，在市委的正确领导和市人大的监督指导下，各级财政部门认真贯彻落实中央和省、市应对金融危机及加快海西建设的各项部署，全力保增长、保民生、保稳定，预算收支执行情况良好，财政总收入和地方级财政收入均提前一年完成"十一五"规划目标，为经济社会平稳较快发展提供了坚实的基础。

（一）全市预算执行情况

全市财政总收入4 513 765万元，比上年增长10.1%，其中，地方级财政收入2 405 485万元，比上年增长9.2%；上划中央收入2 108 280万元，比上年增长11%。全市当年预算支出2 473 354万元，加上中央、省专款和上年结余等在当年体现支出207 634万元，全市财政支出2 680 988万元，比上年增长12.6%。

全市地方级财政收入2 405 485万元，加上上级补助收入584 995万元、上年滚存结余75 610万元、国债转贷收入及上年结余5 861万元，收入总计3 071 951万元。全市财政支出2 680 988万元，加上上解上级财政支出328 001万元、国债转贷支出及当年结余5 861万元，支出总计3 014 850万元。总收支相抵，全市年终滚存结余57 101万元。

（二）市本级预算执行情况

市本级财政收入1 710 305万元，完成市第十三届人民代表大会常务委员会第十九次会议批准预算的99%，增长9.9%；市本级当年预算支出1 575 810万元，完成预算的99.4%，加上中央、省专款和上年结余等在当年体现支出201 048万元，市本级财政支出1 776 858万元，比上年增长16.1%。

市本级财政收入1 710 305万元，加上上级补助收入584 995万元、上年滚存结余33 086万元、下级上解收入19 339万元、国债转贷收入及上年结余5 861万元收入总计2 353 586万元。市本级财政支出1 776 858万元，加上补助区级支出228 006万元、上解上级支出328 001万元、国债转贷支出及当年结余5 861万元，支出总计2 338 726万元。总收支相抵，市本级年终滚存结余14 860万元。

（三）基金预算执行情况

全市基金收入1 563 356万元，加上上级补助收入10 503万元、上年滚存结余129 192万元，收入总计1 703 051万元。全市基金当年预算支出1 251 609万元，加上中央、省专款和上年结余等在当年体现支出149 990万元，全市基金支出1 401 599万元。总收支相抵，全市基金年终滚存结余301 452万元。

市本级基金收入1 054 516万元，完成预算的113.3%。市本级基金当年预算支出908 540万元，完成预算的99.9%，加上中央、省专款和上年结余等在当年体现支出24 270万元，市本级基金支出932 810万元。市本级基金收入1 054 516万元，加上上级补助收入10 503万元、上年滚存结余50 184万元、下级上解收入1 240万元，收入总计

1 116 443万元。市本级基金支出932 810万元，加上补助区级支出22 039万元，支出总计954 849万元。总收支相抵，市本级基金年终滚存结余161 594万元。

以上财政收支执行数均为快报数，待编成财政决算后，再向市人大常委会专题报告。

2009年预算执行和财政工作有以下主要特点：

1. 财政收入在应对危机中实现稳步增长

受经济波动与政策性减收双重影响，财政增收难度空前加大。财政部门全面落实积极财政政策，及时出台并不断丰富应对危机的政策措施，在保持经济社会平稳较快发展的同时，实现财政收入稳步增长。减轻税费负担。全面落实增值税转型政策，迅速出台四项社保基金和残疾人就业保障金减征等系列措施，累计取消、减征、缓征140多个收费项目，为企业和个人减轻负担18.7亿元。加大企业帮扶。扶持资金总额达到13.9亿元。引导企业加快技术改造、加速产业升级；支持产业集群培育和重点项目招商，延长产业链条、提升竞争能力；安排重点企业资金链应急保障资金，鼓励银行加大对中小企业融资投放，完善贷款风险补偿机制；设立增产多销奖励金，大力组织“汽车、摩托车、家电下乡”，落实优质地产品优先采购政策。稳定出口贸易。及时拨付出口退税和外贸扶持资金12.7亿元。降低扶持门槛，提高补助上限，对重点出口商品给予支持，鼓励企业开拓海外新兴市场，信保保费扶持比例提高；积极促成国家调整部分产品关税和出口退税政策，出口运行状况明显好于全国。加快自主创新。科技投入5.8亿元，其中科技创新与研发支出3.9亿元。建立科技创新贷款担保机制，科技进步奖奖励标准大幅提高，新认定303家高新技术企业，新建12个工程技术研究中心和实验室，一批产学研和科技产业化项目得到资助，基本建成国家级LED检测中心，中科院城环所通过验收。做强服务产业。投入服务业发展各项资金2.3亿元。对重点物流企业给予贴息、补助，对服务外包企业的人才培训、软件认证等给予扶持；扩大展览资助范围，新增办会奖励，吸引越来越多的企业来厦办会办展，数量和规模实现较大增长；对重点文化企业和项目予以资助，推出“闽南神韵”一台戏；积极拉动旅游消费，实行新航线和旅游包机奖励，鼓励大陆游客经厦赴台和境外游客来厦旅游。深化对台交流。保障首届海峡论坛的成功举办，支持办好台交会、文博会等；富邦财险等机构落户厦门，圆满完成富邦参股厦门银行工作；继续实施台湾水果进口奖励，厦门成为大陆进口台湾水果最大口岸。

2. 城市建设在海西发展中得到更快推进

抓住国家支持海西发展的重大机遇，扩大和引导公共投资，实现城市拓展与环境优化的有机结合。多方筹资确保重点。发挥财政筹融资职能，积极拓宽融资渠道，争取到中央增投等资金6.5亿元和财政部代发地方政府债券8亿元，全年投入各类财政性资金219.7亿元，有力保障了重点项目建设。城市拓展步伐加快。启动集美新城、翔安新城和环东海域新城建设规划，稳步实施西郭片区等旧城改造，五缘湾、湖边水库、厦门新站等重点片区开发顺利推进；续建BRT二号线，翔安隧道全线贯通，成功大道建成通车；积极构筑对外通道，福厦高速铁路通车运行，厦深铁路、龙厦铁路、沈海高速扩建等项目加快建设，海西中心城市格局逐步形成。人居环境不断改善。6.4亿元投入污染源治理和节能减排，完成天地湖、松柏湖截污工程，东部垃圾填埋场基本建成；重点企业和公共建筑节能监测体系进一步健全；落实公交优先，实施票价补贴，取消公交空调费，建设嘉禾园等一批停车场。

3. 民生保障在结构调整中获得持续加强

进一步优化财政支出结构，大力推进以民生为重点的社会建设，各项民生支出43.2亿元，比上年增长22%。社保体系更趋完善。安排就业专项资金1.8亿元，积极落实本地生源毕业生的就业，加大对困难人群的帮扶，强化职业技能和创业培训，全年新增就业19.1万人；完善被征地人员养老保险办法，进一步降低参保门槛、减轻缴费压力；在厦大学生纳入城乡居民基本医疗保险体系，实现医保全覆盖；财政出资为全体市民办理自然灾害公众责任险，为农村居民办理住房保险；在全省首设道路交通事故社会救助基金，受害方救助得到有效保障；投入7.3亿元建设社会保障性住房，1.2万套住宅如期竣工；在六个区建设“福乐家园”，爱心护理院落成开园；扩大贫困人群医保自付补助范围，提高补助标准，5.5万人受益。“三农”工作扎实推进。农业投入4.4亿元。新一轮农村义务教育和公共卫生体系建设成效显著，继续启动20个新村建设和12个老区山区村改造，实施13个老区山区村饮水安全工程；加快农村道路、生态风景林、休闲农业、乡村旅游项目建设，农村环境明显改善，农业产业化水平持续提高；落实强农惠农政策，对农民自建沼气池给予补助，及时兑付粮食综合直补资金，惠及8万多农户。社会事业全面发展。教育投入13亿元。实施教师绩效工资改革，确保中小学教师平均工资水平不低于公务员；启动中小学校舍安全工程，完成校舍抗震安全排查和鉴定；免除城乡义务教育各项收费1.2亿元，新建扩建14所中小学，新增1.6万个学位，来厦务工人员子女入学得到较好保障。卫生投入7.3亿元。市妇幼保健院门诊综合楼建成投入使用，仙岳医院、中山医院、医药研究所等建设改造工程进展顺利；建成市民健康信息系统，方便市民，减轻负担；及时拨付甲型H1N1流感防控资金，财政应急保障机制不断完善；福建（厦门）—新加坡友好医疗服务中心项目动工，完成24个社区卫生服务中心和28个农村卫生所的标准化建设。4.1亿元繁荣文体事业，建成小白鹭艺术中心等一批文化基础设施，实施“农家书屋”工程，成功举办第十一届中国戏剧节、第十八届市运会等重大活动，群众精神文化生活进一步丰富。

4. 财政管理在制度创新中不断优化提高

加大财政管理创新力度，管理能力进一步提高。预算管理改革实现新突破。行政事业性收费全部纳入预算管理，非税收入电子缴费系统投入使用，收入监管更加及时；开展政府采购预算编制，建立部门预算基础资料库，全面实行项目库管理，预算编制更加精细；市、区两级全面推行公务卡改革，国库集中支付更加规范；实施大宗货物和公务车辆统一采购及办公设备标准化配置，实现服务器集中托管和电子政务内外网统一接入，资源集约水平得以提高。资金资产管理取得新进展。坚持勤俭办一切事业，出国、购车、接待、会议费用均严格按中央要求进行控制和压缩，公共资源市场化改革纵深推进，闲置资产处置力度加大、效益提高，事业单位对外投资行为得到进一步规范。财政绩效监管取得新成效。对86个项目实施绩效评价，部分效益不高、投入不合理的项目不予安排资金；全面完成镇村债务化解任务，市区财政共同出资，累计化解债务2.6亿元；认真抓好“小金库”专项治理，强化扩大内需和惠民利民资金的监管；条法建设实现新的突破，市人大常委会三审通过国内首部会计人员管理法规——《厦门市会计人员条例》，政府采购管理办法正式颁布；财政部门依法理财、服务大局能力进一步提高，市财政局首获省级文明单位称号。

各位代表，2009年我市财政经济运行情况总体良好，但也存在一些困难和问题：一是财政增收难度大，虽经各方面努力，仍仅完成市十三届人大常委会第十九次会议批准预算的99%；二是金融危机影响尚存，结构调整和企业增效的压力依然较大，新增财税点不多，再加上减收政策继续实施，财政收入难以形成高位增长格局；三是城市建设、民生保障及产业发展等支出需求持续增加，医疗卫生体制改革、事业单位绩效工资改革等新的增支因素有待落实，财政收支矛盾仍相当突出。对此我们要高度重视，认真研究，采取有效措施，努力加以克服和解决。

二、2010年预算草案

2010年是实施“十一五”规划的最后一年，是贯彻国务院支持加快海西建设若干意见的重要一年，也是应对金融危机、实现经济又好又快发展的攻坚之年。按照市委、市政府的总体部署，2010年财政预算工作的指导思想是：以邓小平理论和“三个代表”重要思想为指导，深入贯彻落实科学发展观，继续实施积极的财政政策；按照市委十届十次、十一次全会的要求，坚持规模与效益兼顾、拓展与挖潜并重、政策与资金统筹的理财思路，推进经济结构调整和发展方式转变，增强发展后劲，做大财政蛋糕；优化财政支出结构，集中财力加快岛内外一体化建设，扶持产业链发展，持续改善民生，严格控制一般性支出；深化财政制度改革，坚持依法理财，不断提高科学化精细化管理水平，为实现我市经济社会又好又快发展、在海西建设中发挥龙头示范作用提供强有力的财力保障。

按照上述工作思路，2010年预算的主要指标安排如下：

（一）全市财政收支预算

全市财政总收入预算安排4 965 979万元，增长10%，其中：地方级财政收入预算安排2 668 954万元，增长11%；上划中央收入预算安排2 297 025万元，增长9%。

地方级财政收入2 668 954万元，加上预计上级补助收入350 862万元，减去体制上解省215 104万元和出口退税负担专项上解等支出148 217万元，全市财力2 656 495万元。按“量入为出、收支平衡”的原则，全市支出预算安排2 656 495万元。

（二）市本级财政收支预算

市本级财政收入预算安排1 906 854万元，增长11.5%。市本级财政收入加上预计上级补助收入350 862万元，减去体制上解省215 104万元和出口退税负担专项上解等支出148 217万元以及补助区级支出148 000万元，市本级财力1 746 395万元。相应安排市本级支出预算1 746 395万元，其中象屿保税区管委会支出预算17 980万元、火炬高技术产业开发区管委会支出预算82 020万元，上述两个单位作为市政府的派出机构，其收支预算并入市本级报请人大审批。市本级收支预算具体编制如下：

1. 市本级财政收入1 906 854万元，其中：

（1）税收收入1 548 050万元，增长11%；

（2）非税收入358 804万元，增长13.9%。

2. 市本级财政支出1 746 395万元，其中：

（1）一般公共服务249 450万元，主要用于人大、政协及政府各部门的正常支出和事业发展支出（含象屿保税区管委会和火炬高技术产业开发区管委会的支出10亿元）。

（2）国防1 437万元，主要用于预备役部队和国防动员方面的支出。

（3）公共安全126 976万元，满足社会公共安全方面的支出需要，力保“平安厦门”建设。

（4）教育164 584万元，同口径比上年增长15.4%，高于财政经常性收入增幅，符合法定要求，重点支持教育各项事业发展，做好中小学校舍安全加固工作。

（5）科学技术66 443万元，占可安排财力的4.2%，其中科技创新与研发资金42 300万元，占可安排财力的2.7%，符合法定要求，重点保障科技创新、产学研开发和重大产业平台建设。

（6）文化体育与传媒27 732万元，确保文化文物、体育、广播影视、新闻出版等事业发展。

（7）社会保障和就业97 994万元，重点用于全民医疗保险体系建设、行政事业单位离退休经费、就业补助、城市居民最低生活保障及社会救济等支出。

（8）医疗卫生83 476万元，投入医疗服务、社区卫生服务、城乡基本医疗保险等公共医疗保障和疾病预防控制、卫生监督、妇幼保健等公共卫生体系建设。

（9）环境保护16 015万元，主要用于环境监测整治、污染防范、节能减排和自然生态保护等支出。

（10）城乡社区事务103 745万元，确保城市维护、垃圾处理、规划管理、市政道路、消防场站建设等支出。

（11）农林水事务50 266万元，同口径比上年增长14%，高于财政经常性收入增幅，符合法定要求，重点推进农业产业化发展、农业基础设施建设、旧村改造新村建设、老区山区建设等。

（12）交通运输276 685万元，主要保障重大基础设施建设的投入及到期债务的偿还。

（13）资源勘探电力信息等事务142 358万元，积极扶持产业链发展、稳定企业生产、实施品牌带动战略等。

（14）商业服务业等事务66 042万元，主要用于扶持服务业、鼓励外贸进出口以及推进旅游产业发展等。

（15）地震灾后恢复重建支出7 528万元。按照中央和省的要求，确保援川赈灾资金全部落实到位。

（16）国土资源气象等事务25 769万元，确保国土资源管理、地质灾害防治、海洋环境保护、基础测绘、地震灾害防治、气象服务等支出。

（17）住房保障支出3 188万元，用于保障性住房等公有房屋的维护和管理。

（18）粮油安全物资储备等事务6 149万元，主要补充粮食风险基金、重要物资储备资金等。

（19）预备费30 000万元，占市级可安排财力的1.7%。

（20）其他支出200 558万元，主要用于中省属院校、驻厦单位补助、事业单位绩效改革补助及基本建设债务支出等。

（三）基金收支预算

全市政府性基金收入预算安排1 820 368万元，加上2009年土地基金超收结转2010年使用256 490万元，可安排的政府性基金收入总量为2 076 858万元，相应安排全市政府性基金支出预算2 076 858万元。

市本级政府性基金收入预算1 422 027万元，加上2009年土地基金超收结转2010年使用123 835万元，可安排的政府性基金收入总量为1 545 862万元，相应安排市本级政府性基金支出1 545 862万元。

在市本级政府性基金收入预算中，土地出让收入预算安排1 371 312万元，主要收入项目包括：

1. 国有土地使用权出让金收入1 319 312万元；

2. 国有土地收益基金收入42 000万元；

3. 农业土地开发资金收入5 000万元；

4. 城市基础设施配套费收入5 000万元。

2010年市本级土地出让支出预算安排1 495 147万元（含上年超收结转今年使用123 835万元），主要支出项目包括：

1. 国有土地使用权出让金支出1 443 147万

元，包括：征地拆迁补偿、土地开发、城市建设和农村基础设施建设等支出1 359 647万元，补助被征地农民支出20 000万元，土地出让业务支出4 000万元，廉租住房支出58 000万元，其他国有土地使用权出让金支出1 500万元。

2. 国有土地收益基金支出42 000万元。

3. 农业土地开发资金支出5 000万元。

4. 城市基础设施配套费支出5 000万元。

三、乘势而上，克难奋进，确保完成全年预算收支任务

2010年，财政改革和发展的任务异常繁重，全市财政部门要坚定信心，振奋精神，开拓进取，迎难而上，努力完成各项财政工作任务。

（一）抢抓历史机遇，全力推进一体化建设

按照提升岛内、拓展岛外的要求，加快岛内外一体化建设，多渠道筹集256.5亿元资金，确保重点建设项目的推进和债务本息的按时偿还。加快城市拓展。按“四高”要求，建设好岛外新城区，完善公用配套，市政设施和社会事业项目继续向岛外延伸布局；高标准推动旧城旧村改造和观音山、湖边水库等连片开发，充分发挥集聚和带动效应。推进项目建设。加快厦安厦成高速、厦漳跨海大桥、厦门火车站改扩建等重大基础设施和环东海域片区、海峡论坛会址等重点项目的建设，确保环岛干道、海翔大道等主要道路如期建成。优化城市环境。继续实施海域水体环境治理，加快北溪饮水左干渠改造二期、莲花水库的建设；完善垃圾无害化处理和污水处理体系建设，稳步实施建筑节能改造；有序推进城市主干道及重要节点景观美化工作，提升新农村建设和生态村创建水平；健全治安防控体系，建设市民防灾减灾体验馆，开展海堤、水库除险加固，提高灾害应对能力。强化资金运作。充分发挥财政政策和资金的引导作用，争取中央对我市的增投；完善土地收入分配机制，加强市区联动，建立高效统一的开发建设机制；积极探索“政府主导、社会参与、市场化运作”的投融资体制，进一步拓宽投融资渠道，使更多社会资金参与城市开发和建设。

（二）紧抓第一要务，全力提升产业发展实力

积极调整财政支持经济发展的方向和领域，优化产业结构，增强经济发展后劲。加快产业结构调整。统筹必要的财力支持产业链的发展，形成一批集中度高、竞争力强、带动作用大的优势产业集群；完善公共服务体系建设，及时兑现各项政策和资金，帮助企业做强品牌，提升市场竞争力；用好金融业等扶持政策，吸引更多金融机构来厦落户，鼓励厦门银行等异地拓展；加快会展三期建设，继续办好第二届海峡论坛、投洽会、台交会、旅博会等重大会展活动，促进旅游业更快发展，提高第三产业对经济的贡献率。支持发展方式转变。安排科技创新与研发专项资金4.2亿元，重点资助重大产业科技创新项目，加快各类科技创新平台建设，鼓励企业通过技术改造实现产业升级；完善企业技术创新的投融资机制，建立高新技术创投基金，促进各类创投企业成长壮大；强化政策引导和资金扶持，支持总部经济、服务外包、创意研发、工业设计等新型服务业发展；资助企业开展节能技术改造和新技术新能源项目的研发、推广、应用。完善财税政策体系。继续实施一系列帮扶企业的政策，保持政策的延续性和稳定性；加大支持、加强服务，引导高附加值、高税利的大型项目发展，培育新的财政增长极；完善引进高层次创新创业人才的激励机制，吸引更多高质量技术创新人才和领军型创业人才来厦，构建海西人才创业港。

（三）狠抓民生投入，全力建设和谐美好家园

把保障和改善民生作为财政经济工作的出发点和落脚点，积极落实各项惠民利民政策，确保市委市政府为民办实事项目的全面落实。健全就业服务网络。进一步落实信贷、补贴等扶持措施，增强高校毕业生和其他民众的就业创业能力；继续实施公益性岗位补贴政策，建立就业困难人员帮扶长效机制；整合资源，强化紧缺工种和高技能人才培训，拓宽就业渠道，满足市场要求。完善社会保障体系。逐步实现基本养老保险城乡全覆盖，平稳做好全国城镇企业职工基本养老保险关系转移接续工作，加快城乡居民一体化基本医疗保险制度的整合；进一步调整企业退休职工养老金待遇，继续提高优抚对象抚恤和生活补助标准；探索“民办公助”的养老扶助模式，启动居家养老服务试点；推进城市无障碍设施建设，对重度残疾人实行家庭无障碍设施改造和居家护理补助，在社区医疗中心建立残疾人康复室；发展绿色公交，继续对公共交通予以补贴，建设更多人行天桥，更好方便市民出行；规范社会保障性住房建设资金的筹集、拨付和使用，确保保障性住房建设的可持续。推动农业农村发展。安排支农资金4.8亿元。加快统筹城乡综

合配套改革，实现城乡一体化发展新格局；支持农业科技创新，深化对台农业交流和合作，转变农业发展方式；鼓励发展都市型和生态休闲农业，提高农产品附加值；落实各项强农惠农政策，持续促进农民增收；加快农村自来水改造，完成老区山区村饮水安全工程；高水平实施旧村改造，尽快改变农村面貌。支持教育文化事业。安排教育支出14.5亿元。实施中小学校舍安全工程，消除安全隐患，提高防震抗灾能力；加快农村义务教育支出结构调整，推动农村中小学合格校的建设，落实好中职学校城乡低保家庭和涉农专业学生免除学杂费以及高校、中职学校家庭经济困难学生国家资助等政策。安排文化支出2.6亿元。推进重点文化设施建设，实施文化信息资源共享和农村电影放映工程，完善基层文化服务网络；做好第三届文博会、中国国际钢琴比赛等大型活动资金保障。促进“健康城市”建设。安排卫生体育支出8.9亿元。实施医药卫生体制改革，推行国家基本药物制度，促进公立医院管理体制和运行机制创新；开展基层医疗卫生服务机构标准化建设，提升服务民众的水平；建设市运动训练中心等项目，支持举办海峡杯帆船赛、厦金海峡横渡、马拉松比赛等赛事；完善群众体育设施，积极推动全民健身活动，打造“健康城市”品牌。

（四）长抓体制创新，全力完善公共财政体系

完善财政体制机制，增强公共财政服务经济社会发展的动力和活力。深化财政改革。适应岛内外一体化发展要求，进一步调整和完善市对区财政管理体制；加大国库管理制度改革力度，基建资金纳入集中支付，公务卡使用扩大到镇、街；完善大宗货物政府采购平台运作，扩大范围和品种，提高采购效率。加大部门结余资金统筹力度，2010年部门预算累计动用历年结余0.7亿元。转变理财观念。更加注重发挥市场主体作用，努力扩大财政资金的乘数效应；综合运用特许经营权、财政贴息等多种政策手段，引导民间资本投入，增强拉动经济增长的社会合力；从严控制一般性支出，坚决制止铺张浪费，推动节约型政府建设；实施事业单位绩效工资改革，规范收入分配秩序，调动各方面积极性。强化财政监管。开展市级行政事业单位预算管理综合考评，提升管理实效；加大对民生及重点项目资金的监督检查力度，确保财政资金安全、高效运行；精心组织《厦门市会计人员条例》的实施，规范从业人员管理，保障合法权益；财政一体化管理信息系统建成投入运行，实现财政经济数据的集中存储、统一管理、动态分析和实时监控。

各位代表，2010年财政工作任务艰巨，使命光荣。我们将在市委的坚强领导下，自觉接受市人大及其常委会的法律监督、工作监督和市政协的民主监督，认真贯彻落实好本次大会各项决议，努力完成全年预算收支任务，为加快建设海峡西岸重要中心城市做出新的更大贡献。

第二篇

全市概况

第二篇

全 市 概 况

国民经济和社会发展概况

2009年是厦门市改革开放以来最为困难的一年，厦门经济外向度较高，受国际金融危机的冲击较为直接，影响特别明显。市委、市政府果断及时出台促进外贸企业出口增长、支持中小企业和民营经济发展、减轻企业负担、扩大内需等应对国际金融危机、保持经济稳定发展的一系列政策措施，逐步遏制了国际金融危机造成的经济快速下滑势头，经济运行出现了回升向好趋势，呈现出工业经济企稳回暖，服务业贡献份额扩大，消费稳定增长，进出口逐渐回升，居民收入稳定增长，物价水平缓慢回升，就业形势稳定趋好的格局。全市经济发展触底反弹，回归平稳健康发展轨道。2009年，全市实现地区生产总值1 737.23亿元，比上年增长8.0%，全年经济增幅呈低开高走逐月回升之势。

一、推进二三产业发展，奠定经济企稳基础

大力发展先进制造业和现代服务业，优化第一产业，产业素质整体提升。分产业看，第一产业增加值20.49亿元，增长0.5%；第二产业增加值821.03亿元，增长6.2%；第三产业增加值895.71亿元，增长10.2%。三次产业结构调整为1.2∶47.3∶51.6，第三产业较快增长，比重上升，与上年产业结构1.3∶47.8∶50.9相比，第三产业比重上升0.7个百分点。

（一）工业生产逐步企稳，速度逐月回升

受金融危机影响，厦门工业生产经历了近年来少有的低谷阶段，2009年前三个月规模以上工业单月产值只相当于2007年同期的平均水平，跌幅较深。但随着海外市场的逐步企稳和回暖以及我国“扩内需、保增长”等一系列应对金融危机政策的出台和实施，厦门工业经济出现了一些积极变化，工业生产总量逐月放大，五月份后工业生产连续实现环比增长，特别是四季度回升速度进一步加快，全市规模以上工业总产值增长率由一季度的下降15.7%，上半年回升到下降11.4%，1～9月份为下降5.9%，全年回升到增长1.6%。全年完成工业总产值2 914.95亿元，比上年增长2.0%，实现工业增加值678.18亿元，增长6.1%，占全市GDP的比重39.0%，工业由前三季度牵制全市经济发展变化为全年拉动GDP增长1.6个百分点，工业仍是影响全市经济发展的主要因素。

2009年，全市规模以上工业企业2 203家，完成工业总产值2 784.02亿元，增长1.6%；实现工业增加值654.62亿元，增长2.8%。其中，产值比上年增长的企业共894家，占规模以上工业企业的40.6%，完成产值1 326.52亿元，产值增量达304.96亿元，其中产值增量上亿元的企业有49家，实现产值增量193.75亿元，占全市产值增量的63.5%；产值比上年下降的企业有1 309家，占55.4%，共完成产值1 457.5亿元，其中产值减量上亿元的企业有67家，共减少产值314.87亿元，这部分大企业产值的持续下滑，是影响全市工业增长的主要原因。

从行业看，2009年，规模以上工业33个行业大类中，比上年增长的行业有11个，增长较快的行业主要有纺织服装、鞋、帽制造业、饮料制造业等；全年着力重点培育的13条产业链共完成产值1 786.14亿元，其中有6条实现增长，计算机与通讯设备、平板显示、汽车、农副产品与食品加工这4条产业链已超百亿元，工程机械、现代照明和太阳能、输配电及控制设备这3条产业链接近百亿规模；电子、机械、化工三大支柱行业增长乏力，全年共完成产值2 049.59亿元，比上年下降7.2%，占全市规模以上工业的73.6%，比上年减少1.6个百分点。

从主要工业产品产量看，部分产品出现强势增长。2009年，全市规模以上工业企业生产液晶（LCD）电视机增长2.3倍，化学药品原药增长3.3倍，集成电路增长1.3倍，低压开关板增长51.4%，罐头增长31.7%，数码相机增长29.4%。

（二）服务业贡献份额扩大

大力发展现代服务业，努力提高服务业在保增长促发展中的贡献份额，使之成为经济增长的新引擎。港口物流、金融、旅游、会展等现代服务业发展进一步加快，全年第三产业增加值增长10.2%，直接拉动GDP增长达6.0个百分点，为全市GDP增长做出了重要贡献。

一是由于受国家宏观调控政策、市场流动性过剩和居民购房刚性需求等因素的影响，房地产市场销售持续旺盛，2009年，全市商品房销售面积529.29万平方米，比上年增长35.9%，其中住宅销售401.30万平方米，增长1.7倍；商品房销售额420.82亿元，增长1.1倍，其中住宅销售额358.57亿元，增长1.7倍。全市房地产业增加值较快增长，全年实现134.75亿元，增长119.2%，比上年提高29.1个百分点。

二是由于适度宽松货币政策的实施，金融业增加值保持快速增长，年内东莞证券、国信期货等金融机构落户厦门，宝龙地产等3家公司在香港上市，三安电子借壳上市，建发股份等上市公司顺利再融资。金融机构存款规模继续扩大，至年末，全市中外资金融机构本外币各项存款余额3 483.13亿元，比上年增长27.7%，增速比上年提高17.1个百分点。全年金融保险业实现增加值145.86亿元，增长26.4%，比上年提高4.3个百分点，直接拉动GDP增长1.8个百分点。

三是观音山、新站等商务运营中心区引进一批企业的地区总部、销售中心和结算中心，柯达亚太营运中心入住厦门，带动批发和零售业增加值增速逐季提高，全年实现增加值184.51亿元，增长16.1%，比一季度、上半年和1～9月分别提高12.5、6.9和3.9个百分点，比上年提高7.6个百分点。

四是旅游会展规模进一步扩大，全年共接待国内外旅游者2 524.85万人次，比上年增长15.1%，其中接待入境旅游者136.01万人次，增长8.3%；国内旅游者2 388.84万人次，增长15.5%。实现旅游总收入325.43亿元人民币，增长7.2%，旅游创汇8.37亿美元，增长14.8%。全年共举办各类展览活动116场，展览面积85.76万平方米，增长36.8%；各类外来会议1 323场，参加会议人数32.48万人次，增长12.4%。全年其他服务业实现增加值204.63亿元，增长7.2%，扭转上半年下降的局面，比1～9月提高4.3个百分点。

五是港口运输稳步增长。2009年，港口货物吞吐量11 096.28万吨，比上年增长14.4%，集装箱吞吐量468.03万标箱，下降7.0%；空港旅客吞吐量1 132.95万人次，增长20.7%，空港货邮吞吐量19.60万吨，增长0.3%；邮电业务总量57.65亿元，增长10.3%。全年交通运输、仓储和邮政业实现增加值123.60亿元，增长11.4%。

（三）三农工作扎实推进

2009年，农业农村工作紧紧把握海西发展机遇，始终抓住农民增收这一核心，攻坚克难，奋力拼搏，统筹城乡协调发展，农村经济社会保持平稳健康发展。全年农林牧渔及服务业总产值33.26亿元，比上年增长1.4%。

龙头企业带动发展。2009年新增“盛洲”、“海堤”、“兴盛”等3个中国驰名商标。全年市级以上农业龙头企业实现生产销售收入170.3亿元，年创汇3.91亿美元，上缴税收5.39亿元。带动本地农户12.31万户，吸纳本地农民1.8万人进厂务工，农民从产业化组织获得收入15.21亿元。全年新建农民专业合作社61家，总数已达101家，注册资金达1.2亿元，社员5 797人，带动周边农户4.6万户，占全市农户总数的20.4%。

农民人均收入稳步增长。全年农民人均纯收入9 153元，比上年增长8%，剔除物价因素实际增长11%。收入构成的四项来源均呈稳步增长态势：人均工资性收入4 796元，增长9.0%，占全年纯收入的比重为52.4%，拉动农民人均纯收入上涨4.7个百分点，是农民增收的主要拉动力；人均家庭经营纯收入2 938元，增长4.8%；人均财产性纯收入1 158元，增长12.6%；人均转移性纯收入261元，增长7.9%。

新农村建设稳步推进。继续实施20个旧村改造新村建设和12个老区山区建设，新增40个行政村开展农村家园清洁行动。新建改建通行政村和自然村公路143公里，通自然村道路硬化率达75%。新开通农村客运公交线路4条，全市镇（街）通客车率100%，行政村通客车率94%。完成村村通讯网络和有线电视覆盖，已实现ITV网络和光纤行政村通达率100%，在全省率先实现了“村村通宽带”，并完成农村天翼3G移动网络全网覆盖。完成13个高山行政村有线电视光缆联网工程，新增农村有线电视用户1.57万户，农村有线电视入户率达到95%。修订被征地人员基本养老保险办法，降低参保门槛，扩大参保范围，全年新增参保人员7 980人，累计参保人员达5.23万人。全市农村参加基本医疗保险登记人数达到45.67万人，参保率达到98%。对全市185所农村中小学开展合格校建设总体规划及评估，已完成评估54所。完成58个标准化村卫生所建设。加强农村文化建设，新建2个镇综合文化站、20个村文化室、97个农家书屋。

二、拓展内外需求，增强发展动力

（一）消费品市场稳步增长，汽车类商品持续旺销

在政府“促消费、扩内需”政策的引导下，天虹、富山诚达、华联百货等大型商场常常人满为患，酒店餐饮、大排档等消费往往需要预定，汽车销售数量更是大幅增长，人们对政府调控经济的信心及消费的刚性需求很大程度上抵消了金融危机带来的负面冲击，全年全市消费品市场持续健康发展。2009年，全市实现社会消费品零售总额488.62亿元，比上年增长15.3%。

从全年走势看，全市社会消费品零售总额累计增幅呈现逐月走高运行的态势，特别是第四季度增长较快，平均增幅比前三季度高出近十个百分点。

从分行业看，批发业实现零售额68.95亿元，比上年增长8.9%；零售业实现334.39亿元，增长17.4%；住宿餐饮业实现68.42亿元，增长13.1%；其他行业完成16.86亿元，增长11%。

从企业看，限额以上企业实现零售额303.99亿元，增长14.7%，占全市社会消费品零售总额的62.2%；限额以下企业实现零售额167.77亿元，增长16.7%。全市各大商场在相关部门的引导支持下，积极调整营销策略和商品结构，引进更多有竞争力的品牌，举办各种促销活动吸引消费者，全年天虹商场、麦德龙等大型百货、超市共净增零售额9.63亿元，比上年增长17.8%，全年实现零售额超亿元的贸易企业62家，比上年增加12家，净增零售额35.36亿元，增长20.9%；全年实现零售额超5千万元的住宿餐饮企业11家，比上年增加2家。

从商品类值看，汽车消费强劲增长。全年限额以上批发零售企业实现汽车类零售额89.30亿元，占限额以上批零业零售额的近三分之一，增长39.1%，带动全市社会消费品零售增长5.9个百分点，其中，小轿车零售4.06万辆，增长45.2%。百货类、服装鞋帽针纺织品类、中西药品类、建筑及装潢材料类零售额较快增长，分别比上年增长50.0%、28.6%、20.6%和33.4%。

（二）大力推进重点项目建设，固定资产投资降幅收窄

2009年，全市共完成全社会固定资产投资882.12亿元，下降5.3%，其中城镇投资863.03亿元，下降5.5%，为2000年以来的最低增速，但降幅总体上呈现逐月收窄之势，全年各月降幅分别为28.3%、18.0%、19.5%、16.9%、14.0%、13.5%、15.5%、13.3%、13.2%、12.5%、9.4%和5.5%。

城市基础设施进一步完善。重大交通基础设施项目建设顺利，翔安隧道全线贯通，福厦高铁货车试运行，厦深铁路、沈海高速扩建、厦漳跨海大桥等项目建设加快，成功大道、丙洲大桥建成通车。全年全市基础设施完成投资323.44亿元，比上年增长12.6%。其中，电力、燃气及水的生产和供应业完成投资32.53亿元，下降17.6%；交通运输、仓储和邮政业完成投资170.01亿元，增长17.4%；信息传输、计算机服务业完成投资12.35亿元，增长12.9%；水利、环境和公共设施管理业完成投资109.09亿元，增长18.6%。

工业投资降幅较大。一季度、上半年、1～9月工业固定资产投资降幅分别为23.1%、26.9%和27.0%，明显高于城镇项目投资的降幅。全年完成工业投资165.48亿元，下降18.2%，降幅较1～9月收窄8.8个百分点。分行业看，30个行业中的19个行业投资下降，其中9个行业降幅超过50%。全年全市工业园区投资完成18.78亿元，比上年减少投资18.05亿元，下降49%，是影响工业投资下降的主要因素。

（三）外贸形势逐步回稳

认真落实中央和省里扶持出口的各项措施，落实出口退税和各类奖励扶持资金，千方百计支持帮助企业开拓国外市场，全年全市共完成外贸进出口总值433.14亿美元，下降4.5%，降幅分别低于全国、全省平均水平9.4和1.6个百分点。其中，出口276.68亿美元，下降5.9%；进口156.47亿美元，下降2.1%；贸易顺差120.21亿美元，下降10.3%。

受国际金融危机影响，全市外贸进出口自2008年11月起连续大幅下挫，到2009年6月份开始企稳，9月份进出口总值同比出现增长，11、12月份进出口总值同比较快增长。12月实现进出口总值42.66亿美元，比上年同月增长19.8%，环比增长11.2%。

私营企业进出口逆势增长。全年私营企业完成进出口131.57亿美元，增长23.7%，占全市进出口总额的30.4%，比上年提高7个百分点，其中

出口110.05亿美元，增长24.3%，进口21.52亿美元，增长20.7%；三资企业进出口降幅较大。全年三资企业完成进出口232.57亿美元，下降14.1%，其中出口137.41亿美元，下降15.8%，进口95.17亿美元，下降11.6%。

一般贸易进出口小幅增长。全年一般贸易进出口230.97亿美元，增长6.5%，占全市外贸进出口总值的53.3%。其中，出口155.20亿美元，增长5.5%；进口75.77亿美元，增长8.6%。

二、收入持续增长，经济运行效益提高

（一）财政收入稳步增长

受实体经济企稳回升和成品油税费改革后消费税增收较多等因素的影响，财政收入呈现低开高走态势，2009年全市实现财政总收入451.38亿元，增幅从1月份的下降9.1%上升至全年增长10.1%，其中地方级财政收入完成240.55亿元，增幅从1月份的下降15.2%上升至全年增长9.2%，均完成全年预期目标。在地方税收中，营业税、增值税、企业所得税和个人所得税分别增长9.7%、9.7%、13.9%、6.4%。

（二）居民收入稳定增长

2009年，城镇居民人均可支配收入26 131元，比上年增长9.1%。居民家庭收入渠道进一步拓宽，四大项收入来源均呈上升趋势，工资性收入仍是收入的主体。全年居民人均工薪收入20 637元，增长8.7%，占家庭总收入的比重为69.4%，拉动可支配收入增长6.9个百分点；人均经营净收入2 181元，增长15.6%；人均财产性收入1 515元，增长89.9%；人均转移性收入5 418元，增长2.7%。

消费者的信心正在逐渐复苏，抽样调查数据显示，2009年各季度城镇居民消费者信心总指数分别为83.7、86.8、86.5和90.0，呈逐步上升的态势，但仍处于相对悲观的区间，居民消费增长慢于收入增长，居民储蓄大幅增加。2009年，城镇居民人均消费支出17 990元，增长5.1%，比可支配收入增幅低4.0个百分点。其中，食品、衣着、居住、家庭设备用品及服务、教育文化娱乐服务、其他商品和服务支出分别比上年增长11.9%、12.8%、4.2%、24.5%、1.9%和11.1%；医疗保健和交通通讯支出分别下降1.7%和12.4%。年末，城乡居民人民币储蓄存款余额1 158亿元，增长24.6%。

（三）工业企业经济效益回升速度快于生产

工业经济效益综合指数稳步回升。2009年，全市工业经济效益综合指数179.49，比上年上升13.75个点，比年初提高了26.98个点，自5月份开始连续实现环比增长。其中，总资产贡献率12.17%，上升2.63个百分点；资本保值增值率115.88%，上升0.8个百分点；资产负债率54.14%，下降2.59个百分点；流动资产周转率1.91次，减缓0.16次；成本费用利润率7.24%，上升3.25个百分点，全员劳动生产率11.50万元/人，净减0.31万元/人。

2009年，全市规模以上工业实现利润185.08亿元，比上年增长67.7%，好于全省工业利润35.6%的增幅。从行业构成看，全市33个行业大类有32个行业实现了盈利，占97%，从企业构成看，全市2 203家规上工业企业中有1 522家实现了盈利，占69.1%。

四、抓好招商引资，增强发展后劲

（一）利用外资总量仍居全省前列

2009年，全市新设外商投资项目325个，合同利用外资13.65亿美元，仍居全省首位，占全省总量26.0%，比上年下降28.0%，比年初的下降49.0%收窄了21个百分点；实际利用外资16.87亿美元，下降17.4%，降幅比年初收窄了14.4个百分点。

全年引进千万美元项目54个，合同外资9.67亿美元，下降33.8%，其中新批项目34个，合同外资5.75亿美元，增资项目20个，合同外资3.92亿美元。年内，《财富》500强公司新设5个项目，有3个500强公司首次来厦投资，即特易购（TESCO）、乐金（LG）和百威英博公司，新增合同外资1.25亿美元。至年底，共有十一个国家/地区48个500强公司在厦投资86个项目，投资总额为38.65亿美元，合同利用外资18.73亿美元。

新设项目拉动作用明显。新批外商投资企业呈现逐月企稳回升态势，新设项目个数从1月份的21个、同比下降57.1%回升至12月的44个、增长83.3%。全年新批项目合同外资金额7.9亿美元，逆势增长，增长2.4%，占全市合同外资总量的57%，比重比上年上升17个百分点。

高端制造业集聚化明显。全市重点发展的13条制造业产业链中，医药制造业、通用设备制造业、专用设备制造业、电气机械及器材制造业、通讯设备及电子设备制造业利用外资产业集聚明显，合同外资金额占制造业合同外资金额总量的四分之一，其中医药制造业增长3倍，专用设备制造业增

长 1.7 倍，电气机械及器材制造业增长 37.8%，通用设备制造业增长 24.8%。

（二）财政重点支出保障有力

财政支出重点突出，为积蓄发展后劲提供强势支撑。2009 年，全市财政支出 268.15 亿元，比上年增长 12.6%。其中环境保护支出 5.48 亿元，增长 191.6%；交通运输支出 39.08 亿元，增长 64.5%；农林水事物支出 9.20 亿元，增长 30.3%；医疗卫生支出 12.31 亿元，增长 14.3%；社会保障和就业支出 20.54 亿元，增长 12.7%。

（三）资金筹措渠道拓宽

全年共争取中央增投资金 3.5 亿元。成功发行 8 亿元地方政府债券支持厦门市 BRT 等项目建设。债券融资取得较快发展，港务集团发行 23 亿元中期票据，建发房地产集团和海沧投资集团发行 12.3 亿元企业债券，建发集团、厦门国贸和厦门钨业共发行 22 亿元短期融资券。各金融机构抓住国家实施适度宽松货币政策的有利时机，加大信贷投放力度，至年末，全市金融机构本外币各项贷款余额2 989.64亿元，增长 26.2%，增幅比上年提高 15.1 个百分点，其中，人民币中长期贷款余额 1 718.19亿元，增长 30.0%。

（四）企业景气和企业家信心指数持续上升

企业景气调查结果显示，反映企业生产经营状况的企业景气指数和反映企业家对宏观经济环境判断的企业家信心指数逐步走强。年内，厦门市企业家信心指数从一季度的 91.70 “低度不景气” 区间一步步回升到四季度 122.16 “中度景气” 区间，比上年上升 30.66 点。厦门市企业景气指数从一季度的 99.7 回升到四季度的 129.15，比上年上升 26.45 点。年末大型企业的企业家信心指数 157.24，进入 “高度景气” 区间运行，充分显示出作为经济发展重要支柱的大型企业的企业家对未来经济发展的信心。

（五）物价回升折射需求增加

CPI 先抑后扬。2009 年，居民消费价格总水平比上年下降 2.7%，其中，低收入居民生活费用指数下降 3.2%，服务项目价格下降 2.8%，消费品价格下降 2.6%，工业品价格下降 2.9%。全年 CPI 同比幅度呈现 “先降再升” 态势，1 月份受春节因素影响，价格微涨 0.1%，2～11 月份均维持较低水平，CPI 最高降幅出现在 6 月份，比上年同期下降 4.7%，7 月份后降幅逐月缩小，并在 12 月份由负转正，比上年同期增长 0.7%。构成居民消费的八大类商品和服务价格指数呈 “三升五降” 态势，烟酒及用品类上涨 3.1%，医疗保健和个人用品类上涨 2.1%，家庭设备用品及维修服务类上涨 0.1%；衣着类下降 5.7%，居住类下降 5.4%，交通和通信类下降 5%，食品类下降 2.1%，娱乐教育文化用品及服务类下降 1.4%。

PPI 跌幅较大。受原材料价格下降的影响，全年厦门市工业品出厂价格持续下滑，累计指数为 91.7，比上年下降 5.78 个百分点。其中，轻工业产品价格下降 8.6%，重工业产品价格下降 7.6%。从两大部类来看，生活资料产品出厂价格下降 2.3%，生产资料产品出厂价格下降 11.0%；分行业来看，在所调查的 34 个大类中，出厂价格上涨的有 12 个行业，上涨面为 35.3%；出厂价格下降的有 21 个行业，占 61.8%。

五、加强两岸交流，提升合作水平

制定《厦门市贯彻落实党中央、国务院和省委、省政府加快建设海峡西岸经济区决策部署的实施意见》，积极争取厦门经济特区扩区、设立两岸金融合作实验区等政策支持，及时推出对台先行先试新举措。

（一）对台产业对接与合作不断推进

积极推进厦门与台湾在先进制造业、金融、服务外包等十个方面的对接与合作，全年台湾直接投资项目 135 个，增长 12.5%，占全市新设外资项目总数的 41.5%，居各来源地首位，合同台资 8 712万美元，增长 81.8%，实际利用台资 1.1 亿美元，增长 7.7%。成为全国首个国家级对台科技合作交流基地、对台体育合作交流基地，成立了全国首个海峡两岸农产品检验检疫技术中心，建立了厦门闽台农业高新技术园区、闽台生物医药产业基地、闽台花卉高科技园和台湾种苗引繁示范基地等，富邦产物和富邦人寿在厦新设独资产险公司。对台贸易逆势增长，2009 年对台进出口贸易总额 42.01 亿美元，增长 9.7%，其中自台进口 34.04 亿美元，增长 9.1%，占全市进口额的 21.8%；对台出口 7.96 亿美元，增长 11.9%。厦门口岸进口零关税台湾水果货值和数量均超过前四年的总和，占全国进口量的七成。

（二）两岸直接往来渠道不断拓展

稳步推进 “大三通”，开辟厦门至高雄、基隆、台中海上货运航线，率先开辟两岸客货滚装运输新航线。顺利完成两岸常态包机，实现厦门每天都有直飞台湾的定期航班。建立厦金邮件总包直封关系，厦门邮政局成为大陆唯一与金门直接互发各类邮件总包的邮局。不断完善“小三通”功能，厦金航线增加到每天 32 个航班，全年运载旅客 119.54 万人次，比上年增长 32.5%。大陆首家台资旅行社——厦门灿星国际旅行社正式开业，顺利启动大陆居民经金门赴台湾本岛旅游，旅游双向对接更加深入，经厦门口岸赴金门、澎湖和台湾本岛旅游团组大幅增加，厦门接待台湾人境旅游者不断增长。

（三）各领域交流交往更加密切

成功举办海内外广泛关注的两岸民间大型交流活动——首届海峡论坛，积极发挥台交会、海峡两岸农产品产销研讨会、海峡两岸（厦门）文化产业博览交易会等对台经贸交流合作平台作用，成功举办海峡两岸民间艺术节、两岸青年联欢节、两岸龙舟赛、保生慈济文化节、首届郑成功文化节、孔子文化节、首届厦金海峡横渡活动和海峡杯帆船赛等活动，全年举办的大型对台文化交流活动超过 30 项。厦门卫视入台驻点获批。闽南之声广播和台中广播联合制作的两档节目在台中地区落地播出。两岸基层政党交流和城市交流取得新突破，在全国率先实现市政府、市政协代表团赴台参访和两岸区级基层政党交流。

六、加大民生投入，提升保障水平

（一）新城区建设步伐加快

岛内外一体化建设步伐加快，按照“四高”要求，完成集美新城、翔安新城和环东海域新城规划设计方案国际招标，全力推动岛外新城启动区规划建设，杏林湾核心区启动招商。全年岛外完成固定资产投资 476.80 亿元，与上年基本持平，比全市投资速度快 5 个百分点，占全社会固定资产投资的 54.1%。

（二）社会保障性住房建设顺利

15 个在建社会保障性住房全年完成投资 9.1 亿，竣工 11 786套。至年末，累计完成 5 496户低收入住房困难家庭的配租配售工作，其中，经济适用房配租完成1 274户，保障性租赁房选房配租 4 222户，全市廉租住户实现“应保尽保”。

（三）就业形势稳定，社会保障水平不断提升

实施新一轮就业困难人员和普通大中专院校毕业生就业再就业优惠政策，全市14 255个就业困难对象实现了再就业。加大力度促进厦门生源毕业生就业，出台系列减负帮扶措施，对企业稳定就业岗位提供支持，加强与劳动力输出地的联系，推动校企合作对接，全年城镇新增就业人数 19.14 万人。至年末，城镇从业人员总数为 71.07 万人，实有登记失业人数 2.97 万人，城镇登记失业率为 4.01%。扩大社会保障覆盖面，将在厦大学生纳入城乡居民基本医疗保险，年末基本医疗参保人数达 215.18 万人。至 2009 年底，城镇职工各项社会保险参保人数分别为：养老保险 121.96 万人，比上年增加 6.16 万人；医疗保险 128.40 万人，增加 5.90 万人；失业保险 105.07 万人，增加 1.00 万人；工伤保险 99.48 万人，增加 3.96 万人；生育保险 98.00 万人，增加 5.06 万人。全年各类社会保险基金共征收 76.11 亿元，增长 8.4%；基金支出 47.97 亿元，增长 26.2%。社会保险基金累计结余 163.2 亿元。

至年末，全市有定点医疗机构 172 家、定点零售药店 379 家、工伤保险协议医疗机构 25 家、工伤保险辅助医疗器具配置协议医疗机构 3 家、工伤保险协议康复机构 1 家。全市共发放本市失业人员失业保险金 10.79 万人次、7 460万元。9.21 万名退休人员进入社会化管理，社会化管理率达到 99.02%，社区管理率达到 100%。农村社会养老保险在保人数 13.04 万人，转保 5 017人。

（四）各项社会事业稳步发展

实施教育普惠政策，免除城乡义务教育各项收费 1.17 亿元。新建扩建中小学项目 14 个，新增中小学学位 1.6 万个。进城务工人员子女进入公办学校就学的比率达到 67%。启动中小学校舍安全工程，完成全市 1 682栋校舍的排查鉴定，实施 9.33 万平方米校舍加固重建。扩大优质教育资源，全市普通高中生在三级以上达标校学习的占 97%。全市拥有各级学校 1 147所，全年招收生员 16.41 万人，年末在校生员共计 66.91 万人。在各级各类学校中任职的专任教师 3.23 万人，平均每一教师负担学生 21 人。

建成 14 个中央增投基层医疗卫生服务体系建设项目，完成 21 个社区医疗服务中心标准化建设和 26 所标准化村卫生所建设，健全妇幼保健三级网络。推进市级综合医院建设进度，长庚医院新增 1 500个床位，市妇幼保健院门诊综合楼建成投用，第一医院、中山医院、仙岳医院扩建项目进展顺利，启动福建（厦门）—新加坡友好医疗服务中心等项目建设。市中医院被评为三级甲等医院。全市共有各类卫生事业机构1 057个，专业卫生技术人员 1.69 万人，卫生机构床位 10 326张。全市人

口平均期望寿命为78.72岁。

成功举办“第七届厦门国际马拉松赛”、“第二届海峡两岸文化产业博览交易会”、“第十一届中国戏剧节”、首届“全国青少年钢琴比赛”，“厦门市第四届群众文化艺术节”等活动。完成小白鹭艺术中心、同安文化中心、同安梧侣文体活动中心等项目建设以及部分演出场馆改造。推动鼓浪屿申报世界文化遗产。南音正式列入“联合国教科文组织人类非物资文化遗产代表作名录”。全市拥有文化表演团体6个，国内演出898场次，观众64.6万人次；电影院9家，放映4.41万场次，观众合计192.89万人次；文化馆7个，博物馆4个，文物保护管理机构6个，公共图书馆8个，公共图书馆图书总藏量达298.77万册（件），全年总流通432.56万人次。出版发行各类报纸9种，20 019.89万份；期刊杂志26种，77.64万册。全市共有广播节目5套，电视节目8套，人口综合覆盖率分别达到98.68%和100%。年末拥有动漫游戏企业65家，《神奇的游戏》、《加油！宝贝》、《诚信评书》等作品被广电总局评为优秀国产动画片。成功举办第二届厦门国际动漫节作品大赛，有5部厦门原创作品获奖。

（五）环境保护和安全生产成果显著

城市环境空气质量优良率为98.6%，优级率为44.1%；区域环境噪声平均值为56.7分贝，交通干线噪声平均值为68.5分贝；集中式饮用水水质达标率100%。全市重点工业企业废水达标排放率100%，重点工业用水重复利用率94.26%，重点工业企业二氧化硫达标排放率100%，全市重点工业固体废物综合利用率89.59%，医疗垃圾和化学危险废物处置率100%。SO_2和COD排放总量分别为4.55万吨和4.69万吨，较上年削减2.52%和0.20%。

全年共发生各类事故1 292起；死亡人数219人，下降8.8%；受伤人数1 112人，增长64.7%；直接经济损失1 622.17万元，增长72.8%。其中，道路交通事故1 009起，造成187人死亡、1 101人受伤，直接经济损失324.69万元；消防火灾事故252起，造成7人受伤，直接经济损失814.18万元；工伤事故30起，造成32人死亡、1人受伤，直接经济损失483万元。

（六）公用事业快速发展

成功大道、翔安大道二期、丙洲大桥等建成通车；翔安隧道全线贯通；东部燃气电厂、后坑垃圾焚烧发电厂建成投入使用。全年全市自来水供水总量为2.95亿吨，其中：生产营运用水0.87亿吨，居民家庭用水0.99亿吨，公共服务用水0.23亿吨。全年全市用电总量128.18亿千瓦小时，其中，工业用电69.87亿千瓦小时，城乡居民生活用电27.51亿千瓦小时。全年全市液化石油气供气总量8.2万吨，其中：居民家庭用量2.45万吨，用气人口达152.93万人；天然气供气总量达977.39万立方米，其中：居民家庭用量218.77万立方米，用气人口达87万人。

城市建成区面积扩大到212平方公里，城市道路总长度1 183公里，道路总面积2 977万平方米，全市拥有公园55个，占地总面积达1 980公顷；人均公园绿地面积（不含暂住人口）为18.42平方米；建成区绿化覆盖面积8 437公顷，绿化覆盖率为39.80%。拥有各类公交营运车辆3 012辆，出租车4 263辆，轮渡客运船只20艘。

（厦门市统计局　李薇供稿）

经济体制改革概况

2009年，全市经济体制改革工作进一步推进体制机制创新，破除制约经济结构调整和经济发展方式转变的体制机制障碍，切实推动科学发展，为全市经济社会发展提供强大动力和制度保障。

一、围绕转变政府职能，深化行政管理体制改革

政府机构改革稳妥推进。开展新一轮机构改革调研，提出《厦门市人民政府机构改革方案》；提出海沧保税港区管理机构设置方案；重新调整了市社会保险管理中心的机构设置，将同安区和翔安区原新型农村合作医疗管理机构相应整合并入区社会保险管理中心；调整全市网络安全监察机构布局，组建市公安局公共信息网络安全监察支队；根据综合执法管理实际需要，增设翔安区基层执法大队。

事业单位改革稳步推进。实施教育人事制度三项改革，即岗位设置管理改革、中小学教师绩效工资改革和中小学机构设置改革，在全省率先兑现中小学教师绩效工资，年内全市中小学全部实行教师绩效工资制度，实现全市六个区同城同薪；厦门市图书馆、少儿图书馆、文化馆等公益性文化事业单位，通过深化人事、分配、财务制度改革增强了发展活力；市锅炉压力容器检验所和市特种设备检测检验所合并为市特种设备检验检测院，扩大了特种设备监督检验能力；市游泳馆并入市体育中心，提高市体育中心的规模效益。

行政审批制度改革继续深化。制度创新方面，2009年5月1日，《厦门市建设项目行政审批集中办理办法》施行，对直接涉及建设项目的行政许可、非行政许可审批及相关备案事项，实行集中办理，规范了建设项目行政审批行为，创新了审批方式，提高了审批效率。提高行政审批的效能方面，实行"一个机关一个窗口对外"，全市大部分行政审批实施机关都已设立了行政审批统一受理和送达窗口；网上审批和电子监察工作全面推行，部署了360项网上审批（备案）项目，网上审批办公系统覆盖至全市各市直部门的所有行政审批事项以及各区的行政审批事项，部分审批事项实现全程网上审批和并联审批，提高了审批效率；启用建设项目网上审批电子印章，基本实现了网上年检年审。

规范行政处罚自由裁量权。2009年7月1日，《厦门市规范行政处罚自由裁量权规定》［厦门市人民政府令（第133号）］施行，全市行政处罚实施部门对行政处罚自由裁量权进行了细化、量化，制定了本部门行政处罚自由裁量规范，明确了具体的行政处罚自由裁量标准，作为实施行政处罚自由裁量权工作的依据；建立行政处罚说明理由制度、行政处罚法制审核制度、典型案例制度等相关配套制度，保证了权力的正确行使，保护了公民、法人和其他组织的合法权益。

加强服务减轻企业负担。厦门市政府分三批取消、减免、暂缓30多项涉企收费项目，从"取消和停止征收的行政事业性收费项目、减征的行政事业性收费和政府性基金、规范行政事业性收费行为、规范市场中介组织和公共服务行业收费、加强对行政机关行政行为的监督"等方面，累计为企业减轻负担九亿多元，确保全市经济平稳较快发展。

二、围绕推进经济结构调整，深化经济领域改革

国有企业改革继续深化。国有企业整合方面，按照"突出主业，合并同类资产"的原则，推动企业内部进行业务重组，优化资源配置，做强做大核心产业。推动国贸控股、机电集团、建发集团、航空港集团、象屿集团、顺承公司等市属国有企业集团内部资源整合，提高国有资本经营效益；推进市政资源整合，进一步理顺国有资产监管关系，市政建设开发总公司、公交场站、燃气总公司、市政工程公司、白鹭洲开发公司等企业整合组建市政集团有限公司。国有企业公司制股份制改革方面，厦门建发房地产公司资产置换进入了厦门建发股份公司；顺承公司和福建南纸合作投资厦门新阳纸业有

限公司；加强与央企的战略合作，厦门轻工集团与中国国药集团合作洽谈，引进战略投资促进国有企业做强做大。完善国有资产监管制度方面，出台了《厦门市国有企业担保管理暂行办法》、《厦门市国有资产评估项目专家评审暂行规定》、《厦门市国有企业监事会工作细则》、《厦门市属国有企业重大法律纠纷案件管理暂行办法》、《厦门市企业国有资产损失责任追究暂行办法》、《关于规范市属国有企业资产出租管理的指导意见》、《市属国有企业债券发行管理暂行办法》等制度。

财政管理体制改革继续推进。建立预算单位基础资料库和项目库，制定市直党政机关办公设施设备标准化配置标准，提高预算编制的准确性和完整性；继续深化国库集中支付制度改革，在市、区全面推行公务卡结算制度，有效加强行政事业单位职务消费的监管；实行大宗货物政府采购，降低采购成本；进一步加强行政事业单位国有资产管理，建立包括资产报废、报损、调拨、对外投资、处置等环节在内的较完整的资产管理制度体系。

投资体制改革持续深化。率先建立政府投资项目后评价制度，从2007年开始试点，到扩大试点范围、研究制定后评价指标体系，2009年2月进一步出台了《厦门市政府投资项目后评价管理办法（试行）》，全面推行后评价工作，年内选择莲黄隧道等13个市级财政投融资建设项目开展后评价，参与后评价专家逐年增加，后评价工作质量逐年提高，成效逐年显现；进一步完善土地出让"招拍挂"、建设工程招投标管理制度，健全投资工作惩防体系。

行政资源和公共资源市场化改革进程加快。市级改革方面，全面推进市直机关、事业单位自管房产清查处置工作。截止2009年底，市清房协调办共接收处置单位自管房产923处（套）面积为44.9万平方米，作为直管公房统一管理；市政园林局完成19项旅游服务项目的公开招投标，其中包括园林植物园多个服务点经营权、公交场站站名牌建设和广告招商、BRT枢纽站商场招商、园博苑导游服务3年经营权、绿地养护等，所有项目均按要求进入产权交易中心进行交易。区级改革方面，六个区全年共开展了61项改革，其中包括驻军慰问品供应商公开招标、国家粮食安全应急储备种子供应商公开招标、区行政大楼公务用纸供货商公开招标等项目；思明区成立了全市首家区级资产管理中心；湖里区在全省率先通过公开竞标择优选定两家公务用茶定点供应商。制度建设方面，《厦门市公共资源市场化配置监管条例》立法工作加快推进，列入2009年人大法规调研项目。

资本市场进一步发展。推进企业改制上市取得新成果，2家企业（大洲集团借壳ST兴业、永同昌集团借壳ST丹化）实现"借壳上市"，4家企业（宝龙地产、禹州地产、明发集团、巴黎春天）在香港上市，2家公司（厦工、国贸）通过发行可转债、配股的方式再融资16亿元，一百多家企业进入市、区两级上市后备资源库。加大企业债券融资力度，建发、港务、国贸等6家企业通过发行企业债券、中期票据和短期融资券等形式融资57.3亿元。至2009年底，全市境内上市公司18家，总市值844亿元。

社会信用体系建设取得新突破。持续抓好中介组织清理和规范。对44类中介机构实施"四分开"（即与党政机关、事业单位之间机构分设、人员分开、职能分离、财务分账的"四分开"措施），做到管办脱钩，切实转变政府职能；建立中介机构信用平台，将中介机构分成27类、并将1 976家经济鉴证类中介机构及5 482名中介从业人员的基本信息和信用信息网络化管理，实现跨部门信息共享和公众查询；扶持和培育诚信经营的中介机构，开展十佳中介机构评选活动、打造中介机构诚信品牌，营造良好的执业环境。厦门市市场中介机构清理和规范工作经验在全国推广。

价格改革稳妥推进。2009年12月，《厦门市住宅物业服务等级标准及收费指导价》正式施行，使物业服务收费由个别定价向分类指导价管理转变，引导业主通过公平、公开、公正的市场竞争机制选择物业服务企业，鼓励物业服务企业开展正当的价格竞争，形成价格放开与政府有效监管相配套的价格机制；调整了汀溪水库的原水价格和同安、翔安两区的自来水价格，实现水价城乡同网同价。

深化农村改革。稳步推进统筹城乡一体化建设，推动统筹城乡发展综合配套改革工作，研究提出《厦门市统筹城乡发展综合配套改革方案》；制定《关于促进农民专业合作社持续健康发展的若干意见》，扶持发展农民专业合作组织，切实提高农民进入市场的组织化程度；探索建立生态补偿机制，建立森林生态效益补偿基金，对重点公益林的营造、抚育、保护和管理给予一定补偿，平均标准为每年每亩12元；以汀溪水库为试点，建立饮用水源保护区生态补偿机制。

三、围绕改善民生，推进社会事业领域体制改革

社会保障制度进一步健全。完善城乡基本养老保险制度，企业退休人员基本养老金不断提高，全市企业退休人员月人均基本养老金达到1668元；被征地人员养老保险工作进一步推进，修改完善了被征地人员养老保障办法，扩大政策覆盖范围，实行被征地人员老年补助办法，使政策惠及更多被征地人员，出台《厦门市被征地人员基本养老保险办法》及实施细则、《关于进一步做好被征地农民和退养渔民就业培训和社会保障工作的意见》；率先在全国建立城乡居民基本医疗保险制度，“厦门模式”示范全国，2009年9月将大学生纳入城乡居民基本医疗保险。

保障性住房政策体系基本建立。率先在全国出台了住房保障的地方性法规，《厦门市社会保障性住房管理条例》（以下简称《条例》）于2009年6月1日施行，全市住房保障工作逐步走上法制化轨道；以《条例》为依据，及时调整修订了保障性租赁房、经济适用住房和保障性商品房等管理办法，确保了《条例》的贯彻落实和组织实施；出台《厦门市社会保障性住房住户户口管理办法》，进一步明确和规范社会保障性住房住户的户口管理工作，较好地维护了住户的切身权益。

科技体制改革取得突破。制订出台了《关于增强自主创新能力，建设科学技术创新型城市的实施意见》的36项相关政策和大部分实施细则；全市经新办法认定的高新技术企业达424家；被批准为全国首个国家级对台科技合作与交流基地，首批国家“十城万盏”半导体照明示范工程，火炬高新区被列入首批国家新型工业化产业示范基地名单；“创建知识产权示范城市”通过评估；新组建厦门产业技术研究院；与中国科学院四个分院建立了长期合作关系，与中科院共建的中科院城市环境研究所已建成投入使用，“院地合作工程”和“市校合作工程”顺利推进。

教育体制改革稳步推进。实施“中小学名师名校长培养工程”，一批名校和农村学校及城镇义务教育阶段学校签订合作协议，组织名师讲学团送教下乡，促进义务教育均衡发展，厦门市被评为“全国推进义务教育均衡发展工作先进地区”，成为全省第一个全面完成“对县督导”省级评估的设区市；制订并实施《教育服务产业发展行动计划》，建立学校与企业的对接服务机制，进一步优化专业设置，与四百多家企业开展订单培养招生近三千人。新成立机械、商贸两大职业教育集团，厦大理工实训楼、集美职校、市技师学院为“厦门市高等职业教育实训基地”，为厦门市产业链（群）人才的培养提供教育服务；积极开展厦台教育交流与合作，制订了《关于实施厦台教育交流与合作工程的意见》。

文化体制改革取得新突破。将文化局承担的电影发行放映管理、市场准入、指导基层电影队伍建设、电影专项资金的收缴和管理以及电影发行放映市场监管等职责统一划归广播电视局；厦门对外图书交流中心转企改制完成，成立厦门外图集团有限公司；组建厦门市文化市场综合执法机构、市属文艺院团改革、广播制播分离改革和报业发行体制等四项改革前期工作顺利推进。

医药卫生体制改革进一步深化。《厦门市人民政府关于进一步加快乡镇卫生院改革与发展的实施意见》（厦府〔2009〕212号）于2009年7月28日施行；积极推进公立医院改革试点工作，厦门市被国家列入全国16个公立医院改革试点城市；厦门市38家公立基层医疗机构全部实施国家基本药物制度。

（厦门市发改委　杨帆供稿）

农村经济社会发展概况

2009年，厦门市紧紧把握海西发展机遇，始终抓住农民增收这一核心，攻坚克难，奋力拼搏，较好实现农村经济社会在逆境中保持平稳健康发展的势头。

一、农民人均收入稳步增长

全市农民人均纯收入9 153元，比上年增加678元，增长8%。

工资性收入占农民收入半壁江山。落实统筹城乡就业再就业优惠政策，扩大享受就业再就业政策的困难群体范围，加大对农村就业困难群体的帮扶力度，提高农民工技能培训财政补贴标准。全年完成农村劳动力培训6 649人，转移2.43万人，分别完成任务数的133%和162%。农民工资性收入4 800元，增长9.1%，超过农民人均纯收入的一半，占52.5%，成为农民收入的主要来源和增长的主要拉动力。

财产性收入比重稳步增长。继续完善“金包银”工程，加快扫尾工程建设，加大招商引资力度，提高出租率，已出租29.8万平方米，年租金收入约五千三百万元。继续扶持农村股份化项目建设，加快项目的建设进度。农民财产性收入达1 161元，占农民人均纯收入比重12.7%，比上年增长12.9%。

家庭经营收入持续增加。鼓励农民发展“农家乐”、“渔家乐”等乡村休闲旅游，大力发展与工业区相配套的零售业、交通运输业、社会服务业等农村第三产业，促进农民稳定增收。积极落实支农惠农政策，全年发放种粮农资综合直补、良种补贴、测土配方项目补贴、农机渔业（机动船）柴油直补、农村沼气建设补贴、能繁母猪保险保费补贴和家电下乡补贴等支农惠农补贴达1 770.33万元。全年农民家庭经营收入达2 909元，占人均纯收入的31.8%。

二、农副产品与食品加工产业继续增长

作为全市重点扶持的13条百亿产值产业链（集群）之一，尽管遭受金融危机影响，农副产品与食品加工产业集群仍实现产值200.34亿元，占全市规模以上工业总产值的7.2%，比上年增长7.3%，为全市“保增长”做出了贡献。

龙头带动作用明显。拥有规模以上企业154家，市级以上农业龙头企业是农副产品与食品加工产业集群发展的主体力量，全年实现生产销售收入175亿元、市场交易61亿元，年创汇4.46亿美元，上缴税收5.54亿元。通过提供种苗、订单农业等形式，带动农户11.5万户，农业种植面积16.46万亩，吸纳本地农民19 794人进厂务工，农民从产业化组织获得收入12亿元。在龙头企业的带动下，全年共有二十多家企业完成固定资产增投约八亿元，年可增加产值十二亿元。

品牌建设成效显著。新增“盛洲”、“海堤”、“兴盛”3个中国驰名商标，目前农副产品与食品加工产业集群拥有中国驰名商标8个，占全市驰名商标总量的32%，中国名牌产品4个、中国名牌农产品2个、福建省品牌农业企业金奖10个。

技术创新获得提升。由农业龙头企业组建成立厦门食品科学研究院6个专业研究所，在同安轻工食品园区建成食品检测中心及食品科技孵化园，加强食品加工公共技术平台建设，推动共性技术开发和推广，有效提高资源利用率和产品档次。农副产品与食品加工产业集群共拥有高新技术企业7家，市级以上企业技术中心4个（其中省级企业技术中心2个），市级工程技术中心2个，市级重点实验室1个。

三、农业产业结构不断优化

厦门继续坚持“两头在厦、中间在外”的现代农业发展战略，通过优化产业结构，提升产业效益，全年农林牧渔及服务业总产值33.26亿元，比上年增长1.4%。

实施“一村一品”工程效益凸显。充分发挥资源优势和区位优势，扶持发展“一村一品”，涌

现出一批特色突出、效益明显的专业村、专业镇，初步形成具有区域特色的农业优势产区和产业带，拥有“一村一品”注册商标57个。全市种植蔬菜面积万亩以上的镇有6个，千亩以上的专业村有四十多个。推动11个“一村一品”特色农业项目建设，成功举办首届厦门特色农产品暨农业龙头企业产品展销会，为本市特色农产品开拓市场搭建平台。

农民专业合作社快速发展。新建农民专业合作社76家，总数达116家，注册资金达1.43亿元，社员5 904人，带动农户4.6万户，占全市农户总数的20.4%。28个专业合作社申请注册商标29个，其中1个荣获省著名商标。组织特色农产品与超市对接，依托合作社建立超市生鲜产品种苗、种植、加工基地，在超市设立合作社专门批发部，确保农产品质量安全。

对台农业交流合作水平持续提升。成功举办2009海峡两岸（厦门）农渔业论坛暨产业对接会，对接项目27个，两岸农业交流合作平台作用凸显。厦门口岸进口零关税台湾水果367批次4 218吨，价值362万美元，是2008年的2.6倍，占大陆进口总量的一半以上。厦门闽台农业高新技术园区、闽台（厦门）花卉（优质种苗）高科技园和台湾种苗引繁示范基地等对台农业产业对接基地建设顺利推进。厦门茶叶进出口公司在台湾建茶叶基地，成为大陆首家在台的茶叶基地企业。

四、农村人居环境持续改善

旧村改造和老区山区建设稳步推进。继续实施20个旧村改造新村建设和12个老区山区建设，新增40个行政村实施农村家园清洁行动，加大环卫设施升级和建设投入，进一步提升农村生活垃圾收集、运输（转运）、处置能力。完善农村市容环境卫生考评机制，全市近百个已完成改造的村全部纳入市容考评范围，实行常态考评，推进后续管理上轨道。

农村基础设施不断完善。新建改建通行政村和自然村道路143公里，通自然村道路硬化率达75%。新开通农村客运公交线路4条，累计已开通农村客运线路48条，投入客运车辆226辆，全市镇（街）通客车率100%，行政村通客车率94%。完成村村通讯网络和有线电视覆盖，ITV网络和光纤行政村通达率100%，在全省率先实现了“村村通宽带”，并完成农村天翼3G移动网络全网覆盖。完成13个高山行政村有线电视光缆联网工程，新增农村有线电视用户15 730户，农村有线电视入户率达95%。完善农村自来水进村入户工程管网建设，平原地区农村自来水入户率91.6%。基本完成8个山区村饮水工程，新增5个村的饮水工程正在加快建设，逐步解决山区村群众饮水安全问题。

农村社会保障体系不断健全。修订被征地人员基本养老保险办法，降低参保门槛，扩大参保范围，加大政策扶持力度。新增参保人员7 980人，累计参保人员达52 256人，已有32 415人按月领取养老金。继续推进农村居民基本医疗保险，全市农村参加基本医疗保险登记人数达到45.67万人，参保率达98%。实施被征地人员老年养老补助制度，使政策惠及更多被征地人员。落实农村“低保”和农村“五保”供养制度，实现了“分类施保、应保尽保”。

农村教育卫生文化事业稳步推进。新一轮农村义务教育和公共卫生体系建设累计已投入基建资金2.27亿元，109个项目中已有66项竣工。推动和促进义务教育均衡发展，荣获“全国推进义务教育均衡发展工作先进地区”光荣称号。免除农村义务教育阶段学杂费、借读费、寄宿生住宿费、体检费等，免费提供农村义务教育教科书，补助住宿生生活费。扩大农民工子女就读公办学校学生席位，进城务工人员子女进入公办学校就学比率提高到67%。对全市185所农村中小学开展合格校建设总体规划及评估，已完成评估54所。推动城市优质卫生资源向农村延伸，开展市级医院托管镇卫生院、区级医院帮扶镇卫生院等工作，建立覆盖乡镇卫生院及部分卫生所（室）的托管医院的居民健康信息系统。岛外镇卫生院全部纳入全额拨款事业单位，实行到乡镇卫生院工作5年以上高校医学毕业生由财政代偿学费政策。完成58个标准化村卫生所建设。加强农村文化建设，新建2个镇综合文化站、20个村文化室、97个农家书屋。

五、农村和谐稳定局面持续巩固

防灾减灾能力不断提升。扩大森林防火电子监控面积达5万亩，监测范围覆盖全市90%的林地，新建生物防火林带52公里，全年没有发生重特大森林火灾，没有发生人员伤亡事故。认真开展农产品质量安全整治暨执法年活动，保障全市农产品质量安全。加强禽流感等重大动植物疫病防控，确保不发生重大动物疫情。推进流域综合整治，完成汀溪下游河道治理工程、同安区工业集中区下游河道清淤疏浚二期工程，环东海域龙东溪下游改造工程，加快过芸溪、深青溪和瑶山溪流域整治工程、东西溪流域同安城区以下岸线整治及出海口水闸枢纽项目、集杏海堤开口改造围堰工程建设进度，加快莲花水库等重大水源工程和同安东西溪、九溪流域治理前期工作。基本完成11座病险水库加固和汀溪水库泄洪设施改造工程，全面完成14座中型病险水闸安全鉴定。

生态环境继续改善。在道路两侧一重山、森林公园、山地公园、大帽山农场等主要区域，完成植树造林1.05万亩，其中风景林建设任务为9 342亩。严格执行征占用林地“占一补一”制度，全市森林覆盖率达42.8%。

基层组织建设进一步加强。完成村级组织换届选举，组织新一届村“两委”一百八十多人参加培训，增强带领农民致富能力。加强选聘村干部管理，落实驻村工作经费，制定离任村干部待遇指导意见，妥善解决村干部后顾之忧。推进第三批村部建设，安排专项资金完善村部配套建设。进一步落实村务公开、民主管理，启动农村集体“三资”清理工作。组织岛内街道与老区山区建设重点村结对帮扶，形成共建新农村的良好局面。

农村精神文明建设深入开展。以巩固文明城市创建成果为主线，全面开展“五有五无”农村“新风工程”建设，坚持组织文化、科技、卫生“三下乡”，深化文明生态村创建，广泛开展美德在农家、婚育新风进万家和创评星级农户、信用户活动以及移风易俗、废除陋习、城乡共建、军民共建、廉政文化进农村等活动，群众性精神文明创建活动全面推进。

农村社会安定稳定。逐级落实农村社会治安综合治理领导责任制和责任倒查制、奖惩制，深入开展矛盾纠纷排查调处工作，健全人民调解、行政调解和司法调解相互衔接配合的大调解工作体系。

（厦门市委农办、市农业局、市林业局　周绍金供稿）

工业经济发展概况

2009年，厦门市紧紧围绕打造海西先进制造业基地的战略目标，积极应对国际金融危机的影响，通过加强管理，减轻企业负担，优化发展环境，强化企业技术创新，引导企业积极拓展市场等措施，全市工业经济止跌回稳的态势明显。

一、服务企业氛围浓厚，工业经济止跌回升

2009年厦门市采取有力措施，帮助企业积极应对国际金融危机，重点协调解决企业融资、市场开拓支持、用电、口岸通关以及向上反映调整政策等方面的问题；认真跟踪分析行业和企业的走势，及时发现发展中存在问题，提出对策供领导决策参考；全面落实支持企业发展政策，全年共为20家重点工业企业办理82名骨干员工落户手续；积极开展“送政策进企业”、“送政策进园区”活动，采取集中培训、现场咨询、政策解读等形式，走进企业做好服务，同时在工业经济网站、中小企业在线等网站开辟扶持企业政策专栏宣传，引导企业用足用好优惠政策；加强监测分析，重新调整发布150家重点企业名单，通过抓阶段性分析、政策影响分析、金融风暴影响分析，及时判断年度工业发展走势，为市委、市政府决策提供参考；进一步完善服务企业机制，建立厦门市工业企业服务网，在第一时间受理工业企业反映的问题；开展“走进和服务千家企业”活动，深入100多家重点企业开展调研，对受金融危机影响较大的重点工业企业采取“一对一”方式进行服务，全年通过走访企业、召开座谈会等形式，共收集78家企业反映的85个问题，对政策类问题集中向上级进行反映，其他问题则协调相关职能部门及时办理，并将情况向企业反馈。

积极向国家、省争取资金支持。2009年全年共获得国家、省级资金支持41 781.45万元，比2008年增长了355.6%，其中国家级资金39 808.45万元，省级资金1 937万元，这些资金为帮助企业更有效地应对金融风暴的影响起到了提振信心、减轻负担、加快发展的作用；此外还积极引导各种政策性金融机构加大对企业的扶持，2009年中国出口信保公司对全市短期出口信用保险承保额达到30.4亿美元，比上年增长1.3倍，出口企业获得信保赔偿690.5万美元，追回货款2 099.7万美元；开展出口信用保单项下的单证抵押贷款业务，2009年出口信用保单项下融资额度达到6.8亿美元，比上年增长1.29倍；争取中国进出口银行对厦门出口企业的信贷支持，2009年以来，共争取中国进出口银行为厦门工业出口企业贷款76.98亿元，占全省总额的71%，及时解决了厦华等出口企业在资金方面的困难。

强化煤电油等要素资源管理。完善电力行业管理，做好《厦门市电力管理条例》立法调研工作，争取电力管理工作早日进入法制化管理行列；加大电力设施保护力度，成立厦门市电力设施保护工作领导小组，深入开展打击盗窃破坏“三电”设施违法犯罪专项斗争工作；建立厦门市发电与电力运行监测体系，开展用电量、发电量等指标数据的采集，为电网安全及电力调度提供依据。制定并出台《厦门市成品油市场监督管理实施细则》，进一步规范厦门市成品油市场各项管理制度；完善成品油市场监测分析和管理信息系统的建设，及时掌握每周、每月成品油市场供应及库存等方面情况，保证全市成品油市场供应的稳定；积极协调成品油管道工程建设过程中存在的问题，推动岛内唯一一座油库的技改升级，确保成品油储备的安全；成立厦门市石油行业协会，促进成品油经营企业的行业自律；加强煤炭经营企业的日常监管和指导工作，严把煤炭经营许可证年检、变更初审关，2009年对全市25家煤炭经营企业逐一开展现场核实审查，确保各用煤企业的安全保障；明确采购低硫煤的标准，进一步控制燃煤污染，减少二氧化硫排放，规范煤炭市场经营。

二、完善基础建设，企业外部环境优化

全面强化电网安全管控工作，着力开展反违章、隐患排查治理等专项安全活动以及基建安全、低压作业防人身触电等专项监督治理，一类障碍下降41%，配网设备二类障碍下降36%，截止2009年，实现四个安全百日、连续安全生产1 406天，安全生产工作得到了国务院安全督查组的高度肯定；建成全省首个输电线路状态远程监控诊断中心；大力开展变电站规范化建设，4个运行所全部顺利通过福建省公司考评。结合厦门经济发展需要，编制完成《电网中长期发展规划》，启动《智能电网发展规划》的制定工作，完成28个电网储备项目选址选线工作；电网建设中大力推行政府出资垫资建设模式，争取资金约10亿元，到账6.4亿元，有效缓解电网建设资金压力。2009年全市完成电网建设投资10.51亿元，完成率达100%，投产110千伏及以上变电站4座、容量580兆伏安，输电线路18条、长度43公里；积极推进国家电网公司首批智能配网试点项目建设，实施方案通过国家电网公司评审，配网调控一体化建设等7项标志性工程全面启动，国家电网公司输电线路状态远程监控诊断中心和用户自动采集系统取得重大进展；实施业扩分层管理，加快业扩报装速度，受理业扩项目2731个，送电容量103.8万千伏安，容量完成率居全省第一；10千伏及以下线损率完成3.88%，厦门岛的供电可靠性得到显著提高。

进一步加大减轻企业负担工作，在全面贯彻国家、省有关减轻企业负担政策措施的基础上，连续出台4个减轻企业负担文件，减轻企业负担所涉及的范围、幅度为近几年来之最，共公布取消或停止收费12项，降低或减少收费13项，提高补贴标准2项，全年为企业减轻负担近九亿元。其中，仅失业、工伤、生育和残疾人保障金减半征收，以及基本医疗保险费中用人单位缴交部分降低1个百分点，就可为企业减负7.9亿元；与此同时认真开展涉企收费清理整顿工作，清理范围涉及税务、海关、质检、交通、教育、卫生等12个系统，加大专项治理整顿工作力度，进一步深化专项治理工作，着力解决市场中介组织和公共服务行业侵害群众和企业利益问题，企业经营的软环境进一步优化。

三、推进产业优化升级，工业竞争力进一步增强

强化规划引领，促进工业转型升级。2009年，厦门市围绕现有产业结构特点和区位优势，结合国家出台的产业调整和振兴规划，通过全面的梳理，以提升企业和产业竞争力为重点，制定培育发展飞机维修及其零部件制造产业链、船舶制造产业集群、平板显示产业链、计算机产业集群、输配电及控制设备产业链、现代照明与太阳能光伏产业链、烟草工业及销售产业链、生物与新医药产业链、运动器材产业集群、水暖及卫生洁具产业集群、工程机械产业链、汽车产业链、农副产品与食品加工产业集群等13条百亿以上产业链产业集群规划并经市政府正式发布；建立全市培育制造业百亿产值产业链（群）联席会议制度，明确各部门职责，构建培育百亿产业链产业集群工作机制；积极开展产业链招商，征集、汇编产业链产业集群招商指南，充分利用广州中国中小企业国际博览会、上海中国国际工业博览会等平台，举办产业链（群）招商发布会，争取引进更多先进加工工艺落户厦门；加强与台湾先进制造业对接。根据台湾制造业现状以及厦门市制造业的产业结构，编制以光电（包括平板显示、LED、太阳能光伏）、数控装备、汽车零部件（包括汽车电子）作为承接台湾先进制造业转移重点的《厦门与台湾先进制造业（包括光电产业）产业对接规划方案》，并将其纳入相关产业链（群）培育发展规划；开展两岸产业对接活动，成功举办“2009年海峡两岸LED、PV产业项目对接会”，推出78个对接项目，其中港台26项、大陆52项；组织3个赴台招商、经贸考察团，加强与台湾产业界的合作交流；开展国家新型工业化产业示范基地创建工作，指导相关园区积极向工信部申报国家新型工业化产业示范基地，火炬开发区（翔安）光电产业基地被列入首批示范基地；结合国家产业振兴规划，组织编写厦门市工业电子信息、装备制造、汽车、船舶、有色金属、化工、轻工、纺织等8个主要产业的调整振兴规划；加强行业管理，重点是做好药品储备管理，积极协调大嶝盐场的废转和异地占补平衡问题。

大力推进工业投资和重点项目建设。密切跟踪2009年确定的52个重点工业投资建设项目进展情况；建立市、区两级协调机制；组织达真电机公司超微型节能电机技改项目等7个重点项目申报省2009年第二批产业转型升级重点项目计划，推动重点投资项目贷款融资工作；开展3轮岛内工业企业分布情况调查，形成《鼓励岛内工业企业搬迁的若干建议》。

推进企业自主创新。会同财政局制定《加大重点制造业企业技术改造财政扶持的意见》，安排

1亿元的专项资金，对符合条件的企业2009年购买设备投资额的20%予以补助，最高补贴可达100万元；修订完善《厦门市新产品奖励办法》，加大对优秀新产品的奖励力度，奖励额度由原来的5万元、3万元、1万元提高到25万元、10万元、5万元，进一步提升企业加快产业升级，加大投入的积极性。2009年度共征集厦门市优秀新产品奖项目三十多项，其中联想移动通信科技有限公司开发的新一代交互界面全触控导航手机（A1）等36项新产品被为“2009年度厦门市优秀新产品奖”，比2008年增加5项，其中一等奖5项，二等奖15项，三等奖16项；2009年度共16个产品获得“福建省优秀新产品”称号，比上年增加7个，其中一等奖2个、二等奖5个、三等奖9个，获省优秀新产品奖金124万元。做好符合国家产业政策项目申报、核准和备案，2009年共向国家争取中央增投项目72个，争取国家资金扶持2.524亿元，及时报送国家已批复增投项目的月进度情况及相关信息；做好2009年度厦门市技改贴息资金项目的征集和拨付工作，全年共下达2批2 000万元技改专项资金，扶持23个项目，拉动企业挖潜改造投资24亿，企业发展后劲得到增强；继续做好项目的核准和备案工作，全年核准项目12项，项目总投资3.1亿，备案项目112项，总投资59.28亿元，审核出具符合国家鼓励政策的确认书10份，项目总投资2.6亿元，总用汇1 634.6万美元；出台《厦门市认定企业技术中心管理办法》，规范市级企业技术中心管理工作，指导联想移动通过国家级企业技术中心认定，全市市级以上企业技术中心总数已达69家，其中国家级企业技术中心11家，省级企业技术中心29家；开展企业技术中心创新能力专项申报、验收工作，全年共拨付935万元资助资金，支持了10家企业开展10个创新专项；强化技术创新和产学研项目资金、项目进度和各项技术经济指标的管理，对30万元以上项目资金拨付采取首次拨付60%，项目完成验收后再拨付40%的分期拨付的形式给予支持，进一步提升资金使用效用；组织企业参加中国海峡项目成果交易会等，征集企业技术需求110项，其中企业技术需求对接项目41项，完成项目成果征集24项，其中项目成果对接3项；举办船舶行业项目成果专场推介会和固体表面涂层材料专场对接会等大型产学研专场对接会，发布高校科技成果近250项，发布企业技术需求56项，签订产学研合作项目对接协议和项目12项，2009年产学研对接场次、规模和规格都为历年之最。

强化产品质量管理工作。出台《厦门市经济发展局关于加强工业质量工作的实施意见》，对厦门市工业产品质量工作提出要求，构建完善的工业质量工作体系；充分发挥厦门市质量管理协会的作用，推广卓越绩效模式，组织企业创质量奖并取得新的突破，厦门电业局和厦门烟草公司荣获2009年度全国实施卓越绩效模式先进企业奖；加强食品质量安全管理工作，开展打击食品生产企业违法添加非食用物质和滥用食品添加剂专项整治；推进企业争创驰名商标，对获得中国驰名商标的中盛粮油、立胜电光源等9家企业给予表彰；完善品牌公共服务平台建设，开展培训、品牌网运行等公共服务工作；引导各区出台相应的鼓励政策，优化品牌建设环境。

四、创新工作模式，引导企业拓展国内外市场

2009年厦门市有关部门立足帮助企业树立信心、积极应对国际金融危机，积极探索创新引导企业开拓市场新模式。在元旦、中秋、端午期间，依托闽粤赣十三市合作平台，开展“厦门名优产品海西行”经贸活动，组织企业优产品以“大篷车”等形式，送往粤东、赣东南8个市展销洽谈，建立营销网络，活动协议交易总额达1.2亿元以上；组织开展厦门市工业品供需对接活动，近200家优质产品生产企业参加，19家供需单位现场签订购销协议，达成本地配套意向；开展地产工业品进超市系列活动，截止2009年底，全市共有717家工业企业的产品进入各类卖场销售，年销售额约8.2亿元；协助厦华彩电中标国家“家电下乡”工程，在外来务工人员和全市低保户中开展厦华彩电公益活动，在为期6个月的活动期间，累计销售25 371台，销售额4 583.87万元；做好汽车摩托车下乡工作，截止2009年底，全市备案销售网点70个，累计销售汽车9 012辆、摩托车17 797辆，销售总金额达4.4亿元；组织企业参加各类国内外大型综合性、专业性展会，重点参加了第二十届中国哈尔滨经济贸易洽谈会、第十八届乌鲁木齐对外经贸洽谈会、第六届中国福建商品交易会、第六届中国国际中小企业博览会、第二直届中国（重庆）国际投资暨全球采购会、第五届APEC中小企业技术交流展览会、中国天津第十六届投资贸易洽谈会、第五届泛珠三角区域经贸合作洽谈会、第十届中国西部国际博览会、第七届海峡两岸网上投资洽谈会等国内有影响有实效的综合展会，以及2009年中国国

际纺织面料及辅料（秋冬）博览会和中国国际服装博览会、2009年中国国际工业博览会、2009世界客车博览亚洲展览会、第六届中国国际消费电子博览会及第四十四届全国工艺品、旅游纪念品暨家居用品交易会等专业展会，企业通过展会展示了形象，推介了产品，拓展了市场；发布地产工业品推荐目录，全年共征集发布3批地产工业品推荐目录，涉及机械、电子、轻工、化工、建材等5个行业的351家企业；开展政府投资项目部分设备材料试行建设单位控制管理（甲控）推荐工作，2009年向省政府推荐2批75家企业的产品作为甲控供应商。

引导企业进一步拓展国际市场。做好国家级汽车及零部件出口基地建设的各项协调工作，及时向商务部上报出口基地投资建设情况以及企业出口情况；收集厦门市汽车零部件企业招商意向，编印《海峡西岸先进制造业基地——厦门汽车零部件产业》招商指南；组织参加“2009重点汽车出口市场政策法规宣讲会”，推动汽车产品拓展国际市场；建立完善地产工业品出口情况分析制度，及时跟踪全市地产工业品出口100强企业出口情况，帮助企业解决出口过程中的实际困难和问题；开展厦门市汽车滚装船制造和出口情况的专题调研，向商务部争取将厦门市列为首批国家船舶出口基地；修订完善《2009年机电产品出口发展专项资金使用计划》，利用专项资金加大对重点机电产品出口企业开拓海外市场的扶持力度，帮助企业稳定和扩大出口市场。

继续完善产业预警安全维护机制。通过规范对数据报送体系以及数据催报、稽核等相关制度，做好产业安全数据库扩容工作，强化对双零铝箔、对苯二甲酸、平板彩电等重点监测产品的预警监测，及时编制相关预警报告；通过调查分析国际金融危机下国外技术性贸易壁垒和贸易救济措施对厦门市产业的影响，积极开展产业安全相关问题研究，促进企业平稳度危机；加强与政府相关部门、行业协会、重点企业沟通与协作，逐步建立由主管部门、中介机构、行业协会和企业组成的统一规划、分工合作、各有侧重、信息共享、反应灵敏的产业损害预警工作体系；实施“一把手”工程，及时通过各种渠道将贸易摩擦、产业损害预警信息及时送到重点监测企业的“一把手”手中，进一步提高维护产业安全信息服务水平；加强应对和运用贸易救济措施的服务和指导，指导企业适时提起反倾销申诉。

深入开展整顿和规范市场经济秩序，按照省里的统一部署，继续深入开展各项专项整治工作，加大食品质量安全执法检查力度，进一步整顿和规范药品市场秩序；重点开展保护知识产权工作，加大对全市文化市场的监管力度，大力开展保护知识产权宣传工作；推进商业贿赂治理工作，严抓商业欺诈；加强行政执法和刑事司法衔接工作，企业经营市场环境进一步优化。

五、引导中小民营企业抢抓机遇，全面提升竞争力

政策体系进一步完善。出台《厦门市银行业金融机构小企业贷款风险补偿金暂行办法》，激发银行业金融机构加大对小企业信贷投放的积极性；研究加大民营经济考核的意见和建议，完善促进民营经济发展考核机制，有效推动各区、各部门确实加大民营经济发展的支持力度；举办了9个场内容涉及税收新政、产业政策和资金扶持等方面政策解读的“送政策进企业”活动，引导和帮助企业用足用好各级政府扶持政策，积极争取各级财政加大对厦门市中小企业的支持力度，全市有2批15个民营企业项目获得国家1 290万元的中小企业发展专项资金支持，推动中小企业扶持政策的落实。

加大中小企业融资服务。发挥厦门市中小企业融资工作联席会的作用，研究推进中小企业集合发债、互助担保、再担保基金管理、融资性担保业务管理、小额贷款公司试点和银行小企业贷款等融资工作，有针对性地帮助探寻新的融资途径；开展银行业中小企业贷款奖励工作，在2009年举办的“中小企业服务日”上，建行、中行、商业银行与市经发局签订支持中小企业合作发展协议，三家银行承诺三年内用于支持中小企业发展的信贷额度不少于150亿元；制定出台《厦门市中小企业信用担保风险补偿金管理办法》、《厦门市融资性担保业务的监管办法》和成立市级再担保机构等政策，总结推广集美区政策性担保公司的经验，指导各区利用财政资金设立的担保公司开展工作，完善融资担保体系；落实担保公司各项扶持政策，会同税务部门审核厦门市担保机构免税条件，争取担保机构享受国家免征营业税政策，积极争取国家及省级的担保风险补助资金对厦门市的担保公司支持，2009年全市共有3家担保公司获得国家补助资金880万元，11家担保公司获得省级补助资金769万元；通过开展厦门市典当行业业绩评价，强化典当行监管服务，促进典当行业有序发展，2009年厦门沃瑞典当有限责任公司、厦门柏傲典当有限公司等2

家典当企业获商务部批准，截止2009年底全市共有30家典当行，其中思明区18家、湖里区7家、集美区2家、海沧区、同安区和翔安区各1家，注册资金总额6.62亿元；发挥厦门市担保典当行业协会等中介组织的作用，不断规范行业发展、提高执业水平。

强化中小企业管理培训服务。设立中小企业发展顾问组，面向社会遴选企业管理提升、资金融通、财务分析、项目评估、技术创新等五个领域专家，确定了由38名产业技术升级服务专家、32名管理咨询服务专家组成的中小企业服务专家库；启动中小企业管理咨询巡回义诊工作，开展面向重点民营企业、成长型中小企业的企业治理制度、生产运营管理、人力资源管理、市场营销管理、财务管理和品牌战略管理等方面的咨询、诊断、重点辅导等公益性智力支持活动，出台《厦门市中小企业公益培训资金管理暂行办法》，促进公益培训工作规范化、制度化，加强公益培训资金的管理，提高资金使用效益。

健全中小民营企业发展服务体系。充分发挥市中小企业服务中心的龙头带动作用，推动各区经贸局、工业园区管委会建立健全辖区中小企业服务机构，不断完善中小服务体系建设；以“助力中小企业、逆市寻觅商机”为主题，举办中小企业服务日活动，共设置9大服务展区202个展位、11个专题论坛，三千多家中小企业六千多人次参加了活动；开展2009年度成长型中小企业评选，评选出2009年度最具成长性中小企业28家，成长型中小企业206家，并设立700万元中小企业成长支持资金，重点支持符合国家产业政策、为大企业协作配套、具有自主知识产权的成长型中小企业的固定资产投资及流动资金贷款项目。

六、扎实推进节能循环经济和资源综合利用工作，节能降耗成绩显著

全面推进节能法律法规的实施。厦门市节约能源管理部门认真贯彻落实国家省市有关法律法规，以《厦门市节约能源条例》正式实施为契机，全面推行固定资产投资项目节能评估和审查工作，全年共对6个项目开展节能评估和审查，累计提出50项节能建议；推动相关配套政策的出台，出台了《厦门市市级节约能源和循环经济发展专项资金管理暂行办法》、《厦门市能评机构管理办法》，通过规范专项资金使用、建立健全节能工作机构与工作平台完善公共管理平台建设等措施，推进节能监察工作的实施；同时还建立节能技改项目网上申报、市重点用能企业能耗网上月报和重点用能企业能源利用报告网上申报等3个平台；顺利通过省政府节能考核，经过综合考核评分，2008年厦门市节能目标责任制考核获得94分的高分，在全省九地市中名列第一。

强化节能监督管理工作。积极开展节能执法工作，全年共对70家重点耗能企业开展节能执法工作，发出能改通知书42份，大部分企业按期实现了整改；出台《厦门市重点用能单位节能目标“红黄绿”分类监管暂行办法》，对单位能耗管理实行“三色监管”节能目标监管；推动能源审计工作开展，对2008年度16家开展能源审计工作的单位进行补助，共补助金额32万元，2009年又组织20家重点用能企业开展能源审计工作；印发《关于推进厦门市公共机构及旅游饭店节能技术改造工作的通知》，在全市范围内开展公共机构及旅游饭店节能技术改造工作，并组织有关部门联合开展能源效率标识专项检查和公共建筑空调温度专项检查。

大力推广节能技术和产品。组织开展节能示范工程评定工作，确定20家企业的节能项目为“厦门市节能示范工程”项目；组织绿色照明推广工作，2009年共完成108万只节能灯推广任务，年节电达1.9亿度（合7.68万吨标准煤）；组织“金太阳”示范工程项目建设与申报，会同有关部门组织申报了5个国家金太阳示范工程项目；组织开展2009年“依法节能、全民行动”节能宣传周主题活动，包括中央空调节能技术、电机系统节能技术、蓄冷蓄热技术、余热余能回收利用、绿色照明技术、建筑节能等相关技术及产品的72家进行节能技术和产品展示，市直有关部门为市民开展节能法规政策咨询；开展厦门市“通士达”杯节能知识竞赛活动，吸引全市2万多市民积极参与，10名市民获得特等奖。

推进循环经济和资源综合利用工作的开展。按照国家有关规范要求，推动厦门钨业股份做好循环经济试点工作的实施；密切跟踪协调厦门通士达节能灯汞回收循环经济示范项目建设，推荐厦门华诚实业、厦门夏纺等7家节水、清洁生产等循环经济企业向工信部申报节能减排技术改造专项项目，三立汽配、三利通用机电和林德叉车等3家企业申报机电产品再制造试点项目；开展资源综合利用企业（产品）认定，2009年共审核厦门卓越生物质能源有限公司等5家资源综合利用企业，首次认定企业数占总认定数的60%，产品认定范围不断拓展，

新增加利用废动植物油生产生物柴油、废旧轮胎翻新、废饮料瓶生产PET瓶片和二甲基硅油等产品；积极协调解决资源综合利用企业困难，妥善解决龙泉发新型建材有限公司和嵩能粉煤灰公司因产品名称问题而无法享受税收减免优惠问题；充分利用“厦门循环经济网”等网站及时做好国家资源综合利用目录宣贯工作。

加快推进清洁生产。组织专家对厦门路达工业（优达厂）等19家企业进行清洁生产现场审核评估，大力推广使用清洁能源，积极推行热电联产、集中供热，通过排污大户企业签订节能减排协议等形式推进减排工作，提前一年完成全市“十一五”减排目标。

七、认真做好国内经济合作和区域经济协作工作，各项工作得到深化

国内经济合作进一步深化。规范国内招商各项制度，制定出台《厦门市国内招商引资考核奖励办法（试行）》，通过依法修改完善统计报表制度，规范全市国内招商统计和考核办法，确保国内招商引资数据的真实性，2009年全市完成国内引资项目数7 044个，完成合同利用内资额474.18亿元，其中：新增内资项目注册资本总额242.04亿元；内资土地公开招拍挂项目成交额186.16亿元；内资产业载体引资项目成交额45.98亿元；积极搭建合作交流平台，出台《异地在厦社会团体换届工作指南》，规范和加强厦门市异地商会的服务与管理，2009年新增厦门市新疆商会、厦门市南安商会等9家异地社团组织，到2009年全市共有41家异地社团组织；认真做好驻厦机构的备案、协调与服务工作，共办理驻厦机构换证88家，促进了两地社会和经济发展。

密切区域经济合作和山海协作。进一步加强与中部地区的经济交流与合作，密切两岸经济合作；主动协调推进部门合作，成功举办闽西南五市党政领导第13次联席会议，召开闽粤赣十三市党政领导第14次联席会议，对一个轮期的区域合作以及今后一段时期的合作工作进行部署；与龙岩、漳州两市山海协作工作不断深化，2009年共安排600万元帮扶资金，扶持龙岩与漳州的项目建设，强化媒体宣传，注重发挥《区域经济信息》的作用，推动各市经济信息交流。

对口支援和帮扶工作取得新成效。探索提升对口支援工作质量的长效机制，认真分析厦门市和对口地区社会经济发展情况，通过寻找经济合作结合，初步形成厦门市对口支援绩效考评方案，促进对口帮扶工作向具体化实效化发展；引导企业投资对口地区，拓宽对口支援的渠道，将“输血”支援向“造血”支援转变工作落到实处；转变对口支援和帮扶工作方法，按挂职年限确定项目和划拨资金，进一步提升对口支援资金集中使用效率；强化对口支援、帮扶项目和资金的管理，认真做好项目的组织、审核和拨付工作，2009年度共拨付对口支援和帮扶西藏、新疆、宁夏、重庆资金2 800万元，比2008年增加400万元，其中西藏1 500万元、新疆150万元、宁夏350万元、重庆800万元。

（厦门市经发局　林琪梅供稿）

城乡建设事业发展概况

2009年，厦门市建设与管理部门全力实施节能减排、住房保障、建筑市场规范、工程质量安全、新村建设、服务创新、城管提升、队伍建设等工作，实现了各项工作平稳较快开展。

一、规范行政审批，提高服务水平

2009年市建设管理服务中心共收件18 780件，办结18 505件，提前办结率58%，实现零逾期。退补件率比上年下降2.5%、5.3%。坚持在重点工程审批中实施代办服务、规范前期手续补退件行为、严格联合验收等做法，加快审批进程；本着便捷高效原则，认真贯彻实施《厦门市建设项目行政审批集中办理办法》规定，对施工图审查备案、施工合同备案等10个事项实现当场办理；加快电子政务建设，逐步对建设项目实行网上审批，有效节约人力物力。行政许可事项共收件4 797件，办结4 551件（提前办结率91%，比上年提高4个百分点），接受各类咨询2.5万人次。积极做好网上审批电子监察协调工作，优化审批流程，实现政务公开。

二、抓住重点工程，实现高质高效

积极完善工程督办机制开展督办工作。加强对征用部队用地或电力杆线设施场地建设及部队营区附近道路交通组织等共性问题的跟踪协调。会同市委、市政府督查室做好重点工程的建设进展报告与问题督办工作。开展2009年度省、市重点建设项目先进个人、建设功臣和优胜项目的评选活动，通过树立先进典型、弘扬先进，鼓舞和激励重点项目建设者的士气和热情。

三、规范建筑市场，促进健康发展

实施先评后随机抽取的评标办法，有效提高招投标效率；实施企业年度投标保证金制度，切实减轻企业负担；规范施工招标文件审查工作，执行中标候选人投标文件公示制度，建立招投标投诉处理集体研究机制；加强对建筑业企业资质管理，试行民工安保卡管理制度，建筑市场信用体系建设更趋完善，效果显著。加大清欠力度，已解决60件（含以往投诉24件），共清理解决被拖欠工程款9 815.3万元（其中涉及农民工工资3 578万元）。

四、开展节能减排，推进绿色建筑

全年完成居住建筑节能设计审查备案217项，建筑面积265.2万平方米；公共建筑538项，建筑面积310.0万平方米。完成全市民用建筑节能专项验收备案804项，建筑面积1 048.6万平方米。在全国率先完成低碳城市规划，并建立直观的规划模型；完成全市264幢机关办公建筑和大型公共建筑能耗普查统计工作；出台实施《厦门市绿色建筑评价标识管理办法》；组织全国可再生能源建筑应用示范项目和光电示范项目的申报、实施和验收工作；编辑《厦门市建筑节能》宣传画册；加强建筑材料备案管理，推进墙材革新，开展禁粘等建筑材料专项整治工作；大力推广新材料新技术在建筑中的应用，提高建筑节能水平。

五、强化监督检查，提升质量安全

建立重大危险源管理制度，遏制了较大等级及以上安全事故发生，所发生的一般安全死亡事故起数和死亡人数比上年下降44.4%；全市工程质量处于受控状态，创优意识有所增强，建设品质不断提高，1项工程获得2009年度中国建设工程鲁班奖，32项工程评为“闽江杯”奖，196项单位工程评为“市优工程”；文明施工得到进一步推进，1个工地被评为“全国建筑施工安全质量标准化工地”，65个工地被评为“省级文明工地”。先后开展深基坑工程重大危险源、建设工程质量监督执法、工程建设主体行为综合整治、建筑工地防控H1N1流感等专项活动，精心部署开展质量月和安全生产活动，不断完善工程质量安全管理机制建设，加强质量安全监督队伍建设。

六、做好政策引导，促进房地产市场规范

圆满召开第六届人居环境展示会既建筑节能博览会。起草关于避免土地市场大起大落的措施和建

议、关于厦门市房地产市场现状及促进市场健康稳定发展的意见和建议等材料上报，为决策提供参考。在政策和管理上积极扶持百亿企业发展。进一步规范全市物业管理，发布小产权房建立小区管理委员会的制度等文件，基本完成物业管理条例的立法工作。

七、加强城市管理，提升水平效益

不断完善园林绿化施工行业管理，开展创建全国无障碍建设城市工作，落实厦门市入选上海世博会城市最佳实践区案例。以创建全国文明城市为契机，会同有关部门开展重大活动市容保障、重点地段市容整治、夜景灯光管理、停车场建设与管理、主要道路（成功大道、环岛干道、仙岳路）两侧景观整治等工作。通过创建，成功获得“国家节水型城市”荣誉称号，进一步完善计划用水管理模式，提高计划指标管理效率，全面开展水平衡测试，强化管水员培训，提高节水工作水平。

八、加快住房建设，做好民生保障

全年累计动工建设社会保障性住房项目 16 个，总建筑面积约 188 万平方米，住宅 25 536套，竣工 11 786套，全年完成投资 8.7 亿元，累计完成投资 60 亿元。完成岛内思明、湖里两区第二批 357 户经济适用住房的选房配售，完成首批保障性商品房申请户审核、公示工作，有 174 户取得购房资格。完成华侨大学 414 套周转住房的购房交房手续办理。组织厦门大学两批次共 143 户经市人事局审核确认的人才房申请户办理购房手续，并在年底前办理首批 47 户购房户交房手续。有效理顺了安置房建设资金渠道，促成新竣工安置房项目 15 个，房源 12 460套，建筑面积约 162.3 万平方米，完成投资 23 亿元，累计完成投资 77.1 亿元。积极推动马湖边水库片区上湖、洪塘安置房、火车（新）站片区安置房等项目建设，满足拆迁安置需求。

九、落实灾区援建，体现真情无限

全市建设系统有四百多人赴川援建，组织实施了 30 个援建项目，年内有 21 个项目竣工交付使用，其中有 5 所学校被确认为 2009 年第一批“四川省结构优质工程”，力争用两年时间完成原定三年灾区恢复重建的全部援建任务。

十、实施新村建设，改善农村面貌

20 个重点村的首批补助资金（8 285.15万元）计划已下达到位，重点开展村内道路建设、排水排污沟（管）、垃圾收集点等项目建设，包括 20 个重点村的村内道路 105.743 公里、排水排污沟（管）150.79 公里、砌筑挡土墙 6.88 万立方、路灯 1 660盏、垃圾收集点 323 个、垃圾转运车辆 176 辆、篮球场 54 个、健身器材 71 套、修缮改造文化活动室 37 个，并对村庄实施环境整治、房前屋后硬化、绿化、美化。目前各村已基本完成工程招投标工作，已建设道路 38.7 公里，管沟 52.9 公里、完成挡土墙建设 2.58 万立方，环境整治、绿化、美化等项目建设正同步推进。家园清洁行动持续深入开展，汀溪新城镇建设试点方案逐步完善，各项前期工作进展顺利。

十一、完善设计管理，提高抗震水平

受理勘察设计企业资质申请 31 家、单项备案 169 件。做好勘察设计市场监管工作，共检查 42 个工程项目的勘察设计单位和施工图审查机构行为；开展持续、不定期的工程勘察作业现场质量安全专项检查工作，共检查 23 个工程，对存在问题 3 个工程严令整改；完成厦门行政区域内建设的房屋建筑和市政基础设施工程施工图审查备案 707 项；完成勘察设计合同备案 738 项，合同总金额 33 231.23万元。积极参加各类工可、方案、规划、环评报告的评审，组织初步设计技术论证工作。

十二、完善法规建设，加大执法力度

组织起草《厦门市建设工程材料管理办法》、《厦门市物业管理若干规定》、《厦门市建设项目行政审批集中办理办法》（已出台实施）。组织起草部分规范性文件，同时做好规范性文件的清理工作。积极稳妥地推进行政处罚网上运行试点工作，规范行政处罚自由裁量权的做法和经验在全市推广。以高度负责的态度，坚持以事实为依据，严格依法办案，全年依法处罚 30 件，罚款金额共 131.68 万元。

（厦门市建设管理局　许海溪　洪德源供稿）

交通运输邮电通信事业发展概况

2009 年，厦门市交通口岸邮电系统全年旅客运输总量 11 597.46 万人，比上年增长 12.08%。其中，铁路完成 366.04 万人，公路完成 9 426.79 万人，水路完成 692.24 万人，航空完成 1 112.39 万人。全年客运总周转量（含公路、水运、航空）完成 187.61 亿人公里，增长 14.7%。其中，公路完成 54.71 亿人公里，水路完成 0.84 亿人公里，航空完成 132.07 亿人公里。全年货物运输总量 8 371.05万吨，比上年增长 10.1%。其中，铁路完成 621.32 万吨，公路完成 5 018.08万吨，水路完成 2 718.99万吨，航空完成 12.66 万吨。全年货运总周转量（含公路、水运、航空）完成 663.67 亿吨公里，增长 10.6%。其中，公路完成 62.79 亿吨公里，水路完成 599.2 亿吨公里，航空完成 1.68 亿吨公里。全年邮电业务总量 57.64 亿元，比上年增长 10.3%。全市交通口岸全年完成固定资产投资 170 亿元，比上年增长 24.5%，其中基本建设完成 133.8 亿元，比上年增长 21.4%；更新改造完成 36.2 亿元，比上年增长 37.3%。

一、公路建设

2009 年全市完成公路建设投资 82.69 亿元，比上年增长 18.1%。丙洲大桥建成通车，梧村汽车站建成投入使用。翔安大道二期、中洲路一期、海沧大桥西引道、翁角路（孚莲路—新阳大桥段）等项目开工建设，沈海高速扩建工程（厦门段）、厦成高速（海沧—漳州天宝段）、厦门至安溪高速公路、环岛干道、海翔大道、厦漳跨海大桥、海沧疏港通道、灌新路一期、BRT 一号线、二号线延伸段以及厦门新站片区配套道路等项目加快建设。完成农村公路建设投资 1.4 亿元，建成通车 143 公里。

至年底全市公路里程 1 873.03公里，其中高速公路 54.56 公里，一级公路 357.85 公里，二级公路 231.18 公里，三级公路 150.24 公里，四级公路 809.32 公里，等外公路 268.88 公里。公路桥梁 444 座。

二、港口建设与生产

2009 年厦门继续加大港口基础设施建设力度，完成投资 28.2 亿元，比上年增长 8.1%。新增万吨级以上泊位 5 个，现有生产性泊位达到 97 个，其中万吨级以上泊位 48 个。

2009 年，全港生产持续稳定增长。海港货物吞吐量完成 11 096.28万吨，比上年增长 14.4%，其中外贸货物吞吐量完成 5 634.9万吨，比上年增长 4.5%，集装箱吞吐量完成 468.04 万标箱，比上年下降 7.0%，集装箱吞吐量列全国第七位，全球 20 强。

三、航空运输

2009 年，厦门机场旅客吞吐量 1 132.95万人次，比上年增长 20.7%，再创历史新高，名列全国第 11 位民航机场，第 5 位口岸机场。其中，国内航线旅客吞吐量 1 054.48万人次，比上年增长 23.5%，国际航线旅客吞吐量 75.47 万人次，比上年下降 8.1%。

2009 年，厦门机场巩固山东航空在厦门设立的基地公司，吸引其投入 5 架飞机参与营运，并加强与海南航空合作，引进昆明、吉祥、金鹿、香港快运四家航空公司，增辟更多航线。目前，厦门机场已开辟国内外航线达 172 条，在厦门机场通航的外国（地区）航空公司达 43 家，其中运营的 43 家，已开通 41 个国际城市以及香港、澳门、台北、高雄四个地区城市的航线。机场航线遍及内地及港澳地区、东南亚、韩国、日本和美洲、欧洲，厦门机场已成为华东地区重要的区域性航空枢纽。

四、公共交通

2009 年，厦门市不断改善公共交通服务，持续破解“交通难”问题。2009 年 8 月 1 日起取消公交车空调票价，做到服务质量不下降、公交班次不减少，减轻了市民出行负担，增强了公交吸引力。完成公交客流量及居民出行调查，修编了公交线网规划，并结合交通改善、新区建设等需求，调整优化了42条公交线路，新开通9条公交线路和6条农客线路，开行8条夏季夜班车公交线路，更好地满足了市民出行需求。公交出行分担率提高到30.9%，公交线网更加合理、便捷和完善。BRT保持安全、优质运营，三条线路日均客运量合计超过18万人次，有效缓解了城区主要交通走廊高峰拥堵问题。加快推进公交智能化建设，公交集团完成了公交智能管理系统建设，并全面推广使用，实现了智能调度、自动报站、车速控制、超速提示和电子路签等功能，提高了公交智能化管理水平。努力提升公交服务质量，加强日常监管力度，严肃查处擅自更改线路、中途甩客等违规行为，规范公交市场秩序。公交集团投资9 269万元报废更新了237辆公交车，改善了公交车况。开展“温馨在的士，满意在公交”、“斑马线礼让行人”等专项活动，强化优质服务。完成了425辆出租汽车更新投放工作，加强出租车运营管理，严厉打击非法营运。督促出租车企业开展让利减负活动，及时发放燃油补贴，努力减轻出租车驾驶员负担，积极解决驾驶员“三难”问题。

五、口岸管理

2009年，厦门市围绕海港、空港口岸发展的要求，继续加快“大通关”建设，努力优化口岸通关环境。(一)加大口岸协调力度，协调查验单位认真落实国家相关部委支持海西建设的各项政策和措施。厦门海关出台15项帮扶措施，检验检疫局出台10个方面具体措施，为外经贸企业提供通关便利；边检总站推出“六项便利措施”，进一步方便广大旅客和交通运输工具出入境；海事局取消5项行政事业性收费，对两岸直航船舶和重点物资运输船舶开辟绿色通道。(二)协调查验单位推行“异地报关、口岸放行”的快速通关的转关模式，以及口岸集中查验和上门验放的便捷措施，解决内地和厦门口岸之间异地通关限制问题。(三)推动福建电子口岸建设，将在厦门试点成熟的应用项目推广应用到福州、泉州地区，并与台湾关贸网进行对接合作，完成了两岸平台互联技术工作，两岸三通信息平台已初步建成，已在厦金航线上试运行。完成了电子关锁系统二期推广建设和海沧保税港区信息平台一期建设工作。(四)认真做好“大通关”工作，加强东渡、海沧联检中心和邮轮中心的日常协调工作，及时解决现场出现的通关问题。

六、邮电通信

2009年厦门邮电业务保持稳定增长态势。全市全年累计完成邮电业务总量57.65亿元，比去年增长10.3%。其中邮政业务总量4.33亿元，比上年下降4.5%；电信业务总量53.31亿元，比上年增长11.7%。截至年底，全市固定电话用户201.35万户，下降18.9%；移动电话用户354.79万户，增长16.1%；全市电话普及率为320部/百人，与上年持平；固定电话普及率为116部/百人，下降23.3%；移动电话普及率为204部/百人，增长13.2%；互联网宽带接入用户为64.52万户，增长24.2%。

（厦门市交通委员会　翁明鸿供稿）

消费品市场发展概况

2009年，厦门市进一步贯彻落实中央一系列扩内需、保增长的政策措施，着力经济发展方式的转变，经济发展逐步向好，居民消费信心进一步增强，消费品市场保持稳步回升的发展势态。全年全市实现社会消费品零售总额566.12亿元，比上年增长14.2%，剔除价格因素影响，全市消费品零售实际增长17.3%，比上年增幅提高了8.5个百分点。从全年走势看，全市社会消费品零售总额累计增幅呈现逐月稳步回升的良好态势，对全市经济的企稳回升发挥了重要作用。分行业看，批发零售业完成零售额473.33亿元，比上年增长14.4%，占零售总额的83.6%；住宿餐饮业实现零售额73.71亿元，增长10.1%，占零售总额的13%；其他行业实现零售额19.08亿元，增长25.6%，占零售总额的3.4%。

一、居民消费意愿回升，消费品零售总额逐月增加

一月份、五月份厦门市消费品零售市场受市民节日消费的拉动，当月零售额比上年同期分别增长13.4%、13.0%，居上半年月度零售总额前两位。下半年，众商家抓住购物节、中秋、国庆、周年庆、开业庆、圣诞购物等一系列密集的节日与促销活动的绝好商机，激发消费者的购物欲望，活跃了消费品市场，全市社会消费品零售总额加速增长，单月零售额均超过40亿元。尤其是第四季度的三个月，社会消费品零售总额分别为45.81亿元、45.64亿元、50.35亿元，增幅分别达到23.9%、26.4%、26.4%，其中12月份首次实现单月零售额突破50亿元。

二、政策救市，车市迎来暖春

国家多项措施鼓励汽车消费，尤其是汽车购置税减免政策，直接刺激了2009年的中国车市，引导车市大幅回暖，消费力集中爆发。全年实现汽车类零售额89.30亿元，比上年净增25.08亿元，增长39.1%，增幅比上年提高21.5个百分点，占限额以上批发零售贸易的30.7%，带动全市社会消费品零售额增长5.1个百分点。汽车零售5.26万辆，增长40.4%，增幅比上年提高了26.8个百分点，其中小轿车零售4.06万辆，增长45.2%，增幅比上年提高18.6个百分点。汽车零售平均单价由上年的17.5万元/辆略降至今年的16.97万元/辆。

三、生活必需品消费持续增长，其他商品消费稳定回升

限额以上批发零售贸易业商品零售类值的统计资料显示，作为生活必需品的食品、饮料、烟酒类零售额持续稳定增长，全年实现零售额42.12亿元，比上年增长4.7%，其中粮油、食品类实现零售额33.56元，增长3.3%；饮料类增长16.5%；烟酒类增长8.8%。在衣着消费方面，服装鞋帽、针、纺织品类实现零售额23.65亿元，增长28.6%，其中服装类零售额增长30.3%，鞋帽类增长29.3%。受房地产市场销售持续旺盛的影响，家用电器、家具、建筑及装潢材料等与房地产市场紧密联系的商品消费稳步回升。全年家用电器和音像器材类实现零售额16.88亿元，增幅由上半年的下降14.4%回升至全年的增长11.8%；建筑及装潢材料、家具等住宅装修相关商品零售增幅比上年都有所提高，建筑及装潢材料类实现零售额2.2亿元，增长33.4%，增幅比上年提高了68.3个百分点；家具类实现零售额2 912.4万元，增长2.3%，增幅比上年提高了7.9个百分点。

四、市场竞争力凸显，规模商业占据市场主要份额

全市各大商场、百货、家电卖场、大型住宿餐饮企业等限额以上企业注重发挥自身资源、服务、信誉等优势，经济实力进一步增强，商品结构进一步完善，由于具有规模大、环境优、信誉好的服务优势，其市场竞争力凸显，成为厦门市居民的首选

消费场所，继续领跑消费品市场。全市限额以上企业实现零售额322.97亿元，比上年增长11.9%，占全市社会消费品零售总额的57%，仍占据市场主要份额，拉动全市社会消费品零售总额增长6.9个百分点。其中限额以上批发、零售业实现零售总额290.62亿元，增长13.0%；星级住宿和限额以上餐饮业实现零售额32.35亿元，增长3.1%。全年零售额超亿元的企业有70家，共净增零售额34.47亿元，增长18.0%，拉动限额以上企业零售额增长10.7个百分点，拉动全市社会消费品零售总额增长7.0个百分点。全年主要百货、超市等大型零售企业净增零售额9.63亿元，比上年增长17.8%，拉动社会消费品零售总额增长1.9个百分点，其中麦德龙、新华都、家乐福、永辉、大润发、好又多、沃尔玛等大型超市全年净增零售额3.55亿元，增长11.0%；华联、新世界、免税、来雅、巴黎春天、天虹等大型百货净增零售额6.08亿元，增长26.0%。

五、中小商业加速发展，市场份额扩大

近年来厦门市加快培育品牌街、美食街等特色街区的建设，发展社区连锁便利店、专卖店、社区购物中心，为众多中、小零售企业提供了有利的生存发展空间，促进了限额以下企业及个体户的加速发展。全年全市限额以下企业和个体户实现零售额224.07亿元，占全市社会消费品零售总额的39.6%，市场份额比上年扩大0.9个百分点，比上年增长16.7%，增速比限上企业高出4.8个百分点。其中限额以下批零贸易业及个体户实现零售额182.71亿元，增长16.7%。

在厦门市居民生活水平稳步提高及生活节奏加快的影响下，居民在外就餐需求逐年加大，促进了厦门市星级以外住宿业、限额以下餐饮市场的持续快速增长。全年限额以下住宿餐饮企业和个体户实现零售额41.36亿元，占全市住宿餐饮业零售额的56.1%，比上年增长16.6%，比限额以上住宿餐饮企业的增幅高出了13.5个百分点。

六、城市化进程加快，岛内外商业服务差距日渐缩小

厦门岛外的城市化进程不断加快，城市化水平日益提升，岛内外差距日渐缩小，特别是在居民的生活品质上，岛外逐步向岛内看齐，给岛外商业的快速发展提供了一个巨大的空间。从分区社会消费品零售额看，全年限额以上企业较为集中的思明区实现零售额290.15亿元，比上年仅增长11.7%；湖里区完成147.01亿元，增长15.4%。而岛外各区随着城区的扩大，商业区、商圈的快速发展，相对岛内增长更为明显，集美区完成43.76亿元，增长11.7%；海沧区完成31.85亿元，增长40.6%；同安区完成36.01亿元，增长11.6%；翔安区完成17.34亿元，增长18.3%。岛内与岛外零售额比重分别为77.2%和22.8%。

（厦门市统计局　胡婷婷供稿）

旅游事业发展概况

2009 年，厦门市旅游行业深入贯彻落实科学发展观，采取有效措施，积极应对国际金融危机和甲型 H1N1 流感病毒的双重冲击，确保了全市旅游行业的平稳较快发展，全年全市接待国内外旅游者 2 524.85万人次，实现旅游总收入 325.43 亿元，分别比上年增长 15.1%和 7.2%。其中，接待境外旅游者为 136.01 万人次，增长 8.3%，旅游创汇 8.37 亿美元，增长 14.8%。

一、积极应对市场变化，确保旅游经济平稳较快增长

一是出台扶持政策。出台了《关于拉动旅游消费，促进旅游经济增长的扶持意见》，对旅行社组织游客经厦门赴金门、澎湖和台湾旅游等六个方面给予奖励。二是推动市委、市政府《关于进一步加快旅游经济发展的决定》中相关政策的落实。“旅行社参与政策采购和服务外包”、“旅行社缴税计征基数”、“饭店排污费”、“旅游企业用于宣传促销的费用依法纳入企业经营成本”、“年度土地供应适当增加旅游业发展用地”、“支持利用荒废土地开发旅游项目”、“企事业单位利用存量房产、土地资源兴办旅游业”等七项政策已得到落实；“宾馆饭店电价”、“旅行社、景区银行卡收费标准”等两项政策正争取分步落实。三是鼓励旅游企业参与会展、文化和体育活动的组织接待，实现旅游与会展、文化和体育等产业融合发展。积极宣传《厦门市鼓励会展业发展专项资金使用办法》，旅行社积极参与投洽会、旅博会、厦门国际马拉松赛等会展、文体活动的接待事务，指导旅游饭店完善相关服务设施，延伸会展、文体活动的旅游功能。

二、培育消费热点，有效拉动旅游消费

一是以隆重庆祝建国六十周年为主题，各区和各旅游景区（点）举办了丰富多彩的假日旅游活动。厦门花车巡游、国际沙雕文化节、海峡两岸摇滚音乐节、“中华情·民族风”大型歌舞活动等，营造了欢乐、喜庆、祥和的节日氛围，激发了广大市民和游客出游，极大地拉动了假日旅游消费。二是开发新的旅游产品。融合闽南文化特色的文化旅游项目——“闽南神韵”于 2008 年“旅博会”期间推向市场。累计接待观众近 3 万人次，营业收入达 234.7 万元。积极招徕国际邮轮停靠厦门，全年共接待国际豪华邮轮 13 艘次，共有国际游客 1.59 万人次来厦旅游。同安德安古堡和万丰果园两个乡村旅游示范点相继推向市场，全年共接待游客 11.7 万人次，实现旅游收入 2 466万元。

三、推动项目建设，不断优化旅游供给结构

会展中心二期扩建工程和国际会议中心建设工程竣工并投入使用，各重点旅游饭店项目建设进展顺利，温德姆国际大酒店、佰翔软件园酒店、同安金沙湾大酒店、盛之乡温泉大酒店如期开业，城市商务会展旅游功能进一步提升；香山国际游艇俱乐部、气象主题公园、乐器博物馆、风琴博物馆、鼓浪屿历史博物馆、集美双龙潭体育公园、小坪森林公园、小嶝休闲渔村、崖尾山旅游度假区、汀溪温泉、五缘湾温泉、园博苑温泉等 11 个重点旅游项目的建设正稳步推进；第十三届投洽会期间又成功引进了厦门古宅大峡谷山地运动休闲基地和七彩谷野生动物园两个旅游项目，总投资额达到7 500万美元。

四、创新营销方式，深度拓展旅游客源市场

一是加大“引进来、走出去”的营销力度，市旅游部门联合航空公司和旅行社邀请日本、韩国、泰国、马来西亚、香港旅行商、媒体记者来厦踩线采风。联合泉州、漳州等周边地区，金门、澎湖等地旅游行政管理部门，组织旅游企业到省外 25 个城市联合开展宣传促销活动，参加国内外各种展会 6 场次，共邀请了当地 900 余家组团社参加

旅游推介会，近100家媒体对厦门进行了旅游宣传报道。同安区旅游局组团赴泉州宣传推介，开创了区级旅游行政管理部门赴外地营销的先河。旅行社、景区（点）、饭店主动“走出去”营销力度有增无减，旅行社在外地设立分支机构新增15家。二是举办了一系列主题旅游宣传活动。全年共举办了“走进厦门、感受中国年”、“2009中国生态旅游年”启动仪式、“2009厦门自驾车旅游节”、“百万市民游厦门”、全国百城旅游宣传周、“文明旅游在行动”等11场主题旅游宣传活动，这些活动为营销造势注入了新的元素。三是拓展营销渠道。更加重视利用先进信息技术，升级电子商务平台，做好网络营销；电视、平面、广播等媒体和网络专版、专题对旅游业发展报道宣传明显增多；首次在CCTV－4《走遍中国》栏目投放厦门旅游城市形象广告片，提高了厦门旅游的市场知名度和影响力；加强与台湾旅行社、六大旅游同业公会、协会合作，入岛宣传方式逐步多样化。四是未雨绸缪，提前布局，加大了对沪（福）厦高铁沿线的宣传促销力度，组团赴浙江和上海开展专题营销活动。

五、积极先行先试，扩大两岸双向旅游规模和交流合作领域

在国务院支持海西发展若干意见出台后，市领导多次带队到国家相关部委积极争取先行先试政策，市旅游部门赴京向国家旅游局汇报相关情况，争取对台先行先试政策。编制了《厦台旅游产业对接规划》，一方面鼓励台湾旅游业界更多地投资或参与厦门市旅行社经营、景区开发与经营、旅游规划、营销策划、酒店经营和职业培训等领域，另一方面支持本地旅游企业投资台湾本岛和金门的旅游项目。联合金门县、澎湖县旅游部门和本市旅行社，分6批邀请22个省份114位赴台游组团旅行社负责人来厦门、金门、澎湖及南靖踩线。组织厦门旅行商共45人赴台湾参加海峡两岸旅行业联谊会、2009台北两岸观光博览会、第四届海峡两岸台北旅展等活动，赴台湾本岛开展旅游促销。同时邀请台湾旅行商和新闻媒体共14批380人来厦踩线采风。吸引台商投资旅游业，促成全国首家台资旅行社在厦门市设立。加强与台湾中部四县市的旅游合作，达成八条共识，并签订旅游合作协议。协助举办海峡论坛旅游圆桌会议、海峡旅游博览会、海峡两岸导游之星大赛等活动，进一步拓展了两岸旅游交流领域。积极支持开辟旅游交流新通道，台湾的“台华轮”、“海洋拉拉号”、“今日之星”和厦门市的“中远之星”先后开通了两岸海上航线。全年经厦门口岸赴台湾地区旅游达9万人次，占大陆赴台旅游总人次的15%；全年接待台湾来厦过夜旅游者39.04万人次，增长8.5%，名列大陆旅游城市前列。

六、加强管理服务，引导产业持续健康发展

一是推进旅游服务标准化。加大旅游饭店星级评定与管理，新评星级酒店12家，绿色饭店4家，高星级饭店开始由岛内向岛外扩展，布局进一步优化。深入开展旅行社质量信用等级标准化评定，在全省首批20家5A级旅行社中，厦门市占了11席，新评4A、3A级旅行社8家，旅行社标准化工作继续领先全省，走在全国前列。二是创新旅游服务品质保障机制，形成全方位旅游服务质量监督管理体系和“预防—规整”体系，构筑以先进信息技术为依托的旅游信用记录和监督平台。三是开展诚信旅游活动。建立了旅行社、星级饭店和导游人员的“诚信信息库”，建立行业自律、失信惩戒、诚信激励制度，激励旅游经营单位增强信用意识，切实保障旅游服务质量。四是加强行业培训工作，先后开办了“乡村旅游从业人员培训班”、“海上旅游服务培训班”等专题培训班，举办“二十一世纪旅游新观念”系列公益讲座、“中国旅游战略管理研究生课程班”、旅游行业服务技能大赛等活动，提高了从业人员的战略管理意识和服务技能。四是开展“化危机、度难关，旅游行业向前行——文明旅游在行动”主题活动，开展了“导游——城市文明指数提升者”主题培训。

七、加强公共服务体系建设，提升旅游公共服务水平

一是进一步完善旅游公共服务网络。全市初步形成了由5个旅游服务中心、20座旅游导示牌、34个旅游交通标识牌、93台旅游信息多媒体触摸屏、110个旅游资料架以及114厦门旅游呼叫中心、968118厦门旅游热线、移动旅游通、中国厦门旅游网等信息传播载体组成的旅游公共信息服务网络；启动了“一区一中心”的建设，首个示范点——同安旅游咨询服务中心已投入运行。二是强化旅游公共安全服务体系建设。结合旅游活动的特点，制定了《厦门市旅游突发公共事件应急预案》、《厦门市突发公共事件医疗卫生救援应急预案》和《厦门市食物中毒事件应急处理预案》等安全应急预案，开展“旅游安全百日督查”，加强

大型旅游节庆活动和黄金周假日旅游安全保障工作，建立健全了市、区和企业三级互动协作的旅游安全生产管理网络。三是进一步完善旅游公共保障设施服务体系。现已开通两条旅游公交专线，完成了旅游客运车辆系统建设立项工作和出租车 GPS 调度系统、岗位服务证管理系统的升级工作，部分商业银行已经开设了台币兑换业务。

（厦门市旅游局　张端供稿）

对外贸易和对外经济合作发展概况

2009年是进入新世纪以来厦门市经济发展最为困难的一年，也是厦门市外经贸工作经受严峻考验的一年。面对金融危机冲击，市外经贸系统在市委、市政府的正确领导下，认真落实党中央、国务院关于“保增长、保民生、保稳定”的决策部署，坚定信心，迎难而上，积极应对，厦门市外经贸工作在逆势中取得了新的发展。

一、对外经贸运行的主要特点

（一）对外贸易

外贸总体形势明显好于全国全省水平。2009年，厦门市实现进出口总额433.14亿美元，比上年下降4.5%，其中出口276.68亿美元，下降5.9%，进口156.46亿美元，下降2.1%。与全国、全省相比，厦门市出口、进口降幅分别比全国低10.1和9.0个百分点，比全省低0.5和3.3个百分点。外贸进出口总额占全省的54.4%，比上年提高0.9个百分点。

外贸企业经营形势上半年持续低迷，下半年快速回升。从序时进度看，厦门市外贸受金融危机影响，一季度十分低迷，二季度继续下探，三季度有所好转，四季度快速回升。出口方面，一季度比上年下降9.6%，二季度下降12.5%，三季度仅下降4.6%，四季度增长3.3%；进口方面，一季度比上年下降22.6%，二季度下降4.9%，三季度仅下降0.9%，四季度增长23.7%。

不同经济类型外贸企业外贸形势差别较大。内资外贸企业全年出口139.3亿美元，比上年增长6.4%；进口61.3亿美元，比上年增长17.4%。其中，民营企业逆势快速增长，全年出口110亿美元，增长24.4%，进口21.5亿美元，增长20.7%，成为稳定厦门市外贸的主要力量，部分民营企业如嘉晟、协力、华融、嘉联恒、佳事通、宇信兴业、合力成等取得快速增长；国有企业出口则大幅下降，全年出口23.7亿美元，下降33.4%，主要国有外贸企业如建发、国贸、信达、象屿、夏商等均出现较大降幅，国有企业进口保持增长，全年进口37.6亿美元，比上年增长15.8%。外资企业全年出口137.4亿美元，比上年下降15.8%；进口95.1亿美元，比上年下降11.7%。

传统商品出口保持增长。厦门市重点扶持的十二类劳动密集型商品全年出口138.9亿美元，比上年增长10.2%，对稳定全市出口起到了关键作用。传统商品中的刚性必需品保持增长，如服装纺织增长37%、鞋类增长7.1%、石材增长8.5%、家具增长48%、伞增长38%、鲜干果30.6%等，而传统商品中的非刚性必需品则出现下降，如体育用品下降24.1%、箱包下降4.9%、树脂工艺品下降15.9%。机电和高新产品出口大幅下降，其中机电产品出口119.6亿美元，比上年下降16.8%；高新产品出口43.4亿美元，比上年下降27.8%。

新兴市场保持增长。全年对新兴市场出口55.7亿美元，比上年增长4.2%；对发达市场出口119.9亿美元，比上年下降7.6%；对传统市场出口100.9亿美元，比上年下降8.7%。主要传统和新兴市场中，对东盟十国出口29.8亿美元，比上年增长16.1%；对台湾出口8亿美元，增长12%；对香港出口23亿美元，下降6.4%；对海湾六国出口10亿美元，比上年增长29%。主要发达市场中，对美国出口50.4亿美元，比上年下降7%；对欧盟出口57.9亿美元，下降5.3%；对日本出口31.3亿美元，下降28.8%。

一般贸易逆势增长。全年一般贸易方式出口155.2亿美元，比上年增长5.5%；一般贸易进口75.8亿美元，比上年增长8.5%。全年加工贸易方式出口98.8亿美元，比上年下降17.5%；加工贸易进口57.9亿美元，比上年下降1.3%。全年其他贸易方式出口22.7亿美元，比上年下降16.2%；其他贸易方式进口22.8亿美元，比上年下降27.4%。

对台贸易逆势增长。全年对台进出口额达到

42 亿美元，比上年增长 9.7%，其中出口额 8.0 亿美元，比上年增长 12.0%；进口额 34.0 亿美元，比上年增长 9.1%。对台贸易增幅高出全省 13.4 个百分点，高出全国 27.5 个百分点；对台贸易总额占全省比重达到 60.1%，占全国比重为 4.0%。

进出口百强企业实力增强。百强企业合计进出口 253.7 亿美元，占全市进出口额的 58.6%。友达光电（厦门）有限公司取代戴尔有限公司（中国/厦门）跃居百强榜榜首，内资龙头企业厦门建发股份有限公司位列第三。受金融危机影响，2009 年进出口百强企业中出口超亿美元企业只有 30 家，比上年度减少了 6 家。

（二）对外经济合作

2009 年，全市对外投资项目 66 个，投资额 2.92 亿美元，比上年增长 1.6 倍；新签对外劳务合同额 2.35 亿美元，增长 22 倍；实现对外劳务营业额 1.04 亿美元，增长 3.7%；新派对外劳务 5 196人，增长 11.3%；期末在外劳务 9 744 人，比上年增长 7.7%。

对外投资再创历史新水平。全年对外投资额达 2.92 亿美元，再创历史新水平，同时，对外投资还呈现诸多亮点：一是大项目多，投资额 1 000万美元以上的大项目就有 8 个；二是中方投资比例高，中方投资额达 2.15 亿美元，占总投资额的 94.1%；三是矿产投资仍是热点，矿产投资项目有 5 个，投资额达 4 570万美元；四是房地产投资成为新亮点，新出现了 2 个对外房地产投资项目，投资额达 3 000万美元。

境外设点取得新突破。全年共有 43 家企业在 11 个国家和地区设立境外贸易网点 48 个，协议投资金额 7 113.7万美元，项目数占全年对外投资项目数 84%，投资额占全年对外投资额 31%。主要有四个特点：一是重点工业出口企业加快在境外布点，厦门工程机械股份有限公司分别在埃塞俄比亚、俄罗斯、阿联酋、香港设立 4 个贸易网点，厦门装载机械有限公司也在印度、乌克兰设立 2 个贸易网点；二是厦门企业首次在台湾设点，厦门国贸集团、厦门航空有限公司分别在台湾设立代表处；三是香港仍是厦门企业在境外设点的主要地区，全年 80% 的境外贸易网点设在香港；四是外资企业在境外设点逐步增多，外资企业全年在境外设立 5 个贸易网点，比上年增加 4 个，投资金额超过 2 000万美元。

对外劳务合同额呈井喷式增长。全年新签对外劳务合同额 2.4 亿美元，增长 22 倍。2009 年厦门市对外劳务合作大幅增长，主要是厦门市对劳务输出人才的培养和储备发挥了作用，面对订单转移，企业能从容签约对接，如海隆对外劳务合作有限公司高度重视船员储备和培训，船员数量多、素质高，赢得了广大国际船运公司的认同，全年共获劳务输出合同 2.2 亿美元；其次，厦门市劳务公司加大了开拓市场力度，如中国厦门国际经济技术合作公司为应对金融危机，大力开拓对外劳务市场，全年共新获对外劳务合同 1 095.3 万美元。

二、对外经贸主要工作

加大外贸扶持力度。一是争取国家资金扶持。2009 年厦门市共争取到国家外贸扶持资金超过 1.6 亿元。二是出台地方外贸扶持政策。厦门市财政扶持外贸的资金达到近 4.2 亿元，全年共兑现各类外贸扶持资金近 2 亿元，为企业应对金融危机，扩大出口提供有力的资金支持。三是争取提高出口退税率。厦门市积极上报的马具、劳保手套、助听器、残疾用品等多项商品均在近几次国家提高出口退税率的商品目录上，国家七次调高出口退税率使厦门市大部分商品受益，全年共增加厦门企业出口退税约 46 亿元。

优化外贸经营环境。一是争取政策。密切关注出口退税、进出口税收、外汇管理、跨境贸易人民币结算等方面的政策调整，积极反映解决厦门市企业的问题；与大连商品交易所签署了战略合作协议，从战略上推动期货交割仓等重点物流发展的项目优先落户厦门。二是营造通关环境。积极协调海关、外管、商检、税务、口岸等相关部门，解决企业进出口存在的实际困难，如协调维持 30 家企业的海关企业管理类别，争取海关总署批复同意厦门金龙联合汽车工业有限公司生产的大型客车出口转关，协调海关解决了厦门林德（中国）叉车有限公司涉嫌走私的历史遗留问题等，妥善解决厦门金鹭特种合金有限公司 YZ 合金喷焊粉出口商品编码的重新化验归类。三是改善融资环境。协调解决企业贸易融资问题，完善出口退税账户托管贷款审批程序，推进出口退税账户托管贷款和出口保单融资，构建银行与企业对接平台，协助进出口银行做好企业服务工作，出台了中小外贸企业融资担保扶持办法。四是降低出口风险。充分发挥出口信保作用，规避市场风险，争取使厦门市出口信用保险额度提高到 30 亿美元，保险平均费率下调 30%。2009 年厦门市短期出口信用保险承保额达到 30.4 亿美元，比上年增长 1.3 倍；对一般贸易出口的覆盖率达到 19.6%，高于全国平均水平近 3 个百分点；出口企业获得信保赔款690.5万美元，并在信保的帮助下追回欠款2 099.7万美元，远远大于全市企业缴交的保费。五是积极应对贸易摩擦。积极指导相关企业和相关部门在5起案件中开展应对工作并取得明显成效，厦门三安电子有限公司在美国发光二极管337调查中成功使对方撤诉，厦门姚明织带有限公司在美国窄幅织带双反案中取得0.29%（微量）的全国最低反补贴率初裁结果，此外还支持5家企业13项贸易救济资金申请，奖励金额达87.5万元。六是强化公共信息服务。继续举办“外经贸服务日”活动，采取讲座、政策宣讲、研讨、现场咨询等多种形式，为5 000多家企业提供一站式公共信息服务大餐；创新服务方式，创办网上“实时在线咨询”活动，搭建为企业答疑解惑、解决困难的服务平台，全年累计共答复6 000多家次企业反映的问题；加大技术性贸易措施信息服务，全年共举办应对欧盟REACH法规、EUP指令等培训班6期，培训企业超过500家。

积极组织企业开拓市场。一是积极组织开拓海外市场团组。全年共组织14个团组（其中新兴市场团组10个），参展展位148个，参加人数277人次，出访28个国家和地区，走访拜会境外经贸（中介）机构组织66个，在境外组织召开经贸洽谈对接活动16场。二是扩大重点扶持境外展览数量。“重点展项”由上年的15项增加到20项，并新增8个“新兴展项”作为企业参展重点，全年共有215家企业参加，展位数361个，参加人数达560多人次，企业获得资金扶持341.9万元。三是大力扶持中小企业。鼓励中小企业用足用好中小企业开拓国际市场政策，全年共有924家企业的2 073个项目受益，获得补助金额3 281万元，其中有711家中小企业到国（境）外参展，参展展位1 335个。四是扶持重点出口企业。继续对全市55家重点出口企业给予扶持，第一批25家企业288个项目获得“保持外贸稳定增长专项资金”扶持735.77万元。五是积极组织企业参加国内知名的出口导向展览会。积极争取中国进出口商品交易会展位，共新争取展位248个，总展位数达1 464个，展位总量居全国第11位，增量则居第1位，全年参展企业达725家，成交金额达4.78亿美元，大大好于大会平均水平；此外还组织47家企业参加华东进出口商品交易会，参展展位59个。六是办好中国（厦门）国际石材展、海峡两岸体育用品博览会、中国（厦门）国际食品交易博览会等专业展览会，同时探索筹办和支持培育举办工程机械、游艇、光电、眼镜等优势产业专业展览会，在家门口为企业搭建开拓市场平台，降低企业开拓市场成本，其中中国（厦门）国际石材展逆势成长，展位数扩大至5 000个，展览面积达9万平方米，跃居世界第二大石材展。七是引导企业开拓国内市场。全年共组织92家企业参加中国中部博览会、中国—东盟博览会等9个国内展会，参展规模达196个展位；同时，首次在台交会期间举办“厦门商品展”并取得显著成效，参展企业超过120家，展位数达205个，努力化解金融危机导致外部需求不足的风险；此外，积极引导企业通过网上销售等手段开拓国内外市场，拓宽开拓市场渠道。

继续鼓励扩大进口。一是进一步完善进口奖励政策。重点扶持内资企业一般贸易进口和大宗商品进口，并统筹考虑扩大进口和做大厦门口岸，规定异地口岸到货补贴标准减半计算，全年共兑现上年度进口奖励210万元，表彰22家厦门市“进口大户”，帮助22家企业获得国家进口贴息资金717万元。厦门市内资企业2009年进口额53.1亿美元，比上年增长27.6%，大大高于全市进口增长水平。二是加大进口促进力度。建立重点进口企业联系制度，加强一般贸易进口大宗商品监测；积极引导和帮助企业争取国家管理的特定经营资质，扩大进口商品的经营范围；组织企业参加中国进出口商品交易会、中国—东盟博览会等国内重要展会的进口展；加强进口宣传，在“厦门经贸信息网”开辟进口专栏等。

积极促进对外投资。一是推进对外投资便利化。修订对外投资管理实施细则，简化了审批程序，申办时间由原来10个工作日缩短为3个，申办环节由原来3个减少为1个，为企业营造宽松便捷的“走出去”投资环境。二是积极搭建对外投资平台。利用多种渠道帮助企业了解投资信息，全年共与7个境外机构举办各种推介会7场，参加企业150多家；同时，充分利用“9·8”中国国际投资贸易洽谈会时机，组织125家外贸企业参加“走出去”各类研讨会、推介会10场，帮助企业了解对外投资信息。三是创新服务方式。相继与外汇管理、地税等部门建立信息沟通机制，帮助企业解决“走出去”的困难和问题。四是跟踪推进重点境外投资合作项目。及时了解项目所在国的政策变化和项目进展情况，为企业提供必要的政策信息服务和支持；积极扶持厦门工程机械股份有限公司、厦门装载机械有限公司、厦门金龙联合汽车工业有限公司、厦门金龙旅行车有限公司等企业在海外设点，协助厦门国贸集团、厦门航空有限公司成功在台湾设立办事处。五是鼓励企业用足用好政策。2009年度共获商务部对外经济技术合作专项补助资金723万元。

强化对外劳务管理。一是整顿外派劳务市场秩序。突出打击外派劳务犯罪和查处无照无证非法经营外派劳务活动，共清查相关企业85家，限期整改13家，打击非法中介2家。二是建立外派劳务处置突发事件机制。把预警和防范工作作为外派劳务的常态管理工作，从源头上减少和避免境外劳务突发事件，并妥善处理了45名外派新加坡劳务被遣返事件。三是建立沟通协调机制。有关部门建立沟通协调机制，及时解决企业困难，为企业提供服务，共同促进外派劳务市场的健康发展。

（厦门市贸发局　陈慧坚供稿）

外商投资发展概况

2009年，厦门市外资部门在市委、市政府的正确领导下，砥砺奋进，共克时艰，利用外资的规模保持了一定的水平。全年新设外商投资项目325个，比上年下降8.71%；合同利用外资13.65亿美元，下降28.03%；实际利用外资16.87亿美元，下降17.41%。

一、全年利用外资运行特点

利用外资仍为全省中坚力量。2009年，全市各级各部门全力采取各项措施，努力化解国际金融危机带来的冲击，利用外资工作取得了难得的成绩，呈现一些好的趋势：一是总量仍居全省前列。合同利用外资完成13.65亿美元，居全省首位，占全省总量26.0%，所占比重与上年基本持平，实际利用外资完成16.87亿美元，列居第二；二是降幅逐步收窄。其中新设项目个数由年初下降57.1%收窄至年底下降8.7%，合同利用外资由年初下降49%收窄至下降28.0%；三是实际利用外资总量保持适度规模，达到16.87亿美元，为近十年来的次高水平（仅低于2008年水平）。

新设项目拉动作用明显，增资下降。新批外商投资企业呈现逐月企稳回升态势，新设项目个数从1月份的21个回升至12月的44个，达到和超过正常年份单月水平。全年新批项目合同外资金额达到7.9亿美元，增长2.4%，占全市合同外资总量的57%，比重比2007年、2008年分别上升7个和17个百分点。新设项目中规模较大的有制造业的奥捷科技、宏璟纸品、嘉隆盛实业、华杏源药业、益扬电子、红彤彤食品、晨扬科技等项目，第三产业有特意购、镙茂环保科技、正新汽车国际文化中心、高时物流、品悦酒店管理、中衍担保等项目。外资企业增资下降，主要原因一是前两年外资企业增资高潮的周期性调整导致今年的相对回落；二是经济形势不明朗，影响投资者决策。全年外资增资项目179个，合同外资增资金额6.5亿美元，分别比上年下降34.4%和47.4%。增资的主要项目有达运精密、沙迪克、泰普生物科技、东南融通系统工程、禹洲集团地产、禹洲酒店管理、创冠环保等项目。

传统制造业活力重现，高端制造业集聚化明显。2009年外商在食品、饮料、服装、纸制品、塑料制品、金属制品行业投资呈规模加大增幅较高的态势，上述行业利用外资分别增长1.4倍、1.3倍、71%、7.4倍、2.9倍和40.64%，所占比重比上年上升11个百分点，为制造业利用外资起重要支撑作用。2009年，厦门市重点发展十三条制造业产业链，促进了利用外资产业结构的提升。高端制造业利用外资具有明显的产业化趋势，医药制造业、通用设备制造业、专用设备制造业、电气机械及器材制造业、通讯设备及电子设备制造业利用外资产业集聚明显，合同外资金额占制造业合同外资金额总量的四分之一，加速提升厦门高端制造业产业发展水平。其中医药制造业增长3倍，专用设备制造业增长1.7倍，电气机械及器材制造业增长37.8%，通用设备制造业增长24.77%。

台商投资势头强劲，投资领域宽层次多。2009年，台商投资始终保持良好的发展势头，增速加快，投资比重上升。全年台湾直接投资项目135个，增长12.5%，占全市新设外资项目总数的41.54%，居各来源地首位。合同台资8 712万美元，增长81.8%，实际利用台资1.1亿美元，增长7.7%。台商投资涉及领域拓宽、层次增多。在制造业投资领域主要涉及医药、电子、机械设备、食品、服装等各领域。在不断扩大制造业领域投资的同时，台商逐步向服务业和现代农业领域拓展。台商新设服务业项目比重达73.3%，产业层次提高，涉及金融业、建筑装饰业、商务服务业、商贸、物流、科研技术、软件、文化等行业。台商在农业方面的投资主要涉及园艺业。

资金来源地稳定，亚洲各国/地区来厦投资比重加大。2009年有44国家/地区来厦投资，与上年基本持平。从变动情况看，亚洲十国/地区新设项目比重上升 2.5 个百分点，合同外资金额上升 21.6 个百分点，实际利用外资金额上升 21.5 个百分点。欧盟有 11 个国家/地区来厦投资，即英国、丹麦、比利时、德国、法国、意大利、荷兰、西班牙、波兰及奥地利等国，欧盟合同外资金额增长 1.4 倍，上升 0.86 个百分点。自由港投资减少，其中英属维尔京群岛合同外资金额下降 78.2%。多家企业变更股权，如萨摩亚、开曼群岛以及英属维尔京群岛投资者转让股权给香港投资者。2009 年新增投资来源地 2 个，分别是吉尔吉斯斯坦和沙特阿拉伯，投资项目大多是小型贸易公司。

500 强投资及千万美元项目情况。2009 年，《财富》500 强公司新设 6 个项目，有 3 个 500 强公司首次来厦投资，分别是特易购（TESCO）、乐金（LG）和百威英博公司，新增合同外资 1.28 亿美元。截至 2009 年 12 月，共有十一个国家/地区 48 个 500 强公司在厦投资 87 个项目，投资总额为 38.72 亿美元，合同利用外资 18.76 亿美元。全年引进千万美元项目 54 个，合同外资 9.67 亿美元，比上年下降 33.75%，其中新批项目 34 个，合同外资 5.75 亿美元，增资项目 20 个，合同外资 3.92 亿美元。

二、利用外资主要工作

在港举办招商推介活动。分别举办了“2009 年厦门市重大开发片区暨土地、物流香港招商对接会”以及“新发展、新机遇　海峡西岸重要中心城市—厦门”推介会，两次共邀请近 300 名香港的地产、物流、金融和中介服务等现代服务业的知名企业代表参加推介对接活动。

开展多种形式的对台产业对接招商活动。与台“中华软协”共同举办“厦门—台湾软件与服务外包厂商座谈会”，拜访台湾工研院、玉晶光电、峰毅光电、均豪公司等机构，参加 2009 台湾国际太阳光电论坛暨展览会，通过与台湾宇太光电、嵩亿工业、安瑞光电、乐利士、普诠电子和旭能光电等企业的接洽，了解台湾发展太阳能光伏产业的经验和台湾光电产业的发展趋势，与台湾的相关医疗器械企业和商协会探讨厦台产业合作投资事宜。

开展台商投资区和特区扩区的申报工作。整理申报材料上报各级相关审批部门。其中，台商投资区扩区申请已获省外经贸厅批准并报送国务院。特区扩区资料也已报送商务部，商务部已正式回函表示支持，市外资局将继续跟踪各项工作进程。

落实服务外包优惠政策。制订了《厦门市促进服务外包产业发展资金的实施办法》，对符合条件的服务外包企业落实一系列优惠政策，如人才培训、国际认证、租金减免、通信费用补贴等。2009 年共有 10 家企业获得 2008 年度奖励资金共计 175 万余元，5 家企业向商务部申报人才培训资金支持 150 多万元，落实培训资金 80 万元。

开展调研，服务企业。主要针对皮革及制品、橡胶产品、塑胶制品、陶瓷精细化工、金属制品、印刷包装、新型复合材料、节能照明产品、数码电子产品、光电产品等行业开展调研，帮助企业解决通关、退税、出口转内销等方面问题。

加强外商投诉网络建设。外商投诉网络单位已拓展到 43 家，基本涵盖了外商投资所涉及的所有部门。通过现场办公、会议协调、上门服务等形式，为外商在投资、企业经营等方面提供相应保障和优质服务，年内共受理外商投诉 23 件，结案率为 100%。

（厦门市外资局　陈敏供稿）

金融事业发展概况

2009年，厦门市金融服务业将应对国际金融危机、保持经济增长作为重要任务，坚定不移地贯彻实施适度宽松的货币政策，合理配置金融资源，支持地方经济发展。金融业总体保持稳定协调发展，市场主体不断丰富，资产实力不断增强。2009年，金融业累计实现增加值145.86亿元，比上年增长26.4%，占全市GDP的9%。

一、金融服务业运行总体情况

（一）银行业资产负债规模扩大，利润提高

2009年，国际金融危机对厦门市银行业影响逐步消退，适度宽松货币政策有效传导，金融机构风险管理能力不断提升，盈利模式进一步调整。一是银行业体系不断壮大，资产规模继续扩大。截至2009年末，厦门市共有中外资商业银行及其代表处、政策性银行、农信社、邮储、信托等各类银行业金融机构34家，较上年新增1家外资银行代表处。其中法人银行业金融机构5家，与上年持平；银行业金融机构各类网点数501个，较上年增加3个；全市银行业金融机构资产总额4 427.56亿元，比上年增长31.6%；本外币各项存款余额3 480.44亿元、各项贷款余额2 989.65亿元，分别增长27.6%及26.2%。二是资产质量不断优化，损失抵补能力持续增强。至2009年末，厦门市银行业金融机构不良贷款余额为33.62亿元，不良贷款率为1.1%，分别比上年下降9.99亿元和0.72个百分点；拨备覆盖率173.1%，比上年提高59.69个百分点；贷款损失准备充足率200%，比上年提高47.39个百分点。三是利润水平不断提升，盈利结构进一步调整。2009年，厦门市银行业金融机构实现税后利润54.97亿元，比上年增长9.1%；资产利润率1.7%，比上年提高0.16个百分点；中间业务收入占比15.3%，比上年提高2.01个百分点。

（二）证券期货市场经营机构增多，投资者交易活跃

2009年，厦门市证券交易大幅增长，期货市场功能充分发挥，证券期货经营机构利润大幅增长，投资者财富状况大为改善。一是证券期货市场经营机构增多，盈利增长。至2009年末，厦门市共有1家法人证券公司、36家证券营业部，2家台资证券公司代表处和4家证券投资咨询机构，较上年增加8家证券营业部和1家台资证券公司代表处；共有3家法人期货公司、12家异地期货公司营业部，异地公司营业部较上年增加4家。证券市场主体更加丰富，布局日趋合理。同时，在2009年良好市场环境推动下，厦门市证券经营机构取得了较为可观的经营业绩。全年36家证券营业部共实现营业收入12.73亿元、利润总额7.40亿元，比上年分别增长36.0%和50.4%；期货经营机构实现营业收入2.89亿元，比上年增长79.5%，利润总额0.98亿元，比上年增长1.1倍。二是投资者交投活跃，财富水平较大回升。全年证券交易额12 088.80亿元，比上年增长62.9%；年末客户交易结算资金余额为128.99亿元，比上年增长1.4倍；总托管市值为894.84亿元，是2008年的3.26倍。期货投资者开户数为3.57万户，比上年增长107.6%；全年期货交易额为23 862.01亿元，比上年增长1.3倍，保持快速增长的势头。

（三）保险市场体系不断完善，业务规模继续扩大

2009年，厦门市保险市场主体数继续增加，资产规模持续增大，保险业务快速扩张，在国民经济中地位不断增强。一是保险市场体系不断完善。至2009年末，厦门市共有保险公司29家，比上年增加3家，其中产险公司16家、人身险公司13家；分支机构138家，比上年增加7家。保险公司资产总额为110.49亿元，比上年增长24.3%。二是保险业务规模继续扩大。2009年，厦门市保险业共实现保费收入58.39亿元，比上年增长

24.6%，高于同期厦门GDP增速近17个百分点，其中，财产险保费收入19.42亿元，比上年增长24.4%；人身险保费收入38.98亿元，比上年增长24.7%。保险深度3.6%，比上年提高0.6个百分点。

（四）金融市场平稳发展、各项功能稳步发挥

2009年，厦门市银行体系整体流动性充足，票据市场活跃，债券融资功能不断增强，黄金市场继续受到追捧，外汇市场交易量下降。全年银行同业市场场内拆借累计成交26.3亿元，比上年增长6.9%；全年净拆出18.9亿元。全年银行业商业汇票承兑累计发生额1 071.8亿元，比上年增长52.7%；贴现累计发生额1 906.5亿元，比上年增长2.1倍；转贴现（含转入和转出）累计发生额2 426.45亿元，比上年增长3.64倍。厦门市3家法人金融机构全年通过银行间债券市场交易累计成交5 246.5亿元，比上年增长1.8倍；累计净融出资金208.5亿元，比上年增长3.42倍；全年国债柜台交易累计成交1 536.7万元，比上年增长2.8倍。全年个人账户黄金交易累计成交24.2亿元，比上年增长38.3%，轧差为净买入0.08亿元；代理上海黄金交易所个人实物黄金业务累计成交25.73亿元，比上年增长30倍；柜台实物黄金买卖累计成交1.1亿元，比上年增长1.6倍。全年银行业结汇191.53亿美元，比上年下降21.1%；售汇80.05亿美元，比上年下降21.2%；银行净结汇111.48亿美元，比上年下降21.1%。

（五）金融基础设施建设取得进展，金融生态环境进一步改善

2009年，厦门市支付清算体系进一步发展，全年大小额支付系统、同城资金清算系统处理业务金额分别为26 999.52亿元、7 229.82亿元，比上年分别增长33.5%、4.2%；银行卡跨行交易额410.42亿元，比上年增长49.5%。非现金支付工具应用日益广泛，全年累计签发银行汇票、商业汇票及支票13 827.85亿元，比上年增长11.7%；银行卡的应用进一步普及，渗透率不断提高，全年银行卡刷卡消费额（已剔除信托、购房、政府服务类等投资性交易）占同期社会消费品零售总额比例为49.0%，较上年提高4个百分点。征信体系建设取得进一步突破，截至2009年末，企业信用信息基础数据库共收录借款企业2.27万户，个人信用信息基础数据库共收录88万人，同时完成1.71万户中小企业信用档案信息征集工作，分别较上年增加1 553户、35.22万人、3 084户。

二、金融业多渠道支持地方经济发展

（一）加强协调配合，有效落实适度宽松货币政策

2009年，中国人民银行厦门市中心支行积极推进落实适度宽松的货币政策，紧密结合宏观政策导向和辖区经济金融运行实际，加强货币信贷政策实施的指导、组织、协调与宣传，加大货币政策与产业、财政政策的协调配合力度，引导金融机构适时加大信贷投放力度、优化调整信贷结构，帮助地方政府和企业积极应对国际金融危机。2009年陆续出台《关于加快信贷投放帮助企业渡过难关的指导意见》、《2009年厦门辖区信贷投向指引》、《关于金融支持厦门市产业链、产业集群建设的指导意见》、《关于进一步加大信贷支持力度　巩固和促进地方经济企稳回升的指导意见》以及《关于改进信贷投放，集中资金保经济增长的指导意见》等一系列指导性政策，引导金融机构分阶段、分行业加大对实体经济的支持。加大对信贷薄弱环节的支持力度。重点引导金融机构加大对中小企业、助学、下岗失业和“三农”等领域的信贷支持力度。联合厦门市财政局、劳动保障局等相关主管部门重新梳理起草《厦门辖区小额担保贷款管理办法》；汇总金融机构中小企业专营机构联系人名单，收集整理辖区24家金融机构有关中小企业金融服务产品185项并汇编成册报送厦门市政府有关部门；通过厦门中小企业在线等渠道积极宣传金融服务中小企业产品信息，提高银企对接效率；联合厦门市贸发局、国税局等部门适时出台有关规范出口退税账户托管贷款业务管理文件，缩短银行审贷时限，有效帮助外向型企业渡过难关；定期组织召开“一办一行三局”信息交流例会和小额担保贷款政策落实联席会议，积极参加外经贸服务日、中小企业服务日以及项目贷款与资金对接会等各类融资推介活动。

（二）成立中小企业专营部门，大力支持中小企业资金需求

2009年厦门市28家中外资金融机构中，有13家成立中小企业专营部门。各金融机构通过中小企业专营部门，加强与企业的沟通和联系，了解企业的实际金融需求，推出针对小企业的信贷产品，给予利率等优惠政策，满足小企业客户“短、频、急”的融资需求，推动了中小企业贷款的有效增

长。截至2009年末，厦门市金融机构中小企业贷款余额比上年增长21.1%。

（三）加强企业融资及上市辅导，企业改制上市成绩喜人

2009年，厦门科华恒盛股份有限公司、厦门三五互联科技股份有限公司和厦门三维丝环保股份有限公司首发申请通过审核，宝龙地产等3家企业在香港上市，募资净额57.18亿港元，厦工等2家上市公司再融资16亿元。

（四）出口信用保险充分发挥抵御金融危机作用

2009年，厦门市出口信用保险累计承保出口企业282户，比上年增长35.6%，实现保单项下贸易融资6.82亿美元，比上年增长1.2倍；出口企业获得信保赔款690.5万美元，并在信保帮助下追回欠款2 099.7万美元。2009年厦门市保险业提供风险保障金额2.21万亿元，比上年增长55.1%；产寿险赔付支出16亿元，进一步发挥保障经济建设的作用。

（五）企业短期融资券认同度进一步提高，地方政府债券首次发行

2009年，厦门机电集团获准发行注册额度为17.0亿元的短期融资券，至年底厦门市共有11家企业获准发行短期融资券113.0亿元，共有9家企业实际发行88.0亿元，2009年短期融资券实际筹资额22亿元。2009年，厦门市政府债券在全国银行间债券市场和上海、深圳股票交易所正式发行，发行总额为8亿元。

（中国人民银行厦门市中心支行　梁志瑾供稿）

精神文明建设概况

2009 年，厦门市精神文明建设工作以建设社会主义核心价值体系为根本，以巩固文明城市创建成果为主线，扎实推进群众性精神文明创建活动，不断提高市民文明素质和城市文明程度，为应对金融危机、战胜经济发展面临的困难，保持经济社会又好又快发展提供强大精神动力。2009 年全国城市公共文明指数测评结果厦门市在副省级和省会城市中总分排名第二。

一、深化文明城市创建工作

一是强化组织领导。厦门市委常委会专门听取全国精神文明建设工作表彰会精神及有关工作汇报，研究部署全年创建文明城市工作。2 月 25 日，召开厦门市精神文明建设工作表彰暨创建第三届全国文明城市动员大会，对 2006 ~ 2007 年度厦门市精神文明建设先进集体、先进个人和创建第二届全国文明城市先进集体和个人进行了表彰，进一步动员发动全市人民投入文明城市创建工作中。厦门市创建全国文明城市工作指挥部下达了“创建第三届全国文明城市工作责任书”，进一步强化责任。2009 年 6 月 30 日，厦门市委书记于伟国亲自主持召开市文明委和市创建指挥部全体成员会，研究部署迎接全国城市公共文明指数测评工作，研究完善创建工作长效机制等。

二是强化长效管理。厦门市委市政府出台《厦门市关于建立创建文明城市长效机制的意见》。厦门市文明委制定下发《厦门市 2009—2011 年创建全国文明城市三年规划》并分解落实。厦门市创建全国文明城市工作指挥部坚持每季度组织创建文明城市点评会，厦门市委于书记等市领导亲自参加实地点评。组织了区对区交叉点评，由市民代表、人大代表、政协委员及街（居）干部代表对对口区实地检查情况进行点评。厦门市创建指挥部办公室对点评的问题进行跟踪督查，督促各区对点评出的问题进行整改。各区基本做到一月一点评。市直有关部门也针对市容环境、交通秩序、食品卫生等行业领域的问题，开展不定期的专项点评，促进创建工作规范有序推进。

三是强化创建氛围。充分利用报刊、广播、电视、网站等大众传媒加大创建工作宣传，普及公民基本道德规范。在电视台办好《公民道德建设论坛》，全年制作 54 期；在电台和厦门商报开办“寻找身边好司机”活动专栏，共推荐评选 66 名好司机；在厦门网开辟《厦门文明》频道，及时宣传报道创建动态；在厦门日报上开辟“共建文明家园”专栏，启动“第四届感动厦门十大人物”评选活动。在主次干道及公共场所设立创建文明城市、道德建设公益广告，并印发公共文明指数知识问答宣传扇十多万把，印制创建文明城市招贴画分到社区楼道中进行张贴；制作“欢喜过春节”、“公共场所不吸烟”等 6 个电视公益宣传片，在电视台、BRT 公交车上、楼宇电视里不间断宣传播放；组织电视、广播及平面作品公益广告比赛等。

四是强化专项整治。厦门市创建指挥部下发《迎接全国城市公共文明指数测评任务与责任》，各区各系统针对公共环境、公共秩序、公益行动、人际关系、净化社会文化环境及中央文明委部署的主要工作等文明指数测评的重点内容抓好工作落实。对主干道、商业街、车站（火车站、汽车站包括公交起始站）、交通路口、公园、广场、出租车、公交车、社区、网吧、医院窗口、商场超市、宾馆等实地考察项目的薄弱环节，持续开展综合整治。厦门市创建办加强督查，共下发整改通知单三百多份，并跟踪督查，推进工作落实。

2009 年 8 月在福建省委、省政府召开的精神文明建设工作暨先进表彰大会上，厦门市受表彰的有：2006 ~ 2008 年度福建省文明城区 4 个、创建文明城区工作先进城区 2 个、文明单位标兵 3 个、文明单位 130 个、文明学校 21 所、文明社区 17 个、精神文明建设先进工作者 20 名、创建文明行业工作先进单位 28 个、创建文明行业先进个人 8

名、军民共建先进集体13对、先进个人13名。2009年2月，厦门市委、市政府召开精神文明建设工作表彰大会，命名表彰第十七届（2006～2007年度）文明城区6个、文明村镇22个、文明社区110个、行业“窗口”示范点先进单位56个、城乡共建先进单位10对、军民共建先进单位40对、文明家庭120户、道德模范11名、文明市（村）民93名等。

二、加强社会主义核心价值体系建设

一是广泛开展道德模范评选活动。启动道德模范评选推荐工作，成立领导小组，制定工作方案，加大新闻宣传，大力营造全社会关心支持道德建设的浓厚氛围，全市30万市民踊跃为全国、全省道德模范候选人投票。海峡出租汽车股份有限公司驾驶员吕志华荣获第二届全国道德模范提名奖，吕志华、张春楼、冯鸿昌被授予首届福建省道德模范称号，侯斌荣获首届福建省道德模范提名奖。广泛开展“我评议、我推荐身边好人”活动，共推荐身边好人19位，其中，赖美云等8人评为“中国好人榜”上榜“好人”。厦门市委文明办被评为“首届福建省‘我推荐、我评议身边好人’活动优秀组织奖”。广泛开展身边好人和道德模范的学习宣传活动，举办纪念《公民道德建设实施纲要》颁布8周年暨“我身边的好人”事迹报告会，报告会录制成光盘下发到全市各基层单位，组织干部群众认真学习、交流体会。

二是广泛开展“我们的节日”主题活动。春节突出“文明祥和”主题，组织机关干部群众广泛开展洁净家园活动，举办春节、元宵民俗文化节，开展“温暖您的冬日”慰问等活动。清明节突出“缅怀先烈，共沉时[illegible]”主题，倡导文明祭扫，全市有十多万名网民参与网上祭拜、网上献花和发表祭拜留言等活动。端午节突出爱国主义主题，在观音山节庆广场举办“我们的节日”——端午节大型民俗文化活动，组织百名儿童诵《离骚》、举办包粽子大赛、才艺比赛等文化活动。各区、各街道组织“迎佳节·送温暖”活动，为低保户、贫困户、空巢老人、孤寡老人送去粽子等，进一步弘扬中华民族传统文化。中秋节突出欢庆、团圆主题，结合庆祝新中国成立60周年，开展以“邻里喜团圆、中秋话好人”为主题的“我们的节日·中秋”暨第三届和谐邻里节联欢会。

三是广泛开展志愿服务活动。厦门市文明委制定下发《关于深入开展“迎国庆讲文明树新风”主题活动的实施意见》和《活动方案》，深入开展“七项工程”即：素质工程、爱心工程、满意工程、净化美化绿化工程、新风工程、和谐工程和提升工程。5月9日，在白鹭洲广场隆重举行“迎国庆、讲文明、树新风”活动启动仪式。6月至8月底，在全市组织开展“迎国庆、讲文明、树新风”公益广告征集评选活动，全市共创作出100多件公益广告作品，27件优秀作品获得奖励。组织开展礼仪知识竞赛活动，厦门市工商局代表厦门市参加全省文明礼仪知识竞赛，荣获全省第一名。广泛开展各种形式的志愿服务活动，各级文明单位、文明学校二万多名志愿者积极参与交通文明督导活动和清除城市“牛皮癣”志愿活动；文明单位志愿者走上公交车发放文明乘客三角梅徽章；青年志愿者积极参与国际马拉松比赛、海峡论坛、“9·8”投洽会等志愿服务活动；社区志愿者坚持开展“关爱空巢老人”、“社区平安铃”活动；五老志愿者积极参加网吧监督志愿活动。

四是广泛开展“爱国歌曲大家唱”群众性歌咏活动。6月初起，全市各级各部门广泛开展“爱国歌曲大家唱”进机关、进企业、进学校、进社区、进农村、进军营等“六进”活动，在全市掀起群众性歌咏活动的高潮。各级各部门开展各类展演会、演唱会、歌咏活动数千场次，参与活动群众达上百万人。举办“国家·爱——红色祝福”短信征集大赛，八千多名手机用户上传原创短信万余条，共有100条优秀短信作品入围，有二万多名用户参与投票，投票数达五万余张，市民群众在参与中进一步激发爱国主义热情。

三、推进群众性创建活动

一是深化文明行业创建。全市各行各业广泛开展诚信教育，普遍推广服务承诺制。在全省第五届行业竞赛活动中有34个行业进入同行业全省排名前三名，其中18个行业为第一名；在执法类、司法类、公共服务类总排名中，地税、工商、公安、电业进入总分前三名。莲前派出所等25个行业单位被福建省委、省政府表彰为创建文明行业工作先进单位。2009年9月27日，厦门市文明委召开了厦门市创建文明行业工作会议，部署参加福建省第六届“创文明行业、建和谐海西”竞赛活动，37个行业单位与厦门市文明委领导签定了目标责任书，公布了84个省示范点，72个市示范点。广泛开展了“文明你我同行”、“温馨在公交”、“温馨在的士”、“共建文明车厢”、创建文明旅行社、评选文明导游员等活动，不断提高交通行业创建水平。

二是深化文明社区创建。广泛开展我推荐我评议“身边好人”活动，发动市民推荐“我的好邻居”、“我的好母亲”、“我的好媳妇”等身边好人的感人故事。举办第三届和谐邻里节活动，广泛开展敬老爱老、关爱未成年人、帮助下岗职工和农民工活动，倡导社区居民每月为邻居做一件好事，参与一项公益事业。推广“社区睦邻卡”、“爱心平安铃”、“四点半学校”等特色活动。组织开展社区文化活动，在福建省社区文化艺术节上，翔安区新圩镇的《新圩嫂子爱唱歌》，思明区海滨社区、厦门大学、厦门老年大学表演的《棋》获得优秀演出奖；杏林街道宁宝社区、集美区文化馆的《漆线女》获得演出奖；厦门市委文明办、厦门市文化局获组织工作奖。

三是深化文明村镇创建。岛外各区常年开展“六提倡、六反对”、“美德在农家”等活动，倡导农村新风；开展经常性清洁家园行动和“绿色家庭、生态庭院”活动，整治乡村环境卫生，建立健全农村环卫体制，实施美化、净化、绿化工程；加强农村文体设施建设，实施“农村电影放映”工程，坚持文化、卫生、科技、法律“四下乡”，组织机关合唱队到农村演出，活跃农村文化生活。

四、推进未成年人思想道德建设

一是深入开展“做一个有道德的人”主题实践活动。在全市各中小学广泛开展校园“五个一”活动：即唱响一首道德歌曲、读一本道德好书、观看一部道德优秀影片、签订一个道德承诺、学习一个道德模范活动；召开现场交流会，建立首批16个活动联系点。举办厦门市“外图杯”红色经典少儿故事大赛暨庆“六一”诗歌音乐晚会，组织开展“向国旗敬礼、做一个有道德的人”网上签名寄语活动。在福建省“阳光少年”评选活动中，厦门市1人被评为“阳光少年”，3人被评为“好少年”；福建省“做一个有道德的人”四项比赛中，厦门市共有21名同学获奖，并获得“优秀组织工作奖”。厦门市加强未成年人心理健康教育和加强进城务工人员子女教育的做法，先后在中央文明办召开的专题会上作了经验介绍。

二是深入开展净化社会文化环境工作。成立厦门市净化社会文化环境工作协调小组，制定下发《关于进一步净化社会文化环境，促进未成年人健康成长的实施意见》，并明确各成员单位工作职责。2009年3月26日，召开全市电视电话会议，对净化工作进行全面部署，分解目标任务及责任，确保各项工作落到实处。开展“四项治理”：一是开展网吧专项治理。实施“斩网行动”，厦门市两家“黑网吧”业主首次被处以刑事拘留。二是开展抵制网络低俗之风专项治理，发现并删除各类违法有害信息3.69万条，关闭违法网站107个；厦门电信公司率先研发推出首个针对违法违规网站进行实时“通缉”的黑名单域名监控系统；开展“文明办网、文明上网”系列活动，营造健康的网络环境。三是开展净化荧屏声频专项治理，严格节目审查，禁止不适宜未成年人观看的影视剧、影视动画片和纪实电视专题节目播出；严把广告刊播关，健全广告监测网络，开展了整治虚假违法广告、网络非法“性药品”和性病治疗广告专项行动等，进一步规范广告市场秩序。四是开展出版物市场和校园周边环境专项整治，定期组织专项检查，严格禁止在中小学校周围开办电子游艺室、歌舞厅、网吧、彩票投注点等经营性、娱乐场所。11月中央净化社会文化环境工作督查组到厦门市进行专项督查，对厦门市净化工作予以高度肯定。

（中共厦门市委文明办　陈峰斌供稿）

政府法制工作概况

2009年，厦门市扎实推进依法行政，努力建设法治政府，全市依法行政工作取得新的成效。

一、全面贯彻《纲要》和《决定》，全力推动依法行政工作

按照国务院《全面推进依法行政实施纲要》和《关于加强市县政府依法行政的决定》的要求，结合厦门经济社会发展实际，厦门市政府常务会议专题研究下发《厦门市2009年依法行政工作要点》，并召开全市政府法制工作会议，对各区政府、市直各部门年度依法行政工作进行部署安排，明确工作要求，督促和推动全市依法行政工作有序开展。

加大政府法制工作监督检查指导力度。通过开展全市规范性文件备案情况检查、规范性文件清理执法检查、规范行政自由裁量处罚基准文本审查等措施，有力地推动了各区政府、市政府各部门依法行政工作的实施。

开展行政机关依法行政绩效评估。厦门市政府在推行行政机关实施绩效评估制度中，将依法行政工作纳入年度绩效评估范畴，考评内容包括具体行政行为合法率、抽象行政行为合法率、行政复议合法率等项目，取得了良好的成效。在福建省政府对全省设区市政府绩效评估依法行政指标考评中，厦门市综合得分连续第三年位居全省首位。

建立依法行政开展情况定期报告制度。厦门市政府将推进依法行政工作作为政府工作报告重要内容之一，向市人大作出专门报告，接受人大监督。同时，及时向省政府报告全市依法行政工作开展情况及下一年度工作安排。各区政府、市政府各部门也按照要求在2009年年底向市政府报告了全年依法行政开展情况和2010年工作的思路。

二、推进科学、民主和依法决策，行政决策机制不断完善

推进政府科学民主决策机制建立，不断健全内部决策机制和程序，规范政府决策行为。对国民经济和社会发展规划、计划、财政预决算、宏观调控和改革开放的政策措施、社会管理事务、法规草案和政府规章、重大项目投资等重要事项，明确要求必须经市政府全体会议、市政府常务会议讨论决定。对市政府各部门提请市政府研究决定的重要事项，明确要求必须经深入调查研究，以法律、法规、规章和基础性研究或发展规划为依据，经过专家或研究、咨询机构进行必要性、可行性论证，并交由市法制局进行合法性审查。市政府在重大决策出台前，都主动征求各方意见，充分发挥专家的咨询顾问作用，不断完善社会公示和社会听证制度，对社会涉及面广、与群众利益密切和与国计民生相关的重大事项决策之前都向社会公开，做到依法、科学和民主决策。

三、加强制度建设，有效提升制度建设质量

认真开展立法工作。根据立法计划安排，《厦门市会计人员条例》、《厦门经济特区无偿献血条例（修订）》、《厦门市海洋环境保护若干规定》、《厦门经济特区学校用地保护规定（修订）》、《厦门市物业管理若干规定》等5件法规草案经市政府常务会议通过，报送市人大常委会审议。为应对金融危机的影响，及时开展了《厦门市反不正当竞争条例（修订草案）》的修订工作，经市政府常务会议通过后报市人大常委会审议。此外，市政府还研究制定了《厦门市建设项目行政审批集中办理办法》、《厦门市规范行政处罚自由裁量权规定》、《厦门市水利工程建设与管理若干规定》、《厦门市大嶝对台小额商品交易市场管理规定》和《厦门市政府采购管理办法》等5件规章。

坚持民主立法、科学立法，不断提高立法质量。加强立法项目前期研究论证，推行立法项目课题研究制度，对纳入立法计划的项目，组织开展立法课题研究工作，有效提高立法质量。进一步增强

立法工作的透明度，法规、规章草案在政府有关部门的起草和审查过程中，公开文本向社会征求意见工作形成制度，如有关物业管理方面的立法工作，在起草阶段就登报征集立法意见和建议，法规草案文本在政府网站公开，并经媒体宣传介绍，引起了社会各界的关注，收集了大量立法建议和意见，收到较好的效果。同时，市法制局还建立立法顾问制度，充分发挥专家学者在立法中的作用，不断增强立法的科学性。

四、进一步规范行政执法行为，强化行政执法监督

全面开展规范行政自由裁量权工作。在总结前几年试点经验的基础上，制定了《厦门市规范行政处罚自由裁量权规定》（市政府第133号令），2009年7月1日实施。该规章的出台，确定了厦门市各行政执法部门全面开展规范行政自由裁量权工作的制度，标志着全市规范行政自由裁量权工作步入常规化、法制化轨道。全市共有39个部门开展了规范行政自由裁量权工作，其中有4个部门同时开展了规范行政许可自由裁量权工作，1个部门同时开展规范行政征收自由裁量权工作。全市39个市级执法部门共对510部法律、法规、规章涉及的3 385条具有行政自由裁量权的条款进行梳理，细化成10 032个执法裁量标准。《厦门市规范行政处罚自由裁量权规定》确定的行政处罚说明理由、法制审核等配套制度也得以有效实施。

强化执法证件管理，提高行政执法水平。加强对行政执法人员的执法培训，严格执行行政执法人员经法律知识考试合格取得行政执法证制度和执法证件注册考试制度，禁止无证执法。充实培训内容，完善考试方式，全年共开展行政执法培训2期、对180名行政执法人员进行了执法培训，对144名行政执法人员进行了注册考试，新发放《厦门市行政执法证》180本。

认真开展执法检查工作。根据市政府确定的执法检查计划，开展了《厦门经济特区科学技术进步条例》、《厦门市拥军优属办法》、《厦门市水上旅游客运管理办法》等法规、规章执行情况的专项检查，此外，还对全市各区政府、市直各执法部门规范性文件清理工作和备案审查工作情况进行了执法检查。通过检查，及时总结相关法律、法规、规章执行和相关工作开展情况，对执行中发现的问题，认真研究整改措施加以解决，使执法检查取得实在的效果。

五、加强规范性文件监督管理，保证政府抽象行政行为合法有效

全面开展规范性文件清理工作。按照《决定》要求，在全省率先开展了行政机关规范性文件全面清理工作，印发了《厦门市行政机关规范性文件清理工作实施方案》，完成了自建市以来全市各级行政机关规范性文件的清理工作。经清理继续有效（含待修订）的市政府规范性文件668件（含待修订的73件），废止和失效的市政府规范性文件384件，及时通过市政府网站向社会公开。各区政府和市政府各部门也都向社会公开了规范性文件清理结果，据统计，全市6个区政府确认继续有效的规范性文件435件（含待修订的37件），废止和失效1 466件；45个市政府部门确认继续有效的规范性文件1 383件（含待修订的105件），废止和失效2 656件。在开展全市规范性文件清理工作的同时，完成了“厦门市行政机关规范性文件查询检索系统”的数据库建设，为全市规范性文件管理工作长效机制迈出了实质性步伐。

认真开展规范性文件备案审查工作。根据《福建省各级人民代表大会常务委员会规范性文件备案审查规定》有关规定，市政府在法定时限内向省政府和市人大常委会报备各类规范性文件81件，报备率和合法率均为100%，主动接受人大及上级机关的监督。同时，按照《厦门市行政执法责任制规定》和《厦门市行政机关规范性文件管理办法》的有关规定，全年共完成了289件区政府、市政府部门规范性文件的备案审查工作。其中，对市政府部门前置法律审查的规范性文件204件，区政府报备的规范性文件85件。

六、加强行政复议应诉工作，强化政府自身纠错机制

依法办理行政复议案件。进一步畅通复议渠道，积极接受网上行政复议申请，探索创新化解行政争议新方法，加大行政复议和解、调解力度，努力做到定纷止争，案结事了，不断增进当事人与行政机关之间的相互理解和信任，取得了明显的社会效果。2009年全市各级行政机关共受理行政复议案件213件，其中市政府全年共收到行政复议申请83件，受理74件，不予受理6件，其他处理3件。受理的74件行政复议案件已全部审结，其中维持62件，撤销6件，变更1件，终止复议4件，驳回1件。对在行政复议中发现的行政机关执法过程中存在的普遍性问题，及时向有关机关发出行政复议意见书和建议书。通过加强行政复议指导与监督，不断规范行政执法行为。

加强行政应诉工作。2009 年全市各级行政机关办理行政应诉案件 255 件，其中办理以市政府为被告的行政应诉案件 17 件，依法提交答辩状和相关证据材料，参加出庭应诉工作，协调相关事务，自觉履行人民法院做出的生效判决和裁定。

加强行政机关与司法机关的工作协调。市法制局和市中级人民法院建立行政审判与政府法制工作良性互动交流机制，召开行政审判与政府法制工作联席会议，分析研究行政机关依法行政工作新情况、新问题，做好行政诉讼协调沟通工作，促进行政机关依法行政水平的不断提高。

（厦门市法制局　董丽丽供稿）

第三篇

各 区 概 况

第三篇

各区概况

思明区国民经济和社会发展概况

2009年思明区主要经济指标稳中有升，经济总量持续提升、各行业协调发展，社会平稳健康和谐；三次产业结构进一步优化，经济社会呈现稳定发展态势，区域综合经济实力更加雄厚，并荣膺“2009年度中国中小城市科学发展百强”（第十六位）。

一、经济发展概况

地区生产总值。经济总量持续快速增长，2009年完成地区生产总值577.63亿元，增长12.1%；其中：第二产业增加值105.36亿元，增长13.2%；第三产业增加值471.95亿元，增长11.7%，占全市52.7%。

思明区坚持构建海峡西岸经济区重要的消费购物中心、商务营运中心和旅游集散中心的发展思路，做好“7+1”产业集群（产业链）的规划编制工作，大力发展以光电、软件为核心的高新技术产业，努力培植新经济增长点。产业结构实现了“三、二、一”的格局，2009年三次产业比例优化为0.1∶18.2∶81.7。金融保险业、商贸餐饮业、其他服务业的支柱作用依然明显，全年分别完成增加值107.58亿元、104.74亿元、117.60亿元，分别占地区增加值的20.4%、19.8%、22.3%，对经济增长的贡献率分别为40.9%、23.9%、13.1%；房地产业完成增加值55.54亿元，比上年增长4.5%，对经济增长的贡献率为4.2%。

财政收支情况。全年完成财政总收入83.98亿元，完成预算的101.4%，增加7.65亿元，增长10.0%；地方级财政收入53.49亿元，完成预算的105.6%，增加6.46亿元，增长13.7%，区级财政收入20.01亿元，完成预算的104.9%，增加1.85亿元，增长10.2%。

全年区级财政支出24.12亿元，为预算的101.8%，下降3.57亿元，下降12.9%，其中：一般公共服务支出3.78亿元，为预算的102.6%，增加0.49亿元，增长14.9%；教育支出6.38亿元，为预算的99.9%，增加0.37亿元，增长6.2%；社会保障和就业支出4.38亿元，为预算的103.6%，增加0.69亿元，增长18.7%；城乡社区事务支出2.70亿元，为预算的102.0%，增加0.25亿元，增长10.0%。

创新体制机制，深化和完善新一轮区对街财政体制改革，街道经济发展态势良好，筼筜、梧村、嘉莲、莲前等街道财政总收入均突破10亿元，街道财政收入已占全区财政总收入90%以上。

工业。从生产角度看，工业平稳增长。全区完成工业总产值207.86亿元，增大0.2%；工业产销率为98.8%。实现工业增加值44.56亿元，拉动经济增长0.7个百分点。规模以上工业企业所占比重大，是全区工业增长的主力，全区规模以上工业企业完成产值193.31亿元，占全区工业的比重达到93.0%，下降1.0%。全区产值超亿元的工业企业有26家，合计完成产值136.82亿元，占全区规模以上工业的比重达72.7%。光电企业产值增长势头减缓，全区光电企业累计完成产值29.03亿元，增长2.9%。“飞地工业”加快发展，工业集中园区实现产值41.58亿元，比上年增长15.0%。

商业。思明区消费购物中心建设取得实效，社会消费规模稳步扩大，消费辐射带动作用进一步增强。2009年商贸业累计完成营业额1 864.86亿元，增长21.9%，实现商业增加值104.74亿元；全年完成社会消费品零售总额290.15亿元，增长11.7%，占全市的51.3%。汽车消费火热，共销售2.06万辆，比上年增长57.3%。磐基名品中心和马可孛罗酒店精品中心等精品店营业收入超亿元，成为高端消费辐射的有力支撑。深化中山路、禾祥路、电子数码街等特色商业街建设，南中广场、SM新生活广场、瑞景商业中心、嘉盛商业城、中闽百汇等开业，火车站地下商城、罗宾森广场等进展顺利，明发商业广场日渐繁荣。旅游集散中心建设扎实推进，旅游业发展规模进一步壮大，共接待国内外游客1 904万人次，占全市80%，比上年增长14.8%；旅游总收入237亿元，占全市70%，比上年增长10.3%。旅游基础设施建设力度加大，温德姆和平、牡丹国际、海悦等高星级酒店开业；华林建设与日航酒店签约，帝元维多利亚酒店和香山国际游艇码头等旅游项目建设不断推进。精心打造鼓浪屿和“海峡游”两大特色旅游品牌，鼓浪屿家庭旅馆数量增至70家，带动鼓浪屿游客聚集，全年达525万人次，比上年增长4.75%。

房地产业。房地产业市场持续活跃，商品房市场形势良好，销售情况平稳，全区完成销售收入177.16亿元，增长76.7%；全年实现增加值55.54亿元，拉动经济增长0.51个百分点。区商品房二级市场销售7 714套，面积168.55万平方米，住宅商品房向高品质发展。

固定资产投资。项目带动成效明显，2009年完成固定资产投资204.21亿元，增长5.3%；其中商品房投资92.19亿元，下降4.1%，城镇完成投资204.19亿元，下降13.1%。全区52个重点工程项目累计完成投资40.86亿元。加大征地拆迁工作力度，全力推进片区改造工作，8个月内基本完成西郭片区征地拆迁工作，厦港片区进展顺利，曾厝垵片区稳步推进，农科所、将军祠西片区全面启动，自行车厂、人民体育场、龙山文化创意产业园区等片区前期工作不断推进。成功出让12个招拍挂地块，总用地面积26.7万平方米、成交金额56.2亿元。完善集中区配套建设，力促企业入驻、投产和达产，同安工业集中区思明园工业总产值位居各园区之首，观音山启动区累计完成投资3.42亿元，8家自建企业投资均超千万元。

吸引外资与国内合作。国内外客商来厦投资活跃，招商引资成绩显著。整合招商资源，创新招商形式，创建招商平台，深化服务功能，组织参加投洽会等招商活动，合同外资、实际到资和引进内资均超额完成全年任务，全区共批准外资项目183个，投资总额5.19亿美元，其中，合同外资3.33亿美元，实际到资3.26亿美元。国内合作取得新的突破。全年全区共引进内资项目1 072个，协议总投资额194.20亿元，实际到资额130.30亿元，实际利用内资118.70亿元。引进创冠环保、泰普生物、世茂房地产等千万美元以上项目6个、亿元以上内资项目39个。中铁物资、中航技、大唐国际等一批央企、省企落户运营。“九八”投洽会区招商工作成效突出，共签约项目138个，投资总额166亿元；开工开业投产项目36个，总投资30亿元。

二、社会事业发展成就

民生保障稳步推进。社会就业态势保持稳定，新增就业3.18万人，城镇下岗失业人员实现再就业1.26万人，为灵活就业人员兑现社会保险补贴6.47万人次5 681万元，兑现招用下岗失业人员社会保险补贴4 306人次421万元。办理就业困难人员认定1.63万人，就业困难人员实现再就业9 556人。不断创新基层劳动保障服务方式，社区劳动保障“三基”建设“七大员”模式在全省推广。征集1 060个大中专应届毕业生见习岗位，帮扶104名重点贫困生就业。积极推广“中国青年创业国际计划”，有针对性地辅导有创业意向的毕业生。社会保险覆盖面进一步扩大，城镇居民和未成年人医疗保险参保人数新增1.31万人，继续实施“村改居”居民抗大病医保资金补助，对企业困难退休人员大病医疗进行补助，企业退休人员社会化管理率达99.7%。完善“低收入人群数据库”，发放最低生活保障金1 670万元。继续发挥“爱心超市”和“安康计划”的救助平台作用，“安康基金”累计收入1 800万元，开展安康服务6 654人次，当年支出352万元。社区居家养老和“福乐家园”试点工作有序推进。成立区社会保障性住房服务中心，受理住房申请16 470户，已入住2 110户，分别占全市79%、82%。稳步推进农改超工作。全区居民人均可支配收入27 436元，增长8.2%，居民生活水平持续提升。圆满完成95个社区换届选举工作，社区工作者队伍素质和年龄更加优化，待遇进一步提高。开展家政服务工程，试行社区服务呼叫资源外包。设立民政部培训中心厦门基地。完成10件为民办实事项目。

社会事业蓬勃发展。完成人民小学分校（浦南校区）、松柏小学、思明第二实验小学等一批新建扩建项目，思明小学扩建等前期工作取得进展，全面启动校舍安全工程三年规划。1814名来厦务工人员子女经派位进入公办小学就读，派入率达81%。不断拓展优质义务教育资源，与厦门大学、双十中学开展合作办学，引导和规范民办教育。深化中小学教师人事制度改革，公开选任10名小学副校长。落实中小学教师绩效工资改革。深入推进课程改革实验，加强学前教育，区属中学中考成绩继续位居全市前列。积极应对甲型H1N1流感疫情，落实综合防控措施，着力抓好学校防控，完成甲流疫苗接种5.1万人。不断提高社区公共卫生服务水平，加强卫生监督工作，加大食品安全监管力度。优化婚姻登记一站式服务，全区婚检率提高至九成以上。计生工作管理模式不断创新，出生人口政策符合率达98.1%，幸福工程、人口早教工作经验在全国、全省交流，成为全市唯一年终考核免检单位。成功举办全国沙滩排球锦标赛，配合做好马拉松赛、国际海洋周、文博会等重大活动。在市第十八届运动会上获得金牌总数、团体总分第一的优异成绩。举办第二届区老年运动会。成立区青少年体育大队和区老年人艺术协会。启动第三次全国文物辖区普查，成功申报一批市级非物质文化遗产项目，积极参与闽南文化生态保护区建设工作。

文明创建不断深化。以总分第一名再次被评为省级文明城区，顺利完成全国公共文明指数测评工作。强化市容考评与监管，市对区市容考评成绩继续名列全市前茅。初步建成“数字城管”系统。加大城管执法力度，开展清洁家园行动，坚决拆除违法建设。集中开展环岛干道、成功大道、仙岳路景观绿化与整治。完成新华路、龙山北路、开元路等市政道路改造和维护。开展环保专项执法行动，有效调处工业项目噪声、废气污染信访问题。完成10个“安静居住小区”和24个“绿色社区”创建工作，加强重点污染源监管，推进环筼筜湖、环岛路污染源调查和整治工作，完成中山公园截污工程，协调推进石胄头污水处理厂改扩建工程建设，狐尾山污水上山二期扩建等项目投入使用，基本完成2009年区长环保目标责任书。加快山地公园建设，新增6公里登山健身道。持续推进垂直绿化，新增园林绿地33.47公顷。

平安创建不断深入。健全社会治安防范体系，建成二千四百多个基本覆盖全区的电子监控探头，与辖区各派出所连接，开展“城中村”、环岛路夏季治安重点整治，组建三千人禁毒志愿者队伍，综治工作主要指标呈现“四降双增双保持”的良好态势，综治考评连续七年位列全市第一。落实领导干部定期接访、带案下访制度，完善信访稳定工作责任制和矛盾纠纷排查机制，开展“信访积案化解年”活动，集体信访总量下降37.5%，确保国庆60周年等重大节庆期间辖区社会稳定。积极开展专项检查，为农民工讨回工资1 146万元。完善利益协调机制，努力构建和谐劳动关系城区，1 128件劳动争议全部结案。培育明发商业广场、火车站等特色行业调委会，民间纠纷调处成功率达99.8%。妥善做好降压供水、防汛防台、森林防火等工作，应急指挥体系建设进一步加强。率先开展查禁酒驾专项整治，夜间交通事故报警量下降30%，“酒驾”现象得到有效遏制。落实安全生产责任制，全年未发生重特大安全生产事故，重要指标均控制在市下达任务内。

（厦门市思明区政府办　韩诗莹　思明区统计局　陈毅生供稿）

湖里区国民经济和社会发展概况

一、经济发展概况

2009年，完成地区生产总值431.24亿元，增长4.5%。财政总收入44.58亿元，增长11.46%；其中区级财政收入10.06亿元，增长5.7%。城镇居民人均可支配收入28 411元，增长8.7%。

制造业向高端发展。高新龙头企业支撑强劲，全年净增产值亿元以上企业13家，宸鸿科技、厦华电子等高新企业实现高增长。研发能力强、拥有自主核心技术的敏讯信息、麦克奥迪等企业增势强劲，园区集聚效应开始显现。同安工业集中区湖里园工程建设全面完成，当年实现工业产值40.5亿元。环东海域湖里工业园一期建设全面建成，当年实现工业产值11.2亿元。高新技术园区实现税收2.5亿元。

现代服务业发展提速。商贸业增长速度位居全市前列，完成营业额675.2亿元，增长20.6%；社会消费品零售额147.01亿元，增长15.4%，汽车销售量大幅上扬。金融业实现快速成长，增长18.4%。房地产市场明显升温，完成投资81.60亿元，出让土地面积达56万平方米，成交金额98.8亿元，占全市35%。完成东渡古玩城、凯迪克商务中心等项目改造。联发2号厂房、依澄大厦、建工15号厂房等项目改造顺利推进，“腾巢换凤”全面展开。制订实施《湖里区旅游业发展总体规划》，举办“五缘湾金秋之旅”、游艇帆船展销会等活动，五缘湾游艇帆船基地顺利推进，成为湖里旅游新亮点。

重点项目顺利推进。固定资产投资完成182.1亿元，增长14.1%；市、区两级重点项目完成投资67.4亿元。成功大道、环岛干道、金山路（环湖里大道）等重要交通干道相继建成通车，湖里大道改造基本完成。五通海空联运码头扩建工程一、二期完工，机场三期回填工程完成；五缘湾片区骨干路网基本形成，湖边水库片区道路、绿化景观带等基础设施建设全面展开。象屿国际物流中心、湖里城管综合楼完成主体建设，联发电子广场主体封顶，特易购购物中心和红星美凯龙项目启动。高林保障性住房一期交付使用；金福缘新城安置房主体建设基本完成，金山国际安置房一期竣工，金林湾花园A区开工建设，蔡塘、后坑等7幅新发展用地取得批准。

征地拆迁和旧村改造强力突破。全年征地1 541亩，拆迁261万平方米，房屋拆迁占全市总量的67%以上，拆迁量创历史纪录。调整充实八大片区征地拆迁指挥部，采取“指挥部+街道+公司”的片区改造模式，实施“扁平化”管理、实行一线工作法，有力推进了征地拆迁。东部城市综合体项目在40天内完成全部征地650亩，签订拆迁面积达98.64万平方米，创造了湖里区征地拆迁速度的新纪录。湖边水库、五缘湾、湖里高新技术园等全市重点片区征地拆迁工作顺利推进。基本完成墩上、岭下、下边等旧村改造，启动钟宅、乌石浦、高林等旧村改造，有效拓展了招商引资和城区建设的发展空间。

招商引资质量提升。通过采取园区推介、产业链招商、央企对接等形式，有效拓展了招商资源。合同利用外资2.37亿美元，实际利用外资2.25亿美元，增长23.6%，引进五百万美元以上项目8个。引进内资72.2亿元，超额完成全年任务；合同利用内资179亿元，居全市各区之首。新引进内资注册资本五百万元以上项目237个，主要集中在物流、商贸、投资担保等现代服务业领域。

二、社会发展概况

就业和社会保障工作得到加强。实施积极就业政策，帮助就业困难群体就业和创业，开展厦门生源毕业生首次就业（见习）推荐服务，全区应届大中专毕业生就业率达70%。社会保险覆盖面继续扩大，为全体市民办理自然灾害公共责任险，在全市率先实施被征地人员参保零风险政策，鼓励被征地人员参加基本养老保险，参保率88.2%。选取湖里和殿前街道作为试点，建立基层劳资纠纷防控体系。实施残疾人庇护工场“福乐家园”为民办实事项目，启动社会福利服务中心项目建设。全区低保对象实现应保尽保。受理各类法律援助案件284件。累计受理保障性住房申请1 669户。

教育扩量提质成效显著。与厦门双十中学合作办学，高起点开办湖里实验中学和湖里实验小学。动工建设寨上中学和区教师进修学校附属小学，加快推进禾山街道和金山街道公办幼儿园建设，全面启动校舍安全工程。新增4 200个学位，减免农民工子女借读费、学杂费3 530万元。进城务工人员子女义务教育进入公办校就学比例达53%。禾山中学、吕岭幼儿园分别通过省二级达标高中校、省级示范园考核验收。建立民办学校督导专员制度，加大对辖区民办中小学、幼儿园的监管力度。高分通过市级“对县督导”复查。

公共卫生和文体事业加快发展。全力做好甲型H1N1流感防控工作。开展医疗机构综合整治，进一步规范医疗市场。开工建设湖里区公共卫生大楼。出生人口计生政策符合率96.2%。关爱外来员工，在全省率先将“幸福工程”帮扶项目拓展到流动人口家庭。荣获“全国文化先进单位”称号。成功举办首届厦门（湖里）城市诵读节、首届社区文化艺术节、元宵民俗文化节，第二届海峡两岸文博会乌石浦油画村、优必德漆线雕、惠和石文化园三个分会场活动。好立工艺、万石画艺等9家企业被认定为厦门市第一批重点文化企业，吉比特公司被认定为省级文化产业示范基地。赴台举办第二届福德文化节，支持在五缘湾举办第二届海峡摇滚音乐节，促进对台文化交流。参与承办了第五届“中国俱乐部杯”帆船挑战赛、亚细亚钓鱼比赛等大型赛事。支持福隆体育公园做好国家乒乓球队入驻集训保障工作。

城区环境进一步改善。区属道路全面实现保洁市场化运作，道路机械化清扫率大幅提高。新增园林绿地31.8万平方米。进一步完善环卫基础设施，完成乌石浦、昌华、五缘湾等12座清洁楼和海山等7座公厕改造。环卫综合基地完成主体建设。全年查处违法建设1 887起，面积16.6万平方米，强制拆除3 206起，面积34.3万平方米。成功大道、环岛干道和仙岳路三条道路景观绿化整治工程取得阶段性成果。城市建成区绿地率达34.5%。环境空气质量优良率为99%，比上年提高2.6%。

社会保持安全稳定。全区社会治安群众满意率达92%。推进“城中村”治安整治工作，积极推广出租屋“平安眼”建设，安装率达93%。整合社区监控系统，逐步实现社区报警监控系统与公安监控平台的联网。加强矛盾纠纷排查，一批突出信访问题得到妥善解决，形成信访联动建设的大格局。大力开展道路交通、消防、建筑工地、危险化学品安全等专项整治行动，及时整治安全隐患。各类安全事故数、死亡人数下降27%和43.2%。推广殿前模式，在全区“村改居”社区建立26支志愿消防队。加强应急管理工作，突发事件处置更加规范有效。

文明创建深入开展。制订实施《创建文明城区2009—2011年工作规划》；蝉联“全省双拥模范城”，顺利通过第二届全省文明城区考评、全国城市公共文明指数测评和中央文明委净化社会文化环境专项督查；圆满完成42个社区居委会换届选举，新设兴园、金安社区居委会；加大对老龄事业的投入，和通、金山等社区开展“居家养老”试点和省社会化养老服务示范工作。禾欣社区成立全市首家社区慈善驿站。

（厦门市湖里区政府办　蔡培育供稿）

海沧区国民经济与社会发展概况

一、经济发展概述

2009年，海沧区经济运行呈现平稳健康发展态势，全年实现地区生产总值239.38亿元，增长5.3%；工业总产值604.28亿元，下降7.9%；区级财政收入12.93亿元，增长2.9%；合同利用外资1.59亿美元，实际利用外资3.32亿美元；全社会固定资产投资133.1亿元，增长13%；实现进出口总额43亿美元，其中出口20.6亿美元；实现港口吞吐量2 168万吨，其中集装箱吞吐量185万标箱；实现城镇居民人均可支配收入23 544元、农村居民人均纯收入11 957元，分别增长10.5%和7.9%。

工业经济企稳回升。落实融资担保补贴、出口信保补贴、市场开拓经费等扶持政策，帮助企业解决融资困难、产业升级、市场开拓等问题，减轻国际金融危机对工业生产的影响。6月起单月工业产值回升到50亿元以上，达到金融危机前的平均水平。烟草工业、锐珂医疗器械、柯达公司等一批优势企业及生物医药新兴产业实现逆势增长。工业投资大幅回升，唐传木糖醇、法拉电子等22个项目投产，阳光恩耐照明等48个项目开工，厦顺高精PS板、厦船重工三期、金桥生产线技改等项目开展顺利。

产业转型初见成效。强化科技创新、品牌带动，切实提高产品科技含量及市场竞争力，新增认定17家高新技术企业。主动实施产业结构调整，着力培育生物医药、电子信息等8大百亿产业链、产业集群和厦顺铝箔、烟草工业、钨业新能源等7大百亿企业集团。三产发展不断提升，实现增加值70.39亿元，增长14.8%。养生补品市场、永辉超市开业，马青路汽车4S店片区不断壮大，社会消费品零售总额增幅继续位居全市前列。整合推介“海沧一日游”线路，启动青礁慈济祖宫景区申报国家级旅游景区工作。完成商品房销售69.2万平方米，销售额44.1亿元。

招商引资取得实效。继续抓好外资引进工作，嘉隆盛实业等35个项目落户海沧。贯彻落实国务院《关于支持福建省加快建设海峡西岸经济区的若干意见》，努力构建对台交流合作先行区，深化对台经贸合作，抓好台湾产业转移对接，全年引进15个台资项目。强化内外并举，引进阳光恩耐照明、新阳纸业等36个内资项目，投资总额23.5亿元。完成22.1万平方米通用厂房招商，引进118个生产性项目。大力发展总部经济，制定民营企业购买海沧商务大厦优惠政策，推动海沧写字楼招商。

发展后劲得到夯实。完成全社会固定资产投资133.1亿元，增长13%。推进保税港区一期建设并通过预验收，完成海澳码头、海沧航道扩建二期工程，基本建成疏港道路框架。厦漳高速扩建、海沧大桥西引道、翁角路拓宽改造工程开工，厦深铁路、厦漳大桥进展顺利。加大征地拆迁工作力度，完成征地面积149万平方米、拆迁面积40.7万平方米。强化环境保护与节能减排工作，实施海沧污水处理厂工艺升级改造工程，关闭东孚垃圾填埋场，妥善处置马青路污水管网破裂事件。推广使用节能技术设备和材料，鼓励企业淘汰高污染、高耗能设备，完成节能减排指标任务。

农村工作取得新进展。扶持发展特色产业，提高农业综合生产能力，实现全区农业增加值1.79亿元。完成22个村庄规划编制，启动钟山社区整体改造工作。建成东孚“金包银”外口公寓、新垵商贸楼等集体经济项目，增加农民财产性、经营性收入。完善农村公共服务体系，寨后村民服务中心投入使用，东瑶、鳌冠、祥露等社区服务中心进展顺利。实现农村富余劳动力转移培训786人次、转移就业2 487人。完成村（居）基层组织换届选举。开展农村账户专项清理，化解镇村历史遗留债务。

二、社会发展概述

科技发展取得实效。通过国家科技进步先进区考核，被确定为第三批科技进步示范区、列入全国知识产权强县工程。充分发挥科技三项经费杠杆作用，投入专项资金2 531万元，补助扶持高新技术企业提高自主创新能力。加快生物医药孵化器等科技平台建设，推进科技创新体系建设和项目成果转化。

教育事业加快发展。认真落实各项教育惠民政策，免除义务教育阶段公办学校学生学杂费、书本费及义务教育阶段外来员工子女借读费，为职业学校学生发放生活费。规范民办校办学行为，补助民办校生均经费。建成实验中学新校区、天心岛小学，推进海沧职专扩建，做好双十中学海沧附校前期工作，完成校舍安全工程检测鉴定。

卫生计生事业稳步发展。加强公共卫生职能，有效防控甲型 H1N1 流感疫情等突发公共卫生事件。在全省率先实施孕产妇免费产前检查和产后访视。长庚医院住院楼及三个镇街基层卫生业务用房建成投用，新阳医院完成二级医院创建，医疗卫生服务体系不断完善。深化计生综合改革，完善计生技术优质服务体系，全面推行免费优生检测和婚前医学检查，出生人口政策符合率达 98.4%。

文体工作成效显著。举办《歌唱祖国》群众歌咏比赛、“温馨海沧”唱红歌比赛、全国戏剧节海沧分会场等形式多样的文化活动，丰富群众业余生活。完成第三次全国文物普查，莲塘别墅被列为省级文物保护单位。新建中沧油画产业基地、兴港花园油画村，办好第二届海峡两岸文博会海沧分会场。启动体育中心一期工程建设，建成一批农村体育健身工程。

三、城市建设与管理概况

人居环境不断优化，被评为省级文明城区。养生补品市场、永辉超市开业，居民消费环境得到改善。建成一批市政道路、客运站、公交首末站，优化调整一批公交线路，方便群众出行。基本建成海沧湾公园一期，建成生态风景林2 946亩，新增城市园林绿化面积 75 万平方米。推进 LNG 天然气管道铺设，未来海岸等小区实现通气。扎实开展食品安全、农残检测、酒类管理、产品质量监管工作。强化区容区貌管理，查处占道经营、乱停放、乱搭盖行为，拆除违法建设 9.9 万平方米。

就业促进工作取得实效。积极开展毕业生就业政策咨询服务，举办就业推荐专场招聘会，做好高校毕业生就业工作。完善就业服务体系，配齐村（居）就业协管人员，推动商业银行提供小额担保贷款，鼓励失地、失海农民自主创业。落实税费减免、社保补贴、免费服务等各项再就业扶持政策，促成 504 名就业困难人员实现就业，消除城镇“零就业”家庭。加强劳动保障监察力度，继续实施建筑业工资保证金政策，防范和调解劳资纠纷，妥善处理星星工艺、斯美泰服装等企业停产引发的劳资关系群体事件，维护劳资双方正当利益。

社会保障体系不断完善。出台《海沧区被征地人员贷款参加养老保险及养老补助实施办法》，解决经济困难人群无力参保问题，实现被征地人员养老保障政策层面全覆盖。投入2 492万元财政资金，新增参保 2 164 人，退养 2 191 人，并为 3 367 名未参保对象发放养老补助。优化社保服务，足额兑现参保待遇，稳步推进社会保险扩面。加大困难群众社会保障力度，提高城乡低保金标准，全年共发放低保金 357 万元、临时补助款 36 万元，实现动态管理下的应保尽保。加大医疗救助力度，为贫困群众提供医疗救助 130 人次，发放医疗救助金 60 万元。为全区村（居）民办理自然灾害公共责任险。区社会福利中心启动建设，残疾人福乐家园投入使用。

“平安海沧”深入推进。强化治安防控网络体系建设，社会治安状况整体趋好，群众满意率不断提高。深化“城中村”治安整治，规范流动人口管理服务。抓好安置帮教、社区矫正工作，有效预防和减少重新犯罪。妥善处理劳资关系群体事件，维护劳资双方正当利益，构建和谐劳动关系。认真落实安全生产目标责任制，深入开展非煤矿山、化工企业、消防、交通、建筑安全专项整治，全区安全生产形势稳定。

（厦门市海沧区政府办公室　陈意安供稿）

集美区国民经济和社会发展概况

一、经济发展概况

2009年全区实现生产总值232.08亿元，比上年增长2.9%；工业总产值498.69亿元，下降11.7%；全社会固定资产投资164亿元，增长1.1%；财政总收入30.04亿元，其中地方级财政收入11.51亿元，分别增长11.0%和11.2%；合同利用外资2.12亿美元，实际利用外资1.84亿美元，国内招商实现55亿元；社会消费品零售总额43.76亿元，增长11.7%；城镇居民人均可支配收入和农民人均纯收入分别为20 660元和9 875元，分别增长9.3%和9%。

产业结构逐步优化。三次产业比例调整为1.7∶65.7∶32.6，第三产业比例提高4.2个百分点。工业支柱产业进一步壮大，机械、电子、轻纺、化工四大支柱产业产值占规模以上工业总产值81.4%。机械工业集中区二期加快拓展，25万平方米工业用地实现挂牌出让或预约。厦门银华机械、新乘钨钢等一批项目抓紧投建，玉柴发动机（一期）、民兴工业等23家企业实现投产。投资结构进一步优化，第三产业总投资实现95.63亿元，占招商签约额的72.8%；新增规模以上工业企业139家，引进12个投资额3亿元以上的项目，福建中烟工业公司等国内知名企业落户集美区；民营企业新注册资本达18.8亿元，同比增长71.1%。工业产品内外销比重进一步调整，内销占工业销售产值的65.2%，比上年提高8个百分点。

重点项目推进有序。围绕落实城市化发展战略和“一心四片”的发展格局，精心谋划和组织实施一批带动性强、关联度高、受益面广的重大项目。全年开工建设重点项目71个，实现投资75亿元，完成征地5 614亩、拆迁77万平方米。火车新站片区开发建设取得突破性进展，主站房主体工程建成，福厦高速铁路实现通车，厦深、龙厦铁路顺利推进。杏林湾片区基础设施不断完善，西亭核心区首期征地启动，滨水小区社会保障房交付使用。厦门城市液化天然气利用工程、沈海高速公路拓建工程（泉厦至厦漳）、电力进岛第一通道等一批省市重点建设项目超额完成年度投资计划，海翔大道、集美北路、金龙中路等一批城市交通干道有力推进。安置房及生活配套设施加快建设，基本形成了安置房配售、管理和入住的保障机制。

科技品牌带动明显。全年科技经费共投入2 418万元，促进企业科技创新能力明显提高，67家高新技术企业产值占规模以上工业产值的47.6%。新建国家认可实验室、国家级企业技术中心、国家创新型试点企业各1家，市级研究中心、自主创新示范企业、知识产权示范企业共7家，新增高新技术企业55家。19个项目列入国家级、市级科技计划，“6·18”交易会成功对接50个科研项目，总投资5.27亿元。新增安妮、樱花、LEELEN（立林）、WISH（伟士）中国驰名商标4件，省级著名商标11件，市级著名商标13件。新增福建名牌产品企业17家、厦门优质品牌企业6家。全区获得授权专利数197件。宏发电声、厦门东海洋和聚祥淀粉等一批高新技术企业逆势增长。

现代服务业成效明显。积极营造服务业发展氛围，通过成功举办海峡两岸龙舟赛和台商投资区设立二十周年庆典以及相关配套活动，进一步促进消费品市场加快发展，同时，把节庆活动与经贸招商活动有机结合起来，加大宣传和推介集美，举办房地产论坛，展示和推介一批优秀的房地产楼盘，引导企业开展多样化的促销活动，扩大商品房的销售量。促进圣果院商业中心、侨英商业广场、邮件处理中心、杏西广场等一批现代服务业顺利开工建设。2009年全区实现第三产业增加值75.56亿元，比上年增长17.0%，占生产总值的32.6%，成为支撑集美区经济平稳增长的主力军。进一步活跃了消费品市场，全区共实现社会消费品零售总额43.76亿元，增长11.7%。商品房销售旺盛。全区住宅商品房累计成交6 989套，销售面积74.18万平方米，销售金额45.94亿元，均超过前两年的销售总量，创近年来最高。

对台工作不断拓展。精心组织杏林台商投资区设立二十周年系列庆典活动，回首创业历程，展望美好未来，提振企业发展信心。台资企业增资扩展园区进展顺利，后溪组团出让8块用地共14万平方米，深青组团基础设施建设过半。全年共引进台资项目35个，总投资2.6亿美元。组织经贸、文化等团组赴台交流推介，邀请台湾制造业、软件、百货、建筑等行业龙头企业、公会协会到集美区投资考察。民间交流有新亮点，“嘉庚杯”、“敬贤杯”海峡两岸龙舟赛规模空前，两岸书画展、校长论坛及教师课堂教学研讨活动成功举办，全年14个台湾团队回乡谒祖。

二、社会事业发展概况

教育事业健康发展。实施义务教育阶段教师绩效工资改革，开展“师德”教育活动，推行校长竞聘制，不断加强教师队伍建设。投入2.14亿元加快各项硬件设施建设，竣工交付使用27个项目，建筑面积8.5万平方米；全力抓好校舍安全评估鉴定工作；教师进修学校、集美幼儿园顺利通过省级校园评估验收，集美大学新校区入选新中国成立六十周年百项经典暨精品工程。发挥高校资源优势，厦门理工附属中学、厦门理工附属中专挂牌成立。全区中考、高考成绩再创新高，厦门十中、乐安中学和灌口中学荣获全市初中教学质量优质学校，全区高考大专以上上线率为91.1%。规范民办学校管理，取缔7家非法办学点。

医疗卫生体系不断健全。落实甲型H1N1流感和手足口病等传染病疫情的防控措施，强化学校、工地、企业、社区等重点环节，建立科学高效的应对处置工作机制，做好留观点和定点医院保障工作，有效控制流感疫情的蔓延。基本完成后溪卫生院扩建工程，启动区公共卫生大楼建设，成立杏林社区卫生服务中心。投入731万元更新基层医疗设备。社区居民健康信息卡的建档率提高至40%。严格执行人口计生政策和法律法规，出生人口政策符合率达98.4%，外口办证数同比上升26.4%，社会抚养费征收到位率为89%，继续保持“全国计划生育优质服务先进单位”称号。

人居环境明显提升。巩固文明城市创建成果，进一步落实长效机制，市容管理考评成绩明显提升。投入二千九百多万元完成城区主要广场、公园、道路等基础设施建设，启动集美大桥集美侧、杏东路、杏滨路等重点区域绿化美化景观工程，建成月美池公园和古树名木小公园25处，新增人行道7.2万平方米、城市绿地9.2万平方米、生态风景林2 200亩，保持全市绿化考评前三名。启用杏林、兑山等4座清洁楼。创建一批绿色学校、绿色社区，生态文明建设基础更加扎实。依法拆除违法建设403起（建筑面积17.1万平方米），新的违法建设得到进一步遏制。

民生保障持续加强。出台本地生源大中专毕业生和本地劳力就业的鼓励政策，实施青年创业就业工程，举办专场招聘会44场，达成就业意向3 942人。整合完善社会救助措施，实施“绿洲计划”，逐步形成多层次、全方位、广覆盖的社会救助帮扶体系。新增1 487人参加被征地人员养老保险、1 399人领取养老金；全年发放低保金430万元，困难老人补助金、教育救助金等303万元；实现全民医保，全区88 621人免费参加医疗保险，参保率超过99%。区社会福利中心主楼封顶，完成工程投资1 600多万元。

营造安全的社会秩序。全面落实社会治安综合治理各项措施，110刑事类报警数同比下降14%，为全市各区下降幅度最大，群众安全感高达95%，居全市第一。设立专项维稳资金，投入平安建设经费7 072万元，比上年增加26%。推行巡防机制改革，在主城区试行110一级接处警，实行动态巡逻勤务模式。加强重点区域和城中村专项整治，组织禁赌、扫黄、打黑等专项行动，提升社会治安控制能力。以大接访活动为抓手，初步建立正确处理人民内部矛盾的长效工作机制，信访件办结率达94.6%。加强重点部门和重点领域的审计，共查出违规金额2387万元。强化安全生产专项整治和隐患排查，查出各类隐患2 977条，整改率95.8%，实现连续四年无森林火灾，实施水库除险加固工程，安全生产形势总体平稳。投入一千余万元完善辖区道路交通安全设施，中小学校园周边交通安全设施设置率达95%；查处各类道路交通违法行为11.5万起，交通秩序明显改善。出台公交服务质量考核办法，提高公交服务质量。调整优化公交线路和场站设置，不断满足工业园区企业员工和群众出行需要。

营造良好的政务环境。认真贯彻执行区人大及其常委会各项决议决定，自觉接受区人大及其常委会的监督。加强同人民政协联系，支持政协委员发挥参政议政作用。认真办理人大代表议案和建议93件、政协提案133件，法定期限内办复率均为100%。转变政府工作作风，出台《集美区机关效能建设责任追究暂行办法》，提高行政效能和政府执行力。

（厦门市集美区发展和改革局　王跃平供稿）

同安区国民经济和社会发展概况

2009年同安区国民经济运行态势较为平稳，经济和社会事业持续稳步发展。

一、主要经济指标完成情况

2009年完成生产总值132.84亿元，比上年增长8.1%。工业总产值291.84亿元，比上年下降3.7%。其中：规模以上工业完成产值270.77亿元，下降4.6%。农林牧渔业总产值13.25亿元，比上年下降2.0%。全社会固定资产完成投资96.56亿元，比上年增长5.5%。预算内财政总收入为20.02亿元，比上年增长10.9%，其中地方级财政收入为9.74亿元，增长7.7%。合同利用外资0.93亿美元，比上年下降58.7%；实际利用外资1.89亿美元，增长1.0%。社会消费品零售总额36.01亿元，比上年增长11.6%。城镇居民人均可支配收入24 015元，比上年增长10.9%。农民人均纯收入7 830元，比上年增长8.6%。

二、国民经济和社会事业发展特点

工业生产逐月回升，稳步增长。全年同安区工业生产呈现前低后高走势，由年初的负增长到全年的正增长，其主要特点是：一是规模以上工业企业家数增加，从上年底的442家增加到458家，其中产值突破亿元企业有52家，比上年减少8家，产值5千万元至亿元企业有55家企业，比上年增加5家；二是工业项目促建促投产的力度不断加大。全年新投产企业5家，岛内企业迁入28家，规模以下企业成长为规模以上企业24家；三是工业集中区集聚效应日渐显现，工业发展后劲稳步增强。工业集中区（同安园）纳入规模以上统计达84家，其产值占全区规模以上工业产值的12.1%，比上年增长14.7%；四是食品加工制造业稳步增长，成为同安区工业的中坚力量；五是企业自主创新和推进科技成果转化活力不断增强，3家企业获得国家重点产业振兴和技术改造贴息贷款，7家中小企业上报国家中小企业技术改造项目，在第七届“中国·海峡项目成果交易会”共征集40个对接项目。

重点项目建设进展顺利，固定资产投资有所回落。全年共安排省市区重点项目及其他政府性投资项目164项，其中省市重点项目34项，区级重点项目26项，其他政府性投资续建项目33项，其他政府性投资新建项目71项。到年末，项目开工率为72.7%，完成投资32.3亿元。一批省、市、区基础设施重点建设项目已竣工交付使用。工业项目促建促投产力度加大，全区263个工业自建项目已投产179个，在建60个。全年完成全社会固定资产投资96.56亿元，比上年增长5.5%。

招商引资注重产业整合。不断探索招商新路子，采取“以商引商”、“产业链招商”等办法，通过引进龙头企业带动一批与其相配套的企业落户，形成较完整的产业链。2009年全区实现合同利用外资0.93亿美元，比上年下降58.7%，其中千万美元以上项目3个；实际利用外资1.89亿美元，比上年增长1.0%。

第三产业逆势飞扬，发展活力增强。强化旅游基础设施建设，加快盛之乡温泉度假酒店、竹坝美庐酒店建设，提高旅游接待能力，重点推进梵天寺、影视城、北辰山、野山谷、金光湖、孔庙、竹坝南洋风情旅游区等主要景区景点的建设，着力发展乡村旅游，建成汀溪五峰、莲畲“乡村旅游示范点”，启动金光湖生态休闲游项目的建设，积极开展“同安旅游景点品牌推介年”活动，加强旅游宣传策划，积极发展生态游、民俗游、温泉游、乡村游等特色旅游。旅游业发展呈现出颇为喜人的发展势头，同安影视城被评为国家4A级景区，翠丰温泉酒店通过五星级酒店评定，旅游业成为全区经济增长的亮点。

继续加大政策扶持物流、商贸的发展，重点推进厦门建材物流园，名家居国际家居建材中心、闽南果蔬批发市场等重点物流项目的建设。推动凤祥商业广场、大唐商业城、梵天美食城等大型商业中心建设，大力引进一批大超市、大卖场，优化商业布局，繁荣商贸氛围。

房地产呈现量价齐升走势，芸溪公园、大溪地、同城湾、尚美花城、西池小区二期、凤凰城、古龙御景等楼盘交易活跃，全区商品房销售面积63.20万平方米，比上年增长445.2%，商品房销售额28.87亿元，比上年增长300.1%，其中商品住宅60.77万平方米，比上年增长500.2%，销售额27.27亿元，比上年增长363.7%，房价呈逐月攀升走势。

加大"三农"投入，统筹城乡发展。加大农业基础设施投入。全年安排农村公路建设项目共144个，总投资2.27亿元，建设里程259.68公里，本年度已竣工项目56个，完成投资0.96亿元。山区、半山区村通自来水工程第一批项目基本建成。旧村改造新村建设及老区山区建设有序推进，项目进展顺利。全区动工修建水利工程51处，完工43处，完成投资4 210万元，改善节水灌溉面积10 000亩，防灾减灾能力进一步提高。完成植树造林3 065亩、生态风景林建设2 600亩。

加大社会事业投入，保障民生需求。继续推进新一轮农村义务教育体系第一、二批23个项目建设，完成投资9 535万元。建立完善义务教育阶段贫困生就学保障等助学制度，"两免一补"等惠民政策得到全面落实。

公共卫生体系项目建设进展顺利。第三医院二期、汀溪卫生院门诊综合楼维修项目已基本竣工。中医院病房楼主体工程已完成。农村居民医疗保险制度惠及千家万户，实现城乡居民门诊医疗、住院治疗待遇基本一致，城乡居民医疗参保率达99%。

社会保障措施全面落实。完善被征地人员基本养老制度，采取财政补贴、贴息贷款等方式，减轻参保人的经济负担。关心社会弱势群体，建立最低生活保障补助标准自然增长机制，实行动态管理，做到应保尽保。

文体基础设施不断完善。总投资1.3亿元，全市区级规模最大、配套最齐全的文体中心建成投入使用。全区已有3个镇级文化中心，40个村级（社区）文化园，初步形成了区、镇、村（社区）三级文化活动网络，积极开展群众性文体活动，举办首届孔子文化节、第二届同安民俗文化艺术节、同安青岛啤酒节等活动；坚持文化下乡活动，送书、送戏、送电影到农村，城乡居民文化生活丰富多彩。

稳定低生育水平，统筹解决人口问题，提高出生人口素质。2009年人口出生政策符合率达96.9%，继续保持全国、全省计划生育优质服务先进区荣誉。

（厦门市同安区发改局　李志平供稿）

翔安区国民经济和社会发展概况

一、经济发展概况

2009年，翔安区实现地区生产总值129.07亿元，比上年增长23.3%，其中第一产业实现增加值6.25亿元，第二产业实现增加值96.73亿元，第三产业实现增加值26.09亿元，三次产业的比例为4.8：74.9：20.3。全社会固定资产投资完成101.68亿元，下降7.1%。财政总收入8.48亿元，增长10.5%，其中地方级财政收入5.26亿元，增长5.1%。农民人均纯收入7 586元，增长7.9%。

工业经济稳步提升。面对国际金融危机的影响，始终坚持帮扶企业与园区建设并举，确保工业经济企稳回升。开展以“五帮”企业为主的“走进和服务千家企业”活动，专项安排企业帮扶资金1 770万元，落实税费减免等各项优惠政策，强化政银企合作，通过动产抵押等渠道助力企业实现3.6亿元融资，有效提高企业应对危机的能力和水平。全区规模以上工业企业增加15家，达168家，产值378.69亿元，增长28.6%，其中产值超五千万元的有64家，超亿元的有40家。达运精密等一批企业逆势而上，友达光电产值再超百亿，银鹭集团等三家企业获厦门市“十佳工业企业”称号。“兴盛”食品获中国驰名商标，“新阳洲”水产等19家企业产品获省市著名商标。火炬（翔安）产业区通用厂房二、三期、育成中心二期项目建成使用，景智光电等开工建设，麦克奥迪等竣工投产。翔安工业园区加快推进，盛达工贸等工业用地挂牌出让，瑞虎包装、源广泉鞋业等开工建设，银鹭高科技园区三期A地块开发建设基本完成，泓信聚合等正式投产。两大工业集中区综合竞争力进一步提高，光电、食品、电子等主导产业不断壮大，工业经济的主导地位更加凸现。

第三产业初现活力。全区商贸、物流、旅游发展潜力日益显现，完成社会消费品零售总额17.34亿元，增长18.3%。特色商业培育力度加大，翔安南街正式开业，新店农贸市场和火炬生活配套区生鲜超市投入使用，佳事达、随缘百货设点马巷，品悦酒店入驻翔运大厦，人人乐、苏宁电器等知名连锁店签约汇景购物广场，有力拉动城区消费。兴恒酒店、金门湾大酒店分别获评三星级和四星级酒店，实现高星级酒店“零”的突破。金融服务业发展迅速，年末各商业银行人民币存款余额75亿元，比上年末增长8.8%；贷款余额52亿元，增长7.7%。物流行业不断壮大，火炬B型保税物流中心封关运作、日益兴旺，实现出口交货值4亿美元。全区56家运输企业年纳税额突破五千万元。旅游产业进一步拓展，成功举办“厦门国际海洋周翔安海岛文化节”，小嶝海岛游日渐红火，奥体中心古宅大峡谷山地运动休闲基地正式授牌。全年共接待海内外游客173万人次，旅游总收入4.5亿元，增长11%。

招商引资再续佳绩。把握经济发展各种有利因素，因势利导，制定培育“百十亿”产业工程实施意见，着重引进一批协作配套的上下游企业，形成优势产业集群。坚持“走出去”，拓宽招商渠道，组团参加名优产品海西行，到赣州、香港等地开展重大片区招商活动。组织蔬菜、贡香、船东等协会赴台湾交流合作，签订“翔安闽台五缘文化艺术园”和“闽台高科技种苗引繁示范基地”等项目，意向投资额达10.7亿元。坚持“请进来”，突出载体招商，五缘湾商务大厦、翔安商城等招商顺利，引进央企葛洲坝六公司等知名企业。建立“翔安—崇州”区域经济合作机制，开创跨省份区域性合作先河。成功举办第二届“百商聚翔安”推介会，积极参加“9·8”投洽会，签约27个项目，总投资额119.5亿元。全年合同利用外资0.88亿美元，实际利用外资1.03亿美元，批准外资企业项目13个。批准内资项目308个，注册资本13亿元。

新城空间快速扩展。成立区规划艺术委员会，丰富和完善新区城市规划内涵。新城起步区、文教园区建设进一步完善，国税、地税等一批公建交付使用，洪前E组团、后滨一期等一批安置房投入使用，体育场一期竣工验收。舫阳新城二期等6宗共36万平方米商住地块成功挂牌，万科、首开集团等全国性地产龙头进驻翔安区，国贸商住地块、汇景新城三期开工建设，美地雅登一期和锦绣祥安如期交房。厦大翔安校区完成场平，安防科技学院进驻办学。刘五店南部港区、欧厝海域吹填造地工程加快推进，大嶝海域清淤工作全面启动，海峡论坛建设各项前期工作有序开展。

基础设施日臻完善。全年完成基础设施建设投资49亿元，支撑城区发展功能进一步提升。全力支持配合省市重点项目建设，翔安隧道全线贯通，福厦高速铁路建成通车，福厦高速公路扩建顺利推进，对外交通更加便捷。翔安大道二期建设基本完成，翔安东路（海翔大道—东坑路段）建成通车，滨海东大道、马新路、东坑路、洪厝路、美上路等扎实推进，区内路网更加通达。翔安水厂正式供水，上庄110千伏变电站建成使用，LNG燃气电厂投产发电，福炼一体化成品油管道完成铺设，污水截流一期工程加快建设。东部固废垃圾填埋场一期投入使用，日处理600吨的污水处理厂即将投入运行。

人居环境明显改善。文明创建不断深化，顺利通过全国城市公共文明指数测评和福建省文明城区考评。建立协同查处机制，非法占地、违章建设得到有效控制。城乡保洁体系进一步完善，加强垃圾收集处理，全年共处理各类生活垃圾5.8万吨，比上年增长50%。市政设施维护力度加大，改造巷西路、巷南路等一批人行道，全区市政路灯亮灯率达98%。全年投入2.7亿元用于环保事业，基本完成第一次全区污染源普查工作，制定区畜禽养殖分区划定调整方案，有效治理污染源。推进绿化美化亮化活动，完成人力资源大厦、翔运大厦等LED夜景工程建设，开工建设翔安隧顶公园，全年新增城市绿地面积86.1公顷。马塘村顺利通过全国文明村复查验收，新店镇、内厝镇被评为“福建省第十届文明村镇”，宜居环境不断优化。

农业产业化水平提高。编制现代农业发展规划，加大农业产业化结构调整力度，扶持高科技农业种植养殖和农产品加工。全区2.5万亩农产品种植基地通过无公害、绿色、有机农产品生产基地认证。启动小嶝海岛“渔家乐”等农业休闲项目建设，培植大宅火龙果等“一村一品”、“一村一业”特色农业，丰富“三宝九品百味”内涵，农产品附加值和效益明显提高。扶持农业龙头企业和农村经济组织做大做强，培育各级农业产业化龙头企业31家，农民专业合作社70家，鑫毓祥等四家合作社荣获厦门市“十佳农民专业合作社”称号。农业山海合作交流活动再上新台阶，银鹭和如意分别在山东章丘、湖北武汉设立翔安现代农业产业园，“研发销售在内，种植生产在外”的现代农业经营理念不断拓展。

新农村建设步伐加快。审核批准14个村庄规划，完成141.5万平方米农村集体发展用地的选址工作。大帽山移民造福工程有序推进，第二批移民入户调查顺利进行。全年投入6 600万元用于新村建设和老区山区村建设，溪尾等16个村通过市级验收，桂林等13个村稳步推进。西坂、郑坂59幢“金包银”项目全部封顶，44幢交付使用，累计出租面积达2.9万平方米，入股村民初享收益实惠。社区规范化建设加快推进，大嶝街道社区服务中心正式启用，东园等15个社区办公用房进展顺利，友民、三乡等社区推行“一站式”服务试点，社区服务功能逐步提升。累计投入5 500万元，新建农村公路77公里，村村通公交率达93%。在全省率先开通10条1元农客公交线路，方便偏远山区和工业园区群众出行。启动沿海突出部村居自来水管网改造规划，实施绿色通道和绿包村美化工程，完成2 307亩生态景观林改造工程，群众生产生活环境不断改善。

强农惠农全面落实。加大支农贴补力度，全年财政对“三农”投入达7.1亿元，比上年增长10.1%。发放种粮直补、机动渔船油价、家电下乡等补贴534万元，累计化解镇、村债务1.86亿元。建立责任追究问责制度，完善村居事务财务管理制度，基层民主管理进一步制度化、规范化和法治化。内田等5座中型水闸通过安全鉴定，红坝等36座水库大坝完成白蚁防治工作，蔡厝海堤等一批水利工程已除险加固。组织开挖抗旱大井等方式开展抗灾防灾和生产自救，动工建设银鹭汀溪二期引水工程。新建生物防火林带18.6公里。落实企业招用就业困难人员社保补贴等政策，分类组织92期培训，举办63场招聘会，全年共转移农村劳动力6 088人，培训1 607人。

二、社会事业发展概况

教育卫生优先发展。以提高教育教学质量为抓手，内强外联，努力办人民满意的教育。全年投入教育事业3.3亿元，高考专科以上的上线率达94.35%，高分通过省级“对区督导”考评。改善办学条件，马巷中心幼儿园等6所公办幼儿园全面开班，逸夫小学综合楼等一批校舍建成使用，海滨小学等项目建设顺利。培育优质教育资源，与岛内名校（园）高位对接合作办学，新店中学、区实验幼儿园分别成为厦门双十中学、厦门华侨幼儿园分校。全年投入6 800万元用于医疗卫生事业，同民医院晋级“二甲”医院，内厝卫生院等一批卫生基建项目投入使用，建成标准化村居卫生所40家。爱国卫生运动深入开展，突发公共卫生事件应急处置能力不断提高，建立了流感疫情报告、监测、处置等联防联控工作机制，甲型H1N1流感得到有效控制。人口计生工作稳步推进，出生人口政策符合率93.9%，低生育水平保持稳定。

科技文体亮点纷呈。坚持科技文化助推作用，增强经济发展软实力。投入2 360万元科技资金，扶持舫昌、源水等企业进行科技创新与研发。洋江蚝油等7家企业被评定为高新技术企业。成功举办区校科技合作项目成果对接会，与厦门大学等4所高校签订合作共建协议。投入1 050万元建设大嶝、马巷文化活动中心，9个基层群众性的文化室和农家书屋投入使用。成立区文学艺术界联合会、闽南童谣文化研究会，组建中国第一支民间闽南语“新圩女”合唱团、内厝柯依达宋江阵表演团。举办庆祝建国60周年书画摄影展等系列文化活动，参展“第二届海峡两岸文博会”。组织南音协会、象棋协会、吕塘戏校等赴台湾和金门开展交流活动。开展第三次全国文物普查工作，大嶝金门县政府旧址列为省级涉台文物保护单位。举办海峡两岸慢速垒球邀请赛、万人健步行等健身活动，在第十八届市运会上共获得金、银、铜奖牌总数155枚。

社会保障固本拓面。创新运作机制，健全“三保两救两助”保障体系。修订被征地人员基本养老保险实施办法，提高参保补助标准，全年财政补助1 538万元，新增参保人数1 891人。将全区大学生纳入城乡居民基本医疗保险，全区参保率达98.9%。为全区居民办理自然灾害公众责任保险和农村政策性住房保险。失业、工伤、生育等各种社会保险覆盖面不断扩大。落实医疗救助33.5万元。发放帮扶退养渔民等各类生活补助二千多万元。发放低保金847万元，基本实现动态管理下的应保尽保。成立区慈善会，募集认捐资金650万元。区红十字会组织献爱心和博爱超市活动，募集捐款、捐物累计价值32.7万元。福乐家园正式开园，大嶝、新店、马巷等敬老院完成整合。发放就业社保补贴133万元，对就业困难群体实行就业援助。全区机关事业单位共招收见习生123人，有效缓解本地生源大中专毕业生就业压力。

平安翔安深入创建。加强社会治安综合治理，开展“百日维稳大会战”、“城中村”试点整治等系列专项行动，充分发挥“翔安区王贯中见义勇为协会”作用，树立典型，弘扬正气，群众的安全感和对社会治安的满意率均超过92%。信访息诉、区领导接访、机关干部下访、基层司法调解等多元化纠纷解决机制进一步健全。受理办结群众诉求81批640人次，办结率达93%。妥善排查调处各类矛盾纠纷983起，调解成功率99%。持续开展产品质量和食品安全专项整治，继续实施建筑施工企业工人工资保证金制度，50家企业缴交保证金1 081万元，清欠工程款和农民工工资款达4 254万元，市场经济秩序进一步规范。修订应急预案62个，举办综合性应急演练14次，完成人防工程结建审批42宗，竣工验收防空地下室2.2万平方米。开展安全基层基础建设年活动，被国家安监总局等五部委联合授予全国安全生产月活动先进单位，成为全国首个县区级“全国安全宣传教育工作联系点”。荣膺国家级“平安畅通县区”、“福建省第十届创建文明城区工作先进区”和省级“双拥模范城”称号。

（厦门市翔安区人民政府办公室　黄英灿供稿）

第四篇

部门与行业

第四篇

部门与行业

农　业　经　济

种　植　业

2009年厦门市种植业生产按照市场需求，通过大力推进规模化、品牌化建设，开发出了市场潜力大、区域特色明显、附加值高的特色农产品，探索出了依靠龙头企业带动“一村一品”，依靠农民合作组织促进“一村一品”，依靠打造名牌提升“一村一品”的经验。全年农作物总播种面积43.22万亩，比上年增加0.41万亩，增长1.0%；全年实现种植业产值13.5亿元，增长1.5%。

一、主要种植业品种生产情况

粮食。全年粮食播种面积12.58万亩，比上年增加0.6万亩，增长5.0%，粮食产量4.52万吨，增长1.9%，粮食单产359公斤，减少11公斤，减少3%。其中，春收粮食0.74万吨，增加1 134吨，增长18.1%；夏收粮食1.52万吨，增加939吨，增长6.6%；秋收粮食2.26万吨，减少1 227吨，下降5.1%。秋收粮食减产主要是2009年下半年干旱所致。

蔬菜。全年蔬菜与瓜果类播种面积23.94万亩，比上午减少0.56万亩，下降2.3%；总产量48.68万吨，比上年增加1.35万吨，增长2.9%。

水果。全年水果种植面积11.79万亩，比上年减少1.72万亩，下降12.7%；总产量1.75万吨，减少0.94万吨，下降34.9%。其中，龙眼种植面积10.50万亩，下降8.9%，产量0.93万吨，下降43.4%；香蕉种植面积0.36万亩，下降43.6%，产量0.45万吨，下降24.7%。

花卉。全年种植面积1.15万亩，比上年增加652亩，增长6%，全年实现花卉产值1.21亿元。

油料。全年油料作物播种面积5.33万亩，增加0.34万亩，增长6.8%；亩产186公斤，总产量9 894吨，增长7.4%。

食用菌。全年食用菌产量888吨，比上年减产996吨，下降幅度为52.9%。

茶叶。全年茶叶种植面积10 051亩，增长1.5%，茶叶产量1 369吨，增长1%。

二、种植业生产特点

落实各项支农惠农政策。2009年下达国家种粮农资综合直补资金870万元，良种补贴69万元及测土配方项目补贴120万元。同时加大市财政扶持力度，全年农村沼气项目补贴50万元，在同安区汀溪水库上游地区建设10～12立方米户用沼气池240口；投入80万元完成龙眼荔枝高接换种2 000亩；投入64万元做好粮食应急种子储备，保障粮食安全。

狠抓农产品质量安全。积极开展春秋两季种植业专项整治、“三品”专项整治、市级农残监督抽查及农资市场专项整治等农产品质量安全工作。有关部门深入开展农资打假护农保春耕行动，规范农资市场秩序，依法严厉打击销售伪劣农资等行为，让农民群众用上“放心种”、“放心药”、“放心肥”。抓好无公害种植业生产基地及种苗基地建设，在同安区建设无公害种植业生产基地建设项目3个，总面积500亩，市财政补助资金45万元。在推进“一村一品”过程中，无公害农业也得到了快速发展。截至年底，全市已获得农业部无公害农产品认证种植业产品59个，年产量合计6.01万吨；全市共有19家67个产品通过绿色食品标志认证，获得绿色食品标志使用权。已认定种植业无公害农产品产地75个。

大力推进“一村一品”工程建设。按照市场需求，积极推进“一村一品”发展品质优良、特色鲜明、附加值高的优势农产品，促进农村经济发展和农民增收。全市年种植蔬菜面积万亩以上的镇有6个，千亩以上的专业村有四十多个。新店的胡萝卜、洪塘郭山村紫长茄、新圩古宅大蒜、灌口田头的槟榔芋、莲花白交祠的地瓜、汀溪顶村的茭白等特色农产品，已是远近闻名。精心谋划制定《厦门市“一村一品”工程项目实施方案》和《厦门市“一村一品”特色农业建设项目财政补助标准》，做好2009年“一村一品”工程项目的考察及筛选工作。在同安、翔安9个项目村精选出11个项目，项目财政补助总额674.03万元，重点扶持道路、排灌水、大棚、节水灌溉、大井等农田基础设施和商标品牌建设。全市特色农业总面积达8.46万亩，占种植总面积的19.9%，总产值4.9亿元，占种植业总产值的36.3%，经济效益显著。

大力发展高科技种苗业。在翔安、集美、同安建设种苗基地4个，总面积330亩，市财政补助资金80万元。以种苗的引进繁育、示范展示为目标，发挥对台种苗龙头带动作用，提升品牌效应，以项目带动，提速高科技种苗产业的发展步划。在2009海峡两岸（厦门）农渔业论坛暨产业对接会上，厦门市有5个种苗项目与台商签定合作合同或意向书，总投资1.6亿元，占大会签约项目近七成。

加强技术培训推广与服务。大力推广先进实用“五新”技术。全年共引进农作物“名、优、特、新”品种近二百个，组织实施良种示范推广“136”工程，建立台湾花椰菜与茄子、日本胡萝卜与甘蓝等四个系列优质蔬菜品种试验与展示基地。继续示范推广高接换种技术，按照“优化品种布局，发展适销对路品种”的原则，制定了2009年高接技术实施方案，全市已完成高接换种2 000亩验收任务（同安区1 000亩、集美区600亩、翔安区400亩）。加大水果套袋的推广力度，全年推广面积8 500多亩，主要应用于蜜柚、番石榴、杨桃、毛叶枣、香蕉、芒果等。推广蔬菜精细播种、穴盘与营养钵育苗0.7万多亩（次）、地膜覆盖栽培6万多亩、简易大棚栽培1万多亩、节水灌溉2.5万多亩。茄子嫁接技术应用面积扩大至1.7万多亩，推广“蔬菜—中稻—蔬菜”栽培模式3 000多亩。组织100名农民技术员参加培训及开展大型农业科技下乡活动。充分利用969155“三农”服务热线，进行技术指导与服务，全年服务热线共接来电2 545人（次）、来访1 270人（次），现场指导804次、参加人数2 568人，举办技术培训117场（次）、累计受训人数4 039人，科技下乡1 157人次、人员3 110人，为农民挽回经济损失415.9万元，新增经济效益365.8万元。

大力推广测土配方施肥技术。全年推广实施测土配方施肥面积29.5万亩。其中，水稻6.2万亩、胡萝卜3.5万亩、马铃薯2.2万亩、芋头（槟榔芋）0.3万亩、花生2.5万亩、甘薯2.5万亩、其他蔬菜12.3万亩。项目覆盖12个镇、3个街道、6个农场、140个村，完成农户调查1 560户，采集土壤样品测试150个，植株样品160个；完成土壤样品分析1 310个，植株样品分析160个。设置肥料田间效应“3414”完全实施方案试验50个，试验作物有马铃薯、胡萝卜、青花菜、甘蓝、槟榔芋等；配方校正简单对比试验50个，试验作物有马铃薯、花生、水稻、槟榔芋、胡萝卜等；建立中心示范片16片，面积达9 700亩，编制、印发测土配方施肥《农户指导手册》11.35万份。

（国家统计局厦门调查队　卢维沙供稿）

林　业

继续推动以生态风景林为主的林业生态工程建设。2009年厦门市完成生态风景林建设9 342亩，其中同安区2 468亩，翔安区2 143亩，集美区2 000亩，海沧区2 731亩。总投资1 484万元，其中市财政投资963万元，各区财政配套521万元。绿色通道建设工程新建和补植绿化带111.8公里。营造生物防火林带52公里，面积1 170亩。全年完成植树造林总面积10 512亩。截止年底，全市森林覆盖率42.8%；活立木蓄积量213.1万立方米；江河流域可绿化长度为192公里，已绿化162.2公里，绿化率达84.2%；大小引水渠道共有313公里，绿化率89.5%；海岸基干林带107公里，占全市海岸线总长度的60%；海堤绿化率达83.3%；市域内铁路干线绿化率75%；专养公路绿化里程350公里，国省道公路可绿化里程绿化率100%。

加快推进森林旅游资源开发。加速推进岛外森林公园建设，天竺山森林公园已建成国家级4A景区，莲花国家森林公园以及北辰山、竹坝、大轮山、野山谷等森林旅游景区进一步完善，大帽山体育公园等一批森林公园、山地公园正在规划启动。岛外各区的森林人家试点正在高投入、高起点建设，共开发利用林地面积约30万亩，其中同安区的“金光湖”已投入运营，开辟了生态休闲旅游新方向，为市民提供了新的生态产品。

进一步优化林业产业结构。按照“两头在厦、中间在外”的发展思路，重点发展高科技林木种苗业和高附加值林产品加工业。率先运用国际最先进的林木胚胎育种技术和太空辐射变异育苗技术。加强以松节油为原料的香精香料研究开发、产业化生产及销售推广，提升了全市林产化工业。木屋系列、木质门窗产业发展壮大。发挥区位优势，开展海峡花卉苗木科技合作，较早与台湾农业企业合作开发花卉苗木，推动了花卉苗木科技培育产业化生产。

加强森林防火工作。全年共发生森林火灾5起，过火面积1 995亩，受害1 650亩，没有出现重、特大森林火灾，没有人员伤亡事故。建成森林防火监测预警指挥体系，监测范围覆盖全市90%林地，提高了森林防火的科技水平。春、秋冬季分别开展森林防火宣传月活动，营造良好的舆论氛围，提高市民森林防火意识。在春季和重大节日期间等防火紧要期，适时发布防火令，增配临时护林员，组织清理重要林区、景区道路两侧可燃物210公里，消除火灾隐患。制定了《指挥部工作规则》、《火情报告制度》、《森林防火值班规定》等森林防火工作制度，规范了全市森林防火工作。维护森林防火道路300公里，保证道路畅通；在全省率先装备森林消防专用车3辆。

扎实开展森林病虫害防治工作。完成林业有害生物预警监测任务，全市实施监测累计面积225万亩，监测覆盖率100%。积极开展松树危险性病虫害综合防治，及时开展松树枯死木清除、除害和样品检测工作，全年共清除松树枯死木2 336株。积极推广应用以白僵菌为主的生物防治措施，及时开展防治，预防面积3.5万亩。严格林木种子、苗木及其他繁殖材料调运检疫制度，防止危险性、检疫性有害生物随林木种子、苗木和其他繁殖材料的调运侵入我市。

加强林地管理保护工作。严格执行林地征占用审批和植被恢复制度，全年共审批工程建设使用林地项目31起，面积71.6公顷，收取植被恢复费797万元，面积和起数审核率都达到100%。按照保护和发展森林资源责任制的要求，严格执行采伐限额管理制度，完善健全森林采伐管理、检查监督机制，认真把好伐区规划、伐区调查设计、采伐审批、伐区检查验收四道关口，确保全市森林资源持续、稳定增长。适时开展“攻势二号”、“绿盾三号”、“清理整顿规范国家重点保护植物制品（工艺品）经营市场行动”等专项行动，快速破获各类涉林案件，有效地维护了林区治安秩序的稳定。

（厦门市委农办、市农业局、市林业局　林志毅供稿）

畜　牧　业

2009年厦门市畜牧业生产总体平稳，生猪存出栏数比上年上升，全年价格波动大，养殖效益低；家禽出栏数比上年略微上升，家禽养殖效益总体较差。全年实现畜牧业产值13.59亿元（可比价），比上年增加0.43亿元，增长3.3%。

一、全年主要畜禽产品生产情况

全年肉蛋奶总产量6.95万吨，比上年增加0.13万吨，增长1.9%。肉类产量6.41万吨，比上年增加0.13万吨，增长2.1%，其中猪肉5.91万吨，比上年增加0.18万吨，增长3.1%；禽肉产量4 428吨，比上年增加49吨，增长1.1%。禽蛋产量4 620吨，比上年增加83吨，增长1.8%。奶品产量739吨，比上年减少129吨，下降14.9%。

全年生猪累计出栏82.50万头，比上年增加1.84万头，增长2.3%；生猪年末存栏47.91万头，比上年末增加0.14万头，增长0.3%。家禽累计出栏381.59万只，比上年增加4.87万只，增长1.3%；家禽年末存栏172.76万只，比上年末增加0.58万只，增长0.3%。

全年山羊累计出栏1.07万头，比上年减少0.03万头，下降3.0%；山羊年末存栏0.97万头，比上年末增加0.03万头，增长3.1%。家兔累计出栏2.42万只，比上年减少0.88万只，下降26.6%；家兔年末存栏1.03万只，比上年末减少0.25万只，下降19.4%。养蜂箱数6 583箱，比上年下降30.2%；全年蜂蜜总产量142吨，比上年下降35.2%。

二、主要畜禽产品生产特征

生猪出场价格剧烈波动。受供求关系、成本变化、政策因素等原因的影响，厦门生猪生产出场价格起伏较大。2009年厦门生猪全年平均出场价格11.6元/公斤，比上年下降21.5%，其中：1～5月保持逐月下降的走势，生猪出场价格由1月下旬的13.6元/公斤，下降到5月中旬9.4元/公斤，下降幅度达到30.9%，到达全年最低点；进入6月中下旬，生猪出场价格见底回升，并于7月初开始反弹，到9月，生猪出场价格基本走稳；10月开始下跌，10月下旬下跌到11.2元/公斤，11月中旬生猪出场价格开始上涨，12月下旬上涨到12.4元/公斤左右。

生猪生产效益不高。2009年厦门平均每头生猪仅有80元的利润，比2008年250元减少170元，下降68%。其中：第一季度平均每头生猪有150元的利润；第二季度平均每头生猪亏损60元左右，生猪饲养处于全行业亏损状态；第三季度平均每头生猪有70元到100元的利润，生猪养殖处于盈利区间；第四季度平均每头生猪有40元到70元的利润。主要原因是2009年饲料价格逆势而动，持续走高，养殖场户高成本运营，步履维艰。据调查，厦门2009年年末精饲料每袋240元，比一季度每袋195元上涨23%；玉米2元/公斤，比年初1.48元/公斤上涨35.1%。猪粮比价由1月下旬8.6∶1下降到5月下旬5.6∶1，到8月下旬恢复到6.7∶1；随着玉米价格连续上涨，12月下旬下降到6.3∶1，抵消生猪价格上涨带来的利润。由于多数人不愿意去养殖场工作，工人难雇佣，在2009年经济总体上不景气的情况下，厦门雇工工资仍与上年持平，月工资一千五百元左右，雇工工资高，增加生产成本，影响养殖效益。

家禽养殖规模下半年下降较快。2009年上半年比上年同期家禽价格高10%左右，家禽养殖由上年同期亏损转为微利。下半年饲料价格上涨速度较快，而家禽价格却没有“水涨船高”，禽类养殖出现亏损，养殖户、养殖单位开始减少家禽养殖量，四季度末家禽存栏172.76万只，比二季度末减少39.51万只，下降18.6%。

（国家统计局厦门调查队　李子才　卢维沙供稿）

渔　业

2009年厦门市渔业产值5.28亿元，比上年下降4.1%（按可比价计算）；增加值3.23亿元，下降4.6%。

一、渔业生产基本情况

水产品产量：水产品总产量3.68万吨，比上年减少0.27万吨，下降6.7%。其中，海洋捕捞0.58万吨，比上年下降20.4%；海水养殖1.64万吨，比上年增长6.3%；淡水养殖1.46万吨，比上年下降12.8%。

渔船数量：全市在册生产渔船1 941艘，比上年减少345艘，减少15.1%，总动力22 429千瓦，减少2 530千瓦；600马力以上的渔船仅剩6艘，外海作业渔船有8艘，其中拖网渔船2艘、灯光围网6艘。

水产品加工和出口：全市拥有水产品加工企业19家，水产品加工产量8.01万吨，比上年增长5.8%，水产品加工产值11.88亿元，比上年增长13.3%；水产品出口总量3.99万吨，比上年增长26.7%，出口额9 370万美元，比上年增长13.6%。其中，烤鳗出口1 334吨、1 970万美元，分别比上年增长24.7%和下降13.6%。厦门2家水产品批发市场总交易量9.61万吨、交易额32.69亿元，分别比上年减少2.3%、0.5%。

水产苗种生产：全市水产苗种场425家，有开展生产的育苗场仅249家，生产各类苗种2 255亿尾，比上年增3.3%，产值2.64亿元，比上年减少20%。

二、渔业生产运行特点

产量分布格局及产量构成比例情况。从全市来看水产品产量排名依次为翔安区、集美区、思明区、海沧区、同安区。同安区排最后，主要是海洋捕捞渔船全部退出，海水养殖也仅剩1 050亩虾池。思明区海洋捕捞产量占总捕捞产量近80%，主要是大功率外海捕捞渔船产量较高，效益明显比往年好。从各品种来看，海洋捕捞中鱼类所占比例最高达93.4%，比上年提高了2个百分点；海水养殖产量中贝类所占比例高达83.5%，其次是藻类占7.9%，甲壳类占6.3%；淡水养殖中鱼类所占比例高达75.4%（其中罗非鱼占59%），其次是牛蛙占16.2%。从水产品总产量构成看，海水养殖、淡水养殖、海洋捕捞所占比重分别为45%、40%、15%。海水产品产量占水产品总产量的60%，海水和淡水产品从平分秋色变成六四开；养殖产量占水产品总产量的84.3%，比上年提高了3个百分点。

水产品质量继续提高。大力推广生态健康养殖模式，推行无公害水产品生产，强化产品药残的抽查，加大水产品质量安全监管力度，水产品质量显著提升。2009年全市共完成水产品质量安全抽检263批次。其中，中埔水产品批发市场抽检175批次（药残监测170批次、贝类卫生指标监测5批次）；本地养殖的水产品共抽检88批次，其中，贝类跟踪监测及净化贝卫生指标监测抽检53批次；本地无公害基地及规模养殖场抽检12批次，全部合格；牛蛙药残监测抽检13批次，对虾苗种药残监测抽检10批次，超标率都有明显下降。另外，农业部2009年大中城市水产品质量安全例行监测中厦门的合格率在全国排名靠前。

水产品加工出口平稳增长。2009年，厦门市水产品加工产量增长5.8%，水产品加工产值比上年增长13.3%，水产品出口总量比上年增长26.7%，出口量在第四季度有较大增加，主是原因是经济复苏，下半年出口平均单价提高，出口量和值均有所上升，尤其是烤鳗出口量有较大增加。

（国家统计局厦门调查队，厦门市海洋渔业局　卢维沙　郑斌供稿）

水利建设

2009年，厦门市遭受多场暴雨袭击和“莲花”、“莫拉克”等4个台风影响，在应对台风、暴雨灾害过程中，市防汛抗旱指挥部先后启动防台风三级应急响应3次，二级应急响应2次，有序有力有效应对灾害。全年没有出现重大灾情、险情，无一人因灾死亡。

2009年，全市平均降雨量972毫米，比常年偏少3成，水库蓄水量比常年偏少4成，局部地区出现较严重旱情，农作物受旱面积达11.8万亩。按照“先生活、后生产、先工业、后农业”的原则，相关部门对水库水量进行逐库计算、实施科学调度，动态核准水库汛限水位，加快抗旱应急水源和调水工程建设，多次实施应急调水和人工增雨，最大程度发挥有限水资源的作用。同时，组织农民群众开挖抗旱大井、抗旱机井，开展生产自救，有效地保障了城乡人民生活和工业生产用水，把干旱造成的农业损失降到最低程度。

2009年，全市共投入5.9亿元用于水利工程建设。争取中央水利资金3 185万元，落实配套资金1.45亿元，用于环东海域海堤和3座水库除险加固工程，各项任务及时圆满完成，得到水利部和省检查组的充分肯定。顺利完成汀溪水库大坝泄洪设施改造工程。过芸溪、深青溪、瑶山溪等重点流域治理工程陆续开工，超额完成年度投资计划。老区山区农村人饮工程有序推进。

2008～2009年度全市冬春水利建设，共完成土石方188万方，占任务指标的103.9%；投入劳力90.9万工日，占任务指标的117.6%。其中，投资180万元修复水毁水利工程9处，占计划任务的100%；完成总投资11 588万元，占计划投资的104.6%，各项主要指标任务均超额完成。

完成历年涉水规范性文件的清理，规范行政权力运行，编印《厦门市水行政执法工作手册》，组织市区两级水行政执法人员培训。与发改、环保部门联合出台《关于落实开发建设项目水土保持工作的意见》，对115个开发建设项目水土保持方案落实情况逐一检查，督促多个项目补报或修编水土保持方案，着力提高水土保持方案编报率、实施率和验收率。坚持每周两次以上执法巡查，加大水行政执法力度，严厉打击水事违法事件，发出责令停止水事违法行为通知书33份，查处水政水保事件63件，征收水资源费399万元、水土保持补偿费137万元。对全市50个在建水利工程质量与安全进行双重监督，总监督工程量达8亿元。对6家严重违规的施工单位分别发出整改通知，建立不良行为记录，水利工程质量与安全监督得到有力加强。

颁布实施《厦门市水利工程建设与管理若干规定》，以市政府第135号令公布，2010年1月1日正式颁布实施。为全市水利工程统一规划、统一建设审批、统一管理提供了规章依据。

随着翔安新店蔡厝海堤加固工程于2009年9月完成，全市沿海突出部（除大嶝、小嶝岛屿外）标准化海堤实现闭合。防洪挡潮标准达10年一遇以上。

全市81座小型水库均已落实管护人员，共选聘并培训了专职管理员96名，补助经费由市、区两级财政按比例分担。在一定程度上改变了水库工程重建轻管的现象，更好地发挥了水库防洪、灌溉等综合效益，确保下游镇、村及工农业生产的安全。

2009年，对存在病险隐患的14座中型病险水闸进行了安全鉴定，鉴定结果为二类闸4座、三类闸8座、四类闸2座。在安全鉴定的基础上，编制了中型水闸除险加固专项规划，上报水利部争取资金支持。

建成洪水预警报系统。全市洪水预警报系统全面完成。该系统全面覆盖了全市小（Ⅱ）型以上水库、主要河流、重点潮位观测站、全市镇（街、场）和重要工业区、重要部位等。

（厦门市水利局　陶洪生　陈昌国　陈小惠供稿）

工 业 经 济

食品制造业

2009年，食品制造业拥有年产品销售收入500万元以上工业企业38家，全行业年末资产总计26.77亿元，固定资产原值12.11亿元，全年完成工业总产值24.51亿元，实现主营业务收入24.18亿元，创利税2.22亿元，从业人员年平均人数8 385人。在该行业中：焙烤食品制造企业10家，生产糕点8 902吨，比上年增长12.3%；生产饼干420吨，增长191.4%。糖果、巧克力及蜜饯制造企业5家，生产糖果1 209吨，下降0.4%。方便食品制造企业6家，生产方便面9 268吨，下降5.3%。液体乳及乳制品制造企业1家；罐头制造企业2家，生产罐头36.69万吨，增长31.7%，调味品、发酵制品制造业5家，生产酱油5 897.83吨，增长1.8%，味精1.16万吨，下降11.4%；其他食品制造业企业9家。

2009年，该行业拥有中型企业8家，分别是厦门兴盛食品有限公司、厦门古龙罐头食品有限公司、厦门金达威维生素股份有限公司、茂泰食品（厦门）有限公司、厦门安德鲁森食品有限公司、厦门向阳坊食品有限公司、厦门德大食品有限公司、雅米食品（厦门）有限公司，合计完成工业总产值18.35亿元，占全行业产值总量的74.9%，规模企业骨干作用凸显。

从登记注册类型看，该行业以内资企业为主，内资企业共有20家，完成工业总产值17.14亿元，分别占全行业的52.6%和69.9%。

（厦门市统计局 纪新供稿）

农副食品加工业

2009年，厦门市农副食品加工业拥有年产品销售收入500万元以上工业企业98家。年末全行业资产总计77.29亿元，固定资产原值22.14亿元，从业人员年平均人数1.32万人。全年完成工业总产值111.61亿元，实现主营业务收入109.96亿元，实现出口交货值19.91亿元。

该行业中，谷物磨制业15家，生产小麦粉15.07万吨，比上年下降2.7%；饲料加工业18家，生产饲料52.85万吨，增长5.9%；植物油加工业4家，生产精制食用植物油24.93万吨，下降22.9%；屠宰及肉类加工企业12家，生产鲜、冷藏冻肉8.46万吨，增长25.9%；水产品加工业15家；蔬菜、水果和坚果加工企业25家；其他农副食品加工业9家。

从企业规模看，以小型企业居多，有90家，占全行业企业数的91.8%；有8家中型企业，无大型企业。该行业工业总产值上亿元的企业32家，合计产值93.95亿元，占全行业工业总产值的84.2%，骨干支撑作用明显。其中厦门中盛粮油企业有限公司和厦门中禾实业有限公司两家企业的工业总产值超10亿元，为该行业的龙头企业。“私营”企业是该行业生产的重要力量，共有企业44家，占全行业企业数的44.9%，完成工业总产值68.28亿元，实现主营业务收入68.97亿元，出口交货值7.65亿元，分别占全行业的61.2%、62.7%和38.4%。

（厦门市统计局 纪新供稿）

饮料制造业

2009年厦门市饮料制造业拥有年产品销售收入500万元以上工业生产企业25家，全行业资产合计57.62亿元，固定资产原值28.4亿元。全年完成工业总产值66.46亿元，实现主营业务收入

66.38亿元，创利税总额10.06亿元；分别比上年增长15.5%、18.5%、37.1%。该行业中，酒的制造业2家，生产白酒（折65度，商品量）2 880千升，比上年下降1.5%；啤酒1.29亿升，增长3.6%；软饮料制造业16家，生产碳酸饮料23.93万吨，增长11.9%；果汁及蔬菜汁饮料25.5万吨，下降2.9%；包装饮用水25.68万吨，增长25.5%；精制茶加工业7家，生产精制茶4 881.6吨，增长4.6%。

该行业是外商投资的热点，"三资"工业支撑作用明显，2009年，全行业共有"三资"企业17家，完成现价总产值63.22亿元，创利税9.01亿元，分别占全行业的95.1%和89.6%。

该行业企业虽不多，但规模相对较大，拥有大型企业1家，中型企业6家，全部为"三资"企业。全行业中产值亿元以上的企业有8家，分别是厦门银鹭食品有限公司、厦门太古可口可乐饮料有限公司、惠尔康东方（厦门）食品有限公司、青岛啤酒（厦门）有限公司、厦门娃哈哈饮料有限公司、亚洲酿酒（厦门）有限公司、厦门娃哈哈食品有限公司、厦门惠尔康食品有限公司，合计完成工业总产值60.26亿元，占全行业的90.7%，创利税9.01亿元，占全行业的89.6%。

（厦门市统计局　纪新供稿）

烟草制品业

厦门烟草加工业2009年年产品销售收入500万元以上的工业企业只有1家，即厦门烟草工业有限责任公司，为国有企业。拥有资产总计64.08亿元，固定资产原值19.13亿元，从业人员年平均人数1 231人。全年完成工业总产值65.92亿元，实现主营业务收入65.20亿元，分别比上年增长4.6%和4.4%；创利税总额45.48亿元，增长2.9%。全年卷烟产量388.4亿支，增长5.6%。

烟草制品业是一个属于国家专控高税收的行业，该行业是厦门市实现利税较大的行业之一，全年该行业实现利税占全市规模以上工业实现利税总额的15.9%，比上年所占比重下降5.6个百分点。

（厦门市统计局　纪新供稿）

纺　织　业

厦门市纺织业已形成了纺织、印染、整理配套均衡的生产体系。全行业2009年共有年产品销售收入500万元以上工业企业88家。其中：棉、化纤纺织及印染精加工14家，毛纺织业和染整精加工1家，丝绢纺织及精加工2家，纺织制成品制造40家，针织品、编织品及其制品制造31家。全行业拥有固定资产原值42.98亿元，比上年增长5.4%，从业人员年平均人数达2.0万人。该行业完成工业总产值59.57亿元，出口交货值21.72亿元，实现主营业务收入60.73亿元，创利税3.1亿元。全年生产纱1.48万吨，增长3.4%；布3.03亿米、印染布6 841万米，分别增长40%和下降8.6%；绒线1 410吨，增长12.4%。

2009年纺织行业共有14家企业工业总产值超亿元，其中产值超5亿元的有厦门进雄企业有限公司、厦门东纶股份有限公司两家企业。14家超亿元企业实现工业总产值、出口交货值分别为39.3亿元、15.79亿元，分别占全行业的66.0%、72.7%。该行业有小型企业74家，中型企业14家。

外商投资企业在厦门纺织业的地位举足轻重，资金投入、利税均集中于外商投资企业。2009年该行业中的"三资"企业共有42家，拥有固定资产原值36.72亿元，占全行业的85.4%；实现主营业务收入43.47亿元，占全行业的71.6%；创利税2.15亿元，占全行业的69.4%。主要产品有纱、布、印染布、绒线、无纺布及纤维纺制的线、绳、索、缆等。

（厦门市统计局　纪新供稿）

纺织服装、鞋、帽制造业

随着市场需求的多样化，外资企业纷至沓来，厦门服装及其纤维制品制造业得到较快发展，已形成各类时装、西服茄克、礼服婚纱、休闲套装、童装T恤、牛仔系列、针织服装及电脑绣花和花边等各类服饰的外向型生产体系。2009年，全行业拥有年产品销售收入500万元以上工业企业182家，其中纺织服装制造业178家，纺织面料鞋的制造企业2家，制帽业2家。年末全行业拥有固定资产原值 13.38 亿元，全部从业人员年平均人数达 4.53 万人；全年完成工业总产值 77.92 亿元，比上年增长 19.9%；实现出口交货值 20.67 亿元，下降 8.3%；实现主营业务收入 77.91 亿元，增长 22.7%；创利税 20.25 亿元，增长 96.0%。全年生产各类服装 10 147 万件，增长 6.4%，其中，梭织服装生产 3 795 万件，针织服装生产 6 352 万件。

“三资”企业的不断加盟，使该行业生机勃发，骨干企业的推动，促进全行业整体实力跃上新台阶。2009 年该行业“三资”企业 79 家，拥有固定资产原值 10.41 亿元，完成工业总产值 55.72 亿元，实现主营业务收入 56.01 亿元，分别占全行业的 77.8%、71.5% 和 71.9%。

从企业规模上看，该行业共有 13 家大中型企业，其中大型企业 2 家，分别是欣贺（厦门）服饰有限公司、世纪宝姿服装（厦门）有限公司。另有 4 家上亿元企业，这 4 家亿元企业共完成工业总产值 31.52 亿元，占全行业 40.5%。

（厦门市统计局　纪新供稿）

皮革、毛皮、羽绒及其制品业

2009 年，厦门市皮革、毛皮、羽绒及其制品业拥有年主营业务收入 500 万元以上的工业企业 63 家，大型企业 2 家，中型企业 12 家，年产值上亿元的企业 8 家。全行业资产总计 32.03 亿元，实收资本 12.73 亿元，固定资产原价 14.79 亿元，从业人员年平均人数 2.90 万人。全年完成工业总产值 35.51 亿元；出口交货值 28.24 亿元，出口交货值比重达 72.7%；产品产销率超 100%；实现主营业务收入 39.09 亿元；利税总额 1.04 亿元。2009 年全行业生产各类皮革鞋靴 1 552.82 万双；天然皮革制手提包（袋）、背包 1 981.32 万个。

该行业企业集中在皮革制品业，有企业 59 家，占全行业的 93.7%。其中，皮鞋制造 13 家，工业产值 13.09 亿元；皮箱、包（袋）制造 37 家，产值 14.39 亿元；皮手套及皮装饰制品制造 4 家，产值 7.69 亿元；其他皮革制品制造 5 家，产值 1.32 亿元。

外商投资工业在该行业居主导，整个行业外向度较高。该行业拥有亚美皮件、大统皮革、ECCO（厦门）三家主营业务收入 4 亿元以上等一批骨干外商投资企业。2009 年，全行业 33 家“三资”工业企业拥有实收资本 11.76 亿元，占全行业的 92.4%；固定资产原价 13.07 亿元，从业人员 2.26 万人；实现主营业务收入 30.1 亿元，完成出口交货值 27.31 亿元，出口交货值比重达 96.7%。该行业生产的各式皮鞋、皮包、包夹、皮带在国际上拥有一定的知名度，产品全部远销欧美、日本等国。

近年来，私营工业发展较快，在该行业占有一席之地，拥有企业 23 家，比上年增加 5 家，资产总计 4.23 亿元，从业人员 5 545 人；分别占全行业的 13.2% 和 19.0%，实现主营业务收入 7.88 亿元，增长 2.3%。

（厦门市统计局　纪新供稿）

家具制造业

2009 年厦门家具制造业拥有年主营业务收入 500 万元以上的企业 39 家，其中中型企业 9 家，小型企业 30 家。该行业中上亿元企业 6 家，分别为厦门新技术集成有限公司、厦门革新金属制品有限公司、厦门市建潘卫厨有限公司、厦门喜盈门家具制品有限公司、厦门三德盛实业有限公司和厦门西华家俱有限公司。全行业实收资本为 7.56 亿元，年末固定资产原值 10.41 亿元，从业人员年平均人数 1.09 万人；完成工业总产值 20.76 亿元，实现主营业务收入 21.50 亿元，实现利税 0.52 亿元，比上年增长 1.74 倍。全年实现出口交货值 14.75 亿元，占销售产值的 70.0%，出口比重继续保持在较高水平。从产量方面看，全行业生产各类家具 827.94 万件。其中：金属家具 643.62 万件、木制家具 182.21 万件、软体家具 2.11 万件。

该行业已形成多种经济成分并存、“三资”经济成分居主导的格局。2009 年，该行业 17 家“三资”企业完成工业总产值 14.93 亿元，实现主营业务收入 15.49 亿元，分别占全行业的 71.9% 和 72%。

（厦门市统计局　纪新供稿）

造纸及纸制品业

2009 年，厦门市造纸及纸制品业共有年主营业务收入 500 万元以上独立核算工业企业 87 家，比上年增加4家；全行业拥有固定资产原价14.78亿元，资产46.08亿元，从业人员1.02万人；该行业94.3%企业为小型，中型企业仅为5家，全年产值上亿元企业有8家，分别是厦门安妮股份有限公司、厦门安妮企业有限公司、厦门合兴包装印刷有限公司、厦门市亿同新包装企业有限公司、厦门兆伦纸业有限公司、厦门鑫叶包装材料有限公司、永丰馀纸业（厦门）有限公司、厦门班班纸业有限公司。2009年，全行业共完成工业总产值31.91亿元，下降6.6%；实现主营业务收入31.5亿元，下降6.2%；创利税总额2.29亿元，下降3.0%。

该行业集中分布在纸制品业，共有企业71家，占全行业企业数的81.6%，实现工业总产值22.9亿元，下降2.6%；造纸业15家，实现工业总产值8.76亿元；另有纸浆业企业1家。该行业的主要产品种类繁多，主要有纸箱、纸盒、纸板、瓦楞板、手工书写纸、静电复印纸、传真纸、水松纸、一次性餐饮纸容器等，2009年全行业生产机制纸及纸板6.33万吨，比上年下降16.7%；纸制品20.55万吨，其中瓦楞纸箱18.69万吨，纸制品及瓦楞纸箱产量比上年分别下降18.6%、17.1%。

外商投资工业和私营工业在该行业居主导。2009年，该行业30家“三资”企业实现主营业务收入11.47亿元，比上年下降20.6%，占全行业的36.4%；创利税0.57亿元，占全行业的24.9%。近年来私营工业发展较快，至2009年，企业数达到41家，占到全行业的47%；拥有资产总计11.16亿元，比上年增长27.3%，从业人员3 471人，增长4.8%；全年完成工业产值7.91亿元，下降3.1%。

（厦门市统计局　纪新供稿）

印刷及记录媒介的复制

2009年，厦门市印刷及记录媒介的复制共有年主营业务收入500万元以上工业企业76家，比上年增加11家；其中中型企业6家；上亿元企业有3家，即厦门五福印务有限公司、厦门富华兴印刷有限公司、厦门鑫叶印务有限公司。2009年，全行业拥有固定资产原价15.15亿元，资产25.82亿元，从业人员8756人；完成工业总产值19.91亿元；实现主营业务收入19.72亿元；创利税2.19亿元。

该行业以书、报、刊印刷和包装装潢为主，企业多，规模相对小。2009年，书、报、刊印刷业19家，完成产值4.24亿元，比上年下降19.5%；包装装潢及其他印刷业52家，占该行业企业数的68.4%，完成产值15.07亿元，比上年下降3.4%，占该行业产值的75.7%。

外商投资企业和私营企业是该行业的主力军。2009年，全行业实收资本中：个人资本2.9亿元，港澳台及外商资本3.35亿元；分别占全行业的32.4%和37.4%。2009年，该行业22家“三资”企业拥有资产11.96亿元，主营业务收入7.58亿元，创利税0.83亿元。2009年，40家私营企业拥有资产7.29亿元，从业人员3 002人；实现主营业务收入6.06亿元，比上年下降26.5%，占全行业主营业务收入的30.7%。

（厦门市统计局　纪新供稿）

文教体育用品制造业

2009年，厦门市文教体育用品制造业完成工业总产值45.02亿元，实现工业销售产值44.31亿元，产销率98.4%；实现出口交货值36.58亿元，出口交货值率为82.6%。全行业资本金16.68亿元，其中，“三资”资本金15.26亿元，占91.5%。拥有资产42.62亿元，负债21.93亿元，资产负债率为51.5%；完成主营业务收入44.98亿元，实现营业利润1.72亿元，主营业务利润率为3.8%；年末拥有从业人员数3.12万人，共创利税2.06亿元，人均创税0.66万元。

2009年全行业共有规模以上工业企业60家，比上年减少2家。从行业分布看，文化用品制造企业6家，完成工业产值2.17亿元；体育用品制造企业52家，完成工业产值42.24亿元；玩具制造企业2家，完成工业产值0.61亿元。全年生产室内训练健身器材28.13万台，比上年下降20.4%。

2009年全行业有大中型企业11家，其中大型企业2家，即厦门钢宇工业有限公司、厦门新凯复材科技有限公司，中型企业18家；该行业的集中度较高，2009年全行业有上亿元企业11家，共完成产值26.80亿元，占全行业产值的59.5%，其中产值超5亿元的企业有2家。该行业的外向度较高，2009年全行业有“三资”企业42家，共完成产值35.56亿元，占全行业产值的79%，实现出口交货值34.16亿元，占全行业出口的93.4%。

2009年文教体育用品制造业消费能源3.09万吨标准煤，消费的品种以电力和热力为主，全行业单位工业增加值能耗0.27吨标准煤/万元。

（厦门市统计局　张绍勇供稿）

化学原料及化学制品制造业

化学原料及化学制品制造业属于厦门市三大支柱行业中的化工类。2009年，全行业完成工业总产值163.96亿元，在全市33个行业大类中位居第四；实现工业销售产值160.12亿元，产销率为97.7%；完成出口交货值22.09亿元，出口交货值率为13.8%；拥有资本金90.73亿元，其中，“三资”资本69.34亿元，占76.4%；法人资本18.30亿元，占20.2%。全行业拥有资产164.59亿元，负债76.14亿元，资产负债率为46.3%；完成主营业务收入163.74亿元，实现营业利润15.53亿元，主营业务利润率为9.5%；拥有职工人数0.99万人，实现利税总额19.37亿元，人均创税19.57万元。

2009年，全行业拥有规模以上工业企业93家，比上年增加4家。从行业分布看，基础化学原料制造业企业5家，完成工业总产值4.36亿元；肥料制造业企业2家，完成工业总产值1.13亿元；涂料、油墨、颜料及类似产品制造业企业24家，完成工业总产值13.74亿元；合成材料制造业企业15家，完成工业总产值104.89亿元；专用化学产品制造业企业20家，完成工业总产值26.67亿元；日用化学产品制造业企业26家，完成工业总产值12.96亿元；农药制造业企业1家，完成工业总产值0.22亿元。全年生产合成纤维单体131.56万吨，合成纤维聚合物21.78万吨，硫酸12.83万吨，初级形态的塑料1.07万吨。

2009年全行业有中型企业7家，共完成产值115.85亿元，占全行业产值的70.7%；行业的集中度较高，2009年全行业有上亿元企业14家，共完成产值141.46亿元，占全行业产值的86.3%，其中产值超10亿元的企业有2家，即翔鹭石化企业（厦门）有限公司和腾龙特种树脂（厦门）有限公司；该行业以“三资”企业为主，有“三资”企业44家，共完成产值146.95亿元，占全行业产值的89.6%，实现出口交货值18.60亿元，占全行业出口的84.2%。

化学原料及化学制品制造业是全市主要的耗能行业之一，2009年能源消费38.40万吨标准煤（扣除能源产出），消费的品种以原煤、热力和电力为主，单位工业增加值能耗1.16吨标准煤/万元。

（厦门市统计局　张绍勇供稿）

医药制造业

近年来，厦门市医药制造业通过引进国际先进技术，盘活资产存量，调整生产布局，优化产品结构，行业生产经营处于良性循环。2009年，厦门市医药制造业企业规模进一步扩充，生产能力及行业整体实力进一步增强，拥有年主营业务收入500万元以上的工业企业17家，其中中型企业5家。全年产值超亿元的企业达到6家，即厦门金日制药有限公司、美吉斯制药（厦门）有限公司、英科新创（厦门）科技有限公司和厦门星鲨药业集团有限公司、厦门中药厂有限公司、厦门鹰君保健食品有限公司。2009年，全行业资产合计27.12亿元，年末固定资产原价11.98亿元，从业人员5 061人。完成工业总产值16.24亿元，比上年增长7.4%，实现主营业务收入16.43亿元，增长15.1%，创造利税2.79亿元，增长15.3%。

2009年，全行业资本金9.4亿元，比上年增长25.7%。行业中类情况具体为：化学药品制剂制造企业4家，产值2.28亿元，生产各种片剂、乳剂、胶丸、酸痛喷雾剂等产品；中成药制造企业4家，产值6.17亿元，主要生产新癀片、洋参含片、海珠喘息定片、穿心莲片等一些生活中常用药品；生物、生化制品的制造企业5家，产值4.51亿元，生产特尔立、神经生长因子、生化体外诊断试剂等一些科技含量较高的产品；另有化学药品原药制造、兽用药品制造、中药饮片加工企业、卫生材料及医药用品制造各1家，产值3.28亿元。产量方面，2009年该行业生产化学原料药108.82吨，比上年增长333.4%；生产中成药1 562.29吨，下降4.8%。

（厦门市统计局　纪新供稿）

化学纤维制造业

2009年厦门化学纤维制造业拥有年产品销售收入500万元以上工业企业4家，企业数虽少，但企业规模大，生产能力强，集中于涤纶纤维制造，主要生产聚酯切片、涤纶长丝、涤纶预取向丝及涤纶短纤维。全年全行业资本金19.98亿元，固定资产原值38.24亿元，从业人员年平均人数1 520人。全行业共完成工业总产值13.10亿元，实现主营业务收入11.89亿元。生产化学纤维11.03万吨，其中涤纶纤维10.33万吨。

化学纤维制造业有中型企业1家，小型企业3家。2009年，该行业产值超亿元企业只有1家，即厦门翔鹭化纤股份有限公司，这家企业的固定资产原值占全行业的99.7%、产值占全行业的96.2%，主营业务收入占全行业的95.6%，为厦门化学纤维制造业的龙头企业。

（厦门市统计局　纪新供稿）

橡胶制品业

2009年，厦门市橡胶制品业完成工业总产值99.39亿元，实现工业销售产值107.47亿元，产销率108.1%；实现出口交货值19.3亿元，出口交货值率为18%。全行业资本金31.90亿元，其中，“三资”资本金29.25亿元，占91.7%。全行业拥有资产93.10亿元，负债33.84亿元，资产负债率为36.3%；完成主营业务收入106.74亿元，实现营业利润19.94亿元，主营业务利润率为18.7%；年末拥有从业人员数1.96万人，共创利税25.28亿元，人均创税12.9万元。

2009年全行业共有规模以上工业企业51家，比上年增加4家。从行业分布看，轮胎制造企业4家，完成工业产值78.49亿元；橡胶板、管、带的制造企业2家，完成工业产值0.28亿元；橡胶零件制造企业14家，完成工业产值5.58亿元；日用及医用橡胶制品制造企业3家，完成工业产值1.40亿元；橡胶靴鞋制造企业6家，完成工业产值1.71亿元；其他橡胶制品制造企业22家，完成工业产值11.93亿元。全年生产橡胶轮胎外胎929.39万条，比上年下降1.9%，其中子午线轮胎外胎150.94万条，增长34.1%。

2009年全行业有大中型企业11家，其中大型企业2家，即厦门正新橡胶工业有限公司、厦门正新实业有限公司，中型企业9家；该行业集中度较高，2009年全行业有上亿元企业8家，共完成产值88.82亿元，占全行业产值的89.4%，其中产值超10亿元的企业有3家。该行业生产、出口均以“三资”企业为主，2009年全行业有“三资”企业29家，共完成产值95.15亿元，占全行业产值的95.7%，实现出口交货值18.92亿元，占全行业出口的98%。

橡胶制品业是全市主要的耗能行业之一，2009年全行业消费能源16.29万吨标准煤，能源消费量在全市33个行业大类中位居第四，消费的品种以热力和电力为主，全行业单位工业增加值能耗0.46吨标准煤/万元。

（厦门市统计局　张绍勇供稿）

塑料制品业

2009年，厦门市塑料制品业完成工业总产值90.15亿元，实现工业销售产值88.88亿元，产销率98.6%；实现出口交货值50.18亿元，出口交货值率为56.5%。全行业资本金31.76亿元，其中，“三资”资本金23.61亿元，占74.3%。拥有资产84.70亿元，负债38.44亿元，资产负债率为45.4%；完成主营业务收入90.11亿元，实现营业利润5.70亿元，主营业务利润率为6.3%；年末拥有从业人员数3.35万人，共创利税7.33亿元，人均创税2.19万元。

2009年全行业共有规模以上工业企业180家，比上年增加7家。从行业分布看，主要包括塑料薄膜制造企业24家，完成工业产值30.95亿元；塑料板、管、型材的制造企业20家，完成工业产值7.53亿元；塑料零件制造企业19家，完成工业产值8.3亿元；日用塑料制造企业32家，完成工业产值18.69亿元；其他塑料制品制造企业57家，完成工业产值18.99亿元。全年生产塑料制品15.69万吨，比上年下降17.2%，产品的类型包括户外游戏用品、卫浴零部件、塑料零部件、塑料编织袋、塑料薄膜、塑料管棒材、日用塑料制品等。

2009年全行业有大中型企业16家，其中大型企业1家，即明达实业（厦门）有限公司，中型企业15家；全行业有上亿元企业19家，共完成产值53.12亿元，占全行业产值的58.9%，是该行业的骨干企业。2009年全行业有“三资”企业85家，共完成产值64.95亿元，占全行业产值的72%，实现出口交货值45.75亿元，占全行业出口的91.2%。

2009年塑料制品业消费能源6.54万吨标准煤，能源消费量在全市33个行业大类中位居第九，消费的品种以电力和热力为主，全行业单位工业增加值能耗0.26吨标准煤/万元。

（厦门市统计局　张绍勇供稿）

非金属矿物制品业

2009年，厦门市非金属矿物制品业完成工业总产值61.12亿元，实现工业销售产值61.13亿元，产销率100%；实现出口交货值16.85亿元，出口交货值率为27.6%。全行业资本金39.19亿元，其中，“三资”资本金30.56亿元，占78%。拥有资产90.29亿元，负债41.59亿元，资产负债率为46.1%；完成主营业务收入62.23亿元，实现营业利润2.94亿元，主营业务利润率为4.7%；年末拥有从业人员数1.94万人，共创利税5.38亿元，人均创税2.77万元。

非金属矿物制品业已形成了平板玻璃及其深加工产品，花岗岩板材，水泥及水泥制品，化学建材产品，玻璃纤维及玻璃钢制品等门类较齐全，具有一定规模实力的行业体系。2009年全行业共有规模以上工业企业111家，比上年减少2家。从行业分布看，主要包括水泥、石灰和石膏的制造企业5家，完成工业产值0.85亿元；水泥及石膏制品制造企业24家，完成工业产值21.20亿元；砖瓦、石材及其他建筑材料制造企业54家，完成工业产值19.61亿元；玻璃及玻璃制品制造企业18家，完成工业产值16.83亿元；陶瓷制品制造企业5家，完成工业产值1.25亿元；石墨及其他非金属矿物制品制造企业5家，完成工业产值1.38亿元。2009年全行业生产水泥21.25万吨，比上年下降28.9%；商品混凝土356.45万立方米，下降25.9%；瓷质砖328.71万平方米，增长2.2%；天然花岗石建筑板材289.84万平方米，下降22.8%；平板玻璃958.36万重量箱，增长22.1%；钢化玻璃283.15万平方米，下降4.3%。

2009年全行业有中型企业10家；上亿元企业14家，共完成产值35.22亿元，占全行业产值的57.6%。全行业有“三资”企业58家，共完成产值36.37亿元，占全行业产值的59.5%，实现出口交货值15.32亿元，占全行业出口的91.1%。

非金属矿物制品业是全市主要的耗能行业之一，2009年全行业消费能源22.28万吨标准煤，能源消费量在全市33个行业大类中位居第三，消费的品种以燃料油和电力为主，全行业单位工业增加值能耗1.51吨标准煤/万元。

（厦门市统计局　张绍勇供稿）

金属制品业

2009年，厦门市金属制品业共有规模以上工业企业188家，比上年增加39家。全行业完成工业总产值95.53亿元，实现工业销售产值94.41亿元，产销率为98.8%；完成出口交货值50.72亿元，出口交货值率为53.7%。拥有资本金39.47亿元，其中，“三资”资本24.34亿元，占61.7%；法人资本8.39亿元，占21.3%。全行业拥有资产106.92亿元，负债50.28亿元，资产负债率为47%；完成主营业务收入95.29亿元，实现营业利润5.75亿元，主营业务利润率为6.0%；年末平均拥有职工人数3.61万人，共创利税7.29亿元，人均创税2.02万元。

该行业中，结构性金属制品制造业企业65家，完成工业产值23.36亿元；金属工具制造业企业21家，完成工业产值5.66亿元；集装箱和金属包装容器制造业企业5家，完成工业产值6.23亿元；金属丝绳及其制品制造业企业6家，完成工业产值2.13亿元；建筑、安全用金属制品制造业企业29家，完成工业产值36.27亿元；金属表面处理及热处理加工业企业9家，完成工业产值1.36亿元；不锈钢及类似日用金属制品制造业企业27家，完成工业产值10.35亿元；其他金属制品制造业企业26家，完成工业产值10.16亿元。生产的产品涉及面广、专业多、品种杂，升级换代快，全年生产金属切削工具213.8万件，不锈钢日用制品4 873吨，金属集装箱2 135立方米。

2009年全行业有大中型企业19家，其中大型企业2家，即路达（厦门）工业有限公司、厦门建霖工业有限公司，中型企业17家；该行业集中度较高，有上亿元企业21家，完成产值57.06亿元，占全行业产值的 59.7%，其中产值超 15 亿元的企业有 1 家。该行业以“三资”企业为主，有“三资”企业 81 家，完成产值 63.29 亿元，占全行业产值的 66.3%，实现出口交货值 43.69 亿元，占全行业出口的 86.1%。

2009 年金属制品业消费能源 4.59 万吨标准煤，消费的品种以电力、热力和柴油为主，全行业单位工业增加值能耗 0.19 吨标准煤/万元。

（厦门市统计局　张绍勇供稿）

通信设备、计算机及其他电子设备制造业

通信设备、计算机及其他电子设备制造业是厦门市重点扶持的三大支柱行业之一，也是厦门市企业最多、产值最高、配套设施最全的一个行业大类，形成了以计算机、通信、数字视听、手机、电器为主导的产品结构。2009 年，全行业拥有规模以上的工业企业 188 家，比上年增加 14 家，完成工业总产值 937.35 亿元，占全市的 33.3%，在全市 33 个行业大类中位居第一；实现销售产值 929.35 亿元，产销率达 99.1%；完成出口交货值 583.21 亿元，出口交货值率为 62.8%；全行业资本金 111.07 亿元，其中，“三资”资本 82.07 亿元，占 73.9%；法人资本 20.6 亿元，占 18.5%。全行业拥有资产 531.93 亿元，负债 363.23 亿元，资产负债率为 68.3%；完成主营业务收入 949.14 亿元，实现营业利润 31.1 亿元，主营业务利润率为 3.3%；年末平均拥有职工 11.41 万人，共创利税 38.7 亿元，人均创税 3.39 万元。

该行业中，通信设备制造企业 26 家，完成工业产值 48.29 亿元；广播电视设备制造企业 5 家，完成工业产值 1.38 亿元；电子计算机制造企业 18 家，完成工业产值 384.13 亿元；电子器件制造企业 40 家，完成工业产值 300.86 亿元；电子元件制造企业 72 家，完成工业产值 104.31 亿元；家用视听设备制造企业 16 家，完成工业产值 86.09 亿元；其他电子设备制造业企业 11 家，完成工业产值 12.29 亿元。全年生产光电子器件 132.07 亿只，半导体分立器件 76.65 亿只，电子元件 43.04 亿只，移动通信手持机（手机）671.50 万台，电子计算机整机 594.59 万台，其中笔记本计算机 229.20 万台，彩色电视机 291.97 万台。

2009 年全行业有大中型企业 66 家，其中大型企业 11 家，中型企业 55 家；该行业集中度较高，2009 年全行业有上亿元企业 59 家，共完成产值 903.75 亿元，占全行业产值的 96.4%，其中：100 亿以上企业 3 家，10 至 100 亿元的企业 8 家，1 至 10 亿的企业 48 家。该行业是厦门市工业经济中外向度高的行业之一，有“三资”企业 117 家，完成产值 878.45 亿元，占全行业产值的 93.7%，实现出口交货值 568.19 亿元，占全行业出口的 97.4%。

电子及通信设备制造业是全市单位耗能最低的行业。2009 年全行业消费能源 10.07 万吨标准煤，消费的品种以电力为主，全行业单位工业增加值能耗 0.06 吨标准煤/万元。

（厦门市统计局　张绍勇供稿）

专用设备制造业

专用设备制造业是厦门市机械工业中实力较强的一个行业。2009 年，该行业全年完成工业总产值 85.53 亿元，实现工业销售产值 83.54 亿元，产销率为 97.7%；完成出口交货值 12.78 亿元，出口交货值率为 15.3%，产品主要立足国内市场。全行业拥有资本金 18.27 亿元，其中，国家资本 4.32 亿元，占 23.6%；个人资本 4.6 亿元，占 25.2%；外商及港澳台资本 7.08 亿元，占 38.7%。2009 年全行业拥有资产总计 90.64 亿元，负债 51.89 亿元，资产负债率为 57.2%；完成主营业务收入 85.93 亿元，实现营业利润 4.01 亿元，主营业务利润率为 4.7%；年末平均拥有职工 1.39 万人，共创利税 7.47 亿元，人均创税 5.38 万元。

2009 年全行业有规模以上的工业企业 99 家，其中，矿山、冶金、建筑专用设备制造业 13 家，完成工业产值 60.30 亿元；化工、木材、非金属加工专用设备业 34 家，完成工业产值 5.78 亿元；食品、饮料、烟草工业专用设备制造业 2 家，完成工业产值 0.21 亿元；印刷、制药、日化生产专用设备制造业 4 家，完成工业产值 1.12 亿元；纺织、服装和皮革工业专用设备制造业 15 家，完成工业产值 3.49 亿元；电子和电工机械专用设备制造业 10 家，完成工业产值 2.85 亿元；医疗仪器设备及器械制造业 8 家，完成工业产值 8.86 亿元；环保、社会公共安全及其他专用设备制造业 13 家，完成

工业产值2.93亿元。全年生产挖掘、铲土运输机械2.34万台，模具2.92万套。

2009年全行业有大中型企业5家，其中大型企业1家，即厦门厦工机械股份有限公司，中型企业4家；2009年全行业有上亿元企业8家，共完成产值66.58亿元，占全行业产值的77.8%。该行业是厦门市工业经济中为数不多的以国有控股为主导的行业之一，2009年全行业国有控股企业完成产值53.31亿元，占全行业产值的62.3%。

2009年专用设备制造业消费能源1.3万吨标准煤，消费的品种以电力为主，全行业单位工业增加值能耗0.07吨标准煤/万元。

（厦门市统计局　张绍勇供稿）

通用设备制造业

2009年，厦门市通用设备制造业完成工业总产值52.35亿元，实现工业销售产值51.61亿元，产销率为98.6%；完成出口交货值9.26亿元，出口交货值率为17.9%。全行业拥有实收资本29.82亿元，其中：港澳台及外商资本金22.03亿元，占全行业资本金73.9%。2009年该行业拥有资产总计75亿元，负债39.89亿元，资产负债率为53.2%；完成主营业务收入57.82亿元，实现营业利润3.95亿元，主营业务利润率为6.8%；全行业年末平均拥有职工人数1.39万人，共创利税6.01亿元，人均创税4.32万元。

2009年该行业共有规模以上工业企业98家，其中，锅炉及原动机制造1家，完成工业产值0.15亿元；金属加工机械制造11家，完成工业产值3.41亿元；起重运输设备制造13家，完成工业产值18.08亿元；泵、阀门、压缩机及类似机械的制造10家，完成工业产值6.09亿元；轴承、齿轮、传动和驱动部件的制造7家，完成工业产值3.19亿元；风机、衡器、包装设备等通用设备22家，完成工业产值8.23亿元；通用零部件制造及机械修理29家，完成工业产值11.42亿元；金属铸、锻加工5家，完成工业产值1.78亿元。全年生产金属成形机床838台，风机3 626台，叉车8 062台，金属紧固件9 180吨，滚动轴承600万套。

2009年全行业有中型企业8家；有上亿元企业13家，共完成产值31.85亿元，占全行业产值的60.8%。该行业是厦门市工业经济中外向度高的行业之一，有“三资”企业51家，完成产值34.67亿元，占全行业产值的66.2%，实现出口交货值9.07亿元，占全行业出口的97.9%。

2009年通用设备制造业消费能源1.63万吨标准煤，消费的品种以电力为主，全行业单位工业增加值能耗0.11吨标准煤/万元。

（厦门市统计局　张绍勇供稿）

交通运输设备制造业

厦门市交通运输设备制造业主要是由汽车制造、船舶制造和飞机修理三大业务类型组成的行业，近几年来，该行业企业成长迅速，目前已拥有金龙联合汽车、金龙旅行车、厦杏摩托、福建船舶重工股份、太古飞机工程等一批骨干企业和轻型客车、豪华大中型客车、万吨级货轮等一批具有较高知名度、较强市场竞争力、特色显著的名优品牌产品。2009年，全行业完成工业总产值189.24亿元，在全市33个行业大类中位居第三；实现工业销售产值191.21亿元，产销率101%；完成出口交货值84.82亿元，出口交货值率为44.4%。全行业资本金37.38亿元，其中，“三资”资本21.63亿元，占57.9%；法人资本13.23亿元，占35.4%。行业主要产品产量：汽车3.06万辆；摩托车10.38万辆；民用钢质船舶14.22万载重吨。

2009年全行业拥有资产176.79亿元，负债99.84亿元，资产负债率为56.5%；完成主营业务收入184.88亿元，实现营业利润10.74亿元，主营业务利润率为5.8%；全行业年末平均拥有职工2.68万人，共创利税16.85亿元，人均创税6.29万元。

2009年全行业拥有规模以上工业企业76家，有大中型企业16家：其中大型企业3家，即厦门太古飞机工程有限公司、厦门金龙联合汽车工业有限公司、厦门金龙旅行车有限公司，中型企业13家；2009年全行业有上亿元企业19家，共完成产值168.02亿元，占全行业产值的88.8%，其中产值超10亿元的企业有5家。该行业以“三资”企业为主，有“三资”企业46家，完成产值149.64亿元，占全行业产值的79.1%，实现出口交货值54.7亿元，占全行业出口的64.5%。

该行业三大类型中的汽车工业，目前已形成了以金龙旅行车和金龙联合两家企业为中心的客车生产链，生产的客车技术含量不断提高，产品在立足国内市场的基础上远销海外。2009年，汽车制造业有企业52家，完成产值112.88亿元。船舶制造以厦门船舶重工股份有限公司为主，提供船舶的制造和维修服务。2009年，船舶制造有企业5家，拥有资产26.7亿元，完成产值28.76亿元。厦门太古飞机维修中心已成为目前亚洲规模最大、达到国际先进技术水平的大型商用飞机维修基地，产品市场占有率在国内居于领先地位。2009年，飞机修理行业有企业5家，完成产值37.25亿元。

2009年交通运输设备制造业消费能源4.24万吨标准煤，消费的品种以电力和柴油为主，全行业单位工业增加值能耗0.11吨标准煤/万元。

（厦门市统计局 张绍勇供稿）

电气机械及器材制造业

厦门市电气机械及器材制造业是传统优势行业之一，以发电机、电动机、输变电及控制设备、照明器具等生产为主，拥有一批如ABB高、低压开关板、中压开关柜、三圈电池、通士达节能光源等名优品牌。2009年，全行业完成工业总产值205.25亿元，在全市33个行业大类中位居第二；实现工业销售产值202.18亿元，产销率98.5%；完成出口交货值75.92亿元，出口交货值率为37.6%。全行业资本金45.48亿元，其中，“三资”资本19.65亿元，占43.2%；法人资本10.3亿元，占22.6%。

2009年该行业拥有资产184.85亿元，负债96.18亿元，资产负债率为52%；完成主营业务收入202.35亿元，实现营业利润26.09亿元，主营业务利润率为12.9%；年末平均拥有职工5.02万人，共创利税33.35亿元，人均创税6.64万元。

2009年该行业共有规模以上工业企业167家，比上年增加20家。其中，电机制造业企业14家，完成工业产值4.93亿元；输配电及控制设备制造业企业70家，完成工业产值99.39亿元；电线、电缆、光缆及电工器材制造业企业23家，完成工业产值11.74亿元；电池制造业企业6家，完成工业产值8.94亿元；家用电力器具制造业企业16家，完成工业产值18.22亿元；非电力家用器具制造业企业1家，完成工业产值5亿元；照明器具制造业企业33家，完成工业产值56.12亿元；其他电气机械及器材制造业企业4家，完成工业产值0.92亿元。全年生产电池6.73亿只，电光源（灯泡）5.2亿只，交流电动机34.68万千瓦，低压开关板2.18万面，高压开关板1.9万面，灯具及照明装置341.96万套。

2009年全行业有大中型企业32家，其中大型企业2家，即厦门通士达照明有限公司、利胜电光源（厦门）有限公司，中型企业30家；全行业有上亿元企业35家，共完成产值168.23亿元，占全行业产值的82%，其中产值超10亿元的企业有5家。该行业以“三资”企业为主，有“三资”企业71家，共完成产值153.34亿元，占全行业产值的74.7%，实现出口交货值57.72亿元，占全行业出口的76%。

2009年电气机械及器材制造业消费能源3.92万吨标准煤，消费的品种以电力为主，全行业单位工业增加值能耗0.06吨标准煤/万元。

（厦门市统计局 张绍勇供稿）

仪器仪表及文化、办公用机械制造业

2009年，厦门市仪器仪表及文化、办公用机械制造业完成工业总产值21.65亿元，实现工业销售产值21.58亿元，产销率为99.7%；完成出口交货值13.16亿元，出口交货值率为61%。全行业拥有资本金13.8亿元，其中，“三资”资本11.61亿元，占84.1%。2009年该行业拥有资产总计30.29亿元，完成主营业务收入21.59亿元，实现营业利润1.26亿元，主营业务利润率为5.8%；年末平均拥有职工1.44万人，共创利税1.94亿元，人均创税额1.35万元。

2009年全行业拥有规模以上工业企业59家，其中，通用仪器仪表制造13家，完成工业产值3.96亿元；专用仪器仪表制造6家，完成工业产值2.18亿元；光学仪器及眼镜制造34家，完成工业产值13.61亿元；文化办公用机械制造6家，完成工业产值1.9亿元。全行业现有主要产品照相机、镜头组、眼镜、显微镜、投影机、镭射指示器、压力表、自动化仪表、光学仪器、电除尘智能控制系统、收银机、温度控制器、涡流检测仪、水表等。全年生产数码照相机453.37万台，工业自动调节仪表与控制系统33.24万套，光学仪器

17.79 万台，各类眼镜 3 866.67 万副。

2009 年全行业有中型企业 11 家；有上亿元企业 6 家，共完成产值 10.3 亿元，占全行业产值的 47.6%。该行业是厦门市工业经济中外向度高的行业之一，有“三资”企业 46 家，共完成产值 17.3 亿元，占全行业产值的 79.9%，实现出口交货值 13.07 亿元，占全行业出口的 99.3%。

2009 年仪器仪表及文化、办公用机械制造业消费能源 1.15 万吨标准煤，消费的品种以电力为主，全行业单位工业增加值能耗 0.18 吨标准煤/万元。

（厦门市统计局　张绍勇供稿）

交　通　·　邮　电

铁 路 运 输

一、铁路运输经营

客运方面，增开到太原的K904次旅客列车，提高到贵阳K946旅客列车的等级，使车站始发旅客列车从15对增加到16对，进一步优化产品结构。全年完成旅客发送195.73万人，比上年减少7.7%，完成运输收入2.71亿元，比上年减少9.6%。货运方面，以厦北站、杏林站和海沧铁路支线（海沧铁路公司）为主，承担着闽南经济发展区及厦门港口物资的到发任务，办理整车货物运输、集装箱运输和国际联运业务。其中：厦门北站到发量625.5万吨，货物发送429.37万吨，比上年增长7.8%，实现运输收入3.43亿元，比上年增长7.6%；杏林站完成货物发送111.9万吨，比上年同期增长8.7%，实现运输收入1.71亿元，比上年增长7%；海沧铁路支线发挥港口优势，全年实现到发总量402.5万吨，比上年增长60.9%，装车发送328.7万吨，比上年增长1.1倍，港口装车数增量迅猛，比上年增长3.5倍。

二、铁路建设

福厦铁路。福厦铁路新建线路全长274.9公里，总投资152.59亿元。为国家一级双线电气化铁路。正线轨道采用重型轨道标准，一次铺设跨区间无缝线路，全线新建福州南、福清、渔溪、涵江、莆田、仙游、惠安西（预留）、泉州、晋江、厦门西车站，改建杏林、厦门北、厦门站，其中福州南站和厦门西站均为站房面积约十万平方米的大型客运站。设计旅客列车最高运行速度200公里/小时。

全线于2006年6月开工建设，2009年10月18日铺轨贯通。2009年12月31日试运营开通货车，2010年4月26日开行动车组。比设计工期提前半年开通。该线由东南沿海铁路福建公司负责建设。2009年共完成投资63亿元。其中，厦门境内完成投资12.32亿元。

厦深铁路（福建段）。厦深铁路北起厦门市，经龙海、漳州、漳浦、云霄、诏安，进入广东深圳市，为国家一级双线电气化铁路。其中福建段全长144.2公里，已批复投资113亿元。全线于2008年10月开工建设。2009年共完成投资52亿元，其中，厦门境内完成投资2.6亿元。该线由东南沿海铁路福建公司负责建设，计划于2012年6月底建成。

厦门北站工程（新站）。福厦铁路厦门北站地处厦门市集美区北部的后溪镇岩内村，距市中心约二十公里，距高崎国际机场十二公里。该站由铁路站场、南北高架平台、主站房、中部刚架桥、东西无站台柱雨棚及（地铁）预留工程组成。建筑造型以闽南浓郁地域文化特色“燕尾脊”方案与当代先进科学技术紧密结合，创造独具风格的车站建筑形式以及厦门市门户标志性形象。

厦门北站设计年发送人数1 100万人，最高聚集人数为5 000人。工程总建筑面积16.24万平方米，其中：主站房10.9万平方米，无站台柱雨棚5.34万平方米。站场设正线2条，到发线10条，基本站台2座，中间站台4座。工程总投资约15.75亿元人民币。该站于2008年7月10日正式开工，于2009年底基本建成。厦门北站是全国十大区域性客运交通枢纽之一，是汇集福厦铁路、厦深铁路、龙厦铁路以及城市快速公交系统、轨道交通和各类车辆等多种交通方式于一体，按照“功能性、系统性、先进性、经济性、文化性”要求建设的现代化大型铁路旅客站房，是厦门市乃至福建省交通基础设施的重要组成部分。

（厦门市火车站　郑重要供稿）

港 口

2009年是进入新世纪以来港航经济形势最严峻的一年。厦门港紧紧抓住海西战略上升为中央决策以及两岸直航的重大契机，围绕“保增长、保民生、保稳定”的总体要求，适时调整发展战略，确保了港口总体平稳发展。

一、港口生产回升向好

全港货物吞吐量完成1.11亿吨，提前一年完成“十一五”目标，比上年增长14.4%，其中内贸货物吞吐量完成5 461.38万吨，增长26.8%，弥补了外贸货量下滑的缺口。集装箱吞吐量完成468.04万标箱，下降7.0%，有望继续保持全国沿海港口第7位、世界20强的位置。旅客吞吐量完成746.28万人次，其中厦金航线突破百万人次，完成119.60万人次，增长31.4%。

二、航运市场稳定发展

全市国际海运企业增加24家，国内水运服务企业增加16家，国内航运企业筹建4家，开业2家。全市运力增长41.99万吨，运量增长140.29万吨。航线航班大幅增加。全港集装箱航线153条，比上年底增加20条，其中远洋航线39条、近洋航线32条、港台航线21条、内支线22条、内贸线39条。月航班816班，比上年底增加116班。船舶大型化趋势明显。全年进出港引航船舶达9 717艘次，其中夜航3 932艘次，10万吨级以上和15万吨级以上超大型船舶分别达到888艘次和171艘次，分别比上年增长38.8%和195%。进出港大型国际邮轮达26艘次，接待游客20 247人次。

三、港航基础设施进一步完善

全港固定资产投资完成30亿元，比原计划超额完成约4.1亿元。新增生产性泊位5个（其中万吨级以上2个）、新增吞吐能力298万吨，深水泊位总数达48个，总吞吐能力达9 559万吨。2006年以来累计已完成投资112亿元，占“十一五”计划的77.2%。积极进行港口规划。《厦门港总体规划》、《厦门湾港区控制性详细规划》获得批复；《五通客滚作业区岸线规划方案设计》、《厦门港石码港区一比疆作业区整治规划方案》编制完成；《厦门市水上旅游客运发展规划》完成送审稿。顺利推进码头建设。现代码头、海澳码头等5个泊位和厦门海峡邮轮中心客滚改造工程建成完工；海沧保税港区一期建成并通过验收；刘五店南部港区散杂货泊位、龙海客运站工程、海沧公务码头、石码港区一比疆作业区码头整治工程启动实施；海沧港区13#泊位、14～19#泊位工程顺利推进。航道建设与养护：海沧航道扩建二期工程（E'～19#泊位航段）、东渡航道高崎航段工程、五通至金门水头航道工程（金门航段）和“海上海岛一日游”航道建成完工；刘五店航道、石码港区3 000吨级航道工程开展前期工作；继续推行常年性航道维护机制，保障了“艾玛·马士基”、“奔腾”等超大型船舶顺利进出港。

四、港口辐射效应日益增强

湖南腹地拓展突破推进，成功策划举办了厦门港与湖南企业对接合作会，深入湖南贸易、物流企业调研，开展湖南“无水港”选址，推动“中远之星”与湖南国旅签订客源总代理协议。江西货源业务巩固发展，召开了厦门港“江西吉安海铁联运推介会”，开通厦门—南昌海铁联运“五定”班列。全年海铁联运量完成2.06万标箱，增长95.5%。组织开展汕头地区港口货源调研，协调厦门—汕头内支线和内贸线整合，争取内外贸同船运输，增强对汕头地区货主的吸引力。统筹协调中西部地区货源腹地拓展工作，努力为内陆地区架设出海通道，提升厦门海峡西岸枢纽岸地位。

五、两岸合作新模式先行先试

厦门—台中“点对点”集装箱定期直达班轮航线顺利开通，构建起两岸最近两个城市之间的集装箱直达通道。厦门—澎湖客运航线实现首航，厦门—基隆、厦门—台中海上客滚航线率先实现班轮运输，推动厦台航运模式不断取得新突破。开通厦台货运航线13条，全年完成货物吞吐量978.39万吨，其中集装箱吞吐量29.75万标箱。发布厦金航线行李托运管理规则，试行台湾至厦门行李直挂通关、厦门至金门往返行李托运。完成金门水头码头“五缘”趸船的赠送启用工作。五通客运码头一期扩建工程建成运营。厦金航线新增“八方”轮运营船舶，日航班数增至32班，两岸运营船舶增至9艘，开通以来累计旅客吞吐量突破455万人次，继续巩固两岸往来海上“黄金通道”地位。

六、安全生产形势和谐平稳

制定并实施“安全生产年”活动方案，落实安全生产目标责任，全面实行“一岗双责”制。组织开展危险化学品运输、渡口渡船、水上客运、施工机械设备等安全生产专项整治和检查。指导企业健全隐患定期排查制度和点评制度。全面整治石码港区一比疆作业区，开展石码港区老码头鉴定检测。启用水运工程质量安全监督管理系统，强化工程质量监管。编制印发《厦门港口设施保安与安全管理工作指南》，为港口规范化、标准化安全管理打下坚实基础。编制完成《集装箱场站防台指南》，填补了全国行业同类空白。加强水运反恐和治安防控体系建设，组织各涉港单位联动参与的安全与保安演习，编制港口设施保安评估报告及保安计划。规范石码港区企业经营秩序，促进港区健康有序发展。引导企业组建海上游船舶管理公司，加强特殊旅游客运船舶经营监管，提升海上游服务品质。着手制定《厦门港船舶港口服务行业经营管理规范》，规范整顿船舶港口服务业。全年累计稽查和巡查2 407人次，检查企业、船舶、项目690次，查处港航行政违法倾倒废物等案件13起，保证港航市场安全稳定发展。

七、科技信息化建设成绩斐然

厦门海峡航运服务中心筹建工作全面展开。全国港口安全和保安信息系统厦门试点项目通过验收并投入使用。厦门港口航道海域视频监控项目基本完成施工。无线港口一期项目和海上交通公共信息平台一期项目通过初步验收。率先在国内港口中开展全港范围的节能减排研究，编制完成厦门港节能减排规划及配套标准。率先在国内推出96861001港口呼叫中心客服专线服务，实现港口电子商务服务的创新提升。推动实施码头、代理、理货、船公司、拖车公司之间港口海运作业数据交换试点。厦门港口海上交通信息服务平台项目、船舶智能操控仿真平台研发项目被省交通运输厅确定为交通科技重点项目。“郑和一号船舶引航系统”研发启用，填补了国内同类技术空白，有效保障了进出港船舶的航行安全。

（厦门市港口管理局　何文彬供稿）

民用航空

2009年，厦门航空实现运输总周转量13.43亿吨公里，比上年增长14.1%；旅客运输量1 112.39万人次，首次突破千万大关，比上年增长15.6%；货邮运输量12.66万吨，增长2.0%；完成营业收入77.71亿元，增长13.7%。航班正常率82.43%，比上年提高1.47个百分点；顾客满意度达到92.3%，比上年增长1.51个百分点；安全飞行18.46万小时，执行航班11.23万架次，未发生厦航责任飞行事故征候以上的不安全事件。签派放行准确率99.77%，比上年提高0.07个百分点；工程机务原因航班不正常千次率2.18，比上年下降6.8%。旅客有效投诉率为零，货主有效投诉率为零；行李运输差错率为万分之零点一二，货物运输差错率为万分之零点零二。

一、加强安全责任制落实，扭转安全形势滑坡

加强组织领导，进一步强化安全措施的落实。着重引导员工养成“正、勤、严、细、实”的良好工作作风，通过广泛开展岗位安全教育和技能培训，强化员工规章意识，严格工作流程；通过开展“四严四查”安全整顿，强化了安全监察力度，落实了安全责任；通过持续推行“主动报告减免处罚”、“自愿报告”等制度，收到各类自愿报告信息286条，比上年增长31.8%，进一步固化了员工的安全理念和行为规范。全年共查处严重差错8起，一般差错10起，并对事件责任人36人次、承担管理责任的各级管理人员18人次实施了处罚。

狠抓安全管理体系建设，不断提高安全风险防范能力。深入推进SMS建设。严格按照SMS建设要求，制定了《风险管理方案》、《综合安全评估》等多种规章制度和相应的工作程序，初步构建SMS体系结构框架和流程，不断提高安全监控与风险防范能力。厦航作为民航华东地区SMS建设的试点单位，于2009年12月2日正式启动对厦航安全管理体系的补充合格审定。

加强飞行技术管理，稳步增加飞行实力。通过在南昌机场实施本场训练，有力地保证了各项训练进度。厦航飞行技术评审委员会先后制定了“教员考核退出机制”、“检查员连带责任”等管理办法，严把飞行人员的晋升标准。分别有2人的升级训练申请被暂缓，6人的转升飞行教员训练申请被否决。全年，厦航共培养机长17名、初级副驾驶115名，新招半自费飞行学员72名。

强化适航管理，飞机维修能力明显增强。全年机务维修严重差错为零。加强对发动机性能监控，全年未发生发动机空中停车事故征候。强化对老龄飞机的维修监控，提高对老龄飞机结构腐蚀和重复性、多发性故障的预防和控制水平，确保飞机持续适航。此外，积极做好包括空客系列在内的各项飞机航线维修项目申请和适航协调准备工作，进一步提高飞机维护能力。

强化运行指挥，运行效率明显提升。一是严把

签派放行关，加强重要或特殊飞行前情报员讲解和气象讲解制度。二是通过自行研发的计算机飞行计划系统，新增和完善 FOC 系统二十多项功能，有效提高了运行效率。三是充实总值班经理室的力量，强化以总值班经理为龙头，运行、商务、机务为支撑的运行指挥决策系统。

二、精耕细作，营销工作再创佳绩

紧抓航线网络建设不放松，力争优质航线资源。成立了航班时刻资源管理委员会，加强对厦航运力、航线、时刻等核心资源的统一管理。加大厦门、福州主基地往返北京、上海、广州、深圳、成都、昆明等优质航线的航班密度，增设长沙过夜基地，恢复上海浦东航班。

紧抓收益管理核心不放松，大力创新营销产品。以收益管理为核心，结合市场状况、运力规模、市场份额，科学调整航班。大力发展电子商务销售，充实“95557”呼叫中心力量，大力拓展直销渠道。全年共完成 B2B、B2C 销售 17 亿元，其中，B2C 网站销售额 3.1 亿元，占旅客运输量的 4.6%，比上年增长 6.9 倍；95557 电话销售额逐月上升，2009 年 12 月达 1 700 万元，成为一支新的重要直销力量。通过修订白鹭里程奖励计划，提升白鹭卡使用功能和附加值，举办高端客户答谢会等手段，努力提高头等舱客座率。通过“百万游客海峡行”活动，加强产品延伸与资源整合，积极推广“白鹭两岸行”产品，努力打造国内游客赴台新通道。

紧抓市场机遇不放松，深挖市场潜力。客运部门抓住暑期、“9·8”贸洽会、广交会，特别是国庆后市场急速回暖的时机，及时投入充足运力，增量增收。利用每周 11 个两岸定期航班的宝贵额度，开辟长沙—台北航线，首航了沈阳—台北航线，做精做细厦门、福州至台北航线，成立台湾分厦航，扩大厦航在两岸空中直航市场的社会影响。

紧抓高端货源组织不放松，提高货运收入含金量。积极拓展中转联运和回程销售，有效提高了飞机腹舱载运率。在市场份额占有优势的厦门、福州基地，稳定邮件、快件、海鲜、电子产品等高端货源的运价水平。在金融危机造成货运总体市场普遍下滑的情况下，厦门始发航线平均运价高出竞争对手 14%。此外，货运部门以两岸通航为契机，与台湾代理人共同开发了始发货物在台北换单，并由中华航空转运至台北以远航点的货运业务，丰富了厦航至台北定期航班的货源结构。

三、夯实基础管理，增强厦航发展后劲

重点投资项目相继落实。全年投资 1.44 亿元完成了厦航飞行模拟机训练中心一期工程、福州配餐车间改造和源泉山庄主体工程，落实了杭州分部厦航生产用地。此外，还投入 1.64 亿元，用于更新机务特种车辆、部分房产购置和修缮，以及支付模拟机和乘务训练设备等。

信息化建设取得新进展。完成了《厦航航班运行控制系统》等多项专业系统的开发和改造升级，其中《厦航计算机飞行计划系统》填补了国内空白，顺利通过了民航局的鉴定，并强化信息化安全管理，结合公安部信息安全等级保护评级及萨班斯法案 IT 层面内、外审工作，完善和规范了系统运行和信息安全管理制度。

增收节支效果显著。进一步落实机队规划，全年顺利引进 11 架 B737—800 飞机，停场退租 3 架老旧 B737—500 飞机，确保机型结构更加优化。同时，继续加大专项成本控制力度，完善了采购管理、资产管理和餐食管理，实施了新的节油管理办法，积极协调各地机场减免费用，并推进 737 飞机附件小时包修业务。

专业人才培训不断加强。一是确保飞行学员训练如期进展，全年共有 175 名飞行学员进入 B737 初始训练，其中 117 人已进入本场训练阶段。二是多层次、全方位开展全员培训。开办了管理人员职业素养和技能、营销服务、团队拓展训练等课程 554 期，参训人数 1.21 万人次，培训总课时 26.37 万。三是加大与各民航院校的合作力度，先后与民航飞行学院签署了飞行学员委托培训协议，与中国民航大学签署了战略合作协议。

主业辅业相互促进。酒店管理厦航与厦门水务集团合作，接手白鹭园经营管理，开创了厦航接待高端客户的新方式；厦航国旅转换经营模式，突出延伸配套服务，抢占组团出游市场，组团人数比上年增加 7.47 万人；文传厦航整合了厦航内外部宣传平台及各类媒介资源，积极密切与包括大型网站在内的全国性强势媒体的沟通合作，扩大了厦航品牌的影响面。

（厦门市厦航办公室　黄韶晖供稿）

邮政业务

2009 年，厦门市邮政业务累计实现收入 5.25 亿元，比上年下降 1.23%。全年进出转总包

1 264.25万袋捆，比上年增长77.4万袋捆，未发生总包邮件丢失；给据邮件740.95万件，减少86.77万件，国际给据邮件未发生给据邮件丢失；订销报刊5 600.84万份，减少24.41万份。截至年末，全市邮政储蓄余额51.32亿元，外币储蓄余额121.52万美元；代销基金0.72亿元，代销保险4 257.28万元；全年发放银团贷款21.89亿元。全市拥有ATM（自动取款机）161台、CDM（自动存款机）19台。

一、邮政基础设施建设不断完善

优化速递投递网建设，制定速递物流公司的揽投分部建设方案及实施进度方案，共完成16个点部、9个分部建设。加大邮政营业、投递网络能力建设，新增嵩屿支局、友达光电代办网点、东埔路支局、湖滨北路支局，完成9个支局储点装修改造。加强信息网建设，对126座海西书报亭防盗报警系统进行安装调试。厦门邮区中心局开始向厦门—晋江自办邮路增派押运员，解决长期以来沿途邮件交接验收无把关和车厢内邮件叠码分布导致交接时特快邮件无法卸下等一系列问题。以“业务整合，专业经营；代理结算，利益共享；合理兼职，双向考核”的整体思路推进速递物流一体化改革，成立了厦门市邮政速递物流公司。

二、服务民生、服务地方经济不断加强

积极开展“万企工程”项目，成功开发92家中小企业，全年实现收入65.91万元；服务中小企业客户1 370家，实现收入2 898万元（含速递）。率先在58个电子化支局开办长途汽车票销售，邮政便民服务站达849家，开通业务19项，日均服务人数超过一万人次，月交易金额超过二千万元。108座“海西书报亭”和12座“BRT海西书报亭”通过审批，87座新亭启动对外经营；采取市财政补贴、邮政优惠的政策共扶持安排28位残疾人经营书报亭。

三、对台通邮工作取得突破

5月16日，厦门—金门，EMS、航空及水陆路邮件总包直封关系正式开通，并实现客船运输，厦门成为大陆唯一一个向金门直接封发邮件总包的邮政局。利用台湾华信航空的直达航班发运航空邮件总包，发运台湾航空邮件总包不需再经香港换机续运，时限较之前缩短半天。

（厦门市邮政局　供稿）

电信业务

2009年，中国电信厦门分公司全业务经营收入累计完成18.17亿元，固定资产原值达到62.04亿元，拥有交换机总容量525万门；其中PHS容量115万门，C网容量278万门。电话用户（含天翼）总数为221万户，其中PHS用户数达83.8万户；天翼用户数达31.3万户。宽带用户（含无线宽带）总数达到52.1万户。

一、聚焦品牌建设，深入推进业务转型

全年净增天翼用户20万户，净增“我的e家”用户近六万户、“商务领航”用户1万户，为推进行业信息化、家庭信息化，实施融合经营奠定了良好基础。转型业务快速发展，全年净增宽带用户7.59万户、ITV用户1.9万户、全球眼849路。号码百事通业务获得较快增长，全年收入比上年增长61.9%，全省排名第一！114号码百事通成为商旅和民生服务的首选品牌。

二、立足客户体验，加强网络建设保障

实体渠道通过增网点、扩规模提升服务能力，全年新增5个营业厅投入运营，为历年之最，并启动了多项营业厅和旗舰店改造扩建工程。社会渠道通过启动专属渠道建设和提升全业务受理能力实现了销售能力对接，全年新建社会专营店13个，全业务受理网点达到69个，社会渠道代理商321家。全年新增ADSL 3.5万线、驻地网信息端口5万个、接入光缆16万芯公里。同时，还积极推进光进e家项目，全年完成249个政企客户光纤化项目，覆盖了近万家政企客户。全力保障网络安全稳定运行，通过嵌入式服务，建立了前后联动、快速响应的客户支撑体系，提升客户服务质量，全年客户响应及时率达到98%，固网和移动网整体运行良好，为广大客户提供了稳定可靠的网络保障。

三、加强无线宽带城市建设，提升城市信息化水平

由中国电信主导的厦门“3G无线宽带城市”正式建设完成，融合了天翼3G网络和电信WIFI网络的技术优势，通过EVDO + WIFI技术实现的高速无线宽带连接，实现天翼3G上网和WIFI上网的自由切换，手机和笔记本电脑都能实现随时随地高速无线上网。中国电信号码百事通进驻“110直播室”，承接厦门110指挥中心非警务电话，通过远程终端及110指挥中心的共享信息为市民提供

车辆交通违法信息查询，停水、停电、停气信息查询及直接查询交通路口监控视频画面等社会综合信息查询服务，在全国首创非警务求助热线。开通厦门120医疗急救中心天翼分组域（WVPDN）业务，实现急救中心通过天翼网络直接拨号进入企业内网进行远程访问、传输数据等，便于借助天翼终端及时传送病人生命体征信息，第一时间抢救病人。为环境监测中心提供借助天翼手机实现远程监控视频直播、远程云镜控制、视频截图等功能的信息化方案，环境监测中心通过中国电信全球眼视频监控对九龙江北溪取水口及北溪沿线的水质进行24小时不间断监控，实时掌握水质动态，保证厦门市城市供水安全。正式推出移动号百商旅订餐平台，市民除了拨打114号码百事通订餐外，还可以通过手机直接登录订餐平台（http://dingcan.fj118114.com/wap/）实现餐饮信息的搜索及预订。完成同安区18个新农村及老区山区村的电子阅览室、黄页号簿、村级网站等信息化项目建设，积极推进农村信息化建设，助力村民信息致富。

（中国电信厦门分公司　韩蔡峰供稿）

城　市　·　环　境

建　筑　业

2009年厦门市（持有省建设厅资质等级，下同）总承包、专业承包建筑业企业359家，其中，特级1家、一级54家、二级121家、三级及以下183家；年底共拥有固定资产原值36.04亿元，固定资产净值26.66亿元，从业人员23.34万人；登记注册类型以内资企业居多，有353家，占98.3%；港、澳、台商投资企业5家；外商合资经营企业1家；内资企业中私营企业占较高比重，达62.9%。劳务分包建筑业企业103家，其中，一级20家、二级68家、三级及以下15家。2009年底，拥有固定资产原值0.41亿元，登记注册类型全部为内资企业。

全年，全市总承包、专业承包建筑业企业完成建筑业总产值367.07亿元，比上年增长13.8%。房屋建筑施工面积3 317.09万平方米，增长16.6%；房屋建筑竣工面积851.28万平方米，减少11.9%。359家总承包、专业承包建筑业企业中，有工作量的企业351家、亏损企业111家，全年实现工程结算收入372.56亿元，比上年增长18.6%；利润总额10.02亿元、工程结算税金及附加11.62亿元、应交所得税2.10亿元，合计比上年的18.85亿元，增长25.9%。

房屋和土木工程建筑业拥有总承包、专业承包建筑业企业140家，全年完成建筑业产值306.23亿元，占建筑业总产值的83.4%。全年实现工程结算收入292.29亿元，比上年增长22.0%；利润总额5.32亿元、工程结算税金及附加9.31亿元、应交所得税1.24亿元，合计比上年增长26.3%。

建筑安装业拥有总承包、专业承包建筑业企业92家，完成建筑业产值28.76亿元，占建筑业总产值的7.8%。全年实现工程结算收入47.62亿元，比上年增长11.9%；利润总额3.68亿元、工程结算税金及附加1.31亿元、应交所得税0.62亿元，合计比上年增长40.3%。

建筑装饰业拥有总承包、专业承包建筑业企业105家，全年完成产值28.41亿元，占建筑业总产值的7.7%。全年实现工程结算收入28.63亿元，比上年增长5.0%；利润总额0.91亿元、工程结算税金及附加0.93亿元、应交所得税0.20亿元，合计比上年增长3.0%。

其他建筑业拥有总承包、专业承包建筑业企业22家，完成产值3.68亿元，占建筑业总产值的1.0%。全年实现工程结算收入4.03亿元，比上年减少15.3%；利润总额0.11亿元、工程结算税金及附加0.07亿元、应交所得税0.03亿元，合计比上年减少21.4%。

2009年，全市劳务分包建筑业企业完成建筑业总产值57.25亿元，比上年增长14.5%。全年实现主营业务收入54.36亿元，比上年增长19.9%。

（厦门市统计局　董琪凤供稿）

固定资产投资

2009年在全球金融危机影响下，厦门市克服工业缺乏大项目支撑、房地产新项目开工不足等不利因素影响，千方百计筹措建设资金，有效地遏制投资大幅下滑趋势。全年共完成全社会固定资产投资882.12亿元，比上年下降5.3%，其中城镇投资863.03亿元，下降5.5%；农村投资19.09亿元，增长5.9%。

一、城镇投资降幅逐月收窄

2009年固定资产投资增速为2006年以来最低，城镇固定资产投资各月降幅分别为28.3%、18.0%、19.9%、16.9%、14.0%、13.5%、15.5%、

13.3%、13.2%、12.5%、9.4%、5.5%，总体上呈现逐月收窄之势。

二、基础设施增长平稳

2009年全市基础设施投资保持了平稳的增长势头，全年基础设施共完成投资323.44亿元，增长12.6%。

在基础设施投入中，电力、燃气及水的生产和供应业完成投资32.53亿元，下降17.6%。全年共建成4座110千伏和220千伏输变电及配套线路工程；东部燃气电厂、后坑垃圾焚烧发电厂建成投入使用；东部（翔安）垃圾焚烧发电厂和西部（海沧）垃圾焚烧发电厂等项目进展顺利。

2009年全市交通运输、仓储和邮政业完成投资168.83亿元，增长16.6%，其中成功大道、翔安大道二期、丙洲大桥等建成通车；东渡现代码头、海澳石化等5个泊位投入使用；福厦铁路开通试运行，翔安隧道全线贯通；沈海高速扩建工程（厦门段）、厦门至金淘高速公路、厦漳跨海大桥、厦成高速（海沧—天宝段）、海沧大桥西引道工程等项目进展顺利。

水利、环境和公共设施管理业完成投资110.32亿元，增长19.9%。拉动该行业投资的龙头项目有：五缘湾片区开发、湖里高新园、海沧保税港区基础设施建设、东部固体废物处理中心、厦门新站交通枢纽配套工程、高林旧村改造、杏林湾基础设施整治、后埔枋湖旧村改造、石渭头污水处理厂、同安污水处理厂改扩建工程等。

三、工业投资持续下滑

2009年全市工业企业投资增长乏力，全年季度工业投资降幅分别为23.1%、26.9%、27.0%和18.2%，明显低于城镇项目投资增幅。全年完成工业投资165.48亿元，下降18.2%，其中：电力、燃气及水的生产和供应业完成投资32.53亿元，下降17.6%；制造业完成投资132.94亿元，下降18.4%，制造业分行业看，30个行业中有19个行业投资下降，其中9个行业降幅超过一半。

四、社会事业投资出现下降

由于前些年开工建设的长庚医院、文化艺术中心、华夏职业学院、高级技工学校等大项目已基本竣工，新启动的南洋学院、华天涉外学院、华侨大学、厦大翔安校区、五缘医院等建设项目由于受征地拆迁和用地审批等因素影响投资进度滞后，直接造成社会事业完成投资出现下降，全年完成社会事业投资35.5亿元，下降12.6%。其中教育事业完成投资19.48亿元，下降13.3%；卫生、社会保障和社会福利业完成5.8亿元，下降24.8%；文化、体育和娱乐业完成投资8.67亿，增长3.7%，小白鹭艺术中心、同安文化中心等项目在年内建成投入使用。

五、房地产投资下降，销售市场旺盛

2009年全市房地产开发完成投资294.59亿元，下降9.9%。其中建安投资为124.73亿元，下降31.1%；土地购置费为159.74亿元，增长23.8%。从房地产开发规模看，虽然2008年竣工项目增加较多，但结转到2009年的项目总体规模依然较大，全市商品房施工面积达3 094.96万平方米，比上年下降10.2%；其中新开工面积249.27万平方米，下降42.9%。在新开工面积中，住宅新开工135.34万平方米，比上年下降53.21%；非住宅类商品房新开工113.93万平方米，下降22.84%。

从商品房销售方面看，受国家宏观调控政策、市场流动性过剩和居民购房刚性需求的影响，房地产市场销售持续旺盛，全年全市商品房销售面积529.29万平方米，增长35.9%。其中，住宅销售401.3万平方米，增长1.67倍；非住宅类商品房销售127.99万平方米，下降46.5%。

随着前几年房地产发展高峰期开工建设的楼盘在近两年陆续完工，造成全市商品房竣工项目迅速增加。全年商品房竣工面积达711.08万平方米，增长13.8%。其中住宅竣工面积475.62万平方米，增长29.3%；非住宅类商品房竣工面积235.46万平方米，下降8.4%。

近两年大量竣工的办公楼、商业营业用房和厂房出现一定程度的滞销，导致商品房空置面积大量增加。全年商品房空置面积达147.27万平方米，增长107.8%。其中，住宅空置面积39.04万平方米，占全市商品房空置面积的比重为26.5%；非住宅类商品房空置面积108.23万平方米，比重为73.5%。在非住宅类商品房空置面积中，办公楼空置面积35.57万平方米，增长18.9%；商业营业用房空置面积20.03万平方米，增长59.9%；厂房空置面积52.63万平方米，增长4.05倍。

六、重点项目投资进展顺利

2009年全市共安排147个重点建设项目，年度计划总投资446.56亿元，全年重点项目累计完成投资324.1亿元，完成全年计划的72.6%，低于上年6.8个百分点，占全社会固定资产投资的比重为36.7%，对全市投资增长发挥了重要支撑作用。其中：工业项目完成投资89.23亿元，完成年度计划86.6%；服务业项目完成投资47.55亿元，完成年度计划53.7%；基础设施项目完成投资165.23亿元，完成年度计划74.9%；农业项目完成投资1亿元，完成年度计划的100%；社会事业项目完成投资20.99亿元，完成年度计划62.6%。

（厦门市统计局 张勤供稿）

重点工程建设

2009年全市共安排147个重点建设项目计划总投资446.56亿元。全年重点项目累计完成投资324.1亿元，完成全年计划的72.6%，低于上年6.8个百分点，占全社会固定资产投资的比重为36.7%，对全市投资增长发挥了重要支撑作用。

2009年重点项目投资取得了较大的成绩。46个工业项目完成投资89.23亿元，完成年度计划86.6%。完成情况较好的项目主要有：友达光电完成投资6.41亿元，完成年度计划的2.78倍，该项目厂房三期已交付使用；正新海燕项目完成投资5.46亿元，完成年度计划的97.6%，其中503、505、525车间已基本完成进入设备安装调试阶段，502、532车间主体结构已完成进入收尾阶段；东部燃气电厂完成投资10.07亿元，完成年度计划83.9%，该项目1号机组正常运行中，2号机组安装调试中；厦顺高精铝板带完成投资6.14亿元，完成年度计划的2倍，其中热轧车间铣面机电控室、加热炉控制室、配电室及磨床低压配电室钢结构部分安装基本完成，磨床车间的地面硬化施工全部完成；厦顺高精PS板完成投资8.26亿元，完成年度计划2.78倍，冷轧车间主设备继续安装，冷轧精整切边重剪机地下室完成施工。

36个服务业项目完成投资47.55亿元，完成年度计划的53.7%。完成情况较好的项目主要有：特易购购物中心项目完成投资4.13亿元，完成年度计划103.4%；观音山国际商务营运中心启动区完成投资2.01亿元，完成年度计划100.5%。海沧港区14～17#集装箱码头泊位完成投资6.6亿元，完成年度计划92.4%，该项目水工主体已基本完工，疏浚工程已完工。

42项基础设施项目完成投资165.23亿元，完成计划的74.9%，完成投资较好的项目有：翔安隧道完成11.85亿元，完成年度计划118.5%，已于2009年11月6号全线贯通。快速公交BRT二期项目完成投资12.1亿元，完成年度计划的86.6%；其中成功大道BRT专线（厦港枢纽站至杏林十中站）工程已建成，嘉庚枢纽站主体已预验收，BRT中洲路一期工程完成形象进度71.9%。厦门（新）站片区枢纽及配套设施完成投资28.17亿元，完成年度计划的100.9%。厦门海域清淤整治工程完成投资6.35亿元，完成年计划156.6%。杏林湾片区基础设施项目完成投资7.07亿元，完成年度计划的107.1%。

4个农业项目共完成投资1亿元，完成年度计划100%。深青溪、瑶山溪综合治理水利工程完成投资0.81亿元，完成年度计划162.5%；过芸溪流域综合整治项目（一期）完成投资0.26亿元，完成年度计划79.6%；该项目第三标段完成1#、2#涵闸设备安装。

19个社会事业项目完成投资20.99亿元，完成计划的62.6%。其中，华天涉外职业技术学院翔安校区项目完成投资0.61亿元，完成计划的102.2%，该项目宿舍楼、实训楼竣工验收；同安文化中心项目完成投资0.96亿元，完成投资120.9%，已完成工程竣工验收。其中影剧院正式投入使用。

2009年，厦门市新开工建设的重点项目有：港口物流呼叫中心、新站营运中心、九龙江北引干渠二期改造工程、麦克奥迪科技、厦港片区旧城改造二期、双龙潭运动景区、西郭片区改造、沈海高速公路拓建工程（厦门至漳州段）、厦成高速公路（厦门段）、翔安大道二期、华纶印染技改、弘信电子、邮件处理中心、圣果院商业中心、湖里大道改造、太平货柜、翁角路（孚莲路—新阳大桥段）改造、海沧大桥西引道立交工程、集美中学高中部、国家场内机动车辆质量检验中心、中盛粮油、天马山殡仪馆、西部垃圾焚烧发电厂、杏林果蔬综合交易中心、华大西商业街、洪山旅游项目、厦门大学翔安校区、环东海域思明园二期、大嶝对台商品交易市场改扩建、恒安商贸大厦等30个项目。

2009年已基本建成的项目有：海沧保税港区一期市政配套、玉柴发动机一期、观音山国际商务营运中心启动区、同安文化中心、长庚医院、海沧航道扩建二期工程、环岛干道会展中心段、麦克奥迪科技、天润锦龙建材、环东海域湖里工业园一期、东部燃气电厂、福厦铁路厦门段、银鹭重工、北大厦门科技成果转化基地、金龙车身二期扩建等15个项目。

（厦门市统计局 张勤供稿）

市政园林事业

一、市政园林建设持续较快发展，市政设施的服务保障能力进一步提高

（一）市政道路、桥隧等主要市政工程建设有序推进，城市路网结构进一步改善和优化

完成环岛干道会展中心下穿隧道的建设，改善了会展中心地段的交通条件。同安湾大桥及其两端连接线、湖里大道与环湖里大道交叉路口跨线桥、美上路（乐安路—西亭路段）、环岛干道（吕岭路—虎仔山路段）、环岛干道（虎仔山路—仙岳路段）相继建成通车。湖边水库补水调水工程、市委党校市政道路及截排洪、中水回用等设施建设基本建成。完成湖里大道拓宽改造任务。湖边水库片区共同沟、环东海域西柯、丙洲片区和湖边水库片区的市政道路及配套设施、湖里大道与环湖里大道交叉路口下穿隧道以及白云大道、集美北大道、滨海东大道、文兴路、嘉禾园地下车库等工程建设进展顺利。新建市政府门口、金榜路口、阳光百合、卧龙西路路口、华林花园、演武路、大西洋海景人行天桥7座，方便了市民出行。鼻子沟片区的综合整治工程基本完成，何厝、岭兜片区的防洪排涝工程方案已经上报。

（二）着力推进城市供水安全工程和污水处理设施建设，污水处理实现达标

北溪引水左干渠改造二期工程进场施工。长泰枋洋水利枢纽工程列入了2008～2012年全国大型水库建设规划，已完成项目建议书。石兜水库除险加固工程完成规划选址、环评和可行性研究报告等。石兜水库输水工程项目完成建议书批复、可行性研究报告等。本岛与翔安供水干管互通工程已进场施工。高集海堤原水管迁改工程顶管工作受阻，正在调整方案。加快污水处理设施及污水管网建设，完成石胄头污水处理厂改扩建工程、同安污水处理厂扩建工程和海沧污水处理厂技改工程，污水日处理能力增加了15万吨，同时，使厦门所有污水处理厂都做到达标排放，污水处理率达86.56%，提前完成“十一五”生活污水COD减排任务。象屿泵站、前埔泵站等全市各区十余座污水泵站及其配套管网正在建设之中。污泥处置取得突破，建成石渭头污水处理厂、杏林污水处理厂、集美污水处理厂及筼筜污水处理厂污泥深度脱水项目，基本解决污泥出路问题。同安西柯临时污泥制肥工程和海沧城市污泥再利用工程已进场施工。

（三）完成天然气置换工作，厦门供气实现升级换代

加快推进LNG进入厦门岛的工程建设，建成本岛天然气调压站，完成天然气过海管线及两端连接工程建设，安装中低压管达194公里。海沧、集美、翔安3个区5月份率先用上天然气，岛内12月底顺利完成了管道天然气的置换。积极推进天然气在汽车领域的运用，完成全市公交加气站建设的统筹协调工作，已确定的全市3座天然气加气站建设已完成了各项前期工作，集美灌口天然气汽车加气站已进场施工，年内建成使用，届时，天然气可望率先在公交车上应用，将对城市空气的改善起重要作用。加快燃气旧管道的改造，老城区旧燃气管道完成改造1 100根。结合新建道路建设，新铺设市政燃气管道37.31公里。

（四）后坑垃圾焚烧发电厂稳定运行，厦门垃圾处理实现以填埋为主到以焚烧发电为主的转变

加快厦门本岛、东部（翔安）、西部（海沧）三个处理基地建设。东部固废处理中心垃圾填埋场基本建成，全市垃圾填埋全部运往东部垃圾填埋场进行填埋处理。东孚垃圾填埋场完成了封场及绿化覆盖工作。东孚填埋场填埋气体利用工程，引进国外先进技术及资金采用清洁发展机制（CDM）进行建设，装备安装较快完成，2台发电机组已并网发电，（CDM）建设模式受到了市领导的肯定。两座在建垃圾焚烧厂进展顺利，东部焚烧发电厂基本建成。西部焚烧发电厂完成项目征地及三通一平工作。后坑垃圾发电厂稳定运行，通过了省电力验收，环评基本通过，达到了国内先进水平，全年完成发电量3 237万度，垃圾处理量达16.6万吨。至此，厦门垃圾处理方式正从以填埋为主转变为以焚烧发电为主。城市生活垃圾分类处理厂建设多次受阻，但基本顺利。

（五）积极推进公交场站建设向岛外发展，公交场站保障能力不断增强

统筹全市公交场站建设，推动集美区公交站点按岛内标准和要求进行建设，集美区80座候车亭建设基本完成。加快公交站点建设，完成寨上公交枢纽站和杏林仰后公交枢纽站的建设。龙山西路公交首末站已动工建设。先后将金尚公交首末站、县后公交场站、海沧新阳新景公交枢纽站、海沧镇公

交场站、会展中心西北侧公交枢纽站、杏林仰后公交枢纽站等6个场站交付公交集团使用。新建9个站点候车亭、68座H型站牌。开展公交电子站牌智能化建设的前期工作，电子站牌智能化建设进入招标阶段。

（六）认真完成年度绿化任务，城市绿化美化得到加强

全力推进新增绿地工作，全年完成706公顷新建绿地，新增绿地连续三年保持在七百公顷以上。南山路、湖滨西路、吕岭路等5条路的绿化改造和鼓浪屿轮渡广场、文化宫广场、文化艺术中心等7个节点的绿化改造工作全部完工。建成济南园。继续推广垂直绿化工作，完成了莲前路BRT终点站等8座人行天桥的垂直绿化和仙岳路跨县黄路跨线桥的垂直绿化工作。植物园完成西山体育园配套设施、西大门游客服务中心和中水上山等工程，建成科普馆，南洋杉草地改造和多肉植物区三期扩建等基建配套工程进展顺利。园博苑完成名校风华园、祈愿岛、主展岛生态湿地等续建工程。继续推动忠仑公园村庄拆迁工作，一期项目建设用地拆迁红线及拆迁资金已基本落实。

（七）完成筼筜书院建设，古玩城拆迁基本完成，湖区建设通过人大执法检查，白鹭洲环境进一步提升

按照厦门城市规划的要求，加快筼筜湖湖区及陆地景观建设及改造工作。天地湖松柏湖污水截流工程加快推进。白鹭洲古玩城的拆迁及改造成公园绿地项目基本完成，景观效果开始呈现。建成筼筜书院。环湖步道、路灯改造以及部分沟口清淤已完成。

二、全面加强管理工作，市政园林设施的管理水平及服务保障能力进一步提高

（一）行业管理加快推进

召开全市市政园林行业座谈会，协调解决各区行业建设管理中存在的问题。市政园林部门继续按照市政园林三项绩效考核指标的要求推动各区市政道路、市容环境卫生保洁、二次供水和园林绿化建设管理工作。加强供水水质管理，对供水企业的出厂水和管网水每月抽检，委托监测站进行水质检测，检测结果在网站上公布。重视瓶装燃气的安全管理，发布规范性文件《厦门市罚没液化石油气钢瓶处置办法》，与执法局联合检查燃气储灌站和供应站12次，确保城市供气安全。加强市政设施的移交管理工作，与建设管理局联合发文《关于贯彻实施福建省城市道路桥梁工程移交与接管暂行规定》，全年协调、办理移交市政道路11条、清扫保洁道路27条、桥梁8座。制定《厦门市道路与管线工程文明施工管理规定》及《道路挖掘施工须知》，规范道路破路审批管理。认真履行全市绿化办职能，积极推进植物整形修剪、病虫害防治、行道树春季补植和植物挂牌工作。组织筼筜湖管理处等单位编写《城市垂直绿化技术规程》，通过了省建设厅专家评审，作为福建省地方标准即将以行业规范下发。继续抓好星级公园的常态化管理，较好完成济南园博会及第二届海峡两岸插花艺术大赛、首届海峡两岸（厦门）盆景精品展等花展任务。组织编制厦门市本岛旧城区城市绿地系统防灾避险规划。加强政策法规工作，完成《厦门市燃气管理若干规定》、《厦门市排水管理条例》等两个立法课题。做好公共信息图形符号标准化工作。

市容考评办继续拓展考评范围，抓好20项常规考评工作，主动落实卫生死角等专项治理，全年刊登《市容管理考评台》12期，印发通报1 260份。市容环卫处继续深化环卫行业管理，将“白鹭杯”活动拓展到乡镇，促进各区抓好乡镇环卫设施设备的建设。市政工程管理处主动承接窨井盖等市政设施的接警工作，对一时无法判明责任的市政设施采取“先处理后协调”等办法，受到群众的好评。绿化管理中心制定《绿地养护管理质量检查考评指南》，对外包绿地养护进行考评，《考评指南》被省建设厅采用。园林绿化工程质量监督站对园林绿化建设质量安全进行全面的监督检查，提高了全市园林绿化工程质量，监督竣工工程合格率达100%。

（二）加强市政园林设施的管理

市政工程管理处较好完成重大节日活动的保障任务、市政设施的日常养护维护以及人行天桥地下通道专项整治及和“十城万盏”节能灯试点等任务，管辖的道路完好率90%，路灯亮灯率98.3%，下水道畅通率90%，继续保持较高水平。环卫处全年转运垃圾46.3万吨，填埋处理垃圾78.3万吨、垃圾填埋处理及时率达100%。筼筜湖管理处湖区管理通过了人大执法检查，防洪设施完善、景观美化，得到市政府的肯定。市政府决定将天地湖、松柏湖纳入筼筜湖管理中心进行统一管理。环能公司整合全系统垃圾焚烧发电技术的人力物力资源，完成公司机构重设和定人定岗等工作，以环能一厂为基地成立培训中心，加紧对新进、转岗人员

的岗前培训，确保建设中的东部、西部项目的人力需求。公交场站公司转变工作思路，认真打造“两个服务”，开通公交场站热线服务，配合调整公交线路43条，方便了市民乘车。绿化管理中心加强绿地养护管理，较好完成了重大节日期间的道路彩化和气氛布置任务，养护质量和管理水平持续提高。植物园加强科研投入，重视科普宣传工作，完成了《厦门园林植物的选择与应用》等课题研究，在雨林植物区、沙生植物区、藤本区开展科普导览工作，将植物科普与景区游览有机结合，提升了园区景观品质。园博苑多方面研究经营方案，采取措施加大经营力度，开展形式多样的旅游推介、夜游等活动。园林植物园、园博苑被国家建设部评为“国家重点公园”。白鹭洲开发建设公司积极探索城市核心公园文化建设管理模式，在篔筜书院筹办海峡两岸国学交流研讨会，受到国台办的肯定，提升了白鹭洲公园的文化品位，元宵灯会连续2年圆满完成，受到群众的好评。忠仑公园实行全方位的管理，公园景观及园容园貌有较大幅度的提升，莲前东路绿化养护保持较高水平。

（厦门市市政园林局办公室　供稿）

电力供应

2009年，全市完成售电量122亿千瓦时，比上年增长2.9%。电费回收率达100%，创历史最好水平。10千伏及以下线损率完成3.88%，下降0.02%。最高负荷249.6万千瓦，增长8%。成本费用利润率、售电均价和单位固定资产维护费均居全省最优值。综合业绩评价得分、国网体系同业对标和省公司重点工作对标排名均居全省第一。

一、着力加强安全生产工作，电网保持安全稳定

坚持“安全第一，预防为主，综合治理”的方针，狠抓“三基”，扎实开展全国“安全生产年”和国网公司“无违章年”活动，深化“一个守则、两条红线、三面红旗”管理，落实“一岗双责”，深入开展“三项行动”、“三项建设”，着力反违章、实施安全风险和安全管理策划工作，完成安全管理“两大体系”建设。率先实施“调控一体”改革，按期成功投入运行，实现了110千伏及以上变电站全部无人值班。认真开展春秋季安全大检查，加强事故隐患排查治理，实现安全生产无事故，成功抗击“莫拉克”超强台风，圆满完成了国际马拉松比赛、首届海峡论坛、“9·8”投洽会、国庆等近一百七十多次不同层次保电任务，一类障碍下降41%，配网设备二类障碍下降36%。截止2009年12月31日，实现四个安全百日、连续安全生产1 406天。

二、奋力加快电网建设步伐，智能电网全面启动

项目前期进展顺利。编制完成《电网中长期发展规划》，启动制定《智能电网发展规划》。《厦门市城市配电网十二五规划》高分通过国家电网公司评审。完成28个电网储备项目选址选线工作。全面完成前期工作，110千伏及以上节点完成率居全省前茅。大力推行政府出资垫资建设模式，争取资金近十亿元，到账6.4亿元，有效缓解了电网建设资金压力。

工程建设又好又快。完成电网投资10.51亿元（含政府出、垫资2.35亿元），完成率达100%，投产110千伏及以上变电站4座、容量580兆伏安，输电线路18条、长度43公里。严格过程控制、实现了所有工程项目决算不超概算的目标。获得了福建省公司质量管理和造价管理先进单位称号，综合评价管理位居建设单位第一名；220千伏围里变获得福建省公司质量评比双A称号，并被评为国家电网公司优质工程；110千伏塘边变被评为福建省公司优质工程。110千伏洪前变电站工程业主项目部被评为“国家电网公司示范业主项目部”称号。

智能电网建设扎实推进。积极推进国家电网公司首批智能配网试点项目建设，实施方案高分通过国家电网公司评审，配网调控一体化建设等7项标志性工程全面启动。承担的国家电网公司输电线路状态远程监控诊断中心和用户自动采集系统也取得了重大进展。

三、努力提高优质服务水平，国网品牌深入人心

打造真诚服务的品牌形象。率先推出移动营业车服务，免费为台商提供“十项服务”举措，实行业扩流程分层管理，全面开展“一站妥”服务，实现低压平均流程同比缩短40%，高压平均流程同比缩短10%。

市场空间不断开拓。加快“业扩”报装速度，受理“业扩”项目2 731个，送电容量103.8万千伏安，容量完成率居全省第一。通过推广能源替代

等开拓电力市场，新增电量2.2亿千瓦时。完成配电带电作业943次，增供电量1 045万千瓦时。加大反窃电工作力度，追补电量1 322万千瓦时。

（厦门市电业局 黄景崖供稿）

环境保护

一、环境质量状况

2009年，厦门市空气质量优的天数为161天，空气质量优级率为44.1%，良的天数为199天，轻微污染的天数为5天。与上年相比，空气质量优级率上升了10.8%，轻微污染天数减少7天。

厦门市主要饮用水源地为北溪引水、石兜—坂头水库和汀溪水库，饮用水源水质达标率为99.4%，与上年水质达标率基本持平。其中，北溪引水和石兜—坂头水库达标率为100%，汀溪水库水质达标率为91.7%。杏林湾水库水质类别为地表水五类，水质状况与上年相比基本不变。同安区东溪、西溪、东西溪合流段水质均为劣五类，与上年相比有所下降。

厦门海域水质类别无明显变化。九龙江河口水质符合地表水三类水质标准，水质达标率有所上升；筼筜湖水质类别仍为劣四类海水，水质较上年有所改善；马銮湾仍为劣四类水质，水质与上年持平。五缘湾的水质为劣四类，未能达到功能区划的要求。各分区海域水质均未能达到功能区海水水质要求，主要污染物无机氮浓度和超标率比上年均有所下降，活性磷酸盐浓度和超标率则上升。各海滨浴场水体污染物程度明显下降，水质较上年有所改善，均较适合游泳。

全市区域环境噪声年达标率为96.4%，略有上升，居民区、混合区、工业区和交通干线两侧的达标率与上年基本持平。平均等效声级为56.7dB（A），城市区域环境噪声质量属轻度污染。道路交通噪声平均等效声级为68.5dB（A），与上年持平。

二、主要污染物排放情况

全市环境保护总投入共计41.67亿元，占全市生产总值的2.6%，主要污染物减排目标、计划、任务和各项工作落实到位。

全市废水排放总量为2.22亿吨，比上年减少517.79万吨，减幅为2.3%。其中，生活污水排放总量1.84亿吨，占全市废水排放总量的83%，比上年减少268.83万吨；工业废水排放总量3 775.93万吨，占全市废水排放总量的17%，比上年减少248.97万吨，减幅达6.2%；全市重点工业废水排放达标率为99.5%，与上年持平。

全年全市化学需氧量排放总量4.70万吨，比上年削减0.094万吨，减少0.2%。其中，生活污水中化学需氧量排放总量为4.47万吨，占全市化学需氧量排放总量的95.1%；工业废水化学需氧量排放总量为0.23万吨，比上年减少24.6%。全市氨氮排放总量为0.39万吨，比上年增加0.03万吨。其中，生活氨氮排放总量0.36万吨，占全市氨氮排放总量的92.2%；工业废水中氨氮排放总量为0.03万吨，占全市氨氮排放总量的7.8%。

全市工业煤炭消费总量为498.36万吨，比上年增长13.6%。煤炭消费量主要分布在电力、热力的生产和供应业，达367.88吨，占总量的73.8%，比重较上年有所减少。燃料油消费量14.25万吨，比上年增加3.4%。燃油仍以重油为主，为12.62万吨，占总燃油量的88.5%。工业废气排放量666.86亿标立方米，比上年减少1.4%。其中，燃料燃烧排放废气量423.16亿标立方米，比上年增加1.3%；生产工艺废气排放量243.35亿标立方米，比上年减少5.8%。

全市二氧化硫排放量为4.64万吨，比上年减少0.60%。其中，工业二氧化硫排放量为4.55万吨，比上年减少0.7%，工业二氧化硫达标率为99.6%。烟尘排放量为1 800.81吨，比上年增加17.7%。其中，工业烟尘排放量为1 661.81吨，比上年增加18.8%，工业烟尘排放达标率为99.9%。工业粉尘排放量225.86吨，比上年减少20.9%，工业粉尘排放达标为99.5%。

全市生活耗煤量为5.14万吨，比上年略减少1.9%。生活二氧化硫排放量920吨，比上年增加3.1%。生活烟尘排放量137吨，比上年增加5.3%。全市氮氧化物排放量为3.15万吨，比上年减少4.3%。其中工业源氮氧化物的排放量为1.22万吨，比上年增加1.8%；生活源与移动源氮氧化物的排放量为1.93万吨，比上年减少7.8%。

全市工业固体废物产生量132.19万吨，比上年减少2.8%。工业固体废物综合利用量119.50万吨，比上年减少3.8%，其中综合利用往年贮存量0.24万吨。工业固体废物处置量为4.27万吨，比上年增加8.1%。工业固体废物贮存量为8.66万吨，比增长7.6%。

全市危险废物产生量1.69万吨，危险废物产生量比上年增加 5.1%。其中，综合利用量为 5 381.47吨；处置量为 1.15 万吨，比上年增加 7.4%。全市危险废物处置利用率达 100%。全市县（区）级以上医院医疗废物产生量为 0.13 万吨，医疗废物集中处置量为 0.13 万吨，医疗废物集中处置率为 100%。

三、环境保护工作基本情况

生态文明建设扎实推进。启动《厦门市生态文明建设规划和实施纲要》的编制，初步探索了生态文明建设的组织、法规、政策和指标体系。继续推进循环经济发展，积极推进“污水上山”和污水处理厂尾水利用工程建设，进一步削减排入水体中的污染物总量。全年共有 25 家企业开展清洁生产审核，34 家企业通过 ISO14001 环境管理体系认证，15 个安静居住小区、16 个生态村和 2 个环境优美乡镇完成创建并通过验收；绿色社区、绿色学校长效管理机制正在试点。

巩固和深化“创模”成果。制定实施了《巩固和深化“创模”成果实施计划方案》，明确了各级政府、各部门职责和任务；落实了责任分工，建立并落实了市、区长环保目标责任书考核制度；成立了厦门市巩固和深化创建“国家环境保护模范城市”成果领导小组及其办公室，为动员和部署巩固和深化“创模”成果推进生态文明建设奠定了基础。

圆满完成九龙江甲藻水华事件应急处置工作。1 月 19 日突发九龙江甲藻水华事件后，厦门市环保部门迅速反应，全系统共出动车辆一千多台次，执法和监测人员三千多人次，动用执法和监测船只 5 艘，投入应急经费五百多万元，先后组织 28 个检查小组，对北溪龙文段支流马洋溪流域进行拉网式排查，并对九龙江龙岩、漳州流域进行污染源排查和支流采样分析。2 月 9 日至 3 月 17 日，又组织 14 组执法人员，配合省环境监察总队在漳州、龙岩开展环境督察。

集中式饮用水源地保护工作得到加强。积极推进九龙江流域上下游生态补偿机制和流域交接断面排污总量控制责任制试点工作；制定《厦门市关于加强饮用水源保护和重点流域环境综合整治的实施意见》；明确饮用甲水源地保护的责任分工、目标任务和考核机制。定期开展坂头、汀溪水库库区上游执法检查，查处保护区内违法开发建设项目和违法排污行为；开展库区上游村庄生活污水和养殖废水治理工作，坂头水库上游许庄村搬迁基本完成，养殖废水实现有效治理。

进一步加强农村环境保护。完成制定并实施《厦门市农村环境保护规划》和农村小康环保行动计划并组织实施。结合新农村建设、环境优美乡镇创建、生态村创建活动，持续开展农村家园清洁行动。不断完善农村环卫基础设施建设；完成农村生活污水处理回用试点，并计划开展“三化池”和“岛村”模式试点工作，深化畜禽养殖治理，合理规划养殖区域，积极推行生态型“零排放”或发酵式养殖模式；申请中央农村专项环保资金，开展 7 个乡镇（村）的农村环境综合整治示范工作；全市土壤污染现状调查和生态修复试点工作已基本完成调查，开始编制报告。

规划环评取得新突破。厦门市加大了分区规划环评工作力度，开展各工业区和有关专项规划的环境影响评价工作。完成厦门市海沧分区规划、大嶝小商品交易市场规划等规划环评工作。积极参与《海峡西岸经济区重点产业发展战略环境影响评价》的有关工作。

严格执行环境影响评价制度。全年共审批建设项目 224 项，其中环境影响报告书 67 项、环境影响报告表 97 项，登记表 60 项，否定了 9 个投资项目，没有批准“两高一资”项目。建设项目环境影响评价执行率达 100%，所有审批项目皆在规定的承诺时限内完成。严格执行环保“三同时”制度，监督企业做好环保设施的配套建设工作和试生产期间环保设施的投入使用工作。全年通过“三同时”验收项目 660 个，“三同时”验收率达 100%，全市全年建设项目环保设施投入总金额约九亿元。

开展整治违法排污企业，保障群众健康环保专项行动。成立了环保专项行动领导小组；制定了《2009 年厦门市整治违法排污企业保障群众健康环保专项行动实施方案》。全市共出动 4.43 万人次，检查企业 1.56 万家次，查处违法排污企业 546 家次，罚款 205.08 万元。

开展重金属污染企业专项检查。共出动 570 人次，检查企业 104 家，经过市、区环保局的全面检查，厦门市共有 65 家涉铅、镉、汞、铬和类金属砷企业，其中思明区 3 家、湖里区 6 家、海沧区 4 家、集美区 31 家、同安区 17 家和翔安区 4 家。其中，18 家重金属企业存在环境违法问题，10 家重金属企业受到投诉。

大力解决群众关心的环保问题。继续采取人工增雨降尘、强化机动车排气污染整治、推行简易机扫、强化扬尘污染控制、加强工业废气污染整治、推广使用清洁能源等综合手段来扼制空气质量下降，取得了一定成效。其中，机扫率达到九成以上，减少道路扬尘；机动车尾气检测实行双怠速检测法，大大提高检测准确率；新增餐饮业集中区面积11.9万平方米，并引导商家入驻，减少油烟噪声污染扰民。

新建15个安静小区，其中思明区创建10个，取得了丰富的创建经验。全年受理市政协提案、市人大议案18件，均已按期完成答复，满意率100%；受理投诉2 013件，处理率100%，办结率100%。其中噪声784件，占总投诉的39%；废水113件，占5.6%；废气1 049件，占52.1%；其他67件，占3.3%。

强化环境安全监管工作。全年共办理228家企业危险废物转移报批手续，其中省内转移209家，省外转移19家。加强辐射安全监管工作，加快辐射安全许可证审批颁发工作，发放80家企业的辐射安全许可证；向全市38家单位共发放放射源标识牌224枚，实现了对放射源的规范化管理，使每枚放射源都处于受控状态。开展2009年持久性有机污染物（POPs）调查，保护生态环境和人民身体健康。开展医疗废物和医疗废水的监管工作，防控甲型H1N1流感疫情。

（厦门市环境保护局　阮宝珠供稿）

绿化工作

2009年全市共完成义务植树工日73.5万个，植树150万株，收取义务植树绿化费48.89万元，新增园林绿地面积706公顷，完成生态风景林建设9 742亩。建成区园林绿地总面积达7 539公顷，建成区绿地率达35.56%，绿化覆盖率达39.8%，人均（含暂住人口）公共绿地面积10.95平方米。

一、全民义务植树

精心组织义务植树活动。分别在环东海域片区、坂头林场义务植树基地、厦门（新）站片区铁路沿线、狐尾山气象主题公园、湖边水库片区、薛岭山、仙岳山、海沧翁角路南侧、同安北辰山风景区等地开展义务植树活动，营造植绿爱绿护绿的良好氛围。

建设完善义务植树基地。委托专业设计单位对坂头义务植树基地（1 770亩）进行规划，拟结合生态风景林规划建设，逐年进行完善，对基地内现有林地进行劈草、挖大穴补植观花、观果、彩叶植物与鸟嗜植物、引蝶植物，增加生物多样性、丰富森林景观；同时结合林木绿地认建认养，鼓励企事业单位参与纪念林建设。湖里区依托仙岳山公园和薛岭山公园、思明区依托狐尾山气象主题公园、同安区依托北辰山省级风景名胜区分别推进了义务植树基地建设。

推动林木绿地认建认养活动。园博苑加大了认养树的管理力度，新推出了“企业林”、“学校林”绿地认养活动。厦门国际银行继续在同安区北辰山开展林地认建认养，2009年捐资十多万元，在林地内修建一座景观亭。厦门烟草工业有限责任公司、中骏公司蓝湾半岛、海投物业三家企业在海沧区认养绿地3 342平方米。日本小渊基金出资在翔安区大帽山农场建设“中日青年厦门市翔安生态绿化示范林”，2009年投入99.88万元，造林62公顷，种植5.4万株各种绿化苗木。中航技物业认建认养了湖里区悦华路、华昌路交叉口1 006平方米的公共绿地，湖里街道、安利公司、新诺公司等在仙岳山上认植了121株树木。

二、城市园林绿化

全市新增园林绿地706公顷。其中，公共绿地194公顷，道路绿地111公顷，单位附属绿地和居住区绿地199公顷，防护绿地和风景林地185公顷，生产绿地17公顷。

继续完善园博苑、忠仑公园、五缘湾湿地公园、环东海域滨海西大道带状公园及环杏林湾景观绿化带等项目。思明区继续做好山体公园登山健身步行道及配套项目的建设及狐尾山气象主题公园的配套绿化建设等。湖里区继续完善仙岳山车行道及周边空地绿化，启动仙岳公园的“林海野趣”景区项目、薛岭山公园的北运动区及东入口建设等项目。海沧区新建海沧湾公园。集美区完善洪厝公园、杏林文体中心广场建设，新增光明路、中亚城等街头绿地。同安区新增工业园区物流园三角绿地、轻工食品工业区入口景观工程等。翔安区新增美地雅登、锦绣翔安社区公园等。

道路绿地主要有环东海域片区滨海西大道、美溪路、通福路等，同安大桥两端接线工程等配套绿化以及县黄路北段、环岛干道，岛外快速路（英村—天马山隧道北洞口段），以及同安工业园区，翔安区新城区、文教区，海沧区保税港区，集美北部工业区道路等新建道路配套绿化。防护绿地和风景林地主要有：翔安的香山、同安的梅山、西山，海沧的蔡尖尾山、京口岩山、天竺山等。生产绿地主要是环东海域苗木储备基地。

继续推广垂直绿化。市市政园林局采购新型种植容器，对8座人行天桥及1座跨线桥进行垂直绿化，达到了全新的视觉效果。继续开展每月一次的平价花市，推动对重点路段有条件的护坡、挡土墙、围墙等进行垂直绿化，以及学校、部队等单位庭院的垂直绿化工作。思明区提出以街道为单位，每个街道一个片区进行示范点建设，以BRT沿线、成功大道为主线的示范点建设思路，同时还提出“一居一点”的工作思路长期推动，做到点、线、面结合。湖里区做到各街道都有一到两个示范点的建设，主要以辖区的学校、部队营区为重点推动，社区以宣传发动、技术指导、平价花市等形式进行长期逐步推进，引导市民主动参与。

促进园林绿地日常养护管理工作规范化。全市共计补植行道树4 681株，基本消灭了行道树缺株的现象；在厦门市园林病虫害防治中心的组织指导下，各区园林绿化部门及各相关单位设立植物病虫害监测点，加强日常巡查，定期上报监测数据，全市园林植物病虫害监测网络逐步建立；逐步开展园林植物品种的挂牌工作，各区、各相关部门把做好园林植物品种挂牌工作当作加强科普宣传、提升文明形象、提高市民绿化意识的重要工作来抓，认真做好管辖区域内的植物品种的普查工作，并对常见的植物品种进行挂牌。全市各区、各有关部门共在公共绿地、道路绿地、单位和居住区绿地内挂牌8 456个，涉及植物品种一百四十多种。

三、城乡绿化一体化

全市完成生态风景林建设9 742亩。其中同安区完成2 598亩；翔安区2 198亩，主要分布在大帽山农场、内厝镇等；集美区完成2 000亩，主要分布在大帽山、白虎岩、大坂山等地段。海沧区完成2 946亩，主要分布在京口岩山、慈济东宫后山、蔡尖尾山及天竺山等地段，特别对蔡尖尾山风景林地、天竺山森林公园景区进行绿化、彩化，形成丰富多彩、争奇斗艳的花草长廊，突出美化效果。

开展“创绿色家园，建富裕新村”和种植珍贵树示范村活动，结合乡村旅游、森林人家等项目扎实抓好新村绿化，大力进行村庄以及道路绿化。

开展“弘扬生态文明，共建绿色校园”活动。一是结合“花园式单位”创建、垂直绿化、树木绿地认建认养活动，促进校园绿化。二是在中小学校开展绿化宣传，提高学生的绿化意识。三是树立校园绿化美化的先进典型。

加强古树名木保护工作。把古树名木保护与新农村建设结合，充分利用古树名木的自然景观和人文景观，对有条件的古树名木修建“古树小公园”，为村居民体总环境优美的休憩场所。

（厦门市绿化委员会办公室　许海燕供稿）

城市气候

一、基本气候概况

2009年厦门主要气候特点：平均气温岛内显著偏高，岛外异常偏高，2月、9月创历史新高；降水异常偏少，时空分布极不均匀，先后出现冬旱、春旱及秋旱；雨季强度偏弱，没有明显高峰期；热带气旋影响个数偏少；日照正常略多；霾日数为近年来首度明显下降。

主要气象灾害：1月上旬末至中旬前期的低温冻害、冬旱、春旱、秋旱、0903号强热带风暴“莲花”和雷电灾害等，给农业、林业、渔业、水利、交通和保险业等方面带来不同程度的负面影响，其中0903号强热带风暴“莲花”影响最大，造成直接经济损失2 363.90万元。

（一）气温

厦门岛内年平均气温为21.3℃，比常年（20.6℃）高0.7℃，比2008年（20.9℃）高0.4℃，是1953年有气象记录来第四位偏高年。厦门岛外（同安）2009年平均气温为22.2℃，比常年（21.1℃）偏高1.1℃，比2008年（21.7℃）高0.5℃，是1956年有气象记录来第二位偏高年低。气候变暖趋势仍在延续。

厦门岛内极端最高气温为36.7℃，出现在8月8日，比常年极端最高气温平均值略高0.6℃；极端最低气温为3.9℃，出现在1月11日，比常年极端最低气温平均值略低0.1℃。厦门岛外（同安）2009年极端最高气温为37.7℃，出现在8月1日，比常年极端最高气温平均值偏高1.4℃；极端最低气温为2.8℃，出现在1月11日，比常年极端最低气温平均值（2.3℃）略高0.5℃。

夏季，厦门岛内日最高气温≥35℃的高温日数3天，较常年偏少2天，比2008年偏少3天；岛外（同安）日最高气温≥35℃的高温日数21天，比常年偏多15天，创下1956年来最多记录。

（二）降水

自动雨量站资料统计，厦门市各地降水量在821.7～1 596.0毫米之间，呈东南向西北递增趋势，符合常年分布规律，但各地年总降水量较常年偏少3成左右，属异常偏少年景；且时间上分布也极不均匀，出现了冬季气象特旱、春季气象小旱和秋季气象特旱。厦门岛内年降水量为920.5毫米，比常年偏少394.7毫米；日降水量≥0.1毫米雨日数89天，比常年偏少36天；暴雨日数4天；日最大降水量117.4毫米。岛外（同安）年降水量为1 080.9毫米，比常年偏少445.8毫米，日降水量≥0.1毫米雨日数99天，比常年少39天；暴雨日数4天；日最大降水量143.6毫米。

（三）日照

厦门岛内日照时数为2 083.8小时，比常年偏多130.8小时；岛外（同安）为1973.4小时，比常年偏多39.0小时。2009年，岛内与岛外日照时数均属正常年景。

（四）霾

全年霾日数45天，是2005年起大幅增加后的第一次下降。由于环境治理得当、世界金融危机以及产业结构调整，使全市霾日数扭转了近几年来大幅度上升的趋势，较2008年下降了29天。

二、主要天气气候事件和气象灾害

（一）低温冻害

1月上旬末至中旬前期受北方强冷空气影响，厦门出现强降温。其中，11日岛内最低气温降至3.9℃；岛外靠山地区10、11日最低气温降到0℃以下，出现大面积的低温霜冻或结冰现象，导致部分农作物遭受冻害，尤其是蔬菜和水果。据同安区农业部门统计，仅同安区农作物遭受冻害面积达6 100亩左右，造成损失约为八百多万元。

（二）冬旱

2008年10月8日至2009年3月初，厦门地区降水持续异常偏少。据自动雨量站资料统计，岛内及沿海144天总降水量不足35毫米，于2009年1月上旬已经达到气象特旱标准；岛外大部分地区也于2009年2月上旬达到气象特旱标准。干旱给农作物生长造成了一定的影响。据同安区和翔安区农林渔业局统计，两个区农作物受旱面积1 470.2公顷，成灾26.7公顷，绝收1.3公顷，直接经济损失373万元。

（三）春旱

4月底至5月下旬前期厦门地区降水异常偏少，4月26日至5月25日一个月总降水量各地都在10毫米以下，均不足常年同期的一成，而5月的平均相对湿度和最小相对湿度均创下历史新低。降水持续异常偏少、空气干燥、蒸发蒸腾大，导致厦门地区5月中旬初出现了轻度的农业干旱，部分农田龟裂严重，农户抢水起纠纷事件偶有发生。

（四）秋旱

8月中旬至11月上旬，厦门地区降水持续严重偏少，8月14日至11月9日89天各地总降水量不足常年的一成；其中岛内总降水量仅15.8毫米，岛外（同安）也只有33.0毫米；而此期蒸发量较常年同期偏多2成多，导致厦门各水库水位持续下降，到11月初各水库蓄水量较常年同期偏少3～4成，各地出现了不同程度的干旱。据厦门市防汛抗旱办统计，至11月初，农作物因缺水无法种植面积653公顷；受旱面积7 869公顷，严重受旱1 838公顷，干枯266公顷；1 200人及5 000头牲畜饮水困难；水库干涸6座；水井干涸5 578口。

（五）热带气旋

2009年影响厦门的热带气旋3个，个数较常年略少，其中一个严重影响厦门。时间分布上为6、7、8月各1个，分别是0903号强热带风暴“莲花”、7月13～14日的热带风暴和0908号台风“莫拉克”，其中0903号强热带风暴“莲花”严重影响厦门。受0903号强热带风暴影响，厦门地区6月21日07时风力开始逐渐增大，18～21时风力达最大，市区风力7～8级、阵风11级，沿海地区风力9级、阵风11级，进出岛的各大桥桥面上风力9～10级、阵风11～12级，16时至22时市区平均风力持续在6级以上。据自动气象观测站资料显示，全市最大风速出现在海沧大桥26.9米/秒（21日19时31分）。0903号强热带风暴还使厦门地区普降暴雨。0903号强热带风暴“莲花”对厦门造成了严重影响，先是强风影响，后是强降水影响，但造成灾害损失的主要是强风造成的。据厦门市防汛办和民政局不完全统计,0903号强热带风暴造成厦门市6个区直接经济损失共计2 363.9万元;受灾人口1.45万人,树木倒地压死1人、重伤1人。

（厦门市专业气象台　郑美秀供稿）

财　政　·　税　务

财政工作

2009年，全市财政总收入451.38亿元，比上年增长10.1%。其中，地方级财政收入240.55亿元，比上年增长9.2%；上划中央收入210.83亿元，比上年增长11%。全市财政支出268.1亿元，比上年增长12.6%。全市基金收入156.34亿元，年终滚存结余30.15亿元。市本级基金收入105.45亿元，完成预算的113.3%。

一、应对危机，财政收入稳步增长

一是减轻税费负担。全面落实增值税转型政策，迅速出台四项社保基金和残疾人就业保障金减征等系列措施，累计取消、减征、缓征一百四十多个收费项目，为企业和个人减轻负担18.7亿元。

二是加大企业帮扶。引导企业加快技术改造、加速产业升级；支持产业集群培育和重点项目招商，延长产业链条、提升竞争能力；安排重点企业资金链应急保障资金，鼓励银行加大对中小企业融资投放，完善贷款风险补偿机制；设立增产多销奖励金，大力组织“汽车、摩托车、家电下乡”，落实优质地产品优先采购政策。

三是稳定出口贸易。降低扶持门槛，提高补助上限，对重点出口商品给予支持，鼓励企业开拓海外新兴市场，信保保费扶持比例提高；积极促成国家调整部分产品关税和出口退税政策，出口运行状况明显好于全国。

四是加快自主创新。建立科技创新贷款担保机制，科技进步奖奖励标准大幅提高，新认定303家高新技术企业，新建12个工程技术研究中心和实验室，一批产学研和科技产业化项目得到资助，基本建成国家级LED检测中心，中科院城环所通过验收。

四是做强服务产业。对重点物流企业给予贴息、补助，对服务外包企业的人才培训、软件认证等给予扶持；扩大展览资助范围，新增办会奖励，吸引越来越多的企业来厦办会办展，数量和规模实现较大增长；对重点文化企业和项目予以资助，推出“闽南神韵”一台戏；积极拉动旅游消费，实行新航线和旅游包机奖励，鼓励大陆游客经厦赴台和境外游客来厦旅游。

五是深化对台交流。保障首届海峡论坛的成功举办，支持办好台交会、文博会等；富邦财险等机构落户厦门，圆满完成富邦参股厦门银行工作；继续实施台湾水果进口奖励，厦门成为大陆进口台湾水果最大口岸。

二、助力发展，城乡建设快速推进

抓住国家支持海西发展的重大机遇，扩大和引导公共投资，实现城市拓展与环境优化的有机结合。

一是多方筹资确保重点。发挥财政筹融资职能，积极拓宽融资渠道，争取到中央增投等资金6.5亿元和财政部代发地方政府债券8亿元，全年投入各类财政性资金219.7亿元，有力保障了重点项目建设。

二是城市拓展步伐加快。启动集美新城、翔安新城和环东海域新城建设规划，稳步实施西郭片区等旧城改造，五缘湾、湖边水库、厦门新站等重点片区开发顺利推进；续建BRT二号线，翔安隧道全线贯通，成功大道建成通车；积极构筑对外通道，福厦高速铁路通车运行，厦深铁路、龙厦铁路、沈海高速扩建等项目加快建设，海西中心城市格局逐步形成。

三是人居环境不断改善。重点投入污染源治理和节能减排，完成天地湖、松柏湖截污工程，东部垃圾填埋场基本建成；重点企业和公共建筑节能监测体系进一步健全；落实公交优先，实施票价补贴，取消公交空调费，建设嘉禾园等一批停车场。

三、调整结构，民生保障持续加强

进一步优化财政支出结构，大力推进以民生为重点的社会建设，各项民生支出43.2亿元，比上年增长22%。

一是社保体系更趋完善。积极落实本地生源毕业生的就业，加大对困难人群的帮扶，强化职业技能和创业培训，全年新增就业19.1万人；完善被征地人员养老保险办法，进一步降低参保门槛、减轻缴费压力；在厦大学生纳入城乡居民基本医疗保险体系，实现医保全覆盖；财政出资为全体市民办理自然灾害公众责任险，为农村居民办理住房保险；在全省首设道路交通事故社会救助基金，受害方救助得到有效保障；投入7.3亿元建设社会保障性住房，1.2万套住宅如期竣工；在六个区建设“福乐家园”，爱心护理院落成开园；扩大贫困人群医保自付补助范围，提高补助标准，5.5万人受益。

二是“三农”工作扎实推进。新一轮农村义务教育和公共卫生体系建设成效显著，继续启动20个新村建设和12个老区山区村改造，实施13个老区山区村饮水安全工程；加快农村道路、生态风景林、休闲农业、乡村旅游项目建设，农村环境明显改善，农业产业化水平持续提高；落实强农惠农政策，对农民自建沼气池给予补助，及时兑付粮食综合直补资金，惠及八万多农户。

三是社会事业全面发展。实施教师绩效工资改革，确保中小学教师平均工资水平不低于公务员；启动中小学校舍安全工程，完成校舍抗震安全排查和鉴定；免除城乡义务教育各项收费1.2亿元，新建扩建14所中小学，新增1.6万个学位，来厦务工人员子女入学得到较好保障。卫生投入7.3亿元。市妇幼保健院门诊综合楼建成投入使用，仙岳医院、中山医院、医药研究所等建设改造工程进展顺利；建成市民健康信息系统，方便市民，减轻负担；及时拨付甲型H1N1流感防控资金，财政应急保障机制不断完善；福建（厦门）—新加坡友好医疗服务中心项目动工，完成24个社区卫生服务中心和28个农村卫生所的标准化建设。4.1亿元繁荣文体事业，建成小白鹭艺术中心等一批文化基础设施，实施“农家书屋”工程，成功举办第十一届中国戏剧节、第十八届市运会等重大活动，群众精神文化生活进一步丰富。

四、加快改革，理财能力不断加强

以构建公共财政为目标，加快推进财政管理制度改革，逐步建立起运行有序、管理规范、约束有力、科学高效的财政运行机制，财政资金使用效益稳步提高。

一是预算管理改革实现新突破。将预算单位的人员、资产、车辆等单位基础信息纳入基础资料管理信息系统，为基本支出预算编制提供编制和审核依据；全面推行财政项目库管理，只有进入项目库的项目才能安排预算；不断完善部门预算管理，制定了科学的支出标准和预算定额，制定了市直党政机关办公设施设备标准化配置标准；进一步深化财政国库集中支付制度改革，在全市范围内全面推行了公务卡结算制度，有效加强了对行政事业单位职务消费的监管；实行大宗货物政府采购，降低采购成本；编制政府采购预算编制，全面规范我市政府采购行为。

二是资金资产管理取得新进展。坚持勤俭办一切事业，严格将车辆、会议、公务接待、出国（境）四项指标控制在中央要求的压缩范围内；进一步规范行政事业单位国有资产管理，建设包括资产报废、报损、调拨、对外投资、处置等环节在内的较完整的资产管理制度体系，开展对市属行政事业单位资产日常管理情况检查；深化事业单位支出管理改革，财政补助方式更多地以项目为主，增强事业单位的成本意识；完善国有资产监督管理制度，加强国有资本收益收缴；深化行政资源和社会公共资源改革，对市直机关事业单位自管房产运用市场化配置方式进行公开拍卖和招租，改革逐步向区级延伸。

三是资金绩效监管取得新成效。建立对各区、对部门及内部考核三位一体的立体化财政监督考评机制。继续开展对区级财政综合管理考评，采取由上至下的线性考评模式，促进各区依法理财、民主理财、科学理财能力的提高；对行政事业单位预算管理工作情况进行综合考评，在全国财政系统率先出台了市级一级预算单位对所属预算单位财务监管规范，促进预算单位预算、财务、资产管理水平的提高；深化财政支出绩效评价，对近九十个项目实施事前绩效审核、事中绩效跟踪和事后绩效评价，有效杜绝了“重分配、轻管理”的弊端；开展财政专项资金检查，加强专项资金管理，配合相关部门查处盗刷E通卡等骗补财政资金的行为，确保财政资金运行安全高效。

四是信息系统水平获得新提高。新建基础资料库、项目库、资产管理、专户拨付、实拨管理、账务管理、单位核算、综合查询、债务管理等系统，升级改造了国库集中支付、公务卡、指标管理、工资统发等子系统，财税库银横向联网系统取得新进展，强化政府监督制约机制，及时了解国库资金往来信息，加强经济和金融信息分析，为市委市政府宏观决策提供科学依据和先进手段，构建比较完善的基于金财工程应用支撑平台的财政管理一体化信息系统，初步建立了涉及财政资金和资产运行的统一的大型数据库。

五、强化管理，服务水平不断提高

依法理财，提高财政执法能力。一是加强规范性文件备案审查工作。切实加强规范性文件的制定、送审、发布和备案等工作，认真落实规范性文件内部法制审查机制，确保规范性文件程序规范、合法有效。二是认真开展法制宣传教育活动。通过网络教育、知识竞赛等多种形式抓好重点对象的法制宣传教育，使财政干部认真学法，逐步提高财政干部的综合素质和依法行政能力。三是进一步规范行政处罚自由裁量权。进一步明确行使行政处罚自由裁量权应当遵循的原则、程序，推动行政执法自由裁量权的依法、规范、合理行使，推动建立责权明确、行为规范、保障有力的财政行政执法体制。四是建立健全财政管理制度。紧密围绕财政改革与发展需要，坚持“财政资金用到哪里、管理制度就延伸到哪里”的原则，健全财政专项资金、企业扶持资金、内部基础管理等方面的管理制度，全年共制定出台规章制度50余项。五是不断提升财政立法层次。全国首例针对会计人员的立法《厦门市会计人员管理条例》出台，在保障会计人员权益、规范会计人员行为、加强会计行业管理等方面起到了积极作用；《厦门市政府采购管理办法》以政府令正式颁布实施，构建我市政府采购管理的完整制度体系。

加强培训，提高财政干部素质。连续举办5场“公共管理与公共财政”系列讲座，邀请国内权威专家、知名学者来厦讲课，开拓财政干部视野，提高综合素质；借助“公共财政服务日”等活动，邀请国内知名专家、学者，既为企业、市民直接授课，满足他们对财政经济知识的需求，也使财政干部的综合素质和能力得到有效提高。首次举办全市镇街财经办主任岗位培训班，紧密结合基层财政管理和财经办主任的岗位特点，进行了公共财政理论、镇街财政管理和综合素质教育等方面的培训；启动内部财政业务培训系列讲座，拓宽财政干部业务知识面。

贴近群众，提升财政服务水平。开展以“服务民生、助力发展”为主题的公共财政服务日活动，现场开展便民咨询的同时还举办了专题讲座，使财政工作更加贴近群众；深入推进网上审批工作，审批事项达15 428项，建成会计人员管理、政府采购业务综合管理、国家公务员医疗补助网上审批、行政事业单位银行账户设立网上审批等系统，方便行政相对人办理行政许可审批事项；升级和完善厦门市财政局门户网站，增加适应政府信息公开、公共财政服务需要的栏目设置和内容，建设公众知情、群众参与、服务社会的财政政务信息网络平台。

（厦门市财政局　何忠财供稿）

国 税 工 作

2009年，厦门市国税系统共组织税收收入246.23亿元，比上年增收22.43亿元，增长10.0%。其中，中央级收入186.17亿元，增收17.59亿元，增长10.4%；地方级收入60.05亿元，增收4.85亿元，增长8.8%。主体税种表现稳定，增值税增长9.8%；企业所得税增长10.1%；消费税增长14.6%。办理出口退税179.65亿元，比上年增加27.15亿元，增长17.8%。

一、以组织收入为中心，规范税收执法提升征管质效

加强税源分析，向项目要税收。遵循从经济到税收规律，密切关注全市重点企业、重点工程、重点项目进展，评估项目税收效应，强化税源管理和服务措施，进一步增强全市税源发展后劲。完善税收分析制度，认真执行《税收收入三级预报制度》、季度税收分析会制度，及时查找分析经济运行、组织收入中存在的问题。坚持开展处长联系企业制度，强化重点税源监控和微观税负分析，把握组织收入的主动权。加强收入预测、申报、入库三个环节进行监控，追踪税源变动情况，确保税款及时足额入库。

规范税收秩序，向执法要税收。高度关注涉税务违法行为新动向，大力开展税务稽查、专项检查和企业自查工作。全年共检查企业257户，查补收入3.92亿元（含不予办理出口退免税8 039万元）；组织企业自查查补入库1.62亿元。创新反避税调查手段，转让定价调查调增企业所得额2.77亿元，补征税款3 934.20万元；大力开展股权转让、股息扣缴、非居民企业承包工程等专项检查，取得了一定成效。同时，不断规范执法行为，

定期对执法系统考核情况进行通报；大力开展“大额减免缓退税集体审批制度”执行情况的检查；认真开展行政复议及重大税务案件审理工作；做好税收政策执行情况反馈报告工作，为税制改革和完善积累基础资料。

强化税收征管，向管理要税收。认真落实修订后的增值税暂行条例及其实施细则，做好转型政策的部署、宣传、培训和辅导工作，大力开展房地产、水泥、农产品加工、白酒等行业的纳税评估工作，开展增值税纳税评估428户次，补税5 354万元；开展资产抵扣检查608户，进项转出税额3 391万元。认真开展2008年度企业所得税汇算工作，汇算面达99.2%。加强退税管理，推行出口货物退（免）税试行分类管理办法，对符合条件列入A类的企业实行“先退后审”；认真开展预警评估工作，核查应征税出口货物企业1 158户，涉及出口额12.01亿美元，有效防范出口骗税。

二、以纳税服务为重点，优化税收环境提升税法遵从度

厦门国税将纳税服务与税收征管作为税收工作的核心，进一步更新观念，创新措施，完善机制，持续提升纳税人税法遵从度。厦门国税99.5%的税收收入由纳税人主动申报缴纳；在全国率先开通手机WAP税务网站，荣获总局2008年网站评比国税系统第一名。

优化征管流程，努力实现“两个减负”。全年减免企业所得税税收25亿元；办理增值税减免1.6亿元。拓展“同城通办”业务范围，完善“一窗式”管理和服务，简化专用发票审批程序，不断扩大当场办结涉税事项范围，强化纳税人维权意识。通过推进纳税信用体系建设、帮助重点企业建立风险内控机制等手段，有效降低税收遵从成本。

依托信息技术，提高纳税服务效率。积极推行多元办税方式，实现所有纳税人网上报送财务报表功能，网上报税率达90%。开发税收管理员平台，并依托平台发起、组织、推动和监控税源管理互动工作。开通税企联系邮箱，定期群发最新政策，搭建起税企之间便捷沟通的新桥梁。推行POS机的收款系统，全系统23个办税服务厅全面配备POS机，方便纳税人缴纳税款。加强国税外部网站建设，打造服务品牌。网站开通以来，点击量已超过九百五十万次；网上咨询库已收集整理各类信息近四万条。

创新宣传手段，提高税法遵从度。税收宣传实现“三个转变”，由形象宣传向政策宣传转变，加大与纳税人关系密切的税收法律法规、优惠政策、办税流程的宣传；举办以“话税收、谋发展”为主题的全国首例两岸跨海税企视频对话，受到两岸媒体的关注与好评；由分散宣传向集中宣传转变，进一步完善税法宣传“三同步”机制，提高税收宣传的统一性和权威性；由专门宣传向日常宣传转变，寓服务于管理中，出台《税收管理员办税辅导制度》，帮助企业顺利办理涉税事项。咨询服务实现“三项联动”，建立24小时的呼叫中心，与网站实现联动；邀请业务专家现场坐席，在线访谈，与业务部门实现联动；通过报刊、网站、短信或税企邮箱集中发布热点难点问题，税法宣传实现联动。2009年共受理回复咨询14.86万次，咨询美誉度达99%。

（厦门市国税局　刘颖供稿）

地税工作

2009年，厦门市地税系统共组织入库各项收入245.09亿元，比上年增收19.87亿元，增长8.8%。其中：税收收入入库156.14亿元，比上年增收3.84亿元，增长2.5%；征收五项社保费（养老、失业、工伤、医疗、生育保险）入库68.52亿元，比上年增收3.47亿元，增长5.3%。

一、落实减税政策促进经济复苏

通过落实高新技术企业税收优惠、二手房交易税收优惠、房产税城镇土地使用税的困难性减免、下岗失业人员再就业税收优惠、厦门特区外企业所得税过渡期“即征即退”政策等税收政策，落实厦门市政府为减轻企业负担制定的2009年社保减征新政策，并下调土地增值税预征率、下调实行定税餐饮业货运业的纳税定额，共为纳税人减免税费超过十八亿元。国务院出台《关于支持福建省加快建设海峡西岸经济区的若干意见》后，全市地税系统认真组织学习，结合地税工作实际，主动进行政策对接，开展政策调研，并积极向上级积极争取赋予厦门对台先行先试的税收优惠政策，促进厦门特区建设。

二、提升税务质效强化税费征管

完善税务登记，拓展国地税联合登记平台功能，规范注销的工作流程、时限。开展发票简并、换版工作，全市地税普通发票从原来的100种减少到81种。开发运用网上开票软件，启用建安税收

管理模块，并在全市47家星级酒店推行网上开具服务业发票。推行税收优化管理，通过优化人力资源配置和税源的科学分类，根据税源规模和行业特点，把税源分为重点税源、一般税源、零散税源，采取管户和管事相结合，管理与服务相结合，属地管理与行业分类管理相结合的办法，进行各有重点的差别管理。出台欠税管理办法，积极清理欠税，全年清欠1.36亿元。深化纳税评估，推行税管员交叉评估、国地税联合评估、专业化与简易化相结合的纳税评估等方式，全市累计开展纳税评估6 183户次，发现存在问题3 683户次，共补征税费等1.76亿元。加强金融、建安、服务业等营业税重点行业税收征管，完善建筑业营业税项目管理，建筑业差额征税完全纳入监控。继续贯彻实施新的企业所得税法，做好新法实施后的首次企业所得税汇算清缴，共汇算9 803户企业，申报应纳所得税额13.56亿元，年度汇算清缴入库4.08亿元。开展个人独资合伙企业个人所得税汇算清缴、个人工资薪金所得与企业的工资费用支出比对、股权转让所得个税自查等工作。继续抓好重点扣缴大户和年所得12万以上个人的个人所得税管理，全市6万家扣缴单位的172万纳税人纳入全员全额管理，本年受理年所得12万元以上纳税人自行纳税申报2.78万人、补税30万元。做好契税和耕地占用税（以下简称“耕契两税”）征收管理职责由财政部门划归地税部门承担的工作，实现耕契两税征管职责顺利划转。落实土地增值税预征办法，完善土地增值税清算管理。做好土地使用税税源清查、外资企业及外籍个人改征房产税、规范车船税代收代缴、“两税”信息比对等工作。认真落实《特别纳税调整实施办法》，深入推进反避税工作，规范税收协定执行，组织内资企业关联业务申报，落实非居民管理与情报交换相互配合和支持的机制，强化国际（涉外）税收管理。加强社保各费征缴，修订社保费滞纳金管理办法和社保费征管规程，做好基数申报，提高申报征缴率，至年底全市参保125.28万人，比上年底增加6.52万人。做好医保参保工作，将大学生纳入本市城乡居民医保参保范围，采取学校代扣代缴、村（居）委会代扣代缴、一卡通划缴、短信提醒服务等便民措施，全市医保参保征缴率持续提高。

三、创新执法理念拓展依法治税

创新税收执法理念，将司法“无罪推定”原则运用到税收征管执法领域，提出纳税人“无过错推定”理念，形成具体的指导意见并向全市系统推行。进一步深化行政审批制度改革，将行政许可和非行政许可审批（核准）纳入市网上审批及电子监察系统。加强税收规范性文件的制定管理，清理废止失效文件。落实重大税务案件集体审理制度，做好行政复议案件工作，开展税收执法权督察检查。编写完成税收业务规程汇编，为规范开展业务工作提供指导和依据。围绕“税收·发展·民生”的宣传主题，认真开展第18个全国税收宣传月活动，并做好日常性的税收宣传。利用对外网站及时公开最新税收政策，为纳税人提供便利的税收政策查询。扎实抓好税务稽查，开展房地产、建筑安装、交通运输、大型超市等行业及三年以上未实施稽查的重点税源企业、大小非企业等的税收专项检查。严厉打击发票违法犯罪活动，开展服务业发票检查。试行“零接触”稽查，有效辅导企业自查，将稽查审计引入企业，使企业由被动接受检查变为主动自查自纠。全市地税稽查机构全年共检查企业290户，案件查补收入2.90亿元；组织企业开展自查，查补收入9 596万元。

四、完善信息功能，深化纳税服务

补充完善税收（社保）业务管理系统功能，开发上线“耕契”两税模块和规范行政审批、大学生参保、外资改征房地税、对外付汇开具税务证明、税务审计、稽查欠税、一站式服务等功能，升级改造社保三费和残障基金减半征收程序、建安管理模块等。完成财产行为税税源监控管理系统、自然人数据库系统、企业所得税汇总软件系统的平台建设。全面清理并取消要求纳税人重复提供的涉税资料，清理办税流程中的重复环节；简化规范涉税材料证明的开具与报送，取消定额发票、部分特殊行业发票的实物验旧，下放定税管理审批权限，简化定税审批；充分利用信息化优势为基层和纳税人减负，在同安区局试点推行“一站式”纳税服务，方便纳税人办理涉税事项和规范行政行为。全年12366共受理电话纳税咨询30.10万人次，电话回拨9 802人次。

（厦门市地税局　郑冠林供稿）

金融·保险

银行业

截至2009年末，厦门共有中外资银行业金融机构34家，其中政策性银行分行及代表处各1家、中资商业银行分行12家（其中，国有大型银行5家、邮储银行1家、股份制银行5家、城商行1家）、中资法人金融机构3家、中外合资银行1家、外商独资银行1家、外商独资银行分行7家、外国银行分行3家、外资银行代表处5家。全市银行业金融机构营业网点506个，其中岛内355个，岛外151个。2009年全市银行业总体运行平稳。存款保持较快增长，流动性较为充裕；贷款投放快速增长，信贷增量创历史新高；不良贷款继续保持“双降”，不良率创历史新低；拨备覆盖率大幅提高，利润较上年略有增加。截止年末，全市银行业本外币存款余额3 480.44亿元，贷款余额2 989.65亿元，累计实现税后利润55亿元，不良贷款余额33.62亿元，不良贷款率1.12%。

全市银行业金融机构各项存款余额3 480.44亿元，较年初增加753.30亿元，增长27.6%，比上年多增494.20亿元。其中，储蓄存款余额1 192.24亿元，较年初增加228.13亿元；企事业单位存款余额1 556.30亿元，较年初增加347.10亿元。在适度宽松的货币政策和充裕的市场流动性作用下，存款总体保持了较快增长。3月末存款规模首次突破3 000亿大关，达3 023.49亿元。同业活期存款利率全年在1%～1.5%区间低位运行，下半年受货币政策“微调”和市场环境变化影响，呈缓慢波动上行态势。从存款增长平稳性看，波动性加大，尤其是企业存款受贷款派生存款效应影响，季末冲高特征明显。3月、6月、9月、12月企业存款新增额分别为116.21亿元、84.96亿元、84.16亿元和132.27亿元，次月无一例外大幅回落甚至负增长。在通货膨胀预期的作用下，三季度起存款活期化苗头初步显露，四季度存款的活期化趋势进一步显现，居民储蓄存款中活期存款的比重从5月末的最低点41.2%逐步攀升至12月末的45.2%。

全市银行业金融机构各项贷款余额2 989.65亿元，较年初增加620.20亿元，增长26.2%，比上年多增385.19亿元。其中，短期贷款余额929.91亿元，较年初增加150.49亿元；中长期贷款余额1 842.10亿元，较年初增加405.56亿元；票据融资余额120.36亿元，较年初增加14.18亿元。总体上看，在特殊的经济环境和政策因素的作用下，贷款快速增长，短期贷款呈现出前低后高的趋势，中长期贷款持续快速增加，票据融资波动剧烈。

从贷款增速看，全年贷款投放快速增长，信贷增量创历年新高。2009年信贷投放平均增速要远高于往年增长水平，分别比2007年、2008年多增116亿元、400亿元。国有银行仍是贷款增加的主导力量，辖内有7家银行业金融机构贷款增速均在30%以上。

从信贷投放节奏看，贷款投放季末冲高季初回落明显，波动性大，但逐季收窄。3月、6月、9月贷款增量分别为108.20亿元、152.01亿元和77.25亿元，也是全年贷款增加最多的三个月份，季初则大幅回落，4月、7月和10月贷款增量分别为-1.39亿元、11.17亿元和-18.37亿元。票据融资大起大落，在很大程度上加剧了贷款投放的波动性。

从贷款投向看，个人住房按揭、批发和零售行业和水利、环境和公共设施管理业贷款增加最多，居民服务类及其他服务行业贷款增幅最快。全年以个人住房贷款和基础设施贷款为主中长期贷款呈持续快速增加态势，贷款中长期化进一步加深，期限错配风险进一步加大。截止年末，中长期贷款余额1 842.10亿元，较年初增加405.56亿元，占全部贷款增量65.4%；中长期贷款余额占全部贷款余额的比重为61.6%，较年初上升0.6个百分点。其中，个人住房贷款较年初增加168.25亿元，占新增个人贷款的75%，增长39.6%；水利、环境和公共设施管理业较年初增加105.39亿元，增长46.9%。新增贷款投向最大的行业是批发和零售业，较年初增加116.28亿元，增长42.4%。居民服务类及其他服务行业贷款增幅最快，较年初增加12.89亿元，增长104.2%。

从客户结构看，大客户贷款占比仍处于较高水平，集中度风险仍然突出。从年末大中小企业贷款变化看，大企业贷款集中度有所上升。至年末，大企业的贷款余额为570.68亿元，较年初增加121.18亿元，贷款增速为27.0%，高出贷款平均增速近3个百分点，大企业集中度有所上升，比重上升1个百分点。

从风险状况看，部分信贷领域集中度风险进一步凸现。房地产依然是辖内银行信贷资金投放最集中的领域，2009年个人住房贷款大幅增长，年末全市房地产类贷款占各项贷款的31.5%。此外，信用卡坏账率已上升到较高水平，不良余额为0.14亿元，比上年增长近40%，不良率4.31%，较年初上升0.37个百分点。

从贷款币种看，外币贷款快速增长。年末全市金融机构外币存款余额25.97亿美元，比年初减少0.05亿美元，下降0.2%；外币贷款余额34.70亿美元，比年初增加12.84亿美元，增长58.8%。其中，进出口贸易融资和短期贷款分别增加7.30亿美元和4.74亿美元。在外贸逐步回暖、人民币升值预期和美元贷款利率随之走低成本优势明显等因素的作用下，外币贷款快速增长。

年末全市银行业金融机构不良贷款余额33.62亿元，较年初减少9.99亿元，不良率1.12%，较年初下降0.72个百分点，不良贷款率创历史新低。从机构看，国有银行不良贷款余额下降最多，合计6.95亿元，外国银行分行下降1.50亿元，股份制银行下降0.24亿元。从行业看，不良贷款上升最快的依次是制造业、个人贷款、信息传输、计算机服务和软件业，较年初分别增加1.01亿元、0.31亿元、0.10亿元；在个人贷款中，其他类贷款不良上升最多，较年初增加0.22亿元。全行业平均贷款损失准备充足率从年初的152.59%提升至199.98%，在2008年四季度大幅提升的基础上再增加47.39个百分点；平均拨备覆盖率从113.45%上升为173.14%，增加59.69个百分点，整体上达到并超过了150%的拨备覆盖率要求。

2009年全市银行业累计实现税后利润55亿元，较上年增加4.57亿元，增长9%。受利差收窄和防御性拨备支出增加等因素影响，前11个月，在贷款放量增长的情况下，全行业利润却一直呈现显著下降态势。但由于2008年底部分银行集中加大了拨备计提力度，2009年底辖内银行业才一举扭转了此前利润较上年下降的局面，实现全年税后利润总额比上年略有增长。在所处经营环境不利的局面下，辖内银行业整体中间业务收入在经营收入中的占比继续提高，平均中间业务收入率为15.3%，较年初上升2个百分点，收入结构得到进一步优化。

（厦门市银监局　供稿）

保　险　业

2009年，厦门全市保费收入58.39亿元，比上年增长24.6%，增速高于全国平均水平10.7个百分点，在全国排名第三，在计划单列市中位居第一。保险密度2 345元，全国排名第四，高于全国水平1 506元；保险深度3.61%，高于全国水平0.3个百分点，在计划单列市中排名第一。赔付支出16.00亿元，下降2.2%。全市保险从业人员2.04万人，其中营销员1.69万人。市场整体运行主要有以下特点：

保险业务均衡较快增长。一是产寿险实现均衡快速发展。2009年，全市保费收入58.39亿元，增长24.6%，提前一年实现“十一五”发展规划目标。财产险、人身险分别实现保费19.42亿元、38.98亿元，分别增长24.4%和24.7%，高于全国平均水平1.3和13.7个百分点。二是车险非车险实现同步增长。车险保费收入13.70亿元，增长25.5%。非车险增速略有回升，实现保费5.71亿元，增长22.0%。三是分红险等寿险业务带动人身险较快增长。分红险保费19.23亿元，增长43.0%；万能险保费7.82亿元，增长33.3%，分红万能险合计对人身险增长贡献率达101.2%。

结构调整取得积极进展。一是寿险公司标准保费比上年增长23.6%，增速提高8.2个百分点，高出全国增速4个百分点。APE指标新单折标率49.2%，比上年上升1.3个百分点，高出全国平均水平11个百分点。新单期交率35.1%，比上年上升

4.7个百分点，高出全国平均水平9.9个百分点。个人代理业务占比59.6%，保持主渠道地位，银邮代理业务占比30.0%，与上年基本持平。二是财产险公司信用险、工程险、企财险等非车险业务分别比上年增长66.4%、92.6%和13.1%，非车险市场占比29.4%，高于全国平均水平4.4个百分点。

市场体系进一步完善。全年共新增长安责任、阳光财险、嘉禾人寿3家公司，保险公司主体达到29家，其中财产险公司16家，人身险公司13家。保险公司总资产110.49亿元，比上年增长24.3%。专业中介机构27家，减少1家；兼业代理机构806家，增加127家。继2008年君龙人寿设立后，2009年保监会又批准由富邦人寿保险与富邦产物保险两家台资保险公司共同在厦门筹建一家法人产险机构。基本形成了以保险分公司为主体，多层次、多专业主体协调发展的市场格局。

服务能力持续增强。一是围绕服务“保增长”，充分发挥抵御金融危机作用。出口信用险承保出口企业282户，增长35.6%；保费收入1.30亿元，增长60.3%；实现保单项下贸易融资6.82亿美元，增长122.6%；一般贸易渗透率19.6%，提高了10.5个百分点。二是围绕服务“保民生”，积极参与社会保障体系建设。城镇职工补充医疗保险覆盖全体城镇职工，保单年度参保人数超过72万人。企业年金累计受托金额7.84亿元，服务职工18.9万人，分别增长了37.5%和25.2%。三是围绕服务“保稳定”，切实发挥社会风险管理功能。为全市243万常住人口承保了全民自然灾害公众责任险，为全市30多万师生承保了校方责任险，为全市456个工程项目近20万建筑农民工承保了意外险，为全市22万农户承保了农房保险，对相关人群覆盖率均达到100%。

（厦门市保监局　余玲玲供稿）

证　券　业

2009年，厦门有3家企业（科华恒盛、三五互联、三维丝）IPO申请获得中国证监会审核通过，拟募集资金4.29亿元，其中三五互联拟在创业板挂牌，是福建省首家被批准在创业板上市的企业。截止年底，厦门辖区共有18家境内上市公司，其中：A股公司17家，B股公司1家；总股本77.55亿股，流通股本55.19亿股，总市值844.39亿元，流通市值712.81亿元，较上年末分别增长3.8%、10.5%、112.3%、203.9%；历年累计募集资金总额138.77亿元，其中：首发融资额40.92亿元，配股、增发再融资总额97.85亿元。

3家上市公司启动再融资工作。其中，厦工股份发行6亿元存续期限为5年的可转换债券，实现了辖区发行可转债零的突破；厦门国贸配股发行1.43亿股，募集资金10.48亿元；ST雄震定向增发1.9亿元申请获中国证监会有条件审核通过。

新增3家证券营业部（东莞证券厦门枋湖东路证券营业部、厦门证券后江埭路营业部、厦门证券仙岳路营业部）和1家证券代表处（台湾富邦证券厦门代表处）；1家营业部迁址晋江；6家证券服务部规范为证券营业部，完成辖区全部证券服务部规范工作。截止年底，厦门辖区共有1家证券公司、36家证券营业部（本地证券公司所属5家，异地证券公司所属31家）、2家台资证券公司代表处和4家证券投资咨询机构；证券投资者开户（资金账户）数为74.03万户，较上年末增长11.3%；证券机构总资产152.90亿元，较上年末增长121.8%；证券从业人员有1 630人，较上年末增长58.6%。全年全市证券交易量1.21万亿元，较上年增长63%；营业收入和净利润分别为12.73亿元和6.73亿元，较上年分别增长36%和50.9%。

根据《证券经纪人管理暂行规定》，厦门证监局坚持审慎为先、风险可控的原则，核准华泰联合证券厦门湖滨南路营业部实施证券经纪人制度。

新增4家期货营业部（首创期货厦门营业部、国信期货厦门营业部、良茂期货厦门营业部、五矿海勤期货厦门营业部）。截止年底，厦门辖区有3家期货公司和12家期货营业部；期货投资者累计开户数为3.57万户，较上年末增长107.6%；期货经营机构总资产29.70亿，较上年末增长186.4%，期货从业人员489人，较上年末增长129.6%。全年厦门辖区期货代理成交金额2.39万亿元，较上年增长129%；期货经营机构营业收入、净利润分别为2.55亿元、7 034.21万元，较上年分别增长58.4%和77.3%。

3家期货公司正式启用统一开户系统，升级相关信息系统，提高了市场防范风险能力和市场运行效率。

根据中国证监会的统一部署，厦门证监局对辖区具备基金销售资格的厦门证券公司和中国工商银行等7家商业银行厦门分行的基金销售业务进行了现场检查，着力规范辖区基金销售行为。多次召开打非领导小组成员联席会议，实施联合行动，先后对涉非线索进行了近30人次的摸查暗访，对9家涉及非法证券活动的机构实施了查处措施。组织开展投资者教育“创先争优”活动，指导证券经营机构做好投资风险揭示、业务规则讲解、股民学校建设、创业板市场宣传等重点工作。加强与媒体的合作，先后与厦门电视台合作制作了12期《金融聚焦》专题节目；利用公交车载体，在全市102条公交线路、1 700多辆公交车上播放投资者教育动漫宣传片。参与厦门市政府组织的“市长专线”和网上“领导专访”活动，专门就防范非法证券活动等有关问题解答市民咨询。

（厦门市证券局　孟宪芹供稿）

拍　卖　业

至2009年底，厦门市共有26家拍卖企业和7家拍卖分支机构，全年（不包括拍卖分支机构）共完成拍卖成交额40.67亿元，比上年增长30.4%，其中房地产16.13亿元，文化艺术品0.52亿元，农副产品0.46亿元，机动车0.20亿元，公物0.36亿元，财产权利14.53亿元，其他8.47亿元。

（厦门市贸发局　陈慧坚供稿）

贸 易 · 投 资

内贸工作

争取扶持资金。一是从商务部获得扶持资金10 272万元。其中，促进服务业发展专项资金额度为3 220万元，农村物流服务体系专项资金额度为765万元，家电下乡补贴资金3 856万元，汽车以旧换新补贴1 500万元，中小商贸企业发展专项资金745万元，品牌发展专项资金186万元。二是从市财政获得扶持资金2 798万元，重点用于台湾水果销售集散中心、闽南果蔬批发市场、冻品批发市场、“黄金香”冷链系统、标准化菜市场等专业市场改造建设；鼓励商贸企业提升，发展现代流通方式，落实搞活流通扩大内需等有关项目。

加大促销力度。简化商贸企业促销审批手续，营造宽松的促销环境，做到月月有活动，周周有促销，并分别于上下半年的淡季举办“购物嘉年华”和“购物节”活动，有力地带动了全市的商业消费，尤其是“厦门购物节”成为了全市规模最大、效果最佳的促销活动，并先后获得商务部“扩大消费、创新生活”全国50项重点活动和“中国十大创新节庆活动”奖等荣誉称号。

大力推进“促消费”活动。一是“家电下乡”活动成效明显。家电下乡中央财政拨款3 856万元，厦门市财政安排配套资金289万元，自2月份启动至年底，家电下乡总销售量为2.25亿台，销售金额为4 856万元，财政已兑付补贴320万元，有效带动了农村消费；二是汽车以旧换新工作进展较快。争取商务部资金1 500万元，至年底已有764辆车提交报废，其中187台车车主提出以旧换新补贴申请，经审核64台车符合标准，并进入资金拨付程序；三是家政服务建设进展顺利。共争取商务部“家政服务工程”扶持资金500万元，“家政服务网络体系”扶持资金200万元；至年底7家承办企业已为家政服务人员免费进行业务技能培训，完成共计2 393人次的培训，同时，完成了“厦门家政服务网络中心”平台建设，该平台在技术运作模式和综合功能方面达到国内领先水平，有效满足了市民对家政服务的需求，规范了家政市场；四是推进“早餐示范工程”试点。争取商务部扶持资金600万元，确定了厦门早龙食品有限公司和厦门市黄则和食品有限公司为我市开展早餐示范工程建设试点工作的企业，并大力推进试点企业农残检测、信息化管理和配送中心的建设；五是继续推进“万村千乡市场工程”；全年共完成农家店改造建设160个，配送中心2个，验收合格农家店140个，配送中心1个，拨付中央资金171万元，地方资金120万元；六是推进下乡产品流通网络建设。共获商务部扶持资金194万元，至年底已有40个家电下乡销售网点，3个售后服务网点，7个配送中心，1个汽车报废公司申请资金扶持。

发展现代流通方式。万村千乡物流配送中心建设取得显著成效，新建和改造170个农家店，祥穗莲花日用消费品配送中心已实现了近三十家日用品农家店的统一配送。连锁企业不断开设分店，扩大连锁规模，全年苏宁、新华都、永辉等连锁企业增开6家新门店，中闽百汇、南中大地广场、加州来雅等多家新店开业，特易购首家门店也即将开业。积极探索电子商务工作，召开电子商务企业座谈会，开展网上电子商务调查，并与信息产业局、工商局联合举办“B2C论坛”，邀请淘宝网等方面人士就推动厦门市B2C发展等方面进行研讨，扩大厦门市网络销售的影响力和知名度，为下一步推动电子商务的发展夯实了基础。2009年厦门市B2C销售额超过二亿元，比上年增长约二十倍，呈现高速发展势头。

进一步完善商业设施。一是推进重点商业项目。全市在建的重点商业项目有33个，总投资额102.4亿元，大部分项目都将于2011年之前内竣工，这将使厦门市商业设施大大完善；二是推进高档商业建设。磐基酒店名品中心、SM二期、TESCO购物中心、五缘湾二期等项目相继引进一批世界知名品牌入驻；三是继续扶持特色商业街建设。重点改造海沧油画街、筼筜路咖啡休闲文化街、古城东路闽台特色商业街、翔安大嶝闽台美食街、思明电子数码街等5条特色商业街。

促进商贸企业发展。一是开展中小商贸企业融资担保。争取商务部资金319万元，全年共为厦门市中小商贸企业单笔800万元以下贷款提供担保共130笔；二是推进国内贸易信用保险。争取商务部资金426万元，共为20家企业的28.1亿元保险金额的保费进行扶持；三是解决流通企业困难。就工商企业用电同网不同价、银联卡刷卡费过高、社会消费品零售总额增幅偏低等热点难点问题开展专题调研，提出相应解决建议，积极帮助指导企业解决当前发展中遇到的困难和问题。

（厦门市贸发局　陈慧坚供稿）

对台贸易

一、对台贸易概况

2009年，厦门市对台进出口额42亿美元，比上年增长9.7%，其中，出口额8.0亿美元，增长12.0%；进口额34.0亿美元，增长9.1%。对台贸易增幅高出全省平均水平13.4个百分点，高出全国平均水平27.5个百分点；对台贸易总额占全省的60.1%，占全国的4.0%。台湾继续保持厦门市第一大进口来源地，并成为第六大出口市场，比上年上升一位。

台资企业是对台贸易的主力。2009年，内资企业对台进出口额5.9亿美元，比上年增长26.4%；境外投资企业对台进出口额36.1亿美元，增长7.3%。

对台贸易仍以加工贸易为主。2009年，厦门市对台加工贸易进出口30.8亿美元，比上年增长15.7%，占全市对台贸易总额的73.3%；一般贸易进出口9.8亿美元，增长6.7%；其他贸易方式进出口1.4亿美元，下降44.1%。

自台进口仍以上游原料为主。全年进口的主要大类商品有：液晶显示板进口16.8亿美元，比上年增长31.3%；处理器及控制器进口2.2亿美元，增长35.6%。此外，对二甲苯等化工原料进口量也较大。

二、对台贸易主要工作

积极争取先行先试政策。积极向商务部提出两岸在签署经济合作协议中厦门可以先行先试的有关建议，并结合贯彻落实国务院《关于支持福建省加快建设海峡西岸经济区的若干意见》，向市委、市政府和相关部门提出推动与台湾经贸往来的相关政策措施建议，为发挥厦门对台区位优势献计献策，同时，跟踪两岸商签经济合作框架协议（ECFA）的进展情况，争取商务部、国台办在商签ECFA时能够惠及厦门。

做大台湾水果集散中转。继续实施台湾水果进口奖励政策，加大硬件基础设施建设，并积极协调解决台湾水果通关、检疫过程中遇到的问题，大力帮助经营者开拓大陆市场。2009年，厦门口岸台湾水果进口量达到4 218吨，是上年的2.6倍，占大陆进口总量的一半以上，位居大陆首位。

搭建涉台会展平台。积极推动厦门市会展业与台湾的对接，充分利用厦门在海峡西岸的良好会展资源优势，积极策划并推动厦门市办展机构赴台办展，在台组织举办了“2009两岸建筑建材暨产品展”、“2009两岸光电展”、“2009两岸佛事用品展”等展会。其中，“2009年两岸建筑建材暨产品展”参展规模及展会成果均比上届有较大幅度的提高，展位数达168个；来自大陆14个省份的21个城市的117家企业参展参会，参展商品达3 335种，已成为厦门市在台的固定经贸平台。同时，充分利用厦门市专业展会平台，积极邀请台湾有关机构主办或协办，并广邀台商前来参展，2009年厦门市举办的18个常年展中，9个专业展览会有台湾工商团体参与主办或协办，11个专业展吸引了575家台湾本岛企业参展，展位1 521个，分别增长17.4%和11.8%。

（厦门市贸发局　陈慧坚供稿）

会　展　业

2009年厦门市共举办展览活动116场，展览面积达85.75万平方米，分别比上年增长36.4%和36.8%。全年共举办各种外来会议活动1 323场，参会人数达32.5万人次，参会人数增长12.4%。参会人数超万人的会议39场，参会人数达7.28万人次，占全年全市会议人数的22.5%。

在第五届中国国际会展文化节上厦门被评为“中国十大魅力会议目的地”。

一、主要特点

文体赛事、节庆活动促成会展大格局。2009年，厦门市成功举办了国际马拉松、国际龙舟赛、保生慈济文化节、郑成功文化节、花车巡游、鼓浪屿钢琴节等一大批品牌活动，与展览、会议一起形成了厦门会展大格局。全市共举办文化赛事4场，参与演员二千多人，参观群众数十万；举办体育赛事69场，涉及排、篮、足等近20个门类，有10.7万人参加；举办节庆活动6场，参与演员、参观群众数十万人次。

品牌带动效应强劲。厦门市已培育出中国国际投资贸易洽谈会、海峡两岸机械电子商品交易会、中国（厦门）国际石材展览会、中国（厦门）国际佛事用品展等一批在全球和地区知名度较高的品牌展会。这些展会在自身发展的同时带动和衍生出一大批新的展会，对厦门会展业的发展带动力强劲。2009年，第十三届中国国际投资贸易洽谈会同期举办了首届国际地产投资交易会；海峡两岸机械电子商品交易会同期举办了首届工程机械展；2009海峡西岸汽车博览会同期举办了汽车零配件展、海西物流与供应链展；中国（厦门）国际佛事用品展同期举办了中国（厦门）素食展等。全年新增展览8个。

二、主要工作

优化会展发展环境。2009年，市委、市政府将会展业列入重点培育的现代服务业产业集群，并且制定出台了《厦门市会展产业集群2009—2015年发展规划》。同时，为适应会展市场的发展需求，帮助企业应对国际金融危机的影响，厦门市修订完善了《厦门市鼓励会展业发展专项资金使用管理办法》，降低初次资助门槛（扶持规模由原来的300个展位降为200个展位），延长资助年限（资助年限由原来的3年延长为6年），新增在厦门市举办的国内大型会议和国际会议的奖励，并对品牌企业参展、台湾企业参展给予资助，同时对招揽引进的大型展览也给予奖励。此外，还出台了扶持会议业发展的税收优惠政策，减轻会展企业税收负担，提高了招揽会议的竞争力。

完善会展硬件设施。2009年，厦门市在注重会展软环境建设的同时，协调各方力量，加强会展硬件建设。厦门国际会展中心二期、国际会议中心等相继投入使用，大大提高了厦门市的会展承接能力和保障水平。温德姆大酒店、佰翔大酒店等一批高星级酒店正式投入使用，使全市商业性会议室面积达到9.2万平方米，设有五百平方米以上会议室的场所达13家，一千平方米以上的场所7家，14家单位配备有同传设备，承接国际国内大型会议的能力进一步增强。

小资料：

大型展览活动简介

1. 第十三届中国国际投资贸易洽谈会。共有83个国家和地区的492个境外机构组团参会，125个国家和地区的1.38万名境外客商和4.17万名境内客商参会。大会共签订各类投资项目742个，总投资金额158.4亿美元，利用外资134.6亿美元；其中，合同项目515个，总投资金额87.8亿美元，利用外资75.3亿美元，千万美元以上的合同项目247个；签约“走出去”项目21个，总投资12 109万美元，其中，中方投资9 521.7万美元。本届投洽会总展览面积6万平方米，展览规模创历届之最，共设2 800个国际标准展位，比上年增加300个。此外，大会还举办67场高水平论坛研讨会，共有来自60个国家的368位嘉宾发表了演讲，听众为1.43万人次。

2. 第十三届海峡两岸机械电子商品交易会。本届台交会参展企业八百多家，展览规模达1 970个国际标准展位，其中台湾及台资展位五百多个，共吸引了来自40个国家和地区的三万多名专业客商参会，其中境外客商近五千人，境外客商主要来自台湾、香港、东南亚、南亚和中东等地。

3. 第九届厦门国际石材展览会。第九届石材展展览面积达9万平方米，设置4 800个标准展位，参展企业超过一千二百家，其中包括850家境内石材企业、约一百五十家石材工具机械企业和42个国家逾二百家境外石材企业。展会共吸引了来自125个国家的8.67万名专业客商，其中境外专业采购商达1.39万名。石材展以其强劲的发展态势，赢得了世界石材产业的关注，成为了境内外石材企业结识新客户、开拓新市场的重要平台，也带动了中国乃至世界石材产业的发展。

4. 2009海峡西岸汽车博览会。汽博会期间共有59家车企62个品牌参展，288款新车集中亮相，展览规模达到4万平方米。展会期间共完成销售车辆2 162台，成交额3.02亿元，分别比上届增长2.7和2.6倍。仅宝马品牌销售就达一百六十多台，十万人到会观展，数千人圆购车梦。海西汽博会期间同期举办了领袖车展、新能源汽车科普图片展、海峡两岸大学生未来车创意作品展、海西车模赛、爱车人摄影大赛、汽博会不仅是汽车展示的平台，同时也是文化和历史的演绎平台。海西汽博会被中国会展行业年会评为2009年度“中国行业品牌展会金鼎奖”。

5. 第四届中国（厦门）国际佛事用品展览会。2009年佛事展的规模由上年的2.5万平方米扩大到2.7万平方米，展位数近一千四百个，参展商数量近四百余家，其中三分之一为来自台湾和台商在大陆兴办的企业。总计境外参展企业数约一百八十个，分别来自香港、澳门、台湾、日本、韩国、新加坡、马来西亚、印尼、泰国、越南等10个国家和地区。据统计，本届展会共吸引国内外观众约八万人次到会参观，其中来自各地的专业观众2.64万人，包括来自香港、澳门、台湾、日本、韩国、新加坡、马来西亚、印尼、泰国、越南、美国、加拿大、德国、澳大利亚等16个国家和地区的超过八千名境外专业客商。展会期间，展商现场成交金额达2.17亿人民币、718万美元；此外，客商与展商签订的意向协议达5.62亿人民币、1 711万美元。

6. 第五届海峡两岸图书交易会。本届展会共有623家出版社和出版相关单位参展，参展图书共20万种，146万册。前来参观购书和交流的业内人士和读者共三十七万余人次。展场图书零售230万元，现场销售采样量近一百五十万册，突破四千万元人民币。此外还举办了“华文出版交流论坛”、“第三届两岸大学生演讲比赛”等多项配套活动，海峡两岸图书交易会已成为两岸文化交流的重要平台。

7. 第二届海峡两岸（厦门）文化产业博览交易会。海峡两岸（厦门）文化产业博览交易会（简称“文博会”）由文化部、国台办、光电总局、新闻出版总署主办，厦门市人民政府承办。文博会共设置一个主展馆，八个分会场。主展馆设在厦门文化艺术中心，展出面积共计2.1万多平方米，设置标准展位1 146个。

（厦门市贸发局　陈慧坚供稿）

放心食品工程

2009年，厦门市肉、禽、蛋、菜、果、水产品等主要副食品供应正常，价格总体稳定。其中，生猪定点屠宰124.4万头（相当于人均消费半头），比上年增长10%，年均价格较上年下降二成以上。全市17项主要食品安全检测指标均达到标准要求。其中，4项指标与往年相比进步明显，肉品“瘦肉精”抽检超标率为0.03%，较上年下降57%；蔬菜农药残留抽样超标率为1.93%，下降30%；生产加工领域食品抽样合格率为99.7%，提高0.21个百分点；流通领域食品抽样合格率为93.75%，提高0.34个百分点。

一、主要特点

猪价呈大幅回落态势。全年生猪年均收购价11.87元/公斤，比上年下降24.9%；统肉年均批发价14.26元/公斤，比上年下降23.9%。生猪价格大幅回落的主要原因是在国家鼓励政策的作用下，养猪户积极性明显提高，生猪存栏量不断增加，供求关系得到了明显改善。

蛋品价格保持平稳。全年蛋品批发上市量为6 659吨，鸡蛋、鸭蛋年均批发价分别为7.25元/公斤和8.92元/公斤，比上年分别上涨0.3%和1.8%，基本平稳。

蔬菜价格稳中有降。全年蔬菜批发上市量143.5万吨，年均批发综合价为2.50元/公斤，比上年下降1.2%，除个别台风和雨天价格有所波动外，全年价格总体稳中有降。

水产品价格大幅上涨。全年水产品（冻品、鲜品、活品）批发上市量为9.6万吨，批发均价为38.90元/公斤，比上年上涨39.9%。

家禽价格稳中见涨。全年家禽批发上市量为6 399.3吨，鸡年均批发均价11.62元/公斤，比上年上涨1.5%；鸭年均批发均价20.51元/公斤，比上年上涨0.9%。

二、主要措施

强化食品安全工作。一是组织贯彻实施新颁布的《食品安全法》。积极协调有关部门解决企业办证问题和有关食品安全监管问题；积极宣传培训，大力普及新法，并举办食品安全法与食品行业发展论坛，强化主体责任意识。二是做好新法衔接。针对《食品安全法》贯彻实施中出现的许可审核等具体问题，及时进行协调，确保厦门市食品安全监管工作落实到位。三是做好各项专项整治。开展夏季食品安全专项治理行动，对食品批发市场、集贸市场、商场超市、餐饮企业等重点区域开展集中检查，有效保障投洽会、端午、中秋、国庆、中高考等重要活动和节假日的食品安全。

加强市场监测调控。一是提升监测深度和广度。扩大监测覆盖面，加强涉农领域、大型骨干企业的监测，加强生活必需品销售量、销售额、库存量数据的监测，加强工业消费品价格的监测，加强对农产品销售的监测，及时掌握市场动态变化，强化运行分析，为政府和企业决策提供科学依据，及时发现并解决市场运行中出现的各种问题。2009年厦门市监测数据质量稳步提高，在商务部考核的36个城市中，排名从第23名上升至第11名。二是完善重要商品储备制度。完成市级重要副食品储备，其中冻肉储备1 750吨，罐头300吨，食糖400吨；定期掌握储备商品的供求、库存状况，确保应急需要；同时组织引导大型流通企业、运销大户等做好与生产企业的产销对接，建立由一批大型骨干批发零售企业组成的生活必需品采购投放网络，加大政府宏观调控和应对突发事件的能力。

强化牲畜屠宰管理。一是规范屠宰场点。制定了《厦门市定点屠宰场点设置实施方案（2009—2011年）》，关闭西柯、灌口2家屠宰场；组织指导5家规模屠宰企业积极参与资质等级认定，厦门亿香肉类联合加工有限公司、厦门银祥肉业有限公司2家企业通过三星级资质等级验收，马巷、凤岗2家屠宰场通过一星级资质等级验收。二是强化屠宰执法。开展私屠滥宰等专项整治行动，全年共组织执法247次，出动2 193人次，检查重点部位889处，处理违法案件811起，没收未经检疫肉品1.8万公斤。三是开展“放心肉”服务体系建设。制定《厦门市“放心肉”服务体系建设工作方案》，在全市星级屠宰场开展生猪进场有毒有害物质检验检疫自检并建立月报制度；确定支持厦门银祥集团有限公司升级冷链；开展溯源体系建设，制定肉品质量可追溯系统建设方案和冷链建设工作方案；项目建设获商务部700万资金支持。

完善酒类监管模式。一是进一步规范管理。强化酒类经营企业备案制度，至2009年底全市累计已备案批发企业373家、零售点6 476个；完善酒类流通监管模式，启用商务部制定全国统一格式的《酒类流通随附单》，促进酒类流通市场健康发展。二是扩大宣传和打击制售假力度，通过新闻媒体宣传、开展3·15国际消费者权益日大型现场咨询展示活动、印制新版《酒类管理宣传手册》、开展未成年人禁酒教育实践等活动；同时加大打击制售假酒力度，全年共出动七百多人次，对全市一千多个宾馆酒楼、零售店、大排档进行检查。三是创办“放心酒直供店”新模式，在前埔、集美各开办了2家放心酒直供店，建立和扩大放心酒网络。

推动生鲜产业升级。一是实施菜市场标准化（超市化）改造。筛选提出35家菜市场作为改造项目，共获商务部扶持资金1 050万元，至年底已完成30家改造任务，使菜市场面貌大为改观。二是推进“双百市场工程”建设。向商务部推荐了同安闽南果蔬批发市场和台湾水果销售集散中心、厦门市场开发建设服务中心下属的集美市场、白泉市场、灌口市场等4个农贸市场改造项目作为“双百市场工程”改造项目，获商务部400万资金支持，并积极推进项目实施，至年底已完成了3座交易棚4 278平方米的改造和新建一座2 661平方米零售市场，项目总投资444.19万元，其余的四家正在改造中；闽南果蔬批发市场投入改造后，年交易额24.4亿元，交易量116万吨，带动本地2.55万亩果蔬基地建设，涉及1.5万农户，为社会提供了1万个就业岗位，年增加农村收入二千万元以上。

（厦门市贸发局　陈慧坚供稿）

限额以上住宿餐饮业

至2009年底，厦门市限额以上住宿餐饮业企业法人203个。按登记注册类型划分，国有企业35个，集体企业2个，联营企业3个，有限责任公司51个，私营企业68个，港、澳、台商投资企业26个，外商投资企业15个，其他企业3家。限额以上住宿餐饮业企业年末从业人员3.43万人，全年营业额46.34亿元。

全年住宿业法人单位99个，全年营业额24.86亿元。其中，客房收入12.06亿元，占营业额的48.5%；餐费收入9.46亿元，占营业额38.1%；商品销售及其他收入3.34亿元，占营业额的13.4%。全年主营业务利润16.5亿元，年末资产总计63.6亿元。按登记注册类型划分，内资企业法人80个，营业额15.44亿元，占住宿业营业额的62.1%；港澳台商和外商投资企业法人19个，全年营业额9.42亿元，占住宿业营业额的37.9%。

餐饮业法人单位104个，全年营业额21.47亿元。其中，餐费收入20.93亿元，占营业额97.5%。全年主营业务利润10.36亿元，利润总额0.2亿元，年末资产总计11.84亿元。按行业中类划分，正餐服务业法人89个，快餐服务业法人10个，饮料及冷饮服务1个，其他餐饮服务业法人4

个。按登记注册类型划分，内资企业法人 82 个，占 78.8%，全年营业额 10.8 亿元，占餐饮业营业额的 50.3%；港澳台商和外商投资企业法人 22 个，占 21.2%，全年营业额 10.67 亿元，占餐饮业营业额的 49.7%。

（厦门市统计局　胡婷婷供稿）

限额以上批发和零售业

2009 年底，厦门市限额以上批发和零售贸易业企业法人共 1 217 个。在全部法人单位中，按登记注册类型划分，国有企业 60 个，集体企业 7 个，股份合作企业 2 个，联营企业 11 个，有限责任公司 470 个，股份有限公司 20 个，私营企业 553 个，其他企业 36 个；港、澳、台商投资企业 28 个，外商投资企业 30 个。按行业划分，批发业法人企业 1 001 个，占全部法人单位数的 82.3%；零售业法人企业 216 个，占全部法人单位数的 17.7%。

全市限额以上批发和零售贸易业企业全年商品销售总额 2 918.27 亿元，其中批发额 2 631.72 亿元，零售额 286.55 亿元。销售总额按企业登记注册类型划分，内资企业 2 678.81 亿元，占全部销售总额的 91.8%；港、澳、台商投资企业 151.2 亿元，占全部销售总额的 5.2%；外商投资企业 88.26 亿元，占全部销售总额的 3%。其中，在零售总额中，内资企业 238.99 亿元，占 83.4%；港澳台商、外商投资企业 47.56 亿元，占 16.6%。

在内资企业商品销售总额中，国有企业 450.79 亿元，集体企业 3.35 亿元，股份合作企业 0.88 亿元，联营企业 16.71 亿元，有限责任公司 768.6 亿元，股份有限公司 684.04 亿元，私营企业 707.87 亿元，其他企业 46.57 亿元。

从分行业来看，批发业企业 1 001 家，实现销售额 2 659.46 亿元，占商品销售总额的 91.1%。按行业中类划分，销售额超百亿元的批发行业有：矿产品、建材及化工产品批发业、纺织服装及日用品批发业、食品、饮料及烟草制品批发、机械设备、五金交电及电子产品批发业等，其销售额占商品销售总额的比重分别为 42.0%、18.7%、13.3% 和 9.9%。零售业企业 216 家，实现销售额 258.81 亿元，占商品销售总额的 8.9%。零售额居前的零售行业小类主要有：汽车、超级市场、百货零售业、机动车燃料零售、家用电器零售业。

限额以上批发和零售贸易业企业商品销售按类值划分，销售额在 100 亿元以上的主要商品类别有：金属材料类、服装鞋帽针纺织品类、化工材料及制品类、食品饮料烟酒类、机电产品及设备类、石油及制品类、汽车类、木材及制品类和其他类，销售额分别为 427.87 亿元、422.99 亿元、324.12 亿元、241.56 亿元、150.86 亿元、142.9 亿元、128.31 亿元、103.6 亿元和 195.27 亿元，占全部销售总额的比重分别为 16.9%、16.7%、12.8%、9.6%、6.0%、5.7%、5.1%、4.1% 和 7.7%。在销售额中，零售额 10 亿元以上的商品类别有：汽车类 89.3 亿元，食品饮料烟酒类 42.12 亿元，石油及制品类 40.96 亿元，服装鞋帽针纺织品类 23.65 亿元，家用电器和音像器材类 16.88 亿元，日用品类 12.2 亿元，中西药品类 11.18 亿元，分别占限额以上批发和零售业企业商品零售额的 32.3%、15.3%、14.8%、8.6%、6.1%、4.4% 和 4.0%。上述七大类商品的零售额合计 236.27 亿元，占限额以上批发和零售企业全部商品零售额的 85.5%。

限额以上批发和零售贸易业企业全年主营业务收入 2 471.52 亿元，主营业务利润 141.82 亿元，利润总额 48.75 亿元，年末资产总计 1 158.15 亿元。

限额以上批发和零售贸易业企业年末从业人员 6.46 万人，其中批发业从业人员 4.01 万人，占 62.1%；零售业从业人员 2.45 万人，占 37.9%。按企业登记注册类型分，国有企业 5 461 人，占 8.5%；集体 288 人，占 0.4%；股份合作企业 38 人，占 0.1%；联营企业 219 人，占 0.3%；有限责任公司 2.03 万人，占 31.4%；股份有限公司 7 383 人，占 11.4%；私营企业 2.08 万人，占 32.2%；港澳台商投资企业 3 634 人，占 5.6%；外商投资企业 5 036 人，占 7.8%；其他企业1 487 人，占 2.3%。

（厦门市统计局　胡婷婷供稿）

亿元以上商品交易市场

2009 年厦门市商品交易市场稳步发展。截至年底，全市拥有年成交额亿元以上的市场 18 个，按市场门类分，综合市场 8 个，专业市场 10 个；按经营环境分，露天式市场 4 个，封闭式市场 11 个，其他市场 3 个；按经营方式分，以批发为主的市场6个，以零售为主的市场12个。全部亿元市场摊位总数达5 991个，比上年增加57个，期末营业面积36.31万平方米，实现商品成交额105.55亿元，比上年增长1.8%。

随着市场竞争的日趋激烈，厦门市大部分商品交易市场逐步加大改造力度，努力改善经营环境，从而提高市场的竞争力和知名度。2009年全市亿元以上商品交易市场营业面积超过二万平方米的市场有7个，其中吉家·家世界市场期末营业面积达7万平方米。按经营环境分，封闭式市场有11个，营业面积达22.98万平方米；露天式市场4个，营业面积为4.56万平方米；其他市场3个，营业面积为8.77万平方米。

18个亿元市场全年成交额105.55亿元，比上年增长1.8%。其中批发市场成交额54.18亿元，平均摊位年成交额356.69万元；零售市场成交额51.37亿元，平均摊位成交额114.86万元。从市场类别看，综合市场成交额22.79亿元，专业市场成交额82.75亿元。2009年亿元市场交易商品多、品种全，辐射功能不断增强。全市商品交易市场经营范围不断扩大，涉及商品种类丰富，生活资料有食品饮料烟酒、纺织品、服装鞋帽、农副产品、蔬菜、水果、粮油等商品，生产资料有金属材料、建筑及装潢材料类、木材、纺织原料等。各类专业市场建设的进一步发展，全市商品交易市场的辐射功能进一步增强。

（厦门市统计局　胡婷婷供稿）

限额以上连锁店

至2009年底，厦门市有限额以上连锁总店（商业、餐饮业）47个，连锁门店1 447个。其中，直营店802个、加盟店645个、平均每个连锁店拥有门店近31个；营业面积49.93万平方米，平均每个门店面积345.09平方米；配送中心34个，其中自有配送中心31个，占91.2%；从业人员1.75万人，比上年增长12.2%；全年营业总收入90.04亿元；其中，零售额79.13亿元，占全市社会消费品零售总额的16.2%。限额以上连锁企业的优势明显，连锁零售业不断发展壮大，市场辐射力显著增强，成为开拓市场、扩大需求新的增长点。

从行业来看，零售业连锁总店35个，连锁门店1046个，拥有门店最多的是厦门黄金香食品有限公司，门店数为103个。连锁零售业营业面积34.33万平方米，从业人员8 823人；全年营业总收入59.69亿元，其中零售额51.32亿元，占全市批发零售贸易业零售额的12.7%。

百货商店1个，即金中华百货，拥有门店9个，从业人员54人，营业面积4 300平方米。超级市场6个，拥有门店66个，从业人员2120人，营业面积5.45万平方米。专业店12个，主要涉及图书、营养品、药品、家电、手机、电脑、珠宝首饰等行业，拥有门店440个，从业人员3 372人，营业面积14.08万平方米。专卖店12家，拥有门店434个，从业人员2 365人，营业面积2.82万平方米。便利店3家，拥有门店75个，从业人员481人，营业面积5 572平方米。其中，零售额超2亿元的企业有8家，即中国石油天然气股份有限公司福建厦门销售分公司、福厦苏宁、永乐思文家电、国美电器、永辉商业、银祥食品、厦门市金鹭首饰有限公司、厦门黄金香食品有限公司；零售额在1亿元~2亿元的企业有3家，即厦门市中博贸易有限公司、福建厦门海晟连锁有限公司、厦门市越千阳发展有限公司。

餐饮业连锁总店9个，连锁门店363个，其中拥有门店最多的是厦门市黄则和食品有限公司，门店数为126个。餐饮业连锁企业营业面积6.64万平方米，从业人员7 825人，比上年增长28.4%；全年实现零售额9.91亿元，占全市住宿餐饮业零售额的14.5%。按行业分类，正餐业6个，即豪佳香、元绿回转寿司、好清香、沃头中餐、阿里朗大酒楼和豪享来，拥有门店144个，从业人员2 949人，营业面积2.37万平方米；快餐业3个，即黄则和、肯德基、麦当劳，拥有门店219个，从业人员4 876人，营业面积4.28万平方米。其中零售额超千万元的企业有6家，即厦门肯德基有限公司、厦门麦当劳食品发展有限公司、厦门黄则和食品有限公司、厦门好清香餐饮管理有限公司、厦门沃头中餐有限公司和厦门豪享来餐饮娱乐有限公司。

按登记注册类型来看，连锁内资企业（单位）仍然是主力军，共有39家，销售总额为79.86亿元，占全部限额以上连锁企业（单位）数的比重为91.3%。其中，国有企业占全部限额以上连锁企业（单位）数的比重25.6%，私营企业占18.1%。港澳台资、外资等限额以上连锁企业（单位）为5个，销售总额为7.57亿元，占全市限额以上连锁企业的8.7%。

（厦门市统计局　胡婷婷供稿）

口 岸 管 理

海关工作

2009年，厦门关区进出口报关单总数为175.16万张，比上年下降4.51%；进出口记录总条数为477.38万条，下降1.70%；监管进出口贸易总值为613.20亿美元，下降7.39%；监管进出口货运量为5 606.64万吨，增长23.8%；监管集装箱总数330.36万标箱，下降12.64%；监管进出境运输工具3.97万辆（架艘），增长4.5%；监管进出境人员331.69万人次，增长8.8%；完成税收入库189.92亿元，下降1.67%，价格水平和归类差异率始终处于绿色区域；办理减免关税3.19亿元，下降48.59%；减免进口环节税9.87亿元，下降48.03%；严厉打击走私犯罪，全年共刑事立案32起，案值5.47亿元；行政立案823起，案值4.64亿元。

形成综合治税强大合力。深入动员部署，正确处理保税收与保增长、优质服务与严密监管的关系，形成上下联动、左右互动、人人参与综合治税的工作局面和氛围。加强组织推动，进一步梳理关区监管通关作业流程，整合关区后续管理力量，建立健全部门间协作配合机制和完善综合治税工作机制。以考核激励调动积极性和主动性，推行税收征管抽样考核制度改革，落实税收奖励政策，及时对综合治税工作突出的个人和集体予以表彰奖励，鼓舞士气，增强完成税收任务的信心。

确保海关税收量质并举。加强监控分析，重点对占关区纳税额90%以上的前400项主要税源商品，开展申报、归类、价格的清理核查，全年归类补税3 067万元，比上年增长16.6%；审价补税1.46亿元，增长3.9%；加强批量复审工作，实现对应税应证报关单100%复审，全年复审补税1 582万元，增长4.1倍。加强实际监管，督促完善监管场所设施，建立监管场所电子底账库，基本完成舱单管理系统切换准备工作，不断加强对监管场所和运输工具规范管理，逐步形成物流“点、线、面”全程联动监控，有效防止“体外循环”；加强查验绩效评估，全年关区查获补税率达11.7%。健全保税监控制度，强化规范申报和动态监控工作，监管实效不断提高；落实内销便利化措施，推行预归类、预审价、单耗预核定等便捷措施，服务扩大内销，全年内销征税11.94亿元，增长58.5%。加强税收执行工作，年内实际追征税款入库980万元。

提升后续管理整体效能。强化税收风险分析布控，依托直属关风险管理平台，建立健全风险布控调控工作机制，充分发挥风险参数的实时甄别和单证分流作用，不断优化布控结构，总体风险布控率和有效率实现双达标。推行稽查绩效考核，努力提高稽查效能，全年共稽查办结企业395家，稽查有效率达41.5%，补税入库7 591.44万元。积极开展企业诚信守法宣传教育，提供优质服务涵养税源，全面推广应用“企业信息综合管理系统”，强化动态分类管理，全年共对549家企业进行类别调整，报关单位和报关员管理得到加强。

维护正常进出口贸易秩序。推动关警深度融合，提高关区反走私整体效能，完善缉私科双重管理、纪检监察特派员工作延伸到驻地缉私分局、案件移交配合机制和案审会决策机制，在干部选用、人员调配等方面加大双向交流力度。突出打击重点，紧贴监管一线，加强情报经营，围绕重点地区、海域、渠道和敏感商品适时开展打私专项斗争，特别是海上缉私取得新突破，连续查获“3·16”走私成品油案、“2·24”走私汽车切割件案等一批走私犯罪大要案。同时，加大对毒品、濒危动植物、武器及其他非涉税物品走私的查缉力度，全年共侦办11起走私毒品案，查获各类毒品11.35千克。坚持综合治理，依靠地方党政，继续完善“科镇挂钩”等反走私综合治理模式，形成打私合力，持续保持打私高压态势。积极履行知识产权海关保护工作职责，全年查获各类涉嫌侵犯知识产权案件269起，案值人民币2 627万元。

推动支持海西政策有效落实。统筹规划、研究部署厦门关区贯彻落实《国务院关于支持福建省加快建设海峡西岸经济区的若干意见》和总署支持措施，出台一揽子工作计划方案，推动支持海西建设政策措施的有效落实。开展课题研究，形成一批针对性、有效性强的研究成果和政策建议，为总署和地方各级党政提供决策参考。加强沟通互动，主动走访地方党政，及时了解地方发展新思路、新需求，协调解决地方党政、企业关注的一些热点、难点问题，并与福州海关联合推出支持海西建设10项措施，共同把中央、总署支持海西决策部署落到实处。

促进海西综合大通道建设。推行通关作业改革，坚持“先试点、后推广”，在厦门关区全面推行出口分类通关改革，并推广运用通关作业管理系统，快速通行通道比例达50%以上，95%以上的高资信企业报关单享受到快速通行的通关便利，通关效率明显提升，口岸通关环境进一步优化。深化区域通关改革，在巩固和完善与15个海关区域通关合作的基础上，年内又与深圳、南京、乌鲁木齐等7个海关签订联系配合办法或达成合作意向，完善“属地申报、口岸验放”、海铁联运、海空联运等通关模式，有效落实“应转尽转”，推动区域通关合作向广度和深度发展。全年关区“属地申报、口岸验放”货运量达240.24万吨，增长1.12倍。同时完善海上驳运，扩大电子关锁应用范围，简化国际中转手续，大大增强厦门港的辐射力和影响力。积极推动电子口岸建设，扩大通关数据的开放和交换，在一定范围实现通关信息共享，口岸信息化水平进一步提升。

帮扶企业应对危机共渡难关。落实帮扶措施，认真落实总署10项措施和厦门海关15项措施，积极帮扶企业应对国际金融危机挑战。坚持“5+2”工作制和全天候预约加班制；全面推广“网上支付”及“网上支付银行担保”业务，完善“征税绿色通道”、“审价绿色通道”等便利措施，推广担保通关模式，提高通关效率，降低通关成本。加强对“9·8投洽会”、“4·8”台交会等重大招商活动的跟踪服务；拓展重点企业联络员制度实施范围，为89家重点企业提供优质服务；帮助企业用好海关AA类、A类企业分类管理、适用“事后交单”通关方式等各项优惠政策；完善“关企热线”，及时答疑解惑，尤其是深入企业调研，协调解决金龙汽车转关出口、友达光电公司全球维修项目等问题，海关与地方党政和社会各界的联系更加紧密、互动更加顺畅。充分发挥统计监测预警作用，全年共94篇次分析文章被中办、国办、总署和省市政府载体采用，其中1篇次得到中央领导批示、2篇次得到省领导批示。进一步改进执法方式，规范处罚尺度，维护企业合法权益，实现打击与保护、管理与服务的统一。

推动保税业务转型升级。大力支持特殊监管区域建设和发展，提前谋划、主动参与，推动火炬（翔安）保税物流中心顺利封关运作，使其发展成为初具规模的区域性物流中心；完成海沧保税港区预验收工作，并积极协助地方政府做好国家联合验收相关准备工作；支持拓展出口加工区保税物流功能和开展研发、检测、维修业务。积极推进象屿保税区、保税物流园区和东渡港区“三区”整合，制定整合监管机构、实行“三区”统一管理的改革方案，为深化整合奠定基础。物流园区“海陆空铁”多层次联动不断深化，业务量持续保持两位数增长。深化保税监管改革，加大联网监管力度，关区联网企业达153家，覆盖率达74.2%；完成“流程再造”改革第二阶段试点，保税监管模式不断优化。

促进两岸经贸往来健康发展。立足区位优势，有效服务“大三通”，助推开通厦台“客货滚装”业务；推动两岸空运定期航班的快捷营运和厦门与金门、台湾进出境水陆路邮件总包业务，并持续为海运直航、空运直航提供优质服务。全年共监管两岸直航包机663架次，旅客10.56万人次；海上直航船舶1 257航次，货物561.82万吨，货值14.8亿美元；各类函件152.55万件。规范和促进“小三通”，支持开展“海空联运”、“行李直挂”，推动“两门”航线包裹业务发展，促进厦金、泉金航线业务健康持续快速增长，共监管对台客运直航进出境船舶12 081航次，进出境旅客128.8万人次，分别增长27.7%、32.3%；推行便捷通关，服务对台鲜活产品进口，厦门关区成为全国最大的台湾水果进口集散地，占全国比重达72%；简化归类手续，提供优质高效服务，推动对台小额贸易和大嶝对台小额商品市场业务迅猛发展，厦门关区监管对台小额贸易额8 675万美元，增长69.9%；监管进入大嶝市场台湾商品30 271.43吨，价值2 935.87万美元，分别增长62.2%、48.6%。全力支持两岸交流，主动参与海峡论坛、海交会等涉台交流活动，提供通关便利，服务两岸经贸人员交流。

（厦门市海关　吴建华供稿）

出入境检验检疫

2009 年，全市共受理报检 71.03 万批，货值 314.31 亿美元；实施货物检验检疫 28.72 万批，货值 130.15 亿美元。实施轮船检疫 1.99 万艘次，飞机检疫 1.33 万架次，集装箱检疫 318.15 万标箱，快件检疫 95.89 万件，邮包检疫 46.89 万件，出入境人员健康检查 289.45 万人次。通过检验检疫，共发现不合格出入境货物 1788 批，货值 6.27 亿美元；截获各类动植物疫情 456 种 3 997 种次。在出入境人员健康检查中发现病例 5 523 人次。

全力抗击甲型 H1N1 流感疫情。4 月，甲型 H1N1 流感疫情爆发后，按照党中央、国务院、国家质检总局的统一部署，厦门迅速启动应急机制，采用先进的科技手段，在口岸旅检现场整合了红外线体温监测系统、视频监控中心、传染病负压隔离设施、快速检测实验室以及核与辐射监测系统五套系统，建立了一整套科学的处置流程，全面加强出入境人员、交通工具、集装箱、旅客携带物、邮寄物查验和大嶝台轮消毒，严防疫情。开发应用“出入境船舶 AIS（自动识别）电子海图监控系统”，率先在全国将目前最先进的船舶自动识别系统应用于甲流防控，实现对入境船舶的全方位、立体式电子监控。妥善处理全国首起入境船员聚集性感染甲流事件。专门为首届海峡论坛、海峡杯帆船赛、厦金横渡赛等海峡两岸重大活动制定防控预案，开设专门通道，与金门卫生检疫部门就厦金航线疫情防控工作建立疫情信息沟通机制。采取人性化服务方式，在旅检通道增设预审台，安排专人指导申明卡填写和多语种解释检验检疫政策，调整监控探头布局，增设体温复测区，采用“人—机—犬”查验模式，确保国门安全和快速通关。自 4 月 25 日起至 12 月 31 日，厦门检区各口岸共检疫出入境人员 212.74 万人次，检疫出入境飞机 9 044 架次，检疫出入境船舶 14 165艘次，共发现发热或有症状病例 2 744例，发现并转送确诊病例 107 例，占从厦门口岸入境确诊病例总数 127 例的 84.3%，口岸查获率为全国的 2 倍，名列全国第一。在入境运输工具和旅客携带物中，查获来自疫区的肉类产品2 676批、10 661公斤，全部按规定进行了处理。

强化把关力度，确保口岸安全。加强进境动植物及其产品检验检疫和病媒生物监测工作，全年从各类进境货物、木包装、交通工具、旅客邮寄携带物中检出疫情和不合格情况3 686批次。其中从旅客携带物中检出有害生物 80 批，从船舶运输工具中检出有害生物 28 批，从各类货物中检出不合格 1 435批，从木包装中检出不合格 1 782批。截获各类有害生物 1 109 批 456 种，分别比上年增长 108.1% 和 39.4%。强化进出口食品安全监管，检出不合格进出口食品 78 批，617 吨，货值 125 万美元。加强进口旧机电产品、医疗器械、废物原料、矿产品、出口童装、鞋类、玩具及儿童用品、食品接触产品等重点敏感商品检验监管，检出不合格进口旧机电产品 38 批、货值 114.5 万美元，其中 14 批被依法退运出境；检出不合格进口废物原料 7 批、252.75 吨、货值 36.71 万美元，依法作退运处理。加大执法稽查力度，组织开展对被国外通报不合格出口商品的专项稽查和打击“飞单”专项行动，深入厦门检区 88 家企业调查，查明涉案生产企业 66 家，涉案金额近 2 000 万美元；全年共实施行政处罚 241 起，处罚金额 138.2 万元，进一步规范了进出口检验检疫监管秩序。

认真开展“质量和安全年”活动。共完成 451 家出口农产品生产企业和 283 家出口食品原辅料、添加剂生产企业清查；382 家出口食品加工企业、930 家备案种植和养殖基地的清理整顿。积极构建质量安全长效机制，开展质量宏观战略研究，发布福建省首份进出口商品质量白皮书，为地方政府加强质量管理宏观决策提供参考。出台《关于进一步做好企业诚信管理工作的若干意见》，完善企业诚信管理机制。继续推行出口企业质量安全承诺制，与检区近 900 家企业签订《出口食品农产品生产企业质量安全承诺书》，落实质量安全责任。

对台检验检疫工作取得新进展。按照国家质检总局特别授权厦门检区作为落实惠台检验检疫政策示范区的要求，积极研究对台先行先试政策，设立对台工作办公室，加强对台工作规划、组织与协调。与国家质检总局标准法规中心建立联合开展涉台检验检疫制度与技术支撑体系发展战略研究合作机制。成立全国首家海峡两岸农产品检验检疫技术中心和中国检验检疫科学研究院厦门食品安全研究室。承担对台科研课题《海峡两岸技术贸易措施的研究》获科技部立项；参与研究课题《入境台湾果蔬危险性有害生物防控新技术研究与示范》获农业部立项。积极实施对台先行先试举措，全面落实《海峡两岸直航检验检疫管理办法》，促进两岸人员往来和贸易发展。率先全国赴台对29家甲鱼养殖场进行考核认可，实现海峡两岸农产品基地互认“零”的突破。积极开展两岸交流合作，利用“海峡论坛”、“海峡两岸农渔业论坛及产业对接会”等两岸重大活动平台及双方互访，继续加强与台湾检验检疫机构及民间组织和企业的沟通与交流，有效建立两岸检验检疫联络机制。

积极参与地方电子口岸建设，推进口岸物流便利化。加快“厦门口岸电子检验检疫系统”的软件开发和推广应用工作，研发并启用了“海港出入境货物检验检疫电子闸口系统”，通过“信息共享、互联互通”，实现了对所有出入境集装箱货物全面监管，以及港区、堆场现场操作与检验检疫查验的有机衔接，大大提高了口岸的查验效率和疫情疫病检出率。启用集中电子审单系统，实行集中审单制度，提供24小时受理报检服务，使信誉好、诚信度高的企业的进出口商品通过审单指令，实现快速验放，通关速度比传统审单模式提高1/3。实现部分企业ERP系统（即企业资源计划管理系统）与检验检疫电子监管系统对接，进一步提高企业申报数据的可信度和准确率。

科技保障能力不断提升。加强实验室管理，电气安全检测、蔬菜种子与植物种传病毒检疫、罐头检测等3个国家级重点实验室一次性通过国家质检总局核查验收；获得国家质检总局新批筹建“国家健身器材安全检测重点实验室”、“国家石材建材矿产品放射性检测重点实验室”。科研制标和技术攻关工作取得新突破，共有1个项目获得科技部立项，9个项目列入国家质检总局2010年科研预算项目计划，3个项目获得厦门市立项，承担36项、参与14项行业标准制（修）订工作，获得立项经费总额超300万元。

（厦门市出入境检验检疫局　吴琼供稿）

开发区与管委会

鼓浪屿风景区

2009年，鼓浪屿全年接待游客514.85万人，比上年增长2.7%，实现旅游经营收入4.68亿，增长44.8%。其中游览区管理处全年接待国内外游客176.07万人次，增长8.9%，景点（日光岩、菽庄花园、皓月园）累计门票收入7 554.59万元，增长11.5%；实现税前利润3 537.4万元，比上年增长33%。轮渡公司累计营业总收入6 484.44万元，比上年增长4.7%。

申报列入世界文化遗产名录。2008年11月2日，经厦门市委书记会研究决定，正式启动鼓浪屿申报列入世界文化遗产名录活动，成立以厦门市委常委、副市长詹沧洲为组长的申遗工作小组，下设办公室，由鼓浪屿管会负责具体申报工作。福建省委八届六次全委会将鼓浪屿申遗工作写入《福建省贯彻落实〈国务院关于支持福建省加快建设海峡西岸经济区的若干意见〉的实施意见》；厦门市委十届十次全委会决议进一步推进鼓浪屿申遗活动。刘赐贵市长在《厦门市2009年政府工作报告》明确提出要“做好鼓浪屿申报世界文化遗产前期工作”。2009年3月22日，国际古迹遗址理事会副主席郭旃与中国古迹遗址保护协会副主席、清华大学建筑学院副院长吕舟教授在省文物局郑国珍局长的陪同下，对鼓浪屿申遗工作进行了评估性的考察，郭旃副主席一行对鼓浪屿申遗条件与资格给予肯定。申遗工作小组聘请了郭旃主席、吕舟教授、郑国珍局长、厦门大学外籍教授潘维廉，地方史、地方规划、立法等方面的专家及福建省其他世界遗产地的领导为鼓浪屿申遗顾问。委托清华大学城市规划设计院文化保护研究所作为《鼓浪屿中国世界文化遗产预备名录申报文本》及《鼓浪屿保护规划纲要》的编制单位，经七易其稿，于2009年10月22日通过了联合评审；2009年11月23日，申报文本与规划纲要通过厦门市政府第86次常务会的审议，并上报到福建省政府。通过向社会公开征集方式，设计了鼓浪屿申遗形象标识。到南京中国第二档案馆搜集资料，邀请部分厦门大学教授与地方史专家，完成《鼓浪屿申报列入世界文化遗产专题研究汇编》；出版“鼓浪屿申报列入世界文化遗产名录系列丛书”，截至年底丛书共完成《鼓浪屿文史资料汇编》、《老外看鼓浪屿》、《厦门史事纵横》等三套五册。

乐器博物馆建设。积极推进乐器博物馆建设，乐器博物馆三幢主馆建筑的加固修缮工程及室外景观工程已竣工。已委托清华大学工艺美术学院清尚建筑装饰设计公司，完成乐器博物馆展厅装修布展设计大纲方案。有关乐器的征集工作也较顺利，积极配合厦门市外办做好友城乐器的捐赠工作，截至年底累计接收国际友城向厦门市捐赠乐器46件，另征集（购买）乐器82件，共128件（套）。

风琴博物馆改造。鼓浪屿风琴博物馆新馆建设设计方案由美国知名设计师凯勒先生设计。该建筑是按照胡友义先生捐赠的美国波士顿大型管风琴的空间尺寸进行量身定造，建筑面积1 119平方米，建筑高度14.15米，建筑风格与八卦楼相协调，并与周边环境融为一体。

景区市政建设稳步推进。一是复兴路—福建路综合改造，改造内容包括道路路面，市政管网、给排水、架空线、绿化与景观等内容，该工程于春节前完工；二是美华片区综合改造，改造内容包括美华浴场改造、美华公厕改造、华侨亚热带植物引种园大门改造、绿化与景观改造、卢戆章广场改造、鼓浪石周边改造、人防洞改造和鼓声洞沿海人行栈桥建设；已完成部分工程，其余工程计划于2010年完成；三是轮渡广场1号绿地改造工程，改造内容主要是进行园林绿化景观改造，并增加旅游休闲设施，该工程已于6月份完工。

历史风貌建筑保护。组织修订《厦门经济特区鼓浪屿历史风貌建筑保护条例》，先后召集3次风貌建筑业主代表及鼓浪屿居民征求意见座谈会和3次征求有关方面专家咨询，全票通过市十三届人大常委会第十三次会议审议，并于2009年7月1日施行。鼓浪屿历史风貌建筑保护的实施细则的编制工作，经管委会与相关部门及有关方面的法律专家多次的研究讨论已形成初稿，送厦门市人大法制委、法制局征求意见。截至年底，按照修旧如旧的原则，共修缮完成7幢风貌建筑；修缮风貌建筑门楼围墙11处。

鼓浪屿四季音乐周活动。鼓浪屿2009年四季音乐周活动，主要内容包括：3月16日至3月22日春季俄罗斯音乐周、6月4日至6月7日的夏季美国音乐周、9月1日至8日的秋季德国音乐周，11月30日至12月6日法国音乐周。来自世界各个国度的优秀音乐家在鼓浪屿音乐厅中展示不同地域、不同风格的音乐作品，厦门的音乐爱好者领略到各国音乐文化的精要。

第七届中秋博饼节。2009年中秋节恰逢国庆长假，本届中秋博饼节以“国圆家圆事事圆，国乐家乐人人乐”为主题，举办中秋博饼状元王中王大赛、游客博饼体验等系列活动，同时以弘扬博饼文化为目的，印制博饼民俗文化丛书，让厦门市民及游客深化对博饼文化内涵的了解，让更多人有机会领略到这些博大精深、源远流长的民族文化。

第四届鼓浪屿诗歌节。11月13日至16日在鼓浪屿举办，“诗与歌”是本次诗歌节的主题，由著名诗人、厦门市文联主席舒婷担任名誉主席，共计邀请约七十多位海峡两岸知名诗人，期间举办了鼓浪屿歌词创作、鼓浪屿歌词征集、海峡两岸中生代及新世代诗歌研讨会、厦门诗人冰儿诗歌研讨会及诗歌吟唱会。通过举办诗歌节，让诗歌走向大众，走向更多人的心田，在鼓浪屿搭建一个厦门新诗创作、厦门诗人和国内外诗人交流的平台。

首届台海新闻摄影大赛。为打造海峡两岸文化交流的全新平台，促进两岸的文化交流、发展、繁荣，管委会与厦门日报社共同主办“首届台海新闻摄影大赛”，活动内容包括：厦门有史以来最大规模的纪实摄影作品展——两岸纪实摄影作品展、两岸顶尖摄影师共同拍摄鼓浪屿48小时、台海论坛和“两门互拍”（即台湾摄影师拍厦门，大陆摄影师拍金门）相关文化活动。首届台海新闻摄影大赛自8月20日在鼓浪屿启动以来，已经引起了大陆及港澳台各地媒体、民众的强烈关注。

“闽台情缘——我们都是一家人”文艺交流。作为首届海峡论坛系列配套文化活动之一，由全国台联和鼓浪屿管委会共同举办的“闽台情缘——我们都是一家人”的文艺交流表演，5月16日上午在鼓浪屿体育场举行。台湾知名人士高金素梅及其率领的“飞鱼云豹”音乐团为观众带来了原汁原味的台湾原住民音乐和舞蹈（高金素梅是海峡两岸知名人士，所率团队是北京奥运会开幕式上唯一受邀的台湾表演团体）。同场举行的还有台湾著名学者秦风主持的“闽台情缘——我们都是一家人”摄影图片展60幅珍贵老照片，主要反映了建国以来发生在两岸之间的重大历史事件。

第二届海峡两岸少数民族丰收节。10月21日，来自台湾近100位阿美族、排湾族、布农族等少数民族同胞与来自福建、四川、辽宁的30多位台湾少数民族同胞欢聚一堂，共同举办具有浓郁民族特色的丰收节活动。福建省政协副主席邓力平、全国台联副会长纪斌出席开幕式并致辞。开幕式上，与会代表和许多游客、市民一起加入到欢快的台湾少数民族舞蹈中，共同唱着《我们都是一家人》。此次活动，进一步加强了闽台文化交流，推动了旅游市场的繁荣。

新中国60年纪实摄影精品收藏展。由鼓浪屿管委会主办，鼓浪屿游览区管理处、鼓浪屿摄影画廊、鼓浪屿摄影博物馆（筹建）承办，厦门摄影家协会协办，北京影易时代提供学术支持，2009年10月1日至2010年3月25日在鼓浪屿展出。展出的60幅摄影作品由包括第一代摄影家徐肖冰在内的60位著名的中国摄影家选送的代表作组成，反映了我国记录性影像艺术品收藏的状况，反映着新中国60年走过的风雨和彩虹。展出的照片还将作为筹建中的鼓浪屿摄影博物馆第一批馆藏艺术品。

旅游促销。一是管委会与厦门市旅游局在鼓浪屿联合主办厦门市“全国百城旅游宣传周”暨“‘欢乐海峡·爱在福建’海西旅游年”活动启动仪式。日光岩、菽庄花园、皓月园、海底世界、建设银行、工商银行等岛上知名景点和金融机构以及厦门园林植物园、厦门旅游集团国际旅行社等厦门市知名景区（点）及旅行社（共41家单位）参加了现场旅游宣传、咨询及推介活动。精彩的文艺演出、优惠的旅游产品销售吸引了众多游客驻足观赏和热情参与，隆重热烈的场面为如诗如画的鼓浪屿增添了别样的欢乐气息；二是积极响应“全国百城旅游宣传周”暨“‘欢乐海峡 爱在福建’海西旅游年”旅游产品销售宣传等一系列推广活动，推出鼓浪屿景点门票优惠措施；三是免费提供景点门票参加福建省旅游局举办的“爱在福建999”旅游网上大抽奖活动；四是参加国内大连旅交会及百万游客海峡行促销推介会；五是在中国旅游报专版推介鼓浪屿；六是鼓浪屿旅游广告在中央电视台播出；七是与中央电视台合作，拍摄了高清5A级旅游区电视宣传片，在中央电视台4套播出等。极大地增强了鼓浪屿对游客的吸引力，让游客记住鼓浪屿，爱上鼓浪屿，常来鼓浪屿。

体育文化设施建设。鼓浪屿是中国现代足球的发祥地。为进一步推动体育项目与旅游经济的结合，2007年6月18日，管委会与中国足协签订了“中国国家沙滩足球队训练场”落户鼓浪屿的协议，期限三年，并在协议期内每年举办不少于一次的比赛。2009年，中国国家沙滩足球队在鼓浪屿集训期间，于8月21～25日邀请日本沙滩足球俱乐部在鼓浪屿举办了为期三天的2009年“日光岩杯”中日沙滩足球友谊赛。沙足训练场的落成，使鼓浪屿又有了一个新的旅游、休闲、观光的好去处。

福建省卫生系统医德教育基地揭牌暨纪念林巧稚诞辰108周年。12月23日，福建省卫生厅主办，鼓浪屿管委会和厦门市卫生局承办的福建省卫生系统医德教育基地揭牌暨纪念林巧稚诞辰108周年活动在毓园隆重举行，同时还开展《生命天使—人民医学家林巧稚》画册首发暨林巧稚生平展和庆祝林巧稚诞辰108周年省市医学专家义诊活动。此次活动进一步增加了毓园的文化内涵和教育基地的作用，增进了鼓浪屿与福建省卫生系统广大干部职工乃至国内外游客的联系。

第二艘第五代渡轮投入运营。由厦门造船厂设计建造的轮渡公司第二艘第五代厦鼓渡轮新20号船于国庆黄金周前投入运营。新轮渡20号船结构更强，稳性更好，安全性更有保证。乘坐空间更加宽敞，消防、监控系统更加完备，操作及导航通信系统也更加先进。

旅游码头建设。轮渡公司鼓浪屿西北部旅游客运码头于6月26日正式开工建设，总投资约二千多万元。该码头采用高桩平台结构，分为平台以下水工部分、平台以上主体部分和平台前端引桥、趸船部分。码头平台长60米，宽20米，平台以上有二层欧式建筑，一层为候船室和通道，二层为办公室和相关配套场所，前端设趸船长60米，宽14米，型深2.4米，4条钢引桥各长28米。码头建成后将有效地解决内厝沃、艺校片区居民和游客进出鼓浪屿交通难的问题，特别是对鼓浪屿西北部开发建设和旅游发展将起重要的促进作用。

（厦门市鼓浪屿—万石山风景区管委会　孙家稳供稿）

象屿保税区

2009年，象屿保税区管委会完成区域生产总值32亿元，比上年增长24.1%；进出口总额30.5亿美元，与上年增长10.3%；物流营运收入43.5亿元，比上年增长9.6%；进出口总额30.8亿美元；工业产值11亿元，比上年减少7.4%；财政总收入3.27亿元，比上年增长7.4%；港口集装箱吞吐247万标箱；合同利用外资、实际利用外资、合同利用内资分别完成1 750万美元、2 300万美元和3.3亿元，顺利并超额完成市里下达招商引资任务。

一、积极应对金融危机

针对全球金融危机带来的不利影响，管委会根据保税区的实际情况，积极应对，及时研究制定并出台扶持政策。对区内重点物流企业、进出口创汇大户、重点物流项目、税收大户等进行了相应的扶持措施。从一年来实行情况来看，对稳定区内企业的信心、保住区内原有的业务、巩固保税区这块阵地，效果十分明显。

全面加强服务。通过开展以专项调研、结对挂钩、副处级以上领导干部结对帮扶区内重点企业等“五帮”为主要内容的“走进和服务千家企业”活动，密切政府与企业的联系，取得较好的效果。建立“工作午餐会制度”，针对保税区内企业进出口总额、工业产值下降幅度大等情况，与区内进出口大户、主要工业企业的负责人共进工作午餐，分析企业的发展状况，深入研判态势，及时研究对策，增强企业信心。

积极推动银企合作。牵头召开银企合作说明会，为区内获得“2008年度工商年检信用免审”企业提供便捷高效的金融产品服务，首批5家企业共获得3 620万元快捷贷款。与建行及厦门市物流协会建立战略合作关系，在保税区建行成立专门的物流行业融资中心，未来3年里将为企业提供100亿元的融资支持。支持兴业银行保税区支行在城市配送中心设立24小时自助银行，方便企业及客户业务运作。

务实开展区域整合工作。经过多次呼吁和积极争取，海关总署对象屿保税区内现有保税延展业务表示理解与认可，从而使保税区内的保税延展业务合法化，这是确保保税区经济可持续发展在政策上取得的重大突破。下一步将围绕“监管安全、物流顺畅、成本降低”的目标，会同海关研究并逐步推出各项整合举措，包括完善升级现有信息平台，简化通关流程等，努力使区内企业在逆势中错位发展、在危机中平稳过渡。积极协调海关、国检等口岸单位采取便捷通关等措施，支持帮助企业解决经营难题、拓展服务市场。

积极推动“电子关锁”的使用。自9月初到年底三个多月来，“电子关锁”使用已全面覆盖至保税区、保税物流园区与海港、空港、邮办及出口加工区间的转关业务，使用单位包括17家物流运输企业，使用锁具230余把、占全市使用量的90%。转关业务使用“电子关锁”总体平稳，实现了海关特殊监管区之间的转关监管。

二、突出培育专业市场

现代物流园区作为厦门市在物流运营业领域培育百亿以上产业集群的重要区域，2009年以来，围绕“以做大市场带动物流、以物流繁荣集聚企业”的实现途径突出抓好各类专业市场的培育发展工作。出口拼箱市场继续在全市保持领先地位，该项业务共实现出口总额12.8亿美元，占全区进出口总额的41.5%；农水产品市场基础建设已基本完成，进入招商营运阶段；城市生活资料市场全面投入运作，占地11.7万平方米，成为厦门市第一个集民生物资城市配送和货运集散功能于一体的平台，同时也是福建省规模最大的陆路物流配送中心；进口酒类市场打出了一定的市场品牌，金门高粱及优传、格兰阁的进口葡萄酒、洋酒的展示分销业务日渐成熟并形成了一定的品牌效应，2009年“9·8”期间一家投资500万美元的外资酒商强势加盟，更壮大了保税区进口酒类的市场规模；大宗生产资料配送市场在商品价格快速上扬的带动下同比大幅增长，带动全区实现收入近86亿元；电子产品配送市场在原有较成熟的基础上也实现了恢复性增长。

三、创新园区功能开发

突出表现在国际配送业务的成功开启和检测维修业务的延伸扩张方面。2月底，日通物流与锐珂医疗强强联手，将锐珂医疗亚太物流中心从新加坡迁至保税物流园区，将锐珂在美国和厦门工厂的医疗产品分拨配送至韩国、台湾、香港、菲律宾、泰国、新加坡和马来西亚等亚太市场，目前该项业务已达5 000多万美元的进出口额，锐珂物流中心已成为保税物流园区内一支具有实力的物流新军；9月中旬，全球物流与柯达集团合作，促成从新加坡迁至象屿保税区的柯达亚太区物流中心正式投入运作，并协调海关，同意货物经保税区南大门专用通道入区，达产后预计年进出口额可达1.5亿美元。及时协调海关解决园区企业大宗散货的通关流程，以解企业燃眉之急。另一方面，在保税区运作多年进口机电产品检测维修业务作为“加工贸易产业链的积极延伸”得到有关监管单位的认可支持，海关、国检的监管模式进一步规范和改进，瑞声达助听器、大北欧耳机的检测维修业务迅速扩大，贝莱胜医用电路板、戴尔电脑的出口产品返修及检测维修业务也获得国家有关部委的批准并正式开展，戴尔公司美国生产线产品返修问题有关部门正在研究，有望解决。

四、加大招商引资力度

在业务拓展方面，组织区内物流企业与漳州、江西等地大型外向型企业开展业务对接活动，全面推介园区政策功能和物流服务内容，支持企业拓宽物流服务市场。在项目引进方面，既积极“走出去”，参与市里组织的赴昆山、苏州、东莞、上海、香港等地的产业集群招商活动，又利用“9·8”投洽会、台交会、海峡论坛、海西物流论坛等重大展会活动向“请进来”的参会客商推介厦门现代物流园区。大嶝市场成立了招商中心，加强了招商力量。与驻市场相关监管单位、翔安区政府、象屿集团建立了联席会议制度，并正在尝试与旅游机构建立商贸旅游互动机制。总之，现代物流园区顺利完成了全年的招商引资任务，而且项目质量较高，如引进紫金矿业出资8 000多万元增资参股现代码头，港基、澳信诺两个注册达500万美元的外资服务业项目，以及联邦快递、台盐等品牌项目。12月12日，管委会联合象屿集团在国际航运中心成功举办全球招商发布会，一批国际国内知名企业签订入驻协议。今年全区共引进内资项目176个（其中新设项目110个），外资项目9个，合同利用外资1 750万美元，合同利用内资3.3亿元（另有迁入企业注册资本金1.85亿元），分别完成全年计划的175%和110%。全年增资形势好，共有增资项目36个，增资额合计1.96亿元。

五、进一步改善投资环境

全面落实年初安排的各项投资任务，进一步完善园区基础设施。国际航运中心主体按进度落成并进入大规模的内部装修阶段；航空港工业与物流园区的海域围填工程已获初步验收，其运营服务中心正进行功能布置调研和修改设计图工作并计划招标；保税区二期范围内的公共配套项目和企业投资的码头、仓储设施大部分已竣工或进入扫尾阶段，港中路北段即将于2010年1月开通；保税物流园区3号仓库建成。同时，大嶝市场改扩建工程的总体规划及一期启动区方案已经市委常委会通过，开发体制和土地招拍挂方案已经市土管会确定，有关报批手续正加紧进行，围墙建设、高压杆线迁移、水管改造及场平等启动区先期工程已经全面动工。深入细致地做好经济普查工作，全面摸清现代物流园区的经济数据。至2008年底，园区共有二、三产业法人单位764个，按行业类型分，工业企业34家，房地产企业2家，批发零售企业295家，交通运输企业325家，其他服务业企业98家，从业人数17 345人，营业收入达279.47亿元。

六、深化对台交流合作

一是认真做好台中港务局、基隆港务局、花莲港务局、台湾全球运筹协会等台湾港口及自由贸易港区管理部门和物流行业组织来访的接待工作，促进交流，密切联系。二是牵头开展厦门海关特殊监管区域与台湾自由贸易港区业务对接研究工作，组团赴台考察“四海一空”自由贸易港区运作情况，并与台中自由贸易港区达成五点对接合作意向。三是会同区内有关物流企业开展了直航客轮随船货物的集拼分拨研究。

七、成功举办大嶝对台小额商品交易市场10周年庆典活动

5月15日，大嶝对台小额商品交易市场开业十周年庆祝大会成功召开。市政府黄菱副市长在大会上表示要充分利用两岸关系发展的新契机，通过改扩建，努力把大嶝交易市场打造成两岸商品交流的重要平台，并把大嶝建成两岸交流合作的桥头堡、对台合作交流的先行示范区。大会还表彰了“优秀企业”、“特殊贡献单位”、“特殊贡献个人”以及十年来在市场坚持工作和经营的有关人员。2009年，大嶝市场经营业绩创历史最高水平，接待游客140万人次，增长16%；进口台湾商品2 800万美元，增长45.8%；实现交易额4.44亿元，增长15%。

八、成立厦门市海关特殊监管区域协会

8月11日，厦门市海关特殊监管区域协会在厦门悦华酒店隆重召开第一次会员大会暨第一届理事会，这是目前国内地方首个海关特殊监管区域协会，旨在构建厦门特殊监管区域交流合作与政策研究平台，探索建立同类区域之间良性竞争的机制和经营环境。

九、象屿国检首次对台湾签发原产地证

3月20日，象屿国检为厦门定和贸易公司出口台中的一批850袋1.7万公斤矿产品二氧化硅，签发了原产地证。这是2009年厦门检区首次对台湾签发原产地证。

十、象屿集团荣列2009年中国企业500强第312位

2009年，象屿集团取得良好经营业绩，集团全行业实现销售收入170亿元，净利润比2008年增长31.5%，荣列中国企业500强第312位，福建省百强企业第8位。

（厦门市象屿保税区管委会　许建民供稿）

火炬高技术产业开发区

厦门火炬高技术产业开发区（简称“厦门火炬高新区”），1990年由国家科委和厦门市人民政府共同创办，是全国三个以“火炬”冠名的高新区之一，1991年被国务院批准为首批国家级高新技术产业开发区。2005年6月，经国家发改委审核，国务院批准，厦门火炬高新区规划面积由1平方公里核定为13.75平方公里。目前实施“一区多园”发展战略，有一个孵化基地——厦门留学人员创业园；三个综合园区——火炬园、火炬（翔安）产业区、同集园；四个专业园区——软件园、信息光电园、富士康海沧火炬工业园、北大生物园。高新区已经形成以光电、电力电器、电子信息三大支柱产业和生物医药、软件、新材料、精密制造等特色产业为主的产业集群。截至2009年年底，包括ABB、DELL、松下、东芝等20多家世界500强和友达光电、联想移动、冠捷电子、东元集团、宸鸿科技在内的1 447家企业在高新区内发展壮大。

2009年，厦门火炬高新区，认真应对国际金融危机影响，强化管理和服务，注重园区环境的提升，加强创新体系建设，坚持项目带动，成功签下厦门市贯彻落实《国务院关于支持福建省加快建设海峡西岸经济区的若干意见》以来第一个产业

重大项目——乐捷显示科技（厦门）有限公司，新增一家国家级企业技术中心——联想移动通信有限公司，宸鸿科技、麦克奥迪电气等一批自主创新能力强、抗风险能力强的企业呈逆势增长，火炬高新区被中央人才工作领导小组授予目前福建省唯一的国家级海外高层次人才创新创业基地，成为首批国家新型工业化产业示范基地，国家级对台科技合作与交流基地在台湾科技企业育成中心授牌，福建省首个B型保税物流中心——火炬（翔安）保税物流中心已建成并投入营运，高新区名列全国投资环境竞争力十强高新区第4位，火炬高新区管委会荣获全国创新基金工作十周年“创新基金工作先进单位”。温家宝、贾庆林、贺国强等领导到高新区视察时对高新区的工作予以了肯定、鼓励。

全年高新区生产总值192亿元；完成工业总产值909亿元，占全市规模以上工业总产值的32.7%；出口创汇80.38亿美元；合同利用外资2.26亿美元，实际利用外资2.64亿美元，分别完成全年计划的125.5%和109.9%；财政总收入20.69亿元，区级财政收入7亿元；完成固定资产投资23.28亿元。其中，火炬（翔安）产业区完成工业总产值277亿元，较上年增长42.8%，占高新区工业总产值的30.5%。

一、建设和管理服务并重，促进园区可持续发展

抓好项目建设。火炬创业广场、达运三期、景智电子、许继高压、弘信电子扩建等项目开工建设，通用厂房二期、东部孵化园、友达三期、毅昌、厦门盈发、华亿昌、金鹭特种等项目竣工。冠捷等项目顺利投产。火炬东海科技园项目有序推进。加大力度完善火炬（翔安）产业区市政道路及电力等基础设施。火炬（翔安）保税物流中心已建成并投入营运，在国检、海关等部门的支持下，实现“5+2”全天候24小时通关服务。国家LED应用产品质量监督检验中心试验室入驻育成中心，预计2010年4月可以投入使用，对招商引资、LED发展起到很大的促进作用。厦门台湾科技企业育成中心入驻企业数进一步增加，有86家企业正式签约，其中63家已经投产。实施火炬（翔安）产业区环境景观美化绿化工程，对产业区首期4.75平方公里、下潭尾北片区、下潭尾南片区道路、厂区周边环境已、未实施绿化进行绿化、美化提升，对产业区内村庄实施“绿包村”项目，改善村庄环境。

认真开展“走进和服务千家企业”活动。竭诚帮助企业应对国际金融危机，成立企业服务专门小组、建立政企定期沟通联系制度，帮助企业解决问题。积极为企业争取各类平台扶持资金，企业累计获得国家、省、市级各级财政资金扶持9 921万元。针对企业对项目建设前期手续申报流程不熟的状况，成立企业建设前期工作服务小组，实行一对一的服务，及时解决企业在建设前期、建设过程中遇到的问题，促进签约企业尽早落地、动建、投产。

着力构建和谐产业区。以建设和谐园区为契机，加强火炬（翔安）产业区园区的常态管理。一是进一步发挥与翔安区建立的两区联席会和工作对接会制度作用。通过定期的两区联席会议，加强两区的沟通协作，形成协调解决开发建设、企业生产经营出现、遇到的问题有效机制。二是为企业员工提供完善的生活配套设施与服务。进一步完善产业区的生活配套设施。建设体育休闲广场等满足企业员工衣食住行及文体、娱乐等方面的需求。

二、加强招商引资，产业集聚成效显著

加强产业发展规划，进一步促进高新区支柱产业集聚、产业链延伸。积极参与编写培育厦门市百亿产值产业链中五大产业链规划。密切跟踪、关注已在高新区发展或吸引入驻的电子信息、光电、电力电器等产业的跨国公司和著名企业，以高新区良好的投资环境和优质高效的政府服务，争取不少跨国公司和著名企业将厦门火炬高新区列为企业增资扩产及新项目投资的首选地，从而进一步壮大产业的规模和提升产业的竞争力。松下电子新增镜筒生产线已投产，戴尔公司新增手机业务，瑞声达努力把厦门公司打造成全球的生产、销售中心及助听器维修基地，ABB在高新区投资设立第6家工厂。全年共有413家企业入驻高新区，其中注册资本1 000万元以上的企业46家，注册资本1亿元以上的大项目4个。内资招商总额20.7亿元，合同利用内资10.6亿元。

光电产业成为高新区新的重要经济增长点。组织编写《海峡西岸经济区薄膜晶体管液晶显示（TFT－LCD）产业发展规划（2010—2015年）》，加快TFT－LCD产业垂直整合和横向集聚，积极争取列入国家面板产业规划。凭借厦门对接台湾产业转移的优势和高新区已有的光电产业集聚态势，吸引有利于高新区光电产业做大做强做优的企业前来投资。以模组和整机对核心面板的巨大需求为推动力，积极吸引已在海峡西岸经济区进行模组生产并掌握面板研发、生产能力的世界知名企业前来设

厂，努力打造在世界颇具影响力的光电产业研发制造基地。成功促成乐捷、冠捷、景智光电等重大光电项目签约、投产。全年高新区光电产业完成产值348.25亿元，占高新区工业总产值的38.31%，比上年增长38.32%，增量达96.47亿元。

三、进一步加强创新体系建设，增强发展核心竞争力

自主创新的扶持力度进一步加大。高新区财政大幅度提高企业扶持资金预算额度，全年共安排企业发展基金和创新创业基金9 000万元，比上年增长30.6%。出台高新区鼓励企业技术改造和技术革新试行办法，财政支出1 000万元支持园区16家企业实施技改。高新区全年投入750万元创新资金扶持28个技术创新项目，有18个项目获科技部立项支持，总金额达804万元，无论立项项目数还是资助金额均创高新区历史新高。全年有342项专利被纳入2009年度火炬高新区企业专利申请资助项目计划。52个产品获厦门市2009年首批自主创新产品，6家企业评为自主创新型示范企业，8家企业评为“2009年度厦门市最具成长性中小企业”。目前高新区已建成5家博士后工作站、27家工程技术研究中心和企业技术中心，拥有联想移动和厦华电子2个国家级企业技术中心，已有各类驰（著）名商标37件，名牌产品22项，其中中国驰名商标3件，中国名牌产品2项。高新技术创业中心荣获全国技术市场最高奖项——中国技术市场协会金桥奖。

在福建省率先实施引进境外创新创业领军人才的“515”工程。出台了《厦门火炬高技术产业开发区引进境外科技创业创新领军人才办法（试行)》和《厦门火炬高技术产业开发区创业型领军人才鼓励政策实施办法》，给予“七个100”的强力政策支持，将在5年内引进15名左右的科技创业创新领军人才，已成功引进两名领军人才。

利用多层次资本市场取得重大突破。高新区已经初步搭建起涵盖了主板、创业板、新三板的多层次资本市场平台，培育了15家市级上市后备企业，建立了30多家上市后备企业梯队资源库，培育有意愿登陆新三板的企业50家。厦门科华恒盛股份有限公司已登陆深交所中小板上市交易，是2010年首家挂牌上市的厦门企业。厦门“三五”互联科技股份有限公司和厦门三维丝环保股份有限公司先后顺利通过创业板首发申请，成为福建省仅有的2家通过创业板审核的企业。

（厦门市火炬高新区管委会　王蕾供稿）

经济管理与监督

城市规划与管理

2009 年，全市规划系统共编制规划项目 225 项，立项合同 2 800 万元，经费 2 000 余万元。共办理“一书两证”2 478 件。其中建设项目选址意见书 489 件，建设用地规划许可证 566 件，建设工程规划许可证 605 件，建设工程设计方案 818 件。共检查“一书两证”的有效期 1 627 件，督促建设单位设立在建建设项目规划公示牌 235 块，办理建设项目放样检查 168 件，正负零验线备案 181 件，建设工程竣工规划验收 185 件，对违法建设性质的规划认定 150 件，配合市城市管理行政执法部门查处违法建设案件 198 起，行政诉讼应诉 2 件，召开听证会 3 次，配合法院处理拟拍卖房产 13 件。办理市委、市政府督办件 298 件，办结率 100%。办理市人大建议 9 件、政协提案 20 件，办结率 100%；共受理群众来信来访 478 件，其中建议类 326 件、求决类 152 件，办结率 99.5%。

一、城市规划编制

完成《厦门市 03—06 半兰山片区控制性详细规划（调整）》、《厦门高崎国际航空城控制性详细规划》、《厦门（新）站（J7）片区控制性详细规划—土地利用规划》、《厦门市九溪流域水系控制性规划》、《厦门市后溪流域水系控制性规划》等控制性详细规划。

完成《厦门大嶝对台小额商品交易市场修建性详细规划》、《厦门（新）站一期用地修建性详细规划》、《厦门（新）站营运中心修建性详细规划》、《航空港工业与物流园区修建性详细规划（调整）》、《人民体育场改造详细规划》、《厦门湖里江头片区改造规划》等修建性详细规划。

完成《杏林湾片区城市设计导则》、《集美北部新城城市设计导则》等城市设计。

完成《厦门市步行系统规划研究》、《岛外地区城市设计检讨》、《厦门市旧城旧村改造规划研究》、《厦门市岛外地区城乡一体化规划研究》等规划研究。

完成《厦门新站西城大道开发规划》、《厦门市交通枢纽、商业综合体布局规划与实施策划（岛内、岛外地区）》等行动规划。

完成《厦门市社会保障性住房发展规划（2007—2010 年）》、《厦门市高中布局专项规划》、《厦门市化工行业安全发展规划》、《厦门市文化产业布局规划》等专项规划。

完成《厦门市同安区汀溪镇古坑村建设规划》、《同安区汀溪镇莲畲村村庄改造规划》等村镇规划。

完成《厦门市水资源配置和输水工程规划》、《翔安区供水专项中长期规划》、《厦门市集美区电力网专项规划修编》、《集美四片区中压配电网规划——灌口、后溪、集美旧城、杏林旧城片区》、《厦门市典型工业区电力负荷调查研究》等市政专项规划。

完成《厦门市快速公交系统（BRT）线网规划》、《厦门岛近期公共停车场布点行动规划》、《厦门市公共加油加气站空间布局规划》、《厦门市主要通道交通引导规划》、《厦门岛人行立交规划》、《厦门（新）站片区长途汽车站交通影响分析和交通组织设计》、《厦门机场 3 号候机楼片区交通影响分析》等交通专项规划。

二、城市规划管理

按照市委、市政府提出的“高水平、高起点、高标准、高层次”的标准和要求，深入做好城市规划管理工作，在积极推动城市空间新格局的建立、完善城市功能区以及提升城市建设品质和形象等方面，提出适应全市战略发展的规划思路和编制行之有效的行动规划。充分发挥城市规划的“先导”和“统筹”作用，推动城市经济建设和空间形态的发展跃上一个新台阶。

结合海西经济区发展战略，推进对台项目规划建设。《国务院关于支持福建省加快建设海峡西岸经济区的若干意见》的颁布实施以及市委十届十次全会审议通过《厦门市贯彻落实党中央、国务院和省委、省政府加快建设海峡西岸经济区决策部署的实施意见》后，市规划部门紧抓“对台合作”的历史机遇，加快对台相关项目的规划建设。专门成立了落实《若干意见》工作领导小组，并着重推动七项工作：加快推进“厦金综合通道”的规划前期研究工作，推进“厦门第二机场”和“厦金大桥”的规划前期研究；推进“厦金同城化建设”的规划前期工作；推进“海峡论坛”建设项目规划建筑方案设计工作；做好对接厦门18条百亿产业链的空间规划布局工作；加强建设海峡两岸金融服务中心的规划前期工作；开展海峡两岸文化产业园的选址规划工作；向建设部争取相关规划引导政策。

按照“提升岛内、拓展岛外”的总体要求，推进岛内外一体化建设。坚持保持城市风貌和特色，适度降低开发强度和建设密度，不断提升环境品质和城市功能“两保持、两降低、两提升”原则。大力拓展城市空间，重点发挥海沧大桥、集美大桥、杏林大桥、翔安隧道、同安大桥等交通轴线的联接辐射功能，组团式推进岛外新城区建设，加快建设形成岛内外一体化、岛外各组团各具特色又相互协调的城市新格局。加快岛外新城区规划建设，使厦门的城市格局由原来的集中于岛内的一个“拳头”展开为一个“手掌”，推进岛内岛外协调发展。

加强城市环境景观建设，提升全市整体城市品味。以提高城市品质为目标，针对不同建设区域提出不同的规划设计及审批策略，逐步形成具有特色的城市景观环境。注重城市天际轮廓线塑造，对环岛路沿线、环东海域、集美学村等重要片区制定了天际轮廓线规划控制导则。重点抓好城市门户、重要地段、重要节点的城市设计、建筑单体方案规划审查。对于城市重要建筑要精心雕琢，力求做成城市规划建设的精品。加强城市重点地段的景观和建筑方案设计，城市重点片区、节点或重大项目形成常态化的国际方案征集运作方式。加强城市景观控制与引导，通过编制片区的城市设计导则，控制引导建设项目的建筑形态，逐步将城市设计导则内容纳入规划审批程序中，提升城市环境品质。加强对城市主干道两侧景观与建筑立面规划控制。一方面重点做好城市主干道两侧绿化用地规划控制和绿化景观提升，另一方面通过制定阳台封闭等政策推动主干道沿线建筑立面公建化。规划上预留城市绿地系统，保障城市绿化的量且提升绿化的效果，把城市绿化作为提升城市竞争力的重要手段。采用“倒排”的办法，从影响城市景观最突出的问题抓起，做好成功大道、环岛干道、仙岳路等主要道路（街区）、重要节点、关键部位的城市环境整治规划，提供市、区相关部门协调推进改善和提升城市环境品质。针对重要地段，邀请国际知名设计机构进行规划与建筑方案设计，并把邀请国际知名设计单位参与重点地段规划作为今后的常态工作固定下来。

发挥规划引导作用，促进全市房地产业健康稳定发展。完善房地产开发上下游相关产业，做强做大厦门房地产业链；开展厦门整体环境宣传，加大房地产招商引资力度；发挥规划引导作用，合理控制用地和建筑供应节奏；创新土地供应模式，优化投资发展环境；进一步优化公共服务，推动项目尽快建设入住；加快旧城旧村改造，激发房地产市场需求；不断发掘住房新需求，促进厦门房地产持续发展；适时放宽规划审批政策，降低建设成本促进房地产销售等八个方面提出全市房地产业的扶持措施。

主动策划规划项目，建立城市发展项目储备库。开展岛内、外规划项目策划研究，建立全市城市发展项目策划机制，定期生成规划项目供市领导及市发改委决策参考。着重从全市城市空间调整、大片区开发、旧城改造、大交通项目如轨道交通和第二东西通道、社会事业文化设施、房地产项目、大型游乐设施、新的营运中心、市政工程项目、市际合作项目等。

积极开展规划招商，面对面进行规划推介。通过规划引导，着力引进一批带动力强的龙头项目和上下游配套项目。重点抓住发达国家和地区的知名企业、央企、省企和著名的民营企业，加强规划推介和前期研究和准备，提供规划招商咨询和服务，吸引更多的大型企业和重大建设项目入驻厦门。

千方百计服务各区和企业，促进厦门经济增长。成立百亿产值产业链招商服务小组，促进项目落地。为积极落实培育扶持百亿产值产业链产业集群和招商工作，市规划部门成立专门的招商工作小组和规划服务小组，制定规划服务指南，并与百亿产值产业链产业集群对接，确定各产业链产业集群的规划责任人和责任规划师，明确工作目标、分解工作任务，列出每个产业组需规划配合和对接的工作，明确责任和要求。同时，疏理各产业的发展现状和配套情况，提出产业的空间布局与配套，并针对不同产业特点提出具体措施办法，主动推介，热情服务，积极协助，促进项目落地。主动与各区召开联席会议，为各区科学发展解决了大量的实际问题，提供了高效的规划服务。深入开展服务企业的各项活动，加快企业各类手续和项目选址工作；持续推动土地、产业等招商工作，力促招商项目早日在厦门落地；推进行政划拨用地转市场招拍挂的工作，改善企业的资产负债表，提高国有企业的融资能力，也提高了政府的城市建设能力。

加强批后跟踪管理，靠前提供规划服务。制作印发《厦门市规划局行政许可监督检查温馨提示》单，通过施工现场检查，直接送给建设单位。设立建设工程规划许可公告牌新规，便于社会各方面对建设项目的建设情况进行监督，确保经许可的规划条件得以落实，让更多的市民积极主动关心、支持、监督规划。开展行政许可与行政执法相衔接工作。积极开展行政许可与行政执法相衔接工作。每月将建设工程的规划许可决定抄送城市管理行政执法部门，使其能够通过查看建设工程规划许可内容，及时了解建设工程规划许可情况，快速认定施工现场是否存在违法建设，减少了调查取证环节，缩短了办案时间，提高了工作效率。制作《厦门市规划局查处违法建设工作联系单》，通过工作联系单，及时将举报投诉或发现的违法建设告知城市管理行政执法部门查处。积极配合城市管理行政执法部门做好违法建设认定工作。对违法建设提出处理意见，并配合市城市管理行政执法部门查处违法建设。在规划网站设立举报违法建设窗口，增加群众监督举报渠道，为及时有效制止和查处违法建设创造有得条件。

不断完善各种制度、规范权力运作。主要从预防违规变更规划、预防违规调整容积率、制定规划审批标准和明确审批技术标准细则等方面入手，从个案研究问题上升到统一规划审批标准。出台了《厦门市规划局关于建筑功能变更的相关规定》、《厦门市建设用地容积率管理办法》、《厦门市建筑工程面积测算标准》、《厦门市规划局、厦门市建设与管理局、厦门市国土资源与房产管理局关于实行建设工程竣工规划条件核实、备案和房屋登记的通知》、《厦门市建设工程竣工规划条件核实暂行办法》等，修订了《厦门市规划管理技术规定》，较好地规范了审批标准，减少了自由裁量权，增加规划审批的严肃性和透明度。

（厦门市规划局　朱家鹏供稿）

海洋经济与管理

一、海洋综合管理

全年办理市级用海审批手续14项，面积约二百五十万平方米；办理填海项目上报审核手续6项，面积约一百一十八万平方米；征收海域使用金超过五千五百万元。

加强用海项目监督管理。一是在用海预审，论证审查、用海公示、用海协调等环节严格把关，保证填海项目审核的质量和及时；二是开展用海项目监督检查，对项目进行实地检查。

开展厦门海洋生态修复工程。一是在开展厦门海洋生态修复工程的数模、物模前期基础论证基础上，把关工程用海方案，办理海堤开口、管线迁移、清淤整治工程用海审批手续，保证了用海工程及时动工；二是督促业主落实环东海域清淤方案，基本完成环东海域第一阶段扫尾验收工作；三是完成环东海域综合整治工程阶段性效果评估工作。

编制各类海域规划。一是完成《厦门市大嶝海域海洋功能区划修改方案》报批工作，为大嶝海域重大涉海工程启动提供区划依据。同时完成《厦门市海洋功能区划》局部修订和出版工作；二是针对东、西海域整治和几个湾区海堤开口建设，编制了同安湾海域及岸线利用规划；三是启动编制厦门湾整体发展规划、重大湾区概念规划和大嶝海域及岸线利用规划。

推进沙滩保护与修复建设。完成观音山一期人造沙滩后续工程、观音山沙滩修复二期工程及东部沿岸沙滩清理与维护工程前期工作；完成长尾礁至五通人造沙滩可行性研究；开展厦门岛东南部岸滩砂体动力体系及海滩循环养护课题研究，为编制香山—白城和鼓浪屿港仔后等沙滩的修复养护工程方案提供技术支撑。

积极探索海岛管理新路子。一是委托相关科研单位对鳄鱼屿、宝珠屿等岛屿周边进行地质地貌调查，分析评价岛屿区域稳定性、斜坡稳定性、基础的可行性及施工条件等，从地质条件探索扩大海岛规模的可能性，为今后在保护前提下合理开发提供依据。二是根据无居民海岛管理需要，启动开发海岛管理信息系统，将海岛调查、海岛规划、海岛利用等各类海岛基础数据电子化管理和应用，以提高无居民海岛管理的科技水平。

二、海洋环境保护

完善环评程序，严把环评审批。继续落实环评听证制度，对涉及听证项目均严格落实，对所审批（核）的重大涉海项目要求制定海洋环境影响跟踪监测工作方案，并列为环保执法日常监管的重点。共召开6个项目的环评听证会，核准了10个海洋工程环评报告书，13个海洋工程环评报告表及1个登记表；审核海岸工程环评报告书1份。

增殖放流恢复海域生态资源。全年共实施水生生物增殖放流8批次，放流平均叉长5厘米以上的黄鳍鲷49.8万尾，全长1厘米以上的长毛对虾1.26亿尾，平均尾重12.6公斤10尾，全长约1厘米的文昌鱼13.9万尾。

三、海洋灾害与防御

全年厦门海区没有发生大型风暴潮灾害，全年共发生3次赤潮，均为无毒赤潮，赤潮发生未对厦门市经济造成明显损失。在完成厦门近岸海域赤潮监控区常规监测任务的基础上，利用水质连续自动监测浮标体系，实时指引开展海域赤潮每日等级预报和赤潮应急跟踪监视监测。

全年厦门市没有发生大的风暴潮灾害，仅8月7～9日，受“莫拉克”台风的影响，厦门海域过程最大增水为160厘米，但未超过警戒水位，没有造成经济损失。

四、海洋经济、科技与国际合作、交流

培植海洋生物产业，努力打造国家级海洋生物资源综合利用产业链开发示范工程。依托厦门市海洋科技力量的领先的优势，开发海洋生物活性物质和海洋药物的综合利用技术，以及以大宗水产品为原料的海洋功能食品、生物材料、精细化工制品。组织研究海洋生物资源产业化路线图，开展海洋生物技术集成与产业化研究，促进科技成果的对接转化，努力打造具有一定规模的产业链体系。推进“厦门市海洋生物技术产业化中试研发基地”的申建工作，建成以海洋糖工程、蛋白工程、脂类活性物质、海洋发酵工程、藻类可持续发展养殖工程等为主体的中试规模应用示范生产线。

大力推动海水综合利用产业链开发。重点开发应用海水淡化技术，大力推进工业冷却用水、城市生活生态用水、火电厂脱硫等的海水直接利用技术应用规模，优化海水预处理、防腐蚀及防生物附着、设备配套、膜或热源高效利用等工艺技术，有效降低海水综合利用成本，构建技术应用—装备产业化—产业链示范相互促进的海水综合利用产业链发展模式。

发展游艇经济，培育新的海洋增长点。完成对游艇产业基本的调研，组织编写了厦门市游艇经济的调查报告和国际游艇产业发展情况的报告，编写《关于加快游艇经济发展的若干意见》（草案），并征求相关部门意见，提出了促进游艇经济发展，努力形成集游艇研发设计、制造、修配、展示展销、赛事、培训教育于一体的游艇经济产业体系的优惠政策和相关建议。同时协助办好“2009中国（厦门）国际游艇帆船展览会”，共有参展企业105家，参展船只一百多艘，观展人数近四万人次，展览面积3.5万平方米，吸引国内外50家知名采购商前来参观洽谈，成交额九千六百多万元，意向合同交易额超过八千万元。

加快海洋科技成果的转化。积极组团“6·18福建成果项目交易会”，抓好科技项目的推介和对接工作。全年共征集关键技术难题2项和成果与企业技术需求对接项目12项，项目总投资5 470万元。

推动海洋与渔业国内外交流合作。成功承办“2009厦门国际海洋周”，探索构建一个推动新兴海洋产业发展的平台。本届海洋周主题为“海岛保护与可持续利用”，活动内容由国际海洋论坛、海洋专题展览和海洋文化活动三部分组成。

五、法制建设与执法监察

2009年，共实施执法检查10 560次，发现违法行为424起，做出行政处罚408起，罚款总额229.05万元。

依法推进法制建设。一是《厦门市海洋环境保护若干规定》获得通过。《规定》针对海洋生态损害和环境污染两大突出问题，从强化政府监管责任、拓宽公众参与途径、规范企业经营行为入手，创建了海洋海岸带综合管理、海域排污总量控制、海洋环保信用、海洋生态损害补偿和赔偿、海上联合执法等二十多项具有厦门特色的法律制度。二是《厦门市海域水产养殖退出补偿实施办法》颁布实施。《实施办法》延续厦门市一贯的海域水产养殖退出政策，并对原有做法进行规范化和制度化，既兼顾了大多数渔民的现实利益，也更加注重退养渔民的长远生计。三是先后出台了《关于印发2009年度海洋伏季休渔工作方案的通知》和《关于2009年度海洋伏季休渔的通告》等伏季休渔管理制度。

强化执法监督。一是对6起填海项目依法定程

序组织了“海洋环境影响评价听证会”，为依法进行环境影响评价审批提供依据；二是梳理282项行政职责，进行职权分类，编制目录和权力运行图，奠定规范的基础；三是印发《厦门市海洋与渔业行政处罚自由裁量标准》，促进公开、公平、公正地行使行政处罚自由裁量权；四是开展行政执法督察，印发《关于开展海洋与渔业行政执法督察工作的通知》，进一步规范海洋与渔业行政执法行为。

加强海洋环境与生态保护执法监察。以海洋工程、海洋生态、海洋倾废、海砂开采、水下爆破为监督检查重点，不断强化海洋环境和生态保护力度。全年检查有关项目126项，累计检查2 686次，发现违法行为142起，依法作出行政处罚142件，罚款160.11万元。

加强海域使用管理执法监察。以继续推进海洋生态修复工程为重点，不断加强海域权属管理和用海执法检查力度。通过日常巡查和专项执法相结合，及时查处围填海、养殖用海、交通运输用海等开发活动的违法用海行为，全年共对196个用海项目实施检查2 290次，发现违法、违规行为11起，立案9起，罚款总额19.35万元。

加强渔政渔港监督管理。及时查处非法捕捞、违规养殖和“三无”渔船等违法行为，其中：厦门渔港监督局出海359航次，出动执法人员3 479人次，登船检查2 804艘次；市海洋综合行政执法支队海上执法检查918航次，出动执法人员8 080人次，检查渔船2 780艘次，办结渔业案件257起、罚款金额人民币49.6万元，没收电渔船、“三无”渔船23艘。

强化联合执法。一是深化跨部门联合执法机制。二是探索厦金联合执法机制。三是建设大嶝平安海域执勤点。这是海洋行政执法队伍与公安边防队伍探索建立紧密型联合执法新机制的有益探索和尝试，在全国尚属首次。四是建设高崎渔港治安联合监管机制。保障了高崎渔港安全有序运转。五是建设西海域养殖回潮五方监管机制。

专项行动切实有力。一是打击非法倾废和非法采砂，保护海洋环境和资源。二是制止非法养殖回潮，巩固海域整治成果。三是保障厦金航线安全，维护两岸交流大局。四是实施伏季休渔，养护渔业资源。五是开展“护渔2009”行动，维护渔业生产秩序。六是规范水产养殖行为，保障水产品质量安全。七是规范经营利用行为，保护水生野生动物。八是开展渔港安全督查，确保渔业安全生产。

（厦门市海洋渔业局　许金练供稿）

国土资源与房产管理

一、突出抓好建设项目用地保障和房地产市场健康运行，在服务保增长扩内需上彰显新作为

经济社会发展的用地需求得到及时保障。全年组织上报77个批次、217个项目用地（含单独选址），总用地面积1 799公顷，新增建设用地面积1 201公顷。7个批次50个项目的规划局部修改全部获得批准，调整面积415.2公顷。全市供应项目建设用地390宗，土地面积2 028.21公顷。

征地拆迁工作有力推进。出台适度提高财政投融资项目拆迁补偿不可预见费和奖励费政策；《厦门市市级财政性投融资项目房屋拆迁补偿费用包干暂行办法的调整意见》经市政府批准颁布实施。全年召开调解会77场，成功调解58件。受理拆迁裁决95件，召开征地拆迁听证会19场，下发裁决书18件，申请强制拆迁9件，实际强制拆迁1件。全市发布征地预告、公告173个，完成征地面积977.95公顷（含收回国有土地）；发布房屋拆迁通告74个，拆迁房屋建筑面积389.91万平方米，完成安置建筑面积39.16万平方米。

积极开展土地招商，土地出让对拉动投资的贡献明显。“九八”期间举办“厦门市土地招商展”和“厦门市地产项目专场推介会”。推行工业用地挂牌（预申请）出让制度；灵活制定土地出让方案，实行小地块出让。全市“招拍挂”出让经营性土地63宗，土地面积313.12公顷，可建建筑面积786.49万平方米，成交土地出让金298.53亿元；挂牌（预申请）出让工业用地40宗，土地面积134.27公顷，成交土地出让金4.30亿元。实施收储项目37个，完成收储面积648.57公顷。

大力促进住房消费，房地产市场企稳回暖。调整购房入户政策。再次提高住房公积金贷款额度。编制《厦门市房地产业集群发展规划（2009～2015年）》。联合厦门日报社在龙岩、三明、漳州、泉州、厦门五地开展“海西城市群一小时生活圈”人居巡展。设立“厦门房地产市场展厅”和“网上房地产展厅”。2009年全市商品房销售560.65万平方米，同比增长111.4%，销售金额418.13亿元，同比增长156.8%。二手房交易量为412.65万平方米，同比增长152.6%。

住房制度改革进一步深化，公积金管理再上新

台阶。开展历年房改政策的梳理和调研工作，提出新一轮住房制度改革实施方案。出台《厦门市住房公积金归集办法》、《厦门市住房公积金提取办法》、《厦门市住房公积金贷款办法》。开展加强住房公积金管理专项治理工作。采取有效措施，坚决打击和防范骗提、骗贷及非法套取住房公积金的违法行为。全市住房公积金缴存单位 9 474 个，缴存职工 33. 38 万人，新增缴存单位 938 个、缴存职工 1. 6 万人。归集住房公积金 37. 74 亿元，比上年增加 6. 36 亿元，增长 20. 3%。住房公积金个贷使用率达 75. 5%，贷款逾期率 0. 146‰。

二、突出抓好资源保护和土地利用精细化管理，在落实“两个最严格”上迈出新步伐

大力推进“双保”行动，最严格的耕地保护制度得到落实。组织开展“耕地保护补贴制度”专题调研。积极开展土地整理开展农村旧宅基地复垦潜力调查。

推行土地利用精细化管理，最严格的土地管理制度逐步到位。制定出台完全出让建设用地使用权办理抵押、调整工业用地出让最低价标准等一系列土地利用政策文件。开展农村宅基地制度改革调研工作，出台规范宅基地审批的办法全面加强土地批后管理，开展批而未用土地专项清理。建立地价催缴制度。推动闲置土地动工建设和盘活利用。

加强矿产资源开发利用管理，矿产资源保护力度不断增强。有序推进非煤矿山矿产资源开发整合工作。完成全市矿业权实地核查野外实测工作。启动筼筜湖地区地下热水资源调查。城市地质调查工作取得重要进展。全市有持证矿山 104 家，征收矿补费约 155 万元。

三、突出抓好保障性住房准入退出机制建设和公房管理，在改善民生规范公房管理上取得新成就

保障性住房管理政策法规进一步健全完善，使用监管及退出机制基本建立。组织修订《厦门市保障性租赁房管理办法》及相关配套文件。首次启动保障性租赁房单列分配程序。进一步拓宽审核渠道，累计完成保障性租赁房资格审核公示 13 批次、8 275 户。加快保障性租赁房选房配租工作，已选房配租 3 896 户，交房入住 2 689 户。首次对 5 户申请户在申请轮候期间家庭收入发生变化、又未按规定如实申报退出轮候的违规行为进行行政处罚。

直管公房、廉租住房制度与保障性租赁房制度初步衔接。对保障性住房申请户（低保户）在轮候期间给予临时租金补助安置，实现保障性住房实物安置与租金补助之间的无缝衔接。全年廉租住房实物安置 22 户，租金补助 641 户，发放补助款 138. 1 万元，并对 3 493 户公房住户予以租金核减。

完善公房管理制度，公房管理和服务水平全面提高。开展新一轮直管公有住房租赁合同签订工作，修订印发新版《厦门市直管公有住宅租赁合同》、《厦门市廉租住房租赁合同》示范文本。完成直管非住宅用房市场租金评估工作。启动已退代管信托房承租户安置工作，落实首批申请户的安置工作。完善直管公房拆迁补偿安置制度。开展直管公房危旧房调换调研工作。落实增量直管非住宅用房公开招租制度，有 4 批次 35 处、面积 1. 29 万平方米的非住宅用房成功招租。收取直管公房租金 8 968. 08万元。完成房屋安全鉴定 734 件（幢），鉴定面积 22. 65 万平方米。

四、突出抓好信息化建设，在打牢国土房产工作基础上实现新突破

国土房产信息化建设取得实质性突破。“金土工程”一期系统投入试运行。基本完成公房和保障性住房管理系统的开发，房地产权籍交易登记系统进入主体开发，土地房屋权籍管理信息系统开发任务完成过半。国土房产数据资源平台建设取得重大进展，1∶500、1∶1 000、1∶5 000 全要素地形图数据库等一批地理信息数据库全面建成。基本建成农村城镇一体化土地利用数据库等一批专题基础数据库。

产权产籍管理城乡一体化稳步推进。加快《厦门市土地房屋登记管理规定》的修订工作。进一步完善经营性土地分割办理土地证相关政策。研究明确商品房项目车库、车位的土地使用年限和用途有关问题。完成城镇国有土地利用现状、全市集体土地所有权变更工作。颁布实施《厦门市房产测绘成果鉴定暂行办法》。全面完成全市农村土地房屋测绘任务。完成全市农用地分等定级与估价工作。全市完成城镇土地房屋权属登记 128 848 件、地籍调查 1 417 宗；完成农村土地房屋权属登记 9 117件、地籍调查 19 015 宗。

测绘成果应用水平不断提升。理顺基础测绘经费保障体制，出台《厦门市基础测绘资金管理暂行办法》。完成覆盖全市的 1∶2 000 航摄测图项目的控制测量。厦门市连续卫星地面运行参考站建设纳入全省统一规划布网，已启动建站工作。启动厦门市公众服务电子地图平台项目建设。组织编制《影像图集》。

土地利用总体规划修编取得阶段性成果。厦门市新一轮规划修编大纲已通过国土资源部审查。完成城市土地利用控制性详规的编制。完成7个国家级开发区和2个省级工业园区土地利用评价工作。

第二次土地调查工作完成计划任务。完成新一轮规划基本农田调整补划方案和补划上图。农村土地调查工作通过国家、省两级验收。城镇土地利用现状调查完成总面积约275平方公里，已进入收尾阶段。全面完成城镇地籍调查。启动土地调查标准时点统一更新工作。

五、突出抓好制度改革创新，在提升服务水平上有新举措

出台一批帮扶企业的政策措施。出台限制性出让建设用地使用权抵押办法、限制性出让工业用地改为完全出让补交地价办法。允许企业将在建工程抵押直接转换为房地产抵押。出台公开出让土地使用权受让人与他人合作开发建设项目的办法、招拍挂出让土地延期开发建设办法。明确给予权利主体明晰的农村经济合作社“办公综合楼”办理抵押登记，有效破解农村集体经济组织贷款难的瓶颈。

办事流程再简化，办事效率再提升。创新用地审批模式，改“串联”审批为“并联”审批，重点项目用地审批一律通过“绿色通道”。重点工程测量实行时限减半的“绿色通道”。缩短二手房交易、按揭和商品房分户登记的办理时限。开设二手房交易缴费过渡账户。简化公积金支取申请材料，推出单位住房公积金开户登记网上审核业务、住房公积金托管业务、住房公积金贷款缩短年限业务及转按揭业务。向全市2万多户公房住户发放联系卡。推行置业担保公司部分代理制。

六、强化规范运作和长效机制建设，在依法行政和执法监管上走出新路子

初步构建完善的土地执法制度体系，土地违法防控能力明显增强。建立土地违法行为查处联席会议制度等17项工作制度。理顺翔安区执法机制。初步构建“政府主导、部门联动”的土地执法制度体系。开展第九次卫片执法检查等12项专项执法检查。第九次卫片执法检查通过国家土地督察上海局的验收，对发现的14宗卫片违法用地（占地面积371.1亩）已全部处理到位。全市发现并制止土地违法行为1 669宗，涉及土地面积67.08公顷；立案97宗，涉及土地面积9.80公顷；结案97宗，涉及土地面积9.80公顷；拆除构筑物301件，涉及土地面积9.06公顷；处罚款38.52万元。

七、积极作为，扎实推进，维护社会和谐稳定取得新成效

地质灾害防治工作成效进一步巩固。出台《厦门市市级地质灾害防治专项资金管理暂行办法》，是福建省第一个关于市级地质灾害防治资金的管理办法。全面启用地质灾害综合管理信息系统。开展群测群防“十有县”建设工作，同安区、翔安区已通过福建省国土资源厅验收。开展中小学校校址地质灾害安全排查工作。加强地质灾害应急演练，300多人参加地质灾害防治培训，200多人参加地质灾害应急演练。投入209万元对10处地质灾害险、灾点实施治理，完成治理8处。

危房治理改造力度加大。修订细化《厦门市房屋防洪、防台风抢险救灾预案》。全年核发危改资金200多万元，组织跟踪巡查重点危房765幢（次）、建筑面积25.2万平方米，及时排除房屋险情210幢（宗）、建筑面积5.04万平方米。完成全市中小学校舍危房鉴定工作。

（厦门市国土资源与房产管理局　黄铭典供稿）

国有资产监督管理

一、国有经济企稳回升向好发展

至2009年底，全市国有企业资产总额为2 995亿元，比上年增长21.7%；负债总额2 163亿元，增长28.1%；所有者权益832亿元，增长7.5%，其中归属于母公司的所有者权益688亿元，增长6.8%；少数股东权益144亿元，增长10.8%；国有资产总量683亿元，增长7.1%。全年实现主营业务收入1 363亿元，比上年增长5.6%；实现利润总额62.5亿元，增长22.5%；净利润48亿元，增长17%，其中归属于母公司的净利润30亿元，增长11%。

二、国有资产结构不断调整优化

一是更加立足主业发展。年内，对国有企业的主业进行了核定，并公布企业的主业目录。各国有企业立足主业发展，积极利用增量投入、存量调整、联合重组等方式集中资源和资金发展主业和优质业务，调整收缩辅业，加快培育和发挥优势企业在全市产业发展中的带动作用；二是更加明确企业发展战略。适时启动新一轮市属国有企业战略规划

编制和核定工作，促进企业进一步增强发展战略管理意识和能力。企业战略管理能力均得到进一步提升；三是加大内部资源整合力度。国贸控股将全资子公司华东实业划转至中厦国际经济技术合作公司。港务控股采取措施逐步收缩贸易业务。各企业积极对非主业、非盈利项目进行了清理；四是进一步优化上市公司资产，积极调整上市公司资产结构。建发集团、国际航空港集团、机电集团通过收购、置换、转让等方式进一步优化上市公司资产质量。

三、国有企业改革继续稳步推进

一是企业整合重组工作稳步推进。航空港集团顺利接收厦门经发机电设备招标公司，积极为政府和企业大宗物资的采购工作提供公开招标平台。夏新电子股份有限公司积极推进重整、重组工作，取得了阶段性的重要进展；二是引进战略投资者取得有效进展。顺承公司、海沧投资集团积极引进并与福建南纸共同投资厦门新阳纸业有限公司，一期项目已正式开工建设。轻工集团与国药集团的合资合作项目进展顺利，合资企业已正式在厦挂牌成立；三是劣势企业清理工作不断深化。住宅集团完成对非主业长景置业发展有限公司等3家劣势企业的清算关闭工作；特房集团完成天健发展股份公司和“华景花园”项目的清算注销工作；市政工程公司清算关闭美湖工贸公司、市政工程研究所，退出无项目开发的市政房地产有限公司；夏商集团出让种子公司持有国贸种子进出口公司10%的股权；港务集团完成清算注销鑫龙绿色有限公司；顺承公司注销6家关停改制企业，追讨改制企业历史遗留欠款849万元；四是企业三项制度改革不断推进。水务集团制定了《新录用人员薪酬管理办法》，对军转干部、引进具备高级职称技术人员以及外单位调入并聘用为集团中层以上职务者，实行效益工资；路桥集团完善《劳动报酬管理规定》，统一劳动报酬体系，改革奖金分配方法，推进项目经理责任制建设；火炬、公交场站等企业不断规范用工制度；轻工集团建立完善员工月绩效考核制度、员工带薪休假制度；厦工股份公司招聘职业经理人担任总经理。

四、国资监管制度建设不断完善

2009年厦门以贯彻落实《企业国有资产法》为契机，加快制定完善各项国有资产监管制度，依法规范监管工作。制定并印发了《厦门市国有企业监事会工作细则》、《厦门市国有企业担保管理暂行办法》、《关于规范国有企业资产出租管理的指导意见》、《厦门市国有企业发行企业债券管理暂行办法》、《厦门市属国有企业重大法律纠纷案件管理暂行办法》、《厦门市直管国有企业安全生产管理考核暂行办法》、《厦门市委托主管部门管理的国有企业领导班子副职配备任免程序》、《厦门市市直管国有企业内设部门和重要子企业负责人管理暂行办法》等制度；研究起草了《厦门市市属国有企业资产损失责任追究暂行办法》、《厦门市属国有企业财务风险管理暂行办法》、《厦门市属国有独资公司董事会建设的指导意见》等制度，继续加大对国资监管制度以及企业规章制度执行情况的检查力度，逐步建立起用制度规范国资监管和企业行为、按制度办事、靠制度管人管事管资产的运行机制。

五、企业内控风险管理不断加强

面对国际金融危机的冲击，市国资监管部门及时深入国有企业调研，寻找应对危机的有效措施，与有关部门联合成立了推进市属国有企业规范内部控制、加强全面风险管理工作领导小组，制定并印发了《关于推进市属国有企业规范内部控制、加强全面风险管理工作的方案》，举办“厦门市市属国有企业及国有控股上市公司规范企业内部控制、加强全面风险管理专题培训班”，全面推进企业规范内部控制，加强全面风险管理工作，使国有企业的内部控制和风险管理水平得到显著提高，有效化解金融危机带来的影响。

六、先行先试加强对台交流合作

市国资监管部门认真研究贯彻落实《国务院关于支持福建省加快建设海峡西岸经济区的若干意见》（国发〔2009〕24号），鼓励和支持企业在资本、技术、管理等方面开展与台湾企业的合资、合作，加快推进各行各业的对台交流与合作。建发股份有限公司与台湾人寿保险股份有限公司合资成立的君龙人寿保险有限公司稳步发展。国贸控股与台湾裕隆集团等几家企业合资成立海峡财产保险股份有限公司已进入报审阶段。国贸集团股份公司和海通证券公司和台湾统一证券公司设立证券公司项目、国贸集团股份公司和福州联华信托公司与台湾统一证券公司合资设立基金公司项目、国贸期货公司吸引台湾统一证券公司参股项目，以及厦门国际信托公司引进台湾战略投资者等项目也在紧锣密鼓洽谈中；港务控股与有关企业组建航运公司，及时开通两岸客货运滚装业务；航空港集团积极推动台湾立荣、华信两家公司开通厦门—台北、厦门—台中航班，经营情况稳步提高；象屿集团所属的闽台商贸公司积极打造并向台湾电子、食品等行业的公司推介服务于大嶝市场的“开证采购平台和物流配合平台”，为大嶝市场引进台商、台企奠定基础。

七、抓住机遇大力开拓市场

根据市场的变化，积极调整策略，努力变“危”为“机”，大力开拓市场。港务控股针对国际集装箱量下降的局面，采取多项优惠措施，鼓励增开多条国际中转航线；国贸集团股份公司通过股权竞拍成为海南天然橡胶产业集团股份有限公司第二大股东，有力地巩固和拓宽了业务资源；厦工股份公司整合了工程机械产品的营销网络，调整营销策略，全力抢夺国内外市场份额；由中国国家主席胡锦涛和塞内加尔总统阿卜杜拉耶共同见证的《支持塞内加尔组装生产中国客车》的中国政府优惠贷款援塞项目，大金龙在众多中国客车制造商中脱颖而出，成为该项目的唯一中方执行商，首辆客车已在10月下线。

八、积极履行社会责任

一是抓好重点项目建设任务。路桥集团承担的“翔安隧道”等多个重点项目建设进展顺利，按建设计划序时进度完成。住宅集团、特房集团按计划完成社会保障性住房建设任务。建发集团投资的海悦山庄和会展中心二期全面完工投入使用。港务控股和特房集团承担建设的火车站新站片区开发建设任务也在稳步推进中；二是承担四川震灾援建任务。路桥集团、住宅集团、特房集团和建发集团分别承担建设了彭州市多个项目的援建任务；三是捐款支持台湾灾后重建。台湾地区因“8·8”强台风“莫拉克”造成重大损失后，为表达对台湾同胞“有难同当、血浓于水”的骨肉亲情，20家监管企业捐款金额900多万元支持台湾灾区灾后重建；四是做好民生保障相关工作。夏商集团、旅游集团、公交集团、公交场站公司、粮食购销公司等企业能从自身实际出发，积极服务城市建设发展的需要，认真做好自来水、燃气、农副产品、公交、旅游出行等关系民生的保障工作，为维护城市安全发挥了重要作用。

（厦门市国资委　刘聪斌供稿）

粮食管理

一、开展粮食清仓查库工作，粮食安全保障的基础性工作进一步加强

根据国务院关于全国粮食清仓查库的统一部署，开展历史上规模最大、要求最严格的粮食清仓查库活动。全面检查了全市粮食库存数量、质量和年限结构情况、中央和地方储备粮执行轮换计划情况、银行贷款与粮食库存对应的核查情况、政策性粮食补贴资金下拨和使用情况、非国有企业执行统计制度及典型企业库存调查情况、储粮安全及相关的库存管理等七个方面的工作，圆满完成了各项清仓查库任务，并通过了省级复查。

二、完成建库工作，粮食流通基础设施建设成效显著

加快推进旗山、翔安和集美三大市级储备粮库建设。一是建立健全工作机制。每周在现场召开工作例会，落实建库工作计划。定期召开业主、代建、施工和监理等单位参加的联席会议，协调解决工程建设问题。二是着力抓工程质量。始终把工程质量作为重中之重抓牢抓实。针对粮食仓库防潮、防湿、保温和气密性要求高的特点，建立业主、代建、监理、施工四方质量监管机制，严格落实施工操作规程，层层把好质量关。新建粮库全部通过验收，其中旗山粮库因质量优良被推荐参评市优良工程。三是做好协调服务。积极协调市财政、银行等部门完成融资贴息有关手续，及时解决建库资金问题。年内三大市级储备粮库陆续竣工，并进行了压仓试验。

三、加强储备粮管理，应急供应保障体系建设进一步完善

落实地方储备粮（油）任务，奠定了宏观调控坚实的物资基础。一是做好地方储备粮轮换工作。优化轮换方案，精心组织，取得良好成效。组织2次拍卖会，售出轮换粮2.3万吨，成交率100%，共超出底价251万元。二是进一步完善储备粮定价工作联席会议制。按照联席会议制度要求，会议均事先邀请市监察局（或驻市粮食局监察室）派员列席、参与监督；要求市购销公司、代理单位（或夏商集团）会前做好价格信息收集工作，在会上通报供各成员单位参考。三是检查督促应急大米、食用油的储备和及时轮换。除在粮食清仓查库中专项检查库存成品粮油外，还采取不定期检查的方式，深入到实行成品粮油滚动轮换的民营企业进行检查。

推进规范管理，加强监管，不断提高仓储工作水平。积极开展全市粮油仓储企业规范化管理活动，制定规范化管理活动《实施方案》，出台《考核办法》，推进管理活动的开展。开展夏秋两季粮

油安全检查，经核查，企业粮油库存账、卡、表数量一致，账实相符；粮情基本稳定，质量合格。修订完善《粮食储备应急动用预案》等5个预案，制定粮食部门重要经济目标和应急防护措施。

四、提升行业指导和服务水平，供应保障体系取得新进展

多方合作，巩固和发展产销协作关系。一是加强协作关系，构建长期、稳定的粮源渠道。抓好向江西、湖北及本省南平、三明等产粮区的储备粮订单采购工作。召开厦门市粮食产销协作会议。来自湖北、湖南、江西、安徽等地区和本省产粮区代表八十多人与厦门市粮食企业开展贸易洽谈，会上签定粮食产销协作意向30万吨。二是抓好第五届七省粮食产销协作福建（厦门）洽谈会的会务保障工作。会上，厦门市签定购粮合同30万吨，食用油采购意向2.3万吨。三是组织全市粮食企业参加各类产销协作会议。在龙岩召开的第8届全省粮食产销协作洽谈会上签订购粮协议9万吨，现场签定购粮合同4.5万吨；参加第九届国际粮油展暨建国60周年展，有3家企业开设企业成就宣传图展，共设5个展位展销名优产品。

周密安排，确保粮油市场供应充足。组织粮食企业到产区采购粮食，保证粮源供应，稳定市场粮价。动员和组织粮食加工企业扩大成品粮加工数量，增加成品粮的市场投放量。加强与铁路、交通等部门的沟通协调，保证粮食运输通畅。切实抓好节假日粮油供应工作，早安排、早落实，做到不脱销、不断档。

依法管粮，维护粮油市场正常秩序。一是抓好市场监督检查。加强市场巡查，组织7次较大规模的粮油市场监督检查，共检查粮油加工批发经营企业74家（次）。二是做好粮食收购资格年审工作。制定《规范行政执法自由裁量权实施意见》，坚持依法办证。严格把好收购资格审核关，全年取消1家、新增3家企业的收购许可，完成42家企业年审。全市具有粮食收购资格的企业45家。三是加强骨干粮店、骨干粮食加工企业建设。完成骨干粮食加工企业、骨干粮店的年审，有14家骨干粮食加工企业、21家骨干粮店通过年审。有4家企业申报骨干粮店经考核获批。四是抓好粮油质量考评。坚持开展粮油质量季度考评，着力引导和促进企业不断提高产品质量，争创名牌。全年共随机抽取69家企业116批次粮油及其复制品，检测结果，必检四大卫生指标均符合标准，合格率达100%。中盛粮油公司生产的“盛洲”牌食用油和兴盛食品公司生产的“兴盛”牌面制品双双被评为中国驰名商标。五是增强粮油价格实时监测，及时掌握毗邻地区粮食市场变化情况，进行粮油市场变化分析和预测，为领导决策提供参考。六是组织放心粮油进社区、进农村活动，向消费者提供优质可靠的粮油产品和粮油质量咨询，宣传科学用粮、健康用粮知识，并向市民免费发放宣传册近千份。

服务企业，充分发挥粮食行业协会作用。一是抓好《食品安全法》宣传工作。二是大力开展争创名牌活动，不断增强企业竞争力。全行业注重品牌、注重质量的意识不断提高。三是制定《粮食质量安全事故应急处置预案》。规范粮食质量安全事故应急处置程序。四是每月编发《厦门粮油信息》刊物，提供信息服务。

加强管理，安全生产平稳有序。一是抓好宣传教育。通过宣传栏、墙报、宣传标语、组织培训智力竞赛活动，制作安全行车警示卡，发自觉遵守交通安全法的倡议书，向民营企业送《安全生产300问》等方式，广泛宣传。二是抓好储备粮安全管理。推进粮食仓储安全技术改造，共安排下达仓储设施维修改造财政专项资金80万元；采用新技术新规范，不断提升化学危险品管理水平。三是抓好粮库安全建设。加强新库建设过程的施工和防御台风的安全检查，召开粮库安保应急处置预案演示现场会，促进全系统粮库的安保工作。四是突出重点隐患排查整治。突出防火防汛隐患排查治理，在8个独立储粮库建立军地联动互助机制，开展出租房地产安全检查专项整治等活动。五是完成“安全生产三项行动”。六是组织应急预案演练。全系统开展应急预案演练8场次，三百多人次参加，有效地提升了各单位应对突发事件的处置能力。

五、完善军粮供应管理机制，不断提升保障服务水平

加强制度建设。修订《市军供站岗位职责制度汇编》和《军供粮油质量管理办法》。加强内部监控机制的建设，将军粮质量监控关口前移至定点供应企业出厂之前。制订《军粮采购工作实施方案》，组织军粮供应企业资格认定的重新申请与评审工作。规范军粮差价补贴款管理。

加强质量监控。定期走访部队伙食单位了解军粮供应质量，聘请了驻军单位的12名官兵作为军粮义务质量监督员。在全省军粮供应系统中率先建立军供化验室，为有效实施军供粮油质量管理办法提供技术保障。

加强服务意识。增加军粮供应品种，提高军供

服务质量。一是加强指导，积极拓展经营业务，拓宽销售渠道，不断增加部队适销对路的粮油等商品。二是定期走访部队征求意见，积极开展“军民共建”活动。开展“三无岛屿”免淘洗粳米、营养强化面粉的供应工作。三是加强军粮节日供应和军地座谈会服务沟通机制。

（厦门市粮食局办公室　黄江鹭供稿）

工商行政管理

2009 年，新登记各类经济主体 28 196 户，累计 157 736 户。其中新登记国有企业 499 户，累计 8 511 户；新登记私营企业 9 477 户，累计 64 511 户；新登记农民专业合作社 77 户，累计 116 户；新登记个体工商户 17 866 户，累计 78 941 户。全年新增内资注册资本 206. 27 亿元。新登记外商投资企业 277 户，累计 5 657 户；全年新增外商投资金额 12. 67 亿美元。全年立案查处各类经济违法违章案件 1617 件，罚没金额 1 324. 82 万元，查获了一批违法物资。12315 系统全年共受理 87 890 件咨询，办理申投诉、举报 15 212 件，为消费者挽回经济损失 1 799. 5 万元，调解成功率为 86. 3%，消费者满意度达 91. 1%。

一、二十条新措施有力促进企业发展

深入贯彻国务院《意见》精神，认真按照省、市党委政府和国家总局、省局加快建设海峡西岸经济区决策部署的实施意见精神，结合实际，制定出台了《关于运用工商行政管理职能加快建设海峡西岸经济区中心城市的若干实施意见》，推出服务中小企业融资、支持支柱产业和优势产业做强做大、推动闽台农业合作、以创业带动就业、提升国有企业市场竞争力，积极破解制约经济增长、影响企业发展的难题，全力营造了“重商、亲商、安商、扶商”的政策环境。

二、扶持企业存续发展成效明显

充分发挥职能作用帮助企业应对金融危机。积极帮助企业化解注册难题，灵活核定能体现其行业和服务特点的经营范围；首创网上注册官行政指导制度，为申请人提供名称预先核准和公司设立、变更登记等行政指导服务；积极拓宽融资渠道，大力推进商标专用权质押担保、股权出质登记、动产抵押登记工作，帮助企业解决融资难问题。全年指导帮助 5 家企业通过商标权质押途径获得银行贷款 1. 29 亿元；办理股权出质登记 54 件，出质股权总额 12. 4 亿多元，担保债权总额近 23 亿元，并对拟办理股权出资的 10 余户企业进行了登记行政指导；办理动产抵押登记 77 件，为企业融资 6. 94 亿元，较上一年增加了 94%。认真落实扶持企业存续的各项举措。通过适度延缓出资时间、简化登记程序，共为 340 余家企业办理了延期到资，为 1 300 多家企业办理了延续经营期限，使 1 600 多家企业得到了援助。

三、网上审批步伐进一步加快

大力推进网上工商审批系统建设，优化改造企业网上审批系统，网上审批比例大大提高。企业名称预核准网上申请达 100%；公司设立网上申请达 68%；企业年检网上申请达 100%；企业变更网上申请达 13%。开通个体户网上登记和变更审批，将网上服务拓展到 8 万家个体工商户。进一步完善和优化综合业务系统，即“大集中系统”，先后完成了“股权出质登记”、“福建省知名字号保护”“农民专业合作社登记管理”、“新案管系统”、“广告成批受理审批”等软件的修改和完善，为服务发展、监管执法提供了有力保障。

四、争驰著名商标取得历史最好成绩

大力推进实施商标品牌战略，支持、引导、鼓励本土企业创造自主品牌、增加品牌附加值，年内“安妮”等 9 件商标被国家工商总局认定为中国驰名商标，首次位居全省第一，占全省认定总数的三分之一，全市驰名商标数量从 16 件增至 25 件，实现了新的跨越。全年新认定 58 件福建省著名商标，全市省著名商标达 266 件；新认定厦门市著名商标 68 件，全市著名商标总量达 421 件。2009 年全市商标申请量、核准注册数大幅攀升，新增商标注册申请 5 330 件、新增注册商标 5 200 件。

五、食品安全进一步得到保障

积极探索，建立厦门食品流通许可监管工作新机制，确立食品流通许可证办理流程和工作模式，制定经营场所现场勘察标准，自行研发“食品流通许可证管理系统（网络试用版）”，确保了食品流通许可工作的顺利进行，实现对全市流通领域食品安全的规范化管理，年内共核发食品流通许可证 1 800 余份。深入开展以节日市场、以消费量大、消费者申诉举报多为重点的食品安全监管和专项整治，全年查办食品违法案件 131 起，罚没款 58 多万元。大力推进食品安全长效监管机制建设，坚持在食品批发企业推行电子台账和备案数据库，巩固进货查验制度和索证索票制度执行成效；全面推

广、运用生鲜系统和商管系统，进一步健全了上市食品准入和溯源机制。

六、黑网吧专项整治成果突出

联合厦门市公安、通信管理和电信等部门，在全市范围内开展了名为“斩网行动”的黑网吧整治专项行动。根据互联网流量异常“三级联动”进行查处取缔，并首次以非法经营罪罪名追究“黑网吧”业主刑事责任。“斩网行动”中共排查并切断1 135个黑网吧连接互联网账号，向公安机关移送达到追诉标准的黑网吧案件4件，极大地震慑了黑网吧经营者，有效净化了厦门文化市场环境。

七、反不正当竞争执法工作进一步加强

坚持以查处公共服务行业限制竞争行为、治理商业贿赂行为和规范企业出资行为为重点，开展反垄断和反不正当竞争、治理商业贿赂、打击走私贩私、取缔传销和变相传销、“扫黄打非”等专项执法行动，取得了明显成效。全年共查处限制竞争行为案件5件，罚没金额46.3万元；查处商业贿赂案件45件，罚没金额283.2万元；查处“三税一逃”案件26件，罚没金额80.5万元。

针对网络市场这一新监管领域，积极制定出台网络市场监管规则、网络市场经营主体备案管理规定、网络商品交易及有关服务行为监督管理工作方案等系列网络市场监管制度，为扎实推进网络监管工作奠定了坚实的基础。全年全市完成网络市场经营主体备案1 273家，立案查处网络违法经营案件107件，罚没金额92.3万元。案件涉及虚假宣传、无照经营、冒用公司名义从事经营活动、商标侵权等。

八、市场中介机构专项治理工作得到充分肯定

组织开展全市市场中介机构清理工作，通过采取宣传教育、建章立制、构建平台、强化监督、清理脱钩、行业自律、培育市场等措施，规范中介机构执业行为，完成了全市2 878家中介机构组织、工作、经济、场所“四分开”工作，净化市场经济环境，促进了厦门经济社会健康有序发展。

九、商标专用权保护成效明显

加大对涉外高知名度商标、涉台商标和驰著名商标的保护力度。全年共查处各类商标违法案件118起，案值290.4万元。评选并公布全市2008年度“商标权保护十大案件”、开展重点商标企业走访服务活动，有效提高社会各方保护知识产权的意识。

十、广告市场秩序得到有效整顿规范

加强户外广告的监管力度，拆除违法设置的广告牌（含店招广告）1 947余块，查处违法广告案件148件；加大了对媒体广告的监管力度，基本实现了广播电视媒体每日不间断监测，监测广告36万多条，广告总违法率为1.9%，五大类广告的严重违法率为0.7%；组织了44杆（座）大型户外广告的使用权拍卖，优化政府公共资源配置；建立“规划先行、证照合一、滚动提升”的店招广告监管机制，并完成了厦门主城区28条主干道的店招广告规划工作；联合市文明办、《海峡导报》开展“厦门首届优秀店招广告评选活动”，曝光一批“脏、乱、差”广告，并及时跟进整治，进一步扩大广告监管工作的社会影响力。

十一、合同违法行为查处进一步加强

对有线电视、电信、物流（快递）、旅游、网络等部分以格式条款侵害消费者合法权益较为突出的行业进行集中整治，努力实现查处一类“霸王条款”，规范一个行业的整治目标；加大涉农合同监管力度，坚决打击涉农合同坑农、害农的违法行为，共查处各类合同违法案件共81件。

十二、消费维权平台进一步拓展

围绕畅通民意、形成互动、接受监督、为民解难的维权平台建设目标，不断创新消费维权手段。推行企业驻点工作制，由消费投诉较为集中的企业每周派员进驻12315服务台接掌投诉热线，协助处理一些技术故障责任难以分清、争议较大的消费投诉，收效明显，投诉办结时限大大缩短。授牌成立了全省首家12315网络维权网点，建立快速处理消费纠纷的网上“绿色通道”。新开通两条闽南语投诉热线，为闽南语系消费者、台胞消费者维护消费合法权益提供了优质的服务。

（厦门市工商行政管理局　唐达达供稿）

物价管理

面对国际金融危机冲击下复杂严峻的国内外形势，厦门市价格工作坚持“促发展、推改革、稳物价、安民生”的价格工作主线，主动作为，积极履行职责，为促进厦门经济发展、社会稳定创造良好的价格环境。2009年厦门居民消费价格指数为97.3%，在福建省各设区市中降幅居前。其中

八大类价格指数分别为：居住 －5.4%、饮料烟酒 3.1%、食品 －2.1%、医疗保健 2.1%、家庭设备用品 0.1%、衣着 －5.7%、交通通讯 －5%、娱乐文教 －1.4%。

推进价格改革，服务经济建设。厦门市分二批取消、降低、暂缓征收21项涉企收费和社会保险、基金，全年为企业减负近八亿元，有力地帮助了企业在抗击全球经济危机中度过难关。推动管道燃气智能远传抄表，制定了不同用户的改造收费标准。制定心脏医疗中心品牌优质医疗新收费方案；修订了223项新增医疗服务收费标准；核定多家医院的特需优质服务收费标准。实行钢琴学校非义务教程收费备案管理，英才学校教育储备金改为年度教育金。

深化价格管理，促进社会和谐。在燃油税征收后及时停止两个二级公路和一个国道收费站的收费。重新核定了殡葬服务行业收费。根据油价调整的联动机制于2月取消又在6月恢复出租车燃油附加费。8月起取消了城市公交空调费。7月起管道燃气转换为天然气并实行新的天然气价格。对外地驻厦资产评估机构实行业务备案和对21家资产评估机构开展业务情况进行专项检查和通报。向省物价局报送了厦门市旅游景点的票价方案。牵头组织完成成品油价格监管政策落实的专项治理工作，维护了成品油市场价格的稳定。启动《物业服务收费管理办法》立法调研。开展了农贸市场收费、蔬菜批发市场交易服务收费、鲜活农产品运输车辆通行费用、有线电视收费、弱势群体垃圾处理费减征等多项关系民生重要收费改革的调研工作。

加强价格监管，稳定民生价格。开展了涉农、涉企、成品油、药品、教育、公证、粮食收购、行业协会等价费专项检查和“家电下乡”以明码标价为主的重点检查。升级了价格举报中心的系统软件，补充完善案件受理、登记、办理、统计以及人员培训与管理等制度。2009年全市共查处价格违法案件116件，查处违法金额613.9万元，实现经济制裁698.5万元；受理价格举报咨询5 603件。

加强监测分析，引导生产消费。根据《价格监测调查巡视制度》成立市场巡视报告小组，启动国家实时价格应急监测调查系统的试运行工作，设立粮食、食用油、生猪和猪肉3大类调查品种和6个监测直报点。制定了《防止生猪价格过度下跌调控预案的实施办法（暂行）》。对进口液化气、成品油、食盐、生猪和化肥等重要资源和民生价格进行监测预警信息和分析材料，为政府决策提供依据。在数字电视上推行重要商品价格周报，在移动电视媒体上播报三个主要农贸市场二十多种农副产品的每周价格信息。数字电视的物价信息栏目观众使用率位升第四。

夯实价格基础工作。价格认证开展了服务司法、服务社会、服务政府、服务系统的“四服务”工作，建立市民价格行情查询系统，推行涉案财物价格鉴定网上受理。完成了城市供水、岛内出租车、景区、公路客运等9类成本监审，共计核减不应计入定价成本的费用9.14亿元。全面清理了历年来出台的规范性文件，确定继续有效的19份，留待修改的5份，作废的34份。价格调节基金3月份起减半征收。稳步推进规范“两权”工作，重新制定和完善行政执法职权分解方案。整理汇编了行政管理、行政执法、政府信息公开和行政监察四个部分共66项规章制度，形成了从监管重要价格权力行使到机关行政事务管理的一整套管理制度体系。

价格应急监管取得新实效。在9月份岛内自来水实行降压供水期间，主管部门及时召集沃尔玛等12家大中型超市、商场召开价格政策提醒会；加大了用水产品等相关商品的市场巡查，严惩囤积居奇、哄抬价格的违法行为；强化12358价格举报中心的值班和投诉快速查处；增加媒体价格宣传力度。通过采取多项有效措施，消除了群众恐慌心理，保证了降压缺水应急期间饮用水及相关产品的市场价格平稳。

改进价格监管取得新成效。针对年初汽车维修投诉较多的新情况，主管部门会同市交通部门对全市一百多家一类和部分二类汽车维修企业，召开行业价格投诉案例分析会，推动了整个行业的诚信经营。借助个别消费者集中举报大超市明码标价的欺诈案例，及时召集全市31家大型商家超市，以现场案例进行价格政策提醒，不仅使商家深受教育，还规范了行业的明码标价。

社会平均成本监审取得新成果。借金—厦旅游航线调价成本监审之机，在对所有客运企业个别成本审核的基础上，首次实现了行业平均成本核定，并依据社会平均成本适度下调了金—厦旅游航线票价。社会平均平均成本为科学定价提供依据，促进了厦—金旅游业的发展。

（厦门市物价局　陈文生供稿）

发展和改革工作

2009年，厦门市发展和改革部门围绕市委、市政府中心工作，解放思想，开拓创新，积极作为，主动作为，为促进全市经济社会平稳较快发展做出了积极贡献。

一、力保经济平稳增长

加强经济形势分析，为保增长出谋划策。紧盯国内外形势变化，及时提出全国信贷骤增情况、澳大利亚加息及对全球货币政策影响等报告及工作建议。多形式跟踪、监测经济运行情况，及时发现经济复苏过程中的苗头性、倾向性问题，研究提出对策建议。

加强服务企业和基层，推动保增长政策落实。按照“五帮”的要求，深入企业和基层，帮助企业解决生产经营中的困难。召开项目与资金对接会暨“政、银、企”联席会议，各商业银行积极主动服务，全年为重点建设项目发放贷款176.4亿元。加强企业融资和上市辅导工作，帮助企业发行债券12.3亿元，厦工等2家上市公司再融资16亿元，宝龙地产等4家企业在香港融资83亿元，科华恒盛等3家企业首发申请获得通过。

积极争取资金支持，为保增长提供资金保障。2009年，共争取上级部门资金4.61亿元。其中，产业振兴与技术改造等专项资金1.69亿元，55个项目；高技术产业重大专项资金3 950万元，8个项目；促进服务业发展等中央增投资金1 310万元，4个项目；社会事业中央增投资金3 300万元，20个项目。国家开发银行新增厦门市市级政府信用额度130亿元，新增非政府信用额度170亿元。落实外资银行中长期外债指标1.1亿美元。

二、力促产业结构升级

牵头梳理制造业发展重点。梳理了全市13条产业链发展规划和策划，具体组织开展汽车、机械产业链专项规划，出台《厦门市优先发展的制造业指导目录（2009年版）》，引导产业发展和合理布局。

大力推动服务业发展。梳理厦门服务业发展十大领域，开展物流、服务外包、商务中介等行业研究，开展提升商业零售业水平、旅游工艺品开发及展销平台构建方案等政策研究，牵头策划和推动一批商务营运中心、物流中心、大嶝对台商品交易市场改扩建、邮件处理中心、特意购购物中心、工业集中区生产性服务业等项目。建立促进服务业发展工作联席会议制度，安排服务业发展引导资金6 914万元。

开展央企招商和重大开发项目招商。与59家央企联系、接洽，其中中航工业等一批央企拟来厦投资。组织赴温州、上海、香港等地举办重大开发项目招商推介会，接洽项目579个，合同投资102亿元，其中福建中烟集团营运中心等一批项目已有落户意向。

推进高新技术企业发展。组织16家企业申报国家生物医药、新材料、新型元器件等专项。组织参加第七届6·18对接会，对接项目423个、总投资38.2亿元。用足用好6·18项目成果转化平台，围绕厦门市产业特色，共组织了26场市级专场项目对接活动，成功对接一批对产业发展有影响力、有助于延伸产业链的项目成果，推出一批有利于企业自主创新的产业技术平台，共争取省级专项扶持资金425万元，扶持促进项目成果转化项目18个，一批中小企业脱颖而出，有效地增强了企业自主创新能力。围绕延伸产业链需求，组织实施市级高技术产业专项，2009年通过市财政预算内基建拨款，支持电子信息、生物医药及制造技术等领域5个项目，引导一批企业快速成长，努力提升壮大厦门高技术产业。开展创业投资引导基金前期调研与策划，新增备案创业投资企业5家。

推进高优种苗业、农产品加工业、农村旅游业发展。推进集美仙灵旗、翔安古宅等现代农业示范基地建设。编制休闲农业发展规划，研究制订小嶝旅游开发建设方案。开展农民转型、农民增收等政策研究。

三、力促投资增后劲

全力落实固定资产投资计划。按照厦门市政府确定的全市固定资产投资年度预期目标，研究提出全年固定资产投资盘子，并把目标和责任细化到各区、开发区、重大片区及责任人，建立市区、市直部门的两级投资分析例会制度，逐月跟踪分析，及时督促推进落实。

抓重大项目策划和储备。研究推进翔安、集美等新城区产业布局策划规划。推进全市22个旧城旧村改造项目前期策划和规划工作。策划推进新增长点、财税点、就业点项目255个、投资208亿元，并参照重点项目管理，发现问题及时协调推进。完善重大项目储备库，入库项目258项、总投资3 450亿元，并全力推动145个重大项目前期工作。牵头推进轨道交通、新机场、莲花水库、长泰杬洋水利枢纽工程等重大项目前期工作。

完善重点项目推进机制。按时间节点抓进度，多形式协调解决项目用地、用电、前期手续办理等问题，加强督办落实。全年召开省、市重点项目协调会38场，直接协调解决问题132个，明确解决措施195个，提交市分管领导协调6个，提交重大项目领导小组协调22个。筛选2010年重点项目179个、年度投资约363亿元。

围绕“五个统筹”优化投资结构，推动关系民生保障项目建设。集中财力新建、改扩建一批中小学校舍，加快新一轮农村义务教育体系项目建设，完善文教区配套设施。推进专科综合医院扩建工程、城市社区医疗服务体系和新一轮农村公共卫生体系建设。协调推进社会保障性用房、人行天桥、公交场站、垃圾处理、园林绿化等项目建设，推进海沧过芸溪流域治理、海堤除险加固等防灾减灾项目建设。

加强投资管理。起草《厦门市财政投融资基建项目投资管理办法》，严格财政性项目投资控制。全年完成概（估）算审核任务337项，核减62亿元，核减率19.2%；完成评估项目68项，通过优化方案节省财政投资约25.3亿元，核减率17.7%；完成122个项目概算复核任务，复核金额达32.4亿元。出台《厦门市政府投资项目后评价管理办法（试行）》，开展莲黄隧道等13个项目后评价工作。

四、全面贯彻落实海西战略

围绕贯彻落实海西战略推进体制机制创新。提出厦门市综合配套改革方案、先行先试的重大政策和事项，积极争取特区扩区等政策以及航空城等项目纳入国家海西发展规划。

围绕重点领域和关键环节推进体制机制创新。提出2009年经济体制改革思路，稳步推进医改、投融资体制等改革，提出鼓浪屿风景名胜区管理机制等专项改革方案。

五、加强政策及发展战略研究

加强政策研究储备，围绕应对金融危机、扩大消费、加快新城建设与旧城改造等重大问题开展战略性和应用性对策研究。2009年开展86项课题研究，完成68项，部分研究成果已转为政策文件。

研究分析各地发展动态。专题收集、分类研究经济信息和发展经验，及时为市委、市政府决策提供参考。依托市经济研究所，全年编报53期《综合经济参考》、35期《各地发展改革动态》、6期《调研与建议》和14期《政务要报》。

启动“十二五”规划研究编制工作。开展“十二五”规划9个重大前期课题和“十二五”规划基本思路研究，梳理“十二五”期间重大专项规划目录。

（厦门市发展和改革委员会　彭梅芳供稿）

审计工作

2009年，厦门完成审计和审计调查项目207个（其中审计项目175个，审计调查项目32项），查出违规金额2.77亿元，损失浪费金额2.8亿元。其中应上交财政7 485万元，应归还原渠道资金8 461万元，应调账处理金额4.64亿元，移送司法机关案件5件，移送纪检监督部门事项12件，移送有关部门事项6件。

一、预算执行审计突出四项重点，审计整改力度大效果好

开展市本级预算执行和其他财政收支情况审计（以下简称“同级审”），对14个一级预算部门和15个事业单位2008年预算执行情况进行审计和审计调查，同时延伸审计了54个下属单位，审计财政资金总额20.07亿元。审计主要突出四项重点。首先是关注财政重大资金的支出效益。在对2008年重点部门预算审计的同时，对中央增投厦门市项目、厦门市急救体系建设、环东海域整治和水利等专项资金管理使用的绩效开展审计或审计调查。二是强化民生保障项目审计力度。把市政府投资建设保障性住房、市区两级投入城乡低保、社保基金五险、住房公积金和区镇医疗服务体系建设等项目作为民生保障审计的重点。三是加强涉农项目审计。关注农村教育、新农村建设、被征地农民社保、农村征地拆迁补偿等专项资金的管理使用情况。四是抓重点扫审计“盲区”。对群众反映问题多、举报多的单位列入同级审的重点；同时对多年未审计的相关单位投入审计力量开展审计监督，覆盖审计“盲区”。

“同级审”结果表明，2008年度各部门执行预算比较严格，基本上能及时足额批复预算，内部管理不断完善，预算执行总体较好；14个部门年度经费实际支出，基本上能控制在预算之内；一级预算部门违法违规问题逐年减少，财务管理水平进一步提高。但审计发现有些部门或单位存在违法违规行为，共查出违规金额1 884.76万元，主要存在

五个方面问题。一是有9个部门和22个事业单位应缴资金1 440.24万元未及时上缴财政。二是6个部门和2个事业单位挤占、挪用财政专项资金196.66万元。三是13个事业单位超标准发放绩效考核奖、违规发放奖金、补贴、过节费等123.31万元；其中有一个单位财务管理混乱，出纳贪污公款347.38万元，审计发现后移送司法机关予绳之以法。同时有2个单位违规收费122.41万元。4个单位以办公用品、日用品等名义违规购买购物卡139.43万元；四是在社会保险基金（以下简称社保）审计中发现，从2002年1月至2009年3月，共有645个死亡人员养老金未终止支付；医疗保险支付中心存在部分医疗机构和参保人弄虚作假，侵蚀医保基金行为；部分定点医疗机构及参保人员医疗费用存在过度治疗和用药、滥用限制药和诊疗异常等不合理现象。五是个别市属国企集团领导人员严重失职、违规操作、经营失误和管理不善等造成巨额经济损失，审计查出后移送司法机关付诸于法律。

审计结果引起市政府和市人大常务会的高度重视，并分别召开会议研究整改工作意见，提出审计整改的具体要求，强化审计整改力度，取得良好的效果。

厦门市政府对“同级审”提出三项要求。一是政府和有关部门要高度重视审计发现的问题，特别对审计查出有问题的单位要发出整改通知；对存在严重违法、违规问题的单位，市监察局等有关部门要依法处理、追究责任；对国有企业存在的问题，市国资委要积极介入，该处理的要依法处理，并加强对国有企业的日常监管。二是对社保基金中存在的一些现象和问题，要分析原因，逐一落实。对本市社保法规与国家法规不一致的规定，由市法制局负责与市人大共同研讨，该修改的要及时修改。社保基金使用中存在的问题应分清责任、查找原因，属于制度方面的原因要查缺补漏、尽快规范；属于管理部门监管不到位造成的，有关部门要负起责任、抓紧整改；对于乱开药的，应由医疗机构负责。三是市审计部门提出的三点审计建议，要认真抓落实，注意防范财政风险，对重大项目要坚持尽力而为、量力而行。有关部门应该进一步加强财政性投融资项目的管理，对工程概算要严格把关，及时组织工程项目的竣工决算。

厦门市人大要求狠抓“同级审”整改工作。对审计报告反映的问题，要求从四个方面加强整改。一是要加大对违法、违纪问题的惩处力度。二是要分析原因，完善体制、制度。对审计发现的问题，不能就事论事，要研究分析原因，举一反三，从根本上解决问题。特别对社保基金支付中发现的弄虚作假、恶意侵占社保基金等问题，市政府应切实采取措施，从体制、机制、薄弱环节剖析原因，进一步完善社保基金规章制度和监督体制，确保基金安全和广大民众利益不受损害。三是要加强政府债务管理，尽快出台管理办法，防范债务风险。四是加强对市属国有企业资产的监督和管理，特别是加强对企业对外投资的监管，确保国有资产不流失。

根据厦门市人大和市政府关于强化“同级审”整改的要求，各被审计单位及其上级主管（职能）部门针对审计发现违法违规问题，研究分析原因制定整改措施，出台规章完善和规范管理，确保审计整改工作落到实处。

“同级审”查出29个部门和单位违规问题全部整改到位。一是9个部门和22个事业单位未及时上缴的历年专项资金结余和拆迁补偿收入、承包金、房租收入等预算外收入，共计1 440.24万元已全部上缴财政。二是13个事业单位超标准发放绩效考核奖、违规发放奖金、补贴、过节费等123.31万元，已全部按规定处理。三是6个部门和2个事业单位挤占、挪用专项经费196.66万元的问题都整改到位。四是2个单位违规收费122.41万元的问题已整改。五是4个单位违规购买购物卡139.43万元的问题，各单位已采取措施予以纠正，该调账已调账，该收回的已收回。

财政部门采取八项措施抓整改。一是下达《关于专项上解思明区借款利息的通知》和《关于专项上解湖里区借款利息的通知》，通过年终体制结算，分别收回上述两个区欠缴利息167万元和188万元。二是清理集中支付历年结余资金3 544万元，分别用于教育重点项目支出、补充偿债基金等，提高资金使用效益。三是完善部门预算编制系统和预算指标管理系统，实现一体化管理要求。四是下达《厦门市财政局关于财政账户往来款清理工作任务分解的通知》，将往来款清理工作任务分解，取得了较好的成效。五是会同市发改委对国债转贷资金未能按计划使用的项目进行清理，按照国家国债资金管理规定，通过相关程序对原资金投入项目予以变更调整。六是加强对财政投融资项目代业主单位建设结存资金的管理。七是加强财政融资建设资金管理。八是督促业主单位做好项目竣工财务决算工作，加快资金决算支付进度。

二、完成 14 个经济责任审计项目，严肃查处涉嫌违法违规案件

厦门市审计共完成 14 个经济责任审计项目，查出违规金额 8 356 万元，其中直接责任 8 310 万元，主管责任 46 万元；管理不规范金额 4.46 亿元，其中主管责任 2.08 亿元，直接责任 2.39 亿元；审计查出涉嫌违法线索 3 件，移交司法机关进一步查处。在对市属某国有集团公司领导人员及其下属单位进行的经济责任审计中发现，该集团公司原总经理存在严重失职和经营失误造成巨额经济损失约 2.17 亿元的严重问题；发现该集团公司下属两家子公司存在违规经营、滥用职权和经营失误，造成巨额经济损失约 1.10 亿元的严重问题。审计发现后移送司法机关处理。

三、加强民生项目审计，推进和谐社会建设

把改善民生、发展社会事业作为审计重点，进一步加强了对科技、教育、卫生、文化、社会保障和“三农”等重点民生项目和资金的审计监督，促进公共资源配置更多地向民生领域倾斜，切实把人民群众的利益维护好、保护好、落实好。一是开展全市城乡最低生活保障资金、住房公积金、急救体系建设资金、就业补助资金、环保专项资金和污水处理专项资金等 5 项民生资金的审计调查；对水利专项资金、老区发展建设资金、区镇医疗服务体系建设及经费和农村劳动力培训专项资金等 5 项“三农”资金开展审计调查。二是民生资金审计发现和查处了个别低保户申报最低生活保障资金材料与实际家庭收入不符，各区同类低保对象享受的补助金额相差较大；环保基础设施和医学中心、重点专科项目建设进展缓慢等问题。三是三农资金审计发现和查处了部分乡镇卫生院管理不善、经营亏损；水利建设资金个别工程项目超概算，有五个项目进度缓慢、工程未按期完成；旧村改造和新村建设专项部分配套资金不到位，10 个村工程项目招投标不规范，个别项目进度缓慢等问题。四是社保基金计算机审计发现了养老金个人账户缺口较大；部分企业参保率不高，未做到应保尽保；部分参保企业及职工申报基数偏低；有 143 个人用同一身份证号登记两个社保号，重复参保；社保财政专户多头开户，社保基金增值率不高；部分医疗机构和参保人弄虚作假骗保，侵蚀医保基金；部分死亡人员仍然领取养老金，仍然发生医疗保险支付；社保信息系统部分功能不够完善等问题。

四、关注国际金融危机影响，加强国有企业审计

对 40 家市属国有企业（含二级、三级企业）进行了审计或审计调查。审计发现：有 7 户企业亏损共计 3.67 亿元，不良资产 1.65 亿元；有的企业由于部分领导严重失职、违规操作、经营失误和管理不善等，造成经济损失；市属国有企业薪酬标准不一致，有些企业领导人员和员工薪酬发放超标。有关部门和企业针对审计发现的问题认真总结教训，及时采取措施抓整改，进一步完善了内部管理和控制制度，加强企业管理；对已造成的损失，积极追讨以降低企业国有资产的损失，并依据有关法规追究相关人员责任。

五、关注财政资金安全，加强政府投资重点工程审计

为了保障政府财政资金的安全，重点对厦门市新增中央投资项目资金管理使用情况进行跟踪审计调查。审计结果表明，新增中央投资项目总体发展顺利，国家分 4 批安排厦门市新增中央资金 4.01 亿元（55 个项目），带动地方配套资金 9.06 亿元（其中实际到位 8.37 亿元）。但审计也发现存在以下主要问题：一是由于征地问题，有 3 个项目进度受影响。二是有一个节能改造项目仅完成两个子项目，还有两个子项目未完成。同时审计部门紧紧围绕促进经济平稳较快发展这条主线和市委市政府工作中心，抓好重点工程项目资金的审计。在财政投融资基建项目资金审计方面，以资金安全管理为主线，立足服务，强化监督。全年共对 6 个投资项目、23 个援助彭州灾后恢复重建工程项目、14 个学校安全工程进行跟踪审计。

六、开展援建彭州灾后恢复重建项目审计调查

组成联合审计组，对厦门市援建四川省彭州市地震灾后恢复重建工程资金进行了审计调查。审计结果表明，厦门市援建彭州市灾后恢复重建进展比较顺利，基本做到了严格管理、严格制度、严格监督和规范有序；工程项目建设总体情况良好，工程质量总体优良；重建规划基本落实，工程招投标制度基本落实；资金管理使用情况较规范，工程项目资金概算总体控制较好，审计尚未发现大的违法违纪问题。但审计也发现存在部分项目投资预算未及时调整、资金未落实等问题。

七、开展政府还贷二级收费公路债务专项审计调查

分别对同安龙门岭隧道收费站、南同公路收费站（又称“南安桃园收费站”）所管辖的政府还贷二级收费公路2008年底债务余额、公路里程资料、填报的有关表格进行检查。审计以会计账面数字为基础，重点对上报上级交通部门的债务余额和公路里程数字进行检查核对。

八、完成十部门2008年决算（草案）审签

审计结果表明，十个部门的决算（草案）基本真实地反映了年度财政财务收支状况。但审计也查出9个部门存在少计收入、多计支出、少计结余、多计资产等影响决算（草案）真实性、完整性的问题，涉及金额1 061.87万元；有4个部门存在预算编报不够准确、追加项目偏多等问题。另外，由于部门工作任务确定时间晚于部门预算编报时间，部门工作安排与部门预算安排不能很好地衔接，导致有的部门预算年初难以细化到具体项目和单位，影响部门预算编制的准确性和完整性。

（厦门市审计局　谢清海供稿）

统 计 工 作

2009年，厦门市统计部门紧密围绕海峡西岸经济区建设的发展目标，深入学习实践科学发展观，全面铺开第二次全国经济普查，积极筹备第二次全国R&D资源清查和第六次全国人口普查，继续推广厦门市统计数据网上直报系统，关注社会热点、重点问题积极开展统计调查。

一、积极开展各项全国性普查工作

第二次全国经济普查。第二次全国经济普查于2009年1月1日正式开始报表收集，顺利完成了普查登记、数据处理、质量抽查、数据上报等各项目标任务。1. 抓好普查登记关。现场登记工作是整个经济普查工作最关键的源头环节，全市各级普查机构和工作人员紧紧围绕数据质量这个核心，严格执行普查方案，以高度的责任感，一丝不苟开展现场登记的有关工作。2. 抓好普查数据质量关。建立质量控制与检查验收制度，采取多种复查核实及科学评估措施，确保要素指标客观、真实、全面，把普查数据质量控制贯穿于经济普查的各个时期、各个阶段、各个环节。各区普查办组织人员，集中力量对基层上报的普查表逐家、逐项的进行严格认真的人工审核，开展自查、互查和议查工作；各级普查办多次深入各镇、街、居、场及重点企业，进行了现场指导检查；市普查办集聚精锐力量，紧紧抓住决定和影响全市数据质量的重点区、重点指标和关键环节进行核查评估，通过分专业进行数据对比、与快报数据进行对比、与第一次经济普查数据对比，确保各指标客观、真实、全面。3. 抓好普查统计执法关。在全市范围内开展专项统计执法检查，各区经普办针对重点行业、重点单位和重点指标开展专项检查，对于普查对象存在迟报、拒报、抗拒检查、提供虚假或不完整的普查资料的行为要求及时整改，对拒不配合、拒不履行统计义务的单位和个人坚决依法查处。专项统计执法检查期间，全市共立案查处违法案件12起。

第六次全国人口普查。人口普查的标准时点是2010年11月1日零时，为开展好此项工作，积极开展前期准备工作。下发了《厦门市人民政府关于开展厦门市第六次人口普查的通知》，公布普查的时间、对象、内容、意义等，要求各级政府、各相关部门要强化责任意识，严格依法普查，广泛宣传动员，保障物资经费，切实开展好人口普查工作。成立了由丁国炎常务副市长任组长的厦门市第六次人口普查领导小组及其领导小组办公室，落实了2010年度经费，印制了笔记本、公文袋、纸杯等办公宣传用品。

第二次全国R&D资源清查。清查的标准时点为2009年12月31日，下发了《厦门市人民政府转发关于开展厦门市第二次R&D资源清查的通知》，并成立了清查领导小组及其办公室。开展R&D资源清查表试填工作，选取了6家不同类型企业现场指导企业统计员试填2008年科技开发活动情况表。完成了六大门类企事业法人单位科技开发情况摸底调查。召开全市第二次R&D资源清查工作暨培训会议，全面部署厦门市第二次R&D资源清查工作。

二、围绕厦门经济社会发展提供统计服务

及时开展各项专项调查，全力服务厦门市的经济社会发展，充分利用统计资源，面向社会各界，积极提供统计服务。

2008年区级政府绩效管理指标体系考核测算工作顺利推进，完成区级政府绩效评估指标体系的27个考核指标、57个基本考核指标相关数据的收集工作，并对各区的43个指标进行测算，形成各

指标的得分情况。2009厦门国际马拉松赛事期间对五十余家主要宾馆（酒店）、8家零售商场、5家餐饮企业发放调查表和调查问卷，并组织临时调查人员进行现场问卷调查，共发出3 270份个人问卷，收回有效问卷2 067份。第二届海峡两岸文化产业博览交易会、第五届海峡两岸图书交易会在厦举办，动员、组织有关单位和人员协助开展调查，共发出调查问卷7 450份，收回5 663份，其中有效问卷3 061份。社情民意中心紧扣当下社会经济主题，开展了市民对“两会”关注情况调查、金融危机下民生与民声电话调查、“建国六十周年”市民反映情况调查、“降压供水影响”市民反映情况调查、湖里区平安创建工作等多项专项调查。为服务三农，农村经济信息中心开展了水果市场行情调查和水产品市场行情调查，调查分别采集300个、328个样本，了解了水果市场、水产品市场受金融危机的影响情况、市场行情信息以及台湾水果的销售情况等。同时还开展了蔬菜行情调查，主要了解国际金融危机后，国内经济企稳回升情况下的厦门蔬菜市场。为开展节能降耗工作，配合市环保局开展主要污染物总量减排核算工作；配合市农业局对食品加工产业链进行调查；协助市经发局开展工业专题调研，积极为培育百亿产值企业、百亿产业链和百亿产业集群提供相关数据；参与给养应急保障动员潜力调查，承担收集审核《军队给养应急保障动员企业（单位）基本情况调查表》任务。协同有关文化部门开展“推动厦门文化服务业大发展大繁荣的研究”系列社会统计课题调研，调研成果编入《2008年厦门市社会发展概况》。发布了《规模以上工业企业申报名牌产品销售统计证明流程》，为78家规模以上工业企业申报名牌产品提供相关的统计证明。及时编印发布统计资料。发布了《2008年厦门市国民经济和社会发展统计公报》，编辑出版了《厦门市情》、《厦门经济特区年鉴》、《2008统计分析资料汇编》、《厦门市高新技术产业专项调查资料（2008年）》、《厦门市科技数据手册（2009年）》、《厦门市投入产出表》等。《厦门经济特区年鉴》获得2008年国家统计出版评比乙组一等奖。

三、推进依法行政加大统计执法力度

大力宣传新修订的《统计法》和新出台的《统计违法违纪处分规定》，依据新的法律法规，制定了厦门市统计行政处罚自由裁量权标准及配套的六项工作制度，切实加强对行政处罚行为的监督制约，促进依法执法、合理执法、公正执法和文明执法。购置了1万本新《统计法》和《处分规定》合订本，发放到相关领导干部和基层统计人员手中。

结合经济普查开展的各阶段，采取多种形式，有计划、有步骤地开展系列宣传活动，各区组织开展了大型户外宣传活动，思明区统计局在明发商业广场、海沧区统计局在海沧新阳工业区、翔安区统计局在区司法局举办专题宣传活动，集美、同安、海沧等区通过区有线电视台进行统计法规和经济普查知识宣传。各项宣传活动取得了良好的社会效果，营造了良好的经济普查氛围。

加大统计执法力度，年内分别对同安区、湖里区开展了直接监督检查，对122家单位统计数据报送情况及贯彻执行统计法律法规、统计制度情况进行检查，共立案12起，警告4起，罚款1起。

四、推广统计数据网上直报系统

经过多年研究开发，在2008年稳步运行的基础上，对系统进行了改进升级，努力拓宽系统应用范围，在更多专业、更多领域推广应用。现该系统已在厦门市信息产业局、市建设局、市经发局、市科技局以及国家统计局厦门调查队等推广应用。为了有效预防、及时处理系统故障，确保系统正常运行，及时制定了《厦门市统计数据网上直报系统应急预案》。建立系统双域名互备机制，互联网用户可以通过 www. xmtjzb. gov. cn 或者 zb. stats-xm. gov. cn 直接访问厦门市统计数据网上直报系统。

五、建设法人基础数据库统计分系统

法人基础数据库系统以厦门市政府金宏网为依托，以市信息技术服务中心的市法人基础数据库为基础，可方便地查询和抽取新增的、变更的法人基本数据资料。通过不断地测试、完善，于8月底通过验收，进入试运行阶段，在各区完成客户端软件安装，联调后将全面推广使用。该系统的成功开发，为完善网上直报系统和基本单位名录库工作提供了有力的支持。

（厦门市统计局　陈晓婷供稿）

质量技术监督

一、措施有力，“质量和安全年”活动全面推进

一是政府推动，营造浓厚“质量”氛围。活动方案得到市政府的大力支持，在《厦门日报》开辟宣传专栏，定期报道“质量和安全年”活动，

5篇“质量和安全、海西的基石”的征文文章获省局表彰。二是部门联动，构建“大质量”机制。联合总工会、总商会、各区政府、经发部门、行业协会共同发动企业积极申报省市名牌产品；联合市委宣传部等六个部门共同组织“质量月”活动；联合国家统计局厦门调查队、厦门市统计局开展厦门市制造业质量竞争力测评工作；联合农业、工商、卫生、安监、建设等部门组织了一系列执法行动。三是企业主动，强化企业主体意识。全市共有2 086家企业开展“质量和安全年”活动，通过印发公开信，制作宣传标语版等方式强化企业诚信意识。四是社会互动，努力搭建交流平台。组织质量奖专题研讨会、创福建名牌产品研讨会、特种设备使用单位座谈会；开放计量实验室，向市民发放标准砝码1万枚；开展食品质量安全进校园活动，组织市民、新闻媒体参观“放心豆腐坊”。

二、夯实质量基础，服务经济平稳较快发展

标准化战略实施取得较大进展。市政府出台了《厦门市人民政府关于实施标准化战略的意见》，成立了以分管副市长为组长的实施标准化战略领导小组，全面推进实施标准化战略。2009年，全市对17个国家级、省级、市级农业标准化示范项目和25个国家标准、行业标准、6地方标准制修订项目进行了资助。标准制修订工作成效明显。25项国家标准、4项行业标准、10项地方标准获准发布，新增国家标准制定项目9项，行业标准7项，地方标准10项。标准水平不断提高。《纳米碳化钨粉》国家标准、《土方机械　结构应力测试方法》地方标准填补了国内外相关领域的空白；厦门标准贡献奖位居全省前列。标准化示范试点取得新进展。2个国家级和1个市级良好农业规范（GAP）认证试点通过了一级认证；“标准化良好行为企业”试点和“厦门医用胶片配送服务业标准化试点”获得国家标准委立项，3个服务业标准化试点获得省局批准立项。启动公共信息图形符号标准化工作。市政府办公厅出台了《厦门市人民政府关于进一步加强公共信息图形符号标准化工作的意见》，成立了公共信息图形符号标准化工作协调小组，加强领导和协调；制定了《厦门市公共信息图形符号标准实施目录（Ⅰ）》组建了49名“厦门市公共信息图形符号标准化工作义务监督员”专业队伍；对全市图形符号标志生产企业开展检查，组织各行业主管部门和各区政府对所管辖的公共场所开展监督检查和整改完善工作。

计量服务工程取得良好成效。出台了《厦门市人民政府关于加强计量工作的若干意见》，提出推进企业计量工作、加强工业计量工作、强化民生计量工作、加快计量技术基础建设、强化计量执法工作、推进诚信计量体系建设和促进海峡两岸计量交流合作等七项主要任务。在能源计量方面，联合经发、统计等部门，开展节能执法检查；14家企业建立了测量管理体系，数量位居全省第二；5家省级以上重点耗能企业实现了能源计量数据集中采集，47家年综合能耗5 000吨标准煤以上企业实现能源计量档案网上直报，在全省处于领先水平。在民生计量方面，联合工商部门在全市一百多个集贸市场中开展计量专项整治暨计量诚信体系建设活动，对厦门市集贸市场的电子计价秤、台案秤实行一年两次免费检定，共检定1.9万余台件，覆盖率达100%，查获了二百多台作弊电子秤；多次联合交警、环保等有关部门，对厦门市机动车安检机构进行监督检查。

技术支撑体系建设得到进一步加强。在国家中心建设方面，国家场（厂）内机动车辆质量监督检验中心的工程建设全面启动，1 000万元仪器设备完成采购，部分设备已投入使用，预计2010年底报国家质检总局验收；国家半导体发光器件（LED）应用产品质量监督检验中心装修工作基本完成，计划2010年6月底报国家质检总局验收。在科研项目研究方面，承担2个国家总局科技计划项目、3个省级和1个市级科研课题，参与1个国家863计划研究课题，参与1个国家火炬计划质检项目的起草工作，自主研发的国内第一台具备智能伺服控制的多功能工程机械驾驶室防翻车保护试验装置，完全满足欧盟法规要求。在能力验证比对方面，参加了国家认监委组织的六个能力验证计划，和国家灯具产品质量监督检验中心（上海）进行了LED应用产品—大功率LED路灯比对验证试验；在实验室管理方面，全市共有52家实验室取得资质认定计量认证证书。

三、加强技术服务，扶持行业发展

品牌带动有新进展。2009年，市、区两级政府对品牌企业的奖励总计高达1 079万元；53项产品获得福建省名牌产品称号，36项产品获得厦门优质品牌；开展质量帮扶活动，为114家企业提供一千五百多条质量改进建议，为10家光电企业提供质量诊断报告；全市共有9家企业正式申报厦门市质量奖，7家企业申报福建省质量奖。

质量立区和质量分析工作上新台阶。2009年，

全市六个行政区开展“质量立区”活动，实现全覆盖；思明区启动“质量兴市绩效”评价试点工作；海沧区政府30万元重奖省级名牌，在全国创下最高水平。全系统共撰写质量分析报告20篇，创历年之最，分析深度和广度上都有较大突破，分析质量明显提高，部分分析报告得到了市区两级政府领导的高度重视并作出重要指示。

技术服务有新成效。持续贯彻强化服务企业发展18条措施，包括了资金扶持、技术扶持、减免收费、缩短检验时限和提供网上服务等方面，各项取消、停止、减征的收费项目全部落实，共减少各项收费754万元；开展“质量医生企业行”、工程质量专项执法检查等活动；在全市13个重点行业集群企业开展“标准联企业”活动，提供省内最低成本价标准服务；在检验机构开展“说理式执检”；加大对台资企业帮扶力度，对首次来厦设厂的台资企业，提供现场指导，建立定期通报制度，为企业传递政策动态。

扶持行业发展有新突破。指导眼镜协会提升产品质量、加强品牌建设、促进产业链形成并取得显著成效，厦门获得了“中国太阳镜生产基地”荣誉称号，这是中国轻工业联合会颁发的第三个眼镜类产品产业基地。

信息化建设有新拓展。信息化建设逐步由基础设施建设向网络综合应用方向发展，OA系统与国家网、省网实现了对接，门户网站完成改版并正式启用，日均点击率近千次；12365投诉指挥系统正式运行，综合业务系统顺利通过厦门市信息局的验收。

四、坚持以人为本，严格履职保民生

扎实有效开展行政许可工作。严格食品市场准入制度，截止2009年年底，全市累计共有461家食品企业获得730张食品生产许可证，申请注销27家企业36个单元的食品生产许可证；做好小作坊市场准入帮扶工作，9家豆制品小作坊获证。严格工业产品生产许可，在食品相关产品方面，共有80家企业取得84张证书，注销了7家企业7张证书；工业生产许可证方面，共有202家企业获得205张证书，注销16家企业16本证书。严格特种设备行政许可，共对5 926台特种设备使用发放登记证，新发（换）特种设备作业人员证书5 243本，检验各类特种设备49 878台。

着力提高产品质量监有效性。2009年，共抽查了产品2 043批次，合格率为93.9%；其中，食品生产企业的产品抽样合格率为93.7%，比上年度上升了近5个百分点；3C认证产品监督抽查合格率达到100%。对监督抽查不合格的企业加大追踪检查力度，做到现场检查率100%。目前已移办、督办63起，立案处理39起，罚没款近40万。落实食品生产加工企业日常监管制度，突出“三个环节、四本台账、五项制度”，对食品生产加工企业监管做到每半年100%巡查一次，全年共巡查食品生产加工企业1 918家次。全系统共开展21项各类专项整治活动。

创新安全监管机制。探索食品安全风险预警机制，以蜜饯产品为试品开展了“产品检测数据库建设及前期安全预警体系”研究；成功将RFID电子射频技术应用在承压类设备检验；开展电梯轿厢手机网络覆盖工作，在用乘客电梯轿厢手机信号覆盖率已由2008年的75%上升到95%，为电梯困人的应急救援提供又一保障措施；举办大型游乐设施应急救援演练，提高应对突发事件的能力；建立强制性产品认证分类监管制度，采取“执法人员＋质量管理专家”模式提高监督有效性。

五、积极开展对台交流合作

与台湾同行在标准化、质量管理、商品监督管理、认证认可以及实验室建设等方面进行了交流，探讨了“台湾标准资料便捷交流渠道问题”、“LED产业标准研究合作”、“眼镜标准研究合作”、“LED相关产品检验分包”等项目与台湾方面加强合作的可行性，并对标准直供渠道建立、标准信息资料交换方式方法等进行先期探索。在“两岸LED照明产业合作及交流会议”期间，6组LED样品（包括小功率白光、三基色LED和大功率高低色温LED）与台湾工研院电子与光电研究所的LED检测实验室进行光学性能的比对测试，并对两岸实验室的检测数据进行了比对。

（厦门市质监局　廖泽平供稿）

食品药品监督管理

2009年，厦门市食品药品监管局牢固树立科学监管理念，认真贯彻落实国务院《关于支持福建加快建设海峡西岸经济区若干意见》，紧紧围绕“保增长、保民生、保稳定”的决策部署，以创建海峡西岸食品药品安全先行区为目标，着力适应监管体制改革要求，着力深化专项整治工作，着力推进对台交流合作，着力促进医药产业发展，着力强化能力素质建设，各项工作积极作为、创新作为、有效作为，促进地方医药产业健康平稳发展，确保公众饮食用药安全，为保障公众饮食用药安全做出了新贡献。

一、日常监管工作持续深入

药品安全专项整治扎实推进。按国家局统一部署，在3家高风险药品生产企业推行质量授权人制度；举办厦门首届药品GMP研讨会，有效增强药品生产企业实施GMP的意识和能力。以批发连锁企业为重点，开展“账、票、货”相符情况监督大检查，严厉打击“出租出借”、“挂靠经营”和走票等违法违规经营行为。对486家药品经营企业开展规范药品进货渠道专项检查，责令整改或停业整顿违规企业3家。建立外埠药品供货企业备案制度，有效加强外埠药企销售管理；开展非药品冒充药品等12项专项检查。突出抓了“含可待因”、“含麻黄碱制剂”和“终止妊娠”药品批发企业销售流向分析，从中发现异常动态并循迹查处案件16起；有效开展医用防护产品、隐形眼镜及护理液、婴儿培养箱以及骨科植入器械等高风险医械专项检查。规范全市口腔义齿生产企业金属烤瓷牙产品消毒行为的做法被省局推广应用；加强“9·8贸洽会”、“台交会”等重大展会和旅游场所检查，实现“无展商利用展会现货销售药品、无流动摊贩利用展会兜售伪劣贵细药材、无群众在展会购买药械纠纷投诉”工作目标；加强药品、医疗器械和保健食品广告综合治理，广告违法率持续下降，移送违法广告107起。防控甲流药械监管及时到位。及时成立防控领导小组并制定应急预案，对全市11家经营防控药械批发企业供应能力、储存数量和质量信息实施动态掌控；对全省唯一生产防护口罩和红外测温仪的厦门蓝星企业有限公司和天众达公司加强现场监督，确保产品质量安全。甲流药械监管工作得到国家局检查组充分肯定。协调市整规办、公检法等部门，专门召开学习贯彻“两高”关于打击假劣药品司法解释专题联席会议，进一步打牢部门联动基础；严格落实药械不良事件稽查预案，及时完成国家局通报14种药品、2种保健品、1种医疗器械查控工作，最大限度消除问题产品危害影响；继续保持打击非法收购药品高压态势，查处非法收购药品行为2起。全年，共出动执法人员3 451人次，立案查处违法行为128起，没收药品货值87.25万元，罚没101.79万元，有力净化了药品市场秩序。食品安全综合监督继续加强。不断完善全市食品安全应急体系，组织开展打击违法添加非食用物质和滥用食品添加剂、违法经营育颀牌果香型固体饮料行为专项整治行动；配合省局对保健食品生产企业进行了6个品种现场注册核查和111个生产品种确认工作。借助“3·15”消费者权益保护日等大型活动平台开展宣传，组织药品安全宣传进社区、进学校、进农村16场次，发放科普资料三万余册（本），还与槟榔中学联合开展过期药品回收活动；发动市民参加“第三届食品安全知识竞赛”，获国家局颁发优秀组织奖；药学会承办“安全用药，家庭健康”科普宣传（厦门赛区）知识竞赛，得到社会热烈响应和踊跃参与，厦门一家庭代表队晋级全国决赛并获三等奖，群众安全用药意识进一步增强，药品质量投诉数量明显下降。

二、体制改革工作稳妥推进

充分调查论证、广泛听取意见、反复酝酿权衡、稳妥提出方案，同时抓好教育，确保体制调整期间的监管安全和队伍稳定。先后开展餐饮、保健食品和化妆品监管情况专题调研，摸清监管力量、经费保障、技术支撑和产业发展底数，掌握工作主动。初步建立保健食品经营许可管理制度，在全市3 000多家保健食品生产经营企业中，组织开展以清理换证、整治无证经营和超范围经营为重点的专项整治行动。

三、技术支撑作用日益凸显

首次独立承担国家局药品评价任务，对352批次“复方甘草口服液（片）”开展评价性研究检验，完成质量分析和综合评价工作；与中检所合作承担的“六味地黄丸”、“阿奇霉素片”国家评价性检验研究；承担国家药品质量标准起草和复核工作，完成“雷丸”药典品种的起草和21个品种复核检验工作，检验检测水平明显提升。年内完成检品2 743批次，其中监督抽验1 594批次，检出不合格药品21件，不合格率为3.4%。出动检测车47天94人次，快检药品1 389批次。检验基础建设稳步加强。口岸所改造项目进展顺利。药检所增添了ICP-MS、高效液相—质谱联用仪等多套精密检验仪器设备；完成普通级和SPF级实验动物房建设，药检分析手段得到质的飞跃。加强防治甲型H1N1流感药品不良反应监测工作，新增农村药械安全监测试点单位2个。成立了市ADR专家评价委员会，组织ADR监测和药品召回管理讲座5场。妥善处置3起疑似药品不良反应致患者死亡事件，及时排除药品不良反应因素。全年上报ADR报告1 889份，比上年增长32%。

四、服务经济发展成效斐然

服务重大项目取得突出成效。经过近一年的协调努力，促成市政府与中国医药集团总公司签订战略合作框架协议。国药集团确定在厦门建设海西现代药品物流中心等十大项目，为地方医药产业注入发展活力。国药控股福建有限公司挂牌成立；新开办的万泰沧海、新增车间的福满药业顺利获得药品生产许可证，新搬迁的中药厂和中药制剂现代化项目一次性通过 GMP 认证。特宝生物、金日制药产品研发也取得进展。专题组织生物医药产业发展调研，强力扶持生物制药研发，重点推进基因工程药物、疫苗等研发，为企业提供注册、生产政策咨询指导等持续跟踪服务。2009 年，厦门生物制药企业新申报注册药品临床批件 2 个、生产批件 1 个。其中，万泰沧海新申报注册“重组（大肠杆菌）人乳头瘤病毒 6/11 型双价疫苗”、特宝生物新申报注册“Y 型 PEG 化重组人促红素注射液”，均为具自主知识产权生物制品 1 类新药；万泰沧海“重组戊肝疫苗”项目被列入 2009 年度省市重点建设项目，并入选“建国 60 周年成就展”生物医药领域 8 项成果之一。分类帮扶引领发展实效显著。帮助厦门虎标医药有限公司通过 GMP 再认证，摆脱停产困境；针对甲流疫情，帮助厦门蓝星公司、天众达公司达取得“N95 防护口罩”和“红外测温仪”产品注册，为企业加快发展赢得机遇；开设绿色通道，通过锐珂新产品注册，促使企业产品实现市场无缝对接。根据行业发展不同情况，有针对性地把加强医药行业协会建设作为促进行业自律、加快产业发展重要工作来抓。指导厦门药学会换届选举，推动成立全省首家医疗器械行业协会。积极用好对台优势，促进两岸行业交流。举办了以“了解大陆政策法规，促进产业交流合作”为主题的“两岸药品与保健食品政策研讨会”。两岸 57 家药品与保健食品生产企业、业界公协会、财团法人单位的 120 余名代表参会。厦门药学会举办了“两岸医疗器材行业对接会”，有 125 家台湾和我市医疗器械行业单位参加项目交流；厦门医药站与台湾胜昌制药公司首次确定合作项目，第一批地产中药材“泽泻”成功销售到台。

（厦门市食品、药品监督管理局 刘伟程供稿）

安全生产

2009 年，厦门市各类生产安全事故死亡 219 人，发生 5 起较大事故（1 起较大安全生产责任事故，4 起较大道路交通事故），未发生重大事故，其他各类指标均控制在省政府下达考核指标范围内。其中，事故总死亡人数实现“双下降”，比 2008 年下降 8.8%，比省政府下达指标下降 9.1%，消防火灾事故控制取得突破性进展，第一次实现年度火灾事故零死亡；道路交通万车死亡率连续 5 年稳步下降；工矿商贸事故死亡 32 人。全年亿元 GDP 生产安全事故死亡率为 0.135，工矿商贸就业人员 10 万人生产安全事故死亡率为 2.29，道路交通万车死亡率为 2.7，与 2008 年比较，分别下降 15.6%、21.3%、20.6%。

一、积极落实安全生产目标责任制

根据省政府下达的年度目标责任制要求，市政府制定下发了《关于下达 2009 年安全生产目标责任的通知》（厦府〔2009〕46 号），明确责任目标，并将责任目标完成情况纳入各级领导工作业绩考核体系。各级、各部门将安全生产责任指标和任务层层分解下达，层层抓落实。按照省政府出台的《政府及有关部门安全生产监督管理职责暂行规定》要求，全市建立了以目标责任为核心的制度体系、以控制指标为目标的考核体系、以履职情况为依据的奖惩体系。各级各部门结合各自实际情况，研究制定了促进“一岗双责”规定落实的办法措施，履行安全监管责任。以主体合法、组织保障等“十个方面”责任为工作目标，分三步骤对重点企事业单位安全生产进行分级、分类管理。全市 11 个行业、教育系统和人员密集场所确定的 2 258家参评单位，已经评定定级 1 382 家。研发建立了能够采集基本信息情况及生产安全事故隐患的企业安全生产信息数据库，建立了紧密纵向联系和横向互动的联络员制度。充分发挥安委办的职能，积极指导、协调、督促各负有安全监管职责的部门履行职责，开展安全整治工作。强化节假日期间各区、各有关部门安全生产工作督查。在春节、“五一”、“十一”黄金周等重大节庆和重要活动期间，派出督查组，组织相关部门，对各区各部门安全生产工作情况进行督查。

针对性开展重点行业领域隐患排查治理，已经成为安全专项整治工作内容的“应有之意”。全年全市重点行业领域排查治理隐患单位16 019家，排查整改了重大隐患 109 项，累计落实治理资金 70 561.06万元，确保全年未发生重大事故。

有效推动危险化学品和非煤矿山安全综合整治工作。强化监管主体责任，加大督促整改力度，严格延期换证，执行机构评价、专家评审、区局审查、市局审核、联合验收“五级把关制”，在全省首创村、镇、市“三级公示”和评价机构、专家、部门“三堂会审”制度；严格整顿关闭工作，协调、落实八类整顿范围和六种关闭取缔对象的整顿关闭；强化专项整治工作，及时研究、妥善处理沿福厦铁路沿线直径1 000米范围内的非煤矿山的安全许可问题，督促39家非煤矿山进行关闭。全市非煤矿山数量从2006年的120家，减少至现有的28家，并全部持证开采。对隐患和事故的跟踪督查，督促落实每起事故整改措施，保证重大隐患整改到位；开展停工矿山的复工检查，保障重大节日、台风暴雨季节后矿山安全生产条件；开展区级季度安全巡查，加强动态监管力度，严格矿产界限、火工材料、特种设备、扬尘污染、安全管理和现场条件管控；组织市级一年两次的联合执法检查，由市安委办牵头公安、国土等多个部门组成联合督查组，对所有非煤矿山企业进行全面督查。目前，全市推广新技术、新工艺，中深孔爆破技术运用及机械化作业水平位居全省前列。全年非煤矿山生产安全事故死亡1人，低于省下达指标66.66%。

依靠专家技术支撑和标准规范支撑，开展申办材料核查、评价报告评查、现场条件检查，采取对多次评价错误的安全评价机构进行约谈告诫，对严重评价错误的安全评价机构进行通报批评，对弄虚作假的申办许可企业予以退件，对擅自新、改、扩建的企业依法处理等措施，严格执行评价技术把关、受理初审把关、现场核查把关、集体讨论审批把关、发证后复查把关等五层把关制度，2009年，市、区两级安监部门共组织危险化学品生产、经营、储存及建设项目安全行政许可事项111家（次）。危化品生产企业从原有42家减少到现在的37家。结合实际，突出重点，统一行动，专项开展危险化学品从业单位执法检查。2009年，通过执法检查，落实关闭或转产危化品生产企业5家，清退危化品经营企业139家。推进安全标准化工作和推进危险化学品集中储存、经营、配送体系建设。厦门博坦仓储有限公司成为全省第一家通过安全标准化二级企业验收的危化品液体储存化工企业。危化品仓储和集中经营问题实现突破，凤南临时仓库办理了危险化学品仓储经营许可证，新圩新仓库批准设立。同安区政府率先批准设立工业区周转仓库暨危险化学品经营（零售）集中市场。全市化工园区行业安全发展规划基本完成。全年未发生涉及危险化学品从业单位的生产安全事故。

三、健全安全生产长效机制

大力推行危险化学品、非煤矿山、建筑施工、机械行业安全标准化试点工作，解决企业技术装备落后、安全责任不落实、从业人员素质不高等问题。全市开展安全标准化创建企业1 086家，达标775家。市路桥建材公司竹兰山采石场列入省级安全标准化试点企业。市保障性住房建设工程（湖边花园B期A标）评选为全国建筑施工安全质量标准化工作示范工地。博坦仓储有限公司成为全省第一家通过安全标准化二级企业验收的危化品液体储存化工企业。

四、安全生产保障能力建设

市、区、重点单位和一般单位组成的四级安全生产应急救援体系不断健全。成立了市安全生产应急救援中心。重新修订了全市重特大安全生产事故应急预案。组织了隧道应急救援演练，举行全省首次超高层在建工程火灾救援演练。全年制订修订应急预案3 753个，建立企业应急队伍571个，开展二百余次的各类事故应急演练。重点企业实现联网监控。建成市重大危险源监测预警应急指挥系统并投入试运行，全市76个重大危险源企业纳入监控范围，企业、区级系统、市级系统逐步实现“三级联网”。建立城市消防安全远程监控中心，138家公众聚集场所联网接入。各类安全保障项目作用显现。升级改造智能道路交通系统，改造后的48个路口（路段）车辆通行能力提高10～20%，车速提高15～30%。

（厦门市安全生产监督管理局　郑若飞供稿）

信息产业

2009年，信息产业发展坚持“安全、适用、共享、节约”的原则，扎实推进信息化建设，截止年底，城镇每百户家庭拥有电脑量在2008年提前完成“十一五”规划目标的基础上继续增长12.3%，达到106.3台；城镇每百户家庭拥有手机235部，比2008年增长5.4%；宽带用户数超过45万户；全市社会商品零售领域刷卡消费金额占全市社会商品零售总额的比重超过40%，信息化服务经济社会发展的能力进一步增强。

一、TD无线城市成为拉动经济增长的新亮点

“无线城市”在国内开创了将3G用于无线城

市建设的新模式，为TD的发展拓展了新的方向，也为厦门加快发展移动互联网产业赢得了先机。据统计，2009年“无线城市”为全市新增近8亿元的销售收入。作为全国第一个基于TD标准建成的无线城市，厦门“无线城市”受到了各级政府、产业界和媒体的普遍关注。全国各地共有250多批3 700多人次来厦参观考察，工业和信息化部于2009年5月在厦召开了“全国TD无线城市与行业应用经验交流会”，总结推广厦门建设经验。厦门无线城市的建设，为厦门深化信息化应用开辟了新的途径。

二、市民健康信息系统惠及更多市民百姓

该系统2009年2月全面投入使用，是国内唯一能够进入实际运行的区域协同医疗信息化项目，得到了温家宝总理等党和国家领导人的批示，获得第五届（2009—2010年度）“中国地方政府创新奖”，开创了国内区域协同医疗服务新模式，成为我国首个区域医疗信息资源共享协同成功样板。该系统目前已覆盖了占全市90%以上医疗资源的68家医疗机构，为市民建立健康档案130万份。

三、电子政务集中建设模式成效明显

进一步推行集中建设模式，推进服务器集中托管和统一互联网出口工作，全市电子政务集约化程度不断提高。2009年全市新增集中托管服务器127台，累计达到400台，服务器托管部门57个，占党政部门的比例达到40%；新增统一互联网出口部门41家，累计达到109家，政府门户网站绩效取得了历史性的突破。在中国社会科学院信息化研究中心、国脉互联政府网站评测研究中心联合主办的“2009中国政府网站绩效评估暨第四届中国特色政府网站评选”中，厦门市位列省会及计划单列市的第四名。厦门市政府网站外文版（english. xm. gov. cn）在“第三届中国政府网站国际化程度测评结果”成功入围全国省会及计划单列市政府网站前五名，获中国政府优秀外文网奖。其中网站“网上服务”和“用户体验”两项指标名列第三。

四、电子商务工作取得新进展

电子口岸应用取得新突破，全年新增应用系统8个，其中电子关锁系统上线后，实现24小时通关，每年可为企业节约通关费用约500万元。检验检疫部门依托电子口岸建立的“检验检疫监管区”被国家质检总局认定为面向全国推广的“厦门模式”，试运行两年多来，累计为企业减负超过1亿元。电子口岸在全省的推广应用进展顺利，服务已延伸到福州、泉州等地，全省大通关支撑平台的格局已基本形成。

e通卡应用领域进一步拓展，累计发卡量达到210万张，刷卡金额达到4亿元，比上年增长21%。开通1 154辆出租车刷卡，月均刷卡量60万元；开通麦当劳餐厅刷卡，月均刷卡量30多万元；开通“9·8”投洽会刷卡应用。新开通充值服务网点67个，总数达190个，群众充值的方便性进一步提高。

旅游电子商务平台上线运行，被评为2009年全国十佳旅游目的地网站，为来厦旅游者提供订票、订房和预定门票服务，是国航国内唯一授权网上自由行订票网站。通过该平台已成功签订了外地来厦旅游订单1 500个。

五、信息安全保障能力进一步增强

建设完成电子政务互联网安全接入平台，防病毒中心用户数达2 252个。规范公务员统一使用政府邮箱，桌面管理系统基本完成开发任务，正在全面部署。

2009年，全市软件和信息服务业克服金融危机影响，继续保持快速增长势头。全市软件和信息服务行业销售总额达到231.5亿元，比上年增长22.7%，不含通信传输的软件行业收入184.6亿元，增长29.1%。其中，软件产品收入58.24亿元、信息系统集成收入37.74亿元，软件技术服务收入55.32亿元、嵌入式系统软件收入26.80亿元、IC设计开发收入6.50亿元，分别增长34.9%、31.1%、28.6%、8.5%、22.5%。全行业从业人员4.3万人，增长32%。全年新增认定软件企业46家，累计达到348家。新增认定软件产品377件，增长24.8%，累计达到1 899件，软件和信息服务业成为经济增长新亮点。

产业招商工作取得新进展。全年新增软件企业108家，比上年的65家增长66.2%。其中，新认定的软件企业46家。百威英博中国共享服务中心落户软件园二期，思科办事处、IBM分公司也确定来厦门落户。软件园聚集效应更加突出，现有已入驻企业436家，园区员工总数达到3.08万人。园区企业全年销售总额达到101.1亿元，增长44.3%；税收收入3.05亿元，增长45.2%。与台产业对接取得实效，全年新增台资企业18家，累计达到57家，增长46.1%，新增台资企业数量是2008年增加数量的3倍多。两地产业互动的频次

和层级明显提升。台湾资策会、工研院、电电公会、中华资讯软体协会及台资软件企业先后多次组团来厦考察。厦门与台湾在无线城市、电子口岸、IT 教育培训等方面的合作已进入洽商阶段。

动漫游戏产业实现快速增长，动漫产业扶持政策作用明显。2009 年共支付动漫产业发展资金 523 万元，为历年最多。新增动漫游戏企业 7 家，累计达到 65 家。销售收入近 9.5 亿元，增长 30.1%；二是本地企业实力上新台阶。先后有《神奇的游戏》、《加油！宝贝》、《诚信评书》等作品被广电总局评为优秀国产动画片，数量位列全国第 3 位。在第二届厦门国际动漫节作品大赛中，有 5 部厦门原创作品获奖。吉比特等网络游戏领军企业销售收入过亿元，增长 40% 以上。厦门国际动漫节成为国内首个世界动画协会推荐的示范性动漫节。

（厦门市信息产业局　韩绍兵供稿）

政　法　工　作

检察工作

一、依法惩治犯罪，努力维护社会和谐稳定

2009年，全市共批准逮捕各类刑事犯罪嫌疑人4 014人，提起公诉4 738人，与上年相比分别下降7.0%和3.1%。加强与公安、法院的密切配合，坚决打击严重暴力犯罪、黑恶势力犯罪以及“两抢一盗”等多发性侵财犯罪和毒品犯罪，批准逮捕此类案件犯罪嫌疑人2 768人，提起公诉3 237人。积极参加整顿和规范市场经济秩序工作。共批准逮捕破坏市场经济秩序案件犯罪嫌疑人162人，起诉249人。坚持对轻微犯罪落实依法从宽政策，对涉嫌犯罪但无逮捕必要的，依法决定不批准逮捕98人；对犯罪情节轻微，可不需要判处刑罚或可免除刑罚的，依法决定不起诉34人。与公安、法院协同推行轻微刑事案件快速办理、被告人认罪案件简化审理机制。完善办理未成年人犯罪案件工作制度，依法保障未成年人合法权益。坚持对外来人员平等保护，把维护各诉讼主体合法权益落实到执法办案各个环节，体现司法人文关怀。进一步畅通控告申诉渠道，实行检察长预约接访制，健全首办责任制，力争把问题解决在首办环节，把矛盾化解在基层。坚持落实检察环节社会治安综合治理措施，积极参加社会治安防控体系建设和平安创建活动。配合司法行政部门，对管制、缓刑、假释、暂予监外执行人员开展社区矫正试点工作。认真做好青少年维权工作，开设全省首个未成年人心理辅导室，建立青少年维权网，落实社会调查、法律援助、案件跟踪回访等工作措施，深入社区对违法犯罪青少年实施帮教。目前全市有1个检察院被授予全国“优秀青少年维权岗”称号，5个检察院被授予全省“优秀青少年维权岗”称号。

二、坚决查办和积极预防职务犯罪，不断推进反腐倡廉建设

2009年共立案侦查职务犯罪案件43件61人，其中，贪污贿赂犯罪案件36件52人，渎职侵权犯罪案件7件9人，县处级以上干部要案7人。认真贯彻中央和福建省关于工程建设领域突出问题专项治理工作的重大决策，建立和完善与有关主管（监管）部门的案件协查机制和移送受理机制，以工程建设、土地出让、产权交易、招投标等领域为重点，认真排查线索，深挖窝案串案，共立案侦查工程建设领域贪污贿赂案件21件26人。深化治理商业贿赂工作，立案侦查涉及国家工作人员的商业贿赂犯罪案件26件35人。严肃查办侵害人民群众切身利益的案件。共查处征地拆迁、医疗等领域的职务犯罪案件9件19人，查处利用审批权、行政权收受贿赂案件14件16人，查办涉农职务犯罪案件5件15人。加大对群众关心热点问题的关注力度，注意发现和查办新闻媒体曝光的事件背后的职务犯罪，立案侦查玩忽职守、滥用职权，造成重大损失的国家机关工作人员6人。坚持理性、平和、文明、规范执法。全面推行讯问职务犯罪和重大刑事犯罪嫌疑人全程同步录音录像，依法、全面、客观地收集、审查和运用证据。立足检察职能，围绕重大建设项目以及职务犯罪多发行业和领域开展职务犯罪预防，分析发案原因、特点和规律，及时建议有关单位和部门堵塞漏洞，健全制度，共发出预防建议23件。开展预防宣传和咨询，深入到重点工程项目单位，举办廉政座谈会，组织专题调研，提供预防咨询，对国家工作人员进行警示教育。完善行贿犯罪档案查询系统，扩大查询范围，促进社会诚信体系建设，推进从源头上治理腐败的工作。

三、全面加强诉讼监督，努力促进公平正义

进一步强化侦查活动法律监督。对应当立案而

不立案的，督促侦查机关立案8件。对应当逮捕而未提请逮捕、应当起诉而未移送起诉的，决定追加逮捕19人、追加起诉6人，追诉漏罪43条，纠正侦查部门不当定性155件。对侦查活动中违法情况提出纠正意见7件次，均已得到纠正。进一步强化审判工作法律监督。开展刑事审判监督专项检查活动。加强抗诉说理论证工作，对认为确有错误的刑事判决、裁定提出抗诉14件，已审结7件，其中改判5件，有6件尚在审理中。对认为确有错误的民事行政判决、裁定提出抗诉2件，提请上级检察院抗诉22件，法院再审改判、调解12件。对公安机关正确的处理决定、人民法院正确的裁判申诉案件，认真做好服判息诉工作。对涉及公共利益的民事案件，通过检察建议督促有关单位及时提起诉讼。进一步强化刑罚执行和监管场所法律监督。依法监督纠正减刑、假释、暂予监外执行不当35人。对5名病重符合监外执行条件的罪犯及时发出检察意见书，均得到采纳。与有关部门配合，开展核查纠正监外执行罪犯脱管漏管工作，对监外执行情况实行全程监督。开展监管执法专项检查和清理事故隐患促进安全监管专项活动，对监管场所安全、“牢头狱霸”等问题进行重点检查。保障在押犯罪嫌疑人的合法权益，完善防止和纠正超期羁押长效机制，全市公安、检察、法院继续保持零超期羁押。

四、加强对自身执法活动监督制约，保障检察权正确行使

自觉接受人大、政协的监督，定期向人大代表、政协委员寄送《厦检要况》，及时通报工作，邀请代表、委员视察、评议检察工作，开展专题调研，听取意见、批评和建议。推行人民监督员制度改革，进一步规范监督程序，明确监督重点，增强监督实效。完善特约检察员制度，在检察决策和执法办案过程中充分听取意见，接受监督。深化检务公开，加强网上信息发布，适时向社会通报工作。完善和落实保障律师执业权利的措施，出台《关于受理律师意见的若干规定》，规范受理律师意见工作。注意加强与新闻媒体沟通联系，主动接受舆论监督。细化检务督察制度，强化内部监督。实行日常督察、专项督察和个案督察相结合，加大对执法行为、办案安全、检纪检风等方面的督察力度。认真执行职务犯罪案件审查逮捕上提一级改革，严格执行查办职务犯罪“双报批、双报备”制度，加强案件质量复查和专项检查。

五、加强基层基础建设，大力提高队伍素质

全市检察机关紧紧围绕“科学发展求先行，争创特区新优势”的主题和“强化法律监督，服务厦门发展”的实践活动载体，开展深入学习实践科学发展观活动。认真贯彻最高人民检察院颁布的《检察官职业道德基本准则（试行）》，按照忠诚、公正、清廉、文明的基本要求，强化队伍职业道德建设。开展专业化分类培训，坚持以办案一线干警为重点，举办执法技能培训、岗位练兵、技能竞赛等活动，发现、培养、储备了一批业务骨干。继续抓好基层检察院建设，加强基础工作，推动全市检察工作整体发展、共同提高。积极推进科技强检，完善业务、队伍、信息化建设“三位一体”的机制，推进以网上办公、综合管理为重点的信息网络化应用。2009年共有10个集体和19名个人受到市级以上表彰。全市检察系统被授予福建省“第五届设区的市创建文明行业工作先进行业”，思明区检察院被评为全国先进基层检察院，同安区检察院被评为全省创建文明行业工作先进单位。

六、进一步统一执法思想，为建设海峡西岸经济区重要中心城市提供法律服务和法治保障

厦门市检察院制定下发《关于充分发挥检察职能为加快建设海峡西岸重要中心城市服务的若干意见》，明确服务方向，认真履行职责，增强服务效果。立足检察职能，切实保障企业合法权益。把打击犯罪与维护稳定、服务发展有机统一起来，严格区分一般违法行为、改革探索失误、执行政策偏差等与犯罪的界限，依法惩治犯罪者，保护无辜者，支持改革者，挽救失足者，教育失误者。办理涉及企业案件在继续坚持“五个不轻易”做法的同时，强调慎重使用查封、扣押、冻结等强制性侦查措施和拘留、逮捕措施，不因执法不当，给企业生产经营活动造成影响，为社会经济发展创造稳定和谐的社会环境。加大对台胞及台商投资企业合法权益的司法保护，进一步做好在厦台胞的法律服务。根据两岸共同打击犯罪的有关规定，2009年共办理涉台司法协助案件3起，促进两岸司法协作。

（厦门市人民检察院　辜勇志供稿）

审判工作

2009年，厦门市两级法院共受理各类案件

5.88 万件，办结 5.37 万件，分别比上年增长 7.7%和4.9%。其中，中级法院受理8 417 件，办结7 713 件，增长 5.3% 和 5.8%。年内，中级法院审理专利纠纷案件的地域管辖范围扩大至漳州、龙岩地区，思明区法院成为福建省首批有权受理一般知识产权纠纷案件的基层法院，海沧区法院成为福建省有权受理一审涉外、涉港澳台民商事案件的基层法院。市中级法院和集美区法院、同安区法院被福建省委、省政府授予“福建省第十届文明单位”称号。

一、坚持能动司法，全力服务大局

应对国内外经济形势的新变化，制定实施应对金融危机服务经济发展的十二条意见，建立重大、群体性纠纷案件定期分析、专项报告和联动应急机制，充分运用破产重整、和解等法律制度，努力挽救有发展前景的负债企业，依法妥善审理夏新电子、海沧星星公司破产重整及金同成、华溢公司等案件。加强与劳动保障、仲裁、行业协会等协调配合，健全群体性纠纷处理机制，妥善处理涉及武峰、金鹏、三家乐等企业的群体性案件。全市法院共审结各类民商事案件 3.13 万件，其中涉及金融、借贷、房地产、企业改制、股权转让、破产等纠纷案件 1.00 万件，标的 43.41 亿元。

制定实施为加快建设海峡西岸经济区提供强有力司法保障和法律服务的意见，依法审结涉及土地征收、房屋拆迁等行政案件 400 件，不断完善行政诉讼协调机制，确定了首批行政首长出庭应诉的行政单位，妥善处理同安友利机电公司历时十二年的行政争议案等系列案件，保障重点工程顺利推进。加强非诉行政案件的审查与执行工作，执结征收社会抚养费、拆除违法建筑等非诉行政案件 1 232 件。强化知识产权司法保护工作，审结各类知识产权案件 227 件。贯彻落实《海峡两岸共同打击犯罪及司法互助协议》，加强涉台审判研讨和两岸司法交流协作，选派法官参加全国首届海峡两岸司法实务研讨会，首次组织法官参访台湾地区法院，探索两岸司法互助新途径，对通过海基会、台湾警方提供的涉案证据经审查采信。审结涉台民商事案件 129 件。加强涉外、涉港澳、涉侨案件审判工作，优化投资环境，共审结 321 件。

应对维护稳定的硬任务，审结各类刑事案件 3 736件。突出打击危害国家安全犯罪、严重危害社会治安和人民群众安全感的黑社会性质组织犯罪、严重暴力犯罪和多发性侵财犯罪，审结杀人、抢劫、绑架、毒品等犯罪案件 1 185 件，1 870 人。坚决惩治破坏市场经济秩序犯罪，审结走私、金融诈骗、虚开增值税发票、制售假冒伪劣产品等犯罪案件 305 件，挽回经济损失 1 028.8 万元。从严惩处国家工作人员职务犯罪，审结贪污、贿赂、职务侵占等犯罪案件 71 件 115 人。贯彻宽严相济刑事政策，全市判处五年以上有期徒刑直至死刑 825 人，判处五年以下有期徒刑 2 857 人，其中适用缓刑 681 人。对 2 名被告人依法作出无罪判决。对 1 550名积极改造并符合法定条件的服刑人员予以减刑、假释。加强对刑事被害人的权益保障，审结刑事附带民事诉讼案件 345 件。努力办好民生案件，审结婚姻家庭、损害赔偿、劳动争议、各类权属纠纷等案件 8 973 件，审结农村土地承包经营、农村集体土地征收补偿等涉农案件 950 件。加强对农民工权益的司法保护，共审结 1 917 件，为农民工追回工资款等 3 546.67 万元。积极参与社会治安综合治理，进一步深化“法律进社区、进机关、进学校、进乡村、进军营、进企业”活动，开展“关爱妇女儿童，送法进万家”活动，对 414 名未成年被告人进行教育、感化和帮助。

应对涉诉信访突出的问题，进一步落实信访工作责任制，开展“信访积案化解年”专项活动，狠抓涉诉重信重访专项治理工作。充实一线接访人员，推行网上信访，畅通申诉上访渠道。完善每月矛盾纠纷排查调处机制，制定《干部下访实施意见》，坚持接待日接访和中层领导轮流接访制度，对部分重大、敏感案件，领导和承办法官带案下访，面对面地处理诉求，妥善化解了一批上级督办的重点案件，确保了国庆六十周年期间的信访安全。

二、坚持改革创新，完善为民机制

完善便民诉讼机制。推行立案窗口“一站式”服务，加强诉讼指导、诉讼风险提示。进一步完善网上立案审查，坚持巡回法庭、假日法庭、夜间法庭等便民诉讼方式，在同安交警大队派驻道路交通法庭，探索与交警、保监会联动解决道路交通事故损害赔偿纠纷，积极推动交通事故处理“一站式”服务。在“厦门法院网”开通当事人查询案件信息和短信通知功能，将司法鉴定、拍卖信息上网公开，坚持部分裁判文书和执行信息上网公开。加强与新闻媒体沟通协调，及时发布法院重要工作情况。加强人民陪审员工作，全市共有 154 名人民陪审员参与审理案件 1 549 件。加强司法救助工作，为 940 名确有困难的当事人缓减免交诉讼费 293.65 万元，为 155 名刑事被害人和执行案件特困申请人发放司法救济金75.5万元。

完善审判质效管理机制。不断完善审判流程管理和审判质量效率评估考核制度，改革审判委员会工作制度，规范民事上诉案件发回重审、改判工作，完善合议庭管理，试行知识产权专家辅助人制度。抓好最高法院确定的厦门中院量刑规范化试点和海沧区法院司法改革联系点、同安区法院多元纠纷解决机制改革试点工作。加强审判监督工作，依法纠正确有错误的裁判，努力提高办案质量。全市法院审结的3.10万件一审案件中，当事人服判的占85.8%；审结当事人申请再审案件35件、检察机关抗诉案件14件，其中改判、发回重审26件，占全年生效判决总数的0.5%。大力推进繁简分流和速裁工作，基层法院一审案件适用简易程序的占78.8%，思明区法院调裁庭年人均审结小额民事诉讼案件1 276件，被福建省妇联授予“巾帼文明岗”称号。

完善诉调对接机制。贯彻《最高法院关于建立健全诉讼与非诉讼相衔接的矛盾纠纷解决机制若干意见》，积极探索诉调对接，依法确认人民调解协议。开展“加强人民调解指导，促进无讼社区建设”活动，推广翔安小嶝岛“好厝边会所”调解经验，在杏林、鼓浪屿、禾山等法庭所在辖区开展“无讼社区”试点工作，努力推动人民调解、行政调解和诉讼调解相互配合、相互协调和全面发展。推进立案调解，委托基层组织调解，邀请人大代表、政协委员、人民陪审员等参与调解，邀请行业协会、专业部门、社团组织等社会力量协助调解，合力化解矛盾纠纷。全市法院以调解（含撤诉）方式审结的一审民商事案件占53.0%，行政案件协调解决的占23.3%，执行案件自动履行与执行和解的占38.2%，刑事附带民事诉讼案件调撤率38.2%。

完善执行联动机制。以全国集中开展清理执行积案活动为契机，对2007年底以前受理的2 965件有财产执行积案和3.89万件无财产可供执行积案重启调查、处理程序。建立执行案件督查制度，开展执行工作考评，强化执行工作的统一管理、统一协调，加强与政府相关部门和金融机构的协调配合，发挥执行联动机制作用，依法对拒不履行生效裁判的被执行人媒体、网络曝光3 824人次、限制出境5人次、限制选举资格11人次，拘传、拘留231人次，追究拒执罪12人次，促使被执行人主动履行义务。完善基层协助执行网络，全市499名执行联络员共协助执行案件2 523件次。广泛开展联合执行、专项执行、夜间执行，强化攻坚措施，有效执结一批疑难积案。坚持清积、结旧、执新同步进行，全年还执结各类案件1.65万件，执结标的额31.22亿元。

三、坚持固本强基，夯实基层基础

加强对审判执行权的监督制约，建立健全巡视制度、廉政监察员制度和执行异议审查、复议、恢复执行、评估拍卖等制度，与厦门市司法局联合规范法官与律师相互关系，聘请112名人大代表、政协委员等担任廉政监督员，设立24小时录音举报电话和电子邮箱接受人民群众举报，加大查处力度，确保司法廉洁。

加强基层执法办案工作，组织对2006年以来二审发回、改判案件评查并落实整改，提高基层办案质量。加强基层审判法庭和物资装备建设，完成5个科技法庭和11个法庭电子签章系统建设，全市法院审判综合楼建设基本完成。

（厦门市中级人民法院　吴密菱供稿）

司 法 工 作

一、服务海西建设主动作为

涉台法律服务工作取得明显成效。厦门市首创的律师事务所与台资企业“一对一”结对子服务关系进一步深化，规模由28家扩大到50家，各律师事务所统一设立涉台服务窗口或涉台法律事务部，在3个台商投资区和2个台湾商品批售市场建立服务中心，台商协会法律顾问团工作模式进一步拓展，各区也先后建立涉台法律服务顾问团；公证服务对台工作有新突破，在长庚医院设立全省首家涉台办证点，各公证机构承诺对符合条件的涉台公证24小时内出证，符合条件的紧急情况当场出证，遇节假日台胞有特殊情况急需公证的，可以预约办证等；服务台湾考生工作进一步优化，率先全省启用综合服务大厅，全国首次为台湾居民颁发《法律职业资格证书》仪式在厦门市举办，厦门市服务台湾考生工作得到司法部、国台办的充分肯定，全国首批到大陆申请执业的台湾律师落户厦门，办理了2家台湾地区律师事务所在厦门设立代表处申请；举办首届海峡律师实务研讨会，活动得到两岸律师界的热烈响应，参会人数达到160余人，征集两岸律师论文63篇；组织“法制宣传大篷车”深入台商投资区和台胞聚集区开展大型法制宣传咨询活动，编印《厦门市涉台法律法规知识问答》1.5万本，向广大台胞宣传与其工作、生活密切相关的法律法规和政策规定。

二、基层基础建设更加扎实

基层规范化司法所建设持续推进，各项指标保持全省领先优势。积极配合福建省司法厅在厦门市召开全省司法所建设现场会，会议高度评价厦门市司法所建设走在全省乃至全国的前列。全力推进“十佳”考评和创建省“双优”活动，进一步提升基层基础建设水平。继续深化岗位练兵活动，举办司法所长、专职人民调解员、专职社工业务培训班以及全市基层司法行政工作业务技能竞赛，召开全市司法所矛盾纠纷排查工作经验交流会，深入开展基层理论实务研讨，出台司法所长素质考核规定，全面提升基层队伍综合素质。通过年终综合考评验收，全市37个司法所有33个达到规范化标准，达标率为89%（上年达标率78%）。全市有10个司法所被评为市“十佳司法所”，6个司法所被评为全省先进司法所，8名所长被评为全省优秀司法所长，2个司法所被福建省司法厅推荐为全国模范司法所，2名所长被福建省司法厅推荐为全国模范司法所长。

人民调解组织和多元化纠纷解决机制作用充分发挥，矛盾纠纷排查调处工作成效显著。认真组织开展《人民调解委员会组织条例》20周年纪念专项活动，运用各类媒体大力宣传人民调解工作。在抓好镇（街）和村（居）调委会建设同时，积极培育和发展企事业单位和行业性、区域性人民调解委员会，目前全市已建立中华街道商业步行街调委会、电子数码街调委会、银行中心商务楼宇调委会、嘉莲街道明发商业城调委会、大同街道三秀商业街调委会等25个行业性调委会，全市调解网络得到进一步完善。7月份，会同市综治办研究制定《厦门市社会治安综合治理委员会关于进一步加强镇街纠纷解决服务中心建设的意见》；8月中旬，召开全市镇街纠纷解决服务中心规范化建设工作会议，对进一步加强中心规范化建设提出新要求。全市共有各类调委会606个，其中镇街调委会37个、村居调委会472个、企事业单位调委会72个、行业性调委会25个，正在筹建中的行业性调委会4个；2009年共排查矛盾纠纷6 362件，成功调处6 281件，调处成功率为98.7%。防止群体性事件66起，防止民转刑案件11起，向党委政府报告案件数为171件，为维护社会安全稳定做出积极贡献。

社区矫正和帮教安置工作顺利开展，有效预防和减少重新违法犯罪。积极探索行之有效的社区教育矫正方法，开展个案矫正和以入矫教育、常规教育、解矫教育为内容的分阶段教育，努力提高矫正教育的针对性；积极开展公益劳动，探索建设公益劳动基地，目前，全市已建立公益劳动基地121个；探索实施心理矫正，聘请社会心理学专业人士宣传心理健康知识，对有严重心理问题的社区服刑人员实施心理治疗。扎实开展刑释解教人员排查回访专项活动，对2008年回归社会的刑释解教人员进行重点排查，目前全市刑释解教人员帮教率为100%，安置率为99.6%，2009年无重新犯罪。年内共建立安置实体（基地）1个、就业技能培训中心3个，并全面启用刑释解教人员信息管理软件。

完成基层法律服务所脱钩改制工作，基层法律服务机构管理得到进一步规范。对全市13家基层法律服务所进行经脱钩改制，规范为9家合伙制法律服务所，清理不符合执业条件的基层法律服务工作者44名，目前从事法律服务工作的人员全市共有49名。

三、法制宣传教育大胆创新

启动“法治厦门”创建活动。开展村（居）普法依法治理工作观摩检查，分别召开全市法制宣传工作会议和普法依法治理工作联络员会议，进行培训和工作部署。

积极构建普法平台。全省首个法治主题广场“厦门金尚法治文化广场”于9月份建成，司法部、福建省司法厅领导为广场揭牌，评价该广场“形式新颖，内涵丰富，效果显著”，走在全国、全省同类设施的前列。举办首届“厦门市法制书法作品展”。与市委党校、市行政学院联合举办全市首期领导干部法治讲座，邀请中央党校教授为全市领导干部作题为《科学发展观与中国特色社会主义法治建设》的讲座。升级改造“厦门普法网”，创新网上普法形式，加强与市直各部、委、办、局联络员的联系。开展青少年法律知识竞赛（分为全市青少年法律知识大赛和青少年网上普法知识竞赛两个部分），厦门市代表队参加全省青少年法律知识大赛获三等奖。启动全市“法制影视进农村”活动，年内在全市农村放映法制宣传电影50场。

认真抓好各类主题宣传。先后开展“送法下乡”、全市社会治安综合治理暨平安厦门建设集中宣传日、“法治厦门·真诚电力”、“加强禁毒法制宣传，构建和谐法治厦门”以及《消防法》知识电视大赛等主题的大型法制宣传活动，取得很好的宣传效果，得到市领导的高度肯定。组织“落实‘五五’普法规划，服务科学发展”和“全市公务员学法用法征文”两项主题征文活动，开展全市青少年法律知识大赛。在全市范围内征集优秀法制动漫作品，参加“第七届全国法制动漫作品征集活动”。推荐翔安区内厝镇莲塘村为第四批“全国民主法治示范村”。

四、法律服务和法制工作得到提升

律师服务进一步拓展。加强对律师参与信访接待工作和代理重大、敏感案件的指导，优化、扩大了参与涉法信访接待工作的律师队伍，参与涉法信访接待的律师事务所由20家增加到30家，并选派领导和律师参加疑难信访案件审议工作。努力帮助企业应对金融危机，贸易救济法律事务中心成员深入企业开展普及贸易救济的相关知识，分析危机中我国贸易救济形势，使“中心”成为服务外经贸企业的一个重要平台。组织7家律师事务所参加中小企业服务日活动，为中小企业应对金融危机、化解经营风险提供法律帮助。加强公职律师队伍建设，考核并申报第7批来自10个单位的公职律师共10名。强化律师所规范化管理，重点加强对新设立律师事务所，特别是个人所的规范、指导。进一步完善律师执业环境，与市检察院、公安局联合发文，出台《关于审查起诉和职务犯罪案件侦查阶段律师会见实施办法》，解决律师会见难问题；与市中级法院共同研究起草《关于建立法官与律师良性互动机制的意见》、《关于规范法官与律师相互关系的若干暂行规定》，建立法官与律师良性互动机制、规范律师与法官的关系。全市共有72家律师事务所和1 049名律师通过年检注册。

公证服务进一步深入。在重点工程建设、国有土地使用权及国有资产出让转让、企业改制等事项中继续担当重要角色，办理大量的建设工程招投标、施工合同公证以及涉及商标、专利等知识产权侵权的证据保全公证，促进海西建设有序健康推进。主动介入金融服务领域，为中小企业的融资贷款、抵押担保等提供公证法律服务，缓解银行和企业的后顾之忧。组织公证处主任对全市各公证处开展办证质量检查，在各公证处自查的基础上进行抽查，将问题查找、现场指正、交流和探讨相结合，达到共同提高的效果。

司法鉴定管理进一步规范。研究制定2009年厦门市司法鉴定工作要点，并召开司法鉴定机构负责人会议，对工作进行部署。组织各司法鉴定机构做好“三大类”司法鉴定机构仪器设备配置情况及鉴定机构、鉴定人执业资格资质情况调查摸底工作，分析存在问题，提出改进建议。指导各司法鉴定机构开展认证认可试点工作，有8家鉴定机构申请能力验证，已有3家达到国家或部级的认可或计量认证标准。在同安区设立法医司法鉴定检查室，逐步解决岛外群众鉴定不便的问题。加强司法鉴定机构对司法鉴定人、司法鉴定实施活动的监督管理，对全市司法鉴定机构进行专项检查，研究制订《司法鉴定案件业务流程表》、《司法鉴定事项风险提示及投诉举报告知书》、《司法鉴定失信行为惩戒暂行办法》和《司法鉴定机构规范化建设量化考核标准》，对司法鉴定机构的非法受理点、联络点进行全面清理和取缔。年内，全市司法鉴定机构共办理6 171件鉴定。

法律援助工作进一步加强。高度重视涉及群体性案件的受理，启动“绿色通道”，及时受理5人以上的群体性案件11起，充分发挥社会平安“稳定器”的作用。部署在全市范围开展“法律援助便民服务”，坚持每周一次的市人大接访工作，配合团市委、市妇联做好青少年、妇女维权法律咨询工作，定期在厦门监狱开展面向服刑人员的法律援助工作。加强法律援助宣传，分别与市总工会、《海峡导报》联合开展法律援助进社区、下农村的现场活动；采取专版报道、以案释法等多种形式，在媒体上进行法律援助宣传；5月在全市组织以“法律援助，关爱民生”为主题的法律援助宣传月活动，共开展宣传咨询活动33场，发放宣传材料近5万份。加强对各区法律援助中心的业务指导和工作协调，制定《厦门市法律援助案件管辖、指派规定》，配合市政协进行“发展和完善厦门市法律援助体系”的课题调研。采取措施不断提高法律援助服务水平和办案质量，年内市法律援助中心和市“12348”法律服务专线共接听解答来电咨询41 503个，接待来访2 035人次、受理并指派法律援助案件862件，案件数与上年相比增加14.6%。市法律援助中心被团市委授予市级优秀“青少年维权岗”。

法制工作进一步落实。对厦门市司法局成立以来发布的规范性文件进行清理、行使的各项行政职权及依据进行再次清理和确认，行使的行政处罚权进行梳理，制订规范行政处罚自由裁量权实施办法和实施标准，并制定6个行政自由裁量权配套制度。

司法考试工作更加圆满。2009年国家司法考试9月19日、20日举行，厦门考区应到考生2 911人，实际全程参加4场考试的考生2 550人，参考率87.6%。厦门考区组织严密、管理科学、运作规范，试卷安全保密，考场秩序井然，治安良好，无发生违规操作，无发现考生违法违纪和作弊行为，顺利地完成了2009度国家司法考试厦门考区的组织实施工作任务，受到市领导和福建省司法厅督考组的肯定。

五、劳教场所管理巩固提高

高度重视劳教场所安全稳定工作，定期召开安全教育大会，加强场所安全形势的分析和排查，确保场所持续安全稳定。认真开展以“思想认识明显提高、突出问题有效整改、队伍建设明显加强”为目标的专项整顿活动，进一步强化行为规范管理，抓好警务督查。严格劳教（强制隔离戒毒）人员行为规范养成，按照3种管理模式和分期管理的要求，突出规范文明科学管理。组织干警开展强制隔离戒毒工作规定的学习培训，增强民警实务工作能力。开展大队整合，进一步调整优化管理力量。加强心理矫治（咨询）工作，提高教育矫治质量。拓展生产习艺项目，严格规范生产质量、安全，切实加强场所日常生活保障和食品卫生、疾病防控管理，4月份通过ISO9001质量管理体系认证。年内，厦门劳教所先后被评为“省级文明单位”、“省级绿化模范单位”和“福建省社会治安综合治理先进集体”。劳教所标准化大队建设成效显著，全所7个大队有2个大队二级达标，5个大队三级达标，是全省劳教系统唯一实现所有大队全面达标的劳教所。

（厦门市司法局　胡雨阳供稿）

公安工作

2009年，全市公安机关以确保建国60周年大庆安全为主线，以新一轮“平安厦门”建设为载体，积极服务和保障“海西”建设，全力维护政治安定和社会稳定。市民安全感和对公安工作满意率分别达95.8%、93.2%，名列全省第一，社会治安综治工作考评居全省第一。

一、完善维稳机制，维护社会安定

一是强化情报信息工作。深入挖掘影响国家安全和政治稳定的深层次、内幕性、预警性情报信息，收集整理各类情报信息一千九百多条，编报《公安情况专报》40期、《厦门公安信息》328期。二是强化矛盾纠纷的排查调处和群体性事件预防处置。开展“三排查一促进”活动，建立经济领域不稳定因素排查机制，排查化解了一批存在稳定风险的苗头隐患；受理群众来信来访3 065件，办结2 927件，办结率达95.5%。三是强化反恐工作。建立5支反恐专业队，组织反恐预案演练，提高反恐处突能力。四是强化虚拟社会管控。联合相关部门开展“斩网行动”，对884家“黑网吧”（1 350个网络IP）实行断网；开发互联网安全管理系统（审计系统），并向全省推广。

二、服务“海西”建设，保障发展大局

坚持“建设海西，公安先行”，研究出台《厦门市公安机关服务保障加快建设海峡西岸经济区的具体实施意见》，提出扩大两岸交流、服务保障发展等六方面35条具体措施，积极服务保障大局。一是促进两岸人员交流。在全国率先开展台湾居民来往大陆签注自助受理和再次签注申请上门收件业务，为台胞办理各类签注、证件22.8万人次，比上年上升35%；为大陆居民办理各类赴台申请2.80万人次，上升1.1倍。二是优化经济发展环境。强化重点工程建设和开发区安全保卫，完善民警驻勤、警地企联防等制度，部署开展“防盗窃、防滋扰、防破坏”专项整治，查处涉及重点工程案件28起57人；整治和规范市场经济秩序，组织开展打击假币犯罪“09行动”等专项行动，查处经济犯罪案件368起，挽回经济损失1 906.08万元；做好大型活动安全保卫工作，组织警力4.29万人次，圆满完成厦门国际马拉松赛、海峡论坛、“九八”投洽会等325场次千人以上大型活动安保任务。三是主动服务民生。推出12项便民利民新举措，在全国首创开通“110直播室”，全天24小时为市民提供交通路况、水电气和车辆交通违法信息咨询、治安提醒以及非交通违法类车辆疏导等非紧急求助综合性服务。四是加强和改进公安行政管理工作。落实公安部“八条措施”，营造平安和谐的校园治安环境；开展酒后驾驶机动车专项整治行动；开展火灾隐患排查整治，年内发生火灾252起，比上年下降40.7%，实现建国后厦门市首次火灾事故“零死亡”；健全区域联动、军警联防和警地联勤机制，维护厦金海域和沿海一线安全。

三、开展严打整治，治理治安突出问题

以开展社会治安整治行动为主线，强化破案打击，确保治安稳定。年内破获刑事案件1.30万起，

其中八类案件1 955起，比上年上升7.0%；抓获刑事作案人员6 538人，在逃人员3 822名，上升27.0%；查处行政案件66.02万起，其中治安案件5.39万起，上升53.4%。一是强化大要案攻坚。落实“一长双责”侦破命案机制，破获现行“八类命案”69起，破案率94.5%。深化打黑除恶专项斗争。二是强化多发性侵财案件侦破。适时组织开展阶段性、全局性集中打击行动，破获“两抢”案件1 343起、盗窃案件5 950起、诈骗案件2 003起、涉枪案件36、涉爆案件13、涉刀案件371起、毒品刑事案件399、拐卖儿童妇女案件7起、“三电”刑事案件180起。三是强化治安热点整治。开展对“黄赌毒”、站街招嫖、制贩假证章、散发按摩小卡片等治安热点和“城中村”、治安“黑点”等治安复杂区域的整治，全市36个“城中村”和22个治安“黑点”治安面貌明显好转，城市治安环境得到进一步净化。

四、深化平安建设，构建整体化防控体系

扎实推进新一轮“平安厦门”建设，基本建成点线面结合、人物技防配套、打防管控并举、海陆空防衔接、网上网下呼应的全方位、整体化治安防控网络。年内共接各类110报警求助电话142.2万个，比上年减少4.3%，其中刑事报警数5.82万起，减少3.2%。一是推进警务机制改革。在岛外治安复杂派出所实现动态巡逻和一级接处警，在岛内思明、湖里分局启动刑侦专业化建设，初步建立以派出所、刑侦、巡警为基本支撑，具有时代特征、厦门特色的现代警务机制。二是深化城乡社区警务建设。在“抓好二个载体”、“整合三种资源”、“提高四种能力”、“健全五项机制”上下功夫，推广派出所综合信息系统。年内全市社区民警共采集录入信息258.2万余条，比对逃犯信息843条，抓获逃犯144人。三是强化社会面防控。加强路面巡逻防控，提高见警率、管事率和现场抓获率；在全市增设报警定位牌一万五千多块、报警监控点四千多个、规范化治安岗亭58个及多个交通治安检查站。四是加强流动人口服务管理。依托全市150个“一站式”流动人口服务平台，加强和改进出租房屋和流动人口服务、管控工作。年内全市登记备案的出租房屋7.72万户，流动人口登记办证数峰值达109.2万；全市流动人口违法犯罪率比上年下降0.3%。五是落实群防群治工作。会同厦门市综治办将110刑事报警数、群体性事件、火灾安全责任事故等治安工作实行街（镇）与派出所责任捆绑，建立季度通报制度。全市创建“平安商业街”135条，覆盖率达97%；创建“厂店联防”片区39个；“军警民共建”经验在全省得到推广；反扒和“红马甲”治安志愿者建设获得社会好评。

五、开展“三项建设”，推动公安工作可持续发展

深化“三基”工程建设，坚持高起点谋划、高标准建设，大力推进公安“三项建设”。一是推进公安信息化建设。坚持情报信息主导警务，出台《公安信息化建设三年总体规划》和《进一步推进公安信息化建设具体实施意见》，开展信息化应用技能大培训、大考试、大比武。年内建成金盾工程一期23个一类应用项目、8大公安信息资源库和48个公安业务应用系统，存储管理数据72种1.8亿多条，百分之八十以上公安业务工作实现网上办理。市局牵头研发的案（事）件信息管理系统被国务院办公厅评为1999年以来“中国电子政务优秀应用成果”30强和全国电子政务效能管理应用（地市级）优秀项目。二是推进执法规范化建设。制定“公安民警执法工作六个严禁”规定；开展执法问题“自查自纠自改”活动，整改一批执法执勤工作中存在的问题；针对监视居住强制措施使用受到限制、监所场所发生安全事故等突出问题，在看守所设立特审室，并与卫生部门合作，在全国率先开展监管场所医疗服务社会化工作。三是推进和谐警民关系建设。引导各级公安机关把群众的安全感和满意度作为衡量公安工作的最高标准；以纪念建局60周年活动为契机，举办一系列活动，大力宣传公安工作，推动警察公共关系建设；加强涉警舆情引导、危机应对处置机制建设，妥善处置××起涉警舆情事件。

（厦门市公安局　刘剑供稿）

人 事 监 察

人 事 工 作

一、人才服务保障工作

（一）人才引进与高级人才管理

全年引进（调入）各类专业技术人才和管理人才2 164名。其中，高级职称183人，中级职称279人；博士169人，硕士335人，本科1 309人；留学人员380人；柔性引进26人；审核确认为重点人才36人。

一是加大人才引进力度。编制《2009年度厦门市急需紧缺引进人才目录》；组织“服务招聘海内外高层次人才活动”，组团参加第十二届中国留学人员广州科技交流会，首次举办“厦门市引进海外高层次人才政策推介会暨相约厦门创业恳谈会”，联合举办“2009年福建（厦门）海外留学人才与项目对接洽谈会”；审核发放享受国务院政府特殊津贴420人次78万元、省政府引进高级人才津贴315人次92.4万元、在站博士后补助经费46人次115万元、引进到市财政拨款的事业单位具有博士学位或高级职称的留学人员生活津贴55人次24.15万元；完成首批市、区属人才住房选购36套，受理首批人才租赁房申请306名，审核厦大首批人才住房申请330名。

二是拓展服务企业发展人才优惠措施。落实厦门市政府支持企业发展惠民举措，2009年度人事代理服务费减半收取；制定关于支持培育百亿以上产值产业链、产业集群和支持现代物流业、生物制药产业发展、支持卫生系统实施品牌战略的人才优惠政策及服务措施；制定火车站西客站进驻企业人才优惠政策及人才招聘服务措施；建立留学人员工作联络点并聘请联络员，为海外留学人才来厦创业工作提供绿色通道和服务保障。

三是扩大对台人才交流合作。厦门市人才中心和台湾泛亚人力资源集团正式签订全面合作协议，结成长期战略合作伙伴，全国首家推出“海峡两岸联合猎才网”。举办“台湾地区专业人才暨大学毕业生大陆就业洽谈会”及配套活动，各地用人单位提供职位1 400多个，比上年增加87%，创历史新高。

（二）引智工作

实施引智项目36项，244人获国家外专局资助321万元，其中出国培训项目9项102人获资助131万元；聘请专家项目27项142人获资助190万元；厦门市财政配套资助200万元；推荐20名专业技术人员和管理人员赴香港参加中国企业高级人才培训；推荐40人参加新加坡政府资助的短期培训项目；厦门市三安光电科技有限公司、厦门微电子集成技术研究中心荣获国家级引智示范单位；ABB公司1名新加坡籍外国专家荣获国家“友谊奖”；全年引进外国专家364人，其中215人申领外国专家长期在厦工作证。

（三）毕业生就业工作

2009年，全市接收毕业生2.72万人，办理毕业生就业审批1.52万人。其中，厦门生源0.29万人，外地生源1.23万人；博士284人、硕士1 867人、本科1.44万人、专科6 500人；为来厦多年成为企业骨干的大专、中专学历毕业生办理人事户口调入207人。

一是举办交流会，搭建供需对接平台。开展“毕业生人才网络交流大会服务月”活动；首次举办厦门生源毕业生公益性岗位专场招聘会；举办厦门理工学院等6场校园招聘会；举办15场厦门生源毕业生专场交流会；联合举办2009年校企合作对接会暨毕业生专场招聘会和区属生源毕业生交流会。

二是开展职业见习和职业技能培训活动，推荐毕业生就业。780家单位提供1.23万个见习职位，3 853名毕业生上岗见习，发放见习补贴431.5万元、技能培训补贴34万元。联合组织127名非师范类厦门生源毕业生参加教师技能培训；集美大学与惠尔康集团公司、移动通信厦门分公司建立见习基地，达成联合培训人才协议。

三是创新毕业生就业扶持措施。出台提高职业见习和技能培训补助标准、社会保险补贴、鼓励企业接收毕业生和鼓励自主创业等多项扶持政策。提高职业见习单位岗位补贴标准，并统一办理意外伤害保险；按接收人数给予校企联合培养本科学历毕业生的企业高校经费补贴；联合行业主管部门组织首次就业厦门生源毕业生技能培训，按实际培训合格人数给予培训机构一次性经费补贴；联合企业组织首次就业厦门生源毕业生免费技能培训，根据不同科类给予企业一次性补贴；毕业生创业有贷款需求的，可享受小额担保贷款和其他形式小额贷款贴息政策。

四是开展厦门生源毕业生信息登记。共发放入户调查表8.8万多份，收回5.1万多份，基本摸清厦门生源就业情况。给有就业意愿但未实现就业的厦门生源毕业生发放《普通大中专院校厦门生源毕业生信息登记证》，用于就业推荐、职业见习、技能培训及用人单位申请社保补贴的凭证等。

五是设立毕业生就业服务机构。市人才中心加挂大学生就业服务部，专门负责毕业生就业工作，制定大学生就业行动方案，构筑岗前指导、就业体验、岗位开发、信息对接、就业培训、岗位匹配、就业推荐、岗位提升、心理关怀为一体的毕业生公共就业服务体系。

六是成立厦门市毕业生就业工作顾问团。顾问团由知名企业人力资源经理、资深人力资源专家、高校就业指导中心负责人及市政府相关部门负责人组成，主要任务是加强大学生就业、创业工作指导；强化高校就业指导队伍培训和毕业生求职辅导；加强校企对接，推进校企合作培养人才，促进毕业生就业。

（四）人才中介机构管理和服务工作

2009年，全市人才中介机构100家，核准颁发人才中介服务许可证14家，变更《许可证》登记25家，查处人才中介投诉11件；举办人才交流会292场，参会单位3.57万家次，提供招聘岗位55万多个，参会求职人数112.87万多人次;；网络发布招聘岗位信息130万多条，求职信息152万多条；全市各类人才中介服务机构共为1.90万家（次）单位提供人事外包服务；为1 371家（次）单位提供人才派遣服务，派遣人才6.67万人；为各类用人单位提供人才猎头服务，成功推荐人才3 288人；举办培训班719次，培训人数5.08万人次；为5 083人提供测评服务；流动人员人事档案保存总量达18.74万份；人才市场全年举办交流会208场，参会单位2.9万家次，提供职位35万个次；厦门人才网主页累计访问量达6 680万次，个人求职简历新增或刷新72万份（次），发布职位信息56万次，发布各类招聘广告8 266家次；新增单位人事代理立户1 340家，个人委托代理1 288人；接收档案2.35万卷、转出3 958卷；集体户口迁入4 340人、迁出2 742人；签订单纯保管协议4 005份；职称确认评审4 232人，出国（境）政审1 392人次；国内外学历认证6 115例；新增人才事务服务派遣单位32家、派遣人员1 853人。

一是规范人才中介服务。出台《厦门市互联网人才中介活动管理办法》、《厦门市人才服务规范》、《厦门市职业介绍和人才中介服务机构职业指南》等。二是开展“公益性人才服务月”活动。举办公益性专场人才交流会23场，参会单位1 256家次，提供岗位约五万个，七千多人达成就业协议。三是扩大“211工程”高校工作站。新增与西安电子科技大学、太原理工大学、西南大学等高校建立合作协议关系；组织26家次重点企业分赴武汉、成都、北京等“211”院校集中地招聘优秀毕业生人才。四是完善中高级人才库，推荐匹配中高级职位。

（五）培训教育工作

依托“培训超市”，开展菜单式培训30个专题，1.03万人参训；开办29个中高层次人才中高级研修班，5 839人参训；2006年以来政府机关新录用公务员及参照公务员法管理的事业单位新录用工作人员初任培训10天，102人参训；急需紧缺人才培训44期3 046人，其中软件人才培训18期956人次；旅游人才培训19期890多人次；高端税务、会计人才培训1 200多人次；邀请国际、港台知名专家举办软件与集成电路人才讲座、培训班40多场，500多人参训；人事岗位与行政助理、营销企划、导游服务等定向培训班，免费培训厦门生源1 200余人；“性格与职业发展方向”、“部门秘书行政助理”等公益培训讲座57场；人事管理业务培训16期，1 300多人参加；人力资源技能（套餐）精品提升班，180余名HR从业人员参训；“厦门人才·HR沙龙”5期，150人参加，并首次走进企业——东南融通公司；“人力资源管理技能提升”、“中基层管理干部”、“企业内部讲师”、

"专业秘书助理"等社会化培训课程14场，数百人参加；"鹭江讲坛·党员夜校"《海西战略与厦门发展》等讲座14场；"厦门人才·周末公益讲坛"，每周六定期开放，主题涉及"快乐工作、健康生活"、"现代社交礼仪"等，邀请知名企业实战派专家及顾问机构高级培训师主讲，举办18场。重新审核确认24家专业技术人员继续教育基地；办理专业技术人员继续教育学时验证7 869人次，更改、确认机关工作人员学历（学位）198人次。

（六）"网上人事局"建设

建立统一受理窗口，9项行政审批实现网上办公；开发"厦门人才库"和人才引进住房管理系统、事业单位招聘考试管理系统；完善厦门生源信息采集系统、职业见习申报审批系统、生源管理系统、毕业生就业申报系统，提升服务功能；搭建与社保管理部门的信息连接平台，实现对毕业生社会保险缴交情况的批量查询和个体实时查询，及时掌握厦门生源毕业生就业情况、督促企业缴交毕业生社保；申请厦门人事网二级域名，改版、开发厦门经济管理学院网、人才中心党建网、留学人才网等网站。至年末，厦门人事网页面点击量达1 641万多人次，1.26万家企事业单位办理入网，公布310项政策法规，提供320种表格下载，下载量超过180多万人次。

二、军转干部安置工作

审核接收2009年进厦安置军转干部档案323份（不含师职干部），其中计划安置286人（营职以下及技术干部176人、团职干部108人）、自主择业37人，完成2008年度计划安置营职以下军转干部岗前培训133人；接待企业军转干部上访67批次279人次、自主择业军转干部1 860多人次，办理信访件133件；2009年春节和"八一"节慰问企业营职以下军转干部1 088人次，发放慰问金86.74万元。

三、专业技术人员管理工作

（一）职称评聘和人事考试工作

开展第二批高级工程师量化评审试点，60名参评，56人取得高级工程师任职资格；审核确认（评审）中、高级专业技术资格3 900人；办理工人技师聘任7人；组织43场8.17万人次职称和职（执）业资格考试；承接56家单位委托，完成社会化考试110套试卷的命题、组卷、改卷；制作发放各类证书1.12万本。

（二）深化职称改革

一是制定《厦门市重点人才量化评鉴办法》，突出重能力、重实绩、重表现的评鉴原则，减少人为因素干扰，提高人才评价的科学性。高校重点人才专家量化评鉴办法已在厦大启用。

二是继续完善"绿色通道"职称评审机制。制定《厦门市艺术系列（舞台艺术类）副高级职务任职资格绿色通道评审实施细则》，按照"四不唯"（不唯身份、不唯职称、不唯学历、不唯资历）方针，将业绩和能力作为重要评价标准，申报人原创作品公演场次或编、排业务戏公演场次占本团演出的比例、参加演出场次占本团演出的比例等作为重要的评价条件；组织首批卫生技术专业副高级专业技术职务任职资格"绿色通道"评审，并首次将医务人员职业道德纳入量化考核指标，通过发放调查问卷进行调查，职务满意度不合格即视为评审不通过。

三是配合开展在闽台湾地区居民专业技术职务任职资格评审。协助组织厦门长庚医院台湾地区专业技术人员职称评审，21人申报参评，17人取得高级职务任职资格。

四、事业单位人事管理工作

出台《厦门市事业单位岗位设置管理实施意见（试行）》，召开全市事业单位岗位设置管理实施工作会议，印发《厦门市事业单位首次岗位设置管理工作方案》和《事业单位岗位设置管理文件汇编》；拟定《关于事业单位岗位设置工作中工勤人员受聘管理岗位和专技岗位有关问题的说明》；审核批准666家事业单位设岗方案（占58.3%），其中70家市属事业单位已通过岗位聘用认定工作4 541人（管理岗位674人、专业技术岗位3 599人、工勤岗位268人）；组织市、区属事业单位2009年春季和秋季面向社会公开招聘编内工作人员统一考试，58个岗位招聘62人，2 300多人报名参加笔试，188人进入面试，其中7家单位12个岗位增加专业测试；审核事业单位招聘方案12批次334个招聘岗位、97批次招聘花名册583人、聘用制干部续聘351人。全市事业单位补充人员中：研究生216人（博士36人、硕士180人），本科271人，大专45人，中专及以下51人；高级职称44人，中级37人，初级及以下502人。

五、公务员管理工作

审批12家市直事业单位参照公务员法管理；完成54家参公单位500人的培训、考试和登记；印发参照公务员法管理事业单位职位设置及非领导职务设置实施方案，下达非领导职数；2009年春季全市招考公务员141人，网上报名1.20万人，9 622人通过资格审核；2009年秋季参照公务员法管理事业单位招考27人，5 098人报名，4 007人通过资格审核；会同招收沈阳刑警学院、北京公安大学55名应届生；会同组织厦门铁路公安处282人转制过渡考试。

（厦门市人事局办公室　钱飞鸣供稿）

机构编制

2009年，厦门市机构编制工作，以深化行政管理体制改革为重点，以加强机构编制管理为基础，科学作为、扎实作为、创新作为、提升作为，较好地完成了各项工作任务。

一、推进政府机构改革

做好对全市政府机关机构编制有关数据的核实和相关资料的搜集工作，了解和掌握市、区政府机构改革中面临的地方编制核销等难点问题，跟踪掌握兄弟城市机构改革的动向和进展情况，将相关改革动态编印成《机构编制之窗》，为领导决策提供依据；对市直15个政府工作部门开展实地调研，针对有关部门存在的职能交叉问题，研究提出了《市直部分政府工作部门职能交叉情况及其界定的建议方案》，为推进市政府机构改革、进一步理顺部门职能打下了基础。根据《中共福建省委、福建省人民政府关于市、县（区）人民政府机构改革的意见》和全省政府机构改革电视电话会议的部署，结合全市实际，研究草拟了《厦门市人民政府机构改革方案》（草案），及时提交市政府常务会和市委常委会研究确定，并上报省委、省政府审批。

二、深化行政管理体制改革

重点围绕文化、医疗卫生、新闻出版、食品药品等方面改革，认真做好地方电影管理、食品药品监管等体制机制改革中涉及的机构编制调研和调整工作。结合全市文化体制改革的实际，将厦门对外图书交流中心改制为企业，收回人员编制46名。为适应城市经济的快速发展和市政建设、市场竞争的需要，将厦门市市政建设开发总公司（厦门市政建设指挥部）改制为企业；将厦门市锅炉压力容器检验所和厦门市特种设备检测检验所合并为厦门市特种设备检验检测院，并重新确定机构级别和人员编制，为全市特种设备安全稳定运行、防止特重大事故发生和节能减排等方面起到了重要保障作用；将规模较小、服务对象较单一的厦门市游泳馆并入厦门市体育中心，既精简后勤管理岗位，又提高体育中心的规模效益。在认真总结近年来全市事业单位清理整顿经验做法的基础上，重点指导厦门市第一医院、厦门市第一中学、厦门市社会保险管理中心和厦门市文化艺术中心等事业单位总结清理整顿工作做法，并在全国事业单位改革工作座谈会上汇报交流。

三、规范完善机构编制管理

认真贯彻落实中纪委关于印发《机构编制违纪行为适用〈中国共产党纪律处分条例〉若干问题的解释》的通知精神，依照上级机构编制管理有关文件规定，对少数部门在制定管理办法、起草相关文件中违反机构编制“三个一”制度的做法及时给予纠正。会同厦门市组织人事部门做好2009年度军转干部安置工作，努力调整腾出机关和事业编制岗位用于安置军转干部，确保军转干部安置工作的落实。采取严控政法机关人员调入党政机关等措施，有效地控制党政机关超编人员的存量增长，2009年党政机关超编人员数比2006年下降了10%。会同厦门市财政局制定下发《关于严格执行市直机关事业单位非在编人员管理规定的通知》，进一步规范了非在编人员管理，先后调整厦门市质监局、厦门市建设局等数十家机关非在编人员岗位指标，缓解了相关部门用人需求矛盾。认真开展事业单位登记管理工作，全年共办理事业单位设立登记2家、变更登记31家、注销登记10家，对4家历史遗留的因改制、撤销、合并应注销但未办理注销登记的事业单位进行了清理，办理了261家事业单位年检。联合人事、财政和审计等部门组织两期共260人参加的市属事业单位法定代表人培训，进一步增强事业单位法定代表人的法制意识、责任意识和财经纪律意识。开展中央编办赋予厦门市机构编制评估课题研究工作，会同厦门大学公共管理系教授、专家学者组成联合课题组，并在思明区政府各部门进行试点，评估课题研究工作已取得阶段性成果。按照中央编办和福建省委编办的部署，认真组织全市党政群机关和事业单位做好网上名称管理工作，全市共办理中文域名注册申请404家，按时完成中央编办赋予的任务。

四、提高服务保障水平

根据基层法院、检察院和基层司法所专项编制配备情况，深入各区开展调研，规范和完善了各区法院、检察院的内设机构设置和领导职数配备，优化基层司法所的人员编制结构。围绕各区人大、政协机关人员编制问题以及水资源管理体制问题，会同有关部门到各区、市直相关部门开展调研，并提出相应的意见建议。根据厦门市委决定，会同有关部门研究提出海沧保税港区管理机构设置方案，并报请省委、省政府审批。根据市场监管需要，进一步完善厦门市工商行政管理局市场中介机构的管理体制；结合各区纪检监察工作实际，完善各区镇纪检监察机构的设置，加强了各区镇纪检监察机构体系建设；从全市网上舆情监管需要出发，及时调整全市公共信息网络安全监管机构布局；调整全市公安局警力结构，完善各街道办事处综治机构领导职数的配备，为维护社会稳定做好基础保障。按照全市各级各类教育事业、卫生事业单位机构设置和人员配备标准，对37个市属教育、卫生事业单位和59个区属卫生事业单位的领导职数配备和内设机构设置进行重新审核确认；继续推进市政维护、城市环卫、园林绿化、公路管养等公共事业单位的干管分离工作，重新核定和明确管理层编制和实有人员；根据福建省政府的部署要求，对镇卫生院或中心卫生院的人员编制进行重新核定，进一步明确镇卫生院的基本职责和主要功能，规范内设机构和岗位设置；调整理顺95家市属事业单位和区属参照公务员法管理的事业单位的机构规格。

（中共厦门市委机构编制委员会　郑庆宗供稿）

行政监察

2009年，厦门市各级监察机关围绕“保增长、保民生、保稳定”的工作目标，全面履行行政监察职能，切实加强行政监控，深化重要领域和关键环节改革，大力推进政府及其部门依法行政、廉政勤政，着力纠正损害群众利益的不正之风，为全市经济社会实现平稳较快发展提供了保证。

开展中央增投项目落实进展情况专项监督检查。厦门市纪委监察局制定下发了《关于加强新增中央投资项目监督检查的实施意见》，明确监督检查内容和方式，截止2009年底，57个项目建设都按计划和要求顺利推进，其中，12个项目已经竣工验收，基本达到中央提出的增投项目100%开工、地方配套资金100%到位、发现问题100%整改的目标要求。

开展化解矛盾纠纷维护稳定专项效能督查。按照福建省纪委监察厅的统一部署，组织开展自查排查工作。完善12388举报电话的受理处置机制，建立部门会商、疑难信访事项审议、领导视频电话接访、市领导挂钩督导矛盾纠纷、信访工作绩效考核等机制。

开展抗震救灾资金、物资和对口援建工作专项监察。厦门市完成临时安置房建设，资金0.90亿元，落实4项“交支票”项目，资金1.9亿元，安排25个援建项目总投资规模为6.24亿元；在25个“交钥匙”援建项目中，已有17个项目建成并交付使用，被评为“四川省结构优质工程”，其中2个项目获四川省金奖、3个项目获银奖。

开展国土资源和房地产开发专项监察。开展违规变更规划调整容积率专项整治，对2007年1月1日后取得用地规划许可和工程规划许可的252个项目进行清理，查证4个项目提高容积率问题，对部分项目超建问题进行处理和整改。开展2008年度土地执法检查，重点对农用土地转用和土地征收审批进行督察，197宗新增建设用地中，查出违规用地14宗，涉及土地面积371.1亩，耕地66.1亩。依法强制拆除2宗、责令自行拆除3宗，申请法院强制执行4宗，责令检讨4宗，向有关部门通报1宗，2起违法情节构成犯罪行为，移送司法机关依法追究刑事责任。

实行政府投资项目后评价制度。制定《厦门市政府投资项目后评价管理办法（试行）》，对市政府直接投资或以资本金注入方式、金额在2亿元（不含征地拆迁费）以上的建设项目全部实施后评价，并建立了后评价问题整改、成果应用、责任追究等配套机制，使后评价工作成为一项制度化防腐措施。

推行大宗货物政府集中采购新模式。针对政府采购存在的突出问题，4月1日起对机关事业单位采购数量、总金额较大且规格、标准统一、现货货源充足，具有较强需求共性的货物实行政府集中采购，由市政府委托厦门航空集团下属的国有全资子公司（厦门万翔网络商务公司），办理政府采购业务。同时强化监管措施，出台《大宗货物政府代理机构监督考核管理办法》，完善电子采购平台建设，优化电子采购管理系统。全市执行采购预算22.33亿元，完成采购额18.49亿元，节约资金4.03亿元，节资率为17.9%。

进一步规范建设工程招投标活动。制定《关于加强建设工程招投标管理若干规定》，推出“先评后抽”的评审办法，减少了专家评审自由裁量空间和其他环节的人为干扰，较好维护了公平公正，投诉问题明显减少。

深化行政审批制度改革。进一步规范行政审批行为，推行行政审批窗口统一受理和送达制度。积极推进网上审批工作，市直网上审批服务系统已部署35个部门的435个审批事项，其中276个事项在市直网上审批服务系统中办理，159个事项在部门自建系统中办理。加强网上审批电子监察工作，着手建立二级电子监察机制。

持续深化公共资源配置市场化改革。下发《2009年行政资源和社会公共资源配置市场化改革工作任务分解方案》，明确推进BRT站点广告及商场、商铺招租；园博园小木屋和导游公司经营权、园林植物园服务点经营权、废弃泔水油脂资源回收、医保基金稽核审计中介机构代理权等14个市场化项目。重点推进机关事业单位自管房产清理处置工作。强调“统一清查、统一移交产权、统一市场化配置”的工作原则和纪律。在全面清理登记的基础上，对重点个案进行逐一突破，以点带面，全面推动。召开“深入推进机关事业单位自管房产清查处置工作”现场会，进一步统一思想，推进清理处置工作。目前，已接收处置单位自管房产909（套）处，占拟接收数52.8%，合计建筑面积44.3万平方米，占拟接收总面积的46.5%.

深化政府绩效管理。进一步健全完善绩效管理工作制度和绩效评估制度，选择思明区、湖里区政府及市财政局、市法制局、市国土房产局、市建设与管理局等六个单位作为绩效管理制度示范点，探索建立行之有效的绩效管理长效机制。全年先后处理84人，其中给予党政纪处分3人、效能告诫27人、诫勉教育51人、辞退3人。

严肃查处违纪违法案件。各级纪检监察机关共查处各类违纪案件233件234人，其中新立案件216件217人。新立案件中，大案58件58人，占26.85%；涉及监察对象56件57人。移送司法机关追究刑事责任33件33人，给予党政纪处分185人，给予行政撤职以上重处分45人，为国家和集体挽回经济损失4 785.28万元。坚持“一案一整改”，通过办案发现问题、健全制度、完善管理，实现查办案件政治、社会和法纪效果的统一。

（厦门市监察局　王星旦　吴茹茹供稿）

社　会　生　活

民族宗教

一、维护安定稳定，为新中国成立60周年营造良好氛围

加强对南普陀寺、观音寺、日光岩寺等处于重要旅游景点的宗教活动场所管理,深入基层,深入场所,指导加强重点目标安全防范,落实人防、物防、技防措施,深入排查化解不稳定因素,及时预防和妥善处置突发性事件,维护宗教领域的安全稳定。

二、开展爱国主义教育，促进宗教界自身建设

广泛开展庆祝新中国成立60周年纪念活动。组织民族、宗教团体负责人召开座谈会,回顾60年来我国发生的翻天覆地的变化及厦门民族宗教工作取得的成绩。指导民族、宗教团体根据各自情况,制定庆祝新中国成立60周年爱国主义教育方案,广泛开展庆祝新中国成立60周年纪念活动。

指导宗教界加强自身建设。部署开展“创建和谐寺观教堂”活动，按照和谐寺观教堂的八个总标准和各教的具体标准，指导场所开展对照检查，推动和谐创建。协助做好天主教厦门教区自选圣主教工作，选举蔡炳瑞神甫为第四任正权主教。指导厦门市佛协召开七届二次会议，增补5名副秘书长、8名常务理事及16名理事；制定实施《关于切实解决近期寺院管理中存在若干问题的通知》及《厦门佛教寺院建设管理制度》、《关于指导寺院加强财务管理的工作制度》、《关于指导寺院加强安全、消防工作管理制度》，加强闽南佛学院工作，指导做好年度招生工作，2009年闽院本科、预科毕业生190人，招生250人。指导厦门市基督教两会开展“增强责任意识，树立良好形象”专题研讨活动，做好基督教教牧人员引进和进修深造工作，从外地引进一名教牧人员；加强与在厦外国人基督教临时活动点的沟通协调，及时化解活动点与酒店管理上出现的分歧。指导厦门市道协落实每月一次的例会制度，编印《厦门道教信息》，组织29位道士参加福建省道协举办的道教教职人员认定培训及传度活动。

规范宗教事务管理。依法设立宗教活动场所，指导相关区依法批准设立6个佛教活动场所、2个道教活动场所。做好宗教活动场所换发新的《宗教活动场所登记证》工作，分三批对全市的场所进行换证，已申报第一、二批94个场所换证，并以换证为契机，了解宗教活动场所、教职人员、主要宗教活动等基本情况。加强宗教活动场所建设管理，指导白鹿洞寺客堂和鸿山寺的依法翻建，协助有关部门依法处理3处违规建设。指导加强梵天寺管理，健全寺院内部管理制度，引进教职人员，调整充实民主管理小组。加强宗教活动场所安全管理，指导宗教团体和场所开展消防安全检查和演练，加强节假日、重大宗教活动的协调、引导和管理，落实安全保障；指导、协调集美区停用西竺寺危房，着手进行翻建工作；组织有关单位对出现裂痕的新街堂房屋安全进行监测，启动受损建筑的加固工作。继续开展民间信仰工作调研，组织到漳州、泉州学习管理经验，形成调研报告，配合国宗局和福建省民宗厅在厦门市开展民间信仰工作调研，探索规范管理的办法。

积极为民族宗教界办实事。优化宗教活动场所布局，厦门市土管会通过《宗教用地审批原则》及近期急需解决的基督教岛内东部教堂、同安新城区教堂、上德宫、清真寺等四处宗教活动场所用地。协调有关部门推动解决妙释寺异地重建问题，完成征地拆迁及三通一平工作，指导做好妙释寺建设规划和南普陀寺整体规划工作。帮助厦门市基督教两会追回被拖欠的鼓浪屿观海园房屋租金、协调解决拆迁安置过渡费减免税收事宜、落实基督教湖边堂拆迁补偿安置集鑫佳花园事宜、协调鼓浪屿原

国际礼拜堂房屋修复相关事宜。指导天主教做好厦门天主堂的修复工作。指导厦门市佛协做好僧人办理社会保障的调研工作。指导加强云塔寺作为佛教火化点的管理。与市政园林等部门协调信教群众及其车辆进出与宗教活动场所有关的旅游景区问题。

三、加强对外来少数民族流动人员的服务管理，推进城市民族工作

做好少数民族流动人员的服务管理。积极协调相关部门，帮助来厦经商的少数民族群众解决生产生活中的困难。加强对职能部门的民族政策法规宣传，帮助他们全面把握和正确理解民族政策。加强与行政执法等部门的协调，稳妥处理新疆少数民族瓜农之间的纷争和冲突，积极做好教育疏导工作，及时化解矛盾纠纷。建立与外来少数民族流出地政府的联系机制，与新疆和田县委、县政府联系，商请对方派人来厦协助做好维族卖瓜人员管理工作，并研究建立与少数民族流动人员流出地政府部门之间的服务管理工作协调机制。

开展民族政策贯彻落实情况检查。认真落实国办发［2008］33号文精神，指导和推动有关部门、区民族宗教局深入宾馆、集贸市场、人才市场、医院、学校、厂矿企业、机场、车站、码头等地，了解掌握外地来厦少数民族群众在当地生产生活的情况，宣传党和国家的民族政策，推动党和国家民族政策的贯彻落实。

推动城市民族关系和谐。认真组织开展第二个民族团结进步宣传月活动，紧密结合厦门民族工作特点，以“团结、进步、和谐”为主题，采取点面结合、整体推进的组织方式，编印《党和国家民族政策宣传教育提纲》和《民族法律法规知识问答》，指导各区通过悬挂标语横幅、发放宣传材料、宣传板报、有线电视、电影幻片、电子屏幕、手机短信、广场文艺活动、联谊座谈、走访慰问等多种形式，广泛开展民族团结进步宣传教育活动。9月25日，指导思明区开展宣传日活动，在中山路举办广场文艺活动。开展民族团结进步创建活动，湖里区钟宅畲族社区被国务院授予“全国民族团结进步模范集体”称号。争取资金，帮助钟宅畲族社区开展民族文化体育活动，帮助陈塘回民社区古榕公园二期建设和自来水修复工程。协助市人大组织代表视察全市民族工作情况。推动各区做好第三批民族乡帮扶工作，全年各区帮扶民族乡资金达120万元，引导南普陀寺慈善会为宁化县治平畲族乡卫生院捐赠15万元的医疗设备。

四、服务海西发展，引导民族宗教界发挥积极作用

学习贯彻国务院《关于支持福建省加快建设海峡西岸经济区的若干意见》，探索民族宗教界服务海西“两个先行区”建设的举措，引导民族宗教界积极参与慈善公益事业与拓展对台交流。据统计，全年宗教界用于慈善公益事业的资金达四百多万元，南普陀寺慈善会被中华慈善总会授予“中华慈善先进机构”称号，厦门市佛教协会、基督教两会、南普陀寺被福建省民宗厅授予全省宗教界“服务社会、服务海西”先进集体称号，宗教界人士释则悟、释忠明、李丽辉获先进个人称号。组织宗教界和民间信仰点为台湾台风灾区祈福捐款三十多万元，南普陀寺举办“台湾加油”烛光祈福法会，为受灾的台湾同胞祈福。协助国家民委做好大陆少数民族青年学生交流团赴台开展以“民族风·两岸情”为主题的文化交流活动。钟宅畲族社区与台湾少数民族参观访问团举办以“相约海西·共话和谐”为主题的第二届海峡两岸少数民族丰收节联谊会，并与台湾阿美族都兰部落签订“建立联系合作关系及加强文化交流”意向书。协助福建省民宗厅做好参加第一届海峡论坛的台湾来宾的接待工作和“海峡论坛·闽台两地佛教界人士座谈会”会务工作。指导闽南佛学院师生、南普陀寺法务团赴金门分别参加“两岸三地生命关怀与构建和谐社会论坛”、“两岸和平消灾祈福超荐水陆大法会”。指导厦门市基督教青年会9月组团赴台交流，10月与台北、台中、杭州、成都基督教青年会联合举办第三届“四海同歌”海峡两岸音乐会。指导青礁慈济宫举办第四届海峡两岸（厦门海沧）保生慈济文化节、灌口凤山祖庙举办首届“大使公”文化节，指导马巷池王宫、集美真德殿做好台湾进香团的接待工作，台湾屏东进香团一行4月首次驾驶4艘渔船护奉池王爷神像直航大嶝，到池王宫朝拜进香。同时，指导宗教界开展外事交往活动，进行宗教文化交流。

（厦门市民族与宗教事务局　陈彬煌供稿）

民 政 工 作

2009年，厦门市民政系统以科学发展观为指导，贯彻落实中央“三保”要求，积极应对全球经济危机带来的部分居民收入减少、弱势群体增多、民生保障难度增大等实际困难，着力解决政府关切、群众关心、社会关注的突出问题，首要保障民生，促进基层民主，优化民政公共服务，维护“三个群体”的基本权益，发挥维护稳定、构建和谐社会的重要基础作用，为全市经济社会协调发展发挥了应有的作用。

一、社会救助水平提高

低保对象、民政救济对象定补标准提高。农村低保标准每人每月提高10元，城市、城镇低保标准不变，矽肺病救济对象、五保供养对象、革命“五老”人员补助标准也均有不同程度提高。全市发放低保资金4 648万元。

灾害救助建立起每年400万元救灾储备金制度，列入财政专户。投保《厦门市自然灾害公众责任保险》，全市共投保218.70万元，年内已决理赔3起，赔付18.5万元。继续开展农村住房统一保险，为48户出险农房理赔6.8万元。向台湾“八八”水灾捐款153万元。援助重庆武隆县“6·5”山体垮塌灾害50万元。全年医疗救助871人次，发放救助金316.9万元，下拨125.3万元专项经费慰问困难群体。为3.63万名城乡困难群众和优抚对象发放一次性生活补贴508万元。“万人献爱心”和“慈善一日捐”活动合二为一，并以每年的5月12日为活动启动日，时间1个月，所获捐款按厦门市红十字会、慈善总会各50%分配，主要用于全市困难家庭医疗、生活、就学等方面和突发灾害救助。厦门市慈善总会全年募集善款995.4万元（含捐赠物资），使用善款899.42万元，救助困难群众4.64万人次。全市23家慈善“爱心超市”发挥了济贫助困的作用。使用助学款295.34万元，帮助贫困家庭的1487名学生顺利升学。开展创建全国综合减灾示范社区活动，有6个社区被民政部、国家减灾委授予第三批“全国综合减灾示范社区”称号。老区扶建，安排220万元扶建老区农业基础设施和“一村一品”特色农产品建设等21个项目。

二、社会福利与社会事务

认真贯彻新《社会福利资格认定办法》，全市31家社会福利企业通过年检换证，安置残疾职工1 027名。福利企业全年完成销售收入4.95亿元，利税4 810万元。孤老、孤残儿童保育，厦门市福利中心在院老人224名，当年新入院老人44名；在院孤儿弃婴279名，新入院97名。出台《厦门市孤儿最低养育标准》。开展“肢残助行工程”，免费为低收入、生活贫困的肢残人员安装普及型假肢、矫形器、配送轮椅和拐杖。为精神疾病患者办理医疗费减免556人次。年内新增民办福利机构7家，养老床位1 095张。厦门市福利中心改扩建工程为厦门市2008和2009年为民办实事工程，项目由厦门河道工程设计集团有限公司设计、厦门市环海华建筑集团有限公司施工建设。建设规模为800个床位，总建筑面积为3.40万平方米，投资概算为9 719万元，至年底，工程完成80%，预计2010年可投入使用。第二福利院开始内部装修。集美区、海沧区社会福利中心项目已开工建设，同安、翔安区社会福利中心项目立项、选点。开展社会福利机构消防安全专项整治，建立起社会福利机构消防信息沟通和联合执法机制。

婚姻登记共办理国内结婚登记2.25万对，离婚3 433对，补领结婚证1 406对，补领离婚证81本。出具无婚姻登记记录证明、婚姻登记记录证明1.08万份。涉外婚姻登记269对，婚姻登记合格率100%。办理收养登记109件，其中事实收养登记2件，收养登记合格率100%。全年共火化尸体9 235具，保持火化率、骨灰寄存率两个100%。认真贯彻执行省政府《关于开展专项治理乱建坟墓工作的意见》，对镇、村（居）322家公益性骨灰室进行全面检查，开展专项治理。清明期间集中海葬52位逝者骨灰。殡仪服务中心投资二百多万元对薛岭山陵园办公区域进行修改建。全年救助流浪乞讨人员六千多人次。福利彩票销售量突破3.3亿元，安排拨付890.9万元福利资助金支持35个社会福利项目。社会组织健康发展，全年登记社会组织（含备案）2 158个，民办非企业单位652个，备案社区民间组织340个。基金会20个（省级登记），民办大学9所（省级登记）。组织市级559家社会组织开展年检。出台规范性文件，开展行业协会侵害群众和企业利益问题专项整治、行业协会与行政主管部门“四分开”。行政区域界线联检，完成厦、漳、泉三市间县级行政区域界线第二轮联合检查。指导区级第二轮区域界线联检。做好地名标志设置工作。完成200多块单杆式路牌设置工作的实地勘查和定点。新设置门牌3.18万块。完成一批地名命名规划。数字地名改造升级，完成思明、湖里、海沧三个区级地名数据库标准模块设计及迭代模型。完成地名公众服务英文、繁体版本的英语翻译和地名查询触摸屏软件的升级改造并试运行。2009年8月底《厦门市行政区划图（2009版）》正式出版，充分反映厦门行政区域界线、地名普查、基础测绘的最新成果。内容涵盖反映厦门市行政区划、地势、交通、旅游、人口、城区等情况的序图组，反映历史变迁的历史沿革图组，全市、6区、24街、13镇行政区划现状图及情况介绍等。至2009年末，厦门市有6个市辖区，24个街道办事处、13个镇，314个社区居委会、155个村委会。其中，思明区辖10个街道办事处、96个社区居委会；湖里区辖5个街道办事处、45个社区居委会；海沧区辖2个街道办事处、1个镇，12个社区居委会、23个村委会；集美区辖4个街道办事处、2个镇，35个社区居委会、21个村委会；同安区辖2个街道办事处、6个镇，44个社区居委会、81个村委会；翔安区辖1个街道办事处、4个镇，82个社区居委会、30个村委会。

三、基层政权和社区建设

出台多个社区建设方面的文件，规范、引导、支撑社区建设和管理工作。统一解决社区专职工作者、社区居委会退养人员的工资福利及生活待遇。创新社区管理“六个统一”标准，所有城市社区（含岛内“村改居”社区）全部建立了社区工作站，协调解决社区工作站场地和基本设施配套。加大社区建设投入，全市用于社区建设的经费合计2.14亿元。开展“和谐社区示范单位”评比表彰，思明区、湖里区、集美区杏林街道等6个单位被民政部表彰为“全国和谐社区建设示范单位”。对24个街道和2个镇进行了社区建设情况专题调研。社区公共事务“一站式服务”、“一门式运作”，方便群众。“爱心超市”、“银发安康”、“绿色网吧”、“爱心妈妈帮教队”、“悄悄话室”等服务形式，成为社区服务知名品牌。3 200多名志愿者与805户空巢老人结成“平安铃”服务对子。开展居家养老服务试点工作，11月，厦门市政府办公厅转发了《厦门市民政局关于居家养老服务试点工作指导意见的通知》（厦府办〔2009〕289号）。全市共确定9个省级试点社区和5个市级试点村（居），14个试点社区（村）均已成立居家养老服务工作协调指导组，工作职责列表上墙，设立服务窗口，并对本辖区居家养老无偿、低偿服务对象进行摸底、登记造册。150个外来流动人口服务管理站全部启动建设。评选表彰100名社区居委会书记、主任为厦门市首届“百名社区好当家”。

基本完成村（居）基层组织换届选举，全市462个村（居）【155个村、307个社区（其中153个“村改居”）】换届选举，产生村（居）“两委”3 357人。组织选后培训126批次，培训新当选的“两委”和社区干部8 779名。推进“镇改街、村改居”和农村社区建设，落实“村改居”社区居民转岗就业、社会保障、养老医疗保险等合法待遇。厦门市委组织部、民政局、财政局、劳动和社会保障局等四部门出台《关于进一步落实离任村干部有关待遇的意见》（厦委组〔2009〕44号）文件，明确离任村干部相关经济待遇，从2009年1月开始实施。离任村干部符合《厦门市被征地人员基本养老保险办法》的，根据其所任职务及任职年限，确定补助档次，适当提高财政补助标准。不符合被征地人员基本养老保险条件或虽符合条件但无力承担保费而未办理养老保险的离任村干部，实行月定补和一次性补助相结合的办法，给予适当生活补助。

社区工作队伍和社会工作人才队伍建设。全市统一招考录用34名社区专职工作者，充实社区工作者队伍。建立社区志愿服务注册登记制度，5.80万名社区志愿者登记注册。全市三千多人参加全国助理社会工作师职业水平考试，425人获得助理社会工作师证书，105人获得了社会工作师证书，并登记注册。12月，民政部在厦门召开全国城市社会工作人才队伍建设试点经验交流会。

四、优抚安置与双拥共建

提高重点优抚对象定期抚恤金和补助金标准，农村每人每年6 000元、城市每人每年7 000元，全年共发放重点优抚对象各类抚恤（补助）金、临时困难补助金近一千八百万元，比上年度增长近一半。提高义务兵家属优待金，城镇标准9 579元/人户，农村标准8 475元/人户，发放义务兵家属优待金1 330万元，比上年度增长33.3%。提高参战退役人员生活补助标准，达到每人每月230元。安排115万元专项经费，组织2 876名重点优抚对象体检。厦门烈士陵园被国务院批准为“全国重点烈士纪念建筑物保护单位”；投入四百多万元，建成“纪念解放厦门战役胜利60周年群雕—永志铭心”。投资420万元，完成中央增投对烈士陵园环境改造建设项目。投资365万元开展厦门烈士陵园保护改造工程。

接收安置军休干部和退役士兵。共接收军休干部40人、退役士兵617名、转业士官52名。妥善安置了470名城镇退伍士兵，安置率100%。发放自谋职业一次性补助金1 101.5万元。举办两期退役士兵就业创业和外派劳务资格培训班，212人获得经贸部颁发的《中华人民共和国外派劳务培训合格证》。一批军休单位和个人受全国表彰，9月11日，民政部、总政治部下发《关于表彰移交政府安置的先进军队离休退休干部、先进军休工作单位和个人的决定》，厦门市前埔军休所军休干部韩志刚、莲坂军休所、镇海路军休所副所长张晓萍分别被评为先进军队离休退休干部、先进军休工作单位和个人。11 月 25 日，全国优秀复员退伍军人表彰大会表彰了 214 名全国优秀复员退伍军人，厦门市退伍军人、福建厦门特安实业有限公司董事长郑忠民荣获“全国优秀复员退伍军人”称号。

双拥共建。安排为驻厦部队办实事经费 600 万元、驻厦部队官兵生活补贴 2 000 万元、随军未就业家属生活补贴 250 万元。2009 年元旦、春节、“八一”节慰问驻厦部队 1 400 万元。投入 130 万元解决青屿岛海防连队用电问题，结束了该岛 50 年连续用电无保障的历史。开展省级双拥模范城（县）创建活动，厦门市本级及所辖六个区悉数获得福建省省级双拥模范城（县）称号，实现“满堂红”。创新建立军地沟通协调机制，构建起新型和谐军地关系。建立跨区域军民专业共建新模式，创建海岛部队紧急医疗使用直升机救助的新模式。

（厦门市民政局　供稿）

计划生育

厦门市人口计生工作继续保持了良好的发展态势，圆满完成年度人口和计划生育工作各项任务。厦门市被评为 2009 年度全国人口和计划生育综合改革示范市。思明、湖里、集美、海沧、同安五个区继续保持全国计划生育优质服务先进单位，翔安区保持全省计划生育优质服务先进单位。厦门市人口计生委被评为全国流动人口计划生育先进单位。截至 2009 人口计生统计年度，全市总人口 304 万人（其中常住人口 179 万人，流动人口 125 万人），当年出生 33 702 人，出生人口政策符合率 96.93%。

一、强化领导抓统筹，切实保障工作有效开展

厦门市委、市政府把人口计生工作作为推进海峡西岸重要中心城市建设的重要保障和基础，纳入全市经济社会发展总体规划，先后召开市委常委会、市政府常务会、市人口计生领导小组会、全市人口计生工作会、人口计生工作现场会等，对全市人口计生工作及时做出部署安排和总结交流。坚持党政“一把手”亲自抓负总责，领导小组各成员单位认真履职，相关部门积极配合，各方合力凝聚，有力推动人口计生工作的开展。市直各职能部门在出台相关政策时将人口计生工作纳入其中并给予充分考虑。逐步完善利益导向机制和政策措施，明确将上年度社会抚养费的 10% 作为生育关怀活动和幸福工程经费，2009 年全市生育关怀活动和幸福工程经费新增约二百万元。提高系列奖扶标准，将农村部分计生家庭奖励标准由原来的每人每月 80 元提高到 120 元，计生家庭贡献奖励标准由 50 元提高到 80 元，节育手术并发症补助标准由 80 元提高到 120 元。认真贯彻全国人口计生综合改革工作会议精神，动员部署创建全国综合改革示范市工作，制定下发创建示范市活动方案。及时召集全市人口计生领导小组各成员单位及各区分管领导学习贯彻国务院《流动人口计划生育工作条例》。在 2009 年的村（居）级组织换届选举时，各级严格把好计划生育关，通过严格把关，有 61 件次被严格实施“一票否决”。

二、科学发展抓改革，努力创新工作体制机制

2009 年厦门市以学习实践科学发展观活动为契机，不断深化人口计生综合改革，完善工作机制，推进创建全国综合改革示范市工作。人口计生系统多次专题研讨深化综合改革问题，邀请国家、省人口计生委领导和人口学专家莅厦指导和讲座。改革人口计生工作目标管理责任制，建立科学考核评估指标体系。进一步解决人户分离问题，构建全市“一盘棋”，取消原有《常住人口迁移变动计生管理交接制度》，实施《共同服务管理制度》。积极探索将人口计生工作融入到社区公共服务管理工作中，建立健全“大人口”的公共服务管理体系。厦门市思明区在实施一站式“婚育登记服务中心”服务品牌和“人口发展社区促进工程”的基础上，联合厦门市科技局、厦门市人口计生委开展“创建新型社区暨科普快车健康家庭促进行动”，全方位倡导科学文明的生活理念和行为方式。人口计生队伍职业化建设试点迈出第一步，制订了工作方案，举办生殖健康咨询员（助理咨询员）培训班，七十多名来自基层一线的工作人员参加集中培训，并将参加今年全国资格认证统考。

三、先行先导抓宣传，积极营造浓厚国策氛围

注重发挥宣传教育先行先导作用，深入开展婚育新风进万家示范市活动和“关爱女孩行动”，不断完善生育文化一条街、婚育新风园、网站等阵地

建设。各级各部门联合新闻主流媒体利用重大节日、纪念日开展“让政策走近群众，让群众了解政策”、“庆祝新中国成立60周年、人口发展60年”等系列主题活动，全市共组织开展各种人口计生宣传活动达592场次。组织人口计生文化作品创作并参加各类新闻奖评选，其中市、区人口计生部门共同创作的《多沟通多帮忙，计生工作就好做》获得第十五届福建新闻评选二等奖的好成绩。成立市人口发展研究会，充分发挥专家学者作用，加强人口发展理论研究，完成人口发展指数项目。积极开展对出生人口性别比偏高问题的综合治理，查处非医学需要的胎儿性别鉴定和选择性别的人工终止妊娠（以下简称“两非”）案件45起。

四、提质提速抓服务，不断提升优质服务水平

继续对全国、全省计划生育优质服务先进单位实施“动态管理”，推进优质服务提质提速。邀请国家、省、市有关专家开展计生技术服务业务培训，并深入区、镇服务机构现场点评，指导技术服务站、所规范化建设。注重优化服务环境，开展科技大练兵，不断提高技术装备水平和服务能力。完成翔安区计生服务站建设并投入使用，列入新一轮农村义务教育和公共卫生体系建设的8个计生服务站（所），已完成新建和扩建6个，其中集美区灌口镇计生服务综合楼建设被作为全国规范化建设示范。在提供优质计生技术服务基础上，积极拓展服务功能，积极推进优生促进工程，加大免费婚检宣传力度，落实免费优生检测，实施出生缺陷一级预防工作，开展生殖健康咨询服务、人口早期教育、老龄预防保健等方面的综合服务并取得成效。此外，组织多部门联合开展计划生育药械市场专项整治行动，加强药具质量检测和监控，有力维护了育龄群众的合法权益。

五、综合治理抓难点，有力推动流动人口工作

进一步发挥人口计生领导小组各成员单位的职能作用，建立健全部门分工协作的经常性工作机制和重要事项协调机制。完成厦门市委、市政府为民办实事项目之一的全市150个社区流动人口服务管理站建设，进一步完善流动人口计生统一管理、优质服务新体系，实现流动人口“一站式”服务，落实“一体化”待遇，形成“一盘棋”格局。厦门市政府专门召开流动人口和企业计生协会工作现场会，总结基层经验，推动工作开展。定期召开流动人口计生管理工作联席会议，加大对重点难点问题的协调解决力度。组织开展学习、宣传、贯彻国务院《流动人口计划生育工作条例》，主动把流动人口计生管理纳入国家“一盘棋”、“三年三步走”的战略部署中，建立和完善信息交流与反馈制度，把信息交换平台建设作为流动人口计划生育的一项基础性工作来抓，流动人口信息全员录入完成90%以上。在全市各级人口计生系统开展“心系流动人口，情暖新厦门人”主题活动，积极为流动人口计生对象提供“五免费五均等公共服务项目”服务（即免费宣传教育服务均等化、免费四项手术服务均等化、免费查孕查环服务均等化、免费婚检和优生检测服务均等化、免费避孕药具供应和随访服务均等化）。厦门市建设与管理局、经发局结合行业实际，专门下发文件，进一步规范对物业企业、工业企业的人口计生服务和管理工作。厦门市建设与管理局还结合“安保卡”的开发试用，积极探索建安企业计生服务管理新模式。

六、夯实基层抓基础，积极推进常规工作落实

大力推进基层群众自治，积极开展创建计划生育群众自治先进村（居）和评选表彰百佳村（社区）计生管理员活动。充分发挥计生协会等组织的作用，引导群众实现自我教育、自我管理、自我服务，形成了“街（镇）牵头、村（居）搭台、群众参与”的良好工作局面。各级计生协会加强组织建设，发挥网络健全优势协助做好流动人口计生工作、开展生育关怀行动、帮扶济困助学等，在基层人口计生工作中发挥了生力军作用。坚持依法行政，在全市人口计生系统扎实开展行政执法案卷评查、行政处罚和社会抚养费征收自由裁量权标准量化等工作。开展民主评议行风政风活动，推进“阳光计生”。加快信息化建设，建立完善市民服务信息系统计生分系统，全面应用国家流动人口计生服务管理工作平台，重点推进应用省人口计生技术服务管理系统。人口计生、统计、公安、民政、妇幼、信息产业等部门大力推动有关信息通报常态化、电子化。社区计生管理员纳入社区工作站专职工作者范畴，实现统一招聘、统一员额、统一待遇、统一管理、统一使用、统一身份。村（居）级组织换届选举后，及时组织对村（居）计生管理员进行业务培训，进一步提高他们的工作水平。

（厦门市人口和计划生育委员会　谢碧芬供稿）

劳动和社会保障

一、促进和稳定就业成效显著，就业形势企稳回升

四减两增减负稳就业。2009 年度率先在全省减半征收失业保险金、工伤保险金、生育保险金，降低基本医疗保险单位费率 1 个百分点，全年累计为用人单位主动减负 6.23 亿元。同时，加大财政对促进就业和职工劳动保障的投入力度，对企业或培训机构组织的农民工技能提升培训财政补贴，标准由 230～330 元／人按不同工种提高到 360～410 元／人，提高工伤保险基金对用人单位支付 5～10 级伤残职工的一次性工伤医疗补助金和伤残就业补助金的补助比例从 15%～25% 提高到 50%。这些政策“组合拳”，为用人单位稳定就业岗位提供了强力支持。2009 年末全市就业登记在岗职工 111.05 万人，比上年末增加 14.48 万人。

保障企业用工求发展。定期分析全市就业动态情况，建立人力资源市场供求信息分析评估月报制度和 500 人以上企业用工情况月报表制度，通过就业相关数据快速调查和企业裁员报告制度，掌握企业用工动态趋势，并制订相应对策措施。不定期为缺工企业免费举行专场招聘会，各级人力资源市场免收企业招工摊位费及信息发布费，在人力资源网上新增缺工登记直通车功能，及时组织企业分赴贵州省黔南州和省内南平市举办专场招聘会，并与当地院校举行校企对接会。2009 年，全市职业介绍机构共受理企业登记岗位需求 141.47 万个次，比 2008 年增加 28.26 万个次，增加 25.0%。企业共新登记就业人数 74.89 万人次，比 2008 年增加 13.43 万人次，增加 21.9%。同时，积极为企业引进人才、留住人才服务，全年办理职工跨地区调入厦门市（含劳动关系转移）221 人，企业员工落户 517 人。

延续帮扶政策保稳定。实施新一轮就业困难人员和普通大中专院校毕业生就业再就业优惠政策，扩大享受就业再就业政策的困难群体范围，加大对城乡就业困难群体的帮扶力度。2009 年，城镇登记失业人员就业人数 6.6 万人，其中就业困难对象再就业 1.49 万人，完成全年任务 0.3 万人的 496.7%。全市农村富余劳动力实现转移就业 2.43 万人，完成全年任务 1.5 万人的 162%。2009 年末，本市城镇户籍从业人员总数 71.07 万人，实有登记失业人数 2.97 万人，城镇登记失业率为 4.0%，比 2008 年末下降 0.13 个百分点。

完善服务手段促就业。加大用工信息采集力度，通过厦门市人力资源网站、电子触摸屏、手机短信平台、数字电视信息广场、自助求职机等媒介向社会广泛发布，及时为企业和求职者提供信息服务。适时将招聘信息同步在四川彭州、贵州黔南州的人力资源市场发布，并通过建立远程视频招聘系统，降低了企业的招工成本，实现了企业与求职者的实时对接，促进了农民工有序来厦就业。同时，开展就业援助、春风行动系列活动和八闽行巡回招聘活动、迎国庆就业援助进家入户专项活动，有力地推动了高校毕业生、农民工和就业困难人员等重点群体的就业工作。2009 年，全市新增就业 19.14 万人，完成全年任务 19 万人的 100.7%。进入人力资源市场的劳动力资源数约为 154.37 万人次，比 2008 年增加 29.39 万人次，上升 23.5%。

二、职业培训工作有效推进，不断改善素质结构

技能培训品牌不断提升。广泛推动校企合作对接，2009 年校企合作对接会，来自全国 11 个省市的 80 所职业技术院校的 1.8 万名技术类毕业生与厦门 348 家企业实施对接，涉及电焊、汽修、电子、计算机、服装等 56 个紧缺工种，努力缓解企业招聘“技工难”局面。举办海峡两岸创业交流和创业项目推介会，开办电子设备装接工、初级电脑、纸盒成型等劳教人员免费技能培训班，开展育婴师入户指导爱心行动、心理咨询师进行心理咨询、心理辅导等公益活动。与广电中心、电业局、快速公交有限公司、中国邮政储蓄银行厦门分行等单位开展“1+1”再就业培训，就业率达到 65% 以上。组织第十五届职工技术比赛，突出第二产业工种，参赛人数达 2.3 万人。2009 年，全市开展再就业培训 3 522 人，完成全年任务数 3 000 人的 117%。培训农村富余劳动力 6 233 人，完成全年任务数 5 000 人的 125%。免费农民工岗前培训 13.35 万人，完成全年任务数 12 万人的 111.3%。农村劳动力技能提升培训 2.54 万人，完成全年任务数 2 万人的 126.8%。

高技能人才培训加紧推进。“精密机械加工与模具制造”、“电子信息制造”和“工业电气自动控制”三个高训平台建成使用，开始承接厦门卷烟厂、全国高技能人才师资培训班等短训任务。依托厦门技师学院，开展企业优秀青年员工培训，开设闽台模具师资培训班、模具设计师技师班和数控

技术技师班，帮助企业做好高技能人才储备。实施政府购买培训成果，2009 年共分别对 80 位获得高级工、技师、高级技师给予 1 600 元、2 000 元、2 500元的培训补贴。评选表彰第二届 14 位“有突出贡献的技师、高级技师”和 13 位“优秀技术能手”，并给予津贴鼓励。

职业技能评价体系多元化。拓展职业技能鉴定工作空间，全市已有 32 家职业技能鉴定站开展 78 个职业（工种）的考核鉴定，高技能人才企业评价认定单位已经扩展到 13 家，社会化考核鉴定维修电工、数控机床工、模具设计师、钳工、汽车修理工等职业。2009 年，开展职业技能鉴定 3. 10 万人，完成全年任务数 3 万人的 103. 4%。核发职业资格证书 1. 94 万本，其中高级工 3 625 人、技师 287 人、高级技师 78 人。

三、社会保障体系建设迈出新步伐，保障水平稳步提高

社会保障能力持续增强。2009 年末职工基本养老、基本医疗、失业、工伤和生育保险参保人数分别达到 121. 96 万人、128. 40 万人、105. 06 万人、111. 08 万人和 98. 00 万人，分别比 2008 年末增长 5. 3%、4. 8%、4. 0%、6. 8%和 5. 4%。各类社会保险基金征收 76. 11 亿元、支出 47. 97 亿元，分别比 2008 年增长 8. 4%、26. 2%。各类社会保险基金当期结余 28. 14 亿元，历年累计结余 163. 20 亿元。

基本养老保险制度加快完善。企业退休人员基本养老金继续调整，人均月增基本养老金 170 元，2009 年末全市企业退休人员月人均基本养老金达到 1 668 元。修改完善了被征地人员养老保障办法，降低参保门槛，锁定缴费和养老待遇计发基数，实行被征地人员老年补助办法，使政策惠及更多被征地人员。2009 年新增参保 7 980 人，3 248 人领取每月 120 元老年补助。截止 2009 年末，已有 5. 35 万名被征地人员办理了养老保险，其中 3. 5 万人办理退养手续，月均退养金达到 656 元。积极开展新型农村社会养老保险工作，海沧区被列入全国试点县区，制订出台试点方案和实施意见。截止 2009 年末，农村社会养老保险在保人数 13. 04 万人，转保 5 017 人。继续完善企业退休人员移交管理工作，开展退休人员供养直系亲属领取抚恤金人员的资格认证及社会化管理服务，将改制破产企业离休干部和 5. 12 退休干部、原市八大公司及科技企业机关事业退休干部、部分企业副厅级和二、三级保健干部，以及居住厦门市的省属企业离休、5. 12 退休干部、退休后仍享受国务院特殊津贴专家纳入社会化管理。截止 2009 年末，全市已累计接收了 9. 21 万名退休人员进入社会化管理，社会化管理率达到 99. 0%，社区管理率达到 100%。

基本医疗保险制度进一步健全。将大学生纳入城乡居民基本医疗保险，截止 2009 年末已参保大学生 9. 21 万名，参保率 76. 2%，在全国较早建立起广覆盖、多层次、可转移的全民医疗保障体系。修订和完善参保人员自付医疗费困难补助办法，扩大补助对象范围，将最高补助限额从每人每年 8 000元提高到 10 000 元，并增加申领补助次数，简化申领手续，缩短申领经办周期，进一步减轻参保人员因自付医疗费过重而产生的经济负担。新增 8 家基本医疗保险定点医疗机构、116 家基本医疗保险定点零售药店，2009 年末全市已有 172 家定点医疗机构、379 家定点零售药店，区域分布进一步趋于合理。加强医疗保险基金管理和稽核，2009 年共查处 25 家定点机构滥刷、套刷、盗刷社会保障卡等违规行为，处罚违规个人 74 人，处罚总金额 33. 38 万元，挽回经济损失 30. 68 万元。通过政府采购招标方式，先后两次聘请中介审计机构厦门银兴会计师事务所对 55 家定点零售药店和 40 家定点医疗机构进行专项审计，共审计查处涉及违规使用医保基金 305 万元。重新制订医保管理规范，通过计算机预警稽核软件对全市多家定点医疗机构、定点零售药店进行全面稽核，稽核不予结算金额总计 572 万元，并根据相关规定对违规单位进行处理。厦门市在基本医疗保险监管方面取得的成效，得到福建省委常委、副省长陈桦的高度肯定，并批示在全省推广厦门的做法。

工伤保险管理进一步规范。继续实施“平安计划”二期，截至 2009 年末，全市参加建筑矿山企业农民工工伤保险的建设工程项目达 991 个，缴纳资金达 1 645 万元，覆盖建筑行业农民工约 11. 6 万人。下发《关于交通基本建设工程施工企业及其农民工参加工伤保险有关事项的通知》，将建设施工企业参加工伤保险作为办理《交通基本建设工程质量监督申请》作为前置督促程序，从 2010 年 1 月 1 日起将交通建设工程施工企业及其农民工纳入工伤保险体系。积极推进工伤预防、认定、康复和劳动能力鉴定工作。制定《厦门市职工工伤、职业病停工留薪期标准》，明确延长和确认工伤职工停工留薪期标准。规范和简化鉴定经办程序，在集美区设立杏林劳动能力鉴定工作站，方便伤残病

职工和用人单位就近申办劳动能力鉴定。2009 年全市共作出工伤认定结论 6 467 例，完成工伤伤残鉴定 2 906 例，因病、非因工负伤伤残鉴定 329 例，其他劳动能力鉴定 259 例。积极组织 UNDP 工伤保险项目实施工作，2009 年开办 UNDP 工伤保险政策法规教育培训班和工伤事故预防教育培训班 80 期，累计培训一线农民工和企业人事主管 4 500 人次。

失业、生育保险工作平稳有序推进。扩大失业保险基金支出范围，发挥失业保险在保障生活、预防失业和促进就业方面的积极作用。2009 年全市共发放本市失业人员失业保险金 10.79 万人次 7 460万元、医疗补助金 217 万元、丧葬抚恤金 4 万元。发放外来员工一次性生活补助金 11.05 万人 2 593万元。发放生育保险待遇 1.99 万人次 1.15 亿元，其中外来从业人员 0.85 万人次6 629.82万元。

四、劳动关系保持和谐稳定，应对突发能力增强

企业工资分配宏观调控持续加强。发布 2009 年劳动力市场工资指导价位、工资增长指导线、行业人工成本信息，工资指导价位涉及的劳动力市场工种（职位）增加至271 个，比 2008 年增加了 16 个，并对其中 68 个技术工种发布分技术等级工资指导价位。继续做好《企业工资总额使用手册》审核工作，2009 年全市共办理《企业工资总额使用手册》9 121 户，计划使用工资 399.79 亿元。

劳动关系协调机制建设稳步推进。加强企业用工分类指导，开展企业、工会、职工“共同约定行动”，在象屿集团等单位试点开展“和谐企业”创建工作，引导企业不裁员或少裁员。继续开展创建和谐劳动关系工业园区与劳动关系和谐企业工作，初步评选出厦门银鹭食品集团有限公司等 285 家企业、同安工业集中区思明园等 3 家工业园区申报 2008 ~2009 年度省级劳动关系和谐企业及和谐工业园区。加强劳动合同管理，全市共免费为企业提供劳动合同报备、鉴证服务 65.69 万人次。继续推进集体协商和集体合同工作，2009 年市局共审核 59 户企业的集体合同，涉及职工 4.60 万人。审核 28 家企业的《女职工权益保护专项集体合同》，女职工权益保护专项工作进展顺利。积极开展劳动定员定额工作，评选出厦门群鑫机械工业有限公司等 7 家企业申报福建省劳动定员定额先进典型企业。加快企业实行不定时工作制或者综合计算工时工作制网上审核速度，积极支持服务外包企业申报特殊工时制。2009 年共批准 827 户企业实行不定时或者综合计算工时工作制，比 2008 年增长 21.1%，涉及职工 30 余万人。积极做好女工、未成年工特殊劳动保护工作，2009 年全市共办理《未成年工登记证》2 150 本。

劳动争议仲裁工作取得突破。加快劳动争议仲裁机构实体化建设步伐，思明区、海沧区劳动仲裁院相继成立。市劳动争议仲裁院机构性质由自收自支变更为财政核拨，新设立案调解、仲裁两个庭，使内设机构更加完善。探索劳动争议调解新机制，湖里区建立基层劳资纠纷防控体系，在殿前、湖里两街道成立街道劳动争议调解委员会。重视劳动争议案件处理的统一性，会同市中级人民法院制定贯彻实施劳动合同法、调解仲裁法的指导意见（草案）。及时化解集体性劳动争议纠纷，重点调解处理怡人鞋业（厦门）有限公司 435 名员工各项经济诉求六百余万元及厦门大唐公司 88 名员工各项经济诉求六十余万的劳动争议案件，及时处理厦门黑眼睛服饰有限公司 329 名员工追索劳动报酬 115 万元的劳动争议案件，妥善处置厦门夏新电子公司分批有序减员一万五千余人的劳动争议案件、同安区金鹏人造花公司因减产导致员工追索加班工资、经济补偿金等争议案件及翔安区武峰公司 565 名员工停产导致的群体事件。2009 年全市共立案处理各类劳动争议案件 6 716 起，比上年增长 19%，涉及人数 1.27 万人，均按期结案。

劳动保障监察保稳定作用凸显。劳动监察网格化建设有序推进，湖里、思明、海沧等区已基本建立网格化的初步体系。在加强日常检查的同时，集中组织开展农民工工资专项检查、整治非法用工打击违法犯罪专项行动、少数民族专项维权、书面审查及就业登记等专项行动和春暖行动，及时查处违反劳动保障法律法规的行为。2009 年，全市劳动监察机构共主动检查用人单位 7 934 户次，书面审查 6 050 户，督促用人单位补签、续签劳动合同三万多人次、处理工资纠纷案件补发金额达 1.89 亿多元、清退押金 34 万多元，清退童工 23 人。取缔非法职业中介机构 59 户，对 144 户（人）违反劳动保障法律法规的用人单位及个人进行了行政处罚，处罚金额 56 万元。全市整体劳动保障信访态势明显缓和，处理劳动突发事件及集体上访案件 980 件，比上年下降 36.8%；受理群众举报投诉案件 7 470 件，比上年下降 22%，其中涉及拖欠工资案件 4 406 件，比上年下降 27.3%，涉及人数比上年下降 37.8%，涉及的金额减少了 44.3%。劳动

关系基本稳定，为促进经济企稳回升、保持社会和谐稳定发挥了积极作用。

（厦门市劳动和社会保障局　胡晓牧供稿）

劳动工资

2009年，随着应对国际金融危机、保持经济稳定发展的各项政策措施的积极推进，厦门市经济发展触底反弹，下滑势头得到有效遏制，就业形势也随之企稳回暖、趋势向好。到2009年年末，城镇单位劳动用工一举扭转了上年第四季度以来的下降趋势，全市各城镇单位拥有从业人员80.29万人，比2008年增加了2.47万人，增长3.2%。其中，企业单位71.42万人，比上年净增2.00万人；事业单位6.23万人，净增0.28万人；机关单位2.65万人，净增0.19万人。各单位中，在岗职工75.46万人，比上年减少535人；其他从业人员4.84万人，则比上年增加了2.52万人。

一、其他经济单位再度成为从业扩张的主力，从业结构依然偏重“制造型”

从单位注册类型分组来看，国有单位、集体单位用工规模继续缩减，其他经济单位再度成为从业队伍扩张的主力。2009年年末国有单位用工人数达17.18万人，比上年减少1.34万人，下降7.3%，其中，在岗职工16.53万人，减少1.38万人，下降7.7%；集体单位用工人数2.68万人，减少0.39万人，下降12.7%；其他单位用工人数60.43万人，比上年增加4.20万人，增长7.5%，其中，在岗职工57.39万人，增加2.75万人，增长5.0%，在全市职工总数中所占比重上升到75.3%，比上年的72.2%提高了3.04个百分点，比金融危机爆发前的2007年的74.7%还略高出0.57个百分点。

从产业分布来看，制造业从业比重下降，但从业结构依然偏重“制造型”。2009年末，全市城镇单位中三大产业从业人数分别为0.34万人、55.33万人和24.63万人，与上年相比，第一产业增长12.3%、第二产业增长4.9%，而第三产业下降0.5%，三大产业用工比例为0.4∶68.9∶30.7。第二产业的比重上升了1.1个百分点，其中，制造业从业规模与上年基本持平，在全市各行业中继续高居首位，年末从业人数43.07万人，比上年略增0.4%，在全市城镇单位中所占比重为53.7%，比上年的55.1%下降了1.46个百分点；建筑业从业规模继续在各行业中占据第二位，年末从业人员10.88万人，增长28.6%，在全市城镇单位从业人员中所占比重为13.6%，比上年上升了2.68个百分点。

二、需求企稳回升，但结构性矛盾突出

随着下半年以来经济的加快回升，企业订单量上升，生产规模随之扩大，全市社会用工整体需求逐步回稳。据劳动部门统计，2009年，全市职业介绍机构共受理企业登记岗位需求141.47万个次，比上年增加28.26万个次，增长25.0%；新登记就业人数74.89万人次，增加13.43万人次，增长21.9%；城镇登记失业人员就业人数6.6万人，其中就业困难对象再就业1.49万人。全市促进就业目标及就业服务工作超额完成。到年末，实有登记失业人数2.97万人，城镇登记失业率为4.0%，比2008年末下降了0.13个百分点。但由于农历年关在即，用工市场供应不足，结构性供求矛盾突出，以及沿海优势正逐步消减，而市场化程度不够充分，劳动力价格对市场变化的灵敏度不高，不能有效地调节供需平衡等因素的影响，企业用工压力加剧，招工难的问题依然突出。

三、城镇单位人员流动性有所减弱，用工规模的恢复性扩张受到较为明显的制约

从城镇单位人员变动情况看，年内减员人数32.11万人，比上年减少了3.66万人，其中终止（解除）合同人数19.29万人，减少1.84万人，所占比重却由上年的59.1%上升到了60.1%；增员人数32.07万人，则仅比上年增加0.67万人，其中从农村招收人数21.80万人，增加0.92万人，所占比重仍然高达68.0%，比上年的66.5%上升了1.5个百分点。2009年全市城镇单位从业人员流动率79.9%，比上年的86.3%下降了10.4个百分点。

另一方面，随着就业观念的逐渐放开，以及受到危机意识的刺激，就业多样化程度显著提高，自主创业、自主就业的从业比例上升。据工商部门统计，2009年末全市私营单位和个体工商从业人数（含私营卫生机构人员）达81.70万人，比上年净增19.16万人，从业规模首次超过了城镇单位。

四、职工薪资保持平稳增长，人均月薪突破3 000元

2009年全市城镇单位累计发放各类奖金、薪资和津贴284.92亿元，比上年增长6.6%，其中，

在岗职工工资总额271.95亿元，比上年增加13.85亿元，增长5.4%，其他从业人员（含外籍人员）薪资报酬12.96亿元，比上年增加3.71亿元，增长40.1%。在各城镇单位中用工总数占75.3%的其他经济类型单位累计发放劳动报酬183.63亿元，占全市从业人员劳动报酬总数的64.4%；国有单位发放劳动报酬94.35亿元，占34.3%；集体单位从业人员劳动报酬6.93亿元，占2.4%。

全年城镇单位在岗职工人均工资36 453元（3 038元/月），比上年的32 343元（2 695元/月）增加了4 110元（343元/月），增长12.7%，人均月薪突破3 000元，继续在全省九个设区市中高居首位，比福州市的2 559元/月高出479元/月。但增长幅度则分别低于宁德、龙岩、泉州和三明及南平和莆田，仅略高于漳州的12.5%排名第7位（福州以11.6%排名最末）。

五、部分行业受到金融风暴冲击，薪资增势比上年回落

在各行业中，全市城镇单位中年度薪资增长幅度较大的主要有：科研技术服务和地质勘探业在岗职工人均工资65 401元（5 450元/月），比上年增加18 616元（1 551元/月），增长39.8%；其次是文体娱乐业在岗职工人均工资57 488元（4 791元/月），比上年增加10 066元（839元/月），增长21.2%；教育业在岗职工人均工资65 458元（5 455元/月），比上年增加10 992元（916元/月），增长20.2%。

受到金融风暴等因素不同程度的冲击，城镇单位中的交通邮政仓储业、住宿餐饮业以及建筑业、制造业的薪资增势分别比上年回落了13.15个百分点、5.25个百分点、5.24个百分点和2.9个百分点。

（厦门市统计局　林红玉供稿）

城镇居民生活

2009年，在国家“保增长、促内需、调结构”的政策调控以及4万亿政府投资的推动下，厦门市经济持续回暖、企业定单增加、就业形势不断好转，城镇居民收入也实现稳定增长。据对厦门300户城镇居民的抽样调查资料显示，2009年厦门城镇居民实现人均可支配收入26 130.58元，比上年增长9.1%；实现人均消费性支出17 989.97元，比上年增长5.1%。

一、居民收入稳步增长，收入结构呈多样化

2009年随着国内经济由谷底逐步回升，厦门城镇居民的收入也呈现稳步增长的态势。同时，随着股市、楼市的火爆，居民投资收入也随之快速增长，收入来源呈现多样化的态势。

从分月数据看，1、2月份适逢农历春节期间，各种年终奖金及亲友间的捐赠往来等，使得1、2月份居民可支配收入远远高于其他月份。之后，随着经济形势的不断回暖，下半年城镇居民可支配收入呈缓慢走高的态势，略高于第二季度的平均水平。

从构成情况看，工资性收入仍是居民家庭收入的主要来源，占居民家庭总收入的69.4%；转移性收入次之，占18.2%；经营净收入和财产性收入所占比重较小。但随着居民收入来源的多样化，财产性收入占家庭总收入的比重有所提高，比上年提高了2.1个百分点。

工资性收入稳步增长，仍是拉动居民增收的最主要因素。2009年城镇居民实现人均工资性收入20 637.08元，比上年增长8.7%，拉动居民家庭总收入增幅6.1个百分点，是居民增收主要动力。工资性收入稳定增长的原因主要在于：2009年以来当地政府采取多种措施稳定居民收入，如与重点企业签定“不裁员、不降薪”的约定、规范公务员津补贴等。2009年下半年以来随着经济好转，企业开工率提高，用工需求增长，居民的就业形势不断改善。数据显示，2009年12月的户均就业人口数比上年同期增长了3.6%。其他劳动收入快速增长。居民从事第二职业、兼职及零星劳动的报酬快速增长，增幅达13.3%。

经济景气回暖，经营净收入“止跌回升”。随着经济景气逐步回升，厦门城镇居民经营净收入也呈现“止跌回升”的态势。2009年上半年居民个体经营仍然较不景气，人均收入低于上年同期。下半年经济迅速回暖，居民个体经营收益逐步回升，累计增幅实现“正增长”并不断扩大。数据显示，2009年厦门城镇居民人均经营净收入2 181.33元，比上年增长15.6%。

人均财产性收入大幅增长。2009年以来，我国股市、楼市双双实现大幅增长。2009年的中国股市走出了一波触底反弹的行情，上证指数从年初的1 849点直线上升，直至8月份达到3 478的高

点，随后保持震荡调整的状态。而厦门房地产市场2009年也走出一波单边上涨的行情。随着股市、楼市的回暖，居民投资渠道增加，各项投资收入均得到较大幅度增长。抽样调查数据显示，2009年厦门城镇居民人均财产性收入1 514.78元，比上年增长了89.9%。其中，人均利息收入增长24.6%、股息与红利收入增长75.0%、出租房屋收入增长40.1%。另外，随着房地产市场交易日趋频繁，居民家庭出售住房获利也大幅增长，拉动其他投资收入剧增。

养老金或离退休金收入进一步提高，带动转移性收入小幅增长。2009年以来国家及地方各级政府进一步加大社会保障力度，相继出台了各项提高离退休人员养老金的政策，离退休人员的收入不断增加。2009年厦门城镇居民人均转移性收入为5 418元，同比增长2.7%，其中养老金或离退休金为3 323.83元，增长9.8%。

二、消费结构出现调整，消费潜力有待挖掘

2009年在国家4万亿政府投资的推动下，消费市场呈现快速发展的态势。然而对居民家庭的抽样调查资料显示，受房地产价格快速上涨以及对未来收入不确定性的影响，居民消费仍然较为保守谨慎，消费潜力仍有待挖掘。

从分月数据看，城镇居民消费呈现明显的季节特点和“假日效应”。销售高峰主要集中于春节、中秋及元旦等节日期间，节日对消费的带动作用非常明显。春节消费一贯是全年消费的重中之重，市民的消费需求在这一期间得到较大的释放，数据显示，2009年2月厦门城镇居民人均消费性支出1 862.9元，居全年各月之首，春节效应显著拉动了消费增长。9月份中秋佳节期间，厦门特有的博饼文化习俗也极大的拉动了消费增长，当月市民博饼消费推动人均消费性支出1 736.6元。

从消费构成看，食品、交通通讯、居住支出占2009年厦门城镇居民消费支出的前三位，“吃、住、行”等基本生活支出仍然是居民消费的重中之重，且所占比重呈现上升趋势。因此，如何提升居民的消费意愿，优化消费结构，应是我们关注的重点。

购房支出挤占消费。2009年房地产市场异常火热，居民购房意愿空前高涨，抽样调查数据显示，2009年人均购房与建房支出7 698.9元，是上年的2.83倍，占家庭总支出的24.5%。高额的房价一定程度上抑制了居民的消费能力和消费意愿。且由于很大一部分居民购买的是二手住宅，因此房地产交易的繁荣未能带动装修消费及家庭设备消费的同步增长。抽样调查数据显示，2009年人均住房装潢支出、家庭设备用品及服务支出分别增长14.3%和24.5%；彩色电视机及家用电脑的消费分别增长了50.8%和32.1%。

汽车消费成为新亮点。近年来随着居民收入水平的不断提高，私家车从前被人们看作望尘莫及的奢侈品，现在已逐渐走入寻常百姓家，给人们的出行带来了便捷，也提升了居民的生活质量和档次。2009年国家下调小排量汽车的购置税，汽车厂商也大幅度的让利销售，厦门车市实现了快速发展，厦门居民对于汽车购买的热情高涨。抽样调查资料显示，截至2009年末，厦门每百户居民家庭家用汽车拥有量达18.33辆，比上年增长25.0%。与汽车相关的消费支出继续保持较快增长，2009年居民家庭用于车辆用燃料及零配件人均支出为428.93元，比上年增长24.9%，其中燃料支出415.84元，增长25.3%。

饮食结构逐步改变，在外饮食大幅增长。近年来，随着健康生活理念深入人心，厦门城镇居民饮食结构也发生了明显变化，蔬菜水果及糖烟酒饮料类消费增长较快，而粮油、肉类、糕点消费增幅则相对较小。随着厦门地区餐饮服务业的发展，居民的生活习惯发生变化，在外饮食支出快速增长。

服务业快速发展，满足居民多样化需求。服务业是国民经济的重要组成部分，其发展水平是衡量一个地区经济社会现代化程度的重要标志。在厦门市国民经济主要比例关系中，2009年全年第三产业占国内生产总值的比重达50.3%，服务业已经成为城镇居民生活的重要组成部分。抽样调查数据显示，2009年厦门城镇居民人均服务性消费支出为5 093.25元，比上年增长0.8%，其中人均家政服务支出150.45元，比上年增长31.0%；人均美容费以及理发洗澡费支出分别为107.72元和99.55元，比上年增长47.7%和24.7%。随着网络的普及以及物流业的快速发展，网上购物愈来愈受到厦门市民的欢迎。数据显示，2009年厦门城镇居民通过互联网购买商品或服务人均支出27.16元，比上年增长61.2%。

消费观念转变，休闲旅游走近寻常百姓家。近年来随着全面小康社会建设的推进和城乡居民收入的稳定增加，厦门城镇居民的生活方式日益优化，消费观念不断更新，旅游消费、田园消费、娱乐消费等丰富多彩的闲暇消费方式已经走进寻常百姓

家，居民闲暇消费支出比重逐年攀升。调查数据显示，2009 年厦门城镇居民人均旅游花费总额 1 260.17元，比上年增长 23.5%，休闲旅游已经成为厦门居民生活的一个重要组成部分。

消费信心仍显不足，消费倾向出现下降。收入水平是决定居民消费行为的主要因素，近年来，随着社会收入差距的不断扩大，居民的消费行为和消费特点也出现分化，使得潜在的消费市场在较长时期内难以充分释放。抽样调查数据显示，2009 年厦门城镇居民平均消费倾向为 68.8%，比上年的 71.5%下降了 2.7 个百分点。具体来说：高收入阶层主要关注消费的质量，消费方式的个性化和现代化；中等收入阶层是推动整体消费需求快速增长的主体力量，其消费行为比较理性，消费水平相对较高，消费结构正待进一步升级。这一阶层需求潜力巨大，是消费总量持续扩张的主要力量，但缺乏相应的购买力；低收入群体生活压力较大，其收入状况决定其消费行为较谨慎，主要是满足基本生活需求。这一群体的消费潜力大，但由于收入水平低，制约了潜在消费的实现。从调查数据看，低收入家庭的消费倾向与上年相比还有所提高，而中等收入家庭和高收入家庭的消费倾向则出现明显下降。

（国家统计局厦门调查队　邱景漩供稿）

农村居民生活

2009 年厦门市继续推进各项支农惠农政策，促进农民增收，实现农民收入平稳增长。据抽样调查，2009 年厦门市农民人均纯收入为 9 153.46 元，比上年增加 678.16 元，增长 8.0%，剔除物价因素实际增长 11.0%；农民人均生活消费支出 6 852.12元，比上年增加 425.21 元，增长 6.6%，剔除物价因素实际增长 9.6%。

一、农民收入的主要特点

农民收入来源向非农产业领域转移。随着厦门市岛外城市化和工业化进程的稳步推进，农民从农业产业中得到的收入进一步缩小，非农收入不断增多。2009 年厦门市农民从第一产业得到的纯收入占全年农民纯收入的比重为 21.4%，比上年回落 0.9 个百分点。非农收入中，工资性收入占全年农民纯收入的比重为 52.4%，比上年上升 0.5 个百分点，为农民收入的第一大来源；第三产业经营纯收入比重为 7.1%，比上年上升 0.1 个百分点；财产性纯收入比重为 12.7%，比上年上升 0.6 个百分点。

进一步完善就业条件，工资性收入实现稳步增长。2009 年厦门市一方面继续贯彻落实统筹城乡就业再就业优惠政策、扩大享受就业再就业政策的困难群体范围、提高农民工技能培训财政补贴标准、帮助被征地农民和退养上岸渔民转产转业，全年完成农村劳动力培训 6 649 人，转移 2.43 万人，农村富余劳动力越来越多地向第二、第三产业转移；另一方面政府积极鼓励企业招用本地农民工，如思明区、海沧区采取社保补差的办法，对用人单位招用本地农村富余劳动力以最低缴费标准缴纳的社会保险费与外来员工标准的差额部分，由区、镇财政给予专项经费补贴；此外随着 2009 年下半年来经济的回缓，企业生产逐步恢复，用工需求大量增加，为农民的就业和工资收入的增加提供条件。仅农业龙头企业 2009 年就比 2008 年多吸纳了 927 名本地农民。2009 年厦门市农民人均工资性收入 4 796.34元，比上年增加 395.96 元，增长 9.0%，对农民全年纯收入的贡献率达 58.4%，拉动农民人均纯收入上升 4.7 个百分点，是带动农民收入增长的主要因素。从工资收入的来源看，在本乡地域内劳动得到收入人均为 3 682.65 元，增长 9.8%，占工资性收入的比重达 76.8%，上升 0.6 个百分点，是农民增收的主要来源；外出从业得到收入人均 653.14 元，增长 7.4%，占工资性收入的 13.6%；在非企业组织中劳动得到收入人均 460.55 元，增长 4.8%，占工资性收入的 9.6%。其中，随着 2008 年下半年以来机关事业单位各项规范津贴补贴政策的相继到位，2009 厦门市乡村教师的收入明显提高，比上年增长 19.8%。

继续开拓新的增收渠道，家庭经营纯收入增速加快。2009 年厦门市为了提高农民收入，保持和新出台了支农惠农政策。同时，随着厦门农村工业化、城市化进程的加快，二、三产业不断发展壮大，为农民提供更多的生产经营渠道。2009 年厦门市农民人均家庭经营纯收入 2 937.89 元，比上年增加 133.37 元，增长 4.8%，增幅比上年提高了 1.7 个百分点，拉动农民人均纯收入增幅 1.6 个百分点。

第一产业纯收入平稳增长。2009 年厦门市积极落实支农惠农政策，发放种粮农资综合直补、良种补贴、农业机械购置补贴、农机渔业（机动船）柴油直补、农村沼气建设补贴等。如每亩粮食农资补贴 60 元，水稻每亩良种补贴 22 元，自建 1 立方米沼气池补助150元等，提高农民农业生产积极性。同时，2009年自然灾害对厦门市种植业、养殖业的影响明显小于往年，保证了农业正常生产。2009年农民第一产业纯收入人均为1 964.85元，比上年增长4.1%。其中，农业纯收入人均1 379.77元，比上年增长8.2%；渔业收入人均409.61元，比上年增长12.1%；而牧业纯收入由于受价格下降（2009年厦门市畜牧业价格下降14.8%。其中，生猪价格下降18.2%）的影响，人均仅为171.59元，比上年大幅下降25.9%。

非农产业经营纯收入稳步增长。2009年厦门市农民人均非农产业纯收入为973.04元，比上年增长6.1%。这一年厦门市在金融危机影响的不利局面下，鼓励农民发展“农家乐”、“渔家乐”等乡村旅游，大力发展与工业区相配套的批发零售业、饮食业、交通运输业等第三产业的发展，为农民第三产业的生产经营创造了条件。全年农民人均第三产业经营纯收入为650.58元，比上年增长9.7%。其中，批零贸易业饮食业增长53.9%，交通运输邮电业增长25.2%，社会服务业收入下降9.4%，其他行业收入下降12.6%；其次，厦门市城镇化、工业化和新农村建设的不断推进，促进了农村建筑业的发展，许多有一技之长的农民自组建筑施工队，承包农村建房工程，增加收入。2009年农民人均建筑业经营纯收入为311.42元，比上年增长9.1%。

积极参与各种理财活动，财产性收入快速增长。2009年厦门市继续完善“金包银”工程，不断扩大招商引资力度，农村房屋出租市场渐成规模，租金已经成为农民收入的一个重要来源；此外经济条件好的农民开始更多地寻求新的理财投资方式，积极参与各项投资活动，各项股息、红利收入增加；“海西”建设步伐的加快，高速公路、铁路等项目的开工，农民从土地征用中得到的补偿收入提高。2009年厦门市农民人均财产性纯收入1 157.95元，比上年增加129.77元，增长12.6%，拉动农民人均纯收入增幅1.5个百分点。其中，人均租金收入813.12元，比上年增加85.72元，增长11.8%，占财产性纯收入的比重达70.2%；人均土地征用补偿收入245.48元，比上年增加49.25元，增长25.1%；人均利息、其他股息和红利、转让承包土地经营权收入为45.73元，比上年增长40.6%。

不断健全社会保障体系，转移性收入继续增加。随着厦门农民生活水平的不断提高和农村社会保障体系的不断健全，农民从离退休金和养老金得到的收入继续增加，带动转移性收入的增长。2009年厦门市进一步扩大被征地人员基本养老保险的参保范围，降低参保门槛，各区加大政策补贴力度。全年新增参保人员7980人，累计参保人员达5.23万人，已有3.24万人按月领取养老金。2009年厦门市农民人均转移性纯收入261.28元，比上年增加19.06元，增长7.9%。其中，人均离退休金、养老金167.54元，比上年增长19.3%，占转移性纯收入的比重达64.1%。

二、农民支出的主要特点

2009年厦门市农民人均总支出8 864.91元，比上年增长7.2%。其中，家庭经营费用支出1 643.74元，比上年增长7.0%；生活消费支出6 852.12元，比上年增长6.6%。

农民生产经营投入积极性高。厦门岛外城镇化、工业化程度不断提高，二、三产业不断发展壮大，带动农民对二、三产业生产投入的积极性。而支农惠农政策的落实和实施，提高了农民农业生产的积极性。2009年农民人均第一产业生产费用支出1 302.83元，比上年增长3.1%；人均第二产业生产费用支出31.06元，比上年增长19.7%；人均第三产业生产费用支出309.85元，比上年增长25.7%。

农民消费需求多样化。2009年农民用于生活消费的八大类支出中有七大类增长，一项支出下降，体现农民消费需求呈多样性发展。2009年厦门市农民人均食品、衣着、居住、家庭设备用品、交通和通讯、医疗保健、其他商品和服务类支出分别为2 833.45元、362.69元、1 259.27元、384.98元、942.54元、213.04元、174.45元，分别比上年增长6.4%、9.0%、15.0%、7.4%、2.6%、15.5%、1.9%；人均文化教育娱乐消费支出为681.68元，比上年下降3.1%。农民消费特点为：

一是农民饮食结构有所改善。2009年厦门市农民人均食品消费支出2 833.45元，比上年增加170.52元，增长6.4%，占农民生活消费支出的比重为41.4%，与上年持平。在食品消费稳步增长的同时，农民饮食结构继续改善，富含营养的水产品及制品、肉禽蛋奶及制品等消费增多，比重上升。从消费金额看，2009年人均肉禽蛋奶及制品支出为607.43元，比上年增长5.3%；人均水产品及制品支出为351.78元，比上年增长11.6%。二者占食品消费支出的比重比上年提高了0.4个百分点。从消费量看，2009年人均肉禽蛋奶及制品消费量为36.3公斤，比上年增长9.0%；人均水产品及制品消费量为19.3公斤，比上年增长6.5%。

二是住房投入持续升温，居住条件继续改善。收入水平的不断提高，城镇化、新农村建设的推进，农民在建房和装修新房方面的支出持续增加。2009年厦门农民人均居住消费支出1 259.27元，比上年增加164.47元，增幅达15.0%，是仅次于食品消费的第二大支出，占生活消费支出的比重为18.4%，比上年提高了1.4个百分点。其中，人均购买建筑生活用房材料支出430.16元，比上年增加144.35元，增长50.5%；人均购买装修生活用房材料支出170.85元，比上年增加17.14元，增长11.2%。

与此同时，人均居住面积也继续扩大。2009年厦门市农民人均住房面积为54.93平方米，在上年扩大1.77平方米的基础上又继续扩大了0.83平方米，增幅为1.5%。其中，钢筋混凝土结构的住房面积人均达48.04平方米，增长9.3%，所占比重高达87.5%，比上年上升6.2个百分点。

三是家庭耐用消费品不断走进农民家庭。随着农民购买力的提高、消费观念的改变以及建房增多，农民家庭购买耐用品拥有量不断增多。家电下乡优惠政策更是刺激了农民对电脑、冰箱等家电下乡产品的购买欲望。2009年农民人均购买家庭设备用品消费品支出为363.73元，比上年增长9.4%。到2009年末厦门市农民每百户拥有洗衣机51台，比上年增长6.3%；空调90台，增长16.9%；热水器90台，增长4.7%；彩色电视机137台，增长3.0%；家用计算机50台，增长16.3%。

四是健康意识增强，医疗保健消费支出增加。2009年厦门市继续推动城市优质卫生资源向农村延伸，开展市级医院托管镇卫生院、区级医院帮扶镇卫生院等工作，建立覆盖乡镇卫生院及部分卫生所（室）的托管医院的居民健康信息系统，岛外镇卫生院全部纳入全额拨款事业单位，农村医疗条件得到改善，缓解农村“看病难、就医难”的问题，提高农民医疗保健意识，带动农民医疗保健支出的增长。2009年厦门市农民人均医疗保健消费支出213.04元，比上年增长15.5%。其中，人均医疗费支出142.68元，比上年增长20.6%；人均保健费支出9.18元，比上年增长19.4%。

五是交通支出增长，交通条件改善。2009年厦门市新建改建通行政村和自然村公路143公里，通自然村道路硬化率达75%。农村公路设施的完善，给农民出行带来极大的方便，带动农民购买汽车等交通工具的意愿，提高农民生活品质。2009年厦门市农民人均购买交通工具支出为237.39元，比上年增长6.3%；人均交通工具用燃料支出为201.78元，比上年增长10.9%；人均交通工具用零配件及修理费支出为47.97元，比上年增长56.6%。到2009年末，百户农民家庭拥有汽车9辆，比上年增长50.0%。

（国家统计局厦门调查队　黄雅颖供稿）

教　育　·　科　技

教育事业

2009年是厦门市教学质量年，教育综合竞争力明显提高，在中国社科院发布的城市竞争力比较研究报告中名列全国15个副省级城市第三，荣获教育部颁发的“全国推进义务教育均衡发展先进地区”称号。

一、促进义务教育均衡发展

全年免除城乡义务教育阶段学杂费、借读费、住宿费、体检费、课本费1.5亿元，补助义务教育阶段困难学生370万元，补助民办义务教育阶段学生学费减免2 057万元。新建扩建中小学14所，新增学位1.6万个。岛内一万多名小学毕业生通过电脑派位升入初中，全市二万多名初中毕业生全部被高中阶段学校录取，进城务工人员子女在公办义务教育学校就学的比率达到67%，比2008年提高3个百分点。一批名校和农村学校签订合作协议，建立分校3所、附属学校3所、合作校6所。将教学视导的重心转移到农村中小学，组织名师讲学团送教下乡，开展农村中小学合格校评估验收，开展同安区和翔安区“对县督导”评估，成为全省第一个全面完成“对县督导”省级评估的设区市。

二、全面深入推进素质教育

制订出台多份减轻学生负担提高教育质量的文件，采取有力措施提高课堂效率，在全省率先全面禁止寒暑假补课。实施高中新课程实验三年经验被省教育厅在全省交流和推广，学生全科合格率、优良率在全省学业水平会考中成绩领先，高中奥赛取得一百八十多个省级以上一等奖，高中毕业生高考上线率93%，被北大、清华录取66人，均创历史新高。普高新生在一级和三级以上达标高中就学的比例分别达到53%和97%，比2008年各提高2个百分点。

创建首批科技教育基地校、首批闽南方言和文化进课堂试点校和省级知识产权教育试点校，深入开展语言文字规范化示范校评估，举行中小学生规范汉字书写比赛和诵读比赛，举办第19届中小学艺术节、第27届学校音乐周。厦门市中小学生管弦乐团的首场汇报演出产生良好的社会反响，“祖国万岁”歌咏活动荣获全国教育系统歌咏活动优秀组织奖，承办首届全国中小学生历届获奖美术作品展得到教育部体卫司领导的赞誉。

加大对社会主义核心价值体系融入中小学教育全过程研究成果的实验指导，举办各类夏令营四百六十多个，参与学生四万多人；开通网上家长学校62所，用户突破十万人，访问量突破三十六万人次。在全国率先成立中小学生突发事件心理干预小组，中央人民政府网站（www.gov.cn）登载了《厦门市针对中小学突发事件心理危机全面干预》的消息。在全省率先将心理课列为中小学和中职学校必修课，组建中小学心理健康教育讲师团，协助组建市人防心理救援队伍。

深入开展阳光体育运动，全面开展冬季长跑运动，在全市进城务工人员子女较多的7所小学开展“快乐课间”体育活动，组织师生参加市第十八届运动会和省中学生运动会，组织16所中小学参与国家级体育课程资源开发研究。厦门二中足球队代表福建省参加全国高中足球联赛总决赛荣获第七名，取得全省历史最好成绩。开展健康促进活动，如期完成全国学生体质健康调研的监测任务。

三、增强服务产业发展能力

根据市委市政府的部署，研究制订《教育服务产业发展行动计划》。新成立机械、商贸两大职业教育集团，挂牌确认厦大理工实训楼、集美职校、市技师学院为“厦门市高等职业教育实训基地”；与400多家企业开展形式多样的校企合作，安排2万名高职和中职学生到企业顶岗实习，首批订单培养招生近3 000人。高职毕业生8 400多人，就业率92%，其中在厦门市就业的5 600多人，占67%；中职毕业生1.1万人，就业率97%，全部在厦门市就业。市属高校现有高职专业161个，其中对接产业发展107个，占66%；中职学校将原有130多个专业调整为90个，调整幅度达31%。获评高职精品专业和精品课程16个，高职重点建设实训项目和教改实验项目8个。厦门城市职业学院和厦门华天职业学院通过教育部高职人才培养工作水平评估。中职学校参加全国职业院校技能大赛，取得3个一等奖、4个二等奖和18个三等奖。

四、继续加大教育经费投入

2009年全市预算内教育经费拨款40.7亿元，比2008年增长17%。市本级预算教育经费拨款16.2亿元，比2008年增长24%。全年共免除、补助学生各类费用2.3亿元，除义务教育阶段之外，补助普通高中贫困学生73万元；发放中等职业学校学生助学金3 411万元，免除和补助学费108万元；发放大学生奖学金576万元、助学金842万元。下达高校助学贷款额度1 780万元，13.4万名在厦大学生参加厦门市医保。补助到厦门市中职学校就学的四川彭州市和甘肃天水市地震灾区学生216人306万元，为厦门市援建的5所彭州中小学配备计算机、课桌椅等教育教学设备380万元。教育基建重点项目累计完成投资3.7亿元。

五、提高教师队伍建设水平

认真实施岗位设置管理改革、中小学教师绩效工资改革和中小学机构设置改革。在市委市政府的领导及财政、人事等部门的鼎力支持下，在全省率先兑现中小学教师绩效工资，并实现全市六个区同城同薪，全市共增资8亿多元。

深化名校名校长名师培养。厦门二中、启悟中学接受一级达标高中省级评估；制订并实施中小学校长管理办法，举行直属中小学校长聘任仪式，选送校长到北京等教育发达城市挂职锻炼；制订加强中小学教师队伍建设意见，以市政府名义召开全市中小学教师队伍建设工作会议；“133工程”完成过半，专家型教师在训82人；学科带头人已有153人，在训250人；骨干教师已有2 000多人，在训200多人。3位中小学、幼儿园教师荣获福建省第二届杰出人民教师称号，中职学校双师型教师比率达40%，比2008年增加7个百分点。

深入开展三项主题活动。教师岗位大练兵开展青年教师、幼儿教师、实验人员基本功大练兵，教学课件制作、主题班会课、激活课堂等大赛，以及中职教师电子、计算机、机械等职业技能和创新课竞赛。师德建设开展首次年段长工作交流、首次市级骨干班主任培训、首次住宿生管理研讨等。百名校长万名教师进社区进家庭活动中分别有960名校领导走进社区，1.4万名教师走进家庭。2009年10月，教育部网站刊载专栏文章《福建省厦门市教育系统开展三项主题活动建设人民满意的教师队伍》，介绍厦门市的三项主题活动。

六、拓展对台教育交流合作

全年接待台湾来访师生7批次250人，组织赴台参访19批次204人，全市中小学幼儿园现有台湾学生一千五百多人。市政府办公厅转发市教育局拟订的厦台教育交流与合作工程实施意见，城市职业学院和电子职专等分别与台湾职业院校及企业签订“校校企”合作协议。启动“全面开展厦金教育交流”活动，接待金门校长参访团一行32人，两岸8对中小学建立校际协作关系。双十中学利用90周年校庆之际深化与台中双十中学的教育交流，两岸双十中学再次共同组织文艺晚会及专场音乐会等，党和国家领导人贾庆林、陈至立发来贺信。第三届海峡两岸百名中小学校长论坛升格为中国教育学会和市政府共同主办，教育部、国台办、全国台联有关司局领导，台湾国民党智库教育文化组、台湾省教育会领导参加论坛，并商定第四届论坛于2010年在台湾举办。

七、维护校园安全安定稳定

深化平安校园建设，深入开展“法律进学校”活动，开展“防灾减灾宣传周”、“安全教育周”和“流动平安训练营”，创办省级防灾减灾示范校。开展民办高校制度化建设课题研究，认真排查并妥善处置民办高校和民办非学历高等教育机构中存在的不稳定因素，被省委教育工委授予“高校维护稳定工作先进集体”。开通教育网站市民互动和在线访谈栏目，恢复局长接待日活动，全年受理群众信访191件，同比下降6%；受理市长专线电话522件，同比下降27%。

新疆“7·5”事件发生后，市教育局主动协调铁路、公安等有关部门，并组建护送工作小组，确保新疆学生暑假返乡及秋季开学的路途安全。甲流疫情发生后，制订学校突发公共卫生事件应急预案，坚持每天晨检和住宿生晚检，落实测温、观察、报告、送医、隔离、追踪等制度，全市无学生死亡病例，无全校性停课。国务院办公厅部署开展全国中小学校舍安全工程后，制订了全市中小学校舍安全工程实施方案和建设规划，对全市1 682幢355万平方米校舍进行全面排查，对341万平方米进行抗震鉴定，加固和重建9万多平方米。

做好教育行政处罚行为的自由裁量权量化工作，修订《厦门经济特区学校用地保护条例》，依法主动公开政府信息，在教师资格认定、普通话水平测试、教师职称评审、中小学教师招聘、学校供货资格企业招投标等工作中加强便民服务。全年在主流报纸、电视等媒体刊发教育宣传信息近七百多篇，其中中央级39篇，省级64篇，被省委教育工委授予“教育新闻宣传工作先进集体”称号。一百二十多个学校和单位被授予各级“文明学校”或“文明单位”，被市委市政府授予“创建全国文明城市突出贡献奖”。

（厦门市教育局　郑朝南供稿）

科技工作

一、科技经费投入

2009年，厦门市财政科技投入8.40亿元，其中市本级财政科技投入6.60亿元，区级财政科技投入1.80亿元。投入市本级技术研究与开发经费3.03亿元，当年安排市科技计划项目231项2.18亿元，其中重大科技项目7项8 740万元、滚动支持重大科技项目5项5 291.44万元，企业创新项目120项6 451.56万元，高校项目41项687万元等。获得国家科技计划项目立项266项2.08亿元，其中列入国家自然科学基金项目159项8 547万元，列入863计划项目9项3 826万元，列入科技型中小企业技术创新基金项目28项1 270万元等。

二、高新技术产业发展

2009年，厦门市新认定高新技术企业301家，全市高新技术企业达424家，其中产值上亿元的127家。全市高新技术企业实现产值870.81亿元，比上年增长8.3%，占全市工业总产值的30.2%；产品销售收入873.51亿元，增长2.1%；实现利税105.23亿元，出口创汇51.73亿美元。424家高新技术企业2008年减免所得税5 400万元。同时，高新技术企业立足自主创新提升竞争力，抵御风险的能力不断增强，三达膜科技、东南融通、安妮股份、三安光电、科华恒盛、三维丝环保等一批高新技术企业接连在境内外上市。

三、新兴产业与特色产业发展

2009年，厦门市积极培育和发展光电、软件、生物与新医药、科学仪器仪表、新材料、集成电路设计、电力电器、太阳能光伏、工业设计与创意和射频识别等战略性新兴产业，打造高新技术产业新的经济增长点。其中光电产业2009年产值突破四百亿元。厦门被国家科技部授予首批国家“十城万盏”半导体照明示范工程试点城市之一，根据计划，到2011年底，厦门市将投入一亿五千万元以上资金，实施三万盏以上半导体照明灯具，实现年节电约七百万度以上，相应年减少二氧化碳、二氧化硫、氧化氮、粉尘排放九千吨以上。三个项目列入“国家金太阳示范工程”，项目总计装机规模4 470KWP，总投资1.75万元，申请中央财政补助资金8 740万元。特宝生物工程公司、北大之路生物工程公司5个项目获得国家“重大新药创制”科技重大专项立项，共获得1 317.6万元资助。全市拥有视听通讯、钨材料、软件、半导体照明、电力电器五个国家特色产业基地以及全国唯一的光电显示产业集群试点。

四、科技成果与转化

2009年，厦门市组织评审鉴定的科技成果130项，其中国际先进水平29项、国内领先水平88项、国内先进水平13项；申请登记省级科技成果44项、市级科技成果187项。评出市科技进步奖56项，其中一等奖4项、二等奖18项、三等奖34项；获省科学技术奖42项，其中一等奖1项、二等奖20项、三等奖21项。2009年重新修订颁布了《厦门市科学技术奖励办法》、《厦门市科学技术奖励办法实施细则》，制订了《厦门市科学技术奖励工作行为准则》。当年新认定技术贸易机构90家，全市技术贸易机构达443家。全年技术合同认定登记2 167项，合同总金额13.08亿元（技术交易额12.86亿元），比上年增长23%，其中：技术开发合同1 700项，成交额8.43亿元；技术转让合同121项，成交额3.4亿元；技术咨询合同97项，成交额0.34亿元；技术服务合同249项，成交额0.90亿元。在技术合同中认定重大技术合同55项，成交额4.51亿元。

五、区域创新体系建设

2009年，厦门市加快推进技术创新工程，综合运用政策、投入、服务等多元化的支持方式，引导创新要素向企业集聚，提升企业的自主创新能力。厦门宏发电声有限公司、厦门雅迅网络股份有限公司成为国家创新型企业，厦门金龙联合汽车工业有限公司等4家企业入选国家创新型试点企业。截至年底，全市共有3家国家创新型企业和8家国家创新型试点企业；27家省级创新型试点企业；

23家市级创新型示范企业、33家试点企业和21家种子企业，自主创新企业的队伍日益壮大。鼓励支持更多内外资企业在厦设立各类研发机构，进一步增强企业的创新研发能力和核心竞争力。截至年底，全市共有国家级工程技术研究中心2家，省级4家，市级40家；国家重点实验室2家，国际联合实验室1家，国家工程实验室1家，教育部重点实验室5家，省级实验室18家，省部共建重点实验室2家，市级重点实验室14家。围绕重点培育的百亿以上产值产业链和产业集群，逐一组建产业技术创新联盟，成立了电子元器件、水暖厨柜及卫生洁具、运动器材、船舶产业、绿色食品等5个产业技术创新战略联盟。落实自主创新产品政府采购政策，厦门市2个产品列入首批国家自主创新产品名单，认定厦门市首批82个自主创新产品。

六、自主创新环境建设与改革创新

2009年，厦门市自主创新环境建设和科技工作体制、机制改革创新取得新进展。制定实施《关于贯彻落实国务院发挥科技支撑作用促进经济平稳较快发展的实施意见》、《厦门市鼓励在厦设立科技研究开发机构暂行规定》等鼓励自主创新的政策。开展创新方法培训，国家科技部批准厦门市为国家创新方法工作试点城市。推动设立了厦门产业技术研究院，按照“政府引导、企业参与、产学研结合”的运作模式，建立“开放、流动、竞争、协作”的管理和运行机制，力争3到5年把产业技术研究院建设成为技术研发、成果转化、科研协作、人才培养和对台交流与合作的平台。加大金融创新力度，出台《厦门市科技创新贷款担保扶持资金管理办法》，改善科技型中小企业的融资环境。加强对科技计划项目监督和管理，首次对科技计划项目监理单位资格实行社会公开招标。大幅提高科学技术奖奖金，其中科技进步一等奖由5万元提高到25万元，二等奖由3万元提高到10万元，三等奖由原1万元提高到5万元，平均提升幅度超过4倍。

七、科技交流与合作

2009年，厦门市积极开展对台科技交流合作，成为首个国家级“对台科技合作与交流基地”，全国政协副主席、科技部部长万钢亲自为基地揭牌，支持厦门市先行先试开展对台科技合作交流工作。以叶重耕副市长为团长、以厦门市科技企业家为主组成的厦门市科技考察团一行55人成功访问台湾，并举行了“厦门—台北科技产业联盟第五届年会”等。吸引台湾科技中介机构台湾拓墣产业研究所在厦设立分支机构取得突破。推进市校院地深度合作。厦门与中科院合作共建“中科院厦门产业技术创新与育成中心”。中国科学院城市环境研究所通过验收。厦门市科技局、火炬管委会与北京大学工学院签署了科技合作协议，并依托北京大学工学院成立北京大学工学院厦门创新创业中心。成功举办“厦门市电力电气行业—专场项目成果发布（对接）会”、“华中科技大学—厦门专场项目成果发布（对接）会”、“中国科学院—厦门科技合作交流会”等多场市校院地合作交流对接会。开展重大国际科技合作项目。厦门城市环境研究所与英国合作实施“以城市群环境复合污染与生态健康研究”；厦门大学国家传染病诊断试剂与疫苗工程技术研究中心和英国合作实施“重组人乳头瘤病毒疫苗质量控制关键技术合作研究”。“国家传染病诊断试剂与疫苗工程技术研究中心”、“厦门钨业股份有限公司”和“中科院厦门城市环境研究所”三家单位成为科技部“国际科技合作基地”。

八、社会科技发展与科学普及

2009年，厦门市以科技进步考核工作为抓手，组织各区开展“2007～2008年度科技进步考核”工作，思明区、集美区被确认为全国科技进步考核先进区，海沧区成为第三批国家科技进步示范县（市）。加快农业科技成果转化，集美区列入科技部2009年度科技富民强县专项行动计划。坚持以人为本，让科技进步的成果惠及广大人民群众，紧紧围绕医疗卫生、节能减排与环保、生物医药、食品安全、海洋、防灾减灾等关系民生的社会领域开展工作，实施社会发展科技项目，社会各领域科技创新水平稳步提升。大力推进科学技术普及，围绕“携手建设创新型城市——科技支撑，服务发展”主题，举办2009年厦门市科技·人才活动周，重点围绕科技支撑经济发展、科技惠及民生、科技服务农村以及社会各界广泛参与科普活动等方面，全市开展了一系列形式多样、丰富多彩的科普活动。

（厦门市科学技术局　李根供稿）

知识产权工作

2009年，厦门市以创建“国家知识产权示范城市”为契机，进一步加全市知识产权的统筹协调工作，加大知识产权宣传培训力度，出台《厦门市知识产权战略纲要》，推动知识产权创造、运用、保护和管理水平全面提升，各项工作在新的历史起点上取得了新进步、新发展。1月，厦门市知识产权局被国家知识产权局、公安部评为“全国知识产权执法先进集体”；12月，厦门市知识产权局被国家知识产权局评为“全国知识产权局系统执法先进集体”。12月，厦门市创建“国家知识产权示范城市”工作通过国家知识产权局的考评，厦门市被批准为“国家知识产权工作示范城市”。

一、健全知识产权工作体系

第65次厦门市政府常务会议同意集美区、同安区和翔安区成立知识产权局，原则同意建立厦门知识产权维权援助中心；厦门市委编办下文同意厦门市科技情报研究所加挂“厦门市知识产权信息服务中心”牌子。

二、颁布实施《厦门市知识产权战略纲要》

厦门市政府颁布实施《厦门知识产权战略纲要》。《纲要》总体目标是紧紧抓住党中央、国务院大力支持海峡西岸经济发展的重大历史机遇，积极构建海峡西岸“两个先行区”，建立以企业为主体、市场为导向的自主知识产权创造体系；建立流转顺畅、运行高效的知识产权运用体系；建立法规健全、执法有力的知识产权保护体系；建立科学规范、协调有力的知识产权管理体系；建立功能完备、支撑有力的知识产权服务体系。到2020年，厦门市主要知识产权发展指标达到中等发达国家水平，知识产权制度对经济、科技、社会发展的促进作用充分显现，努力把厦门市建设成为海峡西岸经济区中知识产权创造、运用、保护和管理水平较高的城市。厦门市是福建省最早出台地方知识产权战略纲要的城市。

三、通过“国家知识产权工作示范城市”考评

国家知识产权局组成考评工作领导小组对厦门市“国家知识产权示范城市”创建工作进行考评，并于2010年2月批准厦门市为“国家知识产权工作示范城市”。

为了加快城市知识产权工作的发展，发挥中心城市的引领和辐射作用，国家知识产权从1999年起推动开展城市知识产权试点示范工作。组织开展城市知识产权试点示范工作大致有三个层次：“国家知识产权试点城市”、“国家知识产权示范城市创建市”、“国家知识产权（工作）示范城市”，依次从低到高。

厦门市于1999年12月被批准成为“全国专利工作试点城市”、2007年12月被批准成为“国家知识产权示范城市创建市”。“国家知识产权示范城市创建市”创建期两年（2007年10月至2009年10月）。创建期满由国家知识产权局组织评定验收，验收合格由国家知识产权局授予“国家知识产权（工作）示范城市”称号。

四、强化知识产权宣传普及

为迎接“4·26”世界知识产权日，组织协调召开“厦门市2009年知识产权宣传周新闻发布会”，发布《2008年厦门市知识产权保护状况》和《厦门市2009年知识产权宣传周活动方案》；开展首届“厦门市十佳青少年学生优秀发明创造奖”和“厦门市2008年知识产权十佳新闻”评选活动；评选并公布全市2008年度“商标权保护十大案件”；举办外资企业知识产权保护座谈会，举办企业知识产权制度建设研讨会等。开展知识产权宣传咨询活动，就群众关心的知识产权相关问题进行解答；通过多层次、全方位的宣传活动，有效地扩大了知识产权宣传的覆盖面和影响力，增进了全社会知识产权意识，为开展知识产权工作创造了良好的氛围。加强知识产权培训工作。委托厦门经济管理学院举办了“知识产权与企业自主创新和市场竞争力中高级研修班”；与国家知识产权局专利检索咨询中心共同举办“利用专利信息推动企事业知识产权工作高级论坛”，深入厦门华电开关有限公司、宸鸿科技（厦门）有限公司等近30家企业，开展“企业知识产权制度建设”等业务培训，总计举办各种培训班近100场次，近万人参与了相关培训活动。同时，继续推进学校知识产权教育培训工作的发展。厦门市第六中学、厦门市松柏中学、厦门双十中学、厦门市滨北小学、厦门市演武小学和厦门市康乐小学等6所中小学列入首批20家“福建省中小学知识产权普及教育试点学校”。

五、提升知识产权管理与服务水平

为缓解企业融资困难，推进专利技术产业化，推进科学技术创新型城市建设，厦门市知识产权局牵头出台了《厦门市专利权质押贷款工作指导意见》；为进一步推进有关知识产权执法工作的机制建设、条件建设、队伍建设，厦门市知识产权局积极争取国家、省知识产权局的支持，9月份，被批准进入国家知识产权“5·26”工程；为配合创建“国家知识产权示范城市”工作和实施知识产权战略，根据企业申报和考察，确定厦门优尔电器有限公司等11家企业为第二批厦门市知识产权示范企

业，4 家企业进入省知识产权优势培育企业行列；全年全市专利申请量和授权量稳步上升，国内专利申请受理量 4 914 件，比上年增长 47.30%，其中发明专利申请 1 241 件，比上年增长 46.34%；国内专利授权量 2 986 件，比上年增长 28.15%，其中发明专利授权 328 件，比上年增长 40.17%。经评审，对 2 023 件专利申请给予资助，资助资金总额为 330.26 万元；同时，还帮助符合资助条件的 16 个单位 25 件专利申请国家专利资助金额 45.11 万元。

六、深化对台知识产权合作交流

市知识产权局积极探索建立厦台知识产权联盟，先后 3 次组织相关部门及部分知识产权示范企业赴台就知识产权合作等内容进行考察交流。中华保护智慧财产权协会（台湾）与厦门市知识产权局签署了厦台建立两地知识产权保护沟通机制意向书；厦门市知识产权局与厦门市文化局等相关部门主办了“2009 海峡两岸（厦门）文化创意产业知识产权保护论坛”，对海峡两岸文化创意产业的交流与合作，起到了极好的指导作用。

七、加大知识产权保护力度

全市知识产权保护统筹协调工作进一步加强，联合执法力度进一步加大；厦门市知识产权局被批准进入国家知识产权“5·26”工程；稳步推进“雷雨”、“天网”专项执法行动，全年共受理专利侵权案件 9 件，已结案 6 件，先后出动执法人员 14 次、34 人次，检查商场，超市 20 余家，对日常用品、食品、家电等 3 000 余种产品进行检查；做好展会知识产权保护工作，“9·8”投洽会期间现场抽样取证涉嫌充冒专利案件 1 件。

2009 年厦门市国内专利申请受理量 4 914 件，比上年增长 47.3%，其中发明专利申请量 1 241 件，增长 46.3%，占福建省发明专利申请量的 32.3%；国内专利申请授权量 2 986 件，增长 28.2%，其中发明专利授权量 328 件，增长 40.2%，占福建发明专利授权量的 39.8%。自 1999 年国家知识产权局单列统计厦门市专利申请量与授权量以来，1999～2009 年，厦门市国内专利申请受理量累计达 2.95 万件，厦门市国内专利申请授权量累计达到 1.64 万件。

（厦门市知识产权局　唐仕灿　周小华供稿）

文化·新闻

文化事业

2009年，厦门市文化工作主动融入海峡西岸经济区重要中心城市建设大局，始终围绕“保增长、保民生、保稳定”的目标任务，以“学习、改革、稳定、发展”为工作方向，以“一保、二压、三改”为具体措施，抢抓机遇，攻坚克难，开拓前进，全力推动厦门文化大发展大繁荣，文化工作不断上新台阶。

一、专业艺术繁荣发展

文艺创作推陈出新。狠抓文艺精品创作，重点创作歌仔戏《蝴蝶之恋》等一批新剧目，其中新剧目5台、修改复排3台。

重大活动圆满成功。相继成功举办“第一届全国青少年钢琴比赛”、“海峡两岸民间艺术节”、“第十一届中国戏剧节”、“国家重点京剧院团组织优秀剧目莅厦展演活动”；配合“第十三届台交会”、“海峡论坛”、“第十三届中国国际投资贸易洽谈会”、“第二届海峡两岸文化产业博览交易会”等全市中心工作或全局性重大活动完成各项演出任务48项；圆满完成中央首长及国内外重要嘉宾等接待演出及指令性演出9场。全年，各专业剧团完成演出647场，其中公益性演出436场，占全部演出的67.38%，商业性的市场演出也较往年有大幅提升。

艺术赛事成果丰硕。音乐剧《雁叫长空》等一批精品剧目在各项赛事中取得佳绩。全年，获得国家级奖励的作品4个、人员13人，获得省级奖励的作品4个、人员28人。

二、群众文化丰富精彩

群文活动广泛开展。2009年，厦门市、区两级文化部门共举办传统节庆、重大纪念日、各类专场赛事和演出共318场次，组织“温馨厦门、情系百姓”等广场文艺活动近百场，吸引二百多万群众热情参与。其中，厦门市第四届群众文化艺术节、2009闽南语原创歌曲歌手大赛、第三届莲花褒歌比赛、金桥南音唱腔邀请赛、庆祝新中国成立60周年系列活动等一批大型群众文化活动受到市民群众普遍欢迎。区级群众文化活动有声有色，“一区多品”文化特色更加凸显。如，思明区2009海峡两岸元宵民俗文化节、“温馨厦门　魅力思明”夏季周末广场文化活动、郑成功文化节、观音山民俗文化活动基地，湖里区福德文化节、元宵民俗文化活动、社区文化艺术节，海沧区海峡两岸保生慈济文化节，集美区龙舟端午文化节，同安区青岛啤酒节民俗文艺专场演出、孔子文化节等特色文化项目，翔安区打造“拍胸舞”、“宋江阵”等民俗文化活动，进一步活跃了群众的文化生活。

艺术展览精彩纷呈。2009年，厦门市、区两级共组织策划展览85场次，吸引约56.6万市民观看。其中，厦门市美术馆举办的《“长风万里西部情”中国美术馆馆藏精品厦门展》、《2008全国中国画学术邀请展》、《经典海西改革开放30周年美术文献展》、《首届厦门红十字（海峡两岸）书画摄影展》、《魏传义艺术回顾展》，湖里区举办的金牛闹元宵摄影比赛、“我爱蓝色的海洋”湖里区第十六届少儿现场绘画比赛，思明区举办的“首届海峡两岸少年儿童美术大展”，海沧区举办的原创画师“绘特区、颂和谐”油画展、第二届海峡两岸文化产业博览会原创油画作品展，集美区举办的“走进香格里拉”艺术摄影作品展、庆祝杏林台商投资区设立20周年海峡两岸书画作品及摄影作品展和“集美、建阳”山海情中国画展等各类艺术展览普遍受到市民群众的喜爱和肯定。

群文创作成绩突出。2009年，厦门市群众文艺创作活跃，一批项目、作品、人员获各级奖励，其中国家级22个，省级10个、市级140个。其中，中华颂国庆六十周年全国群众文化美术书法大展获国家级铜奖；第十一届全国美术展漆画、陶艺展获全国第十一届美展的优秀组织奖；厦门市文化馆老年艺术学校模特队在第七届中国上海“金玉兰花奖”音乐、舞蹈、服饰风采艺术大赛中荣获金玉兰花最高奖；思明区创作小品《等》获全国计生系统小品比赛金奖；厦门市文化馆少儿艺术团创作的节目《叶儿青青粽儿香》荣获福建省第五届“小荷风采”全国少儿舞蹈展演优秀创作奖及表演一等奖；思明区小品《都是真情》获福建省“水仙花”杯导演、表演银奖。

三、文化服务体系日益健全

文化设施逐步完善。2009 年，厦门市、区两级共投入 3.2 亿元，改造和建设重要文化基础设施项目 18 个，抓好第十一届中国戏剧节演出场馆的建设与改造，修建改造厦门市人民会堂、艺术剧院、莲花影剧院、文化艺术中心实验剧场、海沧文化中心项目，新建小白鹭艺术中心、同安文化艺术中心项目。闽南戏曲艺术剧院项目建设取得新进展，列入厦门市为民办实事项目的 2 个镇级综合文化站、20 个村级文化室项目建设基本完成。与此同时，一批区级文化基础设施项目陆续动工建设。厦门市各区加大投入，加强文化中心、图书馆、文化馆（站）、文化信息共享工程服务点和示范点等建设，使得全市公共文化服务网络进一步完善。其中，同安区投入 1.7 亿元完成同安文化中心、同安孔庙维修与陈列、梧村文体活动中心等项目建设；翔安区投入 760 万元完成马巷文化中心和大嶝文化中心建设；湖里区投入 240 万元完成高崎万寿宫和寨上祖厝戏台改造、吕岭社区文体活动中心、殿前街道文化活动中心等项目建设；思明区完成莲花影剧院舞台吊杆改造工程和综合图书馆项目建设；海沧区投入 1 480 万元完成 9 个文化活动中心和一批村级文化活动室建设；集美区投入 1 300 万元完成杏美文化广场建设。基层文化基础设施的逐步完善，有力推动全市公共文化服务格局的构建。

公益事业发展良好。公共图书馆共投入 413.1 万元，购置图书 55.6 万册，借阅量 395.1 万册，读者流通 420.7 万人，举办各类读书活动1 316场次，群众参与 35.7 万人。市级公共图书馆新增分馆 6 个、流通点 10 个，集体用户 3 个，促进公共图书馆服务网络进一步拓展。2009 年，在全国公共图书馆市、区一级馆评估中，厦门市图书馆、厦门市少儿图书馆及海沧区等四个区级公共图书馆均取得优异成绩。文化馆（美术馆）培育文艺队伍 149 支，并充分发挥骨干带动作用，面向社会开展舞蹈、音乐、书画、戏剧、形体等涉及老中青少的各类艺术培训 126 期次，组织座谈会及研讨会 82 场次，群众参与近万人次，为普及群众文化做出了积极努力。

惠民项目较好落实。扎实稳妥推进文化信息资源共享工程、农村电影放映工程、文化下基层活动等文化惠民项目。开展文化进社区、进农村、进军营、进学校、进工地等文艺演出 738 场次，送书下校下点 585 场次；举办“厦门市假日文艺舞台”定点定期公益性演出 217 场；组织“温馨家园”电影进社区 416 场次，农村电影放映 3 102 场次，观众参与达 60 万余人次。全市已完成 6 个区级支中心和 80 个镇、街、村（居）农场等共计 89 个基层服务点的建设，文化信息共享网络逐步完善。文化惠民项目的深入实施、较好地满足了人民群众的文化需求，保障了人民群众的文化权益。

厦门市湖里区被评为全国文化先进单位，厦门市同安区通过第二次全国文化先进县复查。

四、文化产业发展提升

认真做好产业规划。2009 年，编制《厦门市文化产业空间布局规划》，制定《厦门市文化服务业 2009—2015 年发展规划》和《厦门与台湾文化创意产业对接方案》。认真落实《厦门市促进文化产业发展若干政策》，协同相关部门研究制定《厦门市文化产业基地和文化产业集聚区认定管理办法》和《厦门市重点文化企业认定暂行办法》等系列配套政策。

加强对台产业对接。承办“海峡两岸（厦门）文化产业博览交易会”及“海峡摇滚音乐节”等产业交流活动，贯彻落实《国务院关于支持海峡西岸经济区建设的若干意见》，提出设立“厦门海峡西岸文化创意产业对接实验区”设想，着手制定对接实验区框架性方案。

培育重点企业与项目。指导、扶持并推动鼓浪屿艺术岛、龙山文化创意产业园、厦港艺术观光园、湖里创意产业园、集美集文化创意产业园区等文化产业园区的前期规划、策划及建设。积极推动厦门奥林匹克旅游广场、金英马影视投资等重点产业项目的实施。积极主动为厦门商品油画、优必德漆线雕、惠和石业等重点文化产业基地发展服务，组织企业申报福建省、厦门市市级重点文化企业和文化产业基地，厦门市 2 家企业被授予第四批福建省文化产业示范基地，15 家动漫企业通过国家资格认定。做好厦门市重点文化企业的认定工作，首次认定 36 家文化企业为厦门市重点文化企业，扶持民营文化企业成立福建省首家文化产业企业—厦门根深智业创意产业集团。引导和推动厦门古玩艺术品市场建设取得初步成效。厦门市共有唐颂古玩城、东镀古玩城、滨北古玩城等一批已建或在建的古玩艺术品市场7个，总建筑面积约十万多平方米，商铺近千家，初具行业规模。

积极打造产业品牌。成功举办“观音山沙滩文化节”、“观音山风筝文化节”、“海峡摇滚音乐节”、“第二届海峡两岸（厦门）文化产业博览交易会”、“厦门动漫节”等产业品牌活动；成功推动“闽南神韵”旅游定点演出项目实施；扶持培育发展商品油画、漆线雕、惠和石业、法兰瓷、东孚玛瑙工艺等一批文化产业品牌，在厦门、海西乃至全国具有一定影响。

五、文化市场健康繁荣

深入开展整治行动。2009年，以文化市场平安建设为目标，不断加大对全市文化市场监管力度，开展一系列文化市场综合、专项治理行动。其中，为迎接新中国成立60周年，开展为期三个月的文化市场综合整治行动；在全市开展取缔黑网吧和整治互联网低俗之风行动和公众聚集场所消防安全专项整治。

重点抓好市场管理。加强对网吧市场的管理，以杜绝违规接纳未成年人为工作重点，加大对网吧市场监管和处罚力度，对群众反映问题较多的区域开展集中整治，着重加强校园周边“网吧”的日常检查，并对重点时段进行重点检查，有效净化校园周边文化环境。充分发挥网吧监管平台的作用，加大网吧监管力度。加强对厦门市网吧行业协会的指导，组织相关人员赴长沙、北京考察学习，研究促进网吧行业健康发展的思路和方法。

加强对商业性演出和歌舞娱乐场所的日常监管。召开业者座谈会，开展对全市演出市场和歌舞娱乐场所的调研；严格执行营业性演出的报批规定，采取定期检查与突击检查相结合的方式，加大对演艺娱乐行业的监管力度，开展“打黄扫非”和“禁毒”等专项整治行动。

全面推进依法行政。制定《厦门市娱乐场所违法行为行政处罚自由裁量权适用标准》（试行）和《厦门市营业性演出违法行为行政处罚自由裁量权适用标准》（试行），组织召开厦门市文化市场行政执法人员座谈会，研究部署文化市场行政执法工作。抓案件督办，全年共受理文化市场专线、12318举报和市长专线、上级领导和部门督办的文化市场案件192件，坚持对文化经营单位实行不定期检查，全市文化行政部门共出动执法检查9 241人次，检查文化市场经营单位5 652场次，查处违规案件97起，责令企业整改177家。

指导推动行业建设。推动厦门市娱乐行业、厦门市演艺业和厦门市油画产业成立行业协会，并指导各协会开展工作，文化行业秩序进一步规范。

六、文物保护持续推进

第三次全国文物普查进展顺利。野外调查工作全部完成，共调查文物点2 179处，其中新发现文物点1 648处，复查文物点531处。完成厦门有史以来最大规模的抢救性发掘——翔安曾山遗址考古发掘，共发掘面积1 800平方米，出土部分宋、明时期的文物标本。

加大涉台文物保护力度。成功举办首届海峡论坛的重要配套活动—“闽台姓氏族谱和涉台文物展暨宗亲恳亲会”，共展示闽台姓氏族谱资料5 700余册，涵盖姓氏141个，创海内外涉台族谱展览规模之最。为全市32处第二批涉台文物古迹树立保护标志碑，文物保护单位的“四有”工作得到有效落实。积极争取中央财政资金支持，推进大嶝金门县政府旧址、江夏堂、同安施大厝等项目保护。全市63个涉台文物保护单位，全年共接待参观台胞1.7万人次。

加强保护单位维修管理。2009年，维修文物保护单位5个，征地拆迁2个。重点推动中共闽中工委旧址“妙法林”、薛令之墓、芦山堂、缮钦赐祭葬坊、许廷桂墓、吕世宜墓和陈公祠等文物保护单位的修缮保护。申报绩光铜柱坊、江夏堂、澎湖阵亡将士之灵碑、鼓浪屿林公馆、莲塘别墅等5处为第七批省级文物保护单位。完成江夏堂、“八·二三”炮战纪念址、同安坑仔口窑址等9处文物保护单位的申报文本。截止2009年底，全市共有国家级文物保护单位9个，省级文物保护单位21个，市级文物保护单位136个。

制定文物保护规划。编制《厦门鼓浪屿近代建筑群保护规划》并上报国家文物局审批；初步完成《厦门集美学村和厦门大学早期建筑保护规划》编制工作；启动《厦门陈化成墓保护规划》和《厦门青礁慈济宫文物保护规划》编制工作。

推进文博事业发展。组织厦门市各类文博单位参加福建省第一届博物馆陈列展精品、第八届全国博物馆十大陈列展览精品评选及福建省文博成就评选等活动，厦门市博物馆《厦门历史陈列》、厦门郑成功纪念馆的《郑成功生平历史陈列》、陈嘉庚纪念馆《华侨旗帜　民族光辉》获福建省第一届博物馆陈列展览精品奖；厦门市博物馆《闽台民俗文物展》、厦门华侨博物院《华侨华人》获得福建省陈列展览精品特别奖；胡里山炮台克虏伯大炮保护、同安坑仔口窑址、大嶝金门县政府旧址、厦门市博物馆新馆建设入选福建省文博成就评选奖项。完成厦门市博物馆基本陈列《闽台民俗展》方案设计及布展招标工作。举办《文物保护技术成果展》、《刘海粟美术作品展》、《红色记忆展》及《福建省文博成就展》等一批临时展览，丰富人民群众的文化生活。继续完善爱国主义教育基地建设，全市5个爱国主义教育基地全年共接待宾客460批次，参观人数近百万人次。

推动鼓浪屿申报世界文化遗产。如期完成《鼓浪屿世界文化遗产国家预备名录申报文本》和《鼓浪屿申报世界文化遗产保护与管理规划纲要》的编制上报工作。同时，抓住申报第七批全国重点文物保护单位的契机，将鼓浪屿申遗核心要素中的10处17幢建筑申报为全国重点文物保护单位。

七、非物质文化遗产保护成效明显

抓重点项目建设。积极推动《厦门市闽南文化生态保护实验区建设规划》落实，基本完成14个保护试点建设，市区两级传习中心建设进展顺利，区级传习中心已建成12个、正在建设6个；观音山展示区项目的论证、立项、规划等建设工作有序开展。积极开展“闽南方言与文化”进校园活动，组织师资培训，编写《闽南方言与文化》乡土教材课本及教师参考用书，在全市8所幼儿园、28所小学共405个班级进行推广，学生参与数达15 000名。同时，举办“厦门市2009年中学生答嘴鼓夏令营”、校园“闽南语吟唱古词”和“背诵闽南童谣”等传承活动，成效显著。

培育节庆品牌。成功举办“第三届莲花褒歌比赛”、“海峡两岸民间艺术节”、“闽南语原创歌曲歌手大赛”和“南音唱腔比赛”等闽南文化传承系列活动，以思明区“郑成功文化节”、海沧区“海峡两岸保生慈济文化节”、湖里区“福德文化节”、集美区“龙舟端午文化节”、同安区“孔子文化节”为代表的“一区一节”建设取得明显成效，有力推动闽南文化的传承和弘扬。

构建传承体系。不断健全厦门市国家级、省级、市级非物质文化遗产名录和项目代表性传承人体系，公布古埙演奏技艺等厦门市第二批非物质文化遗产名录16项、陈美俞等厦门市第二批非物质文化遗产项目代表性传承人27人，并授牌、颁发证书。同时，漆线雕传承人蔡水况被评为文化部非遗先进工作者，林英梨、王秀怡为第三批国家级非物质文化遗产项目代表性传承人，闽台风狮爷列第三批省级非遗名录。9月30日，南音成功入选“联合国教科文组织人类非物质文化遗产代表作名录”。截止年底，厦门市列入世界人类非物质文化遗产名录1项，国家级非物质文化遗产保护项目名录9项、项目代表性传承人10人，省级非物质文化遗产保护项目名录21项、项目代表性传承人29人，市级非物质文化遗产保护项目名录42项、项目代表性传承人89人。

八、文化交流日益活跃

2009年，市、区两级文化部门共办理对外对台项目56批次、3 594人次，包括出访项目34批次，出访人员1 554人次；来访项目22批次，来访人员1 936人次。其中，对台出访项目17批次，出访人员309人次；对台来访项目9批次，来访人员1 557人次。

积极开展对外文化交流。组织厦门市小白鹭民间舞团赴菲律宾参加“国际舞蹈节”及“国际旅游节”，与世界各国的舞蹈团进行展演交流，受到当地民众的欢迎和好评，得到文化部外联局、中国驻菲领事馆充分肯定。厦门市南乐团随福建文化艺术交流团赴台中参加“2009年大甲妈祖国际观光文化节”，厦门市同安吕实力芗剧团一行赴汶莱交流演出，厦门爱乐乐团赴美国、加拿大巡回演出，厦门戏剧家代表团赴英国、丹麦、瑞典参加爱丁堡戏剧节等活动也取得圆满成功。

2009年，共接待来自法国、日本、美国、荷兰、德国、海牙、国际文化交流基金会等代表团和人员约300人次，进一步丰富了厦门市对外文化交流的内涵和形式，提升了厦门市对外文化交流的层次与水平。

深入开展对台文化交流。2009年，厦门市努力探索，积极拓展交流渠道，提升交流水平，促进两岸文化交流深入发展，从一般性交流走向实质性合作，不断取得新突破。

以品牌活动推动交流开展。成功举办“海峡两岸民间艺术节”、“海峡两岸闽南语原创歌曲（歌手）大赛”、“海峡两岸文化产业博览交易会”等两岸文化交流品牌活动，两岸文艺团体在交流中进一步合作，不断密切着厦台文化联系，为两岸人民交流艺术、畅叙友情搭建良好平台。

积极促进两岸交流互访。组织一定规模、批次、数量的文化艺术团体赴台湾、金门进行文化交流与合作。2009年，厦门市歌仔戏剧团、厦门市南乐团、金莲升高甲剧团、艺术学校、台湾艺术研究所、闽南文化研究会等艺术表演和研究团体先后应邀赴台湾和金门进行交流研讨，为厦台文化交流做出积极贡献。特别是随福建文化艺术交流访问团赴台参加“福建文化宝岛行——郑成功文化节”活动，实现文化部组团到南部演出零的突破，可谓“破冰之旅”。与此同时，热情邀请台湾歌仔戏剧团、明华园等著名艺术表演团体及艺术专家、演员来厦演出、交流、访问。此外，积极主动与文化部对接，努力争取对台文化交流合作先行先试政策。

（厦门市文化局　张典供稿）

广播电视事业

一、广播电视基本概况

广播：2009 年全市广播节目播出套数 5 套，其中对外广播节目播出 1 套，为厦广闽南之声频率。全年公共广播节目播出时间 34 883 小时，比上年减少 3 287 小时，全年自制广播节目时间 31 955小时。中短波转播发射台 2 座，调频转播发射台 2 座（含同安调频台），中波发射机 16 部，中波发射机功率 191 千瓦。至年底，覆盖全市 6 个区、14 个乡镇、275 个行政村。2009 年广播人口综合覆盖率为 98.68%。

电视：2009 年市级电视节目播出套数 5 套、区级电视节目播出套数 3 套，其中对外电视节目播出 1 套，为厦门卫视频道。全年公共电视节目播出时间为 51 770 小时，比上年增加 3 962 小时，全年制作电视节目 6 040 小时，购买、交换电视节目 3 821小时。现有电视转播发射台 1 座，发射机 6 部，发射总功率 51 千瓦；移动卫星转播车 1 部；卫星收转站 148 个。2009 年电视人口综合覆盖率为 100%。

有线广播电视网络：2009 年有线电视总用户达到 71.88 万户，其中数字电视用户数 40.09 万户，比上年增加 5.32 万户，付费数字电视用户 20.32 户。网络收入 2.27 亿元，其中有线广播电视收视费收入 1.02 亿元，付费数字电视收入 0.27 亿元。随着有线广播电视网络的建设，网络干线总长度达到 3 263.90 公里。

二、突出宣传管理重点，加强播出机构监管

认真做好元旦春节、汶川大地震一周年、庆祝新中国成立六十周年等重要事件、重要节庆和重大活动宣传报道的部署和督查，精心指导播出机构制定宣传计划，在国庆期间，根据国家广电总局的部署做好“迎国庆讲文明树新风”主题公益广告展播工作，跟踪督促广播电视播出机构落实开展的“扬正气、促和谐”优秀廉政公益广告展播活动。

加强广播电视宣传监管工作，全年向播出机构下发各类规范性、指导性文件 33 份，及时查纠违规节目（栏目），规范了广播电视节目播出秩序，大力净化荧屏声频，抵制低俗之风；做好对群众参与的广播电视直播节目和上星频道黄金时段节目播出审批工作，加强对境外主持人的审核报批工作；加强对广告播出管理工作，敦促厦门广播电视播出机构签订《广播电视广告播放自律公约》，严肃查处违规广告，使不良广告得到有效遏制。

三、突出保障民生重点，继续建设公共服务

继续进行广播电视村村通工程建设。至年底，全市农村有线电视总入户数达到 15.71 万户，其中当年新入户 5 664 户，入户率已由 2004 年底的 27.4% 提升到 2009 年底的 95.3%；完成“金包银”入户 1.05 万户；同安区莲花、汀溪镇 13 个山顶行政村有线联网工程已全部完成。至此，全市农村所有行政村和自然村已全部实现有线电视覆盖。

积极服务和推动岛外有线数字电视整体转换。根据省政府《关于加快推进有线数字电视整体转换工作的通知》要求，有序推进岛外四区有线数字电视整体转换实施工作。至年底，共完成同安、集美、海沧、翔安区 2.88 万户有线数字电视整体转换，覆盖居民 5.57 万户，发放机顶盒 3.77 万台。

四、突出行业管理重点，增强依法行政能力

继续加强依法行政力度。提升依法行政的质量和水平，全年共接受行政许可项目（转报）申请 14 件，办结率和群众满意率为 100%，履行了限时办结的服务承诺职责。加大对境外卫星电视传播秩序整治力度，协调有关部门进行了 18 次执法检查行动，出动执法人员 150 多人次，检查了 20 多家卫星电视收视单位和住宅小区，配合查处了 2 个非法销售卫星电视地面接收设施器材的窝点，没收了一批卫星电视地面接收设施。

进一步完善依法行政能力。全年对所拥有的 87 项行政处罚权进行了梳理，制订了有关配套制

度，进一步规范了行政权利的使用。同时对所有规范性文件进行了清理，并在政府信息公开栏目对社会公布。其中继续有效的2件，可作废或失效的7件，共计9件。

五、突出保障增长重点，继续推动广电产业的发展

全年全市完成动画片制作6部174集2 588分钟。原创动画节目质量不断提高，有3部原创动画片被广电总局评为“优秀国产动画片”，有1部已由福建省广播电视局推荐给国家广电总局参加第四季度优秀国产动画片的评选。

六、突出职能调整重点，圆满完成电影行政管理职能的划转工作

按照中央和省委的部署，2009年7月23日进行了职能划转交接仪式，将全市电影行政管理职能由市文化部门划转至市广电部门。2009年，厦门市新增电影放映机构2家（银幕9块），电影放映机构总数16家，银屏47块，电影票房总收入5 776万元。农村电影放映6 108场，平均每个行政村每月放映电影1.5场，保障了农村地区观看电影的需求。

七、2009年度厦门市广播电视新闻奖评奖情况

由市记者协会和市广播电视学会联合主办，厦门广播电视集团、集美广播电视台共同承办的2009年度“厦门市新闻奖（广电）”、“厦门市广播电视新闻奖”评奖会在集美召开。评奖会共收到广播和电视新闻参评作品137件，经过评委们的认真审听审看和评议，共评选出103件获奖作品，其中特别奖1件，一等奖15件，二等奖33件，三等奖54件。广播类新闻获奖作品一等奖7件、二等奖14件、三等奖26件；电视类新闻作品特别奖1件、一等奖8件、二等奖19件、三等奖28件。

电视系列报道《舞动厦门》被评为特别奖。电视短消息《温家宝：让我和金门合个影》、长消息《厦门市长与民进党籍市长跨海握手》、新闻专题《5·12大地震周年特别节目》、评论《黄地脐橙遭遇滞销的启示》、系列片《小城往事》、特别节目《新城新曲大型组合报道》等获得市广播电视新闻奖电视类一等奖。广播短消息《厦门在福建省率先实现医保全覆盖》、《翔安海底隧道全线贯通》、新闻专题《台湾居民邱冠魁：后半生要做大陆律师》、《“为民办实事”就是“实践发展观”》、对港澳台节目《求同存异共创双赢——海峡论坛大会侧记》等获市广播电视新闻奖广播类一等奖。

（厦门市广电局　郑敏惠供稿）

新闻出版

2009年，全市新闻出版工作围绕中心，服务大局，依法行政，强化监管，推动发展，较好地实现了年度工作目标，取得明显成效。至年末，全市新闻出版业单位2 412个，从业人员4.3万余人，总资产125亿余元，年总产值近百亿元。

一、新闻出版行业概况

图书音像出版业稳步前进。全市有图书出版社2家，音像出版社1家，报纸出版9种，期刊出版26种，侨刊乡讯9种，连续性内部资料性出版物25种。全年出版图书718种，总印数798万册，报纸20 020万份，期刊77.64万册。

人文社科类图书——《中国农村社会保障法律制度创新研究》入选第二届全国“三个一百”原创出版工程，《两地书·集注》荣获第二届福建省优秀出版物奖优秀装帧设计奖。《我国传统书籍装帧的艺术特征及其现代运用》和《建立新型的编校关系与编校合作模式》荣获第二届福建省优秀出版物奖优秀出版发行科研论文奖，《物理化学》（上、下）荣获第二届福建省优秀出版物奖图书奖。在第八届华东地区大学出版社优秀教材、学术专著评选活动中，《英国司法》等31部书籍分别获一、二等奖。厦门大学出版社被评为国家一级出版社，并荣膺“全国百佳图书出版单位”称号，这是新闻出版总署首次对出版社的等级评估，厦门大学出版社成为全省唯一一家国家一级出版社，也是全省获奖的唯一一家出版单位。

《海峡两岸经济关系通论》、《台湾文学与中华地域文化》、《台湾文学的多种表情——关于台湾文学研究的思考》、《假如战争明天来临》分获第二十三届华东地区优秀哲学社会科学图书评选一、二等奖。《青少年安全自救手册》、《闽南童谣一百首》被评为第22届全国城市出版社优秀图书，《闽南童谣一百首》和《中医是怎样养生的》荣获第二届福建省优秀出版物奖图书奖。

厦门音像出版社，现更名为厦门音像出版有限公司，被中央宣传部、文化部、国家广电总局、新闻出版总署联合授予“全国文化体制改革先进企

业”。该社圆满完成厦门卫视 866 集的译制节目，其中电视剧 299 集、卡通片 325 集、专题片 242 集。此外还制作完成了动画系列作品《闽南新童谣》、《闽南讲古》、《闽南打嘴鼓》，闽南民俗影视作品《闽台红砖厝》、《蔡氏漆线雕》等。

报纸、期刊、数字出版健康繁荣。厦门日报、晚报、商报和海峡导报总印数和总印张数超过全市报纸的 95%。《厦门日报》荣列“全国日报十强”，成为福建省唯一进入日报十强的报纸，同时还被评为“城市日报五强”。《2009 年 1 月中国新闻网站市场份额统计报告》“厦门网”位列第 35 名。市委宣传部副部长、厦门日报社社长、党委书记李泉佃荣获首届“中国阳光传媒领导者”奖。

全市期刊荣获多项荣誉。《厦门大学学报》（哲学社会科学版）（自然科学版）、《商务周刊》《集美大学学报》（自然科学版）被评为第四届华东地区优秀期刊。厦门大学学报、集美大学学报、厦门文学等刊载的多篇论文获得福建省优秀出版物奖期刊优秀作品奖。

厦门日报、厦门商报、厦门晚报、海峡导报、厦门广播电视报积极向多媒体报纸发展，完善网络报，新推手机报。全市订阅移动手机报的市民接近 30 万人。厦门网成功集成了厦门日报、厦门晚报的信息内容和博客、论坛、报网互动、网友报料等栏目，形成了以新闻生产、评价、再生产为循环的互动社区。《问道》在中国网吧游戏盛典上捧回年度最佳 MMORPG 奖项，《问鼎》被评为金翎奖十大“玩家最期待游戏”之一。音乐游戏《X Dancery》获得 2009 年全球移动大会的诺基亚论坛“创新者召集令”大赛“技术展示”类特等奖，体现了厦门市较高的数字游戏出版原创水平。《寻找与守望—厦门市非物质文化遗产项目巡礼》和《闽南话漳腔辞典》、网络游戏《什么什么大冒险 2.0》荣获第二届福建省优秀出版物奖音像、电子和游戏出版物奖。

印刷复制业。厦门印刷业单位 719 家，包括出版物印刷企业 29 家，其他印刷品印刷企业 155 家、包装装潢印刷品印刷企业 13 家、专项排版、制版、装订企业 15 家、专营数字印刷企业 7 家，其中超亿元企业 16 家。印刷业实现工业总产值 74 亿元。厦门安妮股份有限公司入选《福布斯》中文版发布的 2009 年中国最具潜力中小企业榜。该公司的“安妮”商标被认定为中国驰名商标。

印刷品精品频出。在 2009 年福建省包装印刷产品质量评比交流会上，厦门市推选参评的产品中有 94 件获得省优质印刷产品称号。在第七届全国包装印刷产品质量评比交流颁奖大会上，厦门市推选参评的包装印刷产品荣获 78 件全国产品质量评比奖项，其中：8 件获得金奖，16 件获得银奖，19 件获得铜奖，35 件获得优质奖。

图书发行业。全市书报刊零售网点 500 个，销售码洋 1.3 亿元，较上年增加 47.5%。批发企业 28 家，销售码洋 2.5 亿元，较上年增加 13.6%。厦门市委宣传部、市委文明办等部门联合组织开展的改革开放 30 周年五大品牌（项目）评选中，“海峡两岸图书交易会”入选“对台合作交流十大品牌”。厦门对外图书交流中心获得“对台合作交流十大品牌”提名，“书香鹭岛活动月”和厦门市光合作用文化传播有限公司获得“文化建设十大品牌”提名。厦门外图集团有限公司被商务部、文化部、广电总局、新闻出版总署选为“2009—2010 年度国家文化出口重点企业”，成为厦门市首家国家文化出口重点企业。中国新闻出版报刊登了“2009 十大促读力量——阅读推手”，推选了全国致力于阅读推广并取得突出成绩的 5 个代表机构和 5 位个人，光合作用书房成为入选的两家书店之一。厦门对外图书交流中心总经理张叔言荣膺“新中国 60 年百名优秀出版人物”。福建新华发行集团厦门分公司总经理周岱荣获第二届福建省优秀出版人奖。

二、以人为本，更新观念，全力构建公共服务体系

“农家书屋”工程建设计划全面完成。农家书屋工程被市委、市政府列入为民办实事项目，按照“实事实办、实事快办”的原则，早调研、早筹划、早实施，研究制定了 2009 年农家书屋工程相关计划和方案，严格按照标准新建 97 所农家书屋，共配送图书 15.61 万册、电子音像制品 1.69 万张、报刊 776 份，全面完成全市 156 个行政村农家书屋工程建设任务，提前三年在全省第一个实现“村村有农家书屋”的目标任务。

全民阅读活动积极推进。成功举办了“2009 书香鹭岛活动月”，以“阅读·文明·发展”为主题，组织开展了“全民阅读”、“庆祝新中国成立六十周年”、“书香两岸”、“温馨厦门”、“书香鹭岛论坛”、“魅力厦门”等 6 大主题系列 116 项活动，搭建起更具广泛群众性和鲜明时代特征的文化平台，营造了具有浓郁书香的城市人文环境。支持、协助湖里区、厦门外图、厦门市图书馆等开展多形式的群众性读书活动，倡导多读书、读好书的

文明风尚。“书香鹭岛活动月”获得“全民阅读活动优秀项目”奖。

依法行政平台不断优化。网上审批平台共受理业务咨询42件，受理网上申报近3 000项，335家次出版物发行单位、456家次印刷复制企业通过网络顺利完成年检换证，2 000余家次单位完成网上统计。审批审核了非连续性内部资料性出版物203种、新设立出版物发行零售单位33家，印刷企业48家，投资总额1.7亿元人民币。

三、深化服务，强力推进，争创版权示范城市

成功举办第六届“著作权保护宣传月”活动。举办了侵权盗版出版物回收、版权知识有奖问答、版权法律咨询、中学生现场漫画比赛、“读书与创作”著作权保护专题讲座和展出等系列活动；发布了《厦门市版权产业发展与版权保护》电子书；设计制作了“著作权保护宣传月”宣传短片；对全市各有关部门、企业发送了著作权保护公益手机短信等，形成了立体交叉的宣传声势，展示了厦门市尊重版权、鼓励创新、传播先进文化、推动社会进步的良好形象。

夯实创建全国版权保护示范城市的工作基础。健全完善版权保护和版权服务工作机制，加大版权保护和服务的力度。组团参加了第二届中国国际版权博览会，重点介绍了厦门市在完善版权服务体系、强化版权社会监管、提高公众版权意识、促进版权产业发展等方面所取得的成绩，展示了厦门市新闻出版业、网游动漫业、计算机软件业、工艺美术业等版权核心产业的成果和建设创新型城市的良好形象。承办了两岸四地版权法律制度研讨会，80多位版权业界专家、学者、政府官员参加了研讨会，30多位代表发表了主题演讲。

扎实做好评定版权保护重点企业和著作权登记服务工作。积极推进企业软件正版化，完成了第二批企业计算机及软件使用情况的自查、核查申报工作，组织召开了企业软件正版化工作培训班。评定了第二批共16家“厦门市版权保护重点企业”，其中6家企业获得省版权局授予的“福建省版权保护重点企业”。至年末，全市共有14家企业被确定为省级版权保护重点企业，31家企业被确定为市级版权保护重点企业。

四、强化监管，健全机制，深入开展“扫黄打非”斗争

深入开展“扫黄打非”斗争，坚决打击各类违法犯罪行为。持续不断地开展集中行动和专项治理，净化文化市场和网络文化环境，遏制政治性非法出版物，清除网上违法有害信息，深入开展“扫黄打非”斗争。组织开展了“两节”、“两会”专项检查行动、“扫黄打非”第一、二、三阶段集中整治行动、清缴低俗音像制品专项整治行动、打击网络侵权盗版专项治理行动等。全年全市出动执法检查人员9 205人次，检查出版物店档摊点7 250个次，取缔非法摊点709个，收缴各类非法出版物15万9千余件，查处各类案件20余起。深入治理了网络影视传播、文学网站、网络新闻转载等网络出版重点领域，促进出版物市场的有序健康。集中销毁盗版光盘、软件、电子出版物、非法书报刊等共计20万件。

依法维护青少年合法权益，净化青少年出版物市场。坚持把整治和保护校园周边文化环境作为维护青少年合法权益工作的重点，努力营造有利于青少年健康成长的良好社会环境。在查缴“少儿版人民币”、“少儿版八卦玩具”及卡通类非法出版物专项行动中，出动检查人员1 799人次、检查校园周边市场和少儿商品批发市场共1 267家次、查缴“少儿版人民币”12种2.42万张，卡通类非法出版物1 300余件。

大力开展打击网络侵权盗版专项治理行动。成立了“厦门市打击网络侵权盗版专项行动办公室”，在全市范围内开始开展“2009年打击网络侵权盗版专项治理行动”，围绕网络影视传播、文学网站、网络新闻转载等重点领域，严厉打击各种侵权盗版行为。专项行动办公室累计删除10多家网站的50多个涉嫌网络文学侵权盗版、非法新闻转载、非法传播影视作品的网页，并关闭涉嫌侵权的网络文学网站“品书屋”、“鹭岛考试书屋”等2家。

五、拓展平台，深化合作，推动海峡两岸文化交流

办好海峡两岸图书交易会，打造两岸文化交流品牌。第五届海峡两岸图书交易会，两岸参展图书达20万种、146万册、总码洋约3 800万元人民币。3天的交易会，销售和采样图书4 100万元人民币码洋，其中现场销售图书230余万元码洋；项目签约200项。本届交易会开创了“三个首次”：首次设立两岸期刊展示区，首次同馆同期举办第22届全国大学出版社图书订货会，首次举办由两岸出版社、馆配商和图书馆三方参加的大陆图书馆馆配订货会。

做好日常对台交流，巩固厦台出版交流成果。全年图书进出口 6 215 万码洋，其中进口 2 688 万码洋、出口 3 527 万码洋，继续保持增长。推进《厦门晚报》、《厦门商报》、《台海》、《书香两岸》等报刊通过厦金航线和厦台航班或通过旅游、商务考察、文化交流等方式入岛，提升厦门市报刊对台的影响力和覆盖面。

（厦门市新闻出版局　肖琼供稿）

卫　生　·　体　育

卫生事业

2009年，厦门市居民人口平均期望寿命达到78.72岁，比上年提高0.47岁，其中男性75.78岁，女性81.68岁。孕产妇死亡率12.85/10万，5岁以下儿童死亡率、婴儿死亡率、新生儿死亡率分别为6.47‰、4.71‰、2.78‰。人民群众健康水平进一步提高，各项主要健康指标继续保持在全省领先水平。

一、启动深化医药卫生体制改革，五项重点改革工作有序推进

2009年是我国深化医药卫生体制改革的启动之年，厦门市重点推进国务院办公厅《医药卫生体制五项重点改革2009年工作安排》确定的2009年医药卫生体制五项重点改革任务。在全国率先建立了城乡统筹、一体管理的全民社会医疗保险制度。在全省率先启动实施基本药物制度试点工作，国家基本药物制度已覆盖全市100%的基层医疗卫生机构。基层医疗服务体系标准化建设取得新进展。完成34座标准化村卫生室建设任务，完成9个社区医疗服务中心建设改造任务，完成首批6家社区残疾人康复室的建设并进行授牌。出台了《关于进一步加快乡镇卫生院改革与发展的实施意见》（厦府［2009］212号），定向培养农村基层医疗卫生人才，对到乡镇卫生院工作5年以上的高校医学本科毕业生每人每年7 000元共5年由财政代偿学费的政策。为758名乡村医生落实300元/月政府津贴补助。推进公共卫生服务均等化项目，免费向城乡居民提供了价值4 673.62万元的社区公共卫生服务；为全市40万儿童实施麻疹疫苗强化免疫；为12.92万名8～15岁青少年免费接种了乙肝疫苗；为5 323名城乡低保妇女开展了免费妇科检查和乳腺癌、宫颈癌免费检查；为409名白内障患者实施了免费手术；落实了1.25万名农村孕产妇住院分娩补助501.04万元；3.76万名新婚青年接受了免费婚前医学检查，婚检率达88.3%。厦门市被确定为国家联系的公立医院改革试点城市。

二、厦门市民健康信息系统荣获第五届“中国地方政府创新奖”

认真落实厦门市委、市政府为民办实事卫生领域民生项目，全面推广“厦门市民健康信息系统”。2009年“厦门市民健康信息系统”新增市民远程心电管理、病理管理系统，进一步进行系统结构化改进，并与国家卫生部最新标准对接，建立覆盖乡镇卫生院及部分卫生所（室）的托管医院信息系统，组织开展分级培训、宣传，使推广“市民健康信息系统”取得了阶段性重要成果，已覆盖厦门市95%以上医疗资源的医疗卫生机构。制定了厦门市民健康档案规范，撰写了20多万字的《区域卫生信息化建设实践》专著于10月正式出版发行；建立130万份常住人口个人健康档案，每月共享调阅万余次。厦门市民健康信息系统2009年正式启用，率先在全国实现了区域医疗卫生信息资源的高度整合与充分共享，对于缓解人民“看病难、看病贵”具有重大社会效益、经济效益和技术效益。项目得到了温家宝总理、李克强副总理、刘延东国务委员等国家领导人的在全国推广市民健康信息系统作出重要批示。厦门市民健康信息系统在北京、上海、浙江等27个省、自治区、直辖市、计划单列市政府办公厅和国家发改委、教育部、公安部等27个国务院部门的电子政务工作机构联合倡议发起的“中国电子政务优秀应用推选活动”中荣获“十佳电子政务公共服务优秀应用案例（地市级）”称号，荣获第五届（2009—2010年度）“中国地方政府创新奖”。项目负责人黄如欣局长在”评选活动中荣获《计算机世界》传媒集团主办的2009年中国IT财富（CEO）年会和中

国信息主管（CIO）年会颁发的“2009 年推动中国信息化进程突出贡献奖”。

三、区域性医疗卫生中心建设成果显著

通过实施 2004 年厦门市政府批转的厦门市卫生局《建设闽西南医疗卫生中心实施纲要》，厦门市医疗卫生事业核心竞争力显著增强，卫生事业主要发展指标高于全国平均水平并居全省领先地位，居民主要健康指标接近发达国家平均水平。岛内外医疗卫生资源均衡配置格局明显改善，医疗资源利用效率明显提高，卫生人力资源结构进一步优化人才队伍数量、质量得到有效提升。继 2007 年厦门大学附属第一医院、厦门大学附属中山医院晋级三级甲等综合性医院；市第二医院、第三医院晋级三级乙等综合性医院后，2009 年厦门市中医院晋级三甲综合性中医院。解放军 174 医院晋级三甲综合性医院。厦门市妇幼保健院、市仙岳医院通过三级甲等专科医院评审。厦门长庚医院纳入三级综合性医院建设。厦门市三级甲等综合性医院和专科医院拥有量跃居全省第二位。建立了比较规范的现代化疾病预防控制体系和国内一流的立体医疗急救体系，增强了区域性医疗卫生中心对突发公共卫生事件应急救治的能力和水平。医学科研水平得到较大提高，高等医学教育事业从无到有，不断壮大。中医药事业稳步推进，奠定了区域性中医药中心地位。具有全国领先水平的“厦门市民健康信息系统”的开发和推广应用，引领了我国卫生信息化建设和卫生信息资源区域整合共享大趋势。优质的医疗服务资源和良好的医疗服务质量不断吸引周边地区和外省、市病人来厦就医，在基本实现本市居民“大病基本不出厦门”，“小病主要依靠社区解决”目标的同时，本市对周边地区的医疗卫生服务辐射能力显著提高。各大医疗机构接诊的外地患者比例接近 40%。带动了厦门市医药、旅游、零售、交通等相关产业的发展，厦门市建设闽西南医疗卫生中心的目标基本实现，卫生事业发展整体水平在海峡西岸经济区 23 个城市中位居前列。

四、基层医疗卫生服务体系建设取得了新的成效

完成了中华、嘉莲、厦港、鹭江、新阳、集美、侨英海沧 9 个中心的装修改造任务，同时，福建（厦门）—新加坡友好医疗服务中心项目正式开工建设。

截止 2009 年底，实行“医疗重组计划”以来，全市新型社区医疗服务体系已经为群众免挂号费 485 万元，药品让利金额 889 万元，在社区医疗服务中心就诊的病人人均处方费用 43.5 元，比在三级医院就诊费用减少 50% 以上，显著降低了病人的医药费用。建立了专家、医疗骨干下社区制度 2009 年共下派一百多名专家和医疗骨干轮流到社区诊治病人。社区医疗服务中心实行无假日工作制，每日开诊时间延长到晚上 21：00，深受群众的欢迎。2009 年社区医疗中心门诊工作量较改革前 2007 年平均增长 155%。

同时社区公共卫生服务也得到有力加强，实现了社区医疗、预防、康复、健康管理、健康教育、计划生育技术指导六位一体的信息化。建立了居民健康档案 135 万份。开展慢性病规范管理 11.23 万人。实行双向转诊 8 730 人，实施医疗就助 6 303 人次，家庭出诊 1 806 人次，产后随访 2.15 万人，计划生育技术服务 3 310 人，0～3 岁儿童系统管理 6.28 万人，开展健康讲座和健康促进活动 580 场次，累计接受健康教育 8.48 万人次，社区居民健康知识知晓率达 85% 以上。全市常住儿童一类疫苗单苗接种率、全程接种率接近 100%，外来流动儿童一类疫苗接种率也达到了 95% 以上。启动了三级医院—社区慢性病一体化管理项目，与厦门市残联、民政等部门配合，积极开展社区残疾人康复室的建设，已完成首批 6 家社区残疾人康复室的建设任务并进行授牌。

五、一批重点卫生基本建设项目有序推进

继续落实《厦门市卫生事业“十一五”发展规划》、《厦门市医疗卫生设施布局规划》，进一步贯彻实施《建设闽西南医疗卫生中心实施纲要》。完成了《建设闽西南医疗卫生中心实施纲要》终期评估，为下一步打造海峡西岸经济区重要医疗中心奠定了坚实基础。加快卫生基本建设，2009 年累计完成基建投资 3.30 亿元。厦门市妇幼保健院扩建工程竣工验收交付使用。厦门市中医院培训楼、厦门市第一医院门急诊综合楼、中山医院内科病房楼地下室项目、厦门市仙岳医院扩建项目、厦门市医药研究所迁建工程等进入后期收尾阶段。中央增投及新一轮农村公共卫生体系建设进展顺利。启动了中山医院湖里分院迁建、五缘医院一期、厦门市口腔医院迁建工程、厦门市中医院康复中心大楼、厦门市第二医院三期工程前期准备工作。与此同时扶持推进厦门长庚医院、厦门眼科中心等非公立医疗机构的建设。厦门长庚医院二期建设进展顺利。厦门眼科中心根据业务发展需要，在厦门岛东部以土地出让竞标形式取得 3.76 万平方米用地，

用于扩建新院区，设立分支机构。厦门前埔医院以政府公房租售等形式扩大医疗用房近 6 400 平方米。

六、做好突发公共卫生事件应急处置

制定了《厦门市地震灾害医疗卫生救援应急预案（试行）》；进一步完善应急队伍建设，核定了市人防医疗救护专业队、新组建了突发公共事件市心理救援专业队和防疫组。在全市 15 个医疗急救站点配备 16 辆救护车 24 小时值班，2009 年市医疗急救中心接警 4.80 万次、出车 4.58 万次，急救车总行程 96.01 万公里，接诊病人 3.41 万人，其中抢救危重病人 4 176 人，抢救成功率为 93.6%。迅速有效处置同安区新民镇新辉小学和湖里区乌石浦小学水痘暴发疫情，有效控制疫情的进一步扩散。完成了第十三届中国投资贸易洽谈会、2009 厦金海峡横渡、厦门市庆祝中华人民共和国成立 60 周年招待会、第五届两岸大学校园歌手邀请赛、海峡论坛、第 13 届台交会、2009 年厦门建发国际马拉松比赛、国际游帆展览会、海峡两岸图书交易会、2009 年福建卫生系统运动会等重大活动的医疗卫生保障工作，做好重大节日的卫生应急保障工作。

防控甲型 H1N1 流感疫情取得阶段性重大胜利。厦门市根据中央、省统一部署，坚持依法科学防控，完善联防联控机制，针对疫情不同阶段的特点，及时调整防控策略和措施，有效控制甲型 H1N1 流感的扩散和流行，有力保障了全市人民的身体健康和生产生活秩序稳定。10 月 26 日起对公共服务系统关键岗位的一线工作人员和高风险人群开展甲型 H1N1 流感疫苗接种。截止 12 月 31 日，全市已接种甲型 H1N1 流感疫苗十余万人，有效形成免疫屏障，甲流病例发病数明显下降，未再出现聚集性爆发疫情。

认真落实各项防控措施，做好手足口病、麻疹、霍乱等急性传染病和艾滋病、结核病、乙肝等重大传染病防控工作。2009 年共为全市 40 万名儿童实施麻疹疫苗强化免疫，接种率达 99.69%，远超过省卫生要求的 95% 的接种目标；在全市范围开展 15 岁以下人群乙肝疫苗补种活动，共为 8 万名儿童实施乙肝疫苗补种，接种率达 97%；扎实开展传染病监测，霍乱、人感染高致病性禽流感等重点监控传染病实现零病例报告。美沙酮药物维持治疗工作扎实开展，各项工作指标居全省前列，受到卫生部、省卫生厅肯定。2009 年本市新发现 HIV 感染者 39 例，艾滋病发病趋势有所下降。全面落实手足口病防控各项措施，全年无手足口病重症病例、死亡病例和聚集性病例。认真实施结核病 DOTS 策略，全市医疗机构可疑肺结核病人转诊率及报告率均达 95% 以上，追踪率及追踪到位率分别为 96.4% 和 85.9%，治愈率达 85% 以上。有效开展鼠疫、登革热、血吸虫、疟疾等病媒传染病防控。碘缺乏病、地氟病等地方性疾病达到国家基本消除水平。继续深入开展慢性病防治工作，通过国家级公共卫生项目的带动，进一步提高本市高血压、糖尿病、肿瘤、重性精神疾病及口腔疾病的预防控制水平。

七、开展爱国卫生活动

巩固国家卫生城市创建成果，开展了以“清洁城乡、保护健康”为主题的第二十一个爱国卫生月活动，顺利通过国家卫生城市除四害达标省级专项复核；开展建设健康城市前期工作，并取得阶段性成果。紧紧围绕市政府提出的“三改一完善”，开展城乡饮用水水质监测和农村卫生公厕检查工作，完善厦门市城乡饮用水水质监测网，确保饮用水安全。持续开展控烟活动，创建了一批无烟学校、无烟医院等无烟单位。采取多种形式，深入开展健康教育与健康促进，健康知识知晓率、健康行为形成率进一步提高。

八、加强医疗质量管理

认真落实涉及医疗质量、医疗安全的核心医疗制度，强化对医疗机构的外部监控，加强对医疗机构准入、人员准入及技术准入的管理，进一步加强医院管理，提高医疗服务质量，保障医疗安全。组织了急救、麻醉、重症医学、护理、毒麻药管理等专业一百余名专家，针对以上专科的关键环节医疗质量进行了外部监测监控，未发现存在较严重的安全问题。全市各医疗机构按照卫生部百日安全活动及“医疗质量万里行活动”的要求制定整改措施，认真组织落实，在卫生部组织的 2009 年“医疗质量万里行”活动中，督导专家组对厦门市第一医院、厦门长庚医院进行检查评价，厦门市此项工作在福建省居中上水平。按照省卫生厅统一部署进行医院评审工作，2009 年，厦门市妇幼保健院、厦门市仙岳医院通过省卫生厅三甲专科医院等级评审现场考核验收，已基本达标；开展二级综合医院等级评审工作，厦门莲花医院、厦门海沧新阳医院、厦门前埔医院等三家医院符合二级乙等综合医院评审标准，厦门市翔安区同民医院符合二级甲等综合医院评审标准。对未参加评审的医疗机构进行强制性评价工作，制定了一级医院及门诊部 2 种评价实施办法。

依法维护患者、医疗机构及其医务人员的合法权益，保证正常医疗工作秩序，维护社会稳定。年内调解、处理各类医疗纠纷和医疗信访共389件，医疗事故技术鉴定共受理85例，完成81例；组织全市各级公立医疗机构以统保方式参加医疗责任保险，鼓励其他所有制形式的医疗机构以自愿参加为原则，共同参保，逐步建立以医疗责任险为主，同时结合医疗意外险、医疗机构财产险和公众责任险等险种多险合一的医疗责任保险机制。出台了《厦门市医患纠纷处置暂行办法》，建立了医疗纠纷第三方调处工作机制——成立由医学、法律、社会各界人士组成的医疗纠纷调解委员会。

贯彻落实卫生部《血站管理办法》、《血站质量管理规范》、《血站实验室质量管理规范》；请国内知名血液管理专家对厦门市临床用血量较大的医院，开展有关用血安全、血液管理等方面检查，针对存在问题进行检查、指导与专业培训；加强血液质量管理，做好血液传染病检测工作；在血液供应方面努力缩短成分制备的时间，保证临床用血的及时供应和用血安全，继续保持了“全国无偿献血先进城市”荣誉称号。

九、卫生科教工作取得新进展

厦门市第一医院、中山医院共4个项目获国家自然基金立项；厦门市中山医院获科技部“973”子课题立项1项；厦门市第一医院获博士后基金1项；全市卫生系统申报2009年省科技厅的福建省自然科学基金课题30项，省科技计划重点项目12项，经省厅专家评审，共26个课题立项；申报2009年市科技局课题45项，立项28项；为提高全市卫生系统课题质量和档次，在省卫生厅的支持下，2009年首次将厦门市卫生局课题纳入福建省卫生厅医学创新项目，共申报70项，获31个课题立项。此外，还获省卫生厅中医课题11项、青年创新课题10项。2009年全市医疗卫生系统共获得福建省医学成果三等奖1项、厦门市科技进步二等奖3项，三等奖4项。市级医学中心和重点专科建设取得新成果。新建医学中心1个、重点专科10个、规划重点专科12个。全市卫生系统重大科研平台建设取得新进展，厦门市中山医院、厦门市第一医院已完成申报厦门市重大科技平台项目，进入专家指导性评审阶段。厦门长庚医院17位台湾医生在厦获得了福建省人事部门颁发的高级职称证书，这是祖国大陆首次为在大陆工作的台湾地区居民颁发职称证书。

十、加强卫生监督，保障人民群众健康安全

加强《食品安全法》宣传，推进了《食品安全法》有序实施，进一步强化食品安全法律意识；根据卫生部等9部门印发的《关于开展全国打击违法添加非食用物质和滥用食品添加剂专项整治的紧急通知》开展了“餐饮消费环节打击违法添加非食用物质和滥用食品添加剂专项整治行动”。继续全面推行食品卫生监督量化分级管理制度。全市学校食堂、餐饮单位量化分级管理覆盖率达到99.65%。结合春节、五一、国庆、国际马拉松赛、台交会、海峡论坛等节日和重大活动，开展有针对性的食品卫生专项整治，保证了重大活动和节日食品安全。从预防食物中毒入手，开展了“加强重点餐饮单位食品卫生监督工作，防控食物中毒发生”食品卫生专项监督检查、“学校食品和生活饮用水卫生专项整治”、“集中式餐具消毒机构专项整治”和“餐饮消费环节瘦肉精中毒预防处置工作”等专项整治，全市没有发生大的食物中毒事件。开展“温泉游泳池和泡池卫生专项整治”，对全市温泉游泳池、泡池及恒温游泳池卫生进行专项整治，并对游泳池水质进行抽样检测，公布抽查结果，指导企业进行整改，使其达到卫生标准。加强对生活饮用水的监督监测，建立了全市城乡水质监测网，在全市设立70个末梢水监测点，与市、区疾控机构加强对生活饮用水水质检测，坚持每月对市政供水末梢水、二次供水及农村分散供水进行采样检测，每季度对水厂出厂水进行全项目监测，保证市民饮水安全。尤其在9月份岛内供水管道改造进行的降压供水过程中，及时组织卫生监督和检测机构对供水车和供水管道改造后的水厂水质进行抽检，确保饮用水卫生安全。开展“公共场所集中空调通风系统专项整治”，督促宾馆酒店对集中空调通风系统进行清洗消毒，并对全市四星以上的宾馆酒店进行采样检测。同时，开展了“消毒产品专项整治”、“涉尘场所职业病危害专项整治”。

十一、创建“平安医院”

积极开展创建“平安医院”活动。厦门市第一医院、市中山医院、市中医院及市、区二级以上医疗机构共同8家医疗单位经考核验收均90分以上，达标率达到100%，提前1年完成“平安医院”创建工作目标。

（厦门市卫生局　吕惠栋供稿）

体育事业

2009年，厦门市群众体育不断发展，竞技体育整体实力提升，体育基础设施逐步完善。以开展全国首个全民健身日活动和学习贯彻国务院新颁发的《全民健身条例》为契机，以全民健身日、建国60周年为着力点，举办厦门市第十八届运动会“金桥杯”系列体育活动反响热烈，全市各区、各行业全民健身活动蓬勃发展，全国性体育赛事接连不断。在全国第十一届运动会上共有87名运动员进入决赛阶段比赛，经过拼搏，获得1金6银6铜，这是厦门市历史上参加全运会比赛人数最多、获得奖牌最多的一次。在2009年度福建省赛中获得27枚团体金牌。

一、成功举办多项全国性活动

成功举办了2009建发厦门国际马拉松赛。2009年厦门国际马拉松赛于1月3日举行，有来自37个国家和地区3.31万人报名参赛，其中参加全程马拉松6 806人，参赛总人数、参加全程的人数均大大超过历届。比赛中，来自肯尼亚的穆国.萨穆尔.穆特瑞以2：08：51的成绩获得男子马拉松冠军，并打破了赛会记录，获得男子第二名的奈哥瑞.吉他丘.特发也以2：09：01的成绩打破了赛会记录。来自中国的陈荣以2：29：52的成绩获得女子马拉松冠军。共有4 314人在规定时间内跑完全程，人数有较大提升。本届马拉松赛开跑前，启动了全球纪念马拉松运动起源2500周年活动，点燃了马拉松圣火台，这些活动为积淀厦门国际马拉松赛的内涵、进一步扩大厦门国际马拉松赛的国际影响发挥了重要作用。

首届国际马拉松城市市长论坛举办。1月2日，成功举办了国际马拉松城市市长论坛，来自世界各地的26个举办马拉松城市市长和赛事组委会代表出席本次盛会。国际田联主席拉明.迪亚克专门为本次论坛发来了支持函，国家体育总局副局长、中国田径协会主席段世杰，刘赐贵市长分别作了题为《马拉松——城市文明的助推器》和《永不止步——厦门国际马拉松的核心价值》的主题演讲，与会嘉宾充分交流了举办马拉松赛的成功经验，总结了马拉松运动对城市发展的推动作用。

首届海峡杯帆船赛。第一届海峡杯帆船赛由中国帆船协会、厦门市人民政府共同举办，于2009年7月30日至8月4日在厦门—台南举行，这是海峡两岸首次跨越台湾海峡举行的体育交流，厦门口岸、边检、海事、海关、检验检疫等部门的工作人员为参赛船只、运动员快速办理出关离港手续，为厦门对台体育交流先行先试取得突破，影响重大，意义深远，活动得到了中央电视台、厦门电视台和国内外30多家媒体的大力报道。7月30日。来自台湾、香港、深圳和厦门的15艘帆船150人沿着348年前郑成功收复台湾的路线，从厦门市五缘湾出发，经大担岛侧进入台湾海峡，绕澎湖列岛南侧海域，终点为台南市安平港，全程历时22小时。国家体育总局副局长崔大林称之为“破冰之旅、交流之旅、和谐之旅”。首届海峡杯帆船赛的成功举行进一步加强了两岸体育交流，促进帆船运动的发展，也加深了两岸民众的相互了解，增进了感情。

厦金海峡横渡活动。横渡厦金海峡，是两岸体育界和游泳爱好者期盼多年的愿望，活动得到了各级各部门的大力关注和支持，国家体育总局局长刘鹏为活动发来了贺辞，中华全国台湾同胞联谊会会长梁国扬为活动题词，国家体育总局副局长冯建中亲临现场进行指导。8月15日，首届厦金海峡横渡活动隆重举办，以厦门市环岛路椰风寨为起点，小金门双口村为终点，全程约为6～8公里，经过2个多小时的奋勇拼搏，大陆49名运动员、台湾48名运动员成功完成横渡活动，最先上岸的大陆运动员李寅翰，全程用时仅1小时27分。8月15日晚，金门组委会举办了盛大的欢迎宴会和“选手之夜”文艺晚会，并向成功横渡的运动员颁发了证书、证章和纪念品。

二、全民健身活动深入持久

厦门市第十八届运动会。第18届厦门市运会结合全国首个“全民健身日”，以“全民健身，活力海西”和“运动、健康、和谐、发展”为主题，共设置了20个大项的比赛，赛程历时两个多月，来自6个区和15个行业系统的代表团5 800余名运动员参加此次体育盛会，比赛共决出了473枚金牌，其中成年组93枚，青少年组380枚。赛事公平、公正、安全、有序，顺利完成全部比赛任务，没有发现违反赛风赛纪行为，实现了零投诉的目标。在开幕式上，以厦门市政府名义表彰了一批全民健身先进单位和工作者，并举行了全民健身项目展示。在金牌总分榜上，思明区、同安区和市教育局获得了青少年组前三名，思明区、湖里区和集美区获得了成年组前三名。通过举办市运会，大力推动全市全民健身活动的开展，发现了一批竞技体育优秀后备人才，为省运会队伍的选拔组建提供了良好的平台。

区级办赛能力日趋成熟。各区积极承办大型体育比赛，越来越多的赛事落户厦门。4月，思明区承办了有来自全国各地68支专业队参加的全国沙滩排球锦标赛，这是经国家体育总局批准的全国A级赛事，是我国参赛选手最多、影响最大、水平最高的沙排赛事；5月，集美区承办了“敬贤杯”、“嘉庚杯”海峡两岸龙舟赛，龙舟赛有来自海峡两岸及美国、马来西亚、香港等国家和地区的73支龙舟代表队报名参加，参赛队员达2 000多人，已成为区域性、国际性的重要品牌赛事；10月，湖里区和厦门市帆船帆板运动协会承办了第五届中国“俱乐部杯”帆船挑战赛，来自北京、上海、厦门、台湾等地的19只帆船、200多名运动员参加比赛，这是我国唯一一个挑战赛形式的帆船比赛；11月，集美区承办了全国汽车场地越野锦标赛，来自浙江、广东、湖南以及香港、台湾等地的22个汽车俱乐部，75辆赛车81位车手报名参赛，比赛设汽油组、柴油组、新秀组、无限改装组等组别。11月，湖里区与市社会体育指导中心、厦门市水产技术推广站、厦门市钓鱼协会承办了2009年亚细亚友好钓鱼大会暨全国沿海城市海钓邀请赛，来自日本、韩国、港澳台及境内8个省市27支代表队102名运动员参加。这些高规格、有影响的体育赛事活动，对宣传厦门，展示厦门，丰富市民的体育文化生活产生了积极的社会效果。

同时，社会办体育积极活跃，各单项体育运动协会、各企事业单位积极参赛办赛。配合国家体育总局水上运动管理中心完成全运会帆船预赛，第十一届全运会帆船预赛5月19日至27日在厦门五缘湾举行。来自全国各省市自治区的210人参赛。举办了ITF国际青少年网球系列赛、木兰杯海峡两岸女子足球邀请赛等比赛。组队参加第三届全省巾帼体育健身大赛和全省第四届社区运动会，在全省巾帼体育健身大赛上，厦门代表团共参加气排球、太极拳、健身秧歌、体育舞蹈等四个项目和1个展示项目，63人参加比赛，共获得5个一等奖、7个二等奖、3个三等奖，在14个代表团中位列金牌和奖牌第一位；在第四届全省社区运动会上，思明区运动员在羽毛球比赛中获得团体第一。市游泳协会承办了第十届“迎新春、盼统一”厦金海峡冬泳活动，以正源亨壁球馆承接了第一届全国壁球团体锦标赛暨第四届全国体育大会的选拔赛。

首届工业园区趣味运动会。为丰富基层企业工人群体的精神文化生活，增强企业内部凝聚力，举办了首届工业园区趣味运动会，分别在翔安、同安、集美工业园区进行了3场比赛，设置了“同心协力”绑腿跑、3分钟投篮接力等团体趣味项目和搬运达人、组装达人、修理达人等工业特色趣味项目，将体育运动与工人的生产技艺结合起来，吸引了百余家企业三千余人参加，取得了广泛的社会影响。市财政局、市政园林局、电业局等单位积极举办职工运动会，各区广泛开展了篮球、乒乓球、拔河、棋类、羽毛球、健步行等群众喜爱的体育活动，满足市民体育健身需求。据不完全统计，一年来全市性的体育赛事活动超过一百场，参与人数近百万人次。

老年人体育深入持久。两个“万人活动”创新意、规模大。一年一度的元宵节万人健步行活动和重阳节万人登山活动，内容更丰富、参与面更广、活动范围和社会影响力更大。编辑出版《康乐经》第三集，以适合老年人心理养生需求的选题和内容和亲切自然的风格赢得了全省老年人体协和社会各界的肯定。厦门市老体协成立全国第一届老年人体育健身大会厦门代表团，派出柔力球、健身秧歌、健身腰鼓等9个大项13支代表队150人参加展示和比赛，获得12金13银16铜和最佳组织奖、体育道德风尚奖的喜人佳绩，参加省级以上交流展示活动20余次，获奖牌209枚，其中金奖81枚、银奖34枚、铜奖34枚，展示了厦门特区老年人康乐健身的丰硕成果。市老体协还按计划举办了第七套健身球操、街舞培训班以及社会体育指导员、健身知识讲座等培训班四十多期，培训人次三千多。

三、积极开展体育交流

2009年，国家体育总局、国台办联合授予厦门市“对台体育合作与交流基地”称号，这是国家体育总局对厦门市近年来对台体育合作与交流成果的肯定，将进一步促进厦门与台湾地区的体育合作与交流向更深层次和更高水平发展。

2009年，举办了厦门国际马拉松赛，厦金海峡横渡、海峡杯帆船赛、龙舟赛等有影响、规模大的活动，对台体育交流合作逐渐向更深层次、更高水平发展。此外，还完成“海峡论坛”·海峡两岸传统武术交流大赛组织任务，于5月17日至5月19日在厦门大学明培体育馆隆重举行。大陆12个省市670人参赛，台湾武术团派出33支代表队262名选手参赛，是历届两岸体育交流规格最高、规模最大、人数最多的一次。在正月初五举行的

"迎新春，盼统一"冬泳活动上，有来自祖国大陆各地和台湾地区的18支冬泳队伍800多名冬泳爱好者参赛，创下了历届最高记录；年底，策划举办了"厦门市海峡两岸体育邀请赛"，共举行了篮球、足球、体育舞蹈、台球、慢速垒球、自行车、汽车等7项对台体育交流赛事。接待台湾教练代表团一行17人来厦交流培训，互相学习借鉴，取长补短；接待"中华台北奥委会训练基地和运动场馆访问团"来厦参访，加深两岸在体育场馆设施建设与管理经营方面的沟通。

全年共组织17批496人次分别出访了新加坡、澳大利亚、日本、欧洲、台湾等国家和地区，加强与国内外体育团体、组织的联系与交流，学习先进经验，推动厦门市体育事业发展。接待了日本佐世保扶轮社一行，计划邀请厦门市青少年游泳选手参加佐世保有关交流活动；会见法国下诺曼底大区驻福建首席代表马修先生，进行帆船、羽毛球等运动项目的交流；安排波兰驻华大师克舒姆斯基与厦门市足球协会考察、会谈。

四、体育基础设施建设稳步推进

2009年，启动位于同安丙州的厦门市运动训练中心的设计规划，该项目建成后将在一定程度缓解厦门市专业队训练设施不足的一大难题。翔安体育场一期建设项目经过多次整改，已完成预验收工作。杏林湾皮划赛艇训练基地建设项目，已完成施工单位工程招投标工作，并拟进场施工作业。帆船帆板训练基地二次装修及围墙改造建设项目全部竣工投入使用。

完成厦门市委市政府为民办实事项目，农民健身工程进一步完善，为农村乡镇建成健身路径16套，乒乓球台60张，配发篮球架15副，向同安、翔安、集美、海沧拨款80万元用于建设40套篮球场灯光系统。

（厦门市体育局 郑志君供稿）

外事·侨务·台务

外事工作

一、举办一系列重大活动取得圆满成功

通过积极主动争取，外交部、中联部等上级部门将多边国际会议、全国性重要外事工作会议放在厦门举办，并安排高级别党宾、国宾团组来厦访问。积极参与厦门国际马拉松赛活动。精心安排希腊马拉松市市长率团来访，出席马拉松圣火点燃仪式暨马拉松运动全球起源2500周年纪念活动启动仪式，签署《厦门市与希腊马拉松市建立国际友好城市协议书》，为扩大两市交往奠定了坚实基础。借助投洽会平台，展示外事部门风采。第十三届投洽会期间，共接待了来自美国、英国、法国、德国、西班牙、意大利、罗马尼亚、新西兰、澳大利亚、日本、韩国、马来西亚、印尼等30多个国家和地区的83个外宾团组，外宾总数达756名，邀请接待团组规格、人数规模和接待效果均超过往届。成功举办了“第七届国际友城市长论坛”、“国际友城、友好人士及外国使领馆官员欢迎晚宴”等大型活动。成功举办了中越两党理论研讨会。精心策划安排，圆满完成中越两党高层理论研讨会的组织实施和接待任务，受到中联部和与会嘉宾的一致好评。积极配合市政府在香港成功举办了第十三届投洽会的一些推介活动。外交部驻香港特派员公署国情考察团接待取得圆满成功。考察团一行30多人考察了厦门的城市建设以及具有独特风格的客家土楼文化，对厦门的建设发展和地方特色文化印象深刻。

二、外宾团组接待层次高规模大效果好

2009年来访外宾团组继续呈现量多面广、规格高、层次高的突出特点。全年共接待外宾团组200多批1 600多人次，其中，副总理级以上国宾团组9批，副部长级以上重要外宾团组17批，大使、总领事团组60个。重要党宾、国宾包括：老挝人革党中央总书记、国家主席朱马里、缅甸总理登盛、奥地利联邦议会议长、菲律宾副总统诺利·德·卡斯特罗、古巴部长会议副主席里卡多·卡布里萨斯·鲁伊斯、新加坡国务资政吴作栋、泰国公主诗琳通和王储哇集拉隆功以及毛里求斯副总理、马其顿副总理、萨摩亚副总理、荷兰经济大臣等。此外，还接待多批外交部领导率领的考察团，取得良好效果。落实原省委常委、市委书记何立峰率中共友好代表团访问博茨瓦纳、毛里求斯成果的后续跟踪工作，利用毛里求斯工党总书记和主席回访厦门的契机，促进双方就海水淡化、联想手机出口等合作项目达成了协议。继续配合有关部门抓好塞内加尔拟购买2 000辆金龙客车项目的落实工作。胡锦涛主席出访塞内加尔时双方签署了框架协议，首批404辆金龙客车将以散件出口并在当地组装。借英国商务代表团等经贸团组来访之机，组织对口洽谈，分别举办“厦门重点项目和投资环境说明会”、“厦门城市发展规划圆桌会议”。以菲律宾副总统卡斯特罗、新加坡国务资政吴作栋一行来厦访问的契机，精心策划组织中菲企业家晚餐会、厦门市发展规划及投资环境说明午餐会，邀请基础设施建设、矿产品、海运、农产品、食品加工等领域的颇具实力的厦门市企业家分别与卡斯特罗副总统一行及著名菲律宾企业家、吴作栋资政及知名新加坡企业家会面并交流，共同推动厦门与菲律宾、厦门与新加坡在各领域的交流合作。

三、友城和领馆工作实现新突破

利用举办国际马拉松赛的有利时机，以“马拉松市长论坛”为平台，深入推进与希腊马拉松市的友好交往，双方正式签署结好协议，全市友城上升为14对。与德国莱法州特里尔市的交往稳步推进。特里尔市议会一致通过与厦门市结好的议案，厦门市政府常务会议通过厦门市与该市结好的议案，已报全国友协审批，该市将成为厦门市第

15个友城。推荐、选派市港口管理局2名专业技术人员前往韩国光阳市攻读物流硕士学位。利用与佐世保市签订技术研修生项目10周年之机，派出旅游业方面第6期研修生前往进修，促进两市旅游业的合作。选送3名行业优秀的青年业务骨干参加由新加坡外交部主办的赴新加坡短期培训，为厦门市经济建设培养高素质的人才。通过与荷兰祖特梅尔市共同举办"2009厦门·荷兰文化艺术周"、参加在佐世保举办的"中日青少年游泳比赛"、协助槟厦友协在厦举办与厦门老年艺术协会和厦门老年大学的合唱交流演出、安排印尼泗水市派出的教育代表团第一次访问厦门市的各项活动等，促进友城间的友好交流。作为庆祝中美建交30周年暨中华人民共和国建国60周年的重大庆典项目之一，成功策划组织由我国著名女指挥家郑小瑛教授率领的厦门爱乐乐团出访美国和加拿大。加强与各国驻华使领馆的联系，协助使领馆在厦开展各类活动，促进厦门与各国的经贸、文化等多领域的交流，加深厦门与各国人民之间的友谊。协助美国驻广州总领事馆在厦举办美国独立233周年庆典，菲律宾和新加坡驻厦总领事馆举办菲律宾111周年和新加坡国庆招待酒会；配合新加坡驻厦门总领馆，隆重举行了福建（厦门）——新加坡友好医疗服务中心奠基仪式。协助泰国驻厦总领事馆举办"泰国品牌展－泰国泼水文化节"、"神往之地—泰国"文化节活动，为厦门人民更好地了解泰国与福建和厦门的渊源、了解泰国的历史和文化提供了一个极好的机会和新的"窗口"。加快领馆区建设，一期工程已经竣工，二期工程即将开工。妥善处理涉外案件和事项7起，协助马来西亚驻广州、日本驻广州、印尼驻广州、韩国驻广州、泰国驻厦门、菲律宾驻厦门总领事馆官员探视在押犯人，陪同旁听开庭审理等。

四、扶持企业，服务全市保增长、促发展

采取有力措施，继续贯彻中办发［2008］9号文件精神，切实加强因公出国境的审批把关。全年共审批、审核因公出国（境）事项1 053批、3 598人次，颁发护照和通行证1 360批、4 171人次，申办外国签证680批、2 444人次，因公出国境人数比上年减少了25%；邀请外国人来华153批、1 403人次。同时，用足用活因公出国境审批权，积极扶持各类所有制企业开拓国际市场，化解金融危机带来的负面影响，成功为优嘉丽服饰、思达特贸易有限公司等多家民营企业申办了APEC商务旅行卡；邀请美国"巴尔的摩——厦门姐妹城市委员会"主席钟方廷先生和厦门大学张定忠教授，举办"走向国际市场应对国际金融危机研讨专题报告会"，为其走向国际市场出谋划策、诊断把脉。积极稳妥地扩大为非公有制企业人员颁发因公普通护照的发放范围。甲型H1N1流感疫情爆发后，成立涉外工作应急领导小组，制定防控应急预案并建立防控组织体系和翻译应急机制。疫情爆发以来，暂缓审批前往有确诊病例国家或地区的因公出国境团组，暂缓邀请相应国家外宾来访，并配合有关部门完成对近200名外国人的医学观察和防控措施。建立翻译应急机制，为防控隔离外国人工作提供24小时多种语种翻译保障。

五、对外宣传和港澳交往进一步扩大

认真做好外国记者来访接待管理服务工作。一年来，共接待来自美国、英国、法国、日本、荷兰以及新加坡、泰国、赞比亚、巴勒斯坦等国家的外国记者29批79人次。围绕国际马拉松赛、第十三届投洽会、国际海洋周、国际动漫节、海峡论坛等大型国际交流活动，精心组织外国记者来厦门进行专题实地采访。编印《厦门外事》画册特刊、正刊各一期。厦门外事网站完成改版并对外开通。加强与港澳有关团体、各界人士的联系。"9·8"投洽会期间，接待由澳门特区政府行政长官何厚铧率领的澳门特区政府代表团和以香港特区政府政制及内地事务局林瑞麟局长为团长的香港特区政府代表团等，促进了与港澳之间的友好交流与合作。共接待港澳团组7批100余人次，协助接待港澳团组2批35人次。协调处理多起港澳籍人士在厦的经济纠纷，维护港澳籍人士的正当权益。

（厦门市外办　陈晓强供稿）

华侨工作

一、积极应对危机，提升服务水平

侨务部门把帮助、支持侨商、侨资企业应对国际金融危机摆上重要议事日程，想方设法、全心全意扶持侨资企业应对国际金融危机，度过经济"寒冬"。

走访慰问侨资企业。走访慰问了30余家重点侨资企业，掌握金融危机给侨资企业造成的困难和问题。召开了20多家侨资企业高管参加的座谈会，倾听侨资企业代表对厦门市出台的一系列应对国际金融危机的各项政策措施的意见和建议，现场解答企业代表提出的问题。对企业面临的市场、融资、

汇率、出入境、用地等方面的难题，侨务部门及时向市政府反映，经过联系协调，在解决资金困难、提供政策咨询、推动转型升级等方面下功夫，在为侨资企业排忧解难、促进发展上取得实效。

举办“海外侨商投资与贸易暨厦门商品展”。积极“以侨促贸”，充分利用“4·8 台交会”的平台，推销厦门商品，促进厦门对外贸易，与福建省侨办联合主办“海外侨商投资与贸易暨厦门商品展”专场活动。来自24个国家和地区40个华商团组、253名海外侨商应邀与会。会展签订了三个合作协议：人才输出协议、电子商务合作协议、产品销售协议等，协议金额1 500万元人民币，达成多项合作意向。并于会后，组织40多名侨商赴成都、大同等地考察，签订合同3亿多元人民币。

全力做好第十三届投洽会相关工作。充分发挥与海外华商、侨商及其社团、商会组织长期密切联系的优势，邀请28个国家和地区的88个华商团组、647名华商参加投洽会，与会的重要团组有菲律宾中国商会、马来西亚槟州福建会馆、新加坡怡和轩俱乐部、菲律宾菲华商总等，重要华商有菲律宾航空公司董事长陈永载、新加坡敦那士集团董事主席唐裕、菲华商总名誉会长杨海章、菲华商总理事长陈本显等，客商国别、团组数量、总人数均超过上届。积极安排客商参加各项对接活动，安排了9个团组约40人参加“财富聚首　缔造主流——财富对话厦门行”研讨会，并有28个团组约200人次参加了安徽芜湖、蚌埠、江苏东海等地区的洽谈对接会。

参会团组有对接意向的项目主要有：马来西亚诗巫漳泉工会蔡先生拟投资海沧区蔡尖尾山生态旅游度假项目；阿根廷华侨华人闽南工商企业联合会与福建中烟集团洽谈合作项目；文莱泰皇星投资有限公司与厦门金龙客车公司签订购买十余部旅行车项目等。

成功举办2009海外华商中国投资推介会。国务院侨办许又声副主任、商务部王超部长助理、福建省洪捷序副省长出席会议并致辞，大会邀请厦门市副市长黄菱及其他城市3位市长和香港南益公司董事总经理林树哲等3位重要华商作为访谈嘉宾，由中央电视台著名节目主持人董倩主持，围绕大会主题进行高端电视访谈。会议采取网络直播以及厦门卫视录播的形式，积极宣传海峡西岸经济区和中西部地区，为海外华商投资中国搭建了桥梁。

举办专题活动，同心共度时艰。举办第十四、十五期荣誉市民侨资企业沙龙，组织侨资企业到厦门重点片区——杏林湾指挥部及中科院厦门产业技术创新与育成中心参观考察，了解最新技术创新成果，开拓企业眼界、携手技术合作；有关部门就厦门市出台的开拓国际市场、鼓励会展业发展和扶持中小企业发展的相关政策进行专题讲座。

鼓励海外侨商来厦门投资置业。借助对外联络优势，“请进来、走出去”加强联谊，促进人员往来，积极鼓励海外华侨华人来厦投资置业，积极推介厦门名优产品、宣传厦门宜居特点，助力侨资企业开拓国际国内市场；掌握各区、各开发区的重点建设项目情况，有的放矢地为海外客商提供招商项目，在日常接待工作中有针对性地进行推介，引导其在厦落户、投资。通过牵线搭桥和组织推介，有不少侨商在厦订购房产，房产总价高达三千多万元，很多侨商均表示在其公司进出口贸易下滑的情况下，仍将稳定并扩大在厦门关区的出口贸易额。

二、突出工作重点，拓展对外联谊工作

继续巩固和加深与境外华侨华人的联络交往。“走出去”开展海外侨务工作，全年11批次出访境外17个国家和地区，深入华人社区开展海外联络、推介投洽会。积极关注海外社团重要活动，加强与海外的日常联络。

承办国侨办第八期华侨华人社团中青年负责人研习班。来自东南亚10多个国家的50多名侨领骨干参加学习，进一步拓展了对外联络面。同时做好“送上门”的工作，认真接待重点华人社团及重要人士。全年共接待来自40多个国家和地区的华人华侨172批1 652人次。

三、涵养侨务资源，加强华文教育和侨务外宣工作

组织2009年华裔学生来厦夏令营活动，并争取上级侨办的经费支持。全年共组织6批900多人次参加夏（冬）令营活动，如组织30多名来自10多个国家和地区在厦就读的华侨华人学生“看海西”夏令营活动。组织100名马来西亚华裔学生厦门才艺冬令营活动、组织700名在厦门就读境外学生开展“第十二届在厦华侨华人港澳学生华文才艺大比拼系列活动”等。

为华侨华人学生来厦就学服务。全年共为来厦中小学插班就学的257位华侨华人及港澳学生开具身份介绍信，为23名来厦就读的印尼华裔学生办理签证延期居留。来厦就学的境外学生比上年增加10%，其中以菲律宾、港澳学生居多。

指导鹭风报社贯彻全省外宣工作及侨刊乡讯工作会议精神，加强内部管理。《鹭风报》全年出版

50 期，印刷发行 50 多万份，向海外 500 多个社团赠阅，扩大了对外宣传影响力。侨务部门支持报社举办的慈善书画义卖展，募集善款支持厦门特殊学校，扩大了报社的社会影响。

四、深化为侨服务，促进侨界社会和谐稳定

继续开展为荣誉市民、侨资企业、留学人员服务工作。认真做好第七批荣誉市民评审和授证工作，本批共评出 17 位厦门市荣誉市民。配合国侨办“侨资企业西部行”活动，组织海外侨商赴四川、山西考察，组织荣誉市民赴新疆进行经贸考察，并签订合作意向 4 项，举办“第三届中青年华商海峡西岸行”，邀请澳大利亚、菲律宾等国家海外侨商组团来厦，并赴龙岩、江西等考察。协助解决侨资企业经营及经济纠纷案件。

做好华侨捐赠管理工作。为进一步维护好捐赠人的权益，凝聚侨心，根据国侨办、省侨办要求，在全市范围内开展华侨华人、港澳同胞捐赠学校清查工作，上报清查汇总情况。积极推动“关爱工程”，开展侨务扶贫救济工作。春节期间共计慰问侨界重点人士、贫困归侨、市福利中心归侨老人 115 人，发放慰问金 3.91 万元。并开展日常归侨的困难救济工作，为特困户发放救济金。做好归侨侨眷再就业工作。与同安区政府共同在竹坝华侨农场举办厦门市归侨侨眷就业技能培训班。与湖里区外侨办合作举办归侨侨眷就业形势培训班。及时将“侨爱工程——万侨助万村活动”项目上报省侨办。

进一步做好华侨农场工作。积极参与华侨农场有关问题的协调工作，配合做好开展华侨农场管理体制改革的推动工作；根据国侨办的要求及时向上级侨办报送华侨农场体制改革意见和建议；配合同安区政府做好竹坝华侨农场“侨居造福工程”入住仪式相关工作，目前已有 170 多户归侨乔迁新居。

做好各区侨办归侨侨眷身份认定审核工作。完成 2009 年“三侨子女”身份证明出具工作，指导各区侨办做好“三侨学生”中考身份证明的出具工作。本着公开、公正的原则，出具高考证明 44 份，其中归侨子女 27 人，华侨子女 17 人；各区共出具中考证明 24 份，其中，思明区 16 人，湖里区 2 人，集美 1 人，同安区 5 人。

五、明确工作思路，扎实推进落实侨房政策工作

认真做好侨房住户的清退安置工作。在 2008 年基本完成“已还未退”侨房使用权清退工作任务基础上，抓紧尚余 59 户侨房使用权的清退问题。通过专用房或保障性租赁房安置等措施已完成清退 22 户，余下 37 户已明确处理意见；对 2006 年以来新退还侨房产权涉及的使用权清退问题纳入日常性工作，共受理 69 户此类侨房住户专用房租赁及配售申请。

继续抓紧专用房源建设和小区管理工作。侨福城二期西侧专用房工程于 5 月底封顶；落实工程项目概算调整报批工作，即西侧工程项目总投资由 2.5 亿元调整为 2.8 亿元；积极做好基建专项资金筹措工作，在做好商请委托市住宅集团融资贷款工作的同时，做好侨福城二期东侧 56 套复式住宅及 5 间店面委托处置变现、回笼资金工作；认真贯彻市有关工作意见，做好并完成市落实办自管房产（安置房 71 套、店面 31 间）移交市公房管理中心的工作。

（厦门市侨办　林华安供稿）

对台工作

一、厦门成为对台合作的重要平台

一是各级领导高度重视厦门对台工作。中央领导同志温家宝、贾庆林、李长春、周铁农、刘延东、王刚，国台办主任王毅，副主任郑立中、叶克冬、陈元丰及相关国家部委领导，省委书记孙春兰和原书记卢展工、省长黄小晶、省委副书记于广洲、副省长陈桦等省领导同志先后视察、指导厦门对台工作，国台办多次来厦检查和具体指导对台工作。二是通过了《厦门市贯彻落实党中央、国务院和省委、省政府加快建设海峡西岸经济区决策部署的实施意见》，对新形势下进一步发挥厦门在海峡西岸经济区建设中的先行先试和龙头示范作用，全力打造两岸交流合作的前沿平台做出了周密部署。三是成功举办首届海峡论坛，搭建两岸民间交流平台，成为迄今为止两岸合办单位最多、活动规模最大、参与人数最多、涉及范围最广、民间色彩最浓、中南部民众参与最多的两岸民间交流活动，凸显厦门在两岸交流合作中先行先试、桥梁纽带和前沿平台作用。

二、对台经贸交流合作不断推进

面对国际金融危机影响，全市上下紧紧抓住海西建设重大机遇，紧紧围绕“保增长、保民生、保稳定”的目标，着力推进厦台产业“十对接”，致力招商引资，优化升级产业结构。全年新批台资项目 152 个（含第三地转投资），占全市新批外资项目总数的 46.77%，居各来源地首位，合同台资

2.13 亿美元，实际利用台资 6.42 亿美元。截至年底，全市累计批准台资项目 3 482 个（含第三地转投资），合同台资约 95.81 亿美元，实际利用台资约 68.16 亿美元。在全球金融危机的形势下，实现全年对台进出口贸易总额 42 亿美元，比上年增长 9.7%。大嶝对台小额商品交易市场全年进口台湾商品 30 271 吨，比上年增长 62.8%，货值 2 936 万美元，比上年增长 49.6%。1 月 8 日，新的厦门台湾水果销售集散中心开业；全年厦门口岸进口台湾水果大幅增长，共进口台湾水果 4 271 吨，货值 383 万美元，进口量在祖国大陆稳居第一。厦门与台湾在先进制造业、金融保险业、服务外包、软件与信息服务、文化创意、农业种苗与农产品加工等产业对接扎实推进。

三、对台文化交流合作不断提升

2009 年全市共举办海峡两岸民间艺术节、第二届海峡两岸（厦门）文化产业博览交易会等大型对台文化交流活动超过 30 项，这些活动既有情感交流，也有实质合作，既有协议签订，也有项目对接，涉及科技、教育、新闻、出版、体育、卫生等领域，进一步扩大厦门在两岸交流中的影响，有力地推动了两岸文化交流合作，塑造了厦门对台文化交流品牌。如第二届海峡两岸（厦门）文化产业博览交易会成果喜人，共确定签约项目 82 个，交易金额达 87.05 亿人民币，分别比上年增长 15.7% 和 47.5%。

四、两岸往来通道不断拓展

厦金直接往来通道功能不断完善。厦门市政府赠送金门县“五缘趸船”，“八方”客轮投入厦金航线运营；厦金航线每天航班增至 32 班，试行单向（台湾至厦门，金门至厦门）行李直挂通关；正式开通两岸客货滚装业务中的货运业务及厦门至台中、厦门至基隆定期班轮；五通码头扩建，一期候船大厅工程顺利完工；厦金航线生命救助绿色通道全年共安排 13 名患病台胞中转返台就医。全年厦金航线客船共航行 10 358 航次，运送旅客 119.6 万人次，比上年增长 31.4%；截止 2009 年底，厦金航线累计航行 39 881 航次，运送旅客 455 万人次。

厦台三通稳步推进。完成两岸常态包机，8 月 31 日正式开通两岸定期航班，厦门航点增加为台北松山、台中、桃园机场，航班每周增至 16 班，执飞的航空公司增至五家（厦航、华信、立荣、厦门、南方、山东），全年累计执行两岸空中直航定期航班 452 航次，运送旅客 74 820 人次；开辟厦门港至高雄港、基隆港、台中港的海上货运航线，对台直航集装箱吞吐量 29.75 万标箱；开通两岸客货滚装业务和海上客运航班；厦金邮件建立总包直封关系，厦门邮政局成为大陆历史上、也是唯一与金门直接互发各类邮件总包的邮局；厦门汇出首笔两岸电子汇款，“两门航线包裹”试行专船运输。

五、基层政党交流不断深化

厦门台中率先实现两岸区级基层政党交流。六个区区委分别与国民党台中市第一、二、三、四区党部正式开展了区级基层政党交流；刘赐贵市长率厦门市人民政府赴台参访团访问台湾中部四县市，创下多项第一；市政协陈修茂主席率领市政协参访团顺利参访台湾中部四县市议会，取得了两岸交流的新突破。

六、旅游双向对接不断深入

与台湾中部四县市（台中市、台中县、南投县、彰化县）旅游同业公会签订《厦门—台湾中部四县市旅游合作协议》，和台湾六大旅游公会在厦签订《闽台旅游合作品质保障协议》，大陆 25 个赴台旅游地省市旅游局共同签署《打造“小三通”旅游黄金通道合作宣言》；两岸旅游业界携手合作，共同推介旅游项目；大陆首家台资旅行社——厦门灿星国际旅行社正式开业，共有四家具有组团赴台资质的旅行社。2009 年，经厦门口岸赴台湾本岛旅游团组共 2 749 个，74 475 人次；经厦门口岸赴金、澎旅游团组共 698 个，15 157 人次。

七、涉台服务环境不断优化

修订《厦门市台湾同胞投资保障条例》，保障台商合法权益；召开银（银行）企（台企）对接会，举办出口信用保险政策说明会，组织台资企业参加全省台资企业应对金融危机和转型升级政策辅导班等举措，帮扶台企应对国际金融危机。率先将台胞纳入“五一劳动奖章”评选范围，厦企工会率先吸收台胞入会，授予蔡铃兰等 4 名台胞“厦门荣誉市民”称号；率先启动台胞签注自助受理业务，厦门口岸台胞落地签注累计突破 100 万人次；率先设立全省首家涉台公证办证点；台商个体户之家和涉台服务站相继设立。积极组织为受“莫拉克”台风影响的台湾受灾民众赈灾捐款，全市社会各界共计捐款人民币 2 400 多万元、新台币 50 万元，其中市台协共组织台商捐款 597.07 万元；全年共受理台胞投诉案件 72 件比上年降低 9.7%，办结 62 件，结案率 86.1%；受理求助案件 221 件，比上年增长 31.5%，办结 210 件，结案率 95.0%；及时救助滞留台胞 56 人，比上年增长 124%。

（厦门市台办　苏艺雄供稿）

第五篇

统 计 资 料

第五篇

统计资料

一、综合·城市基本情况

土　地　面　积

项　　目	年末总计 （平方公里）
全市土地面积	**1 573.16**
思明区	75.31
湖里区	65.78
集美区	255.9
海沧区	170.36
同安区	649.73
翔安区	356.08
城市建成区面积	**212.00**
#城市建设用地	212.00
工业用地	62.54
公共设施用地	29.78
生活居住用地	40.27
仓储用地	5.30
对外交通用地	11.24
道路广场用地	25.48
市政公用设施用地	5.72
绿　地	26.16
特殊用地	5.51
土地利用现状（含滩涂面积）	**1 699.39**
农用地	1 018.80
耕　地	218.59
园　地	199.28
林　地	497.81
其他农用地	103.12
建设用地	494.43
居民点工矿	390.87
城　市	261.75
建制镇	43.24
农村居民点	61.64
采矿用地	16.26
风景名胜及特殊用地	7.98
交通运输用地	85.32
水利设施用地	18.24
未利用地	186.16
未利用土地	140.83
其他土地	45.33

行 政 区 划

县（区）行政单位名称（驻地）	街道（镇）办事处名称（驻地）	社区居民委员会和村民委员会 名 称 （个 数）
厦门市 （湖滨北路） 6个市辖区	24个街道 13个镇	313个社区居委会 155个村委会
思明区 （民族路）	厦港街道 （思明南路）	鸿山社区居委会、蜂巢山社区居委会、福海社区居委会、下澳社区居委会、巡司顶社区居委会、沙坡尾社区居委会、南华社区居委会(7个)
	中华街道 （天一楼）	仁安社区居委会、镇海社区居委会、霞溪社区居委会、思南社区居委会、文安社区居委会、中山社区居委会（6个）
10个街道办事处 96个社区居委会	滨海街道 （曾厝垵）	演武社区居委会、白城社区居委会、上李社区居委会、曾厝垵社区居委会、黄厝社区居委会（5个）
	鹭江街道 （海岸街）	营平社区居委会、大同社区居委会、鹭江道社区居委会、厦禾社区居委会、双莲池社区居委会、小学社区居委会、禾祥西社区居委会(7个)
	开元街道 （禾祥西路）	深田社区居委会、溪岸社区居委会、美仁社区居委会、西边社区居委会、后江社区居委会、湖滨社区居委会、阳台山社区居委会、美湖社区居委会、希望社区居委会、虎溪社区居委会、坑内社区居委会、天湖社区居委会(12个)
	梧村街道 （东埔路）	梧村社区居委会、文灶社区居委会、金榜山社区居委会、滨中社区居委会、双涵社区居委会、浦南社区居委会、万寿北社区居委会、金祥社区居委会、文屏社区居委会、东坪社区居委会、溪东社区居委会（11个）
	筼筜街道 （槟榔西里）	西郭社区居委会、四里社区居委会、槟榔社区居委会、湖光社区居委会、一里社区居委会、振兴社区居委会、莲岳社区居委会、岳阳社区居委会、屿后西社区居委会、育秀社区居委会、仙阁社区居委会、金桥社区居委会、屿后社区居委会、官任社区居委会、仙岳社区居委会（15个）
	莲前街道 （莲前西路）	龙山桥社区居委会、金鸡亭社区居委会、莲怡社区居委会、莲顺社区居委会、莲云社区居委会、莲薇社区居委会、前埔北社区居委会、莲丰社区居委会、侨福社区居委会、瑞景社区居委会、莲翔社区居委会、何厝社区居委会、前埔社区居委会、洪文社区居委会、西林社区居委会、塔埔社区居委会、岭兜社区居委会、前埔南社区居委会、莲城社区居委会、万景社区居委会（20个）
	嘉莲街道 （莲花北路）	盈翠社区居委会、莲花北社区居委会、莲坂社区居委会、莲西社区居委会、莲兴社区居委会、莲花五村社区居委会、长青社区居委会、松柏社区居委会、莲秀社区居委会、华福社区居委会、龙山社区居委会（11个）
	鼓浪屿街道 （永春路）	龙头社区居委会、内厝社区居委会（2个）
海沧区 （沧虹路） 1个镇	海沧街道 （海沧）	海沧社区居委会、海发社区居委会、吴冠社区居委会、钟山社区居委会、温厝社区居委会、海达社区居委会、未来海岸社区居委会、海虹社区居委会、海兴社区居委会（9个） 石塘村委会、东屿村委会、渐美村委会、困瑶村委会、海沧村委会、青礁村委会、后井村委会、锦里村委会、贞庵村委会、古楼村委会（10个）
2个街道 12个社区居委会	新阳街道 （新光路）	霞阳社区居委会、祥露社区居委会、兴旺社区居委会（3个） 新垵村委会（1个）
23个村委会	东孚镇 （莲花）	东埔村委会、山边村委会、寨后村委会、过坂村委会、东瑶村委会、鼎美村委会、后柯村委会、芸尾村委会、凤山村委会、贞岱村委会、莲花村委会、洪塘村委会(12个)

续表一

县（区）行政单位名称（驻地）	街道（镇）办事处名称（驻地）	社区居民委员会和村民委员会名称（个数）
湖里区 （金尚路）	湖里街道 （湖里街）	湖里社区居委会、村里社区居委会、徐厝社区居委会、濠头社区居委会、东渡社区居委会、塘边社区居委会、后浦社区居委会、金鼎社区居委会、南山社区居委会、东荣社区居委会、康乐社区居委会、康晖社区居委会、康泰社区居委会、怡景社区居委会、和通社区居委会、新港社区居委会、海天社区居委会、兴华社区居委会（18 个）
5 个街道办事处	殿前街道 （嘉禾路）	兴隆社区居委会、长乐社区居委会、北站社区居委会、神山社区居委会、高殿社区居委会、马垄社区居委会（6 个）
45 个社区居委会	禾山街道 （枋湖东路）	枋湖社区居委会、坂尚社区居委会、钟宅社区居委会、岭下社区居委会、围里社区居委会、禾欣社区居委会（6 个）
	江头街道 （台湾街）	江头社区居委会、吕厝社区居委会、吕岭社区居委会、园山社区居委会、金尚社区居委会、江村社区居委会、蔡塘社区居委会、后埔社区居委会、祥店社区居委会（9 个）
	金山街道 （禾东路）	高林社区居委会、五通社区居委会、后坑社区居委会、金山社区居委会、金林社区居委会、金安社区居委会（6 个）
集美区 （银江路）	集美街道 （石鼓路）	岑东社区居委会、岑西社区居委会、浔江社区居委会、盛光社区居委会、银亭社区居委会（5 个）
	侨英街道 （侨英街）	浒井社区居委会、孙厝社区居委会、凤林美社区居委会、叶厝社区居委会、兑山社区居委会、东安社区居委会、乐海社区居委会（7 个）
4 个街道办事处 2 个镇 35 个社区居委会 21 个村委会	杏林街道 （杏林南路）	纺织社区居委会、曾营社区居委会、宁宝社区居委会、西亭社区居委会、杏林社区居委会、内林社区居委会、高浦社区居委会、杏北社区居委会（8 个）
	杏滨街道 （杏林南路）	锦鹤社区居委会、日东社区居委会、三秀社区居委会、马銮社区居委会、西滨社区居委会、前场社区居委会、锦园社区居委会（7 个）
	灌口镇 （安仁大道）	灌口第二社区居委会、灌口第一社区居委会、上头亭社区居委会、铁山社区居委会、黄庄社区居委会（5 个） 坑内村委会、深青村委会、田头村委会、上塘村委会、双岭村委会、李林村委会、东辉村委会、顶许村委会、三社村委会、井城村委会、陈井村委会、浦林村委会（12 个）
	后溪镇 （中秋街）	新村社区居委会、英村社区居委会、三兴社区居委会（3 个） 前进村委会、溪西村委会、后溪村委会、仑上村委会、崎沟村委会、东宅村委会、后垵村委会、岩内村委会、黄地村委会（9 个）
同安区 （银湖中路）	大同街道 （城西路）	同新社区居委会、西安社区居委会、三秀社区居委会、后炉社区居委会、溪边社区居委会、城西社区居委会、凤山社区居委会、北门社区居委会、西池社区居委会、朝元社区居委会、东山社区居委会、碧岳社区居委会（12 个） 田洋村委会、古庄村委会、顶溪头村委会、东宅村委会、下溪头村委会、康浔村委会(6 个)
2 个街道办事处 6 个镇 44 个社区居委会 81 个村委会	祥平街道 （阳翟）	西溪社区居委会、陆丰社区居委会、祥平社区居委会、祥桥社区居委会、杜桥社区居委会、西洪塘社区居委会、西湖社区居委会、凤岗社区居委会、溪声社区居委会、阳翟社区居委会、祥晖社区居委会、芸溪社区居委会（12 个） 过溪村委会、卿朴村委会、瑶头村委会（3 个）
	莲花镇 （美浦）	莲花村委会、后埔村村委会、蔗内村委会、内田村委会、上陵村委会、军营村委会、淡溪村委会、白交祠村委会、西坑村委会、罗溪村委会、尾林村委会、水洋村委会、小坪村委会、澳溪村委会、云浦村委会、云洋村委会、窑市村委会、溪东村席会、美埔村委会（19 个）
	新民镇 （乌涂）	四口圳社区居委会、后宅社区居委会、禾山社区居委会、梧侣社区居委会、乌涂社区居委会、西塘社区居委会、湖安社区居委会（7 个） 洋厝埔村委会、西山村委会、蔡宅村委会、湖柑村委会、柑岭村委会、溪林村委会、后坂村委会、南山村委会、新塘村委会、土楼村委会（10 个）

续表二

县（区）行政单位名称（驻地）	街道（镇）办事处名称（驻地）	社区居民委员会和村民委员会名称（个数）
同安区（续）	洪塘镇（洪塘）	石浔社区居委会、龙东社区居委会、龙西社区居委会（3个） 洪塘村委会、三忠村委会、苏店村委会、新霞村委会、郭山村委会、龙泉村委会、新厝村委会、新学村委会、苏厝村委会、大乡村委会、下墩村委会、塘边村委会、埔后村委会（13个）
	西柯镇（西柯）	丙洲社区居委会、潘涂社区居委会、洪塘头社区居委会、后田社区居委会、西柯社区居委会、吕厝社区居委会、浦头社区居委会、下山头社区居委会、埭头社区居委会、官浔社区居委会（10个） 西浦村委会、美星村委会（2个）
	汀溪镇（隘头）	隘头村委会、路下村委会、褒美村委会、古坑村委会、西源村委会、茬畲村委会、顶村村委会、堤内村委会、半岭村委会、前格村委会、五峰村委会、汪前村委会、造水村委会（13个）
	五显镇（五显宫）	垵炉村委会、下峰村委会、布塘村委会、店仔村委会、溪西村委会、竹山村委会、后垄村委会、军村村委会、后塘村委会、上厝村委会、明溪村委会、宋宅村委会、四林村委会、西洋村委会、三秀山村委会（15个）
翔安区（新兴路） 1个街道办事处 4个镇 81个社区居委会 30个村委会	马巷镇（巷南路）	五美社区居委会、友民社区居委会、三乡社区居委会、后亭社区居委会、五星社区居委会、桐梓社区居委会、后滨社区居委会、琼头社区居委会、陈新社区居委会、井头社区居委会、城场社区居委会、窗东社区居委会、蔡浦社区居委会、山亭社区居委会、亭洋社区居委会、郑坂社区居委会、后莲社区居委会、曾林社区居委会、后许社区居委会、沈井社区居委会、黎安社区居委会、内垵社区居委会、垵边社区居委会、前庵社区居委会、内官社区居委会、何厝社区居委会、洪溪社区居委会、同美社区居委会、西炉社区居委会、赵厝社区居委会、西坂社区居委会、市头社区居委会、朱坑社区居委会、舫阳社区居委会（34个）
	新圩镇（新圩）	新圩社区居委会、东寮社区居委会（2个） 古宅村委会、后浦村委会、金柄村委会、凤路村委会、村尾村委会、乌山村委会、云头村委会、面前埔村委会、上宅村委会、诗坂村委会、桂林村委会、庄垵村委会、后亭村委会、马塘村委会（14个）
	新店镇（新兴街）	新兴社区居委会、新店社区居委会、莲河社区居委会、霞浯社区居委会、霄垄社区居委会、珩厝社区居委会、茂林社区居委会、大宅社区居委会、吕塘社区居委会、溪尾社区居委会、祥吴社区居委会、湖头社区居委会、东坑社区居委会、洪前社区居委会、洪厝社区居委会、炉前社区居委会、下后滨社区居委会、刘五店社区居委会、浦园社区居委会、西滨社区居委会、澳头社区居委会、欧厝社区居委会、彭厝社区居委会、前浯社区居委会、后村社区居委会、蔡厝社区居委会、陈塘社区居委会、东园社区居委会、沙美社区居委会、下许社区居委会、垵山社区居委会、东界社区居委会、钟宅社区居委会、浦边社区居委会、鼓锣社区居委会（35个）
	内厝镇（上塘）	上塘社区居委会（1个） 前垵村委会、后垵村委会、黄厝村委会、许厝村委会、莲塘村委会、莲前村委会、霞美村委会、赵岗村委会、曾厝村委会、官路村委会、美山村委会、新垵村委会、锄山村委会、琼坑村委会、鸿山村委会、后田村委会（16个）
	大嶝街道（田墘）	田墘社区居委会、山头社区居委会、蚵窟社区居委会、嶝崎社区居委会、双沪社区居委会、阳塘社区居委会、北门社区居委会、东埕社区居委会、小嶝社区居委会（9个）

岛内气温实况

单位:℃

月份	平均气温	平均最高气温	平均最低气温	极端最高气温	极端最低气温
一月	11.8	16.7	8.8	22.2	3.9
二月	16.5	21.7	13.8	28.4	11.0
三月	15.3	19.8	12.5	29.2	8.0
四月	18.7	23.2	16.0	31.7	10.5
五月	23.3	28.3	20.1	33.8	15.8
六月	26.3	30.1	23.7	34.4	20.2
七月	28.4	32.3	25.9	34.6	22.9
八月	29.0	33.2	26.3	36.7	24.2
九月	28.6	32.7	26.2	34.8	23.7
十月	24.3	28.6	21.5	31.2	18.8
十一月	19.1	22.9	16.5	31.4	11.0
十二月	14.3	18.0	11.9	23.7	6.1
全年	**21.3**	**25.6**	**18.6**	**36.7**	**3.9**

岛内降雨、蒸发、湿度实况

月份	降雨日数（天）	降雨量（毫米）	日最大降雨量（毫米）	蒸发量（毫米）	平均相对湿度（%）
一月	1	3.2	3.2	82.4	63
二月	5	13.6	10.8	72.4	76
三月	12	136.0	33.9	83.3	74
四月	11	140.1	51.4	112.4	64
五月	6	60.7	47.5	129.3	66
六月	14	203.3	70.0	92.5	81
七月	10	139.2	117.4	135.5	78
八月	7	104.3	59.0	139.4	76
九月	7	9.4	4.1	156.1	68
十月	1	4.9	4.9	164.9	58
十一月	5	74.0	37.2	93.3	73
十二月	10	31.8	10.0	85.2	75
全年	**89**	**920.5**	**117.4**	**1 326.7**	**71**

岛内气压、日照、风向及风速实况

月份	海平面气压（百帕）	日照时数（小时）	日照百分率（%）	平均风速（米/秒）	最大风速（米/秒）	最多风向
一月	1 023.8	182.3	55	2.2	6.9	E
二月	1 017.4	129.6	41	2	6.9	ESE
三月	1 017.5	97.2	26	2.2	9.2	E
四月	1 014.8	145.3	38	2.6	7.3	ESE
五月	1 012.4	200.2	49	2.1	6.4	ESE
六月	1 005.9	164.8	40	2.6	20.4	SSE
七月	1 006.2	253.7	61	2.2	8.6	SW
八月	1 005.0	229.3	57	2.4	12.9	SSE
九月	1 009.0	207.3	56	2.9	8.8	NE
十月	1 013.8	226.5	63	3.1	8.7	NE
十一月	1 019.2	129.6	39	2.5	9.2	NE
十二月	1 021.5	118.0	36	2.2	6.6	ENE
全年	**1 013.9**	**2 083.8**	**47**	**2.4**	**20.4**	E

E：东；ESE：东南偏东；SSE：南南偏东；SW：西南；NE：东北；ENE：东北偏东。

城市基础设施情况

指　　标	单　位	2009 年	2008 年
供水：自来水综合生产能力	万吨/日	116	100
供水管道总长度	公里	2 908	2 426
全年供水总量	万吨	29 454	28 954
#生产运营用水	万吨	8 706	9 641
公共服务用水	万吨	2 267	4 111
居民家庭用水	万吨	9 933	11 678
自来水用水普及率	%	98	98
供电：全年用电总量	万千瓦小时	1 281 795	1 251 154
#工业用电	万千瓦小时	698 673	714 166
居民生活用电	万千瓦小时	275 143	247 260
供气：全年液化石油气供气量	吨	82 047	99 674
全年天然气供气量	万立方米	977	510
城市燃气普及率	%	100	100
道路：城市道路长度	公里	1 183	1 086
城市道路总面积	万平方米	2 977	2 700
城市桥梁数	座	138	130
路灯盏数	盏	64 941	65 241
人均拥有道路面积	平方米/人	12	13

续表

指　　　　　　标	单　位	2009 年	2008 年
公交：年末实有公交营运车辆	辆	3 012	2 478
公交客运总量	万人次	62 000	58 800
年末实有出租汽车数	辆	4 263	4 237
轮渡运营船只数	艘	20	15
轮渡客运总量	万人次	1 989	1 984
园林：公园个数	个	55	46
公园面积	公顷	1 980	1 386
风景区游人量	万人次	1 253	1 137
经营收入	万元	51 289	29 201
全市绿化覆盖面积	公顷	15 221	13 998
# 建成区	公顷	8 437	7 564
建成区绿化覆盖率	%	40	38
园林绿地面积	公顷	14 304	13 248
# 建成区	公顷	7 539	6 833
公共绿地面积	公顷	2 616	2 422
环卫：年污水排放量	万立方米	20 690	20 778
年污水处理量	万立方米	19 459	17 661
排水管道总长度	公里	1 700	1 655
污水处理率	%	94	85
生活垃圾清运量	万吨	87	87
城市生活垃圾无害化处理率	%	100	100
公厕数量	座	240	212
环卫机械总数	台	702	724

社会经济主要指标完成情况

指　　标	单　位	2009 年	2008 年	比 2008 年增长（%）
一、城市基本情况				
全年供水量	万吨	29 454	28 954	1.7
#居民家庭用水	万吨	9 933	11 678	-14.9
全年用电总量	万千瓦小时	1 281 795	1 251 154	2.4
#居民生活用量	万千瓦小时	275 143	247 260	11.3
年末实有公交营运车辆	辆	3 012	2 478	21.5
全年公交客运总量	万人次	62 000	58 800	5.4
年末实有出租汽车数	辆	4 263	4 233	0.7
轮渡客运总量	万人次	1 989	1 984	0.3
二、人口情况				
全市总人口	万人	252	249	1.2
户籍总人口	人	1 769 983	1 736 710	1.9
#城镇人口	人	1 420 086	1 185 769	19.8
自然净增人口数	人	14 566	17 425	-16.4
人口自然净增率	‰	8.31	10.22	减少 1.91 个百分点
年平均户籍总人口	人	1 753 347	1 704 533	2.9
三、劳动就业				
年末全社会劳动从业人数	人	1 833 866	1 608 499	14.0
#各种所有制单位年末从业人数	人	799 553	775 230	3.1
#在岗职工人数	人	754 571	755 106	-0.1
城镇个体工商从业人员(含私营企业雇工)	人	816 955	625 306	30.6
四、经济总量指标				
地区生产总值（当年价）	万元	17 372 349	16 107 098	8.0
第一产业	万元	204 924	215 998	0.5
第二产业	万元	8 210 322	7 699 800	6.2
第三产业	万元	8 957 103	8 191 300	10.2
人均生产总值（按户籍人口计算）	元	98 150	92 745	6.0
人均生产总值（按常住人口计算）	元	68 938	64 687	6.7
五、工　业				
全部工业总产值（当年价）	万元	29 149 527	30 907 952	2.0
#规模以上工业总产值	万元	28 127 627	29 780 652	1.6
#国有企业	万元	647 682	702 989	-2.0
外商及港、澳、台商投资企业	万元	20 952 324	22 594 047	1.3
#轻工业	万元	9 203 617	9 409 790	0.4
重工业	万元	18 924 010	20 370 862	2.2
#大中型工业企业	万元	21 393 273	22 116 137	-7.7
规模以上工业销售产值（当年价）	万元	27 912 392	29 760 281	-6.2
#出口交货值	万元	11 426 899	13 524 521	-13.0

续表一

指　　标	单　位	2009 年	2008 年	比 2008 年增长（%）
六、农　业				
农林牧渔业总产值（现价含农林牧渔服务业产值）	万元	332 630	348 594	1.4
农　业	万元	135 043	128 785	1.5
林　业	万元	2 369	2 135	8.7
牧　业	万元	112 371	131 560	3.3
渔　业	万元	52 822	56 250	-4.1
农林牧渔服务业	万元	30 025	29 864	2.6
七、运输、邮电（系统内）				
客运量	万人次	11 597.46	10 282.97	12.8
铁　路（发送量）	万人次	366.04	419.84	-12.8
公　路	万人次	9 426.79	8 231.69	14.5
水　路	万人次	692.24	669.55	3.4
航　空	万人次	1 112.39	961.89	15.7
货运量	万吨	8 371.05	7 600.57	10.1
铁　路（发送量）	万吨	621.32	642.33	-3.3
公　路	万吨	5 018.08	4 367.12	14.9
水　路	万吨	2 718.99	2 578.71	5.4
航　空	万吨	12.66	12.41	2.0
港口货物吞吐量	万吨	10 999.87	9 701.96	13.4
集装箱吞吐量	万标箱	468.03	503.46	-7.0
邮电业务总量（可比价）	万元	576 457	524 417	9.9
#邮政业务总量	万元	43 313	57 117	-24.2
电信(移动通信、无线寻呼)业务总量	万元	533 144	467 300	14.1
八、固定资产投资				
全社会固定资产投资总额	万元	8 821 159	9 313 836	-5.3
#岛外固定资产投资额	万元	4 768 000	4 773 300	-0.1
#城镇以上单位固定资产投资额	万元	8 630 291	9 133 582	-5.5
#基础设施投资	万元	3 234 375	2 871 810	12.6
#房地产开发投资	万元	2 945 940	3 270 160	-9.9
当年新增固定资产	万元	3 682 723	4 090 527	-10.0
房屋竣工面积	万平方米	1054.41	943.43	11.8
#住　宅	万平方米	602.38	566.07	6.4
九、商业、物价				
社会消费品零售总额	万元	5 661 225	4 958 571	14.2
#批发零售贸易业零售	万元	4 733 295	4 138 132	14.4
住宿餐饮业零售	万元	737 115	668 496	10.3
其他零售	万元	190 815	151 943	25.6
居民消费价格指数（以上年为基数）	%	97.3	104.9	

续表二

指　　标	单　位	2009 年	2008 年	比 2008 年增长（%）
十、对外经济				
利用外资：项目个数	个	325	356	-8.7
合同外资金额	万美元	136 484	189 641	-28.0
实际利用外资	万美元	168 679	204 243	-17.4
年末开业投产外资企业数	家	6 214	5 939	4.6
外贸进出口总额（海关数）	万美元	4 331 440	4 538 878	-4.5
出口总额	万美元	2 766 782	2 939 434	-5.9
进口总额	万美元	1 564 658	1 599 444	-2.1
国家银行结汇收入	万美元	1 915 250	2 428 776	-21.1
国家银行售汇支出	万美元	800 532	1 016 430	-21.2
接待过夜境外游客	人次	944 891	927 585	1.9
十一、财　政				
财政总收入（含上划中央税收）	万元	4 514 073	4 101 378	10.1
#地方级财政收入	万元	2 405 608	2 202 343	9.2
当年财政支出	万元	2 680 527	2 380 896	12.6
十二、金　融				
中资金融机构各项人民币存款余额	万元	31 604 216	24 304 163	30.0
#城乡居民储蓄存款	万元	11 580 996	9 294 447	24.6
中资金融机构各项人民币贷款余额	万元	26 333 883	21 017 340	25.3
十三、教　育				
各级学校专任教师数	人	32 281	31 539	2.4
#普通学校合计	人	31 420	30 664	2.5
研究生	人			
普通高等学校本专科	人	8 251	7 858	5.0
普通中等学校	人	10 467	10 298	1.6
中等职业学校（机构）	人	1 268	1 214	4.4
技工学校	人	179	234	-23.5
普通中学	人	9 020	8 850	1.9
小　学	人	9 176	9 246	-0.8
特殊教育学校	人	129	120	7.5
幼儿园	人	3 397	3 142	8.1
成人学校合计	人	861	875	-1.6
各级学校在校学员	人	669 135	640 525	4.5
#普通学校合计	人	548 523	532 747	3.0
研究生	人	12 173	11 779	3.3
普通高等学校本专科	人	119 278	108 919	9.5

续表三

指 标	单 位	2009 年	2008 年	比 2008 年增长（%）
普通中等学校	人	159 740	165 217	-3.3
中等职业学校（机构）	人	34 250	38 232	-10.4
技工学校	人	5 243	6 296	-16.7
普通中学	人	120 247	120 689	-0.4
小 学	人	177 879	176 167	1.0
特殊教育学校	人	537	487	10.3
幼儿园	人	78 916	70 178	12.5
成人学校合计	人	120 612	107 778	11.9
十四、文化、教育				
公共图书馆数	个	8	8	持平
公共图书馆藏书量	万册	298.80	294.40	1.5
图书流通册次	万册次	448.75	340.40	31.8
十五、卫生、福利				
卫生机构数	个	1 057	1 127	-6.2
#医 院	个	35	36	-2.8
卫生机构床位数	张	10 326	9 995	3.3
#医 院	张	9 051	8 418	7.5
工作人员数	人	21 087	20 038	5.2
#卫生技术人员	人	16 916	16 228	4.2
#医生（含助理医生）	人	7 008	6 864	2.1
十六、劳动工资				
各种所有制在岗职工				
年末人数	人	754 571	755 106	-0.1
平均人数	人	746 046	798 002	-6.5
劳动报酬	万元	2 719 542	2 581 011	5.4
人均劳动报酬	元	36 453	32 434	12.4
#三资企业在岗职工				
年末人数	人	401 466	402 698	-0.3
平均人数	人	400 095	450 027	-11.1
劳动报酬	万元	1 105 154	1 141 492	-3.2
人均劳动报酬	元	27 622	25 365	8.9
十七、人民生活				
城镇居民人均可支配收入	元	26 131	23 948	9.1
城镇居民人均消费性支出	元	17 990	17 117	5.1
农民年人均纯收入	元	9 153	8 475	8.0

注：1. 表中生产总值、工业总产值、农业总产值等总量指标绝对数以当年价标出，相对数则以可比价计算；
2. 表中生产总值、社会消费品零售总额以 2008 年经济普查为基数统一调整口径。

区 级 主 要

（2003～2009 年）

指　　标	思明区		湖里区	
	绝对数	环比增长（%）	绝对数	环比增长（%）
地区生产总值（GDP）（亿元）				
2003 年	233.06		224.43	
2004 年	277.77	12.4	262.19	17.9
2005 年	302.39	9.1	310.11	23.0
2006 年	379.41	24.0	362.90	14.3
2007 年	460.83	17.2	399.15	8.0
2008 年	509.58	12.5	423.22	8.7
2009 年	577.63	12.1	431.24	4.5
工业总产值（亿元）				
2003 年	106.21		593.21	
2004 年	133.44	17.1	802.19	22.1
2005 年	157.20	14.8	898.51	19.3
2006 年	181.92	19.4	1 004.51	15.2
2007 年	201.21	14.5	983.50	1.4
2008 年	218.27	8.7	1 036.02	5.7
2009 年	207.86	0.2	922.46	-11.3
#规模以上工业总产值（亿元）				
2003 年	90.03		576.21	
2004 年	117.26	19.9	782.19	22.2
2005 年	145.55	20.5	870.28	18.7
2006 年	169.75	20.6	982.28	15.5
2007 年	184.03	14.8	954.66	1.1
2008 年	200.71	9.3	1 005.74	5.7
2009 年	193.31	-0.1	895.84	-11.7
社会消费品零售总额（亿元）				
2003 年	122.58		53.49	
2004 年	138.53	13.0	60.45	13.0
2005 年	162.47	17.3	73.55	21.7
2006 年	189.91	16.9	90.1	22.5
2007 年	223.71	17.8	105.86	17.5
2008 年	259.67	16.1	127.41	20.4
2009 年	290.15	11.7	147.01	15.4
城镇以上单位固定资产投资额（亿元）				
2003 年	95.71		45.25	
2004 年	109.49	14.4	50.81	12.3
2005 年	124.05	13.3	83.66	64.7
2006 年	198.11	59.7	128.33	53.4
2007 年	190.19	-4.0	225.00	75.3
2008 年	234.99	23.6	166.08	-26.2
2009 年	204.19	-13.1	182.04	9.6

注：部分指标以 2008 年经济普查为基数统一调整口径。

经　济　指　标

海沧区		集美区		同安区		翔安区	
绝对数	环比增长（%）	绝对数	环比增长（%）	绝对数	环比增长（%）	绝对数	环比增长（%）
136. 34		91. 02		52. 41		22. 44	
143. 36	8. 2	111. 76	22. 6	62. 17	15. 1	30. 46	32. 1
153. 29	11. 7	130. 45	20. 7	73. 34	20. 4	36. 99	22. 8
168. 06	16. 6	142. 74	11. 5	76. 27	12. 3	44. 43	19. 2
194. 47	14. 4	177. 62	24. 1	97. 39	24. 8	73. 13	63. 3
220. 64	6. 8	231. 11	13. 2	125. 35	11. 5	104. 80	33. 8
239. 38	5. 3	232. 08	2. 9	132. 84	8. 1	129. 07	23. 3
339. 50		226. 28		93. 04		35. 93	
411. 07	16. 9	328. 05	25. 6	139. 11	21. 9	62. 17	25. 9
454. 41	11. 6	369. 83	15. 2	154. 46	18. 7	64. 62	11. 5
535. 16	15. 9	442. 85	10. 9	189. 18	18. 5	91. 13	33. 1
658. 32	21. 3	535. 10	15. 9	248. 25	26. 3	216. 31	124. 1
671. 54	0. 5	578. 01	4. 9	280. 30	12. 1	306. 67	40. 1
604. 28	-7. 9	498. 69	-11. 7	291. 84	-3. 7	389. 82	28. 0
336. 79		214. 69		74. 74		25. 73	
408. 20	17. 0	316. 05	26. 6	120. 11	25. 4	51. 30	30. 9
450. 78	11. 5	359. 88	16. 5	144. 81	30. 3	57. 82	22. 8
530. 66	15. 9	429. 75	10. 9	174. 59	18. 8	80. 83	35. 5
652. 47	21. 3	517. 54	15. 8	227. 65	26. 9	204. 78	137. 5
664. 23	0. 3	556. 16	4. 3	257. 33	12. 1	293. 91	41. 7
596. 46	-8. 1	477. 69	-12. 4	270. 77	-4. 6	378. 69	28. 6
5. 20		12. 61		9. 98		3. 61	
5. 87	12. 9	14. 24	12. 9	11. 28	13. 0	4. 09	13. 3
8. 30	41. 2	17. 85	25. 3	13. 95	23. 7	7. 44	82. 0
10. 56	27. 2	22. 02	23. 4	21. 19	51. 8	8. 87	19. 3
15. 33	45. 2	28. 98	31. 6	25. 71	21. 3	11. 27	27. 0
22. 66	47. 8	39. 18	35. 2	32. 28	25. 6	14. 66	30. 1
31. 85	40. 6	43. 76	11. 7	36. 01	11. 6	17. 34	18. 3
50. 75		24. 63		16. 80		4. 36	
72. 57	43. 0	31. 59	28. 3	20. 39	21. 4	11. 94	173. 9
73. 25	0. 9	55. 54	75. 8	29. 54	44. 9	25. 92	117. 1
108. 01	47. 5	84. 59	52. 3	70. 61	139. 0	59. 56	129. 8
130. 30	20. 6	173. 88	105. 6	89. 88	27. 3	102. 56	72. 2
121. 79	-6. 5	179. 74	3. 4	96. 06	6. 9	114. 70	11. 8
131. 17	7. 7	158. 72	-11. 7	92. 32	-3. 9	94. 59	-17. 5

续表

指　　标	思明区		湖里区	
	绝对数	环比增长（%）	绝对数	环比增长（%）
#房地产投资额（亿元）				
2003 年	42.23		8.18	
2004 年	53.84	27.5	9.96	21.8
2005 年	73.05	35.7	20.54	106.2
2006 年	101.16	38.5	34.89	69.9
2007 年	89.63	-11.4	117.61	237.1
2008 年	96.14	7.3	66.75	-43.2
2009 年	92.19	-4.1	81.60	22.2
区级财政收入（万元）				
2003 年	97 861		46 796	
2004 年	91 183		39 691	
2005 年	104 799	14.9	45 120	13.7
2006 年	141 175	34.7	60 296	33.6
2007 年	181 123	28.5	85 500	41.9
2008 年	181 388	0.1	95 188	11.3
2009 年	200 000	10.3	100 643	5.7
区级财政支出（万元）				
2003 年	89 223		36 635	
2004 年	130 178		69 157	
2005 年	142 525	9.5	65 579	-5.2
2006 年	177 876	24.8	87 820	33.9
2007 年	216 249	23.9	110 532	28.7
2008 年	232 155	8.1	118 070	2.8
2009 年	236 291	1.8	126 954	7.5
合同利用外资（亿美元）				
2003 年	9 536		7 482	
2004 年	19 609	105.6	10 800	44.4
2005 年	21 174	8.0	12 093	12.0
2006 年	39 923	88.5	20 511	69.6
2007 年	39 211	-1.5	25 525	24.5
2008 年	38 871	-0.9	29 972	17.4
2009 年	33 298	-14.3	23 706	-20.9
实际利用外资（亿美元）				
2003 年	4 984		4 954	
2004 年	9 368	88.0	9 344	88.6
2005 年	13 529	44.4	7 662	-18.0
2006 年	17 659	30.5	9 525	24.3
2007 年	18 275	3.5	10 254	7.7
2008 年	25 912	41.8	18 231	77.8
2009 年	32 627	25.9	22 529	23.6

海沧区		集美区		同安区		翔安区	
绝对数	环比增长（%）	绝对数	环比增长（%）	绝对数	环比增长（%）	绝对数	环比增长（%）
19.09		5.25		4.46		0.05	
17.34	-9.2	5.97	13.7	4.06	-9.0	0.31	520.0
12.97	-25.2	4.88	-18.3	2.62	-35.5	0.01	-96.8
40.78	214.4	12.00	145.9	14.43	450.8	10.67	106 600.0
32.56	-20.2	74.40	520.0	19.01	31.7	12.52	17.3
28.89	-11.3	83.31	12.0	23.17	21.9	28.75	129.6
18.68	-35.3	70.75	-15.1	20.15	-13.0	11.22	-61.0
36 119		37 309		40 145			
44 566		35 962		25 152		8 114	
56 777	27.4	41 797	16.2	34 827	38.5	13 547	67.0
79 345	39.7	59 476	42.3	49 512	42.2	26 261	93.9
111 093	46.2	78 049	40.8	67 118	67.7	35 317	74.2
125 743	13.2	103 515	32.6	90 482	34.8	50 089	41.8
129 342	2.9	115 128	11.2	97 419	7.7	52 648	5.1
43 169		48 301		67 283			
69 986		57 547		54 301		34 404	
66 676	-4.7	64 190	11.5	64 283	18.4	44 469	29.3
101 723	52.6	83 195	29.6	79 151	23.1	59 281	33.3
129 463	28.3	107 514	40.2	99 952	44.6	65 712	29.1
145 062	11.7	134 660	43.2	129 777	40.2	82 734	42.4
157 659	8.7	143 670	6.7	147 791	13.9	91 868	11.0
20 076		16 477		5 741		2 489	
22 215	10.7	15 711	-4.6	15 079	162.7	6 461	159.6
29 670	33.6	13 051	-16.9	16 144	7.1	5 073	-21.5
45 053	51.9	25 439	94.9	34 286	112.4	7 729	52.3
60 990	35.4	57 034	124.2	25 548	-25.5	8 837	14.3
37 710	-38.2	25 135	-55.9	22 421	-12.2	9 936	12.4
15 868	-57.9	21 247	-15.5	9 261	-58.7	8 776	-11.7
14 936		9 427		3 261		385	
15 047	0.7	7 645	-18.9	6 705	105.6	2 545	561.0
17 654	17.3	10 302	34.8	8 039	19.9	2 605	2.4
21 552	22.1	14 105	36.9	11 599	44.3	4 009	53.9
36 564	69.7	37 120	163.2	14 017	20.9	9 189	129.2
52 257	42.9	34 338	-7.5	18 713	33.5	7 276	-20.8
33 234	-36.4	18 423	-46.4	18 907	1.0	10 262	41.0

一、综合·国民经济总量

历 年 地 区

本表按当年价格计算

年 份	地区生产总值（GDP）	第一产业	第二产业		
				工 业	建筑业
1950	3 634	1 054	1 054		
1951	3 969	1 159	1 270		
1952	4 609	1 567	1 613	1 453	160
1953	5 643	1 580	2 201	1 954	247
1954	5 713	1 543	2 342	1 785	557
1955	5 807	1 800	2 323	1 927	396
1956	7 629	2 136	3 128	2 762	366
1957	9 427	2 640	4 619	4 221	398
1958	12 977	3 634	6 748	6 074	674
1959	17 010	4 763	9 015	8 108	907
1960	23 411	5 853	13 578	9 097	4 481
1961	16 635	4 658	8 983	8 333	650
1962	13 886	3 749	6 665	6 292	373
1963	13 419	3 623	6 441	6 076	365
1964	16 554	4 188	8 476	8 046	430
1965	18 810	5 003	9 800	9 335	465
1966	21 962	6 369	11 640	11 250	390
1967	20 901	6 688	10 451	10 341	110
1968	15 421	5 706	6 477	6 428	49
1969	22 917	7 196	11 848	11 760	88
1970	26 095	8 194	13 491	13 338	153
1971	27 302	8 573	14 115	13 817	298
1972	30 372	9 578	15 671	15 268	403
1973	32 263	7 647	19 068	18 582	486
1974	31 651	7 185	18 136	17 529	607
1975	34 566	7 985	19 495	18 741	754
1976	36 625	8 607	20 693	19 605	1 088
1977	40 119	9 027	22 667	21 545	1 122
1978	47 959	10 695	27 193	25 630	1 563
1979	53 211	11 706	30 330	28 189	2 141

生　产　总　值

单位：万元

第三产业	#交通运输仓储、邮政业	批发和零售业	按户籍人口计算的人均 GDP（元/人）	折合美元（美元/人）	按常住人口计算的人均 GDP（元/人）	折合美元（美元/人）
1 526			80			
1 540			87			
1 429	43	503	98			
1 862	60	624	113			
1 828	56	688	110			
1 684	60	715	110			
2 365	130	1 462	138			
2 168	197	1 168	167			
2 595	299	1 417	224			
3 232	409	1 800	283			
3 980	631	2 070	377			
2 994	445	1 542	261			
3 472	427	1 783	216			
3 355	390	1 740	203			
3 890	528	1 996	245			
4 007	573	2 006	271			
3 953	576	1 974	308			
3 762	451	1 986	280			
3 238	307	1 802	203			
3 873	464	[illegible]	[illegible]			
4 410	656	2 429	344			
4 614	657	2 545	351			
5 123	781	2 708	376			
5 548	775	2 742	391			
6 330	849	3 119	377			
7 086	974	3 492	402			
7 325	928	3 571	418			
8 425	1 044	4 103	449			
10 071	1 231	4 204	528			
11 175	1 449	4 942	576	371		

续表

年　　份	地区生产总值（GDP）	第一产业	第二产业		
				工　业	建筑业
1980	64 002	13 834	37 015	32 437	4 578
1981	74 074	19 608	38 230	33 594	4 636
1982	86 743	19 283	43 762	36 548	7 214
1983	94 401	20 089	46 918	39 108	7 810
1984	122 906	20 808	63 235	46 300	16 935
1985	183 604	27 071	92 260	74 170	18 090
1986	211 850	28 774	102 425	85 167	17 258
1987	254 926	34 074	121 821	105 058	16 763
1988	359 752	52 593	165 306	145 589	19 717
1989	479 223	56 490	219 627	192 051	27 576
1990	570 860	60 782	258 661	222 766	35 895
1991	719 963	64 521	334 165	285 248	48 917
1992	976 748	80 651	413 675	341 927	71 748
1993	1 323 162	93 334	586 811	476 605	110 206
1994	1 870 381	129 044	897 872	739 651	158 221
1995	2 505 505	157 043	1 281 275	1 065 054	216 221
1996	2 999 395	203 045	1 498 519	1 298 694	199 825
1997	3 587 107	210 131	1 754 163	1 545 107	209 056
1998	4 031 676	217 445	1 953 093	1 670 995	282 098
1999	4 405 368	210 026	2 189 282	1 902 062	287 220
2000	5 018 706	212 378	2 538 549	2 274 547	264 002
2001	5 583 268	220 348	2 831 339	2 563 237	268 102
2002	6 483 570	222 992	3 445 304	3 158 943	286 361
2003	7 596 934	184 206	4 216 943	3 897 854	319 089
2004	8 877 149	201 512	4 949 707	4 589 406	360 301
2005	10 065 830	209 588	5 522 937	5 016 701	506 236
2006	11 737 984	181 450	6 138 100	5 399 286	738 814
2007	14 025 849	185 113	7 046 381	5 988 019	1 058 362
2008	16 107 098	215 998	7 699 800	6 311 700	1 388 100
2009	17 372 349	204 924	8 210 322	6 781 839	1 428 483

单位：万元

第三产业	# 交通运输仓储、邮政业	批发和零售业	按户籍人口计算的人均 GDP（元/人）	折合美元（美元/人）	按常住人口计算的人均 GDP（元/人）	折合美元（美元/人）
13 153	1 764	5 690	685	457		
16 236	2 101	6 297	779	457		
23 698	3 070	9 849	894	469		
27 394	4 017	11 454	956	481		
38 863	5 149	16 642	1 222	510		
64 273	5 153	26 073	1 788	609		
80 651	10 053	29 567	2 026	587		
99 031	15 275	30 345	2 403	645		
141 853	21 484	42 118	3 341	898		
203 106	28 982	48 820	4 383	1 164		
251 417	34 398	56 849	5 103	1 067		
321 277	47 883	66 088	6 346	1 192		
482 422	76 566	91 835	8 467	1 535		
643 017	94 490	121 098	11 262	1 954		
843 465	118 504	171 308	15 662	1 817		
1 067 187	163 797	228 047	20 645	2 472		
1 297 831	182 515	291 609	24 385	2 933		
1 622 813	237 466	425 597	28 772	3 471		
1 861 138	271 798	515 229	31 848	3 847		
2 006 060	323 558	539 999	34 153	4 126		
2 267 779	321 719	607 654	38 233	4 618	24 481	2 957
2 531 581	384 760	684 716	41 555	5 020	26 461	3 197
2 815 274	433 349	801 129	47 271	5 711	30 297	3 660
3 195 785	470 237	947 091	53 591	6 475	35 009	4 230
3 725 930	588 563	1 068 763	60 482	7 307	40 351	4 875
4 333 305	660 603	1 182 961	65 697	8 020	44 737	5 461
5 418 434	739 134	1 374 472	73 187	9 181	50 378	6 319
6 794 355	792 925	1 639 844	83 869	11 030	57 720	7 591
8 191 300	917 900	1 988 700	92 745	13 354	64 687	9 314
8 957 103	936 386	2 029 628	98 150	14 368	68 938	10 092

地区生产总值构成（%）

本表按当年价格计算

年份	地区生产总值(GDP)	第一产业	第二产业	工业	建筑业	第三产业	#交通运输仓储、邮政业	批发和零售业
1950	100.0	29.0	29.0			42.0		
1951	100.0	29.2	32.0			38.8		
1952	100.0	34.0	35.0	31.5	3.5	31.0	0.9	10.9
1953	100.0	28.0	39.0	34.6	4.4	33.0	1.1	11.1
1954	100.0	27.0	41.0	31.2	9.7	32.0	1.0	12.0
1955	100.0	31.0	40.0	33.2	6.8	29.0	1.0	12.3
1956	100.0	28.0	41.0	36.2	4.8	31.0	1.7	19.2
1957	100.0	28.0	49.0	44.8	4.2	23.0	2.1	12.4
1958	100.0	28.0	52.0	46.8	5.2	20.0	2.3	10.9
1959	100.0	28.0	53.0	47.7	5.3	19.0	2.4	10.6
1960	100.0	25.0	58.0	38.9	19.1	17.0	2.7	8.8
1961	100.0	28.0	54.0	50.1	3.9	18.0	2.7	9.3
1962	100.0	27.0	48.0	45.3	2.7	25.0	3.1	12.8
1963	100.0	27.0	48.0	45.3	2.7	25.0	2.9	13.0
1964	100.0	25.3	51.2	48.6	2.6	23.5	3.2	12.1
1965	100.0	26.6	52.1	49.6	2.5	21.3	3.0	10.7
1966	100.0	29.0	53.0	51.2	1.8	18.0	2.6	9.0
1967	100.0	32.0	50.0	49.5	0.5	18.0	2.2	9.5
1968	100.0	37.0	42.0	41.7	0.3	21.0	2.0	11.7
1969	100.0	31.4	51.7	51.3	0.4	16.9	2.0	8.8
1970	100.0	31.4	51.7	51.1	0.6	16.9	2.5	9.3
1971	100.0	31.4	51.7	50.6	1.1	16.9	2.4	9.3
1972	100.0	31.5	51.6	50.3	1.3	16.9	2.6	8.9
1973	100.0	23.7	59.1	57.6	1.5	17.2	2.4	8.5
1974	100.0	22.7	57.3	55.4	1.9	20.0	2.7	9.9
1975	100.0	23.1	56.4	54.2	2.2	20.5	2.8	10.1
1976	100.0	23.5	56.5	53.5	3.0	20.0	2.5	9.8
1977	100.0	22.5	56.5	53.7	2.8	21.0	2.6	10.2
1978	100.0	22.3	56.7	53.4	3.3	21.0	2.6	8.8
1979	100.0	22.0	57.0	53.0	4.0	21.0	2.7	9.3

续表

年 份	地区生产总值(GDP)	第一产业	第二产业			第三产业		
				工业	建筑业		#交通运输仓储、邮政业	批发和零售业
1980	100.0	21.6	57.8	50.7	7.2	20.6	2.8	8.9
1981	100.0	26.5	51.6	45.4	6.3	21.9	2.8	8.5
1982	100.0	22.2	50.5	42.1	8.3	27.3	3.5	11.4
1983	100.0	21.3	49.7	41.4	8.3	29.0	4.3	12.1
1984	100.0	16.9	51.4	37.7	13.8	31.6	4.2	13.5
1985	100.0	14.7	50.2	40.4	9.9	35.0	2.8	14.2
1986	100.0	13.6	48.3	40.2	8.1	38.1	4.7	14.0
1987	100.0	13.4	47.8	41.2	6.6	38.8	6.0	11.9
1988	100.0	14.6	45.9	40.5	5.5	39.4	6.0	11.7
1989	100.0	11.8	45.8	40.1	5.8	42.4	6.0	10.2
1990	100.0	10.6	45.3	39.0	6.3	44.0	6.0	10.0
1991	100.0	9.0	46.4	39.6	6.8	44.6	6.7	9.2
1992	100.0	8.3	42.4	35.0	7.3	49.4	7.8	9.4
1993	100.0	7.1	44.3	36.0	8.3	48.6	7.1	9.2
1994	100.0	6.9	48.0	39.5	8.5	45.1	6.3	9.2
1995	100.0	6.3	51.1	42.5	8.6	42.6	6.5	9.1
1996	100.0	6.8	50.0	43.3	6.7	43.3	6.1	9.7
1997	100.0	5.9	48.9	43.1	5.8	45.2	6.6	11.9
1998	100.0	5.4	48.4	41.4	7.0	46.2	6.7	12.8
1999	100.0	4.8	49.7	43.2	6.5	45.5	7.3	12.3
2000	100.0	4.2	50.6	45.3	5.3	45.2	6.4	12.1
2001	100.0	3.9	50.7	45.9	4.8	45.3	6.9	12.3
2002	100.0	3.4	53.1	48.7	4.4	43.4	6.7	12.4
2003	100.0	2.4	55.5	51.3	4.2	42.1	6.2	12.5
2004	100.0	2.3	55.8	51.7	4.1	42.0	6.6	12.0
2005	100.0	2.1	54.9	49.8	5.0	43.0	6.6	11.8
2006	100.0	1.5	52.3	46.0	6.3	46.2	6.3	11.7
2007	100.0	1.3	50.2	42.7	7.5	48.4	5.7	11.7
2008	100.0	1.3	47.8	39.2	8.6	50.9	5.7	12.3
2009	100.0	1.2	47.3	39.0	8.2	51.6	5.4	11.7

地区生产总值环比指数

本表按可比价格计算（上年＝100）

年份	地区生产总值(GDP)	第一产业	第二产业	工业	建筑业	第三产业	#交通运输仓储、邮政业	批发和零售业	按户籍人口计算的人均GDP	按常住人口计算的人均GDP
1950										
1951	112.0	110.3	119.0			107.6			111.6	
1952	122.2	135.8	126.2	112.0	420.0	99.8	168.8	107.8	118.5	
1953	118.3	98.6	136.2	140.6	153.3	131.1	161.1	132.7	111.4	
1954	100.5	98.6	103.1	95.1	229.2	99.6	94.3	113.1	96.6	
1955	103.4	114.0	101.1	109.6	70.2	92.1	91.5	88.9	101.7	
1956	134.0	115.6	145.0	147.1	141.3	148.0	153.3	143.8	128.0	
1957	112.6	129.0	112.9	123.1	50.5	90.4	206.1	97.4	110.3	
1958	141.9	145.8	150.1	181.8	291.4	118.8	142.6	109.8	138.3	
1959	130.2	127.1	135.6	143.9	153.8	124.1	124.6	112.1	125.5	
1960	134.9	121.6	151.4	157.0	160.1	123.0	151.8	113.3	130.6	
1961	64.5	61.2	65.5	62.9	45.1	69.1	77.9	73.2	62.8	
1962	82.3	78.1	74.3	83.8	52.0	115.3	93.8	110.2	81.6	
1963	100.1	105.6	96.8	79.8	93.2	98.6	93.6	106.5	97.4	
1964	125.0	117.5	132.5	138.1	122.8	121.8	111.9	99.9	122.3	
1965	117.5	126.4	116.4	119.4	105.1	106.8	112.5	107.8	114.4	
1966	115.1	118.0	119.2	124.3	85.3	100.7	105.3	106.4	112.0	
1967	96.1	105.1	90.0	82.3	25.4	94.3	74.6	99.3	91.8	
1968	74.7	85.3	61.1	51.3	37.0	86.0	76.6	101.7	73.4	
1969	145.3	125.8	61.2	246.3	236.7	119.5	149.5	105.7	146.9	
1970	110.9	99.4	356.3	113.8	173.2	114.9	114.1	98.8	109.8	
1971	108.1	118.7	101.7	107.1	207.3	105.0	108.3	111.1	105.4	
1972	111.3	110.5	112.2	113.2	138.4	110.3	122.1	107.7	107.2	
1973	101.4	79.5	116.6	109.5	129.7	108.1	108.6	110.3	99.3	
1974	101.3	94.1	101.0	96.3	119.9	114.4	108.0	112.5	99.6	
1975	109.5	111.2	107.7	108.2	125.9	112.1	108.2	105.3	106.9	
1976	106.1	106.9	106.8	107.6	145.9	103.1	102.4	110.6	104.1	
1977	109.6	104.5	110.3	109.6	102.8	114.8	108.9	110.4	107.5	
1978	116.7	110.4	118.9	120.6	141.7	119.3	111.7	115.6	114.8	
1979	108.0	91.7	114.7	108.5	134.9	110.2	116.9	116.7	106.2	

续表

年　份	地区生产总值（GDP）	第一产业	第二产业	工业	建筑业	第三产业	#交通运输仓储、邮政业	批发和零售业	按户籍人口计算的人均GDP	按常住人口计算的人均GDP
1980	118.6	117.4	120.7	120.1	226.4	114.1	129.1	111.9	117.3	
1981	109.2	116.7	102.9	108.6	92.8	119.6	112.9	112.4	107.3	
1982	116.3	95.1	114.1	111.2	135.4	143.2	130.2	121.3	114.0	
1983	104.6	101.4	101.0	106.2	95.4	113.9	120.5	105.4	102.8	
1984	123.4	102.9	121.7	123.8	123.9	138.5	127.1	134.0	121.2	
1985	129.5	110.6	141.2	139.4	157.3	119.9	100.1	113.7	124.9	
1986	107.2	94.4	107.4	113.0	92.0	113.7	130.9	102.6	105.3	
1987	117.8	107.6	124.5	133.1	95.0	116.7	131.4	106.8	115.9	
1988	123.7	102.9	139.7	146.6	106.7	117.9	121.5	114.2	121.9	
1989	118.0	104.3	118.4	117.4	125.1	122.3	114.9	110.6	116.3	
1990	117.7	101.5	124.7	126.3	115.2	115.4	115.3	107.6	115.5	
1991	122.8	107.1	124.7	122.1	141.7	124.8	134.5	115.9	120.9	
1992	126.0	111.8	119.6	121.2	109.8	136.4	145.6	125.5	123.0	
1993	125.2	103.3	135.4	127.5	185.9	119.4	118.6	112.1	122.0	
1994	127.3	107.9	138.6	139.8	133.2	118.1	118.7	122.1	123.1	
1995	123.0	105.2	132.8	137.5	111.3	113.0	124.9	118.9	121.1	
1996	115.1	106.1	115.8	119.4	94.7	115.5	119.4	119.7	113.2	
1997	118.2	111.8	118.8	120.9	104.1	117.9	123.3	138.6	116.2	
1998	115.2	101.7	117.6	116.4	127.7	113.2	113.0	118.4	114.8	
1999	115.0	97.3	121.5	123.5	106.4	106.5	116.6	102.0	114.9	
2000	115.2	95.5	118.1	120.9	93.2	112.1	98.6	112.6	115.1	
2001	112.2	108.1	113.2	114.3	105.1	111.3	113.1	111.1	109.1	109.0
2002	115.6	100.3	121.3	122.9	108.3	110.0	112.5	113.5	114.5	114.0
2003	117.0	81.8	123.7	124.9	113.0	110.8	106.8	114.9	113.2	115.4
2004	116.0	99.7	119.4	120.5	108.4	111.8	116.3	111.0	112.0	114.4
2005	116.0	99.4	116.9	115.6	135.0	115.5	113.7	114.1	111.1	113.4
2006	117.2	84.4	115.1	112.4	142.5	121.5	104.2	115.8	112.0	113.2
2007	117.0	88.6	115.1	112.7	133.8	120.4	102.6	114.9	112.2	112.2
2008	113.5	104.5	109.8	108.1	120.9	117.9	109.2	116.1	109.3	110.7
2009	108.0	100.5	106.2	106.1	106.8	110.2	101.5	104.9	106.0	106.7

地区生产总值定基指数

本表按可比价格计算（1952年=100）

年 份	地区生产总值（GDP）	第一产业	第二产业			第三产业			按户籍人口计算的人均GDP	按常住人口计算的人均GDP
				工业	建筑业		#交通运输仓储、邮政业	批发和零售业		
1950	73.1	66.8	66.6			93.1			75.6	
1951	81.8	73.6	79.2	89.2	23.8	100.2	59.3	92.8	84.4	
1952	100.0	100.0	100.0	100.0	100.0	100.0	100.0	100.0	100.0	
1953	118.3	98.6	136.2	140.6	153.3	131.1	161.1	132.7	111.4	
1954	118.9	97.2	140.4	133.7	351.4	130.6	151.9	150.1	107.6	
1955	122.9	110.8	142.0	146.5	246.7	120.3	139.0	133.4	109.4	
1956	164.7	128.1	205.9	215.6	348.5	178.0	213.1	191.9	140.1	
1957	185.5	165.3	232.4	265.4	176.0	160.9	439.2	186.9	154.5	
1958	263.2	241.0	348.8	482.4	512.9	191.1	626.3	205.2	213.7	
1959	342.7	306.3	473.0	694.2	788.8	237.2	780.3	230.0	268.2	
1960	462.3	372.4	716.2	1 089.9	1 262.9	291.8	1 184.6	260.6	350.2	
1961	298.2	227.9	469.1	685.6	569.6	201.6	922.8	190.8	220.0	
1962	245.4	178.0	348.5	574.5	296.2	232.5	865.6	210.2	179.5	
1963	245.6	188.0	337.4	458.5	276.0	229.2	810.2	223.9	174.8	
1964	307.1	220.9	447.0	633.1	339.0	279.2	906.6	223.7	213.8	
1965	360.8	279.2	520.3	756.0	356.3	298.2	1 019.9	241.1	244.6	
1966	415.3	329.4	620.2	939.7	303.9	300.2	1 074.0	256.5	273.9	
1967	399.1	346.2	558.2	773.3	77.2	283.1	801.2	254.7	251.5	
1968	298.1	295.3	341.1	396.7	28.6	243.5	613.7	259.1	184.6	
1969	433.2	371.5	208.7	977.1	67.6	291.0	917.5	273.8	271.2	
1970	480.4	369.3	743.7	1 112.0	117.1	334.3	1 046.8	270.6	297.7	
1971	519.3	438.4	756.4	1 190.9	242.7	351.0	1 133.7	300.6	313.8	
1972	578.0	484.4	848.7	1 348.1	335.9	387.2	1 384.3	323.7	336.4	
1973	586.1	385.1	989.5	1 476.2	435.7	418.6	1 503.3	357.1	334.0	
1974	593.7	362.4	999.4	1 421.6	522.4	478.8	1 623.6	401.7	332.7	
1975	650.1	403.0	1 076.4	1 538.1	657.7	536.8	1 756.7	423.0	355.7	
1976	689.7	430.8	1 149.6	1 655.0	959.6	553.4	1 798.9	467.8	370.2	
1977	755.9	450.2	1 268.0	1 813.9	986.4	635.3	1 959.0	516.5	398.0	
1978	882.2	497.0	1 507.6	2 187.6	1 397.8	757.9	2 188.2	597.1	456.9	
1979	952.8	455.7	1 729.3	2 373.5	1 885.6	835.3	2 558.0	696.8	485.3	

续表

年　份	地区生产总值（GDP）	第一产业	第二产业	工业	建筑业	第三产业	#交通运输仓储、邮政业	批发和零售业	按户籍人口计算的人均GDP	按常住人口计算的人均GDP
1980	1 130.0	535.0	2 087.2	2 850.6	4 268.9	953.0	3 302.4	779.7	569.2	
1981	1 233.9	624.4	2 147.7	3 095.8	3 961.6	1 139.8	3 728.4	876.4	610.8	
1982	1 435.1	593.8	2 450.6	3 442.5	5 364.0	1 632.2	4 854.3	1 063.1	696.3	
1983	1 501.1	602.1	2 475.1	3 655.9	5 117.2	1 859.1	5 849.5	1 120.5	715.8	
1984	1 852.3	619.5	3 012.2	4 526.0	6 340.2	2 574.9	7 434.7	1 501.4	867.5	
1985	2 398.7	685.2	4 253.2	6 309.3	9 973.2	3 087.3	7 442.1	1 707.1	1 083.5	
1986	2 571.5	646.8	4 567.9	7 129.5	9 175.3	3 510.2	9 741.8	1 751.5	1 140.9	
1987	3 029.2	696.0	5 687.0	9 489.4	8 716.6	4 096.4	12 800.7	1 870.6	1 322.3	
1988	3 747.1	716.2	7 944.8	13 911.4	9 300.6	4 829.7	15 552.8	2 136.2	1 611.9	
1989	4 421.6	747.0	9 406.6	16 332.0	11 635.0	5 906.7	17 870.2	2 362.7	1 874.7	
1990	5 204.2	758.2	11 730.1	20 627.3	13 403.5	6 816.3	20 604.3	2 542.2	2 165.2	
1991	6 390.7	812.0	14 627.4	25 186.0	18 992.8	8 506.8	27 712.8	2 946.4	2 617.8	
1992	8 052.3	907.8	17 494.4	30 525.4	20 854.1	11 603.2	40 349.9	3 697.8	3 219.9	
1993	10 081.5	937.8	23 687.4	38 919.9	38 767.8	13 854.3	47 854.9	4 145.2	3 928.2	
1994	12 833.8	1 011.9	32 830.8	54 410.0	51 638.7	16 361.9	56 803.8	5 061.3	4 835.6	
1995	15 785.5	1 064.5	43 599.2	74 813.7	57 473.9	18 488.9	70 947.9	6 017.9	5 856.0	
1996	18 169.2	1 129.4	50 487.9	89 327.6	54 427.8	21 354.7	84 711.8	7 203.4	6 629.0	
1997	21 475.9	1 262.7	59 979.6	107 997.0	56 659.3	25 177.2	104 449.7	9 984.0	7 702.8	
1998	24 740.3	1 284.2	70 536.1	125 708.6	72 354.0	28 500.6	118 028.2	11 821.0	8 842.9	
1999	28 451.3	1 249.5	85 701.3	155 250.1	76 984.6	30 353.1	137 620.8	12 057.4	10 160.5	
2000	32 775.9	1 193.3	101 213.3	187 697.3	71 749.7	34 025.9	135 694.2	13 576.7	11 694.7	100.0
2001	36 774.6	1 289.9	114 573.4	214 538.1	75 408.9	37 870.8	153 470.1	15 083.7	12 758.9	109.0
2002	42 511.4	1 293.8	138 977.5	263 667.3	81 667.8	41 657.9	172 653.9	17 120.0	14 608.9	124.3
2003	49 738.4	1 058.3	171 915.2	329 320.4	92 284.6	46 156.9	184 394.3	19 670.9	16 537.3	143.4
2004	57 696.5	1 055.2	205 266.8	396 831.1	100 036.6	51 603.4	214 450.6	21 834.7	18 521.8	164.0
2005	66 928.0	1 048.8	239 956.8	458 736.8	135 049.4	59 602.0	243 830.3	24 913.3	20 577.7	186.0
2006	78 457.2	884.7	276 282.0	515 504.9	192 475.5	72 403.1	254 177.4	28 854.2	23 044.6	210.6
2007	91 819.8	784.1	317 873.0	580 769.9	257 445.7	87 155.4	260 808.5	33 142.6	25 864.5	236.3
2008	104 201.3	819.7	349 081.7	628 027.5	311 202.0	102 790.3	284 839.1	38 462.4	28 264.5	261.7
2009	112 537.4	823.5	370 724.8	666 337.2	332 363.7	113 274.9	289 111.7	40 347.1	29 951.9	279.3

第 三 产 业

本表按当年价格计算 （1978～2009 年）

年份	总计	交通运输、仓储及邮政业	信息传输、计算机服务和软件业	批发和零售业	住宿和餐饮业	金融业	#银行业及其他金融活动	证券业	保险业
1978	10 071	1 231	140	4 204	374	537			
1979	11 175	1 449	164	4 942	369	728			
1980	13 153	1 764	200	5 690	432	910			
1981	16 236	2 101	238	6 297	479	1 653			
1982	23 698	3 070	348	9 849	748	2 604			
1983	27 394	4 017	455	11 454	870	2 562			
1984	38 863	5 149	584	16 642	1 265	4 141			
1985	64 273	5 153	615	26 073	2 201	10 425			
1986	80 651	10 053	890	29 567	2 496	14 439			
1987	99 031	15 275	1 321	30 345	2 562	19 829			
1988	141 853	21 484	2 145	42 118	3 556	33 940			
1989	203 106	28 982	2 468	48 820	4 122	69 024			
1990	251 417	34 398	4 614	56 849	4 800	85 319	93 819		－8 500
1991	321 277	47 883	5 922	66 088	3 300	112 746	108 946		3 800
1992	482 422	76 566	10 316	91 835	7 660	149 897	144 857		5 040
1993	643 017	94 490	21 766	121 098	7 332	204 879	195 757		9 122
1994	843 465	118 504	32 303	171 308	13 383	282 951	272 893		10 058
1995	1 067 187	163 797	50 334	228 047	21 746	299 740	286 595		13 145
1996	1 297 831	182 515	83 269	291 609	27 400	357 853	345 580		12 273
1997	1 622 813	237 466	100 463	425 597	47 862	374 164	361 541		12 623
1998	1 861 138	271 798	102 533	515 229	80 800	370 485	356 481		14 004
1999	2 006 060	323 558	116 443	539 999	89 356	317 417	293 377		24 040
2000	2 267 779	321 719	166 072	607 654	98 430	335 798	314 093		21 705
2001	2 531 581	384 760	164 050	684 716	114 068	333 164	311 630		21 534
2002	2 815 274	433 349	185 822	801 129	111 217	373 136	349 018		24 118
2003	3 195 785	470 237	201 907	947 091	128 590	398 246	372 505		25 741
2004	3 725 930	588 563	226 342	1 068 763	157 721	413 700	377 117	9 843	26 740
2005	4 333 305	660 603	268 544	1 182 961	167 603	468 343	425 742	10 272	20 974
2006	5 418 434	739 134	351 261	1 374 472	211 937	665 362	615 711	21 246	11 218
2007	6 794 355	792 925	458 516	1 639 844	289 867	924 449	815 716	82 212	8 017
2008	8 191 300	917 900	427 046	1 988 700	400 201	1 193 900	972 826	126 338	45 162
2009	8 957 103	936 386	420 372	2 029 628	434 624	1 304 208	1 087 569	135 741	32 252

增　　加　　值

单位：万元

房地产业	租赁和商务服务业	科学研究、技术服务和地质勘查业	水利、环境和公共设施管理业	居民服务和其他服务业	教　育	卫生、社会保障和社会福利业	文化、体育和娱乐业	公共管理和社会组织	其他服务业
248	29	221	124	469	1 279	309	323	583	
337	112	187	105	386	1 077	261	369	689	
421	92	232	130	550	1 341	324	311	756	
764	132	236	155	881	1 431	345	387	1 137	
1 204	383	306	200	928	1 546	374	275	1 863	
1 185	380	380	249	998	1 922	465	481	1 976	
1 915	266	529	346	1 561	2 675	647	597	2 546	
4 822	378	660	432	3 867	4 064	987	924	3 672	
6 985	468	666	436	3 963	4 440	1 115	1 047	4 086	
7 579	455	970	635	6 212	6 577	1 650	1 394	4 227	
9 559	631	1 220	798	8 102	8 501	2 245	2 065	5 489	
13 826	888	1 553	1 016	9 252	9 805	2 989	2 966	7 395	
18 394	970	2 301	1 771	11 251	11 873	3 583	4 001	11 293	
22 079	1 146	2 889	2 001	18 211	13 027	4 339	5 753	15 893	
52 305	1 702	4 052	2 972	26 738	16 915	5 051	9 018	27 395	
70 307	2 754	4 350	3 190	26 749	25 393	5 833	11 709	43 167	
78 999	3 983	6 858	4 352	30 134	30 624	6 375	15 828	47 863	
108 874	6 763	8 047	8 402	33 698	43 105	13 191	23 009	58 434	
118 571	7 994	9 455	9 323	38 620	49 964	21 418	27 073	72 767	
142 979	16 248	14 559	12 043	41 055	62 152	27 493	29 046	91 686	
203 044	18 045	15 284	14 126	39 417	72 428	28 968	29 889	99 092	
[illegible]	[illegible]	[illegible]	[illegible]	[illegible]	[illegible]	[illegible]	[illegible]	[illegible]	
326 996	39 885	27 976	17 736	48 269	95 330	35 034	31 248	115 632	
367 489	51 134	35 540	21 174	56 192	122 545	35 401	31 651	129 697	
368 423	61 949	37 191	23 302	56 343	155 131	38 023	34 544	135 715	
462 722	69 485	41 151	22 083	59 529	173 988	42 590	37 900	140 266	
540 024	93 662	79 123	28 904	85 568	181 933	56 999	49 100	155 528	
695 031	107 204	88 428	34 105	96 389	196 832	115 681	53 729	197 852	
870 736	164 928	106 694	47 596	140 941	294 469	133 678	66 749	250 477	
1 129 080	221 751	137 377	51 601	191 767	405 051	158 313	84 076	309 738	
1 039 600	373 351	156 747	71 656	444 934	475 159	188 554	110 481	403 071	2 650 999
1 514 913	368 259	156 687	64 488	456 533	504 979	217 810	111 466	436 751	2 737 344

第 三 产 业

本表按可比价格计算（上年=100） （1978~2009年）

年份	总计	交通运输、仓储及邮政业	信息传输、计算机服务和软件业	批发和零售业	住宿和餐饮业	金融业	房地产业
1978	119.3	111.7		115.6			
1979	110.2	116.9	116.3	116.7	98.7	134.6	135.0
1980	114.1	129.1	118.2	111.9	113.5	121.2	121.1
1981	119.6	112.9	115.3	112.4	107.4	176.0	175.8
1982	143.2	130.2	143.5	121.3	153.2	154.6	154.6
1983	113.9	120.5	128.8	105.4	114.6	96.9	97.0
1984	138.5	127.1	125.3	134.0	142.0	157.8	157.8
1985	119.9	100.1	105.3	113.7	126.1	182.5	182.6
1986	113.7	130.9	131.1	102.6	102.8	114.6	135.3
1987	116.7	131.4	141.1	106.8	101.6	125.7	116.4
1988	117.9	121.5	133.7	114.2	114.2	135.0	108.1
1989	122.3	114.9	115.1	110.6	107.3	139.4	120.7
1990	115.4	115.3	174.3	107.6	108.6	121.6	111.3
1991	124.8	134.5	125.3	115.9	68.8	130.0	111.6
1992	136.4	145.6	158.2	125.5	210.9	126.7	195.7
1993	119.4	118.6	189.0	112.1	95.7	124.5	119.1
1994	118.1	118.7	133.6	122.1	164.3	123.4	114.0
1995	113.0	124.9	139.2	118.9	145.1	99.2	134.8
1996	115.5	119.4	157.1	119.7	119.7	113.3	103.3
1997	117.9	123.3	113.8	138.6	164.7	99.4	110.6
1998	113.2	113.0	100.7	118.4	166.6	100.1	129.9
1999	106.5	116.6	112.2	102.0	109.3	87.4	124.1
2000	112.1	98.6	141.4	112.6	109.2	104.7	126.1
2001	111.3	113.1	98.8	111.1	115.5	100.3	112.9
2002	110.0	112.5	112.0	113.5	97.5	110.9	99.3
2003	110.8	106.8	106.1	114.9	112.9	105.7	121.8
2004	111.8	116.3	107.5	111.0	117.6	110.9	104.0
2005	115.5	113.7	122.0	114.1	107.3	112.6	121.2
2006	116.5	104.2	130.4	115.8	119.8	138.4	118.2
2007	120.4	102.6	130.4	114.9	133.7	131.9	109.7
2008	117.9	109.2	93.6	116.1	135.0	122.4	90.0
2009	110.2	101.5	103.3	104.9	104.7	112.5	147.4

增 加 值 指 数

租赁和商务服务业	科学研究、技术服务和地质勘查业	水利、环境和公共设施管理业	居民服务和其他服务业	教育	卫生、社会保障和社会福利业	文化、体育和娱乐业	公共管理和社会组织
383.6	84.7	84.7	82.3	83.6	83.9	113.5	117.4
82.1	120.0	113.1	138.1	120.7	120.3	84.3	106.4
139.0	115.5	109.4	155.2	103.4	103.2	120.6	145.7
284.7	126.6	117.2	103.3	106.0	106.4	71.1	160.8
99.2	122.7	124.5	106.0	122.5	122.5	172.3	104.5
70.0	135.7	119.1	152.7	135.9	135.8	121.2	125.8
103.0	108.6	113.5	179.6	110.1	110.6	112.2	104.6
112.2	104.0	98.9	102.5	108.5	102.4	102.7	114.6
97.2	138.4	145.6	149.0	140.8	118.0	126.5	103.5
114.1	106.6	117.5	107.4	106.4	128.5	121.9	122.7
120.2	101.1	120.2	115.0	105.8	112.8	122.7	129.1
101.8	143.9	130.0	113.4	112.9	118.3	125.8	132.8
115.4	107.2	117.5	135.6	108.0	114.6	140.4	134.8
134.9	134.9	123.8	146.8	120.0	112.0	142.4	147.6
144.9	104.3	107.3	100.0	134.5	104.0	116.3	137.8
130.2	122.8	119.4	107.1	113.9	102.7	121.7	107.6
151.6	108.3	158.3	111.8	126.5	121.2	129.8	115.7
112.3	114.1	106.8	113.0	110.1	147.6	111.7	118.7
191.6	132.1	117.1	100.2	117.3	122.2	101.2	122.3
109.6	117.8	105.1	96.0	115.0	104.0	101.6	111.4
123.9	120.4	102.0	111.1	111.1	100.8	98.1	110.0
174.8	137.0	105.3	110.3	111.3	104.7	105.7	106.0
127.8	125.8	112.6	112.8	121.7	100.7	101.0	112.6
119.8	105.7	104.2	107.3	121.4	106.3	108.0	109.1
109.5	108.4	94.8	106.2	110.0	110.4	107.1	107.5
129.3	113.0	125.4	137.8	100.3	117.9	124.2	113.0
110.7	108.1	118.5	108.9	110.0	172.8	106.0	119.0
150.6	118.1	135.0	143.2	148.1	115.2	125.4	122.5
135.0	129.3	103.6	136.6	155.9	116.1	132.6	118.2
167.2	113.3	137.9	230.4	121.7	115.3	136.4	124.1
101.6	103.1	92.8	105.8	103.8	108.9	102.3	111.9

支出法地区生产总值

本表按当年价格计算　　（1985～2009年）　　单位：万元

年份	地区生产总值（GDP）	最终消费	#居民消费	政府消费	资本形成总额	货物和服务进出口	资本形成率（投资率）	最终消费率（消费率）
1985	183 604	91 373	81 843	9 530	101 961	－9 730	55.5	49.8
1986	211 850	103 040	92 111	10 929	103 259	5 551	48.7	48.6
1987	254 926	129 958	112 339	17 619	122 167	2 801	47.9	51.0
1988	359 752	173 706	149 385	24 321	175 822	10 224	48.9	48.3
1989	479 223	235 389	193 860	41 529	218 487	25 347	45.6	49.1
1990	570 860	291 039	251 685	39 354	252 847	26 974	44.3	51.0
1991	719 963	355 421	306 939	48 482	335 470	29 072	46.6	49.4
1992	976 748	455 441	387 954	67 487	466 392	54 915	47.7	46.6
1993	1 323 163	579 400	480 227	99 173	685 490	58 273	51.8	43.8
1994	1 870 381	782 300	632 194	150 106	947 816	140 265	50.7	41.8
1995	2 505 488	980 273	779 131	201 142	1 327 846	197 369	53.0	39.1
1996	3 063 544	1 221 287	963 474	257 813	1 501 869	340 388	49.0	39.9
1997	3 640 546	1 244 015	943 663	300 352	1 833 989	562 542	50.4	34.2
1998	4 180 644	1 307 474	941 378	366 096	2 190 247	682 923	52.4	31.3
1999	4 582 928	1 453 802	1 014 321	439 481	2 379 955	749 171	51.9	31.7
2000	5 018 706	1 659 264	1 118 371	540 893	2 169 017	1 190 425	43.2	33.1
2001	5 583 268	1 831 438	1 210 440	620 998	2 309 539	1 442 291	41.4	32.8
2002	6 483 570	2 024 428	1 233 667	790 761	2 557 304	1 901 838	39.4	31.2
2003	7 596 934	2 166 686	1 302 126	864 560	3 079 365	2 350 883	40.5	28.5
2004	8 877 149	3 247 973	2 302 065	945 908	3 706 166	1 923 010	41.7	36.6
2005	10 065 831	3 763 352	2 685 523	1 077 829	4 350 626	1 951 853	43.2	37.4
2006	11 737 984	4 542 467	3 249 109	1 293 358	5 823 639	1 371 878	49.6	38.7
2007	14 025 849	5 232 205	3 951 817	1 280 388	7 539 376	1 254 268	53.8	37.3
2008	16 107 098	5 753 813	4 286 413	1 467 400	8 152 463	2 200 822	50.6	35.7
2009	17 372 349	6 157 845	4 509 954	1 647 891	7 316 992	3 897 512	42.1	35.4

注：投资率＝资本形成总额/支出法生产总值×100；消费率＝最终消费/支出法生产总值×100

支出法地区生产总值指数

本表按可比价格计算（上年=100） （1986～2009年）

年份	地区生产总值(GDP)	最终消费			资本形成总额	货物和服务进出口	资本弹性系数	消费弹性系数
			#居民消费	政府消费				
1986	108.9	103.7	103.6	105.2	96.4		-2.44	2.38
1987	113.5	115.8	112.4	146.6	112.9	86.5	1.05	0.86
1988	119.3	111.6	110.3	120.8	128.1	128.7	0.69	1.67
1989	116.5	121.1	119.6	130.3	107.0	196.1	2.36	0.78
1990	106.8	104.9	106.3	96.7	108.4	112.6	0.80	1.39
1991	121.7	116.2	115.9	117.8	127.7	125.1	0.78	1.34
1992	127.6	122.0	120.3	132.3	132.2	140.1	0.86	1.26
1993	126.2	117.1	114.0	134.8	138.2	99.0	0.69	1.53
1994	128.6	118.1	117.8	119.5	129.7	119.8	0.96	1.58
1995	121.0	113.1	111.5	121.0	125.5	130.3	0.82	1.60
1996	115.1	114.5	112.4	124.1	112.8	133.8	1.18	1.04
1997	116.3	102.4	98.9	116.3	120.3	147.5	0.80	6.71
1998	115.4	108.9	104.4	124.4	112.3	147.6	1.25	1.72
1999	114.9	114.5	111.2	123.8	111.6	127.5	1.28	1.03
2000	115.2	117.5	113.8	126.9	99.6	160.4	-38.02	0.87
2001	112.2	111.2	109.1	115.6	108.3	120.6	1.47	1.09
2002	115.6	109.7	101.2	126.1	111.1	130.6	1.41	1.61
2003	117.0	106.1	104.7	108.3	121.7	122.4	0.78	2.79
2004	116.0	109.9	112.5	106.1	116.9	120.4	0.95	1.62
2005	116.0	113.7	115.0	110.3	118.3	115.1	0.87	1.17
2006	117.2	117.1	117.5	116.2	132.8	82.7	0.52	1.01
2007	117.0	111.9	117.1	99.0	124.5	104.2	0.70	1.43
2008	113.5	104.9	103.4	109.3	101.7	189.1	7.94	2.77
2009	108.0	109.7	108.1	114.0	92.7	104.6	-1.10	0.82

注：1. 资本弹性系数=生产总值增长率/资本形成总额增长率
2. 消费弹性系数=生产总值增长率/最终消费增长率

支出法地区生产总值结构

本表按当年价格计算　　（1985～2009年）

年份	最终消费（万元）				构成（%）				资本形成总额（万元）		构成（%）	
					最终消费=100		居民消费=100					
	居民消费	农村居民	城镇居民	政府消费	居民消费	政府消费	农村居民	城镇居民	固定资本形成总额	存货增加	固定资本形成总额	存货增加
1985	81 843	37 948	43 895	9 530	89.6	10.4	46.4	53.6	89 125	12 836	87.4	12.6
1986	92 111	40 053	52 058	10 929	89.4	10.6	43.5	56.5	87 132	16 127	84.4	15.6
1987	112 339	47 567	64 772	17 619	86.4	13.6	42.3	57.7	100 993	21 174	82.7	17.3
1988	149 385	59 349	90 036	24 321	86.0	14.0	39.7	60.3	127 434	48 388	72.5	27.5
1989	193 860	68 863	124 997	41 529	82.4	17.6	35.5	64.5	129 177	89 310	59.1	40.9
1990	251 685	89 799	161 886	39 354	86.5	13.5	35.7	64.3	152 476	100 371	60.3	39.7
1991	306 939	115 044	191 895	48 482	86.4	13.6	37.5	62.5	206 899	128 571	61.7	38.3
1992	387 954	137 643	250 311	67 487	85.2	14.8	35.5	64.5	308 116	158 276	66.1	33.9
1993	480 227	179 726	300 501	99 173	82.9	17.1	37.4	62.6	483 378	202 112	70.5	29.5
1994	632 194	234 828	397 366	150 106	80.8	19.2	37.1	62.9	669 237	278 579	70.6	29.4
1995	779 131	283 151	495 980	201 142	79.5	20.5	36.3	63.7	950 316	377 530	71.6	28.4
1996	963 474	350 333	613 141	257 813	78.9	21.1	36.4	63.6	1 074 861	427 008	71.6	28.4
1997	943 663	290 281	653 382	300 352	75.9	24.1	30.8	69.2	1 248 988	585 001	68.1	31.9
1998	941 378	254 416	686 962	366 096	72.0	28.0	27.0	73.0	1 653 763	536 484	75.5	24.5
1999	1 014 321	259 175	755 146	439 481	69.8	30.2	25.6	74.4	1 870 295	509 660	78.6	21.4
2000	1 118 371	271 751	846 620	540 893	67.4	32.6	24.3	75.7	1 691 099	477 918	78.0	22.0
2001	1 210 440	302 419	908 021	620 998	66.1	33.9	25.0	75.0	1 878 841	430 698	81.4	18.6
2002	1 233 667	212 950	1 020 717	790 761	60.9	39.1	17.3	82.7	2 060 367	496 937	80.6	19.4
2003	1 302 126	313 123	989 003	864 560	60.1	39.9	24.0	76.0	2 358 286	721 079	76.6	23.4
2004	2 302 065	237 956	2 064 109	945 908	70.9	29.1	10.3	89.7	2 941 089	765 077	79.4	20.6
2005	2 685 523	236 764	2 448 759	1 077 829	71.4	28.6	8.8	91.2	3 799 049	551 577	87.3	12.7
2006	3 249 109	269 219	2 979 890	1 293 358	71.5	28.5	8.3	91.7	5 237 099	586 540	89.9	10.1
2007	3 951 817	316 723	3 635 094	1 280 388	75.5	24.5	8.0	92.0	6 884 952	654 424	91.3	8.7
2008	4 286 413	376 129	3 910 284	1 467 400	74.5	25.5	8.8	91.2	7 696 751	455 712	94.4	5.6
2009	4 509 954	385 405	4 124 549	1 647 891	73.2	26.8	8.5	91.5	6 631 218	685 774	90.6	9.4

收入法地区生产总值构成项目

本表按当年价格计算　　（1990～2009年）　　单位：万元

年　份	地区生产总值（GDP）	劳动者报酬	生产税净额	固定资产折旧	营业盈余
1990	570 860	169 200	81 200	52 700	267 760
1991	719 963	198 500	115 300	57 400	348 763
1992	976 748	277 840	161 140	74 580	463 188
1993	1 323 162	313 177	224 316	79 083	706 586
1994	1 870 381	470 188	381 837	29 603	988 753
1995	2 505 505	779 430	289 504	238 015	1 198 556
1996	2 999 395	904 398	369 284	285 239	1 440 474
1997	3 587 107	1 346 372	562 740	217 215	1 460 780
1998	4 031 676	1 329 103	449 008	217 472	2 036 093
1999	4 405 368	1 428 721	516 464	206 746	2 253 437
2000	5 018 706	1 651 096	598 777	213 442	2 555 391
2001	5 583 268	1 826 300	656 829	309 130	2 791 009
2002	6 483 570	2 272 672	784 510	357 040	3 069 348
2003	[illegible]	[illegible]	[illegible]	[illegible]	[illegible]
2004	8 877 149	3 155 259	1 395 319	547 328	3 779 243
2005	10 065 830	4 030 463	1 614 023	650 552	3 770 792
2006	11 737 984	4 308 265	1 852 304	1 240 922	4 336 493
2007	14 025 849	5 154 884	2 248 592	1 468 869	5 153 504
2008	16 107 098	5 983 933	2 518 187	1 618 583	5 986 395
2009	17 372 349	7 038 813	2 763 028	1 777 730	5 792 778

区级生产

（2003～2009年）

指标	思明区		湖里区		集美区	
	完成额	环比增长（%）	完成额	环比增长（%）	完成额	环比增长（%）
地区生产总值（GDP）						
2003年	2 330 569		2 244 346		910 171	
2004年	2 777 717	12.4	2 621 881	17.9	1 117 634	22.6
2005年	3 023 950	9.1	3 101 124	23.0	1 304 461	20.7
2006年	3 794 056	24.0	3 628 954	14.3	1 427 369	11.5
2007年	4 608 323	17.2	3 991 466	8.0	1 776 156	24.1
2008年	5 095 828	12.5	4 232 232	8.7	2 311 143	13.2
2009年	5 776 326	12.1	4 312 424	4.5	2 320 824	2.9
第一产业						
2003年	5 659		3 018		35 181	
2004年	6 166	-0.7	3 290	-0.7	38 459	-0.4
2005年	7 718	19.6	4 542	32.0	37 123	-7.8
2006年	3 404	-57.0	3 272	-27.9	31 825	-16.5
2007年	1 147	-70.7	426	-89.0	34 944	-4.6
2008年					42 605	9.2
2009年	3 236				40 154	-0.2
第二产业						
2003年	478 460		1 612 350		629 209	
2004年	531 298	11.0	1 890 875	19.6	801 103	29.7
2005年	550 302	6.4	2 183 902	21.9	982 160	29.1
2006年	737 810	25.7	2 464 024	14.2	1 004 673	9.0
2007年	822 667	8.0	2 476 440	1.0	1 277 803	28.0
2008年	801 416	20.9	2 368 794	3.1	1 612 391	5.1
2009年	1 053 634	13.2	2 307 141	2.1	1 525 103	-3.1
第三产业						
2003年	1 846 449		628 978		245 781	
2004年	2 240 253	12.7	727 716	13.9	278 072	10.0
2005年	2 465 930	9.8	912 680	25.9	285 178	1.9
2006年	3 052 842	23.9	1 161 658	14.7	390 871	22.7
2007年	3 784 509	19.7	1 514 600	24.3	463 410	15.8
2008年	4 294 412	10.7	1 863 437	19.1	656 147	37.8
2009年	4 719 456	11.7	2 005 283	8.2	755 567	17.0

总　　值　　（GDP）

单位：万元

海沧区		同安区		翔安区	
完成额	环比增长（%）	完成额	环比增长（%）	完成额	环比增长（%）
1 363 351		524 076		224 420	
1 433 643	8.2	621 677	15.1	304 590	32.1
1 532 933	11.7	733 427	20.4	369 937	22.8
1 680 630	16.6	762 682	12.3	444 294	19.2
1 944 651	14.4	973 910	24.8	731 342	63.3
2 206 402	6.8	1 253 495	11.5	1 048 000	33.8
2 393 753	5.3	1 328 360	8.1	1 290 661	23.3
19 335		64 420		56 592	
21 183	-0.2	70 459	-0.3	61 956	-0.2
23 985	8.2	73 921	0.3	62 299	-3.9
25 113	2.0	67 093	-11.6	50 743	-20.6
20 591	-28.8	77 532	0.4	50 473	-13.6
25 892	12.7	83 008	-4.1	64 495	14.5
17 410	-28.8	81 652	4.2	62 473	2.6
1 155 910		261 686		79 327	
1 225 236	8.3	360 189	40.0	141 000	81.6
1 213 565	4.6	402 626	17.7	190 383	41.9
1 261 675	17.1	424 661	17.4	245 259	34.0
1 427 213	14.8	549 099	29.4	493 159	102.9
1 567 255	4.6	686 965	0.9	662 980	23.2
1 672 409	2.8	734 766	8.2	967 269	44.7
188 106		197 970		88 501	
187 223	8.4	191 029	-8.2	101 634	14.6
295 383	56.2	256 880	32.9	117 254	14.6
393 842	33.9	270 929	11.7	148 292	16.7
496 847	16.9	347 279	23.3	187 711	20.3
613 255	21.5	483 522	33.2	320 526	69.5
703 934	14.8	511 943	8.5	260 920	-19.1

一、综合·主要历史时期资料

主 要 年 份 国 民 经 济

指　　标	单　位	1952 年	1978 年	1980 年
一、城市基本情况				
全年供水量	万吨	76.35	2 074	3 002
#生产经营用水	万吨	34.84	1 586	1 992
公共服务用水	万吨	41.51	487	793
家庭生活用水	万吨			
全年用电总量	万千瓦小时	40.13	17 691	23 589
#居民生活用量	万千瓦小时		3 807	5 135
公　园	个/公顷			4/28.90
园林绿地面积	公顷			158
建成区绿化覆盖率	%			13.00
年末实有道路长度	公里	61.19	109.65	110.06
年末实有道路面积	万平方米	49.7	100.1	100.5
年末实有公共汽车营运辆	辆	2	70	80
全年公交客运总量	万人次	5.5	1 970	2 898
年末出租汽车数	辆			
轮渡营运船数	艘	3	8	9
轮渡客运总量	万人次	153	1 212	158
二、人口情况				
全市常住人口	万人			
平均常住人口	万人			
户籍人口	人	470 612	907 816	933 927
#当年出生人口	人			14 406
自然净增人口数	人		11 502	8 911
人口自然净增率	‰		12.7	9.68
年平均户籍人口	人	463 189	900 380	928 482

Note: 公共服务用水 and 家庭生活用水 are bracketed together; 41.51, 487, 793 are combined values.

和 社 会 发 展 情 况

1981 年	1985 年	1990 年	1995 年	2000 年	2005 年	2009 年
3 050	5 243	8 140	14 225	19 331	23 755	29 454
1 929	3 126	4 604	9 462	10 818	11 079	8 706
					2 288	2 267
883	1 721	2 435	4 763	8 513	7 612	9 933
25 210	40 214	91 493	228 099	433 332	899 691	1 281 795
4 749	9 781	9 419	26 573	83 326	154 253	275 143
5/102. 89	7/106	19/194	30/375	31/451. 53	37/896. 96	55/1 980
117	414	1 045	2 044	2 993	4 615	14 304
21. 70	19. 30	28. 40	33. 17	35. 77	36. 82	39. 80
104. 00	138. 00	374. 00	410. 00	586. 00	872. 60	1 183. 40
79. 00	133. 00	415. 00	618. 00	997. 20	1 555. 80	2 977. 00
93	125	169	389	1 036	2 610	3 012
3 260	5 631	5 884	16 596	29 871	53 000	62 000
		1 324	2 898	3 814	3 646	4 263
10	12	11	20	22	26	20
1 534	2 216	2 501	2 624	1 940	1 977	1 989
				205	225	252
					223	251
950 847	1 026 669	1 118 592	1 213 642	1 312 670	1 532 168	1 769 983
18 907	18 779	28 006	15 178	15 997	16 019	21 244
13 470	13 139	21 528	9 529	4 783	8 379	14 566
14. 29	12. 93	19. 47	7. 91	3. 68	5. 59	8. 31
942 387	1 016 158	1 105 945	1 203 925	1 301 273	1 499 950	1 753 347

续表一

指　　　　标	单　位	1952 年	1978 年	1980 年
三、劳动就业				
全社会劳动者人数	人	148 463	447 055	482 445
#乡村劳动者人数	人	137 756	266 276	274 909
城镇个体劳动者（含私营雇工）	人			1 185
各种所有制单位从业人员(不含国有农林牧场职工)	人			
#在岗职工人数	人	10 707	180 779	206 345
四、经济总量指标				
地区生产总值（当年价）	万元	4 609	47 960	64 003
第一产业	万元	1 567	10 695	13 834
第二产业	万元	1 613	27 193	37 015
第三产业	万元	1 429	10 072	13 154
五、工　业				
全部工业总产值（按当年公布价格计算）	万元	2 597	74 769	96 691
#规模以上工业总产值	万元		74 769	96 691
主要工业产品产量				
微型计算机	万部			
发电量	万千瓦小时	62. 77	16 355	32 312
移动电话	万部			
罐　头	万吨		1. 05	1. 42
卷　烟	亿支	2. 6	48. 15	52. 30
化学纤维	吨		375. 71	380. 90
铲土运输机械	台		70	250
电视机	万台			
叉　车	台		44	16
平板玻璃	万重箱		51. 14	95. 04
摩托车	辆			
六、农　业				
农林牧渔业总产值（按当年价计算）	万元	3 141	15 520	18 233
农　业	万元	2 295	12 225	11 335
林　业	万元	11	88	138
牧　业	万元	613	1 970	4 261
渔　业	万元	222	1 237	2 499

1981 年	1985 年	1990 年	1995 年	2000 年	2005 年	2009 年
486 925	585 989	679 324	903 316	1 038 161	1 395 213	1 833 866
272 877	333 728	360 267	386 063	404 560	370 542	217 358
2 340	7 446	19 373	49 329	123 888	321 610	816 955
			467 924	509 713	703 061	799 553
211 646	244 815	299 684	461 469	501 398	684 980	754 571
74 075	183 604	570 860	2 505 505	5 018 706	10 065 831	17 372 349
19 608	27 071	60 782	157 043	212 378	209 588	204 924
38 230	92 260	258 661	1 281 275	2 538 549	5 522 938	8 210 322
16 237	64 273	251 417	1 067 187	2 267 779	4 333 305	8 957 103
100 747	218 522	786 874	3 610 420	7 763 557	20 990 274	29 149 527
100 747	218 522	992 545	3 386 440	6 996 757	20 291 174	28 127 627
				61. 53	367. 62	551. 58
30 745	35 378	22 144	60 557	319 300	434 400	894 500
				52. 90	1 165. 96	671. 50
1. 30	2. 33	3. 21	3. 48	2. 15	14. 86	36. 69
60. 30	112. 55	178. 95	184. 00	223. 10	297. 50	388. 40
490	618	10 946	91 367	289 100	291 600	110 300
906	866	1 385	2 387	2 961	16 618	23 371
	14. 85	69. 96	62. 69	154. 17	351. 20	291. 97
85	753	1 003	1 879	2 953	6 700	8 062
90. 51	97. 15	60. 06	302. 42	479. 87	641. 51	958. 36
			2 299	30 005	60 462	103 819
24 450	37 548	97 441	252 382	338 345	341 089	332 630
16 082	21 640	45 460	106 418	101 650	129 222	135 043
317	213	915	1 598	1 751	1 426	2 369
5 178	8 562	22 232	54 799	75 550	99 602	112 371
2 873	7 133	28 834	89 567	159 394	110 839	52 822

续表二

指　　标	单　位	1952 年	1978 年	1980 年
主要农产品产量				
粮　食	吨	104 447	242 170	241 219
油　料	吨	10 893	24 056	22 161
蔬　菜	吨	17 872	93 156	77 878
水　果	吨	2 857	601	3 988
鲜　蛋	吨	1 802	2 746	2 319
肉　类	吨	3 832	15 561	19 212
水产品	吨	5 761	31 090	35 087
七、运输、邮电（系统内）				
客运量	万人次	25. 10	372. 75	477. 35
铁　路	万人次		52. 34	68. 90
公　路	万人次	3. 04	222. 71	298. 45
水　路	万人次	22. 06	97. 70	110
航　空	万人次			
客运周转量	万人公里	896. 46	9 201. 58	16 314
公　路	万人公里	450	7 334. 02	11 605
水　路	万人公里	446. 46	1 867. 56	4 710
航　空	万人公里			
货运量	万吨	36. 46	465. 50	486. 32
铁　路	万吨		89. 62	95. 50
公　路	万吨	28. 25	289. 26	308. 08
水　路	万吨	8. 21	86. 62	82. 74
航　空	万吨			
货运周转量	万吨公里	786. 19	21 116. 32	27 016
公　路	万吨公里	24. 55	5 047. 48	6 658
水　路	万吨公里	761. 64	16 068. 84	20 358
航　空	万吨公里			
邮电业务总量（可比价）	万元	41. 63	174. 18	309. 14
邮政业务总量	万元			
电信、移动通信业务总量	万元			

1981 年	1985 年	1990 年	1995 年	2000 年	2005 年	2009 年
221 606	216 851	225 203	191 676	189 634	94 431	45 210
28 579	28 856	28 523	27 742	27 080	17 773	9 894
102 132	162 290	221 698	375 369	452 677	614 072	480 671
9 213	11 486	11 223	34 891	28 768	36404	17 469
2 389	5 056	6 543	15 044	14 133	6716	4 620
19 972	24 498	30 224	39 478	55 170	77 919	64 056
28 996	47 934	67 327	86 475	184 055	167 805	36 826
722. 85	2 046. 39	1 118. 06	1 575. 00	4 195. 00	5 401. 46	11 597. 46
68. 51	117. 77	113. 10	219. 00	255. 00	302. 35	366. 04
541. 05	1 777. 34	768. 75	964. 00	3 270. 00	3 862. 50	9 426. 79
113. 29	144. 30	180. 66	139. 00	318. 00	544. 10	692. 24
	6. 98	55. 49	253. 12	351. 40	692. 19	1 112. 39
6 806	69 296. 73	107 486	307 418	56 815	1 082 335	1 876 147
1 076	60 014. 96	48 601	49 832	206 312	290 650	547 076
5 730	8 777. 35	9 051	9 357	4 865	6 260	8 385
	504. 42	49 834	248 229	352 638	785 425	1 320 686
495. 54	643. 89	957. 15	2 340	2 450	3 612. 45	8 371. 05
98. 43	131. 54	163. 50	292	193	438. 63	621. 32
314. 04	412. 83	705. 34	1 062	1 504	1 939. 70	5 018. 08
83. 07	99. 41	87. 48	982	887	1224. 03	2 718. 99
	0. 11	0. 83	4. 46	7. 60	10. 09	12. 66
27 620	53 818. 35	89 528	543 916	3 117 338	4 137 645	6 636 702
5 330	14 780. 42	29 460	45 810	132 522	176 779	627 901
22 291	38 994. 45	59 227	493 106	2 976 708	3 948 211	5 992 031
	43. 48	841	5 000	8 108	12 655	16 770
374. 00	762. 01	15 410. 53	84 330	154 573	361 939	576 457
				27 248	40 273	43 313
				127 325	321 666	533 144

续表三

指　　标	单　位	1952 年	1978 年	1980 年
八、固定资产投资				
全社会固定资产投资总额	万元	265.42	5 649	12 176
#房地产开发投资	万元			
当年新增固定资产	万元	248	1 398	6 894
房屋竣工面积	万平方米	3.77	20.20	31.01
#住　宅	万平方米	1.89	8.59	13.07
九、商业、物价				
社会消费品零售总额	万元	3 581	21 569	28 552
居民消费价格指数（以上年为基数）	%	93.61	100.33	106.80
商品零售价格指数（以上年为基数）	%	92.84	100.41	106.54
十、对外经济				
利用外商直接投资签约批准项目数	个			
利用外商直接投资合同外资额	万美元			
外商实际直接投资	万美元			
年末三资企业开业投产数	个			
外贸进出口总值	万美元	557	8 208	14 143
#出口总值	万美元	172	8 208	14 027
进口总值	万美元	385		116
国家银行结汇收入	万美元	3 440	10 727	16 137
国家银行售汇支出	万美元	157	160	450
涉外税收总额	万元			
接待境外旅游总人数	人次			25 591
外国人	人次			5 619
华　侨	人次			2 118
港澳同胞	人次			17 844
台湾同胞	人次			10
十一、财　政				
财政总收入	万元	1 239	15 454	18 331
#地方级财政收入	万元			
财政支出	万元	348	3 011	5 007
十二、金　　融				
中资金融机构人民币存款年末余额	万元	1 456	22 852	28 435
#城乡储蓄存款	万元	672	8 532	11 886
中资金融机构人民币贷款年末余额	万元	139	39 351	47 719
中资金融机构现金总收入	万元	5 422	25 542	40 105
中资金融机构现金总支出	万元	5 604	24 810	40 041
现金投放（+）或回笼（-）净额	万元	+182	-732	-64

1981 年	1985 年	1990 年	1995 年	2000 年	2005 年	2009 年
17 794	117 226	175 567	1 353 428	1 750 172	4 016 175	8 821 159
		43 169	598 781	621 211	1 140 742	2 945 940
12 609	75 050	112 543	556 323	1 706 032	2 020 235	3 682 723
98. 87	199. 87	172. 03	333. 15	465. 97	536. 54	1 054. 41
74. 88	75. 76	104. 84	234. 84	320. 11	323. 24	602. 38
28 777	90 826	246 595	751 154	1 476 596	2 718 615	5 661 225
104. 34	122. 0	98. 2	112. 7	106. 3	101. 0	97. 3
104. 17	123. 1	97. 7	113. 6	98. 5	99. 0	97. 8
	105	262	505	259	364	325
	24 203	48 555	206 241	100 400	*129 496	*136 484
	7 328	7 237	132 160	103 150	*70 746	*168 679
	107	506	2 381	4 237	5 171	6 214
15 128	44 398	115 269	603 326	1 004 940	2 857 932	4 331 440
14 110	16 528	78 148	347 915	587 982	1 726 820	2 766 782
1 018	27 870	37 121	255 411	416 958	1 131 112	1 564 658
15 973	9 952	25 775	193 227	366 947	1 071 252	1 915 250
1 357	2 111	15 145	163 917	220 196	567 946	800 532
	1 403	25 588	80 060	333 842	864 084	1 715 106
26 994	84 664	210 766	254 409	424 920	723 144	944 891
8 197	31 592	41 726	114 928	209 698	402 342	430 759
2 133	5 663	2 911	6 938	3 982		
16 544	46 160	30 046	54 802	65 384	82 716	123 746
20	1 249	136 083	77 741	145 856	238 086	390 386
19 514	39 115	102 982	345 118	914 984	2 097 252	4 514 073
			216 262	518 511	1 038 056	2 405 608
6 192	29 122	93 816	256 579	589 636	1 272 391	2 680 527
38 843	126 320	500 386	2 863 551	5 448 956	14 895 558	31 604 216
14476	38 982	179 325	1 157 874	2 184 618	5 850 735	11 580 996
60428	192 280	636 894	2 608 170	4 528 417	9 866 787	26 333 883
47 724		541 837	4 654 844	11 583 440	26 656 904	36 393 390
46 540		495 152	4 487 913	11 719 013	27 112 119	36 784 504
-1 184		-46 685	-166 931	+135 573	+455 215	投 391 114

续表四

指　　标	单　位	1952 年	1978 年	1980 年
十三、教　育				
各级普通学校数	所	206	568	631
#高等学校	所	1	3	5
普通中学	所	12	31	32
小　学	所	181	337	338
幼儿园	所	6	188	246
特殊教育学校	所			
各级普通学校专任教师数	人	1 513	8 514	10 017
高等学校	人	263	1 319	1 666
中等专业学校	人	132	506	438
技工学校	人			61
普通中学	人	338	1 611	2 327
小　学	人	699	4 651	4 622
幼儿园	人	81	427	903
特殊教育学校	人			
各级普通学校在校学员	人	47 125	183 151	184 465
#高等学校	人	2 175	4 320	6 602
中等专业学校	人	1 225	4 474	3 442
技工学校	人			1 094
普通中学	人	7 731	42 154	42 205
小　学	人	33 681	119 173	109 638
幼儿园	人	2 313	13 030	21 598
特殊教育学校	人			
各级普通学校毕业生数	人	3 693	38 296	29 563
#高等学校	人	673	638	1 277
中等专业学校	人	50	585	1 623
技工学校	人			
普通中学	人	1 221	20 723	5 609
小　学	人	1 749	16 350	15 816
幼儿园	人			5 238
十四、卫生、福利				
卫生机构数	个	305	220	336
#医院和卫生院（含疗养院）	个			43
病床位数	张	614	3 114	3 222
#医院和卫生院（含疗养院）	人		2 784	2 180
工作人员数	人	1 423	4 010	4 776
#卫生技术人员	人	1 096	3 200	3 697
#执业医师（含执业助理医师）	人	407	1 069	1 213
注册护士	人			724

1981 年	1985 年	1990 年	1995 年	2000 年	2005 年	2009 年
593	628	703	801	881	950	985
6	6	8	8	3	12	17
32	39	43	56	56	84	95
335	343	348	359	372	348	300
209	239	303	374	445	466	544
	1	1	4	5	4	3
7 555	11 053	12 512	15 029	19 067	25 085	31 420
1 468	2 133	2 336	1985	2 424	4 852	8 251
470	918	1061	1 363	1 543	1 189	1 268
27		54	107	127	188	179
2 404	2 558	3 026	4 085	5 556	7 834	9 020
3 186	4 592	4 668	5 619	7 095	8 438	9 176
757	852	1 350	1 819	2 231	2 494	3 397
		17	51	91	90	129
168 377	186 104	220 834	277 508	323 424	443 728	548 523
6 665	10 127	14 103	17 823	24 846	64 589	119 278
2 989	12 562	10 677	18 593	25 343	34 074	34 250
1 314	951	1 299	1 341	2 496	4 139	5 243
38 367	44 497	41 424	65 160	89 454	125 681	120 247
102 823	93 578	118 052	134 712	144 476	154 572	177 879
16 219	24 316	35 195	39 428	36 297	50 962	78 916
	73	84	451	512	412	537
37 997	42 681	49 975	71 879	80 447	99 401	133 808
	1 926	3 691	4 522	4 908	9 575	25 457
1 442	2 740	3 413	4571	7172	8 193	12 376
	603	394	[illegible]	824	741	[illegible]
14 531	9 212	11 969	16 680	26 539	36 335	39 169
15 346	15 887	10 223	23 986	22 068	26 705	28 642
6 678	12 285	20 119	20 369	18 370	16 328	23 177
398	453	439	398	583	895	1 057
45	35	34	35	50	49	52
3 302	3 519	4 343	4 968	5 493	7 372	10 326
2 865	3 165	3 726	3 946	4 652	7 111	9 838
5 058	6 022	7 070	8 163	8 779	12 601	21 087
3 925	4 821	5 680	6 636	7 054	10 596	16 916
1413	1 826	2 685	3 002	3 211	4 853	7 008
728	1 133	1 720	2 083	2 397	3 477	6 726

续表五

指　　标	单　位	1952 年	1978 年	1980 年
十五、劳动工资（在岗职工）＊				
各种所有制单位在岗职工				
年末人数	人	10 707	180 779	206 345
平均人数	人	10 008	158 904	202 186
工资总数	万元	482	9 852	14 517
人均工资	元	500	620	718
国有经济单位职工				
年末人数	人	10 707	98 907	123 578
平均人数	人	10 008	97 255	11 890
工资总额	万元	500	5 946	9 265
人均工资	元	500	620	779
集体经济单位职工				
年末人数	人		81 872	82 767
平均人数	人		77 636	83 230
工资总额	万元		3 906	5 252
人均工资	元		503	631
其他经济类型单位职工				
年末人数	人			
平均人数	人			
工资总额	万元			
人均工资	元			
# 三资企业职工				
年末人数	人			
平均人数	人			
工资总额	万元			
人均工资	元			
十六、人民生活				
城镇居民人均可支配收入	元			451
# 工薪收入	元			
城镇居民人均消费性支出	元			420
农民年人均纯收入	元			210

注：①表内工业总产值指标，在 1981 年度以（1970 不变价、1980 不变价）的形式标出两种价格计算的数据，此前的数据均以 1970 年
②工业产品中“卷烟”产量的计量单位由 2004 年起改为“支”，换算公式为：1 箱 =5 万支。

1981 年	1985 年	1990 年	1995 年	2000 年	2005 年	2009 年
211 646	244 815	299 680	461 467	501 398	684 980	754 571
208 596	236 166	287 205	450 527	491 706	663 644	746 046
15 083	31 587	90 612	418 162	751 290	1 498 285	2 719 542
734	1 337	3 155	9 282	15 279	22 577	36 453
130 658	151 754	174 295	195 884	166 207	165 209	165 325
126 718	146 775	169 031	193 051	168 841	161 357	163 445
9 940	20 004	56 427	187 737	312 699	544 650	929 767
784	1 363	3 338	9 725	18 520	33 754	56 886
80 988	81 102	80 611	64 516	44 551	19 830	15 323
81 878	80 067	78 586	64 712	45 064	19 288	17 049
5 143	9 769	20 240	49 651	56 251	41 833	51 868
628	1 220	2 576	7 673	12 482	21 688	30 423
	11 959	44 778	201 067	290 640	499 941	573 923
	9 324	39 588	192 764	277 801	482 999	565 552
	1 814	13 944	180 774	382 339	911 802	1 737 907
	1 945	3 522	9 378	13 763	18 878	30 729
	8 223	40 197	180 045	245 340	393 571	401 466
	5 964	35 347	172 699	232 726	380 965	400 095
	1 210	12 724	157 112	310 892	670 034	1 105 154
	2 028	3 600	9 097	13 359	17 588	27 622
482	963	2 608	7 135	10 497	16 403	26 131
			5 156	6 478	11 390	20 637
450	882	2 083	5 663	7 969	11 849	17 990
264	540	1 035	2 665	4 030	6 230	9 153

不变价计算；1990 年后的则按当年价计算，1995 年后按新口径计算。

主 要 历 史 时 期 社 会

指 标	1985 年比 1980 年增长（%）	“六五”期间年均递增（%）	1990 年比 1985 年增长（%）	“七五”期间年均递增（%）
一、年末总人口（户籍）	**9.93**	**1.91**	**8.95**	**1.73**
#当年出生人口	30.36	5.44	49.13	8.32
二、地区生产总值（GDP）	**112.27**	**16.25**	**116.96**	**16.76**
第一产业	28.07	5.07	10.65	2.05
第二产业	103.78	15.30	175.79	22.49
第三产业	223.96	26.50	120.79	17.16
人均生产总值（按户籍人口计算）	90.35	13.74	99.83	14.85
三、全部工业总产值	**138.99**	**19.03**	**211.93**	**25.55**
#规模以上工业总产值	138.99	19.03	203.00	24.82
主要产品产量：				
微型计算机				
发电量	9.49	1.83	−37.41	−8.94
移动电话				
罐 头	64.08	10.41	37.77	6.62
卷 烟	115.20	16.57	59.00	9.72
化学纤维	62.25	10.16	1 671.20	77.69
铲土运输机械	242.40	27.91	61.80	10.10
电视机			371.11	36.34
叉 车	4 606.25	116.04	33.20	5.90
四、农林牧渔业总产值	**47.18**	**8.04**	**42.38**	**7.32**
#农 业	8.87	1.71	11.48	2.20
林 业	67.50	10.87	123.03	17.40
牧 业	105.36	15.48	23.37	4.29
渔 业	114.14	16.45	96.88	14.51

经 济 指 标 增 长 情 况

1995 年比1990 年增长（%）	“八五”期间年均递增（%）	2000 年比1995 年增长（%）	“九五”期间年均递增（%）	2005 年比2000 年增长（%）	“十五”期间年均递增（%）	2009 年比1981 年增长（%）	特区建设以来年均递增（%）
8.50	**1.64**	**8.16**	**1.58**	**16.72**	**3.14**	**86.16**	**2.24**
-45.80	-11.53	5.40	1.06	0.14	0.03	12.36	0.42
203.32	**24.85**	**107.63**	**15.73**	**104.20**	**15.35**	**9 017.01**	**17.49**
40.40	7.02	12.10	2.31	-12.11	-2.55	31.89	0.99
271.69	30.03	132.14	18.35	137.08	18.84	17 161.19	20.20
171.25	22.09	84.03	12.97	75.17	11.86	9 835.28	17.85
170.46	22.02	99.70	14.84	75.96	11.96	4 804.10	14.92
284.24	**30.89**	**162.35**	**21.28**	**167.82**	**21.78**	**30 271.30**	**22.65**
269.53	29.88	154.41	20.53	192.92	23.98	4 279.48	22.01
				497.46	42.98		
173.47	22.29	427.27	39.45	36.05	6.35	2 809.42	12.79
				2 104.08	85.63		
8.41	1.63	-38.22	-9.18	591.16	47.20	2 722.31	12.67
2.82	0.56	21.25	3.93	33.35	5.92	544.11	6.88
734.71	52.86	216.42	25.91	0.86	0.17	22 410.20	21.34
72.35	11.50	24.05	4.40	461.23	41.20	8 100.35	17.04
-10.39	-2.17	145.92	19.72	127.80	17.90		
87.34	13.38	57.16	9.46	33.68	5.98	9 384.71	17.65
26.04	**4.74**	**21.80**	**4.02**	**-0.54**	**-0.11**	**125.80**	**2.95**
18.76	3.50	1.09	0.22	25.04	4.57	47.53	1.40
-12.81	-2.70	-8.99	-1.87	-51.75	-13.56	-26.97	-1.12
44.22	7.60	43.73	7.53	10.23	1.97	355.91	5.57
25.36	4.62	27.77	5.02	-18.25	-3.95	155.46	3.41

续表一

指　　标	1985年比1980年增长（%）	“六五”期间年均递增（%）	1990年比1985年增长（%）	“七五”期间年均递增（%）
主要农产品产量：				
粮　食	-10.10	-2.11	3.85	0.76
油　料	30.21	5.42	-1.15	-0.23
蔬　菜	108.39	15.82	36.61	6.44
水　果	188.01	23.56	-2.29	-0.46
鲜　蛋	118.03	16.87	29.41	5.29
肉　类	27.51	4.98	23.37	4.29
水产品	36.61	6.44	40.46	7.03
五、客运总量周转量	**324.77**	**33.55**	**55.11**	**9.18**
货运总量周转量	99.21	14.78	66.35	10.71
港口货物吞吐量	76.42	12.02	57.71	9.54
客运总量	328.70	33.79	-45.36	-11.39
#铁　路	70.93	11.32	-3.97	-0.81
公　路	495.52	42.88	-56.75	-15.43
水　路	31.18	5.58	25.20	4.60
航　空			694.99	51.38
货运总量	32.40	5.77	48.65	8.25
#铁　路	37.74	6.61	24.30	4.45
公　路	34.00	6.03	70.85	11.31
水　路	20.15	3.74	-12.00	-2.52
航　空			654.55	49.81
邮电业务总量	146.49	19.77	582.58	46.84

1995 年比 1990 年增长(%)	"八五"期间年均递增(%)	2000 年比 1995 年增长(%)	"九五"期间年均递增(%)	2005 年比 2000 年增长(%)	"十五"期间年均递增(%)	2009 年比 1981 年增长(%)	特区建设以来年均递增(%)
-14. 89	-3. 17	-1. 07	-0. 21	-50. 20	-13. 02	-79. 60	-5. 52
-2. 74	-0. 55	-2. 39	-0. 48	-34. 37	-8. 08	-65. 38	-3. 72
69. 32	11. 11	20. 60	3. 82	35. 65	6. 29	370. 64	5. 69
210. 89	25. 46	-17. 55	-3. 79	26. 54	4. 82	89. 61	2. 31
129. 93	18. 12	-6. 06	-1. 24	-52. 48	-13. 83	93. 39	2. 38
30. 62	5. 49	39. 75	6. 92	41. 23	7. 15	220. 73	4. 25
28. 44	5. 13	112. 84	16. 31	-8. 83	-1. 83	27. 00	0. 86
186. 01	**23. 39**	**-81. 52**	**-28. 66**	**1 805. 02**	**80. 29**	**27 466. 07**	**22. 22**
507. 54	43. 45	473. 13	41. 79	32. 73	5. 83	23 928. 61	21. 63
148. 45	19. 96	49. 54	8. 38	142. 80	19. 41	5 785. 55	15. 67
40. 87	7. 09	166. 35	21. 64	28. 76	5. 19	1 504. 41	10. 42
93. 63	14. 13	16. 44	3. 09	18. 57	3. 47	434. 29	6. 17
25. 40	4. 63	239. 21	27. 67	18. 12	3. 39	1 642. 31	10. 75
-23. 06	-5. 11	128. 78	18. 00	71. 10	11. 34	511. 03	6. 68
356. 15	35. 46	38. 83	6. 78	96. 98	14. 52		
144. 48	19. 58	4. 70	0. 92	47. 45	8. 08	1 589. 28	10. 62
78. 59	12. 30	-33. 90	-7. 95	127. 27	17. 84	531. 23	6. 80
50. 57	8. 53	28. 44	5. 13	42. 21	7. 30	1 497. 91	10. 40
1 022. 54	62. 20	-9. 67	-2. 01	38. 00	6. 65	3 173. 13	13. 27
437. 35	39. 98	70. 40	11. 25	32. 76	5. 83		
447. 22	40. 49	329. 54	33. 84	134. 15	18. 55	52 182. 19	28. 89

续表二

指　　标	1985 年比 1980 年增长（%）	“六五”期间年均递增（%）	1990 年比 1985 年增长（%）	“七五”期间年均递增（%）
六、全社会固定资产投资	**862.76**	**57.29**	**49.77**	**8.41**
房地产开发				
新增固定资产	988.63	61.20	49.96	8.44
房屋竣工面积	544.53	45.16	-13.93	-2.96
#住　宅	479.65	42.11	38.38	6.71
七、社会消费品零售总额	**318.11**	**33.12**	**171.50**	**22.11**
八、外贸进出口总额	**213.92**	**25.71**	**159.63**	**21.02**
#出口额	17.83	3.34	372.82	36.44
进口额	23 925.86	199.32	33.19	5.90
国家银行外汇结汇收入	-38.33	-9.21	158.99	20.96
国家银行外汇售汇支出	369.11	36.22	617.43	48.31
接待境外旅游人数	2.31 倍	27.03	1.49 倍	20.01
#港澳同胞	1.59 倍	20.94	-34.91	-8.23
台　胞	123.9 倍	1.63 倍	107.95 倍	1.56 倍
九、财政总收入	**113.38**	**16.37**	**163.28**	**21.36**
#地方级财政收入				
财政支出	481.59	42.21	222.15	26.36
中资金融机构人民币各项存款年末余额	344.24	34.75	246.87	28.24
#城乡居民储蓄存款余额	227.97	26.81	329.48	33.84
中资金融机构人民币各项贷款年末余额	302.94	32.14	190.35	23.76
十、各类学校年末专任教师数	**10.34**	**1.99**	**13.20**	**2.51**
#高等学校	28.03	5.07	9.52	1.83
中等专业学校	109.59	15.95	15.58	2.94
普通中学	9.93	1.91	18.30	3.42
小　学	-0.65	-0.13	1.66	0.33
幼儿园	-5.65	-1.16	58.45	9.64

1995年比1990年增长(%)	“八五”期间年均递增(%)	2000年比1995年增长(%)	“九五”期间年均递增(%)	2005年比2000年增长(%)	“十五”期间年均递增(%)	2009年比1981年增长(%)	特区建设以来年均递增(%)
670.89	**50.45**	**29.31**	**5.28**	**129.47**	**18.07**	**49 473.78**	**24.81**
1 287.06	69.21	3.75	0.74	83.63	12.92		
394.32	37.66	206.66	25.12	18.42	3.44	29 107.10	22.48
93.66	14.13	39.87	6.94	15.14	2.86	966.46	8.82
124.00	17.50	36.31	6.39	0.98	0.19	704.46	7.73
204.61	**24.95**	**96.59**	**14.47**	**92.04**	**13.94**	**19 767.37**	**20.80**
423.41	**39.24**	**66.57**	**10.74**	**184.39**	**23.25**	**28 533.02**	**22.39**
345.20	34.81	69.00	11.07	193.69	24.04	19 508.66	20.75
588.05	47.07	63.25	10.30	171.28	22.09	153 599.21	29.96
649.67	49.61	89.90	13.69	191.94	23.90	11 890.55	18.64
982.32	61.02	34.33	6.08	157.93	20.86	58 892.78	25.59
20.71	3.84	67.02	10.80	70.18	11.22	3 400.37	13.54
82.39	12.77	19.31	3.59	26.51	4.82	647.98	7.45
-42.87	-10.59	87.62	13.41	63.23	10.30	1 951 830.00	42.31
220.29	**26.21**	**175.38**	**22.46**	**134.40**	**18.57**	**24 066.67**	**21.65**
		154.50	20.54	156.47	20.73		
173.41	22.28	133.57	18.49	113.91	16.43	46 172.86	24.51
439.12	40.07	79.80	12.45	167.31	21.70	61 910.90	25.93
545.41	45.20	87.35	13.38	167.82	21.78	74 150.44	26.63
291.59	31.39	81.57	12.67	123.43	17.44	39 784.61	23.85
20.12	**3.81**	**26.87**	**4.66**	**31.56**	**5.64**	**327.28**	**5.32**
-15.03	-3.20	22.12	4.08	100.17	14.89	462.06	6.36
28.46	5.14	13.21	2.51	-22.94	-5.08	169.79	3.61
35.00	6.19	36.01	6.34	41.00	7.11	275.21	4.84
20.37	3.78	26.27	4.78	18.93	3.53	188.01	3.85
34.74	6.15	22.65	4.17	11.79	2.25	348.75	5.51

续表三

指　　标	1985 年比 1980 年增长（%）	"六五"期间年均递增（%）	1990 年比 1985 年增长（%）	"七五"期间年均递增（%）
各类学校年末在校生员数	-0.30	-0.06	18.66	3.48
#高等学校	53.39	8.93	39.26	6.85
中等专业学校	60.26	9.89	-15.01	-3.20
普通中学	5.43	1.06	-6.91	-1.42
小　学	-14.65	-3.12	26.15	4.76
幼儿园	12.58	2.40	44.74	7.68
十一、卫生机构数	**34.82**	**6.16**	**-3.09**	**-0.63**
病床位数	9.22	1.78	23.42	4.30
卫生技术人员数	30.40	5.45	17.82	3.33
#医　生	50.54	8.52	47.04	8.02
十二、全社会劳动就业人数	**19.59**	**3.64**	**17.74**	**3.32**
#乡村劳动力人数	18.11	3.38	10.96	2.10
在岗职工人数	18.64	3.48	22.41	4.13
#国有单位	22.80	4.19	14.85	2.81
集体单位	-2.01	-0.41	-0.61	-0.12
城镇个体从业人数（含私营企业雇工）	5.28 倍	44.42	160.18	21.08
十三、职工工资总额（在岗）	**1.18 倍**	**16.82**	**186.87**	**23.46**
年人均工资额（在岗）	86.21	13.24	135.98	18.73
城镇居民年人均可支配收入	113.63	16.39	170.87	22.05
城镇居民年人均消费性支出	110.00	16.00	136.21	18.76
农民人均纯收入	157.14	20.79	91.67	13.90
十四、供水总量	**74.63**	**11.80**	**55.23**	**9.19**
全年用电总量	70.48	11.26	127.52	17.87
#居民生活用电	90.48	13.75	-3.70	-0.75
公园面积	2.67 倍	29.68	83.02	12.85
园林绿地面积	1.62 倍	21.22	152.42	20.34
年末实有道路长度	25.39	4.63	171.01	22.07
年末实有道路面积	32.34	5.76	212.03	25.56
全年公共汽车客运总量	94.31	14.21	4.49	0.88
轮渡客运总量	45.98	7.86	12.86	2.45

注：表内工业总产值指标，在 1981 年后以 1980 年不变价格计算数据，此前的数据均以 1970 年不变价计算，1990 年起则按当年价计，

1995 年比 1990 年增长（%）	“八五”期间年均递增（%）	2000 年比 1995 年增长（%）	“九五”期间年均递增（%）	2005 年比 2000 年增长（%）	“十五”期间年均递增（%）	2009 年比 1981 年增长（%）	特区建设以来年均递增（%）
25.66	4.67	16.55	3.11	37.20	6.53	225.77	4.31
26.38	4.79	39.40	6.87	159.96	21.05	1 689.62	10.85
74.14	11.73	36.30	6.39	34.45	6.10	1 045.87	9.10
57.30	9.48	37.28	6.54	40.50	7.04	213.41	4.16
14.11	2.68	7.25	1.41	6.99	1.36	73.00	1.98
12.03	2.30	-7.94	-1.64	40.40	7.02	386.57	5.81
-9.34	**-1.94**	**46.48**	**7.93**	**53.52**	**8.95**	**165.68**	**3.55**
14.39	2.73	10.57	2.03	34.21	6.06	212.72	4.16
16.83	3.16	7.55	1.47	50.21	8.48	330.98	5.36
11.81	2.26	6.96	1.36	51.14	8.61	395.97	5.89
32.97	**5.87**	**14.93**	**2.82**	**34.39**	**6.09**	**276.64**	**4.85**
7.16	1.39	4.79	0.94	-8.41	-1.74	-20.35	-0.81
53.99	9.02	8.65	1.67	36.61	6.44	256.62	4.65
14.07	2.67	-15.15	-3.23	-0.60	-0.12	26.53	0.84
-19.36	-4.21	-30.95	-7.14	-55.49	-14.95	-81.08	-5.77
154.63	20.55	151.15	20.22	159.60	21.02	34 812.61	23.26
361.49	**35.78**	**79.66**	**12.43**	**99.43**	**14.80**	**17 930.75**	**20.38**
194.20	24.09	64.61	10.48	47.76	8.12	4 866.35	14.97
173.57	22.30	47.12	8.03	56.26	9.34	5 326.32	15.33
171.88	22.15	40.73	7.07	48.68	8.26	3 895.65	14.08
157.49	20.82	51.22	8.62	54.59	9.10	3 367.05	13.50
74.80	**11.82**	**35.89**	**6.33**	**22.89**	**4.21**	**865.70**	**8.44**
149.31	20.05	89.98	13.69	107.62	15.73	4 981.27	15.06
182.12	23.05	213.57	25.68	85.12	13.11	5 693.70	15.60
93.30	14.09	20.38	3.78	98.65	14.71	1 824.39	11.14
95.60	14.36	46.43	7.93	54.20	9.05	12 125.64	18.73
9.63	1.86	42.93	7.40	48.91	8.29	1 037.88	9.07
48.92	8.29	61.36	10.04	56.02	9.30	3 668.35	13.84
182.05	23.05	79.99	12.47	77.43	12.15	1 801.84	11.09
4.92	0.96	-26.07	-5.86	1.91	0.38	29.66	0.93

1995 年后按新口径计算。

主要年份国民经济主要比例关系

指　　标	1952 年	1978 年	1980 年	1981 年	1985 年	1990 年	1995 年	2000 年	2005 年	2009 年
一、地区生产总值中（当年价）	**100**	**100**	**100**	**100**	**100**	**100**	**100**	**100**	**100**	**100**
三次产业比例（%）										
第一产业	34.00	22.30	21.61	26.47	14.74	10.65	6.27	4.23	2.08	1.18
第二产业	35.00	56.70	57.83	51.61	50.25	45.31	51.14	50.58	54.87	47.26
第三产业	31.00	21.00	20.56	21.92	35.01	44.04	42.59	45.19	43.05	51.56
二、工农业总产值中（当年价）	**100**	**100**	**100**	**100**	**100**	**100**	**100**	**100**	**100**	**100**
农、工比例（%）										
工业（全部工业）	45.26	82.81	84.13	80.47	85.34	88.98	93.47	95.82	98.40	98.87
农　业	54.74	17.19	15.87	19.53	14.66	11.02	6.53	4.18	1.60	1.13
三、农林牧渔业总产值中（当年价）	**100**	**100**	**100**	**100**	**100**	**100**	**100**	**100**	**100**	**100**
各业比例（%）										
#农　业	67.49	71.43	53.60	56.67	55.72	45.24	40.75	30.04	37.89	40.60
林　业	0.34	0.57	0.67	0.51	0.57	0.94	0.62	0.52	0.42	0.71
牧　业	19.53	12.69	20.77	19.30	22.80	23.08	23.00	22.33	29.20	33.78
渔　业	7.07	7.97	12.17	10.71	19.00	29.49	34.91	47.11	32.50	15.88
四、全社会固定资产投资中的比例	**100**	**100**	**100**	**100**	**100**	**100**	**100**	**100**	**100**	**100**
房地产开发比重（%）						24.59	44.24	35.62	28.40	33.40

一、综合·人口

常　住　人　口

（2000～2009年）

单位：万人

年　份	常住人口	出生率（‰）	死亡率（‰）	年均常住人口
2000	205	8.98	3.59	
2001	211	8.81	4.10	208
2002	214	9.20	4.50	213
2003	217	9.00	4.20	216
2004	220	10.00	4.40	219
2005	225	10.50	4.50	223
2006	233	10.80	4.10	229
2007	243	12.40	4.00	238
2008	249	12.20	4.00	246
2009	252	12.60	4.00	251

注：2000年常住人口是依据第五次人口普查资料，其他年度是依据人口变动抽样调查资料测算，经省统计局评估确认。

年末户籍人口变动情况

单位：人

指　　标	2009年	2008年
总户数（户）	**560 352**	**541 821**
总人口	**1 769 983**	**1 736 710**
#男	889 212	874 724
女	880 771	861 986
城镇人口	[illegible]	[illegible]
年内自然净增人口	14 566	17 425
人口自然增长率（‰）	8.31	10.22
#出生人口	21 244	24 061
出生率（‰）	12.12	14.12
死亡人口	6 678	6 636
死亡率（‰）	3.81	3.89
年内机械净增长人口	18 707	46 931
人口机械增长率（‰）	10.67	27.53
#迁入人口	87 336	99 922
迁入率（‰）	49.81	58.62
迁出人口	68 629	52 991
迁出率（‰）	39.14	31.09
年平均人口	**1 753 347**	**1 704 533**

户籍人口变动明细表

单位：人

指标	全市	思明区	湖里区	集美区	海沧区	同安区	翔安区
总户数（户）	**560 352**	**197 355**	**70 166**	**58 003**	**36 594**	**103 272**	**94 962**
总人口	**1 769 983**	**620 919**	**209 525**	**209 272**	**118 040**	**320 109**	**292 118**
#男	889 212	309 880	107 068	106 955	58 235	160 487	146 587
女	880 771	311 039	102 457	102 317	59 805	159 622	145 531
城镇人口	1 420 086	620 919	209 525	148 259	90 137	143 603	207 643
年内自然净增人口	14 566	3 968	2 426	1 651	1 158	2 638	2 725
人口自然增长率（‰）	8. 31	6. 47	11. 77	7. 86	10. 04	8. 31	9. 38
#出生人口	21 244	6 440	3 027	2 403	1 577	3 978	3 819
出生率（‰）	12. 12	10. 50	14. 69	11. 43	13. 68	12. 52	13. 14
死亡人口	6 678	2 472	601	752	419	1340	1094
死亡率（‰）	3. 81	4. 03	2. 92	3. 58	3. 63	4. 22	3. 76
年内机械净增人口	18 707	10 894	4 432	－3 470	4 350	2 323	178
人口机械增长率（‰）	10. 67	17. 76	21. 50	－16. 51	37. 73	7. 31	0. 61
#迁入人口	87 336	48 650	14 261	8 535	5 848	6 164	3 878
迁入率（‰）	49. 81	79. 30	69. 20	40. 61	50. 73	19. 41	13. 34
迁出人口	68 629	37 756	9 829	12 005	1 498	3 841	3 700
迁出率（‰）	39. 14	61. 54	47. 69	57. 12	12. 99	12. 09	12. 73
年平均人口	**1 753 347**	**613 488**	**206 096**	**210 182**	**115 286**	**317 629**	**290 667**

登记暂住人口情况

（2000～2009年）

单位：人

项　目	2009年	2008年	2007年	2006年	2005年	2004年	2003年	2002年	2001年	2000年
合　计	**985 860**	**1 007 405**	**947 177**	**889 283**	**783 531**	**695 682**	**725 952**	**618 738**	**498 347**	**447 335**
务　工	913 621	950 427	941 279	879 765	776 967	653 526	685 258	613 542	416 093	405 780
务　农	26	43	81	82	224		2 231	75	1 147	246
经　商	1 169	1 056	1 320	2 317	1 909	22 044	19 075	1 558	19 607	5 339
服　务	298	500	1 240	1 197	1 201	6 328	6 372	1 893	3 742	4 400
因公出差	112	126	8	102	121	2 582	538	7	29 736	1 043
借读培训	13 436	1 032	846	316	600	880	653	341	1 179	515
治病疗养	93	68	10	8	3	362	122	4	138	83
保　姆	53	56	33	43	69	559	371	37	360	440
投靠亲友	963	660	420	302	244	1 030	5 371	265	2 072	1 267
探亲访友	7	13	65	271	113	1 451	746	59	4 114	844
旅游观光		1	4	128	16	1 198	479	4	12 913	22 004
其　他	56 082	53 423	1 871	4 752	2 064	5 722	4 736	953	7 246	5 374
年平均人口	**996 633**	**977 291**	**918 230**	**836 407**	**739 607**	**710 817**	**672 345**	**558 543**	**472 841**	**436 812**

登记暂住人口统计情况

单位：人

项　目	合　计	男	女	登记暂住时间1个月以下
合　计	**985 860**	**542 300**	**443 560**	**23 446**
#务　工	913 621	500 583	413 038	22 871
务　农	26	13	13	
经　商	1 169	694	475	31
服　务	298	155	143	8
因公出差	112	59	53	1
借读培训	13 436	7 750	5 686	17
治病疗养	93	53	40	7
保　姆	53	16	37	3
投靠亲友	963	429	534	53
探亲访友	7	3	4	
旅游观光				
其　他	56 082	32 545	23 537	455

15岁以上人口婚姻状况

单位：人

项目	合计	男性	女性
调查人口	18 266	9 270	8 996
未婚	4 865	2 700	2 165
初婚有配偶	12 356	6 252	6 104
再婚有配偶	172	98	74
离婚	186	73	113
丧偶	687	147	540

注：表中资料为2009年人口抽样调查资料。

6岁以上人口受教育情况

单位：人

项目	合计	男性	女性
调查人口	19 887	10 189	9 698
#未上学	1 089	216	873
小学文化程度	4 617	2 122	2 495
初中文化程度	6 563	3 652	2 911
高中文化程度	3 892	2 165	1 727
大学专科文化程度	2 003	1 051	952
大学本科文化程度	1 562	896	666

注：表中数据为2009年人口抽样调查资料。

一、综合·劳动就业与职工工资

历　年　劳　动　就　业　情　况

年　份	全社会年末从业人员（万人）	#在岗职工	职工平均工资（元）	年　份	全社会年末从业人员（万人）	#在岗职工	职工平均工资（元）
1950	13.24		499	1980	48.24	20.63	718
1951	13.54		504	1981	48.69	21.16	734
1952	13.78		500	1982	51.57	21.88	799
1953	14.06		483	1983	51.87	22.01	870
1954	13.05		523	1984	54.86	23.22	1 023
1955	13.20		530	1985	57.70	24.48	1 337
1956	13.22		546	1986	59.31	25.12	1 556
1957	14.95		539	1987	62.42	26.45	1 734
1958	14.97		441	1988	63.21	27.42	2 236
1959	13.61		439	1989	64.73	28.71	2 771
1960	13.08		427	1990	67.93	29.97	3 155
1961	14.68		423	1991	71.21	32.66	3 612
1962	16.16	10.94	474	1992	75.48	35.98	4 243
1963	16.25	10.01	535	1993	82.66	40.73	5 544
1964	15.74	10.00	558	1994	86.55	44.09	7 523
1965	15.78	10.40	557	1995	90.33	46.15	9 282
1966	16.35	11.58	555	1996	94.23	48.24	10 823
1967	17.24		547	1997	96.15	49.16	11 821
1968	18.41		649	1998	98.31	48.98	12 799
1969	19.33		571	1999	99.77	49.74	14 009
1970	20.32		536	2000	103.82	50.97	15 279
1971	21.58		530	2001	106.44	51.14	16 678
1972	22.76	12.30	580	2002	106.50	52.71	17 851
1973	23.51	12.42	569	2003	112.29	57.55	19 410
1974	24.41	12.13	582	2004	120.49	61.74	20 539
1975	25.76	13.22	574	2005	139.52	68.50	22 577
1976	26.66	14.27	530	2006	151.45	75.09	25 544
1977	27.04	16.90	558	2007	150.54	79.46	28 961
1978	45.81	18.08	620	2008	160.85	75.51	32 343
1979	48.19	20.11	660	2009	183.39	75.46	36 453

全社会劳动从业人员情况

单位：人

指　　标	2009 年	2008 年
年末全社会劳动从业人数	**1 833 866**	**1 608 499**
乡村从业人员数	217 358	207 963
城镇私营个体从业人员（含私营企业主及雇工）	816 955	625 306
各种所有制单位从业人员（不含国有农林牧场职工）	799 553	775 230
按国民经济行业分		
农林牧渔业	87 848	88 898
采掘业	766	1 076
制造业	620 656	586 071
电力、煤气及水的生产和供应业	14 004	13 872
建筑业	150 386	118 557
交通运输、仓储和邮政业	65 542	59 103
信息传送、计算机服务和软件业	37 703	29 665
批发零售贸易业	408 056	310 089
住宿和餐饮业	48 207	45 320
金融业	14 429	14 235
房地产	60 550	51 512
租赁和商务服务业	110 724	101 870
科研、技术服务和地质勘查业	34 252	26 529
水利、环境和公共设施管理业	9 866	9 511
居民服务和其他服务业	56 634	45 362
教　育	31 860	31 065
卫生、社会保障和社会福利业	23 311	22 513
文化、体育、娱乐业	8 865	10 042
公共管理和社会组织	26 590	24 618
其他行业	23 617	18 591
按三次产业分		
第一产业	87 848	88 898
第二产业	785 812	719 576
第三产业	960 206	800 025

城镇单位从业人员年末人数

单位：人

指　　标	合　计	# 在　岗　职　工	
		2009 年	2008 年
合　　计	**802 921**	**754 571**	**755 106**
国有单位	171 838	165 325	179 087
集体单位	26 824	15 323	29 615
其他单位	604 259	573 923	546 404
# “三资”企业	405 998	401 466	402 698

城镇单位从业人员年平均人数

单位：人

指　　标	合　计	# 在　岗　职　工	
		2009 年	2008 年
合　　计	**790 646**	**746 046**	**798 002**
国有单位	169 708	163 445	176 952
集体单位	29 497	17 049	27 078
其他单位	591 441	565 552	593 972
# “三资”企业	404 750	400 095	450 027

城镇单位从业人员年劳动报酬

单位：万元

指 标	合 计	# 在 岗 职 工	
		2009 年	2008 年
合 计	**2 849 161**	**2 719 542**	**2 581 011**
国有单位	943 537	929 767	875 786
集体单位	69 310	51 868	72 603
其他单位	1 836 314	1 737 907	1 632 622
# “三资”企业	1 162 372	1 105 154	1 141 492

城镇单位从业人员年人均劳动报酬

单位：元

指 标	合 计	# 在 岗 职 工	
		2009 年	2008 年
合 计	**36 036**	**36 453**	**32 343**
国有单位	55 598	56 886	49 493
集体单位	23 497	30 423	26 812
其他单位	31 048	30 729	27 487
# “三资”企业	28 718	27 622	25 365

城镇单位离岗保留劳动关系的职工人数和生活费

指 标	年末人数（人）	平均人数（人）	生活费总额（万元）	年平均生活费（元）
合 计	**3 141**	**4 473**	**10 548**	**23 581**
国有单位	1 743	2 112	4 088	19 359
集体单位	391	577	706	12 229
其他单位	1 007	1 784	5 754	32 252

城镇单位其他从业人员人数和工资

指　　标	年末人数（人）	平均人数（人）	工资总额（万元）	年平均工资（元）
合　计	**48 350**	**44 600**	**129 619**	**29 062**
国有单位	6 513	6 263	13 770	21 986
集体单位	11 501	12 448	17 443	14 012
其他单位	30 336	25 889	98 406	38 011

单位从业人员变动情况（一）

单位：人

指　　标	本年增加人数						
	合　计	从农村招收	从城镇招收	录用的退伍军人	录用的大、中专技校毕业生	调　入	其　他
合　计	**320 748**	**217 961**	**34 283**	**1 772**	**47 331**	**2 815**	**16 586**
国有单位	26 737	12 604	5 396	495	4 264	1 889	2 089
集体单位	5 138	4 443	247	43	165	33	207
其他单位	288 873	200 914	28 640	1 234	42 902	893	14 290

单位从业人员变动情况（二）

单位：人

指　　标	本年减少人数						
	合　计	离休、退休、退职	开除、除名、辞退	终止解除合同	离岗保留劳动关系的职工	死　亡	调　出	其　他
合　计	**321 106**	**35 157**	**21 410**	**192 930**	**5 175**	**199**	**3 363**	**62 872**
国有单位	22 689	4 124	540	12 402	62	111	2 038	3 412
集体单位	8 546	214	115	7 148		12	118	939
其他单位	289 871	30 819	20 755	173 380	5 113	76	1 207	58 521

按经济类型分行业城镇单位在岗职工与工资

单位：人、万元、元

指　　标	全市城镇单位	国有单位	集体单位	其他单位
总　　计				
年末人数	754 571	165 325	15 323	573 923
年平均人数	746 046	163 445	17 049	565 552
年工资总额	2 719 542	929 767	51 868	1 737 907
年平均工资	36 453	56 886	30 423	30 729
按国民经济行业分				
农林牧渔业				
年末人数	3 322	2 570		752
年平均人数	3 437	2 594		843
年工资总额	9 314	7 696		1 618
年平均工资	27 100	29 669		19 197
采矿业				
年末人数	83	73		10
年平均人数	84	74		10
年工资总额	327	242		85
年平均工资	38 893	32 689		84 800
制造业				
年末人数	425 196	7 291	5 024	412 881
年平均人数	422 927	7 250	5 103	410 574
年工资总额	1 149 485	22 138	18 103	1 109 245
年平均工资	27 179	30 535	35 475	27 017
电力、燃气及水的生产和供应业				
年末人数	13 517	2 535	49	10 933
年平均人数	13 112	2 552	67	10 493
年工资总额	60 783	23 600	397	36 786
年平均工资	46 357	92 478	59 224	35 058
建筑业				
年末人数	74 202	12 320	6 636	55 246
年平均人数	72 563	12 409	8 326	51 828
年工资总额	209 640	46 207	22 791	140 643
年平均工资	28 891	37 236	27 373	27 136
交通运输、仓储和邮政业				
年末人数	38 335	20 877	481	16 977
年平均人数	37 877	20 859	521	16 497
年工资总额	178 769	98 724	1 294	78 751
年平均工资	47 197	47 329	24 839	47 737

续表一　　单位：人、万元、元

指　　标	全市城镇单位	国有单位	集体单位	其他单位
信息传输、计算机服务和软件业				
年末人数	8 661	2 205		6 456
年平均人数	8 355	2 153		6 202
年工资总额	56 641	18 731		37 910
年平均工资	67 793	87 000		61 125
批发和零售业				
年末人数	24 411	5 196	480	18 735
年平均人数	24 809	5 249	495	19 065
年工资总额	101 477	26 334	1 121	74 022
年平均工资	40 903	50 170	22 644	38 826
住宿和餐饮业				
年末人数	15 297	4 401	539	10 357
年平均人数	14 630	4 344	538	9 748
年工资总额	35 145	11 248	1 457	22 439
年平均工资	24 022	25 893	27 089	23 019
金融业				
年末人数	12 788	1 102		11 686
年平均人数	12 472	1 106		11 366
年工资总额	143 996	10 082		133 914
年平均工资	115 456	91 157		117 820
房地产业				
年末人数	34 703	12 095	457	22 151
年平均人数	33 460	11 660	459	21 341
年工资总额	129 003	53 515	2 085	73 403
年平均工资	38 555	45 896	45 427	34 395
租赁和商务服务业				
年末人数	10 512	7 590	622	2 300
年平均人数	10 233	7 400	527	2 306
年工资总额	32 074	23 951	1 003	7 120
年平均工资	31 343	32 366	19 040	30 875
科学研究、技术服务和地质勘查业				
年末人数	4 817	2 962	19	1 836
年平均人数	4 788	2 964	18	1 806
年工资总额	31 314	20 434	53	10 826
年平均工资	65 401	68 941	29 667	59 947

续表二　　　　单位：人、万元、元

指　　标	全市城镇单位	国有单位	集体单位	其他单位
水利、环境和公共设施管理业业				
年末人数	6 218	4 812	316	1 090
年平均人数	6 098	4 721	310	1 067
年工资总额	24 818	19 630	786	4 402
年平均工资	40 698	41 580	25 345	41 256
居民服务和其他服务业				
年末人数	7 699	6 620	70	1 009
年平均人数	7 436	6 349	70	1 017
年工资总额	20 928	18 278	217	2 434
年平均工资	28 144	28 789	30 929	23 928
教　育				
年末人数	30 025	29 308	119	598
年平均人数	29 744	29 038	119	587
年工资总额	194 698	192 129	347	2 222
年平均工资	65 458	66 165	29 118	37 857
卫生、社会保障和社会福利业				
年末人数	14 399	13 883	394	122
年平均人数	13 943	13 479	379	85
年工资总额	105 656	103 761	1 576	320
年平均工资	75 777	76 980	41 570	37 647
文化、体育和娱乐业				
年末人数	4 574	3 684	111	779
年平均人数	4 453	3 630	111	712
年工资总额	25 599	23 212	626	1 761
年平均工资	57 488	63 944	56 423	24 736
公共管理和社会组织				
年末人数	25 812	25 801	6	5
年平均人数	25 625	25 614	6	5
年工资总额	209 876	209 856	12	7
年平均工资	81 903	81 930	20 167	14 600

私营、个体经济从业人员情况(一)

单位：人

指　　标	私营							
	户数	城镇	从业人员	#城镇	#投资者	城镇	雇工	城镇
总　　计	**64 179**	**64 179**	**698 603**	**698 603**	**185 171**	**185 171**	**513 432**	**513 432**
农林牧渔业	403	403	4 319	4 319	1 095	1 095	3 224	3 224
采矿业	66	66	678	678	150	150	528	528
制造业	10 676	10 676	116 224	116 224	30 816	30 816	85 408	85 408
电力、燃气及水的生产和供应业	33	33	361	361	97	97	264	264
建筑业	2 574	2 574	28 262	28 262	7 670	7 670	20 592	20 592
交通运输、仓储和邮政业	1 683	1 683	18 489	18 489	5 025	5 025	13 464	13 464
信息传输、计算机服务和软件业	2 498	2 498	27 330	27 330	7 346	7 346	19 984	19 984
批发和零售业	27 166	27 166	295 184	295 184	77 856	77 856	217 328	217 328
住宿和餐饮业	947	947	9 847	9 847	2 271	2 271	7 576	7 576
金融业	96	96	1 056	1 056	288	288	768	768
房地产业	2 240	2 240	24 536	24 536	6 616	6 616	17 920	17 920
租赁和商务服务业	9 105	9 105	99 643	99 643	26 803	26 803	72 840	72 840
科学研究、技术服务和地质勘查业	2 638	2 638	28 956	28 956	7 852	7 852	21 104	21 104
水利、环境和公共设施管理业	325	325	3 561	3 561	961	961	2 600	2 600
居民服务和其他服务业	3 265	3 265	35 263	35 263	9 143	9 143	26 120	26 120
教　育	41	41	439	439	111	111	328	328
卫生、社会保障和社会福利业	23	23	235	235	51	51	184	184
文化、体育和娱乐业	366	366	3 846	3 846	918	918	2 928	2 928
公共管理和社会组织								
其　他	34	34	374	374	102	102	272	272

私营、个体经济从业人员情况(二)

单位：人

指标	个体			
	户数	城镇	从业人员	城镇
总计	**85 277**	**55 809**	**170 554**	**111 618**
农林牧渔业	606	72	1 212	144
采矿业	22	1	44	2
制造业	5 082	2 637	10 164	5 274
电力、燃气及水的生产和供应业	8	2	16	4
建筑业	48	18	96	36
交通运输、仓储和邮政业	149	109	298	218
信息传输、计算机服务和软件业	186	125	372	250
批发和零售业	57 396	38 719	114 792	77 438
住宿和餐饮业	10 276	6 772	20 552	13 544
金融业	2		4	
房地产业	194	156	388	312
租赁和商务服务业	304	196	608	392
科学研究、技术服务和地质勘查业	85	68	170	136
水利、环境和公共设施管理业	4	2	8	4
居民服务和其他服务业	10 754	6 809	21 508	13 618
教育	1	1	2	2
卫生、社会保障和社会福利业	4	4	8	8
文化、体育和娱乐业	144	113	288	226
公共管理和社会组织				
国际组织				
其他	12	5	24	10

社 会 保 障 基 本 情 况

指 标	单 位	2009 年	2008 年
各种保险总收入	**万元**	**761 122**	**713 807**
各种保险总支出	**万元**	**479 730**	**417 433**
养老保险			
城镇基本养老保险（含企业职工、机关事业单位）			
参加城镇基本养老保险的人数	万人	121.96	115.80
期末领取基本养老保险金的离退休人数	人	125 870	113 061
期末企业退休人员实行社会化管理人数	人	125 870	113 061
基本养老保险基金收入	亿元	44.23	37.03
基本养老保险基金支出	亿元	25.32	21.33
基本养老保险基金累计结余	亿元	86.83	68.00
农村养老保险			
期末农村社会养老保险的参保人数	万人	13.04	13.70
期末领取基本养老保险金的人数	人	5 291	5 052
基本养老保险基金收入	万元	636	810
基本养老保险基金支出	万元	1 369	820
基本养老保险基金累计结余	万元	15 769	16 466
医疗保险			
期末参加基本医疗保险的人数	万人	215.18	193.62
基本医疗保险基金收入	亿元	26.73	24.73
#统筹基金收入	亿元	8.24	9.3
基本医疗保险基金支出	亿元	18.84	14.31
#统筹基金支出	亿元	6.13	4.29
基本医疗保险基金累计结余	亿元	48.37	40.48
#统筹基金累计结余	亿元	17.96	15.85
失业保险			
期末参加失业保险的人数	万人	105.07	100.98
期末领取失业保险的人数	人	9 236	8 198
失业保险基金收入	亿元	2.98	4.91
失业保险基金支出	亿元	1.61	0.97
失业保险基金累计结余	亿元	16.32	14.95
工伤、生育保险			
期末参加工伤保险的职工人数	万人	111.08	104.02
工伤保险基金收入	亿元	1.12	1.81
工伤保险基金支出	亿元	0.89	0.61
工伤保险基金累计结余	亿元	7.97	7.71
期末参加生育保险的职工人数	万人	98.00	92.94
生育保险基金收入	亿元	0.98	1.64
生育保险基金支出	亿元	1.15	0.62
生育保险基金累计结余	亿元	2.12	2.28
劳动与就业			
职业介绍机构数	个	48	51
就业训练人数	人	17 701	26 588
年末城镇登记失业人数	万人	2.97	2.92
年末城镇登记失业率	%	4.01	4.14
下岗失业人员再就业人数	人	17 963	9 108
#就业困难对象再就业人数	人	14 255	6 112
技能鉴定考核人数	万人	3.10	5.26
期末职业技能鉴定机构	个	46	46
社会培训机构培训人数	人次	22 835	32 086
立案受理劳动争议案件	件	6 716	5 648
#集体劳动争议案件	件	141	203
劳动争议案件结案率	件	100	100
接受群众投诉举报数	件	7 470	9 394

一、综合·固定资产投资

历年全社会固定资产投资情况

单位：万元

年份	全社会完成投资合计	城镇固定资产投资	#城市基础建设情况	#房地产开发投资	农村固定资产投资
1950～1980年累计	**78 710**				
#1980	12 176		3 665		
1981	17 794	17 109	4 109		685
1982	24 280	23 618	10 147		662
1983	28 316	28 043	8 217		273
1984	56 059	55 274	10 566		785
1985	117 226	114 303	18 217		2 923
1986	98 912	97 172	7 867		1 740
1987	105 465	103 800	8 689		1 665
1988	123 315	122 005	19 615		1 310
1989	127 264	126 113	22 524		1 151
1990	175 567	173 816	31 106	43 169	1 751
1981～1990年累计	**874 198**	**861 253**	**141 057**	**43 169**	**12 945**
1991	212 800	207 888	45 584	52 032	4 912
1992	331 557	324 979	75 828	83 215	6 578
1993	644 586	628 698	182 268	139 738	15 888
1994	952 486	934 297	272 507	266 560	18 189
1995	1 353 428	1 329 462	386 637	598 781	23 966
1996	1 500 636	1 484 096	374 065	642 645	16 540
1997	1 533 954	1 518 745	344 605	677 918	15 209
1998	1 818 170	1 799 215	433 870	762 528	18 955
1999	1 924 601	1 909 119	401 250	693 527	15 482
2000	1 750 172	1 732 993	386 745	621 211	17 179
1991～2000年累计	**12 022 390**	**11 869 492**	**2 903 359**	**4 538 155**	**152 898**
2001	1 918 866	1 899 394	499 522	566 315	19 472
2002	2 117 318	2 104 568	484 610	623 326	12 750
2003	2 451 180	2 375 028	660 908	792 737	76 152
2004	3 046 531	2 967 931	991 965	914 610	78 600
2005	4 016 175	3 919 638	1 724 987	1 140 742	96 537
2006	6 620 984	6 492 098	2 746 499	2 139 308	128 886
2007	9 277 014	9 118 108	3 310 395	3 457 362	158 906
2008	9 313 836	9 133 582	2 871 810	3 270 160	180 254
2009	8 821 159	8 630 291	3 234 375	2 945 940	190 868
1981～2009年累计	**60 479 651**	**59 371 383**	**19 569 487**	**20 431 824**	**1 108 268**
#“九五”期间累计	8 527 533	8 444 168	1 940 535	3 397 829	83 365
#“十五”期间累计	13 550 070	13 266 559	4 361 992	4 037 730	283 511

注：城市基础建设投资2008年起不含文教卫投资。

全社会固定资产投资一览表

项　　目	单　位	合　计	农村固定资产投资	城镇固定资产投资		
					城镇项目固定资产投资	房地产开发投资
计划总投资	万元	49 496 950	238 104	49 258 846	25 145 304	24 113 542
项目自开始建设累计完成投资	万元	25 751 842	181 145	25 570 697	14 683 066	10 887 631
全年完成投资	万元	8 821 159	190 868	8 630 291	5 684 351	2 945 940
#住　宅	万元	2 263 291	123 999	2 139 292	48 344	2 090 948
#建安工程	万元	4 225 405	165 386	4 060 019	2 812 681	1 247 338
设备工器具购置	万元	1 544 987	18 960	1 526 027	1 509 682	16 345
第一产业	万元	4 938	1 638	3 300	3 300	
第二产业	万元	1 689 159	23 211	1 665 948	1 665 948	
第三产业	万元	7 127 062	166 019	6 961 043	4 015 103	2 945 940
资金来源合计	万元	13 044 829	213 760	12 831 069	6 628 674	6 202 395
上年末结余资金	万元	1 686 491	19 902	1 666 589	629 311	1 037 278
本年资金来源小计	万元	11 358 338	193 858	11 164 480	5 999 363	5 165 117
国家预算内资金	万元	1 199 510	28 608	1 170 902	1 170 902	
国内贷款	万元	3 125 771	7 495	3 118 276	1 709 627	1 408 649
债　券	万元	21 792		21 792	21 792	
利用外资	万元	257 910	1 925	255 985	248 136	7 849
自筹资金	万元	3 536 206	152 777	3 383 429	2 212 443	1 170 986
其他资金	万元	3 217 149	3 053	3 214 096	636 463	2 577 633
全年新增固定资产	万元	3 682 723	170 067	3 512 656	2 358 195	1 154 461
房屋施工面积	万平方米	4 900.38	236.40	4 663.98	1 569.02	3 094.96
#住　宅	万平方米	2 194.87	198.40	1 996.47	50.77	1 945.70
房屋竣工面积	万平方米	1 054.41	137.04	917.37	206.29	711.08
#住　宅	万平方米	602.38	116.33	486.05	10.43	475.62
施工项目个数	个	1 269	89	1 180	1 180	
竣工项目个数	个	239	42	197	197	
固定资产交付使用率	%	41.75	89.10	40.70	41.49	39.19
建设周期	年	5.61	1.25	5.71	4.42	8.19
项目建成投产率	%	18.83	47.19	16.69	16.69	

注：城镇项目投资是指城镇固定资产投资中扣除城镇私人建房和房地产投资部分，即以前年度基本建设、更新改造和其他投资之和。

城镇项目投资完成情况

单位：万元

项　　目	计划总投资	#本年新开工项目	自开始建设累计完成投资	本年完成投资	#住宅
合　　计	**25 145 304**	**1 798 555**	**14 683 066**	**5 684 351**	**48 344**
按登记注册类型分					
内资企业	20 318 275	1 633 585	11 411 337	4 638 469	45 884
国有企业	14 413 686	1 302 222	7 858 349	3 363 937	42 011
集体企业	56 587	22 715	43 042	43 042	
股份合作企业	7 726		5 294	5 294	
联营企业	331 875		276 872	35 869	
国有联营企业	279 471		244 034	14 858	
集体联营企业	25 000		9 223	1 200	
其他联营企业	27 404		23 615	19 811	
有限责任公司	3 799 763	162 377	2 293 354	778 881	
国有独资公司	1 237 558	67 152	505 212	278 180	
其他有限责任公司	2 562 205	95 225	1 788 142	500 701	
股份有限公司	489 460	3 624	350 753	103 958	
私营企业	486 686	109 190	259 511	118 000	3 873
其他企业	732 492	33 457	324 162	189 488	
港、澳、台商投资企业	2 611 160	39 470	1 727 695	561 229	2 460
港、澳、台商合资经营企业	827 390	10 215	435 430	172 973	1 907
港、澳、台商合作经营企业	136 326		124 034	19 579	
港、澳、台商独资经营企业	1 632 928	25 809	1 157 055	363 236	553
港、澳、台商投资股份有限公司	14 516	3 446	11 176	5 441	
外商投资企业	2 215 869	125 500	1 544 034	484 653	
中外合资经营企业	873 823	74 088	569 647	146 987	
中外合作经营企业	13 750		4 571	4 571	
外资企业	1 321 613	51 412	963 152	326 431	
外商投资股份有限公司	6 683		6 664	6 664	
按建设性质分					
新　建	17 135 787	1 353 038	9 351 418	3 082 484	26 689
扩　建	4 580 334	227 247	3 211 150	1 338 939	21 245
改建和技术改造	908 884	134 589	516 689	340 920	
单纯建造生活设施	10 700	200	842	263	160
迁　建	1 361 781	83 481	721 029	177 559	250
恢　复	100 700		51 611	8 426	
单纯购置	1 047 118		830 327	735 760	

续表一　　　　　　　　　　　　　　　　　　　　单位：万元

项目	计划总投资	#本年新开工项目	自开始建设累计完成投资	本年完成投资	#住宅
按建设阶段分					
筹　建	3 178 305		847 005	616 504	
本年正式施工	20 818 881	1 798 555	12 985 347	4 324 397	48 344
全部停缓建	101 000		20 387	7 690	
单纯购置	1 047 118		830 327	735 760	
按期末建设状态分					
在　建	21 977 050	1 732 730	11 838 255	4 477 329	43 505
全部投产	3 067 254	65 825	2 824 424	1 199 332	4 839
全部停缓建	101 000		20 387	7 690	
按国民经济行业分					
农、林、牧、渔业	3 501	501	3 300	3 300	
农　业	501	501	500	500	
林　业	3 000		2 800	2 800	
制造业	6 082 469	348 269	4 288 371	1 329 459	2 870
农副食品加工业	79 699	30 632	46 655	33 222	250
食品制造业	234 023	22 463	128 219	29 792	
饮料制造业	328 933	273	235 260	63 812	
烟草制品业	361 102		162 049	151 013	
纺织业	189 852	24 392	88 873	16 559	
纺织服装、鞋、帽制造业	32 599	2 350	27 228	19 688	
皮革、毛皮、羽毛（绒）及其制品业	43 076	2 014	30 547	14 136	
木材加工及木、竹、藤、棕、草制造业	5 509		2 186	628	
家具制造业	6 409	1 111	5 299	2 036	
造纸及纸制品业	90 699	1 500	63 265	15 311	
印刷业和记录媒介的复制	78 630	5 250	34 986	10 410	
文教体育用品制造业	45 770		27 218	10 022	
化学原料及化学制品制造业	33 124		30 683	6 153	
医药制造业	72 369	1 400	51 456	26 576	
化学纤维制造业	264 381		229 172	656	
橡胶制品业	492 103	826	412 674	99 352	
塑料制品业	117 183	464	55 708	18 506	
非金属矿物制品业	57 207	350	32 399	11 119	
黑色金属冶炼及压延加工业	11 864	6 800	3 669	1 666	
有色金属冶炼及压延加工业	248 665		228 182	154 217	
金属制品业	94 407	22 388	36 968	15 735	

续表二

单位：万元

项　　目	计　划 总投资	#本年新开 工项目	自开始建设 累计完成 投资	本年完成 投资	#住宅
通用设备制造业	164 902	72 971	111 427	75 995	
专用设备制造业	82 173	11 100	28 964	12 447	
交通运输设备制造业	282 313	54 214	139 830	62 943	
电气机械及器材制造业	84 594	37 790	59 526	44 394	2 067
通信设备、计算机及其他电子设备制造业	1 026 225	45 281	825 114	222 870	553
仪器仪表及文化、办公用机械制造业	25 487		19 540	7 610	
工艺品及其他制造业	1 529 171	4 700	1 171 274	202 591	
电力、燃气及水的生产和供应业	963 238	104 314	671 202	325 343	
电力、热力的生产和供应业	580 710	35 107	451 103	234 474	
燃气生产和供应业	137 800	5 000	68 102	27 053	
水的生产和供应业	244 728	64 207	151 997	63 816	
建筑业	13 792	2 000	12 296	11 146	
房屋和土木工程建筑业	3 221		2 595	1 990	
建筑装饰业	2 000	2 000	1 130	585	
其他建筑业	8 571		8 571	8 571	
交通运输、仓储和邮政业	5 777 346	615 261	3 632 862	1 688 278	
铁路运输业	404 031		447 368	217 119	
道路运输业	1 724 909	358 026	1 311 022	608 061	
城市公共交通业	542 128	82 996	409 319	201 628	
水上运输业	2 336 839	164 404	983 927	351 995	
航空运输业	254 865		227 564	201 629	
管道运输业	845		840	840	
装卸搬运和其他运输服务业	6 396		4 516	2 716	
仓储业	486 670	9 835	244 754	101 675	
邮政业	20 663		3 552	2 615	
信息传输、计算机服务和软件业	180 363	27 116	129 570	123 517	
电信和其他信息传输服务业	170 302	17 055	123 582	117 529	
计算机服务业	10 061	10 061	5 988	5 988	
批发和零售业	559 287	37 105	275 163	138 745	
批发业	447 887	29 409	185 933	84 709	
零售业	111 400	7 696	89 230	54 036	
住宿和餐饮业	632 297	6 184	435 722	117 224	
住宿业	582 567	4 298	407 591	102 339	
餐饮业	49 730	1 886	28 131	14 885	
金融业	24 178		23 253	22 276	
银行业	24 178		23 253	22 276	

续表三 单位：万元

项目	计划总投资	#本年新开工项目	自开始建设累计完成投资	本年完成投资	#住宅
房地产业	579 722	18 302	248 035	53 585	18 715
房地产业	579 722	18 302	248 035	53 585	18 715
租赁和商务服务业	951 946	11 398	366 534	102 536	
商务服务业	951 946	11 398	366 534	102 536	
科学研究、技术服务和地质勘查业	45 299	11 380	29 715	14 949	
研究与试验发展	7 580	1 580	5 724	1 674	
专业技术服务业	22 199	9 800	14 180	9 911	
科技交流和推广服务业	14 799		9 203	3 048	
地质勘查业	721		608	316	
水利、环境和公共设施管理业	6 011 504	430 006	2 859 168	1 103 225	18 223
水利管理业	338 786	190 605	107 763	75 288	
环境管理业	283 356	4 620	97 298	23 249	
公共设施管理业	5 389 362	234 781	2 654 107	1 004 688	18 223
居民服务和其他服务业	80 707	51 779	25 655	16 962	2 644
居民服务业	32 734	9 479	11 790	3 884	2 644
其他服务业	47 973	42 300	13 865	13 078	
教　育	1 781 558	59 254	777 518	194 838	4 856
教　育	1 781 558	59 254	777 518	194 838	4 856
卫生、社会保障和社会福利业	306 145	46 227	187 469	58 490	
卫生	287 309	41 439	176 937	53 930	
社会保障业	4 329		3 580	309	
社会福利业	14 507	4 788	6 952	4 251	
文化、体育和娱乐业	602 664	19 422	295 452	86 722	
新闻出版业	2 986		1 734	587	
广播、电视、电影和音像业	9 352	7 400	8 262	8 262	
文化艺术业	124 095	11 854	85 812	23 538	
体　育	114 257		85 173	21 787	
娱乐业	351 974	168	114 471	32 548	
公共管理和社会组织	547 788	10 037	420 772	293 059	1 036
中国共产党机关	25 500		24 371	8 316	
国家机构	437 136	10 037	352 370	265 532	1 036
群众团体、社会团体和宗教组织	55 152		29 821	17 884	
基层群众自治组织	30 000		14 210	1 327	
国际组织	1 500		1 009	697	
国际组织	1 500		1 009	697	

城镇项目按构成分的

项　　目	本年完成投资	建筑工程	安装工程
总　　计	**5 684 351**	**2 490 850**	**321 831**
按登记注册类型分			
内资企业	4 638 469	2 242 874	262 373
国有企业	3 363 937	1 807 639	150 317
集体企业	43 042	9 555	
股份合作企业	5 294		
联营企业	35 869	7 604	
国有联营企业	14 858	1 315	
集体联营企业	1 200	1 200	
其他联营企业	19 811	5 089	
有限责任公司	778 881	306 642	59 184
国有独资公司	278 180	108 738	41 840
其他有限责任公司	500 701	197 904	17 344
股份有限公司	103 958	22 194	47 409
私营企业	118 000	67 106	4 129
其他企业	189 488	22 134	1 334
港、澳、台商投资企业	561 229	156 976	44 289
港、澳、台商合资经营企业	172 973	35 488	19 225
港、澳、台商合作经营企业	19 579	14 185	130
港、澳、台商独资经营企业	363 236	102 932	24 934
港、澳、台商投资股份有限公司	5 441	4 371	
外商投资企业	484 653	91 000	15 169
中外合资经营企业	146 987	22 300	9 265
中外合作经营企业	4 571	2 089	
外资企业	326 431	66 611	5 904
外商投资股份有限公司	6 664		
按建设性质分			
新　建	3 082 484	1 725 674	138 840
扩　建	1 338 939	598 690	166 461
改建和技术改造	340 920	128 508	16 133
单纯建造生活设施	263	248	15
迁　建	177 559	29 335	351
恢　复	8 426	8 395	31
单纯购置	735 760		

投资和新增固定资产

单位：万元

按构成分						本年新增固定资产
设备工器具购置	#购置旧设备	用于更新的设备	其他费用	#旧建筑物购置费	土地购置费	
1 509 682	**15 770**	**372 548**	**1 361 988**	**14 494**	**319 226**	**2 358 195**
934 171	8 518	304 399	1 199 051	14 494	237 385	1 882 766
518 885	204	264 036	887 096		188 309	1 298 966
			33 487			6 375
5 294		3 200				5 294
15 025		178	13 240			481
303			13 240			303
14 722		178				178
169 755	4 787	16 469	243 300	14 494	36 510	273 615
95 559			32 043		17 486	131 908
74 196	4 787	16 469	211 257	14 494	19 024	141 707
28 388	3 527	10 222	5 967		710	73 228
31 373		5 846	15 392		11 856	54 134
165 451		4 448	569			170 673
267 935	3 321	18 319	92 029		30 863	238 545
49 308	241	4 252	68 952		29 572	71 540
5 264		2 812				14 086
212 293	3 080	10 185	23 077		1 291	148 404
1 070		1 070				4 515
307 576	3 931	49 830	70 908		50 978	236 884
111 782	2 622	21 650	3 640		2 404	99 951
1 926		1 850	556		556	1 850
190 385	1 309	26 330	63 531		44 837	131 600
3 483			3 181		3 181	3 483
334 409	2 197	23 842	883 561	14 494	300 088	933 582
317 739	1 978	21 986	256 049		13 952	552 395
119 407	90	10 676	76 872		2 375	128 003
2 367		170	145 506		2 811	25 583
735 760	11 505	315 874				718 632

续表一

项目	本年完成投资	建筑工程	安装工程
按建设阶段分			
筹　建	616 504	1 557	
本年正式施工	4 324 397	2 486 735	321 831
全部停缓建	7 690	2 558	
单纯购置	735 760		
按期末建设状态分			
在　建	4 477 329	2 239 272	275 440
全部投产	1 199 332	249 020	46 391
全部停缓建	7 690	2 558	
按国民经济行业分			
农、林、牧、渔业	3 300	500	
农　业	500	500	
林　业	2 800		
制造业	1 329 459	440 192	52 318
农副食品加工业	33 222	21 979	1 113
食品制造业	29 792	15 603	649
饮料制造业	63 812	7 322	5 445
烟草制品业	151 013	43 336	3 752
纺织业	16 559	6 408	1 062
纺织服装、鞋、帽制造业	19 688	6 092	10
皮革、毛皮、羽毛（绒）及其制品业	14 136	7 661	27
木材加工及木、竹、藤、棕、草制	628	461	50
家具制造业	2 036	249	
造纸及纸制品业	15 311	14 579	41
印刷业和记录媒介的复制	10 410	1 042	1 259
文教体育用品制造业	10 022	4 394	90
化学原料及化学制品制造业	6 153	987	83
医药制造业	26 576	3 760	2 179
化学纤维制造业	656	425	
橡胶制品业	99 352	10 412	7 761
塑料制品业	18 506	3 399	75
非金属矿物制品业	11 119	1 764	262
黑色金属冶炼及压延加工业	1 666	281	
有色金属冶炼及压延加工业	154 217	15 315	2 740
金属制品业	15 735	5 152	89

单位：万元

按构成分						本年新增固定资产
设备工器具购置	#购置旧设备	用于更新的设备	其他费用	#旧建筑物购置费	土地购置费	
5 288			609 659	13 979	158 130	6 411
768 558	4 265	56 674	747 273	515	160 540	1 633 152
76			5 056		556	
735 760	11 505	315 874				718 632
647 762	4 265	34 770	1 314 855	14 494	317 918	643 769
861 844	11 505	337 778	42 077		752	1 714 426
76			5 056		556	
			2 800		2 800	
			2 800		2 800	
631 379	8 708	91 044	205 570		51 947	666 271
7 627	148	4 599	2 503		1 520	17 027
2 573		1 494	10 967		1 579	10 210
48 706		15 863	2 339		2 319	27 493
81 124			22 801		22 773	45 288
8 812	229	6 248	277		270	10 671
2 028		354	11 558			2 453
5 736		1 356	712			26 047
59			58			2 186
1 680			107		107	1 770
469		199	222		200	14 765
7 988	674	1 736	121			7 978
2 357		428	3 181		3 181	3 069
4 729		122	354			4 899
10 234		102	10 403		874	24 544
			231			
80 383		267	796			95 046
14 886	3 241	3 119	146		146	16 100
6 833		1 844	2 260		1 132	9 060
1 385						1 395
119 122			17 040		408	11 522
6 801	79	1 571	3 693		2 832	11 983

续表二

项　　目	本年完成投资	建筑工程	安装工程
通用设备制造业	75 995	31 111	3 324
专用设备制造业	12 447	3 456	129
交通运输设备制造业	62 943	26 055	3 688
电气机械及器材制造业	44 394	15 261	1 018
通信设备、计算机及其他电子设备制造业	222 870	73 685	14 838
仪器仪表及文化、办公用机械制造业	7 610	2 657	22
工艺品及其他制造业	202 591	117 346	2 612
电力、燃气及水的生产和供应业	325 343	58 787	84 047
电力、热力的生产和供应业	234 474	34 462	23 685
燃气生产和供应业	27 053	889	25 534
水的生产和供应业	63 816	23 436	34 828
建筑业	11 146	568	232
房屋和土木工程建筑业	1 990	296	
建筑装饰业	585	272	232
其他建筑业	8 571		
交通运输、仓储和邮政业	1 688 278	930 553	54 159
铁路运输业	217 119	185 163	
道路运输业	608 061	367 377	43 803
城市公共交通业	201 628	166 763	
水上运输业	351 995	128 731	221
航空运输业	201 629	22 791	25
管道运输业	840		
装卸搬运和其他运输服务业	2 716	2 130	
仓储业	101 675	57 598	10 110
邮政业	2 615		
信息传输、计算机服务和软件业	123 517	13 476	68 588
电信和其他信息传输服务业	117 529	8 068	68 588
计算机服务业	5 988	5 408	
批发和零售业	138 745	50 318	2 482
批发业	84 709	45 824	1 604
零售业	54 036	4 494	878
住宿和餐饮业	117 224	62 525	20 915
住宿业	102 339	54 351	20 915
餐饮业	14 885	8 174	
金融业	22 276	2 230	
银行业	22 276	2 230	

单位：万元

按构成分						本年新增固定资产
设备工器具购置	#购置旧设备	用于更新的设备	其他费用	#旧建筑物购置费	土地购置费	
26 395	1 200	4 922	15 165		736	27 948
3 334	14	1 326	5 528		5 424	9 828
26 927		4 055	6 273		556	36 831
25 125	10	7 824	2 990		2 260	33 972
127 440	756	32 159	6 907		5 584	159 923
4 668	2 357	1 139	263			5 837
3 958		317	78 675		40	48 426
165 337		3 338	17 172			202 816
161 211		2 812	15 116			123 937
321		321	309			15 534
3 805		205	1 747			63 345
1 764		351	8 582		8 571	1 694
1 694		351				1 694
70			11			
			8 571		8 571	
301 245		13 432	402 321	5 408	97 388	606 380
			31 956			255 041
8 980		986	187 901		6 234	18 256
19 614			15 251			110 441
83 401		4 693	139 642	5 408	81 138	50 604
178 592		3 621	221			164 235
			840			
586		436				586
9 409		3 033	24 558		10 016	6 554
663		663	1 952			663
37 810		126	3 643		2 412	60 437
37 280		126	3 593		2 412	60 063
530			50			374
29 208	1 087	18 523	56 737	515	44 349	36 412
26 021		18 418	11 260		4 932	31 828
3 187	1 087	105	45 477	515	39 417	4 584
19 994	1 922	751	13 790		8 851	118 324
16 954	1 922	751	10 119		5 351	116 028
3 040			3 671		3 500	2 296
20 046	3 997	7 878				23 253
20 046	3 997	7 878				23 253

续表三

项目	本年完成投资	建筑工程	安装工程
房地产业	53 585	42 401	3 012
房地产业	53 585	42 401	3 012
租赁和商务服务业	102 536	44 532	12 762
商务服务业	102 536	44 532	12 762
科学研究、技术服务和地质勘查业	14 949	8 172	1 073
研究与试验发展	1 674	1 044	630
专业技术服务业	9 911	4 548	310
科技交流和推广服务业	3 048	2 397	
地质勘查业	316	183	133
水利、环境和公共设施管理业	1 103 225	562 164	1 765
水利管理业	75 288	63 943	
环境管理业	23 249	20 952	
公共设施管理业	1 004 688	477 269	1 765
居民服务和其他服务业	16 962	6 288	375
居民服务业	3 884	3 493	
其他服务业	13 078	2 795	375
教育	194 838	107 144	8 098
教育	194 838	107 144	8 098
卫生、社会保障和社会福利业	58 490	40 209	421
卫生	53 930	35 673	412
社会保障业	309	285	9
社会福利业	4 251	4 251	
文化、体育和娱乐业	86 722	64 403	10 628
新闻出版业	587	535	
广播、电视、电影和音像业	8 262		5 948
文化艺术业	23 538	19 842	1 147
体育	21 787	13 680	3 333
娱乐业	32 548	30 346	200
公共管理和社会组织	293 059	55 730	925
中国共产党机关	8 316	8 316	
国家机构	265 532	28 354	925
群众团体、社会团体和宗教组织	17 884	17 733	
基层群众自治组织	1 327	1 327	
国际组织	697	658	31
国际组织	697	658	31

单位：万元

按构成分						本年新增固定资产
设备工器具购置	#购置国内旧设备	用于更新的设备	其他费用	#旧建筑物购置费	土地购置费	
65			8 107			22 801
65			8 107			22 801
3 772			41 470		31 758	26 976
3 772			41 470		31 758	26 976
432			5 272		200	299
133			4 920		200	
299			352			299
4 473		506	534 823	8 571	55 880	123 656
			11 345		2 800	18 154
1 797		216	500			1 304
2 676		290	522 978	8 571	53 080	104 198
924		251	9 375			976
			391			
924		251	8 984			976
37 540		8 985	42 056		14 980	149 640
37 540		8 985	42 056		14 980	149 640
14 318		2 246	3 542		90	31 852
14 318		2 246	3 527		90	28 272
			15			3 580
6 075		1 287	5 616			27 574
			[illegible]			
2 314		862				8 262
1 960			589			15 396
1 801		425	2 973			3 516
			2 002			400
235 300	56	223 830	1 104			258 145
						462
235 300	56	223 830	953			257 683
			151			
			8			689
			8			689

城镇项目房屋施工竣工面积和价值

单位：平方米、万元

项目	本年施工房屋面积	#住宅	本年竣工房屋面积	#住宅	本年竣工房屋价值	#住宅
合计	**15 690 169**	**507 699**	**2 062 853**	**104 296**	**305 163**	**22 561**
按登记注册类型分						
内资企业	12 801 187	406 286	1 634 236	69 383	239 279	13 986
国有企业	6 423 665	308 378	1 159 916	69 383	191 444	13 986
集体企业	82 547		11 300		1 268	
联营企业	32 925					
其他联营企业	32 925					
有限责任公司	3 497 881		170 871		18 343	
国有独资公司	454 744		500		120	
其他有限责任公司	3 043 137		170 371		18 223	
股份有限公司	1 026 541		9 900		2 030	
私营企业	1 365 902	97 908	271 549		24 711	
其他企业	371 726		10 700		1 483	
港、澳、台商投资企业	1 580 962	101 413	227 394	34 913	39 152	8 575
港、澳、台商合资经营企业	177 802	66 500	23 774		1 000	
港、澳、台商合作经营企业	109 945					
港、澳、台商独资经营企业	1 249 325	34 913	203 620	34 913	38 152	8 575
港、澳、台商投资股份有限公司	43 890					
外商投资企业	1 308 020		201 223		26 732	
中外合资经营企业	372 991		14 354		1 452	
中外合作经营企业	1 500					
外资企业	933 529		186 869		25 280	
按建设性质分						
新　建	11 838 511	446 650	1 248 116	87 803	187 234	19 575
扩　建	2 496 047	53 955	729 674	16 493	109 636	2 986
改建和技术改造	516 501		69 227		5 559	
单纯建造生活设施	5 294	3 294				
迁　建	774 481	3 800	15 836		2 734	
恢　复	59 335					
按建设阶段分						
筹　建	7 634					
本年正式施工	15 620 643	507 699	2 062 853	104 296	305 163	22 561
全部停缓建	61 892					
按期末项目建设状态分						
在　建	14 080 966	409 994	519 596	6 591	53 550	1 000
全部投产	1 547 311	97 705	1 543 257	97 705	251 613	21 561
全部停缓建	61 892					

续表一　　单位：平方米、万元

项　目	本年施工房屋面积	#住　宅	本年竣工房屋面积	#住　宅	本年竣工房屋价值	#住宅
按国民经济行业分						
农、林、牧、渔业	1 341					
农　业	1 341					
制造业	6 731 586	108 507	929 561	34 913	114 857	8 575
农副食品加工业	289 049	3 800	115 210		9 396	
食品制造业	203 116		53 866		5 831	
饮料制造业	126 076		22 894		938	
烟草制品业	97 549					
纺织业	197 511		9 021		951	
纺织服装、鞋、帽制造业	49 199					
皮革、毛皮、羽毛（绒）及其制品业	46 094		26 500		9 500	
木材加工及木、竹、藤、棕、草制	18 359		18 359		2 069	
家具制造业	47 504					
造纸及纸制品业	38 363		18 000		1 296	
印刷业和记录媒介的复制	71 032					
文教体育用品制造业	115 012					
化学原料及化学制品制造业	9 227					
医药制造业	81 370		7 337		1 521	
化学纤维制造业	53 168					
橡胶制品业	104 277		10 705		1 539	
塑料制品业	73 253		27 280		2 820	
非金属矿物制品业	48 928					
有色金属冶炼及压延加工业	31 988		1 500		350	
金属制品业	181 752		24 617		3 048	
通用设备制造业	391 667		65 966		6 408	
专用设备制造业	159 222		85 675		6 500	
交通运输设备制造业	210 835		132 757		16 275	
电气机械及器材制造业	193 205	69 794	11 832		1 718	
通信设备、计算机及其他电子设备制造业	1 132 326	34 913	169 062	34 913	29 955	8 575
仪器仪表及文化、办公用机械制造业	74 199		14 199		1 163	
工艺品及其他制造业	2 687 305		114 781		13 579	
电力、燃气及水的生产和供应业	28 719		8 489		211	
电力、热力的生产和供应业	23 066		8 489		211	
燃气生产和供应业	2 785					
水的生产和供应业	2 868					
建筑业	37 302					
房屋和土木工程建筑业	23 302					
建筑装饰业	14 000					
交通运输、仓储和邮政业	816 287		25 176		5 367	
道路运输业	27 722					
水上运输业	174 041					
航空运输业	39 715					
仓储业	574 809		25 176		5 367	

续表二 单位：平方米、万元

项目	本年施工房屋面积	#住宅	本年竣工房屋面积	#住宅	本年竣工房屋价值	#住宅
信息传输、计算机服务和软件业	33 692		1 349		336	
电信和其他信息传输服务业	30 492		1 349		336	
计算机服务业	3 200					
批发和零售业	841 891		43 035		3 908	
批发业	713 514		32 637		2 451	
零售业	128 377		10 398		1 457	
住宿和餐饮业	838 134		109 000		21 899	
住宿业	758 352		105 500		21 347	
餐饮业	79 782		3 500		552	
金融业	8 400		8 400		1 680	
银行业	8 400		8 400		1 680	
房地产业	1 032 628	224 554	89 862		14 800	
房地产业	1 032 628	224 554	89 862		14 800	
租赁和商务服务业	937 851		185 062		26 976	
商务服务业	937 851		185 062		26 976	
科学研究、技术服务和地质勘查业	108 516					
研究与试验发展	40 277					
专业技术服务业	20 017					
科技交流和推广服务业	48 222					
水利、环境和公共设施管理业	203 599	32 135	16 802	6 591	2 370	1 000
环境管理业	7 634					
公共设施管理业	195 965	32 135	16 802	6 591	2 370	1 000
居民服务和其他服务业	63 256	42 686				
居民服务业	42 686	42 686				
其他服务业	20 570					
教育	2 297 216	87 899	514 236	62 792	90 061	12 986
教育	2 297 216	87 899	514 236	62 792	90 061	12 986
卫生、社会保障和社会福利业	420 119		36 377		7 495	
卫生	357 838		23 041		4 861	
社会保障业	13 336		13 336		2 634	
社会福利业	48 945					
文化、体育和娱乐业	699 260		14 801		2 018	
新闻出版业	20 444					
文化艺术业	257 132		14 801		2 018	
体育	125 000					
娱乐业	296 684					
公共管理和社会组织	585 187	11 918	80 703		13 185	
中国共产党机关	81 000		6 000		462	
国家机构	360 363	11 918	74 703		12 723	
群众团体、社会团体和宗教组织	115 000					
基层群众自治组织	28 824					
国际组织	5 185					
国际组织	5 185					

城镇项目个数和土地征用购置

项　　目	施工项目个数（个）	#本年新开工	本年投产项目个数（个）	规划用地面积（平方米）	本年实际征用购置土地（平方米）	本年实际征用和购置土地成交价款（万元）
合　　计	**1 180**	**278**	**197**	**96 630 242**	**6 027 307**	**283 212**
按登记注册分						
内资企业	1 015	243	173	86 384 419	4 053 355	205 213
国有企业	641	182	138	70 996 882	3 445 297	174 452
集体企业	5	4	1	548 730	700	30
联营企业	6			95 651		
国有联营企业	4					
集体联营企业	1			62 726		
其他联营企业	1			32 925		
有限责任公司	268	23	19	11 727 456	242 911	14 308
国有独资公司	35	8	9	4 527 544	71 780	3 788
其他有限责任公司	233	15	10	7 199 912	171 131	10 520
股份有限公司	16	2	3	871 810	37 834	4 549
私营企业	71	29	11	1 620 799	299 824	11 462
其他企业	8	3	1	523 091	26 789	412
港、澳、台商投资企业	99	18	10	6 526 975	496 011	23 451
港、澳、台商合资经营企业	18	5	2	2 725 501	457 943	22 568
港、澳、台商合作经营企业	30			700 000		
港、澳、台商独资经营企业	49	12	8	3 086 383	38 068	883
港、澳、台商投资股份有限公司	2	1		15 091		
外商投资企业	66	17	14	3 718 848	1 477 941	54 548
中外合资经营企业	22	4	2	1 318 873	83 523	2 404
中外合作经营企业	1			19 800		
外资企业	43	13	12	2 070 175	1 086 345	48 963
外商投资股份有限公司				310 000	308 073	3 181
按建设性质分						
新　建	448	101	46	86 810 978	5 378 485	271 036
扩　建	531	118	86	5 967 694	121 892	7 079
改建和技术改造	167	49	62	1 931 258	436 781	2 586
单纯建造生活设施	2	1				
迁　建	30	9	3	1 407 142	90 149	2 511
恢　复	2			47 131		
单纯购置				466 039		
按建设阶段分						
筹　建				10 300 225	2 542 424	141 660
本年正式施工	1 177	278	197	85 826 038	3 484 883	141 552
全部停缓建	3			37 940		
单纯购置				466 039		
按期末建设状况分						
在建	979	219		89 040 671	5 161 441	278 172
全部投产	198	59	197	7 551 631	865 866	5 040
全部停缓建	3			37 940		

续表一

项目	施工项目个数（个）	#本年新开工	本年投产项目个数（个）	规划用地面积（平方米）	本年实际征用购置土地（平方米）	本年实际征用和购置土地成交价款（万元）
按国民经济行业分						
农、林、牧、渔业	1	1		212 166	212 166	2 800
农业	1	1				
林业				212 166	212 166	2 800
制造业	240	69	43	14 627 045	2 341 527	60 991
农副食品加工业	14	6	4	214 627	59 144	1 422
食品制造业	21	9	6	311 467	55 917	2 346
饮料制造业	9	1		856 635	376 667	2 339
烟草制品业	1			355 503	133 591	24 388
纺织业	11	3	1	726 261	16 500	270
纺织服装、鞋、帽制造业	5	3		48 192		
皮革、毛皮、羽毛（绒）及其制品业	4	2	3	157 698		
木材加工及木、竹、藤、棕、草制	1		1			
家具制造业	2	1		7 937	6 626	107
造纸及纸制品业	3	1	1	97 467	8 800	206
印刷业和记录媒介的复制	6	1		71 958		
文教体育用品制造业	4			463 116	308 073	3 181
化学原料及化学制品制造业	5		2	54 019		
医药制造业	6	1	2	929 666	860 000	5 000
化学纤维制造业	2			46 622		
橡胶制品业	6	2	3	290 943		
塑料制品业	7	2	1	173 790	19 685	119
非金属矿物制品业	6	1		351 545	23 590	1 132
黑色金属冶炼及压延加工业	1	1		20 051		
有色金属冶炼及压延加工业	5			161 524	23 024	3 839
金属制品业	13	6	3	217 551	107 523	2 832
通用设备制造业	12	4	2	643 522	25 576	736
专用设备制造业	6	2		176 650	113 003	5 425
交通运输设备制造业	18	3	4	468 052		
电气机械及器材制造业	11	8	2	201 944	26 637	1 865
通信设备、计算机及其他电子设备	27	8	4	2 194 512	161 317	5 584
仪器仪表及文化、办公用机械制造	4		2	34 213		
工艺品及其他制造业	30	4	2	5 351 580	15 854	200
电力、燃气及水的生产和供应业	191	8	46	1 170 398		
电力、热力的生产和供应业	174	2	42	517 480		
燃气生产和供应业	3	1		402 785		
水的生产和供应业	14	5	4	250 133		
建筑业	2	1		60 057	34 286	8 571
房屋和土木工程建筑业	1			7 500		
建筑装饰业	1	1		18 271		
其他建筑业				34 286	34 286	8 571
交通运输、仓储和邮政业	107	29	13	17 804 204	2 037 875	121 503
铁路运输业	2		1	1 055 666		
道路运输业	40	17	2	9 029 269	334 022	3 257
城市公共交通业	7	2	4	1 120 058		
水上运输业	32	7	4	2 888 243	1 653 694	115 234
航空运输业	8		1	771 925		
管道运输业				729 269		
装卸搬运和其他运输服务业	1			12 721		
仓储业	17	3	1	2 197 053	50 159	3 012

续表二

项目	施工项目个数（个）	#本年新开工	本年投产项目个数（个）	规划用地面积（平方米）	本年实际征用购置土地（平方米）	本年实际征用和购置土地成交价款（万元）
信息传输、计算机服务和软件业	149	3	2	53 497	33 000	2 412
电信和其他信息传输服务业	147	1	2	43 097	33 000	2 412
计算机服务业	2	2		10 400		
批发和零售业	31	8	3	1 234 185	28 452	39 417
批发业	23	4	1	1 143 944		
零售业	8	4	2	90 241	28 452	39 417
住宿和餐饮业	29	6	2	1 001 134	73 773	5 351
住宿业	25	4	1	972 662	73 773	5 351
餐饮业	4	2	1	28 472		
金融业	1		1			
银行业	1		1			
房地产业	24	3	3	1 558 978		
房地产业	24	3	3	1 558 978		
租赁和商务服务业	17	1	2	1 368 398	6 702	12 632
商务服务业	17	1	2	1 368 398	6 702	12 632
科学研究、技术服务和地质勘查业	7	2		214 546		
研究与试验发展	2	1		30 263		
专业技术服务业	3	1		163 724		
科技交流和推广服务业	1			17 659		
地质勘查业	1			2 900		
水利、环境和公共设施管理业	215	83	46	44 497 731	1 136 339	14 855
水利管理业	18	6	4	254 074		
环境管理业	11	5	2	2 501 790		
公共设施管理业	186	72	40	41 741 867	1 136 339	14 855
居民服务和其他服务业	7	3		312 492		
居民服务业	4	1		304 546		
其他服务业	3	2		7 946		
教　育	73	32	20	8 192 201	123 187	14 680
教　育	73	32	20	8 192 201	123 187	14 680
卫生、社会保障和社会福利业	21	9	3	1 147 366		
卫　生	18	8	2	1 102 909		
社会保障业	1		1	20 392		
社会福利业	2	1		24 065		
文化、体育和娱乐业	26	9	6	2 322 439		
新闻出版业	1			26 808		
广播、电视、电影和音像业	2	2	2			
文化艺术业	14	6	3	1 096 515		
体　育	5		1	590 067		
娱乐业	4	1		609 049		
公共管理和社会组织	38	11	7	851 734		
中国共产党机关	2			141 793		
国家机构	33	11	7	304 471		
群众团体、社会团体和宗教组织	1			333 333		
基层群众自治组织	2			72 137		
国际组织	1			1 671		
国际组织	1			1 671		

城　镇　项　目

项　目	本年资金来源合计	上年末结余资金	本年资金来源小计	国家预算内资金	国内贷款
合　计	**6 628 674**	**629 311**	**5 999 363**	**1 170 902**	**1 709 627**
按登记注册类型分					
内资企业	5 194 716	350 993	4 843 723	1 170 502	1 388 544
国有企业	3 752 153	223 095	3 529 058	1 059 146	890 231
集体企业	46 771		46 771	33 674	
股份合作企业	7 726		7 726		
联营企业	35 924		35 924		
国有联营企业	14 862		14 862		
集体联营企业	1 250		1 250		
其他联营企业	19 812		19 812		
有限责任公司	902 225	103 985	798 240	73 628	284 645
国有独资公司	344 402	60 872	283 530	29 949	34 359
其他有限责任公司	557 823	43 113	514 710	43 679	250 286
股份有限公司	114 838	965	113 873		17 212
私营企业	144 751	20 007	124 744	1 500	30 627
其他企业	190 328	2 941	187 387	2 554	165 829
港、澳、台商投资企业	695 995	106 733	589 262		139 430
港、澳、台商合资经营企业	205 561	10 582	194 979		48 224
港、澳、台商合作经营企业	27 935	9 059	18 876		
港、澳、台商独资经营企业	457 034	87 062	369 972		91 206
港、澳、台商投资股份有限公司	5 465	30	5 435		
外商投资企业	737 963	171 585	566 378	400	181 653
中外合资经营企业	235 191	36 806	198 385	400	85 103
中外合作经营企业	4 571	1 221	3 350		
外资企业	491 337	133 458	357 879		96 550
外商投资股份有限公司	6 864	100	6 764		
按建设性质分					
新　建	3 638 806	434 786	3 204 020	475 234	1 104 497
扩　建	1 489 601	121 693	1 367 908	285 923	208 044
改建和技术改造	368 739	26 431	342 308	104 201	22 075
单纯建造生活设施	400		400		
迁　建	252 486	4 105	248 381	42 492	131 094
恢　复	37 146	669	36 477		24 700
单纯购置	841 496	41 627	799 869	263 052	219 217
按建设阶段分					
筹　建	775 598	16 282	759 316	307 237	149 779
本年正式施工	5 002 382	570 074	4 432 308	600 613	1 337 031
本年收尾					
全部停缓建	9 198	1 328	7 870		3 600
单纯购置	841 496	41 627	799 869	263 052	219 217
按期末建设状态分					
在　建	5 298 802	514 727	4 784 075	859 926	1 340 745
全部投产	1 320 674	113 256	1 207 418	310 976	365 282
全部停缓建	9 198	1 328	7 870		3 600

资 金 来 源

单位：万元

债 券	利用外资	#外商直接投资	自筹资金	#企事业单位自筹资金	其他资金来源	本年各项应付款合计	#工程款
21 792	**248 136**	**214 274**	**2 212 443**	**509 445**	**636 463**	**315 188**	**94 702**
21 792	37 723	37 723	1 680 039	358 837	545 123	268 312	82 134
8 718	37 723	37 723	1 070 368	178 799	462 872	233 573	67 623
			11 841		1 256		
			7 726	6 000			
			21 365	178	14 559		
			303		14 559		
			1 250				
			19 812	178			
13 074			369 900	118 756	56 993	28 661	12 872
13 074			189 703	41 226	16 445	9 226	4 806
			180 197	77 530	40 548	19 435	8 066
			96 412	16 760	249	989	60
			83 423	28 387	9 194	1 568	831
			19 004	9 957		3 521	748
	96 498	79 418	324 261	86 743	29 073	38 885	9 500
	27 771	25 544	110 719	56 060	8 265	4 373	3 970
	1 000		3 854	3 854	14 022	4 079	
	67 727	53 874	205 173	26 829	5 866	30 433	5 530
			4 515		920		
	113 915	97 133	208 143	63 865	62 267	7 991	3 068
	15 416	10 321	93 523	20 227	3 943	1 520	830
			3 200	1 700	150		
	98 399	86 812	104 756	41 938	58 174	6 471	2 238
	100		6 664				
11 775	218 402	191 531	983 743	172 534	410 369	235 877	64 575
	17 556	14 111	680 287	178 083	176 098	41 432	13 896
10 017	1 300	1 381	180 719	40 400	23 867	21 077	5 272
			400			240	240
	614	614	72 157	5 873	2 024	10 073	9 562
					11 777	753	753
	10 165	6 634	295 107	112 555	12 328	5 736	404
	61 934	61 834	183 352	96 721	57 014	1 742	
21 792	176 037	145 806	1 729 714	300 169	567 121	307 710	94 298
			4 270				
	10 165	6 634	295 107	112 555	12 328	5 736	404
21 792	217 544	190 264	1 777 555	348 643	566 513	229 557	87 566
	30 592	24 010	430 618	160 802	69 950	85 631	7 136
			4 270				

续表一

项目	本年资金来源合计	上年末结余资金	本年资金来源小计	国家预算内资金	国内贷款
按国民经济行业分					
农、林、牧、渔业	3 300	100	3 200	2 700	
农　业	500		500		
林　业	2 800	100	2 700	2 700	
制造业	1 720 316	256 502	1 463 814	71 542	325 053
农副食品加工业	35 624	369	35 255		3 625
食品制造业	32 524	971	31 553	5 851	7 347
饮料制造业	70 662	624	70 038	2 985	14 400
烟草制品业	160 296	11 036	149 260		
纺织业	25 033	4 870	20 163		12 450
纺织服装、鞋、帽制造业	20 933	2 835	18 098	10 700	600
皮革、毛皮、羽毛（绒）及其制品业	14 112	176	13 936		
木材加工及木、竹、藤、棕、草制	959		959		
家具制造业	2 036	72	1 964		
造纸及纸制品业	15 323	75	15 248		1 300
印刷业和记录媒介的复制	10 367	327	10 040		956
文教体育用品制造业	16 605	1 340	15 265		500
化学原料及化学制品制造业	6 348	159	6 189		
医药制造业	29 637	1 010	28 627		1 500
化学纤维制造业	36 458	33 058	3 400		3 400
橡胶制品业	158 321	27 236	131 085		71 022
塑料制品业	35 614	3 125	32 489		12 360
非金属矿物制品业	23 646	7 111	16 535		1 300
黑色金属冶炼及压延加工业	2 853	266	2 587		
有色金属冶炼及压延加工业	154 680	10 130	144 550		1 830
金属制品业	32 557	14 664	17 893		3 165
通用设备制造业	83 030	2 502	80 528	2 394	7 448
专用设备制造业	47 391	29 400	17 991		13 921
交通运输设备制造业	98 608	13 498	85 110		13 084
电气机械及器材制造业	52 400	5 592	46 808	400	5 076
通信设备、计算机及其他电子设备制造业	310 378	81 549	228 829	6 919	72 545
仪器仪表及文化、办公用机械制造 业	9 861	724	9 137		
工艺品及其他制造业	234 060	3 783	230 277	42 293	77 224
电力、燃气及水的生产和供应业	342 366	58 550	283 816	42 860	99 661
电力、热力的生产和供应业	247 070	58 550	188 520	26 935	98 153
燃气生产和供应业	27 055		27 055		
水的生产和供应业	68 241		68 241	15 925	1 508
建筑业	14 006	24	13 982	8 571	
房屋和土木工程建筑业	3 935	24	3 911		
建筑装饰业	1 500		1 500		
其他建筑业	8 571		8 571	8 571	
交通运输、仓储和邮政业	1 774 953	110 159	1 664 794	185 198	729 401
铁路运输业	217 119	5 000	212 119	1 200	
道路运输业	626 440	36 097	590 343	97 545	197 827
城市公共交通业	148 597	307	148 290	38 432	66 701
水上运输业	456 144	33 028	423 116	38 449	277 566
航空运输业	194 890	1 570	193 320	1 791	159 889
管道运输业	840		840	840	
装卸搬运和其他运输服务业	2 793	207	2 586		
仓储业	124 227	33 950	90 277	6 941	27 418
邮政业	3 903		3 903		

单位：万元

债　券	利用外资	# 外商直接投资	自筹资金	# 企事业单位自筹资金	其他资金来源	本年各项应付款合计	# 工程款
					500		
					500		
	106 355	87 849	782 895	199 821	177 969	62 978	15 950
	742	742	30 888	12 392		762	442
	885	885	13 400	4 010	4 070	57	57
			52 453	37 808	200	1 460	1 003
			149 260	21 250			
			6 950	3 376	763	182	44
	51	51	6 231	651	516		
	10 963	10 963	1 718	1 100	1 255	203	203
			900		59		
			1 964	472		30	30
			13 948	779			
			9 084	3 914		466	200
	3 502	3 318	11 263	1 977			
	245	245	5 891	764	53		
	4 793	1 742	5 368	2 913	16 966		
						117	82
			59 784	10 718	279	663	239
	5 136	2 027	13 761	10 031	1 232	1 169	195
	378		13 943	9 595	914	2 819	246
	265	250	1 962	69	360		
			142 720	12 004			
	618	518	11 900	5 031	2 210	965	455
	11 226	11 221	12 400	883	47 060	8 900	
	563	541	3 138	546	369		
	13 865	12 682	51 525	17 733	6 636	4 521	3 779
	237	237	37 424	9 107	3 671	1 948	40
	50 389	40 030	66 469	24 997	32 507	36 231	8 788
	345	245	8 792	3 341			
	2 152	2 152	49 759	4 360	58 849	2 485	147
21 792			118 096	87 313	1 407	8 750	
8 718			53 307	34 478	1 407	4 330	
			27 055	15 306			
13 074			37 734	37 529		4 420	
			3 411	2 251	2 000	150	150
			1 911	751	2 000	150	150
			1 500	1 500			
	54 759	54 759	619 924	40 426	75 512	100 895	14 561
			191 127		19 792		
			256 894	6 485	38 077	21 932	669
			42 832	3 547	325	55 632	
	54 759	54 759	45 404	11 185	6 938	11 357	1 928
			31 640	8 153		11 461	11 451
			2 586				
			45 538	11 056	10 380	513	513
			3 903				

续表二

项　　目	本年资金来源合计	上年末结余资金	本年资金来源小计	国家预算内资金	国内贷款
信息传输、计算机服务和软件业	110 291	54	110 237		29 294
电信和其他信息传输服务业	103 633	54	103 579		25 242
计算机服务业	6 658		6 658		4 052
批发和零售业	179 283	3 760	175 523	7 687	31 065
批发业	99 388	1 295	98 093	7 309	18 691
零售业	79 895	2 465	77 430	378	12 374
住宿和餐饮业	122 096	3 880	118 216	2 753	26 600
住宿业	107 026	3 844	103 182	1 801	20 600
餐饮业	15 070	36	15 034	952	6 000
金融业	22 276		22 276		
银行业	22 276		22 276		
房地产业	127 151	17 106	110 045	3 232	28 030
房地产业	127 151	17 106	110 045	3 232	28 030
租赁和商务服务业	171 330	66 616	104 714	6 939	39 283
商务服务业	171 330	66 616	104 714	6 939	39 283
科学研究、技术服务和地质勘查业	14 462	1 017	13 445	7 499	300
研究与试验发展	3 580		3 580	1 000	
专业技术服务业	7 517	1 017	6 500	6 200	300
科技交流和推广服务业	3 049		3 049	299	
地质勘查业	316		316		
水利、环境和公共设施管理业	1 243 173	55 310	1 187 863	379 861	367 091
水利管理业	70 736	2 715	68 021	32 205	829
环境管理业	29 179	2 166	27 013	25 718	
公共设施管理业	1 143 258	50 429	1 092 829	321 938	366 262
居民服务和其他服务业	27 538	3 510	24 028	20 072	1 900
居民服务业	11 650		11 650	11 557	
其他服务业	15 888	3 510	12 378	8 515	1 900
教　育	264 186	30 219	233 967	109 606	17 533
教　育	264 186	30 219	233 967	109 606	17 533
卫生、社会保障和社会福利业	78 402	10 982	67 420	35 185	1 700
卫　生	71 175	10 659	60 516	28 281	1 700
社会保障业	421	24	397	397	
社会福利业	6 806	299	6 507	6 507	
文化、体育和娱乐业	97 343	6 030	91 313	18 732	11 958
新闻出版业	660	160	500		
广播、电视、电影和音像业	9 352		9 352	625	
文化艺术业	26 966	2 965	24 001	15 363	58
体　育	23 258	160	23 098	2 577	1 900
娱乐业	37 107	2 745	34 362	167	10 000
公共管理和社会组织	315 505	5 492	310 013	268 465	758
中国共产党机关	8 671	1 388	7 283	7 283	
国家机构	294 957	4 104	290 853	261 031	631
群众团体、社会团体和宗教组织	10 500		10 500	151	
基层群众自治组织	1 377		1 377		127
国际组织	697		697		
国际组织	697		697		

单位：万元

债　券	利用外资	#外商直接投资	自筹资金	#企事业单位自筹资金	其他资金来源	本年各项应付款合计	#工程款
			79 345	28 351	1 598	13 953	
			78 337	28 351		13 953	
			1 008		1 598		
	53 899	53 899	81 596	14 374	1 276	2 922	2 602
			70 817	11 203	1 276	2 922	2 602
	53 899	53 899	10 779	3 171			
	8 495	3 500	76 170	21 028	4 198	5 941	5 941
	4 995		71 588	18 021	4 198	5 941	5 941
	3 500	3 500	4 582	3 007			
			21 996	8 533	280		
			21 996	8 533	280		
			22 665	3 746	56 118	5 253	4 698
			22 665	3 746	56 118	5 253	4 698
			44 651	14 716	13 841	8 246	1 443
			44 651	14 716	13 841	8 246	1 443
			5 646			8 915	8 915
			2 580				
						8 915	8 915
			2 750				
			316				
	3 920	3 920	168 997	8 762	267 994	69 714	22 084
			8 830		26 157	12 710	7 170
			500	500	795	107	107
	3 920	3 920	159 667	8 262	241 042	56 897	14 807
			1 963	673	93	200	130
					93		
			1 963	673		200	130
			89 338	56 141	17 490	8 007	7 412
			89 338	56 141	17 490	8 007	7 412
	1 000		15 513	14 151	14 022	4 331	252
	1 000		15 513	14 151	14 022	4 181	102
						150	150
	19 708	10 347	40 545	7 900	370	4 720	1 156
			500	500		5	
			8 727	7 400			
			8 212		368	4 663	1 126
	9 361		9 258		2		
	10 347	10 347	13 848			52	30
			38 995	1 259	1 795	10 213	9 408
						511	
			27 396	1 259	1 795	1 159	865
			10 349			8 543	8 543
			1 250				
			697				
			697				

工业项目按用途分的投资

单位：万元

项目	本年完成投资	#增产	节能降耗	增加品种及提高质量	三废治理
合计	**1 654 802**	**1 164 139**	**38 777**	**184 246**	**993**
制造业	1 329 459	865 587	14 141	182 743	918
农副食品加工业	33 222	26 150	79	2 343	150
食品制造业	29 792	16 717	264	159	86
饮料制造业	63 812	59 281	4 329	161	18
烟草制品业	151 013	145 759		5 254	
纺织业	16 559	8 603		7 673	
纺织服装、鞋、帽制造业	19 688	8 047	961		
皮革、毛皮、羽毛（绒）及其制品业	14 136	13 228			
木材加工及木、竹、藤、棕、草制品业	628	10			
家具制造业	2 036	1 428			
造纸及纸制品业	15 311	15 277			
印刷业和记录媒介的复制	10 410	8 564		1 030	
文教体育用品制造业	10 022	7 596	57	5	5
石油加工、炼焦及核燃料加工业					
化学原料及化学制品制造业	6 153	2 442	3 433	12	65
医药制造业	26 576	4 134	45	581	
化学纤维制造业	656	239			42
橡胶制品业	99 352	98 363	42	99	
塑料制品业	18 506	7 457	44	6 217	
非金属矿物制品业	11 119	10 013	11	527	
黑色金属冶炼及压延加工业	1 666	1 395			
有色金属冶炼及压延加工业	154 217	13 654		139 162	
金属制品业	15 735	6 697	300	676	
通用设备制造业	75 995	52 797		6 485	
专用设备制造业	12 447	6 044	67		
交通运输设备制造业	62 943	42 148	1 885	2 637	267
电气机械及器材制造业	44 394	29 121	90	5 095	51
通信设备、计算机及其他电子设备制造业	222 870	192 991	2 534	4 410	234
仪器仪表及文化、办公用机械制造业	7 610	5 063			
工艺品及其他制造业	202 591	82 369		217	
废弃资源和废旧材料回收加工业					
电力、燃气及水的生产和供应业	325 343	298 552	24 636	1 503	75
电力、热力的生产和供应业	234 474	227 971	4 577	1 493	75
燃气生产和供应业	27 053	26 824		10	
水的生产和供应业	63 816	43 757	20 059		

生　产　能　力　一　览　表

	单　　位	建设规模	本年施工规　　模	#新　开工规模	累计新增规　　模	#本　年新　增
火力发电	万千瓦	78.6	78.6		78.6	39.3
其他发电	万千瓦	4.8	4.8			
输电线路长度（11 万伏及以上）	公里	202.005	202.005		43.22	43.22
轮胎外胎	万条	205	205		205	205
轮胎内胎	万条	16 500	16 500			
内燃机	台/年	4 500	4 500			
化学纤维	吨/年	1 475	1 475			
卷　烟	箱/年	400 000	400 000			
机制纸浆	万吨/年	9	9			
新建公路	公里	101.53	101.53	46.02	2.24	2.24
改建公路	公里	98.45	98.45	13.25	49.80	49.80
新建独立公路桥梁	延长米	8 696	8 696	166	8 696	8 696
新建独立公路桥梁	座	2	2	1	2	2
新建独立公路隧道	延长米	9 440	9 440	745		
新建独立公路隧道	处	2	2	1		
新（扩）建港口码头：年吞吐量	万吨	1 396	1 396			
年吞吐量	万标箱	366	366			
泊　位	个	[illegible]	[illegible]			
#新（扩）建沿海港口码头：年吞吐量	万吨	1 396	1 396			
泊　位	个	24	24			
新（扩）建公路客、货运站	个	1	1			
新（扩）建公路客、货运站	平方米	46 776	46 776			
飞机购置	架	5	5	5	5	5
城市自来水供水能力	万吨/日	24	24		24	24
城市公共交通车辆购置	辆	237	237	237	237	237
城市污水处理能力	万吨/日	25.68	25.68	0.68		

重点项目投资完成情况

单位：万元

项目名称	开工时间	计划总投资	本年计划投资	本年完成投资	建设内容及规模
合计		**22 363 408**	**4 465 640**	**3 241 003**	
火炬(翔安)产业区		1 026 350	94 241	143 503	
火炬(翔安)产业区基础设施及配套	2005.08	750 000	60 000	70 978	总规划面积26.75平方千米，首期开发4.75平方千米，重点建设国家光电显示集群试点。
友达光电	2006.04	265 200	23 091	64 073	一期建筑面积188 823平方米，二期建筑面积30 856平方米，三期总建筑面积107 469.9平方米，四期总建筑面积181 000平方米。
麦克奥迪科技	2009.01	11 150	11 150	8 452	一期总建筑面积约28 000平方米。开发、生产仪器、仪表、电子产品及光、机、电一体化产品，显微镜系统集成、教学仪器、计算机软件、计算机辅助测试、辅助工程系统；研制开发、生产输变电行业向配套的绝缘制品及其他部件。
环东海域工业园区		450 984	137 700	63 682	
环东海域湖里工业园(一期)	2007.03	159 000	60 000	25 170	一期工程总占地面积54.84万平方米，总建筑面积84.02万平方米，包括73栋厂房、4栋邻里中心。
环东海域思明园(二期)		25 000	10 000	4 687	占地面积69 000平方米，建筑面积140 000平方米。
环东海域同安轻工园	2006.12	75 984	22 700	12 930	规划用地56万平方米，通用厂房建筑面积47.9万平方米及配套设施。
火炬工业园(三期)	2007.11	50 000	15 000	12 827	总建筑面积45.9万平方米。
东海火炬科技园	2007.12	141 000	30 000	8 068	总建筑面积38万平方米。
东部燃气电厂	2006.12	268 000	120 000	100 681	总用地288.6亩，4台35万千瓦机组。一期建设二台联合循环机组，二期规划再上二台发电机组。第一台机组计划2009年1月投产试运行。
金桥生产线技改及配套	2006.09	271 723	180 101	91 700	生产能力200亿支/年，新建烟叶醇化库50 000平方米。
湖里高新技术园	2007.04	240 131	60 000	118 016	规划面积180万平方米。拟建高新技术企业研发中心及相关配套项目。
机械工业集中区(二期)		158 984	75 700	59 079	
工业集中区二期基础设施配套	2009.01	25 984	5 000	7 157	机械工业集中区二期道路等基础设施配套及其他项目。
国家场(厂)内机动车辆质量检验中心	2009.03	29 000	29 000	8 915	总用地面积20万平方米，主要建设试验场、试验室等专业车辆质量监督检验设施。
银华液压机械搬迁改造	2009.03	75 000	30 000	29 045	占地面积280 000平方米。年产油缸40万件、建机4 050台、电子设备8 370台。
玉柴发动机(一期)	2007.09	19 000	8 000	9 888	建设钢结构的10万台发动机生产联合厂房及配套设施，安装装配、整理、试机线及辅助设施。

续表一　　单位：万元

项　目　名　称	开工时间	计　划总投资	本年计划投资	本年完成投资	建设内容及规模
金龙车身扩建(二期)	2008.01	10 000	3 700	4 074	建设地址:集美灌南汽车工业城,占地面积107 737.496平方米,建设冲压、焊装两跨厂房及冲压件存放间等建筑面积26 448.15平方米。建设年产10万辆车身的生产能力,达产后预计形成年新增产值4.5亿元。
厦顺铝箔		150 733	60 293	144 061	
厦顺高精铝板带	2007.05	76 538	30 615	61 423	占地13.5万平方米,建筑面积15.1万平方米,建设一条高精铝板带生产线等,形成年产20万吨高精铝板带规模。
厦顺高精PS板	2007.06	74 195	29 678	82 638	占地14.8万平方米,建筑面积15.3万平方米,建设一条高精PS板生产线等,形成年10万吨高精铝板带规模。
正新海燕	2002.12	140 000	56 000	54 642	二期项目的生产车间及配套厂房。
同安工业集中区思明园(三期)		135 000	5 000	2	占地面积53万平方米,建筑面积90万平方米。
建颖科技		110 000	9 000		建设厂房13万平方米及配套工程。
城市液化天然气利用工程	2006.01	62 800	5 000	9 205	建设门站2座(集美门站,翔安门站),调压站5座;高压管道,中压管道;后方设施;天然气输配管网数据采集及监控(SCADA)系统。2011年供气量15 568.3万立方米/年,最大供气量53.4万立方米/日。供应居民用户92.6万人(约合30.9万户)。
粉煤灰纤维纸浆	2007.01	60 000	15 000	13 800	总用地约8.8万平方米,建设厂房、生产线和相关配套设施,生产超细纤维配抄特种纸浆,建成后形成年产特种纸浆36万吨的生产能力。达产后年产值10.8亿元人民币。
钨业新能源材料	2008.01	60 000	5 000	5 264	占地111 612平方米,建设年产1 500吨钴酸锂、1 000吨四氧化三钴和3 000吨铝酸镁生产线。
新科宇航	2009.04	58 500	20 000	8 000	建设CFM5E系列发动提供维修、大保、检测的厂房及设施,年维修能力100台。
四口圳工业片区	2008.01	45 000	13 000	4 408	总用地252公顷 其中工业用地187.13公顷。
福炼一体化成品油管道(厦门段)	2008.09	40 000	30 000	11 419	建设运输管线15千米(设计管径为450毫米)和东孚、石湖山油库等。
华诚纺纤	2007.09	65 000	4 080	251	总建筑面积210 000平方米。
华纶印染技改	2009.08	25 882	25 882	995	项目拟新增设备产能为2 200万米/年,拟整合、淘汰的设备产能为500万米/年。技改后公司最终的设备产能为6 200万米/年。
万泰沧海生物基地		23 000	5 306	4 046	厂房面积12 000平方米。建设国家传染病诊断试剂与疫苗工程技术研究中心,形成年产500万支以上基因工程疫苗的能力,年产值2.5亿元。

续表二 单位：万元

项目名称	开工时间	计划总投资	本年计划投资	本年完成投资	建设内容及规模
泓信皮革	2008.12	22 350	8 500	1 000	项目选址翔安工业园区巷北片区，主要从事超纤仿真皮革的生产，达产后预计产值5亿元。
太平货柜制造	2009.01	22 300	3 000	4 419	项目总用地面积83 523.217平方米。
惠尔康食品	2005.05	85 000	15 000	10 746	形成30万吨“谷物杂粮”食品加工能力。总建筑面积109 872平方米。
娃哈哈恒枫饮料	2008.1	18 400	10 000	8 944	总用地面积133 992.14平方米，其中建设用地面积122 052.85平方米；总建筑面积72 842.62平方米，建设厂房及配套设施。
天润锦龙建材	2008.01	16 288	14 000	1 422	完成年产120万立方米预拌混凝土扩建搬迁项目的投入和建设。
弘乐电子	2008.03	8 000	3 000	3 000	占地面积30 736.81平方米，总建筑面积48 266.1平方米，建设厂房、仓库及配套设施。
T5直管荧光灯扩产		16 000	12 000		建设年产2 400万支的生产能力，形成年产值1.3亿元。
合兴包装		15 378	3 000	1 761	用地面积100亩 总建筑面积51 794.5平方米。
中盛粮油	2009.05	15 000	7 000	6 195	总用地面积141.9亩，总建筑面积140 000平方米。
天福茶叶	2007.12	15 000	5 000	2 134	用地面积90亩，建筑面积6万平方米。
雄进纤维	2007.06	15 000	6 300	239	项目选址翔安工业园区赵岗片区，主要从事卫生香的生产，达产后预计产值2.5亿元。
永红电子	2007.11	13 280	7 780	7 961	项目选址翔安工业园区市头片区，主要从事半导体集成电路引线框架、精密模具的生产，达产后预计产值5亿元。
银鹭重工	2007.06	10 200	8 400	7 458	总建筑面积72 113平方米。建设约4.2万平方米的生产厂房、综合楼及宿舍楼；安装40T桥式起重机等14台；安装自动焊接，数控切割等多条生产线；购置专用检测仪表仪器等，形成年产起重机15 000吨的生产能力。
北大厦门科技成果转化基地	2009.01	10 000	3 230	1 551	北大泰普生物建设科研成果转化基地主要引进北大、中科院等科研成果，建筑面积50 000平方米。
弘信电子		7 486	2 354	2 700	建设35 000平方米的厂房；对厂房进行适应性装修（其中GMP装修3 000平方米），新增激光钻孔机、曝光机、蚀刻线等主要设备，建设1条HDI多层分层挠性印制电路板生产线。形成年产20万平方米的HDI多层分层挠性印制电路板生产基地，形成年产值2.5亿元。
群康科技					厂房建设及设备购买安装。
特易购		100 000	40 000	41 344	总建筑面积约12.2万平方米。其中，购物中心占地面积约2.1万平方米，建筑面积约4.7万平方米；办公楼占地面积约2.15万平方米，建筑面积约7.55万平方米。

续表三　　　　　　　　　　　　　　　　　　　　　　　　　　　　单位：万元

项目名称	开工时间	计划总投资	本年计划投资	本年完成投资	建设内容及规模
杏林湾商务营运中心	2008.08	503 000	29 200	17 500	用地面积约12.2万平方米,总建筑面积71.96万平方米:其中地上计容总建筑面积553 530平方米,地下室建筑面积约21万平方米。由A1～A7、B2～B3共9个地块组成,共建1#～12#楼。
会展北片区	2007.07	482 225	31 230	9 678	总用地面积26公顷,包括A、B、C、D四个地块,A地块为领事馆区,B地块包括海峡交流中心二期2#楼、3#楼,C地块包括建发大厦、人民银行和1#楼,D区包括出让酒店。
厦门(新)站营运中心	2007.12	185 000	113 003	30 755	A地块占地约23.7公顷,B地块占地面积约19.6公顷。开发建设营运中心。
观音山国际商务营运中心启动区	2006.02	180 000	20 000	20 094	总占地面积91 529平方米,总建筑面积460 000平方米,由A1、A2和A3三个地块组成,建筑总面积46.5139万平方米,由十一栋高层建筑组成,建筑层数从12层到35层,最高建筑高度140米。
五缘湾片区商贸项目	2005.03	177 000	25 000	2 370	
禹洲酒店		80 000	15 000		五缘湾商业区配套豪华酒店82 992.3平方米。
国贸商务中心		17 000			地上建筑面积3万平方米,地下室9 000平方米。
恒安商贸大厦		80 000	10 000	2 370	总建筑面积14万平方米,其中地下室5万平方米。
圣果院商业中心		160 000	20 000	1 330	由A1、A2、A3地块组成,总用地面积6.1万平方米,总建筑面积约28万平方米,其中地上部分21.5万平方米,地下部分6.7万平方米。
大嶝对台商品交易市场改扩建	2006.01	120 000	49 371	5 270	总占地面积为83公顷,项目拟分三期建设。一期项目建设用地为450亩,其中一期分两次建设,启动区建设面积约6万平米,占地约140亩。
厦门(恒兴)财富中心	2008.10	100 000	25 000	18 380	该项目为厦门恒兴集团有限公司的总部大楼。占地面积5 082平方米,总建筑面积7.8万平方米,建筑高度151米。
国际物流中心	2007.05	91 211	35 787	37 403	用地面积4.2万平方米,总建筑面积15.39万平方米,其中地上建筑面积约11.12万平方米,地下建筑面积约4.27万平方米。
宏谦存储配送中心		70 000	20 000	4 718	总占地面积9.34万平方米,总建筑面积30万平方米。分二期建设包括产品展示、货物批发配送、中转仓库、验货仓库、办公用房、综合管理楼及其他配套设施。
海峡西岸电子生产资料市场	2008.07	60 000	12 000	6 610	一期总用地面积1.56万平方米,总建筑面积近7.2万平方米,经营面积2.5万平方米。
国贸商城		55 000	2 000		嘉庚体育馆综合配套项目,用地面积62 214平方米 建筑面积155 134平方米,分二期建设,一期规划建设大卖场、百货、家电、餐饮、娱乐、健身配套设施等。

续表四 单位：万元

项目名称	开工时间	计划总投资	本年计划投资	本年完成投资	建设内容及规模
邮件处理中心		41 000	12 400	1 265	闽西、闽南和汕头等地市进、出口各类邮件、报刊的分拣封发、生产处理场地，以及为将来对台通邮预留的邮件生产场地。总用地面积170亩，地上建筑总面积10.1万平方米，建筑包括主楼和汽车维修车间两栋。
闽南果蔬批发市场迁扩建(一期)		15 000	5 000	19	占地200亩，建成蔬菜现货交易区，加工配送区，仓储区，配套服务区。
杏林果蔬综合交易中心		12 000	2 000		总用地面积23 479平方米，总建筑面积53 276平方米，其中地上总建筑面积38 186平方米，包括主交易中心三层框架，建筑面积21 138平方米，配套服务大楼16 298平方米；地下室建筑面积15 090平方米(含冷藏库1 256平方米)。
(闽台)花卉批发物流中心		10 000	3 000	40	总用地面积约16万平方米，总建筑面积约12万平方米，规划为六大功能区：市场交易区、花卉拍卖区、产业示范区、商务服务区、仓储配送区、配套设施区。
华大西商业街	2009.12	10 000	8 400	6 405	总用地面积为24 558.745平方米 总建筑面积约为24 600平方米。
零担物流和城市配送		26 000	12 200	443	设立生鲜配送中心 往大卖场院直供无公害的蔬菜和水果等。
港口物流呼叫中心	2009.01	7 460	4 958	4 288	软件园二期32号楼规划9 400平方米建筑面积，设立公共服务呼叫中心，为港口物流企业提供统一的呼叫中心服务平台，座席规模达到1600座席。
香山国际游艇俱乐部	2005.01	200 000	40 000	29 499	总用海面积在701 097.8平方米，其中填海面积为25万平方米，总建筑面积189 000平方米。项目规划配套五星级酒店、甲级写字楼、滨海商业街以及158栋独具特色的泊位VIP综合用房。港池内设有约600不同尺寸规格的游艇泊位，俱乐部码头配套会所供会员使用，提供干船舱、游艇展示及维修维护区域，以及公共的游轮码头。
帝元维多利亚大酒店	2007.09	60 000	23 800	3 914	总用地面积90 341.35平方米，总建筑面积71 707.35平方米(包含地下室)。建设一家五星级酒店，酒店建设内容包括餐饮、住宿、休闲、健身等营业场所。
双龙潭运动景区	2009.03	53 000	5 000	3 081	占地约为41.2公顷，按照功能划分成五个区，分别为入口游憩区、接待服务区、亲水休闲区、康体休闲区和山地观光区。建设内容：入口大门、停车场、登山步道、滑草场、攀岩场、森林人家、游客服务中心、餐饮中心、亲子乐园、青年旅馆、都市农夫等。
洪山旅游项目		41 000	16 000	3 449	总用地600亩，首期用地390亩，主要建设4千米汽车绕道占地约240亩，150亩配套设施。二期用地210亩。
豪生酒店	2007.1	32 000	8 000	5 037	建设用地面积10 707.14平方米，总建筑面积43 332.2平方米(地上37 445.2平方米，地下5 887平方米)，容积率：3.497，建筑高度86.5米，建筑层数地下1层，地上22层，建成五星级大酒店，总客房数为384个，车位地上18个、地下70个。

续表五　　单位：万元

项　目　名　称	开工时间	计　划总投资	本年计划投资	本年完成投资	建设内容及规模
日月谷(二期)		30 000	5 000	100	日月谷温泉酒店扩建、室内温泉馆、汽车旅馆、乡村俱乐部等四个项目。
鼓浪屿“三岛”建设	2007.12	14 730	5 000	2 020	进行历史风貌建筑加固改造与开发利用、公园景观改造、市政道路及街巷综合改造、全岛绿地系统改造、旅游码头及休闲服务设施建设等。主要建设内容：泉州路综合改造、延平公园改造、鼓浪屿租界历史博物馆、鼓浪屿乐器博物馆、鼓浪屿风琴博物馆、鼓浪屿西北部旅游码头、全岛绿地系统改造。
机场三期	2007.11	469 761	135 088	65 092	包括填海造地工程(机坪扩建、物流园区、新跑道)、航空货运楼、园区市政配套工程、鼻子沟改造、鳌山路等道路、机场查验业务用房、旅客配套服务楼、停车场、运营中心、飞机维修研发中心、定损中心及太古六期机库、劲美物流仓库、闽台花卉物流中心等。
海沧保税港区		688 874	132 000	116 766	
海沧港区14# -17#集装箱码头泊位	2008.06	399 100	71 500	66 040	4个十万吨级集装箱专用码头泊位,年设计集装箱通过量为200万标箱；使用岸线1 508米陆域纵深约810米。
海沧港区18# -19#集装箱码头泊位	2008.12	216 000	33 000	17 957	2个十万吨级集装箱专用码头泊位,年设计集装箱通过量为100万标箱;使用岸线754米陆域纵深约810米。
海沧保税港区一期市政配套	2008.1	35 611	11 000	14 235	含角嵩路跨线桥、物流园5条道路改扩建;建港路跨线桥、建港路改扩建、嵩屿电厂跨线桥。
海沧保税港区一期公建配套	2009.02	38 163	16 500	18 534	查验区总用地面积约26万平方米,含现场业务楼、卡口、场平、市政工程、监管仓库与平台、道路和堆场、下穿通道、绿化工程等。
浏五店南部港区散杂货泊位	2009.03	169 314	20 000	21 864	新建3个5万吨级散杂货泊位,其中北侧6#泊位水工结构设计船型为7万吨级散货船,其余2个泊位水工结构设计船型为5万吨级散货船。码头采用重力式沉箱结构,码头总长785米。年设计吞吐量300万吨。
海沧航道二期扩建	2008.07	40 678	24 580	16 716	E点到19#泊位段为10万吨级集装箱船全潮单向通航或5万吨级集装箱船双向通航航道;20# ~22#泊位段为5万吨级散货船乘潮单向通航航道。
深青溪瑶山溪综合治理水利工程	2008.07	28 600	5 000	8 125	深青溪:治理河道长6.38千米,新建深青水闸1座,凤山湖堰坝1座,汽车城溢流堰7个等。 瑶山溪:治理河道长7.35千米,新建凤景湖堰坝1座,潮瑶水闸1座,前场排涝渠道537米(含泵站1座),改造桥梁1座,改扩建公路涵洞、铁路涵洞各1座等。
过芸溪流域综合整治一期项目	2008.01	9 051	3 300	2 626	综合整治河道长7.48千米,修建2座水闸、2座橡胶坝、7座桥梁、5处跌水及灌排水沟渠、排水涵管等。
同安东溪流域下游河道整治一期工程		8 914	1 500		河段治理长8.033千米,建设防洪堤长14.92千米,建设跌水、排洪闸等。

续表六

单位：万元

项目名称	开工时间	计划总投资	本年计划投资	本年完成投资	建设内容及规模
海峡大气探测中心		3 577	1 150	200	(一)福建沿海及台湾海峡气象防灾减灾服务体系项目;(二)厦门城市与海洋气象防灾减灾预警工程(不含气象设备),该项目与福建沿海及台湾海峡气象防灾减灾服务体系项目(厦门地区配套项目)整合新增后建筑面积控制在610平方米以内;(三)厦门市翔安区气象局(不含气象设备),该项目与上述项目整合后新增建筑面积控制在1 000平方米以内(含地面观测场)。
湖里大道改造	2009. 08	5 000	5 000	2 400	对湖里大道(疏港路至新丰路段)进行改造,改造后道路将作为岛内主要货运通道。道路长3 076米,道路为双向六车道,按城市一级主干道标准设计。
海沧大桥西引道立交工程	2009. 09	13 618	3 500	1 191	在距离海沧收费站约500米处设一座喇叭型立交与规划海沧滨湖南路与沧虹路相交,并设置出岛方向收费站。路线(含所有匝道长)总长1. 8千米,其中小间距隧道长645米,匝道均为单向车道。主要建设内容包括:道路、涵洞、隧道、收费站、排洪渠改造、绿化及交通设施等工程。
城东中路	2009. 06	13 923	3 000	513	全长3. 39101千米,红线宽度40米,城市Ⅰ级主干道,双向六车道。项目为连接洪塘镇和五显镇、新圩镇的交通干道,起点厦门洪塘中学东侧,南起324国道,北接同新路。主要建设内容:道路工程、管线工程(雨水工程、污水工程、给水工程、电信工程、电力工程、中水工程、路灯工程、交通工程、有线电视、燃气工程)等。
翁角路(孚莲路—新阳大桥段)改造	2009. 12	20 557	4 534	3 080	项目西起孚莲路段交叉口,东至新阳大桥与马青路交叉口,改造道路全长6. 92千米。原路宽24米,扩宽改造为城市一级主干道,双向6车道,设计时速60千米/小时,路幅宽40米(道路红线远期60米)。工程建设内容为:路基、路面、桥梁、涵洞、人行通道、雨水、污水、给水、中水、燃气、电力、电信、有线电视(土建)、路灯、绿化及交通等。
环东海域综合整治	2006. 07	2 549 016	399 852	183 484	首期规划36. 7平方千米。吹填造地、市政配套、公建配套。
五缘湾片区开发	2005. 03	1 574 138	117 500	93 263	总用地面积12. 57平方千米,包括内外湾清淤整治、道路、桥梁等市政基础设施建设,学校、医院等公建配套建设。
厦门(新)站片区枢纽及配套设施	2007. 12	745 178	279 370	281 765	规划用地面积约6平方千米,主要有枢纽核心区、商务办公区、商业旅游服务区、活力居住区等四大功能区组成。
湖边水库片区开发	2007. 03	880 000	135 368	75 183	总用地面积约420公顷。1. 综合整治:包括清淤、截污排洪箱涵、护岸、补水调水、绿化景观工程等;2. 安置房项目:蔡塘安置房、上湖洪塘安置房、下湖安置房、前后坑安置房;3. 学校项目:钟山中学、钟山小学、蔡塘九年制学校、湖西高中、湖西小学;4. 市政配套道路及场平工程:规则建设32条市政道路总长26千米;5. 市政共同沟:总长5 699米,主要包含220千伏、110千伏高压电缆缆材、电气安装、通讯、电力土建、通风照明动力系统等。
杏林湾片区基础设施	2007. 02	335 000	66 000	70 700	片区规划总面积含水面3 160公顷。主要进行清淤护岸、基础设施及公建配套,保障性住房等项目建设。

续表七　　单位：万元

项　目　名　称	开工时间	计　划总投资	本年计划投资	本年完成投资	建设内容及规模
欧厝地块整治及开发		36 429	20 200	9 720	总用地面积252.1公顷，陆域形成、地基处理、海堤加固及环境保护工程，游艇产业基地。
厦门海域清淤整治	2009.09	525 000	40 400	63 272	1. 高集、集杏海堤管线迁改工程：对高集、集杏海堤上的原水、通信等管线进行改造迁移；2. 高集海堤开口改造工程，包含开堤建桥（800米）、岸线整治、两端道路工程、部分清淤工程等；3. 集杏海堤开口改造工程，开口总宽度约324米，工程包含开堤建闸、道路还建、部分清淤工程等；4. 东西海域清淤及大、小嶝造地工程：清淤总量约7 000万方，并弃泥于大小嶝。
后埔、枋湖片区改造		630 000	80 000	47 000	包括枋湖、薛岭、后埔三个自然村的改造和蔡坑安置房项目建设。三个片区总改造占地面积约74.3万平方米，其中枋湖26.04万平方米、薛岭16.34万平方米、后埔31.91万平方米，规划总建筑面积为203.75万平方米。
曾厝垵片区改造		185 000	45 000	3 533	安置房、市政道路、公建设施配套、绿化景观、挂牌出让地等合计用地约52万平方米，其中：安置房占地11.4万平方米，总建筑面积约38万平方米，结合片区改造建设公建设施与完善市政配套。
钟宅旧村改造		424 000	51 000	21 800	拆迁建设涉及拆迁人口数共约4 621人，拆迁总建筑面积约为107.5万平方米，其中住宅面积约75万平方米，非住宅面积约32.5万平方米（约19.21亿元）；安置房总建筑面积约37.36万平方米，预计安置住宅总套数约2 858套（约10.44亿元）；道路及市政配套建设，共涉及场平土石方工程、道路工程、污水工程、给水工程、电力工程等大小18个工程建设项目（约1.5亿元）；公建配套建设，共涉及幼儿园、小学、医院、体育设施等大小10个工程配套建设（约4亿元、其他费用约7.25亿元）
新店旧城改造		144 000	20 000	4 211	总用地面积约278万平方米，分洪厝路以南片区和新店旧镇片区。
厦港片区旧城改造		368 900	43 500	43 558	
厦港片区旧城改造（一期）	2005.11	168 900	2 600	10 086	征地拆迁及市政配套设施建设。厦港一期改造用地拆迁（11.05亿元）；鸿山新村（安置房）工程建设（1.4亿元）；一期用地范围内企业用地收储及成功大道（厦港段）拆迁安置与企业收储（2.9亿元）；一期用地范围内道路、基础设施及公建设施建设（1.54亿元）；沙坡尾避风坞改造与整治工程，思明小学扩建。
厦港片区旧城改造（二期）	2009.05	200 000	40 900	33 472	占地面积12.3万平方米，建筑面积30万平方米。
西郭片区改造		90 000	13 000	19 983	拆迁面积125 300平方米，建筑面积91 828平方米。
福厦铁路（厦门段）	2005.09	385 000	35 000	17 380	厦门市境内约55千米。厦门市配套的立交通道23处。
厦深铁路（厦门段）	2005.09	188 000	110 000	36 080	厦门市境内约12千米。厦门市配套的立交通道9处。
翔安隧道	2005.04	319 700	100 000	118 456	全长8.695千米，其中海底隧道长6.05千米，跨越海域宽约4 200米，采用暗挖钻爆法修建。设计采用三孔隧道方案，两侧为行车主洞（双向6车道），中孔为服务隧道。设计采用高等级公路标准，兼具公路和城市道路双重功能，行车隧道设计行车速度80千米/小时，最大纵坡3%，隧道最深处位于海平面下约70米。左、右线隧道距洞口1.2千米处各设通风竖井1座，采用分两段送排式组合通风，并设12处行人横通道和5处行车横通道，按100年的设计使用年限确保工程的安全性和耐久性。

续表八

单位：万元

项目名称	开工时间	计划总投资	本年计划投资	本年完成投资	建设内容及规模
快速公交系统(BRT)(二期)	2009.05	620 832	150 000	121 000	一号线、二号线、成功大道专线、环岛干道专线、农科所枢纽站、前埔枢纽站西柯枢纽站、嘉庚枢纽站。同安枢纽站、演武枢纽站、灌口枢纽站、BRT停保场。
厦成高速公路(厦门段)		446 800	20 000	21 644	全长17.547千米。
南安(金淘)至厦门高速公路(厦门段)	2009.02	430 000	35 000	40 473	主线全长29.72千米。云埔至罗溪连接线长11.80千米。双向四车道,其中除同安云埔至龙门段(9.82千米)的设计标准为路基宽度24.5米、设计速度80千米/小时外,其余的设计标准为路基宽度26.0米、设计速度100千米/小时。
沈海高速公路拓建工程(厦门段)泉州至厦门段	2007.12	253 069	75 400	90 705	扩建总里程36.253千米。为8车道高速公路,整体式路基宽度为42米,分离式路基单幅宽度为22米 设计时速120千米/小时。
沈海高速公路拓建工程(厦门段)厦门至漳州段	2009.05	94 000	27 000	16 507	全长11.85千米,拼宽八车道。
滨海大道(翔安北路—大嶝大桥段)	2009.04	257 818	30 000	14 900	全长约20.5千米,市政Ⅰ级主干道,路幅度40米。
翔安大道(二期)	2009.04	107 980	58 000	58 627	路线长13.095千米,主要包括双侧辅道及市政管网、海翔互通立交、仑头立交跨线桥、内安、前塘、舫山二路、翔天路等下穿通道及4个地下通道、2座人行天桥。
白云大道	2008.12	18 863	9 300	8 560	全长6.578千米,宽40米;城市Ⅰ级主干道,设计车速60千米/小时。
环岛干道		75 198	55 236	40 821	
会展中心段	2008.1	50 698	40 236	31 919	路线全长约2.238千米,其中隧道两端接线长608米 引道长730米 隧道长900米。主要建设道路、BRT车站、隧道、雨水、污水、给水、燃气、电信、电力、有线电视、路灯、交通、绿化等工程。
文曾路—厦大段	2008.12	24 500	15 000	8 902	主线上跨文曾路,经西边社、华夏学院、曾厝垵变电站、厦门大学,终点接入既有演武大桥,全长2.5千米。道路主线按城市Ⅱ级主干道设计,路幅宽度40米,双向四车道,设计时速50千米/小时。
海翔大道		45 876	18 000	10 355	
海翔大道孚莲路—公铁立交段	2007.07	22 482	10 000	8 521	路线全长8.4千米,按城市快速路设计,路幅按54米控制,设计速度80千米/小时,双向六车道。
海翔大道兑山—英村段	2006.09	23 394	8 000	1 834	路线长3.5千米,城市快速路,双向六车道。一期双向4车道,路幅宽28米。
芦澳路	2008.06	31 686	3 700	4 510	起于现状马青路,终点接现状建港路,全长3.976千米,双向六车道。其中厦门出口加工区区域采用全程高架,高架桥全长1 727米。
东部燃气电厂(LNG)出线配套道路		15 296	5 000		南起在建滨海大道,基本沿现状434县道,北接现状翔安南路(水浏线),长约4 749米,路幅宽24~40米。
中洲路(一期)	2008.12	14 889	10 000	1 534	长4.544千米,城市一级主干道,路基宽40米,双向4车道。

续表九

单位：万元

项 目 名 称	开工时间	计 划总投资	本年计划投资	本年完成投资	建设内容及规模
110千伏及以上输变电	2008.01	223 357	63 138	63 138	220千伏变电站6座,变电容量192万千伏安,线路27条,166.94千米;110千伏变电站23座,变电容量183万千伏安,线路58条,203.58千米。
电力进岛第一通道		53 542	25 930	25 930	线路总长21.45千米,其中架空线12.47千米、陆缆5.23千米、海缆3.75千米。
福建省九龙江北引干渠改造工程(二期)	2009.01	33 114	5 000	3 056	左干渠二期工程供水规模16立方米/秒(其中12立方米/秒通厦门,4立方米/秒向角美和龙海开发区供水,采用新控两条隧洞的供水方式,隧洞全长约6.8千米,单洞供水能力8.46立方米/秒。
东部垃圾焚烧发电厂	2008.09	29 393	17 638	14 804	一期日处理垃圾600吨,发电装机容量12兆瓦。
西部垃圾焚烧发电厂	2009.1	30 851	13 450	10 499	总占地面积111.005亩,一期日处理垃圾600吨,发电装机容量12兆瓦。
石渭头污水处理厂改扩建	2008.08	23 149	10 270	8 700	改造规模10万吨/日,扩建规模10万吨/日。改扩建完成后总规模为20万吨/日,出水达到一级B排放标准。
社会保障性住房	2006.05	1 110 400	138 045	91 326	高林居住区、锦园居住区、东方新城、集美滨水小区、湖边花园A区、湖边花园B区、湖边花园C区、华铃花园、同安城北小区、虎仔山庄、古楼公寓、观音山公寓、五缘公寓、海新花园14个保障性住房建设。
长庚医院	2004.01	128 000	20 000	16 637	第一阶段兴建2 000床综合医院;建设内容:包括医技楼、病房楼、人防地下室、动力中心及专家楼。
中山医院内科综合病房楼	2008.01	25 905	3 800	1 268	600张/58 422.6平方米。
第一医院门急诊综合楼	2008.01	14 400	3 800	2 966	总建筑面积32 000平方米,设置干部保健病床100张,干部保健病房建筑面积为5 000平方米,门急诊综合用房建筑面积为2 700平方米。
仙岳医院扩建	2008.01	11 249	5 000	3 476	医技、门诊和急用房建设,面积29 440平方米,新建病房楼建筑面积13 909平方米,共计面积为43 349平方米。
厦门大学翔安校区		450 000	50 000	16 726	建设教学、科研用房、学生生活用房等及其配套设施。总建筑面积161万平方米,一期(2009~2011)建筑面积50万平方米,二期(2012~2016)建筑面积80万平方米,三期(2017~2021)建筑面积31万平方米。
软件职业技术学院	2006.01	100 000	20 000	7 885	总用地面积532 710.093平方米,建设用地面积492 904.776平方米,建筑面积45.6万平方米。建设内容由教学区、实训区、师训区和生活区组成。
岛内中小学义务教育建设	2007.01	77 660	13 562	8 957	扩建新建38个中小学项目,总建筑面积396 985平方米。

续表十

单位：万元

项目名称	开工时间	计划总投资	本年计划投资	本年完成投资	建设内容及规模
华侨大学厦门校区(二期)	2004.11	54 000	20 000	9 505	二期建筑面积23万平方米,主要建设材料与化工学科实验大楼、公共基础及机电信息学科实验大楼、体育运动场、学生公寓BC区1～8号楼、学生餐厅二期、图书馆二期、反力墙学科实验楼(抗震防灾实验中心)、土木学科实验大楼、建筑学科实验大楼、体育训练馆、音乐舞蹈教学及艺术中心、公寓楼、市政道路管网(二期)、供配电工程(二期)等。
南洋学院	2005.11	50 000	7 930	3 495	总用地面积379 448.78平方米,建筑面积286 000平方米,主要建设教学楼、学生宿舍楼、特色学生公寓、食堂、学生活动中心、图书馆、运动场、行政楼等。
华天涉外职业技术学院翔安校区	2005.12	40 000	6 000	6 130	总用地面积349 542.69平方米,建设用地面积316 248.19平方米,总建筑面积约315 800平方米。建设教学楼、行政楼、实验楼、图书馆、食堂、学生宿舍、体育馆、国际交流中心等。
新一轮农村义务教育和公共卫生体系建设	2009.01	33 232	15 000	16 182	109个项目 其中教育项目77个 卫生项目23个 计生项目9个。
理工学院(二期)	2005.12	21 158	3 500	4 897	建筑面积78 256平方米,包括教学楼、实验楼二期工程、多功能会堂、体育馆、后勤办公及附属用房、学生活动中心、工程训练中心、室外工程、设备安装工程等。
集美中学高中部	2009.06	11 000	6 000	2 164	占地7.3万平方米,总建筑面积5.3万平方米。
海沧体育中心(一期)	2008.06	20 000	3 000	828	建设内容包括一座综合体育馆和一座门球馆、主体育场跑道及中间足球场、主入口广场及部分户外运动场所及绿化等,总用地面积102 814平方米,建筑面积20 695.95平方米。
同安文化中心	2008.10	11 836	7 936	9 601	总建筑面积30 440平方米,建设文化馆、图书馆、科技馆、影剧院、文化馆地下室及室外文化广场工程等。
市青少年宫扩建	2008.06	10 830	4 900	3 605	建设用地面积15 000平方米,总建筑面积38 204.94平方米 其中:地上24 846.1平方米 地下13 358.84平方米。
社会福利中心改扩建	2008.07	9 719	5 007	2 764	占地面积16.35亩,总建筑面积33 960.88平方米,其中地上29 700平方米,地下4 260平方米。
天马山殡仪馆	2009.11	9 683	2 040	1 571	总建筑面积29 710平方米。

一、综合·地方财政

历年财政预算收支及其增长指数

单位：万元

年　份	全市财政总收入	环比指数（上年为100）	定基指数（以1950年为100）	#地方级收　入	环比指数（上年为100）	定基指数（以1993年为100）	财政支出	环比指数（上年为100）	定基指数（以1950年为100）
1950	727	100.00	100.00				165	100.00	100.00
1951	987	135.77	135.77				231	139.82	139.82
1952	1 239	125.59	170.52				348	150.98	211.10
1953	1 484	119.76	204.20				343	98.45	207.83
1954	1 344	90.58	184.98				338	98.53	204.77
1955	1 326	98.66	182.50				415	122.74	251.34
1956	1 610	121.37	221.50				154	37.20	93.50
1957	2 226	138.28	306.30				972	630.42	589.46
1958	4 038	181.41	555.66				2 486	255.66	1 507.00
1959	5 240	129.76	721.04				1 224	49.22	741.82
1960	7 975	152.18	1 097.31				2 235	182.62	1 354.74
1961	4 448	55.78	612.08				1 577	70.55	955.81
1962	4 882	109.75	671.76				893	56.61	541.11
1963	5 022	102.87	691.03				826	92.48	500.43
1964	5 252	104.57	722.61				1 165	141.05	705.86
1965	4 669	88.90	642.42				1 247	107.09	755.90
1966	5 211	111.62	717.05				1 006	80.64	609.60
1967	4 305	82.61	592.33				985	97.98	597.28
1968	1 298	30.14	178.54				785	79.65	475.71
1969	5 107	393.58	702.70				1 251	159.38	758.18
1970	9 646	188.87	1 327.19				1 280	102.35	776.02
1971	10 883	112.82	1 497.38				2 030	158.54	1 230.33
1972	12 406	114.00	1 707.00				1 585	78.07	960.55
1973	12 540	101.08	1 725.38				1 800	113.58	1 091.04
1974	11 197	89.29	1 540.66				2 085	115.84	1 263.84
1975	11 638	103.94	1 601.29				2 169	104.05	1 314.99
1976	11 662	100.21	1 604.67				2 343	108.02	1 420.43
1977	12 230	104.87	1 682.76				3 301	140.88	2 001.15

续表　　　　　　　　　　　　　　　　　　　　　　单位：万元

年　份	全市财政总收入	环比指数（上年为100）	定基指数（以1950年为100）	#地方级收入	环比指数（上年为100）	定基指数（以1993年为100）	财政支出	环比指数（上年为100）	定基指数（以1950年为100）
1978	15 454	126.36	2 126.38				3 011	91.19	1 824.88
1979	14 635	94.70	2 013.61				5 054	167.87	3 063.40
1980	18 331	125.26	2 522.20				5 007	99.08	3 035.14
1981	19 514	106.45	2 684.97				6 192	123.66	3 753.13
1982	20 775	106.46	2 858.48				8 104	130.88	4 912.00
1983	23 185	111.60	3 190.06				11 701	144.39	7 092.39
1984	28 670	123.66	3 944.80				14 089	120.41	8 540.03
1985	39 115	136.43	5 381.99				29 122	206.70	17 651.99
1986	46 669	119.31	6 421.32				41 005	140.80	24 854.47
1987	50 413	108.02	6 936.49				39 085	95.32	23 690.75
1988	62 655	124.28	8 620.90				48 801	124.86	29 579.95
1989	81 086	129.42	11 156.88				69 542	142.50	42 151.78
1990	102 982	127.00	14 169.62				93 816	134.91	56 865.07
1991	118 363	114.94	16 285.95				103 518	110.34	62 745.79
1992	140 256	113.25	18 443.83				111 434	107.65	67 543.94
1993	193 552	138.00	25 452.32	108 038	100.00	100.00	135 888	121.91	82 342.82
1994	274 353	141.75	36 077.75	158 481	146.69	146.69	189 013	139.09	114 534.50
1995	345 118	125.79	45 383.44	216 262	136.46	200.17	256 579	135.75	155 476.86
1996	424 026	122.86	55 759.93	271 788	125.68	251.57	303 991	118.49	184 224.53
1997	480 902	117.80	65 685.20	305 637	119.36	300.27	352 111	116.37	214 382.08
1998	566 637	117.83	77 395.53	351 172	114.90	345.01	404 341	116.00	248 683.22
1999	662 365	116.89	90 470.78	418 758	119.25	411.43	475 661	117.64	292 550.94
2000	914 984	138.14	124 976.33	518 511	123.82	509.43	589 636	124.13	363 143.48
2001	1 105 019	120.77	150 932.94	653 090	125.95	641.65	743 095	126.03	457 655.40
2002	1 263 092	114.31	172 523.90	642 718	115.51	741.17	821 843	110.60	506 166.88
2003	1 492 249	118.19	203 906.00	733 907	119.09	882.66	902 510	108.90	551 215.73
2004	1 603 600	120.83	246 379.62	682 260	120.15	1 060.52	1 015 888	112.56	620 448.43
2005	2 097 252	118.90	292 945.36	1 038 056	123.20	1 306.56	1 272 391	125.20	776 801.43
2006	2 752 266	131.23	384 430.20	1 440 448	138.76	1 812.98	1 591 253	125.06	971 467.87
2007	3 484 363	130.30	500 915.16	1 865 262	137.00	2 483.78	1 986 559	132.40	1 286 223.46
2008	4 101 378	117.70	589 577.14	2 202 343	118.10	2 933.34	2 380 896	119.90	1 542 181.92
2009	4 514 073	110.10	649 124.43	2 405 608	109.20	3 203.21	2 680 527	112.60	1 736 496.84

注：表中绝对数为当年公布数，增长指数则按同比口径计算。

地　方　财　政　收　支　情　况

单位：万元

指　　　　标	2009 年	比 2008 年增长（%）
财政总收入	**4 514 073**	**10.1**
上划中央收入	2 108 465	11.0
增值税（75%）	1 151 248	9.7
消费税（100%）	291 838	14.6
企业所得税（60%）	486 608	14.0
个人所得税（60%）	178 772	6.4
地方级收入	2 405 608	9.2
税收收入	2 043 698	5.9
增值税（25%）	383 749	9.7
营业税	696 508	3.7
企业所得税（40%）	324 405	14.0
个人所得税（40%）	119 181	6.4
资源税	142	-19.6
城市维护建设税	89 662	-9.0
房产税	85 333	5.9
印花税	35 928	4.6
城镇土地使用税	40 213	-30.7
土地增值税	88 319	-9.0
车船税	8 906	17.8
耕地占用税	37 664	83.5
契　税	133 688	16.2
非税收入	361 910	33.0
专项收入	73 933	33.6
行政事业性收费收入	58 252	8.5
罚没收入	19 149	-54.7
国有资本经营收入	74 459	41.6
国有资源（资产）有偿使用收入	121 163	108.7
其他收入	14 954	47.4
支出合计	**2 680 527**	**12.6**
一般公共服务	440 973	7.1
国　防	[illegible]	[illegible]
公共安全	173 618	9.6
教　育	377 230	11.2
科学技术	83 952	0.7
文化体育与传媒	51 914	11.7
社会保障和就业	207 877	14.1
医疗卫生	125 210	16.3
环境保护	54 765	191.2
城乡社区事务	214 662	-30.0
农林水事务	88 882	25.8
交通运输	391 689	64.9
采掘电力信息等事务	144 121	1.4
粮油物资储备等管理事务	68 915	-1.5
地震灾后恢复重建支出	10 054	
其他支出	241 338	32.7

一、综合·物价

物价指数变动情况

类　　别	2009年 （以上年价格为100）	2008年 （以上年价格为100）
居民消费价格总指数	**97.3**	**104.9**
食　品	97.9	113.7
烟酒及用品	103.1	102.0
衣　着	94.3	90.9
家庭设备用品及维修服务	100.1	101.5
医疗保健和个人用品	102.1	103.3
交通和通信	95.0	99.7
娱乐教育文化用品及服务	98.6	96.4
居　住	94.6	103.9
商品零售价格总指数	**97.8**	**104.5**
食　品	98.6	113.4
饮料、烟酒	101.9	101.7
服装、鞋帽	94.2	91.0
纺织品	102.4	109.6
家用电器及音像器材	92.2	96.3
文化办公用品	96.7	98.7
日用品	102.8	103.8
体育娱乐用品	93.5	91.7
交通、通信用品	97.2	96.9
家　具	105.7	101.1
化妆品	100.0	100.1
金银珠宝	99.2	112.5
中西药品及医疗保健用品	101.2	104.7
书报杂志及电子出版物	102.0	95.4
燃　料	90.8	116.2
建筑材料及五金电料	102.2	102.8

居 民 消 费 价 格 指 数

类　　别	指　　数 （以上年价格为100）	类　　别	指　　数 （以上年价格为100）
居民消费价格总指数	97.3	家庭设备	92.7
食　品	97.9	室内装饰品	100.4
粮　食	104.0	床上用品	102.5
淀　粉	100.7	家庭日用杂品	104.4
干豆类及豆制品	101.7	家庭服务及加工维修服务	107.9
油脂类	78.9	医疗保健和个人用品	102.1
肉禽及其制品	87.5	医疗保健	102.0
食用畜肉及副产品	80.2	医疗器具及用品	108.6
禽	103.5	中药材及中成药	99.2
加工肉禽	101.1	西　药	101.3
蛋	100.2	保健器具及用品	103.1
水产品	100.8	医疗保健服务	104.1
鱼	99.1	个人用品及服务	102.3
其他水产品	101.8	化妆美容用品	99.5
菜	100.4	清洁化妆用品	106.2
调味品	104.0	个人饰品	101.9
糖	102.2	个人服务	102.1
茶及饮料	100.2	交通和通信	95.0
茶　叶	100.3	交　通	99.5
饮　料	100.2	交通工具	101.6
干鲜瓜果	103.9	车用燃料及零配件	93.9
糕点饼干	103.8	车辆使用及维修费	98.9
液体乳及乳制品	98.4	市区公共交通费	100.0
在外用膳食品	103.7	城市间交通费	102.8
其他食品	103.0	通　信	91.5
烟酒及用品	103.1	通信工具	72.1
烟　草	100.0	通信服务	94.8
酒	107.0	娱乐教育文化用品及服务	98.6
吸烟　饮酒用品	109.1	文娱用耐用消费品及服务	92.2
衣　着	94.3	教　育	102.4
服　装	94.9	教材及参考书	103.7
男式服装	92.3	学杂托幼费	102.2
女式服装	95.9	文化娱乐	102.6
儿童服装	98.5	文化娱乐用品	102.4
衣着材料	101.5	书报杂志	102.0
鞋袜帽	91.7	文娱费	103.0
鞋	91.5	旅　游	90.4
袜　子	93.5	居　住	94.6
帽　子	99.7	建房及装修材料	101.4
衣着加工服务费	109.8	租　房	99.9
家庭设备用品及维修服务	100.1	自有住房	81.8
耐用消费品	96.0	水、电、燃料	95.1
家　具	105.7		

商品零售价格指数

类别	指数（以上年价格为100）	类别	指数（以上年价格为100）
商品零售价格总指数	97.8	纺织品	102.4
食品类	98.6	衣着材料	101.5
粮　食	104.0	床上用品	102.5
淀　粉	100.7	家用电器及音像器材	92.2
干豆类及豆制品	101.7	家庭设备	92.7
油　脂	78.9	文娱用耐用消费品	89.6
肉禽及其制品	87.5	音像器材	101.8
食用畜肉及副产品	80.2	文化办公用品	96.7
禽	103.5	日用品	102.8
肉禽加工制品	101.1	日用百货	103.5
蛋	100.2	日用杂品	106.1
水产品	100.8	洗涤用品	103.8
鱼	99.1	其他日用品	99.9
其他水产品	101.8	体育娱乐用品	93.5
菜	100.4	体育用品	102.8
调味品	104.2	娱乐用品	89.4
糖	102.2	交通、通信用品	97.2
干鲜瓜果	103.9	交通运输机械	100.4
糕点饼干面包	103.8	通信器材	76.2
液体乳及乳制品	98.7	家　具	105.7
在外用膳食品	103.7	化妆品	100.0
其他食品	103.0	金银珠宝	99.2
饮料、烟酒	101.9	中西药品及医疗保健用品	101.2
茶及饮料	100.2	医疗器具及用品	108.6
茶　叶	100.3	中药材及中成药	99.2
饮　料	100.2	西　药	101.3
烟　草	100.0	保健品及器具	103.1
酒	107.0	书报杂志及电子出版物	102.0
服装、鞋帽	94.2	教材及参考书	103.7
服　装	95.0	书报杂志	102.0
男式服装	92.4	电子音像制品	100.0
女式服装	95.9	燃　料	90.8
儿童服装	98.5	煤炭及制品	0.0
鞋袜帽	91.0	石油及制品	90.8
鞋	90.9	建筑材料及五金电料	102.2
袜　子	92.9	建筑装潢材料	101.1
帽　子	99.7	五金电料	103.6
其　他	98.6		

工业品出厂价格指数

项　　目	指　　数 （以上年价格为100）	项　　目	指　　数 （以上年价格为100）
全部工业品	**91.70**	木材加工及木、竹、藤、棕、草制品	99.90
轻工业	91.43	家俱制品	98.29
以农产品为原料	98.67	造纸及纸制品	97.33
以非农产品为原料	89.42	印刷业和记录媒介的复制	99.07
重工业	92.44	文教体育用品	98.92
采　掘	101.40	石油加工、炼焦及核燃料加工产品	101.46
原　料	92.64	化学原料及化学制品	89.83
加　工	92.34	药品	101.01
生产资料	88.97	化学纤维产品	85.26
采　掘	101.40	橡胶制品	101.74
原　料	91.39	塑料制品	93.28
加　工	88.57	非金属矿物制品	97.75
生活资料	97.74	黑色金属冶炼及压延加工产品	89.64
食　品	97.51	有色金属冶炼及压延加工产品	79.84
衣　着	100.94	金属制品	97.39
一般日用品	98.40	通用设备	96.83
耐用消费品	96.13	专用设备	102.22
按工业行业大、中类分		交通运输设备	98.05
非金属矿采选产品	101.40	电器机械及器材	99.38
农副食品加工产品	93.03	通信设备、计算机及其他电子设备	83.48
食　品	100.64	仪器仪表及文化、办公用机械	100.56
饮　料	101.67	工艺品及其他制品	99.47
烟草制品	98.39	废弃资源和废旧材料回收加工	101.78
纺织产品	101.09	电力、热力的生产和供应产品	104.18
纺织服装、鞋、帽制品	101.09	燃气生产和供应产品	86.12
皮革、毛皮、羽毛（绒）及其制品	99.90	水的生产和供应产品	100.00

一、综合·城乡人民生活

城镇居民历年生活收支情况

单位：元

年 份	人均可支配收入	人均消费性支出	#食 品
1980	450.72	419.88	259.20
1981	481.56	450.24	271.92
1982	534.48	489.36	298.92
1983	605.04	547.20	341.64
1984	703.80	619.56	379.77
1985	962.88	881.76	471.07
1986	1 273.20	1 120.32	608.45
1987	1 365.24	1 251.84	729.05
1988	1 770.52	1 465.56	958.92
1989	2 260.18	1 961.60	1 249.59
1990	2 608.16	2 082.80	1 309.15
1991	3 006.33	2 607.02	1 447.27
1992	3 530.07	3 079.83	1 583.81
1993	4 428.41	3 626.52	1 956.69
1994	5 601.96	4 640.40	2 543.16
1995	7 135.03	5 662.92	3 120.30
1996	8 455.00	6 912.00	3 496.68
1997	8 980.06	7 387.29	3 677.76
1998	9 179.28	7 478.28	3 693.24
1999	9 625.68	7 889.64	3 797.76
2000	10 497.32	7 969.32	3 790.09
2001	11 364.96	8 490.24	3 509.76
2002	11 767.68	8 503.80	3 513.48
2003	12 915.12	9 458.71	3 904.41
2004	14 442.67	10 738.68	4 231.47
2005	16 402.75	11 848.93	4 381.81
2006	18 513.17	14 162.26	5 021.94
2007	21 502.58	16 380.23	5 687.91
2008	23 947.57	17 116.56	6 148.28
2009	26 130.58	17 989.97	6 878.91

城镇居民家庭基本情况

指　　标	单　位	2009 年	2008 年
调查户数	**户**	**300**	**300**
家庭人口数	**人**	**924**	**933**
平均每户人口数	人	3.08	3.11
平均每户就业人口数	人	1.72	1.66
就业者负担系数	人	1.79	1.87
有收入者人数	人	669	660
就业人口数	人	516	498
国有单位职工人数	人	216	189
集体单位职工人数	人	3	6
其他类型单位职工人数	人	198	186
个体经营者与个体被雇者	人	75	81
离退休再就业者人数	人	9	12
其他就业者人数	人	15	24
退休人口数	人	117	120
其他有收入者人数	人	36	45
无收入者人数	人	255	273
按月人均可支配收入分组			
500 元以下	户	3	4
501 ~ 1000 元	户	40	34
1 001 ~ 1 500 元	户	52	81
1 501 ~ 2 000 元	户	55	59
2 001 ~ 2 500 元	户	44	39
2 501 ~ 3 000 元	户	38	23
3 001 ~ 3 500 元	户	27	23
3 500 元以上	户	41	37

城镇居民家庭居住情况

单位：户

分类项目	2009年	2008年
人均使用面积（平方米）	**23.08**	**22.16**
按房屋产权分		
租赁公房	17	18
租赁私房	12	19
原有私房	11	10
房改私房	79	83
商品房	179	168
其他	2	2
按住宅建筑式样		
单栋住宅	5	3
四居室及以上	21	20
三居室	136	125
二居室	114	122
一居室	14	12
普通楼房	9	15
平房及其他	1	3
按用水情况分		
独用自来水	299	299
公用自来水	1	1
井、河水		
其他		
按卫生设备情况分		
无卫生设备		
有浴室厕所	292	289
有厕所无浴室	2	1
公用卫生设备	6	10
按燃料使用情况分		
管道煤气	116	107
液化石油气	174	185
煤炭		2
其他燃料	10	6

百户城镇居民家庭主要耐用品拥有量

用　品　名　称	单　位	2009 年	2008 年
彩色电视机	台	149. 7	136. 7
电冰箱	台	106. 7	102. 3
洗衣机	台	97. 3	95. 7
组合音响	套	41. 3	34. 3
家用电脑	台	106. 7	94. 3
摄像机	架	11. 7	8. 7
照相机	架	54. 3	48. 7
空调器	台	223. 3	207. 7
淋浴热水器	台	113. 7	113. 3
微波炉	台	90. 0	85. 3
移动电话	部	235. 0	223. 0
健身器材	套	8. 3	6. 3
家用汽车	辆	18. 3	14. 7
钢　琴	架	5. 7	4. 0
其他中高档乐器	件	6. 3	2. 7

城镇居民家庭调查主要指标增长

单位：元/人

指　　标	2009 年	2008 年	比 2008 年增长（%）
调查户数（户）	**300**	**300**	
家庭人口数（人）	**924**	**933**	**-0.96**
#有收入者	669	660	1.36
#就业人口	516	498	3.61
可支配收入	26 130.58	23 947.57	9.12
期初手存现金	625.55	451.17	27.48
家庭总收入	29 751.19	26 944.15	10.42
工薪收入	20 637.08	18 986.29	8.69
经营净收入	2 181.33	1 886.98	15.06
财产性收入	1 514.78	797.51	89.94
转移性收入	5 418.00	5 273.36	2.74
借贷收入	**23 333.80**	**17 440.93**	**33.79**
家庭总支出	**31 433.27**	**24 971.95**	**25.87**
消费支出	17 989.97	17 116.56	5.10
食　品	6 878.91	6 148.28	11.88
衣　着	1 465.31	1 299.42	12.77
家庭设备用品及服务	1 127.93	906.25	24.46
医疗保健	686.33	698.40	-1.73
交通与通信	3 037.21	3 465.04	-12.35
教育文化娱乐服务	2 040.11	2 001.32	1.94
居　住	1 941.71	1 866.71	4.02
杂项商品与服务	812.46	731.14	11.12
购房与建房支出	7 698.90	2 719.04	183.15
转移性支出	2 416.49	2 351.48	2.76
财产性支出	436.56	473.02	-7.71
社会保障支出	2 891.35	2 311.85	25.07
借贷支出	**22 467.22**	**19 307.10**	**16.37**
期末手存现金	**891.91**	**575.17**	**55.07**

城镇居民家庭现金收支

单位：元/人

指　　标	2009 年	指　　标	2009 年
可支配收入	**26 130.58**	消费支出	17 989.97
期初手存现金	**625.55**	购房与建房支出	7 698.90
家庭总收入	**29 751.19**	转移性支出	2 416.49
工薪收入	20 637.08	#交纳个人收入税	469.53
#工资及补贴收入	20 265.06	捐赠支出	1 256.02
经营净收入	2 181.33	赡养支出	504.56
财产性收入	1 514.78	财产性支出	436.56
转移性收入	5 418.00	社会保障支出	2 891.35
#养老金或离退休金	3 323.83	#个人交纳的养老金	1 132.98
捐赠收入	596.13	个人交纳的住房公积金	1 176.60
赡养收入	707.74	个人交纳的医疗保险金	483.44
辞退金	2.17	个人交纳的失业保险金	85.04
保险收入	74.32	**借贷支出**	**22 467.22**
借贷收入	**23 333.80**	#存入储蓄款	20 522.85
#提取储蓄存款	19 179.87	储蓄性保险支出	213.81
收回储蓄性保险本金	1.09	购买有价证券	125.04
汽车贷款		归还购买住房贷款	1 151.29
收回投资本金	178.00	归还汽车贷款	26.06
家庭总支出	**31 433.27**	**期末手存现金**	**891.91**

城镇居民家庭消费支出

单位：元/人

指　　标	2009 年	指　　标	2009 年
消费支出	**17 989.97**	室内装饰品	25.43
食　　品	**6 878.91**	床上用品	69.31
#粮　食	462.04	家庭日用杂品	325.81
油　脂	137.82	家具材料	2.78
肉禽类	2 561.27	家庭服务	173.97
蛋　类	120.93	**医疗保健**	**686.33**
水产品	1 044.74	医疗器具	4.37
蔬菜类	517.23	保健器具	15.84
糖　类	40.48	药品费	199.04
烟　草	240.77	滋补保健品	164.45
酒　类	195.25	医疗费	298.47
饮　料	207.17	其　他	4.16
干鲜瓜果	461.30	**交通和通信**	**3 037.21**
糕点、奶及奶制品	397.14	交　通	1 996.54
衣　着	**1 465.31**	家庭交通工具	936.91
服　装	1 114.42	车辆用燃料及零配件	428.93
衣着材料	2.68	交通工具服务支出	162.42
鞋　类	307.01	交通费	468.27
其他衣着用品	37.01	#飞　机	130.54
衣着加工服务	4.19	火　车	19.03
设备用品及服务	**1 127.93**	长途汽车	60.22
耐用消费品	530.63	市内交通	202.77
家　具	170.42	出租汽车	50.95
家庭设备	360.22	通　信	1 040.66
# 洗衣机	26.65	通信工具	86.93
电冰箱	59.23	#移动电话	83.81
微波炉	5.62	通信服务	953.74
空调器	137.27	#电信费	946.20
淋浴热水器	23.83	邮　费	2.36

续表　　单位：元/人

指　　标	2009 年	指　　标	2009 年
娱乐文教服务	**2 040.11**	培训费	166.24
文化娱乐用品	573.12	学校住宿费	23.30
#彩色电视机	170.44	**居　住**	**1 941.71**
影碟机		住　房	855.77
家用电脑	143.49	#租赁房房租	127.79
组合音响	4.67	住房装潢支出	680.01
照相机	33.33	水电燃料及其他	896.41
摄像机	9.46	#水　费	164.37
其他中高档乐器	8.14	电　费	538.74
音像制品及软件	8.30	燃　料	190.10
体育用品	12.37	#煤　炭	1.47
书报杂志	56.77	液化石油气	103.48
纸张文具	21.68	管道煤气	84.26
文化娱乐服务	515.39	居住服务费	189.53
参观游览	34.17	#物业管理费	169.55
健身活动	42.82	维修服务费	11.07
团体旅游	293.94	**杂项商品和服务**	**812.46**
其他文娱活动	134.66	杂项商品	511.61
文娱用品修理服务费	9.80	金银珠宝饰品	172.97
教　育	951.60	手　表	2.34
教　材	57.20	理发美容用品	4.87
#课本及参考书	51.01	化妆品	141.42
教育费用	894.40	其他杂品	190.01
#非义务教育学杂费	256.06	服　务	300.85
义务教育学杂费	13.10	旅馆住宿费	21.77
托幼费	143.52	理发洗澡费	99.55
成人教育费	121.98	美容费	107.72
家教费	62.34	其他服务	71.82

城镇居民家庭消费结构

单位：元/人

指　　标	2009 年	消费结构（%）	指　　标	2009 年	消费结构（%）
消费支出	**17 989.97**	**100.00**			
食　品	**6 878.91**	**38.24**	家具材料	2.78	0.25
粮油类	705.87	10.26	**医疗保健**	**686.33**	**3.82**
肉禽蛋水产品类	2 561.27	37.23	医疗器具	4.37	0.64
蔬菜类	517.23	7.52	保健器具	15.84	2.31
调味品	62.55	0.91	药品费	199.04	29.00
糖烟酒饮料类	683.68	9.94	滋补保健品	164.45	23.96
干鲜瓜果类	461.30	6.71	医疗费	298.47	43.49
糕点、奶及奶制品	397.14	5.77	其　他	4.16	0.61
其他食品	25.60	0.37	**交通和通信**	**3 037.21**	**16.87**
饮食服务	1 464.27	21.29	交　通	1 996.54	65.74
衣　着	**1 465.31**	**8.15**	通　信	1 040.67	34.26
服　装	1 114.42	76.05	**娱乐文教服务**	**2 040.11**	**11.34**
衣着材料	2.68	0.18	文化娱乐用品	573.12	28.09
鞋　类	307.01	20.95	文化娱乐服务	515.39	25.26
其他衣着用品	37.01	2.53	教　育	951.60	46.64
衣着加工服务	4.19	0.29	**居　住**	**1 941.71**	**10.79**
设备用品及服务	**1 127.93**	**6.27**	住　房	855.77	44.07
耐用消费品	530.63	47.04	水电燃料及其他	896.41	46.17
室内装饰品	25.43	2.25	居住服务费	189.53	9.76
床上用品	69.31	6.14	**杂项商品和服务**	**812.46**	**4.52**
家庭日用杂品	325.81	28.89	杂项商品	511.61	62.97
家庭服务	173.97	15.42	服　务	300.85	37.03

城镇居民家庭主要食品消费量

单位：千克/人

指　　标	2009 年	2008 年	比 2008 年增长（%）
大　米	48.83	49.26	-0.87
食用植物油	10.90	10.05	8.46
猪　肉	32.37	29.76	8.77
牛　肉	1.86	1.53	21.57
羊　肉	0.71	0.58	22.41
鸡	4.03	3.97	1.51
鸭	6.7	6.25	7.20
鲜　蛋	9.5	8.94	6.26
鱼	19.4	17.79	9.05
虾	3.46	3.13	10.54
鲜　菜	106.61	97.91	8.89
白　酒	0.85	0.90	-5.56
果　酒	0.88	0.72	22.22
啤　酒	7.99	7.23	10.51
碳酸饮料	2.63	2.79	-5.73
茶　叶	0.61	0.55	10.91
鲜瓜果	53.9	44.81	20.29
糕　点	5.74	4.93	16.43
鲜乳品	12.62	9.62	31.19
奶　粉	0.70	1.06	-33.96
酸　奶	2.95	3.01	-1.99

城镇居民家庭按不同收入水平分组收支情况

单位：元/人

指　　标	最低收入组 20%	较低收入组 20%	中等收入组 20%	较高收入组 20%	最高收入组 20%
调查户数（户）	**60**	**60**	**60**	**60**	**60**
可支配收入	**10 466.06**	**17 275.33**	**24 083.53**	**32 804.46**	**50 701.71**
家庭总收入	**12 881.30**	**19 589.88**	**27 321.25**	**36 589.65**	**57 634.49**
工薪收入	9 290.50	14 920.91	20 125.28	24 449.28	37 678.71
经营净收入	848.62	752.70	2 453.27	3 992.55	3 076.00
财产性收入	132.55	138.77	897.84	1 134.97	6 051.47
转移性收入	2 609.63	3 777.49	3 844.85	7 012.85	10 828.30
借贷收入	**7 598.67**	**10 357.36**	**27 299.02**	**21 382.73**	**56 076.87**
家庭总支出	**12 471.67**	**16 008.92**	**35 947.01**	**29 939.20**	**69 930.29**
消费支出	9 634.47	12 562.35	19 647.77	21 209.12	29 112.60
#服务性消费支出	2 332.59	3 498.74	5 274.95	6 004.21	9 142.30
食　品	4 878.86	5 884.64	7 128.55	7 979.72	8 959.41
衣　着	572.37	973.38	1 640.65	1 790.03	2 574.20
家庭设备用品及服务	497.68	647.35	1 113.46	1 372.48	2 213.17
医疗保健	269.61	377.70	723.17	717.81	1 493.13
交通和通信	1 149.33	1 518.46	3 810.58	4 208.59	4 903.31
教育文化娱乐服务	779.76	1 409.34	2 303.24	2 490.17	3 521.19
居　住	1 160.50	1 302.23	2 249.57	1 778.99	3 509.63
杂项商品和服务	326.36	449.24	678.56	871.34	1 938.55
购房与建房支出			11 104.16	2 545.29	28 588.91
转移性支出	627.67	1 231.39	2 110.82	2 840.66	5 914.57
财产性支出	67.49	246.05	379.01	415.33	1 216.62
社会保障支出	2 142.04	1 969.12	2 705.25	2 928.80	5 097.59
借贷支出	**7 686.96**	**13 473.40**	**20 518.73**	**27 875.22**	**47 485.71**

农村居民历年主要指标人均数

单位：元

年　份	全年纯收入	生活消费支出	#食　品	恩格尔系数（%）	住房面积（平方米）
1950	61	59			
1951	66	64			
1952	79	76			
1953	75	70			
1954	71	68			
1955	76	73			
1956	82	79			
1957	92	85			
1958	97	94			
1959	107	100			
1960	105	101			
1961	91	88			
1962	92	89			
1963	77	77			
1964	83	83			
1965	92	91			
1966	96	95			
1967	112	108			
1968	105	102			
1969	117	111			
1970	117	112			
1971	116	115			
1972	120	110			
1973	105	101			
1974	118	114			
1975	120	116			
1976	130	125			
1977	131	126			
1978	168	145			

续表 单位：元

年份	全年纯收入	生活消费支出	#食品	恩格尔系数（%）	住房面积（平方米）
1979	208	170			
1980	210	175			
1981	264	224	105	46.88	17.55
1982	310	240	114	47.50	17.55
1983	338	375	209	55.73	17.59
1984	396	356	238	66.85	17.59
1985	540	467	267	57.17	18.65
1986	558	501	295	58.88	19.27
1987	661	547	321	58.68	20.22
1988	820	715	405	56.64	20.76
1989	904	892	476	53.36	22.43
1990	1 035	1 053	566	53.75	26.28
1991	1 188	1 084	523	48.25	27.35
1992	1 400	1 422	660	46.41	28.67
1993	1 690	1 362	718	52.72	32.01
1994	2 058	1 994	972	48.75	33.03
1995	2 665	2 475	1 230	49.70	37.66
1996	3 324	2 869	1 400	48.80	35.52
1997	3 629	2 756	1 380	50.07	37.75
1998	3 827	2 804	1 313	46.83	36.68
1999	3 690	2 733	1 291	47.24	40.26
2000	4 030	3 039	1 381	45.44	36.38
2001	4 425	3 282	1 386	42.23	40.2
2002	4 722	3 568	1 446	40.53	40.13
2003	5 152	3 931	1 599	40.68	43.16
2004	5 647	4 127	1 864	45.17	44.50
2005	6 230	4 593	1 897	41.30	46.36
2006	6 860	5 232	2116	40.44	47.99
2007	7 637	5 627	2 356	41.87	52.33
2008	8 475	6 427	2 663	41.43	54.10
2009	9 153	6 852	2 833	41.35	54.93

农民家庭基本情况表

指　　标	单位	2009年	指　　标	单位	2009年
调查户数	**户**	**210**	渔　业	元/人	191.25
个体工商户	户	10	#房屋及建筑物	元/人	81.56
干部户	户	14	大中型铁木农具	元/人	10.64
个体工商和干部户	户	2	渔业机械	元/人	99.05
其他户	户	184	交通运输业、仓储和邮政业	元/人	185.58
家庭结构			批发和零售贸易业	元/人	52.01
单身或夫妇	户	7	住宿和餐饮业	元/人	1 442.08
夫妇与一个孩子	户	38	**主要生产性固定资产数量**		
夫妇与两个孩子	户	82	房屋及建筑物	平方米	10 310.00
夫妇与三个以上孩子	户	13	汽　车	辆	6
单亲与孩子	户	3	大中型拖拉机	台	3
三代同堂	户	67	小型和手扶拖拉机	台	4
参加专业性合作经济组织	**户**	**4**	机动脱粒机	台	23
参加新型农村合作医疗	**户**	**210**	农用动力机械	台	6
生产性固定资产原值（人均数）	**元/人**	**2 450.45**	水　泵	台	45
#农　业	元/人	286.25	役　畜	头	29
#房屋及建筑物	元/人	109.57	产品畜	头	45
役　畜	元/人	98.17	**期末实际经营的土地面积（人均数）**	**亩/人**	**0.74**
大中型铁木农具	元/人	18.46	耕　地	亩/人	0.38
农业机械	元/人	57.09	#有效灌溉面积	亩/人	0.33
林　业	元/人	0.37	园　地	亩/人	0.17
牧　业	元/人	167.73	养殖水面	亩/人	0.20

农民家庭居住情况

指标	单位	2009年	指标	单位	2009年
调查户数	**户**	**210**	**期内新建（购）住房价值**	**元/人**	**1 489.13**
住房面积	**平方米/人**	**54.93**	**住房卫生设备使用情况**		
住房类型			使用水冲式厕所	户	184
楼房面积	平方米/人	46.78	使用旱厕	户	20
砖瓦平房面积	平方米/人	6.70	无厕所	户	6
其　他	平方米/人	1.45	**饮用水来源情况**		
住房结构			饮用自来水	户	152
钢筋混凝土结构面积	平方米/人	48.04	饮用深井水	户	16
砖木结构面积	平方米/人	5.44	饮用浅井水	户	30
其他	平方米/人	1.45	饮用其他水源	户	12
期内新建（购）住房面积	**平方米/人**	**2.30**			

每百户农村居民家庭主要耐用消费品拥有情况

指标	单位	2009年	指标	单位	2009年
洗衣机	台	51	#接入互联网的	部	42
电冰箱	台	103	彩色电视机	台	137
空调机	台	90	#接入有线电视网的	台	130
抽油烟机	台	56	摄像机	台	5
微波炉	台	66	影碟机	台	71
热水器	台	90	照相机	架	20
摩托车	台	140	家用计算机	台	50
汽车（生活用）	台	9	#接入互联网的	台	47
移动电话	部	225	中高档乐器	件	5

农民家庭人均全年纯收入情况

单位：元

指　　标	2009 年	指　　标	2009 年
全年纯收入	**9 153.46**	# 利　息	21.02
工资性收入	4 796.34	集体分配股息和红利	14.95
在非企业组织中劳动得到收入	460.55	租金（包括农业机械）	813.12
在本乡地域内劳动得到收入	3 682.65	储蓄性保险投资收入	5.44
外出从业得到收入	653.14	土地征用补偿收入	245.48
家庭经营纯收入	2 937.89	转让承包土地经营权收入	18.15
第一产业纯收入	1 964.85	其他投资收益	11.35
# 农业收入	1 379.77	其　他	21.87
牧业收入	171.59	转移性纯收入	261.28
渔业收入	409.61	# 家庭非常住人口寄回和带回	17.83
第二产业纯收入	322.46	城市亲友赠送	12.65
工业收入	11.03	离退休金、养老金	167.54
建筑业收入	311.42	城市亲友支付赡养费	5.79
第三产业纯收入	650.58	农村亲友支付赡养费	10.17
交通运输邮电业收入	212.68	抚恤金	10.76
批零贸易业、饮食业收入	128.17	报销医疗费	21.16
社会服务业收入	148.92	无偿扶贫或扶持款	2.36
文教卫生业收入	20.18	得到赔款	5.91
其他行业收入	140.64	其　他	6.41
财产性纯收入	1 157.95		

农民家庭人均全年总收入与总支出情况

单位：元

指　　标	2009年	指　　标	2009年
总收入	**11 023.48**	转移性收入	322.27
工资性收入	4 796.34	#家庭非常住人口寄回和带回收入	17.83
在非企业组织中劳动得到收入	460.55	城市亲友赠送收入	12.65
在本乡地域内劳动得到收入	3 682.65	农村亲友赠送收入	60.98
外出从业得到收入	653.14	**总支出**	**8 864.91**
家庭经营收入	4 746.92	家庭经营费用支出	1 643.74
第一产业收入	3 310.72	农业生产费用支出	529.12
农业收入	1 927.97	林业生产费用支出	0.36
#粮食收入	205.13	牧业生产费用支出	582.68
油料收入	18.85	渔业生产费用支出	190.67
蔬菜收入	1 388.46	工业生产费用支出	0.33
花卉园艺收入	121.28	建筑业生产费用支出	30.73
瓜果收入	111.99	交通运输邮电业生产费用支出	82.88
园林收入	50.56	批零贸易餐饮业生产费用支出	140.11
林业收入	4.26	社会服务业生产费用支出	70.63
牧业收入	765.46	文教卫生业生产费用支出	2.71
渔业收入	613.03	其他行业生产费用支出	13.51
第二产业收入	357.17	购置生产性固定资产支出	110.82
工业收入	13.94	税费支出	1.93
建筑业收入	343.23	生活消费支出	6 852.12
第三产业收入	1 079.03	食品消费支出	2 833.45
#交通运输邮电业收入	307.94	衣着消费支出	362.69
批零贸易业、饮食业收入	367.89	居住消费支出	1 259.27
社会服务业收入	219.90	家庭设备、用品消费支出	384.98
文教卫生业收入	24.79	交通和通讯消费支出	942.54
其他行业收入	155.34	文化教育、娱乐消费支出	681.68
财产性收入	1 157.95	医疗保健消费支出	213.04
#利　息	21.02	其他商品和服务消费支出	174.45
集体分配股息和红利	14.95	财产性支出	12.60
租金（包括农业机械）	813.12	#宅基地有偿使用费	11.35
土地征用补偿收入	245.48	转移性支出	243.70
转让承包土地经营权收入	18.15	#寄给带给家庭非常住人口	46.73
其他投资收益	11.35	赠送农村亲友	60.28
其　他	21.87	赠送城市亲友	9.47

农民家庭人均全年现金收支情况

单位：元

指　　标	2009 年	指　　标	2009 年
期内现金收入	**10 858.28**	其他行业收入	155.34
工资性收入	4 778.40	财产性收入	1 147.06
在非企业组织中劳动得到收入	460.55	#利　息	21.02
在本乡地域内劳动得到收入	3 666.48	集体分配股息和红利	14.95
外出从业得到收入	651.37	租金（包括农业机械）	813.12
家庭经营现金收入	4 610.56	土地征用补偿收入	245.48
第一产业现金收入	3 174.35	转让承包土地经营权收入	18.15
农业现金收入	1 824.77	其　他	10.98
#出售农产品收入	1 819.17	转移性收入	322.27
林业现金收入	4.26	#家庭非常住人口寄回和带回	17.83
牧业现金收入	756.43	城市亲友赠送	12.65
#出售牧业产品收入	756.43	农村亲友赠送	60.98
渔业现金收入	588.89	离退休金．养老金	167.54
#出售渔业产品收入	524.22	报销医疗费	21.16
第二产业现金收入	357.17	**非收入现金所得**	**842.87**
工业收入	13.94	非借贷性现金所得	404.57
建筑业收入	343.23	#出售财物	5.06
第三产业现金收入	1 079.03	婚、丧、嫁、娶礼金	197.16
#交通运输邮电业收入	307.94	借贷性现金所得	438.30
批零贸易业、饮食业收入	367.89	#借入款	63.12
社会服务业收入	219.90	收回借出款	40.78
文教卫生业收入	24.79	取回存款	334.40

续表 单位：元

指　　标	2009 年	指　　标	2009 年
期内现金支出	**8 740. 27**	#宅基地有偿使用费	11. 35
生产费用支出	1 745. 57	转移性支出	243. 70
家庭经营费用支出	1 634. 75	#寄给带给家庭非常住人口现金	46. 73
第一产业生产费用支出	1 293. 84	赠送农村亲友	60. 28
#农业生产费用支出	523. 27	赠送城市亲友	9. 47
林业生产费用支出	0. 36	交纳医疗保险	14. 96
牧业生产费用支出	579. 55	交纳社会保障基金	63. 25
渔业生产费用支出	190. 67	购买非储蓄性保险	38. 87
第二产业生产费用支出	31. 06	**非消费性支出**	**1 923. 69**
第三产业生产费用支出	309. 85	非借贷性支出	636. 35
#交通运输邮电业生产费用支出	82. 88	#婚、丧、嫁、娶支出	614. 01
批零贸易餐饮业生产费用支出	140. 11	迷信、宗教活动捐赠	14. 53
社会服务业生产费用支出	70. 63	储蓄、借贷性支出	1 287. 34
文教卫生业生产费用支出	2. 71	#归还银行、信用社	142. 08
其他行业生产费用支出	13. 51	借出款	23. 05
购置生产性固定资产支出	110. 82	归还借款	81. 74
#购置建筑生产用建筑物材料	20. 77	存　款	974. 00
购买役畜、产品畜	4. 21	购买储蓄性保险	29. 42
购买农林牧渔业机械	11. 15	**期末金融资产余额**	**8 809. 22**
购买运输机械	70. 92	#手存现金	1 256. 96
购买其他生产性固定资产	3. 76	存款余额	7 543. 39
税费支出	1. 93	期末债务余额	1 108. 75
生活消费支出	6 736. 47	#银行、信用社贷款	536. 64
财产性支出	12. 60	个人借（欠）款	572. 10

农村居民家庭消费结构

指　　标	2009年人均消费支出（元）	消费结构（%）
生活消费支出	6 852.12	100.00
食品消费支出	2 833.45	41.34
食品消费品支出	2 604.20	91.91
食品消费服务性支出	229.25	8.09
衣着消费支出	362.69	5.29
衣着消费品支出	362.62	99.98
衣着消费服务性支出	0.07	0.02
居住消费支出	1 259.27	18.38
居住消费品支出	763.16	60.60
居住消费服务性支出	496.11	39.40
家庭设备、用品消费支出	384.98	5.62
家庭设备用品消费品支出	363.73	94.48
家庭设备用品服务性消费支出	21.25	5.52
交通和通讯消费支出	942.54	13.76
交通和通讯用品支出	507.75	53.87
交通和通讯服务消费支出	434.80	46.13
文化教育、娱乐消费支出	681.68	9.95
文化教育、娱乐用品消费支出	124.24	18.23
教育服务消费支出	512.74	75.22
文化、体育、娱乐服务消费支出	44.70	6.55
医疗保健消费支出	213.04	3.11
医疗保健用品	56.52	26.53
医疗保健服务消费支出	156.52	73.47
其他商品和服务消费支出	174.45	2.55
其他商品支出	122.23	70.07
其他消费服务支出	52.22	29.93

二、农　业

历年农林牧渔业总产

年份	农林牧渔业总产值	环比指数（%）（以上年为100）	定基指数（%）（以1950年为100）	农业总产值	环比指数（%）（以上年为100）	定基指数（%）（以1950年为100）
1950	2 303	100.00	100.00	1 668	100.00	100.00
1951	2 571	115.08	115.08	1 861	111.95	111.95
1952	3 141	120.27	138.41	2 295	123.79	138.59
1953	3 267	101.74	140.83	2 336	99.54	137.95
1954	2 982	93.59	131.80	1 999	86.31	119.06
1955	3 392	111.82	147.38	2 394	117.03	139.34
1956	3 984	114.90	169.34	2 791	113.66	158.37
1957	4 648	121.27	205.36	3 149	117.69	186.39
1958	4 569	104.84	215.30	3 063	102.98	191.94
1959	5 289	111.84	240.80	3 728	118.03	226.54
1960	5 273	97.78	235.46	3 927	104.31	236.31
1961	5 195	76.16	179.33	4 122	80.89	191.15
1962	5 226	99.79	178.95	3 866	90.94	173.83
1963	5 117	106.92	191.34	3 762	106.30	184.79
1964	5 980	121.56	232.58	4 105	110.97	205.06
1965	6 613	115.62	268.91	4 532	116.86	239.63
1966	7 761	109.06	293.27	5 317	108.72	260.52
1967	9 415	121.52	356.38	6 709	126.34	329.15
1968	9 165	98.25	350.15	6 454	96.20	316.64
1969	9 723	104.67	366.50	7 148	110.51	349.91
1970	12 020	108.96	399.33	8 619	105.06	367.60
1971	11 242	103.23	412.23	8 262	108.51	398.90
1972	12 159	102.28	421.63	9 281	111.41	444.43
1973	10 996	89.60	377.78	8 380	89.86	399.35
1974	11 521	108.44	409.64	8 796	105.29	420.46
1975	11 990	103.86	425.44	8 997	102.36	430.38

值 及 其 增 长 指 数

单位：万元

林业总产值	环比指数(%)(以上年为100)	定基指数(%)(以1950年为100)	牧业总产值	环比指数(%)(以上年为100)	定基指数(%)(以1950年为100)	渔业总产值	环比指数(%)(以上年为100)	定基指数(%)(以1950年为100)
6	100.00	100.00	480	100.00	100.00	149	100.00	100.00
9	138.46	138.46	484	100.79	100.79	217	146.84	146.84
11	127.78	176.92	613	127.39	128.40	222	102.59	150.63
24	213.04	376.92	677	107.85	138.48	230	100.80	151.84
24	100.00	376.92	729	108.89	150.79	230	101.38	153.92
24	100.00	376.92	686	91.93	138.62	288	122.33	188.29
98	387.76	1 461.54	742	105.22	145.85	353	119.33	224.68
55	58.95	861.54	1 060	149.25	217.68	384	113.58	255.19
136	261.61	2 253.85	966	96.51	210.07	404	111.31	284.05
228	163.14	3 676.92	860	86.35	181.39	473	113.70	322.97
99	42.99	1 580.77	796	91.51	166.00	451	94.16	304.11
64	50.12	792.31	510	49.42	82.04	499	85.29	259.37
62	91.26	723.08	755	143.43	117.68	543	105.66	274.05
48	86.17	623.08	783	113.40	133.44	524	105.64	289.49
126	267.90	1 669.23	1 056	137.02	182.84	693	134.26	388.67
144	120.74	2 015.38	1 235	123.88	226.49	702	107.31	417.09
123	79.01	1 592.31	1 482	111.24	251.96	839	110.64	461.46
68	55.31	880.77	1 596	107.74	271.46	1 042	124.39	573.99
59	87.34	769.23	1 580	99.00	268.75	1 072	102.84	590.32
41	67.00	515.38	1 454	91.86	246.88	1 080	100.63	594.05
74	162.69	838.46	1 935	116.85	288.48	1 392	113.10	671.90
88	136.70	1 146.15	1 814	107.13	309.05	1 078	88.48	594.49
139	155.37	1 780.77	1 930	104.72	323.65	809	73.90	439.30
113	80.99	1 442.31	1 819	94.13	304.66	684	84.57	371.52
136	120.00	1 730.77	1 597	87.69	267.16	992	144.58	537.15
235	173.56	3 003.85	1 758	110.02	293.94	1 000	100.78	541.33

续表

年　份	农林牧渔业总　产　值	环比指数（%）（以上年为100）	定基指数（%）（以1950年为100）	农　业总产值	环比指数（%）（以上年为100）	定基指数（%）（以1950年为100）
1976	12 274	99.43	423.04	9 515	104.89	451.43
1977	13 074	107.38	454.26	10 270	107.53	485.41
1978	15 520	109.33	496.62	12 225	108.87	528.48
1979	18 609	99.63	494.77	14 430	98.84	522.35
1980	18 233	101.28	501.09	11 335	94.27	492.41
1981	24 450	112.25	562.48	16 082	105.83	521.13
1982	26 469	110.66	622.47	16 397	101.64	529.70
1983	26 999	109.40	680.99	15 869	108.84	576.50
1984	28 816	105.10	715.75	17 764	110.83	638.92
1985	37 548	103.04	737.50	21 640	83.91	536.09
1986	39 255	105.47	777.86	19 348	91.17	488.78
1987	53 203	119.85	932.27	23 005	106.02	518.22
1988	82 414	104.35	972.83	36 152	103.81	537.99
1989	89 799	105.28	1 024.20	40 574	107.69	579.35
1990	97 441	102.52	1 050.04	45 460	103.15	597.61
1991	105 698	109.51	1 149.93	47 319	107.45	642.16
1992	120 885	102.34	1 176.89	51 779	102.64	659.14
1993	154 883	103.28	1 215.49	67 636	97.38	641.87
1994	199 902	103.23	1 254.75	84 504	107.46	689.72
1995	252 382	105.48	1 323.51	106 418	102.90	709.73
1996	317 183	109.22	1 445.49	113 952	101.97	723.72
1997	340 379	114.82	1 659.67	114 315	107.14	775.40
1998	340 028	101.17	1 679.11	109 336	93.78	727.17
1999	333 372	101.91	1 711.26	112 940	132.85	966.04
2000	338 345	94.20	1 612.00	101 650	74.27	717.48
2001	355 665	110.35	1 778.87	114 799	132.30	949.22
2002	360 725	104.10	1 851.82	113 964	101.42	962.70
2003	304 848	86.55	1 602.75	113 402	91.27	878.66
2004	332 135	100.52	1 611.08	121 124	101.91	895.44
2005	341 089	99.52	1 603.35	129 222	100.19	897.14
2006	298 004	85.99	1 378.72	114 791	87.52	785.18
2007	297 853	86.80	1 196.73	112 884	90.80	712.94
2008	348 594	104.69	1 252.86	128 785	106.26	757.57
2009	332 630	101.40	1 270.40	135 043	101.50	768.93

注：表内2006年和2007年数据为全国第二次农业普查核定数，农林牧渔业总产值中包含了农林牧渔服务业产值。

单位：万元

林业总产值	环比指数(%)(以上年为100)	定基指数(%)(以1950年为100)	牧业总产值	环比指数(%)(以上年为100)	定基指数(%)(以1950年为100)	渔业总产值	环比指数(%)(以上年为100)	定基指数(%)(以1950年为100)
125	53.01	1 592.31	1 775	100.35	294.96	859	85.32	461.84
82	65.22	1 038.46	1 689	94.88	279.85	1 033	120.02	554.30
88	100.37	1 042.31	1 970	108.77	304.38	1 237	111.60	618.61
153	145.39	1 515.38	2 668	113.44	345.29	1 358	91.88	568.35
138	71.07	1 076.92	4 261	103.76	358.26	2 499	126.83	720.82
317	266.07	2 865.38	5 178	128.52	460.45	2 873	115.37	831.65
270	95.17	2 726.92	5 439	104.33	480.36	4 363	146.96	1 222.22
204	77.72	2 119.23	5 578	111.22	534.28	5 348	104.92	1 282.41
198	96.73	2 050.00	6 401	115.38	616.46	4 453	89.03	1 141.77
213	87.99	1 803.85	8 562	119.35	735.73	7 133	135.19	1 543.54
226	86.14	1 553.85	9 350	105.73	777.89	10 331	125.92	1 943.67
339	120.54	1 873.08	13 026	117.58	914.65	16 833	135.25	2 628.86
427	94.25	1 765.38	19 722	98.25	898.60	26 113	107.78	2 833.48
550	125.27	2 211.54	23 447	98.39	884.10	25 228	106.18	3 008.48
915	181.91	4 023.08	22 232	102.66	907.65	28 834	101.01	3 038.99
868	94.84	3 815.38	22 585	110.35	1 001.59	34 926	111.14	3 377.66
1 130	87.80	3 350.00	25 186	105.20	1 053.64	42 790	101.23	3 419.37
665	63.95	2 142.31	31 462	104.40	1 099.95	55 120	108.09	3 695.89
846	132.14	2 830.77	39 129	101.60	1 117.54	75 423	100.62	3 718.73
1 598	123.91	3 507.69	54 799	117.14	1 309.05	89 567	102.45	3 809.68
1 507	88.93	3 119.23	61 822	106.01	1 387.73	139 902	116.52	4 439.11
1 825	134.90	4 207.69	69 075	107.07	1 485.82	155 164	122.98	5 459.05
1 900	107.59	4 526.92	72 197	112.38	1 669.82	156 595	101.23	5 526.14
1 717	[illegible]	[illegible]	[illegible]	[illegible]	[illegible]	[illegible]	[illegible]	[illegible]
1 751	86.46	3 192.24	75 550	104.24	1 881.44	159 394	106.05	4 867.71
1 643	83.86	2 677.01	74 541	98.21	1 847.76	164 682	108.91	5 301.42
1 114	61.21	1 638.60	80 820	111.88	2 067.28	164 827	102.61	5 439.79
1 183	83.55	1 369.05	79 364	91.53	1 892.18	110 899	80.98	4 405.14
1 298	107.35	1 469.67	92 821	100.52	1 902.02	116 892	99.04	4 362.85
1 426	104.81	1 540.37	99 602	109.04	2 073.96	110 839	91.21	3 979.36
1 342	89.7	1 381.71	81 225	98.17	2 036.01	65 391	73.21	2 913.29
1 486	104.2	1 439.74	102 404	93.60	1 905.70	43 626	63.60	1 852.85
2 135	133.71	1 925.07	131 560	106.62	2 031.86	56 250	119.58	2 215.64
2 369	108.70	2 092.55	112 371	103.30	2 098.91	52 822	95.90	2 124.80

农村经济主要指标增长情况

指　　标	单　位	2009 年	2008 年	增减数	增减%
农业总产值（现行价）	万元	332 630	348 594		
农业产值	万元	135 043	128 785		
林业产值	万元	2 369	2 135		
牧业产值	万元	112 371	131 560		
渔业产值	万元	52 822	56 250		
农林牧渔服务业产值	万元	30 025	29 864		
农业总产值（可比价）	万元	353 490	348 594	4 896	1.4
农业产值	万元	130 697	128 785	1 912	1.5
林业产值	万元	2 322	2 135	187	8.7
牧业产值	万元	135 882	131 560	4 322	3.3
渔业产值	万元	53 951	56 250	-2 299	-4.1
农林牧渔服务业产值	万元	30 638	29 864	774	2.6
全年农作物总播种面积	亩	432 239	428 155	4 084	1.0
全年粮豆播种面积	亩	125 831	119 816	6 015	5.0
全年粮豆总产量	吨	45 210	44 364	846	1.9
#春收粮食产量	吨	7 408	6 274	1 134	18.1
夏收粮食产量	吨	15 155	14 216	939	6.6
秋收粮食产量	吨	22 647	23 874	-1 227	-5.1
全年蔬菜面积	亩	236 260	242 617	-6 357	-2.6
全年蔬菜总产量	吨	480 671	468 808	11 863	2.5
#春收蔬菜产量	吨	217 001	203 734	13 267	6.5
夏收蔬菜产量	吨	117 867	117 309	558	0.5
秋收蔬菜产量	吨	145 803	147 765	-1 962	-1.3
全年水果总产量	吨	17 469	26 850	-9 381	-34.9
#龙眼产量	吨	9 287	16 400	-7 113	-43.4
全年肉蛋奶总产量	吨	69 415	68 186	1 229	1.8
#肉类总产量	吨	64 056	62 781	1 275	2.0
蛋品总产量	吨	4 620	4 537	83	1.8
奶品总产量	吨	739	868	-129	-14.9
全年生猪出栏数	头	825 017	806 583	18 434	2.3
全年家禽出栏数	只	3 815 862	3 767 212	48 650	1.3
年末生猪存栏数	头	479 069	477 608	1 461	0.3
年末家禽存栏数	只	1 727 556	1 721 734	5 822	0.3
全年水产品总产量	吨	36 826	39 478	-2 652	-6.7
海水产品产量	吨	22 219	22 728	-509	-2.2
淡水产品产量	吨	14 607	16 750	-2 143	-12.8
农村居民家庭平均每人纯收入	元	9 153	8 475	678	8.0

农　业　生　产　情　况

项　　　　目	单　位	2009 年	2008 年
农村基层组织情况			
乡镇个数	个	13	13
# 镇个数	个	13	13
村委会数	个	155	156
村民小组数	个	1 475	1 481
国有农林牧渔场数	个	11	11
农村基础设施			
自来水受益村数	个	126	122
通汽车村数	个	156	156
通电话村数	个	156	156
乡村人口与从业人员			
乡村户数	户	112 416	109 747
乡村人口数	人	371 394	366 045
乡村劳动力资源数	人	249 042	235 419
# 劳动年龄内	人	227 797	214 981
乡村从业人员数	人	217 358	207 963
# 劳动年龄内	人	196 998	190 545
# 国有农林牧渔业从业人员数	人	5 458	5 933
按性别分			
男	人	109 466	104 696
女	人	107 892	103 267
按国民经济行业分			
农业从业人员	人	82 317	85 237
工业从业人员	人	68 430	61 904

续表

项目	单位	2009 年	2008 年
建筑业从业人员	人	13 295	12 202
交通运输、仓储及邮政业从业人员	人	8 344	7 635
信息传输、计算机服务和软件	人	1 419	1 093
批发与零售业从业人员	人	10 359	9 245
住宿与餐饮业做从业人员	人	9 086	7 561
其他从业人员	人	24 108	23 086
农业主要能源及物耗			
乡、村办水电站	个	18	20
装机容量	千瓦	4 010	3 102
发电量	万千瓦时	492. 8	441. 8
农村用电量	万千瓦时	17 875	17 575
农用化肥施用量（实物量）	吨	75 353	78 834
氮　肥	吨	23 265	28 121
磷　肥	吨	16 827	18 268
钾　肥	吨	13 232	13 734
复合肥	吨	22 029	18 711
农用化肥施用量（折纯）	吨	22 859	23 790
氮　肥	吨	5 815	7 030
磷　肥	吨	2 525	2 740
钾　肥	吨	4 616	4 669
复合肥	吨	9 903	9 351
农用塑料薄膜使用量	吨	720	726
#地膜使用量	吨	552	580
地膜覆盖面积	亩	72 587	78 194
农用柴油使用量	吨	6 846	7 439
农药使用量	吨	530	839

农村水利及农业机械化情况

指　　标	单　位	2009 年	2008 年
农村水利情况			
水　库	座	96	96
总库容	万立方米	25 612.49	25 612.49
中型水库	座	5	5
总库容	万立方米	17 789	17 789
小型水库	座	91	91
总库容	万立方米	7 823.49	7 823.49
水利工程年供水量	亿立方米	7.00	6.52
#农业供水	亿立方米	1.77	1.81
引水工程供水	亿立方米	3.55	3.25
#农业供水	亿立方米	0.66	0.67
蓄水工程供水	亿立方米	3.35	3.17
#农业供水	亿立方米	1.05	1.08
机电井供水	亿立方米	0.04	0.04
#农业供水	亿立方米	0.04	0.04
机电站及水轮泵供水	亿立方米	0.02	0.02
#农业供水	亿立方米	0.02	0.02
其他供水工程供水	亿立方米	0.04	0.04
#农业供水	亿立方米		
排灌机械保有量	千瓦	35.57	35.57
机电井	眼	847	847
#已配套机电井	眼	825	825
配套机电井装机容量	千瓦	4.12	4.12
固定机电排灌站	处	834	834
固定机电装机容量	千瓦	30.82	30.82
流动机装机容量	千瓦	0.61	0.61
喷滴灌装机容量	千瓦	0.02	0.02

续表

指　　标	单　位	2009 年	2008 年
水利资金总投入	万元	59 744	20 215
政府投资	万元	54 294	15 945
民间投资	万元		
群众自筹及其他投资	万元	5 450	4 270
总灌溉面积	公顷	21 380	21 390
有效灌溉面积	公顷	17 890	17 900
果园灌溉面积	公顷	2 060	2 060
林地灌溉面积	公顷	100	100
其他灌溉面积	公顷	1 330	1 330
机电提灌面积	公顷	7 620	7 580
#机电井灌溉面积	公顷	600	600
固定站灌溉面积	公顷	4 880	4 880
流动机灌溉面积	公顷	1 150	1 150
节水灌溉面积	公顷	8 080	8 030
喷灌面积	公顷	1 170	1 120
微灌面积	公顷	230	230
低压管灌面积	公顷	1 350	1 350
渠道防渗面积	公顷	2 680	2 680
其他工程节水灌溉面积	公顷	2 650	2 650
旱涝保收面积	公顷	14 060	14 170
除涝面积	公顷	2 420	2 440
农业机械化情况			
当年机耕面积	公顷	6 632	8 062
机械植保面积	公顷	2 892	2 915
机械收获面积	公顷	117	93
机械脱粒粮食数量	吨	18 506	20 622
机械加工农副产品数量	吨	65 258	67 214
当年农机作业实际耗用柴油	吨	28 441	29 072

农林牧渔业总产值

（含农林牧渔服务业产值）　　单位：万元

指　标	按现行价格计算	按可比价格计算	比 2008 年增减（%）
农林牧渔总产值	**332 630**	**353 490**	**1.4**
农业产值	135 043	130 697	1.5
谷物及其他农作物	15 133	14 603	13.8
蔬菜园艺作物	108 453	104 877	-0.1
水果、饮料和香料作物	11 455	11 219	2.6
中药材	2	2	-52.2
林业产值	2 369	2 322	8.7
林木的培育和种植	258	242	-73.0
竹木采运	2 111	2 080	67.8
林产品			
牧业产值	112 371	135 882	3.3
牲畜饲养	2 642	2 534	-45.0
猪的饲养	97 509	121 400	6.8
家禽饲养	12 083	11 813	-4.6
其他禽牧业	137	135	-85.0
渔业产值	52 822	53 951	-4.1
海水产品	27 403	28 394	-1.7
内陆水域水产品	25 419	25 557	-6.6
农林牧渔服务业	30 025	30 638	2.6

农林牧渔业增加值

单位：万元

项　目	农林牧渔和服务业合计	农　业	林　业	牧　业	渔　业	农林牧渔服务业
农林牧渔业总产值	**332 630**	**135 043**	**2 369**	**112 371**	**52 822**	**30 025**
农林牧渔业中间消耗	**127 706**	**53 600**	**569**	**44 618**	**20 498**	**8 421**
物质消耗	88 596	39 869	486	33 784	12 406	2 051
劳务支出	39 110	13 731	83	10 834	8 092	6 370
农林牧渔业增加值	**204 924**	**81 442**	**1 800**	**67 753**	**32 324**	**21 604**
农林牧渔业增加值率（%）	**61.61**	**60.31**	**75.99**	**60.29**	**61.19**	**71.95**

农林牧渔业中间消耗

单位：万元

项　　目	2009年	项　　目	2009年
农林牧渔业中间消耗总计	127 706	其　他	55
农业中间消耗合计	**53 600**	生产服务支出	83
物质消耗	39 870	**牧业中间消耗合计**	**44 618**
用种量	6 774	物质消耗	33 784
役畜用饲料、饲草	1 415	用种量	399
肥　料	16 829	饲料、饲草	27 827
燃　料	4 143	燃　料	1 184
农　药	1 760	用电量	1 715
农用塑料薄膜	1 424	畜牧用药品	1 950
用电量	1 892	其　他	710
小农机机具购置	260	生产服务支出	10 834
办公用品购置	385	**渔业中间消耗合计**	**20 498**
其　他	4 987	物质消耗	12 406
生产服务支出	13 731	饲　料	9 671
林业中间消耗合计	**569**	燃　料	1 266
物质消耗	486	用电量	894
用种量	285	办公用品购置	185
肥　料	69	其他	390
燃　料	19	生产服务支出	8 092
农　药		**农林牧渔服务业中间消耗合计**	**8 421**
用电量	20	物质消耗	2 051
小农机具购置	15	生产服务支出	6 370
办公用品购置	23		

农作物播种面积、产量

指　　标	播种面积（亩）	总产量（吨）	亩产（公斤）
农作物总播种面积	**432 239**		
粮食作物合计	125 831	45 210	359
春收粮食	20 443	7 408	362
夏收粮食	42 232	15 155	359
秋收粮食	63 156	22 647	359
稻　谷	72 525	26 273	362
#籼　稻	72 525	26 273	362
早　稻	38 561	14 435	374
中　稻			
一季晚稻	8 758	3 198	365
双季晚稻	25 206	8 640	343
甘　薯	30 904	11 696	378
春收甘薯	3 493	1 233	353
夏、秋收甘薯	27 411	10 463	382
马铃薯	16 650	6 091	366
杂　粮	2 272	584	257
玉　米	1 962	494	252
高　粱	51	9	176
其　他	259	81	313
在杂粮中：春收杂粮	130	40	308
夏收杂粮	1 365	349	256
秋收杂粮	777	195	251
大　豆	3 307	522	158
春大豆	2 304	371	161
秋大豆	1 003	151	151
杂豆类	173	44	254
#绿　豆	3		
油料合计	**53 292**	**9 894**	**186**
花　生	52 996	9 865	186
夏花生	37 373	7 076	189
秋花生	15 623	2 789	179
油菜籽	215	22	102
芝　麻	81	7	86
甘　蔗	**686**	**3 679**	**5 363**
果　蔗	686	3 679	5 363
药材类	**170**	**22**	**129**
蔬菜（含菜用瓜）	236 260	480 671	2 035
瓜果（果用瓜）	3 185	6 099	1 915
#西　瓜	2 870	5 711	1 990
甜　瓜			
草　莓	230	248	1 078
花　卉	**11 545**		
其他农作物合计	1 270		
#青饲料	1 210	1 595	1 318
附：糯　稻	1 400	559	399
非粮作物面积合计	**306 408**		

蔬菜生产情况

项目	播种面积（亩）	产量（吨）	亩产（公斤）
蔬菜作物合计	**236 260**	**480 671**	**2 035**
叶菜类	73 454	138 779	1 889
瓜类	33 171	60 327	1 819
根茎类	48 024	141 963	2 956
茄果类	26 442	53 665	2 030
葱蒜类	21 230	39 107	1 842
菜用豆类	27 036	35 969	1 330
水生菜类	2 493	3 598	1 443
其他蔬菜	4 410	7 263	1 647

水果和茶叶生产情况

项目	年末实有面积（亩）	#采摘面积	当年新植面积	产量（吨）
园林水果合计	**117 929**	**38 166**	**1 389**	**17 469**
梨	10	10		7
柑桔类	4 027	2 746		1 791
柑	748	488		384
桔				
橙	50	25		481
柚	3 229	2 233		926
热带亚热带水果	112 980	34 622	1 389	15 346
香蕉	3 571	3 352	762	4 543
菠萝	16	9		5
荔枝	2 040	1 419	10	265
龙眼	105 016	28 322	570	9 287
枇杷	149	27	20	16
杨梅	510	180		14
芒果	33	23		14
青枣	11	11		48
番石榴	1 129	993	27	785
其他热带亚热带水果	505	286		369
其他水果	912	788		325
桃	50	43		37
李	179	67		40
葡萄	12	12		9
柿子	13	8		3
柰	1	1		2
青梅	600	600		160
其他鲜果	57	57		74
茶叶合计	**10 051**	**9 276**	**278**	**1 369**

食用菌生产情况

单位：吨

项目	2009年	项目	2009年
食用菌总产量	**888**		
蘑菇产量	479	茶薪菇	9
金针菇产量	321	其他菇产量	40
平菇类产量（含袖珍菇、凤尾菇等）	34	**食用菌生产占用耕地面积（亩）**	**88**
草菇产量	1	**蘑菇种植面积（平方米）**	**71 500**
杏鲍菇产量	4	蘑菇（亩产）	6.7

畜牧业生产情况

指标	单位	2009年	指标	单位	2009年
大牲畜总头数	**头**	**23 106**	**年末实有蜜蜂**	**箱**	**6 583**
#从事劳役	头	17 220	**年内出栏的肉牛**	**头**	**3 526**
#牛总头数	头	23 106	**年内出栏的肉羊**	**头**	**10 653**
当年生仔畜	头	1 238	**年内出栏的肉兔**	**头**	**24 221**
能繁殖母畜	头	9 561	**年内出栏的家禽**	**只**	**3 815 862**
#乳　牛	头	515	**蜂蜜产量**	**吨**	**142**
当年生仔畜	头	16	**牛羊乳产量**	**吨**	**739**
能繁殖母畜	头	272	#牛　乳	吨	552
羊	**只**	**9 701**	**蛋品总产量**	**吨**	**4 620**
#能繁殖母畜	只	3 942	**全年肉类总产量**	**吨**	**64 056**
兔	**只**	**10 317**	猪　肉	吨	59 086
生猪出栏头数	**头**	**825 017**	牛　肉	吨	353
生猪存栏头数	**头**	**479 069**	羊　肉	吨	149
#能繁殖母猪	头	39 382	禽　肉	吨	4 432
家禽年末存栏数	**只**	**1 727 556**	兔　肉	吨	36

林业生产情况

项目	单位	2009年
营林情况		
当年造林面积	亩	10 232
按林种用途分		
用材林	亩	
人工迹地更新面积	亩	
低产效林改造面积（不含竹林）	亩	9 742
零星（四旁）植树	万株	40
幼林抚育实际面积	亩	21 000
幼林抚育作业面积	亩	21 000
成林抚育面积	亩	
#中、幼龄林抚育面积	亩	
抚育改造出材量	立方米	
#幼龄林抚育出材量	立方	
当年苗林产量	万株	
育苗面积	亩	
#本年新增育苗面积	亩	
全部木材产量	立方米	13 000
商品材产量	立方米	8 500
原木	立方米	5 950
杉木	立方米	595
松木	立方米	4 165
杂木	立方米	1 190
薪材	立方米	2 550
自用材产量	立方米	4 500
原木	立方米	3 150
杉木	立方米	315
杂木	立方米	2 835
薪材	立方米	1 350

水产品捕捞与养殖情况

单位：吨、亩

指标	2009 年	2008 年	指标	2009 年	2008 年
水产品总产量	**36 826**	**39 478**			
海水产品	22 219	22 728	鱼 类	11 015	12 637
海洋捕捞	5 801	7 283	虾蟹类	1 226	1 571
鱼 类	5 417	6 644	其他类	2 366	2 542
虾蟹类	297	591	**养殖面积**	**84 015**	**62 505**
贝 类	47		海水养殖面积	56 835	31 440
其他类	40	48	海上养殖	7 005	10 155
海水养殖	16 418	15 445	滩涂养殖	36 795	5 910
鱼 类	370	237	陆基养殖	13 035	15 375
虾蟹类	1 043	2 066	淡水养殖面积	27 180	31 065
贝 类	13 708	12 284	池塘养殖	23 520	26 235
藻 类	1 297	858	水库养殖	2 625	3 420
淡水产品	14 607	16 750	其他养殖	1 035	1 410

主要水产品产量

单位：吨

指标	2009 年	2008 年
水产品总产量	**36 826**	**39 478**
海水产品产量	22 219	22 728
海水鱼类	5 787	6 881
# 蓝圆鲹	1 753	2 334
鲐 鱼	1 978	2 265
海水甲壳类	1 340	2 657
# 对 虾	757	1 551
海水贝类	13 755	12 284
# 牡 蛎	11 118	8 000
蚶	39	153
蛤	2 127	3 588
蛏	377	212
海水藻类	1 297	858
# 紫 菜	1 297	858
内陆水域水产品	**14 607**	**16 750**
淡水鱼类	11 015	12 637
# 鳗 鲡	1 439	1 753
草 鱼	1 235	1 089
罗非鱼	6 457	7 784
淡水虾蟹类	1 226	1 571
# 南美白对虾	1 213	1 567
其他淡水产品	2 366	2 542
# 牛 蛙	2 361	2 537

三、工　业

历年工业总产值及其增长指数

年　份	全市工业总产值（万元）	环比指数（%）（以上年为100）	定基指数（%）（1950年为100）	#规模以上工业总产值（万元）	环比指数（%）（以上年为100）	定基指数（%）（1950年为100）
以1952年不变价计算						
1950	2 179.05	100.00	100.00			
1951	2 297.36	105.43	105.43			
1952	2 546.71	110.85	116.87			
1953	3 570.64	140.21	163.86			
1954	3 399.13	95.20	155.99			
1955	3 731.73	109.78	171.25			
1956	5 491.49	147.16	252.01			
1957	6 950.69	126.57	318.98			
以1957年不变价计算						
1957	8 350.00					
1958	15 179.27	181.79	579.86			
1959	22 301.28	146.92	851.93			
1960	34 853.26	156.28	1 331.43			
1961	21 421.30	61.46	818.31			
1962	15 192.18	70.92	580.36			
1963	14 363.95	94.55	548.72			
1964	19 747.22	137.48	754.36			
1965	23 924.07	121.15	913.92			
1966	30 217.69	126.31	1 154.34			
1967	25 415.67	84.11	970.90			
1968	13 050.14	51.35	498.53			
1969	32 229.39	246.97	1 231.19			
1970	35 812.61	111.12	1 368.08			
1971	38 192.00	106.64	1 458.97			
以1970年不变价计算						
1971	37 509.00					
1972	44 880.37	119.65	1 745.69			
1973	49 314.73	109.88	1 918.17			
1974	48 012.80	97.36	1 867.53			
1975	52 593.46	109.54	2 045.70			
1976	57 572.69	109.47	2 239.38			

续表

年　份	全市工业总产值（万元）	环比指数（%）（以上年为100）	定基指数（%）（1950年为100）	#规模以上工业总产值（万元）	环比指数（%）（以上年为100）	定基指数（%）（1950年为100）
1977	63 079.91	109.57	2 453.59			
1978	74 769.32	118.53	2 908.27			
1979	82 586.54	110.46	3 212.33			
1980	96 691	117.08	3 760.95			
1981	106 536	110.18	4 143.88			
按1980年不变价计算						
1981	100 747					
1982	113 179	112.34	4 655.23			
1983	120 211	106.21	4 944.47			
1984	150 855	125.49	6 204.91			
1985	218 522	144.86	8 988.16			
1986	246 864	112.97	10 153.91			
1987	328 566	133.10	13 514.44			
1988	481 571	146.57	19 807.78			
1989	565 405	117.41	23 256.00			
1990	681 627	120.56	28 036.40			
按当年价计算						
1990	786 874			765 467	120.17	27 234.13
1991	1 030 358	127.40	35 717.76	992 545	126.01	34 318.88
1992	1 329 764	126.76	45 276.70	1 274 225	126.13	43 284.74
1993	2 058 100	133.78	60 569.43	1 933 500	130.25	56 377.87
1994	2 862 131	134.26	81 322.65	2 585 405	130.00	73 288.98
1995	4 003 705	132.47	107 725.92	3 755 327	137.32	100 637.11
按1995年新口径						
1995	3 610 420			3 386 440		
1996	4 325 007	124.81	134 450.22	3 958 750	123.03	123 812.40
1997	5 258 266	124.19	166 969.02	4 737 295	122.08	151 148.86
1998	5 905 813	117.32	195 889.21	[illegible]	[illegible]	[illegible]
1999	6 985 373	124.10	243 089.40	5 751 124	127.15	207 398.59
2000	7 763 557	116.26	282 621.37	6 996 757	123.45	256 029.07
2001	8 843 178	115.55	326 570.38	8 032 878	116.53	298 357.40
2002	11 114 968	125.89	411 104.45	10 254 868	127.67	380 898.64
2003	13 941 700	128.03	526 337.03	13 181 875	129.33	492 630.25
2004	18 760 276	124.40	654 763.27	17 951 076	125.40	617 758.33
2005	20 990 274	120.90	791 608.79	20 291 174	121.40	749 958.61
2006	24 447 516	120.37	952 859.50	23 678 616	120.80	905 950.00
2007	28 426 879	117.70	1 121 515.63	27 411 279	117.80	1 067 209.10
2008	30 907 952	110.00	1 233 667.19	29 780 652	110.00	1 173 930.01
2009	29 149 527	102.00	1 258 340.53	28 127 627	101.60	1 192 712.89

注：表中工业总产值按当年价格计算，相对数则以可比价格计算。

工业经济效益综合指数

（2000～2009年）

指　　标	2000年	2001年	2002年	2003年	2004年	2005年	2006年	2007年	2008年	2009年
经济效益综合指数	137.28	132.27	167.85	185.18	178.15	168.25	168.53	176.41	165.37	179.49
产品销售率（%）	98.19	98.38	97.99	98.85	97.18	99.10	99.03	98.72	99.93	99.3
总资产贡献率（%）	9.73	8.89	12.22	14.95	15.12	13.01	12.19	12.87	10.19	12.17
资本保值增值率（%）	108.72	105.43	110.24	125.6	128.39	108.41	112.50	110.23	112.79	115.88
资产负债率（%）	57.27	58.16	57.99	56.27	54.45	55.11	57.26	58.74	56.56	54.14
成本费用利润率（%）	5.05	4.14	7.58	8.89	8.65	7.08	6.09	6.68	4.28	7.24
劳动生产率（元/人）	70 019	68 885	91 285	97 097	86 316	90 946	100 286	108 335	113 758	115 039
流动资产周转次数(次)	1.86	1.92	2.18	2.30	2.30	2.25	2.19	2.17	2.09	1.91

年主营业务收入500万元以上工业企业单位数和产值

单位：万元

项　　目	企业单位数（个）	#亏损企业	工业总产值（当年价）	比2008年增长（%）	工业销售产　值	#出口交货值
总　　计	**2 266**	**691**	**28 127 627**	**1.6**	**27 912 392**	**11 426 899**
按登记注册类型分						
国有企业	10	2	647 682		645 462	14 239
集体企业	10	2	25 999		25 674	4 418
联营企业	6	1	39 402		39 478	
有限责任公司	260	60	2 272 708		2 210 956	295 572
股份有限公司	14	1	1 211 870		1 169 527	353 797
私营企业	824	250	2 951 535		2 943 794	589 254
其他企业	13	4	26 107		26 416	4 716
港、澳、台商投资企业	645	219	7 868 277		7 845 604	3 139 620
外商投资企业	484	152	13 084 047		13 005 482	7 025 282
按轻重工业分						
轻工业	1 211	390	9 203 617		9 084 226	3 696 183
重工业	1 055	301	18 924 010		18 828 166	7 730 716
按企业规模分						
大型企业	29	1	9 663 229		9 629 295	4 778 693
中型企业	305	46	11 730 044		11 613 882	4 995 538
小型企业	1 932	644	6 734 355		6 669 216	1 652 669

年主营业务收入500万元以上工业企业分行业单位数和产值

单位：万元

行　业	企业单位数（个）	工业总产值（当年价）
总　计	**2 266**	**28 127 627**
采矿业	2	2 211
非金属矿采选业	2	2 211
土砂石开采	2	2 211
建筑装饰用石开采	2	2 211
农副食品加工业	98	1 116 095
谷物磨制	15	81 280
饲料加工	18	224 067
植物油加工	4	259 319
食用植物油加工	4	259 319
屠宰及肉类加工	12	165 846
畜禽屠宰	6	133 530
肉制品及副产品加工	6	32 316
水产品加工	15	157 261
水产品冷冻加工	8	73 490
鱼糜制品及水产品干腌制加工	1	45 322
水产饲料制造	2	9 001
其他水产品加工	4	29 449
蔬菜、水果和坚果加工	25	190 865
其他农副食品加工	9	37 457
淀粉及淀粉制品的制造	2	21 161
豆制品制造	1	3 997
其他未列明的农副食品加工	6	12 300
食品制造业	38	245 110
焙烤食品制造	10	38 961
糕点、面包制造	6	26 734
饼干及其他焙烤食品制造	4	12 226
糖果、巧克力及蜜饯制造	5	8 549
糖果、巧克力制造	5	8 549
方便食品制造	6	79 209
米、面制品制造	5	76 575
方便面及其他方便食品制造	1	2 634

续表一 单位：万元

行业	企业单位数（个）	工业总产值（当年价）
液体乳及乳制品制造	1	531
罐头制造	2	38 581
肉、禽类罐头制造	1	37 392
蔬菜、水果罐头制造	1	1 189
调味品、发酵制品制造	5	21 537
味精制造	2	15 292
酱油、食醋及类似制品的制造	2	4 942
其他调味品、发酵制品制造	1	1 303
其他食品制造	9	57 742
冷冻饮品及食用冰制造	1	2 047
食品及饲料添加剂制造	7	48 038
其他未列明的食品制造	1	7 658
饮料制造业	25	664 561
酒的制造	2	41 011
白酒制造	1	17 108
啤酒制造	1	23 903
软饮料制造	16	600 713
碳酸饮料制造	2	127 923
瓶（罐）装饮用水制造	4	29 465
果菜汁及果菜汁饮料制造	6	64 983
含乳饮料和植物蛋白饮料制造	3	375 207
茶饮料及其他软饮料制造	1	3 135
精制茶加工	7	22 837
烟草制品业	1	659 213
卷烟制造	1	659 213
纺织业	88	595 693
棉、化纤纺织及印染精加工	14	233 072
棉、化纤纺织加工	12	163 132
棉、化纤印染精加工	2	69 941
毛纺织和染整精加工	1	3 471
毛纺织	1	3 471
丝绢纺织及精加工	2	25 867
绢纺和丝织加工	2	25 867
纺织制成品制造	40	223 835
棉及化纤制品制造	11	92 541
丝制品制造	1	8 420
绳、索、缆的制造	4	10 381
纺织带和帘子布制造	3	4 369

续表二　　　　　　　　　　　　　　　　　　　　　　　　单位：万元

行　　业	企业单位数（个）	工业总产值（当年价）
无纺布制造	8	33 627
其他纺织制成品制造	13	74 498
针织品、编织品及其制品制造	31	109 449
棉、化纤针织品及编织品制造	24	97 698
毛针织品及编织品制造	5	4 847
其他针织品及编织品制造	2	6 904
纺织服装、鞋、帽制造业	182	779 183
纺织服装制造	178	772 216
纺织面料鞋的制造	2	5 184
制　帽	2	1 784
皮革、毛皮、羽毛（绒）及其制品业	63	385 083
皮革鞣制加工	2	13 420
皮革制品制造	59	364 904
皮鞋制造	13	130 931
皮箱、包（袋）制造	37	143 850
皮手套及皮装饰制品制造	4	76 925
其他皮革制品制造	5	13 198
羽毛（绒）加工及制品制造	2	6 760
羽毛（绒）加工	1	826
羽毛（绒）制品加工	1	5 934
木材加工及木、竹、藤、棕、草制	12	24 837
锯材、木片加工	1	1 892
锯材加工	1	1 892
人造板制造	2	4 537
纤维板制造	1	3 368
刨花板制造	1	1 170
木制品制造	9	18 408
建筑用木料及木材组件加工	3	4 146
木门窗制造	1	688
软木制品及其他木制品制造	5	13 573
家具制造业	39	207 579
木质家具制造	17	57 180
金属家具制造	12	105 539
塑料家具制造	2	20 769
其他家具制造	8	24 092
造纸及纸制品业	87	319 069
纸浆制造	1	2 520
造　纸	15	87 578
机制纸及纸板制造	9	24 151
加工纸制造	6	63 428
纸制品制造	71	228 971
纸和纸板容器的制造	54	180 300
其他纸制品制造	17	48 671

续表三 单位：万元

行业	企业单位数（个）	工业总产值（当年价）
印刷业和记录媒介的复制	76	199 075
印　刷	73	195 793
书、报、刊印刷	19	42 430
本册印制	2	2 619
包装装潢及其他印刷	52	150 744
装订及其他印刷服务活动	3	3 282
文教体育用品制造业	60	450 202
文化用品制造	6	21 685
文具制造	4	10 528
教学用模型及教具制造	1	8 039
其他文化用品制造	1	3 118
体育用品制造	52	422 369
球类制造	9	49 073
体育器材及配件制造	13	113 490
训练健身器材制造	17	207 624
运动防护用具制造	3	10 719
其他体育用品制造	10	41 463
玩具制造	2	6 148
石油加工、炼焦及核燃料加工业	3	15 050
精炼石油产品的制造	3	15 050
原油加工及石油制品制造	3	15 050
化学原料及化学制品制造业	93	1 639 603
基础化学原料制造	5	43 606
有机化学原料制造	1	16 300
其他基础化学原料制造	4	27 306
肥料制造	2	11 264
磷肥制造	1	9 490
钾肥制造	1	1 774
农药制造	1	2 151
化学农药制造	1	2 151
涂料、油墨、颜料及类似产品制造	24	137 421
涂料制造	20	60 110
油墨及类似产品制造	3	73 721
颜料制造	1	3 590
合成材料制造	15	1 048 947
初级形态的塑料及合成树脂制造	9	46 557
合成纤维单（聚合）体的制造	1	798 065
其他合成材料制造	5	204 325
专用化学产品制造	20	266 661
化学试剂和助剂制造	5	22 228
专项化学用品制造	5	19 929

续表四　　单位：万元

行　　业	企业单位数（个）	工业总产值（当年价）
信息化学品制造	2	200 701
环境污染处理专用药剂材料制造	1	5 000
其他专用化学产品制造	7	18 804
日用化学产品制造	26	129 552
肥皂及合成洗涤剂制造	7	44 957
化妆品制造	3	6 355
香料、香精制造	11	66 895
其他日用化学产品制造	5	11 345
医药制造业	17	162 417
化学药品原药制造	1	23 679
化学药品制剂制造	4	22 797
中药饮片加工	1	1 685
中成药制造	4	61 727
兽用药品制造	1	3 356
生物、生化制品的制造	5	45 137
卫生材料及医药用品制造	1	4 036
化学纤维制造业	4	130 986
合成纤维制造	4	130 986
涤纶纤维制造	3	130 146
其他合成纤维制造	1	840
橡胶制品业	51	993 894
轮胎制造	4	784 942
车辆、飞机及工程机械轮胎制造	4	784 942
橡胶板、管、带的制造	2	2 839
橡胶零件制造	14	55 757
日用及医用橡胶制品制造	3	13 956
橡胶靴鞋制造	6	17 147
其他橡胶制品制造	22	119 253
塑料制品业	180	901 519
塑料薄膜制造	24	309 459
塑料板、管、型材的制造	20	75 308
塑料丝、绳及编织品的制造	6	16 454
泡沫塑料制造	10	22 244
塑料人造革、合成革制造	1	1 607
塑料包装箱及容器制造	11	16 719
塑料零件制造	19	82 977
日用塑料制造	32	186 856
塑料鞋制造	4	7 209
日用塑料杂品制造	28	179 648
其他塑料制品制造	57	189 894
非金属矿物制品业	111	611 209
水泥、石灰和石膏的制造	5	8 515
水泥制造	5	8 515
水泥及石膏制品制造	24	212 039
水泥制品制造	19	196 647
轻质建筑材料制造	1	484
其他水泥制品制造	4	14 908

续表五　　单位：万元

行　　业	企业单位数（个）	工业总产值（当年价）
砖瓦、石材及其他建筑材料制造	54	196 093
粘土砖瓦及建筑砌块制造	1	708
建筑陶瓷制品制造	3	21 346
建筑用石加工	49	161 424
其他建筑材料制造	1	12 615
玻璃及玻璃制品制造	18	168 285
平板玻璃制造	3	83 266
技术玻璃制品制造	5	12 607
光学玻璃制造	4	64 129
日用玻璃制品及玻璃包装容器制造	4	6 308
玻璃纤维及制品制造	1	1 065
其他玻璃制品制造	1	910
陶瓷制品制造	5	12 465
卫生陶瓷制品制造	1	1 920
特种陶瓷制品制造	1	1 651
日用陶瓷制品制造	3	8 894
石墨及其他非金属矿物制品制造	5	13 811
石墨及碳素制品制造	1	2 003
其他非金属矿物制品制造	4	11 808
黑色金属冶炼及压延加工业	14	222 314
钢压延加工	14	222 314
有色金属冶炼及压延加工业	23	608 067
常用有色金属冶炼	2	5 593
铝冶炼	2	5 593
稀有稀土金属冶炼	3	185 494
钨钼冶炼	3	185 494
有色金属合金制造	7	139 454
有色金属压延加工	11	277 525
常用有色金属压延加工	9	228 539
稀有稀土金属压延加工	2	48 985
金属制品业	188	955 251
结构性金属制品制造	65	233 618
金属结构制造	55	212 638
金属门窗制造	10	20 980
金属工具制造	21	56 587
切削工具制造	5	17 621
手工具制造	1	1 163
刀剪及类似日用金属工具制造	3	15 656
其他金属工具制造	12	22 148
集装箱及金属包装容器制造	5	62 337
集装箱制造	3	11 504
金属包装容器制造	2	50 833

续表六　　单位：万元

行　　业	企业单位数（个）	工业总产值（当年价）
金属丝绳及其制品的制造	6	21 259
建筑、安全用金属制品制造	29	362 694
建筑、家具用金属配件制造	10	64 927
建筑装饰及水暖管道零件制造	17	296 432
安全、消防用金属制品制造	1	885
其他建筑、安全用金属制品制造	1	450
金属表面处理及热处理加工	9	13 623
不锈钢及类似日用金属制品制造	27	103 499
金属制厨房调理及卫生器具制造	2	11 521
金属制厨用器皿及餐具制造	12	47 731
其他日用金属制品制造	13	44 247
其他金属制品制造	26	101 634
铸币及贵金属制实验室用品制造	1	762
其他未列明的金属制品制造	25	100 872
通用设备制造业	98	523 471
锅炉及原动机制造	1	1 466
内燃机及配件制造	1	1 466
金属加工机械制造	11	34 132
金属切削机床制造	1	2 230
金属成形机床制造	2	10 838
铸造机械制造	2	9 389
金属切割及焊接设备制造	2	4 656
机床附件制造	1	1 314
其他金属加工机械制造	3	5 705
起重运输设备制造	13	180 802
泵、阀门、压缩机及类似机械的制造	10	60 866
泵及真空设备制造	3	7 706
气体压缩机械制造	1	16 123
阀门和旋塞的制造	2	7 967
液压和气压动力机械及元件制造	4	29 071
轴承、齿轮、传动和驱动部件的制造	7	31 891
轴承制造	5	26 486
齿轮、传动和驱动部件制造	2	5 405
风机、衡器、包装设备等通用设备	22	82 273
风机、风扇制造	4	6 039
气体、液体分离及纯净设备制造	3	17 252
制冷、空调设备制造	7	44 989
包装专用设备制造	2	2 561
衡器制造	4	8 845
其他通用设备制造	2	2 587
通用零部件制造及机械修理	29	114 198
金属密封件制造	1	5 300
紧固件、弹簧制造	13	33 468
机械零部件加工及设备修理	8	61 835
其他通用零部件制造	7	13 595
金属铸、锻加工	5	17 842
钢铁铸件制造	5	17 842

续表七 单位：万元

行业	企业单位数（个）	工业总产值（当年价）
专用设备制造业	99	855 349
矿山、冶金、建筑专用设备制造	13	602 960
建筑工程用机械制造	12	591 187
建筑材料生产专用机械制造	1	11 773
化工、木材、非金属加工专用设备	34	57 844
橡胶加工专用设备制造	2	3 262
塑料加工专用设备制造	1	676
模具制造	31	53 907
食品、饮料、烟草及饲料生产专用设备制造	2	2 087
食品、饮料、烟草工业专用设备制造	2	2 087
印刷、制药、日化生产专用设备制造	4	11 219
印刷专用设备制造	1	963
照明器具生产专用设备制造	3	10 256
纺织、服装和皮革工业专用设备制造	15	34 876
纺织专用设备制造	14	33 277
皮革、毛皮及其制品加工专用设备制造	1	1 599
电子和电工机械专用设备制造	10	28 485
电工机械专用设备制造	4	6 430
电子工业专用设备制造	5	17 263
航空、航天及其他专用设备制造	1	4 792
医疗仪器设备及器械制造	8	88 623
医疗、外科及兽医用器械制造	2	12 168
假肢、人工器官及植（介）入器械制造	2	59 733
其他医疗设备及器械制造	4	16 722
环保、社会公共安全及其他专用设备制造	13	29 255
环境污染防治专用设备制造	6	16 649
社会公共安全设备及器材制造	1	942
水资源专用机械制造	1	2 292
其他专用设备制造	5	9 371
交通运输设备制造业	76	1 892 434
铁路运输设备制造	1	1 381
其他铁路设备制造及设备修理	1	1 381
汽车制造	52	1 128 807
汽车整车制造	2	685 731
改装汽车制造	1	1 206
汽车车身、挂车的制造	1	27 960
汽车零部件及配件制造	44	404 889
汽车修理	4	9 022
摩托车制造	8	81 026
摩托车整车制造	1	44 299
摩托车零部件及配件制造	7	36 727
自行车制造	4	19 687
脚踏自行车及残疾人座车制造	4	19 687
船舶及浮动装置制造	5	287 583
金属船舶制造	1	274 499
娱乐船和运动船的建造和修理	2	8 772
船舶修理及拆船	2	4 311
航空航天器制造	5	372 549
飞机制造及修理	5	372 549
交通器材及其他交通运输设备制造	1	1 402
其他交通运输设备制造	1	1 402

续表八 单位：万元

行　　业	企业单位数（个）	工业总产值（当年价）
电气机械及器材制造业	167	2 052 513
电机制造	14	49 260
发电机及发电机组制造	7	18 691
电动机制造	2	6 062
微电机及其他电机制造	5	24 507
输配电及控制设备制造	70	993 918
变压器、整流器和电感器制造	18	83 572
电容器及其配套设备制造	1	44 500
配电开关控制设备制造	32	758 194
电力电子元器件制造	15	92 271
其他输配电及控制设备制造	4	15 382
电线、电缆、光缆及电工器材制造	23	117 381
电线电缆制造	16	73 702
绝缘制品制造	6	42 012
其他电工器材制造	1	1 668
电池制造	6	89 401
家用电力器具制造	16	182 161
家用制冷电器具制造	1	1 013
家用空气调节器制造	3	41 691
家用厨房电器具制造	2	1 980
家用清洁卫生电器具制造	2	4 067
家用美容、保健电器具制造	5	124 139
家用电力器具专用配件制造	2	3 099
其他家用电力器具制造	1	6 172
非电力家用器具制造	1	50 029
燃气、太阳能及类似能源的器具制造	1	50 029
照明器具制造	33	561 159
电光源制造	16	469 367
照明灯具制造	10	37 045
灯用电器附件及其他照明器具制造	7	54 747
其他电气机械及器材制造	4	9 203
车辆专用照明及电气信号设备装置	1	974
其他未列明的电气机械制造	3	8 229
通信设备、计算机及其他电子设备	188	9 373 543
通信设备制造	26	482 913
通信传输设备制造	[illegible]	[illegible]
通信交换设备制造	2	61 646
通信终端设备制造	8	42 138
移动通信及终端设备制造	7	334 928
其他通信设备制造	6	23 347
广播电视设备制造	5	13 815
广播电视接收设备及器材制造	5	13 815
电子计算机制造	18	3 841 313
电子计算机整机制造	6	3 471 095
电子计算机外部设备制造	12	370 219
电子器件制造	40	3 008 615
半导体分立器件制造	6	38 664
集成电路制造	3	50 408
光电子器件及其他电子器件制造	31	2 919 543
电子元件制造	72	1 043 087
电子元件及组件制造	61	953 656
印制电路板制造	11	89 431

续表九 单位：万元

行　　业	企业单位数（个）	工业总产值（当年价）
家用视听设备制造	16	860 917
家用影视设备制造	6	480 662
家用音响设备制造	10	380 255
其他电子设备制造	11	122 884
仪器仪表及文化、办公用机械制造	59	216 539
通用仪器仪表制造	13	39 643
工业自动控制系统装置制造	4	8 051
电工仪器仪表制造	2	16 106
实验分析仪器制造	2	1 455
试验机制造	1	1 794
供应用仪表及其他通用仪器制造	4	12 238
专用仪器仪表制造	6	21 810
环境监测专用仪器仪表制造	2	3 120
汽车及其他用计数仪表制造	2	16 700
电子测量仪器制造	2	1 990
光学仪器及眼镜制造	34	136 095
光学仪器制造	4	28 157
眼镜制造	30	107 938
文化、办公用机械制造	6	18 991
幻灯及投影设备制造	1	700
照相机及器材制造	3	14 468
复印和胶印设备制造	1	2 395
计算器及货币专用设备制造	1	1 429
工艺品及其他制造业	109	349 595
工艺美术品制造	45	85 922
雕塑工艺品制造	7	15 492
金属工艺品制造	5	6 483
漆器工艺品制造	1	869
花画工艺品制造	4	11 151
抽纱刺绣工艺品制造	1	1 030
地毯、挂毯制造	1	4 233
珠宝首饰及有关物品的制造	1	823
其他工艺美术品制造	25	45 842
日用杂品制造	46	210 008
制镜及类似品加工	1	1 753
鬃毛加工、制刷及清扫工具的制造	2	8 903
其他日用杂品制造	43	199 351
煤制品制造	1	1 110
其他未列明的制造业	17	52 555
废弃资源和废旧材料回收加工业	2	5 796
非金属废料和碎屑的加工处理	2	5 796
电力、燃气及水的生产和供应业	13	970 170
电力、热力的生产和供应业	8	873 308
电力生产	4	306 207
火力发电	3	305 739
水力发电	1	468
电力供应	1	547 233
热力生产和供应	3	19 868
水的生产和供应业	5	96 862
自来水的生产和供应	4	71 451
污水处理及其再生利用	1	25 411

主要工业产品产量

产品名称	单位	2009年	比2008年增长（%）
彩色电视机	万部	291.97	69.1
微型电子计算机	万部	551.58	-13.4
笔记本计算机	万部	229.20	-9.9
移动电话	万部	671.50	-4.8
数码相机	万台	453.37	29.4
发电量	亿千瓦小时	89.45	10.6
汽　车	辆	30 593	4.7
摩托车	辆	103 819	-23.5
叉　车	台	8 062	-28.4
铲土运输机械	台	23 371	-14.3
民用钢质船舶	载重吨	14.22	-44.0
平板玻璃	万重量箱	958.36	22.1
高压开关板	面	18 990	0.3
低压开关板	面	21779	19.9
电光源（灯泡）	万只	51 957.60	-3.8
罐　头	万吨	36.69	31.7
软饮料	万吨	177.17	33.4
卷　烟	亿支	388.40	5.6
合成纤维单体	万吨	131.56	-0.7
化学纤维	万吨	11.03	-47.2
轮胎外胎	万条	929.39	-1.9
塑料制品	万吨	15.69	-17.2

年主营业务收入500万元以上

项目	企业单位数（个）	#亏损企业	工业总产值（当年价）
总计	**2 266**	**691**	**28 127 627**
国有企业	10	2	647 682
集体企业	10	2	25 999
联营企业	6	1	39 402
有限责任公司	260	60	2 272 708
股份有限公司	14	1	1 211 870
私营企业	824	250	2 951 535
其他企业	13	4	26 107
港、澳、台商投资企业	645	219	7 868 277
合资经营企业（港或澳、台资）	119	34	2 208 889
合作经营企业（港或澳、台资）	6	2	256 538
港澳台商独资经营企业	515	182	4 401 602
港澳台商投资股份有限公司	5	1	1 001 249
外商投资企业	484	152	13 084 047
中外合资经营企业	121	30	2 596 559
中外合作经营企业	2	1	113 635
外资企业	358	121	10 295 884
外商投资股份有限公司	3		77 969
总计中：国有控股企业	74	11	3 582 381
总计中：轻工业	1 211	390	9 203 617
重工业	1 055	301	18 924 010
总计中：大型企业	29	1	9 663 229
中型企业	305	46	11 730 044
小型企业	1 932	644	6 734 355

注：本年起工业增加值采用收入法口径。

工业企业主要经济指标（一）

单位：万元

工业销售产值（当年价）	#出口交货值	工业增加值	资产总计
27 912 392	**11 426 899**	**6 867 930**	**26 270 577**
645 462	14 239	91 255	919 735
25 674	4 418	6 152	23 441
39 478		7 827	47 391
2 210 956	295 572	894 942	2 825 531
1 169 527	353 797	256 457	1 556 169
2 943 794	589 254	718 890	2 666 293
26 416	4 716	4 877	15 530
7 845 604	3 139 620	2 095 277	8 592 373
2 190 375	864 506	504 804	2 007 122
256 561	2 132	94 799	422 758
4 440 516	2 245 632	1 331 865	5 012 415
958 152	27 350	163 811	1 150 078
13 005 482	7 025 282	2 792 253	9 624 114
2 572 082	598 028	654 225	2 306 020
113 899	41 512	36 238	133 623
10 011 676	6 364 457	2 069 630	6 999 726
77 827	21 286	32 160	184 745
3 485 959	504 451	1 074 455	4 975 841
9 084 226	3 696 183	2 756 690	9 632 428
18 828 166	7 730 716	4 111 240	16 638 148
9 629 295	4 778 693	1 899 911	5 820 156
11 613 882	4 995 538	3 200 034	13 012 317
6 669 216	1 652 669	1 767 985	7 438 104

续表

行　　业	企业单位数（个）	#亏损企业	工业总产值（当年价）
非金属矿采选业	2		2 211
农副食品加工业	98	18	1 116 095
食品制造业	38	10	245 110
饮料制造业	25	3	664 561
烟草制品业	1		659 213
纺织业	88	24	595 693
纺织服装、鞋、帽制造业	182	61	779 183
皮革、毛皮、羽毛（绒）及其制品业	63	30	385 083
木材加工及木、竹、藤、棕、草制品业	12	1	24 837
家具制造业	39	17	207 579
造纸及纸制品业	87	27	319 069
印刷业和记录媒介的复制	76	33	199 075
文教体育用品制造业	60	20	450 202
石油加工、炼焦及核燃料加工业	3	1	15 050
化学原料及化学制品制造业	93	18	1 639 603
医药制造业	17	2	162 417
化学纤维制造业	4	1	130 986
橡胶制品业	51	17	993 894
塑料制品业	180	57	901 519
非金属矿物制品业	111	47	611 209
黑色金属冶炼及压延加工业	12	4	220 145
有色金属冶炼及压延加工业	21	6	601 094
金属制品业	190	68	957 420
通用设备制造业	99	36	529 418
专用设备制造业	99	20	855 349
交通运输设备制造业	76	18	1 892 434
电气机械及器材制造业	168	44	2 053 538
通信设备、计算机及其他电子设备制造业	188	47	9 373 543
仪器仪表及文化、办公用机械制造业	59	21	216 539
工艺品及其他制造业	109	37	349 595
废弃资源和废旧材料回收加工业	2		5 796
电力、热力的生产和供应业	8	3	873 308
水的生产和供应业	5		96 862

单位：万元

工业销售产值（当年价）	#出口交货值	工业增加值	资产总计
2 037		1 237	3 195
1 106 493	199 052	142 357	772 901
239 721	58 372	61 143	267 745
662 962	12 276	161 629	576 210
654 898	235	508 335	640 831
599 287	217 206	127 953	888 684
758 782	206 685	523 140	696 649
388 215	282 414	102 445	320 272
24 705	11 850	8 469	20 811
210 808	147 525	47 580	240 350
311 474	36 521	66 827	460 773
195 051	14 599	69 772	258 235
443 069	365 823	115 104	426 232
15 063		2 629	8 668
1 601 237	220 939	332 419	1 645 868
163 297	28 266	65 492	271 171
118 867	25 867	11 909	392 614
1 074 684	193 015	357 668	931 025
888 772	501 806	248 907	846 950
611 328	168 534	147 264	902 924
211 240	8 532	7 742	100 826
564 214	221 548	132 265	1 114 130
946 166	507 248	239 114	1 071 383
522 391	92 617	146 506	755 292
835 414	127 791	189 843	906 442
1 912 074	848 177	383 686	1 767 940
2 022 816	759 672	614 601	1 850 193
9 293 476	5 832 068	1 665 370	5 319 337
215 783	131 581	62 431	302 868
341 579	206 680	99 010	302 468
6 327		1 390	5 803
873 302		186 147	1 482 872
96 862		37 547	718 915

年主营业务收入500万元以上

项目	资产			
	流动资产合计	应收账款	存货	#产成品
总计	**15 068 285**	**3 966 668**	**3 885 236**	**1 148 878**
国有企业	128 922	16 975	40 265	16 884
集体企业	18 019	9 717	1 054	417
联营企业	25 139	8 828	6 100	3 088
有限责任公司	1 528 173	298 765	587 654	123 672
股份有限公司	964 027	216 759	303 977	174 468
私营企业	1 675 561	501 502	454 161	141 266
其他企业	11 081	2 304	3 356	570
港、澳、台商投资企业	4 620 166	1 201 801	1 253 930	395 240
合资经营企业（港或澳、台资）	1 129 311	297 724	205 520	77 884
合作经营企业（港或澳、台资）	121 892	34 230	13 833	756
港澳台商独资经营企业	3 014 712	805 708	948 356	271 557
港澳台商投资股份有限公司	354 251	64 140	86 221	45 043
外商投资企业	6 097 197	1 710 018	1 234 739	293 274
中外合资经营企业	1 426 839	446 514	310 562	90 545
中外合作经营企业	87 955	34 963	43 459	14 926
外资企业	4 457 238	1 171 364	872 456	187 093
外商投资股份有限公司	125 166	57 177	8 263	710
总计中：国有控股企业	2 252 539	430 623	828 663	283 963
总计中：轻工业	5 607 622	1 326 467	1 790 850	446 469
重工业	9 460 663	2 640 201	2 094 386	702 409
总计中：大型企业	3 890 123	933 138	798 610	314 417
中型企业	6 712 826	1 698 643	1 821 916	445 652
小型企业	4 465 335	1 334 887	1 264 710	388 809

工业企业主要经济指标（二）

单位：万元

总计				
固定资产合计	固定资产原价	累计折旧	固定资产净值	负债合计
8 391 431	**12 275 249**	**4 529 670**	**7 612 715**	**14 295 500**
625 840	855 296	295 212	560 084	642 667
4 474	6 682	3 479	3 203	7 301
20 694	29 262	8 573	20 688	27 701
963 404	1 173 588	408 021	765 568	1 226 840
261 093	376 124	136 416	239 707	894 487
634 168	777 060	210 732	566 327	1 654 909
2 666	3 634	1 277	2 357	10 146
3 185 833	4 920 848	2 143 828	2 773 064	4 220 541
710 004	1 020 484	398 682	619 899	1 165 865
294 101	602 623	312 968	289 655	281 135
1 615 029	2 374 731	1 046 991	1 327 740	2 232 000
566 699	923 010	385 186	535 770	541 542
2 693 258	4 132 755	1 322 132	2 681 716	5 610 910
709 246	929 379	306 787	620 072	1 307 080
45 494	106 956	62 992	43 965	94 039
1 926 207	3 064 961	933 206	2 005 367	4 189 266
12 312	31 459	19 148	12 312	20 526
1 952 032	2 754 275	1 067 088	1 682 934	2 721 625
2 852 476	4 103 310	1 586 463	2 514 794	4 843 231
5 538 955	8 171 938	2 943 207	5 097 921	9 452 269
1 405 860	2 164 222	768 086	1 306 661	3 503 538
4 666 217	6 852 693	2 649 032	4 162 175	6 922 431
2 319 354	3 258 333	1 112 552	2 143 878	3 869 532

续表

行业	资产			
	流动资产合计	应收账款	存货	#产成品
非金属矿采选业	1 647	429	157	157
农副食品加工业	410 596	85 315	139 692	58 242
食品制造业	145 069	31 958	51 262	21 264
饮料制造业	240 927	33 272	45 396	13 375
烟草制品业	489 975	11 943	330 550	12 229
纺织业	516 322	111 919	174 206	53 740
纺织服装、鞋、帽制造业	565 433	99 695	177 180	65 652
皮革、毛皮、羽毛（绒）及其制品业	208 934	45 477	119 089	20 097
木材加工及木、竹、藤、棕、草制品业	16 135	5 238	7 580	569
家具制造业	157 671	32 496	51 616	5 821
造纸及纸制品业	275 387	75 449	63 034	18 274
印刷业和记录媒介的复制	139 187	43 129	46 297	18 530
文教体育用品制造业	275 420	88 859	95 869	19 849
石油加工、炼焦及核燃料加工业	8 184	542	4 853	2 902
化学原料及化学制品制造业	819 195	241 409	165 322	61 595
医药制造业	138 109	37 043	26 093	7 711
化学纤维制造业	36 679	4 470	19 803	11 760
橡胶制品业	345 710	82 335	120 488	32 964
塑料制品业	552 538	218 994	148 861	44 835
非金属矿物制品业	494 351	168 507	141 756	45 703
黑色金属冶炼及压延加工业	69 321	12 647	31 378	10 057
有色金属冶炼及压延加工业	408 985	113 204	168 757	70 950
金属制品业	660 923	164 175	188 754	29 598
通用设备制造业	481 526	144 641	147 074	41 612
专用设备制造业	658 760	165 256	275 815	173 924
交通运输设备制造业	1 127 492	289 767	211 807	58 691
电气机械及器材制造业	1 375 294	523 444	262 551	68 501
通信设备、计算机及其他电子设备制造业	3 736 143	981 898	518 653	142 052
仪器仪表及文化、办公用机械制造业	207 040	68 022	67 049	20 457
工艺品及其他制造业	174 601	40 547	68 710	17 694
废弃资源和废旧材料回收加工业	3 278	404	424	74
电力、热力的生产和供应业	220 004	41 159	14 409	
水的生产和供应业	107 451	3 027	751	

单位：万元

总计				
固定资产合计	固定资产原价	累计折旧	固定资产净值	负债合计
1 491	991	358	633	976
153 336	221 415	87 051	134 363	457 439
101 424	121 111	34 991	86 119	130 295
234 554	284 021	102 058	181 963	286 823
120 028	191 279	107 868	83 411	222 248
285 217	429 819	167 326	262 494	463 099
98 936	133 754	42 822	90 932	283 106
100 676	147 908	49 517	98 391	175 600
4 015	10 219	6 205	4 015	9 273
68 179	104 100	36 763	67 337	146 188
103 024	147 785	56 483	91 302	240 487
101 678	151 525	60 471	91 054	134 008
116 433	193 778	79 091	114 688	219 326
479	1 561	1 081	479	4 468
563 309	1 014 137	350 621	661 782	761 433
93 287	119 800	33 535	86 265	127 312
188 574	382 429	192 055	188 320	180 662
499 274	680 380	246 368	434 012	338 447
253 122	452 671	209 025	243 646	384 399
289 079	512 451	236 101	276 350	415 899
25 688	63 355	38 364	24 991	36 523
432 838	362 478	119 977	239 982	646 819
[illegible]	[illegible]	[illegible]	[illegible]	[illegible]
228 575	340 117	128 909	211 208	400 734
181 559	237 949	68 288	169 661	518 892
512 458	722 857	268 330	454 357	998 361
300 797	423 959	151 729	272 230	962 897
1 195 516	1 861 229	614 849	1 119 992	3 632 292
75 274	145 446	72 555	72 891	117 955
102 066	152 388	56 173	96 215	137 575
1 358	1 941	582	1 358	1 608
1 133 101	1 668 421	604 926	1 063 495	1 103 858
519 271	581 690	155 733	425 957	251 737

年主营业务收入500万元以上

项　　目	流动负债合　计	应付账款	长期负债合计	所有者权益合　计
总　　计	**11 748 461**	**4 138 942**	**2 306 255**	**11 973 272**
国有企业	291 445	93 110	339 991	277 068
集体企业	7 287	1 723	14	16 140
联营企业	19 021	5 230	179	19 691
有限责任公司	990 211	337 658	235 016	1 598 014
股份有限公司	641 077	149 941	143 446	661 682
私营企业	1 542 425	403 063	105 816	1 011 146
其他企业	9 732	1 656	383	5 385
港、澳、台商投资企业	3 588 445	1 064 051	540 117	4 371 823
合资经营企业（港或澳、台资）	1 042 389	248 975	111 384	841 267
合作经营企业（港或澳、台资）	151 004	4 264	123 228	141 623
港澳台商独资经营企业	1 923 261	726 936	298 806	2 780 396
港澳台商投资股份有限公司	471 792	83 877	6 700	608 536
外商投资企业	4 658 818	2 082 511	941 292	4 012 325
中外合资经营企业	1 133 253	385 401	165 597	998 492
中外合作经营企业	92 733	34 236	1 306	39 584
外资企业	3 413 406	1 653 706	773 289	2 810 030
外商投资股份有限公司	19 426	9 169	1 100	164 219
总计中：国有控股企业	1 839 656	495 838	739 717	2 254 216
总计中：轻工业	4 477 549	1 296 789	351 393	4 788 946
重工业	7 270 912	2 842 154	1 954 862	7 184 326
总计中：大型企业	2 997 831	1 309 865	497 285	2 316 618
中型企业	5 384 660	1 751 593	1 338 205	6 089 884
小型企业	3 365 971	1 077 484	470 766	3 566 770

工业企业主要经济指标（三）

单位：万元

实收资本	国家资本	集体资本	法人资本	个人资本	港澳台资本	外商资本
7 843 827	**582 747**	**33 311**	**1 461 055**	**642 414**	**2 578 026**	**2 546 274**
90 704	57 622		33 082			
5 092		2 894	1 628	570		
11 921	7 688	3 665	568			
825 415	389 137	12 274	338 308	85 408	288	
212 904	54 638	6 025	92 010	60 231		
658 369	667		205 894	451 632		176
5 160			240	4 920		
3 000 277	15 725	7 351	509 904	24 542	2 432 283	10 472
513 333	15 725	7 351	179 479	16 765	284 047	9 966
104 184			102 942		1 242	
1 826 905			65 622	3 028	1 757 750	506
555 856			161 861	4 750	389 245	
3 033 987	57 271	1 103	279 421	15 112	145 455	2 535 626
609 259	57 271	1 103	214 221	15 112	82 443	239 110
91 200			800			90 400
2 011 862			64 400		63 012	1 884 450
321 666						321 666
1 084 923	565 951	3 540	425 550	33 837	24 749	31 296
3 131 011	416 148	11 665	516 763	303 384	1 328 279	554 773
4 712 817	166 600	21 646	944 292	339 030	1 249 748	1 991 501
1 083 810	42 656		179 535	38 869	382 056	440 694
4 041 157	442 710	2 651	804 143	126 980	1 362 817	1 301 857
2 718 860	97 382	30 660	477 378	476 566	833 153	803 723

续表

行业	流动负债合计	应付账款	长期负债合计	所有者权益合计
非金属矿采选业	976	606		2 219
农副食品加工业	437 595	62 172	19 188	315 463
食品制造业	115 799	22 192	14 496	137 450
饮料制造业	275 615	25 586	11 208	289 387
烟草制品业	222 248	102 990		418 583
纺织业	431 683	94 317	30 582	425 585
纺织服装、鞋、帽制造业	266 109	65 015	15 872	413 319
皮革、毛皮、羽毛（绒）及其制品业	167 145	58 797	8 178	144 672
木材加工及木、竹、藤、棕、草制品业	9 273	3 681		11 538
家具制造业	143 365	36 884	2 768	94 162
造纸及纸制品业	231 512	49 240	6 962	220 286
印刷业和记录媒介的复制	124 706	33 255	9 302	124 226
文教体育用品制造业	196 317	85 549	22 675	206 906
石油加工、炼焦及核燃料加工业	4 468	1 293		4 200
化学原料及化学制品制造业	594 977	140 779	102 158	884 425
医药制造业	109 526	22 813	14 869	143 858
化学纤维制造业	180 412	31 383		211 952
橡胶制品业	215 890	74 921	118 054	592 579
塑料制品业	359 650	147 071	22 165	462 551
非金属矿物制品业	386 903	96 608	28 088	486 417
黑色金属冶炼及压延加工业	36 523	5 523		64 303
有色金属冶炼及压延加工业	320 153	79 272	216 604	467 311
金属制品业	467 063	139 879	34 688	566 618
通用设备制造业	348 201	103 174	41 303	354 128
专用设备制造业	408 143	163 471	108 910	387 484
交通运输设备制造业	964 095	274 733	33 487	769 580
电气机械及器材制造业	912 384	405 199	42 728	886 849
通信设备、计算机及其他电子设备制造业	3 065 818	1 590 239	556 520	1 687 045
仪器仪表及文化、办公用机械制造业	110 802	67 057	7 151	184 913
工艺品及其他制造业	132 700	43 415	4 803	164 879
废弃资源和废旧材料回收加工业	1 437	757	171	4 195
电力、热力的生产和供应业	391 448	99 409	697 008	379 014
水的生产和供应业	115 527	11 666	136 319	467 179

单位：万元

实收资本	国家资本	集体资本	法人资本	个人资本	港澳台资本	外商资本
1 695		1 013		682		
198 535	1 451	641	73 623	56 340	20 011	46 470
75 161	3 454	750	23 446	9 829	8 131	29 551
140 638	3 054	373	34 191	2 145	77 761	23 115
57 062			57 062			
358 084		184	25 126	18 397	295 647	18 731
170 279			29 064	29 276	99 950	11 988
127 324			1 907	8 365	33 223	83 830
10 402			700	360	2 014	7 327
75 563			15 758	10 848	13 938	35 019
143 072	577	440	32 863	41 719	42 821	24 653
89 615	621	975	25 523	29 031	24 556	8 909
166 789			9 672	4 537	97 396	55 184
2 332	876	584		50	822	
907 263	1 177	1 125	183 032	28 528	239 884	453 517
93 972	6 521	6 445	23 486	7 925	41 534	8 062
199 775			882	570	198 323	
318 961			12 071	14 395	217 607	74 889
317 554		5 158	35 609	40 671	129 102	107 014
391 882	17 700	193	40 614	27 826	80 278	225 272
50 409		782	1 295	458	24 210	23 664
211 739	16 198	260	59 907	1 385	92 035	41 954
394 868	12 542	1 632	83 998	[illegible]	[illegible]	[illegible]
299 459		172	53 145	24 613	28 675	192 855
182 745	43 197		22 775	45 991	27 761	43 021
373 835	4 832	430	132 324	19 919	101 216	115 114
455 362	82 178	7 108	102 964	66 092	99 960	97 060
1 110 668	15 333	1 546	206 002	67 114	253 399	567 275
137 984			10 652	11 215	55 540	60 577
149 858			15 658	20 667	87 285	26 248
1 800		800	820	180		
243 719	60 102	2 700	118 412			62 505
385 425	312 935		28 477		34 018	9 994

年主营业务收入500万元以上

项　　目	主营业务收　入	主营业务成　本	主营业务税金及附加	其他业务收　入	其他业务利　润
总　　计	**28 272 166**	**23 628 504**	**364 078**	**492 209**	**106 572**
国有企业	644 600	629 797	1 512	6 091	3 086
集体企业	25 611	22 535	164	406	56
联营企业	38 664	33 969	197	19 774	1 759
有限责任公司	2 214 875	1 554 010	311 030	77 467	10 131
股份有限公司	1 142 350	955 506	2 939	19 669	4 545
私营企业	2 966 832	2 607 117	10 387	46 336	9 145
其他企业	26 635	24 217	43	57	38
港、澳、台商投资企业	7 903 853	6 448 128	23 030	195 231	48 569
合资经营企业（港或澳、台资）	2 183 367	1 787 492	6 509	101 452	26 764
合作经营企业（港或澳、台资）	256 745	194 844	1 612	827	145
港澳台商独资经营企业	4 488 636	3 597 025	14 637	92 504	21 526
港澳台商投资股份有限公司	975 105	868 768	272	448	134
外商投资企业	13 308 747	11 353 225	14 775	127 178	29 319
中外合资经营企业	2 578 505	2 021 065	4 254	65 957	12 686
中外合作经营企业	173 662	132 087	57	1 569	788
外资企业	10 479 749	9 149 897	10 448	58 912	15 108
外商投资股份有限公司	76 832	50 175	16	740	737
总计中：国有控股企业	3 468 416	2 697 875	318 718	124 347	16 462
总计中：轻工业	9 145 004	7 318 396	324 792	261 132	58 493
重工业	19 127 162	16 310 107	39 286	231 078	48 080
总计中：大型企业	9 737 961	8 398 467	18 805	70 083	13 111
中型企业	11 822 336	9 478 704	328 687	250 296	56 597
小型企业	6 711 870	5 751 332	16 586	171 830	36 864

工业企业主要经济指标（四）

单位：万元

营业费用	管理费用	#税　金	财务费用	#利息支出	营业利润	投资收益	补贴收入
1 041 134	**1 391 250**	**41 618**	**230 450**	**178 701**	**1 777 443**	**97 714**	**40 888**
5 477	23 971	1 222	20 272	20 062	11 481	6 871	149
338	1 598	69	2	4	1 180		8
1 493	1 530	97	1 006	1 015	2 294	47	7
60 656	138 567	4 674	14 526	13 749	157 270	13 051	3 109
56 448	50 946	2 531	9 416	9 291	84 707	329	102
81 953	154 892	4 832	26 284	19 835	101 673	806	4 559
743	1 347	34	116	100	89		
335 002	364 388	15 239	84 460	75 578	682 679	42 470	7 999
127 940	107 149	4 106	12 181	10 986	144 399	3 313	3 173
480	8 111	813	15 385	15 467	36 379		
192 209	238 220	9 265	34 440	29 224	439 546	8 192	4 647
14 373	10 908	1 055	22 455	19 902	62 355	30 965	180
499 024	654 010	12 919	74 371	39 066	759 032	34 139	24 954
134 553	139 445	4 037	10 711	10 844	295 351	12 464	4 182
21 715	10 672	375	1 576	2 778	8 177		313
336 264	501 767	8 476	62 163	25 688	436 639	6 866	20 460
6 492	2 127	32	80	244	18 865	14 809	
106 916	166 591	8 023	50 064	50 111	192 136	19 726	2 844
386 753	520 126	18 643	82 185	70 828	580 696	42 928	12 601
654 382	871 125	22 975	148 265	107 873	1 196 747	54 786	28 286
345 834	404 039	7 808	15 989	13 844	534 085	18 167	12 378
485 881	565 936	19 215	159 412	116 978	924 216	64 350	23 173
209 419	421 276	14 594	55 049	47 879	319 141	15 196	5 336

续表

行业	主营业务收入	主营业务成本	主营业务税金及附加	其他业务收入	其他业务利润
非金属矿采选业	2 204	1 992	25	120	
农副食品加工业	1 099 598	997 793	1 439	4 898	2 088
食品制造业	241 778	202 707	543	5 688	1 453
饮料制造业	663 812	519 930	8 071	16 076	3 705
烟草制品业	652 049	221 255	304 992	31 538	375
纺织业	607 338	534 060	746	40 120	1 610
纺织服装、鞋、帽制造业	779 104	534 463	1 184	80 259	24 980
皮革、毛皮、羽毛（绒）及其制品业	390 882	348 324	465	1 323	623
木材加工及木、竹、藤、棕、草制品业	24 652	22 187	398	32	30
家具制造业	214 962	185 041	280	2 370	628
造纸及纸制品业	315 041	273 524	677	3 936	1 678
印刷业和记录媒介的复制	197 208	164 882	521	2 717	1 721
文教体育用品制造业	449 775	387 341	524	2 110	1 001
石油加工、炼焦及核燃料加工业	15 341	14 341	86	19 728	1 723
化学原料及化学制品制造业	1 637 352	1 385 940	1 027	8 628	2 840
医药制造业	164 314	92 187	394	2 081	1 575
化学纤维制造业	118 850	124 657	35	3 916	163
橡胶制品业	1 067 352	794 621	10 212	529	432
塑料制品业	901 081	766 234	1 098	12 218	3 785
非金属矿物制品业	622 333	525 686	2 782	1 894	1 236
黑色金属冶炼及压延加工业	212 675	204 660	37	3 942	1 014
有色金属冶炼及压延加工业	583 549	494 614	1 551	7 053	994
金属制品业	955 022	811 106	2 063	16 573	1 960
通用设备制造业	584 450	464 923	836	7 378	1 815
专用设备制造业	859 341	725 859	1 130	15 390	2 538
交通运输设备制造业	1 848 751	1 571 044	7 562	59 673	8 367
电气机械及器材制造业	2 024 494	1 561 191	2 790	69 603	14 512
通信设备、计算机及其他电子设备制造业	9 491 367	8 330 928	8 234	55 646	16 797
仪器仪表及文化、办公用机械制造业	215 938	168 533	477	6 590	2 015
工艺品及其他制造业	340 100	297 801	521	1 953	769
废弃资源和废旧材料回收加工业	6 339	3 866	45	4	4
电力、热力的生产和供应业	869 762	801 816	2 875	2 844	1 169
水的生产和供应业	115 354	94 999	457	5 380	2 970

单位：万元

营业费用	管理费用	#税 金	财务费用	#利息支出	营业利润	投资收益	补贴收入
56	152	9	-1		101		
26 982	26 681	1 121	8 376	7 492	41 561	179	780
11 302	15 132	647	2 589	2 110	11 256	20	272
62 367	21 447	1 062	321	460	56 555	4 252	2 232
14 519	40 312	1 054	-153	-163	71 500	1 160	1 318
15 066	30 507	1 238	15 242	11 876	14 699	50	155
70 941	42 044	846	2 084	1 058	151 215	231	1 380
10 885	24 643	988	3 618	2 752	6 375		119
1 727	1 213	68	21	6	248		13
8 016	16 016	644	3 049	2 420	2 942	10	218
9 296	17 708	651	5 293	4 574	11 035	-28	590
3 711	13 295	498	2 170	1 918	13 318	42	530
11 152	32 993	1 051	1 870	2 179	17 152	-656	503
1 446	498	7	164	162	528		
37 324	37 605	2 106	22 950	22 023	155 300	14 325	1 672
33 542	19 576	1 141	3 839	3 773	16 161	17	411
1 721	2 588	358	7 343	7 115	-12 302	32 579	165
40 224	26 632	926	4 346	5 147	199 433	1 247	984
22 538	50 624	1 813	5 039	3 953	57 009	300	721
21 526	39 106	1 871	2 623	5 664	29 444	271	224
1 604	1 917	301	1 196	1 113	3 972	21	1
7 959	19 914	1 249	4 828	6 226	70 066	79	647
[illegible]	[illegible]	[illegible]	[illegible]	[illegible]	[illegible]	[illegible]	[illegible]
35 417	39 941	1 636	5 197	6 326	40 312	40	629
50 692	36 649	1 883	5 905	6 339	40 071	2 088	226
50 280	104 989	4 607	-911	-1 848	107 379	8 151	243
83 278	137 611	2 739	9 816	6 945	260 956	6 588	2 252
353 670	443 788	4 585	61 075	18 998	310 996	13 473	22 216
10 193	24 240	372	1 539	991	12 558	724	421
8 185	25 595	1 333	2 529	2 012	8 315	61	1 407
1 052	406		17	18	956		
430	24 061	1 870	39 260	39 193	24 676	6 907	206
10 652	10 752	919	4 848	4 955	-3 832	2 066	

年主营业务收入500万元以上

项目	营业外收入	营业外支出	利润总额	应交所得税	亏损企业亏损总额
总计	**109 661**	**99 284**	**1 898 567**	**221 798**	**166 504**
国有企业	1 060	1 480	11 797	715	13 704
集体企业	8	40	1 156	279	13
联营企业	273	89	2 531	463	2
有限责任公司	11 089	4 176	169 893	29 692	9 202
股份有限公司	31 347	15 095	101 061	15 688	272
私营企业	5 638	3 893	108 309	17 945	19 384
其他企业	7	23	73	52	201
港、澳、台商投资企业	34 408	30 656	735 334	85 998	57 911
合资经营企业（港或澳、台资）	4 573	3 942	149 919	16 671	10 195
合作经营企业（港或澳、台资）	242	140	36 481	9 718	153
港澳台商独资经营企业	24 669	21 412	454 721	58 794	47 483
港澳台商投资股份有限公司	4 924	5 162	94 214	815	80
外商投资企业	25 833	43 831	792 006	70 965	65 816
中外合资经营企业	11 812	9 749	306 810	38 106	11 768
中外合作经营企业	1 002	258	8 920	580	561
外资企业	13 019	20 638	455 789	32 072	53 487
外商投资股份有限公司		13 187	20 488	206	
总计中：国有控股企业	38 588	20 166	216 121	44 890	22 647
总计中：轻工业	38 215	35 289	637 180	87 646	67 333
重工业	71 446	63 994	1 261 388	134 152	99 171
总计中：大型企业	21 063	20 902	559 150	34 813	213
中型企业	66 153	64 724	1 003 091	130 983	57 303
小型企业	22 445	13 657	336 326	56 002	108 989

工业企业主要经济指标（五）

单位：万元

利税总额	本年应付工资总额	本年应付福利费总额	本年应交增值税	本年进项税额	本年销项税额	全部从业人员年平均人数（人）
2 857 500	**1 815 449**	**86 248**	**594 855**	**2 715 422**	**2 805 914**	**585 871**
7 756	24 249	646	18 041	96 951	113 103	5 221
2 866	2 935	165	1 546	2 696	3 873	1 615
4 885	2 072	154	2 156	6 298	16 951	535
601 934	146 746	8 659	121 010	210 558	309 423	45 563
141 590	55 680	2 148	37 589	179 078	187 400	12 875
180 645	241 215	12 409	61 949	347 475	341 653	101 425
481	1 653	47	365	4 535	3 410	892
968 009	655 954	22 404	209 644	761 790	838 482	225 524
210 888	171 864	6 235	54 460	199 870	250 626	46 742
55 902	9 180	703	17 809	25 738	43 343	992
585 500	458 218	15 205	116 142	397 929	384 297	174 666
115 718	16 692	262	21 233	138 252	160 216	3 124
949 335	684 945	39 618	142 554	1 106 040	991 619	192 221
389 857	153 195	12 076	78 794	312 886	302 990	37 118
13 541	11 178	230	4 564	19 105	23 472	1 722
523 881	517 568	27 121	57 645	772 579	663 515	152 697
22 055	3 005	191	1 552	1 471	1 643	684
702 139	165 631	9 269	167 300	426 782	570 987	34 733
1 224 784	830 969	32 488	262 813	883 753	898 603	310 801
1 632 716	984 479	53 759	332 043	1 831 668	1 907 311	275 070
697 807	498 880	18 918	119 852	853 503	858 506	123 438
1 631 949	746 445	34 729	300 172	1 114 555	1 144 072	235 406
527 744	570 124	32 601	174 832	747 364	803 336	227 027

续表

行　　业	营业外收入	营业外支出	利润总额	应交所得税	亏损企业亏损总额
非金属矿采选业			100	42	
农副食品加工业	1 934	1 502	43 005	4 666	4 893
食品制造业	396	589	11 341	2 204	2 821
饮料制造业	2 046	1 681	63 404	8 792	486
烟草制品业	144	1 372	72 749	15 473	
纺织业	1 974	1 635	15 224	4 066	12 936
纺织服装、鞋、帽制造业	7 958	2 882	157 831	11 013	3 679
皮革、毛皮、羽毛（绒）及其制品业	722	2 101	5 002	749	6 268
木材加工及木、竹、藤、棕、草制品业	307	65	504	52	193
家具制造业	501	572	3 098	877	2 421
造纸及纸制品业	1 094	710	11 788	2 594	4 291
印刷业和记录媒介的复制	458	522	13 812	2 967	3 089
文教体育用品制造业	1 562	1 004	17 557	2 264	3 042
石油加工、炼焦及核燃料加工业	49	73	504	88	4
化学原料及化学制品制造业	4 454	15 339	160 388	8 276	4 169
医药制造业	366	323	16 622	2 196	628
化学纤维制造业	173	5 004	15 611	2	171
橡胶制品业	5 440	4 018	203 003	21 347	3 024
塑料制品业	1 930	2 048	57 897	8 935	5 802
非金属矿物制品业	3 215	2 241	30 812	5 383	11 630
黑色金属冶炼及压延加工业	152	127	4 016	287	248
有色金属冶炼及压延加工业	676	601	70 788	8 403	5 674
金属制品业	4 586	3 155	59 519	9 008	12 633
通用设备制造业	2 587	1 128	42 045	7 053	8 077
专用设备制造业	2 272	800	43 836	5 757	1 750
交通运输设备制造业	38 517	21 560	129 903	19 998	11 816
电气机械及器材制造业	5 059	5 103	262 444	43 235	11 792
通信设备、计算机及其他电子设备制造业	13 860	19 297	334 371	11 279	18 816
仪器仪表及文化、办公用机械制造业	1 409	1 264	14 319	1 910	4 058
工艺品及其他制造业	686	801	9 645	2 525	5 237
废弃资源和废旧材料回收加工业	5	7	954	144	
电力、热力的生产和供应业	1 169	1 515	24 526	10 081	16 857
水的生产和供应业	3 961	245	1 950	134	

单位：万元

利税总额	本年应付工资总额	本年应付福利费总额	本年应交增值税	本年进项税额	本年销项税额	全部从业人员年平均人数（人）
257	364	3	132		132	190
59 753	36 403	1 778	15 309	97 989	90 644	13 211
22 191	22 469	698	10 307	30 752	32 818	8 385
100 565	36 243	1 441	29 089	98 556	127 173	13 282
454 823	22 289	2 135	77 081	39 320	116 248	1 231
30 992	50 954	1 227	15 022	69 135	69 833	19 958
202 513	119 181	4 412	43 498	68 009	109 528	45 344
10 437	64 357	2 090	4 970	24 969	17 432	28 957
1 464	2 659	49	562	2 714	2 964	1 290
5 206	28 797	1 170	1 828	20 110	12 095	10 876
22 907	25 244	1 327	10 442	41 363	46 106	10 242
21 887	24 636	1 207	7 554	24 007	30 749	8 756
20 615	69 179	2 768	2 534	44 685	18 991	31 240
1 362	566	52	772	5 186	5 904	108
193 738	35 275	1 920	32 323	200 540	226 414	9 854
27 937	23 043	899	10 921	10 976	18 694	5 061
16 604	4 716	102	958	15 971	16 562	1 520
252 808	50 506	838	39 593	118 173	115 367	19 633
73 268	88 046	4 817	14 273	72 064	64 207	33 531
53 754	54 119	1 826	20 160	27 236	38 873	19 359
5 036	3 975	160	983	35 545	34 804	1 140
79 194	24 240	1 175	6 854	72 731	68 303	6 280
[illegible]	[illegible]	[illegible]	[illegible]	[illegible]	[illegible]	[illegible]
61 316	46 366	2 573	18 435	74 396	100 873	14 080
74 681	47 966	3 548	29 716	148 541	178 993	13 885
168 500	135 767	6 537	31 035	201 653	193 632	26 835
333 560	162 193	8 555	68 326	243 522	229 448	50 352
386 956	413 656	22 537	44 351	633 768	564 569	114 111
19 436	36 384	1 424	4 639	41 612	24 677	14 394
13 974	49 563	1 437	3 808	32 581	21 793	21 743
1 490	410	18	491	589	1 082	80
60 674	23 691	907	33 273	113 636	146 892	2 634
6 685	10 811	1 018	4 278		4 997	2 088

年主营业务收入500万元以上国有

项　　目	企业单位数（个）	#亏损企业	工业总产值（当年价）
总　　计	**74**	**11**	**3 582 381**
中央企业	7	1	1 267 108
地方企业	67	10	2 315 273
总计中：轻工业	31	3	1 005 408
重工业	43	8	2 576 973
总计中：大型企业	3		902 679
中型企业	24	3	2 354 650
小型企业	47	8	325 053
农副食品加工业	4		56 427
食品制造业	2		41 436
饮料制造业	1		23 903
烟草制品业	1		659 213
纺织服装、鞋、帽制造业	1		2 072
造纸及纸制品业	2		16 000
印刷业和记录媒介的复制	6		28 389
石油加工、炼焦及核燃料加工业	1		13 842
化学原料及化学制品制造业	2		10 076
医药制造业	2		24 723
非金属矿物制品业	9		120 254
有色金属冶炼及压延加工业	4	1	258 356
金属制品业	3	1	24 294
通用设备制造业	1		23 689
专用设备制造业	2	1	533 113
交通运输设备制造业	6	3	593 919
电气机械及器材制造业	8	2	86 648
通信设备、计算机及其他电子设备制造业	10	2	176 199
仪器仪表及文化、办公用机械制造业	1		11 620
电力、热力的生产和供应业	5	1	808 225
水的生产和供应业	3		69 983

控股工业企业主要经济指标（一）

单位：万元

工业销售产值（当年价）	#出口交货值	工业增加值	资产总计
3 485 959	**504 451**	**1 074 455**	**4 975 841**
1 259 620	331	597 624	1 406 307
2 226 339	504 121	476 830	3 569 534
989 960	27 289	600 507	1 641 091
2 495 999	477 163	473 948	3 334 750
863 659	76 146	114 756	896 163
2 320 744	381 643	896 289	3 606 988
301 557	46 662	63 410	472 690
55 925		3 495	12 398
39 850	14 625	10 441	75 074
23 955		10 441	24 769
654 898	235	508 335	640 831
2 072		1 397	1 172
14 172		4 547	11 417
26 246		11 073	30 573
13 928		2 418	7 266
9 531		3 314	15 717
25 214		10 212	77 457
118 607	797	31 654	113 946
221 969	70 111	16 100	610 719
23 468	1 302	2 624	138 782
22 007		3 920	46 612
509 745	25 643	69 340	563 093
587 033	288 868	115 329	552 468
80 774	22 344	15 463	182 205
166 780	72 494	35 163	219 074
11 585		1 999	25 821
808 219		162 160	1 142 121
69 983		25 023	581 327

年主营业务收入500万元以上国有

项目	资产			
	流动资产合计	应收账款	存货	#产成品
总计	**2 252 539**	**430 623**	**828 663**	**283 963**
中央企业	568 229	25 450	342 413	19 443
地方企业	1 684 310	405 173	486 250	264 520
总计中：轻工业	770 955	70 979	385 625	38 516
重工业	1 481 584	359 644	443 038	245 447
总计中：大型企业	673 063	153 874	240 458	176 560
中型企业	1 348 034	204 366	504 248	69 599
小型企业	231 442	72 384	83 957	37 804
农副食品加工业	5 489	984	2 168	1 892
食品制造业	29 780	4 419	22 662	14 489
饮料制造业	14 290	10 353	3 010	102
烟草制品业	489 975	11 943	330 550	12 229
纺织服装、鞋、帽制造业	873	9	699	37
造纸及纸制品业	8 250	1 676	2 941	2 266
印刷业和记录媒介的复制	15 682	5 402	5 127	1 977
石油加工、炼焦及核燃料加工业	6 881		4 427	2 902
化学原料及化学制品制造业	10 588	3 975	1 736	712
医药制造业	36 475	5 990	2 793	668
非金属矿物制品业	82 573	53 826	9 630	6 792
有色金属冶炼及压延加工业	200 325	48 203	77 617	40 678
金属制品业	55 242	9 394	22 083	946
通用设备制造业	17 921	5 540	6 594	1 718
专用设备制造业	428 203	86 404	205 737	152 854
交通运输设备制造业	403 524	69 791	73 637	19 066
电气机械及器材制造业	71 980	27 354	15 906	5 243
通信设备、计算机及其他电子设备制造业	107 812	43 948	24 738	16 655
仪器仪表及文化、办公用机械制造业	18 553	6 202	4 564	2 738
电力、热力的生产和供应业	150 904	32 803	11 461	
水的生产和供应业	97 220	2 407	583	

控股工业企业主要经济指标（二）

单位：万元

总计				负债合计
固定资产合计	固定资产原价	累计折旧	固定资产净值	
1 952 032	**2 754 275**	**1 067 088**	**1 682 934**	**2 721 625**
679 949	974 012	395 210	578 802	796 375
1 272 083	1 780 263	671 878	1 104 132	1 925 250
656 472	800 413	282 676	517 737	558 135
1 295 560	1 953 862	784 412	1 165 198	2 163 490
135 594	202 262	66 668	135 594	589 242
1 655 796	2 337 994	923 068	1 412 406	1 929 348
160 642	214 019	77 352	134 934	203 035
6 183	15 548	9 650	5 898	6 146
36 684	41 138	6 068	35 071	25 224
7 134	18 901	12 085	6 816	11 803
120 028	191 279	107 868	83 411	222 248
298	568	270	298	1 169
2 698	4 717	2 020	2 698	6 646
12 108	14 745	5 606	9 140	15 567
385	1 152	767	385	3 747
4 357	8 109	2 019	4 357	7 887
24 507	34 704	10 195	24 509	33 742
23 172	48 016	24 821	23 195	63 134
71 502	101 333	32 771	69 039	200 000
45 496	37 266	14 142	23 124	84 080
7 361	9 454	2 093	7 361	24 226
91 515	120 561	30 144	90 417	360 563
124 403	149 211	45 974	103 237	388 170
50 909	60 029	14 967	45 062	48 087
63 169	85 904	36 967	48 937	95 667
4 961	5 260	682	4 578	13 503
861 517	1 386 795	593 869	792 926	834 870
393 566	416 586	114 109	302 477	187 147

年主营业务收入500万元以上国有

项　　目	流动负债合计	#应付账款	长期负债合计	所有者权益合计
总　　计	**1 839 656**	**495 838**	**739 717**	**2 254 216**
中央企业	459 262	190 094	337 112	609 932
地方企业	1 380 394	305 744	402 605	1 644 284
总计中：轻工业	450 366	147 255	107 878	1 082 956
重工业	1 389 290	348 584	631 839	1 171 260
总计中：大型企业	476 916	158 802	111 586	306 921
中型企业	1 186 991	279 402	614 169	1 677 640
小型企业	175 749	57 634	13 962	269 655
农副食品加工业	3 979	1 048	2 167	6 252
食品制造业	24 890	1 953	334	49 850
饮料制造业	11 803	2 309		12 966
烟草制品业	222 248	102 990		418 583
纺织服装、鞋、帽制造业	1 169	369		3
造纸及纸制品业	6 467	1 926	179	4 771
印刷业和记录媒介的复制	15 400	4 857	168	15 006
石油加工、炼焦及核燃料加工业	3 747	658		3 519
化学原料及化学制品制造业	7 654	1 278	233	7 830
医药制造业	28 524	1 862	5 218	43 715
非金属矿物制品业	61 934	20 084	1 000	50 812
有色金属冶炼及压延加工业	140 052	24 651	37 963	225 718
金属制品业	80 192	13 443	907	54 702
通用设备制造业	12 995	3 567		22 386
专用设备制造业	255 456	100 222	103 288	202 531
交通运输设备制造业	382 126	71 376	6 044	164 298
电气机械及器材制造业	45 846	18 362	2 241	134 118
通信设备、计算机及其他电子设备制造业	74 364	29 333	20 563	123 407
仪器仪表及文化、办公用机械制造业	12 135	2 799	1 366	12 319
电力、热力的生产和供应业	360 372	81 221	459 096	307 250
水的生产和供应业	88 304	11 531	98 951	394 180

控股工业企业主要经济指标（三）

单位：万元

实收资本	国家资本	集体资本	法人资本	个人资本	港澳台资本	外商资本
1 084 923	**565 951**	**3 540**	**425 550**	**33 837**	**24 749**	**31 296**
124 813	58 702		63 784	2 328		
960 109	507 249	3 540	361 766	31 510	24 749	31 296
543 240	401 145	240	120 333	874	438	20 210
541 682	164 806	3 300	305 217	32 963	24 310	11 086
129 427	42 656		45 630	29 942	11 200	
783 945	433 715		326 710	2 728		20 793
171 550	89 580	3 540	53 210	1 168	13 549	10 503
10 064			6 112	775		3 177
10 785	746		10 039			
9 000			9 000			
57 062			57 062			
600			450		150	
2 317	577	240	1 500			
5 370	621		4 650	99		
1 460	876	584				
6 798			5 649		1 149	
22 270	4 000		16 020			2 250
22 944	17 700		4 494	400	350	
61 686	16 190		[illegible]			11 086
50 602	12 001		30 000		8 602	
5 200			5 200			
76 539	42 656		3 973	27 272	2 639	
75 487	740		63 547		11 200	
99 426	81 467		13 170			4 789
71 882	15 333	16	53 198	2 964	371	
6 800			4 472	2 328		
165 414	60 102	2 700	102 612			
323 217	312 935				288	9 994

年主营业务收入500万元以上国有

项　　目	主营业务收入	主营业务成本	主营业务税金及附加	其他业务收入	其他业务利润
总　　计	**3 468 416**	**2 697 875**	**318 718**	**124 347**	**16 462**
中央企业	1 256 644	808 488	306 339	34 126	1 851
地方企业	2 211 772	1 889 387	12 379	90 221	14 610
总计中：轻工业	1 004 834	516 590	309 314	54 755	7 346
重工业	2 463 582	2 181 285	9 404	69 592	9 116
总计中：大型企业	890 835	775 109	3 565	24 510	982
中型企业	2 281 989	1 665 334	313 907	67 281	9 976
小型企业	295 592	257 432	1 247	32 555	5 504
农副食品加工业	54 184	51 560		1 356	1 142
食品制造业	39 829	35 841	261	1 191	801
饮料制造业	23 955	18 366	2 977	482	180
烟草制品业	652 049	221 255	304 992	31 538	375
纺织服装、鞋、帽制造业	2 141	1 858	2		
造纸及纸制品业	14 726	11 705	61	100	98
印刷业和记录媒介的复制	26 505	20 858	136	562	188
石油加工、炼焦及核燃料加工业	14 027	13 185	86	19 728	1 723
化学原料及化学制品制造业	9 525	7 028	26	7	3
医药制造业	25 517	14 203	156	1 380	959
非金属矿物制品业	118 220	96 020	695	118	91
有色金属冶炼及压延加工业	231 057	206 009	1 353	6 223	678
金属制品业	25 038	22 909	168	339	167
通用设备制造业	21 639	18 595	119	1 195	79
专用设备制造业	537 075	464 868	647	8 211	756
交通运输设备制造业	522 094	460 593	2 746	15 255	2 673
电气机械及器材制造业	80 910	71 937	268	12 466	515
通信设备、计算机及其他电子设备制造业	164 249	137 734	879	16 113	2 022
仪器仪表及文化、办公用机械制造业	11 585	6 998	58		
电力、热力的生产和供应业	806 595	743 436	2 642	2 798	1 127
水的生产和供应业	87 496	72 919	446	5 286	2 886

控股工业企业主要经济指标（四）

单位：万元

营业费用	管理费用	#税　金	财务费用	#利息支出	营业利润	投资收益	补贴收入
106 916	**166 591**	**8 023**	**50 064**	**50 111**	**192 136**	**19 726**	**2 844**
16 450	60 888	1 941	19 161	19 505	68 778	7 607	1 829
90 466	105 703	6 082	30 904	30 606	123 359	12 120	1 014
37 531	66 809	2 834	3 329	3 538	78 773	2 518	2 512
69 385	99 782	5 189	46 735	46 573	113 363	17 209	332
56 868	32 149	1 503	6 678	6 376	21 470	4 413	
38 962	116 138	5 492	40 410	40 581	155 237	12 282	2 786
11 086	18 304	1 028	2 977	3 154	15 429	3 032	58
2 050	423	67	103	101	1 190		
2 077	2 254	290	-168	-187	365		
	659	157	-9	-10	2 115		487
14 519	40 312	1 054	-153	-163	71 500	1 160	1 318
20	160	1	25	24	77		
122	1 252	9	2	2	1 703		5
128	1 422	17	-8	-5	4 158		512
1 340	444	7	162	162	533		
752	826	43	313	322	536	30	34
4 567	4 994	163	1 564	1 547	993	-35	138
3 044	7 134	150	761	727	10 173	47	
3 011	9 404	444	1 081	1 065	13 348	75	311
664	3 531	277	611	566	609	3 262	
1 035	1 510	8	74	74	252		11
40 371	13 760	1 312	5 621	5 611	10 835		
15 343	21 148	898	-745	-1 056	28 292	2 800	
2 949	5 290	336	244	347	957	-704	19
3 235	17 734	372	2 486	2 304	12 592	4 585	
1 037	1 752	40	-122	409	1 262	-471	
	23 178	1 691	35 724	35 640	24 929	6 907	
10 652	9 348	690	1 496	1 633	-4 479	2 066	

年主营业务收入500万元以上国有

项　　目	营业外收入	营业外支出	利润总额	应交所得税	亏损企业亏损总额
总　　计	**38 588**	**20 166**	**216 121**	**44 890**	**22 647**
中央企业	1 687	2 787	70 667	17 510	13 580
地方企业	36 901	17 379	145 454	27 380	9 067
总计中： 轻工业	4 540	1 871	86 471	18 555	740
重工业	34 048	18 295	129 650	26 335	21 907
总计中： 大型企业	3 028	542	23 956	2 192	
中型企业	34 697	18 325	176 883	39 760	13 743
小型企业	863	1 299	15 282	2 938	8 904
农副食品加工业	124	70	1 244	274	
食品制造业	135	27	472	96	
饮料制造业	11	5	2 608	517	
烟草制品业	144	1 372	72 749	15 473	
纺织服装、鞋、帽制造业	1		77		
造纸及纸制品业	6	4	1 710	420	
印刷业和记录媒介的复制	96	47	4 718	832	
石油加工、炼焦及核燃料加工业	48	73	508	87	
化学原料及化学制品制造业	21	1	620	85	
医药制造业	11	119	987	279	
非金属矿物制品业	377	214	10 383	1 813	
有色金属冶炼及压延加工业	502	119	24 253	1 654	5 023
金属制品业	218	1 224	-398	78	2 068
通用设备制造业	12	18	257	131	
专用设备制造业	1 198	115	11 918	1 668	321
交通运输设备制造业	28 177	14 830	41 640	9 039	882
电气机械及器材制造业	117	10	379	286	646
通信设备、计算机及其他电子设备制造业	1 773	172	14 359	1 493	128
仪器仪表及文化、办公用机械制造业	545	14	1 793	269	
电力、热力的生产和供应业	1 137	1 513	24 542	10 059	13 580
水的生产和供应业	3 936	218	1 304	337	

控股工业企业主要经济指标（五）

单位：万元

利税总额	本年应付工资总额	本年应付福利费总额	本年应交增值税	本年进项税额	本年销项税额	全部从业人员年平均人数（人）
702 139	**165 631**	**9 269**	**167 300**	**426 782**	**570 987**	**34 733**
470 898	42 096	2 394	93 891	128 473	222 057	4 149
231 241	123 534	6 875	73 408	298 309	348 929	30 584
487 920	54 016	3 389	92 135	76 215	166 627	9 609
214 219	111 614	5 880	75 165	350 567	404 359	25 124
56 745	39 564	1 849	29 224	160 077	189 265	8 460
617 975	103 528	6 108	127 185	233 101	330 978	19 704
27 419	22 538	1 312	10 891	33 603	50 745	6 569
1 244	1 034	20		7 136	7 064	353
3 108	5 516	20	2 374	4 451	6 821	1 578
7 381	1 962	80	1 796	2 384	4 163	456
454 823	22 289	2 135	77 081	39 320	116 248	1 231
244	430	14	165	199	364	241
2 602	1 271	47	832	1 691	2 518	277
6 156	3 397	180	1 302	3 278	4 379	617
1 356	506	49	763	4 979	5 741	85
1 007	471	52	361	1 536	1 299	169
2 919	4 194	73	1 777	1 498	3 284	944
17 800	7 776	315	6 722	1 226	12 072	2 083
37 613	10 703	663	2 010	32 230	31 203	2 422
–172	3 507	104	58	1 670	2 577	1 149
1 341	1 478	438	965	2 592	4 045	758
33 564	19 166	662	20 999	114 001	135 000	3 934
53 081	25 972	1 722	8 695	62 703	53 025	4 567
2 729	6 927	77	2 082	16 291	16 685	3 013
18 551	17 363	1 037	3 313	19 273	18 168	6 597
2 434	1 675	73	583	1 276	1 859	363
58 417	22 005	837	31 233	109 049	140 264	2 411
5 940	7 897	671	4 190		4 116	1 485

年主营业务收入500万元以上

项　　目	企业单位数（个）	#亏损企业	工业总产值（当年价）
总　　计	**824**	**250**	**2 951 535**
总计中：轻工业	462	144	1 864 137
重工业	362	106	1 087 399
总计中：中型企业	44	3	910 571
小型企业	780	247	2 040 965
非金属矿采选业	1		997
农副食品加工业	44	4	682 805
食品制造业	8	3	12 188
饮料制造业	3		16 050
纺织业	39	8	119 697
纺织服装、鞋、帽制造业	77	29	169 645
皮革、毛皮、羽毛（绒）及其制品业	23	13	78 443
木材加工及木、竹、藤、棕、草制品业	6		9 140
家具制造业	20	9	52 255
造纸及纸制品业	41	12	79 069
印刷业和记录媒介的复制	40	16	60 163
文教体育用品制造业	17	5	87 697
石油加工、炼焦及核燃料加工业	1		668
化学原料及化学制品制造业	39	10	123 075
医药制造业	3	1	14 534
化学纤维制造业	2		4 482
橡胶制品业	17	6	32 576
塑料制品业	79	27	211 111
非金属矿物制品业	36	17	81 652
黑色金属冶炼及压延加工业	2		3 286
有色金属冶炼及压延加工业	3	2	3 220
金属制品业	80	27	228 271
通用设备制造业	39	16	132 364
专用设备制造业	34	9	80 133
交通运输设备制造业	21	4	69 382
电气机械及器材制造业	64	15	323 896
通信设备、计算机及其他电子设备制造业	41	7	170 409
仪器仪表及文化、办公用机械制造业	6	1	11 105
工艺品及其他制造业	38	9	93 225

私营工业企业主要经济指标(一)

单位：万元

工业销售产值(当年价)	#出口交货值	工业增加值	资产总计
2 943 794	**589 254**	**718 890**	**2 666 293**
1 855 467	441 478	435 174	1 467 845
1 088 327	147 776	283 717	1 198 448
911 732	283 562	180 814	779 192
2 032 062	305 693	538 076	1 887 101
998		558	1 087
683 717	76 526	77 808	460 108
12 076	11	3 361	19 517
15 946	3 384	5 401	11 140
121 390	23 884	26 046	111 452
168 604	48 437	102 404	101 639
77 589	5 159	22 267	42 272
9 247		3 189	4 010
53 658	9 186	14 072	47 461
77 338	2 245	16 826	111 630
60 390	2 824	19 947	72 885
81 706	23 329	16 359	59 821
660		117	312
119 648	27 318	29 319	155 225
13 572		6 724	18 147
4 506		407	2 941
33 798	3 555	8 369	42 955
209 194	37 663	62 412	164 590
81 024	12 871	16 487	92 106
3 286		116	1 342
3 096		802	6 143
225 991	49 581	55 052	177 609
130 219	1 928	38 763	188 967
83 493	6 692	26 542	91 962
80 600	22 903	15 976	106 572
320 531	144 338	77 024	327 412
167 414	49 363	38 584	161 549
11 848	428	3 489	10 381
92 256	37 628	30 472	75 060

年主营业务收入500万元以上

项目	资产			
	流动资产合计	应收账款	存货	#产成品
总计	**1 675 561**	**501 502**	**454 161**	**141 266**
总计中：轻工业	849 676	233 687	264 805	83 760
重工业	825 885	267 815	189 357	57 506
总计中：中型企业	501 949	124 329	128 996	46 025
小型企业	1 173 612	377 173	325 165	95 241
非金属矿采选业	895	418	157	157
农副食品加工业	202 491	52 558	65 497	25 452
食品制造业	9 596	3 615	4 098	1 433
饮料制造业	6 254	1 375	2 006	705
纺织业	61 951	15 706	20 344	5 035
纺织服装、鞋、帽制造业	76 581	18 997	30 869	11 299
皮革、毛皮、羽毛（绒）及其制品业	27 391	4 068	15 078	3 520
木材加工及木、竹、藤、棕、草制品业	3 616	1 429	1 479	101
家具制造业	29 294	4 107	10 968	1 772
造纸及纸制品业	70 949	23 918	19 444	2 680
印刷业和记录媒介的复制	36 842	15 006	8 986	3 591
文教体育用品制造业	46 996	3 530	23 747	6 938
石油加工、炼焦及核燃料加工业	272	134	134	
化学原料及化学制品制造业	104 567	33 917	21 717	5 270
医药制造业	6 084	1 809	1 971	1 218
化学纤维制造业	2 824	514	429	62
橡胶制品业	21 341	8 505	5 729	3 230
塑料制品业	111 537	36 113	24 632	7 540
非金属矿物制品业	56 780	18 527	15 496	5 337
黑色金属冶炼及压延加工业	507	168	308	
有色金属冶炼及压延加工业	5 071	616	658	340
金属制品业	116 228	40 945	33 039	9 329
通用设备制造业	129 747	38 290	30 817	7 377
专用设备制造业	60 305	19 830	21 027	7 514
交通运输设备制造业	72 569	20 785	19 130	4 498
电气机械及器材制造业	254 685	86 524	46 819	14 921
通信设备、计算机及其他电子设备制造业	117 137	40 861	17 106	7 852
仪器仪表及文化、办公用机械制造业	7 077	2 710	2 445	1 215
工艺品及其他制造业	35 975	6 528	10 032	2 883

私营工业企业主要经济指标(二)

单位：万元

总计				
固定资产合计	固定资产原价	累计折旧	固定资产净值	负债合计
634 168	**777 060**	**210 732**	**566 327**	**1 654 909**
350 739	429 476	119 031	310 445	947 509
283 429	347 583	91 701	255 882	707 400
175 484	221 896	60 331	161 566	481 604
458 684	555 163	150 402	404 762	1 173 305
144	223	79	144	712
81 265	101 947	28 817	73 130	289 635
8 165	6 888	1 601	5 287	12 938
1 174	1 487	313	1 174	6 724
36 379	53 205	21 211	31 994	68 137
20 007	24 257	6 034	18 223	72 385
13 832	16 713	4 373	12 340	29 729
370	570	200	370	2 478
12 721	14 171	1 965	12 206	30 514
30 037	34 905	11 049	23 856	70 623
30 224	37 796	11 519	26 277	39 973
10 094	13 525	3 431	10 094	51 295
39	52	13	39	265
36 997	39 737	13 194	26 543	91 411
8 275	9 753	1 724	8 029	10 953
110	133	58	75	2 445
19 799	18 654	4 581	14 073	25 395
44 119	56 081	14 912	41 169	97 765
25 547	35 958	13 251	22 707	55 618
421	580	159	421	891
1 016	1 254	244	1 011	4 968
51 743	63 201	14 462	48 739	111 619
50 379	56 274	11 977	44 297	120 016
25 833	32 480	7 881	24 600	55 665
19 197	25 670	6 987	18 683	58 864
38 806	49 044	12 461	36 583	213 100
34 379	44 074	11 216	32 857	78 247
2 941	3 867	1 023	2 844	4 168
30 155	34 561	5 999	28 563	48 376

年主营业务收入500万元以上

项　　目	流动负债合计	#应付账款	长期负债合计	所有者权益合计
总　　计	**1 542 425**	**403 063**	**105 816**	**1 011 146**
总计中：轻工业	885 913	206 973	56 660	520 098
重工业	656 511	196 091	49 156	491 047
总计中：中型企业	442 617	117 637	38 987	297 588
小型企业	1 099 808	285 426	66 829	713 558
非金属矿采选业	712	606		374
农副食品加工业	275 996	8 905	13 475	170 473
食品制造业	12 938	1 385		6 579
饮料制造业	6 724	1 682		4 417
纺织业	63 837	15 544	3 533	43 314
纺织服装、鞋、帽制造业	66 091	16 093	5 687	29 016
皮革、毛皮、羽毛（绒）及其制品业	28 208	12 007	1 274	12 543
木材加工及木、竹、藤、棕、草制品业	2 478	814		1 532
家具制造业	29 757	11 284	702	16 947
造纸及纸制品业	68 493	15 827	2 036	41 007
印刷业和记录媒介的复制	35 131	10 416	4 842	32 913
文教体育用品制造业	49 620	22 096	1 675	8 526
石油加工、炼焦及核燃料加工业	265	183		46
化学原料及化学制品制造业	81 636	16 222	9 775	63 815
医药制造业	7 742	2 267	295	7 194
化学纤维制造业	2 445	310		496
橡胶制品业	18 610	3 113	5 475	17 560
塑料制品业	90 273	31 803	7 406	66 825
非金属矿物制品业	51 361	21 086	3 915	36 488
黑色金属冶炼及压延加工业	891	39		451
有色金属冶炼及压延加工业	4 890	191		1 175
金属制品业	105 456	26 519	6 163	65 989
通用设备制造业	103 634	27 267	16 382	68 951
专用设备制造业	54 059	13 505	1 606	36 297
交通运输设备制造业	58 413	16 241	451	47 709
电气机械及器材制造业	200 278	76 836	12 821	114 312
通信设备、计算机及其他电子设备制造业	73 269	38 342	4 977	83 302
仪器仪表及文化、办公用机械制造业	3 433	1 365	735	6 212
工艺品及其他制造业	45 783	11 117	2 593	26 684

私营工业企业主要经济指标(三)

单位：万元

实收资本	国家资本	集体资本	法人资本	个人资本	港澳台资本	外商资本
658 369			**206 737**	**451 632**		
349 636			133 148	216 488		
308 733			73 589	235 144		
135 478			51 144	84 334		
522 891			155 594	367 297		
200				200		
89 240			40 336	48 904		
5 412			1 024	4 389		
2 220			100	2 120		
29 803			18 856	10 948		
29 355			6 797	22 558		
9 003			1 577	7 427		
1 060			700	360		
13 966			3 856	10 110		
27 022			10 812	16 210		
29 320			5 594	23 726		
7 705			4 300	3 405		
50				50		
40 542			14 804	25 738		
5 200			600	4 600		
570				570		
13 878			799	13 079		
37 842			3 680	34 162		
25 442			10 290	15 152		
458				458		
1 210				1 210		
50 265			12 914	37 351		
36 328			16 058	20 270		
19 967			4 181	15 786		
22 927			4 578	18 349		
86 833			29 946	56 887		
47 293			10 766	36 527		
2 950			950	2 000		
22 311			3 222	19 089		

年主营业务收入500万元以上

项目	主营业务收入	主营业务成本	主营业务税金及附加	其他业务收入	其他业务利润
总计	**2 966 832**	**2 607 117**	**10 387**	**46 336**	**9 145**
总计中：轻工业	1 863 370	1 676 339	5 015	22 541	6 016
重工业	1 103 463	930 778	5 372	23 796	3 128
总计中：中型企业	912 980	786 269	2 850	23 323	3 607
小型企业	2 053 853	1 820 848	7 536	23 013	5 537
非金属矿采选业	1 011	849	6		
农副食品加工业	689 698	632 442	1 073	714	386
食品制造业	12 502	10 201	49	340	172
饮料制造业	15 949	12 566	55	296	190
纺织业	122 434	110 310	440	2 141	151
纺织服装、鞋、帽制造业	167 580	153 129	510	1 606	286
皮革、毛皮、羽毛（绒）及其制品业	78 838	73 805	270	359	-40
木材加工及木、竹、藤、棕、草制品业	9 148	8 077	28		
家具制造业	53 966	45 604	212	26	10
造纸及纸制品业	78 742	71 534	272	1 793	622
印刷业和记录媒介的复制	60 618	54 457	193	1 031	939
文教体育用品制造业	81 533	72 670	244	260	29
石油加工、炼焦及核燃料加工业	660	615			
化学原料及化学制品制造业	123 188	105 078	561	4 133	150
医药制造业	13 765	10 107	35	5	5
化学纤维制造业	4 506	4 290	9	2 358	51
橡胶制品业	32 954	30 330	103	49	48
塑料制品业	208 927	178 045	670	1 231	331
非金属矿物制品业	90 140	76 437	1 629	447	301
黑色金属冶炼及压延加工业	3 357	3 101			
有色金属冶炼及压延加工业	3 108	2 869	72	16	16
金属制品业	231 271	197 303	726	1 526	113
通用设备制造业	131 407	108 707	413	622	149
专用设备制造业	78 075	68 368	293	3 118	472
交通运输设备制造业	80 213	65 704	412	10 310	666
电气机械及器材制造业	322 440	283 164	994	12 394	3 477
通信设备、计算机及其他电子设备制造业	167 132	133 782	735	1 090	236
仪器仪表及文化、办公用机械制造业	12 229	9 094	77	149	131
工艺品及其他制造业	91 446	84 478	306	324	256

私营工业企业主要经济指标（四）

单位：万元

营业费用	管理费用	#税　金	财务费用	#利息支出	营业利润	投资收益	补贴收入
81 953	**154 892**	**4 832**	**26 284**	**19 835**	**101 673**	**806**	**4 559**
47 869	75 680	2 883	16 188	13 181	53 835	275	2 825
34 084	79 213	1 950	10 096	6 654	47 838	531	1 734
25 618	41 180	1 478	10 750	8 549	53 305	516	1 997
56 336	113 712	3 354	15 534	11 287	48 368	290	2 562
56	77				23		
14 978	10 405	549	5 234	4 946	26 231	234	441
1 243	1 002	45	401	380	－170	1	6
1 155	718	3	38	－1	1 607		
1 844	6 924	294	943	809	3 240	－39	81
4 043	9 610	197	1 044	661	－294	23	32
765	3 815	127	415	351	1 151		39
1 454	343	2	8	5	350		1
3 647	3 083	122	387	299	965		45
1 390	4 495	35	1 314	976	1 017	1	558
1 608	3 974	210	614	588	286	42	7
2 202	6 254	73	289	268	－98		402
18	24		2		1		
3 618	7 449	252	1 943	1 888	4 835	60	130
1 163	1 205	175	271	214	989		186
51	177	2	36	37	－13		
810	1 910	111	325	300	605		73
4 639	11 336	305	1 523	1 244	11 952	9	188
5 015	5 737	166	838	741	577	102	35
18	208	11			29		
84	152	5	70	70	－61		5
6 233	14 162	395	1 639	1 241	11 211		312
3 660	8 234	325	2 553	497	8 071		10
2 207	5 236	175	410	350	2 096	192	15
2 505	5 993	187	1 154	931	5 061	124	36
9 989	20 089	346	3 122	1 662	8 757	13	1 194
5 016	16 039	262	726	713	11 340	40	522
752	1 590	8	93	86	847		158
1 793	4 654	451	892	580	1 068	3	86

年主营业务收入500万元以上

项目	营业外收入	营业外支出	利润总额	应交所得税	亏损企业亏损总额
总计	**5 638**	**3 893**	**108 309**	**17 945**	**19 384**
总计中：轻工业	2 217	2 097	56 732	8 400	9 979
重工业	3 421	1 797	51 577	9 545	9 406
总计中：中型企业	1 184	860	56 028	8 139	969
小型企业	4 454	3 033	52 281	9 807	18 416
非金属矿采选业			23	5	
农副食品加工业	669	755	26 821	2 384	360
食品制造业	46	68	-185	16	290
饮料制造业	18	45	1 580	313	
纺织业	126	39	3 368	771	154
纺织服装、鞋、帽制造业	112	177	-303	203	1 585
皮革、毛皮、羽毛（绒）及其制品业	25	50	1 050	196	815
木材加工及木、竹、藤、棕、草制品业	8		358	8	
家具制造业	432	16	1 426	402	695
造纸及纸制品业	98	407	1 073	271	948
印刷业和记录媒介的复制	57	258	124	142	756
文教体育用品制造业	37	32	309	129	424
石油加工、炼焦及核燃料加工业			1		
化学原料及化学制品制造业	362	290	5 097	846	1 217
医药制造业	6	17	1 164	238	337
化学纤维制造业	148		135	2	
橡胶制品业	188	32	751	192	280
塑料制品业	469	169	12 436	2 133	1 101
非金属矿物制品业	444	316	839	506	1 497
黑色金属冶炼及压延加工业			29	3	
有色金属冶炼及压延加工业		2	-58	5	110
金属制品业	120	224	11 418	2 147	1 783
通用设备制造业	709	431	8 356	2 109	2 297
专用设备制造业	177	76	2 383	385	206
交通运输设备制造业	69	138	5 128	905	240
电气机械及器材制造业	1 018	206	10 769	1 490	1 402
通信设备、计算机及其他电子设备制造业	202	106	11 998	1 718	2 048
仪器仪表及文化、办公用机械制造业	22	6	1 020	44	18
工艺品及其他制造业	78	35	1 201	383	822

私营工业企业主要经济指标(五)

单位：万元

利税总额	本年应付工资总额	本年应付福利费总额	本年应交增值税	本年进项税额	本年销项税额	全部从业人员年平均人数(人)
180 645	**241 215**	**12 409**	**61 949**	**347 475**	**341 653**	**101 425**
95 309	141 140	7 353	33 561	213 675	195 677	61 647
85 337	100 075	5 055	28 388	133 800	145 976	39 778
72 572	79 710	1 618	13 694	120 834	105 195	29 672
108 073	161 504	10 791	48 255	226 641	236 458	71 753
90	188		61		61	70
41 221	15 130	977	13 327	58 374	58 122	5 947
140	1 319	58	277	1 608	1 755	615
2 141	1 177	26	506	1 680	2 186	412
6 059	10 138	292	2 251	17 011	16 762	4 846
3 320	21 002	953	3 113	23 373	20 823	10 545
3 786	12 249	478	2 466	10 287	12 110	5 545
680	537	9	295	1 259	1 555	275
3 181	7 138	295	1 543	6 489	7 081	3 052
3 690	7 309	666	2 345	11 425	13 011	3 471
1 479	6 498	445	1 163	8 445	9 630	3 002
2 020	11 429	258	1 467	11 715	11 611	4 285
3	20	3	2	111	112	10
7 288	8 686	553	1 630	13 719	13 970	3 905
1 537	1 008	123	338	1 826	2 177	517
222	217	38	78	1 124	1 136	94
1 622	4 020	148	768	4 547	5 391	1 815
16 626	16 607	982	3 520	25 618	27 215	6 782
4 823	6 198	253	2 355	4 764	5 769	2 569
57	131	3	28	549	571	71
95	203	6	81	527	480	94
16 246	22 670	1 873	4 102	29 879	29 492	9 196
12 880	13 373	624	4 111	16 426	19 047	4 284
4 422	5 937	405	1 746	9 040	10 243	2 501
8 225	7 811	552	2 685	10 776	10 727	3 271
16 875	29 860	1 495	5 112	47 634	33 127	11 062
17 617	19 750	590	4 885	17 755	17 525	8 184
1 485	1 284	53	387	1 472	1 756	414
2 818	9 330	253	1 312	10 041	8 208	4 591

年主营业务收入500万元以上外商及

项　　目	企业单位数（个）	#亏损企业	工业总产值（当年价）
总　　计	**1 129**	**371**	**20 952 324**
总计中：港、澳、台商投资企业	645	219	7 868 277
合资经营企业（港或澳、台资）	119	34	2 208 889
合作经营企业（港或澳、台资）	6	2	256 538
港澳台商独资经营企业	515	182	4 401 602
港澳台商投资股份有限公司	5	1	1 001 249
外商投资企业	484	152	13 084 047
中外合资经营企业	121	30	2 596 559
中外合作经营企业	2	1	113 635
外资企业	358	121	10 295 884
外商投资股份有限公司	3		77 969
总计中：国有控股企业	17	4	693 926
总计中：轻工业	592	207	5 686 913
重工业	537	164	15 265 412
总计中：大型企业	26	1	8 973 790
中型企业	223	40	8 322 345
小型企业	880	330	3 656 190
农副食品加工业	34	12	207 993
食品制造业	18	6	73 657
饮料制造业	17	3	632 213
纺织业	42	14	425 767
纺织服装、鞋、帽制造业	79	22	557 193
皮革、毛皮、羽毛（绒）及其制品业	33	14	295 192
木材加工及木、竹、藤、棕、草制品业	6	1	15 696
家具制造业	17	7	149 254
造纸及纸制品业	30	12	115 677
印刷业和记录媒介的复制	22	12	75 253
文教体育用品制造业	42	15	355 556
石油加工、炼焦及核燃料加工业	1	1	541
化学原料及化学制品制造业	44	7	1 469 494
医药制造业	9	1	113 774
化学纤维制造业	2	1	126 504
橡胶制品业	29	11	951 475
塑料制品业	85	27	649 462
非金属矿物制品业	58	27	363 743
黑色金属冶炼及压延加工业	10	4	216 859
有色金属冶炼及压延加工业	12	1	393 073
金属制品业	81	32	632 883
通用设备制造业	52	17	352 641
专用设备制造业	55	11	220 348
交通运输设备制造业	46	9	1 496 444
电气机械及器材制造业	72	18	1 534 390
通信设备、计算机及其他电子设备制造业	117	38	8 784 533
仪器仪表及文化、办公用机械制造业	46	20	173 000
工艺品及其他制造业	66	27	249 041
电力、热力的生产和供应业	2	1	267 547
水的生产和供应业	2		53 122

港澳台投资工业企业主要经济指标(一)

单位：万元

工业销售产值（当年价）	#出口交货值	工业增加值	资产总计
20 851 086	**10 164 903**	**4 887 531**	**18 216 487**
7 845 604	3 139 620	2 095 277	8 592 373
2 190 375	864 506	504 804	2 007 122
256 561	2 132	94 799	422 758
4 440 516	2 245 632	1 331 865	5 012 415
958 152	27 350	163 811	1 150 078
13 005 482	7 025 282	2 792 253	9 624 114
2 572 082	598 028	654 225	2 306 020
113 899	41 512	36 238	133 623
10 241 675	6 364 457	2 069 630	6 999 726
77 827	21 286	32 160	184 745
686 195	53 378	168 008	922 083
5 600 494	3 060 311	1 573 728	6 055 402
15 250 592	7 104 592	3 313 803	12 161 085
8 973 384	4 695 629	1 780 163	5 039 261
8 244 151	4 241 751	2 128 742	8 715 399
3 633 551	1 227 522	978 626	4 461 828
203 337	59 328	32 464	189 579
70 063	9 635	19 191	88 520
630 430	5 397	152 342	551 641
427 888	183 043	95 412	736 785
538 249	153 699	388 848	566 499
299 665	273 102	77 138	273 810
15 459	11 850	5 280	16 802
151 079	138 339	32 217	189 665
112 246	25 981	26 846	219 770
74 144	11 775	26 860	119 585
354 521	341 561	97 300	363 998
475		94	1 091
1 434 460	185 971	293 414	1 452 390
115 276	27 506	45 084	164 384
114 361	25 867	11 502	389 673
1 031 196	189 234	346 794	881 395
640 409	457 469	175 555	650 367
366 320	153 197	91 120	640 653
207 955	8 532	7 627	99 483
395 415	178 045	103 224	670 104
624 555	436 883	165 396	726 548
349 558	90 689	99 261	492 128
220 935	95 456	85 770	237 643
1 505 288	546 975	278 326	1 330 239
1 511 673	577 633	490 289	1 228 149
8 722 833	5 681 927	1 503 772	4 616 904
170 634	130 738	49 572	240 702
241 995	165 072	66 529	221 951
267 547		100 763	672 025
53 122		19 543	184 005

年主营业务收入500万元以上外商及

项目	资产			
	流动资产合计	应收账款	存货	#产成品
总计	**10 717 363**	**2 911 820**	**2 488 670**	**688 514**
总计中：港、澳、台商投资企业	4 620 166	1 201 801	1 253 930	395 240
合资经营企业（港或澳、台资）	1 129 311	297 724	205 520	77 884
合作经营企业（港或澳、台资）	121 892	34 230	13 833	756
港澳台商独资经营企业	3 014 712	805 708	948 356	271 557
港澳台商投资股份有限公司	354 251	64 140	86 221	45 043
外商投资企业	6 097 197	1 710 018	1 234 739	293 274
中外合资经营企业	1 426 839	446 514	310 562	90 545
中外合作经营企业	87 955	34 963	43 459	14 926
外资企业	4 457 238	1 171 364	872 456	187 093
外商投资股份有限公司	125 166	57 177	8 263	710
总计中：国有控股企业	427 018	111 370	86 100	36 224
总计中：轻工业	3 611 283	956 458	1 035 099	284 864
重工业	7 106 080	1 955 361	1 453 571	403 649
总计中：大型企业	3 359 376	801 892	574 203	149 685
中型企业	4 716 652	1 361 120	1 141 781	313 486
小型企业	2 641 335	748 807	772 686	225 343
农副食品加工业	130 372	23 695	40 959	16 544
食品制造业	50 381	12 947	15 332	2 789
饮料制造业	229 580	31 076	41 696	12 550
纺织业	422 855	92 154	137 122	43 141
纺织服装、鞋、帽制造业	465 251	77 851	137 848	52 283
皮革、毛皮、羽毛（绒）及其制品业	178 347	40 523	103 200	15 994
木材加工及木、竹、藤、棕、草制品业	12 519	3 810	6 101	468
家具制造业	125 412	26 741	40 517	4 049
造纸及纸制品业	107 996	31 477	21 489	8 952
印刷业和记录媒介的复制	63 000	17 999	24 213	8 626
文教体育用品制造业	227 010	85 171	71 789	12 829
石油加工、炼焦及核燃料加工业	1 031	409	292	1
化学原料及化学制品制造业	691 329	200 277	138 661	54 579
医药制造业	84 213	26 146	19 902	4 933
化学纤维制造业	33 855	3 957	19 374	11 698
橡胶制品业	319 991	71 671	114 040	29 550
塑料制品业	420 728	176 024	117 534	34 955
非金属矿物制品业	316 126	75 360	113 911	34 166
黑色金属冶炼及压延加工业	68 815	12 480	31 070	10 057
有色金属冶炼及压延加工业	234 028	75 959	105 888	43 200
金属制品业	469 368	100 033	137 075	16 901
通用设备制造业	313 167	91 393	106 852	32 340
专用设备制造业	158 137	54 036	44 792	12 988
交通运输设备制造业	848 324	240 470	146 199	51 323
电气机械及器材制造业	947 698	379 607	182 409	39 785
通信设备、计算机及其他电子设备制造业	3 321 896	840 540	445 435	105 251
仪器仪表及文化、办公用机械制造业	161 234	50 509	56 677	14 031
工艺品及其他制造业	134 006	33 885	56 739	14 533
电力、热力的生产和供应业	167 668	34 104	11 313	
水的生产和供应业	13 029	1 516	242	

港澳台投资工业企业主要经济指标(二)

单位：万元

总计 固定资产合计	计 固定资产原价	累计折旧	固定资产净值	负债合计
5 879 091	**9 053 603**	**3 465 960**	**5 454 779**	**9 831 452**
3 185 833	4 920 848	2 143 828	2 773 064	4 220 541
710 004	1 020 484	398 682	619 899	1 165 865
294 101	602 623	312 968	289 655	281 135
1 615 029	2 374 731	1 046 991	1 327 740	2 232 000
566 699	923 010	385 186	535 770	541 542
2 693 258	4 132 755	1 322 132	2 681 716	5 610 910
709 246	929 379	306 787	620 072	1 307 080
45 494	106 956	62 992	43 965	94 039
1 926 207	3 064 961	933 206	2 005 367	4 189 266
12 312	31 459	19 148	12 312	20 526
455 260	834 119	404 175	425 692	585 765
1 794 455	2 799 861	1 161 163	1 636 644	3 069 002
4 084 636	6 253 742	2 304 797	3 818 135	6 762 450
1 240 860	1 901 967	667 633	1 144 860	3 087 499
3 103 319	4 866 820	1 961 703	2 863 631	4 611 698
1 534 912	2 284 815	836 624	1 446 288	2 132 255
47 036	86 669	47 995	38 674	97 651
33 631	43 615	15 410	28 205	51 788
226 349	272 677	98 885	173 793	273 526
240 505	367 244	145 077	222 167	362 745
74 873	104 121	35 396	68 726	189 311
85 970	130 664	44 978	85 686	142 438
3 645	9 649	6 004	3 645	6 795
55 203	89 480	34 604	54 876	113 623
54 782	88 247	36 847	51 400	110 836
48 584	85 061	37 728	47 333	59 480
105 409	179 062	75 398	103 663	166 651
55	356	301	55	456
515 379	959 627	333 583	624 311	651 855
59 471	72 941	19 510	53 430	79 234
188 464	382 296	191 998	188 245	178 217
477 192	659 008	241 353	417 655	310 053
198 735	378 351	185 832	192 520	268 329
228 470	415 416	192 860	222 555	262 788
25 267	62 775	38 205	24 570	35 632
399 742	316 217	106 792	206 905	377 656
210 271	312 727	125 305	187 422	289 041
165 539	266 832	112 249	154 583	248 230
63 111	81 876	29 105	52 771	93 930
387 781	582 463	230 863	351 430	730 946
203 633	301 868	118 192	183 676	640 769
977 117	1 548 492	481 815	940 290	3 345 397
63 079	131 144	69 940	61 204	87 303
71 219	116 723	49 741	66 982	85 520
499 436	805 947	310 956	494 991	480 965
169 144	202 056	49 039	153 017	90 287

年主营业务收入500万元以上外商及

项目	流动负债合计	应付账款	长期负债合计	所有者权益合计
总计	**8 247 263**	**3 146 563**	**1 481 410**	**8 384 148**
总计中：港、澳、台商投资企业	3 588 445	1 064 051	540 117	4 371 823
合资经营企业（港或澳、台资）	1 042 389	248 975	111 384	841 267
合作经营企业（港或澳、台资）	151 004	4 264	123 228	141 623
港澳台商独资经营企业	1 923 261	726 936	298 806	2 780 396
港澳台商投资股份有限公司	471 792	83 877	6 700	608 536
外商投资企业	4 658 818	2 082 511	941 292	4 012 325
中外合资经营企业	1 133 253	385 401	165 597	998 492
中外合作经营企业	92 733	34 236	1 306	39 584
外资企业	3 413 406	1 653 706	773 289	2 810 030
外商投资股份有限公司	19 426	9 169	1 100	164 219
总计中：国有控股企业	423 573	77 710	150 489	336 317
总计中：轻工业	2 871 589	875 325	188 569	2 986 392
重工业	5 375 675	2 271 238	1 292 841	5 397 756
总计中：大型企业	2 693 821	1 193 610	385 997	1 951 762
中型企业	3 767 370	1 319 789	766 047	4 103 698
小型企业	1 786 072	633 163	329 366	2 328 687
农副食品加工业	94 757	36 050	2 873	91 928
食品制造业	41 603	11 476	10 184	36 733
饮料制造业	263 857	23 076	9 669	278 115
纺织业	336 555	74 136	26 124	374 040
纺织服装、鞋、帽制造业	179 052	42 591	9 739	377 203
皮革、毛皮、羽毛（绒）及其制品业	135 544	45 427	6 894	131 372
木材加工及木、竹、藤、棕、草制品业	6 795	2 868		10 006
家具制造业	111 557	24 277	2 066	76 042
造纸及纸制品业	105 778	22 286	3 259	108 933
印刷业和记录媒介的复制	56 130	11 491	3 350	60 105
文教体育用品制造业	145 490	62 566	20 828	197 347
石油加工、炼焦及核燃料加工业	456	452		635
化学原料及化学制品制造业	495 781	118 961	91 775	800 526
医药制造业	66 742	18 205	12 492	85 148
化学纤维制造业	177 967	31 074		211 456
橡胶制品业	194 864	70 442	111 997	571 341
塑料制品业	251 623	111 589	14 208	382 039
非金属矿物制品业	240 075	41 749	22 348	377 866
黑色金属冶炼及压延加工业	35 632	5 484		63 852
有色金属冶炼及压延加工业	191 052	59 845	186 604	292 448
金属制品业	261 499	101 053	24 529	437 507
通用设备制造业	223 674	69 778	24 556	243 468
专用设备制造业	88 285	45 598	3 806	143 712
交通运输设备制造业	702 889	234 264	27 278	599 293
电气机械及器材制造业	605 722	287 469	27 263	586 931
通信设备、计算机及其他电子设备制造业	2 859 846	1 492 637	476 509	1 271 507
仪器仪表及文化、办公用机械制造业	84 553	56 678	2 750	153 400
工艺品及其他制造业	83 238	31 422	2 211	136 420
电力、热力的生产和供应业	163 800	13 516	310 262	191 059
水的生产和供应业	42 450	105	47 836	93 719

港澳台投资工业企业主要经济指标(三)

单位：万元

实收资本	国家资本	集体资本	法人资本	个人资本	港澳台资本	外商资本
6 034 264	**72 996**	**8 453**	**789 325**	**39 654**	**2 577 738**	**2 546 098**
3 000 277	15 725	7 351	509 904	24 542	2 432 283	10 472
513 333	15 725	7 351	179 479	16 765	284 047	9 966
104 184			102 942		1 242	
1 826 905			65 622	3 028	1 757 750	506
555 856			161 861	4 750	389 245	
3 033 987	57 271	1 103	279 421	15 112	145 455	2 535 626
609 259	57 271	1 103	214 221	15 112	82 443	239 110
91 200			800			90 400
2 011 862			64 400		63 012	1 884 450
321 666						321 666
255 662	59 384		140 522		24 460	31 296
2 179 800	42 541	2 089	234 076	18 331	1 327 990	554 773
3 854 464	30 455	6 364	555 250	21 323	1 249 748	1 991 325
959 883			128 205	8 927	382 056	440 694
3 189 360	35 026	1 805	482 464	5 390	1 362 817	1 301 857
1 885 022	37 970	6 648	178 656	25 337	832 864	803 547
92 971	1 316	500	24 674		20 011	46 470
43 533	200		5 480	170	8 131	29 551
132 834	3 054		28 905		77 761	23 115
320 781		184	5 445	774	295 647	18 731
133 058			20 855	264	99 950	11 988
117 593			270	270	33 223	83 830
9 342					2 014	7 327
61 347			11 902	488	13 938	35 019
87 040			14 817	4 750	42 821	24 653
47 469		975	13 029		24 556	8 909
158 784			5 132	1 072	97 396	55 184
822					822	
857 131	1 177	1 125	161 047	381	239 884	453 517
62 652	6 121	420	6 516		41 534	8 062
199 205			882		198 323	
303 468			10 973		217 607	74 889
268 590		3 614	26 343	2 516	129 102	107 014
328 581		193	21 648	1 190	80 278	225 272
49 951		782	1 295		24 210	23 664
165 940	16 198	260	15 493		92 035	41 954
296 956	12 001		36 742	4 808	150 930	92 476
249 603			25 848	2 225	28 675	192 855
85 569	541		13 144	1 277	27 761	42 845
302 651	4 092		80 729	1 500	101 216	115 114
254 169	15 078		41 648	422	99 960	97 060
910 293	1 003	400	71 202	17 014	253 399	567 275
120 234			3 667	450	55 540	60 577
125 457			11 842	83	87 285	26 248
164 705			102 200			62 505
83 537	12 215		27 597		33 730	9 994

年主营业务收入500万元以上外商及

项目	主营业务收入	主营业务成本	主营业务税金及附加	其他业务收入	其他业务利润
总计	**21 212 600**	**17 801 353**	**37 805**	**322 409**	**77 888**
总计中：港、澳、台商投资企业	7 903 853	6 448 128	23 030	195 231	48 569
合资经营企业（港或澳、台资）	2 183 367	1 787 492	6 509	101 452	26 764
合作经营企业（港或澳、台资）	256 745	194 844	1 612	827	145
港澳台商独资经营企业	4 488 636	3 597 025	14 637	92 504	21 526
港澳台商投资股份有限公司	975 105	868 768	272	448	134
外商投资企业	13 308 747	11 353 225	14 775	127 178	29 319
中外合资经营企业	2 578 505	2 021 065	4 254	65 957	12 686
中外合作经营企业	173 662	132 087	57	1 569	788
外资企业	10 479 749	9 149 897	10 448	58 912	15 108
外商投资股份有限公司	76 832	50 175	16	740	737
总计中：国有控股企业	683 339	568 009	8 079	14 350	1 558
总计中：轻工业	5 646 231	4 579 061	11 542	180 364	44 632
重工业	15 566 369	13 222 292	26 263	142 045	33 256
总计中：大型企业	9 054 872	7 824 144	17 156	53 343	11 658
中型企业	8 504 314	6 906 471	15 579	157 130	41 980
小型企业	3 653 414	3 070 738	5 070	111 936	24 251
农副食品加工业	200 042	175 519	45	3 790	1 459
食品制造业	71 067	56 843	63	2 238	441
饮料制造业	630 465	492 578	7 875	15 150	3 483
纺织业	434 722	376 356	209	37 576	1 137
纺织服装、鞋、帽制造业	560 085	332 799	502	78 473	24 626
皮革、毛皮、羽毛（绒）及其制品业	301 036	264 536	165	964	663
木材加工及木、竹、藤、棕、草制品业	15 504	14 110	371	32	30
家具制造业	154 922	133 792	58	2 338	613
造纸及纸制品业	114 665	97 174	56	1 886	851
印刷业和记录媒介的复制	75 784	60 473	46	761	253
文教体育用品制造业	361 401	309 277	247	1 842	965
石油加工、炼焦及核燃料加工业	654	541			
化学原料及化学制品制造业	1 467 176	1 245 820	339	3 447	2 570
医药制造业	116 573	61 923	85	163	85
化学纤维制造业	114 343	120 368	27	1 557	113
橡胶制品业	1 024 762	756 552	10 054	432	362
塑料制品业	652 804	553 191	326	10 110	3 411
非金属矿物制品业	368 583	313 410	211	1 289	868
黑色金属冶炼及压延加工业	209 318	201 559	37	3 942	1 014
有色金属冶炼及压延加工业	406 105	327 675	801	3 372	381
金属制品业	627 202	526 783	1 096	14 682	1 614
通用设备制造业	410 677	319 597	195	5 380	1 674
专用设备制造业	223 616	174 780	96	3 908	1 181
交通运输设备制造业	1 507 361	1 279 170	6 798	42 569	5 175
电气机械及器材制造业	1 509 876	1 116 260	896	44 027	10 134
通信设备、计算机及其他电子设备制造业	8 921 178	7 888 936	5 097	36 416	12 975
仪器仪表及文化、办公用机械制造业	170 293	138 831	111	3 810	1 309
工艺品及其他制造业	241 235	206 569	192	1 629	513
电力、热力的生产和供应业	267 173	209 625	1 624	429	-152
水的生产和供应业	53 977	46 307	183	197	140

港澳台投资工业企业主要经济指标(四)

单位：万元

营业费用	管理费用	#税　金	财务费用	#利息支出	营业利润	投资收益	补贴收入
834 026	**1 018 398**	**28 158**	**158 831**	**114 644**	**1 441 711**	**76 609**	**32 954**
335 002	364 388	15 239	84 460	75 578	682 679	42 470	7 999
127 940	107 149	4 106	12 181	10 986	144 399	3 313	3 173
480	8 111	813	15 385	15 467	36 379		
192 209	238 220	9 265	34 440	29 224	439 546	8 192	4 647
14 373	10 908	1 055	22 455	19 902	62 355	30 965	180
499 024	654 010	12 919	74 371	39 066	759 032	34 139	24 954
134 553	139 445	4 037	10 711	10 844	295 351	12 464	4 182
21 715	10 672	375	1 576	2 778	8 177		313
336 264	501 767	8 476	62 163	25 688	436 639	6 866	20 460
6 492	2 127	32	-80	-244	18 865	14 809	
20 159	25 362	1 647	17 076	16 846	49 589	245	811
282 560	344 335	12 492	58 705	50 770	416 555	40 173	7 251
551 466	674 063	15 666	100 127	63 875	1 025 156	36 436	25 702
302 644	373 788	6 136	9 232	7 267	501 224	12 955	12 378
412 100	396 820	13 189	119 818	79 925	717 156	51 683	18 747
119 282	247 790	8 834	29 781	27 452	223 331	11 971	1 828
6 928	9 922	361	1 730	1 222	7 455	-3	203
5 698	6 080	199	931	608	1 785	5	62
60 509	19 971	1 050	175	379	54 274	4 252	2 226
12 274	21 278	908	13 866	10 693	12 133	90	63
66 221	30 591	637	827	355	151 430	208	1 347
8 430	20 012	834	3 198	2 401	5 229		76
273	870	66	13	1	-102		12
4 360	12 664	519	2 663	2 121	1 856	10	173
4 537	8 815	455	3 382	3 146	1 693	-29	18
1 914	6 227	266	1 506	1 293	5 566		12
8 560	26 095	970	1 559	1 901	16 899	-656	101
88	30		-1		-5		
30 575	23 871	1 558	20 352	19 591	148 641	14 190	1 270
25 948	11 995	782	2 521	2 549	13 995	52	13
1 670	2 111	356	7 307	7 070	10 209	30 579	165
39 041	23 850	799	4 011	4 842	198 220	1 246	912
16 899	37 274	1 394	3 214	2 413	44 338	291	484
12 754	24 285	1 455	670	3 830	16 786	123	189
1 586	1 709	290	1 195	1 113	3 943	21	1
6 648	12 630	942	2 725	4 125	56 086	79	642
14 982	41 245	1 295	1 814	908	44 012	252	41
30 450	28 647	1 243	2 529	5 714	31 363	40	608
7 994	16 951	351	-182	334	25 346	1 896	116
46 972	85 921	3 491	-1 550	-2 110	75 920	5 227	207
68 729	103 797	1 854	5 797	4 301	240 742	7 270	908
337 417	392 030	3 508	56 163	14 571	249 170	8 214	21 543
5 927	18 864	312	1 372	462	6 827	1 195	244
6 213	20 546	866	1 608	1 415	7 209	59	1 319
430	7 243	807	15 372	15 451	32 648		
	2 572	591	4 064	3 937	542		

年主营业务收入500万元以上外商及

项　　目	营业外收入	营业外支出	利润总额	应交所得税	亏损企业亏损总额
总　　计	**60 240**	**74 488**	**1 527 340**	**156 963**	**123 727**
总计中：港、澳、台商投资企业	34 408	30 656	735 334	85 998	57 911
合资经营企业（港或澳、台资）	4 573	3 942	149 919	16 671	10 195
合作经营企业（港或澳、台资）	242	140	36 481	9 718	153
港澳台商独资经营企业	24 669	21 412	454 721	58 794	47 483
港澳台商投资股份有限公司	4 924	5 162	94 214	815	80
外商投资企业	25 833	43 831	792 006	70 965	65 816
中外合资经营企业	11 812	9 749	306 810	38 106	11 768
中外合作经营企业	1 002	258	8 920	580	561
外资企业	13 019	20 638	455 789	32 072	53 487
外商投资股份有限公司		13 187	20 488	206	
总计中：国有控股企业	775	1 549	49 792	12 174	3 029
总计中：轻工业	28 561	30 219	460 640	55 686	55 589
重工业	31 679	44 269	1 066 700	101 278	68 137
总计中：大型企业	17 780	20 515	523 394	31 044	213
中型企业	27 646	45 291	769 646	87 601	42 591
小型企业	14 814	8 681	234 301	38 318	80 923
农副食品加工业	553	559	7 649	1 660	4 512
食品制造业	155	209	1 797	519	2 484
饮料制造业	2 021	1 628	61 146	8 319	486
纺织业	632	1 468	11 431	3 260	12 570
纺织服装、鞋、帽制造业	7 672	2 438	158 149	10 772	1 860
皮革、毛皮、羽毛（绒）及其制品业	697	2 046	3 956	549	5 420
木材加工及木、竹、藤、棕、草制品业	299	64	146	44	193
家具制造业	67	555	1 550	452	1 724
造纸及纸制品业	340	157	1 865	798	3 181
印刷业和记录媒介的复制	300	201	5 676	1 290	2 248
文教体育用品制造业	1 518	956	16 906	2 102	2 618
石油加工、炼焦及核燃料加工业	1		-4		4
化学原料及化学制品制造业	4 066	14 985	153 158	7 084	2 920
医药制造业	354	262	14 143	1 587	290
化学纤维制造业	25	5 004	15 476		171
橡胶制品业	5 245	3 986	201 636	21 043	2 744
塑料制品业	1 382	1 822	44 671	6 619	4 485
非金属矿物制品业	2 117	1 271	17 845	2 678	9 508
黑色金属冶炼及压延加工业	152	127	3 987	284	248
有色金属冶炼及压延加工业	189	482	56 436	8 325	382
金属制品业	4 085	2 421	45 966	6 715	10 163
通用设备制造业	1 715	630	32 705	4 676	5 726
专用设备制造业	873	601	27 630	3 428	1 544
交通运输设备制造业	10 615	6 928	85 038	10 147	10 552
电气机械及器材制造业	3 739	4 823	240 537	39 386	9 493
通信设备、计算机及其他电子设备制造业	9 694	18 730	268 233	2 479	16 673
仪器仪表及文化、办公用机械制造业	820	1 205	7 880	1 249	4 040
工艺品及其他制造业	606	765	8 403	2 128	4 374
电力、热力的生产和供应业	220	124	32 745	9 576	3 117
水的生产和供应业	87	44	585	-204	

港澳台投资工业企业主要经济指标(五)

单位：万元

利税总额	本年应付工资总额	本年应付福利费总额	本年应交增值税	本年进项税额	本年销项税额	全部从业人员年平均人数(人)
1 917 344	**1 340 899**	**62 022**	**352 198**	**1 867 830**	**1 830 101**	**417 745**
968 009	655 954	22 404	209 644	761 790	838 482	225 524
210 888	171 864	6 235	54 460	199 870	250 626	46 742
55 902	9 180	703	17 809	25 738	43 343	992
585 500	458 218	15 205	116 142	397 929	384 297	174 666
115 718	16 692	262	21 233	138 252	160 216	3 124
949 335	684 945	39 618	142 554	1 106 040	991 619	192 221
389 857	153 195	12 076	78 794	312 886	302 990	37 118
13 541	11 178	230	4 564	19 105	23 472	1 722
523 881	517 568	27 121	57 645	772 579	663 515	152 697
22 055	3 005	191	1 552	1 471	1 643	684
85 672	36 603	2 190	27 802	76 855	108 012	7 113
597 667	587 139	20 056	125 485	515 238	461 393	219 203
1 319 677	753 760	41 965	226 713	1 352 593	1 368 707	198 542
634 671	463 608	17 463	94 121	724 209	707 006	114 456
950 388	545 182	27 551	165 163	740 130	704 994	176 818
332 285	332 109	17 007	92 914	403 491	418 102	126 471
8 788	10 200	526	1 094	19 082	15 740	3 706
4 600	8 942	435	2 740	9 460	9 125	3 406
96 812	33 284	1 348	27 791	95 188	122 656	12 207
23 665	37 070	905	12 025	45 418	47 714	13 450
197 812	91 207	3 134	39 162	37 778	80 759	31 334
6 474	50 546	1 470	2 353	13 068	3 900	22 602
783	2 122	40	267	1 455	1 409	1 015
1 786	21 352	811	178	12 717	3 987	7 604
6 840	11 931	435	4 920	13 480	14 514	4 617
9 155	10 747	418	3 433	8 278	11 092	4 238
17 996	57 136	2 435	844	32 174	6 376	26 735
4	40		8	96	50	13
183 258	23 785	951	29 761	179 750	205 927	4 781
22 078	17 107	711	7 850	7 081	11 710	3 358
[illegible]	[illegible]	64	[illegible]	[illegible]	[illegible]	[illegible]
249 938	44 729	604	38 248	112 747	108 553	17 248
54 828	67 870	3 335	9 832	41 744	31 552	25 164
27 288	38 436	1 152	9 231	20 630	19 252	14 041
4 979	3 844	158	955	34 996	34 234	1 069
62 034	17 674	904	4 798	48 633	45 591	4 908
52 254	70 361	3 381	5 192	61 737	31 166	23 833
45 326	29 790	1 461	12 426	52 910	74 226	8 220
33 726	20 647	2 422	5 999	20 907	28 465	6 411
117 066	114 607	4 622	25 230	163 390	173 966	20 470
299 153	114 851	6 304	57 720	166 775	164 098	31 991
298 634	352 987	20 366	25 303	571 117	494 229	92 460
10 318	31 656	1 160	2 326	36 792	17 501	12 992
11 073	39 231	1 139	2 477	21 005	12 361	16 738
51 808	9 227	680	17 440	24 576	42 016	663
2 484	5 022	653	1 715		2 508	1 045

规 模 以 上 工 业 企 业

项 目	综合能源消费量（吨标准煤）	原煤（吨）	煤制品（吨）
总 计	**4 893 924**	**4 407 356**	**11 672**
内资企业	823 795	722 305	3 433
国有企业	76 262	30 488	
集体企业	8 177	3 195	
联营企业	70 138	88 822	
有限责任公司	474 672	546 477	2 938
股份有限公司	29 658		
私营企业	164 289	53 324	495
其他企业	599		
港、澳、台商投资企业	3 042 885	3 181 835	7 400
外商投资企业	1 027 244	503 217	839
总计中：轻工业	588 879	175 877	10 343
重工业	4 305 045	4 231 479	1 329
总计中：大型企业	262 416	41 409	
中型企业	3 527 258	3 618 882	9 900
小型企业	1 104 250	747 065	1 772
非金属矿采选业	1 121		
农副食品加工业	66 414	50 059	4 215
食品制造业	29 995	12 056	
饮料制造业	79 723	59 277	
烟草制品业	8 267		
纺织业	110 270	29 396	6 123
纺织服装、鞋、帽制造业	14 884	372	
皮革、毛皮、羽毛（绒）及其制品业	9 666		
木材加工及木、竹、藤、棕、草制品业	1 285		
家具制造业	12 638	298	
造纸及纸制品业	31 034	7 648	
印刷业和记录媒介的复制	12 423	174	
文教体育用品制造业	30 937	5 082	
石油加工、炼焦及核燃料加工业	225		
化学原料及化学制品制造业	604 012	498 520	
医药制造业	9 217		
化学纤维制造业	37 876		
橡胶制品业	162 876	17 524	839
塑料制品业	65 362	1 042	
非金属矿物制品业	222 805	21 573	
黑色金属冶炼及压延加工业	29 309		
有色金属冶炼及压延加工业	49 813	3 783	
金属制品业	45 922	1 379	
通用设备制造业	16 349	251	
专用设备制造业	13 048		
交通运输设备制造业	42 350		
电气机械及器材制造业	39 155		
通信设备、计算机及其他电子设备制造业	100 745		490
仪器仪表及文化、办公用机械制造业	11 494		
工艺品及其他制造业	17 318	6 265	
废弃资源和废旧材料回收加工业	188		
电力、热力的生产和供应业	2 996 133	3 692 657	
水的生产和供应业	21 069		

主要能源产品消费量

单位：万元

天然气（万立方米）	汽油（吨）	柴油（吨）	燃料油（吨）	液化石油气（吨）	热力（百万千焦）	电力（万千瓦时）
13 160	**23 595**	**61 110**	**139 461**	**22 863**	**9 473 998**	**644 876**
8	11 095	27 423	7 120	2 824	946 975	165 024
	486	329			134 612	39 619
	40	431		166		833
	56	855				2 218
8	2 660	8 501	3 046	720	101 835	53 574
	416	5 671	682		80 997	13 870
	7 390	11 525	3 392	1 889	629 531	54 677
	47	111		49		233
1	8 324	22 869	15 249	12 396	6 738 095	279 845
13 151	4 176	10 817	117 092	7 644	1 788 927	200 006
6	12 056	20 476	19 322	15 295	2 288 252	220 044
13 154	11 539	40 634	120 139	7 568	7 185 746	424 832
193	2 371	8 673	418	5 260	2 209 661	105 467
201	6 508	23 545	109 030	7 898	6 576 947	318 971
12 766	14 716	28 892	30 013	9 705	687 390	220 438
		617				180
	950	1 395	4 192	385	25 968	13 821
	411	1 153	3 282	152	204 777	5 790
	450	476	3 543	2	116 298	21 966
	109	1 030	153	61	73 266	3 079
	917	6 096	2 672	726	854 095	33 300
	1 092	2 322	349	86	21 619	6 709
	461	165	150	586	1 894	6 073
	36	30		26		930
	353	300		1 705		6 951
	1 137	1 525	2 976	520		9 305
	1 151	410	1	1 668	402	5 799
	912	1 853	385	1 914	188 707	10 488
	36	103				17
	942	2 373	1 773	1 774	4 711 559	61 969
	209	568	174		119 510	3 057
	19	77		4	323 775	21 712
	1 880	902	1 127	10	2 531 039	46 630
	1 641	2 819	314	370	123 241	42 439
	1 260	18 671	95 009	3 008	13 852	29 831
	67	84	14 824			6 419
201	299	892	1 736	518		28 872
6	1 512	2 903	1 063	1 587	131 028	23 965
	718	1 048	654	246	1 979	8 846
	690	2 734		6		6 521
20	1 140	7 485	3 727	1 457	12 169	17 196
	1 706	854	27	3 411	6 383	23 023
201	1 501	803		2 035		74 289
	460	104		20	7 278	8 385
	753	467	1 294	588	5 160	6 524
						153
12 732	455	765	36			93 983
	326	84				16 653

大 中 型 工 业 企 业 主

项　　目	综合能源消费量（吨标准煤）	原煤（吨）	煤制品（吨）
总　　计	**3 789 674**	**3 660 291**	**9 900**
内资企业	133 845	12 433	2 938
国有企业	7 860		
集体企业	1 753	251	
有限责任公司	50 750	7 171	2 938
股份有限公司	28 616		
私营企业	44 865	5 011	
港、澳、台商投资企业	2 908 248	3 148 753	6 123
外商投资企业	747 581	499 105	839
总计中：轻工业	356 068	89 227	9 061
重工业	3 433 606	3 571 064	839
总计中：大型企业	262 416	41 409	
中型企业	3 527 258	3 618 882	9 900
农副食品加工业	12 608	5 011	2 938
食品制造业	21 363	7 039	
饮料制造业	67 071	58 801	
烟草制品业	8 267		
纺织业	82 579	10 511	6 123
纺织服装、鞋、帽制造业	5 693		
皮革、毛皮、羽毛（绒）及其制品业	5 224		
木材加工及木、竹、藤、棕、草制品业	360		
家具制造业	8 406	128	
造纸及纸制品业	5 822	4 032	
印刷业和记录媒介的复制	2 808		
文教体育用品制造业	25 203	3 704	
化学原料及化学制品制造业	554 367	489 862	
医药制造业	8 079		
化学纤维制造业	37 059		
橡胶制品业	153 350	15 823	839
塑料制品业	31 257		
非金属矿物制品业	179 219	18 870	
有色金属冶炼及压延加工业	38 533		
金属制品业	22 350	132	
通用设备制造业	6 666	251	
专用设备制造业	4 716		
交通运输设备制造业	32 717		
电气机械及器材制造业	27 588		
通信设备、计算机及其他电子设备制造业	87 392		
仪器仪表及文化、办公用机械制造业	6 620		
工艺品及其他制造业	3 435		
电力、热力的生产和供应业	2 330 338	3 046 125	
水的生产和供应业	20 584		

要　能　源　产　品　消　费　量

单位：万元

天然气（万立方米）	汽油（吨）	柴油（吨）	燃料油（吨）	液化石油气（吨）	热力（百万千焦）	电力（万千瓦时）
394	**8 879**	**32 218**	**109 447**	**13 159**	**8 786 607**	**424 438**
	2 382	11 556	1 688	972	908 722	53 611
	66	249			134 612	2 281
		20				307
	821	3 708	868	185	91 847	25 944
	385	5 657	682		78 650	13 142
	1 111	1 922	138	787	603 612	11 938
	4 256	13 247	8 160	6 587	6 549 744	228 660
394	2 241	7 415	99 599	5 599	1 328 141	142 167
	4 565	13 294	9 802	9 154	1 717 542	139 542
394	4 314	18 924	99 646	4 004	7 069 066	284 896
193	2 371	8 673	418	5 260	2 209 661	105 467
201	6 508	23 545	109 030	7 898	6 576 947	318 971
	312	685	964	73		3 405
	296	641	2 961	123	166 518	3 943
	295	346	2 363			16 888
	109	1 030	153	61	73 266	3 079
	317	5 647	1 735	696	807 188	25 429
	318	1 101	228	55	20 486	2 034
	222	135	102	9		3 693
	5	2		26		249
	194	231		1 705		3 881
	191	303	487	83		1 125
	161	146				1 919
	625	1 625		1 818	188 707	7 907
	71	377		7	4 408 238	43 509
	130	501	144		117 163	2 405
		75		4	323 775	21 076
	[illegible]	741	179		[illegible]	[illegible]
	299	2 131	36	5	19 461	21 939
	308	4 904	94 826	1 102		16 898
201	185	187	620	407		24 318
	294	1 168		633	104 978	12 422
	120	585		25		3 418
	43	1 235				2 322
	514	6 440	3 720	1 323	12 169	11 790
	807	503		3 234	6 383	15 743
193	916	709		1 699		65 034
	162	46			7 236	4 936
	111	32	629	71		1 795
	40	607				45 376
	304	84				16 285

年耗能万吨及以上工业

项　　目	综合能源消费量（吨标准煤）	原煤（吨）	煤制品（吨）
总　　计	**4 120 126**	**4 296 411**	**6 123**
内资企业	550 659	666 299	
国有企业	68 274	30 488	
联营企业	67 546	88 822	
有限责任公司	375 793	527 222	
私营企业	39 046	19 767	
港、澳、台商投资企业	2 773 726	3 140 250	6 123
外商投资企业	795 741	489 862	
总计中：轻工业	175 939	79 198	6 123
重工业	3 944 187	4 217 213	
总计中：大型企业	171 393	41 409	
中型企业	3 195 906	3 570 681	6 123
小型企业	752 827	684 321	
农副食品加工业	15 544	19 767	
饮料制造业	43 550	41 409	
纺织业	68 143	18 022	6 123
化学原料及化学制品制造业	576 312	489 862	
化学纤维制造业	37 059		
橡胶制品业	141 876	15 823	
塑料制品业	12 770		
非金属矿物制品业	160 894	18 870	
黑色金属冶炼及压延加工业	26 358		
有色金属冶炼及压延加工业	17 080		
交通运输设备制造业	10 335		
通信设备、计算机及其他电子设备制造业	14 090		
电力、热力的生产和供应业	2 996 114	3 692 657	

企业主要能源产品消费量

单位：万元

天然气（万立方米）	汽油（吨）	柴油（吨）	燃料油（吨）	液化石油气（吨）	热力（百万千焦）	电力（万千瓦时）
12 925	**2 199**	**12 330**	**114 238**	**2 585**	**8 082 284**	**272 795**
	493	914	36	272	595 446	49 861
	390	78				37 274
						1 190
	21	80	36			9 012
	83	756		272	595 446	2 384
	1 564	7 990	4 552	592	6 150 165	157 403
12 925	142	3 427	109 650	1 720	1 336 674	65 532
	297	5 759	832	276	1 216 237	51 648
12 925	1 903	6 572	113 406	2 309	6 866 048	221 148
193	1 360	2 706	190	1 243	2 008 096	51 151
	297	8 689	98 547	900	5 777 173	152 094
12 732	542	936	15 502	442	297 016	69 551
	83					1 060
	124	175	190			10 791
	67	5 360	642	272	595 446	17 692
	22	1 125		442	4 701 227	51 799
		77		4	323 775	21 076
	1 328	681			2 461 836	35 540
		1 852				8 195
	41	333	94 826	35		9 224
			14 824			4 215
	77	50				10 242
	7	1 720	3 720	588		1 217
193		194		1 243		7 769
12 732	450	765	36			93 974

规模以上工业企业能源购进、消费及库存

能源名称	单位	企业单位数（个）	购进量	消费量			年末库存量
					工业生产消费	非工业生产消费	
原煤	吨	68	4 474 072	4 407 356	4 393 917	13 439	322 768
煤制品	吨	6	11 672	11 672	11 671	1	1
水煤浆	吨	5	11 667	11 667	11 667		
煤粉	吨	1	4	4	4		
焦炭	吨	3	1 767	1 514	1 514		253
其他煤气	万立方米	1	2	2	2		
天然气	万立方米	7	13 158	13 160	13 117	44	
液化天然气	吨	11	214	213	212	2	
汽油	吨	1 563	23 144	23 595	10 097	13 499	70
煤油	吨	45	1 126	1 132	1 126	7	7
柴油	吨	907	59 361	61 110	50 045	11 065	2 360
燃料油	吨	99	145 867	139 461	139 149	312	20 464
液化石油气	吨	181	22 603	22 863	22 219	644	247
其他石油制品	吨	26	3 980	4 055	4 054	1	118
热力	百万千焦	70	8 888 081	9 473 998	9 466 697	7 300	
电力	万千瓦时	2 262	540 421	644 876	634 701	10 175	
其他燃料	吨标准煤	3	5 706	5 706	5 706		189
能源合计	吨标准煤	2 262		4 893 924	4 833 211	60 714	

主要年份单位能源消耗指标

（2005～2009 年）

年　份	单位 GDP 能耗		单位工业增加值能耗		单位 GDP 电耗	
	指标值	比上年上升或下降（±%）	指标值	比上年上升或下降（±%）	指标值	比上年上升或下降（±%）
2005	0.648		0.54		893.81	
2006	0.634	－2.18	0.51	－5.60	878.22	－1.74
2007	0.616	－2.72	0.50	－2.18	899.15	2.38
2008	0.600	－2.73	0.45	－10.71	852.52	－5.19
2009	0.579	－3.38	0.43	－3.43	808.55	－5.16

规模以上工业企业水消费

单位：万立方米

项　　目	报告期取水量	付费水	水费金额（万元）
取水总量	40 599.24	40 307.54	25 635.08
地表水	34 818.04	34 782.64	9 977.24
#海　水	0.94		
地下水	278.72	123.82	161.75
#地下咸水	18.05	17.95	2.28
自来水	5 381.56	5 352.02	15 447.55
雨水收集利用	3.21		
其他水	117.70	49.05	48.54
重复用水量	40 147.39		

四、建 筑 业

总承包和专业承包建筑业

项　　目	企业个数	有工作量的企业（个）	亏损企业（个）	建筑业合同情况	
				签订的合同额	上年结转合同额
总　　计	**359**	**351**	**111**	**7 621 569**	**3 556 887**
#国有及国有控股企业	24	23	4	2 462 338	1 048 310
按登记注册类型分组					
内资企业	353	345	109	7 591 741	3 547 816
国有企业	15	14	3	1 675 402	608 483
集体企业	11	11	4	80 146	39 030
股份合作企业	1	1	1	441	118
联营企业	2	2		2 932	273
国有联营企业	1	1		2 835	263
其他联营企业	1	1		97	10
有限责任公司	91	87	28	2 356 691	1 341 148
国有独资公司	1	1	1	54 946	
其他有限责任公司	90	86	27	2 301 745	1 341 148
股份有限公司	11	11	3	805 788	276 320
私营企业	222	219	70	2 670 340	1 282 446
私营独资企业	9	9	3	18 835	7 337
私营合伙企业	2	2	1	711	200
私营有限责任公司	201	198	60	2 598 247	1 262 525
私营股份有限公司	10	10	6	52 547	12 384
港、澳、台商投资企业	5	5	2	25 721	8 101
合资经营企业（港或澳、台资）	2	2	1	14 799	6 857
港、澳、台商独资经营企业	3	3	1	10 922	1 244
外商投资企业	1	1		4 108	970
中外合资经营企业	1	1		4 108	970
按国民经济行业分组					
房屋和土木工程建筑业	140	136	40	6 822 596	3 336 415
房屋工程建筑	98	94	33	4 321 608	2 421 595
土木工程建筑业	42	42	7	2 500 988	914 820
建筑安装业	92	90	30	402 706	132 684
建筑装饰业	105	104	30	351 857	75 951
其他建筑业	22	21	11	44 410	11 837
工程准备	15	14	10	14 340	2 259
提供施工设备服务	5	5	1	9 956	862
其他未列明的建筑活动	2	2		20 114	8 716
按企业资质等级分组					
施工总承包	139	135	41	6 791 782	3 330 146
特　级	1	1		580 752	249 989
一　级	26	26	3	4 954 742	2 391 377
二　级	37	36	9	834 018	507 824
三级及以下	75	72	29	422 269	180 956
专业承包	220	216	70	829 787	226 741
一　级	28	28	1	331 680	83 594
二　级	84	83	17	213 451	51 077
三级及以下	108	105	52	284 656	92 071

企业生产情况指标（一）

单位：万元

本年新签合同额	承包工程完成情况				建筑业总产值	
	直接从建设单位承揽工程完成的产值			从建设单位以外承揽工程		装修装饰
		自行完成	分包出去			
4 064 682	**3 571 416**	**3 553 023**	**18 392**	**117 704**	**3 670 727**	**308 724**
1 414 029	1 003 190	1 001 401	1 789	48 128	1 049 529	2 813
4 043 925	3 546 693	3 528 301	18 392	117 704	3 646 005	295 218
1 066 920	754 708	754 708		37 133	791 842	1 819
41 117	59 380	59 380			59 380	10 311
323	272	272			272	
2 660	2 899	2 899			2 899	80
2 573	2 819	2 819			2 819	
87	80	80			80	80
1 015 543	1 061 256	1 054 650	6 606	33 270	1 087 920	86 509
54 946	21 473	21 473			21 473	
960 597	1 039 783	1 033 177	6 606	33 270	1 066 447	86 509
529 469	200 494	200 169	325	138	200 307	305
1 387 894	1 467 685	1 456 224	11 461	47 163	1 503 386	196 193
11 498	17 665	15 751	1 914	1 914	17 665	2 066
511	611	603	8	8	611	285
1 335 723	1 410 301	1 400 762	9 539	45 241	1 446 003	189 670
40 163	39 108	39 108			39 108	4 172
17 620	21 862	21 862			21 862	13 507
7 942	12 555	12 555			12 555	11 072
9 677	9 307	9 307			9 307	2 434
3 138	2 861	2 861			2 861	
3 138	2 861	2 861			2 861	
3 486 181	2 972 203	2 968 501	3 701	93 776	3 062 277	25 310
1 900 014	2 017 610	2 014 110	3 499	21 660	2 035 770	24 843
1 586 167	954 593	954 391	202	72 116	1 026 507	468
270 022	285 618	279 304	6 313	8 270	[illegible]	[illegible]
275 906	281 430	273 052	8 378	11 008	284 060	267 532
32 573	32 166	32 166		4 651	36 816	1 039
12 081	10 917	10 917		2 540	13 457	
9 093	6 635	6 635		2 111	8 746	1 039
11 399	14 613	14 613			14 613	
3 461 636	3 015 811	3 010 825	4 986	94 826	3 105 652	24 860
330 763	310 802	310 802			310 802	
2 563 365	2 133 278	2 132 571	707	48 788	2 181 359	13 398
326 194	379 117	379 117		12 240	391 357	3 230
241 313	192 614	188 336	4 279	33 798	222 134	8 233
603 046	555 605	542 198	13 407	22 878	565 076	283 864
248 086	273 919	266 013	7 906	7 916	273 929	204 938
162 375	158 537	158 007	530	8 619	166 626	59 940
192 585	123 150	118 179	4 971	6 343	124 522	18 986

总承包和专业承包建筑业

项目	在外省完成	按构成分的建筑业总产值			竣工产值
		建筑工程产值	安装工程产值	其他产值	
总计	**1 155 105**	**3 383 465**	**263 875**	**23 387**	**2 639 180**
#国有及国有控股企业	587 427	1 018 915	26 319	4 295	756 872
按登记注册类型分组					
内资企业	1 152 737	3 361 604	261 014	23 387	2 612 752
国有企业	416 138	772 878	15 608	3 356	611 800
集体企业	4 433	58 430		950	46 737
股份合作企业		272			272
联营企业		1 481	479	939	2 895
国有联营企业		1 401	479	939	2 819
其他联营企业		80			76
有限责任公司	323 353	968 751	116 374	2 795	800 743
国有独资公司		21 473			3 209
其他有限责任公司	323 353	947 278	116 374	2 795	797 534
股份有限公司	11 700	178 843	21 464		131 937
私营企业	397 113	1 380 948	107 090	15 348	1 018 368
私营独资企业	6 550	17 649	16		17 305
私营合伙企业		285	326		711
私营有限责任公司	381 182	1 354 643	85 023	6 338	990 489
私营股份有限公司	9 381	8 372	21 727	9 010	9 863
港、澳、台商投资企业	1 899	21 862			23 454
合资经营企业（港或澳、台资）		12 555			12 975
港、澳、台商独资经营企业	1 899	9 307			10 479
外商投资企业	469		2 861		2 975
中外合资经营企业	469		2 861		2 975
按国民经济行业分组					
房屋和土木工程建筑业	1 014 893	3 018 718	39 310	4 249	2 127 958
房屋工程建筑	571 320	2 001 098	31 862	2 810	1 434 314
土木工程建筑业	443 573	1 017 620	7 448	1 439	693 644
建筑安装业	56 458	67 235	209 209	11 130	233 257
建筑装饰业	82 564	268 074	13 534	2 453	235 034
其他建筑业	1 190	29 438	1 822	5 556	42 931
工程准备		9 300		4 157	10 503
提供施工设备服务	1 190	6 943	1 343	460	7 404
其他未列明的建筑活动		13 196	479	939	25 024
按企业资质等级分组					
施工总承包	1 024 131	3 008 182	84 839	12 630	2 155 268
特　级	179 429	310 802			187 401
一　级	810 487	2 127 263	45 086	9 010	1 464 088
二　级	22 754	365 927	25 244	185	326 612
三级及以下	11 460	204 190	14 508	3 435	177 167
专业承包	130 974	375 283	179 036	10 757	483 913
一　级	91 535	239 681	34 248		244 884
二　级	8 993	80 907	82 605	3 114	138 863
三级及以下	30 446	54 696	62 184	7 643	100 165

企业生产情况指标（二）

单位：万元、平方米

房屋建筑施工面积	本年新开工面积	实行投标承包面积	本年新开工	年末自有施工机械设备 净值	总台数（台）	总功率（千瓦）
33 170 917	**11 781 160**	**21 308 956**	**7 310 945**	**134 424**	**50 729**	**753 495**
2 156 980	834 214	1 433 438	446 349	34 453	4 998	126 784
33 170 917	11 781 160	21 308 956	7 310 945	134 369	50 571	753 330
648 969	205 490	185 682	45 692	26 639	2 637	65 345
619 530	264 023	576 164	221 967	1 384	1 445	12 933
				25	33	36
				309	325	9 726
				247	87	9 406
				62	238	320
11 651 050	3 389 388	10 730 475	3 083 186	36 805	10 561	230 533
405 816	315 488	177 812	87 484	311	7	1 955
11 245 234	3 073 900	10 552 663	2 995 702	36 494	10 554	228 578
2 131 601	967 599	2 063 566	954 091	8 344	1 246	35 426
18 119 767	6 954 660	7 753 069	3 006 009	60 864	34 324	399 331
273 980	42 775	249 747	39 275	2 021	207	4 696
				5	7	45
17 680 138	6 871 786	7 449 732	2 961 911	56 247	21 075	330 148
165 649	40 099	53 590	4 823	2 591	13 035	64 442
				55	158	165
				2	96	35
				52	62	130
33 170 917	11 781 160	21 308 956	7 310 945	114 044	22 141	532 345
31 755 233	11 037 654	20 584 417	7 022 362	66 510	18 318	370 973
1 415 684	743 506	724 539	288 583	47 534	3 823	161 372
				12 861	20 860	116 219
				4 061	6 388	43 850
				3 458	1 140	61 041
				1 831	379	11 715
				1 381	674	39 920
				247	87	9 406
33 168 268	11 778 921	21 308 605	7 310 594	116 056	34 867	573 950
5 336 704	2 543 934	1 082 862	580 170	3 167	3 688	16 195
19 241 117	5 843 408	14 366 622	4 448 997	65 619	22 502	324 318
5 873 377	1 946 764	4 313 850	1 507 892	27 025	4 759	141 592
2 717 070	1 444 815	1 545 271	773 535	20 245	3 918	91 845
2 649	2 239	351	351	18 368	15 862	179 545
				2 710	3 903	29 521
				5 825	8 762	93 009
2 649	2 239	351	351	9 833	3 197	57 015

总承包和专业承包建筑业

项目	从业人员			
	计算劳动生产率的平均人数	年末从业人数	#管理人员	工程技术人员
总计	**224 277**	**233 401**	**21 631**	**27 411**
#国有及国有控股企业	56 175	55 297	5 000	2 976
按登记注册类型分组				
内资企业	222 715	232 008	21 481	27 194
国有企业	49 592	48 767	4 225	2 024
集体企业	4 991	5 341	523	763
股份合作企业	33	50	10	33
联营企业	143	77	49	32
国有联营企业	115	49	43	18
其他联营企业	28	28	6	14
有限责任公司	55 973	57 480	6 907	7 709
国有独资公司	1 931	1 830	102	201
其他有限责任公司	54 042	55 650	6 805	7 508
股份有限公司	10 544	10 784	1 076	1 149
私营企业	101 439	109 509	8 691	15 484
私营独资企业	1 313	1 302	574	587
私营合伙企业	89	57	13	10
私营有限责任公司	98 105	106 151	7 480	14 354
私营股份有限公司	1 932	1 999	624	533
港、澳、台商投资企业	1 440	1 271	136	180
合资经营企业（港或澳、台资）	1 033	964	39	90
港、澳、台商独资经营企业	407	307	97	90
外商投资企业	122	122	14	37
中外合资经营企业	122	122	14	37
按国民经济行业分组				
房屋和土木工程建筑业	191 933	200 446	16 322	20 249
房屋工程建筑	131 025	138 870	9 877	15 610
土木工程建筑业	60 908	61 576	6 445	4 639
建筑安装业	13 599	13 261	2 539	3 501
建筑装饰业	16 913	17 906	2 508	3 104
其他建筑业	1 832	1 788	262	557
工程准备	946	960	125	280
提供施工设备服务	482	494	86	187
其他未列明的建筑活动	404	334	51	90
按企业资质等级分组				
施工总承包	191 046	199 186	16 572	20 621
特　级	18 246	18 320	610	1 640
一　级	134 029	136 005	9 964	10 173
二　级	22 019	27 135	3 588	4 729
三级及以下	16 752	17 726	2 410	4 079
专业承包	33 231	34 215	5 059	6 790
一　级	12 588	12 817	1 530	2 213
二　级	9 804	9 421	1 658	2 355
三级及以下	10 839	11 977	1 871	2 222

企业生产情况指标（三）

单位：人

情况				主要建筑材料消耗量		
#一级建造师	现场施工工人	#持证上岗人员	年末从业人员中农民工人数	钢材（吨）	木材（立方米）	水泥（吨）
1 425	**160 083**	**115 275**	**134 960**	**1 418 941**	**624 094**	**6 234 499**
272	48 180	38 778	39 622	330 526	34 485	1 183 561
1 415	159 016	114 934	134 056	1 418 667	623 846	6 233 708
159	43 200	35 887	35 926	247 857	11 705	967 449
24	3 947	2 065	1 682	31 836	10 926	127 366
2	17	17		16		
1	14	14		3 380	20	4
1	6	6		3 380		
	8	8			20	4
555	42 941	25 695	24 879	397 407	267 865	846 055
14	1 527	1 527	1 527	18 405	15 070	30 172
541	41 414	24 168	23 352	379 002	252 795	815 883
112	9 273	7 721	8 179	95 659	21 039	258 370
562	59 624	43 535	63 390	642 512	312 291	4 034 464
19	919	538	623	7 866	1 828	50 517
1	30	5		400		390
524	57 207	41 563	61 686	629 025	309 298	3 976 607
18	1 468	1 429	1 081	5 221	1 165	6 950
9	999	273	904	274	248	791
7	794	88	779			655
2	205	185	125	274	248	136
1	68	68				
1	68	68				
982	139 852	103 054	123 395	1 364 618	560 509	6 044 658
674	88 639	61 430	81 031	1 040 065	532 940	4 622 712
308	51 213	41 624	42 364	324 553	27 569	1 421 946
148	8 021	5 342	4 090	33 346	7 745	41 872
[illegible]	11 380	[illegible]	[illegible]	[illegible]	[illegible]	[illegible]
37	830	579	168	10 499	3 880	14 976
18	547	392	148	3 973	30	3 626
12	258	166	20	2 146	3 850	8 800
7	25	21		4 380		2 550
1 011	138 191	101 714	121 985	1 372 456	560 538	6 034 549
76	12 000	12 000	9 328	167 300	38 608	514 770
696	94 629	67 796	94 710	919 151	401 786	4 229 750
164	20 361	14 896	11 834	202 616	89 988	776 163
75	11 201	7 022	6 113	83 389	30 156	513 866
414	21 892	13 561	12 975	46 485	63 556	199 950
230	8 117	4 753	5 060	6 797	39 085	110 707
105	5 519	3 116	3 400	12 190	18 058	46 895
79	8 256	5 692	4 515	27 498	6 413	42 348

总承包和专业承包建筑业

项目	主要建筑材料消耗量		
	平板玻璃		铝材（吨）
	（重量箱）	（平方米）	
总计	**2 941 004**	**9 790 143**	**42 584**
#国有及国有控股企业	9 523	31 408	63
按登记注册类型分组			
内资企业	2 941 004	9 790 143	42 584
国有企业	271	766	20
集体企业	32 258	130 375	1 499
股份合作企业			
联营企业	3	12	
国有联营企业			
其他联营企业	3	12	
有限责任公司	234 966	783 345	23 102
国有独资公司	245	536	1
其他有限责任公司	234 721	782 809	23 101
股份有限公司	24 754	127 020	767
私营企业	2 648 752	8 748 625	17 196
私营独资企业	7 126	34 002	146
私营合伙企业			
私营有限责任公司	2 640 901	8 712 623	16 813
私营股份有限公司	725	2 000	237
港、澳、台商投资企业			
合资经营企业（港或澳、台资）			
港、澳、台商独资经营企业			
外商投资企业			
中外合资经营企业			
按国民经济行业分组			
房屋和土木工程建筑业	2 652 871	8 768 568	35 167
房屋工程建筑	2 650 042	8 754 338	35 101
土木工程建筑业	2 829	14 230	66
建筑安装业	11 417	47 664	1 230
建筑装饰业	276 131	971 121	6 186
其他建筑业	585	2 790	1
工程准备			
提供施工设备服务	585	2 790	1
其他未列明的建筑活动			
按企业资质等级分组			
施工总承包	2 652 871	8 768 568	35 383
特级	6 264	15 660	98
一级	2 480 329	8 125 939	27 698
二级	125 781	452 528	5 209
三级及以下	40 497	174 441	2 378
专业承包	288 133	1 021 575	7 201
一级	190 098	680 002	3 824
二级	76 854	271 322	2 620
三级及以下	21 181	70 251	757

企业生产情况指标（四）

单位：万元

补充资料	房屋建筑竣工面积（平方米）				
企业总产值	合计	厂房、仓库	住宅	办公用房	批发和零售用房
3 768 414	**8 512 822**	**1 953 045**	**4 949 842**	**578 045**	**148 859**
1 113 857	185 286	69 703	91 618	5 486	
3 739 439	8 512 822	1 953 045	4 949 842	578 045	148 859
796 772	39 508	27 799		1 860	
59 800	209 475	74 676	79 457	5 298	
272					
2 899					
2 819					
80					
1 150 168	3 047 703	701 206	1 923 364	122 364	116 234
21 473					
1 128 695	3 047 703	701 206	1 923 364	122 364	116 234
209 140	494 330	102 774	259 946	19 646	32 625
1 520 388	4 721 806	1 046 590	2 687 075	428 877	
17 665	62 013	17 000			
611					
1 462 914	4 552 574	982 643	2 626 803	428 877	
39 199	107 219	46 947	60 272		
26 114					
16 807					
9 307					
2 861					
2 861					
3 126 194	8 512 822	1 953 045	4 949 842	578 045	148 859
2 095 026	8 379 202	1 853 860	4 948 714	578 045	148 859
1 031 168	133 620	99 185	1 128		
301 562					
303 279					
37 379					
13 546					
9 219					
14 613					
3 173 011	8 511 284	1 953 045	4 948 714	578 045	148 859
310 802	1 364 883	247 466	862 948	231 717	
2 238 470	4 704 699	854 950	3 144 521	213 208	32 625
395 931	1 608 921	451 299	694 929	77 986	116 234
227 807	832 781	399 330	246 316	55 134	
595 403	1 538		1 128		
278 235					
175 122					
142 046	1 538		1 128		

总承包和专业承包建筑业

项目	房屋建筑竣工			
	住宿和餐饮用房	居民服务业用房	教育用房	文化、体育和娱乐用房
总计	**83 148**	**13 117**	**572 075**	**75 120**
#国有及国有控股企业			11 479	
按登记注册类型分组				
内资企业	83 148	13 117	572 075	75 120
国有企业			2 849	
集体企业	3 200		33 694	2 700
股份合作企业				
联营企业				
国有联营企业				
其他联营企业				
有限责任公司	9 350	1 016	78 431	17 360
国有独资公司				
其他有限责任公司	9 350	1 016	78 431	17 360
股份有限公司	55 533	8 191	4 136	4 479
私营企业	15 065	3 910	452 965	50 581
私营独资企业			44 193	820
私营合伙企业				
私营有限责任公司	15 065	3 910	408 772	49 761
私营股份有限公司				
港、澳、台商投资企业				
合资经营企业（港或澳、台资）				
港、澳、台商独资经营企业				
外商投资企业				
中外合资经营企业				
按国民经济行业分组				
房屋和土木工程建筑业	83 148	13 117	572 075	75 120
房屋工程建筑	83 148	13 117	542 360	75 120
土木工程建筑业			29 715	
建筑安装业				
建筑装饰业				
其他建筑业				
工程准备				
提供施工设备服务				
其他未列明的建筑活动				
按企业资质等级分组				
施工总承包	83 148	13 117	572 075	75 120
特级			19 288	3 464
一级	55 533	8 191	302 886	20 903
二级	23 220	1 016	168 690	33 282
三级及以下	4 395	3 910	81 211	17 471
专业承包				
一级				
二级				
三级及以下				

企业生产情况指标（五）

面积（平方米）			竣工房屋价值（万元）		
卫生医疗用房	科研用房	其他用房	合计	厂房、仓库	住宅
40 847	**24 770**	**73 954**	**1 026 108**	**184 642**	**611 086**
		7 000	25 486	9 388	12 497
40 847	24 770	73 954	1 026 108	184 642	611 086
		7 000	4 744	2 920	
3 592		6 858	32 532	4 881	19 120
23 370	24 770	30 238	364 974	63 322	241 062
23 370	24 770	30 238	364 974	63 322	241 062
		7 000	91 693	16 263	47 542
13 885		22 858	532 165	97 255	303 362
			3 395	865	
13 885		22 858	521 580	94 076	298 485
			7 190	2 314	4 877
40 847	24 770	73 954	1 026 108	184 642	611 086
37 255	24 770	73 954	1 014 088	178 157	610 944
3 592			12 020	6 485	142
40 437	24 770	73 954	1 025 896	184 642	610 944
			153 943	29 315	94 524
29 370	23 140	19 372	600 206	87 860	394 982
5 347	1 630	35 288	200 140	39 384	97 092
5 720		19 294	71 607	28 083	24 346
410			212		142
410			212		142

总承包和专业承包建筑业

项目	竣工		
	办公用房	批发和零售用房	住宿和餐饮用房
总计	**75 425**	**18 262**	**14 576**
#国有及国有控股企业	1 085		
按登记注册类型分组			
内资企业	75 425	18 262	14 576
国有企业	468		
集体企业	567		298
股份合作企业			
联营企业			
国有联营企业			
其他联营企业			
有限责任公司	19 347	11 167	1 424
国有独资公司			
其他有限责任公司	19 347	11 167	1 424
股份有限公司	5 416	7 094	10 847
私营企业	49 627		2 008
私营独资企业			
私营合伙企业			
私营有限责任公司	49 627		2 008
私营股份有限公司			
港、澳、台商投资企业			
合资经营企业（港或澳、台资）			
港、澳、台商独资经营企业			
外商投资企业			
中外合资经营企业			
按国民经济行业分组			
房屋和土木工程建筑业	75 425	18 262	14 576
房屋工程建筑	75 425	18 262	14 576
土木工程建筑业			
建筑安装业			
建筑装饰业			
其他建筑业			
工程准备			
提供施工设备服务			
其他未列明的建筑活动			
按企业资质等级分组			
施工总承包	75 425	18 262	14 576
特级	27 161		
一级	31 712	7 094	10 847
二级	11 641	11 167	3 324
三级及以下	4 911		406
专业承包			
一级			
二级			
三级及以下			

企业生产情况指标（六）

房屋价值（万元）

居民服务业用房	教育用房	文化、体育和娱乐用房	卫生医疗用房	科研用房	其他用房
1 868	**84 694**	**10 166**	**7 004**	**4 641**	**13 745**
	1 700				816
1 868	84 694	10 166	7 004	4 641	13 745
	540				816
	4 468	310	495		2 393
132	11 480	3 049	4 384	4 641	4 966
132	11 480	3 049	4 384	4 641	4 966
1 346	840	844			1 500
390	67 367	5 963	2 125		4 070
	2 455	75			
390	64 911	5 888	2 125		4 070
1 868	84 694	10 166	7 004	4 641	13 745
1 868	79 796	10 166	6 509	4 641	13 745
	4 898		495		
1 868	84 694	10 166	6 934	4 641	13 745
	2 363	580			
1 346	50 629	3 393	5 414	4 327	2 602
132	24 540	4 479	305	314	7 762
390	7 163	1 713	1 215		3 381
			70		
			70		

建 筑 业 企 业

项 目	年初存货	流动资产合计	#存 货
总 计	**1 026 179**	**2 852 541**	**1 014 943**
#国有及国有控股企业	117 043	694 032	82 226
按登记注册类型分组			
内资企业	1 017 731	2 837 365	1 009 835
国有企业	91 673	550 771	58 363
集体企业	34 957	56 148	30 658
股份合作企业	9	426	2
联营企业	1 444	4 003	870
国有联营企业	1 403	3 490	828
其他联营企业	41	513	42
有限责任公司	433 399	1 168 644	481 464
国有独资公司	936	26 302	553
其他有限责任公司	432 463	1 142 341	480 912
股份有限公司	186 860	369 286	223 318
私营企业	269 389	688 086	215 161
私营独资企业	8 792	43 086	9 046
私营合伙企业	182	2 559	69
私营有限责任公司	257 558	617 461	199 948
私营股份有限公司	2 857	24 981	6 099
港、澳、台商投资企业	8 296	13 383	4 878
合资经营企业（港或澳、台资）	7 927	9 887	4 481
港、澳、台商独资经营企业	369	3 496	397
外商投资企业	152	1 793	229
中外合资经营企业	152	1 793	229
按国民经济行业分组			
房屋和土木工程建筑业	631 318	1 883 083	591 771
房屋工程建筑	379 368	979 073	319 821
土木工程建筑业	251 950	904 010	271 950
建筑安装业	351 499	759 784	383 943
建筑装饰业	36 658	171 579	33 380
其他建筑业	6 704	38 094	5 848
工程准备	1 630	20 994	2 030
提供施工设备服务	649	6 439	430
其他未列明的建筑活动	4 425	10 662	3 389
按企业资质等级分组			
施工总承包	748 394	2 184 419	724 218
特 级	13 007	60 647	13 976
一 级	434 603	1 357 823	411 625
二 级	151 335	315 377	110 164
三级及以下	149 450	450 572	188 453
专业承包	277 785	668 122	290 725
一 级	33 482	140 565	32 359
二 级	226 186	399 071	240 446
三级及以下	18 116	128 486	17 920

财　务　状　况　指　标　（一）

单位：万元

年末资产负债					
长期投资	固定资产合计	固定资产原价	#生产经营用	累计折旧	#本年折旧
153 164	**266 588**	**360 423**	**286 201**	**136 032**	**22 295**
22 298	62 264	101 642	81 698	41 035	4 681
153 164	263 441	357 240	285 571	135 486	22 162
9 734	37 680	58 256	49 206	21 889	2 961
2 215	4 201	10 447	6 846	6 470	364
	607	709	700	102	33
10	309	429	271	120	35
10	247	367	209	120	35
	62	62	62		
62 172	103 683	130 712	100 522	55 012	7 064
2 224	8 404	11 986	3 556	3 715	259
59 948	95 279	118 726	96 965	51 297	6 804
24 662	14 339	19 283	15 328	5 562	1 352
54 371	102 623	137 405	112 699	46 331	10 354
16 723	3 316	3 801	3 077	1 191	211
	929	1 356	40	427	115
34 448	95 279	126 557	104 705	42 099	9 634
3 200	3 099	5 691	4 877	2 615	393
	2 791	2 684	132	403	108
	1 634	1 447	25	318	81
	1 157	1 237	107	85	28
	356	499	499	143	25
	356	499	499	143	25
89 181	199 311	269 957	228 831	97 654	16 184
79 136	135 263	166 536	137 607	56 867	9 842
10 045	64 048	103 421	91 225	40 787	6 342
51 426	43 161	54 619	35 596	22 050	4 039
6 902	14 361	21 295	13 026	12 180	1 324
5 655	9 755	11 553	8 748	4 138	749
4 172	5 175	8 197	5 641	3 023	531
741	4 220	2 751	2 660	870	157
743	359	605	447	245	61
95 697	202 423	277 327	229 729	101 913	17 487
854	3 167	8 008	8 008	4 840	761
63 614	102 664	160 492	136 387	61 123	10 172
22 310	57 785	60 637	48 694	20 213	2 967
8 920	38 807	48 191	36 641	15 736	3 588
57 467	64 165	83 095	56 472	34 119	4 808
12 839	11 595	22 882	13 296	11 954	853
16 615	19 204	28 196	20 447	11 448	1 819
28 013	33 366	32 017	22 730	10 718	2 135

建 筑 业 企 业

项 目	在建工程	无形及递延资产小计	#无形资产
总 计	**39 459**	**17 126**	**17 126**
#国有及国有控股企业	1 294	9 075	9 075
按登记注册类型分组			
内资企业	38 954	17 125	17 125
国有企业	986	6 367	6 367
集体企业	192	116	116
股份合作企业			
联营企业		3	3
国有联营企业		3	3
其他联营企业			
有限责任公司	26 565	6 781	6 781
国有独资公司	97	640	640
其他有限责任公司	26 468	6 141	6 141
股份有限公司	618	1 115	1 115
私营企业	10 593	2 743	2 743
私营独资企业		16	16
私营合伙企业			
私营有限责任公司	10 593	2 727	2 727
私营股份有限公司			
港、澳、台商投资企业	505	1	1
合资经营企业（港或澳、台资）	505		
港、澳、台商独资经营企业		1	1
外商投资企业			
中外合资经营企业			
按国民经济行业分组			
房屋和土木工程建筑业	25 846	12 473	12 473
房屋工程建筑	24 436	6 001	6 001
土木工程建筑业	1 409	6 472	6 472
建筑安装业	9 340	1 663	1 663
建筑装饰业	1 991	2 038	2 038
其他建筑业	2 283	952	952
工程准备		706	706
提供施工设备服务	2 283	243	243
其他未列明的建筑活动		3	3
按企业资质等级分组			
施工总承包	25 846	12 364	12 364
特 级		80	80
一 级	2 553	9 169	9 169
二 级	16 977	2 475	2 475
三级及以下	6 316	640	640
专业承包	13 614	4 762	4 762
一 级	612	2 905	2 905
二 级	2 140	1 056	1 056
三级及以下	10 862	801	801

财务状况指标（二）

单位：万元

年末资产负债					
其他资产	资产合计	流动负债合计	长期负债合计	负债合计	所有者权益合计
26 103	**3 321 432**	**2 299 266**	**57 633**	**2 356 899**	**964 533**
20 739	810 009	631 673	25 482	657 155	152 854
26 094	3 303 063	2 288 171	56 818	2 344 989	958 075
16 810	622 425	514 572	24 849	539 422	83 003
1 806	64 517	42 732	1 519	44 251	20 266
	1 033	457		457	577
	4 324	3 030		3 030	1 295
	3 750	2 879		2 879	871
	574	151		151	424
5 415	1 350 535	979 689	19 065	998 754	351 781
3	38 020	23 324		23 324	14 695
5 412	1 312 515	956 364	19 065	975 430	337 086
39	409 535	349 977	968	350 945	58 590
2 025	850 694	397 714	10 417	408 131	442 563
30	63 179	42 673		42 673	20 506
98	3 586	1 406		1 406	2 180
1 897	752 643	339 590	10 392	349 982	402 661
	31 286	14 046	25	14 070	17 216
	16 211	10 107	688	10 795	5 416
	11 523	8 958	26	8 984	2 540
	4 687	1 149	662	1 811	2 876
9	2 158	988	127	1 115	1 043
9	2 158	988	127	1 115	1 043
25 259	2 214 769	1 534 599	38 727	1 573 326	641 443
8 445	1 208 955	700 914	11 479	712 393	496 562
16 814	1 005 814	833 684	27 248	860 933	144 881
598	856 800	647 052	18 341	665 393	191 407
160	195 312	94 974	192	95 167	100 145
87	54 550	22 641	373	23 013	31 537
87	31 141	11 899	25	11 924	19 217
	11 642	5 648	182	5 830	5 813
	11 767	5 094	165	5 259	6 508
25 258	2 525 469	1 793 042	38 370	1 831 412	694 058
170	64 918	9 386		9 386	55 533
22 320	1 560 320	1 209 829	31 699	1 241 528	318 791
2 686	400 759	228 310	2 106	230 416	170 343
83	499 473	345 517	4 565	350 082	149 391
845	795 962	506 224	19 263	525 487	270 475
62	168 121	84 789	1 020	85 809	82 311
147	436 411	347 039	1 083	348 122	88 289
637	191 431	74 396	17 161	91 556	99 875

建 筑 业 企 业

项 目	年末资		
	#实收资本	国家资本	集体资本
总 计	**694 073**	**103 977**	**35 298**
#国有及国有控股企业	107 377	103 084	
按登记注册类型分组			
内资企业	688 071	103 977	35 298
国有企业	60 510	60 510	
集体企业	11 506		11 506
股份合作企业	600		600
联营企业	1 371	1 115	
国有联营企业	871	871	
其他联营企业	500	244	
有限责任公司	243 249	41 352	17 575
国有独资公司	6 000	6 000	
其他有限责任公司	237 249	35 352	17 575
股份有限公司	44 168	1 000	5 617
私营企业	326 667		
私营独资企业	11 477		
私营合伙企业	2 008		
私营有限责任公司	302 588		
私营股份有限公司	10 594		
港、澳、台商投资企业	5 502		
合资经营企业（港或澳、台资）	2 522		
港、澳、台商独资经营企业	2 980		
外商投资企业	500		
中外合资经营企业	500		
按国民经济行业分组			
房屋和土木工程建筑业	478 766	79 372	22 393
房屋工程建筑	355 535	41 699	19 972
土木工程建筑业	123 231	37 673	2 420
建筑安装业	106 237	6 004	11 325
建筑装饰业	79 543	1 931	1 580
其他建筑业	29 527	16 671	
工程准备	21 167	10 800	
提供施工设备服务	2 489		
其他未列明的建筑活动	5 871	5 871	
按企业资质等级分组			
施工总承包	499 730	89 647	20 604
特 级	30 018		
一 级	237 844	66 799	
二 级	121 215	18 500	15 000
三级及以下	110 653	4 347	5 604
专业承包	194 343	14 331	14 694
一 级	47 843		1 080
二 级	67 310	3 983	11 437
三级及以下	79 189	10 348	2 177

财务状况指标（三）

单位：万元

产负债				损益及分配	
法人资本	个人资本	港澳台资本	外商资本	工程结算收入	工程结算成本
122 354	**427 528**	**4 741**	**175**	**3 725 632**	**3 382 131**
3 587	706			1 074 122	987 688
121 268	427 528			3 697 736	3 357 800
				806 670	747 483
				52 169	47 725
				272	166
	256			2 920	2 251
				2 841	2 209
	256			79	42
46 447	137 874			1 202 646	1 071 683
				21 263	20 867
46 447	137 874			1 181 383	1 050 815
12 872	24 679			182 886	171 414
61 949	264 718			1 450 171	1 317 078
	11 477			17 069	14 141
	2 008			874	668
53 983	248 605			1 393 252	1 269 732
7 966	2 628			38 976	32 538
761		4 741		25 036	22 383
761		1 761		17 846	16 649
		2 980		7 189	5 734
325			175	2 861	1 949
325			175	2 861	1 949
69 384	305 517	2 100		2 922 851	2 706 586
42 445	251 419			1 866 781	1 726 938
26 940	54 098	2 100		1 056 070	979 647
29 013	57 840	1 880	175	476 164	387 697
22 155	53 116	761		286 307	253 218
1 802	11 054			40 310	34 631
1 802	8 565			14 025	11 319
	2 489			9 281	7 852
				17 005	15 460
76 565	310 814	2 100		3 010 850	2 777 475
1 700	28 318			285 632	265 396
29 671	141 374			2 076 724	1 935 301
19 693	65 923	2 100		384 650	345 689
25 501	75 200			263 845	231 090
45 789	116 713	2 641	175	714 782	604 656
17 408	27 595	1 761		279 840	243 541
10 611	40 586	518	175	286 243	239 469
17 771	48 533	362		148 699	121 646

建 筑 业 企 业

项目	损益		
	工程结算税金及附加	工程结算利润	其他业务收入
总计	**116 250**	**220 628**	**31 447**
#国有及国有控股企业	31 440	53 511	11 217
按登记注册类型分组			
内资企业	115 455	218 420	31 447
国有企业	23 013	35 079	5 024
集体企业	1 794	2 650	661
股份合作企业	9	97	
联营企业	27	637	33
国有联营企业	24	602	33
其他联营企业	3	35	
有限责任公司	37 217	92 869	8 984
国有独资公司	630	-234	186
其他有限责任公司	36 588	93 103	8 798
股份有限公司	5 546	5 455	9 405
私营企业	47 848	81 634	7 339
私营独资企业	568	2 361	
私营合伙企业	18	189	
私营有限责任公司	45 960	74 575	7 334
私营股份有限公司	1 303	4 509	5
港、澳、台商投资企业	714	1 572	
合资经营企业（港或澳、台资）	498	699	
港、澳、台商独资经营企业	216	873	
外商投资企业	80	636	
中外合资经营企业	80	636	
按国民经济行业分组			
房屋和土木工程建筑业	93 095	121 397	8 440
房屋工程建筑	60 536	78 564	3 498
土木工程建筑业	32 560	42 833	4 942
建筑安装业	13 140	72 347	14 421
建筑装饰业	9 304	22 443	8 054
其他建筑业	710	4 441	531
工程准备	279	1 930	172
提供施工设备服务	306	1 096	237
其他未列明的建筑活动	125	1 415	123
按企业资质等级分组			
施工总承包	94 898	136 160	8 994
特 级	9 512	10 725	
一 级	63 729	76 486	5 497
二 级	12 414	26 041	1 304
三级及以下	9 243	22 909	2 193
专业承包	21 352	84 468	22 453
一 级	8 151	27 052	2 663
二 级	8 053	37 300	10 179
三级及以下	5 148	20 116	9 610

财务状况指标（四）

单位：万元

及 分 配					
其他业务利润	经营费用	管理费用	#税　金	财产保险费	差旅费
9 690	**6 623**	**133 209**	**2 781**	**526**	**5 015**
1 800	1 484	27 459	430	74	1 694
9 690	6 060	131 616	2 756	519	4 969
109	1 095	19 058	228	5	1 254
439		2 727	45	8	74
		92	7		3
29	6	563	5	9	10
29	6	529	5	9	10
		34			
4 290	877	57 215	700	193	1 373
124		1 648	133	5	8
4 166	877	55 567	567	188	1 365
2 160	471	4 511	97	30	116
2 663	3 611	47 451	1 674	274	2 138
		1 160	185	84	46
		198	4		158
2 659	2 985	43 279	1 454	176	1 891
5	626	2 813	31	14	43
	367	1 157	15	8	40
		505	12		32
	367	652	3	8	9
	196	436	11		6
	196	436	11		6
2 322	1 773	64 399	1 829	373	2 982
2 195	742	39 504	1 340	227	1 481
127	1 030	24 895	489	146	1 501
4 640	2 980	50 419	547	103	1 156
2 412	1 341	15 053	333	35	735
315	530	3 338	72	15	143
95	497	1 345	25	5	25
144	27	644	34	1	102
77	6	1 349	13	9	15
2 803	2 317	72 435	1 942	348	3 060
		2 417	81		162
433	1 209	35 173	659	184	2 242
1 027	506	18 362	477	22	333
1 342	603	16 484	725	142	323
6 888	4 306	60 773	839	178	1 955
1 460	1 096	15 059	157	16	657
3 305	1 421	32 530	419	56	792
2 123	1 789	13 184	263	106	506

建 筑 业 企 业

项 目		损 益	
	工会经费	财务费用	#利息支出
总 计	**980**	**7 518**	**4 977**
#国有及国有控股企业	325	4 526	3 285
按登记注册类型分组			
内资企业	980	7 412	4 877
国有企业	236	3 024	1 853
集体企业	17	-51	-53
股份合作企业		6	6
联营企业	4	46	17
国有联营企业	4	46	17
其他联营企业			
有限责任公司	554	1 994	1325
国有独资公司	18	-56	-56
其他有限责任公司	536	2 050	1 381
股份有限公司	17	195	186
私营企业	152	2 198	1 544
私营独资企业		271	256
私营合伙企业		16	
私营有限责任公司	152	1 828	1290
私营股份有限公司		84	-2
港、澳、台商投资企业		97	92
合资经营企业（港或澳、台资）		98	93
港、澳、台商独资经营企业			
外商投资企业		8	8
中外合资经营企业		8	8
按国民经济行业分组			
房屋和土木工程建筑业	543	6 883	4 799
房屋工程建筑	242	3 165	2 374
土木工程建筑业	301	3 718	2 425
建筑安装业	396	-152	-351
建筑装饰业	17	720	564
其他建筑业	23	66	-35
工程准备	6	44	-25
提供施工设备服务	4	59	56
其他未列明的建筑活动	14	-36	-66
按企业资质等级分组			
施工总承包	609	6 234	4 069
特 级	44	92	92
一 级	341	5 782	3 980
二 级	125	516	377
三级及以下	99	-157	-381
专业承包	370	1 284	909
一 级	51	1 079	1 008
二 级	274	114	-51
三级及以下	46	91	-49

财 务 状 况 指 标（五）

单位：万元

及 分 配					
营业利润	营业外收入	营业外支出	利润总额	应交所得税	应付利润
89 593	**3 039**	**1 801**	**100 206**	**20 987**	**27 872**
23 325	685	67	23 083	4915	6 515
89 083	3 005	1 778	99 789	20 884	27 641
13 107	657	54	13 634	2 394	6 394
413	15	11	409	189	4
－1			－1		
56		1	55	8	9
56		1	55	8	9
37 951	412	689	36 493	9 214	10 034
－1 702	16	2	－1826		
39 653	396	687	38 318	9214	10 034
2 910	423	299	13 975	646	241
34 648	1497	725	35 224	8 433	10 959
931	1		932	100	58
－25			－25	1	
32 126	1 478	691	32 716	7 967	10 929
1 616	18	33	1 601	366	－28
317	4	23	195	68	43
97	4	10	91	27	
221		13	105	41	43
193	31	1	223	35	187
193	31	1	223	35	187
52 438	2 147	966	53 154	12 369	17 585
38 091	1 509	604	38 355	9 675	10 678
14 347	638	362	14 799	2 694	6 907
26 721	643	359	36 809	6 225	8 777
[illegible]	103	165	9 099	[illegible]	1 671
1 352	67	312	1 145	346	－61
636	58	2	730	222	
537	9	305	240	92	－165
179		5	174	32	105
60 294	2189	983	59 824	15 158	17 720
8 216			8216	2 054	6 162
35 964	1023	630	35 762	7347	8 278
8 190	941	186	8 598	2 297	2 822
7 924	225	168	7 248	3 460	458
29 299	850	818	40 383	5 829	10 152
12 373	602	210	12 822	2 324	4 111
7 962	91	149	8 869	1 887	3 431
8 964	157	460	18 692	1 618	2 610

建 筑 业 企 业

项目	损益及分配		
	劳动、失业保险费	养老保险和医疗保险费	住房公积金及住房补贴
总计	**3 762**	**19 413**	**17 740**
#国有及国有控股企业	840	12 598	13 140
按登记注册类型分组			
内资企业	3 754	19 297	17 733
国有企业	506	11 100	12 648
集体企业	432	193	208
股份合作企业	1	7	5
联营企业	1	2	14
国有联营企业	1		14
其他联营企业		2	
有限责任公司	845	5 520	2 943
国有独资公司	7	102	77
其他有限责任公司	838	5 418	2 866
股份有限公司	345	207	220
私营企业	1 624	2 268	1 696
私营独资企业	13	67	7
私营合伙企业		19	
私营有限责任公司	1 578	2 001	1 664
私营股份有限公司	33	181	25
港、澳、台商投资企业	7	105	7
合资经营企业（港或澳、台资）	4	42	7
港、澳、台商独资经营企业	3	62	
外商投资企业	1	11	
中外合资经营企业	1	11	
按国民经济行业分组			
房屋和土木工程建筑业	2 776	14 663	15 091
房屋工程建筑	2 106	3 225	2 240
土木工程建筑业	669	11 438	12 851
建筑安装业	427	3 933	2 350
建筑装饰业	497	658	174
其他建筑业	63	159	124
工程准备	6	104	49
提供施工设备服务	48	4	
其他未列明的建筑活动	9	51	75
按企业资质等级分组			
施工总承包	2 847	15 190	15 399
特级	662	71	
一级	832	13 270	14 473
二级	1 029	711	539
三级及以下	324	1 138	387
专业承包	915	4 223	2 340
一级	150	504	187
二级	566	3 072	1 834
三级及以下	200	646	319

财 务 状 况 指 标（六）

单位：万元

工资、福利费				补充资料		全部从业人员年平均人数（人）
本年应付工资总额	#主营业务应付工资总额	本年应付福利费总额	#主营业务应付福利费总额	应收工程款	#竣工工程	
723 583	**710 923**	**42 357**	**41 621**	**404 202**	**234 310**	**234 662**
177 305	172 889	7 612	7 446	105 581	41 530	56 302
718 541	705 908	42 268	41 533	400 696	232 533	232 889
156 025	152 611	7 080	6 930	73 842	26 949	49 701
12 524	11 639	1 306	1 185	1 829	754	5 079
76	76			50	50	33
210	210	26	26	2 819	2 819	143
185	185	26	26	2 819	2 819	115
25	25					28
176 043	172 533	5 287	5 090	170 356	93 716	59 293
4 383	4 383	65	65	9 020	8 172	1 931
171 660	168 151	5 222	5 025	161 336	85 544	57 362
41 102	40 065	1 335	1 327	23 570	20 409	10 560
332 561	328 773	27 234	26 974	128 230	87 835	108 080
3 882	3 623	253	241	4 191	3 615	1 359
220	220	18	18	385	385	106
322 036	318 554	26 628	26 383	117 219	79 998	104 516
6 424	6 378	336	333	6 436	3 837	2 099
4 301	4 301	61	61	3 081	1 352	1 651
2 879	2 879			1497	948	1 033
1 422	1 422	61	61	1584	404	618
741	714	27	27	425	425	122
741	714	27	27	425	425	122
616 050	607 464	36 497	36 067	270 641	158 001	198 255
411 508	407 071	27 886	27 578	154 899	101 591	136 497
204 543	200 393	8 611	8 489	115 743	56 410	61 758
46 685	44 623	2 564	2 362	84 489	39 778	16 524
[illegible]	34 377	2 731	2 074	33 902	23 762	10 020
4 822	4 460	545	539	15 091	12 769	1 863
2 851	2 488	331	325	5 136	3 387	977
1 236	1 236	135	135	6 851	6 278	482
736	736	79	79	3 104	3 104	404
619 152	610 222	37 097	36 569	309 418	163 109	197 618
64 491	64 491	9 029	9 029	14 325	8105	18 246
423 984	418 620	20 874	20 759	169 239	86 736	138 478
86 235	84 358	5 069	4 739	54 542	35 207	22 925
44 442	42 753	2 126	2 042	71 313	33 061	17 969
104 432	100 701	5 259	5 052	94 784	71 201	37 044
47 773	46 799	2 222	2 190	34 251	26 814	13 329
31 231	29 419	2 113	2 040	31 788	23 371	12 511
25 428	24 484	925	822	28 745	21 015	11 204

劳务分包建筑业

项目	企业个数	有工作量的企业个数（个）	建筑业总产值	#装饰装修产值
总计	**103**	**98**	**572 531**	**13 148**
#国有及国有控股企业				
按登记注册类型分组				
内资企业	103	98	572 531	13 148
国有企业	2	2	7 301	
集体企业	4	4	17 834	45
股份合作企业				
联营企业	2	2	7 801	
国有联营企业				
集体联营企业	1	1	3 400	
国有与集体联营企业				
其他联营企业	1	1	4 401	
有限责任公司	48	44	288 153	6 346
国有独资公司				
其他有限责任公司	48	44	288 153	6 346
股份有限公司	3	3	11 921	
私营企业	44	43	239 521	6 757
私营独资企业	2	2	10 881	
私营合伙企业	1	1	26 872	
私营有限责任公司	38	37	188 117	6 757
私营股份有限公司	3	3	13 651	
其他企业				
按国民经济行业分组				
房屋和土木工程建筑业	2	2	15 769	
房屋工程建筑	2	2	15 769	
土木工程建筑				
建筑安装业	1	1	214	
建筑装饰业				
其他建筑业	100	95	556 548	13 148
工程准备	36	35	221 779	5 823
提供施工设备服务	20	18	101 702	568
其他未列明的建筑活动	44	42	233 066	6 757
按企业资质等级分组				
劳务分包	103	98	572 531	13 148
一　级	20	19	104 059	
二　级	68	64	369 749	12 962
三级及以下	15	15	98 723	186

企业主要指标（一）

单位：万元、人

计算劳动生产率的平均人数	年末从业人数	# 管理人员	工程技术人员	现场施工工人	年末从业人员中农民工人数
252 908	**245 932**	**2 189**	**5 825**	**225 679**	**154 574**
252 908	245 932	2 189	5 825	225 679	154 574
3 037	3 008	38	15	663	663
13 445	13 446	62	251	10 133	9 048
3 890	3 890	105	45	3 740	
1 450	1 450	5	5	1 440	
2 440	2 440	100	40	2 300	
127 041	123 702	1 128	3 126	114 121	71 149
127 041	123 702	1 128	3 126	114 121	71 149
4 110	4 598	43	21	3 367	3 351
101 385	97 288	813	2 367	93 655	70 363
4 338	4 338	58	84	4 196	4 196
9 864	10 811	6	18	10 787	9 974
80 639	74 286	662	2 189	70 972	53 698
6 544	7 853	87	76	7 700	2 495
6 460	6 460	5	15	1 440	
6 460	6 460	5	15	1 440	
88	90	5	2	85	85
246 360	239 382	2 179	5 808	224 154	154 489
95 837	84 220	576	1 370	81 519	80 697
52 797	54 001	388	858	47 466	47 007
97 726	101 161	1 215	3 580	95 169	26 785
252 908	245 932	2 189	5 825	225 679	154 574
47 253	49 691	343	630	46 437	32 525
170 091	159 875	1 635	4 739	150 249	106 525
35 564	36 366	211	456	28 993	15 524

劳务分包建筑业

项目	固定资产原价	本年折旧	资产总计	负债合计
总计	**4 061**	**594**	**139 251**	**96 897**
#国有及国有控股企业				
按登记注册类型分组				
内资企业	4 061	594	139 251	96 897
国有企业	63	3	3 006	2 971
集体企业	246	29	1 071	531
股份合作企业				
联营企业	7	1	1 628	981
国有联营企业				
集体联营企业			1 318	974
国有与集体联营企业				
其他联营企业	7	1	310	7
有限责任公司	1 348	285	64 935	39 994
国有独资公司				
其他有限责任公司	1 348	285	64 935	39 994
股份有限公司	75	22	9 360	258
私营企业	2 323	255	59 250	52 161
私营独资企业	43	4	2 634	2 428
私营合伙企业	121	23	5 388	5 418
私营有限责任公司	2 128	226	45 428	38 624
私营股份有限公司	31	2	5 800	5 691
其他企业				
按国民经济行业分组				
房屋和土木工程建筑业			1 577	1 103
房屋工程建筑			1 577	1 103
土木工程建筑				
建筑安装业			147	45
建筑装饰业				
其他建筑业	4 061	594	137 527	95 749
工程准备	1 953	191	47 878	43 881
提供施工设备服务	827	82	19 544	15 191
其他未列明的建筑活动	1 281	321	70 105	36 676
按企业资质等级分组				
劳务分包	4 061	594	139 251	96 897
一级	1 190	83	27 353	24 445
二级	1 827	379	91 604	56 241
三级及以下	1 044	132	20 293	16 211

企业主要指标（二）

单位：万元

实收资本	国家资本	集体资本	法人资本	个人资本
15 345	**150**	**402**	**3 026**	**11 767**
15 345	150	402	3 026	11 767
150	150			
302		302		
421		36	85	300
121		36	85	
300				300
7 405		65	1 458	5 882
7 405		65	1 458	5 882
700			190	510
6 368			1 292	5 075
200				200
396				396
5 372			1 192	4 179
400			100	300
221		36	180	5
221		36	180	5
108				108
15 016	150	367	2 846	11 654
4 746	50	65	1 121	3 510
3 068	100	202	269	2 497
7 203		100	1 456	5 647
15 345	150	402	3 026	11 767
2 792	150	263	843	1 535
9 756		60	1 657	8 039
2 797		79	525	2 193

劳务分包建筑业

项目	营业收入合计	#主营业务收入	主营业务成本	主营业务税金及附加
总计	**546 961**	**543 604**	**534 767**	**22 859**
#国有及国有控股企业				
按登记注册类型分组				
内资企业	546 961	543 604	534 767	22 859
国有企业	7 301	7 301	7 003	221
集体企业	17 834	14 590	13 938	460
股份合作企业				
联营企业	7 796	7 796	7 538	202
国有联营企业				
集体联营企业	3 395	3 395	3 310	55
国有与集体联营企业				
其他联营企业	4 401	4 401	4 228	147
有限责任公司	275 081	275 032	264 231	10 215
国有独资公司				
其他有限责任公司	275 081	275 032	264 231	10 215
股份有限公司	11 921	11 921	11 602	1 861
私营企业	227 028	226 964	230 454	9 901
私营独资企业	10 881	10 873	10 413	363
私营合伙企业	26 872	26 872	25 863	862
私营有限责任公司	175 624	175 568	181 271	8 040
私营股份有限公司	13 651	13 651	12 907	636
其他企业				
按国民经济行业分组				
房屋和土木工程建筑业	15 764	15 764	15 325	357
房屋工程建筑	15 764	15 764	15 325	357
土木工程建筑				
建筑安装业	214	214	208	3
建筑装饰业				
其他建筑业	530 983	527 625	519 234	22 500
工程准备	218 783	218 772	210 895	6 159
提供施工设备服务	95 374	92 127	87 952	2 995
其他未列明的建筑活动	216 826	216 726	220 387	13 346
按企业资质等级分组				
劳务分包	546 961	543 604	534 767	22 859
一　级	97 604	97 601	93 741	2 871
二　级	350 981	347 629	346 860	15 365
三级及以下	98 376	98 373	94 166	4 622

企 业 主 要 指 标 （三）

单位：万元、人

费用合计	营业利润	利润总额	从业人员劳动报酬	劳动、失业保险费	住房公积金及住房补贴	全部从业人员年平均人数
4 787	**477**	**173**	**515 561**	**542**	**121**	**257 175**
4 787	477	173	515 561	542	121	257 175
147	-70	-70	7 090	14	7	3 037
255	-58	-58	16 547	10	5	13 445
38	18	18	7 538	4		3 890
14	16	16	3 310	1		1 450
24	2	2	4 228	4		2 440
2 368	396	189	258 438	159	24	129 702
2 368	396	189	258 438	159	24	129 702
79	-11	-11	11 605	7		4 110
1 900	202	105	214 343	348	85	102 991
90	32	15	10 413	7		4 338
116	31	31	25 921	6		10 072
1 610	115	36	166 670	113	83	82 025
85	24	24	11 338	222	2	6 556
24	58	58	15 325	3		6 460
24	58	58	15 325	3		6 460
6	-2	-2	202	1	6	88
4 757	421	117	500 033	538	115	250 627
1 534	431	173	204 108	97	14	97 351
1 183	5	7	95 502	96	12	52 806
2 039	-15	-63	200 423	345	90	100 470
4 787	477	173	515 561	542	121	257 175
1 013	-20	-19	91 764	60	17	47 267
2 974	199	-64	331 980	419	94	171 890
801	298	255	91 818	63	11	38 018

五、运输邮电通讯业

客、货运输总量及周转量

指　　标	单　位	2009 年	2008 年	比 2008 年增长（%）
客运量	**万人次**	**11 597.46**	**10 282.97**	**12.8**
铁　路（发送）	万人次	366.04	419.84	-12.8
公　路	万人次	9 426.79	8 231.69	14.5
水　运	万人次	692.24	669.55	3.4
航　空	万人次	1 112.39	961.89	15.7
客运周转量	**万人公里**	**1 876 146.57**	**1 635 096.71**	**14.7**
公　路	万人公里	547 075.55	489 412.52	11.8
水　运	万人公里	8 385.18	8 376.79	0.1
航　空	万人公里	1 320 685.84	1 137 307.40	16.1
货运量	**万吨**	**8 371.05**	**7 600.57**	**10.1**
铁　路（发送）	万吨	621.32	642.33	-3.3
公　路	万吨	5 018.08	4 367.12	14.9
水　运	万吨	2 718.99	2 578.71	5.4
航　空	万吨	12.66	12.41	2
货物周转量	**万吨公里**	**6 636 701.88**	**6 003 319.70**	**10.6**
公　路	万吨公里	627 901.10	577 309.89	8.8
水　运	万吨公里	5 992 030.39	5 409 551.59	10.8
航　空	万吨公里	16 770.39	16 458.22	1.9
港口货物吞吐量	**万吨**	**10 999.87**	**9 701.96**	**13.4**
集装箱吞吐量	**万标箱**	**468.03**	**503.46**	**-7**
空港旅客吞吐量	**万人次**	**1 132.95**	**938.54**	**20.7**
空港货邮吞吐量	**万吨**	**19.60**	**19.55**	**0.3**
铁路货物到发总量	**万吨**	**1 302.59**	**1 417.59**	**-8.1**

港口货物吞吐量

单位：万吨

指标	总计			出港			进港		
		外贸	内贸	合计	外贸	内贸	合计	外贸	内贸
总计	**11 096.28**	**5 634.90**	**5 461.38**	**4 536.23**	**2 870.38**	**1 665.85**	**6 560.06**	**2 764.52**	**3 795.54**
#转口	872.67	457.42	415.25	238.32	225.54	12.78	634.35	231.88	402.47
#煤炭及制品	1 457.47	494.75	962.72	40.97		40.97	1 416.50	494.75	921.75
石油天然气制品	223.54	6.83	216.71	9.61		9.61	213.93	6.83	207.10
金属矿石	581.42	548.49	32.93	30.25		30.25	551.17	548.49	2.68
钢铁	206.78	52.60	154.18	37.78	3.74	34.04	169.01	48.86	120.15
矿建材料	2 689.54	947.46	1 742.09	1 330.93	843.42	487.51	1 358.61	104.04	1 254.57
水泥	4.21	0.26	3.95	0.26	0.26		3.95		3.95
木材	72.97	72.19	0.78	0.43	0.31	0.12	72.54	71.88	0.66
非金属矿石	50.90	27.25	23.65	27.41	26.95	0.46	23.49	0.30	23.19
化肥及农药	15.32	13.84	1.48	0.70		0.70	14.62	13.84	0.78
盐									
粮食	292.09	112.03	180.06	3.16		3.16	288.93	112.03	176.90
机械、设备、电器	158.77	157.30	1.47	100.64	99.94	0.70	58.12	57.36	0.76
化工原料及制品	296.76	185.48	111.28	103.90	62.70	41.20	192.86	122.78	70.08
有色金属									
轻工、医药产品	153.93	149.49	4.44	90.85	89.27	1.58	63.09	60.23	2.86
农、林、牧、渔业产品	26.18	24.86	1.32	2.55	2.11	0.44	23.63	22.75	0.88
其他	4 866.41	2 842.05	2 024.36	2 756.78	1 741.68	1 015.10	2 109.63	1 100.37	1 009.26

公　路　里　程　数

单位：公里

指　　标	单　位	年底到达数	指　　标	单　位	年底到达数
公路通车里程	**公里**	**1 873.03**	省　道	公里	97.6
#高速公路	公里	54.56	县　道	公里	609.77
#有路面公路	公里	1 615.78	乡　道	公里	692.78
沥青混凝土	公里	439.09	#晴雨通车里程	公里	1 769.9
水泥混凝土	公里	1 136.3	**可绿化公路里程**	**公里**	**1 686.4**
简易铺装路面	公里	40.39	#已绿化里程	公里	1 300.59
无路面公路	公里	257.25	**公路桥梁**	**座**	**444**
#等级公路	公里	1 603.15	公路桥梁长度	米	39 349
等外公路	公里	269.88	公路隧道	座	8
#国　道	公里	128.05	公路隧道长	米	12 865

民　用　车　辆　拥　有　量

单位：辆

指　　标	2009 年	指　　标	2009 年
民用车辆	**642 762**	中　型	6 882
民用汽车	312 196	轻　型	45 009
#私人汽车	222 775	微　型	2 709
载客汽车	242 865	其他汽车	3 405
#大　型	5 980	摩托车	319 983
中　型	7 391	普　通	313 858
小　型	221 236	轻　便	6 125
微　型	8 258	挂　车	8 492
载货汽车	65 926	拖拉机	2 090
重　型	11 326	其　他	1

民　用　运　输　船　舶　拥　有　量

指　　标	单　位	2009 年	指　　标	单　位	2009 年
机动船	**艘**	**393**			
总　吨	吨位	863 285	载客量	客位	11 723
载客量	客位	11 723	功　率	千瓦	36 675
净载重量	吨位	1 286 448	货　船	艘	196
总功率	千瓦	416 503	总　吨	吨位	850 480
客　船	艘	197	净载重量	吨	1 286 448
总　吨	吨位	12 805	功　率	千瓦	379 828

邮电业务基本情况

项目	单位	2009年	2008年	比2008年增长（%）
邮电业务总量	**万元**	**576 457**	**524 417**	**9.9**
#邮政业务总量	万元	43 313	57 117	-24.2
函件	万件	3 341	4 217	-20.8
机要文件	万件	3.29	3.02	8.9
包件	万件	32.89	37.44	-12.2
汇票	万张	144.54	147.52	-2.0
订销报纸累计数	万张	4 931.48	4 902.53	0.6
订销杂志累计数	万张	669.36	722.72	-7.4
电信业务总量	万元	533 144	467 300	14.1
固定电话用户到达数	万部	190.22	235.6	-19.3
移动电话到达数	万部	353.25	310.47	13.8

主要邮电设备拥有量

项目	单位	2009年
邮政汽车	辆	353
长途电话交换机容量	路端	87 451
局用交换机容量	万门	111.77
移动电话交换机容量（HLR）	万户	962.46
PHS接入容量	万线	115.06

注：本表未包括网通厦门分公司数据。

六、批发零售贸易和餐饮业

历年社会消费品零售总额

（1950～2009年）

年　份	社会消费品零售总额（万元）	年　份	社会消费品零售总额（万元）	年　份	社会消费品零售总额（万元）
1950	4 155	1970	11 538	1990	246 595
1951	3 830	1971	12 813	1991	294 730
1952	3 581	1972	13 768	1992	382 825
1953	5 108	1973	15 067	1993	464 328
1954	5 687	1974	15 553	1994	589 279
1955	5 198	1975	16 005	1995	751 154
1956	7 687	1976	17 547	1996	942 548
1957	7 794	1977	19 129	1997	1 156 884
1958	9 040	1978	21 569	1998	1 365 007
1959	10 471	1979	24 406	1999	1 402 408
1960	10 795	1980	28 552	2000	1 476 596
1961	10 406	1981	28 777	2001	1 599 301
1962	10 074	1982	34 625	2002	1 790 097
1963	11 820	1983	39 431	2003	2 074 723
1964	11 086	1984	56 966	2004	2 344 644
1965	11 181	1985	90 826	2005	2 835 656
1966	11 228	1986	103 505	2006	3 426 459
1967	11 566	1987	117 261	2007	4 108 501
1968	11 670	1988	186 070	2008	4 958 571
1969	12 417	1989	209 868	2009	5 661 225

注：此表依2008年经济普查及2009年年报数修订。

社会消费品零售总额

单位：万元

项　目	2009年	2008年	比2008年增长（%）
社会消费品零售总额	**5 661 225**	**4 958 571**	**14.2**
按销售单位所在地分组			
思明区	2 901 471	2 596 694	11.7
湖里区	1 470 129	1 274 074	15.4
集美区	437 599	391 833	11.7
海沧区	318 471	226 576	40.6
同安区	360 128	322 793	11.6
翔安区	173 427	146 601	18.3
按行业分组			
批发零售贸易业	4 733 295	4 138 132	14.4
#限额以上企业	2 906 236	2 572 126	13.0
住宿餐饮业	737 115	668 496	10.3
#星级住宿及限额以上餐饮企业	323 481	313 882	3.1
其　他	190 815	151 943	25.6

注：此表依2008年经济普查及2009年年报数修订。

亿元以上商品交易市场情况（一）

单位：万元

项　　　目	摊位数量（个）	总成交额
总　　计	**5 991**	**1 055 455**
食品、饮料、烟酒类	4 542	749 341
服装、鞋帽、针纺织品类	165	4 921
化妆品类	24	396
日用品类	238	17 797
五金、电料类	34	2 167
体育、娱乐用品类	4	20
书报杂志类	1	13
电子出版物及音像制品类	2	76
家用电器和音像器材类	5	370
中西药品类	11	696
家具类	100	11 488
通讯器材类	8	900
木材及制品类	230	24 822
化工材料及制品类	3	534
金属材料类	27	3 899
建筑及装潢材料类	283	17 742
汽车类	109	211 050
种子饲料类	9	110
其他类	196	9 113

亿元以上商品交易市场情况（二）

单位：万元

项　　　目	市场个数（个）	摊位数量（个）	营业面积（平方米）	市场成交额
总　　计	**18**	**5 991**	**363 098**	**1 055 455**
按经营环境分				
露天式	4	972	45 600	259 949
封闭式	11	3 846	229 788	701 352
其　他	3	1 173	87 710	94 154
按营业状态分				
常年营业	18	5 991	363 098	1 055 455
按经营方式分				
批发（或以批发为主）	6	1 519	105 000	541 818
零售（或以零售为主）	12	4 472	258 098	513 637
按市场类别分				
综合市场	8	3 333	180 498	227 933
农产品综合市场	5	1 998	56 900	159 124
其他综合市场	3	1 335	123 598	68 809
专业市场	10	2 658	182 600	827 522
生产资料市场	1	287	48 000	40 455
其他生产资料市场	1	287	48 000	40 455
农产品市场	8	2 262	110 600	576 017
肉禽蛋市场	1	103	3 200	103 866
水产品市场	2	602	22 400	114 582
蔬菜市场	3	1 110	66 800	292 331
干鲜果品市场	1	101	15 000	42 847
其他农产品市场	1	346	3 200	22 391
汽车、摩托车及零配件市场	1	109	24 000	211 050
汽车市场	1	109	24 000	211 050

限额以上批发零售贸易业商品销售总额和分类销售额

单位：万元

项目	合计	批发	零售
合计	**25 255 363**	**22 493 363**	**2 762 000**
粮油、食品、饮料、烟酒类	2 415 624	1 994 404	421 220
粮油、食品类	1 472 329	1 136 727	335 602
#粮油类	437 561	385 112	52 449
肉禽蛋类	178 214	94 789	83 425
水产品类	65 975	55 152	10 823
蔬菜类	30 009	24 168	5 841
干鲜果品类	128 294	113 793	14 501
饮料类	59 659	38 351	21 308
烟酒类	883 637	819 327	64 310
服装鞋帽、针、纺织品类	4 229 918	3 993 385	236 533
服装类	2 114 998	1 946 978	168 020
鞋帽类	1 223 727	1 180 858	42 869
针、纺织品类	891 193	865 548	25 645
化妆品类	43 934	4 115	39 819
金银珠宝类	57 938	2 720	55 218
日用品类	738 760	616 755	122 005
#洗涤用品类	87 278	51 293	35 985
儿童玩具类	22 308	19 604	2 704
五金、电料类	168 113	162 521	5 592
体育、娱乐用品类	81 055	56 184	24 871
书报杂志类	26 267	9 062	17 205
电子出版物及音像制品类	2 818	1 533	1 285
家用电器和音像器材类	516 801	348 035	168 766
中西药品类	328 971	217 407	111 564
#西　药	250 825	155 961	94 864
中草药及中成药	24 808	14 022	10 786
文化办公用品类	223 822	161 456	62 366
家具类	83 052	80 140	2 912
通讯器材类	560 576	516 479	44 097
煤炭及制品类	242 605	240 782	1 823
木材及制品类	1 035 968	1 035 968	
石油及制品类	1 429 049	1 019 414	409 635
化工材料及制品类	3 241 151	3 241 151	
#化肥类	99 952	99 952	
金属材料类	4 278 670	4 278 670	
建筑及装潢材料类	706 245	684 202	22 043
机电产品及设备类	1 508 635	1 470 607	38 028
#农机类	7 642	7 642	
汽车类	1 283 104	390 127	892 977
种子饲料类	87 783	87 783	
棉麻类	11 771	11 771	
其他类	1 952 733	1 868 689	84 044

注：此表以月代年汇总统计，以2008经济普查标准划分，包括限额以上法人及产业活动单位数为1 403家。

限额以上批发零售贸易业商品销售数量

项目	单位	合计	批发	零售
粮食	吨	1 026 301	972 090	54 211
食用植物油	吨	199 897	178 063	21 834
照相机	台	86 054	34 820	51 234
#数码照相机	台	83 244	34 565	48 679
彩色电视机	台	510 402	399 978	110 424
#液晶等离子电视机	台	196 605	130 144	66 461
组合音响	台	22 193	13 039	9 154
摄像机	台	3 970	997	2 973
影碟机	台	49 034	22 179	26 855
家用电冰箱	台	258 833	164 419	94 414
家用洗衣机	台	157 162	85 423	71 739
房间空调器	台	727 073	588 166	138 907
微波炉	台	232 121	181 962	50 159
微型计算机	台	222 184	121 054	101 130
普通电话机	台	96 134	45 770	50 364
移动电话机	台	2 415 414	2 030 896	384 518
汽油	吨	412 201	129 571	282 630
煤油	吨	56	50	6
柴油	吨	987 197	707 778	279 419
汽车	辆	86 339	33 753	52 586
#轿车	辆	41 358	3 699	37 659

注：此表以月代年汇总统计，以2008经济普查标准划分，包括限额以上法人及产业活动单位数为1 403家。

限额以上连锁店（公司）

项目	连锁总店数（个）	连锁门店数（个）			营业面积（平方米）			年末从业人员数（人）		
			直销店	加盟店		直销店	加盟店		直销店	加盟店
总　　计	**47**	**1 447**	**802**	**645**	**499 340**	**479 925**	**19 415**	**17 548**	**14 444**	**3 104**
批发业	**3**	**38**	**38**		**89 591**	**89 591**		**900**	**900**	
按批发行业中类分组										
食品、饮料及烟草制品批发	1	9	9		1 260	1 260		51	51	
矿产品、建材及化工产品批发	2	29	29		88 331	88 331		849	849	
按登记注册类型分组										
内资企业	3	38	38		89 591	89 591		900	900	
国有企业	2	35	35		87 391	87 391		819	819	
有限责任公司	1	3	3		2 200	2 200		81	81	
其他有限责任公司	1	3	3		2 200	2 200		81	81	
按控股情况分组										
国有控股	2	29	29		88 331	88 331		849	849	
其　他	1	9	9		1 260	1 260		51	51	
按零售业态分组										
专业店	3	38	38		89 591	89 591		900	900	
#加油站	2	29	29		88 331	88 331		849	849	
零售业	**35**	**1 046**	**629**	**417**	**343 301**	**336 571**	**6 730**	**8 823**	**8 026**	**797**
按零售行业中类分组										
综合零售	10	150	137	13	64 345	63 645	700	2 655	2 615	40
食品、饮料及烟草制品专门零售	7	605	207	398	14 929	8 899	6 030	1 909	1 152	757
纺织、服装及日用品专门零售	4	73	67	6	10 028	10 028		948	948	
文化、体育用品及器材专门零售	3	17	17		7 306	7 306		395	395	
医药及医疗器材专门零售	4	114	114		18 606	18 606		676	676	
汽车、摩托车、燃料及零配件专门零售	1	22	22		110 000	110 000		431	431	
家用电器及电子产品专门零售	6	65	65		118 087	118 087		1 809	1 809	
按登记注册类型分组										
内资企业	32	783	509	274	336 825	332 495	4 330	7 939	7 499	440
国有企业	2	127	27	100	6 575	2 645	3 930	557	147	410
集体企业	1	5	5		1 412	1 412		89	89	
有限责任公司	13	208	208		109 919	109 919		2 878	2 878	
其他有限责任公司	13	208	208		109 919	109 919		2 878	2 878	
股份有限公司	3	50	50		155 176	155 176		954	954	
私营企业	12	382	214	168	63 380	62 980	400	3 430	3 400	30
私营独资企业	1	5	5		3 271	3 271		105	105	
私营有限责任公司	11	377	209	168	60 109	59 709	400	3 325	3 295	30
其他企业	1	11	5	6	363	363		31	31	
港、澳、台商投资企业	2	230	92	138	4 496	2 396	2 100	654	307	347
合资经营企业（港或澳、台资）	1	184	46	138	2 700	600	2 100	533	186	347
港、澳、台商独资经营企业	1	46	46		1 796	1 796		121	121	
外商投资企业	1	33	28	5	1 980	1 680	300	230	220	10
外资企业	1	33	28	5	1 980	1 680	300	230	220	10

商品销售情况

单位：万元

购进总额	统一配送商品购进额	自有配送中心配送商品购进额	非自有配送商品购进额	销售总额（营业总收入）	直销店	加盟店	# 零售额	直销店	加盟店	餐位数（位）
613 262	**382 407**	**209 650**	**143 118**	**900 356**	**858 287**	**42 069**	**791 316**	**749 247**	**42 069**	**18 426**
28 255	**20 888**		**20 888**	**204 323**	**204 323**		**179 065**	**179 065**		
7 367				7 908	7 908		2 410	2 410		
20 888	20 888		20 888	196 415	196 415		176 654	176 654		
28 255	20 888		20 888	204 323	204 323		179 065	179 065		
7 367				182 159	182 159		176 661	176 661		
20 888	20 888		20 888	22 164	22 164		2 403	2 403		
20 888	20 888		20 888	22 164	22 164		2 403	2 403		
20 888	20 888		20 888	196 415	196 415		176 654	176 654		
7 367				7 908	7 908		2 410	2 410		
28 255	20 888		20 888	204 323	204 323		179 065	179 065		
20 888	20 888		20 888	196 415	196 415		176 654	176 654		
547 961	**331 763**	**207 086**	**122 115**	**596 944**	**571 221**	**25 723**	**513 163**	**487 439**	**25 724**	
69 307	44 352	27 076	17 276	79 401	78 899	502	79 294	78 792	502	
104 400	104 093	82 813	21 281	113 614	88 393	25 222	99 363	74 141	25 222	
17 063	16 940	14 378		21 340	21 340		21 170	21 170		
29 632	29 632	29 632		34 790	34 790		29 259	29 259		
16 084	13 312	2 262	11 050	21 648	21 648		21 648	21 648		
118 989				122 817	122 817		84 515	84 515		
192 488	123 434	50 926	72 508	203 334	203 334		177 914	177 914		
528 813	312 614	194 999	115 053	577 757	558 298	19 458	493 975	474 517	19 458	
[illegible]	[illegible]	[illegible]	14 219	39 542	20 330	19 212	39 542	20 330	19 212	
1 056	1 056	1 056		1 550	1 550		1 550	1 550		
163 715	158 709	89 689	66 457	191 601	191 601		182 132	182 132		
163 715	158 709	89 689	66 457	191 601	191 601		182 132	182 132		
189 578	2 262	2 262		191 506	191 506		139 404	139 404		
137 257	113 380	79 003	34 377	152 564	152 318	247	130 353	130 106	247	
1 607	1 607	1 607		1 426	1 426		1 426	1 426		
135 650	111 774	77 397	34 377	151 138	150 892	247	128 927	128 680	247	
769	769	769		994	994		994	994		
16 979	16 979	9 918	7 062	16 606	10 596	6 010	16 606	10 596	6 010	
9 918	9 918	9 918		9 545	3 535	6 010	9 545	3 535	6 010	
7 062	7 062		7 062	7 062	7 062		7 062	7 062		
2 169	2 169	2 169		2 582	2 326	255	2 582	2 326	255	
2 169	2 169	2 169		2 582	2 326	255	2 582	2 326	255	

续表一

项　　目	连锁总店数（个）	连锁门店数（个）			营业面积（平方米）			年末从业人员数（人）		
			直销店	加盟店		直销店	加盟店		直销店	加盟店
按控股情况分组										
国有控股	5	180	80	100	124 971	121 041	3 930	1 380	970	410
集体控股	1	5	5		1 412	1 412		89	89	
私人控股	19	441	273	168	160 283	159 883	400	4 785	4 755	30
外商控股	3	263	120	143	6 476	4 076	2 400	884	527	357
其　他	7	157	151	6	50 159	50 159		1 685	1 685	
按零售业态分组										
便利店	3	75	62	13	5 572	4 872	700	481	441	40
超　市	6	66	66		54 473	54 473		2 120	2 120	
百货商店	1	9	9		4 300	4 300		54	54	
专业店	12	440	302	138	140 772	138 672	2 100	3 372	3 025	347
#加油站	1	22	22		110 000	110 000		431	431	
专卖店	12	434	168	266	28 184	24 254	3 930	2 365	1 955	410
餐饮业	**9**	**363**	**135**	**228**	**66 448**	**53 763**	**12 685**	**7 825**	**5 518**	**2 307**
按餐饮行业中类分组										
正餐服务	6	144	40	104	23 654	13 454	10 200	2 949	889	2 060
快餐服务	3	219	95	124	42 794	40 309	2 485	4 876	4 629	247
按登记注册类型分组										
内资企业	5	255	27	228	24 169	11 484	12 685	3 374	1 067	2 307
国有企业	1	3	3		6 307	6 307		281	281	
有限责任公司	3	146	22	124	7 262	4 777	2 485	983	736	247
其他有限责任公司	3	146	22	124	7 262	4 777	2 485	983	736	247
私营企业	1	106	2	104	10 600	400	10 200	2 110	50	2 060
私营有限责任公司	1	106	2	104	10 600	400	10 200	2 110	50	2 060
港、澳、台商投资企业	2	41	41		15 529	15 529		1 155	1 155	
港、澳、台商独资经营企业	2	41	41		15 529	15 529		1 155	1 155	
外商投资企业	2	67	67		26 750	26 750		3 296	3 296	
中外合作经营企业	1	65	65		26 000	26 000		3 250	3 250	
外商投资股份有限公司	1	2	2		750	750		46	46	
按控股情况分组										
国有控股	1	3	3		6 307	6 307		281	281	
私人控股	3	235	7	228	13 953	1 268	12 685	2 744	437	2 307
港澳台商控股	2	41	41		15 529	15 529		1 155	1 155	
外商控股	2	67	67		26 750	26 750		3 296	3 296	
其　他	1	17	17		3 909	3 909		349	349	
按餐饮活动分组										
正　餐	5	141	37	104	17 347	7 147	10 200	2 668	608	2 060
快　餐	3	219	95	124	42 794	40 309	2 485	4 876	4 629	247
其他餐饮	1	3	3		6 307	6 307		281	281	

单位：万元

购进总额	统一配送商品购进额	自有配送中心配送商品购进额	非自有配送商品购进额	销售总额（营业总收入）	直销店	加盟店	# 零售额	直销店	加盟店	餐位数（位）
167 442	48 453	22 219	26 234	176 758	157 547	19 212	138 457	119 245	19 212	
1 056	1 056	1 056		1 550	1 550		1 550	1 550		
278 371	181 283	146 906	34 377	311 607	311 360	247	272 226	271 979	247	
19 148	19 148	12 087	7 062	19 188	12 922	6 265	19 188	12 922	6 265	
81 943	81 821	24 817	54 442	87 841	87 841		81 743	81 743		
8 897	8 897	6 837	2 060	9 295	8 793	502	9 188	8 687	502	
58 605	35 455	20 239	15 215	68 424	68 424		68 424	68 424		
1 805				1 682	1 682		1 682	1 682		
262 821	191 722	125 643	66 079	288 854	282 844	6 010	252 569	246 559	6 010	
118 989				122 817	122 817		84 515	84 515		
96 845	95 689	54 367	38 760	105 873	86 661	19 212	96 785	77 573	19 212	
37 046	**29 757**	**2 564**	**115**	**99 089**	**82 744**	**16 346**	**99 089**	**82 744**	**16 346**	**18 426**
6 903	2 679	2 564	115	22 551	7 575	14 976	22 551	7 575	14 976	9 713
30 143	27 078			76 538	75 168	1 370	76 538	75 168	1 370	8 713
9 747	2 679	2 564	115	25 995	9 650	16 346	25 995	9 650	16 346	8 691
1 104				2 288	2 288		2 288	2 288		1 123
5 463	115		115	8 443	7 073	1 370	8 443	7 073	1 370	2 488
5 463	115		115	8 443	7 073	1 370	8 443	7 073	1 370	2 488
3 180	2 564	2 564		15 264	288	14 976	15 264	288	14 976	5 080
3 180	2 564	2 564		15 264	288	14 976	15 264	288	14 976	5 080
10 725	10 623			24 583	24 583		24 583	24 583		5 925
10 725	10 623			24 583	24 583		24 583	24 583		5 925
16 574	16 455			48 511	48 511		48 511	48 511		3 810
16 455	16 455			48 388	48 388		48 388	48 388		3 600
119				123	123		123	123		210
1 104				2 288	2 288		2 288	2 288		1 123
6 360	2 679	2 564	115	20 131	3 785	16 346	20 131	3 785	16 346	5 408
10 725	10 623			24 583	24 583		24 583	24 583		5 925
16 574	16 455			48 511	48 511		48 511	48 511		3 810
2 283				3 576	3 576		3 576	3 576		2 160
5 799	2 679	2 564	115	20 263	5 287	14 976	20 263	5 287	14 976	8 590
30 143	27 078			76 538	75 168	1 370	76 538	75 168	1 370	8 713
1 104				2 288	2 288		2 288	2 288		1 123

限额以上批发和零售

项目	法人单位（个）	从业人员（人）	购进总额	#进口
总计	**1 217**	**66 333**	**26 063 024**	**3 504 801**
批发业	**996**	**41 278**	**23 903 389**	**3 387 701**
按批发行业小类分组				
农畜产品批发	15	593	127 779	20 515
谷物、豆及薯类批发	2	46	15 624	
种子、饲料批发	9	219	42 927	19 881
其他农畜产品批发	4	328	69 228	635
食品、饮料及烟草制品批发	84	6 518	3 642 132	143 072
米、面制品及食用油批发	15	454	358 487	29 421
糕点、糖果及糖批发	3	55	55 579	2 484
果品、蔬菜批发	5	1 153	155 487	126
肉、禽、蛋及水产品批发	8	179	75 275	
盐及调味品批发	2	117	6 750	
饮料及茶叶批发	9	2 242	312 050	
烟草制品批发	3	996	2 049 618	16 515
其他食品批发	39	1 322	628 886	94 527
纺织、服装及日用品批发	232	8 095	4 894 090	279 594
纺织品、针织品及原料批发	58	1 056	718 023	113 725
服装批发	87	3 397	2 673 903	124 148
鞋帽批发	51	2 112	1 055 252	26 185
厨房、卫生间用具及日用杂货批发	1	25	3 754	
其他日用品批发	35	1 505	443 159	15 536
文化、体育用品及器材批发	27	1 287	156 068	2 683
文具用品批发	6	85	54 684	
体育用品批发	3	29	11 499	
图书批发	1	308	11 702	1 114
首饰、工艺品及收藏品批发	11	804	50 549	1 323
其他文化用品批发	6	61	27 634	246
医药及医疗器材批发	14	1 128	325 468	170
西药批发	8	792	237 809	170
中药材及中成药批发	2	174	76 759	
医疗用品及器材批发	4	162	10 901	
矿产品、建材及化工产品批发	394	14 472	10 944 144	2 322 667
煤炭及制品批发	5	145	90 742	
石油及制品批发	31	1 536	604 620	24 456
非金属矿及制品批发	12	296	65 393	17 862
金属及金属矿批发	89	2 355	3 100 809	403 946
建材批发	116	7 720	5 238 649	1 366 197
化肥批发	5	93	55 498	41
农药批发	1	11	16 067	4 858
农用薄膜批发	1	13	2 283	
其他化工产品批发	134	2 303	1 770 082	505 307
机械设备、五金交电及电子产品批发	162	7 381	2 654 291	322 258
农业机械批发	3	56	11 933	36
汽车、摩托车及零配件批发	30	1 174	339 294	8 008
五金、交电批发	23	512	191 267	4 726
家用电器批发	14	1 295	236 941	
计算机、软件及辅助设备批发	23	1 359	207 155	12 457
通讯及广播电视设备批发	10	580	419 085	
其他机械设备及电子产品批发	59	2 405	1 248 616	297 031

业 商 品 购 销 存 总 额

单位：万元

销售总额	批发额	#出 口	零售额	年末库存额	年末零售营业面积（平方米）
29 182 752	**26 440 515**	**5 642 189**	**2 742 237**	**1 971 603**	**1 069 319**
26 570 902	**26 150 738**	**5 640 842**	**420 163**	**1 748 923**	**57 305**
137 415	137 354	53 822	61	16 793	
16 531	16 531			4 533	
49 936	49 936	5 824		6 499	
70 948	70 887	47 998	61	5 761	
3 881 163	3 818 281	290 521	62 882	134 337	
352 162	348 841	88 973	3 321	26 700	
57 662	57 662			2 050	
181 954	134 270	14 388	47 684	2 036	
79 980	79 167	18 552	814	1 210	
9 020	9 020			783	
369 945	366 165	3 827	3 780	16 042	
2 187 160	2 187 160	11 985		37 334	
643 281	635 998	152 797	7 283	48 183	
5 458 558	5 416 604	3 207 926	41 954	193 632	4 439
753 927	753 204	295 414	723	61 897	150
2 883 128	2 866 670	2 126 997	16 458	80 571	4 200
1 245 015	1 245 015	666 443		28 917	89
3 826	3 826	3 826			
572 662	547 889	115 247	24 773	22 247	
170 436	166 307	83 935	4 129	14 623	
56 687	56 687	11 014		2 455	
11 601	11 601	9 247		1 193	
14 344	10 215	2 403	4 129	6 766	
59 561	59 561	55 299		2 467	
28 243	28 243	5 972		1 742	
375 912	296 098	60 806	79 814	23 336	46 332
269 592	196 417	60 806	73 175	16 076	46 332
88 763	82 124		6 639	5 310	
17 557	17 557			1 950	
12 269 929	12 098 172	1 168 320	171 757	1 002 922	2 573
90 716	90 716			1 700	
1 026 775	872 102		154 673	96 599	373
80 990	80 990	47 424		11 425	
3 330 837	3 329 714	187 434	1 123	322 003	2 200
5 772 880	5 758 333	813 350	14 547	490 369	
57 436	57 436	11 855		4 525	
16 700	16 700			9	
2 359	2 359			66	
1 891 235	1 889 821	108 257	1 414	136 226	
2 873 721	2 815 203	425 885	58 517	280 939	3 961
13 450	11 970	2 017	1 480	2 231	
368 906	343 385	39 519	25 521	16 892	1 300
202 271	202 271	88 804		17 284	
272 102	271 158	1 255	944	38 079	
243 429	215 207	62	28 221	21 389	150
440 043	439 902		142	23 551	
1 333 519	1 331 310	294 228	2 209	161 514	2 511

续表一

项目	法人单位（个）	从业人员（人）	购进总额	#进口
贸易经纪与代理	6	147	104 823	149
其他批发	62	1 657	1 054 593	296 595
再生物资回收与批发	3	93	20 501	
其他未列明的批发	59	1 564	1 034 092	296 595
按登记注册类型分组				
内资企业	953	37 563	22 438 724	3 330 094
国有企业	48	5 178	3 876 633	240 329
集体企业	4	74	26 770	41
股份合作企业	1	22	5 084	4 935
联营企业	7	115	126 398	9 211
国有联营企业	3	56	96 244	4 353
国有与集体联营企业	2	17	17 199	4 858
其他联营企业	2	42	12 954	
有限责任公司	387	12 329	6 355 659	580 625
国有独资公司	3	156	90 575	40 484
其他有限责任公司	384	12 173	6 265 084	540 141
股份有限公司	15	6 164	5 738 628	1 875 905
私营企业	460	12 550	5 995 528	581 237
私营独资企业	12	474	158 526	849
私营合伙企业	14	443	266 037	8 011
私营有限责任公司	420	11 307	5 292 326	570 072
私营股份有限公司	14	326	278 639	2 305
其他企业	31	1 131	314 025	37 811
港、澳、台商投资企业	22	2 044	1 070 815	35 653
合资经营企业（港或澳、台资）	7	661	337 323	17 493
港、澳、台商独资经营企业	12	887	591 019	18 159
港、澳、台商投资股份有限公司	3	496	142 474	
外商投资企业	21	1 671	393 850	21 954
中外合资经营企业	7	385	254 064	24
外资企业	12	1 228	112 677	21 930
外商投资股份有限公司	2	58	27 109	
按控股情况分组				
国有控股	82	11 990	9 521 498	2 053 590
集体控股	13	552	664 399	173 759
私人控股	702	19 544	9 275 828	742 671
港澳台商控股	22	1 784	1 046 933	35 653
外商控股	23	1 757	399 098	22 057
其他	154	5 651	2 995 632	359 971
按经营形式分组				
独立门店	170	7 209	2 394 285	267 060
连锁总店	3	900	28 255	
连锁门店	6	1 166	1 007 149	366 772
其　他	817	32 003	20 473 700	2 753 869

单位：万元

销售总额	批发额	#出　口	零售额	年末库存额	年末零售营业面积（平方米）
113 556	113 556	81 532		4 835	
1 290 214	1 289 164	268 096	1 050	77 506	
21 239	21 239	8 273		322	
1 268 975	1 267 925	259 823	1 050	77 184	
24 631 183	24 235 707	5 526 652	395 475	1 634 514	57 305
4 352 134	4 064 232	282 772	287 902	181 830	46 635
28 568	28 462	9 013	106	2 414	
4 802	4 802	145		1 320	
142 179	142 179	2 609		4 777	
103 352	103 352			4 545	
24 735	24 735			233	
14 092	14 092	2 609			
6 717 321	6 662 532	1 792 295	54 789	362 364	4 659
116 123	116 123	64 457		19 306	
6 601 198	6 546 409	1 727 839	54 789	343 058	4 659
6 611 075	6 604 436	613 340	6 639	631 695	200
6 403 670	6 360 086	2 702 769	43 585	421 753	3 300
168 599	168 599	121 122		2 830	
274 342	271 331	182 342	3 012	7 354	
5 669 384	5 630 304	2 324 192	39 080	393 065	3 300
291 346	289 853	75 113	1 493	18 503	
371 434	368 979	123 710	2 455	28 361	2 511
1 402 361	1 377 673	37 580	24 688	63 812	
463 793	439 408	34 252	24 385	10 624	
772 592	772 289	3 327	303	24 043	
165 977	165 977			29 146	
537 358	537 358	76 610		50 597	
331 019	331 019	10 973		36 088	
174 035	174 035	61 915		14 308	
32 304	32 304	3 722		1	
10 955 382	10 666 012	962 823	289 370	796 382	46 635
630 840	629 838	14 338	1 002	68 306	
9 905 608	9 823 417	3 872 504	82 191	587 348	8 089
1 375 009	1 350 321	42 258	24 688	63 854	
544 246	544 246	76 610		51 602	
3 159 817	3 136 905	672 310	22 912	181 431	2 581
2 571 190	2 503 680	504 784	67 510	180 609	4 550
353 488	199 509		153 979	572	
1 169 301	1 166 543	71 484	2 758	188 814	89
22 476 923	22 281 006	5 064 574	195 917	1 378 928	52 666

续表二

项　　目	法人单位（个）	从业人员（人）	购进总额	#进　口
零售业	**221**	**25 055**	**2 159 635**	**117 101**
按零售行业小类分组				
综合零售	42	10 317	431 904	810
百货零售	19	2 734	109 698	
超级市场零售	18	6 827	308 324	810
其他综合零售	5	756	13 881	
食品、饮料及烟草制品专门零售	10	1 192	137 440	
粮油零售	1	39	2 982	
肉、禽、蛋及水产品零售	3	837	87 856	
饮料及茶叶零售	2	40	1 192	
烟草制品零售	3	243	24 786	
其他食品零售	1	33	20 623	
纺织、服装及日用品专门零售	12	1 772	60 928	
服装零售	7	914	45 673	
钟表、眼镜零售	1	186	1 207	
其他日用品零售	4	672	14 048	
文化、体育用品及器材专门零售	9	889	33 288	
文具用品零售	1	89	1 056	
体育用品零售	1	50	1 017	
图书零售	1	146	5 542	
报刊零售	2	227		
珠宝首饰零售	3	358	24 946	
照相器材零售	1	19	728	
医药及医疗器材专门零售	8	1 038	24 222	
药品零售	8	1 038	24 222	
汽车、摩托车、燃料及零配件专门零售	97	5 494	1 147 699	97 344
汽车零售	61	4 169	895 167	95 802
汽车零配件零售	2	102	2 160	
摩托车及零配件零售	7	145	18 755	
机动车燃料零售	27	1 078	231 617	1 542
家用电器及电子产品专门零售	28	3 043	265 839	80
家用电器零售	9	1 477	173 138	
计算机、软件及辅助设备零售	11	440	41 940	
通信设备零售	6	959	39 738	
其他电子产品零售	2	167	11 024	80
五金、家具及室内装修材料专门零售	7	261	16 473	
五金零售	2	76	2 522	
其他室内装修材料零售	5	185	13 952	
无店铺及其他零售	8	1 049	41 842	18 867
生活用燃料零售	4	862	26 164	17 830
其他未列明的零售	4	187	15 678	1 037

单位：万元

销售总额	批发额	#出　口	零售额	年末库存额	年末零售营业面积（平方米）
2 611 850	**289 776**	**1 347**	**2 322 074**	**222 680**	**1 012 014**
642 196	4 234		637 962	40 054	478 464
238 408	3 880		234 528	8 266	208 077
371 155	107		371 048	28 473	242 985
32 633	247		32 386	3 315	27 402
155 300	36 931		118 369	6 058	11 188
1 462			1 462	209	300
94 564	36 931		57 634	851	5 318
1 326			1 326	226	500
29 701			29 701	4 013	3 879
28 247			28 247	759	1 191
79 136	979		78 157	11 131	32 145
61 000	979		60 021	8 612	24 344
1 423			1 423	263	1 406
16 713			16 713	2 256	6 395
42 000	5 853		36 147	17 949	11 091
1 550			1 550	206	1 412
1 008	320		688	446	1 000
5 392	3 229		2 164	2 209	3 300
3 563			3 563		950
29 721	2 304		27 417	14 957	4 339
766			766	132	90
31 124	3 975		27 149	5 654	27 663
31 124	3 975		27 149	5 654	27 663
1 314 915	188 141	1 347	1 126 775	96 836	299 320
1 044 284	136 231		908 053	90 088	217 083
2 042	1 347	1 347	1 406	418	4 346
20 213			20 213	2 667	3 568
247 576	50 563		197 013	3 663	74 323
280 248	39 619		240 629	32 929	129 106
186 181	23 063		163 118	20 616	113 265
42 583	7 506		35 077	5 325	5 359
40 176	8 822		31 354	4 642	9 569
11 308	228		11 081	2 346	913
19 726	2 549		17 177	3 116	11 597
3 280			3 280	489	440
16 447	2 549		13 898	2 628	11 157
47 205	7 497		39 708	8 954	11 440
31 556	6 344		25 212	2 252	4 530
15 649	1 152		14 497	6 702	6 910

续表三

项　　目	法人单位（个）	从业人员（人）	购进总额	#进　口
按登记注册类型分组				
内资企业	206	19 951	1 781 597	42 584
国有企业	12	1 083	141 665	
集体企业	3	215	4 553	
股份合作企业	1	16	3 608	
联营企业	4	96	23 024	
国有联营企业	2	60	19 144	
其他联营企业	2	36	3 880	
有限责任公司	83	8 394	726 676	8 259
国有独资公司	1	207		
其他有限责任公司	82	8 187	726 676	8 259
股份有限公司	5	1 348	221 663	
私营企业	93	8 419	566 982	34 325
私营独资企业	8	576	64 737	31 334
私营合伙企业	1	90	1 303	
私营有限责任公司	83	7 732	498 472	2 991
私营股份有限公司	1	21	2 471	
其他企业	5	380	93 427	
港、澳、台商投资企业	6	1 742	97 048	17 830
合资经营企业（港或澳、台资）	2	812	25 083	17 830
合作经营企业（港或澳、台资）	1	81	3 552	
港、澳、台商独资经营企业	3	849	68 413	
外商投资企业	9	3 362	280 990	56 687
中外合作经营企业	1	91	65 932	56 687
外资企业	6	2 877	195 617	
外商投资股份有限公司	2	394	19 441	
按控股情况分组				
国有控股	31	2 986	417 097	
集体控股	4	279	11 166	
私人控股	128	12 050	1 031 326	42 584
港澳台商控股	6	1 742	97 048	17 830
外商控股	9	3 362	280 990	56 687
其　他	43	4 636	322 009	
按经营形式分组				
独立门店	125	10 729	1 103 002	95 470
连锁总店	32	8 167	551 052	810
连锁门店	10	2 182	145 735	
其他	54	3 977	359 846	20 821
按零售业态分组				
有店铺零售	215	24 775	2 148 968	115 559
便利店	3	443	8 897	
超　市	8	1 116	26 914	
大型超市	10	5 012	247 097	
百货店	20	3 334	182 370	
专业店	68	4 978	591 770	332
专卖店	92	8 135	941 517	56 692
家居建材商店	3	139	8 711	
购物中心	4	1 137	33 920	810
厂家直销中心	7	481	107 773	57 724
无店铺零售	6	280	10 667	1 542
网上商店	2	122	4 639	
电话购物	4	158	6 029	1 542

单位：万元

销售总额	批发额	#出　口	零售额	年末库存额	年末零售营业面积（平方米）
2 156 952	280 077	1 347	1 876 875	189 360	867 651
155 771	27 561		128 210	8 136	42 986
4 952	2 427		2 525	448	5 165
4 028			4 028	18	800
24 895	6 126		18 769	604	8 950
20 355	6 126		14 229	544	7 360
4 539			4 539	60	1 590
968 647	106 290		862 357	93 146	446 933
122			122		150
968 524	106 290		862 235	93 146	446 783
229 344	52 102		177 243	10 471	68 906
675 059	85 572	1 347	589 487	69 967	284 602
64 097	7 127		56 970	8 769	30 805
1 363	545		818	444	3 240
606 942	77 900	1 347	529 043	60 218	248 557
2 657			2 657	537	2 000
94 257			94 257	6 571	9 309
109 682	9 700		99 982	8 919	42 908
28 806	3 854		24 952	2 512	4 093
4 187			4 187	1 026	250
76 689	5 845		70 844	5 381	38 565
345 217			345 217	24 401	101 455
67 154			67 154	5 678	7 412
254 281			254 281	16 679	77 507
23 782			23 782	2 044	16 536
456 267	77 759		378 508	17 574	118 165
11 771	4 201		7 569	782	11 088
1 171 602	158 180	1 347	1 013 421	134 403	481 120
109 682	9 700		99 982	8 919	42 908
345 217			345 217	24 401	101 455
517 313	39 936		477 377	36 602	257 278
1 408 027	97 794		1 310 233	104 164	570 603
[illegible]	109 478		407 249	50 604	233 106
189 271	3 131		186 140	12 557	78 950
417 826	79 373	1 347	338 453	47 275	129 355
2 600 110	289 776	1 347	2 310 334	220 776	1 004 243
9 726	354		9 372	1 992	5 172
28 671			28 671	3 858	41 694
298 734	2 427		296 307	23 150	151 151
351 894	3 899		347 995	14 359	265 520
629 888	122 318		507 569	67 922	202 594
1 114 760	159 229	1 347	955 531	90 328	237 649
10 859	1 549		9 310	1 545	9 036
46 539			46 539	3 536	77 919
109 040			109 040	14 086	13 508
11 740			11 740	1 904	7 771
4 307			4 307	1 520	5 820
7 434			7 434	383	1 951

限 额 以 上 批 发 和

项　　目	企业数（个）	# 执行《2006 年企业会计准则》企业数（个）	年初存货	流动资产合计	# 应收账款
总　　计	**1 217**	**651**	**1 425 167**	**10 437 789**	**1 657 494**
批发企业	**996**	**523**	**1 234 045**	**9 349 172**	**1 597 711**
按批发行业小类分组					
农畜产品批发	15	8	11 581	81 210	20 501
谷物、豆及薯类批发	2	1	4 008	6 768	70
种子、饲料批发	9	5	7 262	19 750	1 583
其他农畜产品批发	4	2	311	54 692	18 849
食品、饮料及烟草制品批发	84	39	100 485	686 921	98 139
米、面制品及食用油批发	15	7	22 872	118 920	13 043
糕点、糖果及糖批发	3	3	2 048	32 610	4 925
果品、蔬菜批发	5	1	2 417	31 998	3 418
肉、禽、蛋及水产品批发	8	5	954	11 452	6 431
盐及调味品批发	2	1	323	5 003	366
饮料及茶叶批发	9	4	16 112	84 696	28 319
烟草制品批发	3	1	25 719	209 775	-5 108
其他食品批发	39	17	30 040	192 467	46 745
纺织、服装及日用品批发	232	121	158 113	1 899 953	584 912
纺织品、针织品及原料批发	58	30	42 640	260 754	56 207
服装批发	87	47	67 476	984 390	268 037
鞋帽批发	51	29	22 419	366 710	201 496
厨房、卫生间用具及日用杂货批发	1			1 354	496
其他日用品批发	35	15	25 577	286 746	58 676
文化、体育用品及器材批发	27	14	11 271	82 046	10 275
文具用品批发	6	3	3 010	31 000	3 341
体育用品批发	3	1	1 268	3 768	997
图书批发	1		5 517	8 819	1 150
首饰、工艺品及收藏品批发	11	6	296	24 124	1 891
其他文化用品批发	6	4	1 181	14 335	2 896
医药及医疗器材批发	14	11	22 000	123 529	57 678
西药批发	8	6	17 507	84 708	36 146
中药材及中成药批发	2	2	3 505	31 098	18 557
医疗用品及器材批发	4	3	988	7 724	2 975
矿产品、建材及化工产品批发	394	209	617 784	4 591 338	436 838
煤炭及制品批发	5	3	2 651	24 537	4 873
石油及制品批发	31	17	19 856	162 536	22 645
非金属矿及制品批发	12	8	9 855	40 541	8 646
金属及金属矿批发	89	43	147 372	1 748 718	99 112
建材批发	116	55	342 662	1 964 781	210 995
化肥批发	5	2	5 394	21 080	3 429
农药批发	1		9	748	721
农用薄膜批发	1		51	182	106
其他化工产品批发	134	81	89 934	628 217	86 312
机械设备、五金交电及电子产品批发	162	81	266 467	1 417 034	310 188
农业机械批发	3	2	2 198	5 178	360
汽车、摩托车及零配件批发	30	15	25 204	136 025	19 787
五金、交电批发	23	10	10 959	79 989	23 669
家用电器批发	14	8	25 144	121 903	133

零 售 业 财 务 状 况 (一)

单位：万元

#存　货	流动资产年平均余额	长期投资合计	固定资产合计	固定资产原价	累计折旧	本年折旧	资产合计
1 830 885	**7 976 164**	**2 275 494**	**664 187**	**886 355**	**230 521**	**52 178**	**13 912 367**
1 633 817	**7 139 086**	**2 210 756**	**482 949**	**640 907**	**165 016**	**34 537**	**12 457 639**
19 279	61 053	8 352	9 683	13 824	4 141	562	99 999
4 507	177	2 945	4 033	4 354	321	49	13 756
9 022	14 807	212	3 613	6 224	2 611	348	24 308
5 751	46 070	5 195	2 037	3 246	1 209	164	61 935
118 646	682 292	651 520	87 011	114 229	32 750	5 203	1 489 858
28 131	117 123	9 730	6 163	8 623	2 461	382	135 283
1 752	30 437	160	977	1 185	208	73	33 748
2 026	33 443	3 149	35 133	39 401	9 800	1 599	72 731
808	7 072	555	834	1 218	385	98	13 929
671	4 619	500	2 460	3 483	1 023	150	7 963
16 796	49 495	20 043	3 506	8 286	4 780	684	111 656
33 780	247 142	574 534	26 875	37 753	10 878	1 414	866 991
34 682	192 961	42 850	11 066	14 281	3 215	804	247 558
183 287	1 324 738	199 372	115 168	144 026	28 858	6 245	2 270 395
55 005	216 550	10 894	13 875	16 464	2 590	753	286 140
82 067	666 831	69 362	23 312	28 908	5 595	2 088	1 107 038
25 476	147 475	4 796	14 462	18 290	3 828	1 232	388 970
	1 311		321	494	173	45	1 675
20 739	292 571	114 320	63 197	79 870	16 673	2 128	486 572
13 588	68 777	6 409	14 704	20 275	5 571	1 425	104 441
1 897	25 316		124	366	243	31	31 124
1 014	3 894	2 438	45	61	16	15	6 250
5 988	7 783	2 016	6 704	8 304	1 600	434	17 582
3 155	22 553	1 922	7 603	11 163	3 560	876	34 603
1 534	9 231	33	229	381	152	69	14 881
21 329	96 699	20 347	9 063	12 526	3 463	422	158 481
14 353	66 444	8 510	8 146	11 441	3 295	347	106 138
5 310	24 798	11 810	788	840	52	31	44 440
1 667	5 457	27	129	245	117	44	7 903
930 211	3 517 712	1 020 136	144 289	196 975	52 686	9 468	5 949 937
2 378	22 589	2 043	3 432	5 043	1 611	146	30 608
34 221	108 439	7 472	12 659	25 422	12 763	1 262	198 787
13 178	25 417	6 777	4 323	5 496	1 173	296	53 287
306 490	1 285 506	549 591	31 509	42 977	11 468	2 296	2 401 811
445 190	1 587 248	349 169	59 583	75 740	16 157	3 210	2 470 483
4 753	16 186	57	489	912	423	72	21 631
9	921	302	25	77	52	15	1 077
56	237		14	53	40	6	195
123 936	471 168	104 726	32 256	41 257	9 001	2 165	772 058
259 959	1 026 189	89 833	66 338	90 805	25 994	7 841	1 636 552
2 231	2 780	104	393	587	195	87	5 676
16 643	102 690	4 751	16 427	20 157	5 256	759	164 689
16 675	62 682	1 571	6 936	9 159	2 223	746	93 708
33 464	64 166	2 734	2 461	3 596	1 136	193	127 157

续表一

项目	企业数（个）	#执行《2006年企业会计准则》企业数（个）	年初存货	流动资产合计	#应收账款
计算机、软件及辅助设备批发	23	10	15 740	156 468	37 987
通讯及广播电视设备批发	10	6	32 834	128 771	33 023
其他机械设备及电子产品批发	59	30	154 389	788 700	195 230
贸易经纪与代理	6	3	2 073	38 928	8 174
其他批发	62	37	44 272	428 214	71 006
再生物资回收与批发	3	1	291	10 341	1 172
其他未列明的批发	59	36	43 981	417 873	69 833
按登记注册类型分组					
内资企业	953	493	1 108 696	8 506 316	1 272 366
国有企业	48	26	125 328	974 742	100 980
集体企业	4	2	2 735	10 625	2 641
股份合作企业	1	1	908	2 095	140
联营企业	7	4	6 299	31 413	3 124
国有联营企业	3	3	5 823	26 714	1 109
国有与集体联营企业	2	1	371	1 734	721
其他联营企业	2		105	2 965	1 295
有限责任公司	387	201	330 243	2 641 514	530 416
国有独资公司	3	3	15 094	47 429	5 853
其他有限责任公司	384	198	315 149	2 594 085	524 563
股份有限公司	15	11	354 360	2 600 204	168 526
私营企业	460	230	273 369	2 118 546	444 012
私营独资企业	12	8	3 393	31 295	7 437
私营合伙企业	14	12	5 739	112 504	5 142
私营有限责任公司	420	205	250 869	1 895 329	418 614
私营股份有限公司	14	5	13 368	79 419	12 820
其他企业	31	18	15 454	127 178	22 528
港、澳、台商投资企业	22	15	60 281	509 675	238 827
合资经营企业（港或澳、台资）	7	5	19 142	184 896	48 462
港、澳、台商独资经营企业	12	7	20 072	279 241	179 891
港、澳、台商投资股份有限公司	3	3	21 067	45 538	10 474
外商投资企业	21	15	65 068	333 181	86 518
中外合资经营企业	7	5	52 538	174 299	55 976
外资企业	12	8	12 529	164 802	37 934
外商投资股份有限公司	2	2	1	-5 920	-7 392
按控股情况分组					
国有控股	82	53	496 188	3 437 247	280 412
集体控股	13	8	41 260	429 380	22 766
私人控股	702	348	441 188	3 575 430	795 096
港澳台商控股	22	15	60 429	505 349	238 852
外商控股	23	17	66 007	336 189	87 290
其　他	154	82	128 973	1 065 577	173 295
按经营形式分组					
独立门店	170	84	135 743	837 036	120 603
连锁总店	3	1	1 197	8 450	175
连锁门店	6	3	38 724	867 855	41 965
其　他	817	435	1 058 381	7 635 831	1 434 969

单位：万元

#存　货	流动资产年平均余额	长期投资合计	固定资产合计	固定资产原价	累计折旧	本年折旧	资产合计
19 526	91 204	19 494	4 391	7 932	3 541	848	184 154
23 906	127 161	22 904	6 688	8 741	2 053	846	158 678
147 514	575 507	38 276	29 042	40 633	11 591	4 363	902 492
4 822	33 078	13 785	19 376	23 348	3 972	1 446	77 137
82 695	328 549	201 002	17 317	24 899	7 582	1 925	670 839
276	8 781	2 400	218	329	111	24	12 958
82 419	319 768	198 602	17 099	24 571	7 471	1 902	657 880
1 530 288	6 681 780	2 143 734	434 448	577 353	149 964	30 574	11 449 617
167 445	967 898	737 753	160 095	205 292	50 729	8 918	1 958 155
2 475	6 701	79	217	587	369	42	10 922
1 320	1 709		44	110	66	10	2 139
5 408	29 059	608	564	1 078	514	121	32 802
4 901	26 261	306	315	684	370	87	27 549
506	921	302	96	158	62	15	2 133
1	1 877		154	236	82	20	3 120
354 248	2 016 413	475 017	107 780	149 057	42 803	9 045	3 272 327
18 366	45 394	1 582	1 460	2 702	1 241	100	50 685
335 882	1 971 019	473 435	106 320	146 355	41 562	8 944	3 221 642
588 863	2 124 629	710 426	46 702	61 075	14 373	2 132	3 521 719
384 537	1 466 530	191 644	114 282	153 282	39 001	9 592	2 481 742
2 761	19 904	212	807	1 191	384	161	32 444
5 784	63 400	2 695	1 321	1 900	579	151	117 971
359 971	1 290 263	151 826	111 056	148 384	37 329	9 117	2 213 680
16 021	92 964	36 911	1 099	1 807	709	163	117 647
25 993	68 841	28 206	4 763	6 873	2 110	715	169 813
53 372	284 490	15 451	30 668	38 111	7 444	2 398	596 633
11 090	169 066	9 421	9 698	12 436	2 738	319	218 632
20 850	103 861	6 030	6 329	7 488	1 159	602	299 361
21 432	11 562		14 640	18 187	3 546	1 478	78 641
50 158	172 816	51 572	17 834	25 442	7 608	1 564	411 389
33 800	63 324	19 309	2 042	4 190	1 348	400	199 171
14 297	115 308	32 203	15 137	21 113	5 976	1 086	218 065
1	−6 015		55	140	85	12	−5 847
755 837	3 044 711	1 289 606	208 533	275 039	72 039	11 434	5 166 339
59 869	315 416	190 141	9 697	12 755	3 058	620	651 136
540 901	2 484 032	471 454	170 002	224 227	55 751	14 522	4 306 068
53 413	278 969	15 408	23 723	29 847	6 125	2 325	584 555
51 191	175 315	51 572	18 044	25 828	7 785	1 741	414 607
172 606	840 644	192 575	52 951	73 209	20 259	3 895	1 334 934
165 028	645 834	114 326	43 470	61 494	18 024	3 781	1 012 863
542	7 738	590	3 303	6 954	3 651	294	12 343
186 480	702 564	190 280	10 901	15 399	4 498	653	1 125 178
1 281 768	5 782 951	1 905 560	425 276	557 061	138 843	29 810	10 307 255

续表二

项　　目	企业数（个）	#执行《2006年企业会计准则》企业数（个）	年初存货	流动资产合计	#应收账款
零售业	**221**	**128**	**191 123**	**1 088 616**	**59 782**
按零售行业小类分组					
综合零售	42	27	37 787	289 918	4 064
百货零售	19	13	6 427	145 809	2 377
超级市场零售	18	11	28 400	122 368	1 517
其他综合零售	5	3	2 961	21 741	170
食品、饮料及烟草制品专门零售	10	2	5 975	39 252	6 062
粮油零售	1		240	825	98
肉、禽、蛋及水产品零售	3		1 016	29 062	5 824
饮料及茶叶零售	2	1	54	1 090	81
烟草制品零售	3	1	2 766	5 994	60
其他食品零售	1		1 899	2 281	
纺织、服装及日用品专门零售	12	5	8 666	32 763	2 401
服装零售	7	3	6 166	26 421	905
钟表、眼镜零售	1	1	479	414	3
其他日用品零售	4	1	2 021	5 929	1 493
文化、体育用品及器材专门零售	9	7	14 127	19 726	524
文具用品零售	1	1	184	331	55
体育用品零售	1		225	1 181	76
图书零售	1	1	1 909	2 814	137
报刊零售	2	1	201	678	190
珠宝首饰零售	3	3	11 494	14 583	61
照相器材零售	1	1	114	140	5
医药及医疗器材专门零售	8	4	4 752	10 695	2 516
药品零售	8	4	4 752	10 695	2 516
汽车、摩托车、燃料及零配件专门零售	97	60	88 049	472 845	28 804
汽车零售	61	35	77 231	436 402	21 418
汽车零配件零售	2	1	397	1 061	66
摩托车及零配件零售	7	2	1 768	6 544	3 755
机动车燃料零售	27	22	8 653	28 839	3 565
家用电器及电子产品专门零售	28	11	24 575	136 704	6 940
家用电器零售	9	6	16 142	103 679	921
计算机、软件及辅助设备零售	11	2	3 289	19 475	5 194
通信设备零售	6	3	4 449	9 804	535
其他电子产品零售	2		695	3 747	289
五金、家具及室内装修材料专门零售	7	7	2 302	7 204	2 176
五金零售	2	2	345	1 179	588
其他室内装修材料零售	5	5	1 957	6 025	1 588
无店铺及其他零售	8	5	4 890	79 509	6 296
生活用燃料零售	4	2	3 263	65 040	3 855
其他未列明的零售	4	3	1 627	14 469	2 441
按登记注册类型分组					
内资企业	206	119	157 440	843 983	53 643
国有企业	12	5	6 532	55 245	5 265
集体企业	3	3	197	846	366
股份合作企业	1	1	31	29	9
联营企业	4	4	392	1 927	28

单位：万元

#存　货	流动资产年平均余额	长期投资合计	固定资产合计	固定资产原价	累计折旧	本年折旧	资产合计
197 068	**837 078**	**64 738**	**181 239**	**245 449**	**65 505**	**17 641**	**1 454 728**
39 139	249 413	7 596	42 624	63 170	21 841	5 317	354 344
7 630	119 684	7 396	20 770	29 562	8 795	1 596	178 566
28 288	110 530	200	21 163	32 415	12 544	3 509	151 229
3 221	19 200		691	1 193	502	213	24 549
5 667	37 173	6 096	6 074	11 066	4 992	465	54 296
209	1 007		1 486	1 987	501	51	2 613
911	28 449	6 010	3 873	7 858	3 985	260	41 009
289	482	86	18	28	10	5	1 378
3 609	4 283		607	963	356	108	6 895
649	2 951		89	230	141	42	2 401
10 761	20 723	250	1 604	2 473	869	156	35 430
8 315	13 967	250	316	652	336	64	27 709
263	602		785	856	71	40	1 209
2 183	6 154		503	965	462	52	6 512
15 686	17 410	4	542	1 087	545	64	21 407
176	345	2	100	187	88	7	432
381	841		7	16	9	2	1 190
2 209	2 059		254	430	175	15	3 163
184	350	2	129	211	82	3	825
12 623	13 815		52	238	186	38	15 657
113			1	6	5		141
4 996	7 172	96	1 796	2 619	823	152	13 441
4 996	7 172	96	1 796	2 619	823	152	13 441
84 824	321 691	41 853	49 213	66 733	17 520	5 934	623 469
79 638	291 541	31 167	37 777	51 277	13 500	4 273	529 759
372	1 020		338	584	246	93	1 442
1 665	6 866		151	260	109	21	6 695
3 149	22 265	10 686	10 947	14 612	3 665	1 548	85 572
23 727	119 168	1 971	10 502	12 668	2 166	728	150 954
12 609	91 233	1 097	8 251	9 550	1 299	524	114 467
4 734	14 739	124	1 803	2 414	611	124	21 581
4 379	9 492	750	329	510	180	60	10 945
2 006	3 704		119	195	76	20	3 962
2 751	4 919		194	1 554	1 360	798	7 404
474	737		56	143	87	55	1 239
2 278	4 182		138	1 412	1 273	743	6 166
9 516	59 408	6 873	68 690	84 078	15 389	4 028	193 983
2 815	58 716	6 833	68 470	83 670	15 201	3 979	179 125
6 702	692	40	220	408	188	48	14 859
166 145	624 385	52 310	94 703	132 546	39 135	9 991	1 065 213
7 340	51 392	5 064	8 680	15 332	6 652	424	71 330
227	345	1 035	108	407	299	14	1 989
20			842	943	100	100	2 367
465	2 427		838	1 263	425	148	3 415

续表三

项　　目	企业数（个）	#执行《2006年企业会计准则》企业数（个）	年初存货	流动资产合　计	#应收账款
国有联营企业	2	2	62	1 277	
其他联营企业	2	2	329	651	28
有限责任公司	83	51	83 258	410 558	17 527
国有独资公司	1	1		327	153
其他有限责任公司	82	50	83 258	410 231	17 375
股份有限公司	5	4	9 134	65 549	931
私营企业	93	48	54 618	231 405	27 989
私营独资企业	8	4	5 578	26 444	864
私营合伙企业	1		251	530	36
私营有限责任公司	83	43	48 355	203 405	26 770
私营股份有限公司	1	1	434	1 027	319
其他企业	5	3	3 280	78 424	1 529
港、澳、台商投资企业	6	3	10 593	82 724	4 903
合资经营企业（港或澳、台资）	2	1	2 570	63 872	2 865
合作经营企业（港或澳、台资）	1		784	2 283	471
港、澳、台商独资经营企业	3	2	7 239	16 569	1 567
外商投资企业	9	6	23 090	161 910	1 236
中外合作经营企业	1	1	5 404	10 799	1 201
外资企业	6	3	15 277	145 688	25
外商投资股份有限公司	2	2	2 410	5 424	10
按控股情况分组					
国有控股	31	23	21 880	94 393	7 663
集体控股	4	4	461	1 590	384
私人控股	128	63	98 645	575 311	35 390
港澳台商控股	6	3	10 593	82 724	4 903
外商控股	9	6	23 090	161 910	1 236
其　他	43	29	36 454	172 689	10 205
按经营形式分组					
独立门店	125	73	94 635	534 648	27 228
连锁总店	32	18	48 532	184 720	8 906
连锁门店	10	6	16 336	69 447	1 210
其　他	54	31	31 619	299 801	22 439
按零售业态分组					
有店铺零售	215	124	190 647	1 079 408	58 151
便利店	3	1	906	1 943	-1
超　市	8	4	4 300	9 930	446
大型超市	10	8	20 550	104 955	584
百货店	20	12	9 416	191 990	3 008
专业店	68	44	63 023	292 785	15 420
专卖店	92	44	78 145	425 835	31 003
家居建材商店	3	3	1 303	3 584	1 143
购物中心	4	2	4 471	7 994	476
厂家直销中心	7	6	8 534	40 391	6 072
无店铺零售	6	4	476	9 208	1 632
网上商店	2	1	107	3 877	230
电话购物	4	3	368	5 331	1 401

单位：万元

#存　货	流动资产年平均余额	长期投资合计	固定资产合计	固定资产原价	累计折旧	本年折旧	资产合计
96	1 965		626	926	300	134	2 552
370	462		212	337	125	14	863
78 097	286 564	20 936	42 833	57 558	16 017	5 182	492 490
			24	25	1	1	367
78 097	286 564	20 936	42 809	57 533	16 016	5 182	492 123
9 451	57 207	56	12 412	16 200	3 789	752	108 720
64 101	163 915	15 734	21 982	33 245	11 263	2 963	289 375
7 863	13 828		2 950	3 756	806	270	31 658
379	543		8	11	3	1	538
55 399	148 541	15 734	18 952	29 335	10 383	2 678	256 080
459	1 003		72	143	71	14	1 099
6 445	62 535	9 485	7 009	7 599	590	408	95 528
9 147	71 633	6 833	77 452	93 976	16 527	5 150	206 263
2 903	58 813	6 833	68 203	82 714	14 511	3 917	177 546
908	2 189		23	130	108	2	2 306
5 336	10 632		9 226	11 132	1 908	1 231	26 411
21 776	141 060	5 595	9 083	18 927	9 843	2 500	183 252
5 678	9 978		2 235	2 986	751	210	14 410
14 230	126 541	5 595	4 437	10 180	5 743	964	160 658
1 868	4 542		2 412	5 761	3 349	1 327	8 184
15 738	77 891	15 366	27 678	39 975	12 297	2 381	173 011
564	1 033	1 035	1 231	1 978	747	177	5 351
114 456	408 910	34 961	40 192	55 165	16 265	5 012	679 145
9 147	71 633	6 833	77 452	93 976	16 527	5 150	206 263
21 776	141 060	5 595	9 083	18 927	9 843	2 500	183 252
35 387	136 552	948	25 602	35 428	9 826	2 421	207 706
93 570	373 048	23 919	75 690	106 018	31 623	8 860	669 618
49 367	164 648	7 355	22 535	32 549	10 013	2 023	250 288
11 176	54 658	10 000	4 080	8 479	4 399	1 366	88 384
42 956	244 724	23 464	78 931	98 403	19 470	5 392	446 438
195 215	832 131	64 529	179 896	243 738	65 137	17 572	1 443 684
1 822	1 904		222	577	355	101	2 234
4 455	9 627	200	1 331	2 894	1 563	270	11 874
22 161	95 183	1 033	16 368	26 145	9 777	2 806	129 110
7 069	144 969	7 710	27 819	37 208	9 391	1 978	234 361
59 244	241 126	20 735	15 470	24 787	9 317	2 605	339 660
81 226	309 213	34 851	111 174	142 184	31 011	8 299	664 320
1 273	3 180		58	1 236	1 179	728	3 644
3 689	6 258		4 638	4 866	1 520	511	13 753
14 276	20 672		2 817	3 841	1 025	275	44 728
1 853	4 947	210	1 342	1 711	368	70	11 044
1 491	433		79	96	17	11	4 062
363	4 514	210	1 264	1 615	351	59	6 982

限额以上批发和

项目	流动负债合计	应付账款	长期负债合计	负债合计	所有者权益合计
总计	**8 700 497**	**1 712 003**	**292 845**	**9 045 226**	**4 867 142**
批发企业	**7 803 488**	**1 554 170**	**263 021**	**8 114 246**	**4 343 393**
按批发行业小类分组					
农畜产品批发	46 282	16 468	470	46 948	53 051
谷物、豆及薯类批发	5 299	738		5 312	8 444
种子、饲料批发	11 153	2 057	18	11 170	13 138
其他农畜产品批发	29 830	13 673	452	30 465	31 470
食品、饮料及烟草制品批发	425 979	124 432	5 581	432 097	1 057 761
米、面制品及食用油批发	107 176	13 307	770	107 946	27 337
糕点、糖果及糖批发	27 900	1 697		27 900	5 848
果品、蔬菜批发	32 566	2 444	2 284	35 217	37 514
肉、禽、蛋及水产品批发	7 612	3 167		7 612	6 317
盐及调味品批发	2 211	636		2 211	5 753
饮料及茶叶批发	81 852	48 512	590	82 442	29 214
烟草制品批发	14 527	6 366	6	14 533	852 458
其他食品批发	152 136	48 302	1 932	154 237	93 320
纺织、服装及日用品批发	1 508 107	396 947	54 967	1 592 970	677 425
纺织品、针织品及原料批发	149 528	45 532	10 511	184 667	101 473
服装批发	817 459	238 004	15 527	836 132	270 906
鞋帽批发	260 344	136 912		262 466	126 505
厨房、卫生间用具及日用杂货批发	1 254	1 185		1 254	421
其他日用品批发	279 522	-24 686	28 929	308 451	178 120
文化、体育用品及器材批发	62 874	14 528	1 142	64 016	40 425
文具用品批发	25 007	4 102		25 007	6 117
体育用品批发	4 481	30		4 481	1 769
图书批发	11 150	6 659	642	11 792	5 791
首饰、工艺品及收藏品批发	13 775	6 245	500	14 275	20 328
其他文化用品批发	8 461	-2 507		8 461	6 420
医药及医疗器材批发	108 708	42 586	5 494	114 272	44 208
西药批发	74 001	27 502	5 358	79 429	26 708
中药材及中成药批发	30 321	13 102	86	30 407	14 033
医疗用品及器材批发	4 386	1 982	50	4 436	3 467
矿产品、建材及化工产品批发	4 114 408	531 020	149 375	4 278 760	1 671 178
煤炭及制品批发	18 908	872	1 071	19 979	10 629
石油及制品批发	118 022	9 316	980	119 502	79 285
非金属矿及制品批发	33 796	8 852		33 796	19 491
金属及金属矿批发	1 560 425	80 059	104 706	1 668 991	732 821
建材批发	1 849 144	337 017	32 752	1 887 622	582 861
化肥批发	15 585	9 068		15 585	6 045
农药批发	586	-399		586	491
农用薄膜批发	134	130		134	61
其他化工产品批发	517 808	86 107	9 867	532 565	239 493
机械设备、五金交电及电子产品批发	1 082 032	309 874	14 490	1 098 580	537 973
农业机械批发	3 564	201		3 564	2 112
汽车、摩托车及零配件批发	109 282	14 660	1 257	112 393	52 295
五金、交电批发	58 606	32 739	1 723	60 461	33 248
家用电器批发	118 393	7 142		118 393	8 763

零售业财务状况（二）

单位：万元

实收资本	国家资本	集体资本	法人资本	个人资本	港澳台资本	外商资本	主营业务收入	主营业务成本
4 812 685	**511 340**	**176 965**	**479 468**	**3 361 648**	**136 392**	**146 872**	**25 653 125**	**24 058 853**
4 468 700	**440 033**	**172 660**	**359 712**	**3 287 976**	**82 957**	**125 363**	**23 332 630**	**22 000 805**
17 830	3 248		1 860	7 050	100	5 573	134 365	122 333
398	298				100		14 748	13 566
11 333			810	4 950		5 573	49 437	43 918
6 100	2 950		1 050	2 100			70 181	64 850
143 784	54 743	6 012	32 147	46 722	2 392	1 767	3 403 478	3 174 334
16 879	4 600		1 540	10 739			319 863	310 744
3 120	1 350			1 770			49 284	47 513
12 280	10 480		100	1 700			181 627	169 469
4 650			2 350	2 300			72 748	69 806
2 321	1 521			800			7 858	5 899
37 842	8 000		21 500	4 510	2 392	1 440	317 385	271 680
27 341	27 341						1 871 124	1 746 384
39 352	1 452	6 012	6 657	24 904		328	583 589	552 838
464 314	78 230	225	78 661	244 486	47 422	15 291	5 110 253	4 705 345
88 108	570		16 272	61 954		9 312	683 841	660 549
201 791	2 720	105	46 916	135 704	10 525	5 821	2 759 694	2 598 632
58 070	2 340		11 093	17 041	27 597		1 149 148	999 504
300				300			3 826	3 343
116 045	72 600	120	4 380	29 487	9 300	158	513 744	443 317
25 211	5 597	39	5 727	11 520		2 329	159 333	144 255
4 346	103	39	1 626	250		2 329	50 272	48 082
2 280				2 280			11 259	11 265
5 494	5 494						12 970	10 718
8 809			2 301	6 508			59 378	50 061
4 282			1 800	2 482			25 455	24 130
30 322	5 328		4 480	10 821		9 693	331 787	312 924
19 821	5 328		3 410	1 890		9 193	240 817	227 927
8 121			510	7 611			75 918	72 784
2 380			560	1 320		500	15 052	12 214
2 804 708	205 451	59 153	150 387	2 382 102	2 416	3 199	10 213 551	9 007 160
5 698	3 498	500	200	1 500			83 186	80 793
61 835	9 727	540	35 165	16 398		5	552 991	533 934
8 633			2 527	4 978	1 128		74 663	67 424
769 794	35 624	376	43 857	689 938			2 913 244	2 820 605
282 647	150 885	1 290	23 875	101 104	300	5 194	4 860 468	4 639 641
5 500		338	1 512	3 650			57 110	55 640
500	375	125					14 274	13 733
50				50			2 016	1 946
1 670 051	5 342	55 984	43 251	1 564 485	989		1 655 599	1 593 453
812 103	38 809	27 410	73 054	557 610	30 225	84 996	2 533 342	2 339 682
1 250			500	750			11 789	11 214
29 470	2 176	4	10 221	8 601	8 468		328 279	310 807
14 113	1 000		8 660	4 453			186 008	169 215
8 077		200	4 676	3 201			232 828	207 202

续表一

项目	流动负债合计	应付账款	长期负债合计	负债合计	所有者权益合计
计算机、软件及辅助设备批发	73 415	19 540	1 285	74 700	109 454
通讯及广播电视设备批发	102 114	13 194	6 033	108 191	50 487
其他机械设备及电子产品批发	616 658	222 397	4 192	620 879	281 613
贸易经纪与代理	50 493	9 521		50 493	26 644
其他批发	404 605	108 795	31 502	436 110	234 728
再生物资回收与批发	11 456	1 602	4	11 460	1 498
其他未列明的批发	393 149	107 193	31 498	424 650	233 230
按登记注册类型分组					
内资企业	7 235 963	1 393 694	242 761	7 526 461	3 923 157
国有企业	740 746	101 948	35 579	776 916	1 181 240
集体企业	9 091	6 054	29	9 120	1 801
股份合作企业	1 325	18	18	1 342	796
联营企业	25 151	179	8	25 659	7 143
国有联营企业	23 067	513	8	23 574	3 974
国有与集体联营企业	1 232	-334		1 232	901
其他联营企业	853			853	2 267
有限责任公司	2 270 105	460 452	19 460	2 299 245	973 083
国有独资公司	21 627	14 414		21 627	29 058
其他有限责任公司	2 248 478	446 039	19 460	2 277 617	944 025
股份有限公司	2 358 360	363 295	155 200	2 513 561	1 008 158
私营企业	1 746 275	445 678	31 026	1 810 243	671 499
私营独资企业	23 969	13 202	81	24 057	8 387
私营合伙企业	107 326	5 121		107 326	10 646
私营有限责任公司	1 560 161	405 715	30 945	1 624 040	589 640
私营股份有限公司	54 820	21 640		54 820	62 827
其他企业	84 910	16 070	1 441	90 376	79 437
港、澳、台商投资企业	364 991	84 521	590	365 581	231 052
合资经营企业（港或澳、台资）	155 568	-37 501		155 568	63 063
港、澳、台商独资经营企业	155 700	100 914	590	156 290	143 071
港、澳、台商投资股份有限公司	53 723	21 109		53 723	24 918
外商投资企业	202 534	75 955	19 670	222 204	189 184
中外合资经营企业	130 694	54 963	6 243	136 937	62 234
外资企业	69 599	20 156	13 427	83 026	135 038
外商投资股份有限公司	2 241	836		2 241	-8 088
按控股情况分组					
国有控股	2 969 363	466 883	167 357	3 137 855	2 028 485
集体控股	346 784	32 725	25 247	372 030	279 105
私人控股	2 999 895	699 332	38 589	3 083 799	1 222 270
港澳台商控股	362 815	84 424	590	363 405	221 150
外商控股	204 450	77 086	19 670	224 121	190 486
其　他	920 181	193 721	11 568	933 036	401 898
按经营形式分组					
独立门店	669 470	160 535	5 878	675 425	337 438
连锁总店	1 305	170		1 305	11 038
连锁门店	708 578	41 899	98 371	806 949	318 229
其　他	6 424 135	1 351 567	158 772	6 630 567	3 676 688

单位：万元

实收资本	国家资本	集体资本	法人资本	个人资本	港澳台资本	外商资本	主营业务收　入	主营业务成　本
94 983			4 308	9 347		81 328	214 512	176 853
23 540	2 600		10 600	8 202		2 138	380 981	363 895
640 670	33 033	27 206	34 089	523 056	21 757	1 530	1 178 945	1 100 498
12 168	10 000		218	1 950			111 521	106 884
158 260	38 627	79 822	13 178	25 715	403	516	1 335 001	1 287 879
1 050	450		100	500			19 960	19 307
157 210	38 177	79 822	13 078	25 215	403	516	1 315 041	1 268 573
4 241 000	440 033	172 660	343 261	3 277 872	825	6 350	21 653 250	20 623 688
218 592	216 878	540	1 124	50			3 541 608	3 363 291
1 005		985		20			27 889	26 853
1 000			810	190			4 802	4 671
5 796	1 428	435	3 663	271			126 098	123 335
4 576	1 043		3 468	66			91 365	90 199
520	385	135					22 309	21 577
700		300	195	205			12 424	11 559
2 224 385	50 741	38 015	185 077	1 944 226	825	5 500	6 038 186	5 708 681
7 600	7 600						101 018	86 065
2 216 785	43 141	38 015	185 077	1 944 226	825	5 500	5 937 168	5 622 616
360 598	170 987	127 007		62 604			5 708 216	5 471 704
968 750		5 640	141 106	822 004			5 873 584	5 613 122
8 000			1 450	6 550			163 608	156 969
9 928			5 922	4 006			261 761	254 584
932 903			129 003	803 900			5 187 345	4 952 425
17 918		5 640	4 731	7 548			260 870	249 143
460 875		38	11 480	448 507		850	332 868	312 032
93 537			11 205	200	82 132		1 201 784	975 085
29 130			11 205	200	17 725		402 495	336 914
55 880					55 880		657 429	509 837
8 528					8 528		141 861	128 335
134 163			5 246	9 904		119 013	477 595	402 032
14 735			5 246	3 147		6 342	283 517	256 247
119 270				6 737		112 513	165 927	122 111
158						158	28 151	23 675
494 637	439 349	675	5 372	49 241			9 241 285	8 810 059
166 015		164 730	810	475			547 209	527 847
1 803 448	319	6 304	195 625	1 595 700		5 500	9 066 276	8 622 864
87 462			6 955	200	80 307		1 175 715	951 560
135 013			5 246	9 904		119 863	483 723	406 608
1 782 126	365	951	145 704	1 632 456	2 650		2 818 422	2 681 868
1 129 393	19 340	8 187	65 095	1 031 352	300	5 119	2 289 149	2 157 307
4 500	4 000		500				25 944	25 219
68 512	16 642		328	49 149	2 392		1 041 104	992 310
3 266 295	400 051	164 473	293 789	2 207 474	80 265	120 243	19 976 433	18 825 969

续表二

项　　　目	流动负债合　计	应付账款	长期负债合　计	负债合计	所有者权益合　计
零售业	**897 009**	**157 832**	**29 824**	**930 980**	**523 748**
按零售行业小类分组					
综合零售	219 208	77 860	13 980	233 250	121 095
百货零售	112 867	29 984	490	113 379	65 187
超级市场零售	97 952	45 731	840	98 832	52 398
其他综合零售	8 389	2 145	12 650	21 039	3 510
食品、饮料及烟草制品专门零售	22 777	771	854	23 733	30 563
粮油零售	314	42		416	2 197
肉、禽、蛋及水产品零售	19 815	601	854	20 668	20 341
饮料及茶叶零售	237	101		237	1 141
烟草制品零售	607	27		607	6 288
其他食品零售	1 805			1 805	596
纺织、服装及日用品专门零售	20 455	9 010	277	22 363	13 067
服装零售	15 782	7 485		17 412	10 297
钟表、眼镜零售	1 132	7	277	1 409	-200
其他日用品零售	3 542	1 518		3 542	2 970
文化、体育用品及器材专门零售	7 375	3 475	46	7 421	13 986
文具用品零售	282	173		282	150
体育用品零售	746	244		746	444
图书零售	3 113	2 038		3 113	50
报刊零售	613	220		613	212
珠宝首饰零售	2 535	826	46	2 581	13 076
照相器材零售	88	-26		88	53
医药及医疗器材专门零售	9 367	4 626	600	9 972	3 469
药品零售	9 367	4 626	600	9 972	3 469
汽车、摩托车、燃料及零配件专门零售	417 426	32 457	4	419 776	203 693
汽车零售	400 696	26 483	4	403 046	126 713
汽车零配件零售	1 765	345		1 765	-323
摩托车及零配件零售	5 483	4 169		5 483	1 212
机动车燃料零售	9 481	1 461		9 481	76 091
家用电器及电子产品专门零售	116 339	19 542	599	116 938	34 016
家用电器零售	90 745	10 312		90 745	23 722
计算机、软件及辅助设备零售	13 304	5 733	599	13 903	7 678
通信设备零售	8 543	1 243		8 543	2 402
其他电子产品零售	3 748	2 254		3 748	214
五金、家具及室内装修材料专门零售	10 549	1 960		10 549	-3 145
五金零售	567	457		567	672
其他室内装修材料零售	9 982	1 503		9 982	-3 816
无店铺及其他零售	73 513	8 131	13 465	86 978	107 005
生活用燃料零售	61 610	2 903	13 465	75 075	104 050
其他未列明的零售	11 904	5 227		11 904	2 955
按登记注册类型分组					
内资企业	714 620	105 181	16 979	735 746	329 468
国有企业	38 207	9 721	299	38 609	32 722
集体企业	1 015	173	4	1 019	970
股份合作企业	-248	-248		-248	2 614
联营企业	408	-228		408	3 007

单位：万元

实收资本	国家资本	集体资本	法人资本	个人资本	港澳台资本	外商资本	主营业务收　　入	主营业务成　　本
343 986	**71 307**	**4 305**	**119 756**	**73 673**	**53 435**	**21 509**	**2 320 496**	**2 058 048**
50 175	7 180	315	19 525	4 067	815	18 273	558 101	459 352
15 698	6 020	315	3 890	910	529	4 034	200 014	164 852
25 757	1 000		10 277	2 957	287	11 236	331 913	273 877
8 721	160		5 358	200		3 003	26 174	20 623
13 887	8 981	60	3 675	575		596	132 626	119 148
912	912						1 462	2 546
9 600	6 300		3 150	150			80 473	75 418
950			525	425			1 163	870
1 829	1 769	60					25 386	21 437
596						596	24 142	18 877
4 793			1 065	3 728			67 548	52 312
3 163			1 000	2 163			51 837	42 708
765				765			1 427	1 022
865			65	800			14 284	8 583
13 010	575	570		11 865			34 536	26 961
375		375					1 325	941
510				510			862	659
1 000				1 000			4 609	3 292
575	575						1 689	1 114
10 500		195		10 305			25 402	20 333
50				50			650	622
3 514	1 286		1 300	928			26 761	20 512
3 514	1 286		1 300	928			26 761	20 512
132 395	52 785	3 360	29 746	42 734	2 920	850	1 178 817	1 094 843
74 037	5 600	500	25 690	38 477	2 920	850	946 129	876 177
300	200			100			2 658	1 879
1 077			607	470			17 276	15 845
56 981	46 985	2 860	3 449	3 688			212 755	200 942
19 801	500		12 453	6 648	200		240 271	221 964
10 954			8 864	2 090			157 727	145 726
5 577	500		989	4 088			37 959	34 751
2 370			1 900	470			34 920	33 051
900			700		200		9 665	8 436
2 541			150	600		1 791	16 860	14 618
550			50	500			2 803	2 490
1 991			100	100		1 791	14 057	12 128
103 870			51 843	2 527	49 500		64 975	48 338
101 050			51 236	314	49 500		51 094	36 332
2 820			607	2 213			13 880	12 006
217 261	70 907	4 305	68 256	73 673	120		1 880 661	1 695 022
17 509	17 145	60	302	2			130 992	118 182
707		690		17			4 616	4 092
2 614		2 614					3 443	3 170
1 177	579	31	518	50			21 568	20 135

续表三

项目	流动负债合计	应付账款	长期负债合计	负债合计	所有者权益合计
国有联营企业	-53	-305		-53	2 605
其他联营企业	461	77		461	402
有限责任公司	336 444	57 667	13 196	351 511	140 979
国有独资公司	240	11		240	127
其他有限责任公司	336 204	57 656	13 196	351 271	140 852
股份有限公司	65 388	6 521	600	65 988	42 732
私营企业	190 130	26 585	2 880	195 182	94 193
私营独资企业	22 046	2 555		22 047	9 612
私营合伙企业	686	207		686	-148
私营有限责任公司	166 412	23 756	2 880	171 464	84 616
私营股份有限公司	986	66		986	113
其他企业	83 277	4 989		83 277	12 251
港、澳、台商投资企业	85 347	18 287	12 845	98 192	108 071
合资经营企业（港或澳、台资）	61 877	4 941	12 845	74 722	102 824
合作经营企业（港或澳、台资）	1 636	190		1 636	670
港、澳、台商独资经营企业	21 835	13 157		21 835	4 577
外商投资企业	97 042	34 364		97 042	86 210
中外合作经营企业	5 892	3 323		5 892	8 518
外资企业	81 551	27 956		81 551	79 107
外商投资股份有限公司	9 599	3 085		9 599	-1 415
按控股情况分组					
国有控股	61 238	16 505	299	61 641	111 371
集体控股	999	-42	4	1 003	4 348
私人控股	510 107	45 932	3 380	517 525	161 621
港澳台商控股	85 347	18 287	12 845	98 192	108 071
外商控股	97 042	34 364		97 042	86 210
其　他	142 276	42 786	13 296	155 578	52 128
按经营形式分组					
独立门店	420 606	91 665	13 289	436 365	233 253
连锁总店	143 203	23 143	1 030	144 279	106 009
连锁门店	50 804	18 615		50 804	37 580
其　他	282 396	24 410	15 505	299 532	146 906
按零售业态分组					
有店铺零售	893 343	155 686	29 225	926 714	516 970
便利店	1 376	362		1 376	859
超　市	8 860	2 323		8 900	2 974
大型超市	86 036	42 001	344	86 380	42 730
百货店	130 724	36 250	12 796	145 172	89 189
专业店	236 875	22 046	766	237 743	101 917
专卖店	380 523	36 333	14 480	397 354	266 966
家居建材商店	7 583	1 099		7 583	-3 938
购物中心	8 272	2 836	840	9 112	4 640
厂家直销中心	33 095	12 437		33 095	11 634
无店铺零售	3 667	2 146	599	4 266	6 778
网上商店	1 797	949		1 797	2 265
电话购物	1 870	1 197	599	2 469	4 514

单位：万元

实收资本	国家资本	集体资本	法人资本	个人资本	港澳台资本	外商资本	主营业务收入	主营业务成本
1 096	579		518				17 457	16 191
81		31		50			4 111	3 944
106 270	32 107	910	45 770	27 484			847 261	753 241
200	200						122	11
106 070	31 907	910	45 770	27 484			847 139	753 230
23 349	20 997		1 000	1 352			194 314	181 183
63 321			19 667	43 655			591 244	533 748
10 201			3 601	6 600			56 894	51 234
76				76			1 165	989
52 994			16 016	36 978			530 914	479 438
50			50				2 271	2 087
2 313	80		1 000	1 113	120		87 224	81 271
104 815			51 500		53 315		121 878	101 481
100 700			51 500		49 200		48 507	34 539
500					500		3 705	3 062
3 615					3 615		69 666	63 879
21 909	400					21 509	317 956	261 546
1 250	400					850	71 617	64 348
15 869						15 869	223 434	177 642
4 791						4 791	22 906	19 556
71 638	70 442	60	1 060	76			401 083	364 704
3 804		3 804					11 406	10 193
110 810			41 814	68 996			1 024 623	927 261
104 815			51 500		53 315		121 878	101 481
21 909	400					21 509	317 956	261 546
31 009	465	441	25 383	4 601	120		443 550	392 865
107 966	15 181	941	39 639	36 545	3 935	11 725	1 250 771	1 111 098
68 620	28 017	435	20 497	16 669		3 003	510 839	461 791
35 141	26 709		1 090	560		6 782	167 607	138 035
132 258	1 400	2 929	58 531	19 898	49 500		391 278	347 123
338 830	71 307	4 305	119 327	68 946	53 435	21 509	2 309 939	2 049 297
3 165				162		3 003	8 329	7 300
8 004	1 000		5 859	1 145			24 748	21 403
14 538		315	2 000	700	287	11 236	269 980	223 748
27 371	6 020		14 596	2 192	529	4 034	293 219	242 896
76 626	29 063	3 930	11 466	28 868	3 300		542 069	494 997
197 368	33 125	60	79 999	34 269	49 320	596	1 013 189	919 873
1 891			50	50		1 791	9 281	7 597
5 318			3 918	1 400			39 846	33 004
4 550	2 100		1 440	160		850	109 278	98 481
5 156			429	4 727			10 557	8 751
2 200				2 200			4 163	3 052
2 956			429	2 527			6 394	5 699

限 额 以 上 批 发 和

项　　目	主营业务税金及附加	主营业务利润	其他业务收入	其他业务利润	营业费用
总　　计	**40 386**	**1 553 886**	**95 826**	**29 644**	**743 568**
批发企业	**33 987**	**1 297 837**	**57 030**	**-2 388**	**581 141**
按批发行业小类分组					
农畜产品批发	122	11 910	470	173	3 524
谷物、豆及薯类批发	12	1 170	366	87	464
种子、饲料批发	7	5 512	86	68	1 281
其他农畜产品批发	104	5 228	19	18	1 779
食品、饮料及烟草制品批发	13 167	215 978	11 030	7 828	88 125
米、面制品及食用油批发	67	9 052	957	660	5 532
糕点、糖果及糖批发	35	1 735			1 080
果品、蔬菜批发	285	11 873	1 633	1 235	7 667
肉、禽、蛋及水产品批发	29	2 912	54	46	1 362
盐及调味品批发	23	1 936	12	4	919
饮料及茶叶批发	664	45 042	338	138	28 108
烟草制品批发	11 494	113 246	3 357	1 254	29 975
其他食品批发	570	30 182	4 678	4 491	13 482
纺织、服装及日用品批发	2 728	402 180	7 257	-32 227	178 225
纺织品、针织品及原料批发	251	23 041	96	82	8 689
服装批发	1 889	159 173	1 182	945	82 165
鞋帽批发	356	149 289	459	443	79 533
厨房、卫生间用具及日用杂货批发		482			358
其他日用品批发	232	70 195	5 521	-33 696	7 481
文化、体育用品及器材批发	74	15 005	610	581	8 989
文具用品批发	14	2 176			1 284
体育用品批发		-6			358
图书批发	33	2 219	521	521	1 643
首饰、工艺品及收藏品批发	8	9 309	89	61	4 799
其他文化用品批发	19	1 306			905
医药及医疗器材批发	263	18 599	1 033	706	6 640
西药批发	156	12 734	890	613	4 090
中药材及中成药批发	40	3 094	11	10	512
医疗用品及器材批发	67	2 771	133	83	2 038
矿产品、建材及化工产品批发	13 123	393 259	15 107	6 336	199 585
煤炭及制品批发	53	2 340	265	252	982
石油及制品批发	361	18 697	1 760	1 529	8 339
非金属矿及制品批发	13	7 226	1 140	104	3 436
金属及金属矿批发	8 088	84 550	2 393	1 926	34 703
建材批发	3 703	217 125	1 401	910	121 065
化肥批发		1 470	130	121	1 102
农药批发	9	532			420
农用薄膜批发	1	69			32
其他化工产品批发	896	61 250	8 019	1 493	29 506
机械设备、五金交电及电子产品批发	3 547	190 112	19 801	14 370	71 818
农业机械批发	7	568	109	109	189
汽车、摩托车及零配件批发	215	17 257	3 269	2 155	5 679
五金、交电批发	165	16 629	66	66	6 932
家用电器批发	293	25 333	739	694	17 360

零售业财务状况（三）

单位：万元

管理费用	税　金	差旅费	工会经费	财务费用	利息支出	营业利润	投资收益	#执行《2006企业会计准则》企业的投资收益
345 201	**11 544**	**15 965**	**1 428**	**66 325**	**32 279**	**428 385**	**41 551**	**33 059**
277 853	**9 748**	**14 282**	**1 010**	**55 852**	**25 393**	**380 599**	**41 566**	**33 073**
3 536	94	171	27	325	275	4 699	149	149
190	11	9	4	152	157	450		
1 692	39	106	13	10	20	2 597	90	90
1 653	45	55	10	162	98	1 652	59	59
48 240	2 101	1 654	597	-188	3 053	87 629	1 943	1 943
3 077	146	169	98	1 335	782	-231	831	831
439	23	42		736	1 117	-520	821	821
2 369	264	58	58	243	211	2 829		
715	29	30		142	158	739		
975	37	13	7			46	151	151
5 819	198	252	48	360	174	10 892	90	90
28 536	1 006	560	379	-2 822		58 810		
6 308	398	530	7	-182	612	15 064	51	51
56 977	2 291	3 839	-4	5 192	3 010	129 558	915	768
6 040	187	718	28	1 006	746	7 388	6	6
27 919	980	1 828	-55	1 170	1 005	48 863	728	728
14 899	740	743	11	3 021	1 585	52 278	62	34
89	4			12		23		
8 030	379	551	13	-17	-325	21 005	118	
6 735	372	270	12	650	333	-789	175	175
493	22	22	4	198	44	201		
126	3	2		15	3	-505	153	153
1 378	72			144	123	-425		
4 409	269	219	7	204	121	-43	23	23
329	6	27		89	42	-17		
6 947	234	283	43	2 076	2 592	3 642	-241	-241
5 870	186	231	39	2 150	2 364	1 237	-414	-414
549	43	5	3	-75	226	2 119	173	173
[illegible]	5	17	1	1	3	286		
77 338	2 839	3 452	188	36 137	7 674	86 531	29 312	20 982
1 195	71	25		249	15	167	171	171
5 650	246	127	27	1 680	1 371	4 565	544	544
2 535	49	269	2	787	432	573	-12	-12
25 159	925	739	72	20 484	-5 830	6 131	1 976	1 235
23 936	895	1 097	56	8 167	7 303	64 868	10 028	10 028
522	19	45	3	25	-8	-57	5	5
96	8	1		6		10		
54	1					-17		
18 192	625	1 148	28	4 740	4 391	10 293	16 601	9 012
64 330	1 368	3 990	91	4 939	2 662	63 396	4 255	4 239
455	18	93		7	-1	25		
6 368	150	392	1	348	319	7 017	38	38
4 060	125	463	1	679	10	5 025		
5 338	76	518	5	379	-45	2 950		

续表一

项　　目	主营业务税金及附加	主营业务利　润	其他业务收　入	其他业务利　润	营业费用
计算机、软件及辅助设备批发	1 317	36 342	1 596	1 488	8 345
通讯及广播电视设备批发	417	16 669	5 369	4 590	10 980
其他机械设备及电子产品批发	1 132	77 315	8 653	5 269	22 333
贸易经纪与代理	41	4 596	829	-673	2 166
其他批发	922	46 200	892	519	22 069
再生物资回收与批发	106	548	46	25	409
其他未列明的批发	816	45 652	846	494	21 660
按登记注册类型分组					
内资企业	31 815	997 747	43 968	26 498	486 270
国有企业	12 722	165 596	14 213	7 129	57 549
集体企业	16	1 019	121	112	697
股份合作企业		131			121
联营企业	173	2 589	1 000	64	1 972
国有联营企业	153	1 013	1 000	64	859
国有与集体联营企业	13	719			614
其他联营企业	7	857			499
有限责任公司	6 210	323 295	13 524	6 790	168 108
国有独资公司	111	14 842	69	65	5 536
其他有限责任公司	6 099	308 453	13 454	6 725	162 573
股份有限公司	8 185	228 327	3 777	3 300	106 318
私营企业	4 369	256 093	10 670	8 753	143 476
私营独资企业	17	6 623	3	3	4 061
私营合伙企业	32	7 145	34	34	4 039
私营有限责任公司	3 862	231 058	6 895	5 078	130 681
私营股份有限公司	459	11 268	3 738	3 638	4 695
其他企业	139	20 697	665	349	8 028
港、澳、台商投资企业	806	225 893	5 859	-34 229	74 002
合资经营企业（港或澳、台资）	108	65 473	3 532	-36 124	1 808
港、澳、台商独资经营企业	652	146 940	2 327	1 897	68 625
港、澳、台商投资股份有限公司	47	13 479		-2	3 568
外商投资企业	1 366	74 197	7 203	5 344	20 869
中外合资经营企业	150	27 121	7 048	5 206	7 568
外资企业	1 216	42 601	155	137	9 751
外商投资股份有限公司		4 476			3 550
按控股情况分组					
国有控股	20 583	410 644	16 627	8 609	178 117
集体控股	998	18 363	3 632	3 442	5 583
私人控股	8 289	435 124	14 683	11 662	228 388
港澳台商控股	798	223 356	4 575	-34 719	74 390
外商控股	1 390	75 726	7 227	5 358	22 296
其　他	1 930	134 624	10 286	3 260	72 367
按经营形式分组					
独立门店	2 093	129 749	7 283	6 154	69 432
连锁总店	37	688	1 476	1 326	752
连锁门店	4 679	44 115	2	1	17 957
其　他	27 179	1 123 285	48 268	-9 868	493 000

单位：万元

管理费用	税　　金	差旅费	工会经费	财务费用	利息支出	营业利润	投资收益	#执行《2006企业会计准则》企业的投资收益
23 635	334	896	1	764	534	5 085	−14	−14
3 650	118	199	10	1 072	277	5 559	11	11
20 824	547	1 429	73	1 690	1 568	37 736	4 220	4 205
2 034	82	60	8	463	293	−740		
11 717	368	563	48	6 260	5 502	6 673	5 059	5 059
523	7	10	3	−5	−21	−355		
11 194	361	554	46	6 264	5 523	7 028	5 059	5 059
227 530	8 866	12 731	988	51 785	23 401	258 656	40 789	32 296
53 332	2 049	997	547	465	2 605	61 381	2 092	2 092
336	15	17	2	−2	−15	100		
61		5		2		−54	90	90
1 515	46	102	8	419	446	−1 244		
1 226	31	82	8	399	446	−1 399		
133	11	6		5		−33		
156	4	14		14		189		
79 731	2 901	5 314	235	13 427	11 047	68 819	15 707	15 699
2 970	63	63	24	−17	82	6 419		
76 761	2 838	5 250	211	13 444	10 966	62 400	15 707	15 699
18 598	605	482	125	23 276	2 559	83 434	15 042	7 453
68 705	2 791	5 466	67	13 751	6 914	38 901	6 832	6 055
2 384	121	298	2	285	−31	−104	42	42
1 790	125	172		1 218	2	131		
62 676	2 490	4 640	66	12 713	6 745	30 054	6 790	6 013
1 856	55	356		−465	198	8 820		
5 252	459	349	4	447	−156	7 320	1 026	908
20 168	683	668	2	1 024	−437	96 470		
4 756	176	356	2	289	−1 072	22 498		
9 920	506	310		−123	647	70 415		
5 492	1	1		859	−12	3 558		
30 155	199	883	20	3 044	2 429	25 473	777	777
2 850	75	79	4	1 032	[illegible]	[illegible]	11	11
25 936	116	789	13	1 591	2 056	5 460	766	766
1 369	8	16	3	420	1	−864		
79 336	2 971	1 893	755	24 695	6 477	137 114	9 185	9 177
4 648	115	230	29	1 961	3 435	9 614	16 236	8 648
115 133	4 399	8 793	37	22 208	11 621	81 045	2 282	2 128
19 873	664	662	2	1 046	−424	93 329		
30 367	201	891	20	3 043	2 429	25 378	777	777
28 496	1 399	1 813	168	2 901	1 856	34 120	13 085	12 343
31 600	1 208	2 334	69	3 205	1 900	31 666	4 236	4 111
811	100	17	11			451	544	544
7 485	213	199	53	12 818	−8 152	5 856		
237 957	8 228	11 732	878	39 830	31 645	342 627	36 786	28 419

续表二

项目	主营业务税金及附加	主营业务利润	其他业务收入	其他业务利润	营业费用
零售业	**6 399**	**256 049**	**38 796**	**32 032**	**162 428**
按零售行业小类分组					
综合零售	2 374	96 375	15 334	12 643	70 074
百货零售	1 448	33 714	5 166	4 940	18 850
超级市场零售	803	57 234	9 327	6 937	46 138
其他综合零售	124	5 427	842	766	5 086
食品、饮料及烟草制品专门零售	139	13 339	1 616	1 048	6 999
粮油零售		－1 084	48	38	137
肉、禽、蛋及水产品零售	43	5 013	677	550	3 087
饮料及茶叶零售	37	255	13	2	73
烟草制品零售	58	3 890	433	82	1 375
其他食品零售		5 266	446	376	2 326
纺织、服装及日用品专门零售	486	14 749	984	984	8 612
服装零售	427	8 702	983	983	4 665
钟表、眼镜零售	11	395			
其他日用品零售	49	5 653	1	1	3 947
文化、体育用品及器材专门零售	1 303	6 272	184	142	3 743
文具用品零售	14	370	43	43	278
体育用品零售	1	202	29	11	142
图书零售	14	1 303	74	51	1 371
报刊零售	19	555	28	28	475
珠宝首饰零售	1 255	3 815	5	5	1 475
照相器材零售	1	27	5	5	3
医药及医疗器材专门零售	105	6 145	608	508	4 158
药品零售	105	6 145	608	508	4 158
汽车、摩托车、燃料及零配件专门零售	1 383	82 591	5 642	4 541	34 356
汽车零售	1 204	68 748	4 493	4 034	26 390
汽车零配件零售	19	760			719
摩托车及零配件零售	21	1 410	10	10	1 291
机动车燃料零售	139	11 674	1 139	496	5 955
家用电器及电子产品专门零售	525	17 782	14 063	11 914	20 923
家用电器零售	334	11 667	11 784	9 957	16 066
计算机、软件及辅助设备零售	107	3 101	981	683	1 694
通信设备零售	73	1 796	1 207	1 189	1 792
其他电子产品零售	10	1 219	90	85	1 370
五金、家具及室内装修材料专门零售	14	2 229	210	189	2 060
五金零售	3	311			160
其他室内装修材料零售	11	1 918	210	189	1 900
无店铺及其他零售	71	16 566	156	63	11 503
生活用燃料零售	41	14 721	1	1	10 190
其他未列明的零售	30	1 845	156	63	1 314
按登记注册类型分组					
内资企业	5 798	179 841	31 917	25 456	111 365
国有企业	293	12 517	1 792	1 287	6 966
集体企业	22	503	43	43	475
股份合作企业	5	268	62	8	138
联营企业	20	1 413			316

单位：万元

管理费用	税　　金	差旅费	工会经费	财务费用	利息支出	营业利润	投资收益	#执行《2006企业会计准则》企业的投资收益
67 348	**1 796**	**1 684**	**418**	**10 472**	**6 886**	**47 786**	**-15**	**-15**
21 976	296	168	92	3 979	2 417	13 020		
7 505	101	65	34	2 428	1 539	9 903		
11 415	183	91	58	775	85	5 842		
3 057	12	11		775	793	-2 724		
2 756	63	46	25	389	194	4 243	-15	-15
320	2	3	4	-4		-1 499		
1 122	21	31	2	205	204	1 149		
16	6	2		1		167	-15	-15
1 273	25	11	14	23	-9	1 301		
27	10		4	164		3 125		
4 166	131	428	173	461	180	2 493		
2 528	114	378	169	299	53	2 192		
945				22	21	-572		
694	17	50	4	140	106	873		
2 590	23	113	7	243	16	-162		
118	1	1	4	3		15		
79	13	13				-8		
407		25		5		-429		
178	7	1	4	1		-71		
1 785	3	73		230	16	330		
24				4		1		
2 053	99	27	27	105	51	338		
2 053	99	27	27	105	51	338		
23 842	849	626	46	6 034	5 087	22 823		
20 762	726	577	39	5 884	5 033	19 669		
174	4	5	5	8		-142		
169	7			8	-1	-47		
2 737	113	43	3	134	55	3 344		
6 688	133	162	11	444	109	1 642		
1 707	25	101		289	-18	1 566		
1 624	13	45	10	27	53	439		
1 178	10	12		104	75	-89		
183	15	4		25		-274		
633	15	21	9	182	177	-458		
135	4	7				16		
498	11	14	9	183	177	-474		
2 645	187	93	27	-1 365	-1 345	3 846		
2 295	169	74	27	-1 412	-1 398	3 649		
350	18	19		47	53	197		
53 052	1 467	1 496	334	9 350	6 634	31 483	-15	-15
3 187	80	35	34	-56	-70	3 707		
254	2	1	7	27	24	-210		
6	6			2	2	130		
110	1			10		979		

续表三

项　　目	主营业务税金及附加	主营业务利　润	其他业务收　入	其他业务利　润	营业费用
国有联营企业	18	1 248			315
其他联营企业	2	165			1
有限责任公司	3 803	90 217	16 957	12 722	56 373
国有独资公司	6	105			141
其他有限责任公司	3 797	90 112	16 957	12 722	56 233
股份有限公司	248	12 883	4 884	3 884	11 198
私营企业	1 328	56 168	8 075	7 413	32 948
私营独资企业	77	5 583	568	524	2 404
私营合伙企业	1	175	17	17	181
私营有限责任公司	1 248	50 228	7 490	6 873	30 363
私营股份有限公司	2	182			
其他企业	81	5 872	105	99	2 952
港、澳、台商投资企业	47	20 351	2 750	2 617	16 916
合资经营企业（港或澳、台资）	37	13 931			10 110
合作经营企业（港或澳、台资）	1	642	1	1	321
港、澳、台商独资经营企业	9	5 778	2 749	2 617	6 486
外商投资企业	554	55 857	4 129	3 959	34 146
中外合作经营企业	17	7 252	268	253	2 679
外资企业	534	45 258	2 309	2 175	27 126
外商投资股份有限公司	3	3 347	1 552	1 531	4 341
按控股情况分组					
国有控股	721	35 658	3 883	2 490	18 480
集体控股	32	1 181	129	74	1 009
私人控股	3 309	94 054	17 005	13 222	59 175
港澳台商控股	47	20 351	2 750	2 617	16 916
外商控股	554	55 857	4 129	3 959	34 146
其　他	1 736	48 949	10 900	9 670	32 700
按经营形式分组					
独立门店	3 339	136 333	17 453	14 096	75 381
连锁总店	1 994	47 054	17 112	14 617	43 923
连锁门店	468	29 105	1 760	1 324	17 630
其　他	597	43 558	2 471	1 995	25 495
按零售业态分组					
有店铺零售	6 350	254 292	37 898	31 430	161 238
便利店	9	1 020	486	463	1 527
超　市	38	3 307	1 308	1 014	2 971
大型超市	589	45 643	6 170	6 053	37 986
百货店	2 090	48 234	6 333	6 101	27 431
专业店	1 942	45 131	13 786	11 462	29 917
专卖店	1 341	91 975	6 309	4 989	48 601
家居建材商店	7	1 677	210	189	1 883
购物中心	195	6 647	2 856	828	6 255
厂家直销中心	139	10 659	441	331	4 668
无店铺零售	49	1 757	899	602	1 190
网上商店	15	1 096			836
电话购物	34	662	899	602	354

单位：万元

管理费用	税　　金	差旅费	工会经费	财务费用	利息支出	营业利润	投资收益	#执行《2006企业会计准则》企业的投资收益
1				10		923		
109	1					56		
23 879	632	823	254	5 198	3 445	17 489		
38	6					-73		
23 841	626	823	254	5 198	3 445	17 562		
3 804	220	48	22	202	77	1 563		
20 423	470	529	18	2 850	2 126	7 392	-15	-15
1 752	39	20		305	224	1 646		
49	2			4		-42		
18 446	428	505	18	2 541	1 902	5 781	-15	-15
175	1	4				7		
1 389	56	59		1 118	1 030	434		
2 913	219	116	26	-1 348	-1 385	4 486		
1 967	174	72	26	-1 449	-1 406	3 304		
253	2	4		53		16		
694	44	41		49	22	1 166		
11 383	109	72	57	2 470	1 637	11 817		
1 030	39	13		-21	5	3 817		
9 546	62	59	53	2 319	1 466	8 441		
807	8		4	172	167	-442		
9 196	293	114	69	334	157	10 137		
267	12	1	7	31	26	-52		
30 542	751	845	20	6 688	5 074	10 901	-15	-15
2 913	219	116	26	-1 348	-1 385	4 486		
11 383	109	72	57	2 470	1 637	11 817		
13 047	411	535	239	2 297	1 376	10 498		
34 710	874	603	138	7 007	4 980	33 254		
13 921	386	620	209	1 134	383	2 694		
7 901	155	49	16	372	-42	4 526		
10 816	381	412	55	1 959	1 564	7 313	-15	-15
66 334	1 769	1 654	409	10 437	6 842	47 667		
510	6	5		-6		-549		
1 385	12	7	9	123	95	-158		
9 500	150	75	52	579	14	3 631		
11 674	182	84	31	3 505	2 232	11 757		
15 115	375	433	46	3 381	2 554	8 180		
25 092	927	992	260	2 433	1 489	20 760		
271	10	10	9	183	177	-471		
889	24	10		103	45	228		
1 898	82	38	3	135	236	4 289		
1 014	27	29	8	36	44	120	-15	-15
178	2	3		-8	1	90		
836	26	26	8	44	43	29	-15	-15

限 额 以 上 批 发 和

项　　　目	补贴收入	营业外收入	利润总额	应交所得税	劳动、失业保险费	养老保险和医疗保险费
总　　　计	**14 729**	**33 884**	**505 751**	**105 501**	**2 204**	**20 501**
批发企业	**12 012**	**30 634**	**421 957**	**94 224**	**1 405**	**13 950**
按批发行业小类分组						
农畜产品批发	818	8 769	14 265	2 869	25	303
谷物、豆及薯类批发	689		1 138	199	11	40
种子、饲料批发	7	21	2 551	507	7	143
其他农畜产品批发	123	8 748	10 576	2 164	7	121
食品、饮料及烟草制品批发	179	3 735	120 265	19 553	217	3 188
米、面制品及食用油批发	6	2 298	2 829	307	8	144
糕点、糖果及糖批发		1	3 308	84	1	21
果品、蔬菜批发	2	227	2 555	648	18	428
肉、禽、蛋及水产品批发	17	7	757	166	7	50
盐及调味品批发		84	388	85	3	165
饮料及茶叶批发		201	11 055	1 702	44	557
烟草制品批发		385	80 729	13 372	109	1 384
其他食品批发	154	533	18 645	3 189	28	439
纺织、服装及日用品批发	6 188	6 228	98 080	31 874	243	1 997
纺织品、针织品及原料批发	290	515	6 921	575	38	293
服装批发	3 427	2 090	54 789	11 094	92	775
鞋帽批发	2 237	1 110	54 552	10 738	80	527
厨房、卫生间用具及日用杂货批发	13		33		1	8
其他日用品批发	222	2 512	-18 216	9 468	33	394
文化、体育用品及器材批发	664	247	738	241	31	696
文具用品批发	2		203	44	3	45
体育用品批发		107	-398		1	9
图书批发	432	22	-12		9	193
首饰、工艺品及收藏品批发	229	115	1 033	166	14	428
其他文化用品批发	1	4	-88	31	3	22
医药及医疗器材批发		126	3 451	1 210	85	529
西药批发		119	881	587	82	427
中药材及中成药批发		6	2 292	539	1	55
医疗用品及器材批发		1	278	84	3	47
矿产品、建材及化工产品批发	2 050	7 329	72 253	23 422	518	3 614
煤炭及制品批发		30	448	92	10	101
石油及制品批发	2	25	4 986	969	38	321
非金属矿及制品批发	14	149	3 405	360	12	106
金属及金属矿批发	819	4 273	-30 555	4 301	121	1 277
建材批发	1 070	1 635	70 741	14 981	195	1 012
化肥批发	91	74	109	29	4	45
农药批发			10	2		
农用薄膜批发			-17	1		3
其他化工产品批发	55	1 143	23 126	2 688	139	750
机械设备、五金交电及电子产品批发	805	1 874	89 049	13 700	219	2 872
农业机械批发			25	15	1	11
汽车、摩托车及零配件批发	41	734	7 349	1 252	28	287
五金、交电批发	155	125	5 272	924	16	136
家用电器批发		45	2 931	719	30	287

零售业财务状况（四）

单位：万元

住房公积金和住房补贴	本年应付工资总额（贷方累计发生额）	主营业务应付工资总额	本年应付福利费总额（贷方累计发生额）	主营业务应付福利费总额	本年应交增值税	从业人员平均人数	资产减值损失	公允价值变动收益
13 384	**248 725**	**203 416**	**13 862**	**12 135**	**294 400**	**64 571**	**11 567**	**4 846**
10 748	**184 002**	**155 910**	**11 056**	**10 022**	**233 699**	**39 779**	**9 607**	**4 846**
139	2 233	1 692	249	141	301	583	78	
24	248	248	26	26	218	46		
67	1 098	1 098	99	99	64	212		
48	887	346	124	16	18	325	78	
2 718	33 522	27 726	2 305	2 156	31 112	6 352	312	2 636
57	1 615	933	41	30	508	454	676	
7	233	144	3		303	55	－377	2 636
122	3 177	113	42	10	454	1 156		
9	445	418			259	160		
84	403	290	43	34	212	117		
173	7 696	7 242	794	794	7 162	2 146	13	
2 151	15 389	15 372	1 204	1 204	18 335	995		
114	4 565	3 214	178	84	3 880	1 269		
948	30 295	24 967	625	589	49 708	7 684	2 450	
117	3 116	2 861	119	112	983	1 021	112	
433	12 721	8 992	285	266	16 850	3 165	2 273	
310	9 839	8 760	82	80	19 990	1 994	66	
4	59	59				23		
84	4 561	4 296	139	132	11 887	1 481		
107	4 617	3 265	55	32	3 326	1 297		
22	332	332	8	8	349	80		
	43	2	3			28		
70	1 179	876			238	303		
12	2 875	1 882	40	21	2 545	809		
3	189	173	3	3	194	77		
219	4 877	3 948	157	157	2 730	1 064	928	
199	3 453	3 453	133	133	1 859	751	926	
	436	325			302	174		
20	909	170	24	24	569	139	3	
1 362	66 866	60 334	5 669	5 144	85 286	13 604	3 071	2 162
49	442	362	36	27	80	132		
151	2 972	2 564	235	211	2 685	749	－6	
26	921	833	44	40	362	284	168	
426	12 411	9 645	1 191	925	11 089	2 405	312	－1 049
318	40 710	38 972	3 648	3 522	26 938	7 641	2 597	3 212
23	302	140	14	14		95		
	17	17			71	11		
	29	29			9	12		
370	9 065	7 774	503	407	44 052	2 275	1	－1
1 191	32 411	25 620	1 624	1 505	23 752	7 476	1 198	
1	176	175	3	3	65	56		
67	3 503	3 257	256	234	3 841	1 170		
69	2 106	1 631	139	136	1 401	533		
74	4 491	4 386	178	178	2 673	1 319		

续表一

项目	补贴收入	营业外收入	利润总额	应交所得税	劳动、失业保险费	养老保险和医疗保险费
计算机、软件及辅助设备批发	3	345	5 379	639	43	756
通讯及广播电视设备批发	30	36	5 068	1 315	14	185
其他机械设备及电子产品批发	577	589	63 025	8 838	87	1211
贸易经纪与代理	197	5	4 115	80	6	80
其他批发	1 111	2 323	19 743	1 274	62	671
再生物资回收与批发	692	5	343	57	4	52
其他未列明的批发	419	2 318	19 399	1 217	58	619
按登记注册类型分组						
内资企业	11 872	26 669	289 269	68 712	1 289	12 227
国有企业	1 786	11 206	-4 069	18 654	244	3 189
集体企业		20	116	28	2	44
股份合作企业			-111			12
联营企业	8	2 047	781	50	6	64
国有联营企业		1 994	589	10	5	51
国有与集体联营企业		52	2	2		
其他联营企业	8		191	38	2	13
有限责任公司	3 971	4 996	90 738	23 086	357	3 668
国有独资公司	403	498	7 393	1 483	8	127
其他有限责任公司	3 568	4 498	83 345	21 603	349	3 541
股份有限公司	786	4 744	132 072	15 649	257	1 247
私营企业	5 158	3 579	61 770	10 696	391	3 711
私营独资企业	262	65	232	72	6	112
私营合伙企业	473	22	691	55	10	142
私营有限责任公司	4 265	3 340	49 605	8 726	360	3 356
私营股份有限公司	158	153	11 241	1 843	15	102
其他企业	164	77	7 972	550	32	293
港、澳、台商投资企业	9	3 400	106 766	20 392	57	775
合资经营企业（港或澳、台资）		2 494	24 890	4 673	12	112
港、澳、台商独资经营企业	9	899	78 706	14 949	17	204
港、澳、台商投资股份有限公司		6	3 170	770	28	459
外商投资企业	131	566	25 921	5 120	59	948
中外合资经营企业	34	179	20 900	4 082	13	175
外资企业	97	387	5 886	1 038	41	704
外商投资股份有限公司			-864		5	69
按控股情况分组						
国有控股	3 771	18 183	98 278	33 776	500	4 990
集体控股		454	45 763	2 244	61	231
私人控股	6 864	6 338	104 644	26 483	561	5 469
港澳台商控股	9	3 410	103 635	20 086	53	756
外商控股	131	566	25 826	5 123	68	976
其　他	1 237	1 683	43 811	6 512	162	1 528
按经营形式分组						
独立门店	1 846	3 821	45 251	11 752	221	2 081
连锁总店		58	934	110	4	75
连锁门店	631	2 949	27 130	394	81	856
其　他	9 534	23 806	348 642	81 968	1 099	10 938

单位：万元

住房公积金和住房补贴	本年应付工资总额（贷方累计发生额）	主营业务应付工资总额	本年应付福利费总额（贷方累计发生额）	主营业务应付福利费总额	本年应交增值税	从业人员平均人数	资产减值损失	公允价值变动收益
258	7 425	6 371	562	545	2 318	1 364		
112	2 833	1 855	226	168	3 696	592	667	
610	11 877	7 945	259	241	9 759	2 442	531	
46	651	608	53	41	2 846	143		
4019	8 530	7 750	319	257	34 638	1 576	1 570	48
24	236	195	27	9	896	93		
3 996	8 294	7 555	293	248	33 742	1 483	1 570	48
9 893	161 956	138 062	10 053	9 072	192 910	36 221	8 639	4 846
2 985	29 859	24 849	1 864	1 620	27 117	4 389	951	
26	289	47	11	2	55	74		
6	71	71				22		
45	616	538	58	48	469	119	231	
42	482	482	48	48	297	61	231	
	19	17			108	16		
3	115	39	10		64	42		
3 758	46 202	37 608	2 300	2 073	58 932	12 088	2 746	2 636
176	1 868	1 868	181	181	839	148	354	
3 582	44 334	35 740	2 120	1 892	58 092	11 940	2 392	2 636
2 191	43 974	41 868	4 093	3 829	77 410	5 994	4 522	2 211
805	37 269	31 372	1 623	1 407	27 683	12 402	-44	-1
83	1 211	1 140	11	11	733	438		
84	1 094	824	31	18	1 083	416		
623	33 779	28 263	1 528	1 325	24 393	11 237	-44	-1
15	1 186	1 145	52	52	1 474	311		
78	3 674	1 711	105	93	1 246	1 133	234	
420	10 927	8 177	108	104	36 707	1 911	48	
31	1 887	1 606	84	84	11 280	654	48	
147	6 370	6 037	25	21	25 193	780		
242	2 671	534			234	477		
435	11 119	9 670	895	846	4 082	1 647	920	
55	2 457	1 569	113	113	1 505	660	[illegible]	
330	8 322	7 762	738	689	2 137	1 225	544	
50	340	340	44	44	561	62		
5 620	77 825	69 780	6 643	6 094	78 384	11 151	6 112	4 847
165	4 448	4 198	212	202	41 393	383		
3 627	59 642	47 482	2 301	1 966	53 286	19 236	2 295	-1
417	10 357	7 607	37	33	35 924	1 658	48	
445	11 922	9 670	895	846	4 337	1 757	920	
474	19 809	17 173	968	881	20 376	5 594	232	
711	22 541	20 257	1 343	1 225	16 712	7 220	336	
43	669	669	48	48	337	134		
332	7 757	4 895	892	640	1 515	1 048	501	-1 049
9 662	153 036	130 089	8 774	8 109	215 135	31 377	8 771	5 895

续表二

项目	补贴收入	营业外收入	利润总额	应交所得税	劳动、失业保险费	养老保险和医疗保险费
零售业	**2 718**	**3 250**	**83 794**	**11 277**	**799**	**6 551**
按零售行业小类分组						
综合零售	9	2 021	48 344	3 917	321	2 603
百货零售		1 811	46 101	2 652	196	578
超级市场零售	9	197	4 965	1 088	109	1 851
其他综合零售		14	-2 723	177	16	174
食品、饮料及烟草制品专门零售	1 575	55	5 960	753	25	284
粮油零售	1 575	-4	72	13	2	38
肉、禽、蛋及水产品零售		44	1 298	72	8	154
饮料及茶叶零售			153	10		3
烟草制品零售		10	1 310	321	11	45
其他食品零售		6	3 127	337	5	45
纺织、服装及日用品专门零售		25	2 514	641	140	536
服装零售		20	2 208	469	103	350
钟表、眼镜零售			-572		2	60
其他日用品零售		5	878	172	35	126
文化、体育用品及器材专门零售		57	-90	86	34	272
文具用品零售		50	65	16	3	47
体育用品零售		4	-5		1	8
图书零售			-429		8	42
报刊零售		2	-50	4	12	33
珠宝首饰零售		1	328	66	10	141
照相器材零售			1			2
医药及医疗器材专门零售		47	412	103	17	308
药品零售		47	412	103	17	308
汽车、摩托车、燃料及零配件专门零售	144	530	22 461	5 231	134	1 106
汽车零售	13	470	19 390	4 426	85	827
汽车零配件零售			-178	2		26
摩托车及零配件零售		53	-4	20	3	23
机动车燃料零售	131	8	3 252	783	46	230
家用电器及电子产品专门零售	4	381	1 892	474	74	840
家用电器零售	4	372	1 824	357	27	454
计算机、软件及辅助设备零售		9	433	87	11	131
通信设备零售			-91	25	34	206
其他电子产品零售			-274	5	2	49
五金、家具及室内装修材料专门零售	3	19	-2 581	7	4	45
五金零售			16	3	2	7
其他室内装修材料零售	3	19	-2 597	5	3	38
无店铺及其他零售	982	114	4 882	64	50	559
生活用燃料零售	982	114	4 686	12	43	538
其他未列明的零售			196	52	7	21
按登记注册类型分组						
内资企业	1 733	2 876	34 916	8 662	650	4 549
国有企业	1 575	73	5 396	1 102	101	374
集体企业		407	198	43	7	56
股份合作企业	131		131	25		3
联营企业			979	208	2	21

单位：万元

住房公积金和住房补贴	本年应付工资总额(贷方累计发生额)	主营业务应付工资总额	本年应付福利费总额（贷方累计发生额）	主营业务应付福利费总额	本年应交增值税	从业人员平均人数	资产减值损失	公允价值变动收益
2 635	**64 723**	**47 506**	**2 806**	**2 113**	**60 701**	**24 792**	**1 960**	
1 304	21 787	12 580	625	396	18 601	10 161	-239	
192	6 439	4 041	179	107	10 298	2 622	-250	
1 073	13 704	7 730	428	287	7 085	6 818	11	
39	1 644	809	18	2	1 218	721		
116	3 714	3 714	275	275	2 065	1 210		
22	219	219	4	4		39		
28	2 151	2 151	213	213	465	855		
1	70	70			32	42		
45	1 031	1 031	42	42	547	241		
21	243	243	15	15	1 022	33		
13	3 727	2 667	130	123	2 162	1 685		
13	1 775	745	61	54	1 401	839		
	287	287	40	40	239	187		
	1 665	1 635	30	30	523	659		
32	2 137	2 089	37	37	969	870		
11	237	237			63	90		
	79	79	27	27	10	55		
	490	490			124	128		
11	155	153	9	9	9	227		
9	1 158	1 112			757	355		
	19	19	1	1	6	15		
87	2 415	2 287	60	59	879	1 023	7	
87	2 415	2 287	60	59	879	1 023	7	
286	18 514	17 094	1 014	926	30 770	5 409	48	
190	15 432	14 195	753	677	29 156	4 086	5	
7	213	174	15	15	11	114	43	
	301	301	7	7	184	143		
88	2 569	2 425	239	227	1 419	1 066		
448	7 933	3 348	342	40	3 599	3 197		
331	3 941	528	281	2	2 542	1 597		
77	1 377	566	33	12	643	401		
40	1 887	1 539	5	5	218	1 031		
	727	715	24	21	197	168		
30	534	268	66	2	359	245	2 144	
	118	118	2	2	29	75		
30	416	150	65		330	170	2 144	
320	3 963	3 459	256	256	1 296	992		
308	3 615	3 421	256	256	879	856		
12	348	39			417	136		
1 153	50 343	35 499	1 874	1 416	49 561	19 680	-194	
210	3 871	2 913	56	56	2 128	1 072		
14	413	413	22	22	131	214		
2	37	37	5	5	43	16		
5	203	182	22	19	198	100		

续表三

项　　目	补贴收入	营业外收入	利润总额	应交所得税	劳动、失业保险费	养老保险和医疗保险费
国有联营企业			923	195	1	10
其他联营企业			56	14		11
有限责任公司	4	1 746	18 217	4 815	212	1 961
国有独资公司			-73			9
其他有限责任公司	4	1 745	18 290	4 815	212	1 952
股份有限公司		269	1 829	560	20	397
私营企业	19	330	7 657	1 816	284	1 667
私营独资企业		3	1 627	401	32	120
私营合伙企业			-42		2	25
私营有限责任公司	19	327	6 065	1 414	250	1 520
私营股份有限公司			7	2		2
其他企业	3	51	509	93	25	69
港、澳、台商投资企业	982	154	5 536	358	53	747
合资经营企业（港或澳、台资）	982	109	4 337		43	545
合作经营企业（港或澳、台资）			16	4	1	11
港、澳、台商独资经营企业		45	1 183	353	10	192
外商投资企业	3	219	43 343	2 258	96	1 256
中外合作经营企业		124	3 885	832	2	45
外资企业		67	42 017	1 426	89	1 109
外商投资股份有限公司	3	29	-2 560		5	103
按控股情况分组						
国有控股	1 575	161	11 150	2 569	136	832
集体控股	131	413	363	77	8	74
私人控股	22	691	11 320	2 780	347	2 489
港澳台商控股	982	154	5 536	358	53	747
外商控股	3	219	43 343	2 258	96	1 256
其　他	4	1 610	12 083	3 236	160	1 153
按经营形式分组						
独立门店	1 588	2 038	67 389	8 019	367	2 805
连锁总店	14	565	3 287	1 073	164	1 874
连锁门店		53	4 392	1 124	56	564
其　他	1 116	594	8 726	1 061	212	1 309
按零售业态分组						
有店铺零售	2 718	3 250	83 691	11 240	793	6 497
便利店		-2	-551	5	8	95
超　市	9	25	-168	67	23	176
大型超市		519	3 137	770	89	1 387
百货店		1 543	47 636	3 480	290	1 002
专业店	1 721	440	9 952	1 937	130	1 304
专卖店	985	510	22 191	4 046	224	2 045
家居建材商店	3	19	-2 594	2	3	36
购物中心		18	237	2	13	318
厂家直销中心		177	3 851	932	13	135
无店铺零售			103	37	6	55
网上商店			90	37	2	5
电话购物			13		5	50

单位：万元

住房公积金和住房补贴	本年应付工资总额(贷方累计发生额)	主营业务应付工资总额	本年应付福利费总额（贷方累计发生额）	主营业务应付福利费总额	本年应交增值税	从业人员平均人数	资产减值损失	公允价值变动收益
4	139	139	19	19	184	60		
1	64	43	3		14	40		
563	21 022	13 711	968	580	24 270	8 176	－196	
1	100	97	1	1		207		
562	20 922	13 614	966	578	24 270	7 969	－196	
209	3 933	2 310	198	198	2 349	1 389	2	
120	19 265	14 334	592	525	19 542	8 359		
13	1 244	853	26	11	11 898	530		
	101				12	97		
107	17 896	13 456	567	514	7 616	7 716		
	25	25			16	16		
31	1 599	1 599	11	11	902	354		
339	5 747	4 415	389	287	1 788	1 723		
307	3 722	3 722	251	251	890	801		
	194				53	81		
32	1 831	693	138	36	845	841		
1 144	8 633	7 593	544	410	9 352	3 389	2 155	
23	835	835	153	153	1 703	101		
1 040	7 115	6 340	326	258	7 069	2 894	11	
81	683	417	65		580	394	2 144	
432	8 447	7 253	429	421	4 953	2 959	52	
20	603	603	36	36	228	262		
382	29 030	18 912	896	763	25 422	11 842		
339	5 747	4 415	389	287	1 788	1 723		
1 144	8 633	7 593	544	410	9 352	3 389	2 155	
320	12 264	8 732	512	197	18 958	4 617	－246	
1 201	29 252	21 502	1 493	1 113	44 998	10 640	1 900	
586	18 050	10 898	738	459	6 836	8 132	7	
409	5 811	5 689	70	70	4 365	2 181	10	
439	11 611	9 418	505	472	4 302	3 839	43	
2 614	63 953	47 302	2 784	2 112	60 447	24 580	1 960	
34	655	655	2	2	502	409		
12	1 609	784	1	1	364	1 071		
1 042	10 629	7 140	367	265	5 978	5 049	11	
355	8 365	3 907	264	176	13 335	3 200	－250	
410	14 056	10 906	832	532	6 723	5 158	51	
650	24 375	22 229	1 047	969	30 469	7 907	5	
30	362	97	65		296	139	2 144	
	2 169	376	45	6	565	1 153		
81	1 732	1 208	161	161	2 217	494		
22	770	204	23	2	254	212		
11	197	38			132	59		
11	573	166	23	2	121	153		

限额以上批发和零售业产业活动

项　　　目	单位数（个）	从业人员（人）	购进总额	#进　口
总　　　计	**36**	**5 212**	**415 305**	**45**
批发业	**12**	**972**	**134 470**	
按批发行业中类分组				
食品、饮料及烟草制品批发	1	55	2 220	
纺织、服装及日用品批发	2	250	8 680	
矿产品、建材及化工产品批发	2	15	12 729	
机械设备、五金交电及电子产品批发	6	570	108 155	
其他批发	1	82	2 686	
按登记注册类型分组				
内资企业	6	576	104 626	
国有企业	1	58	32 707	
有限责任公司	2	174	21 200	
股份有限公司	2	172	23 701	
私营企业	1	172	27 018	
港、澳、台商投资企业	3	218	11 941	
港、澳、台商独资经营企业	3	218	11 941	
外商投资企业	3	178	17 903	
中外合资经营企业	1	6	14 368	
外资企业	1	117	1 315	
外商投资股份有限公司	1	55	2 220	
按经营形式分组				
独立门店	2	235	22 551	
其　他	10	737	111 919	
零售业	**24**	**4 240**	**280 835**	**45**
按零售行业中类分组				
综合零售	1	184	30 852	
食品、饮料及烟草制品专门零售	3	1 082	18 549	
纺织、服装及日用品专门零售	1	32	900	
文化、体育用品及器材专门零售	1	1 066		
医药及医疗器材专门零售	14	1 819	210 409	
家用电器及电子产品专门零售	1	3	816	
五金、家具及室内装修材料专门零售	3	54	19 310	45
按登记注册类型分组				
内资企业	18	3 072	232 603	45
国有企业	12	2 430	204 274	
股份有限公司	2	14	14 133	
私营企业	2	207	10 434	45
其他企业	2	421	3 762	
港、澳、台商投资企业	3	918	14 108	
合资经营企业（港或澳、台资）	1	186	3 557	
合作经营企业（港或澳、台资）	1	16	3 490	
港、澳、台商独资经营企业	1	716	7 062	
外商投资企业	2	218	33 224	
中外合作经营企业	2	218	33 224	
个体工商户	1	32	900	
按经营形式分组				
独立门店	6	1 933	39 598	
连锁总店	3	1 082	18 549	
连锁门店	2	195	44 169	
其　他	13	1 030	178 519	45
按零售业态分组				
有店铺零售	24	4 240	280 835	45
便利店	1	186	3 557	
大型超市	1	184	30 852	
百货店	1	32	900	
专业店	16	3 601	217 470	
专卖店	2	183	8 746	
家居建材商店	2	43	5 993	45
厂家直销中心	1	11	13 317	

单位和个体户商品购销存总额

单位：万元

销售总额	批发额	零售额	年末库存额	年末零售营业面积（平方米）
438 054	**158 666**	**279 388**	**18 857**	**28 582**
144 358	**144 358**		**4 221**	
2 220	2 220			
13 549	13 549		866	
13 909	13 909		66	
111 001	111 001		2 691	
3 680	3 680		599	
107 441	107 441		2 691	
33 874	33 874		98	
20 292	20 292		2 549	
24 757	24 757		3	
28 518	28 518		41	
16 950	16 950		965	
16 950	16 950		965	
19 967	19 967		566	
14 859	14 859			
2 888	2 888		566	
2 220	2 220			
24 691	24 691		2 846	
119 668	119 668		1 375	
293 696	**14 308**	**279 388**	**14 636**	**28 582**
35 330		35 330	240	6 518
20 062		20 062	23	4 996
1 050		1 050	150	800
2 631		2 631		400
214 629	1 253	213 376	10 750	9 743
806		806	10	500
19 188	13 055	6 133	3 462	5 625
240 490	14 220	226 270	13 489	13 478
210 815	1 253	209 562	9 881	8 315
13 773	12 967	806	3 175	800
11 934		11 934	35	3 363
3 968		3 968	399	1 000
14 348	88	14 261	285	6 958
3 535		3 535	23	600
3 752	88	3 665	263	4 562
7 062		7 062		1 796
37 807		37 807	712	7 346
37 807		37 807	712	7 346
1 050		1 050	150	800
45 943	88	45 855	2 102	6 122
20 062		20 062	23	4 996
48 297	12 967	35 330	3 405	6 818
179 394	1 253	178 141	9 106	10 646
293 696	14 308	279 388	14 636	28 582
3 535		3 535	23	600
35 330		35 330	240	6 518
1 050		1 050	150	800
224 322	1 253	223 069	10 750	11 939
10 272		10 272	10	3 100
6 221	88	6 133	298	5 325
12 967	12 967		3 165	300

星级住宿业和限额

项目	法人单位(人)	从业人员(人)	营业收入	客房收入
总计	**203**	**34 333**	**463 353**	**123 357**
住宿业	**99**	**18 467**	**248 637**	**120 574**
按住宿行业小类分组				
旅游饭店	68	15 548	217 255	101 152
一般旅馆	27	2 395	27 345	17 716
其他住宿服务	4	524	4 037	1 707
按登记注册类型分组				
内资企业	80	12 397	154 442	79 329
国有企业	29	5 052	68 612	33 295
集体企业	1	55	758	629
联营企业	3	1 091	17 186	8 520
国有联营企业	3	1 091	17 186	8 520
有限责任公司	27	4 112	45 030	24 451
国有独资公司	2	385	3 900	2 009
其他有限责任公司	25	3 727	41 130	22 441
私营企业	18	1 337	17 430	10 095
私营独资企业	1	85	832	242
私营合伙企业	1	71	751	406
私营有限责任公司	15	1 144	14 996	8 662
私营股份有限公司	1	37	851	784
其他企业	2	750	5 427	2 340
港、澳、台商投资企业	11	3 043	42 178	22 595
合资经营企业（港或澳、台资）	6	2 034	29 851	16 290
合作经营企业（港或澳、台资）	2	487	6 587	3 091
港、澳、台商独资经营企业	3	522	5 740	3 215
外商投资企业	8	3 027	52 017	18 650
中外合资经营企业	3	1 091	13 221	6 762
中外合作经营企业	2	581	9 015	4 274
外资企业	3	1 355	29 781	7 614
按控股情况分组				
国有控股	42	8 101	108 554	52 879
集体控股	2	196	3 246	1 099
私人控股	28	2 555	30 046	18 962
港澳台商控股	11	3 366	42 389	22 227
外商控股	8	3 027	52 017	18 650
其　他	8	1 222	12 385	6 758
按经营形式分组				
独立门店	87	15 719	206 557	101 666
连锁门店	1	37	851	784
其　他	11	2 711	41 230	18 125

以 上 餐 饮 经 营 情 况

单位：万元

餐费收入	商品销售收入	其他收入	年末住宿业拥有客房间数（间）	年末住宿或餐饮业拥有床位数（个）	年末餐饮业营业面积（平方米）	年末住宿或餐饮业拥有餐位数（个）
303 808	**11 326**	**24 862**	**18 874**	**30 108**	**696 360**	**107 451**
94 553	**9 779**	**23 731**	**18 144**	**28 852**	**457 045**	**37 143**
84 511	9 579	22 013	13 848	21 929	441 346	30 645
7 776	198	1 656	3 903	6 287	11 154	4 994
2 267	1	62	393	636	4 545	1 504
60 302	780	14 031	12 707	20 548	100 849	25 970
29 370	22	5 925	4 605	7 701	33 168	10 807
		129	100	150		
6 929		1 737	737	1 092	7 224	1 520
6 929		1 737	737	1 092	7 224	1 520
15 781	471	4 327	4 444	6 998	43 505	8 375
1 271	3	617	275	510	1 424	720
14 510	469	3 710	4 169	6 488	42 081	7 655
5 393	287	1 655	2 357	3 863	11 552	4 118
590			104	186	1 200	550
228	93	23	124	250	500	180
4 539	188	1 608	2 030	3 290	9 787	3 378
37	6	25	99	137	65	10
2 829		258	464	744	5 400	1 150
17 790	223	1 569	3 530	5 427	22 941	5 734
12 434	41	1 087	2 538	3 920	14 398	3 100
2 944	180	372	425	688	3 250	884
2 413	2	111	567	819	5 293	1 750
16 461	8 776	8 131	1 907	2 877	333 255	5 439
5 756		704	746	1 137	5 027	1 575
3 592		1 149	558	869	3 240	970
7 113	8 776	6 278	603	871	324 988	2 886
45 739	401	9 536	6 917	11 402	52 935	17 125
1 364	160	624	194	338	700	360
8 391	299	2 393	4 246	6 725	16 347	6 106
18 488	43	1 631	3 687	5 694	26 691	6 350
16 461	8 776	8 131	1 907	2 877	333 255	5 439
4 111	101	1 416	1 193	1 816	27 117	1 763
78 631	9 170	17 091	14 773	23 534	126 713	33 860
37	6	25	99	137	65	10
15 886	604	6 615	3 272	5 181	330 267	3 273

续表

项　　目	法人单位（人）	从业人员（人）	营业收入	客房收入
按星级分组				
五　星	9	4 762	70 304	29 212
四　星	20	4 907	60 053	30 490
三　星	22	2 505	26 428	15 461
二　星	9	569	7 712	2 802
一　星	2	58	862	833
其　他	37	5 666	83 280	41 778
餐饮业	**104**	**15 866**	**214 715**	**2 783**
按餐饮行业小类分组				
正餐服务	89	10 141	126 334	2 783
快餐服务	10	5 353	81 942	
饮料及冷饮服务	1	30	251	
其他餐饮服务	4	342	6 189	
按登记注册类型分组				
内资企业	82	9 427	107 966	2 057
国有企业	6	1 794	17 203	1 314
集体企业	1	33	224	
有限责任公司	24	3 233	36 868	318
其他有限责任公司	24	3 233	36 868	318
私营企业	50	4 184	52 126	425
私营独资企业	13	1 030	12 457	
私营合伙企业	1	50	315	
私营有限责任公司	34	3 062	38 511	425
私营股份有限公司	2	42	843	
其他企业	1	183	1 545	
港、澳、台商投资企业	15	2 866	54 226	726
合资经营企业（港或澳、台资）	4	415	6 572	
合作经营企业（港或澳、台资）	1	13	488	
港、澳、台商独资经营企业	9	2 157	44 205	726
港、澳、台商投资股份有限公司	1	281	2 961	
外商投资企业	7	3 573	52 523	
中外合资经营企业	2	126	1 027	
中外合作经营企业	1	3 200	48 388	
外资企业	3	201	2 663	
外商投资股份有限公司	1	46	445	
按控股情况分组				
国有控股	6	1 794	17 203	1 314
集体控股	1	33	224	
私人控股	70	7 075	83 895	744
港澳台商控股	15	2 866	54 226	726
外商控股	8	3 610	53 393	
其　他	4	488	5 775	
按经营形式分组				
独立门店	83	8 623	110 697	2 719
连锁总店	9	5 749	84 466	
连锁门店	3	171	1 928	
其　他	9	1 323	17 625	64

单位：万元

餐费收入	商品销售收入	其他收入	年末住宿业拥有客房间数（间）	年末住宿或餐饮业拥有床位数（个）	年末餐饮业营业面积（平方米）	年末住宿或餐饮业拥有餐位数（个）
30 120	497	10 475	3 790	5 634	366 714	6 587
25 285	199	4 080	3 907	6 104	27 064	9 725
8 297	63	2 608	2 861	5 010	24 306	5 865
4 162	160	589	753	1 399	4 930	2 490
	1	28	249	449		
26 691	8 860	5 952	6 584	10 256	34 031	12 476
209 254	**1 546**	**1 132**	**730**	**1 256**	**239 315**	**70 308**
120 890	1 546	1 115	730	1 256	185 541	51 491
81 942					50 914	18 562
234		17			1 200	90
6 189					1 660	165
103 850	1 546	513	604	1 044	169 322	47 172
14 460	1 383	46	356	599	41 004	15 707
224					3 257	180
36 272		277	124	220	41 948	10 578
36 272		277	124	220	41 948	10 578
51 348	164	189	124	225	79 010	20 007
12 378		79			22 507	5 131
315					960	200
37 812	164	111	124	225	55 037	14 530
843					506	146
1 545					4 103	700
53 001		499	126	212	38 843	14 256
6 572					3 427	547
488					1 024	210
43 297		183	126	212	29 092	13 457
2 645		316			5 300	42
52 403		120			31 150	8 880
907		120			2 000	536
48 388					26 000	7 150
2 663					2 400	984
445					750	210
14 460	1 383	46	356	599	41 004	15 707
224					3 257	180
82 784	164	204	248	445	114 752	27 425
53 001		499	126	212	38 843	14 256
53 272		120			33 150	9 780
5 512		263			8 309	2 960
105 359	1 546	1 072	687	1 176	144 174	37 545
84 421		45			53 591	17 114
1 928					1 810	737
17 546		15	43	80	39 740	14 912

星级住宿业和限额以上

项目	企业数（个）	#执行《2006年企业会计准则》企业数（个）	年初存货	流动资产合计	#应收账款
总计	**203**	**95**	**16 358**	**261 380**	**16 114**
住宿业	**99**	**44**	**9 158**	**210 549**	**10 052**
按住宿行业小类分组					
旅游饭店	68	28	8 127	187 615	8 041
一般旅馆	27	13	838	15 626	1 879
其他住宿服务	4	3	194	7 308	132
按登记注册类型分组					
内资企业	80	37	4 931	92 418	6 062
国有企业	29	13	1 959	41 734	2 380
集体企业	1	1	111	77	
联营企业	3	2	534	9 333	469
国有联营企业	3	2	534	9 333	469
有限责任公司	27	14	1 644	31 325	2 625
国有独资公司	2	1	122	1 840	372
其他有限责任公司	25	13	1 522	29 485	2 253
私营企业	18	6	645	8 418	536
私营独资企业	1	1		30	20
私营合伙企业	1		27	234	109
私营有限责任公司	15	5	616	7 705	407
其他企业	2	1	38	1 532	53
港、澳、台商投资企业	11	4	2 021	46 479	1 957
合资经营企业（港或澳、台资）	6	2	936	32 529	1 696
合作经营企业（港或澳、台资）	2		103	9 942	123
港、澳、台商独资经营企业	3	2	982	4 008	139
外商投资企业	8	3	2 206	71 653	2 033
中外合资经营企业	3	1	601	11 419	372
中外合作经营企业	2	1	1 067	3 648	267
外资企业	3	1	539	56 586	1 394
按控股情况分组					
国有控股	42	20	3 135	60 367	3 998
集体控股	2	1	180	1 256	89
私人控股	28	12	839	13 607	1 372
港澳台商控股	11	4	1 975	46 574	1 970
外商控股	8	3	2 206	71 653	2 033
其他	8	4	823	17 093	590
按经营形式分组					
独立门店	87	38	7 674	187 706	7 892
连锁门店	1		2	449	1
其他	11	6	1 483	22 394	2 159
按星级分组					
五星	9	4	2 540	47 600	2 194
四星	20	8	3 628	43 360	2 298
三星	22	10	810	31 315	994
二星	9	3	211	3 827	308
一星	2	1	2	5 676	8
其他	37	18	1967	78 772	4 249

餐饮业财务状况（一）

单位：万元

# 存　货	流动资产年平均余额	长期投资合　　计	固定资产合　　计	固定资产原价	累计折旧	本年折旧	资产合计
16 118	**201 974**	**10 389**	**364 570**	**544 521**	**187 978**	**28 410**	**754 320**
9 184	**161 896**	**9 044**	**334 710**	**492 814**	**166 131**	**22 416**	**635 970**
8 270	146 953	4 843	319 505	465 667	153 762	20 506	586 159
757	14 124	4 185	12 810	24 029	11 646	1 437	38 243
157	819	15	2 396	3 119	723	474	11 568
5 042	70 866	6 071	147 119	201 151	62 060	10 452	290 881
2 415	27 426	886	64 858	96 906	32 476	4 771	131 157
	100		48	100	52	12	839
276	9 074	760	17 723	28 867	11 144	1 435	29 180
276	9 074	760	17 723	28 867	11 144	1 435	29 180
1 667	21 499	123	36 024	43 191	14 767	3 312	80 647
92	1 727	13	6 562	11 837	5 275	368	8 581
1 575	19 773	110	29 462	31 354	9 492	2 944	72 066
562	8 873	4 303	3 872	6 738	2 865	813	21 552
10			570	700	130	100	600
	203		44	133	89	24	439
551	8 633	4 303	3 205	5 822	2 617	660	19 533
123	3 894		24 595	25 350	755	109	27 507
1 938	38 862	392	118 977	172 882	53 905	6 625	174 052
887	26 770	391	106 164	131 542	25 378	4 362	145 099
101	10 101	1	2 197	5 604	3 408	288	12 830
951	1 991		10 617	35 736	25 120	1 975	16 123
2 203	52 168	2 581	68 614	118 780	50 167	5 340	171 037
581	10 206	1	7 208	21 588	14 380	838	26 858
1 126	2 927		21 276	45 391	24 115	887	26 594
497	39 034	2 580	40 130	51 801	11 671	3 614	117 584
3 282	44 167	1 658	102 149	148 769	54 647	7 852	193 623
141	1 235		1 012	1 701	689	72	3 413
957	12 613	4 303	5 161	10 189	5 028	1 126	30 743
1 984	41 735	392	141 695	192 943	51 248	6 532	197 569
2 203	52 168	2 581	68 614	118 780	50 167	5 340	171 037
617	9 978	110	16 079	20 432	4 353	1 495	39 586
7 813	149 776	2 274	227 199	356 311	137 139	17 353	489 965
1	37		53	83	29	29	980
1 369	12 083	6 770	107 458	136 421	28 963	5 034	145 025
2 287	38 807	3 731	186 419	232 739	46 321	8 588	263 641
3 576	37 652	78	74 507	146 750	79 842	6 260	129 859
911	28 493	696	10 750	22 287	11 537	1 692	52 947
265	3 105	15	4 844	7 841	2 997	473	10 077
2	121		490	648	157	85	6 463
2 142	53 717	4 524	57 700	82 549	25 277	5 319	172 982

续表

项目	企业数（个）	#执行《2006年企业会计准则》企业数（个）	年初存货	流动资产合计	#应收账款
餐饮业	**104**	**51**	**7200**	**50 831**	**6 062**
按餐饮行业小类分组					
正餐服务	89	44	3 992	39 331	4 137
快餐服务	10	5	1 272	7 498	336
饮料及冷饮服务	1			93	
其他餐饮服务	4	2	1 936	3 909	1 589
按登记注册类型分组					
内资企业	82	39	3 561	32 807	3 443
国有企业	6	5	570	9 048	598
集体企业	1		35	51	10
有限责任公司	24	11	1 032	11 151	617
其他有限责任公司	24	11	1 032	11 151	617
私营企业	50	22	1 861	12 376	2 188
私营独资企业	13	7	467	1 920	359
私营合伙企业	1		96	28	3
私营有限责任公司	34	13	1 292	10 320	1 825
私营股份有限公司	2	2	5	109	
其他企业	1	1	63	181	30
港、澳、台商投资企业	15	5	2 910	14 516	2 594
合资经营企业（港或澳、台资）	4	1	1 940	3 748	1 509
合作经营企业（港或澳、台资）	1	1	1	454	3
港、澳、台商独资经营企业	9	3	732	9 064	944
港、澳、台商投资股份有限公司	1		238	1 249	139
外商投资企业	7	7	730	3 509	26
中外合资经营企业	2	2	85	402	15
中外合作经营企业	1	1	495	2 498	
外资企业	3	3	149	571	11
外商投资股份有限公司	1	1	1	38	
按控股情况分组					
国有控股	6	5	570	9 048	598
集体控股	1		35	51	10
私人控股	70	33	2 586	21 193	2 592
港澳台商控股	15	5	2 910	14 516	2 594
外商控股	8	8	868	4 054	115
其　他	4		232	1 970	154
按经营形式分组					
独立门店	83	40	3 279	35 361	3 469
连锁总店	9	4	1 639	8 506	246
连锁门店	3	1	100	362	11
其　他	9	6	2 182	6 601	2 337

单位：万元

# 存　货	流动资产年平均余额	长期投资合　　计	固定资产合　　计	固定资产原价	累计折旧	本年折旧	资产合计
6 934	**40 078**	**1 345**	**29 860**	**51 707**	**21 846**	**5 994**	**118 350**
5 709	30 528	1 335	15 005	25 387	10 382	2 773	70 786
1 081	5 566		12 650	22 907	10 258	2 831	40 569
	103		6	29	24	4	166
144	3 881	10	2 200	3 383	1 183	386	6 830
4 710	25 748	1 240	15 192	24 120	8 928	2 903	64 108
897	7 316	29	5 029	6 587	1 559	620	15 151
21	55		30	71	41	1	81
1 457	8 216	324	3 665	7 252	3 588	1 087	20 694
1 457	8 216	324	3 665	7 252	3 588	1 087	20 694
2 253	10 162	888	6 375	9 989	3 615	1 179	27 790
478	2 273	10	1 553	2 194	640	338	7 664
17	15		33	51	18	9	66
1 753	7 774	878	4 778	7 709	2 931	828	19 941
5	100		10	36	26	4	119
83			94	220	127	17	394
1 430	10 547	105	9 583	16 910	7 327	765	32 391
163	3 680		2 365	3 589	1 224	418	6 841
1	454		35	257	221		596
1 032	6 234	105	7 093	12 953	5 861	330	23 265
235	179		90	111	22	16	1 690
794	3 783		5 086	10 677	5 591	2 326	21 851
99	419		59	398	338	27	461
575	2 725		4 965	10 071	5 106	2 269	20 614
116	604		32	89	57	13	659
3	35		30	119	89	18	110
897	7 316	29	5 029	6 587	1 559	620	15 151
21	55		30	71	41	1	81
3 345	16 785	1 211	9 077	15 798	6 721	2 162	44 156
1 430	10 547	105	9 583	16 910	7 327	765	32 391
794	4 203		5 178	10 834	5 656	2 357	22 488
447	1 173		964	1 507	543	90	4 084
4 698	28 928	906	13 000	21 853	8 854	2 599	64 621
1 878	6 157	105	13 395	24 110	10 715	2 825	41 745
82	453	10	93	160	67	8	564
276	4 540	324	3 373	5 583	2 211	561	11 421

星级住宿业和限额以上

项目	流动负债合计	应付账款	长期负债合计	负债合计	所有者权益合计
总计	**249 123**	**31 825**	**253 703**	**509 283**	**245 037**
住宿业	**176 592**	**21 978**	**248 452**	**431 357**	**204 613**
按住宿行业小类分组					
旅游饭店	150 784	17 244	248 351	399 147	187 012
一般旅馆	21 080	4 409	100	23 006	15 237
其他住宿服务	4 728	326		9 204	2 364
按登记注册类型分组					
内资企业	97 298	14 399	29 279	132 890	157 991
国有企业	28 942	6 632	3 747	32 700	98 457
集体企业	999	17		999	-160
联营企业	4 338	1 483	8 000	12 338	16 842
国有联营企业	4 338	1 483	8 000	12 338	16 842
有限责任公司	37 881	5 049	9 000	52 707	27 940
国有独资公司	1 044	49		1 044	7 538
其他有限责任公司	36 837	5 000	9 000	51 663	20 403
私营企业	13 963	785	532	14 970	6 582
私营独资企业				100	500
私营合伙企业	380	75		380	59
私营有限责任公司	13 134	709	532	13 666	5 867
其他企业	11 176	432	8 000	19 176	8 331
港、澳、台商投资企业	45 159	3 103	125 068	170 227	3 825
合资经营企业（港或澳、台资）	34 297	3 480	84 432	118 729	26 370
合作经营企业（港或澳、台资）	3 918	-792	5 800	9 718	3 112
港、澳、台商独资经营企业	6 945	415	34 836	41 781	-25 658
外商投资企业	34 134	4 476	94 105	128 240	42 797
中外合资经营企业	4 919	1 026	6 530	11 449	15 409
中外合作经营企业	8 648	1 156	13 984	22 632	3 962
外资企业	20 567	2 295	73 591	94 158	23 426
按控股情况分组					
国有控股	53 003	9 592	11 747	66 111	127 511
集体控股	1 350	72		1 350	2 063
私人控股	21 257	2 546	532	22 264	8 479
港澳台商控股	55 408	3 506	133 068	188 476	9 093
外商控股	34 134	4 476	94 105	128 240	42 797
其他	11 440	1 786	9 000	24 916	14 670
按经营形式分组					
独立门店	160 180	17 724	166 671	326 963	163 002
连锁门店	449	2		825	155
其他	15 963	4 253	81 780	103 570	41 455
按星级分组					
五星	48 693	6 565	91 000	139 693	123 948
四星	50 088	4 578	62 928	113 016	16 843
三星	16 726	473	11 868	28 594	24 353
二星	4 701	1 101		4 812	5 265
一星	622	13		5 098	1 365
其他	55 762	9 249	82 655	140 144	32 839

餐 饮 业 财 务 状 况（二）

单位：万元

实收资本	国家资本	集体资本	法人资本	个人资本	港澳台资本	外商资本	主营业务收　入	主营业务成　本
268 780	**84 183**	**2 516**	**15 792**	**39 827**	**78 023**	**48 440**	**458 400**	**165 512**
233 113	**79 104**	**2 466**	**11 799**	**25 713**	**69 373**	**44 659**	**244 087**	**66 338**
215 467	69 784	2 304	9 719	20 496	68 505	44 659	213 496	58 291
11 856	4 789	162	820	5 217	868		26 560	6 820
5 791	4 532		1 259				4 031	1 227
117 579	73 347	1 466	9 793	23 413	9 560		150 538	37 375
48 475	47 915				560		66 346	14 807
162		162					758	233
15 140	15 140						17 186	4 579
15 140	15 140						17 186	4 579
34 642	10 291	1 304	6 079	16 968			43 633	10 586
1 991	1 991						3 589	760
32 651	8 300	1 304	6 079	16 968			40 044	9 827
9 159			2 714	6 445			17 189	5 500
500				500			774	348
50			50				728	192
8 559			2 664	5 895			14 977	4 937
10 000			1 000		9 000		5 427	1 669
67 595	4 982	1 000	300	1 500	59 813		42 041	11 451
50 467		1 000	300	1 500	47 667		29 921	8 467
9 726	4 982				4 744		6 403	1 697
7 402					7 402		5 717	1 287
47 940	776		1 705	800		44 659	51 508	17 512
12 568			1 705	800		10 063	13 221	2 710
14 516	776					13 740	8 888	2 185
20 856						20 856	29 398	12 617
81 222	78 328			300	2 594		104 872	24 558
1 466		1 466					3 246	1 560
12 977			5 364	7 613			29 777	8 692
69 579		1 000	300	1 500	66 779		42 436	11 895
47 940	776		1 705	800		44 659	51 508	17 512
19 929			4 429	15 500			12 249	2 121
176 820	77 056	1 466	10 639	22 774	29 871	35 014	203 002	56 530
50				50			710	23
56 243	2 048	1 000	1 159	2 889	39 503	9 644	40 375	9 786
103 212	26 840			15 000	51 727	9 644	69 551	15 829
59 473	26 248		4 390	1 660	7 014	20 160	58 921	14 350
23 053	8 419		4 835	1 600	3 110	5 089	26 208	7 706
4 804	2 520	1 304	444	536			7 614	3 169
1 267	108		1 159				841	27
41 306	14 970	1 162	970	6 917	7 522	9 765	80 952	25 257

续表

项　　目	流动负债合　计	应付账款	长期负债合　计	负债合计	所有者权益合　计
餐饮业	**72 532**	**9 846**	**5 251**	**77 926**	**40 424**
按餐饮行业小类分组					
正餐服务	46 344	7 379	4 272	50 696	20 090
快餐服务	24 796	1 842		24 858	15 710
饮料及冷饮服务	1			1	164
其他餐饮服务	1 391	626	980	2 371	4 459
按登记注册类型分组					
内资企业	40 632	5 595	4 272	45 047	19 061
国有企业	14 174	1 470	20	14 194	956
集体企业	37	16		37	43
有限责任公司	7 859	1 061	2 559	10 430	10 264
其他有限责任公司	7 859	1 061	2 559	10 430	10 264
私营企业	16 642	2 871	1 693	18 466	9 324
私营独资企业	6 448	893		6 499	1 165
私营合伙企业	106			106	-40
私营有限责任公司	10 017	1 972	1 693	11 791	8 151
私营股份有限公司	71	6		71	48
其他企业	1 919	178		1 919	-1 525
港、澳、台商投资企业	15 122	3 387	980	16 102	16 290
合资经营企业（港或澳、台资）	1 544	822	980	2 524	4 318
合作经营企业（港或澳、台资）	300	31		300	296
港、澳、台商独资经营企业	11 950	2 301		11 950	11 315
港、澳、台商投资股份有限公司	1 328	234		1 328	361
外商投资企业	16 778	864		16 778	5 073
中外合资经营企业	1 264	109		1 264	-803
中外合作经营企业	14 921	693		14 921	5 693
外资企业	580	63		580	78
外商投资股份有限公司	13			13	105
按控股情况分组					
国有控股	14 174	1 470	20	14 194	956
集体控股	37	16		37	43
私人控股	24 554	4 009	4 252	28 948	15 208
港澳台商控股	15 122	3 387	980	16 102	16 290
外商控股	17 337	964		17 337	5 152
其　他	1 308			1 308	2 776
按经营形式分组					
独立门店	44 948	6 803	4 272	49 363	15 258
连锁总店	23 517	1 835		23 517	18 228
连锁门店	464	75		464	100
其　他	3 602	1 132	980	4 582	6 839

单位：万元

实收资本	国家资本	集体资本	法人资本	个人资本	港澳台资本	外商资本	主营业务收入	主营业务成本
35 666	**5 078**	**50**	**3 993**	**14 114**	**8 650**	**3 781**	**214 313**	**99 173**
25 753	4 778	50	2 539	12 950	4 115	1 321	126 271	65 680
8 558	300		780	1 077	3 941	2 460	81 620	30 774
50				50			234	
1 305			674	38	593		6 189	2 719
21 754	5 078	50	3 367	13 159		100	106 966	56 888
5 628	4 928		700				17 194	8 388
50		50					224	75
8 322	150		620	7 452		100	36 306	20 557
8 322	150		620	7 452		100	36 306	20 557
7 654			1 946	5 708			51 771	27 193
2 063			400	1 663			12 426	6 275
50				50			315	19
5 483			1 490	3 993			38 187	20 308
58			56	2			843	591
100			100				1 472	675
9 276			627		8 650		54 824	24 258
1 476			627		849		6 572	2 766
557					557		488	293
6 270					6 270		44 803	20 153
973					973		2 961	1 047
4 636				955		3 681	52 523	18 027
1 838				955		883	1 027	648
2 360						2 360	48 388	16 455
116						116	2 663	805
322						322	445	119
5 628	4 928		700				17 194	8 388
50		50					224	75
13 479	150		2 241	11 088			83 167	44 643
9 276			627		8 650		54 824	24 258
4 736				955		3 781	53 393	18 572
2 497			425	2 072			5 512	3 238
23 906	4 184	50	2 680	11 786	4 208	999	110 357	57 451
8 998	800		565	1 102	3 849	2 682	84 466	31 590
108			100	8			1 928	639
2 654	94		648	1 218	593	100	17 562	9 493

星级住宿业和限额以上

项　　目	主营业务税金及附加	主营业务利润	其他业务收入	其他业务利润	营业费用
总　　计	**24 348**	**268 540**	**8 290**	**7 126**	**172 963**
住宿业	**12 797**	**164 952**	**7 843**	**6 946**	**92 860**
按住宿行业小类分组					
旅游饭店	11 204	144 000	7 200	6 310	79 712
一般旅馆	1 373	18 367	626	619	10 583
其他住宿服务	219	2 585	18	17	2 565
按登记注册类型分组					
内资企业	8 445	104 718	6 961	6 082	63 627
国有企业	3 500	48 039	4 071	3 964	28 139
集体企业	42	482			448
联营企业	1 188	11 419			6 691
国有联营企业	1 188	11 419			6 691
有限责任公司	2 368	30 679	2 614	1 884	17 874
国有独资公司	218	2 611	312	302	1 375
其他有限责任公司	2 150	28 068	2 302	1 582	16 499
私营企业	1 067	10 622	246	218	8 029
私营独资企业	69	357			225
私营合伙企业	41	495	23	19	473
私营有限责任公司	904	9 136	223	199	6 913
其他企业	280	3 477	30	16	2 446
港、澳、台商投资企业	2 141	28 449	373	367	14 459
合资经营企业（港或澳、台资）	1 530	19 923	62	61	8 133
合作经营企业（港或澳、台资）	322	4 384	184	184	2 437
港、澳、台商独资经营企业	288	4 142	128	122	3 889
外商投资企业	2 211	31 785	509	497	14 774
中外合资经营企业	701	9 810			5 381
中外合作经营企业	419	6 284	126	120	3 223
外资企业	1 090	15 691	383	377	6 171
按控股情况分组					
国有控股	5 807	74 507	5 536	5 279	44 830
集体控股	175	1 511			965
私人控股	1 769	19 316	518	472	11 425
港澳台商控股	2 162	28 379	196	183	14 895
外商控股	2 211	31 785	509	497	14 774
其　他	673	9 455	1 084	515	5 971
按经营形式分组					
独立门店	10 756	135 716	6 966	6 207	76 576
连锁门店	53	634			417
其　他	1 987	28 602	877	739	15 867
按星级分组					
五　星	3 869	49 853	862	720	25 164
四　星	3 133	41 439	1 638	1 517	25 179
三　星	1 456	17 046	3 783	3 190	10 872
二　星	480	3 965	62	54	2 555
一　星	47	767	21	20	697
其　他	3 813	51 883	1 478	1 446	28 393

餐饮业财务状况（三）

单位：万元

管理费用	税　金	差旅费	工会经费	财务费用	利息支出	营业利润	投资收益	执行《2006企业会计准则》企业的投资收益
92 792	**3 706**	**1 170**	**407**	**13 672**	**10 721**	**-3 760**	**-1**	
73 321	**3 448**	**673**	**330**	**11 828**	**10 247**	**-6 111**	**-1**	
62 652	3 283	478	321	11 596	10 172	-3 650		
8 213	160	189	4	205	75	-15	-1	
2 456	4	6	4	28		-2 447		
43 356	1 938	425	232	3 397	2 417	419	-1	
17 640	741	130	128	578	270	5 645		
58				14		-38		
2 995	388	54	25	716	635	1 017		
2 995	388	54	25	716	635	1 017		
18 222	282	174	73	1 069	756	-4 602		
1 406	88	4	17	16		116		
16 816	194	169	56	1 053	756	-4 718		
2 735	192	66	6	296	123	-219	-1	
111	69	12				22		
111	1			7		-78		
2 322	69	53	6	282	123	-182	-1	
1 707	335	1		724	632	-1 384		
14 367	814	85	45	4 023	3 716	-4 033		
10 162	726	56	17	3 897	3 689	-2 208		
1 050	19	15	11	106	27	975		
3 156	68	14	17	20		-2 800		
15 597	696	164	53	4 409	4 115	-2 497		
4 212	6	33	29	162	30	56		
3 113	188	38	24	745	731	-677		
8 272	503	92	1	3 502	3 354	-1 876		
28 120	1 377	287	217	1 490	941	5 346		
616	12	4	4	23	-4	-93		
8 954	192	102	7	367	127	-959	1	
15 250	1 131	75	33	4 678	4 351	-6 262		
15 597	696	164	53	4 409	4 115	-2 497		
4 783	39	42	15	862	718	-1 646		
62 645	2 554	467	284	8 783	7 422	-6 081		
191	53	1		7		19		
10 485	841	206	46	3 038	2 825	-50	-1	
21 774	1 662	151	107	5 837	5 599	-2 203		
19 333	886	170	103	2 045	1 463	-3 601		
6 000	231	62	63	296	101	3 069		
1 257	105	20	7	97	73	110		
93	3	5		8		-11		
24 864	561	265	50	3 546	3 012	-3 474	-1	

续表

项　　目	主营业务税金及附加	主营业务利　润	其他业务收　入	其他业务利　润	营业费用
餐饮业	**11 552**	**103 588**	**447**	**180**	**80 103**
按餐饮行业小类分组					
正餐服务	7 452	53 138	424	407	41 886
快餐服务	4 003	46 843	7	-243	35 898
饮料及冷饮服务	13	221	17	17	
其他餐饮服务	84	3 386			2 319
按登记注册类型分组					
内资企业	6 329	43 750	440	423	34 885
国有企业	546	8 261	161	159	8 197
集体企业	62	87			69
有限责任公司	2 207	13 541	263	248	10 520
其他有限责任公司	2 207	13 541	263	248	10 520
私营企业	3 431	21 146	17	17	15 266
私营独资企业	889	5 263			4 397
私营合伙企业	36	260			234
私营有限责任公司	2 450	15 429	17	17	10 509
私营股份有限公司	57	195			126
其他企业	82	715			834
港、澳、台商投资企业	2 525	28 040	6	6	22 283
合资经营企业（港或澳、台资）	103	3 704			2 603
合作经营企业（港或澳、台资）	25	170			113
港、澳、台商独资经营企业	2 248	22 402	6	6	18 099
港、澳、台商投资股份有限公司	150	1 765			1 469
外商投资企业	2 699	31 798	1	-249	22 935
中外合资经营企业	52	328	1		278
中外合作经营企业	2 490	29 443		-249	21 531
外资企业	134	1 724			842
外商投资股份有限公司	23	304			283
按控股情况分组					
国有控股	546	8 261	161	159	8 197
集体控股	62	87			69
私人控股	5 366	33 158	17	16	24 748
港澳台商控股	2 525	28 040	6	6	22 283
外商控股	2 736	32 085	1	-249	23 112
其　他	317	1 958	263	248	1 694
按经营形式分组					
独立门店	6 847	46 060	288	271	36 519
连锁总店	4 177	48 699		-250	37 028
连锁门店	103	1 186			610
其　他	425	7 643	159	159	5 946

单位：万元

管理费用	税　　金	差旅费	工会经费	财务费用	利息支出	营业利润	投资收益	执行《2006企业会计准则》企业的投资收益
19 471	**258**	**497**	**78**	**1 844**	**473**	**2 351**		
12 418	233	408	48	1 226	88	-1 984		
6 285	19	80	10	634	385	3 783		
201						36		
567	7	9	20	-15		515		
11 616	194	393	52	1 044	87	-3 371		
4 192	3	103	43	113	-41	-4 082		
16				2				
2 105	102	206	3	345	87	819		
2 105	102	206	3	345	87	819		
4 979	89	83	5	568	41	350		
1 466	52	24	2	126		-726		
61	6			7		-41		
3 408	32	60	1	436	41	1 093		
45			2			24		
324		1		16		-458		
2 745	30	40	18	366	-1	2 653		
656	7	17	18	9		435		
59				18		-20		
1 522	24	23		338	-1	2 449		
507						-211		
5 111	34	64	8	434	387	3 069		
244				13		-208		
4 577	2	57	8	395	387	2 691		
264	10	7		22		596		
26	22			5		-11		
4 192	3	103	43	113	-41	-4 082		
16				2				
6 861	190	286	9	923	128	643		
2 745	30	40	18	366	-1	2 653		
5 244	35	66	8	434	387	3 045		
413		1		7		92		
12 137	199	408	50	1 289	91	-3 613		
6 144	40	73	10	537	385	4 739		
155	10	4		10		410		
1 035	9	12	18	8	-3	814		

星级住宿业和限额以上

项　　目	补贴收入	营业外收入	利润总额	应交所得税	劳动、失业保险费
总　　计	**112**	**1 346**	**-3 559**	**5 460**	**747**
住宿业	**110**	**938**	**-5 522**	**2 631**	**493**
按住宿行业小类分组					
旅游饭店	109	894	-3 091	2 371	440
一般旅馆	1	41	13	224	27
其他住宿服务		3	-2 445	35	25
按登记注册类型分组					
内资企业	110	343	623	2 075	358
国有企业	108	193	5 905	1 315	101
集体企业			-38		1
联营企业		57	1 030	286	11
国有联营企业		57	1 030	286	11
有限责任公司	1	80	-4 641	414	200
国有独资公司		17	100	2	5
其他有限责任公司	1	63	-4 741	412	195
私营企业	1	11	-247	60	18
私营独资企业			22	20	
私营合伙企业		1	-78		2
私营有限责任公司	1	11	-210	34	15
其他企业		3	-1 385		28
港、澳、台商投资企业		469	-3 652	354	72
合资经营企业（港或澳、台资）		437	-1 815	151	56
合作经营企业（港或澳、台资）		7	938	194	9
港、澳、台商独资经营企业		25	-2 776	10	7
外商投资企业		126	-2 493	201	64
中外合资经营企业		30	52	36	20
中外合作经营企业		4	-699		11
外资企业		91	-1 847	166	33
按控股情况分组					
国有控股	108	307	5 634	1 992	165
集体控股			-92		23
私人控股	1	27	-984	206	65
港澳台商控股		469	-5 880	161	69
外商控股		126	-2 493	201	64
其　他		9	-1 707	70	108
按经营形式分组					
独立门店	109	466	-5 866	2 207	436
连锁门店			19	6	
其　他		472	325	417	57
按星级分组					
五　星		433	-1 918	797	76
四　星		130	-3 656	312	119
三　星	108	107	3 221	683	153
二　星		43	149	60	29
一　星		1	-11	8	1
其　他	1	225	-3 307	770	114

餐 饮 业 财 务 状 况（四）

单位：万元

养老保险和医疗保险费	住房公积金和住房补贴	本年应付工资总额（贷方累计发生额）	主营业务应付工资总额	本年应付福利费总额（贷方累计发生额）	主营业务应付福利费总额	从业人员平均人数	资产减值损失
6 053	**1 893**	**77 338**	**69 820**	**5 939**	**5 446**	**34 040**	**1**
3 955	**1 249**	**48 918**	**44 049**	**4 599**	**4 264**	**18 265**	
3 448	1 041	41 881	37 839	3 620	3 297	15 355	
444	192	5 648	4 821	822	809	2 345	
64	16	1 389	1 389	158	158	565	
2 253	886	31 766	28 904	3 330	3 245	12 122	
934	371	13 932	12 638	1 506	1 481	4 893	
8		112	112	11	11	55	
219	112	3 108	3 108	166	166	1 091	
219	112	3 108	3 108	166	166	1 091	
818	395	10 360	10 120	1 549	1 502	4 137	
91	62	852	852	30	17	386	
728	334	9 508	9 268	1 519	1 485	3 751	
219	7	2 735	2 657	96	83	1 296	
		165	165			90	
12		195	195	3	3	78	
202	5	2 295	2 295	89	81	1 092	
55		1 519	269	2	2	650	
824	150	8 013	7 838	391	391	3 115	
572	131	5 703	5 703	216	216	2 095	
153	16	1 051	877	43	43	487	
99	3	1 258	1 258	133	133	533	
878	214	9 139	7 306	878	628	3 028	
306	58	3 280	3 256	409	409	1 086	
180	49	2 080	326	295	45	599	
392	108	3 779	3 724	174	174	1 343	
1 582	643	22 338	21 045	2 195	2 157	7 992	
78	33	570	570	25	25	194	
434	121	5 201	5 117	852	831	2 482	
771	134	8 673	7 249	349	349	3 338	
878	214	9 139	7 306	878	628	3 028	
212	105	2 997	2 767	301	274	1 231	
3 224	1068	40 755	35 964	4 109	3 779	15 441	
5	2	80	2	5		36	
727	180	8 083	8 083	485	485	2 788	
969	463	13 627	12 377	1 288	1 288	4 722	
1 109	226	13 082	10 957	1 055	779	4 926	
584	130	5 658	4 878	436	389	2 477	
166	65	1 342	1 342	39	39	579	
11	9	198	198	4	4	80	
1 116	356	15 011	14 296	1 778	1 766	5 481	

续表

项目	补贴收入	营业外收入	利润总额	应交所得税	劳动、失业保险费
餐饮业	**3**	**408**	**1 964**	**2 830**	**254**
按餐饮行业小类分组					
正餐服务	2	348	-1 756	1 931	135
快餐服务		55	3 649	884	114
饮料及冷饮服务		1	35	6	1
其他餐饮服务		4	35	10	5
按登记注册类型分组					
内资企业	2	304	-3 251	1 722	166
国有企业		75	-4 036	72	31
集体企业					1
有限责任公司	1	132	853	592	71
其他有限责任公司	1	132	853	592	71
私营企业		70	365	1 058	62
私营独资企业		2	-724	267	8
私营合伙企业			-42	18	1
私营有限责任公司		68	1 130	772	52
私营股份有限公司			1		1
其他企业		27	-434		1
港、澳、台商投资企业	1	5	2 405	606	40
合资经营企业（港或澳、台资）		4	-46	5	4
合作经营企业（港或澳、台资）			-20		5
港、澳、台商独资经营企业	1	4	2 686	451	29
港、澳、台商投资股份有限公司		-3	-215	150	2
外商投资企业		99	2 809	502	48
中外合资经营企业		-1	-208		1
中外合作经营企业		54	2 387	502	45
外资企业		46	640		1
外商投资股份有限公司			-11		
按控股情况分组					
国有控股		75	-4 036	72	31
集体控股					1
私人控股	2	128	676	1 612	125
港澳台商控股	1	5	2 405	606	40
外商控股		100	2 741	503	49
其　他		101	177	37	8
按经营形式分组					
独立门店	3	148	-3 583	1 807	113
连锁总店		210	4 805	931	116
连锁门店		24	432	20	1
其　他		26	309	73	25

单位：万元

养老保险和医疗保险费	住房公积金和住房补贴	本年应付工资总额（贷方累计发生额）	主营业务应付工资总额	本年应付福利费总额（贷方累计发生额）	主营业务应付福利费总额	从业人员平均人数	资产减值损失
2 098	**644**	**28 420**	**25 771**	**1 339**	**1 182**	**15 775**	
1 661	166	20 677	19 068	740	586	10 155	
332	472	6 665	5 625	593	589	5 259	
26		36	36			30	
78	6	1 042	1 042	7	7	331	
1 426	181	18 018	16 264	584	429	9 367	
313	113	4 717	4 336	278	191	1 784	
2		36	36	3	3	35	
546	18	5 238	4 898	72	72	3 135	
546	18	5 238	4 898	72	72	3 135	
560	49	7 657	6 623	225	156	4 258	
114	15	1 960	1 816	72	10	1 025	
3		173	173			50	
431	32	5 445	4 555	147	140	3 140	
12	3	80	80	6	6	43	
5		371	371	6	6	155	
601	9	4 995	4 229	206	206	2 824	
77	3	1 236	1 236	37	37	384	
3		61	61			13	
461	6	3 064	2 298	169	169	2 133	
60		634	634			294	
71	454	5 407	5 278	549	547	3 584	
33	5	247	118			124	
17	444	4 544	4 544	539	539	3 200	
14	5	474	474	10	8	210	
7		142	142			50	
313	113	4 717	4 336	278	191	1 784	
2		36	36	3	3	35	
1 074	68	12 254	10 881	299	230	7 076	
601	9	4 995	4 229	206	206	2 824	
81	454	5 502	5 372	549	547	3 621	
27		916	916	4	4	435	
1 470	139	17 702	16 015	550	394	8 630	
401	452	7 408	6 635	637	636	5 669	
13	5	307	307	9	9	163	
214	48	3 003	2 814	144	144	1 313	

限额以上住宿业和餐饮业产业

项　　目	单位数（个）	从业人员（个）	营业收入		
				客房收入	餐费收入
总　　计	**53**	**3 723**	**49 849**	**17 621**	**30 465**
住宿业	**14**	**1 975**	**29 437**	**17 621**	**10 331**
按住宿行业小类分组					
旅游饭店	9	1 752	26 983	15 644	10 070
一般旅馆	5	223	2 454	1 977	262
按登记注册类型分组					
内资企业	13	1 587	21 632	12 400	8 123
国有企业	9	1 059	15 938	8 740	6 469
联营企业	1	159	1 980	751	1 016
私营企业	3	369	3 715	2 909	638
外商投资企业	1	388	7 805	5 221	2 209
外商投资股份有限公司	1	388	7 805	5 221	2 209
按经营形式分组					
独立门店	4	429	5 015	2 722	1 897
连锁门店	7	527	6 306	5 261	775
其　他	3	1 019	18 116	9 637	7 659
餐饮业	**39**	**1 748**	**20 412**		**20 133**
按餐饮行业小类分组					
正餐服务	39	1 748	20 412		20 133
按登记注册类型分组					
个体工商户	39	1 748	20 412		20 133
按经营形式分组					
独立门店	30	1 459	17 674		17 398
连锁门店	3	134	1 172		1 172
其　他	6	155	1 566		1 564

活动单位和个体户经营情况

单位：万元

商品销售收入	其他收入	年末住宿业拥有客房间数（间）	年末住宿或餐饮业拥有床位数（个）	年末餐饮业营业面积（平方米）	年末住宿或餐饮业拥有餐位数（个）
429	**1 335**	**2 357**	**4 186**	**43 322**	**13 800**
152	**1 334**	**2 357**	**4 186**	**17 499**	**5 037**
147	1 123	1 921	3 377	16 179	4 595
5	211	436	809	1 320	442
152	958	1 967	3 406	16 184	4 637
5	724	1 378	2 416	13 140	3 562
147	66	102	171	1 105	420
	168	487	819	1 939	655
	376	390	780	1 315	400
	376	390	780	1 315	400
	395	588	1 170	10 680	2 160
5	265	926	1 515	3 199	957
147	673	843	1 501	3 620	1 920
277	**1**			**25 823**	**8 763**
277	1			25 823	8 763
277	1			25 823	8 763
275	1			21 923	6 632
				950	458
2				2 950	1 673

成品油批发零售企业（单位）能源商品销售与库存

单位：吨

项　　目	汽　油	#93号汽油	柴　油	#0号柴油	煤　油	燃料油	润滑油
成品油批发企业							
年初库存量	63 583	42 501	81 886	80 895	7 030	27 824	9 444
本年购进量	289 717	218 039	578 512	541 138	247 368	758 454	39 514
#购自省（区、市）外	4 085	4 085	53 484	53 484	180 759	471 905	9 215
本年销售量	293 425	220 065	583 079	546 547	244 019	908 910	28 928
#销往省（区、市）外	5 786	5 786	49 772	49 772	159 710	397 641	4 742
售予省内批发和零售企业	137 297	100 187	238 041	204 990	84 197	340 994	17 558
年末库存量	3 749	3 613	5 322	3 750	10 554	28 485	6 570
成品油零售企业（单位）							
年初库存量	3 143	1 584	3 769	2 878	49	116	192
本年销售量	327 071	245 137	301 917	291 201	40	601	1 255
年末库存量	3 340	2 073	3 554	2 930	5	107	218

注：成品油本年购进量不含系统内部调拨部分。

七、对外经济

对外经济主要指标增长情况

指　　标	单　位	2009 年	2008 年	比 2008 年增长（%）
外贸进出口总额（海关数）	**万美元**	**4 331 440**	**4 538 878**	**-4.5**
出口总额	万美元	2 766 782	2 939 434	-5.9
进口总额	万美元	1 564 658	1 599 444	-2.1
直接利用外资项目个数	**个**	**325**	**356**	
合同利用外资	万美元	136 484	189 641	-28.0
实际利用外资	万美元	168 679	204 243	-17.4
已开工投产外资企业数	个	275	260	5.8
国家银行结汇收入	**万美元**	**1 915 250**	**2 428 776**	**-21.1**
国家银行售汇支出	**万美元**	**800 532**	**1 016 430**	**-21.2**
全市税收收入	**万元**	**4 156 543**	**3 760 875**	**10.5**
#涉外税收	万元	1 715 106	1 518 860	12.9
接待过夜境外游客	**人次**	**944 891**	**927 585**	**1.9**
外 国 人	人次	430 759	442 442	-2.6
港澳同胞	人次	123 746	98 859	25.2
台湾同胞	人次	390 386	386 284	1.1

外贸进出口总额及涉外金融业务

（1980～2009 年）　　单位：万美元

年　　份	外贸进出口总额	#出口总额	国家银行外汇结汇收入	国家银行外汇售汇支出
1980	14 143	14 027	16 137	450
1981	15 128	14 110	15 973	1 357
1982	14 721	13 196	14 966	1 660
1983	13 986	12 827	13 972	1 230
1984	30 383	14 585	17 246	15 359
1985	44 398	16 528	9 952	2 111
1986	27 838	16 374	12 780	5 110
1987	41 576	26 107	14 302	5 758
1988	87 386	57 607	9 016	4 234
1989	97 129	64 678	13 983	5 706
1990	115 269	78 148	25 775	15 145
1991	173 070	113 062	44 375	17 389
1992	284 168	176 568	57 260	35 508
1993	409 524	235 527	46 756	18 532
1994	565 087	339 088	169 085	79 436
1995	603 326	347 915	193 227	163 917
1996	745 310	366 938	219 576	320 093
1997	852 015	455 261	324 174	391 673
1998	761 389	429 573	268 415	320 242
1999	796 852	443 709	277 845	211 987
2000	1 004 940	587 982	366 947	220 196
2001	1 107 873	650 492	450 068	214 390
2002	1 518 695	879 376	526 885	245 935
2003	1 871 127	1 055 443	643 410	419 400
2004	2 408 454	1 394 156	889 122	520 450
2005	2 857 932	1 726 820	1 071 252	567 946
2006	3 279 129	2 050 838	1 408 451	661 511
2007	3 978 299	2 555 470	1 963 290	830 894
2008	4 538 878	2 939 434	2 428 776	1 016 430
2009	4 331 440	2 766 782	1 915 250	800 532

利用外资历年数据

年份	项目（个）		合同外资（万美元）		实际外资（万美元）	
	实绩	环比指数（%）（以上年为100）	实绩	环比指数（%）（以上年为100）	实绩	环比指数（%）（以上年为100）
1980～1982年	**1**					
1983	22	21倍	8 440		794	
1984	84	2.82倍	14 616	73.2	4 044	4.09倍
1985	105	25.0	24 203	65.6	7 328	81.2
1986	34	-67.6	2 759	-88.6	3 393	-53.7
1987	50	47.1	5 671	1.06倍	1 753	-48.3
1988	180	2.60倍	15 564	1.74倍	4 796	1.74倍
1989	201	11.7	76 906	2.31倍	20 980	3.37倍
1990	248	23.4	48 555	-36.9	7 273	-65.3
1991	213	-14.1	51 975	7.0	13 256	82.3
1992	443	1.08倍	169 791	2.27倍	56 355	3.25倍
1993	665	50.1	240 411	6.70倍	92 512	64.2
1994	692	4.1	186 487	-22.4	124 148	34.2
1995	505	-27.0	178 741	-4.2	132 160	6.5
1996	375	-25.7	165 045	-7.7	135 017	2.2
1997	460	22.7	165 632	0.4	137 867	2.1
1998	245	-46.7	168 811	1.9	138 121	0.2
1999	209	-14.7	128 655	-23.8	134 196	-2.8
2000	259	23.9	100 400	-22.0	103 150	-23.1
2001	343	32.4	120 342	19.9	115 271	11.8
2002	380	10.8	138 632	15.2	64 730	-43.9
新口径						
2003	374	-1.6	66 912	-51.7	42 200	-34.8
2004	435	16.3	105 514	57.7	57 024	35.1
2005	364	-16.3	129 496	22.7	70 746	24.1
2006	569	56.3	310 297	1.40倍	95 461	34.9
2007	472	-17.1	248 023	-20.1	127 165	33.2
2008	356	-24.6	189 641	-23.5	204 243	60.6
2009	325	-8.7	136 484	-28.0	168 679	-17.4

外贸进出口总额情况

（海关数）　　单位：万美元

项　　目	2009 年	2008 年
进出口总额	**4 331 440**	**4 538 878**
出口总额	**2 766 782**	**2 939 434**
按贸易方式分		
一般贸易	1 552 011	1 470 899
来料加工	192 595	185 056
进料加工	794 822	1 012 223
保税仓库	85 947	130 100
保 税 区	136 254	139 985
其　他	5 153	1 171
按企业性质分		
国　营	236 500	354 995
集　体	55 774	68 841
私　营	1 100 454	884 556
合　作	5 637	11 200
合　资	248 261	313 529
独　资	1 120 156	1 306 313
其　他		
进口总额	**1 564 658**	**1 599 444**
按贸易方式分		
一般贸易	757 689	698 649
来料加工	222 328	172 336
进料加工	357 126	415 012
保税仓库	113 643	174 610
保 税 区	52 315	72 308
二资设备	34 443	43 892
来料设备	322	977
其　他	26 792	21 660
按企业性质分		
国　营	376 049	324 769
集　体	21.712	19 291
私　营	215 225	178 455
合　作	11 504	16 919
合　资	187 342	255 929
独　资	752 567	804 051
其　他	259	30

外贸进出口主要国家（地区）

（海关数）　　　　单位：万美元

国家（地区）	2009 年	2008 年	比 2008 年增长（%）	占全市比重（%）
美　国	680 425	705 279	-3.5	15.71
日　本	448 639	620 255	-27.7	10.36
台湾省	420 056	383 080	9.7	9.70
香　港	234 290	250 399	-6.4	5.41
德　国	203 348	198 000	2.7	4.69
韩　国	183 515	210 244	-12.7	4.24
马来西亚	140 286	138 193	1.5	3.24
泰　国	106 608	96 352	10.6	2.46
英　国	95 958	119 823	-19.9	2.22
澳大利亚	88 527	88 351	0.2	2.04
印　度	86 786	80 302	8.1	2.00
新加坡	76 532	80 921	-5.4	1.77
菲律宾	76 246	76 129	0.2	1.76
荷　兰	69 286	64 921	6.7	1.60
加拿大	67 460	69 271	-2.6	1.56
巴　西	65 409	43 684	49.7	1.51
墨西哥	62 913	43 629	44.2	1.45
印度尼西亚	61 127	55 054	11.0	1.41
意大利	57 139	65 680	-13.0	1.32
阿拉伯联合酋长国	53 349	44 882	18.9	1.23
智　利	52 406	35 073	49.4	1.21
西班牙	51 819	50 458	2.7	1.20
法　国	51 684	49 902	3.6	1.19
沙特阿拉伯	48 486	32 347	49.9	1.12
俄罗斯联邦	43 147	58 781	-26.6	1.00
越　南	41 020	22 140	85.3	0.95
伊　朗	37 477	29 580	26.7	0.87
比利时	36 218	38 803	-6.7	0.84
南　非	31 339	23 152	35.4	0.72
哥斯达黎加	29 536	28 196	4.8	0.68
波　兰	27 890	27 256	2.3	0.64
土耳其	27 506	31 701	-13.2	0.64
埃　及	27 190	20 374	33.5	0.63
乌克兰	21 889	33 321	-34.3	0.51
斯洛伐克	17 899	24 702	-27.5	0.41
丹　麦	17 709	21 249	-16.7	0.41
巴拿马	16 275	21 175	-23.1	0.38
瑞　士	15 859	36 382	-56.4	0.37
瑞　典	15 249	15 232	0.1	0.35
匈牙利	14 440	11 903	21.3	0.33
以色列	14 127	14 322	-1.4	0.33
挪　威	14 121	24 164	-41.6	0.33
秘　鲁	12 781	14 797	-13.6	0.30
芬　兰	12 419	13 410	-7.4	0.29
克罗地亚	11 565	13 234	-12.6	0.27
阿根廷	10 916	23 448	-53.5	0.25
利比亚	10 569	4 730	1.2 倍	0.24
尼日利亚	9 789	12 903	-24.1	0.23
科威特	9 633	7 589	26.9	0.22
希　腊	9 595	9 523	0.8	0.22

续表　　单位：万美元

国家（地区）	2009 年	2008 年	比 2008 年增长（%）	占全市比重（%）
吉尔吉斯斯坦	8 018	10 881	-26.3	0.19
葡萄牙	7 734	7 776	-0.5	0.18
委内瑞拉	7 643	6 365	20.1	0.18
爱尔兰	7 023	8 086	-13.2	0.16
阿尔及利亚	6 955	5 838	19.1	0.16
捷克	6 812	12 135	-43.9	0.16
哥伦比亚	6 712	6 018	11.5	0.15
孟加拉国	6 259	5 880	6.5	0.14
奥地利	6 228	17 136	-63.7	0.14
罗马尼亚	6 032	5 589	7.9	0.14
约　旦	5 721	3 157	81.2	0.13
卡塔尔	5 173	5 462	-5.3	0.12
摩洛哥	5 116	5 585	-8.4	0.12
巴基斯坦	4 936	4 044	22.1	0.11
安哥拉	4 718	5 258	-10.3	0.11
也门共和国	4 394	3 158	39.1	0.10
乌拉圭	3 348	2 380	40.7	0.08
古　巴	3 249	3 953	-17.8	0.08
叙利亚	3 232	2 245	44.0	0.07
马达加斯加	3 080	1 587	94.1	0.07
黎巴嫩	2 791	2 192	27.3	0.06
斯里兰卡	2 789	2 634	5.9	0.06
赞比亚	2 631	157	15.8 倍	0.06
斯洛文尼亚	2 546	2 898	-12.2	0.06
柬埔寨	2 478	1 298	90.9	0.06
阿　曼	2 403	4 379	-45.1	0.06
巴布亚新几内亚	2 308	3 487	-33.8	0.05
加　纳	2 194	1 814	21.0	0.05
伊拉克	2 175	2 126	2.3	0.05
厄瓜多尔	2 104	2 809	-25.1	0.05
塞内加尔	1 945	205	8.5 倍	0.04
民主刚果	1 927	112	16.2 倍	0.04
肯尼亚	1 910	1 525	25.3	0.04
苏　丹	[illegible]		不可比	0.04
毛里塔尼亚	1 817	1 013	79.0	0.04
纳米比亚	1 776	225	6.9 倍	0.04
埃塞俄比亚	1 658	503	2.3 倍	0.04
保加利亚	1 656	2 189	-24.4	0.04
波多黎各	1 572	1 814	-13.3	0.04
多米尼加共和国	1 543	2 003	-23.0	0.04
立陶宛	1 358	2 167	-37.3	0.03
危地马拉	1 336	1 293	3.3	0.03
马耳他	1 274	463	1.8 倍	0.03
巴拉圭	1 261	2 278	-44.6	0.03
多　哥	1 250	524	1.4 倍	0.03
吉布提	1 144	1 312	-12.8	0.03
突尼斯	1 073	932	15.1	0.02
爱沙尼亚	1 065	1 046	1.8	0.02
巴　林	1 031	3 387	-69.6	0.02
喀麦隆	1 016	1 523	-33.3	0.02

外贸出口主要国家（地区）

（海关数） 单位：万美元

国家（地区）	2009 年	2008 年	比 2008 年增长（%）	占全市比重（%）
美 国	503 836	542 275	-7.1	18.21
日 本	312 989	440 154	-28.9	11.31
香 港	229 727	245 332	-6.4	8.30
德 国	143 959	142 915	0.7	5.20
韩 国	88 198	91 020	-3.1	3.19
台湾省	79 620	71 173	11.9	2.88
英 国	78 772	86 467	-8.9	2.85
马来西亚	70 066	64 535	8.6	2.53
荷 兰	64 629	58 540	10.4	2.34
菲律宾	63 595	44 107	44.2	2.30
墨西哥	56 973	40 697	40.0	2.06
阿拉伯联合酋长国	52 154	43 637	19.5	1.89
澳大利亚	49 775	48 737	2.1	1.80
新加坡	47 613	54 169	-12.1	1.72
西班牙	45 325	43 607	3.9	1.64
法 国	43 469	40 938	6.2	1.57
加拿大	42 649	49 860	-14.5	1.54
意大利	41 485	46 313	-10.4	1.50
泰 国	40 820	38 821	5.2	1.48
印度尼西亚	38 529	35 721	7.9	1.39
沙特阿拉伯	37 564	25 301	48.5	1.36
印 度	37 448	37 228	0.6	1.35
越 南	33 713	17 313	94.7	1.22
比利时	31 306	34 598	-9.5	1.13
巴 西	29 819	28 898	3.2	1.08
俄罗斯联邦	27 733	43 918	-36.9	1.00
波 兰	23 695	25 819	-8.2	0.86
埃 及	23 331	15 936	46.4	0.84
南 非	22 580	19 655	14.9	0.82
智 利	20 540	18 481	11.1	0.74
土耳其	19 366	20 726	-6.6	0.70
伊 朗	19 112	17 581	8.7	0.69
斯洛伐克	17 578	24 573	-28.5	0.64
巴拿马	16 058	21 102	-23.9	0.58
丹 麦	14 536	16 614	-12.5	0.53
以色列	13 482	12 737	5.9	0.49
匈牙利	13 208	10 658	23.9	0.48
瑞 士	12 849	31 893	-59.7	0.46
瑞 典	11 811	11 780	0.3	0.43
克罗地亚	11 473	13 232	-13.3	0.41
利比亚	10 512	4 730	1.2 倍	0.38
乌克兰	9 800	18 865	-48.1	0.35
尼日利亚	9 607	12 804	-25.0	0.35
吉尔吉斯斯坦	8 018	10 881	-26.3	0.29
希 腊	7 593	7 902	-3.9	0.27
阿根廷	7 467	9 421	-20.7	0.27

续表

单位：万美元

国家（地区）	2009 年	2008 年	比 2008 年增长（%）	占全市比重（%）
委内瑞拉	7 426	6 365	16.7	0.27
芬　兰	6 987	8 194	-14.7	0.25
阿尔及利亚	6 955	5 837	19.2	0.25
科威特	6 579	4 463	47.4	0.24
哥伦比亚	6 456	5 971	8.1	0.23
孟加拉国	6 046	5 877	2.9	0.22
挪　威	5 891	6 704	-12.1	0.21
约　旦	5 702	3 116	83.0	0.21
罗马尼亚	5 698	5 323	7.0	0.21
葡萄牙	5 493	5 088	8.0	0.20
捷　克	5 327	10 483	-49.2	0.19
新西兰	5 253	6 375	-17.6	0.19
摩洛哥	5 054	5 031	0.5	0.18
秘　鲁	4 892	4 874	0.4	0.18
奥地利	4 533	15 218	-70.2	0.16
爱尔兰	4 332	5 336	-18.8	0.16
也门共和国	4 281	3 055	40.1	0.15
巴基斯坦	4 104	3 367	21.9	0.15
安哥拉	4 099	5 236	-21.7	0.15
古　巴	3 240	3 953	-18.0	0.12
叙利亚	3 222	2 237	44.0	0.12
马达加斯加	3 039	1 575	93.0	0.11
黎巴嫩	2 728	1 932	41.2	0.10
斯洛文尼亚	2 531	2 874	-11.9	0.09
柬埔寨	2 464	1 153	113.7	0.09
斯里兰卡	2 381	2 241	6.3	0.09
加　纳	2 185	1 814	20.5	0.08
伊拉克	2 174	2 126	2.3	0.08
卡塔尔	2 098	2 228	-5.8	0.08
厄瓜多尔	2 075	2 788	-25.6	0.07
塞内加尔	1 945	191	9.2 倍	0.07
肯尼亚	1 897	1 423	33.3	0.07
苏　丹	1 863	1 694	10.0	0.07
埃塞俄比亚	1 652	497	2.3 倍	0.06
乌拉圭	1 645	1 926	-14.6	0.06
保加利亚	1 569	2 066	24.1	0.06
多米尼加共和国	1 522	1 982	-23.2	0.06
立陶宛	1 343	2 154	-37.7	0.05
危地马拉	1 332	1 292	3.1	0.05
巴拉圭	1 250	2 215	-43.6	0.05
多　哥	1 238	513	1.4 倍	0.04
哥斯达黎加	1 210	1 912	-36.7	0.04
阿　曼	1 172	1 386	-15.4	0.04
吉布提	1 144	1 312	-12.8	0.04
波多黎各	1 092	1 124	-2.9	0.04
马耳他	1 063	330	2.2 倍	0.04
爱沙尼亚	1 057	1 045	1.2	0.04
巴　林	1 027	1 049	-2.1	0.04
突尼斯	1 027	912	12.6	0.04

外贸进口主要国家(地区)

（海关数）　　单位：万美元

国家（地区）	2009年	2008年	比2008年增长（%）	占全市比重（%）
台湾省	340 437	311 907	9.2	21.76
美　国	176 588	163 004	8.3	11.29
日　本	135 650	180 101	-24.7	8.67
韩　国	95 316	119 224	-20.1	6.09
马来西亚	70 220	73 658	-4.7	4.49
泰　国	65 788	57 531	14.4	4.20
德　国	59 389	55 084	7.8	3.80
印　度	49 338	43 074	14.5	3.15
澳大利亚	38 752	39 614	-2.2	2.48
巴　西	35 590	14 786	1.4倍	2.27
智　利	31 866	16 592	92.1	2.04
新加坡	28 919	26 752	8.1	1.85
哥斯达黎加	28 326	26 284	7.8	1.81
加拿大	24 811	19 411	27.8	1.59
印度尼西亚	22 597	19 333	16.9	1.44
伊　朗	18 365	11 999	53.1	1.17
英　国	17 186	33 356	-48.5	1.10
意大利	15 654	19 367	-19.2	1.00
俄罗斯联邦	15 414	14 862	3.7	0.99
菲律宾	12 651	32 022	-60.5	0.81
乌克兰	12 089	14 456	-16.4	0.77
沙特阿拉伯	10 922	7 046	55.0	0.70
南　非	8 759	3 497	1.5倍	0.56
挪　威	8 230	17 461	-52.9	0.53
法　国	8 215	8 964	-8.4	0.53
土耳其	8 139	10 975	-25.8	0.52
秘　鲁	7 889	9 923	-20.5	0.50
越　南	7 307	4 827	51.4	0.47
西班牙	6 494	6 850	-5.2	0.42
墨西哥	5 940	2 933	1.0倍	0.38
芬　兰	5 432	5 216	4.1	0.35
比利时	4 911	4 205	16.8	0.31
荷　兰	4 657	6 380	-27.0	0.30
香　港	4 563	5 067	-10.0	0.29
波　兰	4 195	1 436	1.9倍	0.27
埃　及	3 859	4 438	-13.1	0.25
阿根廷	3 449	14 027	-75.4	0.22
瑞　典	3 438	3 452	-0.4	0.22
新西兰	3 281	3 694	-11.2	0.21
丹　麦	3 173	4 635	-31.5	0.20
卡塔尔	3 074	3 233	-4.9	0.20
科威特	3 054	3 127	-2.3	0.20
瑞　士	3 010	4 488	-32.9	0.19
爱尔兰	2 691	2 751	-2.2	0.17
赞比亚	2 553	41	61.3倍	0.16
葡萄牙	2 240	2 688	-16.7	0.14
希　腊	2 002	1 622	23.4	0.13
巴布亚新几内亚	1 785	3 333	-46.4	0.11
乌拉圭	1 703	455	2.7倍	0.11
奥地利	1 695	1 918	-11.6	0.11
毛里塔尼亚	1 683	872	93.0	0.11
民主刚果	1 550	44	34.2倍	0.10
捷　克	1 485	1 651	-10.1	0.09
纳米比亚	1 300	47	2.7倍	0.08
匈牙利	1 231	1 245	-1.1	0.08
阿　曼	1 230	2 993	-58.9	0.08
阿拉伯联合酋长国	1 195	1 245	-4.0	0.08

外贸出口前50位主要商品情况

（海 关 数）　　单位：万美元

项　　目	2009 年	2008 年
合　　计	**2 766 782**	**2 939 434**
#电机、电气、音像设备及其零附件	447 784	466 668
核反应堆、锅炉、机械器具及零件	348 100	471 540
针织或钩编的服装及衣着附件	240 119	162 707
鞋靴、护腿和类似品及其零件	201 453	188 020
光学、照相、医疗等设备及零附件	200 503	189 450
矿物材料的制品	164 581	152 527
非针织或非钩编的服装及衣着附件	116 926	94 619
家具；寝具等；灯具；活动房	104 572	80 913
玩具、游戏或运动用品及其零附件	82 492	109 474
皮革制品；旅行箱包；动物肠线制品	81 269	83 785
塑料及其制品	77 735	95 820
车辆及其零附件，但铁道车辆除外	53 719	75 389
船舶及浮动结构体	50 488	68 240
伞、手杖、鞭子、马鞭及其零件	47 356	34 506
棉　花	30 701	23 436
无机化学品；贵金属等的化合物	25 825	51 007
铝及其制品	25 752	37 346
蔬菜、水果等或植物其他部分的制品	25 596	38 206
其他纺织制品；成套物品；旧纺织品	25 249	26 173
陶瓷产品	22 335	17 899
有机化学品	22 163	21 124
食用水果及坚果；甜瓜等水果的果皮	21 422	16 644
贱金属杂项制品	19 991	20 539
橡胶及其制品	19 831	23 712
食用蔬菜、根及块茎	19 020	19 102
照相及电影用品	18 377	14 748
航空器、航天器及其零件	18 084	63 464
鱼及其他水生无脊椎动物	18 002	7 091
钢铁制品	16 653	19 550
纸及纸板；纸浆、纸或纸板制品	15 785	12 860
特种机织物；簇绒织物；刺绣品等	15 668	18 112
贱金属器具、利口器、餐具及零件	14 455	16 413
针织物及钩编织物	14 043	7 539
杂项制品	12 021	14 725
化学纤维短纤	11 993	15 526
化学纤维长丝	11 475	18 215
特种机织物；簇绒织物；刺绣品等	10 157	4 866
木及木制品；木炭	10 133	11 751
玻璃及其制品	9 786	8 777
其他贱金属、金属陶瓷及其制品	8 790	10 345
钢　铁	8 775	29 999
精油及香膏，芳香料制品，化妆盥洗品	8 037	8 554
肉、鱼及其他水生无脊椎动物的制品	5 540	8 868
杂项化学产品	5 439	8 091
矿物燃料、矿物油及其产品；沥青等	4 787	3 732
絮胎、毡呢及无纺织物；线绳制品等	4 336	3 749
帽类及其零件	3 723	3 203
谷物粉、淀粉等或乳的制品；糕饼	3 636	3 449
加工羽毛及制品；人造花；人发制品	3 512	5 318
钟表及其零件	2 812	2 601
补充：机电产品	1 271 714	1 524 336
高新技术产品	656 870	777 971

外贸进口前50位主要商品情况

（海关数）　　单位：万美元

项　　目	2009年	2008年
合　　计	**1 564 658**	**1 599 444**
#电机、电气、音像设备及其零附件	295 024	339 417
光学、照相、医疗等设备及零附件	236 692	187 820
核反应堆、锅炉、机械器具及零件	197 786	235 563
塑料及其制品	146 941	108 584
矿砂、矿渣及矿灰	88 734	97 730
有机化学品	71 928	118 892
盐；硫磺；土及石料；石灰及水泥等	58 983	63 742
航空器、航天器及其零件	58 799	59 847
木浆等纤维状纤维素浆；废纸及纸板	34 784	34 199
铜及其制品	33 471	20 266
橡胶及其制品	33 210	25 603
矿物燃料、矿物油及其产品；沥青等	29 332	13 081
照相及电影用品	27 894	25 250
钢　铁	25 634	16 718
动、植物油、脂、蜡；精制食用油脂	24 965	22 835
油籽；子仁；工业或药用植物；饲料	20 452	21 978
铝及其制品	20 397	24 074
食品工业的残渣及废料；配制的饲料	18 793	16 239
生皮（毛皮除外）及皮革	14 517	17 205
木及木制品；木炭	10 488	10 373
杂项化学产品	8 354	10 786
纸及纸板；纸浆、纸或纸板制品	8 195	9 837
车辆及其零附件，但铁道车辆除外	7 767	12 491
化学纤维长丝	7 570	8 959
钢铁制品	7 292	13 351
贱金属杂项制品	6 179	6 404
锌及其制品	4 852	3 209
家具；寝具等；灯具；活动房	4 662	6 638
特种机织物；簇绒织物；刺绣品等	4 047	4 450
鞣料；着色料；涂料；油灰；墨水等	3 862	4 674
饮料、酒及醋	3 843	2 034
食用水果及坚果；甜瓜等水果的果皮	3 796	1 358
谷　物	3 438	5 463
玻璃及其制品	2 706	3 785
矿物材料的制品	2 526	3 656
蔬菜、水果等或植物其他部分的制品	2 424	2 948
其他贱金属、金属陶瓷及其制品	2 367	5 148
食用蔬菜、根及块茎	2 153	575
乳；蛋；蜂蜜；其他食用动物产品	1 981	2 024
洗涤剂、润滑剂、人造蜡、塑型膏等	1 927	2 127
鱼及其他水生无脊椎动物	1 778	952
蛋白类物质；改性淀粉；胶；酶	1 749	1 838
无机化学品；贵金属等的化合物	1 687	2 793
棉　花	1 612	2 710
精油及香膏，芳香料制品，化妆盥洗品	1 473	1 223
化学纤维短纤	1 421	1 469
珠宝、贵金属及制品；仿首饰；硬币	1 338	1 856
杂项食品	993	655
针织物及钩编织物	965	1 085
镍及其制品	936	1 416
补充：机电产品	815 430	865 114
高新技术产品	592 874	600 121

进　出　口　百　强　企　业

单位：万美元

企　业　名　称	进出口额	占全市进出口额比重（%）
友达光电（厦门）有限公司	340 682	7.87
戴尔（厦门）有限公司	223 039	5.15
厦门建发股份有限公司	164 093	3.79
厦门国贸集团股份有限公司	131 833	3.04
宸鸿科技（厦门）有限公司	80 461	1.86
厦门太古飞机工程有限公司	76 595	1.77
厦门松下电子信息有限公司	76 567	1.77
厦门华侨电子股份有限公司	61 769	1.43
厦门市嘉晟对外贸易有限公司	48 605	1.12
翔鹭石化股份有限公司	45 117	1.04
厦门厦顺铝箔有限公司	44 927	1.04
厦门航空有限公司	42 759	0.99
厦门市中信隆进出口有限公司	42 579	0.98
厦门协力集团有限公司	40 519	0.94
厦门信达股份有限公司	39 243	0.91
宇达（中国）投资有限公司	38 694	0.89
厦门象屿集团有限公司	38 047	0.88
厦门华融集团有限公司	37 736	0.87
戴尔（中国）有限公司	34 631	0.80
厦门船舶重工股份有限公司	30 218	0.70
厦门 TDK 有限公司	28 524	0.66
路达（厦门）工业有限公司	25 722	0.59
厦门多威电子有限公司	25 691	0.59
中国航空技术厦门有限公司	23 994	0.55
厦门嘉联恒进出口有限公司	22 117	0.51
厦门佳事通贸易有限公司	21 910	0.51
厦门建松电器有限公司	21 612	0.50
柯达（中国）股份有限公司	19 222	0.44
达运精密工业（厦门）有限公司	18 685	0.43
厦门通士达照明有限公司	18 251	0.42
腾龙特种树脂（厦门）有限公司	16 627	0.38
厦门正新海燕轮胎有限公司	16 292	0.38
锐珂（厦门）医疗器材有限公司	15 596	0.36
利胜电光源（厦门）有限公司	15 563	0.36

续表一 单位：万美元

企业名称	进出口额	占全市进出口额比重（%）
厦门金龙联合汽车工业有限公司	15 201	0.35
厦门蒙发利科技（集团）股份有限公司	14 724	0.34
林德（中国）叉车有限公司	14 486	0.33
厦门市中鹭达进出口有限公司	14 193	0.33
厦门正新橡胶工业有限公司	13 793	0.32
厦门嘉鹭金属工业有限公司	13 744	0.32
厦门大统皮革制品有限公司	13 109	0.30
厦门宇信兴业进出口贸易有限公司	12 843	0.30
高时（厦门）石业有限公司	12 737	0.29
亚美（厦门）皮件有限公司	12 673	0.29
厦门中禾实业有限公司	12 431	0.29
联想移动通信科技有限公司	12 350	0.29
厦门钢宇工业有限公司	12 249	0.28
巨茂光电（厦门）有限公司	12 208	0.28
厦门合力成进出口有限公司	11 622	0.27
瑞声达听力技术（中国）有限公司	11 573	0.27
厦门 ABB 开关有限公司	11 201	0.26
中国厦门国际经济技术合作公司	10 792	0.25
柯达（厦门）数码影像有限公司	10 709	0.25
厦门海沧经济贸易发展总公司	10 482	0.24
贝莱胜电子（厦门）有限公司	10 252	0.24
钛积光电（厦门）有限公司	10 206	0.24
厦门夏商集团有限公司	9 810	0.23
厦门新凯复材科技有限公司	9 807	0.23
厦门进雄企业有限公司	9 634	0.22
厦门金华南进出口有限公司	9 614	0.22
厦门航空开发股份有限公司	9 316	0.22
厦门富士电气化学有限公司	9 163	0.21
鑫东森集团有限公司	9 158	0.21
厦门正新实业有限公司	9 133	0.21
ECCO（厦门）有限公司	8 973	0.21
厦门市成易进出口有限公司	8 762	0.20
厦门睿华工贸有限公司	8 625	0.20
柯达（中国）图文影像有限公司	8 324	0.19

续表二　　　　单位：万美元

企　业　名　称	进出口额	占全市进出口额比重（%）
厦门翔鹭化纤股份有限公司	8 128	0. 19
百得（厦门）工业有限公司	8 120	0. 19
厦门骏泰通用机械有限公司	8 106	0. 19
峻凌电子（厦门）有限公司	7 931	0. 18
厦门高煦有限公司	7 880	0. 18
来福太（厦门）塑胶制品有限公司	7 864	0. 18
厦门建霖工业有限公司	7 854	0. 18
厦门大亮贸易有限公司	7 671	0. 18
NEC 东金电子（厦门）有限公司	7 542	0. 17
厦门立达信光电有限公司	7 447	0. 17
厦门市鹭欣嘉贸易有限公司	7 413	0. 17
厦门宝欣企业有限公司	7 349	0. 17
厦门海润进出口有限公司	7 303	0. 17
厦门古龙进出口有限公司	7 266	0. 17
厦门昌和贸易发展有限公司	7 197	0. 17
厦门台松精密电子有限公司	7 196	0. 17
厦门万里石有限公司	7 122	0. 16
厦门翰达进出口贸易有限公司	7 060	0. 16
厦门欣华晨进出口有限公司	6 841	0. 16
厦门新技术集成有限公司	6 783	0. 16
明达实业（厦门）有限公司	6 746	0. 16
厦门中舜进出口有限公司	6 730	0. 16
厦门嘉华进出口贸易有限公司	6 690	0. 15
安费诺电子装配（厦门）有限公司	6 668	0. 15
厦门厦工国际贸易有限公司	6 526	0. 15
厦门海莱照明有限公司	6 419	0. 15
际诺思（厦门）轻工制品有限公司	6 345	0. 15
厦门福慧达果蔬供应链有限公司	6 209	0. 14
联达科技（厦门）有限公司	6 072	0. 14
厦门华闽进出口有限公司	5 738	0. 13
厦门金鹭特种合金有限公司	5 646	0. 13
捷太格特转向系统（厦门）有限公司	5 617	0. 13

注：该表数据由贸发局提供。

境外来厦旅游情况

单位：人次、人天

项　　目	人　　次	人天数
境外游客	**944 891**	**4 247 624**
#外国人	430 759	2 012 908
香港同胞	119 283	519 242
澳门同胞	4 463	19 139
台湾同胞	390 386	1 696 335

接待过夜外国旅游者分国家（地区）情况

单位：人次

国家（地区）	2009 年	国家（地区）	2009 年
合　计	**430 759**	德　国	14 271
亚洲小计	**294 500**	意大利	6 172
#日　本	109 511	俄罗斯	2 679
菲律宾	18 155	瑞　士	1 660
新加坡	53 761	瑞　典	2 008
泰　国	10 620	西班牙	2 759
印度尼西亚	9 955	荷　兰	5 323
马来西亚	12 534	**美洲小计**	**53 349**
韩　国	32 950	#美　国	40 484
蒙　古	161	加拿大	9 624
印　度	7 476	**大洋洲小计**	**12 333**
欧洲小计	**64 375**	#澳大利亚	10 492
#英　国	10 161	新西兰	1 617
法　国	9 600	**非洲小计**	**6 202**

对外承包劳务及涉外金融业务情况

单位：万美元

项　　目	2009年	2008年
结汇售汇情况		
结汇收入	1 915 250	2 428 776
#经常项目	1 810 396	2 290 688
货物贸易	1 671 828	2 105 648
服务贸易	67 624	95 864
收益和经常转移	70 944	89 176
售汇支出	800 532	1 016 430
#经常项目	714 431	927 573
货物贸易	603 756	815 709
服务贸易	73 240	79 987
收益和经常转移	37 435	31 877
对外承包劳务情况		
合同总金额	23 490	1 013
营业额	10 408	10 035
期末在外人数（人）	9 744	9 046

直接利用外资情况

项　　目	单　位	历年累计	2009年
项目个数	个	8 609	325
#台　资	个	2 940	135
合同利用外资	万美元	3 198 003	136 484
#台　资	万美元	483 473	8 712
实际利用外资	万美元	2 062 662	168 679
已开工投产外资企业数	个	6 214	275

外 商 直 接 投 资 情 况

单位：万美元

利用外资方式	批准签订的合同			实际利用外资	
	项目数（个）	合同利用外资	比2008年增长（%）	合同利用外资	比2008年增长（%）
总　　计	**325**	**136 484**	**-28.0**	**168 679**	**-17.4**
中外合资企业	48	21 732	-26.6	30 230	-23.2
中外合作企业		-5	不可比	424	91.0
外资企业	276	113 508	-27.3	137 257	-15.0
外商投资股份制	1	1 249	-22.5	768	-75.9

注：合同外资为负值原因为项目投资者发生股权转让（转为其他国家投资）或减资。

外商直接投资主要来源国家（地区）情况

单位：万美元

国别（地区）	批准签订的合同			实际利用外资	
	项目数（个）	合同利用外资	比2008年增长（%）	合同利用外资	比2008年增长（%）
总　　计	**325**	**136 484**	**-28.0**	**168 679**	**-17.4**
#香　港	93	126 886	-3.7	79 738	12.4
日　本	5	1 110	-39.6	1 759	-0.9
澳　门	3	1 632	-40.2	1 240	2.22倍
菲律宾	3	1 310	-43.7	770	90.1
韩　国	3	636	19.5	1 184	46.9
台湾省	135	8 712	81.8	10 996	7.7
塞舌尔	7	2 756	2.13倍	237	8.48倍
德意志联邦共和国	4	1 062	69.4	449	-72.6
英属维尔京群岛	3	7 188	-78.2	25 640	-64.9
加拿大	6	650	1.19倍	846	2.2
澳大利亚	4	389	不可比	527	45.6
英　国	3	615	不可比	684	79.1

外 商 直 接 投 资 分 产 业 情 况

单位：万美元

产业名称	批准签订的合同			实际利用外资	
	项目数（个）	合同利用外资	比2008年增长（%）	合同利用外资	比2008年增长（%）
总　　计	**325**	**136 484**	**-28.0**	**168 679**	**-17.4**
第一产业	2	135	-97.6	1874	6.07倍
第二产业	83	64 473	-15.2	98 872	-16.2
第三产业	240	71 876	-33.5	67 933	-21.0

外商直接投资分行业情况

单位：万美元

行业名称	批准签订的合同			实际利用外资	
	项目数（个）	合同利用外资	比2008年增长（%）	合同利用外资	比2008年增长（%）
总　　　计	**325**	**136 484**	**-28.0**	**168 679**	**-17.4**
农、林、牧、渔业	2	135	-97.6	1 874	6.07倍
制造业	81	64 560	-15.1	92 882	-16.5
电力、燃气及水的生产和供应业				5 935	-10.9
建筑业	2	-87	不可比	55	4.0倍
交通运输、仓储和邮政业	6	2 958	-89.0	16 606	20.9
信息传输、计算机服务和软件业	17	6 022	-19.6	8 323	4.67倍
批发和零售业	151	11 307	-61.7	13 436	1.63倍
住宿和餐饮业	6	812	-39.9	1 827	-0.3
金融业	3	3 460	5.15倍	913	3.29倍
房地产业	6	28 647	6.4	14 274	-59.0
租赁和商务服务业	35	10 570	-2.5	10 746	-59.8
科学研究、技术服务和地质勘查业	12	963	-77.5	360	-52.8
水利、环境和公共设施管理业	1	5 000	不可比	64	不可比
居民服务和其他服务业				135	87.5
卫生、社会保障和社会福利业				130	-7.1
文化、体育和娱乐业	3	2 137	26.05倍	1 119	1.6

外商直接投资历年累计情况

单位：亿美元

指标	批准签订的合同		实际利用外商直接投资
	项目数（个）	合同利用外资	
总计	**8 609**	**319.80**	**206.27**
按利用外资方式分			
中外合资企业	2116	60.95	51.31
中外合作企业	548	36.51	29.40
外资企业	5 939	218.65	123.88
外商投资股份制	6	3.69	1.68
按产业分			
第一产业	160	2.95	1.81
第二产业	5 524	195.08	128.99
第三产业	2 925	121.77	75.47
按主要行业分			
农业	160	2.95	1.81
工业	5 466	194.64	129.08
建筑业	58	0.44	0.35
交通运输仓储业	153	8.91	3.26
商贸饮食服务业	1 450	24.94	13.90
房地产业	683	69.07	49.8
社会服务业	487	12.41	4.82
其他	152	6.44	3.25

历年累计利用外资国家（地区）情况

单位：万美元

国别（地区）	项目数（个）	合同利用外资	实际利用外资	国别（地区）	项目数（个）	合同利用外资	实际利用外资
合　　计	**8 609**	**3 198 003**	**2 062 662**	南　非	5	266	132
香　港	3 181	1 512 063	907 112	比利时	7	257	357
台湾省	2 940	483 473	319 558	孟加拉国	3	228	2
英属维尔京群岛	225	321 893	222 659	瑙　鲁	1	189	22
英　国	114	153 107	114 640	挪　威	4	149	121
美　国	393	133 186	103 607	土耳其	4	123	25
新加坡	435	106 725	68 057	印　度	6	108	82
投资性公司投资	13	69 477	21 592	以色列	4	97	87
萨摩亚	125	64 972	50 214	希　腊	2	85	38
日　本	268	63 224	45 539	阿根廷	2	62	41
马来西亚	103	43 573	36 333	波　兰	2	60	
菲律宾	182	36 613	24 671	伊　朗	3	56	42
开曼群岛	20	32 539	28 305	俄罗斯	2	40	20
德意志联邦共和国	56	30 257	19 941	爱尔兰	1	38	11
毛里求斯	41	23 959	15 301	越　南	2	35	15
澳　门	64	23 928	14 676	叙利亚	1	30	9
韩　国	86	13 560	8 757	埃　及	3	30	13
澳大利亚	86	12 450	7 801	巴　西	2	30	13
文　莱	47	10 045	3 702	吉尔吉斯斯坦	1	25	
荷　兰	22	9 270	8 344	阿富汗	1	20	20
印度尼西亚	33	8 050	4 737	阿拉伯联合酋长国	1	20	7
泰　国	31	7 365	5 657	捷克共和国	1	20	20
加拿大	85	6 990	4 340	玻利维亚	1	20	13
法　国	29	4 556	4 472	黎巴嫩	2	17	6
塞舌尔	10	4 334	320	乌克兰	2	17	7
丹　麦	14	3 374	2 427	塞浦路斯	1	16	16
西班牙	14	2 319	895	莱索托	1	16	10
葡萄牙	4	1 901	6 265	沙特阿拉伯	2	14	
[illegible]	1	[illegible]	[illegible]	伊拉克	1	10	10
卢森堡		1 332	483	巴基斯坦	1	10	2
库克群岛	3	1 202	1 951	瓦努阿图	1	10	6
意大利	21	1 095	848	哥伦比亚	1	8	2
百慕大	3	838	5	罗马尼亚	1	5	5
巴巴多斯	4	836	573	马绍尔群岛共和国	1	4	
新西兰	19	835	1 720	斐　济		2	
奥地利	6	745	390	圣其茨—尼维斯	1		113
巴哈马	2	677	615	纳米比亚	1	－132	58
伯利兹	3	473	524	大洋洲其他		－143	93
匈牙利	3	422	98	其他太平洋岛屿	1	－169	41
瑞　典	3	378	43	多米尼加共和国		－574	100
瑞　士	3	376	251	其　他	10	2 729	2 003
巴拿马	1	340	745				

八、金 融 业

历年中资金融机构人民币

年份	各项存款余额	环比指数（%）（以上年为100）	定基指数（%）（以1950年为100）	城乡居民储蓄余额
1950	221	100.00	100.0	14
1951	1 159	524.43	524.43	484
1952	1 456	125.63	658.82	672
1953	1 588	109.07	718.55	850
1954	1 796	113.10	812.67	956
1955	2 095	116.65	947.96	1 224
1956	2 732	130.41	1 236.20	1 507
1957	3 403	124.56	1 539.82	2 195
1958	5 056	148.57	2 287.78	2 336
1959	5 729	113.31	2 592.31	2 773
1960	6 042	105.46	2 733.94	3 641
1961	7 734	128.00	3 499.55	4 213
1962	7 160	92.58	3 239.82	3 812
1963	6 799	94.96	3 076.47	3 600
1964	7 429	109.27	3 361.54	3 820
1965	7 803	105.03	3 530.77	4 107
1966	8 046	103.11	3 640.72	4 447
1967	8 690	108.00	3 932.13	4 769
1968	9 040	104.03	4 090.50	4 743
1969	9 840	108.85	4 452.49	4 567
1970	10 714	108.88	4 847.96	4 766
1971	12 237	114.22	5 537.10	5 571
1972	11 761	96.11	5 321.72	6 068
1973	12 382	105.28	5 602.71	6 014
1974	12 982	104.85	5 874.21	6 403
1975	16 482	126.96	7 457.92	6 692
1976	17 901	108.61	8 100.00	7 268

存贷规模及其增长指数

单位：万元

		各项贷款		
环比指数（%）（以上年为100）	定基指数（%）（以1993年为100）	余　额	环比指数（%）（以上年为100）	定基指数（%）（以1950年为100）
100. 00	100. 00	16	100. 00	100. 00
3 457. 14	3 457. 14	64	400. 00	400. 00
138. 84	4 800. 00	139	217. 19	868. 75
126. 49	6 071. 43	221	158. 99	1 381. 25
112. 47	6 828. 57	690	312. 22	4 312. 50
128. 03	8 742. 86	1 495	216. 67	9 343. 75
123. 12	10 764. 29	2 066	138. 19	12 912. 50
145. 65	15 678. 57	4 232	204. 84	26 450. 00
106. 42	16 685. 71	7 984	188. 66	49 900. 00
118. 71	19 807. 14	12 911	161. 71	80 693. 75
131. 30	26 007. 14	17 335	134. 27	108 343. 75
115. 71	30 092. 86	12 891	74. 36	80 568. 75
90. 48	27 228. 57	11 822	91. 71	73 887. 50
94. 44	25 714. 29	9 044	76. 50	56 525. 00
106. 11	27 285. 71	9 588	106. 02	59 925. 00
107. 51	29 335. 71	11 641	121. 41	72 756. 25
108. 28	31 764. 29	13 585	116. 70	84 906. 25
107. 24	34 061. 29	15 821	116. 46	98 881. 25
99. 45	33 878. 57	19 769	124. 95	123 556. 25
96. 29	32 621. 43	17 806	90. 07	111 287. 50
104. 36	34 042. 86	17 090	95. 98	106 812. 50
116. 89	39 792. 86	18 962	110. 95	118 512. 50
108. 92	43 342. 86	20 092	105. 96	125 575. 00
99. 11	42 957. 14	23 114	115. 04	144 462. 50
106. 47	45 735. 71	26 509	114. 69	165 681. 25
104. 51	47 800. 00	28 251	106. 57	176 568. 75
108. 61	51 914. 29	29 164	103. 23	182 275. 00

续表

年份	各项存款余额	环比指数（%）（以上年为100）	定基指数（%）（以1950年为100）	城乡居民储蓄余额
1977	19 415	108.46	8 785.07	8 012
1978	22 852	117.70	10 340.27	8 532
1979	24 254	106.14	10 974.66	9 590
1980	28 435	117.24	12 866.52	11 886
1981	38 843	136.60	17 576.02	14 476
1982	43 594	112.23	19 725.79	17 393
1983	47 041	107.91	21 285.52	20 811
1984	106 626	226.67	48 247.06	27 674
1985	126 320	118.47	57 158.37	38 982
1986	162 450	128.60	73 506.79	52 166
1987	183 220	112.79	82 904.98	67 283
1988	229 766	125.40	103 966.52	77 023
1989	292 840	126.93	131 964.70	117 427
1990	500 386	150.24	198 263.76	179 325
1991	674 121	136.40	270 431.77	249 358
1992	1 096 670	162.44	439 289.37	343 432
1993	1 386 540	126.97	557 765.72	482 789
1994	2 163 426	144.61	806 585.00	750 234
1995	2 863 551	132.52	1 068 886.44	1 157 874
1996	3 480 632	121.55	1 299 226.16	1 611 054
1997	4 006 221	109.01	1 416 286.43	1 783 463
1998	4 576 911	111.56	1 580 009.14	1 979 284
1999	4 974 424	111.01	1 753 968.15	2 108 331
2000	5 448 956	109.57	1 921 822.90	2 184 618
2001	6 423 742	117.89	2 265 637.02	2 622 327
2002	8 185 344	127.45	2 887 554.38	3 199 373
2003	10 011 744	122.31	3 531 767.77	3 971 559
2004	11 402 253	113.89	4 022 330.31	4 646 889
2005	14 895 558	127.72	5 137 320.27	5 850 735
2006	18 306 965	122.90	6 313 766.61	6 808 196
2007	22 345 828	122.06	7 706 583.53	7 399 980
2008	24 304 163	108.80	8 384 762.88	9 294 447
2009	31 604 216	130.00	10 900 191.74	11 580 996

单位：万元

		各项贷款		
环比指数（%）（以上年为100）	定基指数（%）（以1993年为100）	余　额	环比指数（%）（以上年为100）	定基指数（%）（以1950年为100）
110.24	57 228.57	32 510	111.47	203 187.50
106.49	60 942.86	39 351	121.04	245 943.75
112.40	68 500.00	42 133	107.07	263 331.25
123.94	84 900.00	47 719	113.26	298 243.75
121.79	103 400.00	60 428	126.63	377 675.00
120.15	124 235.71	64 180	106.21	401 125.00
119.65	148 650.00	65 910	102.70	411 937.50
132.98	197 671.43	137 579	208.74	859 868.75
140.86	278 442.86	192 280	139.76	1 201 750.00
133.82	372 614.29	240 639	125.15	1 503 993.75
128.98	480 592.86	289 281	120.21	1 808 006.25
114.48	550 164.29	353 379	122.16	2 208 618.75
142.32	782 993.81	432 480	122.28	2 700 699.01
152.73	1 195 866.45	636 894	129.20	3 489 303.12
138.98	1 662 015.19	779 587	122.40	4 271 064.49
137.73	2 289 093.52	1 126 163	144.27	6 161 864.74
140.58	3 218 007.67	1 525 703	135.41	8 343 781.05
155.39	5 000 462.12	2 124 764	131.05	10 934 525.07
154.35	7 718 213.28	2 608 170	124.96	13 663 782.52
139.14	10 739 042.75	3 068 261	118.49	16 190 215.91
109.92	11 804 355.79	3 523 440	107.30	17 372 101.67
110.98	13 100 474.05	3 973 353	112.30	19 508 870.18
106.52	13 951 621.06	4 357 054	[illegible]	21 892 834.12
103.62	14 459 782.39	4 528 417	113.32	24 808 982.29
120.04	17 357 522.78	5 063 588	111.82	27 741 403.99
122.00	21 176 177.79	5 806 429	113.36	31 447 655.56
124.15	26 290 224.72	7 218 665	124.32	39 095 725.40
116.99	30 756 933.90	8 331 027	116.71	45 628 621.11
125.91	38 726 055.48	9 866 787	121.48	55 429 648.93
116.43	45 088 746.39	13 695 805	140.37	77 806 598.20
108.80	49 056 556.08	18 040 494	131.72	102 486 851.15
125.60	61 615 034.43	21 017 340	117.30	120 217 076.40
124.60	76 772 332.90	26 333 883	125.30	150 631 996.73

全市金融机构信贷情况

单位：万元

项　　目	2009 年年末数	比年初增减额	比年初增长（%）
金融机构本外币各项存款余额	**34 804 410**	**7 532 983**	**27.6**
#中资机构人民币各项存款	31 604 216	7 300 049	30.0
#企业存款	13 171 459	3 280 438	33.2
财政存款	722 074	187 915	35.2
机关团体存款	1 973 753	615 635	45.3
城乡居民储蓄存款	11 580 996	2 286 551	24.6
农业存款	452 361	106 723	30.9
委托存款	176 030	-9 828	-5.3
其他存款	3 527 544	832 616	30.9
金融机构本外币各项贷款余额	29 896 456	6 202 030	26.2
#中资机构人民币各项贷款	26 333 883	5 316 547	25.3
#短期贷款	7 980 554	1 062 060	15.4
工业贷款	2 487 144	141 168	6.0
商业贷款	1 283 075	153 337	13.6
建筑业贷款	143 171	-18 630	-11.5
农业贷款	553 748	33 752	6.5
乡镇企业贷款	58 012	14 483	33.3
三资企业贷款	345 501	-6 048	-1.7
私营企业及个体经营贷款	906 617	288 600	46.7
其他短期贷款	2 203 285	455 399	26.1
中长期贷款	17 181 889	3 950 662	29.9
#基本建设贷款	6 609 613	761 700	13.0
技术改造贷款	72 397	37 206	105.7
其他中长期贷款	10 499 879	3 151 756	42.9

中资金融机构现金收支情况

单位：万元

项　　　　目	2009 年	2008 年	比 2008 年增长（%）
现金总收入	**36 393 390**	**36 152 313**	**0.4**
商品销售收入	3 019 397	3 038 358	-0.6
服务业收入	1 042 148	1 074 763	-3.0
税款收入	209 335	223 842	-6.5
城乡个体经营收入	506 237	415 395	21.9
储蓄存款收入	26 918 099	27 275 267	-1.7
其他金融机构收入	7 091	18 773	-62.2
居民归还贷款收入	329 336	308 815	6.6
汇兑收入	72 113	70 055	2.9
有价证券收入	7 437	5 094	45.9
其他收入	4 282 198	3 721 953	14.7
现金总支出	**36 784 504**	**36 717 365**	**-0.1**
工资性支出	2 440 112	2 230 200	9.4
农副产品采购支出	529 024	559 265	-5.4
工矿及其产品采购支出	203 050	235 342	-13.7
行政企事业管理费支出	3 297 769	3 363 540	-1.3
城乡个体经营支出	610 558	526 043	17.8
储蓄存款支出	27 695 524	27 633 317	-0.1
其他金融机构支出	16 321	15 056	8.4
居民提取贷款支出	123	9 741	-98.7
汇兑支出	1 337	1 524	-12.3
有价证券支出	1 249	2 153	-42.1
其他支出	1 980 439	2 141 184	-8.9
现金投入（+）或回笼（-）净额	**391 114**	**565 052**	**-28.5**

保险公司业务指标

单位：万元

项目	2009 年	2008 年
保费收入	**583 933**	**468 737**
财产险	194 160	156 045
人身险	389 773	312 692
寿　险	339 381	262 885
健康险	37 692	37 729
意外险	12 700	12 078
赔款、给付	**159 902**	**163 525**
财产险	104 258	100 735
人身险	55 644	62 790
寿　险	37 593	43 170
健康险	13 960	15 975
意外险	4 091	3 645

人寿保险公司业务指标

单位：万元

项目	期末有效承保人次（万人）	期末有效保险金额	保费收入	赔款及给付
人身保险公司合计	**1 585**	**85 027 009**	**383 153**	**52 362**
寿　险	112	9 020 131	339 381	37 593
健康险	1 010	19 302 076	35 161	12 171
意外险	462	56 704 802	8 611	2 598

财产保险公司业务指标

单位：万元

项目	保险金额	保费收入	赔款支出
财产保险公司合计	**133 701 727**	**200 780**	**107 540**
企财险	29 657 244	15 032	8 813
车　险	18 188 662	137 049	80 623
工程险	1 866 296	4 082	1 027
责任险	39 392 737	6 861	3 166
信用险	2 474 515	13 668	4 023
船舶险	3 245 191	4 261	1 507
货运险	14 188 644	7 825	3 165
健康险	1 171 529	2 531	1 789
意外险	18 628 153	4 089	1 493
其　他	4 888 755	5 382	1 935

上市公司基本情况

项　　目	单　位	2009 年	比 2008 年增长（%）
总股本	亿股	77. 55	3. 80
流通股本	亿股	55. 19	10. 49
总市值	亿元	844. 39	112. 27
流通市值	亿元	712. 81	203. 87

证券经营机构基本情况

项　　目	单　位	2009 年	比 2008 年增长（%）
投资者开立资金账户数	万户	74. 03	11. 34
客户交易结算资金余额	亿元	128. 99	139. 89
证券机构总资产	亿元	152. 90	121. 79
证券从业人员数	人	1 630. 00	58. 56
证券交易总额	亿元	12 088. 80	62. 89
证券营业部营业收入	亿元	12. 73	36. 00
证券营业部净利润	亿元	6. 73	50. 90

期货经营机构基本情况

项　　目	单　位	2009 年	比 2008 年增长（%）
投资者开立资金账户数	万户	3. 57	107. 56
客户交易结算资金余额	亿元	25. 40	244. 17
期货机构总资产	亿元	29. 70	186. 40
期货从业人员数	人	489. 00	129. 58
期货交易总额	亿元	23 862. 01	129. 49
期货经营机构营业收入	亿元	2. 55	58. 39
期货经营机构净利润	万元	7 034. 21	77. 34

九、房 地 产 开 发

房地产开发投资完成情况

单位：万元

项目	计划总投资	自开始建设累计完成投资	本年完成投资	#配套工程投资
总计	**24 113 542**	**10 887 631**	**2 945 940**	**83 302**
按登记注册类型分				
内资企业	19 017 062	8 876 366	2 491 619	64 530
国有企业	7 642 486	3 691 463	1 270 510	19 425
集体企业	155 510	13 848	13 269	
股份合作企业	27 350	3 821		
国有联营企业	110 000	69 187	11 822	
集体联营企业				
国有与集体联营企业				
其他联营企业	20 000	2 565	2 345	160
国有独资公司	1 687 536	1 010 956	293 283	8 406
其他有限责任公司	5 367 772	2 353 744	532 412	7 964
股份有限公司	228 377	79 754	26 822	562
私营独资企业				
私营合伙企业				
私营有限责任公司	3 384 731	1 621 580	329 272	27 242
私营股份有限公司	393 300	29 448	11 884	771
其他企业				
港澳台商投资企业	4 347 362	1 803 195	400 802	18 522
合资经营企业	926 901	538 343	128 262	5 617
合资合作经营企业	438 000	84 209	16 914	433
独资经营企业	2 982 461	1 180 643	255 626	12 472
投资股份有限公司				
外商投资企业	749 118	208 070	53 519	250
中外合资经营企业	120 000	20 662	2 854	2
中外合作经营企业				
外资企业	606 118	187 408	50 665	248
外商投资股份有限公司	23 000			
按控股情况分				
国有控股	11 346 502	5 965 742	1 809 690	30 501
集体控股	322 860	38 060	21 046	
私人控股	5 486 370	2 123 106	441 313	33 035
港澳台商控股	5 225 521	2 316 857	526 531	19 511
外商控股	1 286 745	349 252	66 960	255
其他	445 544	94 614	80 400	
按企业资质等级分				
一级	1 291 067	532 085	130 801	614
二级	3 020 600	1 429 692	360 374	5 145
三级	5 356 334	2 356 496	334 913	15 333
四级	7 341 702	3 293 056	1 180 441	38 882
暂定	5 837 525	2 624 255	712 924	17 843
其他	1 266 314	652 047	226 487	5 485

房地产开发按构成分的投资和新增固定资产

单位：万元

项　　目	本年完成投　　资	按构成分					本年新增固定资产
		建筑工程	安装工程	设备工器具购置	其他费用	# 土地购置费	
总　　计	**2 945 940**	**1 171 867**	**75 471**	**16 345**	**1 682 257**	**1 597 360**	**1 154 461**
按登记注册类型分							
内资企业	2 491 619	901 216	60 090	15 988	1 514 325	1 447 169	848 935
国有企业	1 270 510	401 556	5 141	2 894	860 919	840 808	381 557
集体企业	13 269				13 269	13 269	
股份合作企业							
国有联营企业	11 822	5 306	5 007	1 439	70		
集体联营企业							
国有与集体联营企业							
其他联营企业	2 345	2 345					
国有独资公司	293 283	47 961	10 782	4 225	230 315	211 578	110 526
其他有限责任公司	532 412	232 164	20 564	528	279 156	276 346	227 530
股份有限公司	26 822	22 592	2 355		1 875		
私营独资企业							
私营合伙企业							
私营有限责任公司	329 272	181 978	16 241	6 902	124 151	100 598	128 222
私营股份有限公司	11 884	7 314			4 570	4 570	1 100
其他企业							
港澳台商投资企业	400 802	219 643	14 045	357	166 757	149 629	284 375
合资经营企业	128 262	42 063	3 188	9	83 002	80 904	116 888
合资合作经营企业	16 914	16 624	220		70		6 201
独资经营企业	255 626	160 956	10 637	348	83 685	68 725	161 286
投资股份有限公司							
外商投资企业	53 519	51 008	1 336		1 175	562	21 151
中外合资经营企业	2 854	1 665	172		1 017	562	9 263
中外合作经营企业							
外资企业	50 665	49 343	1 164		158		11 888
外商投资股份有限公司							
按控股情况分							
国有控股	1 809 690	542 801	30 430	8 558	1 227 901	1 187 204	540 649
集体控股	21 046	2 407			18 639	18 639	
私人控股	441 313	270 357	23 513	7 430	140 013	113 956	248 662
港澳台商控股	526 531	282 082	19 963	357	224 129	206 599	314 124
外商控股	66 960	64 220	1 565		1 175	562	51 026
其他	80 400	10 000			70 400	70 400	
按企业资质等级分							
一　级	130 801	55 601	326	89	74 785	74 730	27 513
二　级	360 374	118 843	13 681	2 518	225 332	212 233	72 943
三　级	334 913	243 059	13 466	305	78 083	50 562	384 832
四　级	1 180 441	394 046	26 257	4 676	755 462	732 230	260 810
暂　定	712 924	278 083	17 361	8 699	408 781	387 986	314 228
其　他	226 487	82 235	4 380	58	139 814	139 619	94 135

房 地 产 开 发 按

项 目	本年完成投资	商品住宅	# 90 平方米以下
总 计	**2 945 940**	**2 090 948**	**364 326**
按登记注册类型分			
内资企业	2 491 619	1 784 139	299 133
国有企业	1 270 510	953 510	113 860
集体企业	13 269	11 492	
股份合作企业			
国有联营企业	11 822	9 622	
集体联营企业			
国有与集体联营企业			
其他联营企业	2 345	2 026	880
国有独资公司	293 283	173 645	19 188
其他有限责任公司	532 412	388 130	120 590
股份有限公司	26 822	21 690	4 068
私营独资企业			
私营合伙企业			
私营有限责任公司	329 272	216 694	37 524
私营股份有限公司	11 884	7 330	3 023
其他企业			
港澳台商投资企业	400 802	272 037	45 784
与港澳台商合资经营企业	128 262	71 943	28 602
与港澳台商合资合作经营企业	16 914	10 582	2 899
港澳台商独资经营企业	255 626	189 512	14 283
港澳台商投资股份有限公司			
外商投资企业	53 519	34 772	19 409
中外合资经营企业	2 854	2 230	107
中外合作经营企业			
外资企业	50 665	32 542	19 302
外商投资股份有限公司			
按控股情况分			
国有控股	1 809 690	1 303 683	201 845
集体控股	21 046	17 940	1 191
私人控股	441 313	305 410	57 951
港澳台商控股	526 531	348 748	74 953
外商控股	66 960	46 483	23 219
其 他	80 400	68 684	5 167
按企业资质等级分			
一 级	130 801	113 416	18 363
二 级	360 374	245 436	20 816
三 级	334 913	237 585	61 739
四 级	1 180 441	934 651	172 173
暂 定	712 924	449 274	86 863
其 他	226 487	110 586	4 372

用　途　分　的　投　资

单位：万元

140平方米以上	经济适用房	别墅、高档公寓	办公楼	商业营业用房	其　他
819 700	**24 544**	**37 740**	**292 694**	**194 722**	**367 576**
631 242	11 455	9 455	273 674	147 520	286 286
420 444	6 949	3 002	142 205	62 758	112 037
				1 151	626
4 372				381	1 819
					319
2 775			97 430	3 638	18 570
118 104	4 506	2 112	26 746	29 808	87 728
9 628				1 150	3 982
72 600		4 341	7 293	48 634	56 651
3 319					4 554
179 296		23 866	19 020	39 906	69 839
28 044			13 386	13 037	29 896
7 312		8 272		3 050	3 282
143 940		15 594	5 634	23 819	36 661
9 162	13 089	4 419		7 296	11 451
1 644				279	345
7 518	13 089	4 419		7 017	11 106
501 422	6 949	3 002	264 360	79 255	162 392
				1 151	1 955
100 794		4 379	8 585	53 108	74 210
200 865		24 386	19 020	53 253	105 510
14 297	17 595	5 973		7 955	12 522
2 322			729		10 987
73 325	4 506	7 182	3 307	5 445	8 633
161 320		4 756	25 355	22 724	66 859
74 040	1 086	15 153	11 262	36 349	49 717
329 745	5 863	4 188	66 704	73 279	105 807
93 361	13 089	6 461	105 140	51 114	107 396
87 909			80 926	5 811	29 164

房地产开发资金来源（一）

单位：万元

项目	企业数	本年资金来源合计	上年末结余资金	本年资金来源小计	国内贷款	#银行贷款	非银行金融机构贷款	利用外资
总计	**486**	**6 202 395**	**1 037 278**	**5 165 117**	**1 408 649**	**1 375 306**	**33 343**	**7 849**
按登记注册类型分								
内资企业	364	4 680 520	916 083	3 764 437	1 239 273	1 219 146	20 127	
国有企业	159	1 844 572	230 596	1 613 976	615 101	597 508	17 593	
集体企业	4	32 000		32 000	10 000	10 000		
股份合作企业	2							
国有联营企业	2	66 177	12 695	53 482	20 000	20 000		
集体联营企业								
国有与集体联营企业								
其他联营企业	2	2 713		2 713	301		301	
国有独资公司	11	377 807	78 713	299 094	172 600	172 600		
其他有限责任公司	100	1 191 180	307 911	883 269	210 671	208 438	2 233	
股份有限公司	7	41 500	21 400	20 100	14 000	14 000		
私营独资企业								
私营合伙企业								
私营有限责任公司	68	1 097 705	261 049	836 656	196 600	196 600		
私营股份有限公司	9	26 866	3 719	23 147				
其他企业								
港澳台商投资企业	95	1 403 102	116 567	1 286 535	169 296	156 160	13 136	7 849
合资经营企业	25	308 915	17 360	291 555	37 036	33 900	3 136	1 368
合资合作经营企业	6	28 561	200	28 361	13 000	13 000		
独资经营企业	64	1 065 626	99 007	966 619	119 260	109 260	10 000	6 481
投资股份有限公司								
外商投资企业	27	118 773	4 628	114 145	80		80	
中外合资经营企业	3	16 092	1 307	14 785				
中外合作经营企业								
外资企业	20	102 681	3 321	99 360	80		80	
外商投资股份有限公司	4							
按控股情况分								
国有控股	208	2 741 288	474 749	2 266 539	908 861	890 967	17 894	
集体控股	8	58 897	16 482	42 415	10 000	10 000		
私人控股	115	1 446 282	373 491	1 072 791	252 783	250 550	2 233	
港澳台商控股	115	1 761 947	160 839	1 601 108	206 925	193 789	13 136	7 849
外商控股	38	138 981	11 717	127 264	80		80	
其他	2	55 000		55 000	30 000	30 000		
按企业资质等级分								
一级	23	258 798	27 701	231 097	73 000	73 000		2 053
二级	40	757 987	108 434	649 553	136 800	136 800		
三级	123	796 984	161 142	635 842	191 821	186 821	5 000	
四级	177	2 607 435	500 572	2 106 863	544 985	521 968	23 017	2 908
暂定	93	1 509 720	198 430	1 311 290	359 843	355 517	4 326	2 888
其他	30	271 471	40 999	230 472	102 200	101 200	1 000	

房地产开发资金来源（二）

单位：万元

项目	#外商直接投资	自筹资金	#自有资金	其他资金来源	#定金及预收款	个人按揭贷款	本年未付款合计	#工程款
总计	**6 309**	**1 170 986**	**507 863**	**2 577 633**	**1 202 277**	**1 039 356**	**64 284**	**50 720**
按登记注册类型分								
内资企业		958 938	320 787	1 566 226	798 040	493 666	41 248	41 084
国有企业		705 299	134 934	293 576	235 732	41 270	3 991	3 991
集体企业		22 000						
股份合作企业								
国有联营企业		2 000		31 482	31 482			
集体联营企业								
国有与集体联营企业								
其他联营企业		2 412	2 412				89	15
国有独资公司				126 494	10 776			
其他有限责任公司		172 457	139 160	500 141	213 114	201 400	36 698	36 608
股份有限公司		3 600	3 600	2 500				
私营独资企业								
私营合伙企业								
私营有限责任公司		51 170	40 681	588 886	283 789	250 996	470	470
私营股份有限公司				23 147	23 147			
其他企业								
港澳台商投资企业	6 309	206 389	184 076	903 001	360 376	522 145	23 036	9 636
与港澳台商合资经营企业	1 368	39 625	35 625	213 526	35 415	176 105	13 400	
与港澳台商合资合作经营企业		15 361	8 361					
港澳台商独资经营企业	4 941	151 403	140 090	689 475	324 961	346 040	9 636	9 636
港澳台商投资股份有限公司								
外商投资企业		5 659	3 000	108 406	43 861	23 545		
中外合资经营企业		659		14 126	8 011	6 115		
中外合作经营企业								
外资企业		5 000	3 000	94 280	35 850	17 430		
外商投资股份有限公司								
按控股情况分								
国有控股		776 950	199 985	580 728	332 254	101 987	7 031	6 957
集体控股		22 000		10 415	10 415			
私人控股		81 780	46 404	738 228	380 711	295 327	24 677	24 587
港澳台商控股	6 309	255 199	229 076	1 131 135	433 089	617 001	23 076	9 676
外商控股		10 057	7 398	117 127	45 808	25 041		
其他		25 000	25 000				9 500	9 500
按企业资质等级分								
一级	2 053	74 319	38 319	81 725	50 883	25 564		
二级		105 057	76 683	407 696	192 389	215 307		
三级		120 557	37 670	323 464	182 569	104 845		
四级	1 368	606 141	105 617	952 829	510 965	344 541	50 284	50 120
暂定	2 888	231 892	216 554	716 667	249 941	269 377		
其他		33 020	33 020	95 252	15 530	79 722	14 000	600

房　地　产　开　发　企

项　　目	企业数（个）	年初存货	流动资产合计	#存　货
总　　计	**592**	**9 713 244**	**22 784 613**	**10 650 752**
按登记注册类型分				
内资企业	424	7 509 104	17 899 830	8 506 916
国有企业	57	3 476 187	9 397 563	4 027 075
集体企业	10	6 426	40 237	22 679
股份合作企业	2	405	3 279	452
国有联营企业	4	72 589	139 981	78 855
集体联营企业				
国有与集体联营企业				
其他联营企业	4	6 051	11 011	6 117
国有独资公司	5	345 406	871 778	441 959
其他有限责任公司	163	2 157 773	4 586 130	2 362 750
股份有限公司	7	51 273	141 687	76 742
私营独资企业	1		1 760	
私营合伙企业	5	800	8 166	800
私营有限责任公司	151	1 358 528	2 538 573	1 433 383
私营股份有限公司	15	33 667	159 665	56 104
其他企业				
港澳台商投资企业	134	2 017 202	4 420 103	1 970 389
与港澳台商合资经营企业	26	490 003	1 030 742	591 072
与港澳台商合资合作经营企业	13	129 192	294 215	134 544
港澳台商独资经营企业	94	1 396 771	3 093 148	1 243 537
港澳台商投资股份有限公司	1	1 235	1 997	1 235
外商投资企业	34	186 939	464 681	173 447
中外合资经营企业	6	59 461	125 921	73 661
中外合作经营企业	5	2 499	30 697	2 398
外资企业	21	100 922	247 244	80 806
外商投资股份有限公司	2	24 056	60 819	16 582
按控股情况分				
国有控股	110	5 053 187	12 442 458	5 853 614
集体控股	17	11 842	87 360	28 401
私人控股	275	1 942 886	4 202 796	2 045 755
港澳台商控股	147	2 429 209	5 255 294	2 344 996
外商控股	41	260 812	635 783	266 002
其　他	2	15 309	160 922	111 984
按企业资质等级分				
一　级	13	394 381	653 286	462 441
二　级	28	1 156 794	2 540 807	1 261 801
三　级	70	2 081 633	3 981 406	2 018 853
四　级	206	3 430 645	8 861 826	3 740 199
暂　定	116	2 234 111	4 572 681	2 777 712
其　他	159	415 681	2 174 608	389 748

业　主　要　指　标　（一）

单位：万元

固定资产原　价	累计折旧	#本年折旧	资产总计	负债合计	所有者权益合　计	实收资本
492 610	**118 455**	**23 732**	**28 312 575**	**19 920 086**	**8 392 488**	**5 245 810**
272 391	71 226	15 225	22 461 419	15 980 003	6 481 416	4 204 743
117 261	26 973	4 906	12 084 398	8 564 145	3 520 253	2 534 253
1 554	405	77	46 971	31 413	15 558	12 633
89	57	2	3 352	1 737	1 616	1 000
1 045	379	55	146 616	109 227	37 388	28 150
178	94	14	11 189	3 367	7 823	5 900
28 211	2 736	835	1 234 979	934 387	300 592	178 518
57 942	16 815	3 255	5 647 147	4 333 289	1 313 858	743 216
1 353	642	13	169 635	111 161	58 475	31 770
55	50	4	2 924	2 101	822	1 000
107	77	7	11 708	7 210	4 498	3 600
54 346	19 786	5 407	2 873 406	1 722 890	1 150 516	639 056
10 251	3 212	651	229 095	159 077	70 018	25 648
202 839	39 727	7 587	5 259 562	3 563 415	1 696 148	916 678
29 455	3 463	548	1 279 151	841 281	437 870	303 112
64 654	8 712	2 056	367 928	299 033	68 895	61 270
108 642	27 473	4 980	3 610 464	2 422 391	1 188 073	551 194
89	79	3	2 020	710	1 309	1 102
17 381	7 502	921	591 594	376 669	214 925	124 389
1 175	536	66	130 186	108 787	21 399	16 590
855	580	67	30 973	8 926	22 048	12 826
14 131	5 855	710	362 878	222 872	140 006	82 924
1 220	531	78	67 557	36 084	31 473	12 049
158 494	35 606	6 093	[illegible]	[illegible]	[illegible]	[illegible]
8 367	1 571	175	118 997	45 217	73 780	21 422
100 476	32 049	7 855	4 933 339	3 083 274	1 850 065	1 053 937
206 712	41 129	7 945	6 424 160	4 479 505	1 944 654	1 026 652
18 361	8 098	1 061	866 321	646 774	219 547	140 639
201	3	3	163 424	65 634	97 790	98 871
10 703	3 473	1 239	811 251	719 867	91 384	70 925
59 917	11 335	2 555	3 119 985	2 122 352	997 633	563 017
65 088	25 057	3 179	4 978 587	3 607 434	1 371 153	718 028
243 415	49 140	9 756	10 864 972	7 390 879	3 474 093	2 341 480
32 275	14 292	2 889	5 160 011	3 853 064	1 306 947	849 805
81 213	15 159	4 114	3 377 769	2 226 491	1 151 278	702 556

房　地　产　开　发　企

项　　目	国家资本	集体资本	法人资本	个人资本
总　　计	**2 370 784**	**29 723**	**1 235 271**	**563 853**
按登记注册类型分				
内资企业	2 367 713	27 248	1 029 629	540 086
国有企业	2 168 423	15 800	347 518	2 511
集体企业	685	5 948	3 000	3 000
股份合作企业			1 000	
国有联营企业	5 000		23 150	
集体联营企业				
国有与集体联营企业				
其他联营企业			1 800	4 100
国有独资公司	168 000		10 000	518
其他有限责任公司	12 441	4 900	450 964	266 674
股份有限公司	10 000	500	18 670	2 600
私营独资企业				1 000
私营合伙企业			100	3 500
私营有限责任公司	3 164	100	154 179	249 782
私营股份有限公司			19 248	6 400
其他企业				
港澳台商投资企业	2 031		194 447	15 067
与港澳台商合资经营企业			157 454	4 290
与港澳台商合资合作经营企业	2 031		8 846	3 287
港澳台商独资经营企业			28 147	7 490
港澳台商投资股份有限公司				
外商投资企业	1 040	2 475	11 195	8 700
中外合资经营企业	40		9 195	700
中外合作经营企业		2 275		
外资企业	1 000	200	2 000	
外商投资股份有限公司				8 000
按控股情况分				
国有控股	2 343 987	17 200	495 377	40 752
集体控股	3 685	5 948	8 679	3 110
私人控股	20 041	4 100	406 041	391 160
港澳台商控股	2 031		302 371	17 117
外商控股	1 040	2 475	22 803	12 843
其　他				98 871
按企业资质等级分				
一　级	2 975	1 308	30 929	3 250
二　级	249 972	950	179 606	21 359
三　级	327 192	16 460	208 403	46 243
四　级	1 241 664	7 725	499 805	132 046
暂　定	162 296	2 100	219 407	198 513
其　他	386 685	1 180		162 442

业　主　要　指　标　（二）

单位：万元

港澳台资本	外商资本	主营业务收入	土地转让收入	商品房屋销售收入	房屋出租收入	其他收入	主营业务成本
655 080	**391 100**	**3 630 500**	**23**	**3 348 902**	**44 296**	**237 280**	**2 270 731**
8 894	231 173	2 453 269	23	2 218 513	20 095	214 639	1 594 268
		714 808		650 365	12 725	51 719	423 498
		2 136		1 936	48	152	3 341
		23	23				23
		10 021		10 021			5 003
		380		32		348	366
		207 547		204 223	2 282	1 042	141 758
2 074	6 163	821 047		797 962	3 409	19 677	506 511
		94 300		9 961	520	83 820	89 838
6 820	225 010	589 528		531 912	1 111	56 505	413 990
		13 480		12 101		1 378	9 940
610 361	94 772	1 057 002		1 017 431	19 112	20 459	602 153
110 916	30 452	111 300		101 495	7 729	2 075	69 937
47 106		39 058		34 664	4 228	166	25 319
452 338	63 218	906 518		881 272	7 028	18 218	506 897
	1 102	127			127		
35 825	65 155	120 229		112 957	5 089	2 183	74 310
2 015	4 640	4 238		2 673		1 565	3 300
2 813	7 738	1 027		1 012	15		117
30 996	48 728	105 556		99 895	5 042	618	63 120
	4 049	9 408		9 376	32		7 773
810	6 163	1 204 865		1 121 523	15 892	67 450	751 811
		40 694	23	40 470	50	152	26 466
7 584	225 010	913 182		764 790	3 932	144 461	640 733
610 361	94 772	1 323 566		1 281 743	19 333	22 490	763 259
36 325	65 155	148 194		140 377	5 089	2 728	88 462
32 463		85 318		84 286	1 009	23	55 067
1 960	109 170	484 760		450 507	6 319	27 934	312 688
70 948	48 782	707 084		655 817	13 586	37 681	466 485
244 054	216 187	1 718 956	23	1 553 980	20 901	144 052	1 044 190
253 007	14 483	559 140		539 283	1 612	18 245	342 620
52 648	2 479	75 243		65 028	870	9 345	49 681

房地产开发企

项目	主营业务税金及附加	主营业务利润	其他业务收入	其他业务利润
总计	**351 705**	**928 145**	**43 391**	**27 310**
按登记注册类型分				
内资企业	216 426	587 915	27 293	14 636
国有企业	80 980	189 673	7 499	5 923
集体企业	1 042	-2 275	81	46
股份合作企业	4	-4		
国有联营企业	1 618	2 584	1	1
集体联营企业				
国有与集体联营企业				
其他联营企业	2	-16		
国有独资公司	20 028	37 162	250	239
其他有限责任公司	74 003	227 293	4 456	3 874
股份有限公司	785	2 855	163	157
私营独资企业				
私营合伙企业				
私营有限责任公司	37 127	128 197	12 902	2 791
私营股份有限公司	837	2 448	1 941	1 605
其他企业				
港澳台商投资企业	125 251	306 028	14 243	12 266
与港澳台商合资经营企业	7 823	27 573	1 975	1 755
与港澳台商合资合作经营企业	2 591	10 395	709	630
港澳台商独资经营企业	114 831	267 939	11 559	9 881
港澳台商投资股份有限公司	6	121		
外商投资企业	10 028	34 202	1 856	408
中外合资经营企业	172	687	523	385
中外合作经营企业	105	787	12	5
外资企业	9 045	31 824	1 321	18
外商投资股份有限公司	706	904	1	1
按控股情况分				
国有控股	122 414	294 595	9 520	7 842
集体控股	3 475	10 435	81	108
私人控股	61 755	196 970	16 580	6 172
港澳台商控股	151 224	381 618	14 756	12 778
外商控股	12 837	44 598	2 454	410
其他		-72		
按企业资质等级分				
一级	7 299	19 782	1 518	847
二级	35 909	121 881	3 530	3 115
三级	74 284	143 127	5 346	2 427
四级	176 647	475 109	26 050	12 848
暂定	51 303	151 935	4 070	4 771
其他	6 265	16 310	2 877	3 303

业　主　要　指　标　（三）

单位：万元

销售费用	管理费用	#税　金	差旅费	工会经费	财务费用	#利息支出
79 919	**164 121**	**7 450**	**4 523**	**655**	**89 643**	**69 053**
54 660	120 873	5 027	2 721	584	77 285	58 813
20 657	51 935	2 776	742	406	51 664	42 498
28	438	2	1	1	-39	-39
	26					
817	1 201	57	4	5	1 804	-18
28	50				-1	-1
8 600	7 218	361	126	75	7 759	7 755
13 240	35 910	1 108	872	54	6 076	2 779
822	333	-748	132	20	90	3
	60		1			
	36					
10 213	21 853	1 385	767	15	8 084	4 031
255	1 814	87	76	9	1 847	1 804
23 570	36 262	2 065	1 593	70	11 871	9 799
5 967	5 633	268	395	5	3 058	2 672
753	3 115	160	104	6	463	463
16 850	27 423	1 637	1 094	59	8 360	6 674
	92				-10	-10
1 689	6 986	359	209	2	487	441
78	817	12	29	2	285	285
18	920	14	87		-4	-4
1 567	5 059	327	87		112	66
25	189	6	5		95	95
36 046	72 857	2 807	1 302	506	61 178	51 146
317	881	3	19	2	1 924	1 924
13 724	39 477	2 112	1 221	49	11 188	6 225
27 464	41 548	2 270	1 647	96	11 476	9 360
2 297	8 412	420	242	2	922	443
72	947	38	32		-45	-45
3 171	5 979	136	301	26	4 563	3 358
14 283	14 163	722	229	88	3 520	3 426
23 188	31 079	1 163	797	168	15 994	12 450
23 009	61 649	3 242	1 563	185	22 734	15 373
30 273	1 499	927	103	11 566	8 715	140 288
20 979	688	707	85	31 265	25 730	42 197

房 地 产 开 发 企

项 目	营业利润	营业外收入	营业外支出	利润总额
总 计	**829 673**	**45 329**	**26 274**	**900 498**
按登记注册类型分				
内资企业	531 615	43 380	11 029	615 741
国有企业	132 276	7 975	3 301	189 614
集体企业	-2 595	23	2	-2 574
股份合作企业	-30			-30
国有联营企业	376	45	21	400
集体联营企业				
国有与集体联营企业				
其他联营企业	1 419	40		-20
国有独资公司	58 312	281	404	58 190
其他有限责任公司	235 343	16 055	1 971	252 319
股份有限公司	5 585	262	6	3 234
私营独资企业	-60			-60
私营合伙企业	-36			-36
私营有限责任公司	101 072	18 663	5 259	114 779
私营股份有限公司	-48	38	65	-75
其他企业				
港澳台商投资企业	269 954	1 398	14 748	256 599
与港澳台商合资经营企业	21 494	353	464	21 382
与港澳台商合资合作经营企业	7 968	50	155	7 859
港澳台商独资经营企业	240 453	996	14 129	227 320
港澳台商投资股份有限公司	39		1	38
外商投资企业	28 105	551	498	28 158
中外合资经营企业	937	14	27	924
中外合作经营企业	-123	12	50	-161
外资企业	26 671	457	421	26 706
外商投资股份有限公司	621	68		689
按控股情况分				
国有控股	284 401	23 478	5 017	352 939
集体控股	7 731	39	-142	7 952
私人控股	156 415	19 806	5 731	171 882
港澳台商控股	345 437	1 449	15 144	331 736
外商控股	36 643	558	524	36 941
其 他	-953			-953
按企业资质等级分				
一 级	7 433	194	4 242	3 650
二 级	107 020	5 001	2 084	109 966
三 级	106 413	2 981	4 605	154 942
四 级	426 323	35 088	12 040	448 249
暂 定	697	2 288	138 575	23 541
其 他	1 369	1 015	45 115	2 449

业　主　要　指　标　(四)

单位：万元

应交所得税	劳动、失业保险费	住房公积金及住房补贴	本年应付工资总额（贷方累计发生额）	本年应付福利费总额（贷方累计发生额）	全部从业年平均人数（人）	年末从业人员总计（人）
137 460	**6 079**	**4 681**	**74 736**	**5 077**	**11 818**	**8 113**
82 895	4 305	3 835	55 454	3 920	8 431	5 881
28 976	2 042	2 394	25 134	2 205	2 739	869
34	10	2	227	17	63	93
			2		11	14
1	15	17	571	34	76	62
			105	13	137	50
5 183	742	468	4 945	311	320	130
36 145	800	659	15 271	641	2 546	2 039
291	264	132	1 392	94	116	105
	2		19	3	8	10
			32	2	21	50
12 120	409	140	6 928	588	2 233	2 322
145	21	23	829	14	161	137
49 257	1 568	738	16 512	990	2 894	1 773
4 869	340	436	3 097	254	533	289
1 082	98	51	949	46	231	227
43 292	1 127	248	12 423	685	2 120	1 249
12	4	4	43	5	10	8
5 309	206	108	2 770	167	493	459
89	26	2	308	42	58	115
342	30	22	514	22	95	45
4 878	150	83	1 918	88	331	271
			29	14	9	28
46 728	3 318	3 347	39 025	2 864	4 216	1 923
1 126	15	3	444	45	116	146
19 235	823	328	12 775	852	3 685	3 572
63 686	1 668	879	19 243	1 094	3 227	1 932
6 685	219	124	3 196	212	563	525
	6		53	10	11	15
2 681	129	169	2 359	156	318	525
10 905	578	642	7 048	488	745	538
24 150	1 938	1 455	17 343	1 279	2 507	1 884
73 735	1 664	1 468	29 064	1 811	4 832	2 293
1 268	632	11 621	872	1 898	1 288	
502	314	7 300	471	1 518	1 585	

房地产土地购置、开发情况

单位：平方米，万元

项目	待开发土地面积	本年土地购置面积	本年土地成交价款	土地购置费
总计	**572 570**	**2 386 006**	**2 402 886**	**1 597 360**
按登记注册类型分				
内资企业	556 918	2 121 206	2 080 961	1 447 169
国有企业	369 375	1 228 430	1 061 301	840 808
集体企业		42 070	13 269	13 269
股份合作企业				
国有联营企业				
集体联营企业				
国有与集体联营企业				
其他联营企业				
国有独资公司		243 399	211 578	211 578
其他有限责任公司	113 469	570 289	693 313	276 346
股份有限公司				
私营独资企业				
私营合伙企业				
私营有限责任公司	74 074	37 018	101 500	100 598
私营股份有限公司				4 570
其他企业				
港澳台商投资企业	15 652	264 800	321 925	149 629
与港澳台商合资经营企业	15 652	141 560	185 125	80 904
与港澳台商合资合作经营企业				
港澳台商独资经营企业		123 240	136 800	68 725
港澳台商投资股份有限公司				
外商投资企业				562
中外合资经营企业				562
中外合作经营企业				
外资企业				
外商投资股份有限公司				
按控股情况分				
国有控股	433 044	1 740 554	1 619 159	1 187 204
集体控股		42 070	13 269	18 639
私人控股	123 874	37 018	101 500	113 956
港澳台商控股	15 652	429 194	366 958	206 599
外商控股				562
其他		137 170	302 000	70 400
按企业资质等级分				
一级	3 984	86 331	78 070	74 730
二级	365 391	402 409	252 435	212 233
三级	9 228	90 049	50 017	50 562
四级	193 967	1 148 675	1 188 507	732 230
暂定		504 561	677 532	387 986
其他		153 981	156 325	139 619

房地产施工、销售、空置情况（一）

项　　目	本年完成投　资	住　宅	# 90 平方米以下	140 平方米以上住房
房屋施工面积	30 949 643	19 457 049	6 026 683	5 721 856
#新开工面积	2 492 704	1 353 425	482 798	349 324
房屋竣工面积	7 110 799	4 756 227	1 452 624	1 545 501
#不可销售面积	81 272	36 614	1 520	4 924
商品住宅竣工套数		45 573	22 136	8 113
竣工房屋价值	980 554	674 043	196 920	238 999
批准预售面积	5 485 744	4 019 559	941 791	1 525 644
批准预售住宅套数		33 551	12 102	8 182
出租房屋面积	301 910	4 234		
商品房销售面积	5 292 878	4 013 036	702 478	1 618 884
#现房销售面积	1 198 205	758 811	67 157	417 848
期房销售面积	4 094 673	3 254 225	635 321	1 201 036
商品房销售额	4 208 206	3 585 701	455 595	1 825 602
#现房销售额	1 011 326	775 050	64 738	480 530
期房销售额	3 196 880	2 810 651	390 857	1 345 072
商品住宅销售套数		33 063	9 243	8 934
#现房销售套数		5 429	916	2 220
期房销售套数		27 634	8 327	6 714
空置面积	1 472 713	390 408	17 831	100 864
#空置 1～3 年面积	664 237	73 723	12 858	9 306
空置 3 年以上面积	97 091	18 841	210	

房地产施工、销售、空置情况（二）

单位：平方米、万元

项　　目	经济适用房	别墅、高档公寓	办公楼	商业营业用房	其　　他
屋施工面积	913 433	776 066	2 102 936	2 068 604	7 321 054
#新开工面积	49 522	39 599	414 716	325 200	399 363
房屋竣工面积	168 750	208 608	256 962	416 287	1 681 323
#不可销售面积				1 345	43 313
商品住宅竣工套数	3 691	964			
竣工房屋价值	23 865	31 114	42 361	60 872	203 278
批准预售面积	204 663	211 127	296 759	123 118	1 046 308
批准预售住宅套数	3 148	1 049			
出租房屋面积	1 668		1 102	155 169	141 405
商品房销售面积	997	158 251	219 980	141 624	918 238
#现房销售面积	997	76 608	88 123	76 960	274 311
期房销售面积		81 643	131 857	64 664	643 927
商品房销售额	708	268 411	151 579	243 908	227 018
#现房销售额	708	134 475	40 874	99 798	95 604
期房销售额		133 936	110 705	144 110	131 414
商品住宅销售套数	8	623			
#现房销售套数	8	281			
期房销售套数		342			
空置面积	8 331	21 955	355 720	200 260	526 325
#空置1~3年面积	6 213	7 990	322 628	73 840	194 046
空置3年以上面积		563	15 835	37 457	24 958

十、教育及文化事业

各级各类学校基本情况

单位：人

项　　目	学校数（所）	毕业生数	招生数	在校生数	#女　生	教职工数	#专任教师	平均每专任教师负担学生数
2009 年合计	**1 146**	**245 792**	**164 081**	**669 135**	**318 697**	**44 499**	**32 281**	**21**
普通学校	**985**	**133 808**	**158 268**	**548 523**	**249 059**	**42 445**	**31 420**	**17**
研究生		3 214	3 843	12 173	5 955			
普通高等学校本专科	17	25 457	37 121	119 278	58 027	14 228	8 251	14
普通中等学校	121	53 240	54 517	159 740	71 872	12 365	10 467	15
中等职业学校（机构）	23	12 376	10 837	34 250	14 736	1 762	1 268	27
技工学校	3	1 695	1 656	5 243	1 117	258	179	29
普通中学	95	39 169	42 024	120 247	56 019	10 345	9 020	13
小　学	300	28 642	31 382	177 879	78 271	9 836	9 176	19
特殊教育学校	3	78	92	537	211	145	129	4
幼儿园	544	23 177	31 313	78 916	34 723	5 871	3 397	23
成人学校	**161**	**111 984**	**5 813**	**120 612**	**69 638**	**2 054**	**861**	**140**
成人高等学校		5 052	5 813	16 648	11 240			
成人中等学校	161	105 894		102 446	57 227	2 042	857	120
成人初等学校		1 038		1 518	1 171	12	4	
2008 年合计	**1 102**	**220 660**	**160 160**	**640 525**	**300 287**	**43 148**	**31 539**	**20**
普通学校	**959**	**122 486**	**154 614**	**532 747**	**240 044**	**41 184**	**30 664**	**17**
研究生		2 953	3 676	11 779	5 628			
普通高等学校本专科	15	18 985	34 958	108 919	51 791	13 494	7 858	14
普通中等学校	123	51 525	56 746	165 217	74 998	12 212	10 298	16
中等职业学校（机构）	27	10 194	13 697	38 232	16 951	1 704	1 214	31
技工学校	4	1 785	3 077	6 296	1 462	306	234	27
普通中学	92	39 546	39 972	120 689	56 585	10 202	8 850	14
小　学	302	26 933	30 259	176 167	77 195	9 948	9 246	19
特殊教育学校	3	116	55	487	187	137	120	4
幼儿园	516	21 974	28 920	70 178	30 245	5 393	3 142	22
成人学校	**143**	**98 174**	**5 546**	**107 778**	**60 243**	**1 964**	**875**	**123**
成人高等学校		5 381	5 546	16 538	11 278			
成人中等学校	143	92 793		91 240	48 965	1 964	875	104

普通高等学校基本情况（一）

单位：人

项　　目	总　计	厦门大学	集美大学	厦门理工学　　院	厦门医学高等专科学校	厦门海洋职业技术学院	厦门城市职业学院	厦门大学嘉庚学院	集美大学诚毅学院
毕业生数	28 671	8 230	5 525	2 500		1 531	905	2 503	2 439
招生数	40 964	8 742	7 028	5 150	735	2 397	1 576	3 493	3 098
在校生数	131 451	32 571	24 372	16 006	1 954	6 733	3 833	12 738	11 933
#女　生	63 982	16 152	10 653	7 013	1 509	2 832	2 561	6 949	5 766
教职工数	14 228	5 130	2 702	1 121	313	419	303	823	822
#专任教师	8 251	2 435	1 604	763	199	336	198	631	664
#正高级	1 170	721	165	71	6	1	4	65	49
副高级	2 143	792	497	175	63	62	64	135	153
中　级	2 782	734	735	267	48	138	68	190	209

普通高等学校基本情况（二）

单位：人

项　　目	华侨大学厦门工学院	厦门华厦职业学院	厦门演艺职业学院	厦门华天涉外职业技术学院	厦门兴才职业技术学　　院	厦门软件职业技术学　　院	厦门南洋职业学院	厦门东海职业技术学　　院	厦门安防科技职业学　　院
毕业生数		1 581	173	1 583	968	733			
招生数	928	1 607	152	1 728	1 037	1 126	1 285	594	288
在校生数	928	4 321	775	4 878	2 984	3 221	2 483	1 433	288
#女　生	143	2 666	502	2 352	1 526	1 145	1 263	853	97
教职工数	294	337	141	567	319	334	366	144	93
#专任教师	54	223	63	299	169	260	227	81	45
#正高级	13	15	5	16	8	16	9	2	4
副高级	14	31	8	34	26	43	36	4	6
中　级	11	77	14	45	64	47	116	12	7

成人教育基本情况

单位：人

项　　目	学校数（所）	毕业生数	招生数	在校生数	#女　生	教职工数	#专任教师
合　　计	**161**	**111 984**	**5 813**	**120 612**	**69 638**	**2 054**	**861**
成人高等学校		5 052	5 813	16 648	11 240		
成人中等学校	161	105 894		102 446	57 227	2 042	857
成人中学							
职业中学							
成人技术培训学校	161	105 894		102 446	57 227	2 042	857
职工技术培训学校	4	2 992		3 049	110	47	40
农民技术培训学校	47	8 515		6 448	3 797	76	37
其它培训机构	110	94 387		92 949	53 320	1 919	780
成人初等学校		1 038		1 518	1 171	12	4
成人小学		1 038		1 518	1 171	12	4
#扫盲班		1 038		1 518	1 171	12	4

中等职业学校基本情况

单位：人

项　　目	学校数（所）	毕业生数	招生人数	在校学生数	#女生	#全日制学生	教职工数	专任教师
总　　计	**23**	**12 376**	**10 837**	**34 250**	**14 736**	**33 743**	**1 762**	**1 268**
思明区	6	1 651	537	3 347	2 216	3 231	160	85
海沧区	2	892	802	2 641	978	2 641	130	95
湖里区	2	867	1 338	3 238	1 019	3 238	226	182
集美区	9	8 119	7 255	22 669	9 766	22 319	1 014	709
同安区	2	741	838	2 198	707	2 157	204	175
翔安区	2	106	67	157	50	157	28	22
厦门艺术学校		47	67	281	195	281	47	40
厦门卫生学校		970	301	1 749	1 574	1 749		
厦门市体育运动学校		65	129	321	98	321	62	11
厦门市音乐学校		20	40	113	87	113	34	34
厦门市逸仙中等职业学校		29						
厦门城市职业学院（中职部）		477		746	142	746		
厦门市中华会计函授学校		28		116	104		17	
厦门演艺职业学院		15		21	16	21		
厦门市海峡工贸学校		380	151	714	329	714	40	17
厦门电子职业中专学校		867	1 327	3 223	1 009	3 223	217	178
中央音乐学院鼓浪屿钢琴学校			11	15	10	15	9	4
福建化工学校		1 364	1 365	4 576	1 759	4 426	127	90
集美轻工业学校		2 469	1 607	6 293	2 768	6 293	186	117
厦门工商旅游学校		1 651	1 845	5 007	2 943	5 007	325	266
厦门市兴才中等职业学校		481		325	102	325		
厦门华天涉外职业技术学院		24						

普通中学基本情况

单位：人

项　　目	合　计	思明区	湖里区	海沧区	集美区	同安区	翔安区
校数（所）	95	26	6	21	10	17	15
完全中学	33	12	2	3	6	6	4
初级中学	34	8	1	4	3	9	9
九年一贯制学校	28	6	3	14	1	2	2
班级数（个）	2 731	1 054	172	340	400	449	316
#高　中	979	442	52	56	161	163	105
毕业生数	39 169	14 546	2 380	4 056	5 017	7 365	5 805
#高　中	15 119	6 190	917	879	2 464	2 935	1 734
招生数	42 024	15 799	2 437	5 573	6 129	7 626	4 460
#女　性	19 436	7 461	1 171	2 286	2 805	3 629	2 084
#高　中	14 422	6 578	726	799	2 360	2 539	1 420
#女　性	7 303	3 362	398	382	1 194	1 282	685
在校学生数	120 247	47 287	6 959	15 337	16 967	20 654	13 043
#女　性	56 019	22 511	3 388	6 444	7 958	9 731	5 987
#高　中	43 258	19 540	2 156	2 505	6 791	7 810	4 456
#女　性	22 223	10 131	1 161	1 169	3 577	4 000	2 185
毕业班学生数	38 913	15 545	2 221	4 686	5 256	6 630	4 575
#高　中	14 738	6 489	725	896	2 336	2 742	1 550
教职工数	10 345	3 923	623	1 131	1 540	1 819	1 309
#专任教师数	9 020	3 420	581	996	1 221	1 614	1 188
初中阶段毛入学率（%）	112.40	115.14	128.46	118.01	109.18	105.70	103.27
初中毕业生升学率（%）	110.24	84.29	104.17	67.26	364.36	83.52	68.95
初中阶段辍学率（%）	3.29	1.80	0.45	9.23	2.16	4.19	1.18
初中重读率（%）	0.010	0.004	0.004	0.004	0.011	0.004	0.031
高中阶段毛入学率（%）	134.42	124.27	102.81	75.13	483.98	92.56	94.99
高中年保留率（%）	97.03	100.24	89.87	96.01	97.78	93.89	92.54
高中重读率（%）	0.080	0.031	0.004	0.345	0.230	0.004	0.104

小　学　基　本　情　况

单位：人

项　目	合　计	思明区	湖里区	海沧区	集美区	同安区	翔安区
学校数（所）	300	50	21	34	38	89	68
班级数（个）	4 423	1 130	321	924	639	841	568
毕业生数	28 642	8 089	1 997	6 200	4 071	5 144	3 141
招生数	31 382	9 173	2 520	7 380	5 159	4 757	2 393
毕业班学生数	28 232	7 790	2 043	6 164	4 178	5 036	3 021
在校学生数	177 879	52 468	13 352	40 835	27 893	28 084	15 247
#女　生	78 271	23 404	5 795	17 128	12 035	12 766	7 143
教职员工数	9 836	2 665	737	2 087	1 499	1 677	1 171
#专任教师	9 176	2 538	678	1 899	1 319	1 611	1 131
学龄儿童净入学率（%）	99.97	99.96	99.99	99.99	99.97	99.95	99.96
年保留率（%）	99.43	100.99	101.56	96.20	102.17	98.10	99.04
小学学生辍学率（%）	0.63	-0.93	-1.49	3.83	-2.11	1.94	1.08
小学毕业生升学率（%）	96.37	113.99	85.68	77.00	92.58	98.89	161.95
平均每班教职工	2.22	2.36	2.30	2.26	2.35	1.99	2.06
#专任教师	2.07	2.25	2.11	2.06	2.06	1.92	1.99
每个教职工负担学生	18.08	19.69	18.12	19.57	18.61	16.75	13.02
#专任教师	19.39	20.67	19.69	21.50	21.15	17.43	13.48
学校占地面积	2 763 753	456 478	182 690	358 440	505 248	645 506	615 391
校舍建筑面积	1 121 844	325 235	68 991	189 769	176 430	213 072	147 430
教学及辅助用房	640 361	193 371	40 390	94 092	79 671	128 515	104 322
#教　室	421 940	97 789	24 854	64 987	54 065	100 223	80 022
实验室（实习场所）	34 362	7 015	2 117	5 208	3 658	7 132	9 232
图书室	32 937	9 186	1 613	4 550	3 579	6 442	7 567
微机室	27 058	7 930	1 667	3 437	5 590	4 746	3 688
语音室	5 212	2 138	215	1 440	341	774	304
教学用计算机（台）	25 219	9 504	1 946	3 957	3 700	3 249	2 863
图书藏量（册）	3 698 368	1 378 339	206 706	596 665	589 307	544 308	383 043

幼 儿 园 基 本 情 况

单位：人

项　　目	合　计	思明区	湖里区	海沧区	集美区	同安区	翔安区
园数（所）	544	123	43	90	46	123	119
班数（个）	2 809	849	291	562	296	506	305
#学前班	32	3	23		6		
当年离园人数	23 177	7 301	2 220	4 909	2 671	3 699	2 377
#学前班	596	3	512		81		
当年入园人数	31 313	11 063	3 271	6 032	3 251	4 493	3 203
#学前班	377	8	248		121		
在园幼儿数	78 916	25 635	8 280	16 029	9 185	11 473	8 314
#学前班	966	17	759		190		
#女　性	34 723	11 512	3 235	7 045	3 949	5 250	3 732
教职工数	5 871	1 991	756	1 711	796	575	42
#女　性	5 634	1 934	720	1 652	738	548	42
园　长	402	113	49	119	61	49	11
教　师	3 397	1 259	414	917	451	325	31
保健员	387	104	80	94	54	55	
其　他	1 685	515	213	581	230	146	
代课教师	1 314	440	47	68	74	323	362
兼任教师	25	1	3	14	5	2	
学校占地面积	654 363	214 947	67 028	117 604	84 647	137 798	32 339
校舍建筑面积	490 926	192 307	57 020	99 346	68 302	61 287	12 664
教学及辅助用房	330 852	136 808	35 983	67 238	44 471	39 183	7 169
#活动室	210 187	80 503	22 950	44 310	28 510	28 617	5 297
睡眠室	87 275	35 175	10 578	18 637	13 692	7 942	1 251
保健室	7 036	2 429	987	1 412	1 195	753	260
图书室	7 242	2 574	1 156	1 569	1 017	765	161
幼儿园户外活动场	300 119	94 637	35 385	58 973	31 326	56 473	23 325
图书藏量（册）	313 995	151 074	36 962	65 267	31 396	23 038	6 258

特 殊 教 育 学 校 基 本 情 况

单位：个、人、平方米

项　　目	合　计	#市属	思明区	海沧区	湖里区	集美区	同安区	翔安区
校　数	3	1	2				1	
班　数	73	15	26	3	5	24	15	
毕业生数	78	49	49	2		7	20	
招生数	92	44	63		6	4	19	
在校学生数	537	184	284	18	41	43	151	
#女　生	211	75	106	6	20	22	57	
教职工数	145	57	89	10	6	11	29	
#专任教师	129	46	75	10	6	11	27	
校舍建筑面积	15 856	9 699	11 736	372			3 748	
#教学用房	6 745	4 161	5 441	164			1 140	
图书藏量（册）	20 186	5 786	14 086				6 100	

文化部门表演团体及群艺馆、文化馆情况

项　　目	单　位	2009 年	2008 年	项　　目	单　位	2009 年	2008 年
文化表演团体				**群艺馆、文化馆**			
剧团数	个	6	6	机构数	个	7	6
国内演出场数	场次	898	785	举办展览个数	个	78	89
#在农村	场次	360	260	组织文艺活动次数	次	589	446
国内观众人数	万人次	64.6	64.7	举办培训班	班次	584	595
总收入	万元	5 448	5 975	培训人次	万人次	2.4	1.1
#演出收入	万元	290	396	本年收入	万元	2 560.5	1 940.5
总支出	万元	5 523	5 463	总支出	万元	2 089.6	1 787.8
#维修费	万元	204	106	固定资产原值	万元	1294.7	1 122.6
固定资产原值	万元	6 770.7	6 522.8	公用房屋建筑面积	万平方米	9.4	5.4
公用房屋建筑面积	万平方米	1.20	1.49				

公共图书馆基本情况

项　　目	单　位	2009 年	2008 年	项　　目	单　位	2009 年	2008 年
公共图书馆							
机构数	个	8	8	总收入	万元	3 439	3 425
公共图书馆藏书	万册	298.8	294.4	总支出	万元	2 919.9	3 527.9
书架单层总长度	万米	6.5	6.9	新增藏量购置费	万元	267.7	577.6
累计发放借书证数	万个	17.33	16.50	固定资产原值	万元	10 684	9 241
图书流通情况				公用房屋建筑面积	万平方米	6.28	5.60
人　次	万人次	432.56	335.50	#书　库	万平方米	2.34	2.10
册　次	万册次	448.75	340.40	阅览室	万平方米	2.03	2.10
为读者举办各类活动次	次	384	1 120	阅览室座席数	个	4 211	3 253
参加人次	万人次	39.23	37.47				

博物馆与文物商店情况

项　　目	单　位	2009 年	2008 年	项　　目	单　位	2009 年	2008 年
博物馆				**文物商店**			
机构数	个	4	3	机构数	个	1	1
文物藏品	件	14 595	15 201	年终库存文物	件	47 514	48 251
#一级品	件	16	16		万元	379.2	283.7
举办展览	个	7	7	当年净利润	万元	-25.1	0.9
参观人数	万人次	78.4	57.8	固定资产原值	万元	427.4	385.8
总收入	万元	2 078.5	1 366.2	公用房屋建筑面积	万平方米	0.2	0.2
总支出	万元	1 633	1 263	#营业用房	万平方米	0.1	0.1
固定资产原值	万元	1 520.4	1 302.8	文物库房	万平方米	0.1	0.1
公用房屋建筑面积	万平方米	3.83	3.30	从业人员	人	29	29
#展览用房	万平方米	1.79	1.40				

电影放映情况

项目	单位数	电影院	影剧院	放映队（独立核算）
单位数	个	9	1	21
座席数	位	5 915	747	
放映场数	场	44 093	95	6 108
观众数	千人	1 928.87	1.21	1 811.40
放映收入	万元	5 773.93	2.41	

注：统计口径不含放映设备为16毫米的非独立核算单位。

广播、电视事业基本情况

项目	单位	2009年	项目	单位	2009年
广播事业			微波站	站	15
电台	座	2	微波线路长度	公里	311.5
节目套数	套	5	收转境内节目站	座	148
平均每日播音时间	时：分	97：05：00	广播电视报发行量	万份	130
自办节目（年）	时：分	31 772	广播人口综合覆盖率	%	98.68
年制作广播节目	小时	31 955	电视人口综合覆盖率	%	100
电视事业			有线电视入户数	户	718 772
电视台	座	1	#农村	户	226 592
电视节目套数	套	8	经费		
平均每周播出时间	时：分	100：00：00	收入情况	万元	80 459.16
自办节目（年）	时：分	18 233：20	#事业收入	万元	32 498.90
年制作电视节目	小时	6 040：00：00	支出情况	万元	38 469.98
微波			#事业支出	万元	31 884.59

期刊出版情况

项　　　目	种　数 （种）	总印数 （万册）	总印张 （千印张）
合　　计	**26**	**77.64**	**6 766.54**
综　合	2	36.42	3 998.84
哲学、社会科学	10	29.71	2 069.08
自然科学、技术	10	8.06	505.19
文化、教育	3	0.88	64.97
文学、艺术	1	2.57	128.46

报纸出版情况

项　　　目	种　数 （种）	总印数 （万份）	总印张 （千印张）
总　　计	**9**	**20 019.89**	**1 104 471.34**
按类别分			
综　合	3	17 173.87	910 543.04
专　业	6	2 846.02	193 928.30
按级别分			
省　级	3	5 409.39	424 951.20
地（市）级	6	14 610.50	679 520.14
区　级			

音像电子出版物出版情况

项　　　目	2009年		2008年	
	种　数 （种）	数　量 （万张、万盒张）	种　数 （种）	数　量 （万张、万盒张）
出　版			**427**	**767.54**
录音制品	270	500	380	757.63
录像制品	7	8.2	33	9.60
电子出版物			14	0.31
复　制	**250**	**105**		**115.76**
#磁带制品				
光盘制品	250	105		115.76

十一、卫生、体育及其他事业

卫生事业基本情况（一）

单位：人

项　　目	总　计	国　有	集　体	私　营	其　他	医　院	疗养院	社区服务中心	卫生院	门诊部
机构数	1 057	194	23	800	40	35	3	24	14	107
卫生机构床位数	10 326	8 596	208	821	701	9 051	329	70	458	
医院病床使用率	84. 33	95. 52	48. 95	58. 34	51. 27	88. 62	49. 97	1. 88	31. 33	
工作人员	21 087	12 758	667	5 666	1 996	13 228	242	512	581	2 281
卫生技术人员	16 916	10 240	505	4 734	1 437	10 500	33	419	471	1 817
执业医师	6 551	3 770	201	1 982	598	3 893	11	146	190	739
执业助理医师	457	99	45	292	21	111	2	35	35	115
注册护士	6 726	4 421	153	1 493	659	4 828	11	135	118	466
药师（士）	1 125	554	43	454	74	590	2	28	52	180
检验技师（士）	958	633	30	232	63	563	3	23	28	146
其　他	1 099	763	33	281	22	515	4	52	48	171
其他技术人员	1 151	868	53	199	31	863	2	19	23	101
管理人员	1 048	365	42	299	342	661	41	27	16	179
工勤技能人员	1 972	1 285	67	434	186	1 204	166	47	71	184

卫生事业基本情况（二）

单位：人

项　　目	急救中心（站）	采血机构	妇幼保健院	专科防治所	疾病预防控制中心	卫生监督所	科研机构	诊所	其他机构
机构数（个）	2	1	7	1	7	7	1	846	2
卫生机构床位数			368	50					
医院病床使用率			96. 61						
工作人员	225	87	1 027	25	267	206	30	2 316	60
卫生技术人员	153	69	831	20	231	143	24	2 203	2
执业医师	62	10	260	9	136		10	1 085	
执业助理医师	1	2	5		8			143	
注册护士	64	21	384	5	10		1	683	
药师（士）	2	2	28	4			4	233	
检验技师（士）	2	22	88	2	63		2	16	
其　他	22	12	66		14	143	7	43	2
其他技术人员	6	2	83	1	8	2	3		38
管理人员	15	5	30	0	14	43	0		17
工勤技能人员	51	11	83	4	14	18	3	113	3

卫　生　保　健　情　况

单位：人

项　　　目	2009 年	2008 年
新生儿死亡人数	65	65
城　市	35	32
农　村	30	33
5 岁以下儿童死亡人数	151	151
城　市	76	77
农　村	75	74
孕产妇死亡人数	3	4
城　市	2	
农　村	1	4
5 岁以下儿童死亡率（‰）	6.47	6.53
婴儿死亡率（‰）	4.71	4.54
新生儿死亡率（‰）	2.78	2.81
孕产妇死亡率（1/10 万）	12.85	17.30
卡介苗接种率（%）	99.88	99.32
脊灰疫苗接种率（%）	99.90	99.84
百白破三联制剂接种率（%）	99.89	99.84
麻疹疫苗接种率（%）	99.88	99.83
平均预期寿命（岁）	78.72	78.25
#男　性	75.78	75.12
女　性	81.68	81.08
无偿献血人数（人）	39 524	38 647
甲乙类法定报告传染病发病率（1/10 万）	304.98	290.70

前十位疾病死亡原因及构成

位次	城市			农村		
	死亡原因	死亡率（1/10 万）	占死亡总人数%	死亡原因	死亡率（1/10 万）	占死亡总人数%
1	恶性肿瘤	130.51	33.80	恶性肿瘤	151.91	29.62
2	心脏病	62.15	16.10	脑血管病	116.38	22.69
3	脑血管病	56.29	14.58	呼吸系病	80.84	15.76
4	呼吸系病	31.03	8.04	心脏病	62.43	12.17
5	损伤中毒	30.77	7.97	损伤中毒	54.77	10.68
6	内分泌病	13.36	3.46	内分泌病	10.92	2.13
7	消化系病	9.48	2.46	消化系病	7.17	1.40
8	神经系病	5.09	1.32	泌尿系病	3.42	0.67
9	泌尿系病	4.57	1.18	先天异常	3.26	0.64
10	先天异常	3.88	1.00	新生儿病	2.44	0.48

农村村级卫生组织情况

单位：万元

项目	2009 年	项目	2009 年
机构数（个）	292	全年总收入	1 376.61
执业（助理）医师（人）	66	#上级补助收入	250.97
乡村医生和卫生员（人）	875	村或集体补助收入	0.02
乡村医生数	861	医疗及药品收入	1 115.15
#大专及以上学历	27	全年总支出	1 264.12
中专学历及中专水平	680	#人员支出	552.43
在职培训合格者	152	药品支出	681.93
卫生员	14	诊疗人次数（人）	1 589 821

农村卫生普及基本情况

项目	单位	2009 年	2008 年
农村总人口数	万人	72	72
#饮用自来水人口数	万人	65.78	64.80
农村饮用自来水普及率	%	91.3	90.0
农村使用卫生厕所农户数	万户	16.75	16.01
农村卫生厕所普及率	%	90.3	86.3
已改水受益人口占农村人口百分比	%	100	100
饮用自来水人口占农村人口百分比	%	91.3	90.0

计 划 生 育 基 本 情 况

单位：人

项　　目	合　计	思明区	湖里区	集美区	同安区	海沧区	翔安区
计划内生育情况							
计划生育率（%）	97.10	98.29	97.14	98.98	96.72	98.88	93.45
#一　孩	18 909	6 394	2 932	2 015	3 266	1 408	2 894
占一孩总数（%）	99.11	99.78	99.63	99.41	98.67	99.65	97.18
二　孩	2 683	391	261	392	737	171	731
占二孩总数（%）	87.45	80.12	76.76	97.27	92.82	92.93	85.10
多　孩	52	14		9	11	6	12
占多孩总数（%）	36.36	66.67		81.82	23.91	100.00	21.82
育龄妇女及初婚情况							
育龄妇女	560 931	203 950	68 907	68 393	95 510	37 559	86 612
已婚育龄妇女数	385 963	133 204	51 058	41 553	71 030	27 317	61 801
女性初婚	18 640	6 736	2 075	1 949	3 316	1 320	3 244
#早　婚	89	1	1	1	26		60
领取独生子女证人数（当年）	10 832	4 011	1 754	1 112	1 876	502	1 577
各种节育人数	15 391	2 099	1 094	2 178	4 315	1 462	4 243
#男　扎	24	8	3	1	6	1	5
女　扎	2 172	107	103	383	695	102	782
放　环	9 962	1 146	577	1 423	2 953	956	2 907
皮下埋植	54	5	3	13	20	12	1

体育事业基本情况

单位：人

项　　目	2009 年	2008 年	项　　目	2009 年	2008 年
举办运动会情况			其　他	151	140
举办运动会次数（次）	2	76	**等级裁判员**	**276**	**223**
参加人数（人次）	60 000	69 007	国际级裁判		
举办全民健身活动次数	70	50	国家级裁判	3	2
#千人以上的活动	20	10	一　级	48	53
等级运动员	**444**	**430**	二　级	170	104
国际级运动健将	8		其　他	55	64
运动健将	1	2	**教练员人员**		
一　级	53	36	当年发展社会指导员人数	126	122
二　级	231	252	体育事业支出（万元）	4 999	4 007

体育设施情况

单位：个

项　　目	2009 年	2008 年	项　　目	2009 年	2008 年
体育设施类型			游泳池	28	28
室外全民健身公园、广场	2 121	2 012	青少年体育俱乐部	1	1
健身路径	316	297	**体育场地数**	**1 089**	**1 089**
小篮板	1 183	1 153	体育场	769	769
乒乓球台	622	562	体育馆	97	97
室内全民健身中心	136	136	运动场	11	11
篮排球房	11	11	小运动场	148	148
羽毛球房	13	13	足球场	5	5
乒乓球房	14	14	旱冰场	6	6
棋牌室	14	14	有固定看台灯光球场	53	53
健身房	56	56			

竞技体育比赛成绩情况

单位：枚

项　　目	2009 年	2008 年	项　　目	2009 年	2008 年
世界比赛			**全国比赛**		
金　牌	2	3	金　牌	12	16
银　牌	1	1	银　牌	20	12
铜　牌	3		铜　牌	8	18
亚洲比赛			**省级比赛**		
金　牌	1	4	金　牌	131	117
银　牌	2		银　牌	180	90
铜　牌		3	铜　牌	110	92

环境保护工作基本情况

项目	单位	2009年	2008年
自然保护区情况			
自然保护区数	个	1	1
#国家级	个	1	1
省级	个		
自然保护区面积	**公顷**	**34 000**	**34 000**
#国家级	公顷	34 000	34 000
省级	公顷		
烟尘控制区个数	个	5	5
烟尘控制区覆盖率	%	100	100
高污染燃料禁烧区总面积	平方公里	144	144
建立烟尘控制区总面积	平方公里	570.3	570.3
环境噪声达标区数	个	7	7
环境噪声达标区总面积	平方公里	144	144
当年实际完成环境污染限期治理项目数	个	32	49
环境污染治理投资总额	万元	416 687	415 077
环保投资占当年GDP比重	%	2.57	2.66
环境污染事故直接经济损失额	万元		
全市环保系统共有职工	人	284	239
各级环境监测站	个	1	1
空气质量达标（API<100）天数	天	360	353

“三废”排放、处理、综合利用情况

项　　目	单　位	2009 年	2008 年
工业废水排放量			
工业废水排放量	万吨	3 775.93	4 024.90
工业废水排放达标量	万吨	3 775.13	4 014.81
工业废水排放达标率	%	99.45	99.75
工业化学需氧量（COD）排放量	吨	2 277.62	3 018.65
工业废气排放量			
工业废气排放总量	亿标立米	666.86	676.30
燃料燃烧中排放量	亿标立米	423.16	417.95
生产工艺中排放量	亿标立米	243.70	258.35
工业二氧化硫去除量	吨	42 915.18	43 299.23
工业二氧化硫排放量	吨	45 470.97	45 778.75
二氧化硫排放达标率	%	99.55	99.98
工业烟尘去除量	吨	690 136.45	769 143.60
工业烟尘排放量	吨	1661.81	1 528.63
工业烟尘排放达标率	%	99.93	99.90
工业粉尘排放量	吨	225.86	285.37
# 排放达标量	吨	224.84	
工业粉尘排放达标率	%	99.55	99.91
固体废物排放及处理利用情况			
工业固体废物排放量	万吨		
工业固体废物产生量	万吨	132.19	134.97
工业固体废物贮存量	万吨	8.66	8.05
工业固体废物处置量	万吨	4.27	3.95
工业固体废物综合利用量	万吨	119.50	124.25
# 冶炼废渣	万吨		0.06
粉煤灰	万吨	65.76	74.94
炉　渣	万吨	19.13	22.50
煤矸石	万吨		
工业固体废物综合利用率	%	90.24	91.20
三废综合利用产品产值	万元	76 761.2	59 259.3

工业企业污染治理情况

单位：万元

项　　目	2009年	2008年
汇总工业企业单位数（个）	383	383
汇总工业企业总产值（现价）	20 237 450	20 745 188
企业污染治理资金	5 582	9 267
#排污费补助		40
政府其他补助	40	207
企业自筹	5 542	9 020
#银行贷款		100
企事业污染治理资金使用情况	5 582	9 267
治理废水	2 554	3 706
治理废气	1 398	4 255
治理固体废物	10	3
治理噪音		13
其　他	1620	1 290
城市环境基础设施建设本年完成投资总额（亿元）		35. 62
当年施工项目总数（个）	43	46
治理废水	23	26
治理废气	13	13
治理固体废物	1	1
治理噪音		2
其　他	6	4
当年竣工项目（个）	40	47
治理废水	21	27
治理废气	13	14
治理固体废物	1	1
治理噪音		2
其　他	5	3
当年竣工项目新增设计处理能力		
#治理废水（吨/日）	83 345	11 006
治理废气（万标立方米/时）	10. 48	3. 01
治理固体废物（吨/日）	6	

律师、公证、调解工作基本情况

项　　　目	单　位	2009 年	2008 年
律师工作			
律师事务所	个	75	62
律师人数	人	1 070	951
专职律师	人	1 001	885
兼职律师	人	69	66
律师业务情况			
# 刑事诉讼辩护及代理	件	3 580	3 455
民事诉讼代理	件	19 199	18 237
行政诉讼代理	件	248	377
非诉讼法律事务	件	4 752	2 950
涉外及港澳台	件		
当年办理诉讼代理总数	件	27 779	25 019
解答法律咨询	件	19 444	19 078
代写法律事务文书	件	1 676	2 152
公证工作			
公证处	个	7	7
公证人员	人	99	93
# 公证员	人	62	55
办理公证书	件	50 920	42 323
# 国内经济合同公证	件	9 998	4 163
国内民事公证	件	20 049	17 742
涉外公证	件	20 873	20 418
调解工作			
人民调解委员会	个	654	578
调解人员	人	17 858	18 346
调解民事纠纷	件	7 143	7 047
专职司法助理员	人	110	94

民　政　工　作　基　本　情　况

项　　　　目	单位	2009 年	2008 年
社会救济			
社会救济总人数	**人**	**36 392**	**37 223**
#农村社会救济总人数	人	13 926	14 091
城镇居民最低生活保障人数	人	22 227	22 518
在职人员	人	926	985
下岗人员	人	512	501
退休人员	人	248	237
失业人员	人	3 309	2 277
“三无人员”	人	763	764
其他人员	人	16 469	17 754
城镇居民最低生活保障家庭数	户	9 824	9 755
农村居民最低生活保障人数	人	10 870	10 831
#困难户	人	9 268	9 133
五保户	人	407	422
其他对象	人	1 195	1 698
农村居民最低生活保障家庭数	户	3 978	3 880
农村临时救济人数	人	2 484	2 210
农村传统救济人数	人	572	628
享受低保人员数占救济总人数的比例	%	91	90
最低生活保障线以下人数	人	33 097	33 593
最低生活保障线以下人口比重	%		1. 35
居民最低生活保障已保人数	人	33 097	33 593
救济精减退职老职工人数	人	239	370
# 40%救济人数	人	239	370
慈善、社会捐赠			
慈善会机构数	个	7	7
慈善会接收捐赠款数额	万元	2 069. 91	4 486. 85
社会捐赠接收工作站、点数	个	27	23
民政资金情况			
民政经费	万元	24 927. 8	24 927. 8
民政事业费实际支出	万元	30 876. 4	24 787. 8
#救灾支出	万元	125. 3	60. 2
城镇最低生活保障支出	万元	3 987. 94	3 812. 95
农村最低生活保障支出	万元	1 105. 49	986. 05
农村定期救济资金实际支出	万元	128. 4	114. 97
民政事业基本建设投资	万元	424	140
其　他			
收养性福利单位数	个	38	30
各种收养性社会福利单位的床位数	张	3111	1 895
社区服务中心	个		25
城镇社区服务设施数	个	404	397
结婚对数	对	23 218	22 399
离婚登记对数	对	3 515	2 954
居民委员会	个	314	311
#居民委员会成员中女性比重	%	51. 89	68. 00
村民委员会	个	155	156
#村民委员会成员中女性比重	%	17. 53	11. 00

第六篇

法规规章文件

第六篇

法规规章文件

厦门市法规

厦门市第十三届人民代表大会第四次会议公告

《厦门市人民代表大会代表议案提出和处理办法》于2009年2月16日经厦门市第十三届人民代表大会第四次会议审议通过，现予公布，自公布之日起施行。

厦门市第十三届人民代表大会第四次会议主席团
2009年2月16日

厦门市人民代表大会代表议案提出和处理办法

（2009年2月16日厦门市第十三届人民代表大会第四次会议通过）

第一章　总　　则

第一条　为了规范市人民代表大会代表议案的提出和处理，保障市人民代表大会代表依法行使提出议案的权利，根据《中华人民共和国地方各级人民代表大会和地方各级人民政府组织法》和《中华人民共和国全国人民代表大会和地方各级人民代表大会代表法》的有关规定，结合本市实际，制定本办法。

第二条　市人民代表大会代表议案的提出和处理以及代表提议案权的保障，适用本办法；法律、法规另有规定的，从其规定。

第三条　代表十人以上联名，依照法定程序可以向市人民代表大会提出议案。

第四条　代表提出议案是执行代表职务，参加行使国家权力的一项重要工作。

认真处理代表议案，是有关国家机关或者机构的法定职责。

市人民代表大会及其常务委员会应当为代表议案工作提供必要的条件；市、区人民代表大会常务委员会工作机构应当为代表议案工作提供服务。

第二章　代表议案的基本要求

第五条　代表议案的内容应当是属于市人民代表大会职权范围，需要提请市人民代表大会审议的下列事项：

（一）制定、修改和废止本市地方性法规；

（二）有关保证宪法、法律、法规以及上级和本级人民代表大会及其常务委员会决议、决定的遵守和执行的事项；

（三）有关本市行政区域内国民经济和社会发展计划、财政预算执行的重大事项；

（四）有关本市行政区域内的政治、经济、教育、科学、文化、卫生、城市建设与环境资源、民政、民族等工作的重大事项；

（五）改变或者撤销市人民代表大会常务委员会不适当的决议、决定；

（六）撤销下一级人民代表大会及其常务委员会的不适当的决议；

（七）撤销市人民政府不适当的决定和命令；

（八）有关保护全民所有和劳动群众集体所有的财产，公民、法人和其他组织的合法财产，保障公民的人身权利、民主权利和法律规定的其他权利的重大事项；

（九）宪法、法律规定的属于市人民代表大会职权范围的其他事项。

第六条 代表议案应当有案由、案据和方案。案由应当明确清楚，案据应当充分合理，方案应当提出解决问题的具体办法或者建议。

代表提出制定或者修改法规的议案，一般应当同时提出制定或者修改法规的草案文本及其说明，或者提出立法的必要性、有关依据和主要内容。

第七条 代表议案应当一事一案，使用统一印制的代表议案专用纸，有条件的还应当附电子文本。

第三章 代表议案的提出

第八条 市人民代表大会各代表组应当在闭会期间做好代表议案的准备工作。组织代表通过视察、专题调研等活动，深入实际，调查研究，在认真酝酿并充分准备的基础上提出议案，努力提高议案质量。

第九条 代表议案一般在市人民代表大会会议期间，并且在主席团决定的提交议案的截止时间之前提出。在市人民代表大会会议期间提出的代表议案，由各代表团工作人员负责收集，并在主席团决定的议案截止时间前送交大会秘书处。

在市人民代表大会会议举行前，代表拟向大会提出议案的，可以先将代表议案交市人民代表大会常务委员会议案工作机构或者各区人民代表大会常务委员会代表工作机构。市人民代表大会举行会议时，议案工作机构或者区人民代表大会常务委员会代表工作机构应当在主席团决定的提交议案截止时间之前，将代表议案转交大会秘书处。

第十条 代表联名提出议案，领衔代表应当向参加联名附议的代表提供议案文本，经附议人认真审阅同意后，再签名附议；有条件集体讨论的，应当经过集体讨论，取得一致意见后，再签名提出。

第十一条 大会秘书处和市人民代表大会常务委员会议案工作机构，应当分别对代表在大会会议期间和闭会期间提出的议案进行整理、分类和分析。对不符合议案要求的，可以建议提议案代表进行修改或者将议案改作建议、批评和意见提出。

第四章 代表议案的处理

第十二条 市人民代表大会设立代表议案审查委员会。代表议案审查委员会对代表提出的议案进行审核和审议，提出处理意见报告。

代表议案审查委员会由主任委员、副主任委员一至三人和委员若干人组成，任期与本届人民代表大会任期相同。代表议案审查委员会组成人员由市人民代表大会常务委员会从代表中提名，提请市人民代表大会预备会议通过。

第十三条 代表议案审查委员会根据本办法第五条、第六条、第七条的规定，对大会秘书处报送的代表议案进行审核和审议，并向大会主席团提出代表议案处理意见的报告。

代表议案审查委员会对代表议案处理意见的报告，应当由全体组成人员的过半数通过。

代表议案审查委员会举行会议时，可以邀请与代表议案内容相关的市人民政府及其部门、市中级人民法院、市人民检察院和厦门海事法院的有关负责人列席会议。必要时，也可以邀请提出代表议案的领衔代表到会说明情况。

第十四条 大会主席团根据代表议案审查委员会提出的代表议案处理意见报告进行审议，并且对代表议案分别作如下处理：

（一）符合法定条件并且所提出需要解决问题的条件比较成熟的，决定列入市人民代表大会会议议程；

（二）符合法定条件但在必要性、合理性和可行性等方面需要进一步研究的，决定交由市人民代表大会有关专门委员会在代表大会闭会期间审议或者审查，并且由其提出是否列入代表大会或者常务委员会会议议程的意见；

（三）不属于本款第一项、第二项规定情况的，决定不列入市人民代表大会会议议程。

主席团决定不列入市人民代表大会会议议程的代表议案，经征求领衔代表同意，可以作为代表建议、批评和意见，依照《厦门市人民代表大会代表建议、批评和意见办理办法》办理；不能作为代表建议、批评和意见转交有关单位办理的，大会秘书处应当告知提议案代表。

第十五条 大会主席团决定列入本次会议议程的代表议案，提议案代表应当提供有关资料。必要时，有关专门委员会、市人民代表大会常务委员会工作部门应当协助。

第十六条 列入本次会议议程的代表议案，提议案代表应当向会议提出关于议案的说明。代表议案由各代表团审议的，主席团可以同时交有关专门委员会进行审议、提出报告，由主席团决定提请大会全体会议表决。

第十七条　列入代表大会会议议程的代表议案，在交付代表大会表决前，提议案代表要求撤回的，依照《中华人民共和国地方各级人民代表大会和地方各级人民政府组织法》有关规定办理。

第十八条　列入本次会议议程的代表议案，在审议中有重大问题需要进一步研究的，经主席团提出，由大会全体会议决定，可以授权市人民代表大会常务委员会审议决定，并报市人民代表大会下一次会议备案，或者提请市人民代表大会下一次会议审议。

第十九条　主席团决定交有关专门委员会在代表大会闭会期间审议或者审查并且提出是否列入市人民代表大会或者常务委员会会议议程意见的代表议案，有关专门委员会一般应当在闭会之日起二个月内提出关于代表议案处理的审议结果或者审查意见的报告，提请常务委员会审议。

第二十条　主席团决定交有关专门委员会在代表大会闭会期间审议或者审查并且提出是否列入市人民代表大会或者常务委员会会议议程意见的代表议案，由常务委员会在审议有关专门委员会关于代表议案处理的审议结果或者审查意见的报告后，作如下处理：

（一）认为应当列入市人民代表大会会议议程的，决定列入代表大会下次会议议程草案；

（二）认为可以由常务委员会审议的，决定列入常务委员会会议议程；

（三）认为不宜列入市人民代表大会会议或者常务委员会会议议程的，可以决定作为建议、批评和意见，由常务委员会代表工作机构交有关单位办理；

（四）认为不宜列入市人民代表大会会议或者常务委员会会议议程，且不能作为建议、批评和意见交有关单位办理的，由常务委员会议案工作机构告知提议案代表。

第二十一条　有关专门委员会审议代表议案时，应当邀请提出议案的领衔代表列席会议、发表意见；还可以采取邀请提议案代表参加调研、座谈等多种方式，加强联系与沟通，听取提议案代表对议案处理的意见。

第二十二条　有关专门委员会应当认真采纳有关机关、组织和提议案代表的合理意见，对于切实可行的代表议案，在代表大会闭会期间可以建议列入市人民代表大会常务委员会会议议程，或者建议列入市人民代表大会常务委员会的立法计划。

第二十三条　市人民代表大会闭会期间，有关专门委员会建议将代表议案列入市人民代表大会常务委员会会议议程的，由主任会议决定是否列入常务委员会会议议程。

列入常务委员会会议议程的，审议中认为有重大问题需要进一步研究的，由主任会议提出建议，经常务委员会会议同意，可以暂不交付表决，交有关专门委员会进一步审议，提出审议报告。

第二十四条　市人民代表大会常务委员会审议通过的代表议案，需要交由市人民政府和有关机关、组织办理的，由市人民代表大会常务委员会办事机构交由市人民政府和有关机关、组织办理，并由有关专门委员会督促办理工作。

下一次代表大会召开前，市人民政府应当向市人民代表大会常务委员会提出代表议案办理结果的报告；有关专门委员会向市人民代表大会常务委员会提出代表议案办理结果的审议意见。

第二十五条　市人民代表大会常务委员会审议通过的市人民政府关于代表议案办理结果的报告、有关专门委员会关于代表议案办理结果的审议意见，应当印发下一次市人民代表大会会议。

第二十六条　市人民代表大会常务委员会举行会议时，应当根据会议议程，邀请提出相关议案的代表列席会议参与审议。

第五章　附　　则

第二十七条　各区人民代表大会代表议案的提出和处理工作，参照本办法执行。

第二十八条　本办法自公布之日起施行。

厦门市人民代表大会常务委员会
公　　告

第 4 号

（2009 年 3 月 27 日）

《厦门经济特区鼓浪屿历史风貌建筑保护条例》已于2009 年 3 月 20 日经厦门市第十三届人民代表大会常务委员会第十五次会议修订通过，现予公布，自 2009 年 7 月 1 日起施行。

厦门经济特区鼓浪屿历史风貌建筑保护条例

（2000 年 1 月 13 日厦门市第十一届人民代表大会常务委员会第二十二次会议通过 2009 年 3 月 20 日厦门市第十三届人民代表大会常务委员会第十五次会议修订）

第一章　总　　则

第一条　为加强对鼓浪屿历史风貌建筑的保护，继承历史建筑文化遗产，规范历史风貌建筑的管理与维护工作，遵循宪法的规定以及《中华人民共和国城乡规划法》和《中华人民共和国文物保护法》等法律和行政法规的基本原则，制定本条例。

第二条　本条例所称的鼓浪屿历史风貌建筑（以下简称历史风貌建筑）是指于 1949 年以前在鼓浪屿建造的，具有历史意义、传统风格、艺术特色、科学价值的，并经市人民政府批准公布的建筑。

符合前款规定的建筑灭失或损毁后，按原貌恢复重建的，可认定为历史风貌建筑。

已经被认定为文物的历史风貌建筑，《中华人民共和国文物保护法》等法律法规对其保护另有规定的，从其规定。

第三条　历史风貌建筑保护工作应当遵循保护为主、合理利用、加强管理的原则。

第四条　鼓浪屿风景区管理机构（以下简称风景区管理机构）负责组织实施本条例。

市城市规划行政主管部门（以下简称市规划部门）负责鼓浪屿历史风貌建筑的认定及规划管理工作。

市人民政府各有关部门依法在各自的职责范围内做好历史风貌建筑保护工作。

各机关、企业、事业单位和其他组织及个人，都有保护历史风貌建筑的义务。

第五条　市规划部门组织成立由历史文物、文化艺术、建筑规划、土地房产及法律等方面专家组成的历史风貌建筑评审委员会，对历史风貌建筑的认定提供鉴定意见，对历史风貌建筑保护规划进行论证。

历史风貌建筑评审委员会的组织形式与工作规程由市规划部门做出具体规定。

第六条　向市人民政府捐赠历史风貌建筑或在历史风貌建筑保护工作中做出显著成绩的单位或个人，由市人民政府给予表彰和奖励。

第二章　认定和撤销

第七条　历史风貌建筑认定的申请由风景区管理机构负责。

建筑物的所有人可以向风景区管理机构自荐其建筑为历史风貌建筑，其他组织或个人也可以向风景区管理机构推荐该建筑为历史风貌建筑。风景区管理机构应根据自荐或推荐情况向市规划部门提出申请，并提出是否符合认定条件的审查意见。

风景区管理机构认为建筑物符合历史风貌建筑认定条件的，可以向市规划部门提出认定该建筑物为历史风貌建筑的申请。

风景区管理机构应将历史风貌建筑的认定申请同时送达该建筑物的所有人、管理人和占用人。

第八条　市规划部门应当组织历史风貌建筑评审委员会对申请列入保护的建筑及其保护类别进行鉴定，出具鉴定书，并将鉴定书送交风景区管理机构。风景区管理机构应将鉴定书公示，并送达建筑物的所有人、管理人和占用人。

建筑物的所有人、管理人和占用人及推荐人对鉴定意见有不同意见的，市规划部门应举行听证会，听取所有人、管理人和占用人及推荐人、该建筑相邻居民、其他市民代表以及相关专家代表的意见。

市规划部门应当对鉴定意见和听证意见进行审查。

第九条　经审查同意认定为历史风貌建筑的，市规划部门应当确认保护范围、进行测绘登记，报市人民政府批准和公布，并设置历史风貌建筑标志。

经认定的历史风貌建筑灭失或损毁以致无法复原的，由市规划部门审查核实，并报市人民政府批准后公告撤销。

第三章　保护和利用

第十条　历史风貌建筑保护规划由市规划部门会同风景区管理机构及其他有关部门组织编制，报市人民政府批准，并报送市人民代表大会常务委员会备案。

市规划部门应当根据历史风貌建筑保护规划的要求，严格控制鼓浪屿建筑总量，做好鼓浪屿相关规划，保护鼓浪屿整体格局、景观特征、环境风貌。

经批准的历史风貌建筑保护规划和相关规划，任何单位和个人不得擅自变更，确需变更的应报审批机关批准。

第十一条　历史风貌建筑根据其历史、风格、艺术、研究的价值，分为重点保护和一般保护两种保护类别。

列为重点保护的，不得变动建筑原有的外貌、基本平面布局和有特色的室内装修；建筑内部其他部分允许作适当的变动。

列为一般保护的，不得改动建筑原有的外貌，建筑内部允许作适当的变动。

市规划部门应当根据每幢历史风貌建筑的特点，制定保护方案。

第十二条　在历史风貌建筑保护范围内不得新建、改建、扩建建筑物或构筑物。保护范围内与历史风貌建筑不协调、影响和破坏其景观的建筑物、构筑物应当拆除。

第十三条　在历史风貌建筑保护范围内修建道路、地下工程及其他市政公用设施的，应根据市规划部门提出的保护要求采取有效的保护措施，不得损害历史风貌建筑，破坏整体环境风貌。

在历史风貌建筑保护范围内，禁止擅自砍伐、移植树木，因特殊情况必须砍伐、移植的，应当报市园林绿化行政主管部门审批。

第十四条　在鼓浪屿新建、改建、扩建建筑物或构筑物的，应当符合鼓浪屿相关规划要求，在层数、高度、体量、造型、色彩、艺术风格上必须与周围的历史风貌建筑相协调，与环境空间相和谐。

第十五条　历史风貌建筑的门楼、围墙外侧不得作为商店、饮食店等其他用途。

历史风貌建筑的所有人、管理人、占用人不得在历史风貌建筑的院落、阳台、走廊乱挂、乱堆杂物，在建筑物上乱涂乱画或进行其他影响历史风貌建筑景观的行为。

历史风貌建筑的所有人、管理人、占用人不得在历史风貌建筑内堆放危险品或进行其他危害历史风貌建筑安全的活动。

第十六条　设立历史风貌建筑保护专项资金，其来源是：

（一）财政拨款；

（二）风景区管理机构利用历史风貌建筑所得的收益；

（三）公民、法人和其他社会组织的捐赠；

（四）其他依法可以筹集的资金。

历史风貌建筑保护专项资金，由风景区管理机构设立专门账户管理，专款专用，并接受市财政、审计部门的监督。

第十七条　历史风貌建筑保护专项资金的使用范围：

（一）市人民政府购买历史风貌建筑并进行修缮维护所需的费用；

（二）改善历史风貌建筑保护范围内的环境和风貌所需的费用；

（三）实施本条例第六条、第三十四条、第三十五条、第三十八条第二款以及第四十条规定所需的费用。

第十八条　历史风貌建筑的利用应当符合历史风貌建筑保护规划及相关规划的要求，并有利于促进历史风貌建筑的持续保护，有利于挖掘和发挥历史风貌建筑的文化底蕴，有利于扩大历史风貌建筑在海内外的影响。

市规划部门应当会同风景区管理机构及其他有关部门编制历史风貌建筑综合利用规划，合理利用历史风貌建筑。

市人民政府应制定相应措施，鼓励历史风貌建筑的利用。

第四章　维　　护

第十九条　历史风貌建筑的所有人、管理人和占用人应当保护或保持历史风貌建筑的坚固、安全、整洁、美观，并进行日常维护。

风景区管理机构应当对所有人、管理人和占用人的日常维护工作予以监督和指导。

历史风貌建筑所有人不明且无管理人、占用人的，由风景区管理机构负责日常维护工作。

第二十条　历史风貌建筑的修缮，应按“修旧如旧”的原则进行。

第二十一条　历史风貌建筑的所有人负责历史风貌建筑的修缮。

所有人不明的历史风貌建筑由管理人管理或者占用人使用的，修缮前由风景区管理机构对修缮事项予以公示。公示期间所有人出现的，由所有人负责历史风貌建筑的修缮；公示期满所有人仍不明的，由管理人或者占用人负责历史风貌建筑的修缮。

风景区管理机构对所有人、管理人和占用人修缮活动予以监督和指导。

第二十二条　历史风貌建筑的修缮，应当维护建筑原貌，保持建筑完好，不得擅自更改建筑外墙、外廊、门窗、阳台等造型。

第二十三条　所有人、管理人或占用人发现历史风貌建筑需要修缮的，应当及时向风景区管理机构提出申请。

风景区管理机构应当自收到申请之日起7日内将是否修缮的决定书面通知所有人、管理人或占用人。

第二十四条　风景区管理机构发现历史风貌建筑需要修缮而作出修缮决定的，应自作出决定之日起7日内将修缮决定书面通知所有人、管理人或占用人。

第二十五条　所有人、管理人或占用人应当自收到修缮决定之日起90日内，将修缮的设计方案报送风景区管理机构。

第二十六条　禁止擅自拆除历史风貌建筑。历史风貌建筑确需拆除重建的，应当按“恢复原貌”的原则进行重建。

第二十七条　历史风貌建筑的所有人负责历史风貌建筑的结构更新和拆除重建。风景区管理机构对所有人结构更新和拆除重建活动予以监督和指导。

所有人发现历史风貌建筑需要结构更新或拆除重建的，应及时向风景区管理机构提出申请，并随附房屋安全鉴定部门的鉴定。

风景区管理机构应当自收到申请之日起10日内将是否结构更新或拆除重建的书面决定通知所有人。

管理人、占用人发现历史风貌建筑需要结构更新或拆除重建的，应当及时报告所有人或风景区管理机构。

第二十八条　风景区管理机构发现历史风貌建筑需要结构更新或拆除重建的，经房屋安全鉴定部门鉴定后，应作出结构更新或拆除重建的书面决定并应自作出决定之日起10日内通知所有人、管理人或占用人。

第二十九条　所有人应当自收到结构更新或拆除重建的决定之日起90日内，将结构更新或拆除重建的设计方案报送风景区管理机构。

第三十条　有下列情形之一的，风景区管理机构应及时委托编制相关设计方案并组织实施：

（一）历史风貌建筑需要修缮，所有人、管理人或占用人未能在书面决定规定的时间内修缮的；

（二）历史风貌建筑需要结构更新或拆除重建，所有人未能在书面决定规定的时间内结构更新或拆除重建的；

（三）历史风貌建筑需要修缮，其所有人、管理人和占用人不明的或所有人不明且无人管理、使用的；

（四）历史风貌建筑确需结构更新或拆除重建，其所有人不明的。

第三十一条　历史风貌建筑的修缮、结构更新和拆除重建的设计方案，应当由具有相应资质的规划、建筑设计单位编制。

本条例第二十五条、第二十九条、第三十条规定的设计方案由风景区管理机构报市规划部门批准后方可实施。

对历史风貌建筑进行修缮、结构更新和拆除重建，应当由具有相应资质的施工单位负责施工。

第三十二条　风景区管理机构组织实施历史风

貌建筑修缮、结构更新或拆除重建的，所有人、管理人或占用人应当予以协助和配合，不得阻挠。

所有人对历史风貌建筑进行修缮、结构更新或拆除重建的，管理人、占用人应当予以协助和配合，不得阻挠。

第三十三条　历史风貌建筑修缮、结构更新或拆除重建的费用，由所有人承担。

所有人不明的，历史风貌建筑由管理人管理或者占用人使用，修缮费用由管理人、占用人承担。

所有人、管理人和占用人另有约定的，从其约定。

本条规定的修缮、结构更新或拆除重建的费用，包括根据本条例第三十条规定产生的修缮、结构更新或拆除重建费用。

第三十四条　所有人、管理人或占用人按规定对历史风貌建筑进行修缮、结构更新或拆除重建的，风景区管理机构根据历史风貌建筑保护类别给予奖励。

所有人、管理人或占用人承担修缮费用确有困难的，以及所有人承担结构更新或拆除重建费用确有困难的，可向风景区管理机构申请费用补助。

上述奖励和补助办法，由市人民政府另行制定。

第三十五条　历史风貌建筑有本条例第三十条规定情形的，其修缮、结构更新和拆除重建费用由风景区管理机构从历史风貌建筑保护专项资金中先行垫付，垫款可以由历史风貌建筑有偿使用取得的收益分期偿还。

第三十六条　风景区管理机构应当为每栋历史风貌建筑建立维护资料档案。该档案内容应当包括历任管理人员姓名、建筑物财产清单、建筑物使用情况、建筑物维修记录、维修施工人姓名或名称等，并附详细图表及相关照片。

第三十七条　历史风貌建筑的占用人、管理人应自本条例施行之日起一年内，向风景区管理机构提交合法有效的使用、管理该历史风貌建筑的书面证明；本条例实施后，新认定的历史风貌建筑的占用人、管理人应自认定后的一年内，提供合法有效的使用、管理该历史风貌建筑的书面证明。

逾期未提交的，因保护历史风貌建筑，可以将其迁出。

第三十八条　历史风貌建筑的所有人、占用人从历史风貌建筑中迁出的，市人民政府应按照居住条件有所改善的原则给予住房安置或货币化补偿。

对自愿迁出的，风景区管理机构应给予奖励。

上述安置、补偿和奖励的具体办法由市人民政府另行制定。

第三十九条　历史风貌建筑所有人出售、赠与、抵押、托管、出租历史风貌建筑的，应向风景区管理机构备案。

第四十条　从历史风貌建筑保护专项资金中先行垫款进行修缮、结构更新、拆除重建的历史风貌建筑出租或出售时，市人民政府有优先承租权或购买权。

第四十一条　下列历史风貌建筑由风景区管理机构进行统一保护、管理和利用：

（一）所有人不明且无管理人、占用人的；

（二）市人民政府出资收购的；

（三）所有人、占用人已安置或者货币化补偿后迁出的；

（四）风景区管理机构垫资先行修缮、结构更新或者拆除重建，所有人、管理人、占用人六个月内没有返还垫款的。

风景区管理机构可以设立相关法人机构承担上述保护、管理和利用的具体工作。

第五章　法律责任

第四十二条　违反本条例规定，有下列行为之一的，由城市管理行政执法部门予以处罚：

（一）违反第十二条的规定，擅自在历史风貌建筑保护范围内新建、改建、扩建建筑物或构筑物的，责令限期改正，恢复原貌，并可处以一万元以上三万元以下的罚款；

（二）违反第十五条第一款的规定，将历史风貌建筑门楼、围墙外侧作为商店、饮食店等其他用途的，责令限期改正，恢复原貌，并可处以三千元以上一万元以下的罚款；

（三）违反第十五条第二款的规定，在历史风貌建筑的院落、阳台、走廊乱挂、乱堆杂物，在建筑物上乱涂乱画或进行其他影响历史风貌建筑景观行为的，责令限期改正，恢复原貌，并可处以三千元以下的罚款；

（四）违反第十五条第三款的规定，在历史风貌建筑内堆放危险品或进行其他危害历史风貌建筑安全活动的，责令限期改正，用于非经营性活动的，并处以三千元以下的罚款；用于经营性活动的，并处以三千元以上一万元以下的罚款；

（五）违反第二十二条的规定，擅自更改建筑外墙、外廊、门窗、阳台等造型的，责令限期改正，恢复原貌，并处以工程造价五至十倍的罚款；

（六）违反第二十六条的规定，擅自拆除历史风貌建筑的，责令限期改正，恢复原貌，并可处以重置价一至三倍的罚款；

（七）违反第三十一条的规定，未向风景区管理机构报送设计方案或设计方案未经市规划部门批准，擅自对历史风貌建筑进行修缮、结构更新和拆除重建的，责令限期改正，恢复原貌，并可处以工程造价一至三倍的罚款；

（八）违反第三十二条的规定，阻挠历史风貌建筑修缮、结构更新和拆除重建的，责令停止违法行为，并可处以三千元以上一万元以下的罚款；

（九）违反第三十九条的规定，历史风貌建筑的所有人不向风景区管理机构备案的，责令限期改正，并可处以三千元以上一万元以下罚款。

第四十三条 当事人对行政处罚决定不服的，可以依法申请行政复议或者提起行政诉讼。当事人逾期不申请复议，也不起诉，又不履行行政处罚决定的，由作出处罚决定的部门申请人民法院强制执行。

第四十四条 风景区管理机构、市规划部门以及其他有关行政管理部门工作人员在历史风貌建筑保护工作中玩忽职守、滥用职权、徇私舞弊的，由其所在单位或上级机关依法给予行政处分；构成犯罪的，依法追究刑事责任。

第六章 附 则

第四十五条 本条例下列用语的含义：

（一）管理人，是指未经所有人指定但基于复杂历史原因或其他事由而长期、习惯性实际管理、代管历史风貌建筑的单位或个人。

（二）占用人，是指未经所有人同意但基于复杂历史原因或其他事由而长期、习惯性实际居住、使用和占有历史风貌建筑的单位或个人。

第四十六条 厦门市其他历史风貌建筑的保护可参照本条例执行。

第四十七条 本条例的具体应用问题由市人民政府负责解释。

第四十八条 本条例自 2009 年 7 月 1 日起施行。

厦门市人民代表大会常务委员会
公　　告

第 5 号

（2009 年 4 月 1 日）

《厦门市人民代表大会常务委员会关于修改〈厦门市环境保护条例〉的决定》已于 2009 年 2 月 11 日经厦门市第十三届人民代表大会常务委员会第十四次会议通过，于 2009 年 3 月 27 日经福建省第十一届人民代表大会常务委员会第八次会议批准，现予公布，自 2009 年 8 月 1 日起施行。

厦门市人民代表大会常务委员会关于修改《厦门市环境保护条例》的决定

（2009 年 2 月 11 日厦门市第十三届人民代表大会常务委员会第十四次会议通过　2009 年 3 月 27 日福建省第十一届人民代表大会常务委员会第八次会议批准）

厦门市第十三届人民代表大会常务委员会第十四次会议，对厦门市人民政府关于提请审议《厦门市环境保护条例修正案（草案）》的议案进行了审议，决定对《厦门市环境保护条例》作如下修正：

一、第十二条修改为："在石兜水库、坂头水库、汀溪水库及其他生活饮用水地表水源一级保护区内，禁止从事旅游、游泳和其他可能污染生活饮用水水体的活动"。

二、第十三条第二款修改为："经依法批准的围海填海工程必须预先筑造围堰或者采取其他有效防护措施，并经海洋行政主管部门验收合格后，方可施工"。

三、第十七条第一款修改为："对环境可能有影响的新建、扩建、改建的建设项目，应当依法将环境影响评价文件报环境保护行政主管部门审批。海洋工程建设项目的海洋环境影响报告书的审批，依照《中华人民共和国海洋环境保护法》的规定办理"。

增加一款为第四款："在项目建设、运行过程中产生不符合经审批的环境影响评价文件的情形的，建设单位应当组织环境影响后评价，采取改进措施，并报原环境影响评价文件审批部门和建设项目审批部门备案；原环境影响评价文件审批部门也可以责成建设单位进行环境影响的后评价，采取改进措施"。

四、第十九条第二款修改为："环境保护设施竣工验收，应当与主体工程竣工验收同时进行。需要进行试生产的建设项目，应当在试生产前报环境保护行政主管部门备案。建设单位应当在建设项目投入试生产之日起三个月内，向原环境影响评价文件审批部门申报环境保护设施竣工验收，并附送建设项目环境保护设施竣工验收文件，经环境保护行政主管部门验收合格并领取排污许可证后，该建设项目方可正式投产使用或者经营"。

五、第二十二条第一款修改为："禁止设立国家和省、市人民政府明令取缔的小电镀厂、小造纸厂、小制革厂、小冶炼厂、小水泥厂、小染整厂、小炼油厂等污染严重的企业或者生产设施"。

六、第三十四条修改为："旧城改造和新区开发应当根据需要，规划和建设餐饮业集中经营区域，允许从事餐饮业的建筑物应当设立餐饮业专用烟道"。

七、第三十五条修改为："禁止在下列地点新设可能产生油烟、噪声污染的餐饮业和单位食堂项目：

（一）住宅楼；

（二）距离住宅楼十米以内的建筑物；

（三）未设餐饮业专用烟道的建筑物；

（四）与居住层相邻的商住综合楼楼层；

（五）市人民政府明令禁止设立餐饮业和单位食堂的其他地点”。

八、第三十七条修改为：“经营可能产生油烟、噪声污染的餐饮业和单位食堂应当遵守下列规定”。

九、新增加一条为第三十九条：“机动车定期检验以及转移登记的，必须经过机动车排气检测。机动车排气污染超标的，公安交通管理部门不予办理核发牌证、发放检验合格标志、办理转移登记等手续”。

“从事机动车排气检测的机构，应当严格按照国家规定的标准和方法进行检测，并对检测结果承担法律责任”。

“市人民政府应当组织制定机动车排气污染防治规划，实行限期整治，建立机动车排气污染防治监控体系。质量技术监督、环境保护、公安交通等行政管理部门应当依法履行各自的职责，加强对机动车排气检测工作的监督检查”。

十、第四十条改为第四十一条，增加一款为第一款：“旧城改造和新区开发应当根据需要，规划和建设五金加工、建材加工、汽车维修和服务、废品回收以及其他可能影响生活环境的行业集中经营场所。禁止在商住楼新设可能产生噪声、振动超标的五金加工、建材加工、汽车维修和服务、娱乐业以及可能影响生活环境的废品回收等项目”。

十一、第四十七条改为第四十八条，第（一）项删除。

新增加一项为第（三）项：“违反本条例第十七条第四款规定，未进行环境影响后评价或者未按照规定采取改进措施的，责令改正，可处以一万元以上十万元以下罚款”。

第（四）项修改为：“违反本条例第二十二条规定，设立国家和省、市人民政府明令取缔的污染严重的企业或者生产设施的，或者采用国家明令淘汰的污染严重的落后生产工艺和设备从事生产经营的，予以取缔，没收或者销毁产生污染的设备、原辅材料，并处以一万元以上十万元以下罚款”。

第（五）项修改为：“违反本条例第二十四条规定，无排污许可证或者排污许可证过期排污的，或者不按照规定申报排污情况的，处以五千元以上五万元以下罚款”。

第（六）项修改为：“违反本条例第二十五条规定，超标排污者在被限期治理期间，不履行环境保护行政主管部门限定的作业时间、污染物排放时间、排放量、排放方式的，处以三千元以上三万元以下罚款；逾期未完成治理任务的，处以二万元以上十万元以下罚款，并报请同级人民政府予以关闭”。

第（七）项修改为：“违反本条例第二十八条规定，不正常使用或者擅自闲置、拆除污染防治设施的，责令改正，并处二万元以上十万元以下罚款”。

第（八）项修改为：“违反本条例第四十四条第二款规定，在本市行政区域收集、贮存、运输、处置危险废物不符合规定要求，或者擅自将辖区外的危险废物运入本市贮存、处置的，责令其依法予以处置，并处二万元以上十万元以下罚款”。

第（九）项修改为：“违反本条例第四十五条规定，可能发生重大污染事故的单位未按照要求报备其预防和应急处理方案或者其预防和应急处理方案规定的措施未落实的，责令改正；拒不改正的，处以一万元以下罚款”。

十二、第四十八条改为第四十九条，第（四）项修改为：“违反本条例第二十八条第一款规定，排污者不按照规定记录污染防治设施使用情况的”。

十三、新增加一条为第五十条：“违反本条例第三十八条规定，机动车污染物排放超过规定标准的，由公安交通、环境保护部门责令停止行驶、将机动车移至指定地点限期治理，环境保护行政主管部门可处以二百元以上二千元以下罚款”。

“违反本条例第三十九条第二款规定，机动车排气检测机构不按照规定的检验标准和方法开展机动车排气检测，伪造检测结果或者出具虚假证明的，由质量技术监督部门责令改正，对单位处以五万元以上十万元以下的罚款，对直接负责的主管人员和其他直接责任人员处以一万元以上五万元以下的罚款；有违法所得的，并处没收违法所得；情节严重的，取消其检验资格；构成犯罪的，依法追究刑事责任”。

十四、第五十条、第五十二条的“城市管理综合行政执法部门”修改为“城市管理行政执法部门”。

十五、第五十条改为第五十二条，第（二）项修改为：“违反本条例第三十二条第一款规定，餐饮业炉灶和单位食堂炉灶使用禁用燃料的，责令拆除或者没收使用禁用燃料的设施，处以二百元以上一万元以下罚款”。

第（五）项修改为：“违反本条例第三十五条规定，在禁止地点新设可能产生油烟、噪声污染的餐饮业和单位食堂项目的，责令关闭，并处五千元以上五万元以下罚款”。

第（六）项修改为：“违反本条例第三十七条规定经营餐饮业和单位食堂的，处以二千元以上二万元以下罚款；情节严重的，责令停止经营”。

第（七）项修改为：“违反本条例第四十条、第四十一条规定的，处以一千元以上一万元以下罚款；情节严重的，可以暂扣或者封存产生噪声、振动污染的设施、物品”。

第（八）项修改为：“违反本条例第四十二条第一款规定，在商业活动中使用高音广播喇叭或者采用其他发出高噪声方法推销商品、招揽顾客的，处以三百元以上三千元以下罚款；在居住区和文教区使用广播喇叭叫买叫卖的，处以一百元以上一千元以下罚款，并没收使用的广播喇叭；违反本条例第四十二条第二款、第三款、第四款规定，从事产生噪声、干扰居民生活活动的，处以一百元以上一千元以下罚款”。

十六、第五十一条改为第五十三条，修改为：“违反本条例第十五条第一款规定，在禁养区域内非法从事规模化畜禽养殖的，由城市管理行政执法部门责令改正，并处一千元以上一万元以下罚款；在禁养区域内非法从事少量畜禽养殖的，按照有关市容环境卫生管理法律法规的规定处罚”。

本决定自2009年8月1日起施行。

《厦门市环境保护条例》根据本决定作相应修订，并对条款顺序作相应调整，重新公布。

厦门市环境保护条例

（2004年4月29日厦门市第十二届人民代表大会常务委员会第十一次会议通过 2004年6月2日福建省第十届人民代表大会常务委员会第九次会议批准 根据2009年2月11日厦门市第十三届人民代表大会常务委员会第十四次会议通过的《关于修改〈厦门市环境保护条例〉的决定》修正 2009年3月27日福建省第十一届人民代表大会常务委员会第八次会议批准）

第一章 总 则

第一条 为保护和改善生活环境与生态环境，防治环境污染和生态破坏，保障人体健康，促进经济和社会的可持续发展，根据《中华人民共和国环境保护法》和其他有关法律、法规，结合本市实际，制定本条例。

第二条 各级人民政府对本行政区域内环境质量负责，实行行政首长环境保护目标责任制。市、区人民政府应当制定任期内环境保护目标和年度实施计划，报本级人民代表大会常务委员会备案，并每年向本级人民代表大会常务委员会报告环境保护工作。

各级人民政府将环境保护规划和计划纳入国民经济和社会发展计划，并根据国家污染物排放总量控制指标制定本行政区域污染物排放总量控制计划。

第三条 市、区人民政府应当把环境保护投入列入同级财政预算，确保环境保护规划和计划的实施。

市人民政府设立环境保护专项资金。环境保护专项资金管理办法由市人民政府制定。

第四条 市环境保护行政主管部门对全市的环境保护工作实施统一监督管理。市环境保护行政主管部门驻区分局协助区人民政府管理环境保护工作，依照其权限，具体负责辖区内的环境保护管理工作并对辖区内的环境保护工作实施统一监督管理。

其他有关行政管理部门依法履行保护环境职责，并协同环境保护行政主管部门做好环境保护工作。

市环境保护行政主管部门应当向市人民政府报告全市环境保护工作的统一监督管理情况。

市环境保护行政主管部门应当定期向社会公布

全市环境质量状况。

第五条 鼓励和推行污染防治与生态保护工作的市场化、专业化运作，发展环保产业。

鼓励发展循环经济和资源的综合利用，提倡节水、节能和绿色消费，推行ISO14000环境管理体系认证和清洁生产。

第六条 任何单位和个人都有遵守环境保护法律、法规的义务，其环境权利受法律、法规的保护。

任何单位和个人有权对污染和破坏环境的单位和个人进行检举和控告；有权在受到环境污染损害时要求赔偿；有权对环境保护管理工作提出批评、意见和建议。

对在保护环境、防治污染和环境建设等方面作出显著成绩的单位和个人，由市、区人民政府给予表彰、奖励。

第二章 生态保护

第七条 市、区人民政府应当根据本行政区域生态环境现状制定生态建设和保护规划并予以公告。各级人民政府及有关部门应当加强对重要生态功能区、生态良好区以及重点资源开发的监督管理。

经批准的厦门市环境功能区划和厦门市生态功能区划未经法定程序批准不得变更；所有开发建设及生产经营活动必须符合厦门市环境功能区划和厦门市生态功能区划的要求，不符合要求的，不得批准。

第八条 有关资源管理行政主管部门应当加强对自然资源的管理和保护。

开发利用自然资源，应当采取有效措施防止环境污染和生态破坏。造成环境污染和生态破坏的，开发利用者应当承担整治恢复责任。拒不履行整治恢复责任或者整治恢复不符合要求的，由环境保护行政主管部门或者资源管理行政主管部门组织其他单位代为整治恢复，所需费用由开发利用者承担。开发利用者拒不承担所需费用的，由组织代为整治恢复的行政主管部门责令限期缴纳，开发利用者逾期仍不缴纳的，由组织代为整治恢复的行政主管部门依法申请人民法院强制执行。

第九条 禁止任何单位和个人破坏生态公益林、红树林、湿地和依法受保护的自然景观资源。

禁止任何单位和个人从事危及厦门珍稀海洋物种国家级自然保护区内物种生存的活动。

第十条 引进物种、推广应用转基因技术，必须依法进行环境影响评价并接受有关行政主管部门的监督管理。

引进物种、推广应用转基因技术造成危害的，引进或者推广应用单位应当采取应急措施，消除危害。

第十一条 在自然保护区、风景名胜区、水产养殖区、海滨浴场、海滨沙滩内，不得进行可能污染环境、危及受保护物种生存、造成生态破坏的项目建设或者生产经营活动。

第十二条 在石兜水库、坂头水库、汀溪水库及其他生活饮用水地表水源一级保护区内，禁止从事旅游、游泳和其他可能污染生活饮用水水体的活动。

第十三条 禁止在厦门西海域、同安湾进行减少纳潮量、缩短海岸线的围海填海，严格控制在本市其他海域及其海岸线进行围海填海。

经依法批准的围海填海工程必须预先筑造围堰或者采取其他有效防护措施，并经海洋行政主管部门验收合格后，方可施工。

第十四条 各级人民政府应当结合产业结构调整，发展生态农业，保护和改善农业生态环境，防治农业污染。

鼓励和支持发展无公害农产品、绿色食品和有机食品。

禁止销售、使用剧毒、高毒、高残留农药。

第十五条 在厦门本岛和其他城市建成区以及市、区人民政府划定的禁养区内，不得从事畜禽养殖。动物园和因教学、科研等原因确需养殖的除外。

禁止在厦门西海域以及市人民政府划定的禁养区从事水产养殖。

第十六条 禁止非法采伐、运输、销售、加工国家和地方重点保护的野生植物。

禁止非法猎捕、运输、销售、加工国家和地方重点保护的野生动物。

第三章 建设项目的环境保护管理

第十七条 对环境可能有影响的新建、扩建、改建的建设项目，应当依法将环境影响评价文件报环境保护行政主管部门审批。海洋工程建设项目的海洋环境影响报告书的审批，依照《中华人民共和国海洋环境保护法》的规定办理。

环境影响评价文件的审批部门应当分别自收到环境影响报告书、环境影响报告表、环境影响登记表之日起十五日、十日、五日内，作出审批决定并书面通知建设单位。可能造成重大环境影响且情况特殊的环境影响评价文件，经市人民政府批准可在法律规定的期限内延长审批期限，审批部门应当书面通知建设单位。

建设项目环境影响评价文件未经法律规定的审批部门审查或者审查后未予批准的，建设项目审批部门不得批准其建设，建设单位不得开工建设。

在项目建设、运行过程中产生不符合经审批的环境影响评价文件的情形的，建设单位应当组织环境影响后评价，采取改进措施，并报原环境影响评价文件审批部门和建设项目审批部门备案；原环境影响评价文件审批部门也可以责成建设单位进行环境影响的后评价，采取改进措施。

第十八条　建设项目的环境影响评价，应当避免与规划的环境影响评价重复。

作为一项整体建设项目的规划，按照建设项目进行环境影响评价，不进行规划的环境影响评价。

已经进行了环境影响评价的规划所包含的具体建设项目以及生产工艺相同的扩建项目，其环境影响评价内容建设单位可以简化。

对已经开展区域环境影响评价、环境影响报告书经环境保护行政主管部门批准的开发区，入区建设项目符合开发区总体规划要求的，其环境影响评价内容可以简化。

第十九条　建设项目需要配套建设的环境保护设施，必须与主体工程同时设计、同时施工、同时投产使用。

环境保护设施竣工验收，应当与主体工程竣工验收同时进行。需要进行试生产的建设项目，应当在试生产前报环境保护行政主管部门备案。建设单位应当在建设项目投入试生产之日起三个月内，向原环境影响评价文件审批部门申报环境保护设施竣工验收，并附送建设项目环境保护设施竣工验收文件，经环境保护行政主管部门验收合格并领取排污许可证后，该建设项目方可正式投产使用或者经营。

原环境影响评价文件审批部门应当自收到环境保护设施竣工验收文件之日起二十日内完成验收。

第二十条　审批通过的建设项目环境影响评价文件中及其审批部门审批意见中规定的施工过程中的环境保护对策措施，建设单位应当明示公布，施工单位应当严格实施。拒不实施的，可以由原环境影响评价文件审批部门责令停止施工，或者组织其他单位代为实施，所需费用由施工单位承担。施工单位拒不承担所需费用的，由组织代为实施的行政主管部门责令限期缴纳，施工单位逾期仍不缴纳的，由组织代为实施的行政主管部门依法申请人民法院强制执行。

第二十一条　除国家规定需要保密的情形外，对环境可能造成重大影响，应当编制环境影响报告书的建设项目，建设单位应当在报批建设项目环境影响评价文件前，发布公告，并举行论证会、听证会，或者采取书面征求意见等形式，征求有关单位、专家和公众的意见。直接涉及公众环境权益的建设项目，建设单位应当在报批建设项目环境影响评价文件前，发布公告，并举行论证会和听证会。

建设单位报批的环境影响评价文件应当附具对有关单位、专家和公众的意见采纳或者不采纳的说明。

第二十二条　禁止设立国家和省、市人民政府明令取缔的小电镀厂、小造纸厂、小制革厂、小冶炼厂、小水泥厂、小染整厂、小炼油厂等污染严重的企业或者生产设施。

禁止采用国家明令淘汰的污染严重的落后生产工艺和设备从事生产经营。

第四章　污染防治

第二十三条　鼓励排污者增加投入，提高污染物的处理能力，减少污染物排放量。符合条件的，给予扶持和奖励，具体办法由市人民政府制定。

第二十四条　实行排污许可证制度。排污者应当按照排污许可证核准的污染物种类、数量、浓度或者强度以及排放方式排放污染物。无排污许可证或者排污许可证过期的，排污者不得排污。

排污者应当依法向环境保护行政主管部门如实申报登记排放污染物的种类、数量、浓度或者强度，并提供有关资料。污染物排放种类、数量、浓度或者强度需作重大变化或者污染物排放方式、去向发生改变时，排污者应当分别在变更前十五日或者紧急变更后三日内向环境保护行政主管部门申报变更登记。

第二十五条　排污者排放污染物超过污染物排放标准或者总量控制指标的，由环境保护行政主管部门责令限期治理，并可限定排污者的作业时间和污染物排放时间、排放量、排放方式。

第二十六条　排污者应当依法缴纳排污费，排污费由市环境保护行政主管部门驻区分局征收。排污者的污染物排放种类、数量、浓度或者强度有重大变化以及污染物排放方式、去向发生改变而不申报变更登记的，按照环境保护行政主管部门原核定的或者实际抽测到的污染物排放种类、数量、浓度或者强度缴纳排污费，核定或者抽测到的数据有效期限最长不超过一年。排污费专项用于环境污染防治。

使用自来水（含原水）的排污者排放污水的，缴纳污水处理费；自备水源的排污者排放污水没有缴纳污水处理费用的，应当缴纳排污费。超标排放的，依法按照污染物的种类、数量加倍缴纳排污费。

第二十七条 排污者应当按照规定建设具备采样和测流条件、符合技术规范的排污口。排污者不得通过该排污口以外的其他途径排放污染物。排污者排放污水应当实行雨水污水分流，不得向雨水管网排放污染物。

重点排污单位应当安装污染源自动监控系统并与环境保护行政主管部门的监控系统联网。

排污口及其标志、排污口的采样测流设施、污染源自动监控系统，未经环境保护行政主管部门书面同意不得变动。

第二十八条 排污者应当保持污染防治设施的正常使用并如实记录使用情况。

因检修、更新需要闲置、拆除污染防治设施，排污者应当事先征得环境保护行政主管部门书面同意，并采取相应的污染防治措施。

污染防治设施因故障不能正常运行的，排污者应当立即采取措施停止排放污染物，并在二十四小时内报告环境保护行政主管部门。

第二十九条 排污者应当接受环境保护行政主管部门或者其委托的环境监察机构的现场检查，如实反映情况，并提供与排污有关的产品、生产工艺、原辅材料消耗及其他必要资料。

检查人员在检查时应当出示有关证件，并为被检查对象保守商业秘密。

第三十条 施工单位应当在施工现场周边设置围挡设施，实行封闭或者隔离施工，防止粉尘污染。

拆除建筑物或者构筑物、装卸作业、清理施工弃土、清扫施工场地以及其他可能产生粉尘污染的施工，施工单位应当采取洒水、喷淋、覆盖、隔离等有效的防尘措施。

建筑废土存放时应当采取封闭、覆盖及其他有效防尘措施。

施工、运输车辆驶出工地、矿场前应当冲洗，防止粉尘污染。

第三十一条 从事可能产生粉尘污染的运输、装卸、室外加工的，应当采取密封、喷淋或者其他有效防护措施。

第三十二条 厦门本岛及其他城市建成区内的餐饮业炉灶和单位食堂炉灶不得使用燃煤、燃油、木材以及其他高污染燃料。

禁止在厦门本岛及其他城市建成区以及法律、法规规定的区域露天焚烧垃圾和其他废弃物；禁止露天焚烧产生有毒有害废气、粉尘和恶臭气体的垃圾和其他废弃物。

第三十三条 在厦门本岛及其他城市建成区内从事露天烧烤，必须在市环境保护行政主管部门规定的地点进行，并具备符合条件的污染防治设施。

第三十四条 旧城改造和新区开发应当根据需要，规划和建设餐饮业集中经营区域，允许从事餐饮业的建筑物应当设立餐饮业专用烟道。

第三十五条 禁止在下列地点新设可能产生油烟、噪声污染的餐饮业和单位食堂项目：

（一）住宅楼；

（二）距离住宅楼十米以内的建筑物；

（三）未设餐饮业专用烟道的建筑物；

（四）与居住层相邻的商住综合楼楼层；

（五）市人民政府明令禁止设立餐饮业和单位食堂的其他地点。

第三十六条 经营可能产生油烟、噪声污染的餐饮业项目，经营者应当事先予以公示并书面征求周围可能受影响的单位和居民的意见，然后依次报环境保护行政主管部门批准其环境影响评价文件，卫生行政管理部门核发卫生许可证，工商行政管理部门发放营业执照，经营者方可营业。

第三十七条 经营可能产生油烟、噪声污染的餐饮业和单位食堂应当遵守下列规定：

（一）设置油烟净化装置，油烟不得排入下水管道；

（二）设置餐饮业专用烟道，专用烟道的排放口高度和位置不得影响周围居民生活、工作环境；

（三）噪声、振动排放符合规定标准；

（四）设置油水分离设施，污水经隔油处理后排入污水管网，废油脂交由有资质的单位处置；

（五）油烟净化装置和油水分离设施，应当自行维护并保证其正常运行，实现达标排放；无力自行维护，造成排放污染物超标的，应当委托污染治理专业运营单位进行承包式维护运行；

（六）泔水废渣，应当配备微生物有机垃圾处理装置自行处理或者委托污染治理专业运营单位进行承包式治理，实现达标排放。

第三十八条　排气污染超过规定排放标准的机动车，不得在本市行驶。

在用机动车经目测排放黑烟的，即可认定该车排气污染超过国家规定排放标准。环境保护行政主管部门或者公安交通管理部门执法人员在认定时应当做好相应取证工作。

机动车驾驶员、车辆所有者不得拒绝环境保护行政主管部门、公安交通管理部门对机动车排气状况进行的检测、抽测。

第三十九条　机动车定期检验以及转移登记的，必须经过机动车排气检测。机动车排气污染超标的，公安交通管理部门不予办理核发牌证、发放检验合格标志、办理转移登记等手续。

从事机动车排气检测的机构，应当严格按照国家规定的标准和方法进行检测，并对检测结果承担法律责任。

市人民政府应当组织制定机动车排气污染防治规划，实行限期整治，建立机动车排气污染防治监控体系。质量技术监督、环境保护、公安交通等行政管理部门应当依法履行各自的职责，加强对机动车排气检测工作的监督检查。

第四十条　禁止十二时至十四时三十分、二十二时至次日六时在疗养区、居住区、文教区从事噪声、振动超标的活动。建筑施工因特殊情况确需在前述时间段内超标排放噪声、振动的，应当事先报经环境保护行政主管部门批准，并由排放者提前三日告知可能受影响的单位和居民。

高考前十五日内和高考期间，在居住区、文教区以及居住、商业、工业混杂区，不得从事产生噪声、振动超标的活动。考试期间考场周围一百米范围内按照居民、文教区Ⅰ类噪声、振动排放标准执行。

第四十一条　旧城改造和新区开发应当根据需要，规划和建设五金加工、建材加工、汽车维修和服务、废品回收以及其他可能影响生活环境的行业集中经营场所。禁止在商住楼新设可能产生噪声、振动超标的五金加工、建材加工、汽车维修和服务、娱乐业以及可能影响生活环境的废品回收等项目。

禁止在住宅楼（包括商住楼的住宅部分）从事产生噪声、振动的生产经营活动。

在已竣工交付使用的住宅楼内，禁止在十二时至十四时三十分、十八时至次日八时从事产生噪声、振动的室内装修活动。

第四十二条　在商业经营活动中不得使用高音广播喇叭或者采用其他发出高噪声的方法，推销商品、招揽顾客。不得在居住区和文教区使用广播喇叭叫买叫卖。

在餐饮、娱乐等公共场所不得从事噪声超标、干扰周围居民生活休息的活动。

在城市市区街道、广场、公园等公共场所组织娱乐、集会等活动，使用音响器材不得干扰周围居民生活环境。

使用家用电器、乐器或者进行其他家庭室内娱乐活动时，应当控制音量或者采取其他有效措施，防止对周围居民造成噪声污染。

第四十三条　推行城市生活垃圾分类收集、集中处理和综合利用。

宾馆、餐饮、娱乐、商贸等服务行业应当采取有效措施，减少城市生活垃圾的产生，并及时清运，防止污染。

第四十四条　加强危险废物产生、收集、贮存、运输、处置全过程的监控管理，严格执行危险废物经营许可证制度。

在本市行政区域转移危险废物应当实行转移联单制度。收集、贮存、运输危险废物不得撒漏、丢弃，处置危险废物必须符合规定要求。未经环境保护行政主管部门批准，不得将辖区外的危险废物运入本市行政区域贮存、处置。

第四十五条　可能发生污染事故的单位应当制定应急处理方案，采取有效预防措施。可能发生重大污染事故的单位，其预防和应急处理方案应当报市环境保护行政主管部门备案。

第四十六条　企业事业单位因环境功能和产业结构调整必须搬迁的，有关部门应当在投资、信贷、土地使用、能源材料供应和税收等方面给予支持。

第五章　法律责任

第四十七条　违反本条例第七条第二款规定的，对直接负责的主管人员和其他直接责任人员予以行政处分；构成犯罪的，依法追究其刑事责任。

第四十八条　有下列行为之一的，由环境保护行政主管部门责令停止违法行为，分别按照下列规定予以处罚：

（一）违反本条例第十二条　规定，在饮用水地表水源一级保护区内从事旅游、游泳和其他可能污染生活饮用水水体的活动的，责令改正，可处以一万元以下罚款；

（二）违反本条例第十七条　第一款规定，建设单位不按照规定报批环境影响评价文件擅自开工建设的，责令停止建设，限期补办手续；逾期不补办手续的，可以处五万元以上二十万元以下的罚款。建设单位不按照规定报批环境影响评价文件即开工建设且主体工程已投入生产使用的，限期补办手续，可以处一万元以上二十万元以下罚款，并可责令停止生产或者使用；逾期不补办手续或者不符合规定不能补办手续的，责令限期关闭或者拆除。对建设单位直接负责的主管人员或者其他直接责任人员，依法给予行政处分；

（三）违反本条例第十七条第四款规定，未进行环境影响后评价或者未按照规定采取改进措施的，责令改正，可处以一万元以上十万元以下罚款；

（四）违反本条例第二十二条规定，设立国家和省、市人民政府明令取缔的污染严重的企业或者生产设施的，或者采用国家明令淘汰的污染严重的落后生产工艺和设备从事生产经营的，予以取缔，没收或者销毁产生污染的设备、原辅材料，并处以一万元以上十万元以下罚款；

（五）违反本条例第二十四条规定，无排污许可证或者排污许可证过期排污的，或者不按照规定申报排污情况的，处以五千元以上五万元以下罚款；

（六）违反本条例第二十五条规定，超标排污者在被限期治理期间，不履行环境保护行政主管部门限定的作业时间、污染物排放时间、排放量、排放方式的，处以三千元以上三万元以下罚款；逾期未完成治理任务的，处以二万元以上十万元以下罚款，并报请同级人民政府予以关闭；

（七）违反本条例第二十八条规定，不正常使用或者擅自闲置、拆除污染防治设施的，责令改正，并处二万元以上十万元以下罚款；

（八）违反本条例第四十四条第二款规定，在本市行政区域收集、贮存、运输、处置危险废物不符合规定要求，或者擅自将辖区外的危险废物运入本市贮存、处置的，责令其依法予以处置，并处二万元以上十万元以下罚款；

（九）违反本条例第四十五条规定，可能发生重大污染事故的单位未按照要求报备其预防和应急处理方案或者其预防和应急处理方案规定的措施未落实的，责令改正；拒不改正的，处以一万元以下罚款。

第四十九条 有下列行为之一的，由环境保护行政主管部门责令停止违法行为，限期改正，并处以一千元以上一万元以下罚款：

（一）违反本条例第二十七条第一款规定，排污者通过规范排污口以外的其他途径排污的；

（二）违反本条例第二十七条第二款规定，重点排污单位不按照规定安装污染源自动监控系统或者不与环境保护行政主管部门监控系统联网的；

（三）违反本条例第二十七条第三款规定，排污者擅自变动排污口及其标志、排污口的采样测流设施、污染源自动监控系统的；

（四）违反本条例第二十八条第一款规定，排污者不按照规定记录污染防治设施使用情况的。

第五十条 违反本条例第三十八条规定，机动车污染物排放超过规定标准的，由公安交通、环境保护部门责令停止行驶、将机动车移至指定地点限期治理，环境保护行政主管部门可处以二百元以上二千元以下罚款。

违反本条例第三十九条第二款规定，机动车排气检测机构不按照规定的检验标准和方法开展机动车排气检测，伪造检测结果或者出具虚假证明的，由质量技术监督部门责令改正，对单位处以五万元以上十万元以下的罚款，对直接负责的主管人员和其他直接责任人员处以一万元以上五万元以下的罚款；有违法所得的，并处没收违法所得；情节严重的，取消其检验资格；构成犯罪的，依法追究刑事责任。

第五十一条 法律、法规、规章规定应当由环境保护行政主管部门实施行政处罚的，由市环境保护行政主管部门或者其驻区分局决定。其中对重点污染源的责令停止生产、责令关闭的行政处罚，由市环境保护行政主管部门决定。

第五十二条 有下列行为之一的，由城市管理行政执法部门责令停止违法行为，限期改正，并分别按照下列规定予以处罚：

（一）违反本条例第三十条、第三十一条规定，未采取有效防护措施，造成粉尘污染的，处以二千元以上二万元以下罚款；

（二）违反本条例第三十二条第一款规定，餐饮业炉灶和单位食堂炉灶使用禁用燃料的，责令拆除或者没收使用禁用燃料的设施，处以二百元以上一万元以下罚款；

（三）违反本条例第三十二条第二款规定，露天焚烧垃圾和其他废弃物的，处以二百元以上一万元以下罚款；

（四）违反本条例第三十三条规定，擅自露天烧烤的，处以二百元以上一千元以下罚款，并可没收烧烤工具；

（五）违反本条例第三十五条规定，在禁止地点新设可能产生油烟、噪声污染的餐饮业和单位食堂项目的，责令关闭，并处五千元以上五万元以下罚款；

（六）违反本条例第三十七条规定经营餐饮业和单位食堂的，处以二千元以上二万元以下罚款；情节严重的，责令停止经营；

（七）违反本条例第四十条、第四十一条规定的，处以一千元以上一万元以下罚款；情节严重的，可以暂扣或者封存产生噪声、振动污染的设施、物品；

（八）违反本条例第四十二条第一款规定，在商业活动中使用高音广播喇叭或者采用其他发出高噪声方法推销商品、招揽顾客的，处以三百元以上三千元以下罚款；在居住区和文教区使用广播喇叭叫买叫卖的，处以一百元以上一千元以下罚款，并没收使用的广播喇叭；违反本条例第四十二条第二款、第三款、第四款规定，从事产生噪声、干扰居民生活活动的，处以一百元以上一千元以下罚款。

第五十三条　违反本条例第十五条第一款规定，在禁养区域内非法从事规模化畜禽养殖的，由城市管理行政执法部门责令改正，并处一千元以上一万元以下罚款；在禁养区域内非法从事少量畜禽养殖的，按照有关市容环境卫生管理法律法规的规定处罚。

第五十四条　环境保护行政主管部门、城市管理行政执法部门和其他有关行政部门的工作人员，有下列情形之一的，由所在单位或者有关部门责令改正，对直接负责的主管人员和其他直接责任人员予以行政处分；构成犯罪的，依法追究刑事责任：

（一）滥用强制措施的；

（二）不按照规定批准环境影响评价文件以及发放、变更、吊销排污许可证及其他有关证照的；

（三）处理环境污染事故不当、失职或者其他不依法履行环境保护职责的；

（四）其他滥用职权、玩忽职守、徇私舞弊、贪污受贿的。

第五十五条　当事人对有关行政主管部门的行政处罚决定或者其他具体行政行为不服的，可以依法申请行政复议或者提起行政诉讼。

当事人逾期不申请复议，也不起诉，又不履行处罚决定的，由作出处罚决定的行政主管部门申请人民法院强制执行。

第六章　附　　则

第五十六条　本条例下列用语的含义是：

（一）排污者，是指向环境排放污染物的单位和个体工商户；

（二）危险废物，是指列入国家危险废物名录或者根据国家规定的危险废物鉴别标准和鉴别方法认定的具有危险特性的废物；

（三）环境影响评价文件，是指建设单位应当按照规定对建设项目分别组织编制的环境影响报告书、环境影响报告表以及环境影响登记表；

（四）规模化畜禽养殖，是指养殖禽类数量在五十只以上的，或者养殖畜类数量在二十头以上的。

第五十七条　本条例自 2004 年 6 月 5 日起施行。

厦门市人民代表大会常务委员会
公　告

第6号

（2009年5月27日）

《厦门市社会保障性住房管理条例》已于2009年1月7日厦门市第十三届人民代表大会常务委员会第十三次会议通过，于2009年5月23日经福建省第十一届人民代表大会常务委员会第九次会议批准，现予公布，自2009年6月1日起施行。

厦门市社会保障性住房管理条例

（2009年1月7日厦门市第十三届人民代表大会常务委员会第十三次会议通过　2009年5月23日福建省第十一届人民代表大会常务委员会第九次会议批准）

第一章　总　则

第一条　为建立和完善本市社会保障性住房制度，加强政府住房保障职能，逐步解决本市居民的住房困难，促进和谐社会建设，根据有关法律、法规，结合本市实际，制定本条例。

第二条　本条例适用于本市行政区域内社会保障性住房的规划、建设、分配、使用和监督等管理与服务工作。

第三条　本条例所称的社会保障性住房，是指政府提供优惠，限定户型、面积、租金标准和销售价格，向本市住房困难家庭，以出租或者出售方式提供的，具有保障性质的政策性住房。

社会保障性住房包括廉租住房、保障性租赁房、经济适用住房、保障性商品房以及其他用于保障用途的住房。

第四条　解决本市居民的住房困难是市人民政府的重要职责。

市人民政府应当优先解决低收入家庭住房困难，对其中属于最低生活保障对象的住房困难家庭实行应保尽保，并可以根据实际情况对其他住房困难家庭予以适度保障。

第五条　社会保障性住房实行统一规划、统一建设、统一分配、统一管理。

社会保障性住房管理应当遵循公开、公平、公正的原则，实行严格的准入与退出机制。

第六条　市住房保障行政管理部门依照本条例负责本市社会保障性住房工作的组织实施和管理。

其他有关行政管理部门在各自职责范围内做好社会保障性住房管理工作。

区人民政府、街道办事处（镇人民政府）依据本条例负责社会保障性住房管理的相关工作。

第二章　规划与建设

第七条　市人民政府应当编制社会保障性住房发展规划、年度计划，纳入国民经济和社会发展规划、年度计划，并向社会公布。

市住房保障行政管理部门应当建立全市住房信息管理系统，加强对全市社会保障性住房建设供给和需求的分析，作为编制社会保障性住房发展规划、年度计划的重要依据。

第八条　市人民政府应当统筹社会保障性住房房源，可以组织建设，也可以通过回收、回购、收购、接受捐赠等途径筹集。

市住房保障行政管理部门应当建立社会保障性住房房源管理制度。社会保障性住房的地段、户型、面积、价格、交付期限及供给对象等信息应当及时向社会公布。

第九条　社会保障性住房建设用地应当纳入本市年度土地供应计划，确保优先供应。

第十条　社会保障性住房应当统筹规划、合理布局、配套建设，充分考虑住房困难家庭对交通、就医、就学等配套设施的要求。

社会保障性住房建设坚持小户型、统一装修、经济实用的原则，满足住户的基本住房需求。

第十一条　社会保障性住房建设资金按下列渠道筹集：

（一）年度财政预算安排的专项建设资金；

（二）提取贷款风险准备金和管理费用后的住房公积金增值收益余额；

（三）土地出让净收益中按照不低于10%的比例安排的资金；

（四）中央和省级财政预算安排的社会保障性住房专项建设补助资金；

（五）社会保障性住房售房款；

（六）社会保障性住房购房人上市交易缴纳的土地收益等相关价款；

（七）社会保障性住房建设融资款；

（八）捐赠资金；

（九）其他方式筹集的资金。

第十二条　社会保障性住房建设资金应当专项用于下列支出：

（一）新建、改建、回购社会保障性住房；

（二）收购其他住房用作社会保障性住房；

（三）社会保障性住房分配之前所需的维护和管理；

（四）偿付社会保障性住房建设融资本息。

社会保障性住房建设资金支出国家另有规定的，按照国家有关规定执行。

第十三条　社会保障性住房建设资金实行专项管理、分账核算、专款专用。

社会保障性住房建设资金的筹集、拨付、使用、管理和租金收支，依法接受审计机关的审计监督和有关部门的监督。

第三章　申请与分配

第十四条　具有本市户籍的住房困难家庭，可以依照本条例申请社会保障性住房。

住房困难标准、住房保障面积标准、低收入家庭收入（资产）标准以及具体的住房保障方式，由市住房保障行政管理部门制定，报市人民政府批准，定期向社会公布。

第十五条　具有下列情形之一的，不得申请社会保障性住房：

（一）申请之日前五年内有房产转让行为的；

（二）通过购买商品房取得本市户籍的；

（三）作为商品房委托代理人或者通过投靠子女取得本市户籍未满十年的；

（四）已领取拆迁公有住房安置补偿金未退还的；

（五）市人民政府规定的其他情形。

第十六条　申请社会保障性住房的家庭由申请人提出申请，申请人的配偶和未成年子女必须共同申请；其他家庭成员也可以共同申请。申请家庭的收入（资产）、住房面积应当合并计算。共同申请购买社会保障性住房的，其产权归属由申请家庭自行确定。

申请家庭包括本市符合社会保障性住房申请条件、达到规定年龄的单身居民。

第十七条　符合申请条件的每一家庭只能申请一套社会保障性住房。

第十八条　申请社会保障性住房，应当如实申报家庭人口、户籍、收入（资产）、住房等相关信息，提交下列资料：

（一）社会保障性住房申请表；

（二）家庭住房状况的证明材料；

（三）家庭成员身份证和户口簿；

（四）市人民政府规定的其他证明材料。

属低收入家庭的，还应当提交家庭收入（资产）情况的证明材料。

申请家庭应当声明同意接受市住房保障行政管理部门和有关行政管理部门对其户籍、收入（资产）、住房等情况的调查核实。

第十九条　社会保障性住房实行轮候分配制度，按轮候号先后顺序配租或者配售。

第二十条　申请社会保障性住房，按照下列程序办理：

（一）申请社会保障性住房的家庭，由申请人向户籍所在地社区居民委员会提出申请。申报材料符合规定的，社区居民委员会当场予以登记、发放轮候登记号；

（二）社区居民委员会受街道办事处（镇人民政府）的委托，对申请家庭的人口、户籍、收入（资产）、住房等情况进行调查核实并在社区内公示，公示期不少于七日。公示期满后户籍所在地社区居民委员会应当将申请材料及公示情况报送街道办事处（镇人民政府）；

（三）街道办事处（镇人民政府）对申请材料及申请家庭收入（资产）、家庭住房状况是否符合规定条件进行审查。区人民政府有关部门对低收入家庭的资格进行认定，并对申请承租社会保障性住房的租金补助比例予以确定，并报市住房保障行政管理部门；

（四）市住房保障行政管理部门对申请家庭进行审核，并将审核结果通过报纸、网站公示十五日。对不符合条件的，取消轮候资格，书面通知申请人并说明理由。

第二十一条 社会保障性住房申请家庭在轮候期间，家庭人口、户籍、收入（资产）、住房等情况发生变化不再符合社会保障性住房申请条件的，应当如实向市住房保障行政管理部门申报，并退出轮候。

第二十二条 有下列情形之一的低收入住房困难家庭，在轮候时予以适当优先分配：

（一）享受最低生活保障的家庭；

（二）孤寡老人；

（三）申请家庭成员中有属于残疾、重点优抚对象、获得市级以上见义勇为表彰、特殊贡献奖励、劳动模范称号的；

（四）申请家庭成员中有在服兵役期间荣立二等功、战时荣立三等功以上的。

第二十三条 有下列情形之一的申请家庭，可以予以单列分配：

（一）居住在危房的；

（二）居住在已退的侨房、信托代管房等落实政策住房的；

（三）居住在已确定拆迁范围内的住房且不符合安置条件的。

第二十四条 社会保障性住房的分配房源、分配方案及分配结果，由市住房保障行政管理部门及时通过报纸、网站向社会公布，接受监督。

第二十五条 企事业单位人才、公务人员以及来厦工作人员申请社会保障性住房的，申请条件与分配程序由市人民政府另行规定。

第四章 售价与租金

第二十六条 社会保障性住房的销售价格由市住房保障行政管理部门会同市物价、财政和其他行政管理部门，按照国家有关规定，结合本市实际确定，报市人民政府批准后向社会公布。

经济适用住房的销售价格按国家规定的定价原则确定。保障性商品房的销售价格主要由基准地价、建设成本和相关税费构成。

第二十七条 社会保障性住房租金按市场租金标准计租，并按家庭收入（资产）情况实行租金补助。因重大疾病、意外事故等造成经济特别困难，没有能力缴交租金的承租家庭，可以申请特殊租金补助。

社会保障性住房市场租金标准、租金补助标准，由市住房保障行政管理部门会同市财政、物价行政管理部门确定，报市人民政府批准后向社会公布。

第二十八条 社会保障性住房的租金补助和廉租住房货币补贴经费，纳入相关支付单位的部门预算。

第二十九条 取得购买社会保障性住房资格的，未在市住房保障行政管理部门规定的时限内签订社会保障性住房买卖合同及未按合同规定期限缴交购房款的，视为放弃当次购房资格。

承租社会保障性住房的，应当按合同约定及时缴纳租金；无正当理由累计欠缴自付部分的租金超过六个月的，取消欠缴租金期间的租金补助并按市场租金标准计租。

第三十条 社会保障性住房租金收入全额上缴市财政专户，实行收支两条线管理，用于低收入家庭的租金补助和物业服务费补助、社会保障性住房的维护和管理费用以及国家规定的支出。

第五章 使用管理

第三十一条 社会保障性住房实行入住备案制度。

第三十二条 社会保障性住房的住户不得违反规定将社会保障性住房出租、转租、转借、调换、转让、抵押以及作为经营性用房。

承租社会保障性住房的，应当在接到办理入住手续通知后的二个月内办理交房手续并入住。承租的社会保障性住房连续空置不得无故超过六个月。

第三十三条 市住房保障行政管理部门应当加强对社会保障性住房使用情况的监督管理。社会保障性住房所在地街道办事处（镇人民政府）具体负责对社会保障性住房住户的使用情况进行调查、核实、提出处理意见。

第三十四条 物业服务企业受市住房保障行政管理部门委托，应当建立社会保障性住房住户、住房档案，将住户入住情况登记造册，及时了解和掌握社会保障性住房的出租、转租、转借、调换、经营、转让、空置等情况，发现违反规定使用社会保障性住房以及住户的家庭人口、收入（资产）、住房变化等情况，应当及时报告所在地街道办事处（镇人民政府）。

社会保障性住房住户有义务配合物业服务企业、

街道办事处（镇人民政府）和市住房保障行政管理部门对社会保障性住房使用情况的核查工作。

第三十五条　社会保障性住房住户在居住期间发生收入、人口变动等情况，需调整租金补助、物业服务费补助、房型，或者需要由租赁改为购买的，住户可持申请材料向街道办事处（镇人民政府）申请。

第三十六条　社会保障性住房住户不得改变房屋用途，不得损毁、破坏、不得擅自装修和改变房屋结构、配套设施。

第三十七条　社会保障性住房住户应当及时缴纳物业服务费用。

低收入家庭可以申请社会保障性住房物业服务费补助，由市住房保障行政管理部门按市人民政府规定给予补助。

未分配的社会保障性住房的物业服务费用，由市住房保障行政管理部门按规定向物业服务企业支付。

第六章　退　　出

第三十八条　申请家庭现有住房属于政府优惠政策住房的，应当在社会保障性住房交房后六十日内退出其原有的政府优惠政策住房，由市住房保障行政管理部门回收或者回购。

第三十九条　购买社会保障性住房不满五年，不得直接上市交易，购房人因特殊原因确需转让社会保障性住房的，由政府按原价格并考虑折旧和物价水平等因素进行回购。

购买社会保障性住房满五年，购房人上市转让社会保障性住房的，应当按原购房价格与届时相应地段社会保障性住房上市交易指导价格的差价的一定比例向政府交纳土地收益等相关价款，具体交纳比例及社会保障性住房上市交易指导价格由市人民政府确定，政府可以优先回购。

前两款规定的限制上市交易时间从不动产登记簿上权属登记之日起计算。

上述规定应当在社会保障性住房买卖合同中予以载明，并明确相关违约责任。

第四十条　申请家庭已取得社会保障性住房后又拥有其它住房的，应当主动向市住房保障行政管理部门申报并退出社会保障性住房。退出的社会保障性住房由市住房保障行政管理部门按规定及合同约定回收或者回购。

第四十一条　承租社会保障性住房的，其家庭人口、户籍、收入（资产）、住房等情况发生变化时，应当主动申报。市住房保障行政管理部门对不符合承租条件的，收回社会保障性住房。

承租社会保障性住房合同期满需继续承租的，应当提前三个月向市住房保障行政管理部门提出申请。经审核仍符合承租条件的，续签租赁合同，并按规定实行租金补助。

租赁合同期满未再申请或者经审核不符合承租条件的，房屋由市住房保障行政管理部门收回。

第七章　法律责任

第四十二条　违反本条例规定，申请社会保障性住房时或者在轮候期间，不如实申报家庭人口、户籍、收入（资产）、住房等情况及其变化的，责令改正，可处一千元以上五千元以下罚款；不符合申请条件的，取消其轮候资格。

第四十三条　违反本条例规定，对弄虚作假、隐瞒家庭收入（资产）和住房条件骗取社会保障性住房的，收回房屋、没收违法所得，并处一万元以上三万元以下罚款。对出具虚假证明的，依法追究相关责任人的责任。

第四十四条　违反本条例规定，出租、转租、转借、调换、经营、转让社会保障性住房，擅自装修和改变房屋用途，损毁、破坏和改变房屋结构和配套设施的，责令限期改正，没收违法所得；拒不改正的，收回房屋，并对相关责任人处二千元以上一万元以下罚款。

违反本条例规定，社会保障性住房承租户在接到办理入住手续通知后二个月内未办理手续并入住的，取消其承租资格；承租的社会保障性住房无故连续空置超过六个月的，收回房屋。

第四十五条　违反本条例规定，不按期缴纳租金的，责令补交，并加收每逾期一日应缴金额千分之三的滞纳金；情节严重的，收回房屋。

第四十六条　按照本条例第四十二条、第四十三条、第四十四条、第四十五条规定，取消申请轮候资格或者收回房屋的，申请家庭五年内不得再申请社会保障性住房。

第四十七条　违反本条例规定，应当退出社会保障性住房或者原政府优惠政策住房而未退出的，自应当收回之日起按市场租金标准缴交租金，并可给予三个月的过渡期；过渡期满仍拒不退出的，按应交市场租金的一倍处以罚款，并由市住房保障行政管理部门依法申请强制执行。

第四十八条　根据本条例规定实施行政处罚的，具体实施行政处罚的主体，由市人民政府按照职能部门职责分工确定。

第四十九条 申请人对有关部门的审核结论、分配结果以及其他具体行政行为不服的，可以依法申请行政复议或者提起行政诉讼。

第五十条 任何单位和个人有权对违反本条例规定的行为进行举报，接受举报的单位应当依法进行调查、核实和处理，并及时将处理结果反馈举报人。

第五十一条 社会保障性住房管理工作人员滥用职权、玩忽职守、徇私舞弊的，依法给予处分；构成犯罪的，依法追究刑事责任。

第八章 附 则

第五十二条 符合廉租住房保障条件的低收入住房困难家庭，可以按市人民政府规定申请廉租住房货币补贴。

已领取廉租住房货币补贴的家庭，可以申请社会保障性住房，在取得社会保障性住房后停止发放货币补贴。

第五十三条 市人民政府根据本条例制定实施办法。

第五十四条 本条例自 2009 年 6 月 1 日起施行。

厦门市人民代表大会常务委员会
公　　告

第7号

（2009年6月2日）

《厦门市人民代表大会常务委员会关于修改〈厦门市无偿献血条例〉的决定》已于2009年5月27日厦门市第十三届人民代表大会常务委员会第十六次会议通过，现予公布，自公布之日起施行。

厦门市人民代表大会常务委员会关于修改《厦门市无偿献血条例》的决定

（2009年5月27日厦门市第十三届人民代表大会常务委员会第十六次会议通过）

厦门市第十三届人民代表大会常务委员会第十六次会议，对厦门市人民政府关于提请审议《厦门市无偿献血条例修正案（草案）》的议案进行了审议，决定对《厦门市无偿献血条例》作如下修正：

一、标题名称修改为："厦门经济特区无偿献血条例"。

二、第一条修改为："为发扬救死扶伤的人道主义精神，保证医疗用血，保障公民身体健康，促进社会文明，遵循《中华人民共和国献血法》及有关法律、行政法规的基本原则，结合本市实际，制定本条例。"

三、第七条修改为："国家机关、社会团体、部队、大中专院校、企事业单位、居民委员会和村民委员会应当动员和组织本单位、本辖区适龄健康公民参加无偿献血。""广播电视、新闻出版、文化、教育等部门应当配合卫生行政管理部门，开展无偿献血和安全用血知识的宣传工作。""广播电视、报纸刊物、政府网站和公益广告等媒介应当采取多种形式，经常开展公益性的无偿献血宣传。"

四、增加一条作为第八条："市卫生行政管理部门应当会同有关部门根据统一规划、合理布局的原则，设置固定采血点，便利无偿献血者献血。""在街道、广场、公园及其他公共场所设置临时采血点，依法采集血液时，公安、市政园林、建设与管理、城市管理行政执法、工商行政管理等部门及有关单位应当予以配合和提供方便。"

五、第十一条修改为第十二条："无偿献血者献血总量累计不足八百毫升，且所献血液合格的，献血者就医时可累计按其献血量的三倍免费临床用血。""无偿献血者累计献血八百毫升以上的，且所献血液合格的，献血者在就医时可终身免费临床用血。""无偿献血者所献血液不合格的，献血者就医时可免费使用与其无偿献血等量的血液。"

六、删除第十二条。

七、第十三条修改为："无偿献血者的配偶、子女、父母就医的，可免费使用血液，其免费用血总量以无偿献血者所献血液总量为限。"

八、第十四条修改为："根据本条例规定可免费使用血液的，用血者在就医的医院交付用血费后，凭就医医院开具的用血凭证和本人身份证明、《无偿献血证》及本条例第十三条所指的亲属关系的有效证件，到市卫生行政管理部门按本条例第十二条、第十三条的规定报销可免费使用的血液的费用。"

九、第十九条第一款修改为："无偿献血基金应当设专户管理，其收入和开支情况由市卫生行政管理部门每年向社会公布一次。"

十、第二十五条修改为："本市医疗机构应当严格执行血液运输、储存技术规范和用血核查制度，保证临床用血的安全；推广成分输血，合理用血。"

十一、删除第四十一条。

本决定自公布之日起施行。

《厦门市无偿献血条例》根据本决定作相应修改，并对条款顺序作相应调整，重新公布。

厦门经济特区无偿献血条例

（1997年1月16日厦门市第十届人民代表大会常务委员会第二十七次会议通过　根据2002年3月29日厦门市第十一届人民代表大会常务委员会第四十二次会议《关于修改〈厦门象屿保税区条例〉等十三件法规的决定》第一次修正　根据2009年5月27日厦门市第十三届人民代表大会常务委员会第十六次会议《关于修改〈厦门市无偿献血条例〉的决定》第二次修正）

第一章　总　　则

第一条　为发扬救死扶伤的人道主义精神，保证医疗用血，保障公民身体健康，促进社会文明，遵循《中华人民共和国献血法》及有关法律、行政法规的基本原则，结合本市实际，制定本条例。

第二条　本条例所称无偿献血，是指公民向采血供血机构无报酬提供自身血液的行为。

第三条　本市无偿献血实行社会提倡、公民自愿、献血与用血相结合的原则。

第四条　各级人民政府应当积极推动无偿献血工作，加强对血液管理工作的领导。

第五条　市卫生行政管理部门是本市无偿献血及血液管理的主管部门，负责本条例的实施。

区卫生行政管理部门负责本辖区内无偿献血工作的组织实施。

各级红十字会应当积极参与输血、献血工作，推动无偿献血。

卫生医疗机构应当积极推广无偿献血。

第六条　市中心血站是本市采血供血机构，负责采集、贮存并向医疗机构提供合格的血液。

第七条　国家机关、社会团体、部队、大中专院校、企事业单位、居民委员会和村民委员会应当动员和组织本单位、本辖区适龄健康公民参加无偿献血。

广播电视、新闻出版、文化、教育等部门应当配合卫生行政管理部门，开展无偿献血和安全用血知识的宣传工作。

广播电视、报纸刊物、政府网站和公益广告等媒介应当采取多种形式，经常开展公益性的无偿献血宣传。

第二章　献血与用血

第八条　市卫生行政管理部门应当会同有关部门根据统一规划、合理布局的原则，设置固定采血点，便利无偿献血者献血。

在街道、广场、公园及其他公共场所设置临时采血点，依法采集血液时，公安、市政园林、建设与管理、城市管理行政执法、工商行政管理等部门及有关单位应当予以配合和提供方便。

第九条　年龄在十八周岁以上、五十五周岁以下，身体健康的公民可以参加无偿献血。

第十条　无偿献血的每次献血量为二百毫升至四百毫升，两次献血间隔期不得少于六个月。

第十一条　市中心血站对无偿献血者，必须进行健康检查，实行安全采血，发给《无偿献血证》。

第十二条　无偿献血者献血总量累计不足八百毫升，且所献血液合格的，献血者就医时可累计按其献血量的三倍免费临床用血。

无偿献血者累计献血八百毫升以上的，且所献血液合格的，献血者在就医时可以终身免费临床用血。

无偿献血者所献血液不合格的，献血者就医时可以免费使用与其无偿献血等量的血液。

第十三条　无偿献血者的配偶、子女、父母就医的，可以免费使用血液，其免费用血总量以无偿献血者所献血液总量为限。

第十四条　根据本条例规定可以免费使用血液的，用血者在就医的医院交付用血费后，凭就医医院开具的用血凭证和本人身份证明、《无偿献血证》及本条例第十三条所指的亲属关系的有效证件，到市卫生行政管理部门按本条例第十二条、第十三条的规定报销可以免费使用的血液的费用。

第十五条　市中心血站对采集的血液经检验不合格的，应当及时通知、指导无偿献血者作进一步检查、就医并对其病情保密。

第十六条　无偿献血者所献的合格血液，用于本市临床医疗；市中心血站、医疗机构不得将临床用血售给单采血浆站或者血液制品生产单位。

第十七条　设立厦门市无偿献血基金。

市中心血站将向医疗机构提供无偿献血者所献血液的所得，扣除各项检验、储运费用后，归入无偿献血基金。

无偿献血基金接受单位和个人的捐赠。

第十八条　无偿献血基金由市卫生行政管理部门统一管理，用于下列用途：

（一）支付按本条例规定免费使用血液的费用；

（二）开展无偿献血的宣传教育；

（三）制作《无偿献血证》；

（四）支付本条例第二十九条和第三十条规定的奖励的费用。

禁止将无偿献血基金挪作他用。

第十九条　无偿献血基金应当设专户管理，其收入和开支情况由市卫生行政管理部门每年向社会公布一次。

财政、审计部门应当加强对无偿献血基金的监督。

第三章　血液管理

第二十条　本市除中心血站外，其他任何单位和个人不得从事采血供血业务。

第二十一条　市中心血站对无偿献血者应当进行登记，并建立详尽档案。

市中心血站应当及时合理供血，保证本市临床用血。

第二十二条　市中心血站应当使用合格、安全的器材采血供血。

第二十三条　市中心血站对已采集的血液必须按国家规定的项目和标准进行检验。经检验合格后，方可供给医疗机构使用。

市中心血站提供的血液应当标明献血者姓名、血型、品种、采血时间、有效期、市中心血站名称及其采供血许可证号。

第二十四条　本市医疗机构只能使用市中心血站供应的血液。

第二十五条　本市医疗机构应当严格执行血液运输、储存技术规范和用血核查制度，保证临床用血的安全；推广成分输血，合理用血。

第二十六条　市卫生行政管理部门应当组织专家对本市血液的采集、储存、运输、使用状况进行指导、监测和检查。

第二十七条　禁止伪造、涂改、买卖或者冒用《无偿献血证》和用血凭证。

第四章　奖　　励

第二十八条　无偿献血者由市卫生行政管理部门给予表彰。

第二十九条　符合国家有关表彰奖励条件的无偿献血者，按国家规定的表彰奖励办法执行。

第三十条　有下列情形之一的，由市卫生行政管理部门给予奖励：

（一）在特殊、紧急情况下为抢救病人无偿献血的；

（二）宣传、组织无偿献血有显著成绩的；

（三）在采血、用血及血液质量管理工作中成绩突出的。

第五章　法律责任

第三十一条　违反本条例第十六条规定，将临床用血售给单采血浆站或者血液制品生产单位的，责令停止违法行为，没收违法所得，可以并处一万元以上十万元以下罚款。

第三十二条　违反本条例第十八条规定，将无偿献血基金挪作他用的，责令归还，并对直接责任人和主要负责人给予行政处分；情节严重，构成犯罪的，依法追究刑事责任。

第三十三条　违反本条例第二十条规定，擅自从事采血供血业务的，责令停止违法行为，没收违法采供的血液及违法所得，可以并处五万元以上十万元以下罚款。

第三十四条　违反本条例第二十二条、第二十三条规定，使用不合格的器材采血供血，将未经检验合格的血液供给医疗机构使用，或者血液标签不齐全的，责令改正，给予警告，可以并处一万元以上三万元以下罚款，对直接责任人和主要负责人按规定给予行政处分。

违反本条前款规定，造成血源性疾病传播或者有传播严重危险的，从重处罚；情节严重，构成犯罪的，依法追究刑事责任。

第三十五条　违反本条例第二十四条规定，擅自使用市中心血站以外的单位和个人提供的血液的，责令改正，给予警告，可以并处一万元以上三万元以下罚款，对直接责任人和主要负责人给予行政处分；情节严重的，责令停业整顿，直至吊销《医疗机构执业许可证》。

违反本条前款规定，给患者造成损害的，应当依法赔偿；情节严重，构成犯罪的，依法追究刑事责任。

第三十六条 违反本条例第二十七条规定，伪造、涂改、买卖或者冒用《无偿献血证》和用血凭证的，没收《无偿献血证》和用血凭证，可以并处一千元以上五千元以下罚款。

第三十七条 当事人不服行政处罚决定的，可以依法申请复议或者提起诉讼。

当事人在规定期限内既不履行处罚决定，又不申请复议或者提起诉讼的，由市卫生行政管理部门向人民法院申请强制执行。

第六章 附 则

第三十八条 血源严重匮乏时，为满足医疗用血需求，经市人民政府批准，市卫生行政管理部门可以指定机关、企事业单位和社会团体参加无偿献血。被指定单位应当积极动员本单位人员，发扬救死扶伤的人道主义精神，参加无偿献血。

第三十九条 本条例所称的血液总量为全血的总量。献出或者使用成分血的，按卫生行政管理部门规定的比例计算其全血总量。

第四十条 香港、澳门、台湾同胞，海外侨胞和外国人在本市参加无偿献血的，参照本条例执行。

第四十一条 本条例自 1997 年 4 月 1 日起施行。

厦门市人民代表大会常务委员会
公　　告

第8号

（2009年10月12日）

《厦门市人民代表大会常务委员会关于预防和制止家庭暴力的决定》已经厦门市第十三届人民代表大会常务委员会第十八次会议于2009年9月30日通过，现予公布，自2009年12月1日起施行。

厦门市人民代表大会常务委员会
关于预防和制止家庭暴力的决定

（2009年9月30日厦门市第十三届人民代表大会常务委员会第十八次会议通过）

为预防和制止家庭暴力，依法保护公民特别是妇女儿童的合法权益，促进家庭和社会和谐，特作如下决定：

第一条　本决定所称家庭暴力，是指以殴打、捆绑、残害、侮辱、强行限制人身自由或者其他手段，给家庭成员的身体、精神等方面造成伤害后果的行为。

第二条　任何组织和个人有劝阻、制止或者举报家庭暴力行为的权利。

第三条　预防和制止家庭暴力，应当贯彻预防为主、综合治理的方针，实行教育与处罚相结合的原则。

开展预防和制止家庭暴力工作，应当依法保护当事人的隐私，避免损害当事人的人格尊严。

第四条　各级人民政府应当加强对预防和制止家庭暴力工作的领导，将其纳入社会治安综合治理、法制宣传教育、精神文明建设工作范畴，提供必要的经费保障。

公安、民政、教育、卫生、司法行政等部门，妇女联合会、工会、共青团等人民团体，应当在各自职责范围内做好预防和制止家庭暴力工作。

鼓励和支持社会团体、企事业单位、公民为预防和制止家庭暴力工作进行捐赠或者提供救助服务。

第五条　市、区人民政府妇女儿童工作委员会负责组织、协调、指导、监督本地区的预防和制止家庭暴力工作。具体职责是：

（一）开展预防和制止家庭暴力的宣传、培训工作，监督检查预防和制止家庭暴力法律、法规的贯彻实施；

（二）建立预防和制止家庭暴力工作网络和合作机制；

（三）协调、督促有关机关和组织依法及时受理、调解、查处家庭暴力案件以及为家庭暴力受害人提供帮助、救助等服务；

（四）总结和推广预防和制止家庭暴力工作先进经验；

（五）开展其他有关预防和制止家庭暴力工作。

第六条　新闻媒体应当充分发挥宣传教育和舆论监督作用，弘扬健康文明的家庭风尚，引导公民树立正确的家庭伦理道德观念，建立平等和睦的家庭关系，营造预防和制止家庭暴力的良好社会氛围。

第七条　中小学、幼儿园等教育机构应当以易于接受的形式传授防范家庭暴力的知识。发现学生遭受家庭暴力侵害的，应当及时向有关组织报告，必要时向公安机关报警。

第八条　医疗机构和人员在诊疗活动中，发现疾病和伤害系因家庭暴力所致的，应当做好诊疗记录，保存相关证据，并协助公安机关调查。

第九条 家庭暴力行为人所在单位应当对家庭暴力行为人进行批评教育，责令改正。

第十条 居（村）民委员会应当在其职责范围内做好预防和制止家庭暴力工作，开展和谐家庭社区（村）创建活动，广泛宣传防范家庭暴力知识，及时劝阻、调解辖区内的家庭纠纷，化解矛盾。

第十一条 基层司法所、人民调解组织在接到家庭暴力受害人的求助后，应当及时劝阻、调解，做好受理记录，并协助受害人保存相关证据；劝阻调解无效的，应当向受害人解释，告知其救济途径，并做好回访工作。

第十二条 公安机关应当将家庭暴力报警纳入“110”受理范围，按照有关规定对家庭暴力报警求助及时进行处理。

公安机关应当遵循既要维护受害人的合法权益，又要维护家庭和谐的原则，对家庭暴力行为人予以批评、教育，防范和制止事态扩大。

公安机关应当及时依法组织对家庭暴力案件受害人的伤情进行鉴定，为正确处理案件提供依据，并根据不同情况，对案件分别作出处理：

（一）违反治安管理规定的，依据《中华人民共和国治安管理处罚法》予以处理；

（二）属于告诉才处理的，应当告知受害人或者其法定代理人、近亲属直接向人民法院起诉；

（三）构成犯罪的，依法追究其刑事责任。

第十三条 人民检察院、人民法院应当采取适合家庭暴力案件特点的方式进行案件的审查、审理，做到寓教于审，惩教结合。

第十四条 人民法院应当依法为家庭暴力受害人提供司法救助。

法律援助机构应当依法为家庭暴力受害人提供法律援助和司法鉴定援助。

鼓励法律服务机构对经济确有困难又达不到法律援助条件的受害人，酌情减免收取法律服务费用。

第十五条 市、区人民政府根据实际情况，可以指定或者设立家庭暴力救助场所，为家庭暴力受害人提供临时庇护和紧急救助。

市、区人民政府妇女儿童工作委员会应当组织民政、司法行政、卫生等部门以及妇女联合会，在家庭暴力受害人接受庇护期间为其提供法律咨询、医疗救助、心理疏导等服务。

第十六条 有关行政机关不履行预防和制止家庭暴力职责的，市、区人民政府妇女儿童工作委员会可以向其发出督促处理建议书，有关机关应当及时研究处理，并在三十日内反馈处理情况。

第十七条 本决定自2009年12月1日起施行。

厦门市人民代表大会常务委员会
公　　告

第 9 号

（2009 年 10 月 13 日）

《厦门市人民代表大会常务委员会关于修改〈厦门市反不正当竞争条例〉的决定》已经厦门市第十三届人民代表大会常务委员会第十八次会议于 2009 年 9 月 30 日通过，现予公布，自公布之日起施行。

厦门市人民代表大会常务委员会关于修改《厦门市反不正当竞争条例》的决定

（2009 年 9 月 30 日厦门市第十三届人民代表大会常务委员会第十八次会议通过）

厦门市第十三届人民代表大会常务委员会第十八次会议审议了厦门市人民政府关于提请审议《厦门市反不正当竞争条例》（修正案草案）的议案，决定作如下修改：

一、本法规名称修改为“厦门经济特区反不正当竞争条例”。

二、删除第二十二条第二款。

三、删除第二十三条第（四）项。

本决定自公布之日起施行。

《厦门市反不正当竞争条例》根据本决定作相应修改，重新公布。

厦门经济特区反不正当竞争条例

（1997 年 11 月 12 日厦门市第十届人民代表大会常务委员会第三十三次会议通过　根据 2009 年 9 月 30 日厦门市第十三届人民代表大会常务委员会第十八次会议《关于修改〈厦门市反不正当竞争条例〉的决定》修正）

第一章　总　　则

第一条　为保障社会主义市场经济的健康发展，鼓励和保护公平竞争，制止不正当竞争行为，保护经营者和消费者的合法权益，根据《中华人民共和国反不正当竞争法》和有关法律、行政法规的基本原则，结合本市实际，制定本条例。

第二条　在本市从事商品经营或者营利性服务（以下所称商品包括服务）的法人、其他经济组织和个人（以下统称经营者），必须遵守本条例。

经营者以外的组织和个人在本市从事与市场竞争有关的活动，也必须遵守本条例。

第三条　本条例所称不正当竞争，是指经营者违反《中华人民共和国反不正当竞争法》和有关法律、法规以及本条例的规定，违反自愿、平等、公平、诚实信用原则和公认的商业道德，损害其他经营者或消费者的合法权益，扰乱社会经济秩序的行为。

第四条　各级人民政府应当采取措施，制止不正当竞争行为，为公平竞争创造良好的环境和条件。

国家机关及其工作人员不得支持、包庇、参与不正当竞争行为。

厦门市工商行政管理部门对不正当竞争行为进行监督检查；法律、行政法规规定由其他部门监督检查的，依照其规定。

第五条　商会、各行业协会应制定本行业自律公约，协助监督检查部门对不正当竞争行为进行监督检查，制止行业不正当竞争行为。

第六条　本市鼓励、支持、保护正当竞争。任何组织和个人对不正当竞争行为有权举报，监督检查部门应为其保密。

对制止不正当竞争行为成绩显著以及举报不正当竞争行为属实的，应予以奖励。

第二章　不正当竞争行为的禁止

第七条　经营者不得从事下列假冒注册商标行为：

（一）未经注册商标所有人许可，在同一种商品或者类似商品上使用与其注册商标相同或者近似的商标；

（二）销售假冒他人注册商标的商品；

（三）伪造、擅自制造他人注册商标标识或者销售伪造、擅自制造的注册商标标识；

（四）在同一种或者类似商品上，将与他人注册商标相同或者近似的文字、图形作为商品名称或者商品装潢使用；

（五）在经营活动中擅自使用与驰名商标相同或近似的商标。

第八条　经营者不得擅自使用知名商品特有的名称、包装、装潢，或者使用与知名商品近似的名称、包装、装潢。

经营者不得销售明知与知名商品特有的名称、包装、装潢相同或近似的商品以及生产、销售该商品的包装、装潢。

本条所称知名商品是指下列商品：

（一）具有驰名商标称号的商品；

（二）具有著名商标称号的商品；

（三）具有一定知名度为相关公众知悉的其它商品。

第九条　经营者不得擅自使用他人的单位名称、姓名、特殊标识或者代表其名称、姓名、特殊标识的文字、图形、代号、条形码、标志，使人误认为是他人的商品或者经营活动。

租赁他人柜台、场地的经营者必须标明其真实的名称和标记，不得以出租人名义进行经营活动。

第十条　经营者不得采用下列手段，对商品质量作引人误解的虚假表示：

（一）在商品上伪造或者冒用认证标志、名优标志等质量标志；

（二）使用被取消的认证标志或者名优标志；

（三）伪造或者冒用质量检验合格证明、许可证及其标记、编号或者监制单位；

（四）伪造单位名称、单位地址、产地；

（五）伪造商品规格、等级、成分及含量；

（六）伪造商品生产日期、安全使用期或者失效日期等；

（七）伪造、擅自制造认证标志、名优标志、防伪标识、商品条形码，或者销售伪造、擅自制造的认证标志、名优标志、防伪标识、商品条形码；

（八）产品或者包装上的标识依法应当标明的内容而未标明。

第十一条　经营者不得利用广告或者其他方法，对自己的商业信誉或对商品的价格、质量、制作成分、制作方式、性能、用途、产地、生产者、重量、含量、数量、有效期限、使用方式、知识产权状况、经营状况、销售服务等作引人误解或虚假的宣传或表示。

本条所称的其他方法，是指下列行为：

（一）指使他人或者亲自进行欺骗性的销售诱导；

（二）进行虚假的或者引人误解的现场演示和说明；

（三）印制、张贴、散发、邮寄引人误解或虚假的产品说明书和其他宣传材料；

（四）在经营场所内对商品作引人误解或虚假的文字标注、说明或者解释；

（五）通过公共传播媒介作引人误解或虚假的宣传报道。

公共传播媒介及其工作者不得对经营者或商品作虚假宣传报道。

第十二条　经营者不得捏造、散布虚假事实或者采用其他不正当手段，损害竞争对手的商业信誉、商品声誉。

经营者不得把自己的商品与其他经营者的商品作不适当的比较，贬低其他经营者的商品。

第十三条　经营者不得以低于成本的价格销售商品，排挤竞争对手。

前款所指成本包括生产成本或销售成本。生产成本按国家有关规定确定。销售成本按生产成本加上税收、合理费用和利润确定。

有下列情形之一的，不属于不正当竞争行为：

（一）销售鲜活商品；

（二）处理有效期限即将到期的商品或者其他积压的商品；

（三）季节性降价；

（四）因清偿债务、转产、歇业降价销售商品；

（五）销售符合规定的处理品。

第十四条　经营者销售商品，不得违背购买者的意愿搭售商品或者附加不合理条件。

经营者不得以格式合同、店堂告示、通知、声明等方式对经营者、消费者作出显失公平的规定，或者减轻、免除其依法所应当承担的责任。

第十五条　经营者不得实施下列强制行为：

（一）强迫他人与自己交易，或者强迫他人放弃与自己竞争对手进行交易；

（二）强迫他人与其指定的经营者进行交易，或者阻碍他人之间建立交易关系；

（三）强迫竞争对手回避或放弃与自己进行竞争；

（四）其它强买强卖、欺行霸市行为。

第十六条　经营者不得以契约、协议等方式联合实施下列限制竞争行为：

（一）联合确定商品的购销价格；

（二）限定联合各方商品的产购销数量；

（三）划分商品的产购销范围及交易地区，交易对象；

（四）拒绝购买或者销售特定经营者的商品。

法律、法规另有规定的除外。

第十七条　招标者和投标者不得采用下列手段从事招标和投标：

（一）投标者之间相互约定，共同抬高或者压低投标报价；

（二）投标者之间相互约定，在招标项目中轮流中标；

（三）招标者向投标者泄露标底或者其他投标者的标书内容；

（四）投标者之间或者投标者与招标者之间相互约定，中标后给予对方额外补偿；

（五）投标者之间或者招标者与投标者之间在招标过程中的其他串通舞弊行为。

第十八条　拍卖当事人不得采用下列手段从事拍卖和竞买：

（一）竞买人之间相互约定，共同压低拍卖标的物的报价；

（二）竞买人之间或拍卖委托人及其代理人与竞买人之间相互约定，拍卖成交后给予对方额外补偿；

（三）拍卖人不按规定收取佣金的；

（四）拍卖人、拍卖委托人及其代理人参与竞买或委托他人参与竞买；

（五）竞买人之间、竞买人与拍卖委托人及其代理人之间的其他串通舞弊行为。

第十九条　经营者不得采用下列手段侵犯商业秘密：

（一）以盗窃、利诱、胁迫或者其他不正当竞争手段获取权利人的商业秘密；

（二）披露、使用或者允许他人使用以前项所列手段获取的权利人的商业秘密；

（三）违反合同约定或者违反权利人有关保守商业秘密的要求，披露、使用或者允许他人使用其所掌握的商业秘密；

（四）以高薪或者其他优厚条件聘用掌握或者了解权利人商业秘密的人员，以获取、使用、披露权利人的商业秘密。

第三人明知或者应知商品秘密是通过前款所列违法行为获取、使用、披露的，而获取、使用或者披露他人的商业秘密，视为侵犯商业秘密。

本条所称的商业秘密，是指不为公众所知悉、能为权利人带来经济利益、具有实用性并经权利人采取保密措施的技术信息或经营信息，包括原料配方、工艺流程、技术诀窍、设计资料、管理方案、营销策略、客户名单、货源情报等。

第二十条　经营者所属工作人员不得利用职务便利从事下列徇私竞业行为：

（一）自己经营或者为他人经营与其所任职的单位同类的业务；

（二）以高于市场价格水平的价格向利害关系人采购商品或者以低于市场价格水平的价格向利害关系人销售商品；

（三）向利害关系人采购不合格商品。

前款所称工作人员是指经营者的董事、经理、合伙人、直接业务人员；所称利害关系人是指工作人员的亲友或其投资或担任高级管理职务的公司、企业和其他经济组织。

第二十一条　经营者不得利用现金、实物或者其他使对方受益的手段进行贿赂以销售或者购买商品。不得在账外暗中给予对方单位或者个人回扣，对方单位或者个人不得在账外暗中收受回扣。

经营者销售或者购买商品的，可以以明示的方式给对方折扣、给中间人佣金。经营者给对方折扣、给中间人佣金的，必须如实入账。接受折扣、佣金的经营者也必须如实入账。

第二十二条　经营者不得以下列手段从事有奖销售：

（一）谎称有奖或者对所进行的有奖销售的有关情况作引人误解的虚假表示；

（二）设有中奖标志的商品、奖券未全部投放市场，或者未同时将设有中奖标志的商品、奖券和没有中奖标志的商品、奖券投放市场，或者未同时将标有不同等级的中奖标志的商品、奖券投放市场；

（三）内定中奖人员；

（四）有奖销售推销的商品价格高于同期同种商品市场价格水平的；

（五）空缺所承诺的奖项；

（六）总奖励额与所承诺的数额不符的。

第二十三条　经营者不得从事下列向消费者附带赠送礼品的销售活动：

（一）对赠品的品种和数量等作引人误解或者虚假的宣传的；

（二）推销的商品价格高于同期同种商品市场价格水平的；

（三）对购买商品的消费者采取歧视待遇的；

（四）赠品是假冒伪劣产品的。

第二十四条　公用企业或者其他依法具有独占地位的经营者或具有经营优势的经营者，不得采用下列手段，以排挤其他经营者的公平竞争：

（一）强制或限定消费者只能购买、使用其提供的或其指定的经营者提供的商品，而不得购买和使用其他经营者提供的符合技术标准要求的同种商品；

（二）对不接受其不合理要求的消费者，拒绝、中断或者削减供应相关商品或者滥收费用；

（三）以检验商品质量、性能等为借口，阻碍消费者购买或使用其他经营者提供的符合技术标准要求的其他商品；

（四）其他滥用经营优势，妨碍他人公平竞争的行为。

第二十五条　各级人民政府及其所属部门以及具有行政管理职能的其它组织不得滥用行政权力，实施下列行为：

（一）限定经营者销售商品的范围、方式、对象、数量、价格等；

（二）限定他人购买其指定的经营者的商品；

（三）采用建关设卡、提高检验标准、增加审批手续等手段，限制外地商品进入本地市场，或者本地商品流向外地市场；

（四）限制经营者的其他正当经营活动。

第三章　监督检查

第二十六条　监督检查部门在监督检查不正当竞争行为时，有权行使下列职权：

（一）《中华人民共和国反不正当竞争法》第十七条规定的职权；

（二）对有可能被转移、隐匿、销毁的与不正当竞争行为有关的财物，经监督检查部门负责人批准可以查封、扣押，但查封、扣押时间不得超过本条例第二十七条规定的办案期限。在查封、扣押期内，商品有效期限即将到期的，可在征得当事人同意后，先行处理。

查封、扣押的财物，自查封、扣押通知送达或者公告之日起三个月内无法找到当事人或当事人不来接受处理的，按无主财产上缴财政。

（三）按法律、法规的规定，向金融机构查询与不正当竞争行为有关的存款及来往款项。

第二十七条　经营者、消费者在其合法权益受到不正当竞争行为侵害时，有权向监督检查部门投诉，监督检查部门在接到投诉后，应当在 7 日内做出是否受理的书面决定，并通知投诉人；对决定受理的投诉，应当在一个月内作出处理；重大和复杂的案件经监督检查部门负责人批准，可以适当延长，但最长不得超过六个月。

第四章　法律责任

第二十八条　经营者违反本条例规定，给被侵害的经营者、消费者造成损害的，应当承担损害赔偿责任，被侵害的经营者、消费者的损失难以计算的，赔偿额为侵权人在侵权期间因侵权所获得的利润；并应承担被侵害的经营者、消费者因调查该经营者侵害其合法权益的不正当竞争行为所支付的合理费用。

第二十九条　经营者违反本条例规定的，由监督检查部门责令改正或限期改正，没收违法所得和非法财物，并可按本章规定处以罚款。

第三十条　经营者违反本条例第七条规定的，处以违法经营额50%以下或者侵权所获利润5倍以下的罚款。

第三十一条　经营者违反本条例第八条、第九条规定的，处以违法经营额30%以下或者违法所得1倍以上3倍以下的罚款。

第三十二条　经营者违反本条例第十条规定的，处以该批产品货值1倍以上5倍以下的罚款。

第三十三条　经营者违反本条例第十一条第一款、第十五条、第十六条、第十七条、第十九条、第二十条、第二十一条、第二十三条规定的，处以1万元以上20万元以下的罚款。

公共传播媒介违反本条例第十一条第三款规定，处以1万元以上20万元以下的罚款。

第三十四条　经营者违反本条例第十二条、第十三条规定的，处以5千元以上10万元以下的罚款。

第三十五条　经营者违反本条例第十四条规定的，处以1千元以上2万元以下的罚款。

第三十六条　拍卖当事人违反第十八条规定，对拍卖人处以拍卖佣金1倍以上5倍以下罚款，对拍卖委托人处以拍卖成交价30%以下或最高应价10%以上50%以下罚款；对竞买人处以最高应价10%以上30%以下的罚款。

第三十七条　经营者违反本条例第二十二条规定的，处以1万元以上10万元以下的罚款。

第三十八条　经营者违反本条例第二十四条规定的，处以5万元以上20万元以下的罚款。

被指定的经营者销售的商品价格高于同期同种商品的市场价格水平或滥收费用的，处以1万元以上10万元以下的罚款。

第三十九条　政府及其所属部门违反本条例第二十五条规定的，限定他人购买其指定的经营者的商品、限制其他经营者正当的经营活动，或者限制商品在地区之间正常流通的，由上级机关责令其改正；情节严重的，由同级或者上级机关对直接责任人给予行政处分。

被指定的经营者销售的商品价格高于同期同种商品的市场价格水平或滥收费用的，处以1万元以上10万元以下的罚款。

第四十条　被检查的经营者拒绝接受或阻挠监督检查部门监督检查或提供虚假资料的，处以1千元以上2万元以下的罚款。

第四十一条　经营者擅自转移被查封、扣押的财物的，处以相当于该批财物货款1倍以上3倍以下的罚款。

第四十二条　当事人对监督检查部门的行政处罚决定不服的，可依法申请行政复议或提起行政诉讼。

第四十三条　经营者违反本条例触犯刑律，构成犯罪的，依法追究刑事责任。

第四十四条　监督检查部门违法采取行政强制措施或行政处罚，侵害经营者合法权益的，依法承担赔偿责任。

第四十五条　监督检查部门的工作人员滥用职权、玩忽职守、徇私舞弊的，给予行政处分，构成犯罪的，依法追究刑事责任。

第五章　附　　则

第四十六条　本条例的具体应用问题由厦门市人民政府负责解释。

第四十七条　本条例自1998年1月1日起施行。

厦门市人民代表大会常务委员会
公　告

第 10 号

（2009 年 10 月 13 日）

《厦门市人民代表大会常务委员会关于废止〈厦门市饮食食品卫生管理办法〉的决定》已经厦门市第十三届人民代表大会常务委员会第十八次会议于 2009 年 9 月 30 日通过，现予公布，自公布之日起施行。

厦门市人民代表大会常务委员会关于废止《厦门市饮食食品卫生管理办法》的决定

（2009 年 9 月 30 日厦门市第十三届人民代表大会常务委员会第十八次会议通过）

厦门市第十三届人民代表大会常务委员会第十八次会议审议了厦门市人民代表大会常务委员会主任会议提请审议的关于废止《厦门市饮食食品卫生管理办法》的议案，决定废止 1996 年 9 月 25 日厦门市第十届人民代表大会常务委员会第二十五次会议通过的《厦门市饮食食品卫生管理办法》。

本决定自公布之日起施行。

厦门市人民代表大会常务委员会
公 告

第11号

（2009年10月13日）

《厦门市人民代表大会常务委员会关于修改〈厦门市产品质量监督管理条例〉的决定》已经厦门市第十三届人民代表大会常务委员会第十八次会议于2009年9月30日通过，现予公布，自公布之日起施行。

厦门市人民代表大会常务委员会关于修改《厦门市产品质量监督管理条例》的决定

（2009年9月30日厦门市第十三届人民代表大会常务委员会第十八次会议通过）

厦门市第十三届人民代表大会常务委员会第十八次会议审议了厦门市人民代表大会常务委员会主任会议提请审议的关于修订《厦门市产品质量监督管理条例》的议案，决定做如下修改：

一、本法规名称修改为“厦门经济特区产品质量监督管理条例”。

二、第一条在“《中华人民共和国产品质量法》”后增加“《中华人民共和国食品安全法》。”

三、第四条增加一款作为第二款：“涉及人体健康、人身和财产安全，尚无国家标准和行业标准的产品，参照国际标准，制定统一的安全技术规范。”

四、第八条第二款后增加：“食品安全企业标准应当报省级卫生行政部门备案。”

五、第九条增加一款作为第三款：“食品经营者贮存、销售散装食品的，应在贮存位置、散装食品的容器、外包装上标明食品的名称、生产日期、保质期、生产者、经营者的名称及联系方式等内容。”

六、删除第十三条第五项。

七、第四十一条修改为：“违反本条例第二十九条第一款规定的，责令停止销售、出厂，没收已售出部分的销货款，并可处以该批产品货值一至五倍的罚款。”

八、第二十三条增加一款作为第二款：“对食品进行抽样检查的，抽检部门应当自行购买抽取的样品。”

九、第二十四条增加一款作为第二款：“对食品的检验费用，由抽检部门承担。”

十、第二十九条增加一款作为第三款：“在本市开展认证活动的机构，应当公布本机构在本市开展认证活动的相关信息，并及时报市质量技术监督部门备案。”

十一、第三十五条增加一款作为第二款：“违反第二十九条第三款规定的，责令限期改正，处以一千元罚款。”

十二、删除第三十条。

十三、第三十七条修改为：“违反本条例第七条第二款或第十三条规定的，没收未出厂、未售出部分的零部件、原材料或产品，没收已出厂、已售出部分产品销货款，并可处以该批产品货值一至五倍的罚款；违反本条例第十三条第（一）、（二）、（三）、（四）、（六）项规定，情节严重的，依法吊销营业执照。”

本决定自公布之日起施行。

《厦门市产品质量监督管理条例》根据本决定作相应修改，并对条款顺序作相应调整，重新公布。

厦门经济特区产品质量监督管理条例

（1995年11月1日厦门市第十届人民代表大会常务委员会第十九次会议通过根据1997年11月11日厦门市第十届人民代表大会常务委员会第三十三次会议《关于修订部分法规的决定》第一次修正　根据2002年3月29日厦门市第十一届人民代表大会常务委员会第四十二次会议《关于修改〈厦门象屿保税区条例〉等十三件法规的决定》第二次修正　根据2004年6月4日厦门市第十二届人民代表大会常务委员会第十二次会议《关于修改〈厦门象屿保税区条例〉等十二件法规的决定》第三次修正　根据2009年9月30日厦门市第十三届人民代表大会常务委员会第十八次会议《关于修改〈厦门市产品质量监督管理条例〉的决定》第四次修正）

第一章　总　　则

第一条　为加强对产品质量的管理，明确产品质量责任，保护用户、消费者合法权益，维护社会经济秩序，根据《中华人民共和国产品质量法》、《中华人民共和国食品安全法》等法律、行政法规的基本原则，结合厦门市实际情况，制定本条例。

第二条　凡在本市从事产品的生产、销售活动，必须遵守本条例。

本条例所称的产品，是指用于销售的产品。

第三条　市质量技术监督部门是市人民政府的产品质量监督管理行政主管部门，统一管理、组织协调并指导本市的产品质量监督管理工作。

各级质量技术监督部门按照职责分工，在市质量技术监督部门的指导下开展产品质量监督管理工作。

市工商行政管理部门按国家有关规定，负责产品质量监督管理工作。

商检、卫生医药、船舶、动植检、卫检、劳动安全、公安消防等行政管理部门依照法律、行政法规的规定，在各自职责范围内负责产品质量监督管理工作。

第四条　企业应当积极推行科学的质量管理方法，采用先进的科学技术。政府对产品质量管理和产品质量达到或超过国内、国际先进水平成绩显著的单位和个人，给予奖励。

涉及人体健康、人身和财产安全，尚无国家标准和行业标准的产品，参照国际标准，制定统一的安全技术规范。

第五条　用户、消费者有权就产品质量问题向产品的生产、销售者查询，有权向有关行政监督管理部门和保护消费者权益的社会组织投诉、举报违反本条例的行为，有关部门和社会组织应当负责处理。

用户、消费者对因产品质量造成的损害，有权直接向人民法院起诉。

社会组织、团体、新闻舆论机构有权对产品质量进行社会监督。

第六条　本条例第三条规定的负有产品质量监督管理职能的有关行政管理部门（以下统称产品质量有关行政管理部门），依法开展产品质量监督检查时，对同一生产销售者的同一批次或同一检查周期内的产品，不得重复检查。对重复检查的，受检者持有效凭证有权拒绝。

第二章　生产者、销售者的产品质量义务

第七条　生产者应对其生产的产品质量负责，保证产品符合国家有关法律、法规、标准的要求。

不得用假冒伪劣或不符合保障人体健康、人身和财产安全标准的原材料、零部件生产和组装产品。

第八条　产品生产者应当制定或明确采用产品质量标准。

制定或修订的企业产品质量标准应于发布之日或修订之日起三十日内，将该标准报市质量技术监督部门备案。食品安全企业标准应当报省级卫生行政部门备案。

第九条　产品或者其包装上的标识应当符合下列要求：

（一）有产品质量检验合格证明；

（二）有中文标明的产品名称、生产厂（分装厂、组装厂）厂名和厂址；

（三）根据产品的特点和使用要求，需要标明产品规格、等级、所含主要成份的名称和含量、使

用方法的，相应予以中文标明；

（四）实行生产许可证管理的产品，应在其包装的显著位置上标明许可证编号；

（五）按规定标明产品标准编号；

（六）限期使用的产品，应在显著位置标明生产日期和安全使用期或者失效日期；

（七）使用不当，容易造成产品本身损坏或者可能危及人身、财产安全的产品，必须有显著的警示标志或者中文警示说明。

裸装的食品和其他根据产品的特点难以附加标识的裸装产品，可以不附加产品标识。

食品经营者贮存、销售散装食品的，应在贮存位置、散装食品的容器、外包装上标明食品的名称、生产日期、保质期、生产者、经营者的名称及联系方式等内容。

剧毒、危险、易碎、储运中不能倒置以及有其他特殊要求的产品，其包装必须符合相应要求，有警示标志或者中文警示说明标明储运注意事项。

使用废旧材料和零部件组装、加工或翻新的产品，应该在产品或者产品包装、产品说明书上说明。

国家法律、法规另有规定的，从其规定。

第十条 产品的监制者视为共同生产者，应对所监制的产品质量负连带责任。

各级行政机关、其他负有行政执法职能的单位和产品质量检验机构不得从事产品监制，但国家法律、法规另有规定的除外。

第十一条 生产单位的质量检验机构及其质量检验人员，或受生产单位委托代行出厂检验的质量检验机构及其质量检验人员，应当对产品质量检验报告负责，不得为不合格产品签发合格证。

任何部门或个人，不得指使质量检验机构及其检验人员为不合格产品签发合格证。

第十二条 销售者应当实行进货检查验收制度，验明产品合格证明和其他产品标识，以确保销售产品的质量。

销售者不能确定进货产品质量时，应当委托产品质量检验机构检验。

第十三条 严禁生产、销售下列产品：

（一）危及人体健康、人身和财产安全的；

（二）国家明令淘汰或禁止生产、销售的，省、市规定禁止生产、销售的；

（三）不符合强制性标准要求的；

（四）失效、变质的；

（五）掺杂、掺假，以假充真，以次充好，以不足含量冒充明示含量，以旧充新，或以不合格品冒充合格品的；

（六）所明示的质量、功能状况与实际不符，或属处理品而未在产品或包装的显著位置标明的；

（七）伪造或冒用厂名、厂址、产地、条形码、产品标准代号，伪造或冒用优质标志、认证标志、采标标志、生产许可证标志、质量保险标志等质量标志和防伪标识的；

（八）实行生产许可证管理，而未取得生产许可证的；

（九）伪造或擅自签改生产日期、安全使用期或失效日期的。

国家有关法律、法规规定禁止生产、销售的产品，不得生产、销售。

第十四条 产品的承储、承运、装卸者应严格按有关规定进行储存、运输和装卸，严格交接验收，明确质量责任。

对明知属本条例第十三条规定的产品不得承储、承运。

第十五条 印制者在承印、制作产品标识时，应当查验有关证明，并立档备查。

印制者不得印制和提供虚假的产品标识。未经产品标识所有权人书面授权，印制者不得向他人提供产品标识。

产品防伪标识或条形码的承印者、制作者应按国家有关规定取得资质，方可开展相应业务。

第十六条 生产者、销售者接受产品质量检查时，应如实提供产品货源、存放点及其它有关情况和资料，不得弄虚作假，逃避或拒绝检查。

第十七条 任何单位和个人不得教唆、纵容、包庇他人从事违反本条例规定的活动，不得为其提供场所、设施、资金或其他条件。

第三章 监督管理

第十八条 产品质量监督检查实行抽查、定期检查、日常检查等制度，以抽查为主。

（一）抽查，是国家和地方对重点产品质量进行较大规模的检查。

（二）定期检查，是根据本市实际，对需要定期监控质量的重要产品，按规定检查周期实施的检查。

（三）日常检查，是根据本市生产、流通领域产品质量状况，对日常监督中发现的突出问题和用户、消费者反映、投诉、举报的产品实施的检查。

抽查和定期检查，由市质量技术监督部门会同有关部门编制计划后实施。检查结果应通知受检者并可向社会公布。

第十九条　下列产品应列入受检目录，进行抽查或定期检查：

（一）可能危及人体健康和人身、财产安全的产品；

（二）影响国计民生的重要产品；

（三）用户、消费者或有关组织反映质量问题较多的产品。

受检目录由市质量技术监督部门会同其他有关部门拟定报市政府批准后发布公告。

列入受检目录的产品的生产者，应于受检目录公告后三十日内向市质量技术监督部门登记备案。登记事项变更时，应于变更之日起十五日内办理变更手续。

第二十条　产品质量监督检查可以委托产品质量检验机构进行检验。

产品质量检验的依据是：

（一）有关的法律、法规和规章；

（二）强制性的国家标准、行业标准、地方标准；

（三）企业明示采用的标准，经备案的企业标准，合同中有关质量的约定和以产品说明、实物样品方式等表明的产品质量状况。

第二十一条　产品质量检验机构，必须具备规定的检测条件和能力，经市质量技术监督部门考核合格后，方可从事产品质量检验工作。

法律、行政法规对产品质量检验机构另有规定的，依照规定执行。

第二十二条　产品质量检验机构应按规定的期限出具检验报告，并对检验报告负责。

受检者对检验报告有异议的，可以在接到检验报告之日起十五日内，向下达检验任务的产品质量有关行政管理部门或其上一级主管部门申请复验。逾期未提出书面申请的，视为对检验报告无异议。

第二十三条　监督检查产品质量时，根据需要可按规定的程序、数量向受检者无偿抽取样品，检查工作完结或留样期满后，除损耗品外，样品应退还受检者。因失误损坏样品的，应按原价赔偿。

对食品进行抽样检查的，抽检部门应当自行购买抽取的样品。

第二十四条　产品质量监督检查中所需的检验费用按下列规定处理：

（一）日常检查合格的和抽查、定期检查所需费用由同级财政列支，不得向受检者收取；

（二）日常检查不合格的，检验费用由受检者承担；

（三）对检验报告有异议而要求复验，复验维持原结论的，复验费用由要求复验者承担。

对食品的检验费用，由抽检部门承担。

受检者承担检验费用的，应当自收到检验收费通知之日起十五日内向承检单位缴纳检验费。

第二十五条　技术监督和工商行政管理部门的行政执法人员进行产品质量监督检查时，应当有两人以上参加，出示行政执法证件，佩带执法标志。否则，企业可以拒绝检查。

第二十六条　技术监督和工商行政管理部门在进行产品质量监督检查时，可以行使下列职权：

（一）询问被检查的当事人、利害关系人、证明人，并要求提供证明材料和有关资料；

（二）进入生产经营场所、产品存放场所进行检查；

（三）查阅、复制与查处违法活动有关的凭证、资料。

技术监督和工商行政管理部门及其工作人员，对履行公务而获知的企业的商业秘密，应负保密责任。

第二十七条　技术监督和工商行政管理部门在进行产品质量监督检查中发现有下列情形之一的，依法可以采取封存、扣押强制措施：

（一）法律、法规、规章明令禁止生产、销售的产品；

（二）可能被转移、灭失的物证；

（三）不封存、扣押将明显产生社会危害的产品。

对封存、扣押的产品，应在封存、扣押之日起三十日内作出鉴定结论。因检验条件限制或检验时间有特殊规定的，经批准，可以延长十五日。有保质期限的，应在保质期内作出鉴定结论。

第二十八条　对产品质量监督检查不合格的生产者、销售者，市质量技术监督部门可责令限期整改，情节严重的，可责令暂停生产、销售。整改期间对生产者可实行产品监督出厂制度。

第二十九条　实行强制性产品质量认证管理的产品未经认证不得出厂、销售。

获得质量体系认证和产品质量认证的企业，应将被认证的情况报市质量技术监督部门备案。

在本市开展认证活动的机构，应当公布本机构在本市开展认证活动的相关信息，并及时报市质量技术监督部门备案。

第三十条　市质量技术监督部门和工商行政管理部门应当对质量信誉的评价活动进行监督检查，对名不符实的质量信誉性称号，有权撤销或建议有关部门予以撤销。

第四章　法律责任

第三十一条　售出的产品在保质期限内，非因用户、消费者使用或保管不当而出现质量问题的，用户、消费者有权要求销售者予以修理、更换、退货或赔偿，销售者不得拒绝。

属于生产、储运或其他供货方的责任的，销售者有权向责任方追偿。

第三十二条　因产品存在缺陷造成他人财产损害、人身伤害或死亡的，依照有关损害赔偿的法律规定处理。

第三十三条　因产品质量发生纠纷的，当事人可自愿协商或调解解决，也可依法向仲裁机构申请仲裁或直接向人民法院起诉。

第三十四条　违反本条例第二十九条第二款规定的，责令限期改正。

违反本条例第十九条第三款规定的，责令限期改正，逾期未改正的，处一千元至五千元罚款。

违反第二十九条第三款规定的，责令限期改正，处以一千元罚款。

第三十五条　违反本条例第九条规定的，责令改正，并可处五百元至五千元罚款。逾期不改或情节严重的，没收已售出部分的销货款，处以该批产品货值百分之十至百分之五十的罚款，未售出部分的产品禁止销售。

第三十六条　违反本条例第七条第二款或第十三条规定的，没收未出厂、未售出部分的零部件、原材料或产品，没收已出厂、已售出部分产品销货款，并可处以该批产品货值一至五倍的罚款；违反本条例第十三条第（一）、（二）、（三）、（四）、（六）项规定，情节严重的，依法吊销营业执照。

第三十七条　违反本条例第十四条第二款或第十七条规定的，没收违法所得，并处以违法所得一至五倍罚款。没有违法所得的，处一万元以下罚款。

传授他人生产销售本条例第十三条规定的产品，没收违法所得，并处以一万元至五万元罚款。

第三十八条　违反本条例第十五条第二款规定的，责令停止印制或者提供，没收违法印制或提供的产品标识，没收违法所得，处以违法所得一至五倍罚款。情节严重的，责令停业整顿，并可没收有关印制工具、设施和原材料。

第三十九条　私自拆除被封存产品的封条或擅自转移被封存产品的，责令公开检讨，并可处该批产品货值一至五倍的罚款。

第四十条　违反本条例第二十九条第一款规定的，责令停止销售、出厂，没收已售出部分的销货款，并可处以该批产品货值一至五倍的罚款。

第四十一条　违反本条例第十条第二款规定的，责令改正，没收监制者违法所得，可处违法所得一至三倍的罚款。

第四十二条　违反本条例第十六条规定的，责令改正并公开检讨，可处二千元至五万元罚款。

有本条例所列违法行为，无违法所得或因不如实提供有关资料，致使违法所得或货值难以确认的，处十万元以下罚款。

第四十三条　违反本条例规定，对主要负责人和直接责任人可处二千元以下罚款，情节严重的，可处二千元至二万元罚款。构成犯罪的，依法追究刑事责任。

第四十四条　产品质量检验机构不按规定的程序、期限检验产品，伪造数据或检验结论，不按规定退还检验样品，因过失造成检验数据或检验结论失误的，责令改正，并可处所收检验费用二至十倍罚款；情节严重的，责令停止检验活动，暂扣或吊销其检验资格证书；伪造数据或检验结论，情节严重的，依法吊销其营业执照。

检验人员伪造检验数据、结论或因重大过失而出具错误检验数据、结论的，由其所在单位或上一级主管部门给予行政处分，情节严重的，取消其从事检验工作的资格。构成犯罪的，依法追究刑事责任。

第四十五条　产品质量有关行政管理部门、产品质量检验机构及其工作人员，泄露执行公务时所获知的商业秘密，或利用该商业秘密牟利的，由其主管部门给予行政处分，并依法赔偿生产、销售者由此造成的损失。构成犯罪的，依法追究刑事责任。

第四十六条　产品质量有关行政管理部门采取不当强制措施或违反规定超期对封存、扣押产品作出鉴定结论，给生产、销售者造成损失的，依照《中华人民共和国国家赔偿法》有关规定承担责任。

第四十七条　产品质量有关行政管理部门的工作人员滥用职权、玩忽职守、徇私舞弊的，给予行政处分。构成犯罪的，依法追究刑事责任。

第四十八条　本条例规定吊销营业执照的行政处罚由工商行政管理部门决定，其他行政处罚由质量技术监督部门或者工商行政管理部门按照国务院规定的职权范围决定。

第四十九条　当事人对行政处罚决定不服的，可以依法申请行政复议或向人民法院起诉。

当事人对行政处罚决定逾期不申请复议，也不向人民法院起诉，又不履行行政处罚决定的，作出处罚决定的行政机关可向人民法院申请强制执行。

第五章　附　　则

第五十条　建设工程不适用本条例，使用于建设工程的建筑材料、装饰材料和其他能独立保持其原特性和用途的产品适用本条例。

军工企业生产的民用产品适用本条例。

第五十一条　本条例的具体应用问题由厦门市人民政府负责解释。

第五十二条　本条例自 1996 年 1 月 1 日起施行。

厦门市人民代表大会常务委员会
公　　告

第 12 号

（2009 年 12 月 2 日）

《厦门经济特区学校用地保护规定》已于 2009 年 11 月 26 日厦门市第十三届人民代表大会常务委员会第十九次会议修订通过，现予公布，自 2010 年 1 月 1 日起施行。

厦门经济特区学校用地保护规定

（1995 年 8 月 9 日厦门市第十届人民代表大会常务委员会第十六次会议通过　2009 年 11 月 26 日厦门市第十三届人民代表大会常务委员会第十九次会议修订）

第一条　为了保护学校用地，促进教育事业优先发展，遵循宪法的规定以及《中华人民共和国教育法》等有关法律、行政法规的基本原则，结合厦门市实际情况，制定本规定。

第二条　本规定所称学校用地是指中等教育、中等职业教育、初等教育、学前教育和特殊教育学校（以下统称中学、小学、幼儿园）的建筑用地、运动场地和绿化用地的现有用地和规划用地。

学校建筑用地包括学校的教育、教学、科研建筑用地，生活服务用房用地以及学生生产实习、勤工俭学用地。

第三条　学校的规划和建设，应当纳入市国民经济社会发展规划和城市规划，合理布局，配套建设，逐步实施，适应教育事业发展的需要。

第四条　各级人民政府必须加强学校用地的规划、建设和管理。

教育行政主管部门对所属学校用地的使用行使监督职能。其他学校的用地的使用由其主管单位进行监督。

规划、土地等有关行政主管部门在各自职责范围内，做好对学校用地的相关管理工作。

第五条　学校布局规划由市教育行政主管部门、市规划行政主管部门会同各区人民政府编制并向社会公示后，报市规划委员会审议，由市人民政府批准。

第六条　学校布局规划一经批准，任何单位和个人不得擅自变更；确需变更的，应当确定不低于原规划用地面积且符合学校用地布局规划的调整方案，按照第五条规定的程序报批。

第七条　规划设置中学、小学、幼儿园，按照区域人口数配建：

（一）每九万人口区域内设三十六班规模的普通高级中学；

（二）每四万人口区域内设三十六班规模的初级中学；

（三）每二万人口区域内设三十六班规模的小学；

（四）每一万人口区域内设十二班规模的幼儿园。

前款规定的区域人口数及学校规模，可根据来厦务工人员子女集中居住等实际情况予以调整。

中等职业学校按照与普通高级中学相当的学生席位数进行配建。

第八条　本市中学、小学、幼儿园的生均用地规划建设的定额标准，按照不低于国家、省有关规定的标准执行。

城市建成区范围内现有中学、小学、幼儿园用地未达到标准的，应当在城区改建中统筹解决。

第九条　新建学校的用地应当选择交通方便、地质安全、远离污染源的地块。

高压输电线（缆）、油气管道不得穿越校区。

第十条　建设单位开发建设住宅区，必须按照学校布局规划和第七条、第八条、第九条的规定留足学校规划用地用于配套建设中学、小学、幼儿园。

第十一条　市、区发展改革部门会同教育行政主管部门根据区域学生席位需求和学校布局规划，编制学校的建设计划，纳入市、区年度国民经济和社会发展计划。

第十二条　出让或者划拨的建设用地中包含学校用地的，土地行政主管部门在制定国有建设用地使用权出让方案或者国有建设用地划拨决定书时应当征求教育行政主管部门的意见，并在国有建设用地使用权出让合同或者国有建设用地划拨决定书中就学校用地使用权、学校产权及其管理等内容予以明确，并将相关内容书面告知教育行政主管部门。

第十三条　新区开发和旧区改建中，负责投资配套建设中学、小学、幼儿园的开发建设单位或者部门，必须按照国家规定的学校建设标准进行建设。

配套建设中学、小学、幼儿园的设计方案应当征求教育行政主管部门意见。

配套建设的中学、小学、幼儿园应当与建设项目同时规划、同时设计、同时交付使用。政府投资建设的中学、小学、幼儿园竣工验收时，必须有教育行政主管部门参加，验收合格后，建设单位或者部门应当将承建的学校产权，交付教育行政主管部门，并按照规定移交有关建设项目档案。

第十四条　学校现有用地未确定红线的，由教育行政主管部门根据学校的实际情况及办学规模，提出用地范围，经市规划、土地等行政主管部门审核后，报市人民政府依法办理用地红线。

第十五条　学校布局规划确定预留的学校用地，教育行政主管部门应当向市规划行政主管部门申请办理预选址。对已进行预选址的学校用地，任何部门和单位不得擅自侵占或者改变其使用性质。

第十六条　任何单位和个人不得侵占学校校舍和场地。因城市建设需要拆迁或者征用学校校舍、场地的，拆迁或者征用人应当根据学校布局规划的要求和学校建设用地标准，按照先建设后拆迁的原则，在保持校园完整性的前提下，就地、就近予以调整、补还或者重建。建设单位应当将学校拆迁及建设方案征求教育行政主管部门的意见。

第十七条　学校用地内不得兴建教工家属住宅等与教育教学、科研生产无关的建筑物、构筑物和其他设施。

以划拨方式取得土地使用权的学校的校舍和场地不得转让、抵押、租赁。

第十八条　学校建筑的抗震设防类别应当不低于国家规定的重点设防类。

第十九条　毗邻学校兴建的各种建筑必须按城市规划管理的技术规定以及相关规范与学校用地界线保持一定距离。

学校周围不得兴建妨碍学校正常教育教学秩序、危害师生身心健康及安全的各种设施。

第二十条　有下列违法行为之一的，由有关行政主管部门分别予以行政处罚，并可由有关部门依照管理权限对有关责任人给予行政处分：

（一）违反本规定第十五条，擅自侵占学校布局规划确定预留的学校用地的，由城市管理行政执法部门、土地行政主管部门依法处理；

（二）违反本规定第十六条，侵占学校校舍和场地，依法承担民事责任，并由教育行政主管部门责令改正；

（三）违反本规定第十七条第一款的，由城市管理行政执法部门责令限期拆除；

（四）违反本规定第十九条的，由城市管理行政执法部门责令限期改正或者迁移，造成财产和人身安全事故的，应当依法承担民事责任；构成犯罪的，依法追究刑事责任。

第二十一条　市、区人民政府有关部门及其工作人员违反本规定，由本级人民政府、上级人民政府或者监察机关依据职权责令改正，对有关部门给予通报批评；对负有直接责任的主管人员和其他直接责任人员依法给予行政处分。

第二十二条　本规定自2010年1月1日起施行。

厦门市人民代表大会常务委员会
公　　告

第 13 号

（2009 年 12 月 3 日）

《厦门市会计人员条例》已于 2009 年 9 月 30 日厦门市第十三届人民代表大会常务委员会第十八次会议通过，于 2009 年 11 月 26 日经福建省第十一届人民代表大会常务委员会第十二次会议批准，现予公布，自 2010 年 3 月 1 日起施行。

厦门市会计人员条例

（2009 年 9 月 30 日厦门市第十三届人民代表大会常务委员会第十八次会议通过）

第一章　总　　则

第一条　为保障会计人员依法履行职责，加强会计人员管理，规范会计行为，根据《中华人民共和国会计法》等法律、法规规定，结合本市实际，制定本条例。

第二条　本条例所称会计人员，是指具备会计从业资格，并在本市行政区域内的国家机关、社会团体、公司、企业、事业单位和其他组织（以下统称单位）从事会计工作的人员，包括：

（一）总会计师、财务总监；

（二）会计机构负责人（会计主管人员）；

（三）一般会计人员（含从事代理记账业务的人员）。

第三条　会计人员依法履行职责受法律保护。

会计人员执业，应遵守法律、法规、规章以及国家统一的会计制度。

第四条　市、区财政部门依法对本行政区域内的会计人员从业与执业进行管理与监督。

第五条　会计行业协会在市财政部门的指导、监督下，实行行业自律管理，维护会计人员的合法权益。

第二章　从业资格与执业

第六条　从事会计工作的人员应当按国家规定取得会计从业资格。

单位设立的资金管理、预算管理、会计电算化管理工作中的会计工作岗位，其工作人员应当取得会计从业资格。

第七条　大中型企业会计机构负责人必须具备会计师及以上专业技术职务资格。

第八条　大中型国有独资企业、国有独资公司和国有资本控股公司设置总会计师。

总资产和总收入达到一定规模的行政事业单位经批准设置总会计师或者财务总监。其他单位根据需要可以设置财务总监。具体办法由市人民政府另行规定。

财务总监的任职资格、工作职责比照总会计师的相关规定执行。

第九条　单位发生会计人员聘（任）用情形的，应当在聘（任）用之日起三十日内将会计人员相关基础信息及从事会计工作情况通过网络或者其他方式向所在地的区财政部门备案，区财政部门应将相关信息通过网络报市财政部门。

财政部门可以委托会计行业协会办理备案的具体事务性工作。

第十条　行政事业单位的会计人员不得对外兼职从事会计工作。

与单位建立全日制用工关系的会计人员，对外兼职从事会计工作的，应当经本单位书面同意。

受聘于单位的会计人员，对外兼职从事非全日制会计工作，应当与兼职单位订立劳动合同或者到代理记账机构执业。

第十一条　依法应当设置会计账簿但不具备设置会计机构或会计人员条件的单位，应当委托经批准设立从事会计代理记账业务的中介机构（以下简称代理记账机构）代理记账。但实行会计集中核算制及会计委派制的除外。

单位委托代理记账机构代理记账的，应当在委托生效或者委托终止之日起三十日内将委托的代理记账机构报所在地的区财政部门备案。

第十二条 代理记账业务应当由代理记账机构统一承接。代理记账人员不得以个人名义私自招揽、承接代理记账业务。

代理记账机构及其从事代理记账业务人员在办理业务中，应当遵守法律、法规、规章以及国家统一的会计制度，不得损害国家和委托人的利益。

第十三条 会计师事务所办理的代理记账业务，不得由原所及其人员进行审计。

第十四条 单位应当按照不相容职务相互分离原则，合理设置会计及相关工作岗位，明确职责权限，形成相互制约机制。

不相容职务主要包括：授权批准、业务经办、会计记录、财产保管、稽核检查等职务。

单位使用电子银行办理会计业务的，应当按照不相容职务相互分离原则设定操作权限。

第三章 职责履行与保障

第十五条 会计人员依照《中华人民共和国会计法》规定进行会计核算，实行会计监督。

单位负责人应当支持和保障会计人员依法履行职责、进行会计监督，不得授意、指使、强令会计人员违法办理会计事项。

第十六条 会计人员对违反会计法律、法规、规章和国家统一的会计制度规定的会计事项，有权制止、拒绝办理或者按照职权予以纠正。

对严重损害国家利益和社会公共利益的财务收支，会计人员应当及时向主管单位或者财政、审计、税务等机关报告。

第十七条 会计人员对本单位违法违规的会计事项，制止和纠正无效的，应当及时向单位负责人提出，并请求处理。对严重违反会计法律、法规、规章和国家统一会计制度的会计事项，应当以书面形式提出，单位负责人应当自接到书面意见之日起十日内作出书面决定，并对决定承担责任。单位负责人不予及时处理的，会计人员有权向财政、监察或者其他有关部门举报。

第十八条 会计人员因依法履行职责受到错误处理的，有权向财政、监察等有关行政部门或者会计行业协会投诉。

收到投诉的部门有权处理的，应当自受理之日起三十日内提出处理意见，并书面答复投诉人；对不属于本部门职责范围的，应当依法及时移送有权处理的部门处理，并告知投诉人。

第十九条 单位对依法履行职责、抵制违反会计法律、法规、规章和国家统一的会计制度规定行为的会计人员，不得以降级、撤职、调离工作岗位、解聘或者开除等方式实行打击报复。

会计人员依法履行职责、抵制违反会计法律、法规、规章和国家统一的会计制度规定行为而受到打击报复的，财政、监察及有关行政部门应当责令会计人员所在单位改正。

第二十条 对认真执行会计法律法规，忠于职守，坚持原则，做出显著成绩的会计人员，给予表彰和奖励。

第四章 自律与继续教育

第二十一条 会计人员应当遵守职业道德，提高业务素质，依法履职、不做假账。

第二十二条 会计行业协会是会计人员的自律性组织。会计人员自愿加入会计行业协会。

会计行业协会依法取得社会团体法人资格。

第二十三条 会计行业协会章程由会员代表大会制定，报市财政部门备案。

第二十四条 会计行业协会应当支持会计人员依法执行业务，维护其合法权益，向有关方面反映其意见和建议。

会计行业协会应当做好全市会计行业自律监管工作。

第二十五条 凡持有会计从业资格证书人员应当自取证当年起接受继续教育。会计人员每两年参加继续教育不得少于四十八小时。

第二十六条 会计人员参加继续教育，经考核合格后，作为继续教育登记依据。继续教育情况载入会计从业资格证书，并作为会计专业技术资格考试或者评审的必备条件。

单位应当提供必要的学习条件，确保会计人员继续教育时间和费用，并将会计人员参加继续教育情况作为会计人员任职、晋升的依据之一。

第二十七条 单位应当鼓励会计人员参加在职自学及相关专业技术资格考试，提高其业务素质。

对于取得会计专业技术资格的会计人员，有条件的单位应当按照规定聘用其担任相应的会计专业职务。

第五章 监督与管理

第二十八条 财政部门应当建立健全对会计人员的管理制度，加强对会计人员履行职责的监督与检查。

第二十九条 市财政部门建立会计人员从业档

案信息系统，及时记载、更新会计人员下列信息：

（一）会计人员相关基础信息和注册、变更、调转登记情况；

（二）会计人员从事会计工作情况；

（三）会计人员接受继续教育情况；

（四）会计人员受到表彰奖励情况；

（五）会计人员因违反会计法律、法规、规章和会计职业道德被处罚情况。

市财政部门应当将前款第（三）项、第（四）项、第（五）项的信息向社会公布。

第三十条　会计人员违反会计法律、法规、规章和会计职业道德，且受到下列处理之一的，由市财政部门记入不良行为记录：

（一）被追究刑事责任的；

（二）受到行政处罚的；

（三）在执法检查中被书面责令改正而拒不改正的；

（四）被市级以上行政部门公开通报批评的。

第三十一条　会计人员有第三十条第（一）项情形的，或者在两年内有第三十条第（二）项、第（三）项、第（四）项情形累计二次以上的，市财政部门应当将其记入警示名单。

会计人员被记入警示名单的，市财政部门应当事先书面告知会计人员，并听取其陈述和申辩，对当事人合理的意见应当采纳。

警示名单确定后，市财政部门应当及时向社会公布。

第三十二条　对被记入警示名单的会计人员，本市国家机关、事业单位、国有独资企业、国有独资公司和国有资本控股公司不得聘（任）用其从事会计工作。

第三十三条　财政部门应当建立健全代理记账机构信用信息的监管制度，按照规定采集和管理代理记账机构及执业人员的信用信息，建立健全对代理记账机构的监督检查制度。

第三十四条　财政部门应当与审计、税务、人民银行、银行监管、证券监管、保险监管、监察、人事、工商、公安等相关部门之间建立会计人员和代理记账机构的管理工作协调机制，及时通报会计人员和代理记账机构违反会计法律、法规、规章等相关信息。

第六章　法律责任

第三十五条　违反本条例第九条第一款、第十一条第二款规定，单位发生会计人员聘（任）用情形或委托代理记账机构记账，不按规定向财政部门备案的，由财政部门责令限期改正，逾期不改正的，予以通报批评。

第三十六条　违反本条例第十条第一款规定，行政事业单位会计人员对外兼职的，依照有关法律、法规予以处罚。

第三十七条　违反本条例第十一条第一款规定，单位委托不符合规定的机构代理记账的，由财政部门责令限期改正，逾期不改正的，处三千元以上一万元以下的罚款。

违反本条例第十二条规定，会计人员违法从事代理记账业务的，由财政部门责令改正，并予以公告。

违反本条例第十三条规定，办理代理记账业务的会计师事务所及人员同时经办该代理记账委托方的相关审计业务的，由财政部门责令其限期改正，逾期不改正的，对单位处五千元以上五万元以下的罚款；对直接负责的主管人员和其他直接责任人员，处一千元以上五千元以下的罚款。

第三十八条　违反本条例第二十五条规定，会计人员不按规定接受继续教育的，由财政部门责令改正。

第三十九条　对依法履行职责的会计人员打击报复的，由其所在单位或者有关单位依法给予处分；构成犯罪的，依法追究刑事责任；造成会计人员经济损失的，依法承担赔偿责任。

第四十条　财政部门和其他有关部门及其工作人员违反本条例规定，有下列情形之一的，由其上级行政机关或者监察机关责令改正；情节严重的，对直接负责的主管人员和其他直接责任人员依法给予处分；构成犯罪的，依法追究刑事责任：

（一）依法应当给予办理会计从业资格证书而不予办理或者不应当办理而予以办理的；

（二）不按规定时限办理投诉事项，或者收到不属于本部门管辖的投诉事项，不及时依法移送有权部门处理的；

（三）依法应当对违法行为的投诉举报事项进行查处而未予查处的；

（四）不依法记入会计人员不良行为记录的；

（五）超越法定职权或者违反法定程序实施行政处罚的；

（六）其他滥用职权、玩忽职守、徇私舞弊行为的。

第七章　附　　则

第四十一条　本条例自 2010 年 3 月 1 日起施行。

厦门市政府规章

厦门市人民政府令

第 133 号

（2009 年 1 月 17 日）

《厦门市规范行政处罚自由裁量权规定》已经 2008 年 12 月 24 日市政府第 53 次常务会议通过，现予发布，自 2009 年 7 月 1 日起施行。

市长　刘赐贵

二〇〇九年一月十七日

厦门市规范行政处罚自由裁量权规定

第一章　总　　则

第一条　为规范和监督行政处罚实施部门正确行使行政处罚自由裁量权，保护公民、法人和其他组织的合法权益，根据《中华人民共和国行政处罚法》等法律、法规、规章的规定，结合我市实际，制定本规定。

第二条　本规定所称的行政处罚自由裁量权，是指行政处罚实施部门依照法律、法规、规章规定，对违法行为作出是否给予行政处罚、给予何种行政处罚和何种幅度的行政处罚决定的权限。

第三条　行使行政处罚自由裁量权，应当遵循处罚法定、公开、公正、处罚与教育相结合、过罚相当的原则。

对违法事实、性质、情节及社会危害程度等因素基本相同的同类当事人，行政处罚实施部门行使行政处罚自由裁量权时，所适用的法律依据、处罚种类和幅度应当基本相同。

第四条　行使行政处罚自由裁量权，应当符合法律目的，综合考虑、衡量违法事实、性质、情节、社会危害程度等相关因素，排除不相关因素的干扰。

第五条　政府法制部门、监察部门负责对规范行政处罚自由裁量权工作进行指导和监督。

第二章　实体规则

第六条　市级行政处罚实施部门，应当依照本规定，在法律、法规、规章规定的行政处罚行为、种类、幅度范围内，结合实际，对行政处罚自由裁量权进行细化、量化，制定本部门行政处罚自由裁量规范，明确具体的行政处罚自由裁量标准，作为本部门实施行政处罚自由裁量权工作的依据。

区级行政处罚实施部门可以根据需要制定本部门行政处罚自由裁量标准。

上级行政处罚实施部门对法律、法规、规章规定的行政处罚自由裁量权进行细化、量化，已经制定具体行政处罚自由裁量标准的，下级行政处罚实施部门可以参照执行。

第七条　行政处罚实施部门负责法制工作的机构和负责监察工作的机构，应当参与本部门行政处罚自由裁量规范、标准的制定，并对本部门实施行政处罚自由裁量权行为予以指导和监督。

第八条　细化、量化行政处罚自由裁量标准，应当在法律、法规、规章规定的范围内，根据违法事实、性质、情节、社会危害程度等划分为明确的、具体的不同违法行为的等次，并确定相应的处罚标准。

第九条　行政处罚实施部门制定的行政处罚自由裁量权规范和标准应当向社会公布，并报同级政府法制部门备案。

第十条　制定行政处罚自由裁量规范和标准应当遵守以下规定：

（一）细化、量化自由裁量标准，不得违反法律、法规、规章的规定；

（二）法律、法规、规章规定可以选择是否予以行政处罚的，应当明确是否予以行政处罚的具体标准和条件；

（三）法律、法规、规章规定可以选择行政处罚种类的，应当明确适用不同种类行政处罚的具体标准和条件；

（四）法律、法规、规章规定可以选择行政处罚幅度的，应当根据违法事实、性质、情节、社会危害程度等划分明确、具体的不同等次，确定具体标准；法律、法规、规章规定行政处罚幅度较大的，可以规定相应的处罚数额、比例或倍数；

（五）违法行为依法符合从重、从轻、减轻或者不予行政处罚自由裁量情形的，在列明具体情况后，应当依照法定条件，不得增设条件。

第十一条　当事人有下列情形之一的，依法不予行政处罚：

（一）违法行为轻微并及时纠正，没有造成危害后果的；

（二）不满十四周岁的人有违法行为的；

（三）精神病人在不能辨认或者不能控制自己行为时有违法行为的；

（四）除法律另有规定外，违法行为在二年内未被发现的；

（五）法律、法规、规章规定不予行政处罚的其他情形。

第十二条　当事人有下列情形之一的，依法应当从轻或者减轻行政处罚：

（一）主动消除或者减轻违法行为危害后果的；

（二）配合行政机关查处违法行为有立功表现的；

（三）已满十四周岁不满十八周岁的人有违法行为的；

（四）受他人胁迫有违法行为的；

（五）法律、法规、规章规定应当从轻、减轻行政处罚的其他情形。

第十三条　当事人有下列情形之一的，依法应当从重行政处罚：

（一）违法情节恶劣，造成严重后果的；

（二）经执法人员责令停止、要求纠正违法行为后，继续实施违法行为的；

（三）隐匿、销毁违法行为证据的；

（四）共同实施违法行为中起主要作用的；

（五）多次实施违法行为，屡教不改的；

（六）胁迫、教唆他人实施违法行为的；

（七）对举报人、证人打击报复的；

（八）严重妨碍执法人员查处违法行为尚未构成犯罪的；

（九）法律、法规、规章规定应当从重行政处罚的其他情形。

行政处罚实施部门不得因当事人申辩而加重或者从重处罚。

第十四条　法律、法规、规章规定既可以单处又可以并处行政处罚的，对轻微违法行为，一般实施单处的处罚方式；对严重违法行为，优先适用并处的处罚方式。

第三章　程序规则

第十五条　行政处罚实施部门应当对本部门实施行政处罚的立案、调查、审查、听证、决定、执行等程序作出具体规定。

第十六条　行政处罚实施部门在行使行政处罚自由裁量权时，应当充分听取当事人的陈述、申辩，并记录在案。行政处罚行为有从重、从轻、减轻或者不予行政处罚的，应当在案卷讨论记录和行政处罚决定书中说明理由。

第十七条　案件调查人员提出的行政处罚意见，应当经本部门负责法制工作的机构审核后，报行政处罚实施部门负责人审查批准。

对情节复杂或者重大违法行为给予较重的行政处罚，以及拟作出适用听证程序的行政处罚，行政处罚实施部门负责人应当集体讨论决定。

第十八条　行政处罚适用一般程序的，行政处罚实施部门应当从立案之日起30日内作出行政处罚决定。30日内不能作出决定的，经本部门负责人批准，可以延长30日。法律、法规、规章另有规定的，从其规定。

行政处罚实施部门在作出行政处罚决定之前，依法需要听证、检验、检测、检疫、鉴定的，所需时间不计算在前款规定的期限内。

第十九条　行政处罚实施部门可以结合本部门实际，建立典型案例制度，指导本部门行政处罚自由裁量权的规范行使。

第二十条　行政处罚案件应当在结案后3个月内立卷归档。

第四章　监督规则

第二十一条　行政处罚实施部门在实施行政处罚自由裁量权时，应当依照法定的执法程序明确执法流程，并向社会公开。

第二十二条　行政处罚实施部门实施行政处罚，不得有下列情形：

（一）违法行为的事实、性质、情节以及社会危害程度与当事人受到的行政处罚相比，畸轻畸重的；

（二）在同一或者同类案件中，不同当事人的违法行为相同或者基本相同，但所受行政处罚不同的；

（三）依法应当不予行政处罚或者应当从轻、减轻行政处罚的，但滥施行政处罚或者未予从轻、减轻行政处罚的；

（四）其他滥用行政处罚自由裁量权情形的。

第二十三条　行政处罚实施部门应当建立健全规范行政处罚自由裁量权的监督制度。

政府法制部门、监察部门应当通过行政执法检查、行政处罚案卷评查等方式，对行政处罚实施部门行使行政处罚自由裁量权情况进行监督检查。

第二十四条　市政府绩效考核部门应当将行政处罚实施部门规范行使行政处罚自由裁量权的情况，作为该部门依法行政的内容，纳入绩效考评的范畴。

第二十五条　行政执法人员违反规定实施行政处罚自由裁量权的，视情节予以暂扣、收回行政执法证件或者调离执法岗位，并按照《厦门市行政机关工作人员行政过错责任追究暂行办法》的规定，予以责任追究；涉嫌犯罪的，移交司法机关依法处理。法律、法规、规章另有规定的，从其规定。

前款规定的暂扣、收回行政执法证件的处理，由市政府法制部门实施；调离行政执法岗位和其他行政责任的追究，由本级政府法制部门提出处理建议，由具有相应管理权限的部门或者监察部门依法实施。

第五章　附　　则

第二十六条　本规定由市政府法制部门负责解释。

第二十七条　本规定自2009年7月1日起施行。

厦门市人民政府令

第134号

（2009年3月14日）

《厦门市建设项目行政审批集中办理办法》已经2009年2月5日市人民政府第56次常务会议通过，现予公布，自2009年5月1日起施行。

市长　刘赐贵

二〇〇九年三月十四日

厦门市建设项目行政审批集中办理办法

第一章　总　　则

第一条　为规范建设项目行政审批行为，创新审批方式，提高审批效率，提供优质服务，创造良好的经济社会发展环境，依据《中华人民共和国行政许可法》等法律、法规规定，结合本市实际，制定本办法。

第二条　本市行政区域内直接涉及建设项目的行政许可、非行政许可审批及相关备案事项（以下统称建设项目审批），依照本办法实行集中办理。

前款所称的集中办理，是指对建设项目审批实行统一受理、组织办理、统一送达。

第三条　市人民政府设立的建设管理服务中心（以下简称建设服务中心）负责建设项目审批集中办理工作，其具体工作由市建设行政主管部门负责。

建设服务中心的成员单位由市人民政府确定。

建设服务中心可以根据实际需要设立分中心，就近就地开展建设项目审批集中办理服务。

第四条　建设服务中心履行下列职责：

（一）设立统一的审批服务平台，提供建设项目审批集中办理服务；

（二）确认进入建设服务中心办理的审批事项，审定并公布相关审批事项的办事指南；

（三）制定建设服务中心工作制度和操作规范，并负责实施监督；

（四）协调相关审批部门开展建设项目审批集中办理工作；

（五）定期向市人民政府报告建设项目审批集中办理工作情况，提请研究有关重大事项；

（六）组织实施建设服务中心进驻人员的绩效考核；

（七）市人民政府确定的其他职责。

第二章　审批办理

第五条　建设项目审批部门（以下称审批部门）应在建设服务中心统一设置的审批服务平台开展建设项目审批工作，执行建设服务中心工作制度。已进入建设服务中心办理的审批事项，不得在建设项目审批服务平台以外进行收件受理、收取补正材料或送达审批决定。

前款规定的建设项目审批事项目录，由建设服务中心根据法律、法规及市人民政府有关行政审批制度改革决定确认，并向社会公布。

推行同一建设项目的相关审批事项统一在建设服务中心办理的制度。

第六条　审批部门应当指定本部门的建设服务中心审批事项负责人，负责本部门有关审批事项办理的协调、管理及相关工作。

第七条　审批部门应当根据法律、法规、规章及建设服务中心工作制度规定，编制包括审批事项、依据、条件、程序、期限以及需要提交的全部材料的目录和申请书示范文本等内容的办事指南，并提交建设服务中心审定公布。

前款规定的办事指南需要变更的，应经建设服务中心审定公布后，方可执行。

第八条 建设服务中心设立办件登记窗口（以下简称登记窗口），统一对外提供建设项目审批的受理、送达等服务。

第九条 进入建设服务中心的审批事项按下列程序办理：

（一）登记窗口对申请材料进行逐项登记并出具登记凭单；

（二）审批部门应当在建设服务中心当场对申请材料予以审查，并向登记窗口发送审查信息，由登记窗口向申请人出具受理、不予受理决定书或补正通知书；

（三）审查过程中需补正材料的，审批部门应当一次性提出补正意见，交由登记窗口向申请人出具补正通知书；

（四）审批部门根据法定条件和程序对申请事项进行审查，在规定的期限内作出决定，并交登记窗口送达。

前款第（二）项规定的审批部门受理等事项，可以委托登记窗口办理。

第十条 下列建设项目审批事项，审批部门应当在建设服务中心当场作出决定：

（一）备案事项；

（二）对申请材料齐全，符合法定形式，能够当场作出审批决定的；

（三）依据相关技术标准和规范由有相应资格（资质）的专业机构认定后，能够当场作出审批决定的。

前款规定的审批事项目录，由建设服务中心会同相关审批部门确定后向社会公布。

第十一条 建设服务中心按建设项目审批事项的关联性和并行审查的可能性划分建设项目前期、实施、竣工验收等审批阶段，实行阶段内的审批事项同时收件、并行审查。

第十二条 下列建设项目审批事项由建设服务中心组织相关审批部门联合审批办理：

（一）建设项目遗留问题涉及两个以上部门处理的；

（二）建设项目改变使用功能涉及两个以上部门处理的；

（三）应急建设工程；

（四）其他需要联合审批办理的。

第十三条 建设服务中心统一对外公布的办事指南中承诺的审批时限，自受理之日起至审批决定书提交登记窗口之日止计算，但申请材料补正期间及其他法定可以扣除的期间不计入办理期限内。

第三章 网上审批

第十四条 建设服务中心建立统一的建设项目网上审批系统，办理建设项目网上审批。

审批部门应当向建设项目网上审批系统开放数据接口，做好系统衔接、数据交换等工作，实行批文电子化。

已进入建设服务中心办理的审批事项实行网上审批的，应当统一在建设项目网上审批系统办理。

第十五条 建设项目审批申请，可以通过网上申报。网上申报的，应当提交电子化申请材料；不适宜在网络上传输的材料，应当在网上申报中明示，并通过登记窗口登记、递交。

审批部门应当对网上申报的电子化材料进行审核；需要核对或收取纸质资料的，应当在批文出具前通过登记窗口核对或收取纸质材料。

申请人应当对其申请材料实质内容的真实性负责。

第十六条 根据本办法第十一条规定实行同时收件、并行审查的审批事项，由登记窗口统一收件并通过建设项目网上审批系统转送至各审批部门网上审查。各审批部门的相应审查意见按照规定予以共享。

第十七条 建设服务中心建立建设项目审批信息库，实现审批资料共享。

建设项目审批申请通过建设项目网上审批系统申报的，不再重复提供相同的申请材料。

第十八条 建设服务中心应当利用建设项目网上审批系统提供网上咨询、审批信息查询及办事指南、表格下载等服务。

登记窗口应当在建设服务中心现场为申请人提供网上申报及申请材料电子化的服务工作。

第十九条 建设服务中心和各审批部门应当建立信息网络安全责任制，确保网络运行安全。

第四章 协调服务

第二十条 下列事项，由建设服务中心主任会议研究决定：

（一）制定建设服务中心工作制度和操作规范；

（二）确认进入建设服务中心办理的审批事项；

（三）设立建设服务中心分中心；

（四）确认建设服务中心组织并行审查、联合审批办理的审批事项；

（五）其他需要集体研究的重大事项。

建设服务中心成员单位负责人应当参加主任会议。

第二十一条　下列事项，由建设服务中心召开工作例会、专题会议研究决定或协调处理：

（一）优化审批流程、减少审批环节；

（二）审定、修订办事指南；

（三）建设项目审批过程中存在的问题；

（四）重大投资建设、引资项目的前期审批工作；

（五）其他需要协调的事项。

审批部门驻建设服务中心负责人应当参加工作例会、专题会议。

第二十二条　建设服务中心主任会议、工作例会、专题协调会形成的会议决议，审批部门应当执行。对不能形成决议或对执行有关会议决议分歧意见较大的，由建设服务中心报市人民政府处理决定。

第二十三条　建设项目审批事项的办事指南、申请书格式文本由建设服务中心统一制作和公布，并免费提供。

申请人要求对公示的内容予以说明、解释的，审批部门应当说明、解释，提供准确、可靠的信息。

第二十四条　建设服务中心为重大投资引资项目、政府统一建设的工业园区、重要的社会公建项目等建设项目审批提供协助组织申请材料等代办服务。

第二十五条　建设服务中心应当提供统一的收费服务场所，方便申请人依法缴交建设项目有关费用。

第五章　监督检查

第二十六条　监察部门应当加强对建设项目审批集中办理工作的监督检查，对建设服务中心的运作实施执法监察、效能监察及审批过程监督。

第二十七条　建设服务中心建立建设项目审批集中办理督办制度，建立审批事项电子督办系统，加强建设项目审批的实时监督，督促审批部门依法履行审批职责。

第二十八条　建设服务中心可采取以下方式督办：

（一）按规定程序和时限对审批办理进行提示和警示；

（二）实时核查办件凭单，掌握审批办理状态；

（三）核查违反建设服务中心工作制度和操作规范的行为；

（四）出具督办意见书；

（五）通报审批办理情况。

第二十九条　建设服务中心应当做好投诉的受理、调查、核实、处理及投诉的移交处理工作。

第三十条　建设服务中心应当对审批部门驻建设服务中心工作人员进行廉政、勤政考核，对成绩优异的予以表彰奖励。建设服务中心对工作人员的考核结果应当通报相关审批部门。

市人事行政主管部门按年度考核有关规定给予建设服务中心单列优秀等次指标。

审批部门在建设服务中心的工作情况纳入该行政机关的绩效考评范畴。

第六章　法律责任

第三十一条　有下列行为之一的，由监察部门或建设服务中心责令改正；情节严重的，由监察部门依法追究责任：

（一）建设项目审批事项依照本办法应当集中办理，而拒不进入建设服务中心集中办理；

（二）已进入建设服务中心办理的审批事项，又在建设项目审批服务平台以外进行收件受理、收取补正材料或送达审批决定；

（三）未经建设服务中心审定而擅自变更办事指南内容；

（四）违反建设服务中心工作制度和操作规范；

（五）无正当理由拒不执行建设服务中心会议决议；

（六）拒不建立与建设服务中心网上审批平台数据交换，实现审批信息共享；

（七）违反本办法规定其他行为。

第三十二条　建设服务中心工作人员违反本办法规定的，由建设服务中心责令改正，视情予以通报；造成不良社会影响的，由所在单位予以诫勉教育、效能告诫，并调离审批岗位，也可以由监察部门依法追究责任。

第七章　附　　则

第三十三条　区人民政府设立的行政服务中心开展建设项目行政审批的，参照本办法执行。

第三十四条　本办法自2009年5月1日起施行。

厦门市人民政府令

第 135 号

（2009 年 10 月 20 日）

《厦门市水利工程建设与管理若干规定》已经 2009 年 10 月 12 日市人民政府第 82 次常务会议讨论通过，现予公布，自 2010 年 1 月 1 日起施行。

市长　刘赐贵

二〇〇九年十月二十日

厦门市水利工程建设与管理若干规定

第一条　为了规范水利工程建设程序，加强水利工程管理，根据《中华人民共和国水法》、《福建省水法实施办法》等法律、法规，结合本市实际，制定本规定。

第二条　本规定所称的水利工程，是指防潮、防洪、排涝、灌溉、水力发电、引（供）水、水土保持、水资源保护等各类工程及其配套和附属工程。

第三条　市、区水行政主管部门负责本行政区域内水利工程的统一监督管理。

市政、规划、国土房产、发改、财政等相关行政管理部门按照各自职责，负责水利工程的有关管理工作。

第四条　建设水利工程应当符合流域、区域综合规划及有关专业规划，并与土地利用总体规划、城乡规划、海洋功能区划相协调。

前款规定的水利工程专业规划，由市水行政主管部门会同有关行政部门编制，经市规划行政部门综合协调，按规定程序报市人民政府批准实施。

第五条　市、区水行政主管部门按照分级管理原则，依照有关法律、法规规定对水利工程进行建设审批管理。

下列水利工程的建设审批管理，由市水行政主管部门负责：

（一）市级财政投资并由市发展改革行政部门立项的水利工程；

（二）大型水闸、小（1）型以上水库、Ⅲ级以上堤防、控制流域面积 50 平方公里以上河道干流整治工程及其他大中型水利工程；

（三）跨区水利工程；

（四）市人民政府确定由市水行政主管部门负责建设审批管理的其他水利工程。

前款规定以外的水利工程的建设审批管理，由所在区水行政主管部门负责。

第六条　由市水行政主管部门负责建设审批管理的水利工程，水利工程项目主管部门或者有关行政部门在工程开工前，应当组建或者明确项目法人；其他水利工程，有条件的也应当组建或者明确项目法人。项目法人的组织机构和人员配备应当与所承担工程的规模、重要性和技术复杂程度相适应。

水利工程没有按规定组建或者明确项目法人的，市、区水行政主管部门可以向同级人民政府报告，由市、区人民政府责成项目主管部门或者有关部门限期改正。

项目法人对水利工程项目建设的工程质量、工程进度、资金管理、安全生产负责。

第七条　水利工程实行施工图设计文件审查制度。施工图设计文件投入使用前，项目法人应当委托有相应资质的施工图审查机构进行审查；应急抢险救灾等工期急迫的工程，也可组织经水行政主管部门认定的专家组成专家组进行审查。项目法人应当将审查机构或者专家组出具的审查报告及时报相应的水行政主管部门备案。

水利工程实行施工图审查的范围，由市水行政主管部门按照国家、省有关规定确定并公布。

第八条　按照国家、省、市有关规定应当进行招标的水利工程，项目法人应当在市建设工程交易中心依法实施招标。

水行政主管部门依法对水利工程招标投标活动实施监督，依法查处招标投标活动中的违法行为。

水利工程招投标文件的编制和合同的签订应当使用有关水利工程招投标文件及合同的示范文本。

第九条　在本市开展水利工程勘察、设计、施工、监理、造价咨询、招投标代理的单位，应当持有关单位资质及从业人员执业资格等证明资料向市水行政主管部门备案。

市水行政主管部门建立水利工程从业信用评价、诚信激励和失信惩戒制度。

第十条　财政投融资建设的水利工程划分为多项工程进行招标的，项目法人可持单项合同工程投入使用验收鉴定书，向财政审核机构办理单项合同决算审核手续。

第十一条　依法由本市管理的水利工程，按下列方式确定水利工程管理者：

（一）国有大型水闸、小（1）型以上水库、Ⅲ级以上堤防水利工程，由市水行政主管部门会同市财政和项目主管部门确定；

（二）本条第（一）项规定之外的国有水利工程，由所在区水行政主管部门会同同级财政和项目主管部门确定；

（三）非国有水利工程，由水利工程所有者或者经营者确定。

第十二条　下列水利工程应当设立或者确定管理机构作为水利工程管理者：

（一）小（1）型以上水库；

（二）东西溪、后溪、官浔溪及九溪河道主干流上的水利工程；

（三）中型以上水闸；

（四）Ⅲ级以上堤防。

前款规定以外的水利工程，应当设立专职或者兼职管理人员。

第十三条　水利工程管理者具体负责水利工程的运行维护和安全管理。其职责为：

（一）制定日常的管理制度，做好工程检查、观测、记录工作和有关资料的分析工作；

（二）维修养护水利工程，保持水利工程设施完好和正常运行；

（三）及时做好报汛、运行调度和防汛抗旱工作；

（四）遇有可能危及水利工程安全的险情应当采取应急抢险保护措施，并及时报告主管部门；

（五）法律、法规、规章规定的其他职责。

第十四条　公益性水利工程和准公益性水利工程的公益性部分，其管理人员经费、维修养护经费及更新改造费用，由市、区财政按有关规定负担或者予以补助。

第十五条　国家所有的大中型水利工程，依据法律、法规规定划定管理范围和保护范围。

国家所有的小型水利工程和集体所有的水利工程，原则上根据以下规定划定管理范围和保护范围：

（一）防洪河堤管理范围为堤脚外延5米内的护堤地，保护范围为护堤地外延30米内；海堤管理范围为迎水坡脚外延20米内和背水坡脚外延20米内，保护范围为管理范围外延50米内。

（二）水库库区的管理范围为水库征地线或者移民线以下，保护范围为管理范围外延至第一重山脊的山坡。

（三）拦河坝的管理范围为其周边外延50米内，保护范围为管理范围外延200米内；水库的泄洪构筑物的管理范围为其周边外延50米内，保护范围为管理范围外延50米和下游溢洪河道200米内。

（四）水闸、船闸、机电排灌站、水轮泵站、电站厂房、变电站等水利工程建筑物的管理范围为其周边外延20米内，保护范围为管理范围外延50米内；压力管道的管理范围为管道外侧各1米内，保护范围为管理范围外延3米内；低压输电线路以杆为中心左右两侧各8米内为保护范围。

（五）填方输水渠道的管理范围为渠脚外延5米内，挖方输水渠道的管理范围为开挖顶线外延5米内，两侧总的管理范围控制在10米内，保护范围为管理范围外延30米内；输水管道的管理范围为管道外侧各5米内，两侧总的管理范围控制在10米内，保护范围为管理范围外延30米内。

（六）水利工程管理单位已有的办公、生活设施、仓库、活动场所及综合经营项目占有的土地划为管理范围；水利工程运行观测设施和防汛抢险道路、场地、设备占有的土地划为管理范围。

水利工程已划定的实际管理范围超过本规定规定的范围的，维持不变。

第十六条　尚未明确管理范围的水利工程，具体管理范围由市水行政主管部门按照法律、法规及本规定第十五条规定提出，经市规划、国土房产等行政部门审核，报市人民政府批准后依法划定，并设立固定标志。

第十七条 禁止在水利工程管理范围和保护范围内进行爆破、打井、采石、取土等影响水利工程运行和危害水利工程安全的活动。

在水利工程管理范围内从事依法应当经水行政主管部门批准的活动的，应当按照相关法律、法规、规章规定执行。

第十八条 水利工程管理范围内的土地，按下列方式办理土地权属登记手续：

（一）管理范围内的国有土地，1982 年 5 月 14 日《国家建设征用土地条例》公布施行前已由水利工程管理者实际占有使用的，其国有土地使用权登记确定给水利工程管理机构；1982 年 5 月 14 日《国家建设征用土地条例》公布施行后占用的，经依法处理后确定土地使用权。

（二）新批准建设的水利工程用地依照征用或者划拨文件和有关法律、法规划定用地界线，确定土地使用权。

水利工程管理范围内涉及海域权属的，依法办理海域使用手续。

第十九条 从事工程建设，占用农业灌溉水源、灌排工程设施的，建设单位应当制定补救方案并报相应的水行政主管部门；造成损失的，按规定给予补偿。

第二十条 水利工程项目法人和勘察、设计、施工、监理、造价咨询、招投标代理等单位，违反本规定的，由水行政主管部门或者有关行政部门依法给予相应的行政处罚，并将其记入不良行为记录，向社会公布。

第二十一条 城市防洪防潮工程设施的建设与管理，法律、法规另有规定的从其规定。

第二十二条 本规定自 2010 年 1 月 1 日起施行。1997 年 6 月 17 日厦门市人民政府令第 59 号公布的《厦门市水工程管理规定》同时废止。

厦门市人民政府令

第 136 号

（2009 年 12 月 23 日）

《厦门市大嶝对台小额商品交易市场管理规定》已经 2009 年 12 月 10 日市人民政府第 88 次常务会议通过，现予公布，自 2010 年 2 月 1 日起施行。

市长　刘赐贵

二〇〇九年十二月二十三日

厦门市大嶝对台小额商品交易市场管理规定

第一条　为加强大嶝对台小额商品交易市场的规范管理，维护大嶝对台小额商品交易市场的正常经营秩序，促进海峡两岸民间商品交流健康发展，根据有关法律、法规及国家有关规定，结合实际，制定本规定。

第二条　大嶝对台小额商品交易市场（以下简称交易市场），系指经国家批准，在厦门市翔安区大嶝岛内专门设立，用于开展对台民间小额商品交易活动并实行封闭管理的一个特定区域。交易市场位于大嶝岛东北部，包括大嶝运输码头及以南区域约 0．8 平方公里。

第三条　市人民政府设立厦门市大嶝对台小额商品交易市场管理委员会（以下简称管委会），履行下列职责：

（一）保证法律、法规、规章及本规定在交易市场的实施；

（二）制定或拟定有关交易市场的具体管理办法，并组织实施；

（三）负责对交易市场的船舶停靠、人员进出、商品进出、商品交易、市场建设、市场秩序、安全保密及相关工作进行统一规划和协调、管理；

（四）市人民政府赋予的其他职责。

第四条　海关、检验检疫、边防、工商等国家机关依法在交易市场内设立办事机构，在职能范围内依法实施监督管理，遵循简便、高效、公开、公平、公正、优质服务的原则处理交易市场内的各种相关事宜。

第五条　交易市场运营主体在管委会指导、监督下，履行下列义务：

（一）与进入交易市场的经营者签订书面合同，约定双方的权利义务和违约责任；

（二）负责交易市场的卫生、安全、消防等经营设施的建设、维护和更新改造；

（三）维护市场秩序，发现违法行为应当及时报告有关行政主管部门处理；

（四）组织经营者开展文明经商活动；

（五）法律、法规、规章规定的其他义务。

第六条　自然人、法人及其他组织进入交易市场从事经营活动的，应当依法办理行政许可、备案等相关手续，并与交易市场运营主体签订有关协议。

第七条　进出交易市场的运输工具、人员、货物、物品及交易市场的有关场所，应按照有关规定接受海关、检验检疫、边防、工商等国家机关的监管和检查。

第八条　大嶝运输码头作为台湾船舶停泊点，台湾船舶及船上人员、货物、物品、行李进出停泊点的，由边防、海关、检验检疫等国家机关依法监管和检查。

第九条　台湾商品进入交易市场的，按规定享受相关优惠政策。

第十条　国家限制进出口和实行许可证管理的商品，按国家有关规定办理。从台湾进口到交易市场的台湾产卷烟，可以免于交验《自动进口许可证》。

国家禁止进出境的货物、物品不得进出交易市场。

第十一条 经海关批准，进入交易市场的台湾商品可以从金门或台湾其他地区通过大嶝运输码头直接进口，也可以通过其他口岸转关进口。

第十二条 经批准取得对台小额贸易经营权的公司，通过交易市场向台湾地区出口商品或从台湾地区进口商品，应按照国家有关行政主管部门对台小额贸易的规定执行。

第十三条 对进入交易市场的台湾商品，海关采取便捷通关措施，方便申报。

对进入交易市场的台湾商品，检验检疫部门按照安全、便捷的原则，常态下简化有关检验监管手续。

第十四条 对进入交易市场的人员每日携带出交易市场的台湾商品，按有关规定相应免征进口关税和进口环节海关代征税。

第十五条 对进入交易市场的非海关监管商品，由管委会会同工商等部门制定具体管理制度实施管理。

第十六条 交易市场内的自然人、法人及其他组织违反有关法律、法规、规章及本办法规定，应当予以行政处罚的，由有关国家机关按照各自职责依法处罚。

第十七条 本规定自2010年2月1日起施行。1999年2月25日厦门市人民政府令第81号公布的《大嶝对台小额商品交易市场管理办法》同时废止。

厦门市人民政府令

第 137 号

（2009 年 12 月 28 日）

《厦门市政府采购管理办法》已经 2009 年 12 月 22 日市政府第 89 次常务会议通过，现予发布，自 2010 年 3 月 1 日起施行。

市长　刘赐贵

二〇〇九年十二月二十八日

厦门市政府采购管理办法

第一章　总　　则

第一条　为了规范政府采购行为，加强监督管理，根据《中华人民共和国政府采购法》等有关法律、法规，结合本市实际，制定本办法。

第二条　本办法所称政府采购，是指本市各级国家机关、事业单位和团体组织（以下简称采购人），使用财政性资金采购集中采购目录以内的或者采购限额标准以上的货物、工程和服务的行为。

本办法所称财政性资金，包括财政预算内资金、纳入财政预算管理的政府性基金、纳入财政专户管理的预算外资金、纳入财政管理的事业单位收入及其他资金。

第三条　政府采购工程进行招标投标的，适用招标投标有关法律法规的规定。招标投标法律法规没有规定的，工程的其他采购活动依照政府采购法及其他有关政府采购规定办理。

第四条　政府采购的信息应当同时在中国政府采购网和厦门市政府采购网（以下称政府采购信息发布媒体）上及时向社会公开发布，但涉及国家秘密和商业秘密的除外。

第五条　本市各级财政部门是负责政府采购监督管理的部门，依法履行对本级政府采购活动的监督管理职责。政府采购的具体日常管理事务由政府采购管理机构负责。

上级财政部门依法监督和指导下级财政部门依法履行对政府采购活动的监督管理工作。

政府其他有关部门依法履行与政府采购活动有关的监督管理职责。

第六条　财政部门应当采用现代信息技术手段和方法，实施电子化政府采购，提高政府采购效率和监管水平。

第二章　采购形式和采购方式

第七条　本市政府集中采购目录和采购限额标准根据授权确定并公布。

第八条　纳入政府集中采购目录内的采购项目，应当实行集中采购。

政府集中采购目录以外的货物、工程和服务，单项或批量采购金额达到规定限额标准以上的，实行分散采购。

政府集中采购目录以外、采购限额标准以下的货物、工程和服务项目，由采购单位自行采购。

大宗货物政府采购的具体实施办法，由市财政、监察部门另行制定。

第九条　政府采购应当按照国家规定的方式进行。

政府采购方式包括公开招标、邀请招标、竞争性谈判、单一来源采购、询价以及国家规定的其他采购方式。

第十条　公开招标应当作为政府采购的主要采购方式。

政府采购货物或者服务的数额达到规定标准的，应当采取公开招标方式进行。因特殊情况需要采用公开招标以外的采购方式的，应当在采购活动开始前获得市财政部门的批准。

第十一条 采购人不得将应当以公开招标方式采购的货物或者服务化整为零或者以其他任何方式规避公开招标采购。

采购人在一个预算年度内未采用公开招标方式重复采购同一品种的货物或者服务项目，资金总额超过公开招标数额标准的，视为化整为零规避公开招标，但依法经批准采用公开招标以外采购方式的除外。

第十二条 政府采购应当优先采购自主创新产品、节能产品、环境标志产品。

鼓励本市诚信企业、地方优质产品生产企业积极参与政府采购活动。

第三章 采购程序

第十三条 采购人采购货物、工程和服务的，应当根据财政部门批复的部门预算编制政府采购预算执行计划，报财政部门审核。

政府采购预算执行计划应当包括采购人名称、采购项目、采购数量、价格、规格及技术要求、资金来源构成、预计采购时间、交货或者竣工时间等。

第十四条 财政部门对报送的政府采购预算执行计划进行审核，审定采购预算、采购形式和采购方式，并及时作出批复。

政府采购项目资金预算需要调整的，应当按照规定的管理权限和程序进行。

第十五条 政府采购项目评标评审活动由依法组建的评标委员会、谈判小组或者询价小组负责。评标委员会、谈判小组或者询价小组由采购人代表和政府采购评审专家组成。采购人代表应当熟悉采购项目的经济技术要求，并由采购人以书面形式确定。

政府采购项目评审专家应当从本市政府采购评审专家库中通过随机方式抽取产生；因项目情况特殊，本地政府专家库相应专家为数不足或者不适宜参加评审的，经市财政部门批准，可从外地政府采购评审专家库中通过随机抽取方式产生。

对技术复杂、专业性极强的采购项目，通过随机方式难以确定合适评标专家的，经市财政部门同意，可以采取选择性方式确定评审专家。

本市政府采购评审专家库由市财政部门负责统一组建。

第十六条 市财政部门依法建立全市统一的政府采购供应商库。

第十七条 在招标采购中，依照政府采购法，应当予以废标的，废标后，采购人应当依法重新组织招标。需要采取其他方式采购的，应当获得市财政部门的批准。

第十八条 在竞争性谈判或者询价采购中，符合相应资格条件的供应商只有两家的，谈判小组或者询价小组可以与两家供应商进行谈判或者询价；只有 1 家的，可以采取单一来源方式采购。

第十九条 在竞争性谈判或者询价采购中，对谈判文件或者询价通知书作出实质响应的供应商不足 3 家的，谈判小组或者询价小组应当从符合相应资格条件的供应商名单中补充确定参加谈判或者询价的供应商。

经补充后，对谈判文件或者询价通知书作出实质响应的供应商只有两家的，谈判小组或者询价小组可以与两家供应商进行谈判或者询价；只有 1 家的，可以采取单一来源方式采购。

第二十条 同种货物可以采用跟单采购形式。采购人采购公开招标数额标准以下的货物项目时，经同级财政部门审核后，可以按不高于 3 个月期限内相同产品的本市政府采购中标价、成交价下调后的价格向任何能提供相同产品的供应商进行采购。

第二十一条 采购人与中标、成交供应商应当按照采购文件确定的事项签订政府采购合同。

经采购人同意，中标、成交供应商依法采取分包方式履行政府采购合同的，只能将中标、成交项目的部分非主体、非关键性工作分包给其他供应商完成。分包供应商应当具备规定的资格条件，并不得再次分包。

采购人不得强迫或者采取其他非法手段要求中标、成交供应商分包履行政府采购合同；不得与中标、成交供应商恶意串通分包履行政府采购合同，损害国家利益和社会公共利益。

第二十二条 采购活动结束后，采购人、采购代理机构应当依照规定整理、保管政府采购项目文件。

第四章 质疑与投诉

第二十三条 供应商认为下列事项使自己的权益受到损害的，可以依法向采购人或者其委托的采购代理机构提出书面质疑：

（一）采购文件存在歧视性、限定性条款的；

（二）采购文件补充、澄清或者修改后没有按规定公告的；

（三）采购人员或者相关人员与供应商有利害关系，应当回避而没有回避的；

（四）采购程序违反有关政府采购法律、法规和规章规定的；

（五）采购人、采购代理机构与其他供应商之间，或者其他供应商之间存在串通行为的；

（六）其他供应商提供虚假资料骗取中标、成交的；

（七）其他供应商向采购人、采购代理机构、采购人员或者其他相关人员行贿或者提供其他不正当利益的；

（八）供应商认为采购文件、采购过程和中标、成交结果使自己的权益受到损害的其他事项。

供应商提出书面质疑，应当附送有关证明材料。

采购人、采购代理机构对供应商提出的质疑依法作出答复；对涉及技术因素方面问题的质疑，采购人、采购代理机构应当组织原评审委员会进行复核，并根据复核结果依法作出答复。

第二十四条　提出质疑的供应商对采购人、采购代理机构的答复不满意或者采购人、采购代理机构未在规定的时间内作出答复的，可以依法向财政部门提出投诉。供应商不得捏造事实或者提供虚假材料进行虚假、恶意投诉。

投诉书及证明材料为外文的，应当同时提供其中文译本。

各级财政部门应当在政府采购信息发布媒体上公布受理供应商投诉的机构名称、地址、邮编、电话、传真，以方便供应商投诉。

第二十五条　财政部门应当在收到投诉书后30个工作日内，对投诉事项作出处理决定，并以书面形式通知投诉人、被投诉人以及与投诉事项有关的当事人，并在政府采购信息发布媒体上公布投诉处理结果。

情况复杂，不能在规定期限内作出处理决定的，经财政部门负责人批准，可以适当延长，并将延长期限及理由告知投诉人和被投诉人。但是延长期限最多不得超过15个工作日。

第五章　监督检查

第二十六条　财政部门应当建立采购代理机构考核指标体系，对采购代理机构的采购价格、节约资金效果、服务质量、信誉状况、有无违法行为等事项进行考核，并在政府采购信息发布媒体上定期公布考核结果。经考核不合格的，在6个月内不得参加本市政府采购活动。

第二十七条　财政部门依法进行检查时，政府采购当事人和其他参与政府采购活动人员应当如实反映情况，提供有关材料。

财政部门可以根据情况对监督检查中发现的问题出具政府采购监督意见书，提出具体监督意见。

第二十八条　财政部门和依法对政府采购活动负有监督管理职责的政府有关部门，应当按照职责分工，加强对政府采购活动的监督。

第六章　法律责任

第二十九条　采购人、采购代理机构有下列情形之一的，责令限期改正。对采购人直接负责的主管人员和其他直接责任人员，由其行政主管部门或者有关机关依法给予处分，并予通报；对采购代理机构，由财政部门给予警告，可以并处1千元以下的罚款；情节严重的，可暂停其代理政府采购代理业务，并建议有关部门依法取消其政府采购代理机构资格：

（一）未按规定在政府采购信息发布媒体上公告政府采购信息的；

（二）对应当依法实行政府采购的项目未依法实行政府采购的；

（三）未按规定编制政府采购预算执行计划的；

（四）未经批准，擅自改变政府采购方式的；

（五）未按规定选择确定政府采购评审专家的；

（六）强迫中标、成交供应商分包履行政府采购合同，或者与中标、成交供应商恶意串通分包履行政府采购合同，损害国家利益和社会公共利益的；

（七）未按规定妥善保管政府采购活动的采购文件的；

（八）对供应商的质疑逾期未作处理的。

第三十条　供应商有下列情形之一的，由财政部门列入不良行为记录名单；情节严重的，在1至3年内禁止参加政府采购活动，并依法予以处罚：

（一）未按照采购文件确定的事项签订政府采购合同的；

（二）捏造事实或者提供虚假材料进行虚假、恶意投诉的；

（三）法律法规规定的其他情形。

第三十一条　财政部门和依法对政府采购活动负有监督管理职责的政府有关部门的工作人员，有下列情形之一的，应当依法给予处分；构成犯罪的，依法追究刑事责任。

（一）对采购代理机构未依法进行考核，侵害当事人合法权益的；

（二）对投诉事项未在规定时限内作出处理决定，或者依法应当对违法行为的投诉事项进行查处而未予以查处的；

（三）在实施政府采购监管中未依法履行职责，造成严重后果的；

（四）其他滥用职权，玩忽职守，徇私舞弊行为的。

第七章 附 则

第三十二条 使用以财政性资金偿还的借款进行采购的，视同使用财政性资金采购，适用本办法。

中央属、省属驻厦机关、事业单位、社会团体可参照本办法实施政府采购。

第三十三条 对因严重自然灾害和其他不可抗力事件所实施的紧急采购和涉及国家安全和秘密的采购，不适用本办法。

第三十四条 本办法由市财政局负责解释。

第三十五条 本办法自2010年3月1日起施行。

第七篇

大事记

第七篇

大 事 记

大 事 记

二〇〇九年

一 月

3 日 建发厦门国际马拉松赛举行。3 万多名中外运动员参加。肯尼亚选手穆国·萨穆尔·穆特瑞以 2 小时 08 分 51 秒的成绩获得男子组冠军，并打破厦门国际马拉松赛记录。中国选手陈荣以 2 小时 29 分 52 秒的成绩获得女子组冠军。

※ 厦门火炬（翔安）保税物流中心（B 型）获国家海关总署、财政部、国家税务总局、国家外汇管理局等四部委批准设立。该中心规划面积 2.5 平方公里。

7 日 厦门市第二届十大杰出企业家暨优秀企业家表彰大会在宝龙大酒店举行。

8 日 由市政府投资、夏商集团承建的厦门台湾水果销售集散中心正式开业，首届台湾水果订货会同时开幕。厦门台湾水果销售集散中心位于中埔水果批发市场旁，占地面积 1.87 万平方米。

9 日 国家科学技术奖励大会在北京举行，厦门金鹭特种合金有限公司的“紫钨原位还原法超细晶硬质合金工业化生产技术”项目获得国家科技进步二等奖。这是厦门企业首次获得国家科技大奖。

13 日 厦门与台湾中部四县市旅游合作座谈会在厦门召开。会上，厦门市与台中市、台中县、南投县、漳化县签订《厦门—台湾中部四县市旅游合作协议》。

15 日 市政府发布 2009 年为民办实事项目，计划投资 33 亿元。

18 日 厦门文学院成立。

20 日 全国精神文明建设表彰大会在京召开，厦门市继续保留“全国文明城市”称号，实现文明城市创建两连冠。在此次表彰大会上，厦门市有 1 个村镇、5 个单位、1 名个人受到中央文明委表彰，另有 2 个村镇、12 个单位受到中央文明办表彰。

27 日 2008 年全球前 30 名集装箱港口排名出炉，厦门港以 503.46 万标箱位居第 19 位。

28 日 由厦门市委、市政府主办，市政园林局承办的 2009 厦门元宵灯会正式亮灯。台中、金门、澎湖也各选送灯组参展。灯会至 2 月 12 日结束。

二 月

1 日 全国人大副委员长、全国妇联主席陈至立在厦调研。

※ 厦门市海上搜救中心成立。该中心前身是 1990 年成立的福建省海上搜救中心厦门分中心。

4 日 2009 年度厦门市最低生活保障标准和部分民政定补对象补助标准出台，农村低保标准由每人每月 190 元提高到 200 元。

※ 市政府授权市民政局与人保财险厦门分公司签订《厦门市自然灾害公众责任保险统保协议》。根据该协议，由市政府为全市 243 万居民每人购买一份责任限额为 10 万元的自然灾害险。

12～13 日 中共中央政治局委员、中央书记处书记、中组部部长李源潮在厦考查。省领导卢展工、黄小晶等陪同考察。

25 日 中国科学院产业技术创新与育成中心在厦挂牌。这是中科院和厦门市政府联手打造的技术转移和科研成果产业化基地。

※ “2008 中国青年喜爱的旅游目的地”评

选结果在京揭晓。厦门与北京、成都等10个城市榜上有名。此次评选活动由中国青年报社和中国青少年宫协会共同承办。

26日 海峡两岸双向邮电通汇正式实现。

※ 国家动画产业基地揭牌仪式在厦门软件园管委会举行。该基地位为福建省首个影视动画产业区。

※ 凌晨（巴黎时间25日晚）厦门心和艺术品拍卖公司总经理蔡铭超在法国巴黎佳士得拍卖会上，以总计3149万欧元的价格成功竞拍圆明园流失文物鼠首和兔首铜像。3月2日，蔡铭超在北京出席新闻通报会，宣布拒绝付款。

28日 厦门市民健康信息系统正式启用。通过该系统，厦门市民可利用社保卡实现健康信息在全市所有医院和社区卫生服务中心共享。

三　月

5日 厦门新站营运中心在集美后溪开工。该中心位于厦门新站西南侧，占地面积31.26万平方米，建筑面积50.7万平方米，总投资约18亿元。

6~9日 第九届中国厦门国际石材展在国际会展中心举办，前来参展洽谈的国内外客商超过8.5万人。

16日 全长284.5公里的泉三高速公路全线通车。厦门至三明的行车时间因此缩短近2小时。

※ 由27家企业代表组成的英国商务代表团在英国驻广州总领事馆总领事戴伟绅率领下抵达厦门，就重点项目、投资环境及城市发展规划等方面议题与厦门方面展开商洽。

21日 下午3时08分，高崎联检大楼成功实施爆破拆除。

23~29日 应台中市市长胡志强的邀请，刘赐贵市长率厦门市政府参访团赴台湾访问。成为祖国大陆第一个以地方政府名义组团赴台交流考察的团组，刘赐贵也成为首个以市长身份赴台交流考察的市长。

24日 山东航空股份有限公司厦门分公司正式成立，成为厦门机场第二家基地航空公司。

28日 厦门在全国率先启动台湾居民来往大陆签注自助受理业务。自助受理程序简化，效率更高，可在一分钟之内完成签注。

30日 全国第一支民防心理救援专业队在厦门成立。

30日至4月2日 中共中央政治局常委、中央纪委书记贺国强在厦门调研。中纪委副书记张毅，中纪委常委、秘书长吴玉良，省市领导卢展工、何立峰等陪同调研。

31日 厦门市国际友好联络会成立。该协会拥有28个会员单位、93名会员。

四　月

6日 厦门大学马克思主义研究院挂牌。

8~11日 第十三届海峡两岸机械电子商品交易会暨厦门对台出口商品交易会在厦门国际会展中心举行。40个国家和地区的31844名专业客商参会。

10日 由厦门市人才服务中心和台湾汎亚人力资源管理顾问有限公司联手打造的“海峡两岸联合猎才网”（www. unitedhunter. com. cn）正式开通，这是两岸首次联合运作的专业人才猎头网站。

18日 第四届海峡两岸（厦门海沧）保生慈济文化节在青礁慈济宫举行。

18~20日 缅甸联邦总理登盛一行35人访问厦门。登盛一行是在在参加博鳌亚洲论坛2009年年会后来厦访问的。

20日 大型古装神话电视剧《神医大道公》在厦门开拍。这部电视剧以闽台民间共同信奉的保生大帝吴真人为题材，由两岸三地影视人员联袂合作。

21日 全省创建文明风景旅游区工作暨第二批先进命名表彰会在厦门市召开，厦门鼓浪屿风景名胜区作为福建省唯一获评的第二批全国文明风景旅游区受到表彰，厦门陈嘉庚纪念胜地、厦门植物园等12个景区获全省创建文明风景旅游区工作先进单位。

22日 厦门—台湾首航仪式在厦门港国际邮轮中心举行。仪式结束后，909名游客搭乘“台华”客货滚装船驶往台湾，两岸客货滚装运输序幕由此拉开。

22~28日 市政协主席陈修茂率厦门市政协参访团访问台中市。这是祖国大陆第一个以地方政协名义访问台湾的团体。

29日 在厦门市庆祝“五一”国际劳动节暨表彰大会上，曾钦照、吴进忠、曾文远、邹国泰、许秀梅等5位台商或台籍员工被授予厦门市“五一劳动奖章”。这是厦门市首次向台籍人士颁发五一劳动奖章。

23～24日 亚洲贸易促进论坛第二十二届年会在厦门举办。这是亚洲地区贸促机构最高级别的聚会，同时也是该年会首次在非首都地区举办。

23日 厦门市澳商投资企业协会正式成立。该协会由澳大利亚在厦投资的企业、澳籍在厦投资者及在厦工作的澳籍专家、知名人士、旅澳留学生自愿组成。

30日 第七届中国（厦门）国际食品交易博览会在厦门会展中心开幕。本届食博会一直持续到5月2日，共有近500家企业参展。

五　月

2日 一个由200多名香港居民组成的“金门游”团队取道厦金航线赴金门旅游，这是厦金航线通航以来最大的一个由境外人士组成的“金门游”团队，也是香港居民首次大规模组团取道厦金航线赴金门观光。

4日 厦门市举办“青春厦门”大型歌会，纪念五四运动90周年暨建团87周年。来自全市各行各业的5 000名青年代表参加。

6日 厦门—台中集装箱直达班轮航线正式开航。该航线航程仅需10小时，是海峡两岸之间货物航运最快速的直达运输通道。

8日 中共中央政治局常委、国务院总理温家宝来到厦门，先后考察企业应对国际金融危机情况，特别是台资企业发展情况，检查民生保障工作，并召开企业负责人座谈会。

※ 由国家环保部宣传教育中心和美国环保协会中国项目办共同举办、厦门市环境保护宣传教育中心承办的“2009年全民低碳行动厦门项目”启动仪式在厦门科技馆举行。

10日 厦门市举行防空警报试鸣暨市民防空防震防灾疏散演练，全市37个社区（村）的部分居民有组织地进行了疏散演练。

11日 根据中共中央决定，何立峰任天津市委委员、常委、副书记，免去其福建省委常委、委员和福建省厦门市委书记职务。何立峰于是日赴津履新。

16日 首届海峡论坛在厦门会展中心开幕。

※ 全国人大常委会副委员长、民革中央主席周铁农在厦视察台资企业。

17日 海峡两岸农产品检验检疫技术中心在厦门正式揭牌成立。这是大陆首家专门为海峡两岸农产品贸易提供检验检疫技术服务的专业检测机构。

※ 中国书法家海峡两岸创作交流基地在厦门中华儿女美术馆揭牌。

※ 海峡两岸职业教育交流合作中心在厦门成立。

※ 郑成功文化节在鼓浪屿皓月园揭幕，两岸同胞1 000多人参加开幕式的颂典。

17～20日 海峡两岸传统武术交流大赛在厦门大学明培体育馆开幕。

18日 全国社会治安综合治理表彰大会在北京举行，厦门市被评为“全国社会治安综合治理优秀市”。

※ 第二届中国戏剧奖·梅花表演奖颁奖晚会在杭州举行，厦门市歌仔戏剧团苏燕蓉主演的《窦娥冤》获得“梅花奖”。

22日 厦大国家传染病诊断试剂与疫苗工程技术研究中心研制出甲型H1N1流感病毒快速检测试剂。

23～24日 第四届海峡两岸龙舟赛在集美龙舟池举行。

※ 厦门选手、世锦赛冠军叶帅在福州夺得2009年全国蹦床锦标赛男子个人网上比赛金牌。

24～30日 第一届全国青少年钢琴比赛在厦举行。

25日 厦门市商业银行台商业务部正式挂牌成立，这是大陆商业银行中首个专门服务台商的金融事业部。

※ 厦门一中高三学生黄骧发明的“消能减震的建筑环形水箱”和朱达发明的“太阳视运动地平坐标定位仪”分别获得第108届巴黎国际发明展览会银奖。

25～30日 第一届全国壁球团体锦标赛暨第四届全国体育大会选拔赛在厦门以正壁球馆举行。来自全国各省、市、自治区的14支代表队100多名运动员参加比赛。

六　月

1日 厦门市举行庆“六一”表彰大会。

5日 厦门市首个B型保税物流中心——厦门火炬（翔安）保税物流中心通过国务院联合验收组验收并正式揭牌。

6日 厦门市台商协会文教委员会青年组成立。

8日 在吉隆坡举行的第65届国际航空运输协会年会暨世界航空运输峰会上，厦门航空有限公司获得国际航空运输协会（IATA）颁发的IOSA安全杰出贡献奖。

10日 厦门市先后召开市委常委（扩大）会议和全市领导干部大会，传达中央、省委关于厦门市委主要领导调整变动的决定：于伟国任中共厦门市委委员、常委、书记。

11日 厦门市科技局、火炬高新区管委会与北京大学工学院签署科技合作协议，联合成立北京大学工学院厦门创新创业中心。

13日 翔安隧道右线隧道率先实现贯通，标志着该工程取得重大阶段性进展。

15日 科技部正式批准厦门市建设“国家级对台科技合作与交流基地”，这是科技部批复的全国首个也是唯一一个国家级对台科技合作与交流基地。

23日 由财政部通过现行国债发行渠道代为发行的8亿元厦门市政府债券正式发行并计息。本次发行各期债券品种为3年期固定利率附息债，票面年利率为1.75%。

23日 厦工机械股份有限公司召开新闻发布会，宣布韩籍职业经理人蔡奎全出任厦工总裁。

27日 弘一法师铜像在南普陀寺揭幕。该铜像由中央美术学院教授曹春生设计创作，耗资超过百万元。

七　月

2日 由中宣部组织的中央媒体海西采访团厦门采访报道活动圆满结束。采访团从6月15日起陆续抵厦开展采访。截至7月1日，参加海西采访团的人民日报、新华社、中央电视台等9家中央媒体暨附属网站刊发有关海西的稿件数量已超过300篇（条），其中厦门新闻的比重最大。

3日 第四届厦门市群众文化艺术节开幕。本届艺术节历时3个月，至10月16日结束。

5日 在菲律宾举办的羽毛球黄金大奖赛中，厦门伟士队羽球国手谌龙获得冠军。

13日 由厦门歌舞剧院创作演出的音乐剧《雁叫长空》在中央党校礼堂进行在京的首场演出。16日晚，该剧还在国防大学演出。

14日 参加在北京举办的中非共享发展经验高级研讨会的11个非洲国家代表根据会务安排，专程前来厦门参观考察。

17日 无线城市产业促进高峰论坛在厦门举行。会上，厦门市TD无线城市产业促进会与台湾通讯产业联盟正式签署友好合作意向书，在移动通讯产业及经贸等相关领域开展合作。这是两岸通信产业联盟首次签订友好合作意向书。

※ 厦门市油画产业协会成立。该协会由湖里区乌石浦油画村美术产业协会、海沧区油画协会、明发艺术商城等整合而成。

19日 厦门市中小学生突发事件心理危机干预小组成立。

21日 第十二次闽台会计师学术研讨会在厦门国家会计学院召开。

24日 2009年厦门大学面向台湾单独招收本科生开始报名，190名台湾考生领取准考证，是厦大历年来对台单招报名人数最多的一次。

※ 总投资3.5亿元的厦航模拟机训练中心落成。该训练中心位于湖里区高新技术园，一期建筑面积3.29万平方米。

26日 首届海峡两岸少年儿童美术大展在厦门文化艺术中心举办。共展出海峡两岸儿童的金奖作品393幅。展览至8月10日结束。

29日 大陆和台湾空中双向直达航路开通。厦门飞台北不必再绕经香港飞行情报区，可省时15分钟。

30日 首届海峡杯帆船赛从厦门启航。来自北京、上海、深圳、厦门、香港和台湾地区的15艘帆船沿着当年郑成功收复台湾的路线横穿台湾海峡，于翌日抵达台南市安平港。厦门市副市长潘世建参加此次比赛，并担任“厦门”号船长。

八　月

1日 从即日起开始，全市公交车（含中巴、农客和BRT）开启空调不再收取空调费。厦门公交在开启空调期间加收空调费的做法始于1997年。

※ 改造后的梧村汽车站正式启用。梧村新汽车站总建筑面积8.78万平方米，可同时发20多个班车。

※ 南非UKubona公司执行主席阿布杜拉访问厦门，并与厦门华电开关签订1.8亿人民币的订货合同。

4日　厦门茶叶进出口有限公司在台南与台湾汶逸实业有限公司签约，将在台湾成立占地480亩的高山茶叶生产基地。这是大陆企业首次在台设茶叶种植基地。

7日　厦门港海沧航道二期扩建工程通过交工验收正式投入使用。该工程于2008年7月开工建设，总投资4亿多元。

8日　海沧体育中心的一期工程动工。该体育中心总投资约4.6亿元，占地面积10万多平方米。

※　厦门市文化（创意）产业协会成立暨第一次会员代表大会在翔鹭大酒店举行。这也是福建省首家文化创意产业协会。

11日　厦门市海关特殊监管区域协会成立大会在悦华酒店举行。

12～22日　厦门市第十八届运动会举行。21个代表团、5 800名运动员参加本届市运会。

14日　海峡西岸经济区半导体照明产业技能型人才培训基地在集美成立。

15日　首届厦金海峡横渡活动在椰风寨海域举行。

18日　中共厦门市委十届十次全体（扩大）会议举行。会议审议通过《厦门市贯彻落实党中央、国务院和省委、省政府加快建设海峡西岸经济区决策部署的实施意见》。全会还作出推进岛内外一体化发展的部署。

21日　由厦门市总商会等主办的“中华心·两岸情”赈灾义演音乐会在宏泰音乐厅举行。

22日　中国人民书画院厦门创作基地在南昌铁路局厦门疗养院揭牌。共有30多位书画家担任艺术委员会委员和院士。

22～26日　第三届厦门观音山沙滩文化节在观音山海滨举行。

24日　中华台北优秀教练团一行19人来厦门开展为期一周的交流培训。成员包括羽毛球、游泳、射箭、举重、田径和台球教练。

※　厦门市文化馆老年艺术学校模特队在第七届中国上海“金玉兰花奖”音乐、舞蹈、服饰风采艺术大赛上获“金玉兰花最高奖”、“金玉兰花组织金奖”及“金玉兰花编导大金奖”三个奖项。

28～29日　第二届海峡两岸消化论坛在厦门国家会计学院举办。500余名来自大陆、台湾、香港、澳门以及美国、日本的顶尖消化病专家参加本届论坛。

九　月

3日　在福州举行的福建省第二届杰出人民教师表彰暨教师节庆祝大会上，厦门四位老师获评“福建省杰出人民教师”，这四位教师是：中科院院士、厦门大学教授万惠霖，厦门技师学院高级实习指导教师林琳，厦门一中教务处主任钟灿富，厦门第九幼儿园园长葛晓英。

※　厦门市中医院通过三级甲等医院的评审，成为厦门市第四家三甲综合医院，同时也是闽西南地区第一所三级甲等中医院。

6日　“中远之星”轮载着176名游客从厦门东渡国际邮轮码头出发，经过约8小时的航程，于当日下午抵达台湾台中港。这是大陆航运企业首艘直航台湾海峡两岸的客滚船。

※　福建首个保税物流中心——厦门火炬（翔安）保税物流中心正式封关运作。

※　观音山沙雕文化公园正式开园，第二届沙雕文化节也同时登场。

8～11日　第十三届中国国际投资贸易洽谈会在厦门国际会展中心举行。本届投洽会共吸引全球125个国家和地区的5万多名境内外客商参会，共签订各类投资项目742个，总投资金额158.4亿美元，利用外资134.6亿美元。

9日　2009中国国际文化创意产业发展论坛在厦门国际会议中心举行。

10日　为新中国成立作出突出贡献的百位英雄模范人物和新中国成立以来百位感动中国人物评选结果公布，厦门籍3人入选。他们是：爱国侨领陈嘉庚、万婴之母林巧稚、抗击非典英雄钟南山。全国“双百”人物是经中央批准，由中央宣传部、组织部、统战部等11个部门联合评选的。

※　厦门市人口发展研究会成立。

12日　大陆和台湾地区的海洋管理部门在厦金海域组织开展打击和制止违法采砂、违法倾废、电炸毒鱼等海洋违法行为的专项行动。这是两岸首度携手进行海洋执法。

13日　老挝人民革命党中央总书记、国家主席朱马里·赛雅颂结束在闽访问行程，乘专机离厦回国。

16日　厦门正式获得中国轻工业联合会、中国眼镜协会授予的中国眼镜太阳镜生产基地称号，成为继温州、丹阳、玉环之后全国第四个眼镜生产基地。

18 日 华侨大学厦门工学院新校园落成暨开学庆典举行。校园占地 702 亩，规划总建筑面积 62.5 万平方米，总投资 12 亿元。

※ 第十一届全国美术作品展览漆画、陶艺作品展在厦门文化艺术中心美术馆开展。共展出漆画作品 286 件、陶艺作品 121 件。

19 日 厦门市体育用品协会成立。

22 日 厦门市一批先进集体和先进个人受到全国妇联表彰，第一幼儿园园长陈绍瑄等 7 名个人获全国三八红旗手称号，湖里区金尚社区居委会等 3 个集体获全国三八红旗集体称号。

※ 国家重点公园授牌仪式在山东省济南市举行。厦门园林植物园、中山公园和园博苑 3 个公园被授予国家重点公园牌匾，跻身全国首批 46 个重点公园之列。

23 日 在首届福建省道德模范颁奖晚会上，厦门市的吕志华、张春楼、冯鸿昌获“省道德模范”荣誉称号。

25 日 全长 14.3 公里的成功大道全线通车。成功大道南起演武大桥，北至机场立交，是第一条贯通厦门南北的城市快速路（兼出岛通道），驱车全程仅需 15 ~20 分钟。

27 日 厦门市“校和校”对口支援工作正式启动，16 所城市学校分别和 16 所农村学校签订协议，由城市学校派出老师到农村校支教。

十 月

1 日 厦门举办建国 60 周年国庆花车巡游活动。

1 ~4 日 海峡摇滚音乐节在厦门举办。作为第二届海峡两岸文博会的配套项目，音乐节吸引了逾万名来自全国各地的乐迷。

2 日 厦门爱乐乐团启程赴加拿大温哥华列治文市、美国旧金山市、洛杉矶市，进行为期 14 天的访问及巡回演出。

※ 为期 6 天的第五届中国“俱乐部杯”帆船挑战赛在厦门开赛。来自北京、大连、青岛、上海、厦门、深圳和台湾共 19 艘帆船参赛。深圳海狼帆船队和厦门五缘湾队分获冠亚军。

6 日 携程旅行网发布 2009“十一”黄金周人气城市排行榜和最受欢迎旅游目的地排行榜。厦门市分别以第八和第六的名次，列入十大人气城市和十大最受欢迎度假目的地之列。

9 日 山东航空公司一架机头两侧喷涂“厦门号”字样的波音 737—800 客机首航高崎机场。这是首架以“厦门”命名的飞机。

10 日 厦门双十中学举行建校 90 周年庆典。

※ 厦门市第八届十佳优秀外来女员工推选活动揭晓，王珍义等 10 人获得十佳外来女员工称号。

※ 厦门城市原点雕塑《方圆同心》在白鹭洲西公园音乐喷泉前广场落成。

※ 2009 年全国博士生学术会议在厦门大学召开，来自北京大学、厦门大学等全国 24 所高校的 50 余名博士生参加会议。

11 日 受中央文明办委托，由国家统计局组织的 2009 年全国城市公共文明指数测评结果公布，厦门市在省会城市、副省级城市中排名第二。

※ 厦门市图书馆建馆 90 周年庆典暨第 21 届全国 15 城市公共图书馆工作研讨会开幕式在市图书馆总馆一楼大厅举行。

13 日 大金龙援塞客车项目首辆客车下线仪式在塞内加尔塞恩巴士工厂内举行，塞内加尔总统府、交通部的官员，中国驻塞大使馆和厦门市政府等领导和嘉宾共 200 余人参加仪式。

※ 福建省第十届十佳少先队员评选揭晓，厦门市实验小学的罗宇杰和厦门一中的李克闲两名同学获得“十佳”称号。

14 日 厦门房地产企业宝龙地产在香港证券交易所主板挂牌上市。

16 日 市交警支队直属大队在全国率先进行“试纸酒测”，只要将受测试纸与标准色卡进行比对，驾驶人员的饮酒信息就一目了然。

17 日 在北京人民大会堂举行的第六届中国中小城市科学发展高峰论坛上，湖里区获得“2009 年度中小城市科学发展百强”和“2009 年度最具投资潜力中小城市百强”称号，分别位列第 32 位和第 44 位。

18 日 位于仙岳山南麓的厦门爱心护理院正式投入使用。这是全市首家集医疗和养老为一体的护理院，总投资 3 800 多万元，委托厦门市第一医院进行专业管理。

19 日 以田名部和义为团长的日本全国市议会议长中国友好访华团一行访问厦门。

22 日 厦门市演艺协会成立。37 家单位和 20 名个人成为首批会员。

22 ~25 日 第二届海峡两岸少数民族丰收节在厦门举办。来自台湾的阿美族、排湾族、布农族等100位少数民族同胞与来自福建、四川、辽宁的30多位高山族同胞参加丰收节。

23日　厦门当代置业集团副总裁丁玉灿把个人收藏33片安阳殷墟甲骨捐赠给福建南靖县政府，这批甲骨按市场价值近9 000万元。

27日　厦门金龙旅行车有限公司生产的金旅客车获得欧盟认证的整车证书，成为中国第一家获得客车整车欧盟认证证书的客车企业。

28日　厦门市第七批荣誉市民授证仪式在人民会堂举行，吴经国等17位为厦门经济建设、社会公益事业和对外交往作出突出贡献的港澳台同胞、华侨华人和外国友人获颁荣誉市民证书。至此，厦门市共有荣誉市民196名。

※　由国家安监总局副局长杨元元率领的国家安监总局调研督查组来厦调研督查，并听取市政府关于安全生产工作的情况汇报。

※　中国科协2009海峡两岸青年科学家学术交流暨第七届海峡两岸信息化论坛在厦门开幕。来自海峡两岸的青年科技工作者200多人出席会议。

28～30日　以仲兆隆为团长的全国政协民族和宗教委员会考察团来厦门考察并听取厦门的相关情况汇报。

29日　厦门市第一批重点文化企业和文化产业示范基地授牌仪式在文化艺术中心美术馆举行。

29日　第二届海峡两岸（厦门）文化产业博览交易会在厦门开幕。来自全国31个省市的代表团、参展商、采购商共3 452人参会，参展企业545家。本届文博会至11月1日闭幕，确定签约项目82个，交易金额87.04亿元，其中厦门签约金额21.67亿元。

29日　2009海峡两岸民间艺术节在厦门开幕。本届艺术节至11月2日闭幕。

30日　厦门外图集团有限公司授牌仪式在厦门书城举行。

※　两岸律师交流与合作研讨会在厦门举行。来自两岸法学界专家学者160余人出席研讨会。

※　台湾画院厦门分院成立，授牌仪式在五缘湾厦门七宝斋文化艺术中心举行。

30日　第五届海峡两岸图书交易会在厦门开幕。至11月1日图交会闭幕，现场销售采样量近百万册，突破4 000万码洋。

30日　第二届厦门国际动漫节暨“金海豚”动画作品大赛在厦门开幕。来自14个国家和地区的1 089部动画作品参赛。本届动漫节至11月3日闭幕。

31日　福建省新闻出版局和福建省出版总社向厦门市赠送《四库全书》仪式在市图书馆举行。这套价值39万元的影印线装本《四库全书》共148函、1 184册，将由厦门市图书馆收藏。

十　一　月

1日　火炬高新区被中央人才工作协调小组授予“海外高层次人才创新创业基地”，这是福建省首个也是唯一一个国家级海外高层次人才创新创业基地。

2日　在深圳召开的全国全民阅读活动经验交流会上，厦门市“书香鹭岛活动月”获得优秀项目奖。

5日　下午4时，翔安隧道左线隧道完成“最后一爆”，标志着我国内地第一条海底隧道全面贯通。右线隧道已在6月13日率先贯通。

7日　2009厦门国际海洋周海洋生物多样性保护国际论坛在厦门召开，200余名海洋专家就如何推进海洋生态系统管理，构建海洋生态安全格局进行研讨。

8～9日　2009亚细亚国际友好钓鱼大会暨全国沿海城市海钓邀请赛在五缘湾举行，来自日本、韩国、马来西亚以及中国大陆和台湾、香港、澳门的100余名钓鱼高手参加比赛。

11日　厦门长庚医院院长沈陈石铭等17名台湾医生获得福建省人事部门颁发的高级职称证书，成为首批在祖国大陆获得职称证书的台湾地区居民。

12日　首届两岸药品与保健食品政策研讨会在厦门召开。

※　厦大生物医学研究院教授许华曦和张云武在美国《神经》（Neuron）杂志发表研究成果，成功鉴定出可抑制老年痴呆症的蛋白。这一研究为开发治疗老年痴呆症的药物提供了新的线索。

14日　2009鼓浪屿诗歌节在厦门开幕。来自海峡两岸的数十位诗人展开为期3天的创作研讨活动。

14～15日　第六届两岸四地物流合作与发展大会在厦门举办，来自大陆和台港澳地区近500位代表参加了会议。第八次中国物流学术年会同期举行。

15日　由商务部主办、福建海洋研究所承办的海岸带综合管理官员研修班和海洋渔业管理官员研修班同时在厦门结业。这两个研修班为期3周，来自亚非拉美近40个国家的85名学员领到了由中国商务部颁发的结业证书。

18日 厦门市首次召开大规模粮食产销协作会。参会人员来自赣、湘、皖、鄂和本省的16个粮食（稻谷）主产区。会上共采购口粮20万吨。

21日 北京市委副书记、市长郭金龙率北京市代表团来厦门考察。

※ 第25届厦门市青少年科技创新大赛开幕。本届赛事历时2个月，参赛项目623项，129所中小学和幼儿园的8 618名小选手参加。

※ 从台湾基隆港出发的“中远之星”轮靠泊厦门海峡邮轮中心，随船运载6个集装箱。这是大陆口岸首次接待实货入港的两岸直航客滚船。

21~22日 第五届中国保险教育论坛在厦门大学开幕。来自两岸的200多位保险专家和业界与会。中国保监会副主席魏迎宁出席开幕式。

24日 在北京举行的全国文化先进单位、全国文化系统先进集体和先进工作者表彰大会上，湖里区被授予全国文化先进单位称号。

26日 《厦门市会计人员条例》经福建省十一届人大常委会第十二次会议表决通过，成为全国首个专门针对会计人员管理的地方立法。该《条例》将于2010年3月1日起施行。

27~29日 首届海峡国学高端研讨会暨厦门筼筜书院开院典礼在厦门举行。来自北京大学、中国人民大学、复旦大学、北京师范大学、厦门大学及台湾大学、台湾辅仁大学等两岸知名高校的30多位国学名师出席会议并发表演讲，他们也成为厦门筼筜书院的首批学术顾问。

28日 第十一届中国戏剧节在厦门举行。全国18个省、自治区、直辖市和解放军艺术团体及台湾地区推荐的28台剧目、21个剧种参演，先后演出56场，观众达5万人次。艺术节至12月13日闭幕。

30日 厦门港货物年吞吐量完成1.01亿吨，提前一年实现“十一五”目标，厦门港成为海峡西岸经济区20多个城市中首个亿吨大港。

十　二　月

1~2日 第十八届全国海事审判研讨会在厦门举行。最高人民法院副院长万鄂湘等出席会议并致辞。

3日 住房和城乡建设部在北京举行第四批“全国节水型城市”授牌仪式，厦门市以第一名的成绩获评全国节水型城市。

5日 厦门市大学生基本医疗保险社会保障卡发放仪式在集美大学举行，这意味着厦门市的基本医疗保险制度实现了“全覆盖”。厦门市大学生参加城乡居民基本医疗保险是9月1日启动的。

7日 来自美国的37名中小学校长和教育官员参观厦门一中、双十中学、实验小学和外国语学校附属小学，并就在美国开展中文教育合作问题与厦门的中小学校长座谈。

10日 中国科学院城市环境研究所正式揭牌。

12~14日 第五次中越两党理论研讨会在厦门举行。

17~19日 2009海峡两岸（厦门）农渔业论坛暨产业对接洽谈会在厦门举行。

18日 年发电量1 600万千瓦时的厦门东孚填埋气体发电厂正式运行。

20日 海澳码头仓储工程举行落成典礼。

22日 “国家开发银行—厦门大学—东方财经两岸金融研究中心”签约揭牌仪式在北京钓鱼台国宾馆举行。

※ 第三届亚洲气枪锦标赛在卡塔尔落幕。19岁的厦门选手苏玉玲以486.5环的成绩获得青年组女子10米气手枪金牌，并且和队友一道摘得团体金牌。

23日 福建省居民健康信息系统建设项目在厦门启动。在启动仪式上，厦门市副市长潘世建将厦门市政府与解放军总医院共同研发的健康信息系统软件无偿捐赠给省卫生厅。使用该系统后，全省各公立医疗机构可实现医疗卫生资源共享。

25日 2009年度中国政府网站互联网综合影响力及网站绩效评估结果发布。在计划单列市及省会城市组中，厦门市政府网站获中国互联网最具影响力政府网站第三名、中国政府网站领先奖第四名和信息公开领先奖第三名。

26日 “两岸画家画两岸”作品展在厦门中华儿女美术馆开展。共展出两岸四地50多位油画大师艺术精品100余幅。展览为期一个月。

27~29日 第十一次丁玲国际学术研讨会在厦门举行，来自美国、日本、新加坡、菲律宾、泰国以及中国大陆和台湾、香港的专家学者近百人参加会议，会议收到论文近70篇。

29日 市委十届十一次全体（扩大）会议召

开。会议审议通过《中共厦门市委贯彻中央、省委关于加强和改进新形势下党的建设决策部署的实施意见》。

※　由市政府设立的厦门市中华白海豚保护发展专项基金启动，我市一家民营企业作为《厦门市中华白海豚保护发展专项资金管理办法》出台以来的首位捐赠者，向基金捐赠善款3.5万元。

31日　福厦铁路开通货车试运行。福厦铁路是福建省第一条高速铁路，全长273公里，2005年10月动工兴建，总投资144.2亿元。

※　“中国2010新年音乐会”在厦门国际会议中心音乐厅举行。

（市方志办　韩真　魏星　林建高供稿）

中国统计出版社最新图书简目

（仅供参考，以最后出书为准）

统计资料

中国统计年鉴－2010　中国统计摘要－2010　国际统计年鉴－2010

2010中国发展报告　中国第三产业统计年鉴－2010　中国区域经济统计年鉴－2010

中国劳动统计年鉴－2010　中国社会统计年鉴－2010　中国城市统计年鉴－2009

中国建筑业统计年鉴－2010　中国人口和就业统计年鉴－2010　中国工业经济统计年鉴－2010

中国商品交易市场统计年鉴－2010　中国房地产统计年鉴－2010　中国能源统计年鉴－2010

中国民政统计年鉴－2010　中国贸易外经统计年鉴－2010　2010中国地区经济监测报告

中国科技统计年鉴－2010　中国农村统计年鉴－2010　中国农产品价格调查年鉴－2010

中国高技术产业统计年鉴－2010　中国教育经费统计年鉴－2009　中国农村贫困监测报告－2010

全国农产品成本收益资料汇编－2010　中国科学技术协会统计年鉴－2010　工业企业科技活动资料－2010

第二次全国残疾人抽样调查资料系列　中国棉花年鉴－2008/2009　中国城市（镇）生活与价格年鉴－2010

中国县（市）社会经济调查年鉴－2010　中国农村住户调查年鉴－2010（中、英文）　中国农村全面建设小康监测报告－2010

中国国内生产总值核算历史资料（1952－2004）　中国季度国内生产总值核算历史资料（1992－2005）　中国零售和餐饮业连锁企业统计年鉴－2010

大中型批发零售和住宿餐饮企业统计年鉴－2010　2005年中国1%人口抽样调查系列资料

2010年省级综合统计年鉴系列

北京 天津 河北 山西 内蒙古　辽宁 吉林 黑龙江 上海 江苏　浙江 安徽 福建 江西 山东

河南 湖北 湖南 广东 广西　海南 重庆 四川 贵州 云南　西藏 陕西 甘肃 青海 宁夏

新疆 新疆生产建设兵团

2010年市（县）级综合统计年鉴系列

天津滨海新区　石家庄 唐山 邯郸 太原 大同　长治 阳泉 晋城 朔州 晋中

运城 忻州 临汾 呼和浩特　包头 沈阳 大连 长春 吉林市　四平 延吉 哈尔滨 齐齐哈尔

黑龙江垦区 上海浦东新区　苏州 无锡 常州 徐州 南通　盐城 镇江 江阴 丹阳 杭州

宁波 绍兴 台州 舟山 温州　金华 嘉兴 衢州 安庆 福州　福州经济技术开发区

厦门经济特区 南昌 上饶　济南 青岛 潍坊 东营 郑州　洛阳 三门峡 南阳 武汉 宜昌

十堰 荆州 黄冈 长沙 广州　东莞 惠州 深圳 桂林 南宁　柳州 来宾 河池 海口 成都

贵阳 昆明 西安 庆阳 银川　乌鲁木齐 吐鲁番

“十一五”规划教材

非参数统计　医学统计学　概率论与数理统计　统计学　现代金融投资统计分析

多元统计分析　经济计量学教程　应用时间序列分析　统计指数理论及应用

统计数据处理概论　质量管理统计方法　社会统计学　多元统计分析实验

企业经营管理统计　市场调查与预测　统计学原理（非统计专业使用）

统计学：从数据到结论　国民经济核算教程（国民经济统计学）　概率论与数理统计（经济、管理类专业使用）

重点图书

新中国六十年　挑大学选专业2010—高考志愿填报指南　挑大学选专业2010—考研择校指南

欲购以上图书请与中国统计出版社发行部联系

电话：（010）63376907　63376908　同椲行书店电话：68783171　68783172

通讯地址：北京市西城区三里河月坛南街57号　邮政编码：100826